Mecánica de materiales

SEXTA EDICIÓN

James M. Gere
STANFORD UNIVERSITY
PROFESOR EMÉRITO

TRADUCCIÓN:

Dr. Raúl Arrioja Juárez
Traductor profesional y catedrático

Ing. José de la Cera Alonso
Universidad Autónoma Metropolitana unidad Azcapotzalco

REVISIÓN TÉCNICA:

Dr. Iván Enrique Campos Silva
Profesor investigador
Departamento de Ingeniería Mecánica
División de Ingeniería y Arquitectura
Tecnológico de Monterrey, Campus Ciudad de México

Dra. María Elena Sánchez Vergara
Profesora investigadora
División de Ingeniería y Arquitectura
Tecnológico de Monterrey, Campus Ciudad de México

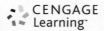

CENGAGE
Learning™

Australia • Brasil • Corea • España • Estados Unidos • Japón • México • Reino Unido • Singapur

CENGAGE
Learning™

Mecánica de materiales, 6a. ed.
James M. Gere

Presidente de Cengage Learning Latinoamérica:
Javier Arellano Gutiérrez

Director general México y Centroamérica:
Héctor Enrique Galindo Iturribarría

Director editorial Latinoamérica:
José Tomás Pérez Bonilla

Editora de desarrollo:
Rocío Cabañas Chávez

Director de producción:
Raúl D. Zendejas Espejel

Editor de producción:
Alejandro A. Gómez Ruiz

Diseño de portada:
Daniel Aguilar Bolaños

Traducido del libro: *Mechanics of Materials*, 6th. ed., publicado en inglés por Thomson/Brooks/Cole ©2004
ISBN 0-534-41793-0

Datos para catalogación bibliográfica:
Gere, James M.
Mecánica de materiales, 6a. ed.
ISBN-13: 978-970-686-482-6
ISBN-10: 970-686-482-2

Visite nuestro sitio en:
http://latinoamerica.cengage.com

Este libro se terminó de imprimir en el mes de mayo del 2008, en los talleres de Edamsa Impresiones, S.A. de C.V. con domicilio en Av. Hidalgo No. 111 Col. Fracc. San Nicolás Tolentino, C.P. 09850, México, D.F.

Impreso en México
1 2 3 4 5 6 7 11 10 09 08

Contenido

★Las estrellas denotan temas especializados y avanzados.

3   Torsión

4   Fuerzas cortantes y momentos flexionantes

5   Esfuerzos en vigas (temas básicos)

6   Esfuerzos en vigas (temas avanzados)

7   Análisis de esfuerzos y deformación

8   Aplicaciones del esfuerzo plano (recipientes a presión, vigas y cargas combinadas)

9   Deflexiones de vigas

10   Vigas estáticamente indeterminadas

11 Columnas

12 Repaso de centroides y momentos de inercia

Referencias y notas históricas 859

Apéndice A Sistema de unidades y factores de conversión 867

Apéndice B Resolución de problemas 881

Prefacio

La **mecánica de materiales** es un tema básico de la ingeniería que debe comprender todo el que se interese por la resistencia y el funcionamiento físico de las estructuras, sean ingenieriles o naturales. La materia abarca conceptos fundamentales como esfuerzos y deformaciones unitarias, deformaciones y desplazamientos, elasticidad e inelasticidad, energía de deformación y capacidad de carga. En estos conceptos se basa el diseño y el análisis de una variedad gigantesca de sistemas mecánicos y estructurales.

En el nivel universitario, la mecánica de materiales se enseña en los primeros años. La materia es necesaria para los alumnos que serán ingenieros mecánicos, en diseño de estructuras, civiles, aeronáuticos y aeroespaciales. Además, muchos alumnos de campos tan diversos como ciencia de los materiales, ingeniería industrial, arquitectura e ingeniería agrícola también aprecian la utilidad de estudiar este tema.

Acerca de este libro

Los temas principales que se exponen en este libro son: el análisis y diseño de miembros estructurales sometidos a tensión, compresión, torsión y flexión, incluyendo los conceptos fundamentales mencionados en el primer párrafo. Entre otros temas de interés general están las trasformaciones de esfuerzo y deformación unitaria, cargas combinadas, concentraciones de esfuerzos, deflexiones de vigas y estabilidad de columnas.

Los temas especializados son: efectos térmicos, cargas dinámicas, miembros no prismáticos, vigas de dos materiales, centros cortantes, recipientes a presión, funciones de discontinuidad (singularidad) y vigas estáticamente indeterminadas. Se complementan temas elementales como fuerzas cortantes, momentos de corte, centroides y momentos de inercia.

En el libro se incluye mucho más material del que se puede impartir en un solo curso y, en consecuencia, los profesores tienen la oportunidad de seleccionar los temas que quieran exponer. A modo de sugerencia, algunos de los temas más especializados se marcan con una estrella en la tabla de contenido.

Hicimos un esfuerzo considerable para revisar el texto y eliminar errores; pero si el lector encontrara alguno, sin importar lo trivial que sea, le agradecería que hiciera el favor de indicármelo por correo electrónico (jgere@ce.stanford.edu). De ese modo podremos corregir todos los errores en la siguiente reimpresión.

Ejemplos

En el libro se presentan ejemplos para ilustrar los conceptos teóricos e indicar las aplicaciones prácticas. La extensión de los ejemplos varía entre una y cuatro páginas, dependiendo de la complejidad del material que se quiere ilustrar. Cuando se deben subrayar los conceptos, los ejemplos se exponen en términos simbólicos para ilustrar mejor las ideas y cuando se debe ejemplificar la solución de los problemas, los ejemplos son de carácter numérico.

Problemas

En todos los cursos de mecánica la solución de problemas es parte importante del proceso de aprendizaje. Este libro contiene más de 1000 problemas para tareas y analizar en clase. Los problemas están al final de cada capítulo, por lo que se encuentran fácilmente y no interrumpen la exposición del tema principal. Los problemas más difíciles o largos se resaltan con una o más estrellas (que dependen del grado de dificultad) junto a su número, para prevenir a los alumnos sobre el tiempo necesario para su solución. Hacia el final del libro se dan las respuestas para todos los problemas.

Unidades

En los ejemplos y problemas se usan tanto el sistema internacional de unidades (SI) como el sistema inglés estadounidense. En el apéndice A se explican los dos sistemas y se presenta una tabla de factores de conversión. De los problemas con soluciones numéricas, los de número impar están en unidades inglesas estadounidenses y los de número par están en unidades SI. Esta convención permite conocer por anticipado cuál sistema de unidades se usa en un problema en particular (las únicas excepciones son los problemas que utilizan propiedades tabuladas de perfiles estructurales de acero, porque esas tablas sólo se presentan en unidades inglesas estadounidenses).

Referencias y notas históricas

Inmediatamente después del último capítulo se encuentran las referencias y notas históricas. Se trata de remisiones a las fuentes originales del tema y de información biográfica breve sobre los científicos, ingenieros y matemáticos precursores, fundadores del campo de la mecánica de materiales. En el índice onomástico se puede consultar cualquiera de esas figuras históricas.

Apéndices

El material de referencia aparece en los apéndices al final del libro. Gran parte del material tiene la forma de tablas: propiedades de áreas planas, propiedades de perfiles de acero estructural, propiedades de la madera estructural, deflexiones y pendientes de vigas y propiedades de materiales (respectivamente, apéndices D a H).

Los apéndices A y B son descriptivos. El primero es una descripción detallada de los sistemas de unidades SI e inglés estadounidense y el segundo presenta la metodología para resolver problemas de mecánica. En el último se abordan temas como consistencia dimensional y dígitos significativos. Por último, el apéndice C es una referencia rápida con una lista de las expresiones matemáticas frecuentes.

S. P. Timoshenko (1878-1972)

Muchos lectores de este libro reconocerán el nombre de Stephen P. Timoshenko; probablemente sea el nombre más famoso en el campo de la mecánica aplicada. Apareció como coautor en las primeras ediciones de este libro, porque estimuló su creación. La primera edición, publicada en 1972, fue escrita por este autor a sugerencia del profesor Timoshenko. Aunque no participó concretamente en la redacción, Timoshenko proporcionó gran parte del contenido porque la primera edición se basaba en sus libros anteriores, con el título de *Resistencia de materiales*. La segunda edición fue una gran modificación de la primera escrita por el autor actual y en cada edición siguiente se han incorporado numerosos cambios y mejoras.

En general, se reconoce que Timoshenko es el precursor más notable de la mecánica aplicada en todo el mundo. Aportó muchas ideas y conceptos nuevos y se hizo famoso por su erudición y sus enseñanzas. Con sus numerosos textos realizó un cambio profundo en la enseñanza de la mecánica no sólo en su país, sino en dondequiera que se enseñe la mecánica (en la primera referencia al final del libro aparece una biografía breve de Timoshenko).

Agradecimientos

Es imposible reconocer a todos los que contribuyeron de alguna manera a la edición de este libro, pero tengo una gran deuda con mis profesores de Stanford, incluyendo (además de Timoshenko) a los demás precursores de la mecánica como Wilhelm Flügge, James Norman Goodier, Miklós Hetényi, Nicholas J. Hoff y Donovan H. Young. También estoy en deuda con mis colegas de Stanford, en especial con Tom Kane, Anne Kiremidjian, Helmut Krawinkler, Kincho Law, Peter Pinsky, Haresh Shah, Sheri Sheppard y el difunto Bill Weaver. Me dedicaron varias horas de comentarios sobre la mecánica y la filosofía educativa. Gracias también a Bob Eustis, amigo y colega de Stanford, por su aliento en cada nueva edición de este libro.

Por último, estoy en deuda con los muchos profesores de mecánica y revisores de este libro que ofrecieron comentarios detallados sobre los temas y su presentación. Entre ellos figuran:

P. Weiss, Valpariso University
R. Neu, Georgia Tech
A. Fafitis, Arizona State University
M. A. Zikry, North Carolina State University
T. Vinson, Oregon State University
K. L. De Vries, University of Utah
V. Panoskaltsis, Case University
A. Saada, Case Western University
D. Schmucker, Western Kentucky University
G. Kostyrko, California State University—Sacramento
R. Roeder, Notre Dame University
C. Menzemer, University of Akron
G. Tsiatas, University of Rhode Island
T. Kennedy, Oregon State University
T. Kundu, University of Arizona
P. Qiao, University of Akron
T. Miller, Oregon State University
L. Kjerengtroen, South Dakota School of Mines
M. Hansen, South Dakota School of Mines
T. Srivatsan, University of Akron

En cada nueva edición, sus consejos han significado notables mejoras tanto en contenido como en pedagogía.

Los aspectos de edición y producción del libro me proporcionaron grandes satisfacciones gracias al personal lleno de talento y conocimientos de Brooks/Cole Publishing Company (hoy parte de Wadsworth Publishing). Su meta fue la misma que la mía: producir los mejores resultados posibles sin limitar aspecto alguno del libro, se tratara de un asunto principal o de un detalle diminuto.

Las personas con quienes trabajé en Brooks/Cole y Wadsworth fueron Bill Stenquist, editor, quien insistió en fijar las mayores normas de edición y me guió e inspiró durante el proyecto; Rose Kernan, de RPK Editorial Services, quien corrigió el manuscrito y formó las páginas; Julie Ruggiero, asistente editorial, quien vigiló el avance y nos mantuvo organizados; Vernon Boes, director creativo, autor de las cubiertas y otros diseños en todo el libro; Marlene Veach, gerente de mercadotecnia, quien desarrolló el material promocional, y Michael Johnson, vicepresidente de Brooks/Cole, quien nos dio su completo respaldo en cada etapa. A cada una de estas personas expreso mis sinceras gracias, no sólo por el trabajo bien hecho, sino también por la forma tan amigable y considerada de hacerlo.

Por último, aprecio la paciencia que me tuvo mi familia y el aliento que me dieron, en especial mi esposa Janice, durante todo el proyecto.

A todas esas bellas personas expreso mi gratitud con agrado.

James M. Gere

Símbolos

A	Área
a, b, c	dimensiones, distancia
C	centroide, fuerza de compresión, constante de integración
c	Distancia del eje neutral a la superficie externa de una viga
D, d	diámetro, dimensión, distancia
E	módulo de elasticidad
E_r, E_t	módulo de elasticidad reducido; módulo tangente de elasticidad
e	excentricidad, dimensión, distancia, cambio unitario de volumen (dilatación)
F	Fuerza
f	flujo de corte, factor de forma para flexión plástica, flexibilidad, frecuencia (Hz)
f_T	flexibilidad torsional de una barra
G	módulo de elasticidad en corte
g	aceleración de la gravedad
H, h	altura, distancia, fuerza o reacción horizontal, caballos de fuerza
I	momento de inercia (o segundo momento) de un área plana
I_x, I_y, I_z	momentos de inercia con respecto a los ejes x, y y z
I_{x_1}, I_{y_1}	momentos de inercia con respecto a los ejes x_1 y y_1 (ejes girados)
I_{xy}	producto de inercia con respecto a los ejes xy
$I_{x_1y_1}$	producto de inercia con respecto a los ejes x_1y_1 (ejes girados)
I_P	momento polar de inercia
I_1, I_2	momentos de inercia principales
J	constante de torsión
K	factor de concentración de esfuerzos, módulo de compresibilidad o módulo hidrostático
k	constante de resorte, rigidez, símbolo de $\sqrt{P/EI}$
k_T	rigidez torsional de una barra
L	longitud, distancia
L_E	longitud efectiva de una columna

ln, log	logaritmo natural (base e); logaritmo común (base 10)
M	momento flexionante, par, masa
M_P, M_Y	momento plástico de una viga; momento de fluencia de una viga
m	momento por unidad de longitud, masa por unidad de longitud
N	fuerza axial
n	factor de seguridad, entero, revoluciones por minuto (rpm)
O	origen de coordenadas
O'	centro de curvatura
P	fuerza, carga concentrada, potencia
P_{adm}	carga admisible (o carga de trabajo)
P_{cr}	carga crítica en una columna
P_P, P_Y	carga plástica para una estructura; carga de fluencia para una estructura
P_r, P_t	carga de módulo reducido para una columna; carga de módulo tangente para una columna
p	presión (fuerza por unidad de área)
Q	fuerza, carga concentrada, primer momento de un área plana
q	intensidad de carga distribuida (fuerza por unidad de distancia)
R	reacción, radio
r	radio, radio de giro ($r = \sqrt{I/A}$)
S	módulo de sección de la sección transversal de una viga, centro cortante
s	distancia, distancia a lo largo de una curva
T	fuerza de tensión, par de giro o par de torsión, temperatura
T_P, T_Y	par de torsión plástico, par de torsión de fluencia
t	espesor, tiempo, intensidad de par de torsión (par de torsión por unidad de distancia)
U	energía de deformación unitaria
u	densidad de energía de deformación (energía de deformación unitaria por unidad de volumen)
u_r, u_t	módulo de resistencia; módulo de tenacidad
V	fuerza cortante, volumen, fuerza vertical de reacción
v	deflexión de una viga, velocidad
v', v'', etc.	dv/dx, d^2v/dx^2, etc.
W	fuerza, peso, trabajo
w	carga por unidad de área (fuerza por unidad de área)
x, y, z	ejes rectangulares (origen en el punto O)
x_c, y_c, z_c	ejes rectangulares (origen en el centroide C)
$\bar{x}$, $\bar{y}$, $\bar{z}$	coordenadas del centroide

Z	módulo plástico de la sección transversal de una viga
α	ángulo, coeficiente de dilatación térmica, relación adimensional
β	ángulo, relación adimensional, constante de resorte, rigidez
β_R	rigidez rotacional de un resorte
γ	deformación unitaria cortante, densidad gravimétrica (peso por unidad de volumen)
γ_{xy}, γ_{yz}, γ_{zx}	deformaciones unitarias cortantes en los planos xy, yz y zx
$\gamma_{x_1y_1}$	deformación unitaria constante con respecto a los ejes x_1y_1 (ejes girados)
γ_θ	deformación unitaria cortante para ejes inclinados
δ	deflexión de una viga, desplazamiento, alargamiento de una barra o un resorte
ΔT	diferencia de temperaturas
δ_P, δ_Y	desplazamiento plástico; desplazamiento de fluencia
ϵ	deformación normal unitaria
ϵ_x, ϵ_y, ϵ_z	deformaciones normales en direcciones x, y y z
ϵ_{x_1}, ϵ_{y_1}	deformaciones normales en direcciones x_1 y y_1 (ejes girados)
ϵ_θ	deformación normal unitaria para ejes inclinados
ϵ_1, ϵ_2, ϵ_3	deformaciones normales unitarias principales
ϵ'	deformación unitaria lateral en esfuerzo uniaxial
ϵ_T	deformación unitaria térmica
ϵ_Y	deformación unitaria de fluencia
θ	ángulo, ángulo de rotación del eje de la viga, rapidez de torsión de una barra en torsión (ángulo de torsión por unidad de longitud)
θ_p	ángulo con un plano principal o con un eje principal
θ_s	ángulo con un plano de esfuerzo cortante máximo
κ	curvatura ($\kappa = 1/\rho$)
λ	distancia, acortamiento de curvatura
ν	relación de Poisson
ρ	radio, radio de curvatura ($\rho = 1/\kappa$), distancia radial en coordenadas polares, densidad gravimétrica (masa por unidad de volumen)
σ	esfuerzo normal
σ_x, σ_y, σ_z	esfuerzos normales sobre planos perpendiculares a los ejes x, y y z
σ_{x_1}, σ_{y_1}	esfuerzos normales sobre planos perpendiculares a los ejes x_1y_1 (ejes girados)
σ_θ	esfuerzo normal sobre un plano inclinado
σ_1, σ_2, σ_3	esfuerzos normales principales
σ_{adm}	esfuerzo admisible (o esfuerzo de trabajo)
σ_{cr}	esfuerzo crítico en una columna ($\sigma_{cr} = P_{cr}/A$)

σ_{pl}	esfuerzo del límite de proporcionalidad
σ_r	esfuerzo residual
σ_T	esfuerzo térmico
σ_U, σ_Y	esfuerzo último; esfuerzo de fluencia
τ	esfuerzo cortante
$\tau_{xy}, \tau_{yz}, \tau_{zx}$	esfuerzos cortantes sobre planos perpendiculares a los ejes x, y y z, que actúan paralelos a los ejes y, z y x
$\tau_{x_1 y_1}$	esfuerzo cortante sobre un plano perpendicular al eje x_1, que actúa paralelo al eje y_1 (ejes girados)
τ_θ	esfuerzo cortante sobre un plano inclinado
τ_{adm}	esfuerzo admisible (o esfuerzo de trabajo) en cortante
τ_U, τ_Y	esfuerzo último en corte; esfuerzo de fluencia en corte
ϕ	ángulo, ángulo de torsión de una barra
ψ	ángulo, ángulo de rotación
ω	velocidad angular, frecuencia angular ($\omega = 2\pi f$)

★Una estrella junto a un número de sección indica que se trata de un tema especializado o avanzado. Una o más estrellas anexas a un número de problema indican un grado creciente de dificultad en su solución.

Alfabeto griego

A	α	Alfa	N	ν	Ni
B	β	Beta	Ξ	ξ	Xi
Γ	γ	Gama	O	o	Ómicron
Δ	δ	Delta	Π	π	Pi
E	ϵ	Épsilon	P	ρ	Rho
Z	ζ	Zeta	Σ	σ	Sigma
H	η	Eta	T	τ	Tau
Θ	θ	Theta	Υ	υ	Upsilon
I	ι	Iota	Φ	ϕ	Fi
K	κ	Kappa	X	χ	Ji
Λ	λ	Lambda	Ψ	ψ	Psi
M	μ	Mi	Ω	ω	Omega

1

Tensión, compresión y cortante

1.1 INTRODUCCIÓN A LA MECÁNICA DE MATERIALES

La **mecánica de materiales** es una rama de la mecánica aplicada que estudia el comportamiento de los cuerpos sólidos sometidos a diversas cargas. Este campo de estudio tiene otros nombres, como *resistencia de materiales* y *mecánica de cuerpos deformables*. Los cuerpos sólidos que se consideran en este libro son barras con cargas axiales, ejes en torsión, vigas en flexión y columnas en compresión.

El objetivo principal de la mecánica de materiales es determinar los esfuerzos, deformaciones unitarias y desplazamientos en estructuras y en sus componentes, debido a las cargas que actúan sobre ellos. Si se pueden determinar esas cantidades para todos los valores de las cargas, hasta llegar a los valores que causan la falla, tendremos una imagen completa del comportamiento mecánico de esas estructuras.

Es fundamental entender el comportamiento mecánico en el diseño de todo tipo de estructuras, sean de aviones, antenas, edificios y puentes, máquinas y motores o barcos y naves espaciales. La mecánica de materiales es un tema básico en muchos campos de la ingeniería. También son esenciales la estática y la dinámica, pero esos temas se ocupan principalmente de las fuerzas y movimientos relacionados con partículas y cuerpos rígidos. En la mecánica de materiales se avanza un paso más, pues se examinan los esfuerzos y las deformaciones en el interior de los cuerpos reales, esto es, cuerpos de dimensiones finitas que se deforman bajo cargas. Para determinar los esfuerzos y las deformaciones se usan las propiedades físicas de los materiales, así como numerosas leyes y conceptos teóricos.

El análisis teórico y los resultados experimentales cumplen funciones de igual importancia en la mecánica de materiales. Se usan teorías para deducir fórmulas y ecuaciones con el objeto de predecir el comportamiento mecánico, pero no se pueden usar esas ecuaciones en el diseño práctico, a menos que se conozcan las propiedades físicas de los materiales. Esas propiedades sólo se pueden saber después de haber efectuado experimentos cuidadosos en el laboratorio. Además, no todos los problemas prácticos facilitan un análisis teórico, y en esos casos son necesarias pruebas físicas.

1

La historia de la mecánica de materiales es una combinación fascinante de teoría y experimentos: la teoría ha señalado el camino hacia resultados útiles, en algunos casos; en otros, los experimentos lo han hecho. Personajes como Leonardo da Vinci (1452-1519) y Galileo Galilei (1564-1642) efectuaron experimentos para determinar la resistencia de alambres, barras y vigas, aunque no formularon teorías adecuadas (según las normas actuales) para explicar los resultados de sus pruebas. En contraste, Leonhard Euler (1707-1803), famoso matemático, concibió la teoría matemática de las columnas y calculó, en 1744, la carga crítica de una columna, mucho antes de que existieran pruebas experimentales que demostraran la importancia de sus resultados. Sin las pruebas adecuadas que respaldaran su teoría, los resultados de Euler permanecieron sin aplicación durante más de 100 años, aunque hoy son la base del diseño y el análisis de la mayor parte de las columnas.*

Problemas

Al abordar la mecánica de materiales verá el lector que sus estudios se dividirán de forma natural en dos partes: primero, comprender el desarrollo lógico de los conceptos, y segundo, aplicar esos conceptos a situaciones prácticas. Lo primero se logra estudiando las deducciones, explicaciones y ejemplos que aparecen en cada capítulo, y la segunda parte se logra resolviendo los problemas al final de cada capítulo. Algunos de los problemas son de carácter numérico y otros son simbólicos (algebraicos).

Una ventaja de los *problemas numéricos* es que las magnitudes de todas las cantidades son evidentes en cada etapa de los cálculos y en consecuencia permiten determinar si los valores son razonables o no. La ventaja principal de los *problemas simbólicos* es que conducen a expresiones matemáticas de aplicación general. Una expresión matemática muestra las variables que afectan los resultados finales; por ejemplo, si se simplifica una cantidad puede quedar fuera de la solución, cosa que quizá no es evidente con una solución numérica. Asimismo, una solución algebraica muestra la forma en la que cada variable afecta los resultados, por ejemplo, cuando aparece una variable en el numerador y otra en el denominador. Además, una solución simbólica permite comprobar las dimensiones en cada etapa del trabajo.

Por último, la razón más importante para resolver en forma algebraica es obtener una expresión matemática general que se pueda usar en muchos problemas distintos. En contraste, una solución numérica sólo se aplica a un conjunto de circunstancias. Como los ingenieros deben dominar las dos soluciones, el lector encontrará una combinación de problemas numéricos y simbólicos.

Los problemas numéricos requieren trabajar con unidades específicas de medida. Para corresponder a la práctica actual de la ingeniería, este libro usa tanto el sistema internacional de unidades (SI) como el Sistema Inglés estadounidense. En el apéndice A

---

*La historia de la mecánica de materiales, comenzando con Leonardo y Galileo, aparece en las referencias 1-1, 1-2 y 1-3.

se da una descripción de los dos sistemas y el lector también encontrará muchas tablas de utilidad, incluyendo una de factores de conversión.

Todos los problemas están al final de los capítulos y tienen números y subtítulos que identifican las secciones a las que pertenecen. En el caso de problemas que requieren soluciones numéricas, los de número impar están en unidades inglesas y los de número par están en unidades SI. Las únicas excepciones son los problemas en los que intervienen perfiles de acero de disponibilidad comercial, porque sus propiedades se tabulan, en el apéndice E, sólo en sistema inglés.

En el apéndice B se describen detalladamente las técnicas para resolver los problemas, además de una lista de procedimientos técnicos recomendables. El apéndice igualmente incluye secciones sobre homogeneidad dimensional y dígitos significativos. Esos temas son importantes porque toda ecuación debe ser dimensionalmente homogénea y cada resultado numérico se debe expresar con los dígitos significativos convenientes. En este libro, los resultados numéricos definitivos se presentan con tres dígitos significativos, cuando un número comienza con los dígitos 2 a 9, y con cuatro dígitos significativos cuando un número comienza con el dígito 1. Con frecuencia se anotan valores intermedios con dígitos adicionales, para no perder exactitud numérica por errores de redondeo.

1.2 ESFUERZO Y DEFORMACIÓN UNITARIA NORMALES

Los conceptos más fundamentales en la mecánica de materiales son **esfuerzo** y **deformación unitaria**. Esos conceptos se pueden ilustrar en su forma más elemental imaginando una barra prismática sometida a fuerzas axiales. Una **barra prismática** es un miembro estructural recto que tiene la misma sección transversal en toda su longitud, y una **fuerza axial** es una carga dirigida a lo largo del eje del miembro; puede causar tensión (o *tracción*) o compresión en la barra. En la figura 1-1 se muestran dos ejemplos en los que la barra de remolque es un miembro prismático en tensión y el poste del tren de aterrizaje es un miembro en compresión. Entre otros ejemplos están los miembros de una armadura de puente, las bielas de los motores de automóviles, los rayos de las ruedas de bicicleta, las columnas en los edificios y los puntales de las alas de aviones pequeños.

Para fines explicativos nos fijaremos en la barra de remolque de la figura 1-1 y aislaremos un segmento de ella como un cuerpo libre

FIG. 1-1 Miembros estructurales sometidos a cargas axiales (la barra de remolque está en tensión, y el poste del tren de aterrizaje está en compresión).

Poste del tren de aterrizaje

Barra de remolque

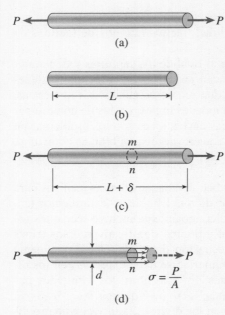

FIG. 1-2 Barra prismática en tensión: (a) diagrama de cuerpo libre de un segmento de la barra; (b) segmento de la barra antes de cargarlo; (c) segmento de la barra después de cargarlo y (d) esfuerzos normales en la barra.

(figura 1-2a). Al trazar este diagrama de cuerpo libre no tomamos en cuenta el peso de la barra misma, y supondremos que las únicas fuerzas activas son las fuerzas axiales P en los extremos. A continuación consideraremos dos vistas de la barra, la primera que muestra la misma *antes* de aplicarle las cargas (figura 1-2b) y la segunda que la muestra *después* de que se aplicaron las cargas (figura 1-2c). Nótese que la longitud original de la barra se representa con la letra L y que el aumento de longitud debido a las cargas se representa por la letra griega δ (delta).

Las acciones internas en la barra quedan al descubierto si hacemos un corte imaginario que atraviese la barra en la sección *mn* (figura 1-2c). Como esta sección se toma perpendicular al eje longitudinal de la barra, se llama **sección transversal** o **corte transversal**.

Ahora aislamos la parte de la barra a la izquierda de la sección transversal *mn* como un cuerpo libre (figura 1-2d). En el extremo derecho de este cuerpo libre (sección *mn*) se indica la acción de la parte que quitamos (esto es, la parte a la derecha de la sección *mn*) sobre la parte que queda. Esta acción consiste en *esfuerzos* distribuidos en forma continua que actúan sobre todo el corte transversal y la fuerza axial P que actúa en el corte transversal, es la *resultante* de esos esfuerzos (la fuerza resultante se representa con una línea interrumpida en la figura 1-2d).

El **esfuerzo** tiene unidades de fuerza por unidad de área y se representa con la letra σ (sigma). En general, los esfuerzos σ que actúan sobre una superficie plana pueden ser uniformes en el área o pueden variar de intensidad de un punto a otro. Supongamos que los esfuerzos que actúan sobre el corte transversal *mn* (figura 1-2d) están *uniformemente distribuidos* en el área. Entonces, la resultante de esos esfuerzos debe ser igual a la magnitud del esfuerzo multiplicada por el área transversal A de la barra; esto es, $P = \sigma A$. En consecuencia, se obtiene la siguiente ecuación para determinar la magnitud de los esfuerzos:

$$\sigma = \frac{P}{A} \tag{1-1}$$

Esta ecuación expresa la intensidad del esfuerzo uniforme en una barra prismática con carga axial de forma arbitraria en su corte transversal.

Cuando la barra se estira debido a las fuerzas P, los esfuerzos son **esfuerzos de tensión** o **esfuerzos de tracción**; si las fuerzas tienen dirección contraria y hacen que la barra se comprima, se trata de **esfuerzos de compresión**. Siempre que los esfuerzos actúen en una dirección perpendicular a la superficie del corte, se llaman **esfuerzos normales**. Así, los esfuerzos normales pueden ser de tensión o de compresión. En la sección 1.6 veremos otra clase de esfuerzos, llamados *esfuerzos cortantes*, que actúan paralelos a la superficie.

Cuando se requiere tener una **convención de signos** de esfuerzos normales, se acostumbra definir los esfuerzos de tensión como positivos y los de compresión como negativos.

Como el esfuerzo normal σ se obtiene dividiendo la fuerza axial entre el área transversal, sus **unidades** son de fuerza por unidad de área. Cuando se usan unidades inglesas, se acostumbra expresar el esfuerzo en libras por pulgada cuadrada (lb/pulg^2) o en kips por pulgada cuadrada (klb/pulg^2).* Por ejemplo, supongamos que la barra de la figura 1-2 tiene un diámetro d de 2.0 pulgadas, y la carga P tiene una magnitud de 6 kips. Entonces, el esfuerzo en la barra es

$$\sigma = \frac{P}{A} = \frac{P}{\pi d^2/4} = \frac{6\,\text{k}}{\pi(2.0\ \text{pulg})^2/4}$$
$$= 1.91\ \text{klb/pulg}^2\ (\text{o }1\,910\ \text{lb/pulg}^2)$$

En este ejemplo el esfuerzo es de tensión, es decir, positivo.

Cuando se usan unidades SI, la fuerza se expresa en newtons (N) y el área en metros cuadrados (m^2). En consecuencia, las unidades del esfuerzo son newtons por metro cuadrado (N/m^2) o pascales (Pa). Sin embargo, el pascal es una unidad de esfuerzo tan pequeña, que es necesario trabajar con múltiplos grandes, por lo general megapascales (MPa).

Para demostrar que el pascal es muy pequeño, sólo hay que observar que se necesitan casi 7 000 pascales para igualar un lb/pulg^2.** Así, el esfuerzo en la barra del ejemplo anterior (1.91 klb/pulg^2) equivale a 13.2 MPa, o sea 13.2 $\times$ 10^6 pascales. Aunque no se recomienda en el SI, a veces se encontrarán esfuerzos expresados en newtons por milímetro cuadrado (N/mm^2), que son numéricamente iguales a los megapascales (MPa).

Limitaciones

La ecuación $\sigma = P/A$ sólo es válida si el esfuerzo está uniformemente distribuido sobre la sección transversal de la barra. Esta condición se realiza cuando la fuerza axial P actúa pasando por el centroide del área transversal, como se probará más adelante. Cuando la carga P no pasa por el centroide, se tiene una flexión de la barra y es necesario un análisis más complicado (véase las secciones 5.12 y 11.5). Sin embargo, en el libro (y en la práctica normal) se entiende que las fuerzas axiales se aplican en los centroides de los cortes transversales, a menos que se indique específicamente otra cosa.

La condición de esfuerzo uniforme representada en la figura 1-2d se da en toda la longitud de la barra, excepto cerca de sus extremos. La distribución del esfuerzo en el extremo de una barra depende de cómo se transmita la carga P a la barra. Si sucede que la carga está uniformemente distribuida en el extremo, la pauta de los esfuerzos en ese extremo será igual que en cualquier otro lugar. Sin embargo, lo más probable es que la carga se transmita a través de un pasador o de un perno y produzca esfuerzos muy localizados llamados **concentraciones de esfuerzo**.

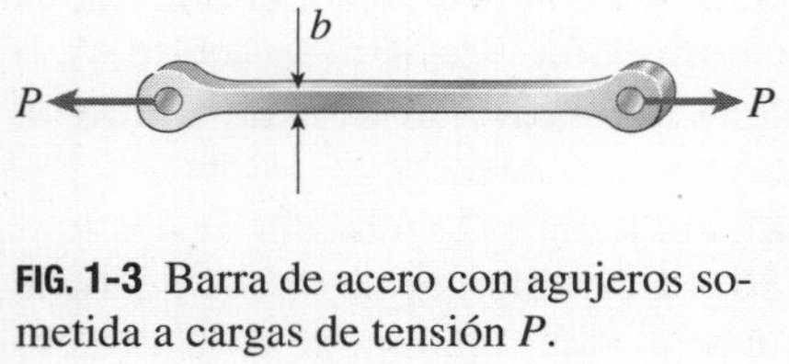

En la figura 1-3 se muestra una posibilidad. En este caso, las cargas P se transmiten a la barra mediante pasadores que atraviesan los barrenos (ojos, argollas o cáncamos) en los extremos de la barra. Así, las fuerzas que se indican en la figura 1-3 en realidad son las resultantes de presiones de carga entre los pasadores y la barra y la distribución de esfuerzos en torno a los barrenos es bastante compli-

FIG. 1-3 Barra de acero con agujeros sometida a cargas de tensión P.

---

*Un kip, o kilolibra, es igual a 1 000 lb.

**En la tabla A-5 del apéndice A aparece la lista de los factores de conversión entre unidades inglesas y unidades SI.

cada. Sin embargo, a medida que nos alejamos de los extremos y avanzamos hacia el centro de la barra, en general la distribución de esfuerzos tiende paulatinamente hacia la distribución uniforme representada en la figura 1-2d.

Como regla práctica, se puede usar la fórmula $\sigma = P/A$, con bastante exactitud en cualquier punto dentro de una barra prismática que esté alejada de la concentración de esfuerzos a una distancia que sea por lo menos igual a la dimensión lateral máxima de la barra. En otras palabras, la distribución de esfuerzos en la barra de argollas de la figura 1-3 es uniforme a distancias b o mayores de los extremos ampliados, siendo b el ancho de la barra, y la distribución de esfuerzos en la barra prismática de la figura 1-2 es uniforme a distancias d o mayores de los extremos, siendo d el diámetro de la barra (figura 1-2d). En la sección 2.10 aparecen descripciones más detalladas de las concentraciones de esfuerzo producidas por cargas axiales.

Naturalmente, aun cuando el esfuerzo *no esté* distribuido uniformemente, la ecuación $\sigma = P/A$ puede seguir siendo de utilidad, porque expresa el esfuerzo normal *promedio* sobre el corte transversal.

Deformación unitaria normal

Como vimos, una barra recta cambia de longitud cuando se carga axialmente y se alarga cuando está en tensión y se comprime cuando está en compresión. Por ejemplo, imaginemos de nuevo la barra prismática de la figura 1-2. El alargamiento o elongación δ de esa barra (figura 1-2c) es el resultado acumulado de elongar todos los elementos de material en todo el volumen de la barra. Entonces, si consideramos la mitad de la barra (longitud $L/2$), tendrá un alargamiento igual a $\delta/2$, y si consideramos la cuarta parte de la barra, tendrá un alargamiento igual a $\delta/4$.

En general, la elongación de un segmento es igual a su longitud dividida entre la longitud total L y multiplicado por el alargamiento total δ. En consecuencia, una unidad de longitud de la barra tendrá una elongación igual a $1/L$ por δ. A esta cantidad se le llama **deformación unitaria** y se representa con la letra griega ϵ (épsilon). Se ve que la deformación unitaria se expresa con la ecuación

$$\epsilon = \frac{\delta}{L} \tag{1-2}$$

Si la barra está en tensión, esa deformación se llama **deformación unitaria en tensión** y representa un estiramiento o alargamiento del material. Si la barra está en compresión, la deformación unitaria es una **deformación unitaria en compresión** y la barra se acorta. A la deformación unitaria ϵ se le llama **deformación normal unitaria**, porque se relaciona con los esfuerzos normales.

Ya que la deformación normal unitaria es la relación de dos longitudes, resulta en una **cantidad adimensional**, es decir, no tiene unidades. En consecuencia, la deformación unitaria sólo se expresa con un número que es independiente de cualquier sistema de unidades. Los valores numéricos de la deformación unitaria suelen ser muy pequeños, porque las barras fabricadas con materiales estructurales sólo sufren pequeños cambios de longitud cuando se someten a cargas.

Por ejemplo, imaginemos una barra de acero de 2.0 m de longitud. Cuando se carga demasiado en tensión, la barra se podría alargar 1.4 mm, lo que significa que la deformación unitaria es

$$\epsilon = \frac{\delta}{L} = \frac{1.4 \text{ mm}}{2.0 \text{ m}} = 0.0007 = 700 \times 10^{-6}$$

En la práctica, a veces se anotan las unidades originales de δ y L en la deformación unitaria y entonces su valor aparece en formas como mm/m, μm/m y pulg/pulg. Por ejemplo, la deformación unitaria ϵ en el ejemplo anterior, se podría dar como 700 μm/m o 700×10^{-6} pulg/pulg. A veces la deformación unitaria se expresa en unidades porcentuales, en especial cuando esas deformaciones son grandes (en el ejemplo anterior, la deformación unitaria es 0.07 por ciento).

Esfuerzo y deformación unitaria uniaxial

Las definiciones de esfuerzo normal y deformación normal unitaria se basen en consideraciones puramente estáticas y geométricas, lo que equivale a que las ecuaciones (1-1) y (1-2) se pueden usar para cargas de cualquier magnitud y para cualquier material. El requisito principal es que la deformación de la barra sea uniforme en todo su volumen, lo cual a su vez requiere que la barra sea prismática, que las cargas actúen atravesando los centroides de las secciones transversales y que el material sea **homogéneo**, esto es, que sea el mismo en todas las partes de la barra. Al estado resultante de esfuerzo y deformación unitaria se le llama **esfuerzo y deformación unitaria uniaxial**.

En la sección 2.6 daremos más explicaciones de esfuerzos uniaxiales, incluyendo esfuerzos en direcciones distintas a la dirección longitudinal de la barra. También analizaremos estados más complicados de esfuerzo, como esfuerzo biaxial y esfuerzo plano, en el capítulo 7.

Línea de acción de las fuerzas axiales en una distribución uniforme de esfuerzo

En toda la explicación anterior de esfuerzo y deformación unitaria en una barra prismática hemos supuesto que el esfuerzo normal σ está distribuido uniformemente sobre el corte o sección transversal. Ahora demostraremos que esta condición se cumple si la línea de acción de las fuerzas axiales pasa por el centroide del área transversal.

Imaginemos una barra prismática de una forma arbitraria de su sección transversal, sometida a fuerzas axiales P que producen esfuerzos σ uniformemente distribuidos (figura 1-4a). También sea p_1 el punto en el corte transversal donde la línea de acción de las fuerzas cruza la sección transversal (figura 1-4b). Se define un conjunto de ejes xy en el plano de la sección transversal, las coordenadas del punto p_1 se representan por $\bar{x}$ y $\bar{y}$. Para determinar las coordenadas, se observa que los momentos M_x y M_y de la fuerza P respecto a los ejes x y y, respectivamente, deben ser iguales a los momentos correspondientes de los esfuerzos uniformemente distribuidos.

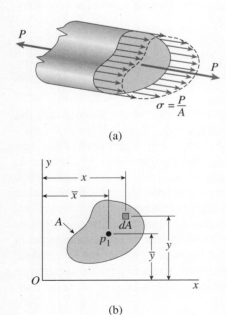

FIG. 1-4 Distribución uniforme de esfuerzos en una barra prismática: (a) fuerzas axiales P y (b) corte transversal de la barra.

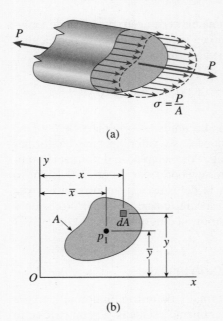

(a)

(b)

FIG. 1-4 (Repetición)

Los momentos de la fuerza P son

$$M_x = P\overline{y} \qquad M_y = -P\overline{x} \qquad \text{(a,b)}$$

donde se considera positivo un momento cuando su vector, de acuerdo con la regla de la mano derecha, actúa en la dirección positiva del eje correspondiente.*

Los momentos de los esfuerzos distribuidos se obtienen integrando sobre el área transversal A. La fuerza diferencial que actúa sobre un elemento de área dA (figura 1-4b) es igual a σdA. Los momentos de esta fuerza elemental respecto a los ejes x y y son $\sigma y dA$ y $-\sigma x dA$, respectivamente, siendo x y y las coordenadas del elemento dA. Los momentos totales se obtienen integrando sobre el área transversal:

$$M_x = \int \sigma y \, dA \qquad M_y = -\int \sigma x \, dA \qquad \text{(c,d)}$$

Estas ecuaciones dan como resultado los momentos producidos por los esfuerzos σ.

A continuación igualamos los momentos M_x y M_y que obtuvimos con la fuerza P (ecuaciones a y b) con los momentos que obtuvimos con los esfuerzos distribuidos (ecuaciones c y d):

$$P\overline{y} = \int \sigma y \, dA \qquad P\overline{x} = \int \sigma x \, dA$$

Como los esfuerzos σ están uniformemente distribuidos, se sabe que son constantes sobre el área transversal A, y pueden salir de los signos de la integral. También sabemos que σ es igual a P/A. Por consiguiente, llegamos a las siguientes fórmulas para las coordenadas del punto p_1:

$$\overline{y} = \frac{\int y \, dA}{} \qquad \overline{x} = \frac{\int x \, dA}{} \qquad \text{(1-3a,b)}$$

Estas ecuaciones son las mismas que definen las coordenadas del centroide de un área (véase las ecuaciones 12-3a y b, en el capítulo 12). Así, hemos llegado a una conclusión importante: *Para que exista tensión o compresión uniforme en una barra prismática, la fuerza axial debe actuar a través del centroide del área transversal.* Como se explicó antes, siempre se supone que se cumplen esas condiciones, a menos que se indique otra cosa en forma específica.

Los ejemplos que siguen ilustran el cálculo de esfuerzos y deformaciones en barras prismáticas. En el primer ejemplo no se tiene en cuenta el peso de la barra, y en el segundo sí se incluye (al resolver los problemas del texto, se acostumbra omitir el peso de la estructura, a menos que se indique hacerlo).

---

* Para visualizar la regla de la mano derecha, imagine el lector que sujeta un eje de coordenadas con su mano derecha, de tal manera que sus dedos rodeen al eje y su pulgar apunte en la dirección positiva. Un momento es positivo si actúa sobre el eje en la misma dirección que sus dedos.

Ejemplo 1-1

Un poste pequeño, construido con un tubo circular hueco de aluminio, soporta una carga de compresión de 26 kips (figura 1-5). Los diámetros interno y externo del tubo son $d_1 = 4.0$ pulg y $d_2 = 4.5$ pulg, respectivamente, y su longitud es 16 pulg. Se mide el acortamiento del poste debido a la carga y resulta ser de 0.012 pulg.

Determinar el esfuerzo y la deformación unitaria de compresión en el poste (no tenga en cuenta el peso del poste mismo y suponga que el poste no se pandea bajo la carga).

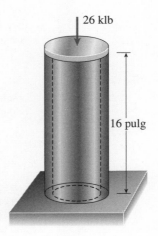

26 klb

16 pulg

FIG. 1-5 Ejemplo 1-1. Poste de aluminio hueco en compresión.

Solución

Suponiendo que la carga de compresión actúa en el centro del tubo hueco, se puede usar la ecuación $\sigma = P/A$ (ecuación 1-1) para calcular el esfuerzo normal. La fuerza P es igual a 26 klb (es decir, 26 000 lb) y el área transversal A es

$$A = \frac{\pi}{4}\left(d_2^2 - d_1^2\right) = \frac{\pi}{4}\left[(4.5 \text{ pulg})^2 - (4.0 \text{ pulg})^2\right] = 3.338 \text{ pulg}^2$$

En consecuencia, el esfuerzo de compresión en el poste es

$$\sigma = \frac{P}{A} = \frac{26\ 000 \text{ lb}}{3.338 \text{ pulg}^2} = 7\ 790 \text{ lb/pulg}^2 \quad \Longleftarrow$$

La deformación unitaria de compresión (de acuerdo con la ecuación 1-2) es

$$\epsilon = \frac{\delta}{L} = \frac{0.012 \text{ pulg}}{16 \text{ pulg}} = 750 \times 10^{-6} \quad \Longleftarrow$$

De este modo se han calculado el esfuerzo y la deformación unitaria en el poste.

Nota: como dijimos, la deformación unitaria es una cantidad adimensional y no se necesitan unidades. Sin embargo con frecuencia se le asignan unidades para tener mayor claridad. En este ejemplo se podría indicar que ϵ es 750×10^{-6} pulg/pulg, o 750 μpulg/μpulg.

Ejemplo 1-2

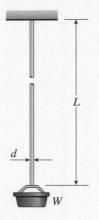

FIG. 1-6 Ejemplo 1-2. Varilla de acero que sostiene un peso W.

Una varilla redonda de acero de longitud L y diámetro d cuelga en un tiro de mina y sostiene una canasta de mineral con peso W en su extremo inferior (figura 1-6).

a) Deducir una fórmula del esfuerzo máximo $\sigma_{máx}$ en la varilla, teniendo en cuenta el peso de la varilla misma.

b) Calcular el esfuerzo máximo si $L = 40$ m, $d = 8$ mm y $W = 1.5$ kN.

Solución

a) La fuerza axial máxima $F_{máx}$ en la varilla está en el extremo superior, y es igual al peso W de la canasta más el peso W_0 de la varilla misma. Este último es igual a la densidad gravimétrica, o densidad de peso γ, del acero, multiplicada por el volumen V de la varilla, o sea

$$W_0 = \gamma V = \gamma A L \qquad (1\text{-}4)$$

donde A es el área transversal de la varilla. En consecuencia, la fórmula para determinar el esfuerzo máximo (de acuerdo con la ecuación 1-1) es

$$\sigma_{máx} = \frac{F_{máx}}{A} = \frac{W + \gamma A L}{A} = \frac{W}{A} + \gamma L \qquad (1\text{-}5) \quad \Longleftarrow$$

b) Para calcular el esfuerzo máximo, se sustituyen los valores numéricos en la ecuación anterior. El área transversal A es igual a $\pi d^2/4$, siendo $d = 8$ mm, y la densidad de peso γ del acero es 77.0 kN/m^3 (de acuerdo con la tabla H-1 en el apéndice H). Así,

$$\sigma_{máx} = \frac{1.5 \text{ kN}}{\pi (8 \text{ mm})^2/4} + (77.0 \text{ kN/m}^3)(40 \text{ m})$$

$$= 29.8 \text{ MPa} + 3.1 \text{ MPa} = 32.9 \text{ MPa} \qquad \Longleftarrow$$

En este ejemplo, el peso de la varilla contribuye notablemente al esfuerzo máximo y no debe despreciarse.

1.3 PROPIEDADES MECÁNICAS DE LOS MATERIALES

El diseño de máquinas y estructuras requiere, para su correcto funcionamiento, que comprendamos el **comportamiento mecánico** de los materiales que se utilicen. En el caso ordinario, la única forma de determinar cómo se comportan los materiales cuando se someten a cargas, es efectuar experimentos en el laboratorio. El procedimiento normal es colocar probetas (o especímenes o muestras) pequeñas del material en máquinas de prueba, aplicar las cargas y medir entonces las deformaciones resultantes (a través de cambios

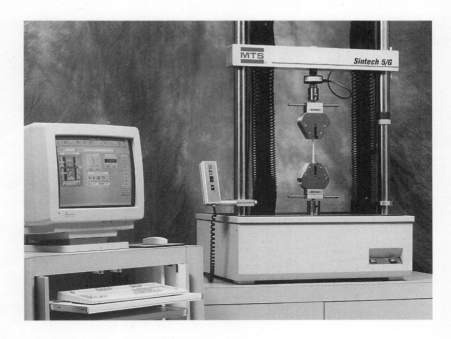

FIG. 1-7 Máquina de pruebas de tensión con
sistema automático de procesamiento de datos.
(Cortesía de MTS Systems Corporation.)

de longitud y cambios de diámetro en la sección transversal de las
muestras). La mayor parte de los laboratorios de ensayo de materiales cuentan con máquinas capaces de someter especímenes a cargas
en diversas formas, incluyendo cargas estáticas y dinámicas en tensión y en compresión.

Una **máquina de pruebas de tensión** característica se ve en la
figura 1-7. El espécimen de prueba se instala entre los dos sujetadores grandes de la máquina y a continuación se carga en tensión.
Las deformaciones se registran por medio de dispositivos de medición y con sistemas de control automático y de procesamiento de
datos (a la izquierda de la fotografía) se tabulan y se grafican los
resultados.

En la figura 1-8 se aprecia una vista más detallada de una **probeta** o **espécimen de prueba de tensión**. Los extremos del espécimen circular están agrandados en el lugar donde ajustan en los
sujetadores, para que si existe una falla no suceda cerca de esos sujetadores. Si se tuviera una falla cerca de los extremos, no se obtendría la información deseada acerca del material, porque indicaría
que la distribución del esfuerzo no es uniforme, como se explicó en
la sección 1.2. En un espécimen bien diseñado, se presentará una
falla en la parte prismática de la muestra, donde la distribución de
esfuerzo es uniforme y la barra sólo está sometida a la tensión pura.
Este caso, se muestra en la figura 1-8, que el espécimen de acero
acaba de fracturarse bajo la carga. El dispositivo de la izquierda,
que se fija al espécimen con dos brazos, es un **extensómetro** (o
elongámetro o extensímetro) que mide el alargamiento durante la
carga.

FIG. 1-8 Espécimen típico para pruebas de tensión con un extensómetro fijado a él: el espécimen acaba de fracturarse en tensión. (Cortesía de MTS Systems Corporation.)

Para que los resultados de la prueba sean comparables, se deben normalizar ("estandarizar") las dimensiones de los especímenes de prueba y los métodos de aplicación de las cargas. Una de las principales organizaciones normativas en Estados Unidos es la *American Society for Testing and Materials* (ASTM), una sociedad técnica que publica especificaciones y normas para materiales y pruebas. Otras organizaciones de normalización son la *American Standards Association* (ASA) y el *National Institute of Standards and Technology* (NIST). En otros países existen organizaciones similares.

El espécimen de tensión normal según ASTM tiene un diámetro de 0.505 pulg, y una **longitud calibrada** de 2.0 pulg entre las marcas de calibración, que son los puntos donde se fijan los brazos del extensómetro al espécimen (véase la figura 1-8). Al iniciar el ensayo, se mide y se registra la carga axial, ya sea en forma automática o leyendo un indicador. En forma simultánea se mide el alargamiento en la longitud calibrada con métodos mecánicos como el que se ve en la figura 1-8 o con extensómetros (o deformímetros o calibradores de deformación) de resistencia eléctrica.

En una **prueba estática,** la carga se aplica en forma gradual la *rapidez* de la carga no tiene interés porque no afecta el comportamiento del espécimen. Sin embargo, en una **prueba dinámica** la carga se aplica con rapidez y a veces en forma cíclica. Como la naturaleza de una carga dinámica afecta las propiedades de los materiales, también se debe medir la velocidad o tasa de carga.

Las **pruebas de compresión** en materiales se acostumbran realizar en pequeños especímenes en forma de cubo o de cilindro circular. Por ejemplo, los cubos pueden tener 2.0 pulg de lado y los cilindros pueden tener 1 pulg de diámetro, y longitudes de 1 a 12 pulg. Se miden tanto la carga que aplica la máquina, como el acortamiento del espécimen. El acortamiento se debe medir sobre una longitud calibrada que sea menor que la longitud total del espécimen para eliminar los efectos en los extremos.

El concreto se ensaya en compresión cuando se usa en proyectos importantes de construcción, para asegurar haber obtenido la resistencia requerida. Una clase de probeta de concreto tiene 6 pulg de diámetro, 12 pulg de longitud y 28 días de edad (la edad del concreto es importante, porque aumenta su resistencia a medida que fragua o se cura). Se usan especímenes parecidos, pero algo menores, cuando se hacen pruebas de compresión en rocas (figura 1-9).

Diagramas esfuerzo-deformación unitaria

En general, los resultados de las pruebas dependen de las dimensiones del espécimen que se esté probando. Como no es probable que se diseñe una estructura que tenga sus partes con el mismo tamaño que los especímenes de prueba, se deben expresar los resultados de las pruebas en una forma que se apliquen a miembros de cualquier tamaño. Una forma sencilla de lograr este objetivo es convertir los resultados de la prueba en esfuerzos y deformaciones unitarias.

El esfuerzo axial σ en un espécimen de prueba se calcula dividiendo la carga axial P entre el área transversal A (ecuación 1-1). Cuando en el cálculo se usa el área inicial del espécimen, al esfuerzo se le llama **esfuerzo nominal** (también *esfuerzo convencional*, *esfuerzo tecnológico* o *esfuerzo ingenieril*). Un valor más exacto del esfuerzo axial se llama **esfuerzo real** o **esfuerzo verdadero** y se puede calcular a partir del área real de la barra, en su sección transversal donde sucede la fractura. Como el área real en una prueba de tensión siempre es menor que el área inicial (como se ve en la figura 1-8), el esfuerzo real es mayor que el esfuerzo nominal.

La deformación unitaria axial promedio ϵ en el espécimen de prueba se determina dividiendo el alargamiento medido δ entre las marcas de calibración, entre la longitud calibrada L (véase la figura 1-8 y la ecuación 1-2). Si en el cálculo se usa la longitud calibrada inicial (por ejemplo 2.0 pulg), se obtiene la **deformación unitaria nominal**. Ya que la distancia entre las marcas de calibración aumenta a medida que se aplica la carga de tensión, se puede calcular la **deformación unitaria real** (o **verdadera**, o *deformación unitaria natural*) en cualquier valor de la carga, usando la distancia real entre las marcas de calibración. En tensión, la deformación unitaria real siempre es menor que la nominal. Sin embargo, para la mayor parte de los fines técnicos son adecuados el esfuerzo nominal y la deformación unitaria nominal, como se explicará más adelante.

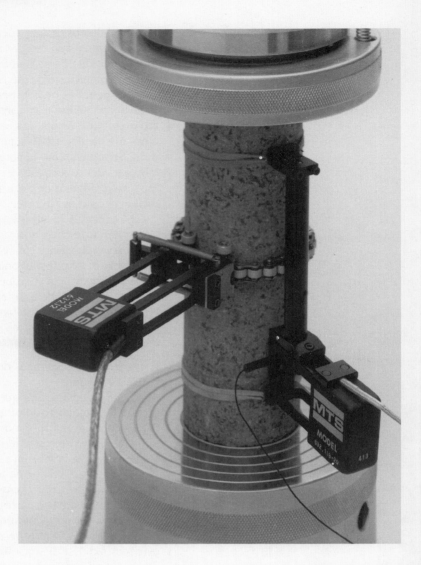

FIG. 1-9 Muestra de roca en una prueba de compresión. (Cortesía de MTS Systems Corporation.)

Después de hacer una prueba de tensión o de compresión y de determinar el esfuerzo y la deformación con distintas magnitudes de la carga, se puede trazar un diagrama de esfuerzo en función de deformación unitaria. Ese diagrama **esfuerzo-deformación unitaria** es una característica del material que se prueba en particular y contiene información importante acerca de las propiedades y comportamiento mecánico de materiales ingenieriles.*

El primer material que describiremos será el **acero dulce o estructural**, llamado también *acero suave*, *acero común* o *acero al bajo carbono*. El acero dulce es uno de los materiales de aplicación más extensa y se le encuentra en edificios, puentes, grúas, barcos, torres, vehículos y muchas otras construcciones. En la figura 1-10 se muestra el diagrama esfuerzo-deformación unitaria en tensión, de un acero estructural característico. Las deformaciones unitarias se grafi-

_____

* Los diagramas esfuerzo-deformación unitaria fueron inventados por Jacob Bernoulli (1654-1705) y por J. V. Poncelet (1788-1867); véase la referencia 1-4.

can en el eje horizontal y los esfuerzos en el eje vertical (para mostrar todas las propiedades importantes de este material no se trazó a escala el eje de las deformaciones unitarias, en la figura 1-10).

El diagrama comienza con una recta desde el origen O hasta el punto A, que indica que la relación entre esfuerzo y deformación unitaria, en esta región inicial, no sólo es *lineal** sino también proporcional.* Después del punto A ya no existe la proporcionalidad entre esfuerzo y deformación unitaria; en consecuencia, el esfuerzo en A se llama **límite de proporcionalidad** o **límite proporcional**. Para los aceros al bajo carbono este límite está en el intervalo de 30 a 50 klb/pulg^2 (210 a 350 MPa); pero los aceros de alta resistencia (con mayor contenido de carbono y otros elementos aleantes) pueden tener límites de proporcionalidad mayores de 80 klb/pulg^2 (550 MPa). La pendiente de la recta de O a A se llama **módulo de elasticidad** o **módulo de Young**. Como las unidades de la pendiente son esfuerzo dividido entre deformación unitaria, el módulo de elasticidad tiene las mismas unidades que el esfuerzo (el módulo de elasticidad se explicará en la sección 1.5).

Al aumentar el esfuerzo más allá del límite de proporcionalidad, la deformación comienza a aumentar con mayor velocidad para cada incremento de esfuerzo. En consecuencia, la curva esfuerzo-deformación unitaria tiene una pendiente cada vez mayor hasta que, en el punto B, la curva se vuelve horizontal (véase la figura 1-10). A partir de este punto, hay un alargamiento considerable del espécimen de prueba, sin que aumente en forma perceptible la fuerza de tensión (de B a C). A este fenómeno se le llama **fluencia** o **cedencia** del material y el punto B se llama **punto de fluencia**. El esfuerzo correspondiente es el **esfuerzo de fluencia** o **de cedencia** del acero.

En la región de B a C (figura 1-10), el material se vuelve **perfectamente plástico**, esto es, que se deforma sin que aumente la

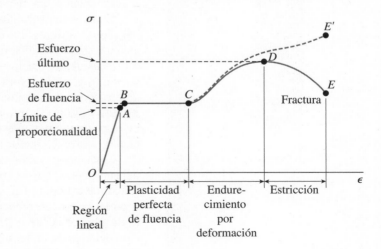

FIG. 1-10 Diagrama esfuerzo-deformación unitaria (no a escala) para un acero estructural característico en tensión.

---

* Se dice que dos variables son *proporcionales* si su relación permanece constante. Por consiguiente, una relación proporcional se puede representar por una recta que pase por el origen. Sin embargo, no es lo mismo una relación proporcional que una relación *lineal*. Aunque una relación proporcional es lineal, no necesariamente es cierto lo inverso, porque una relación que se represente con una línea recta que *no* pase por el origen es lineal, pero no es proporcional. La expresión "directamente proporcional", de uso frecuente, es sinónimo de "proporcional". (Ref. 1-5.)

Carga

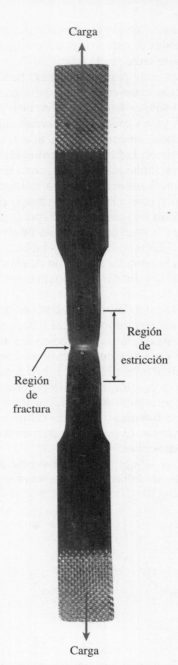

Región
de
estricción

Región
de
fractura

Carga

FIG. 1-11 Estricción de una barra de
acero dulce en tensión.

carga aplicada. El alargamiento de un espécimen de acero dulce en la
región perfectamente plástica suele ser de 10 a 15 veces el que hay
en la región elástica (entre el inicio de la carga y el límite de proporcionalidad). La presencia de deformaciones unitarias muy grandes
en la región plástica (y después de ella) es la razón por lo que ese
diagrama no está graficado a escala.

Después de sufrir grandes deformaciones unitarias presentes en
la región *BC*, el acero comienza a **endurecerse por deformación** (o
"por deformación en frío" o "por deformación por trabajo"). En el
endurecimiento por deformación el material sufre cambios en su estructura cristalina y el resultado es mayor resistencia del material
contra deformaciones mayores. El alargamiento del espécimen de
prueba en esta región requiere que aumente la carga de tensión y en
consecuencia el diagrama de esfuerzo-deformación unitaria tiene
una pendiente positiva de *C* a *D*. Al final, la carga llega a su valor
máximo y el esfuerzo correspondiente (en el punto *D*) se llama **esfuerzo último**. Al estirar más la barra se presenta en realidad una
reducción de la carga, y la barra termina por fracturarse en un punto
como el punto *E* de la figura 1-10.

El esfuerzo de fluencia y el esfuerzo último de un material se
llaman también **resistencia de fluencia** y **resistencia última**, respectivamente. La **resistencia** es un término general, que en este caso
indica la capacidad de una estructura para resistir cargas. Por ejemplo, la resistencia de fluencia de una viga tiene la magnitud de la
carga que se requiere para causar la fluencia de la viga. La resistencia última de una armadura es la carga máxima que puede soportar,
esto es, la carga de falla. Sin embargo, cuando se hace una prueba de
tensión de un material en particular se define la capacidad de carga
mediante los esfuerzos en el espécimen y no con las cargas totales
que actúan sobre el espécimen. En consecuencia, en el caso normal,
la resistencia de un material se expresa como un esfuerzo.

Cuando se estira una probeta, se efectúa una **contracción lateral**, como dijimos. La disminución resultante del área transversal
es demasiado pequeña para tener un efecto apreciable sobre los valores calculados de los esfuerzos hasta llegar aproximadamente a
un punto *C* en la figura 1-10. Más allá de ese punto, la reducción
de área comienza a alterar la forma de la curva. En la cercanía del
esfuerzo último, la reducción del área de la barra se hace visible
claramente y hay una **estricción** (o estrangulamiento, formación de
cuello o estrechamiento) de la barra (véanse las figuras 1-8 y 1-11).

Calculando el esfuerzo del área transversal real en la parte angosta
del cuello se obtiene la **curva de esfuerzo real-deformación unitaria**
(línea interrumpida *CE′* de la figura 1-10). La carga total que puede
soportar la barra se reduce después de haber llegado al esfuerzo último
(indicado por la curva *DE*), pero esta reducción se debe a la disminución del área de la barra y no a una caída de la resistencia misma del
material. En realidad, el material resiste un aumento en el esfuerzo real
hasta llegar a la falla (punto *E′*). Como se espera que la mayor parte de
las estructuras funcionen con esfuerzos menores que el límite de proporcional, la **curva de esfuerzo convencional-deformación unitaria**,
OABCDE, que se basa en el área transversal original del espécimen y
es fácil de determinar, proporciona una información satisfactoria que
se puede usar en el diseño de ingeniería.

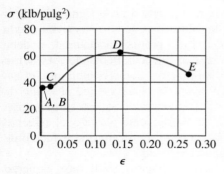

σ (klb/pulg^2)

FIG. 1-12 Diagrama esfuerzo-deformación unitaria de un acero estructural típico en tensión (a escala).

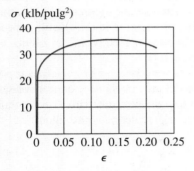

σ (klb/pulg^2)

FIG. 1-13 Diagrama típico de esfuerzo-deformación unitaria de una aleación de aluminio.

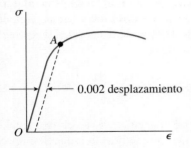

FIG. 1-14 Esfuerzo de fluencia arbitrario, determinado por el método de desplazamiento.

El diagrama de la figura 1-10 muestra las características generales de la curva esfuerzo-deformación unitaria para el acero dulce, pero no son reales las proporciones que allí se ven, como dijimos, ya que la deformación unitaria que se presenta de B a C puede ser más de 10 veces la que se obtiene de O a A. Además, las deformaciones unitarias de C a E son mayores que las de B a C. Las relaciones correctas se muestran en la figura 1-12, donde se observa un diagrama esfuerzo-deformación unitaria para acero dulce, trazado a escala. En esta figura, las deformaciones desde el punto cero hasta el punto A son tan pequeñas en comparación con las que hay del punto A al punto E, que no se pueden ver y parece que la parte inicial del diagrama es una recta vertical.

La presencia de un punto de fluencia definido claramente, seguido por deformaciones plásticas grandes, es una característica importante del acero estructural que a veces se usa en el diseño práctico (véase, por ejemplo, las explicaciones del comportamiento elastoplástico en las secciones 2.12 y 6.10). Los metales que, como el acero estructural, sufren grandes deformaciones *permanentes* antes de fallar, se consideran **dúctiles**. Por ejemplo, la ductilidad es la propiedad que permite doblar una barra de acero y con ella formar un arco circular o un alambre sin que se fracture. Una propiedad apreciada de los materiales dúctiles es que se presentan distorsiones visibles si las cargas aumentan mucho y con ello se tiene una oportunidad de hacer las correcciones antes de que suceda una ruptura real. También, los materiales que tienen un comportamiento dúctil son capaces de absorber cantidades considerables de energía de deformación antes de fracturarse.

El acero estructural es una aleación de hierro con aproximadamente 0.2% de carbono y por consiguiente se considera que es un acero al bajo carbono. Al aumentar el contenido de carbono el acero se vuelve menos dúctil pero más resistente (tiene mayor esfuerzo de fluencia y mayor esfuerzo último). Las propiedades físicas del acero también dependen del tratamiento térmico, la presencia de elementos de aleación y procesos de manufactura como el laminado. Entre otros materiales que se comportan con ductilidad (en ciertas condiciones) están el aluminio, cobre, magnesio, plomo, molibdeno, níquel, latón, bronce, monel, nailon y teflón.

Aunque pueden tener bastante ductilidad, en el caso normal las **aleaciones de aluminio** no tienen un punto de fluencia bien definido, como se ve en el diagrama esfuerzo-deformación unitaria de la figura 1-13. Sin embargo, sí tienen una región inicial lineal reconocible, con su correspondiente proporcionalidad. Las aleaciones producidas para fines estructurales tienen límites de proporcionalidad de 10 a 60 klb/pulg^2 (70 a 410 MPa) y sus esfuerzos últimos son de 20 a 80 klb/pulg^2 (140 a 550 MPa).

Cuando un material no tiene un punto de fluencia bien determinado (como el aluminio) pero sufre grandes deformaciones unitarias después de rebasar el límite de proporcionalidad, se puede determinar un esfuerzo *arbitrario* de fluencia llamado **de fluencia desplazado**. En el diagrama esfuerzo-deformación unitaria se traza una recta paralela a la parte inicial lineal de la curva (figura 1-14), pero desplazada cierta deformación unitaria normalizada, como por ejemplo 0.002 (o sea 0.2%). El cruce de la línea desplazada con la

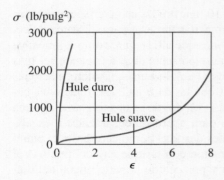

FIG. 1-15 Curvas esfuerzo-deformación unitaria para dos clases de hule en tensión.

curva esfuerzo-deformación unitaria (punto A en la figura) define el esfuerzo de fluencia. Como este esfuerzo se determina con una regla arbitraria y no es una propiedad física propia del material, se debe diferenciar de una resistencia real de fluencia, llamándolo **esfuerzo de fluencia desplazado**. Para un material como el aluminio, el esfuerzo de fluencia desplazado es un poco mayor que el límite de proporcionalidad. En el caso del acero estructural, con su transición abrupta de la región lineal a la de estiramiento plástico, el esfuerzo de fluencia desplazado es prácticamente igual tanto al esfuerzo de fluencia como al límite de proporcionalidad.

El **hule** o **caucho** mantiene una relación lineal entre esfuerzo y deformación unitaria hasta llegar a deformaciones relativamente grandes (comparadas con las de los metales). La deformación unitaria en el límite proporcional puede ser hasta de 0.1 o 0.2 (10 o 20%). Más allá del límite de proporcionalidad, el comportamiento depende de la clase de hule (figura 1-15). Algunos hules suaves se estiran drásticamente sin fallar y llegan a longitudes de varias veces su medida inicial. El material termina por ofrecer cada vez más resistencia a la carga y la curva esfuerzo-deformación unitaria se dobla bastante hacia arriba. Este comportamiento característico del hule se aprecia al estirar una liga con las manos (obsérvese que aunque el hule admite grandes deformaciones unitarias, no es un material dúctil, porque esas deformaciones no son permanentes, si bien, como es obvio, es un material elástico; véase la sección 1.4).

La ductilidad de un material en la tensión se puede caracterizar por su alargamiento y por la reducción del área de su sección transversal, donde sucede la fractura. El **porcentaje de alargamiento** (o porcentaje de elongación o alargamiento porcentual) se define como sigue:

$$\text{Porcentaje de alargamiento} = \frac{L_1 - L_0}{L_0}(100) \qquad (1\text{-}6)$$

donde L_0 es la longitud calibrada original y L_1 es la distancia entre las marcas de calibración en el momento de la fractura. Ya que el alargamiento no es uniforme en toda la longitud del espécimen, sino se concentra en la región de la estricción, el porcentaje de alargamiento depende de la longitud calibrada. En consecuencia, cuando se indica el porcentaje de alargamiento siempre se debe indicar la longitud calibrada. Para una longitud calibrada de dos pulgadas, el acero puede tener un alargamiento del 3 al 40%, dependiendo de su composición. En el caso del acero estructural, son comunes los valores entre 20 y 30%. El alargamiento de las aleaciones de aluminio varía de 1 a 45%, dependiendo de la composición y del tratamiento.

La **reducción porcentual de área** mide la cantidad de estrechamiento que hay, y se define como sigue:

$$\text{Porcentaje de reducción de área} = \frac{A_0 - A_1}{A_0}(100) \qquad (1\text{-}7)$$

en la que A_0 es el área transversal original, y A_1 es el área final, en la sección de fractura. Para los aceros dúctiles, la reducción aproximada es 50 por ciento.

Los materiales que fallan bajo tensión a valores relativamente bajos de deformación unitaria se consideran **frágiles**. Como ejemplos de

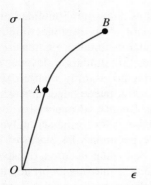

FIG. 1-16 Diagrama típico de esfuerzo-deformación unitaria para un material frágil, mostrando el límite de proporcionalidad (punto *A*) y el esfuerzo de fractura (punto *B*).

materiales frágiles están el concreto, piedra, hierro colado, vidrio, cerámica y varias aleaciones metálicas. Estos materiales fallan sólo con un alargamiento pequeño después del límite de proporcionalidad (el esfuerzo en el punto *A* de la figura 1-16). Además, la reducción en su área es insignificante, por lo que el esfuerzo nominal de fractura (punto *B*) es igual al esfuerzo último real. Los aceros al alto carbono tienen esfuerzos de fluencia muy altos —más de 100 klb/pulg^2 (700 MPa) en algunos casos— pero se comportan en forma frágil y se fracturan con alargamientos de pocos puntos porcentuales.

El **vidrio** ordinario es un material frágil casi ideal, porque casi no tiene ductilidad. La curva esfuerzo-deformación unitaria para el vidrio sometido a tensión es básicamente una recta y la falla se presenta antes de que haya fluencia alguna. El esfuerzo último es unas 10 000 psi (70 MPa) en ciertas clases de vidrio, pero hay grandes variaciones que dependen de la clase de vidrio, el tamaño de la probeta y la presencia de defectos microscópicos. Las **fibras de vidrio** pueden tener altas resistencias y se han alcanzado resistencias últimas de 1 000 000 lb/pulg^2 (7 GPa).

En las estructuras se usan muchos **plásticos** por su peso liviano, resistencia a la corrosión y buenas propiedades de aislamiento eléctrico. Sus propiedades mecánicas varían mucho; algunos son frágiles y otros son dúctiles. Cuando se diseña con plástico es importante considerar que sus propiedades dependen mucho tanto de cambios de temperatura como del paso del tiempo. Por ejemplo, el esfuerzo último de tensión de algunos plásticos baja a la mitad sólo por aumentar la temperatura de 50 °F a 120 °F. Asimismo, un plástico con aplicación de carga puede deformarse en forma gradual, al paso del tiempo, hasta que ya no se puede reparar. Por ejemplo, una barra de cloruro de polivinilo (o policloruro de vinilo, PVC) sometida a una carga de tensión que al inicio le causa una deformación unitaria de 0.005, puede aumentar su deformación unitaria al doble después de una semana, aun cuando la carga permanezca constante. (Este fenómeno se llama *deformación gradual* o *flujo plástico* y la explicaremos en la siguiente sección.)

Los esfuerzos de tensión últimos de los plásticos están, en general, entre los límites de 2 a 50 klb/pulg^2 (14 a 350 MPa) y sus densidades varían de 50 a 90 lb/pie^3 (de 8 a 14 kN/m^3). Una clase de nailon tiene 12 klb/pulg^2 (80 MPa) de esfuerzo último y sólo pesa 70 lb/pie^3 (11 kN/m^3), sólo 12% más denso que el agua. Debido a su poco peso, la relación de resistencia/peso de ese nailon es más o menos igual que la del acero estructural (véase el problema 1.3-4).

Un **material reforzado con filamento**, o **con fibra**, consiste en un material de base (o *matriz*) en el que están embebidos filamentos o fibras. El material compuesto resultante tiene una resistencia mucho mayor que el material de base. Por ejemplo, el uso de fibras de vidrio puede duplicar la resistencia de una matriz de plástico. Los materiales compuestos se usan mucho en aviones, botes, cohetes y vehículos espaciales, donde se requiere alta resistencia y poco peso.

Compresión

Las curvas esfuerzo-deformación unitaria para materiales en compresión difieren de las curvas de tensión. Los metales dúctiles, como

σ (klb/pulg^2)

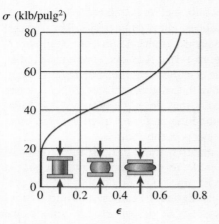

FIG. 1-17 Diagrama esfuerzo-deformación unitaria para el cobre en compresión.

acero, aluminio y cobre, tienen límites de proporcionalidad en compresión muy cercanos a los de tensión y las regiones iniciales de sus diagramas de esfuerzo-deformación unitaria en tensión y en compresión son más o menos iguales. Sin embargo, después de que comienza la fluencia el comportamiento es muy distinto. En una prueba de tensión, el espécimen se estira, puede haber una estricción y finalmente se presenta la fractura. Cuando el material se comprime, se expande hacia fuera en los lados y su forma se vuelve como de barril, porque la fricción entre el espécimen y las placas en los extremos evita la expansión lateral. Al aumentar la carga, el espécimen se aplana y ofrece una resistencia alta a mayores acortamientos, lo cual significa que la curva esfuerzo-deformación unitaria aumenta su pendiente. Esas características se ilustran en la figura 1-17, donde se ve un diagrama esfuerzo-deformación unitaria para el cobre. Ya que el área transversal real de un espécimen probado en compresión es mayor que el área inicial, el esfuerzo real en una prueba de compresión es menor que el esfuerzo nominal.

Los materiales frágiles cargados en compresión suelen tener una región inicial lineal, seguida de una región en la que aumenta el acortamiento con una velocidad un poco mayor que la del aumento de la carga. Las curvas esfuerzo-deformación unitaria para compresión y para tensión tienen, con frecuencia, formas similares, pero los esfuerzos últimos en compresión son mucho mayores que los de tensión. También, a diferencia de los materiales dúctiles, que se aplanan al ser comprimidos, los frágiles se fracturan con la carga máxima.

Tablas de propiedades mecánicas

En el apéndice H y en la parte posterior del libro se presentan listas de propiedades de materiales. Los datos son los característicos y adecuados para resolver los problemas del libro. Sin embargo, las propiedades de los materiales y las curvas de esfuerzo-deformación unitaria pueden variar mucho, aun para el mismo material, debido a distintos procesos de manufactura, composición química, defectos micrométricos y macrométricos, temperatura y muchos otros factores.

Por estas razones, los datos que se obtengan en el apéndice H (o en otras tablas de naturaleza similar) no se deben usar para fines específicos de ingeniería o de diseño. En lugar de ello, se debe consultar a los fabricantes o los proveedores de los materiales para obtener información acerca de un producto.

1.4 ELASTICIDAD, PLASTICIDAD Y FLUJO PLÁSTICO

Los diagramas esfuerzo-deformación unitaria reflejan el comportamiento de los materiales ingenieriles cuando se ensayan en tensión o en compresión, como se describió en la sección anterior. Avanzando un paso más, consideraremos lo que acontece cuando la carga se quita y el material se *descarga*.

Por ejemplo, se aplica una carga a un espécimen de tensión, de tal modo que el esfuerzo y la deformación vayan desde el origen *O* hasta un punto *A* de la curva esfuerzo-deformación unitaria de la fi-

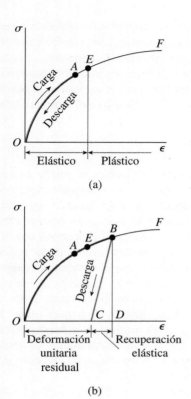

FIG. 1-18 Diagramas esfuerzo-deformación unitaria que ilustran (a) el comportamiento elástico y (b) el comportamiento parcialmente elástico.

gura 1-18a. Además, supongamos que cuando se quita la carga, el material sigue exactamente la curva y regresa al origen O. Esta propiedad del material, por la que regresa a su dimensión original durante la descarga, se llama **elasticidad** y se dice que el material es *elástico*. Nótese que la curva esfuerzo-deformación unitaria no necesita ser lineal de O a A, para que el material sea elástico.

Ahora supongamos que este mismo material se carga hasta un valor mayor, tal que se alcanza el punto B en la curva esfuerzo-deformación unitaria (figura 1-18b). Cuando se descarga partiendo del punto B, el material sigue la línea BC en el diagrama. Esta línea de descarga, es paralela a la parte inicial de la curva de carga; esto es, la línea BC es paralela a una tangente a la curva esfuerzo-deformación unitaria en el origen. Cuando se llega al punto C, la carga se ha quitado por completo, pero en el material queda una **deformación residual** o *deformación permanente*, representada por la línea OC. La consecuencia es que la barra que se prueba es más larga de lo que era antes de la prueba. A este alargamiento residual de la barra se le llama **cedencia permanente** (o deformación permanente o deformación plástica). De la deformación inicial total OD desarrollada durante la carga de O a B, la deformación unitaria CD se ha recuperado elásticamente, y queda la deformación unitaria OC como deformación permanente. Así, durante la descarga, regresa a su forma original en forma parcial, por lo que se dice que el material es **parcialmente elástico**.

Entre los puntos A y B de la curva esfuerzo-deformación unitaria (figura 1-18b) debe haber un punto antes del cual el material sea elástico y después del cual el material sea parcialmente elástico. Para encontrarlo, se somete el material a algún valor seleccionado de esfuerzo y después se quita la carga. Si no hay deformación permanente (esto es, si el alargamiento de la barra regresa a cero), entonces el material es totalmente elástico hasta el valor seleccionado de esfuerzo.

El proceso de carga y descarga se puede repetir con valores cada vez mayores de esfuerzo. Al final se llegará a un esfuerzo tal que no se recupere toda la deformación unitaria durante la descarga. Con este procedimiento es posible determinar el esfuerzo del límite superior de la región elástica; por ejemplo, el esfuerzo en el punto E de las figuras 1-18a y b. En este punto, el esfuerzo se llama **límite elástico** o **límite de elasticidad** del material.

Muchos materiales, entre ellos la mayor parte de los metales, tienen regiones lineales al inicio de sus curvas esfuerzo-deformación unitaria (por ejemplo, véase las figuras 1-10 y 1-13). El esfuerzo en el límite superior de esta región lineal es el límite de proporcionalidad, que se explicó en la sección anterior. El límite elástico suele ser igual o un poco mayor que el límite de proporcionalidad. Por consiguiente, para muchos materiales se asigna el mismo valor numérico a los dos límites. En el caso del acero dulce, el esfuerzo de fluencia también está muy cercano al límite de proporcionalidad, por lo que para fines prácticos el esfuerzo de fluencia, el límite elástico y el límite de proporcionalidad se suponen iguales. Naturalmente este caso no es el de todos los materiales. El hule es un notable ejemplo de un material que es elástico mucho más arriba de su límite de proporcionalidad.

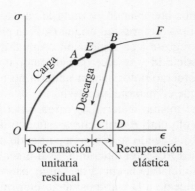

FIG. 1-18b (Repetición).

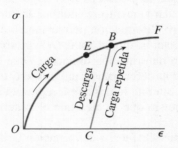

FIG. 1-19 Carga repetida de un material y elevación de los límites elásticos y de proporcionalidad.

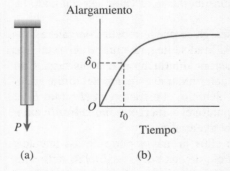

FIG. 1-20 Flujo plástico en una barra bajo carga constante.

La característica de un material por la cual sufre deformaciones inelásticas, mayores que la deformación unitaria en el límite elástico, se llama **plasticidad**. Así, en la curva esfuerzo-deformación unitaria de la figura 1-18a, se tiene una región elástica seguida por una región plástica. Cuando en un material dúctil cargado hasta la región plástica se presentan grandes deformaciones, se dice que el material sufre un **flujo plástico**.

Carga repetida de un material

Si el material trabaja dentro del intervalo elástico, se puede cargar, descargar y volver a cargar sin que cambie su comportamiento en forma apreciable. Sin embargo, cuando se carga hasta el intervalo plástico, se altera su estructura interna y cambian sus propiedades. Por ejemplo, ya hemos observado que se da en el espécimen una deformación unitaria permanente después de descargarlo de la región plástica (figura 1-18b). Ahora supongamos que el material se **vuelve a cargar** después de la descarga (figura 1-19). La carga nueva comienza en el punto C del diagrama y continúa subiendo hasta el punto B, donde comenzó la descarga durante el primer ciclo de carga. Después, el material sigue la curva original de esfuerzo-deformación unitaria hacia el punto F. De este modo, podemos imaginar que para la segunda carga se tiene un nuevo diagrama esfuerzo-deformación unitaria con su origen en el punto C.

Durante la segunda carga, el material se comporta en forma linealmente elástica desde C hasta B, y la pendiente de la recta CB es igual que la pendiente de la tangente a la curva original de carga, en el punto O. Ahora el límite de proporcionalidad está en el punto B, con mayor esfuerzo que el límite elástico original (punto E). De este modo, al estirar un material como acero o aluminio hasta llevarlo al intervalo inelástico, o plástico, *cambian las propiedades del material,* aumenta la región linealmente elástica, aumenta el límite de proporcionalidad y aumenta el límite elástico. Sin embargo, se reduce la ductilidad, porque en el "nuevo material" la cantidad de fluencia más allá del límite elástico (de B a F) es menor que en el material original (de E a F).*

Flujo plástico

Los diagramas esfuerzo-deformación unitaria que se describieron antes se obtuvieron en pruebas de tensión donde intervenían carga y descarga estáticas de las probetas, y en la descripción no entró el paso del tiempo. Sin embargo, cuando se cargan durante largos tiempos, algunos materiales desarrollan deformaciones adicionales y se dice que tienen **flujo plástico** o deformación gradual.

Este fenómeno se manifiesta de varias maneras. Por ejemplo, supongamos que una barra vertical (figura 1-20a) se carga lentamente con una fuerza P y se produce un alargamiento igual a δ_0. Supongamos que la carga y el alargamiento correspondiente se llevan a cabo durante un intervalo que dura t_0 (figura 1-20b). Después del

---

* El estudio del comportamiento de los materiales en diversas condiciones ambientales y de carga es una rama importante de la mecánica aplicada. Para conocer información técnica detallada acerca de los materiales, consulte un libro de texto dedicado sólo a este tema.

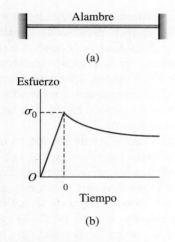

Alambre

(a)

Esfuerzo

σ_0

O

Tiempo

(b)

FIG. 1-21 Relajamiento de esfuerzo en un alambre bajo deformación unitaria constante.

tiempo t_0 la carga permanece constante. Sin embargo, debido al flujo plástico la barra puede alargarse en forma gradual, como se ve en la figura 1-20b, aun cuando no cambie la carga. Este comportamiento lo tienen muchos materiales, aunque a veces el cambio es demasiado pequeño para tener importancia.

Otra forma de interpretar el flujo plástico es la de un alambre que se estira entre dos soportes inmóviles, por lo que tiene un esfuerzo inicial de tensión σ_0 (figura 1-21). De nuevo representaremos por t_0, el tiempo durante el cual se estiró el alambre en un principio. Al paso del tiempo, el esfuerzo en el alambre disminuye en forma gradual y termina por llegar a un valor constante, aunque los soportes en los extremos del alambre no se muevan. A este proceso se le llama **relajación** del material.

El flujo plástico suele ser más importante a temperaturas más elevadas que las ordinarias y en consecuencia siempre se debe tener en cuenta en el diseño de motores, hornos y otras estructuras que funcionen a temperaturas elevadas durante largos periodos. Sin embargo, materiales como el acero, el concreto y la madera se deforman gradualmente aun a temperatura ambiente. Por ejemplo, el flujo plástico del concreto durante largos tiempos puede causar ondulaciones en los tableros de los puentes, por hundimiento o deformación entre los soportes (un remedio es construir el tablero con un **bombeo hacia arriba**, o **coronamiento**, que es un desplazamiento inicial sobre la horizontal, de tal modo que cuando exista flujo plástico, las losas bajen a la posición nivelada).

1.5 ELASTICIDAD LINEAL, LEY DE HOOKE Y RELACIÓN DE POISSON

Muchos materiales estructurales, como la mayor parte de los metales, madera, plásticos y cerámicas, se comportan en forma tanto elástica como lineal cuando se comienzan a cargar. En consecuencia, sus curvas de esfuerzo-deformación unitaria comienzan con una recta que pasa por el origen. Un ejemplo de ello, es la curva esfuerzo-deformación unitaria del acero estructural (figura 1-10), donde la región desde el origen O hasta el límite proporcional (punto A) es tanto lineal como elástica. Otros ejemplos son las regiones bajo los límites de proporcionalidad y elásticos *a la vez*, en los diagramas del aluminio (figura 1-13), los materiales frágiles (figura 1-16) y el cobre (figura 1-17).

Cuando un material se comporta en forma elástica y también presenta una relación lineal entre el esfuerzo y la deformación unitaria, se llama **linealmente elástico**. Esta clase de comportamiento tiene extrema importancia en ingeniería, por una razón obvia: al diseñar estructuras y máquinas que funcionen en esta región uno evita deformaciones permanentes debidas a la fluencia.

Ley de Hooke

La relación lineal entre el esfuerzo y la deformación unitaria en una barra en tensión o compresión simple se expresa con la ecuación

$$\sigma = E\epsilon \tag{1-8}$$

donde σ es el esfuerzo axial, ϵ es la deformación unitaria axial y E es una constante de proporcionalidad llamada **módulo de elasticidad**, **módulo elástico**. El módulo de elasticidad es la pendiente del diagrama esfuerzo-deformación unitaria en la región linealmente elástica, como dijimos en la sección 1.3. Como la deformación unitaria es adimensional, las unidades de E son iguales a las unidades del esfuerzo. Las unidades normales de E son psi o ksi en el sistema inglés y pascales (o sus múltiplos) en el sistema SI.

La ecuación $\sigma = E\epsilon$ se acostumbra llamar **ley de Hooke**, en honor de Robert Hooke (1635-1703), famoso científico inglés. Fue el primero en investigar en forma científica las propiedades elásticas de los materiales, y ensayó materiales tan diversos como metales, maderas, piedras, huesos y nervios o tendones. Midió el estiramiento de alambres largos que sostenían pesos y observó que los alargamientos "siempre guardan entre sí la misma proporción que los pesos que los causaron" (Ref. 1-6). De este modo, Hooke estableció la relación lineal entre las cargas aplicadas y los alargamientos resultantes.

En realidad, la ecuación (1-8) es una versión muy limitada de la ley de Hooke, porque sólo se relaciona con los esfuerzos y las deformaciones unitarias axiales causadas en tensión o compresión simple de una barra (*esfuerzo uniaxial*). Para manejar estados más complicados de esfuerzos, como los que existen en la mayor parte de las estructuras y máquinas, se deben usar ecuaciones más generales de la ley de Hooke (véase las secciones 7.5 y 7.6).

El módulo de elasticidad tiene valores relativamente grandes en los materiales que son muy rígidos, como los metales estructurales. El acero tiene un módulo aproximado de 30 000 klb/pulg^2 (210 GPa); para el aluminio son característicos los valores de más o menos 10 600 klb/pulg^2 (73 GPa). Los materiales más flexibles tienen menores módulos. Los valores en los plásticos van de 100 a 2 000 klb/pulg^2 (0.7 a 14 GPa). En la tabla H-2, del apéndice H, se encuentran algunos valores representativos de E. Para la mayor parte de los materiales, el valor de E en compresión es casi el mismo que el de tensión.

Con frecuencia, al módulo de elasticidad se le llama **módulo de Young**, por Thomas Young (1773-1829), otro científico inglés. En relación con una investigación sobre la tensión y compresión de barras prismáticas, Young introdujo la idea de un "módulo de elasticidad." Sin embargo, su módulo no era el que usamos hoy, porque en él intervenían las propiedades de la barra y también del material (Ref. 1-7).

Relación de Poisson

Cuando una barra prismática se carga en tensión, el alargamiento axial se acompaña de una **contracción lateral** (esto es, una contracción normal a la dirección de la carga aplicada). Este cambio de forma se representa en la figura 1-22, cuya parte (a) muestra la barra antes de cargar y cuya parte (b) la muestra con carga. En la parte (b) las líneas interrumpidas representan la forma de la barra antes de cargarla.

Es fácil de apreciar la contracción lateral al estirar una banda de hule, pero en los metales los cambios en las dimensiones laterales (en la región linealmente elástica) suelen ser demasiado pequeños

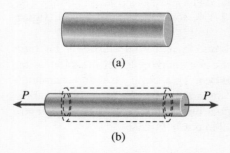

FIG. 1-22 Alargamiento axial y contracción lateral de una barra prismática en tensión; (a) barra antes de la carga y (b) barra después de la carga (las deformaciones de la barra están muy exageradas).

para ser visibles. Sin embargo, se pueden apreciar con instrumentos de medición sensibles.

La **deformación unitaria lateral** ϵ' en cualquier punto de una barra es proporcional a la deformación unitaria axial ϵ en el mismo punto, si el material es linealmente elástico. La relación de esas deformaciones unitarias es una propiedad del material, que se llama **relación de Poisson** o **razón de Poisson**. Esta relación adimensional se suele representar con la letra griega ν (ni), y se puede definir con la ecuación

$$\nu = -\frac{\text{deformación unitaria lateral}}{\text{deformación unitaria axial}} = -\frac{\epsilon'}{\epsilon} \qquad (1\text{-}9)$$

El signo menos se intercala en la ecuación para interpretar que las deformaciones unitarias lateral y axial suelen tener signos opuestos. Por ejemplo, la deformación unitaria axial en una barra en tensión es positiva y la deformación unitaria lateral es negativa (porque disminuye el ancho de la barra). En la compresión se tiene el caso contrario: la barra se acorta (deformación unitaria axial negativa) y se ensancha (deformación unitaria lateral positiva). Por consiguiente, para los materiales ordinarios la relación de Poisson tiene un valor positivo.

Cuando se conoce la relación de Poisson de un material, se puede obtener la deformación unitaria lateral a partir de la axial como sigue:

$$\epsilon' = -\nu\epsilon \qquad (1\text{-}10)$$

Al usar las ecuaciones (1-9) y (1-10) se debe tener en cuenta que sólo se aplican a una barra bajo esfuerzo uniaxial, esto es, una barra en la que el único esfuerzo es el esfuerzo normal σ en la dirección axial.

La relación de Poisson lleva el apellido del famoso matemático francés Siméon Denis Poisson (1781-1840), quien trató de calcularla recurriendo a una teoría molecular de los materiales (Ref. 1-8). Para los materiales isotrópicos, Poisson determinó que $\nu = 1/4$. Los cálculos más recientes, basados en mejores modelos de estructura atómica, dan como resultado $\nu = 1/3$. Ambos valores se acercan a los valores reales experimentales, que están en el intervalo de 0.25 a 0.35 para la mayor parte de los metales y muchos otros materiales. Entre los materiales que tienen valores extremadamente bajos de la relación de Poisson están el corcho, con ν prácticamente cero y el concreto, para el que ν queda aproximadamente entre 0.1 y 0.2. Un límite teórico superior de la relación de Poisson es 0.5, como se explicará después en la sección 7.5. El hule se acerca a este valor límite.

En el apéndice H (véase la tabla H-2) se presenta una tabla de relaciones de Poisson para diversos materiales en la región linealmente elástica. Para la mayor parte de los fines, se supone que la relación de Poisson es igual tanto en tensión como en compresión.

Cuando las deformaciones en un material se hacen grandes, cambia la relación de Poisson. Por ejemplo, en el caso del acero estructural, la relación llega casi hasta 0.5 cuando se presenta fluencia plástica. En consecuencia, la relación de Poisson sólo es constante en la región linealmente elástica. Cuando el comportamiento del material es no lineal, la relación de las deformaciones unitarias lateral a axial se llama con frecuencia *relación de contracción*. Naturalmente

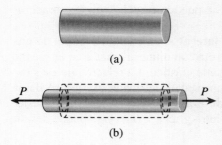

(a)

(b)

FIG. 1-22 (Repetición).

que en el caso especial del comportamiento linealmente elástico la relación de contracción es igual a la relación de Poisson.

Limitaciones

Dado un material, la relación de Poisson permanece constante en el intervalo linealmente elástico, como explicamos arriba. En consecuencia, en cualquier punto dado de la barra prismática de la figura 1-22, la deformación unitaria lateral permanece proporcional a la deformación unitaria axial, a medida que aumenta o disminuye la carga. Sin embargo, para un determinado valor de la carga (lo que equivale a que la deformación unitaria axial es constante en toda la barra), se deben satisfacer otras condiciones para que las deformaciones unitarias laterales sean iguales en toda la barra.

En primer lugar, el material debe ser **homogéneo**, esto es, debe tener la misma composición (y en consecuencia las mismas propiedades elásticas) en cada punto. Sin embargo, tener un material homogéneo no equivale a que las propiedades elásticas en determinado punto sean iguales en *todas direcciones*. Por ejemplo, el módulo de elasticidad podría ser distinto en las direcciones axial y lateral, como en el caso de un poste de madera. Así, una segunda condición para uniformidad en las deformaciones unitarias laterales es que las propiedades elásticas deben ser iguales en todas las direcciones *perpendiculares* al eje longitudinal. Cuando se cumplen estas dos condiciones, como ocurre habitualmente con los metales, las deformaciones unitarias laterales en una barra prismática sometida a una tensión uniforme serán iguales en cualquier punto de la barra e iguales en todas las direcciones laterales.

Los materiales que tienen las mismas propiedades en todas las direcciones (sean axial, lateral o cualquier otra dirección) se llaman **isotrópicos**. Si las propiedades son distintas en distintas direcciones, el material es **anisotrópico.**

En este libro resolvemos todos los ejemplos y problemas suponiendo que el material es linealmente elástico, homogéneo e isotrópico, a menos que se indique lo contrario.

Ejemplo 1-3

Un tubo de acero de $L = 4.0$ pies de longitud, diámetro externo $d_2 = 6.0$ pulg y diámetro interno $d_1 = 4.5$ pulg se comprime con una fuerza axial $P = 140$ klb (figura 1-23). El módulo de elasticidad del material es $E = 30\,000$ klb/pulg^2 y la relación de Poisson es $\nu = 0.30$.

Determinar las siguientes variables para el tubo: a) el acortamiento δ, b) la deformación unitaria lateral ϵ', c) el aumento Δd_2 de diámetro exterior, y el aumento Δd_1 del diámetro interior y d) el aumento Δt del espesor de la pared.

Solución

El área transversal A y el esfuerzo longitudinal σ se determinan como sigue:

$$A = \frac{\pi}{4}\left(d_2^2 - d_1^2\right) = \frac{\pi}{4}\left[(6.0\ \text{pulg})^2 - (4.5\ \text{pulg})^2\right] = 12.37\ \text{pulg}^2$$

$$\sigma = -\frac{}{} = -\frac{140\ \text{klb}}{12.37\,\text{pulg}^2} = -11.32\ \text{klb/pulg}^2\ (\text{compresión})$$

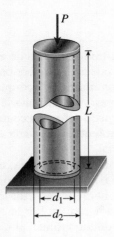

FIG. 1-23 Ejemplo 1-3. Tubo de acero en compresión.

Como el esfuerzo está muy por debajo del esfuerzo de fluencia (véase la tabla H-3, apéndice H), el material se comporta en forma linealmente elástica, y la deformación unitaria axial se puede calcular con la ley de Hooke:

$$\epsilon = \frac{\sigma}{E} = \frac{-11.32 \text{ klb/pulg}^2}{30\,000 \text{ klb/pulg}^2} = -377.3 \times 10^{-6}$$

El signo menos de la deformación unitaria indica que el tubo se reduce.

a) Como ya conocemos la deformación unitaria axial, podemos ahora determinar el cambio de longitud del tubo (véase la ecuación 1-2):

$$\delta = \epsilon L = (-377.3 \times 10^{-6})(4.0 \text{ pie})(12 \text{ pulg/pie}) = -0.018 \text{ pulg} \quad \longleftarrow$$

El signo negativo indica, de nuevo, una reducción del tubo.

b) La deformación unitaria lateral se obtiene desde la relación Poisson (véase la ecuación 1-10):

$$\epsilon' = -\nu\epsilon = -(0.30)(-377.3 \times 10^{-6}) = 113.2 \times 10^{-6} \quad \longleftarrow$$

El signo positivo de ϵ' indica un aumento de las dimensiones laterales, como era de esperarse en la compresión.

c) El aumento del diámetro exterior es igual a la deformación unitaria lateral por el diámetro:

$$\Delta d_2 = \epsilon' d_2 = (113.2 \times 10^{-6})(6.0 \text{ pulg}) = 0.000679 \text{ pulg} \quad \longleftarrow$$

De igual modo, el aumento en el diámetro interior es

$$\Delta d_1 = \epsilon' d_1 = (113.2 \times 10^{-6})(4.5 \text{ pulg}) = 0.000509 \text{ pulg} \quad \longleftarrow$$

d) El aumento del espesor de la pared se calcula del mismo modo que los aumentos en los diámetros; así,

$$\Delta t = \epsilon' t = (113.2 \times 10^{-6})(0.75 \text{ pulg}) = 0.000085 \text{ pulg} \quad \longleftarrow$$

Este resultado se puede comprobar observando que el aumento del espesor en la pared es igual a la mitad de la diferencia de los aumentos en los diámetros:

$$\Delta t = \frac{\Delta d_2 - \Delta d_1}{2} = \frac{1}{2}(0.000679 \text{ pulg} - 0.000509 \text{ pulg}) = 0.000085 \text{ pulg}$$

como era de esperarse. Nótese que bajo compresión, las tres cantidades (diámetro exterior, diámetro interior y espesor) aumentan.

Nota: los resultados numéricos obtenidos en este ejemplo ilustran que los cambios dimensionales en los materiales estructurales en condiciones normales de carga son extremadamente pequeños. A pesar de su pequeñez, esos cambios de dimensiones pueden ser importantes en ciertas clases de análisis (como por ejemplo, el análisis de estructuras estáticamente indeterminadas) y en la determinación experimental de esfuerzos y deformaciones unitarias.

1.6 ESFUERZO CORTANTE Y DEFORMACIÓN UNITARIA CORTANTE

En las secciones anteriores, hemos descrito los efectos de esfuerzos normales producidos por cargas axiales que actúan sobre barras rectas. Esos esfuerzos se llaman "esfuerzos normales" porque actúan en direcciones *perpendiculares* a la superficie del material. Ahora estudiaremos otra clase de esfuerzo, llamado **esfuerzo cortante**, **esfuerzo de corte** o **esfuerzo de cizallamiento**, que actúa en dirección *tangencial* a la superficie del material.

Como ilustración de la acción de esfuerzos cortantes, examinemos la conexión atornillada de la figura 1-24a. Esa conexión consiste de una barra plana ("solera") *A*, una horquilla *C* y un tornillo *B* que pasa por barrenos en la barra y en la horquilla. Por la acción de las cargas de tensión *P*, la barra y la horquilla oprimen al tornillo en **compresión** y se desarrollan los esfuerzos de contacto, llamados **esfuerzos de compresión**, **esfuerzos de carga**, **esfuerzos en apoyos** o **esfuerzos portantes**. Además, la barra y la horquilla tienden a *cortar* o *cizallar* el tornillo, y los esfuerzos cortantes resisten esa tendencia.

Para aclarar las acciones de los esfuerzos de carga y cortantes, examinemos este tipo de conexión en un esquema de vista de canto (figura 1-24b). Con este esquema en mente, se traza un diagrama de cuerpo libre del tornillo (figura 1-24c). Los esfuerzos portantes ejercidos por la horquilla contra el tornillo aparecen en el lado izquierdo del diagrama de cuerpo libre y se identifican con 1 y 3. Los esfuerzos de la barra están en el lado derecho y se identifican con 2.

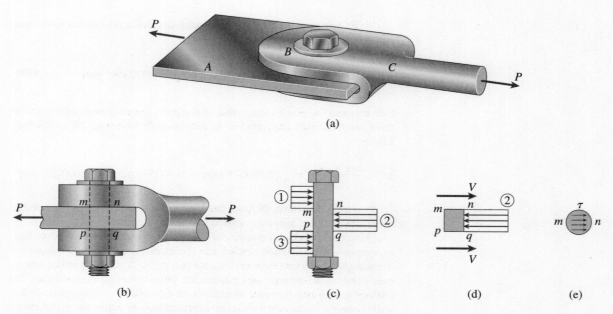

(a)

(b)   (c)   (d)   (e)

FIG. 1-24 Conexión atornillada donde el tornillo se carga en corte doble.

La distribución real de los esfuerzos de carga es difícil de determinar, por lo que se acostumbra suponer que están distribuidos uniformemente. Con base en la hipótesis de distribución uniforme, se puede calcular un **esfuerzo de carga promedio** σ_b, dividiendo la fuerza total de carga F_b entre el área de carga A_b:

$$\sigma_b = \frac{F_b}{A_b} \tag{1-11}$$

El **área portante** se define como el área proyectada de la superficie portante curva. Por ejemplo, imaginemos los esfuerzos de carga identificados con 1. El área proyectada A_b sobre la que actúan, es un rectángulo cuya altura es igual al espesor de la horquilla, y el ancho es igual al diámetro del tornillo. Asimismo, la fuerza de carga F_b, representada por los esfuerzos marcados con 1, es igual a $P/2$. La misma área y la misma fuerza se aplican a los esfuerzos marcados con 3.

Ahora veamos los esfuerzos cortantes entre la solera y el tornillo (los esfuerzos identificados con 2). Para ellos, el área portante A_b es un rectángulo con altura igual al espesor de la barra plana, y ancho igual al diámetro del tornillo. La fuerza portante correspondiente, F_b, es igual a la carga P.

El diagrama de cuerpo libre de la figura 1-24c muestra que hay una tendencia a cortar el tornillo en los cortes transversales *mn* y *pq*. De acuerdo con un diagrama de cuerpo libre de la parte *mnpq* del tornillo (véase la figura 1-24d), se observa que sobre las superficies de corte del tornillo actúan las fuerzas cortantes V. En este ejemplo hay dos planos de corte (*mn* y *pq*), por lo que se dice que el tornillo está bajo **doble cortante**. En el doble cortante, cada una de las fuerzas cortantes es igual a la mitad de la carga transmitida por el tornillo, esto es, $V = P/2$.

Las fuerzas de corte V son las resultantes de los esfuerzos cortantes distribuidos sobre el área transversal del tornillo. Por ejemplo, los esfuerzos cortantes que actúan sobre el área transversal *mn* se ven en la figura 1-24e. Esos esfuerzos actúan en dirección paralela a la superficie de corte. La distribución exacta de los esfuerzos no se conoce, pero son máximos cerca del centro y se vuelven cero en ciertos lugares de las orillas. Como se indica en la figura 1-24e, los esfuerzos cortantes se representan con la letra griega τ (tau).

En la figura 1-25a se observa una conexión atornillada en **corte simple**, en donde la fuerza axial P en la barra metálica se transmite a la brida de la columna de acero a través de un tornillo. Un corte transversal de la columna (figura 1-25b) muestra con más detalle la conexión. De la misma manera, en un esquema del tornillo (figura 1-25c) se ve la distribución supuesta de los esfuerzos de carga que actúan sobre el tornillo. Como dijimos arriba, la distribución real de esos esfuerzos de carga es mucho más compleja que la que indica la figura 1.25. Además, también se desarrollan esfuerzos de carga contra las superficies internas de la cabeza del tornillo y la tuerca. Así, la figura 1-25c *no es* un diagrama de cuerpo libre: sólo se muestran en la figura los esfuerzos de carga idealizados que actúan sobre el fuste del tornillo.

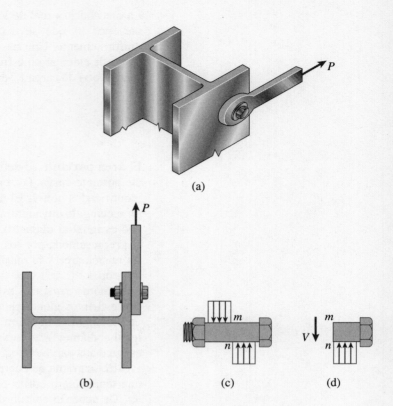

FIG. 1-25 Conexión atornillada donde el tornillo se carga en corte sencillo.

Al trazar un corte por el tornillo en *mn* se obtiene el diagrama de la figura 1-25d. En este diagrama, se incluye la fuerza cortante *V* (igual a la carga *P*) que actúa sobre el área transversal del tornillo. Como ya se hizo notar, esa fuerza cortante es la resultante de los esfuerzos cortantes que actúan sobre el área transversal del tornillo.

La deformación del tornillo, cuando se carga con corte sencillo casi hasta su fractura, se ve en la figura 1-26 (compárese con la figura 1-25c).

En las descripciones anteriores de conexiones atornilladas no tuvimos en cuenta la **fricción** (producida por el apriete de los tornillos) entre los elementos que se conectan. La presencia de la fricción equivale a la parte de la carga que es tomada por fuerzas de fricción, reduciendo con ello las cargas sobre los tornillos. Como es difícil y poco fiable la estimación de las fuerzas de fricción, se acostumbra errar del lado conservativo y omitirlas en los cálculos.

El **esfuerzo cortante promedio** sobre el área transversal de un tornillo se obtiene dividiendo la fuerza total de corte *V* entre el área *A* de la sección transversal sobre la cual actúa, como sigue:

$$\tau_{\text{prom}} = \frac{V}{A} \tag{1-12}$$

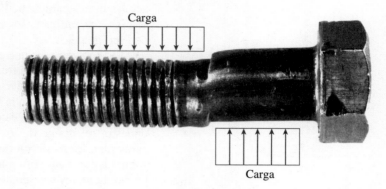

FIG. 1-26 Falla de un tornillo en corte sencillo.

En el ejemplo de la figura 1-25, que muestra un tornillo en corte simple, la fuerza cortante V es igual a la carga P, y el área A es el área transversal del tornillo. Sin embargo, en el ejemplo 1-24, donde el tornillo está bajo corte doble, la fuerza cortante V es igual a $P/2$.

De acuerdo con la ecuación (1-12), los esfuerzos cortantes, al igual que los esfuerzos normales, representan intensidad de fuerza o fuerza por unidad de área. Así, las **unidades** del esfuerzo cortante son los mismos que las del esfuerzo normal, es decir, psi o ksi en el sistema inglés y pascales o sus múltiplos en sistema SI.

Los arreglos de carga que se muestran en las figuras 1-24 y 1-25 son ejemplos del **corte directo** (o corte *simple*) porque los esfuerzos cortantes se originan en la acción directa de las fuerzas que tratan de cortar el material. El corte directo se maneja en el diseño de tornillos, pasadores, remaches, cuñas, soldaduras y juntas pegadas.

También se producen esfuerzos cortantes en forma indirecta, cuando se someten algunos miembros a tensión, torsión y flexión, como veremos en las secciones 2.6, 3.3 y 5.8, respectivamente.

Igualdad de los esfuerzos cortantes sobre planos perpendiculares

Para obtener una imagen más completa de la acción de los esfuerzos cortantes, veamos un elemento pequeño de material con forma de un paralelepípedo rectangular con sus lados de longitudes a, b y c, en las direcciones x, y y z, respectivamente (figura 1-27).* Las caras frontal y trasera de este elemento no tienen esfuerzos.

Ahora supongamos que un esfuerzo cortante τ_1 está uniformemente distribuido sobre la cara de la derecha, cuya área es bc. Para que el elemento esté en equilibrio en la dirección y, la fuerza total de corte $\tau_1 bc$ que actúa sobre la cara de la derecha debe estar equilibrada por una fuerza cortante igual, pero de dirección opuesta, que

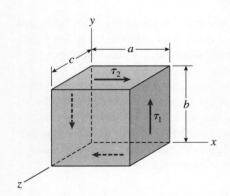

FIG. 1-27 Pequeño elemento de material sometido a esfuerzos cortantes.

---

* Un **paralelepípedo** es un prisma cuyas bases son paralelogramos; así, un paralelepípedo tiene seis caras, cada una de las cuales es un paralelogramo. Las caras opuestas son paralelogramos idénticos y paralelos. Un **paralelepípedo rectangular** tiene todas sus caras en forma de rectángulo.

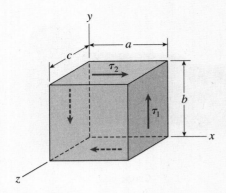

FIG. 1-27 (Repetición).

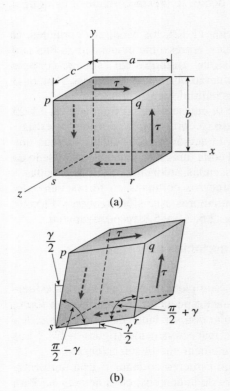

(a)

(b)

FIG. 1-28 Elemento de material sometido a esfuerzos y deformaciones por corte.

actúa sobre la cara de la izquierda. Ya que las áreas de esas dos caras son iguales, entonces los esfuerzos cortantes sobre las dos caras deben ser iguales.

Las fuerzas $\tau_1 bc$ que actúan sobre las caras de la derecha y de la izquierda (figura 1-27) forman un par que tiene un momento respecto al eje z, de magnitud $\tau_1 abc$, que actúa en dirección contraria a las manecillas del reloj, en la figura.* Para que el elemento esté en equilibrio se requiere que este momento se equilibre con uno igual y opuesto, resultante de los esfuerzos cortantes que actúan sobre las caras superior e inferior del elemento. Si se representan los esfuerzos sobre las caras superior e inferior por τ_2, se ve que las fuerzas cortantes horizontales son iguales a $\tau_2 ac$. Esas fuerzas forman un par en el sentido de las manecillas del reloj, de magnitud $\tau_2 abc$. Para que haya equilibrio de momentos para el elemento, respecto al eje z, se ve que $\tau_1 abc$ es igual a $\tau_2 abc$, o sea que

$$\tau_1 = \tau_2 \tag{1-13}$$

Por consiguiente, las magnitudes de los cuatro esfuerzos cortantes que actúan sobre el elemento son iguales, como se ve en la figura 1-28a.

En resumen, hemos llegado a las siguientes observaciones generales acerca de los esfuerzos cortantes que actúan sobre un elemento rectangular:

1. Los esfuerzos cortantes sobre las caras opuestas (y paralelas) de un elemento son de igual magnitud y de dirección opuesta.
2. Los esfuerzos cortantes sobre las caras adyacentes (y perpendiculares) de un elemento son de igual magnitud y sus direcciones son tales que ambos esfuerzos apuntan o se alejan de la línea de intersección de las caras.

Esas observaciones se obtuvieron para un elemento sujeto sólo a esfuerzos cortantes (sin esfuerzos normales) como se ve en las figuras 1-27 y 1-28. A este estado de esfuerzos se le llama **corte puro** y lo describiremos con mayor detalle (sección 3.5).

Para la mayor parte de los fines, las conclusiones anteriores siguen siendo válidas aunque actúen esfuerzos normales sobre las caras del elemento. La razón es que los esfuerzos normales sobre las caras opuestas de un elemento pequeño suelen ser de igual magnitud y dirección opuesta; por consiguiente, no alteran las ecuaciones de equilibrio deducidas en las conclusiones anteriores.

Deformación unitaria cortante

Los esfuerzos cortantes que actúan sobre un elemento de material (figura 1-28a) se acompañan con *deformaciones unitarias cortantes*. Para visualizarlas, se debe notar que los esfuerzos cortantes no tienden a alargar o a acortar el elemento en las direcciones x, y y z; en

---

* Un **par** consiste en dos fuerzas paralelas de magnitud igual y de dirección opuesta.

otras palabras, las longitudes de los lados del elemento no cambian. En cambio, los esfuerzos cortantes producen un cambio en la *forma* del elemento (figura 1-28b). El elemento original, que es un paralelepípedo rectangular, toma la forma de un paralelepípedo oblicuo y las caras frontal y posterior se vuelven romboides.*

Debido a esta deformación, cambian los ángulos entre las caras laterales. Por ejemplo, los ángulos en los puntos *q* y *s*, que eran $\pi/2$ antes de la deformación, se reducen en un ángulo γ pequeño a $\pi/2 - \gamma$ (figura 1-28b). Al mismo tiempo, los ángulos de los vértices *p* y *r* aumentan a $\pi/2 + \gamma$. El ángulo γ es una medida de la **distorsión**, o cambio de forma del elemento, y se llama **deformación unitaria cortante**. Como es un ángulo, se suele medir en grados o radianes.

Convenciones de signo para esfuerzos cortantes y deformaciones unitarias cortantes

Para establecer convenciones de signo para los esfuerzos y las deformaciones unitarias cortantes se necesita un esquema en el que se indiquen las caras de un elemento sometido a esfuerzo (figura 1-28a). En adelante llamaremos caras positivas del elemento a las que se encuentran orientadas en las direcciones positivas de los ejes. En otras palabras, una cara positiva tiene su normal al exterior, dirigida hacia la dirección positiva de un eje coordenado. Las caras opuestas son caras negativas. Así, en la figura 1-28a las caras de la derecha superior y del frente son las caras *x, y* y *z* positivas, respectivamente, y las caras opuestas son las caras *x, y* y *z* negativas.

Cuando usamos la terminología que describimos en el párrafo anterior, la convención de signos de esfuerzos cortantes se enuncia de la manera siguiente:

> *Un esfuerzo cortante que actúa sobre una cara positiva de un elemento es positivo si actúa en la dirección positiva de uno de los ejes coordenados y es negativo si actúa en la dirección negativa de un eje. Un esfuerzo cortante que actúa sobre una cara negativa de un elemento es positivo si actúa en la dirección negativa de un eje, y es negativo si actúa en dirección contraria.*

Así, todos los esfuerzos cortantes de la figura 1-28a son positivos.

La convención de signos para las deformaciones unitarias cortantes son las siguientes:

> *La deformación unitaria cortante de un elemento es positiva cuando se reduce el ángulo entre dos caras positivas (o entre dos caras negativas). La deformación unitaria es negativa cuando aumenta el ángulo entre dos caras positivas (o entre dos caras negativas).*

Así, las deformaciones unitarias de la figura 1-28b son positivas, y se ve entonces que los esfuerzos cortantes positivos están acompañados por deformaciones unitarias positivas.

---

* Un **ángulo oblicuo** puede ser agudo u obtuso, pero *no es* un ángulo recto. Un **romboide** es un paralelogramo con ángulos oblicuos, cuyas caras adyacentes *no son* iguales. Un *rombo* es un paralelogramo con ángulos oblicuos y los cuatro lados iguales.

Ley de Hooke en corte

Las propiedades de un material en corte se pueden determinar en forma experimental, con pruebas de corte directo o con pruebas de torsión. Estas últimas se hacen torciendo tubos circulares, produciendo un estado de corte puro, que se explicará después en la sección 3.5. A partir de los resultados de esas pruebas se pueden trazar diagramas de **esfuerzo cortante-deformación unitaria cortante** (esto es, diagramas de τ en función de γ). Estos diagramas tienen forma parecida a la de los de pruebas de tensión (σ en función de ϵ) para los mismos materiales, pero sus magnitudes son distintas.

En los diagramas de esfuerzo cortante-deformación cortante se pueden obtener propiedades del material, como límite de proporcionalidad, módulo de elasticidad, esfuerzo de fluencia y esfuerzo último. Por ejemplo, el esfuerzo de fluencia para el acero estructural en cortante es 0.5 a 0.6 veces el esfuerzo de fluencia en tensión.

Para muchos materiales, la parte inicial del diagrama de esfuerzo cortante-deformación cortante es una recta que pasa por el origen, igual que en la tensión. Para esta región linealmente elástica, el esfuerzo cortante y la deformación cortante son proporcionales, y en consecuencia se llega a la siguiente ecuación de la **ley de Hooke para cortante:**

$$\tau = G\gamma \tag{1-14}$$

en donde G es el **módulo de elasticidad en** (o **al**) corte (llamado también *módulo de rigidez* o *coeficiente de rigidez*).

El módulo de corte G tiene las mismas **unidades** que el módulo de elasticidad en tensión, que son lb/pulg^2 o klb/pulg^2 en el sistema inglés, y pascales (o sus múltiplos) en el SI. Para el acero dulce, los valores característicos de G son 11 000 klb/pulg^2 o 75 GPa; para las aleaciones de aluminio son 4 000 klb/pulg^2 o 28 GPa. En la tabla H-2 del apéndice H se muestran más valores.

Los módulos de elasticidad en tensión y en corte se relacionan con la siguiente ecuación:

$$G = \frac{E}{2(1 + \nu)} \tag{1-15}$$

en donde ν es la relación de Poisson. Esta ecuación, que se deducirá después, en la sección 3.6, indica que E, G y ν no son propiedades elásticas del material independientes entre sí. Como el valor de la relación de Poisson para materiales ordinarios está entre cero y 0.5, en la ecuación (1-15) se ve que G debe ser de un tercio a la mitad de E.

En los siguientes ejemplos, se ilustran algunos análisis típicos donde intervienen los efectos de corte. El ejemplo 1-4 es sobre esfuerzos cortantes en una placa. El ejemplo 1-5 es de esfuerzos de apoyo y cortantes en pasadores y tornillos, y en el ejemplo 1-6 se determinan esfuerzos cortantes y deformaciones unitarias cortantes en una placa elastomérica de apoyo, sometida a una fuerza cortante horizontal.

Ejemplo 1-4

En la figura 1-29a se ve un punzón para perforar placas de acero. Supongamos que para generar un agujero en una placa de 8 mm se usa un punzón cuyo diámetro es $d = 20$ mm, como se ve en el corte de la figura 1-29b.

Si se requiere una fuerza $P = 110$ kN para realizar un agujero, ¿cuál es el esfuerzo cortante promedio en la placa y el esfuerzo de compresión promedio en el punzón?

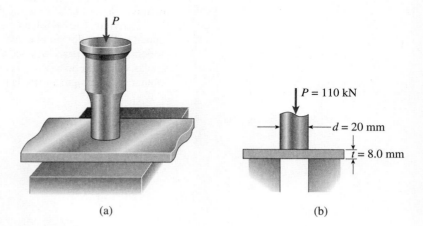

FIG. 1-29 Ejemplo 1-4. Punzonado de un agujero en una placa de acero.

(a)   (b)

Solución

El esfuerzo cortante promedio en la placa se obtiene dividiendo la fuerza P entre el área de la placa sometida al corte. El área de corte A_s es igual a la circunferencia del agujero por el espesor de la placa, es decir

$$A_s = \pi dt = \pi(20 \text{ mm})(8.0 \text{ mm}) = 502.7 \text{ mm}^2$$

donde d es el diámetro del punzón y t es el espesor de la placa. En consecuencia, el esfuerzo cortante promedio en la placa es

$$\tau_{\text{prom}} = \frac{P}{A_s} = \frac{110 \text{ kN}}{502.7 \text{ mm}^2} = 219 \text{ MPa} \qquad \Longleftarrow$$

El esfuerzo promedio de compresión en el punzón es

$$\sigma_c = \frac{P}{A_{\text{punzón}}} = \frac{P}{\pi d^2/4} = \frac{110 \text{ kN}}{\pi(20 \text{ mm})^2/4} = 350 \text{ MPa} \qquad \Longleftarrow$$

siendo $A_{\text{punzón}}$ el área transversal del punzón.

Nota: este análisis es ideal, porque no se tienen en cuenta los efectos del impacto que se produce al chocar el punzón con la placa. (Para incluirlos se requiere una metodología de análisis, que salen del alcance de la mecánica de materiales.)

Ejemplo 1-5

Un tornapunta de acero S sirve como puntal en un montacargas para botes; transmite una fuerza de compresión $P = 12$ klb a la cubierta de un muelle (figura 1-30a). El puntal tiene una sección transversal cuadrada hueca, con espesor de pared $t = 0.375$ pulg (figura 1-30b), y el ángulo θ entre el poste y la horizontal es 40°. Un pasador que atraviesa el poste transmite la fuerza de compresión del poste a dos soportes G, soldados a la placa de base B. La placa de base está sujeta a la cubierta con cuatro anclas.

El diámetro del pasador es $d_{pas} = 0.75$ pulg, el espesor de las cartelas es $t_G = 0.625$ pulg, el espesor de la placa de base es $t_B = 0.375$ pulg y el diámetro de las anclas es $d_{ancla} = 0.50$ pulg.

Determinar los siguientes esfuerzos: a) el esfuerzo de soporte entre el puntal y el pasador, b) el esfuerzo cortante en el pasador, c) el esfuerzo de soporte entre el pasador y las cartelas, d) el esfuerzo de soporte entre las anclas y la placa de base y e) el esfuerzo cortante en las anclas (no tenga en cuenta fricción alguna entre la placa de base y la cubierta).

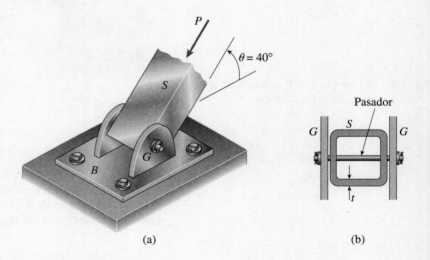

(a)   (b)

FIG. 1-30 Ejemplo 1-5. (a) Conexión articulada entre el puntal S y la placa de base B. (b) Corte transversal por el puntal S.

Solución

a) *Esfuerzo de soporte entre el puntal y el pasador.* El valor promedio del esfuerzo de soporte entre el puntal y el pasador se calcula dividiendo la fuerza en el puntal entre el área total de soporte del puntal contra el pasador. Esta última es igual a dos veces el espesor del puntal (ya que el apoyo está en dos lugares) por el diámetro del pasador (véase la figura 1-30b). Entonces, el esfuerzo de carga es

$$\sigma_{b1} = \frac{P}{2td_{pas}} = \frac{12 \text{ klb}}{2(0.375 \text{ pulg})(0.75 \text{ pulg})} = 21.3 \text{ klb/pulg}^2 \quad \Longleftarrow$$

Este esfuerzo de carga no es excesivo para un puntal de acero estructural.

b) *Esfuerzo cortante en el pasador.* Como se aprecia en la figura 1-30b, el pasador se corta en dos planos, que son los planos entre el puntal y las cartelas. Por consiguiente, el esfuerzo cortante promedio en el pasador (que está a cortante doble) es igual a la carga total aplicada al pasador dividida entre dos veces su área transversal:

$$\tau_{\text{pas}} = \frac{P}{2\pi d_{\text{pas}}^2/4} = \frac{12\text{ k}}{2\pi(0.75\text{ pulg})^2/4} = 13.6\text{ klb/pulg}^2 \quad \blacktriangleleft$$

En el caso normal, el pasador se fabricaría con acero de alta resistencia (resistencia de fluencia en tensión mayor que 50 klb/pulg^2) y con facilidad podría resistir este esfuerzo cortante. En el caso normal, el esfuerzo cortante de cedencia es cuando menos el 50% del esfuerzo de cedencia en tensión.

c) *Esfuerzo de apoyo entre pasador y soportes.* El pasador se apoya contra los soportes en dos lugares, por lo que el área de apoyo es el doble del espesor de los soportes por el diámetro del pasador, es decir

$$\sigma_{b2} = \frac{P}{2t_G d_{\text{pas}}} = \frac{12\text{ k}}{2(0.625\text{ pulg})(0.75\text{ pulg})} = 12.8\text{ klb/pulg}^2 \quad \blacktriangleleft$$

que es menor que el esfuerzo de soporte entre el puntal y el pasador (21.3 klb/pulg^2).

d) *Esfuerzo de soporte entre las anclas y la placa de base.* La componente vertical de la fuerza *P* (véase la figura 1-30a) se transmite al muelle por apoyo directo entre la placa de base y el muelle. Sin embargo, la componente horizontal se transmite a través de las anclas. El esfuerzo promedio de carga entre la placa de base y las anclas es igual al componente horizontal de la fuerza *P* dividido entre el área de carga de cuatro tornillos. El área de carga de un tornillo es igual al espesor de la placa de base multiplicado por el diámetro del tornillo. En consecuencia, el esfuerzo de carga es

$$\sigma_{b3} = \frac{P\cos 40°}{4t_B d_{\text{torn}}} = \frac{(12\text{ k})(\cos 40°)}{4(0.375\text{ pulg})(0.50\text{ pulg})} = 12.3\text{ klb/pulg}^2 \quad \blacktriangleleft$$

e) *Esfuerzo cortante en las anclas.* El esfuerzo cortante promedio en las anclas es igual al componente horizontal de la fuerza *P* dividido entre el área transversal total de los cuatro tornillos de anclaje (observe que cada tornillo está sometido a cortante sencillo). En consecuencia,

$$\tau_{\text{torn}} = \frac{P\cos 40°}{4\pi d_{\text{torn}}^2/4} = \frac{(12\text{ k})(\cos 40°)}{4\pi(0.50\text{ pulg})^2/4} = 11.7\text{ klb/pulg}^2 \quad \blacktriangleleft$$

Cualquier fricción entre la placa de base y el muelle reduciría la carga sobre las anclas.

Ejemplo 1-6

Una placa de apoyo de las que se usan para soportar máquinas y vigas de puente consiste en un material linealmente elástico (por lo general un elastómero, como hule) recubierto con una placa de acero (figura 1-31a). Suponer que el espesor del elastómero es h, las dimensiones de la placa son $a \times b$, y que la placa de apoyo está sujeta a una fuerza cortante horizontal V.

Deducir las fórmulas del esfuerzo cortante promedio, τ_{prom}, en el elastómero, y el desplazamiento horizontal d de la placa (figura 1-31b).

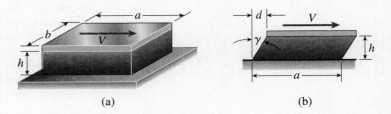

FIG. 1-31 Ejemplo 1-6. Placa de soporte en corte.

(a)   (b)

Solución

Se supone que los esfuerzos cortantes se distribuyen uniformemente en todo el volumen del elastómero. Entonces, el esfuerzo cortante en cualquier plano horizontal en el elastómero es igual a la fuerza de corte V dividida entre el área ab del plano (figura 1-31a):

$$\tau_{\text{prom}} = \frac{V}{ab} \qquad (1\text{-}16)$$

La deformación cortante (de acuerdo con la ley de Hooke en cortante, ecuación 1-14) es

$$\gamma = \frac{\tau_{\text{prom}}}{G_e} = \frac{V}{abG_e} \qquad (1\text{-}17)$$

donde G_e es el módulo del material elastomérico en corte. Por último, el desplazamiento horizontal d es igual a $h \tan \gamma$ (de la figura 1-31b):

$$d = h \tan \gamma = h \tan \left(\frac{V}{abG_e} \right) \qquad (1\text{-}18)$$

En la mayor parte de los casos prácticos, la deformación unitaria por corte γ es un ángulo pequeño, y en esos casos $\tan \gamma$ se puede sustituir por γ. Entonces

$$d = h\gamma = \frac{hV}{abG_e} \qquad (1\text{-}19)$$

Las ecuaciones (1-18) y (1-19) producen resultados aproximados del desplazamiento horizontal de la placa, porque se basan en la hipótesis que el esfuerzo y la deformación unitaria cortantes son constantes en todo el volumen del material elastomérico. El esfuerzo cortante es cero en las orillas del material (porque no hay esfuerzos cortantes sobre las caras verticales libres) y en consecuencia la deformación del material es más complicada que la que presenta la figura 1-31b. Sin embargo, si la longitud a de la placa es grande en comparación con el espesor h del elastómero, los resultados anteriores son adecuados para fines de diseño.

1.7 ESFUERZOS Y CARGAS ADMISIBLES

Se ha descrito en forma adecuada a la ingeniería como la *aplicación de la ciencia a las finalidades comunes de la vida.* Para cumplir esa misión, los ingenieros diseñan una variedad de objetos aparentemente interminable, para satisfacer las necesidades básicas de la sociedad. Entre esas necesidades están vivienda, agricultura, transporte, comunicaciones y muchos otros aspectos de la vida moderna. Los factores a considerar en el diseño comprenden funcionalidad, resistencia, apariencia, economía y efectos ambientales. Sin embargo, cuando se estudia la mecánica de materiales, el interés principal para el diseño es la **resistencia**, esto es, la *capacidad del objeto para soportar o transmitir cargas.* Los objetos que deben resistir cargas son, entre otros, construcciones, máquinas, recipientes, camiones, aviones, barcos y cosas parecidas. Por simplicidad a esos objetos los llamaremos **estructuras**; así, *una estructura es cualquier objeto que debe soportar o transmitir cargas.*

Factores de seguridad

Si se tiene que evitar una falla estructural, las cargas que una estructura es capaz de soportar deben ser mayores que las cargas a las que se va a someter cuando esté en servicio. Como la *resistencia* es la capacidad de una estructura para resistir cargas, el criterio anterior se puede replantear como sigue: *la resistencia real de una estructura debe ser mayor que la resistencia requerida.* La relación de la resistencia real entre la resistencia requerida se llama **factor de seguridad** n:

$$\text{Factor de seguridad } n = \frac{\text{Resistencia real}}{\text{Resistencia requerida}} \qquad (1\text{-}20)$$

Naturalmente, el factor de seguridad debe ser mayor que 1.0 para evitar la falla. Dependiendo de las circunstancias, los factores de seguridad varían desde un poco más que 1.0 hasta 10.

La incorporación de factores de seguridad en el diseño no es asunto sencillo, porque tanto la resistencia como la falla tienen muchos significados distintos. La resistencia se puede medir con la capacidad portante, o de carga, de una estructura o bien se puede medir por el esfuerzo en el material. Falla puede equivaler a la fractura y el completo colapso de la estructura o puede significar que las deformaciones se han vuelto tan grandes que la estructura ya no puede realizar sus funciones. Esta última clase de falla, puede presentarse con cargas mucho menores que las que causan el colapso real.

La determinación de un factor de seguridad también debe tener en cuenta asuntos tales como los siguientes: probabilidad de sobrecarga accidental de la estructura, debido a cargas que exceden las cargas de diseño; tipos de cargas (estáticas o dinámicas); si las cargas se aplican una vez o se repiten; la exactitud con que se conozcan las cargas; posibilidades de falla por fatiga; inexactitudes de construcción; variabilidad en la calidad de la mano de obra; variaciones en las propiedades de los materiales; deterioro debido a corrosión u otros efectos ambientales; exactitud de los métodos de análisis; el que la falla sea gradual (advertencia suficiente) o repentina (sin advertencia); consecuencias de la falla (daños menores o catástrofe mayor), y otras consideraciones parecidas. Si el factor de seguridad es muy bajo, la probabilidad de falla será alta, y la estructura será inaceptable; si el factor es muy grande, la estructura será muy costosa y quizá no sea adecuada para su función (por ejemplo, puede ser demasiado pesada).

De acuerdo con estas complejidades e incertidumbres, los factores de seguridad se deben determinar en forma probabilística. En general, los establecen grupos de ingenieros con experiencia, quienes escriben códigos y especificaciones que usan otros ingenieros y a veces hasta se promulgan como leyes. Las disposiciones de los códigos y reglamentos pretenden dar grados razonables de seguridad sin que los costos aumenten demasiado.

En el diseño de aviones, se acostumbra hablar del **margen de seguridad**, más que del factor de seguridad. El margen de seguridad se define como el factor de seguridad menos 1:

$$\text{Margen de seguridad} = n - 1 \qquad (1\text{-}21)$$

Con frecuencia, el margen de seguridad se expresa en porcentaje, en cuyo caso se multiplica el valor anterior por 100. Así, una estructura que tiene una resistencia real que sea 1.75 veces la requerida tiene un factor de seguridad de 1.75 y un margen de seguridad de 0.75 (o 75%). Cuando el margen de seguridad se reduce a cero o menos, la estructura (probablemente) fallará.

Esfuerzos admisibles

Los factores de seguridad se definen e implantan de diversas formas. Para muchas estructuras es importante que el material permanezca dentro del intervalo linealmente elástico, para evitar deformaciones permanentes cuando se quiten las cargas. En estas condiciones se establece el factor de seguridad con respecto a la fluencia de la estructura. La fluencia se inicia cuando se llega al esfuerzo de fluencia en *cualquier* punto de la estructura. En consecuencia, al aplicar un factor de seguridad con respecto al esfuerzo de fluencia (o la resistencia de fluencia) se obtiene un **esfuerzo admisible** (o *esfuerzo de trabajo*) que no se debe rebasar en lugar alguno de la estructura. De este modo,

$$\text{Esfuerzo admisible} = \frac{\text{Resistencia de fluencia}}{\text{Factor de seguridad}} \qquad (1\text{-}22)$$

o bien, para tensión y corte respectivamente:

$$\sigma_{\text{adm}} = \frac{\sigma_Y}{n_1} \quad \text{y} \quad \tau_{\text{adm}} = \frac{\tau_Y}{n_2} \qquad (1\text{-}23a,b)$$

siendo σ_Y y τ_Y los esfuerzos de fluencia, y n_1 y n_2 los factores de seguridad correspondientes. En el diseño de construcciones, un factor de seguridad característico con respecto a la fluencia en tensión es 1.67; así, un acero dulce con un esfuerzo de fluencia de 36 klb/pulg^2 tiene un esfuerzo admisible de 21.6 klb/pulg^2.

A veces el factor de seguridad se aplica al **esfuerzo último** y no al esfuerzo de fluencia. Este método es adecuado para materiales frágiles, como concreto y algunos plásticos, y para materiales que no tienen un esfuerzo de fluencia claramente definido, como la madera y los aceros de alta resistencia. En estos casos, los esfuerzos admisibles en tensión y en corte son

$$\sigma_{\text{adm}} = \frac{\sigma_U}{n_3} \quad \text{y} \quad \tau_{\text{adm}} = \frac{\tau_U}{n_4} \qquad (1\text{-}24\text{a,b})$$

donde σ_U y τ_U son los esfuerzos últimos (o las resistencias últimas). En general, los factores de seguridad con respecto a la resistencia última de los materiales son mayores que los basados en la resistencia de fluencia. En el caso del acero dulce, un factor de seguridad de 1.67 con respecto a la fluencia corresponde a un factor aproximado de 2.8 con respecto a la resistencia última.

Cargas admisibles

Después de haber establecido el esfuerzo admisible para determinado material y estructura, se podrá determinar la **carga admisible** para esa estructura. La relación entre la carga admisible y el esfuerzo admisible depende de la clase de estructura. En este capítulo sólo nos ocupan las clases más elementales de estructuras, que son barras en tensión o en compresión y pasadores (o tornillos) en corte directo y en apoyos.

En estas estructuras los esfuerzos están uniformemente distribuidos (o al menos *se supone* que lo están) sobre un área. Por ejemplo, en el caso de una barra en tensión el esfuerzo está uniformemente distribuido sobre el área transversal, siempre que la fuerza axial resultante actúe pasando por el centroide del área transversal. Lo mismo sucede con una barra en compresión, siempre que no se pandee. En el caso de un pasador sometido a corte, sólo tendremos en cuenta el esfuerzo cortante promedio sobre el área transversal, lo que equivale a suponer que el esfuerzo cortante está uniformemente distribuido. De igual modo, sólo consideraremos un valor promedio del esfuerzo de apoyo que actúa sobre el área proyectada del pasador.

Por lo anterior, en los cuatro casos precedentes la **carga admisible** (llamada también *carga permisible* o *carga segura*) es igual al esfuerzo admisible por el área sobre la que actúa:

$$\text{Carga admisible} = (\text{Esfuerzo admisible})\,(\text{Área}) \qquad (1\text{-}25)$$

Para barras en *tensión* y *compresión* directas (sin pandeo), esta ecuación se transforma en

$$P_{\text{adm}} = \sigma_{\text{adm}}\, A \qquad (1\text{-}26)$$

siendo σ_{adm} el esfuerzo normal admisible y A la sección transversal de la barra. Si la barra tiene un orificio que la atraviese, el *área neta* se usa en el caso normal, cuando la barra está en tensión. El **área neta** es el área transversal bruta o total, menos el área eliminada por el orificio. Para la compresión se puede usar el área bruta si el orificio se ocupa con un tornillo o pasador que pueda transmitir los esfuerzos de compresión.

Para pasadores o pernos en *corte directo*, la ecuación (1-25) se transforma en

$$P_{\text{adm}} = \tau_{\text{adm}} A \qquad (1\text{-}27)$$

donde τ_{adm} es el esfuerzo cortante admisible y A es el área sobre la cual actúan los esfuerzos cortantes. Si el pasador está sometido a corte sencillo, el área es el área transversal del pasador; si está en corte doble, es el doble del área transversal.

Por último, la carga admisible basada en el *apoyo* es

$$P_{\text{adm}} = \sigma_b A_b \qquad (1\text{-}28)$$

en la que σ_b es el esfuerzo admisible en el apoyo y A_b es el área proyectada del pasador, u otra superficie sobre la cual actúen los esfuerzos de apoyo.

En el siguiente ejemplo se ilustra la forma de determinar cargas admisibles, cuando se conocen los esfuerzos admisibles del material.

Ejemplo 1-7

Una barra de acero sirve de soporte colgante para maquinaria pesada en una fábrica y se fija en un soporte mediante la conexión atornillada que muestra la figura 1-32. La parte principal del colgante tiene una sección transversal rectangular, de $b_1 = 1.5$ pulg de ancho y $t = 0.5$ pulg de espesor. En la conexión, aumenta el soporte colgante hasta alcanzar un ancho $b_2 = 3.0$ pulg. El tornillo que transfiere la carga del colgador a las dos cartelas, tiene un diámetro $d = 1.0$ pulg.

Determinar el valor admisible de la carga de tensión P en el colgante, con base en las cuatro consideraciones siguientes:

a) El esfuerzo admisible de tensión en la parte principal del soporte colgante es 16 000 lb/pulg^2.

b) El esfuerzo admisible de tensión en su sección transversal por el orificio del tornillo es 11 000 lb/pulg^2 (en esta parte, el esfuerzo admisible es menor, por las concentraciones de esfuerzo en torno al orificio).

c) El esfuerzo admisible de carga entre el soporte colgante y el tornillo es 26 000 lb/pulg^2.

d) El esfuerzo cortante admisible en el tornillo es 6 500 lb/pulg^2.

Solución

a) La carga admisible P_1 según el esfuerzo en la parte principal del soporte colgante, es igual al esfuerzo admisible en tensión por el área transversal del colgador (ecuación 1-26):

$$P_1 = \sigma_{\text{adm}} A = \sigma_{\text{adm}} b_1 t = (16\ 000\ \text{lb/pulg}^2)(1.5\ \text{pulg} \times 0.5\ \text{pulg})$$
$$= 12\ 000\ \text{lb}$$

Con una carga mayor que este valor, la parte principal del soporte colgante estará sobrecargada; esto es, el esfuerzo real será mayor que el esfuerzo admisible y con ello se reduciría el factor de seguridad.

b) En el área transversal del soporte colgante que atraviesa su orificio de tornillo, se debe hacer un cálculo parecido, pero con un esfuerzo admisible distinto y un área distinta. El área transversal neta, esto es, el área que queda después de haber perforado el orificio en la barra, es igual al ancho neto por el espesor. El ancho neto es igual al ancho total b_2 menos el diámetro d del agujero. Así, la ecuación de la carga admisible P_2 en esta sección es

$$P_2 = \sigma_{adm}A = \sigma_{adm}(b_2 - d)t$$
$$= (11\ 000\ \text{lb/pulg}^2)(3.0\ \text{pulg} - 1.0\ \text{pulg})(0.5\ \text{pulg}) = 11\ 000\ \text{lb}$$

c) La carga admisible respecto al apoyo entre el soporte colgante y el tornillo es igual al esfuerzo admisible de apoyo por el área de apoyo. El área portante es la proyección del área real de contacto, que a su vez es igual al diámetro del tornillo por el espesor del soporte colgante. En consecuencia, la carga admisible (ecuación 1-28) es

$$P_3 = \sigma_b A = \sigma_b dt = (26\ 000\ \text{lb/pulg}^2)(1.0\ \text{pulg})(0.5\ \text{pulg}) = 13\ 000\ \text{lb}$$

d) por último, la carga admisible P_4 por corte en el tornillo es igual al esfuerzo cortante admisible multiplicado por el área de corte (ecuación 1-27). El área de corte es el doble del área transversal del tornillo, porque ese tornillo está a corte doble; entonces:

$$P_4 = \tau_{adm}A = \tau_{adm}(2)(\pi d^2/4) = (6\ 500\ \text{lb/pulg}^2)(2)(\pi)(1.0\ \text{pulg})^2/4$$
$$= 10\ 200\ \text{lb}$$

Ya hemos calculado las cargas admisibles de tensión en el soporte colgante, respecto a las cuatro condiciones establecidas.

Al comparar los resultados anteriores se ve que el valor mínimo de la carga es

$$P_{adm} = 10\ 200\ \text{lb}$$

Esta carga, determinada por el corte en el tornillo, es la carga de tensión admisible en el soporte colgante.

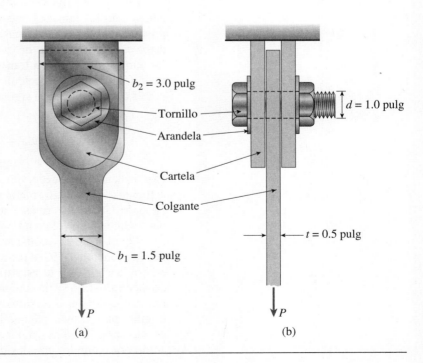

FIG. 1-32 Ejemplo 1-7. Colgante vertical sometido a una carga de tensión P: (a) vista de frente de la conexión atornillada y (b) vista de canto de esa conexión.

1.8 DISEÑO PARA CARGAS AXIALES Y CORTE DIRECTO

En la sección anterior describimos la determinación de cargas admisibles en estructuras sencillas y en secciones previas vimos cómo determinar los esfuerzos, las deformaciones unitarias y las deformaciones totales de barras. La determinación de esas cantidades se llama **análisis**. En el contexto de la mecánica de materiales, el análisis consiste en determinar la *respuesta* de una estructura a las cargas, cambios de temperatura y otras acciones físicas. Por respuesta de una estructura se entienden los esfuerzos, deformaciones unitarias y deformaciones totales producidas por las cargas. También respuesta quiere decir capacidad de carga de una estructura; por ejemplo, la carga admisible sobre una estructura es una forma de respuesta.

Se dice que una estructura es *conocida* cuando se cuenta con una descripción física completa de ella, esto es, cuando se conocen todas sus *propiedades*. Entre las propiedades de una estructura están los tipos de miembros y la forma en que están dispuestos, las dimensiones de todos los miembros, los tipos de apoyos y los lugares donde se ubican, los materiales usados y las propiedades de dichos materiales. Así, cuando se analiza una estructura, *se dan las propiedades y se determina la respuesta.*

Al proceso inverso se le llama **diseño**. Cuando se diseña una estructura, *se deben determinar las propiedades de la estructura para que pueda soportar las cargas y cumplir sus funciones.* Por ejemplo, un problema común en el diseño técnico es determinar el tamaño de un miembro que va a soportar cargas dadas. El diseño de una estructura suele ser un proceso mucho más largo y difícil que el de analizarla; en realidad, el análisis de una estructura con mucha frecuencia es una parte característica del proceso de diseño.

En esta sección veremos el diseño en su forma más elemental, calculando los tamaños necesarios de miembros a tensión y a compresión simple, así como pasadores y tornillos cargados en corte. En estos casos, el proceso de diseño es bastante directo. Si se conocen las cargas que se van a transmitir y los esfuerzos admisibles en los materiales, se pueden calcular las áreas requeridas en los miembros, con la ecuación general siguiente (compárese la ecuación 1-25):

$$\text{Área requerida} = \frac{\text{Carga por transmitir}}{\text{Esfuerzo admisible}} \qquad (1\text{-}29)$$

Esta ecuación se puede aplicar a cualquier estructura en la que los esfuerzos estén uniformemente distribuidos sobre el área. (En el ejemplo 1-8, se ilustra esta ecuación para calcular el tamaño de una barra en tensión y el de un pasador en corte.)

Además de las consideraciones de **resistencia**, representadas por la ecuación 1-29, es probable que en el diseño de una estructura entren la **rigidez** y la **estabilidad.** La rigidez es la capacidad de la estructura para resistir cambios de forma (por ejemplo, resistir estiramiento, flexión o torsión) y estabilidad es la capacidad de la estructura para resistir pandeo bajo esfuerzos de compresión. A veces es necesario limitar la rigidez, para evitar deformaciones excesivas, como por ejemplo, grandes deflexiones de una viga que puedan interferir con su funcionamiento. El pandeo es la variable principal que se considera al diseñar columnas, que son miembros esbeltos a la compresión (capítulo 11).

Otra parte del proceso de diseño es la **optimización**, que es el diseño de la estructura óptima que satisface determinada meta, como por ejemplo que tenga peso mínimo. Así, puede haber muchas estructuras que soporten determinada carga, pero en algunas circunstancias la mejor será la más ligera. Es natural que una meta como la de peso mínimo se debe ponderar con consideraciones más generales que incluyen los aspectos económicos, ambientales, políticos y técnicos del proyecto de diseño.

Al analizar o diseñar una estructura, a las fuerzas que actúan sobre ella las llamaremos **cargas** o **reacciones**. Las cargas son *fuerzas activas* que se aplican a la estructura debido a alguna causa externa, como gravedad, presión de agua, viento y movimientos sísmicos del suelo. Las reacciones son *fuerzas pasivas,* que se inducen en los soportes de la estructura. Sus magnitudes y direcciones se determinan por la naturaleza de la estructura misma. Así, se deben calcular las reacciones como parte del análisis, mientras que las cargas se conocen de antemano.

El ejemplo 1-8 comienza con un repaso de los **diagramas de cuerpo libre** o **diagramas de cuerpo en libertad**, así como de la estática elemental, y termina con el diseño de una barra en tensión y un pasador en corte directo.

Al trazar diagramas de cuerpo libre es útil hacer la diferencia entre reacciones debidas a cargas y reacciones debidas a otras fuerzas. Un método frecuente es colocar una diagonal o línea inclinada, cuando se representa una fuerza reactiva, como se ve en la figura 1-34 del ejemplo.

Ejemplo 1-8

La armadura de dos barras *ABC* que se ve en la figura 1-33 tiene soportes con pasadores en los puntos *A* y *C*, que están a 2.0 m de distancia. Los miembros *AB* y *BC* son barras de acero conectadas por un pasador en la junta *B*. La longitud de la barra *BC* es 3.0 m. Un letrero que pesa 5.4 kN está colgado de la barra *BC* en los puntos *D* y *E*, a 0.8 m y 0.4 m, respectivamente, de los extremos de la barra.

Determinar el área transversal necesaria en la barra *AB*, y el diámetro necesario del pasador en el soporte *C*, si los esfuerzos admisibles en tensión y en corte son 125 MPa y 45 MPa, respectivamente. (*Nota:* los pasadores en los soportes están en corte doble. Además, no tome en cuenta los pesos de los miembros *AC* y *BC*.)

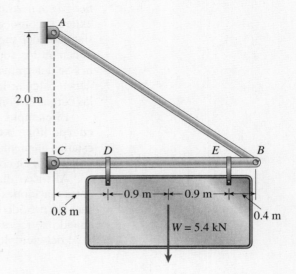

FIG. 1-33 Ejemplo 1-8. Armadura de dos barras *ABC* que sostienen un letrero que pesa *W*.

Solución

Los objetivos de este ejemplo son determinar los tamaños de la barra *AB* y del perno en el soporte *C*, requeridos. Como asunto preliminar, se debe determinar la fuerza de tensión en la barra y la fuerza de corte que actúa sobre el pasador. Esas cantidades se calculan con diagramas de cuerpo libre y ecuaciones de equilibrio.

Reacciones. Comenzaremos con un diagrama de cuerpo libre de toda la armadura (figura 1-34a). En este diagrama se muestran todas las fuerzas que actúan sobre la armadura, que son las cargas debidas al peso del letrero y las fuerzas de reacción que se ejercen sobre los pasadores de soporte en *A* y *C*. Cada reacción se indica con sus componentes horizontal y vertical, y la reacción resultante se representa por una línea interrumpida. (Nótese el uso de líneas diagonales que cruzan las flechas, para distinguir las reacciones de las cargas.)

El componente horizontal R_{AH} de la reacción en el soporte *A* se obtiene sumando momentos respecto al punto *C*, como sigue (los momentos con sentido contrario al de las manecillas del reloj son positivos):

$$\sum M_C = 0 \quad R_{AH}(2.0 \text{ m}) - (2.7 \text{ kN})(0.8 \text{ m}) - (2.7 \text{ kN})(2.6 \text{ m}) = 0$$

Al resolver esta ecuación se obtiene

$$R_{AH} = 4.590 \text{ kN}$$

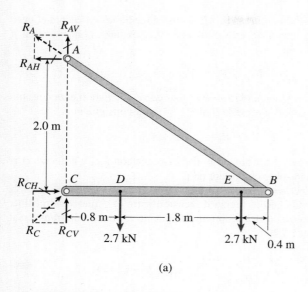

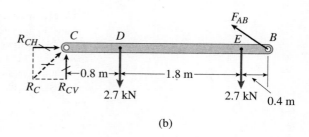

(a)

(b)

FIG. 1-34 Diagramas de cuerpo libre para el ejemplo 1-8.

A continuación se suman las fuerzas en dirección horizontal y se obtiene

$$\sum F_{\text{horiz}} = 0 \qquad R_{CH} = R_{AH} = 4.590 \text{ kN}$$

Para obtener la componente vertical de la reacción en el soporte C se puede usar un diagrama de cuerpo libre del miembro BC, como se ve en la figura 1-34b. Al sumar momentos respecto a la junta B se obtiene la componente de la reacción que se buscaba:

$$\sum M_B = 0 \qquad -R_{CV}(3.0 \text{ m}) + (2.7 \text{ kN})(2.2 \text{ m}) + (2.7 \text{ kN})(0.4 \text{ m}) = 0$$

$$R_{CV} = 2.340 \text{ kN}$$

Ahora regresamos al diagrama de cuerpo libre de toda la armadura (figura 1-34a) y sumamos las fuerzas en dirección vertical, para obtener la componente vertical R_{AV} de la reacción en A:

$$\sum F_{\text{vert}} = 0 \qquad R_{AV} + R_{CV} - 2.7 \text{ kN} - 2.7 \text{ kN} = 0$$

$$R_{AV} = 3.060 \text{ kN}$$

Como comprobación parcial de estos resultados, se observa que la relación R_{AV}/R_{AH} de las fuerzas que actúan en el punto A es igual a la relación de las componentes vertical y horizontal de la línea AB, que es 2.0 m/3.0 m, es decir, 2/3.

Conociendo las componentes horizontal y vertical de la reacción en A podemos calcular la reacción misma (figura 1-34a):

$$R_A = \sqrt{(R_{AH})^2 + (R_{AV})^2} = 5.516 \text{ kN}$$

De igual modo, la reacción en el punto C se obtiene a partir de sus componentes R_{CH} y R_{CV} como sigue:

$$R_C = \sqrt{(R_{CH})^2 + (R_{CV})^2} = 5.152 \text{ kN}$$

continúa

Fuerza de tensión en la barra AB. Como no tenemos en cuenta el peso de la barra AB, la fuerza de tensión F_{AB} en ella es igual a la reacción en A (véase la figura 1-34):

$$F_{AB} = R_A = 5.516 \text{ kN}$$

Fuerza cortante que actúa sobre el pasador en C. Esta fuerza cortante es igual a la reacción R_C (véase la figura 1-34); por consiguiente,

$$V_C = R_C = 5.152 \text{ kN}$$

De este modo, hemos determinado la fuerza de tensión F_{AB} y la fuerza cortante V_C que actúan sobre el pasador en C.

Área necesaria en la barra. El área transversal requerida en la barra AB se calcula dividiendo la fuerza de tensión entre el esfuerzo admisible, ya que el esfuerzo está distribuido uniformemente en la sección transversal (véase la ecuación 1-29):

$$A_{AB} = \frac{F_{AB}}{\sigma_{\text{adm}}} = \frac{5.516 \text{ kN}}{125 \text{ MPa}} = 44.1 \text{ mm}^2 \qquad \longleftarrow$$

Se debe diseñar la barra AB con un área transversal igual o mayor que 44.1 mm^2, para soportar el peso del letrero, que es la única carga que se ha tenido en cuenta. Cuando en los cálculos se incluyen otras cargas, el área necesaria es mayor.

Diámetro requerido en el pasador. El área transversal que se requiere en el pasador en C, que está sometido a corte doble, es

$$A_{\text{pas}} = \frac{V_C}{2\tau_{\text{adm}}} = \frac{5.152 \text{ kN}}{2(45 \text{ MPa})} = 57.2 \text{ mm}^2$$

de donde se puede calcular el diámetro requerido:

$$d_{\text{pas}} = \sqrt{4A_{\text{pas}}/\pi} = 8.54 \text{ mm} \qquad \longleftarrow$$

Se necesita un pasador que tenga cuando menos este diámetro para soportar el peso del letrero, sin rebasar el esfuerzo cortante admisible.

Nota: en este ejemplo omitimos de manera intencional el peso de la armadura en los cálculos. Sin embargo, una vez conocidos los tamaños de los miembros, se pueden calcular sus pesos e incluirlos en los diagramas de cuerpo libre de la figura 1-34.

Cuando se incluyen los pesos de las barras, el diseño del miembro AB se complica más, porque ya no es una barra a tensión simple. En lugar de ello es una viga sujeta a flexión y también a tensión. Se presenta una situación análoga para el miembro BC. No sólo debido a su propio peso, sino también por el peso del letrero, el miembro BC está sujeto tanto a flexión como a compresión. El diseño de esos miembros debe esperar hasta que estudiemos esfuerzos en las vigas (capítulo 5).

En la práctica deberían tenerse en cuenta otras cargas, además de los pesos de la armadura y del letrero, para llegar a una decisión final acerca de los tamaños de las barras y pasadores. Las cargas que importan son cargas de viento y de sismo y los pesos de objetos que deberían ser soportados en forma temporal por la armadura y el letrero.

PROBLEMAS DEL CAPÍTULO 1

Esfuerzo y deformación unitaria normales

1.2-1 Un poste hecho de una barra maciza circular (véase la figura) sostiene una carga P_1 = 2 500 lb, que actúa en su punta. Una segunda carga P_2 está uniformemente distribuida en torno al escalón en B. Los diámetros de las partes superior e inferior del poste son d_{AB} = 1.25 pulg y d_{BC} = 2.25 pulg, respectivamente.

a) Calcule el esfuerzo normal σ_{AB} en la parte superior del poste.

b) Si se desea que la parte inferior del poste tenga el mismo esfuerzo de compresión que la parte superior, ¿cuál debe ser la magnitud de la carga P_2?

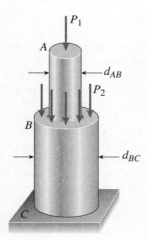

PROB. 1.2-1

1.2-2 Calcule el esfuerzo de compresión σ_c en la biela redonda (véase la figura) cuando se aplica una fuerza P = 40 N al pedal del freno.

Suponga que la línea de acción de la fuerza P es paralela a la biela, cuyo diámetro es 5 mm. También, las demás dimensiones indicadas en la figura (50 mm y 225 mm) se miden en dirección perpendicular a la línea de acción de la fuerza P.

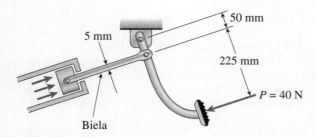

PROB. 1.2-2

1.2-3 Una varilla de acero de 110 pies de longitud cuelga dentro de una torre alta, y sostiene un peso de 200 lb en su extremo inferior (véase la figura).

Si el diámetro de la varilla redonda es 1/4 de pulgada, calcule el esfuerzo normal máximo $\sigma_{máx}$ en la varilla, teniendo en cuenta el peso de la varilla misma. Obtenga la densidad de la varilla en la tabla H-1, apéndice H.

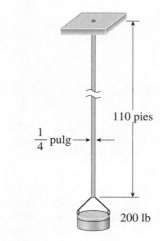

PROB. 1.2-3

1.2-4 Un tubo redondo de aluminio de longitud L = 400 mm se carga en compresión con fuerzas P (véase la figura). Los diámetros exterior e interior son 60 mm y 50 mm, respectivamente. Se coloca un extensómetro en el exterior de la barra, para medir deformaciones normales unitarias en la dirección longitudinal.

a) Si la deformación unitaria medida es ϵ = 550 × 10^{-6}, ¿cuál es la reducción δ de la barra?

b) Si el esfuerzo de compresión en la barra debe ser 40 MPa, ¿cuál debe ser la carga P?

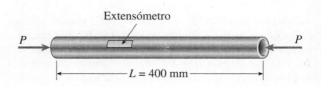

PROB. 1.2-4

1.2-5 La figura de abajo muestra la sección transversal de una pilastra de concreto que se carga uniformemente en compresión.

a) Determine el esfuerzo promedio de compresión σ_c en el concreto, si la carga es 2 500 klb.

b) Determine las coordenadas $\bar{x}$ y $\bar{y}$ del punto donde la carga resultante debe actuar para producir un esfuerzo normal uniforme.

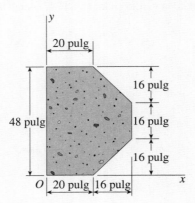

PROB. 1.2-5

1.2-6 Un carro que pesa 130 kN cuando está totalmente cargado es izado lentamente cuesta arriba sobre una vía, mediante un cable de acero (véase la figura). El cable tiene un área transversal efectiva de 490 mm² y el ángulo α de la pendiente es 30°.

Calcule el esfuerzo de tensión en el cable, σ_t.

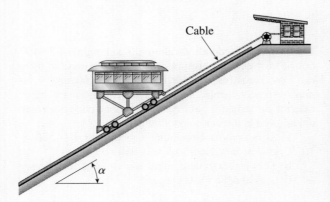

PROB. 1.2-6

1.2-7 Dos alambres de acero, AB y BC, sostienen una lámpara que pesa 18 lb (véase la figura). El alambre AB forma un ángulo $\alpha = 34°$ con la horizontal y el alambre BC está a un ángulo $\beta = 48°$. Ambos alambres tienen 30 mils de diámetro (los diámetros de los alambres se expresan con frecuencia en mils, o milésimas de pulgada).

Determine los esfuerzos de tensión σ_{AB} y σ_{BC} en los dos alambres.

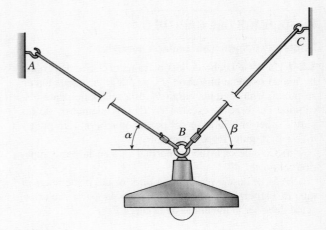

PROB. 1.2-7

1.2-8 Un muro largo de retención se apuntala con postes de madera colocados a un ángulo de 10° y soportados por bloques de concreto como se ve en la primera parte de la figura. Los postes están a distancias uniformes de 3 m.

Para fines de análisis, el muro y los puntales se idealizan como se ve en la segunda parte de la figura. Observe que se supone que la base del muro y ambos extremos de los bloques están articulados (es decir, pueden girar sin moverse). Se supone que la presión del suelo contra el muro tiene distribución triangular y que la fuerza resultante que actúa sobre un tramo de 3 m de muro es $F = 190$ kN.

Si cada poste tiene un corte transversal cuadrado de 150 mm $\times$ 150 mm, ¿cuál es el esfuerzo de compresión σ_c en él?

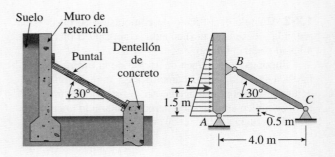

PROB. 1.2-8

1.2-9 Una grúa de carga está formada por una viga de acero ABC soportada por un cable BD, y está sometida a una carga P (véase la figura siguiente). El cable tiene un área transversal efectiva $A = 0.471$ pulg². Las dimensiones de la grúa son $H = 9$ pies, $L_1 = 12$ pies y $L_2 = 4$ pies.

a) Si la carga $P = 9\,000$ lb, ¿cuál es el esfuerzo de tensión promedio en el cable?

b) Si el cable se estira 0.382 pulg, ¿cuál es la deformación unitaria promedio?

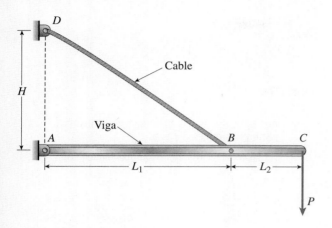

1.2-10 Resuelva el problema anterior para una carga de $P = 32$ kN; el cable tiene un área transversal efectiva $A = 481$ mm^2 y las dimensiones de la grúa son $H = 1.6$ m, $L_1 = 3.0$ m y $L_2 = 1.5$ m. El cable se estira 5.1 mm.

★1.2-11 Una losa de concreto reforzado de 8.0 pies de lado y 9.0 pulg de espesor se levanta con cuatro cables fijos a sus esquinas, como muestra la figura. Los cables se fijan a un gancho a un punto a 5.0 pies sobre la cara superior de la losa. Cada cable tiene un área transversal efectiva $A = 0.12$ pulg^2.

Determine el esfuerzo de tensión σ_t en los cables, debido al peso de la losa de concreto (véase la densidad del concreto reforzado en la tabla H-1, apéndice H).

★1.2-12 Una varilla redonda ABC, de longitud $2L$ (véase la figura) gira en torno a un eje que pasa por el punto medio C, a velocidad angular constante de ω (radianes por segundo). El material de la barra tiene densidad γ.

a) Deduzca una fórmula para determinar el esfuerzo de tensión σ_x en la barra, en función de la distancia x al punto medio C.

b) ¿Cuál es el esfuerzo máximo de tensión $\sigma_{máx}$?

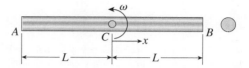

Propiedades mecánicas y diagramas esfuerzo-deformación unitaria

1.3-1 Imagine que un alambre largo de acero cuelga verticalmente de un globo a gran altura.

a) ¿Cuál es la longitud máxima (en pies) que puede tener sin presentar fluencia, si la fluencia del acero es 40 lb/pulg^2?

b) Si el mismo alambre cuelga de un barco en el mar, ¿cuál es su longitud máxima? (Obtenga las densidades del acero y del agua de mar en la tabla H-1, apéndice H.)

1.3-2 Imagine que un alambre largo de tungsteno cuelga verticalmente de un globo a gran altura.

a) ¿Cuál es la máxima longitud (en metros) que puede tener sin fracturarse, si la resistencia última (o resistencia de ruptura) es 1 500 MPa?

b) Si el mismo alambre cuelga de un barco en alta mar ¿cuál es su longitud máxima? (Obtenga las densidades del tungsteno y del agua de mar en la tabla H-1, apéndice H.)

1.3-3 Se prueban tres materiales diferentes, identificados por A, B y C, se ensayan en tensión con especímenes de prueba de 0.505 pulg de diámetro, y longitudes calibradas de 2.0 pulg (véase la figura). En la falla, se ve que las distancias entre las marcas de calibración son 2.13, 2.48 y 2.78 pulg, respectivamente. También, se ve que en la falla las secciones transversales de los diámetros tienen 0.484, 0.398 y 0.253 pulg, respectivamente.

Determine el alargamiento porcentual y el porcentaje de reducción de área en cada probeta y a continuación use su propio juicio e indique si cada material es frágil o dúctil.

1.3-4 La *relación de resistencia/peso* de un material estructural se define como su capacidad de carga dividida entre su peso. Para materiales en tensión se puede usar un esfuerzo característico de tensión (obtenido en una curva esfuerzo-deformación unitaria) como medida de la resistencia. Por ejemplo, se podrían usar el esfuerzo de fluencia o el esfuerzo último, dependiendo de la aplicación en particular. Así, la relación de resistencia/peso, $R_{S/W}$, de un material en tensión se define como

$$R_{S/W} = \frac{\sigma}{\gamma}$$

donde σ es el esfuerzo característico y γ la densidad. Observe que las unidades de la relación son de longitud.

Use el esfuerzo último σ_U como parámetro de resistencia, y calcule la relación de resistencia/peso (en metros) para cada uno de los materiales siguientes: aleación de aluminio 6061-T6, abeto de Douglas (en flexión), nailon, acero estructural ASTM-A572 y una aleación de titanio. Obtenga las propiedades de los materiales en las tablas H-1 y H-3 del apéndice H. Cuando en la tabla aparezca un intervalo de valores, use el valor promedio.

13-5 Una armadura simétrica consiste en tres barras articuladas, y está cargada por una fuerza P (véase la figura). El ángulo entre las barras inclinadas y la horizontal es $\alpha = 48°$. La deformación unitaria axial en la barra de en medio se mide y resulta de 0.0713.

Determine el esfuerzo de tensión en las barras laterales, si son de aleación de aluminio cuyo diagrama esfuerzo-deformación se ve en la figura 1-13. (Exprese el esfuerzo en unidades inglesas.)

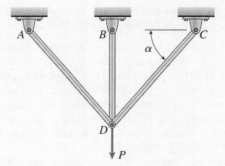

PROB. 1.3-5

1.3-6 Un espécimen de plástico de metacrilato se prueba en tensión, a temperatura ambiente (véase la figura), y se obtienen los datos de esfuerzo-deformación unitaria que muestra la tabla adjunta.

Grafique la curva de esfuerzo-deformación unitaria y determine el límite de proporcionalidad, el módulo de elasticidad (es decir, la pendiente de la parte inicial de la curva de esfuerzo-deformación unitaria) y el esfuerzo de fluencia a desplazamiento 0.2%. Este material ¿es dúctil?

PROB. 1.3-6

DATOS DE ESFUERZO-DEFORMACIÓN UNITARIA PARA EL PROBLEMA 1.3-6

Esfuerzo (MPa)	Deformación unitaria
8.0	0.0032
17.5	0.0073
25.6	0.0111
31.1	0.0129
39.8	0.0163
44.0	0.0184
48.2	0.0209
53.9	0.0260
58.1	0.0331
62.0	0.0429
62.1	Fractura

★1.3-7 Los datos de la tabla adjunta se obtuvieron en una prueba de tensión con acero de alta resistencia. La probeta tenía 0.505 pulg de diámetro y su longitud calibrada era 2.00 pulg (véase la figura del problema 1.3-3). En la fractura, el alargamiento entre las marcas de calibración fue 0.12 pulg, y el diámetro mínimo fue 0.42 pulg.

Grafique la curva convencional de esfuerzo-deformación unitaria para el acero y determine el límite de proporcionalidad, el módulo de elasticidad (es decir, la pendiente de la parte inicial de la curva de esfuerzo-deformación unitaria) y el esfuerzo de fluencia a desplazamiento 0.1%, el esfuerzo último, el porcentaje de elongación en 2.00 pulg y la reducción porcentual de área.

DATOS DE PRUEBA DE TENSIÓN PARA EL PROBLEMA 1.3-7

Carga (lb)	Alargamiento (pulg)
1 000	0.0002
2 000	0.0006
6 000	0.0019
10 000	0.0033
12 000	0.0039
12 900	0.0043
13 400	0.0047
13 600	0.0054
13 800	0.0063
14 000	0.0090
14 400	0.0102
15 200	0.0130
16 800	0.0230
18 400	0.0336
20 000	0.0507
22 400	0.1108
22 600	Fractura

Elasticidad y plasticidad

1.4-1 Una barra de acero estructural presenta el diagrama de esfuerzo-deformación unitaria que se ve en la figura y tiene 48 pulg de longitud. El esfuerzo de fluencia del acero es 42 klb/pulg², y la pendiente de la parte inicial lineal de la curva esfuerzo-deformación unitaria (el módulo de elasticidad) es 30×10^3 klb/pulg². La barra está cargada axialmente, hasta que se alarga 0.20 pulg; después se quita la carga.

Compare la longitud final de la barra con su longitud original. (*Sugerencia:* use los conceptos ilustrados en la figura 1-18b.)

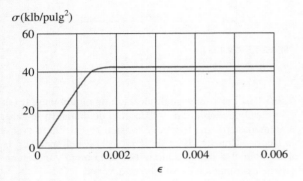

PROB. 1.4-1

1.4-2 Una barra de acero estructural tiene 2.0 m de longitud y el material tiene el diagrama de esfuerzo-deformación unitaria que se ve en la figura. El esfuerzo de fluencia del acero es 250 MPa, y la pendiente de la parte lineal inicial de la curva de esfuerzo-deformación unitaria (el módulo de elasticidad) es 200 GPa. La barra se carga axialmente hasta que se alarga 6.5 mm y después se quita la carga.

Compare la longitud final de la barra con su longitud original. (*Sugerencia:* use los conceptos ilustrados en la figura 1-18b.)

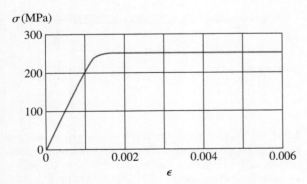

PROB. 1.4-2

1.4-3 Una barra de aluminio tiene $L = 4$ pies de longitud, y $d = 1.0$ pulg de diámetro. La curva esfuerzo-deforma-

ción unitaria del aluminio se encuentra en la figura 1-13, de la sección 1.3. La parte inicial lineal de la curva tiene una pendiente (módulo de elasticidad) de 10×10^6 lb/pulg². La barra se carga con fuerzas de tensión $P = 24$ klb, y después se quita la carga.

a) ¿Cuál es la deformación plástica de la barra?

b) Si se vuelve a cargar la barra, ¿cuál es el límite de proporcionalidad? (*Sugerencia:* use los conceptos que se ilustran en las figuras 1-18b y 1-19.)

1.4-4 Una barra redonda de aleación de magnesio tiene 800 mm de longitud. El diagrama de esfuerzo-deformación unitaria se encuentra en la figura de abajo. La barra se carga en tensión, hasta un alargamiento de 5.6 mm, y después se quita la carga.

a) ¿Cuál es la deformación plástica de la barra?

b) Si se vuelve a cargar la barra ¿cuál es el límite de proporcionalidad? (*Sugerencia:* use los conceptos ilustrados en las figuras 1-18b y 1-19.)

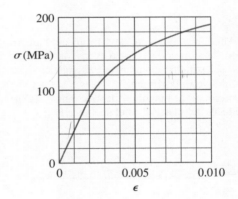

PROB. 1.4-4

★1.4-5 Un alambre de $L = 4$ pies de longitud y $d = 0.125$ pulg de diámetro se elonga con fuerzas de tensión $P = 600$ lb. El alambre es una aleación de cobre, cuya relación esfuerzo-deformación unitaria se describe matemáticamente con la siguiente ecuación:

$$\sigma = \frac{18\,000\epsilon}{1 + 300\epsilon} \quad 0 \leq \epsilon \leq 0.03 \quad (\sigma = \text{klb/pulg}^2)$$

donde ϵ es adimensional, y las unidades de σ son kips por pulgada cuadrada (klb/pulg²).

a) Trace un diagrama esfuerzo-deformación unitaria para este material.

b) Determine el alargamiento del alambre debido a las fuerzas P.

c) Si se quitan las fuerzas, ¿cuál es la deformación plástica de la barra?

d) Si se vuelven a aplicar las fuerzas, ¿cuál es el límite de proporcionalidad?

Ley de Hooke y relación de Poisson

Al resolver los problemas de la sección 1.5, suponga que el material tiene un comportamiento linealmente elástico.

1.5-1 Una barra de acero de alta resistencia que se usa en una grúa tiene $d = 2.00$ pulg de diámetro (véase la figura). El módulo de elasticidad de este acero es $E = 29 \times 10^6$ psi y su relación de Poisson es $\nu = 0.29$. Debido a necesidades de espacio, el diámetro de la barra se limita a 2.001 pulg cuando se comprime por fuerzas axiales.

¿Cuál es la carga máxima de compresión, $P_{máx}$, que se permite?

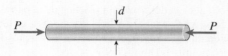

PROB. 1.5-1

1.5-2 Una barra redonda, de 10 mm de diámetro, es de aleación de aluminio 7075-T6 (véase la figura). Cuando la barra se estira debido a las fuerzas axiales P, su diámetro disminuye en 0.016 mm.

Determine la magnitud de la carga P. (Obtenga las propiedades del material en el apéndice H.)

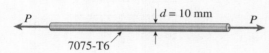

PROB. 1.5-2

1.5-3 Una barra de nailon tiene $d_1 = 3.50$ pulg de diámetro, y se encuentra en el interior de un tubo de acero cuyo diámetro interior es $d_2 = 3.51$ pulg (véase la figura). A continuación una fuerza axial P comprime a la barra de nailon.

¿Con qué fuerza P se cerrará el espacio entre la barra de nailon y el tubo de acero? (Suponga que para el nailon $E = 400$ klb/pulg^2 y $\nu = 0.4$.)

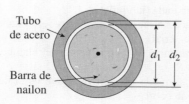

PROB. 1.5-3

1.5-4 Una barra redonda se carga con fuerzas de tensión P (véase la figura). La barra tiene $L = 1.5$ m de longitud y $d = 30$ mm de diámetro. Está fabricada de una aleación de aluminio con módulo de elasticidad $E = 75$ GPa y relación de Poisson $\nu = 1/3$.

Si la barra se alarga 3.6 mm ¿cuál es la disminución Δd del diámetro? ¿Cuál es la magnitud de la carga P?

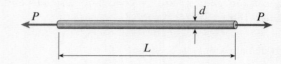

PROBS. 1.5-4 y 1.5-5

1.5-5 Una barra de monel (aleación de níquel y cobre) de $L = 8$ pulg de largo y $d = 0.25$ pulg de diámetro se carga axialmente con una fuerza de tensión $P = 1500$ lb (véase la figura). Con los datos de la tabla H-2 del apéndice H, determine el aumento de longitud de la barra y el porcentaje de disminución de su área transversal.

1.5-6 Se efectúa una prueba de tensión a un espécimen de latón de 10 mm de diámetro con una longitud calibrada de 50 mm (véase la figura). Cuando la carga de tensión P llega a un valor de 20 kN, la distancia entre las marcas de calibración ha aumentado en 0.122 mm.

a) ¿Cuál es el módulo de elasticidad E del latón?

b) Si el diámetro disminuye en 0.00830 mm, ¿cuál es la relación de Poisson?

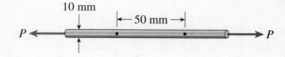

PROB. 1.5-6

1.5-7 Un cilindro hueco de acero se comprime con una fuerza P (véase la figura). El cilindro tiene un diámetro interior $d_1 = 3.9$ pulg, diámetro exterior $d_2 = 4.5$ pulg y su módulo de elasticidad es $E = 30\ 000$ klb/pulg^2. Cuando la fuerza P aumenta de cero a 40 klb, el diámetro exterior del cilindro aumenta en 455×10^{-6} pulg.

a) Determine el aumento en el diámetro interior.

b) Determine el aumento en el espesor de la pared.

c) Determine la relación de Poisson para este acero.

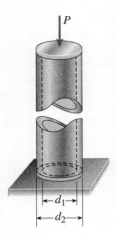

PROB. 1.5-7

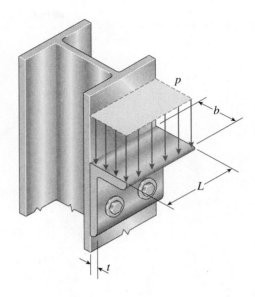

PROB. 1.6-1

★1.5-8 Una barra de acero tiene 2.5 m de longitud, y su sección transversal es cuadrada con 100 mm por lado; está sujeta a una fuerza axial de tensión de 1 300 kN (véase la figura). Suponga que $E = 200$ GPa y que $v = 0.3$.

Determine el aumento en el volumen de la barra.

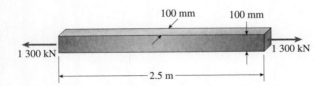

PROB. 1.5-8

Esfuerzo cortante y deformación unitaria cortante

1.6-1 Un perfil angular tiene $t = 0.5$ pulg de espesor, y se fija a la superficie de una columna con 2 tornillos de 5/8 pulg de diámetro (véase la figura). Sobre la cara superior del perfil angular actúa una carga uniformemente distribuida, y ejerce una presión $p = 300$ lb/pulg². La cara superior del perfil angular tiene $L = 6$ pulg de longitud y $b = 2.5$ pulg de ancho.

Determine la presión promedio de carga σ_b entre el perfil y los tornillos, y el esfuerzo cortante promedio, τ_{prom}, en los tornillos. (No tenga en cuenta la fricción entre el perfil y la columna.)

1.6-2 Tres placas de acero, cada una de 16 mm de espesor, están unidas con dos remaches de 20 mm, como muestra la figura.

a) Si la carga es $P = 50$ kN ¿cuál es el esfuerzo cortante máximo que actúa sobre los remaches?

b) Si el esfuerzo cortante último para esos remaches es 180 MPa ¿qué fuerza $P_{últ}$ se requiere para hacer que los remaches fallen por corte? (No tenga en cuenta la fricción entre las placas.)

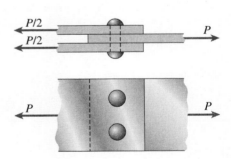

PROB. 1.6-2

1.6-3 En la figura siguiente se ve una conexión atornillada entre una columna vertical y una riostra diagonal. La conexión consiste en tres tornillos de 5/8 pulg que unen dos placas extremas de 1/4 pulg, soldadas a la diagonal, y un cartabón (placa esquinera, placa de unión o escuadra de ensamble) de 5/8 pulg, soldado a la columna. La carga de compresión P que soporta la riostra es 8.0 klb.

Determine las siguientes cantidades: a) el esfuerzo cortante promedio τ_{prom} en los tornillos y b) el esfuerzo de soporte promedio σ_b entre el cartabón y los tornillos. (No tenga en cuenta la fricción entre las placas.)

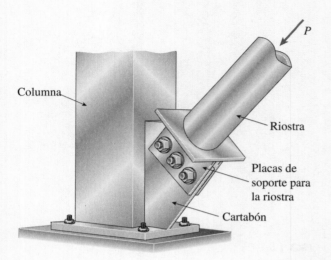

Columna

Riostra

Placas de soporte para la riostra

Cartabón

PROB. 1.6-3

1.6-4 Una viga de cajón hueco *ABC* de longitud *L* está soportada en un extremo *A* por un pasador de 20 mm de diámetro que la atraviesa, y en sus pedestales de soporte (véase la figura). El soporte de rodillo en *B* está a una distancia *L*/3 del extremo *A*.

a) Determine el esfuerzo cortante promedio en el pasador, debido a una carga *P* igual a 10 kN.

b) Determine el esfuerzo de soporte promedio entre el pasador y la viga de cajón, si el espesor de la pared de la viga es igual a 12 mm.

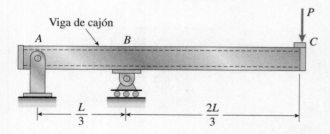

Viga de cajón

A B C P

$\dfrac{L}{3}$ $\dfrac{2L}{3}$

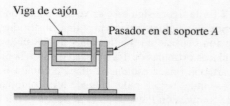

Viga de cajón

Pasador en el soporte *A*

PROB. 1.6-4

1.6-5 La conexión que se ve en la figura consiste en cinco placas de acero, cada una de 3/16 pulg de espesor, unidas por un solo tornillo de 1/4 de pulg de diámetro. La carga total que se transfiere entre las placas es 1 200 lb, distribuidas entre ellas como se muestra.

a) Calcule el esfuerzo cortante máximo en el tornillo, sin tener en cuenta la fricción entre las placas.

b) Calcule el esfuerzo máximo de carga que actúa contra el tornillo.

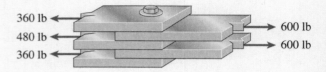

360 lb   600 lb

480 lb

360 lb   600 lb

PROB. 1.6-5

1.6-6 Una placa de acero con dimensiones 2.5 × 1.2 × 0.1 m es izada con una eslinga que tiene una horquilla en cada uno de sus extremos (véase la figura). Los pasadores que atraviesan las horquillas tienen 18 mm de diámetro, y están a 2.0 m de distancia. Cada mitad del cable forma un ángulo de 32° con la vertical.

Para estas condiciones, determine el esfuerzo cortante promedio τ_{prom} en los pasadores, y el esfuerzo de soporte promedio σ_b entre la placa de acero y los pasadores.

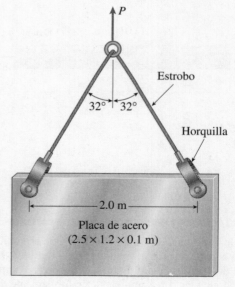

P

Estrobo

32°   32°

Horquilla

2.0 m

Placa de acero
(2.5 × 1.2 × 0.1 m)

PROB. 1.6-6

1.6-7 Un tornillo especial con diámetro $d = 0.50$ pulg atraviesa un orificio en una placa de acero (véase la figura). La cabeza hexagonal del tornillo recarga directamente contra la placa. El radio del círculo circunscrito del hexágono es $r = 0.40$ pulg (que equivale a que cada lado del hexágono tiene 0.40 pulg de longitud). También, el espesor t de la cabeza del tornillo es 0.25 pulg y la fuerza de tensión P en el tornillo es 1 000 lb.

a) Determine el esfuerzo promedio de carga σ_b entre la cabeza hexagonal del tornillo y la placa.

b) Determine el esfuerzo cortante promedio τ_{prom} en la cabeza del tornillo.

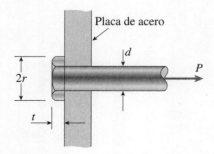

PROB. 1.6-7

1.6-8 Una base de soporte amortiguadora que consiste en dos placas de acero sujetas a un elastrómero de cloropreno (un hule artificial), se sujeta a una fuerza cortante V durante una prueba de carga estática (véase la figura). Las dimensiones de la base son $a = 150$ mm y $b = 250$ mm, y el espesor del elastómero es $t = 50$ mm. Cuando la fuerza V es igual a 12 kN, se ve que la placa superior se ha desplazado 8.0 mm hacia un lado, con respecto a la placa inferior.

¿Cuál es el módulo de elasticidad cortante G del cloropreno?

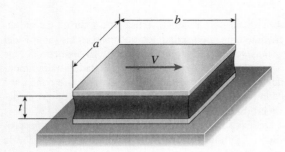

PROB. 1.6-8

1.6-9 Una junta entre dos losas de concreto A y B se llena con un epóxico flexible que se adhiere firmemente con el concreto (véase la figura). La altura de la junta es $h = 4.0$ pulg, su longitud es $L = 40$ pulg y su espesor es $t = 0.5$ pulg. Bajo la acción de las fuerzas de corte V, las losas se desplazan en el sentido vertical una distancia $d = 0.002$ pulg entre sí.

a) ¿Cuál es la deformación unitaria cortante promedio γ_{prom} en el epóxico?

b) ¿Cuál es la magnitud de las fuerzas V, si el módulo de elasticidad cortante G del epóxico es 140 klb/pulg^2?

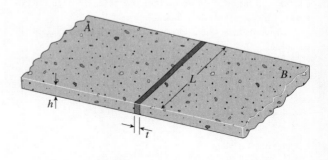

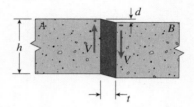

PROB. 1.6-9

1.6-10 Una conexión flexible está formada por amortiguadores de hule (espesor $t = 9$ mm) adheridos a placas de acero; se ve en la figura siguiente. Los amortiguadores tienen 160 mm de longitud y 80 mm de ancho.

a) Determine la deformación unitaria de corte promedio γ_{prom} en el hule, si la fuerza es $P = 16$ kH, y el módulo del hule al cortante es $G = 1\ 250$ kPa.

b) Determine el desplazamiento horizontal relativo δ entre la placa intermedia y las placas externas.

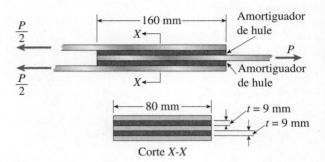

PROB. 1.6-10

1.6-11 Una boya esférica de fibra de vidrio, que se usa en un experimento submarino, se ancla en agua con poca profundidad con una cadena (véase la parte a) de la figura siguiente). Como la boya se coloca bajo la superficie del agua, no se cree que la aplaste la presión del líquido. La cadena está fija a la boya mediante un grillete y un pasador (véase la parte b) de la figura). El diámetro del pasador es 0.5 pulg, y el espesor del grillete es 0.25 pulg. La boya tiene 60 pulg de diámetro y pesa 1 800 lb en tierra (sin incluir el peso de la cadena).

a) Determine el esfuerzo cortante promedio τ_{prom} en el pasador.

b) Determine el esfuerzo promedio de carga σ_b entre el pasador y el grillete.

Determine el esfuerzo cortante promedio en el pasador en C, cuando la carga es $P = 18$ kN.

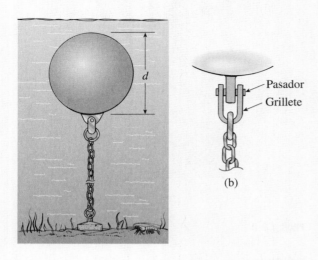

PROB. 1.6-11

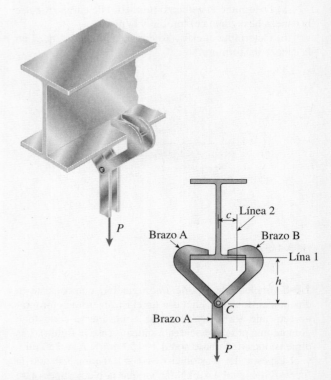

PROB. 1.6-12

★1.6-12 La mordaza de la figura siguiente se usa para soportar una carga que cuelga del patín inferior de una viga de acero. Esta mordaza consiste en dos brazos (A y B) unidos por un pasador en C. El diámetro del pasador es $d = 12$ mm. Como el brazo B se articula al brazo A, el pasador está en corte doble.

La línea 1 de la figura define la línea de acción de la fuerza horizontal resultante H que actúa entre el patín inferior de la viga y el brazo B. La distancia vertical de esta línea al pasador es $h = 250$ mm. La línea 2 define la línea de acción de la fuerza resultante V que actúa entre el patín y el brazo B. La distancia horizontal de esta línea a la línea del centro de la viga es $c = 100$ mm. Las condiciones de la fuerza entre el brazo A y el patín inferior son simétricas con las que se definieron para el brazo B.

★1.6-13 Una llave especial se usa para girar un eje redondo mediante una cuña cuadrada que cabe en las ranuras del eje y la llave (véase la figura siguiente). El diámetro del eje es d, la cuña tiene un corte transversal cuadrado de dimensiones $b \times b$, y la longitud de la cuña es c. La cuña cabe hasta la mitad en la llave, y hasta la mitad en el eje; es decir, la profundidad de cada ranura es $b/2$.

Deduzca una fórmula para el esfuerzo cortante promedio τ_{prom} en la cuña, cuando se aplica una carga P a la distancia L del centro del eje.

Sugerencia: no tenga en cuenta los efectos de la fricción, suponga que la presión entre la cuña y la llave se distribuye uniformemente, y asegúrese de trazar diagramas de cuerpo libre de la llave y de la cuña.

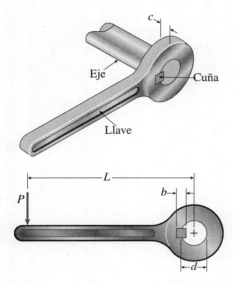

PROB. 1.6-13

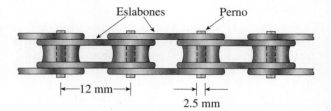

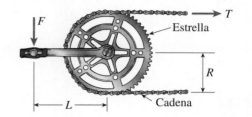

PROB. 1.6-14

★★1.6-14 Una cadena de bicicleta consiste en una serie de eslabones pequeños, cada uno de 12 mm de longitud entre los centros de sus pernos (véase la figura). Puede usted examinar una cadena de bicicleta y observe su construcción. Fíjese en especial en los pernos, que supondremos tienen 2.5 mm de diámetro.

Para resolver este problema, debe hacer dos mediciones en una bicicleta (véase la figura): 1) la longitud L del brazo del pedal, desde el eje principal al eje del pedal, y 2) el radio R de la estrella (la rueda dentada para cadena) denominada catarina.

a) Con las dimensiones que midió, calcule la fuerza de tensión T en la cadena, cuando la fuerza $F = 800$ N se aplica a uno de los pedales.

b) Calcule el esfuerzo cortante promedio τ_{prom} en los pernos.

★★1.6-15 Una montadura amortiguadora se fabrica como se ve en la figura de abajo, y se usa para soportar un instrumento delicado. La montadura está formada por un tubo externo de acero con diámetro interno b, una barra central de acero de diámetro d que soporta la carga P y un cilindro hueco de hule (de altura h) sujeto al tubo y a la barra.

a) Deduzca una fórmula del esfuerzo cortante τ en el hule a una distancia radial r del centro del amortiguador.

b) Obtenga una expresión para el desplazamiento δ hacia abajo de la barra central, debido a la carga P, suponiendo que G es el módulo de elasticidad en corte del hule, y que el tubo y la barra de acero son rígidos.

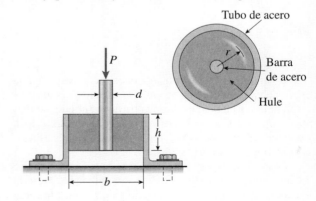

PROB. 1.6-15

Cargas admisibles

1.7-1 Una barra redonda maciza se carga en tensión con las fuerzas P (véase la figura). La barra tiene $L = 16.0$ pulg de longitud y $d = 0.50$ pulg de diámetro. El material es una aleación de magnesio con módulo de elasticidad $E = 6.4 \times 10^6$ lb/pulg². El esfuerzo admisible en tensión es $\sigma_{adm} = 17\,000$ lb/pulg², y el alargamiento de la barra no debe ser mayor que 0.04 pulg.

¿Cuál es el valor admisible de las fuerzas P?

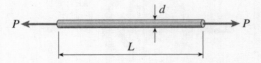

PROB. 1.7-1

1.7-2 Se transmite un par de giro t_0 entre dos ejes que contienen bridas (bridados) mediante cuatro tornillos de 20 mm (véase la figura). El diámetro del círculo de tornillos es $d = 150$ mm.

Si el esfuerzo cortante admisible en los tornillos es 90 MPa ¿cuál es el par de giro máximo permisible? (Ignore la fricción entre las bridas.)

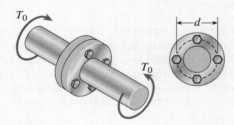

PROB. 1.7-2

1.7-3 Un amarre de un bote a la cubierta consiste en una barra doblada atornillada en ambos extremos, como se ve en la figura. El diámetro d_B de la barra es 1/4 pulg, el diámetro d_W de las arandelas es 7/8 pulg y el espesor t de la cubierta de "fibra de vidrio" (en realidad, plástico reforzado con fibra de vidrio) es 3/8 pulg.

Si el esfuerzo cortante admisible de la fibra de vidrio es 300 lb/pulg² y la presión de carga admisible entre la arandela y la fibra de vidrio es 550 pulg ¿cuál es la carga admisible P_{adm} en el amarre?

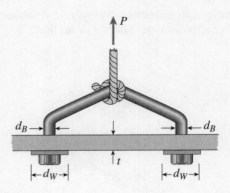

PROB. 1.7-3

1.7-4 Un tubo de aluminio funciona como soporte, el cual trabaja sometido a una carga de compresión en el fuselaje de un avión pequeño y tiene su corte transversal como el que muestra la figura. El diámetro exterior del tubo es $d = 25$ mm y el espesor de pared es $t = 2.5$ mm. El esfuerzo de fluencia del aluminio es $\sigma_Y = 270$ MPa y el esfuerzo último es $\sigma_U = 310$ MPa.

Calcule la fuerza de compresión admisible P_{adm} si los factores de seguridad con respecto al esfuerzo de fluencia y al esfuerzo último son 4 y 5, respectivamente.

PROB. 1.7-4

1.7-5 Una base de acero para maquinaria pesada descansa en cuatro soportes cortos y huecos, de hierro colado (véase la figura siguiente). La resistencia última del hierro colado en compresión es 50 klb/pulg². El diámetro exterior de los soportes es $d = 4.5$ pulg y el espesor de la pared es $t = 0.40$ pulg.

Use un factor de seguridad de 3.5 con respecto a la resistencia última y determine la carga total P que puede soportar la plataforma.

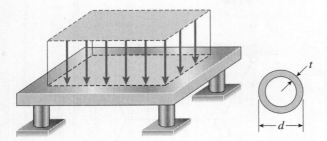

PROB. 1.7-5

1.7-6 Un alambre largo de acero que cuelga de un globo sostiene un peso W en su extremo inferior (véase la figura). El alambre de 4 mm de diámetro tiene 25 m de longitud.

¿Cuál es el peso máximo $W_{máx}$ que puede cargarse con seguridad, si el esfuerzo de fluencia en tensión, del alambre, es $\sigma_Y = 350$ MPa, y se desea tener un margen de seguridad de 1.5 contra la fluencia? (Incluya en los cálculos el peso del alambre.)

PROB. 1.7-6

1.7-7 Un bote salvavidas cuelga de dos pescantes, como se ve en la figura. Un perno de diámetro $d = 0.80$ pulg atraviesa cada pescante, y sostiene dos poleas, una en cada lado del pescante.

Por las poleas pasan cables fijos en el bote y se enrollan en malacates que suben y bajan a éste. Las partes inferiores de los cables son verticales, y las superiores forman un ángulo $\alpha = 15°$ con la horizontal. La fuerza de tensión admisible en cada cable es 1 800 lb, y el esfuerzo cortante admisible en los pasadores es 4 000 lb/pulg^2.

Si el bote salvavidas pesa 1500 lb, ¿cuál es el peso máximo que se debe admitir en el bote?

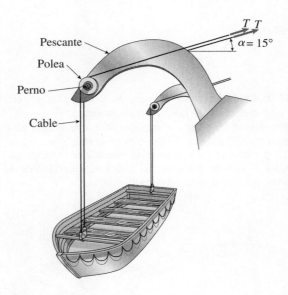

PROB. 1.7-7

1.7-8 El mástil de un barco está fijo en su base con una articulación de pasador (véase la figura siguiente). El mástil es un tubo de acero de diámetro exterior $d_2 = 80$ mm y diámetro interior $d_1 = 70$ mm. El pasador de acero tiene un diámetro $d = 25$ mm y las dos placas que unen al mástil con el pasador tienen $t = 12$ mm de espesor.

Los esfuerzos admisibles son los siguientes: esfuerzo de compresión en el palo, 70 MPa; esfuerzo cortante en el pasador, 45 MPa y esfuerzo de carga entre el pasador y las placas de conexión, 110 MPa.

Determine la fuerza de compresión admisible, P_{adm}, en el mástil.

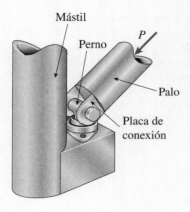

Mástil

Perno

P

Palo

Placa de
conexión

PROB. 1.7-8

1.7-9 ¿Cuál es el valor máximo de la fuerza de sujeción *C* en los dientes de las pinzas de la figura, si *a* = 3.75 pulg, *b* = 1.60 pulg y el esfuerzo cortante último en el perno de 0.20 pulg de diámetro es 50 klb/pulg²?

¿Cuál es el valor máximo permisible de la carga aplicada *P* si se debe mantener un factor de seguridad de 3.0 con respecto a la falla del perno?

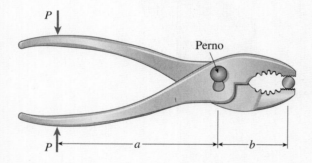

P

Perno

P

a

b

PROB. 1.7-9

1.7-10 Una barra metálica *AB* de peso *W* está colgada con un sistema de alambres de acero, como se ve en la figura. El diámetro de los alambres es 2 mm, y el esfuerzo de fluencia del acero es 450 MPa.

Determine el peso máximo permisible $W_{máx}$ para trabajar con un factor de seguridad de 1.9 con respecto a la fluencia.

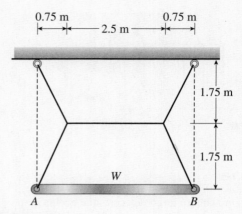

0.75 m   2.5 m   0.75 m

1.75 m

1.75 m

W

A   *B*

PROB. 1.7-10

1.7-11 Dos barras planas se cargan en tensión con fuerzas *P*, y se empalman con dos placas rectangulares y dos remaches de 5/8 pulg de diámetro (véase la figura). Las barras tienen *b* = 1.0 pulg de ancho, excepto en el empalme, donde son más anchas, y el espesor es *t* = 0.4 pulg las barras son de acero con un esfuerzo último de tensión de 60 ksi. Los esfuerzos últimos en corte y en compresión para el acero de remache son 25 klb/pulg² y 80 klb/pulg², respectivamente.

Determine la carga admisible P_{adm} si se desea tener un factor de seguridad de 2.5 con respecto a la carga última que se podría soportar. (Tenga en cuenta la tensión en las barras, el corte en los remaches y la compresión entre los remaches y las barras. No tenga en cuenta la fricción entre las placas.)

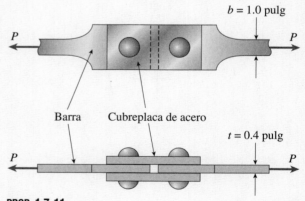

b = 1.0 pulg

P   *P*

Barra   Cubreplaca de acero

t = 0.4 pulg

P   *P*

PROB. 1.7-11

★1.7-12 Una barra redonda maciza (diámetro *d*) tiene taladrado un barreno de diámetro *d*/4 que atraviesa el centro de la barra (véase la figura siguiente). El esfuerzo promedio de tensión admisible sobre la sección transversal neta de la barra es σ_{adm}.

a) Deduzca una expresión para la carga admisible P_{adm} que puede soportar la barra en tensión.

b) Calcule el valor de P_{adm} si la barra es de latón, con $d = 40$ mm de diámetro y $\sigma_{adm} = 80$ MPa.

(*Sugerencia:* use las fórmulas del caso 15, apéndice D.)

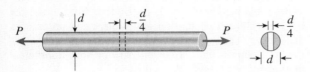

PROB. 1.7-12

★1.7-13 Una barra maciza de acero de diámetro $d_1 = 2.25$ pulg tiene taladrado un barreno de diámetro $d_2 = 1.125$ pulg (véase la figura). Por el barreno pasa un pasador de diámetro d_2, que se fija en los soportes.

Determine la carga de tensión máxima permisible P_{adm} en la barra, si el esfuerzo de fluencia para corte en el pasador es $\tau_y = 17\,000$ lb/pulg^2, el esfuerzo de fluencia de la barra en tensión es $\sigma_y = 36\,000$ psi y se requiere tener un factor de seguridad de 2.0 con respecto a la fluencia. (*Sugerencia:* use las fórmulas del caso 15, apéndice D.)

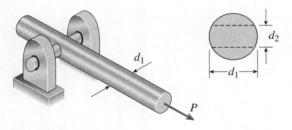

PROB. 1.7-13

★1.7-14 El pistón de un motor está unido a una biela AB, que a su vez está conectada a un brazo de cigüeñal BC (véase la figura). El pistón se desliza sin fricción en un cilindro y está sujeto a una fuerza P (que se supone constante) mientras se mueve hacia la derecha en la figura. La biela, cuyo diámetro es d y longitud es L, está fija en ambos extremos mediante pernos. El brazo de cigüeñal gira respecto al eje en C y el perno en B se mueve en un círculo de radio R. El eje en C, que está sostenido por cojinetes, ejerce un momento M contra el brazo de cigüeñal.

a) Deduzca una expresión para la fuerza máxima permisible, P_{adm}, con base en el esfuerzo de compresión admisible σ_c en la biela.

b) Calcule la fuerza P_{adm} con los siguientes datos: $\sigma_c = 160$ MPa, $d = 9.00$ mm y $R = 0.28L$.

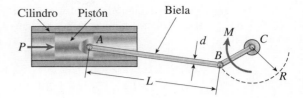

PROB. 1.7-14

Diseño para cargas axiales y cortante directo

1.8-1 Se requiere un tubo de aluminio para transmitir una fuerza axial de tensión $P = 34$ klb (véase la figura). El espesor de la pared del tubo debe ser 0.375 pulg.

¿Cuál es el diámetro exterior mínimo requerido, $d_{mín}$, para que el esfuerzo de tensión admisible sea 9 000 lb/pulg^2?

PROB. 1.8-1

1.8-2 Un tubo de acero tiene esfuerzo de fluencia $\sigma_y = 270$ MPa debe soportar una fuerza axial de compresión $P = 1\,200$ kN (véase la figura). Se va a usar un factor de seguridad de 1.8 contra fluencia.

Si el espesor t de la pared del tubo debe ser la octava parte de su diámetro exterior ¿cuál es el diámetro exterior mínimo requerido $d_{mín}$?

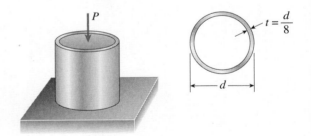

PROB. 1.8-2

1.8-3 Una viga horizontal AB está sostenida por un puntal inclinado CD, y soporta una carga $P = 2\,500$ lb en la posición que indica la figura siguiente. El puntal, formado por dos barras, está articulado en la viga mediante un tornillo que atraviesa las tres barras en la junta C.

Si el esfuerzo cortante admisible en el tornillo es 14 000 lb/pulg^2 ¿cuál es el diámetro mínimo $d_{mín}$ requerido en el tornillo?

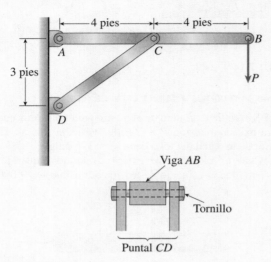

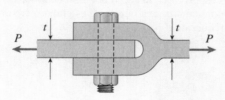

Viga *AB*

Tornillo

Puntal *CD*

PROB. 1.8-3

1.8-4 Se conectan dos barras de sección transversal rectangular, de espesor $t = 15$ mm, mediante un tornillo en la forma que indica la figura. El esfuerzo cortante admisible en el tornillo es 90 MPa y el esfuerzo de carga admisible entre el tornillo y las barras es 150 MPa.

Si la carga de tensión $P = 31$ kN, ¿cuál es el diámetro mínimo requerido, $d_{mín}$, del tornillo?

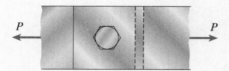

PROBS. 1.8-4 y 1.8-5

1.8-5 Resuelva el problema anterior si la barras tienen espesor $t = 5/16$ pulg, el esfuerzo cortante admisible es 12 000 lb/pulg^2, el esfuerzo de compresión admisible es 20 000 lb/pulg^2 y la carga es $P = 1\ 800$ lb.

1.8-6 Un tirante de un puente colgante consiste en un cable que pasa sobre el cable principal (véase la figura) y soporta el tablero del puente, que está muy abajo. El tirante se mantiene en posición mediante una abrazadera de metal que no puede deslizarse por los sujetadores del cable.

Sea *P* el peso de cada parte del cable y sea θ el ángulo del cable justo arriba de la abrazadera. Por último, sea σ_{adm} el esfuerzo de tensión admisible en la abrazadera metálica.

a) Deduzca una expresión para el área transversal mínima requerida en la abrazadera.

b) Calcule el área mínima, si $P = 130$ kN, $\theta = 75°$ y $\sigma_{adm} = 80$ MPa.

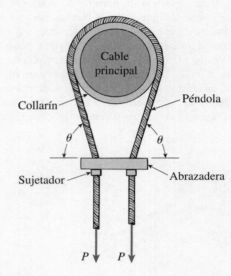

Cable principal

Collarín

Péndola

θ θ

Sujetador

Abrazadera

P P

PROB. 1.8-6

1.8-7 Un tubo cuadrado de acero de longitud $L = 20$ pies y ancho $b_2 = 10.0$ pulg, se eleva mediante una grúa (véase la figura siguiente). El tubo cuelga de un pasador de diámetro d, sujeto por los cables en los puntos A y B. La sección transversal es un cuadrado hueco con dimensión interior $b_1 = 8.5$ pulg y dimensión externa $b_2 = 10.0$ pulg. El esfuerzo cortante admisible en el pasador es 8 700 lb/pulg^2 y el esfuerzo de carga admisible entre el pasador y el tubo es 13 000 lb/pulg^2.

Determine el diámetro mínimo del pasador para poder soportar el peso del tubo. (*Nota:* no tenga en cuenta las esquinas redondeadas del tubo, al calcular su peso.)

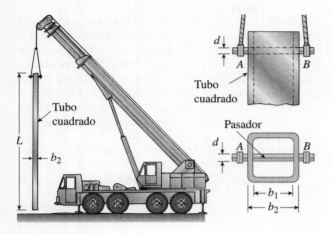

PROBS. 1.8-7 y 1.8-8

1.8-8 Resuelva el problema anterior si la longitud L del tubo es 6.0 m, el ancho exterior es $b_2 = 250$ mm, la dimensión interior es $b_1 = 210$ mm, el esfuerzo cortante admisible en el pasador es 60 MPa y el esfuerzo de carga admisible es 90 MPa.

1.8-9 Un cilindro circular a presión tiene tapa sellada, sujeta con tornillos de acero (véase la figura). La presión p del gas en el cilindro es 290 lb/pulg^2, el diámetro interior D del cilindro es 10.0 pulg y el diámetro d_B de los tornillos es 0.50 pulg.

Si el esfuerzo de tensión admisible en los tornillos es 10 000 lb/pulg^2, calcule la cantidad n de tornillos necesarios para fijar la tapa.

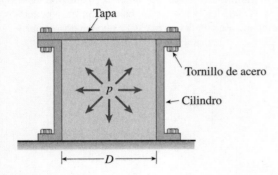

PROB. 1.8-9

1.8-10 Un poste tubular de diámetro exterior d_2 está colocado en contraviento con dos cables equipados con tensores (véase la figura). Los cables se tensan girando los tensores, con lo que se produce tensión en los cables y compresión en el poste. Los dos cables se tensan hasta una fuerza de tensión de 110 kN. También, el ángulo entre los cables y el suelo es 60° y el esfuerzo de compresión admisible en el poste es $\sigma_c = 35$ MPa.

Si el espesor de la pared del poste es 15 mm, ¿cuál es el valor mínimo permisible del diámetro exterior d_2?

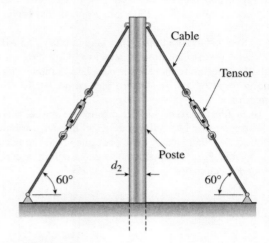

PROB. 1.8-10

1.8-11 Un contenedor para trabajadores y materiales en una obra es izada con una grúa (véase la figura). El piso del contenedor es rectangular de 6 pies por 8 pies. Cada uno de los cuatro cables de suspensión está fijo a un vértice del contenedor y tiene 13 pies de longitud. El peso del contenedor con su contenido se limita, por reglamento, a 9 600 lb.

Determine el área transversal necesaria, A_C, de un cable, si su esfuerzo de ruptura es 91 klb/pulg^2 y se desea tener un factor de seguridad de 3.5 contra la falla.

PROB. 1.8-11

1.8-12 Una columna de acero de sección transversal circular hueca se soporta sobre una placa de base circular y un pedestal de concreto (véase la figura). El diámetro externo de la columna es $d = 250$ mm y soporta una carga de $P = 750$ kN.

a) Si el esfuerzo admisible en la columna es 55 MPa, ¿cuál es el espesor mínimo necesario t? Con base en su resultado, seleccione un espesor para la columna. (Seleccione un espesor que sea entero par, como 10, 12, 14... milímetros.)

b) Si el esfuerzo de soporte promedio sobre el pedestal de concreto es 11.5 MPa ¿cuál es el diámetro mínimo requerido D de la placa de base para que se diseñe la carga admisible P_{adm} que pueda soportar la columna con el espesor seleccionado?

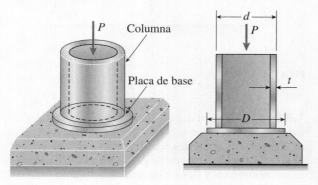

PROB. 1.8-12

1.8-13 Una barra de corte transversal rectangular se somete a una carga axial P (véase la figura). La barra tiene ancho $b = 2.0$ pulg y espesor $t = 0.25$ pulg. A través de la barra se perfora un orificio de diámetro d para poder atravesar un pasador. El esfuerzo admisible de tensión en la sección transversal neta de la barra es 20 klb/pulg², y el esfuerzo cortante admisible en el pasador es 11.5 klb/pulg².

a) Determine el diámetro del perno d_m para el cual la carga P sea máxima.

b) Determine el valor correspondiente, $P_{máx}$, de la carga.

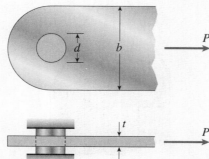

PROBS. 1.8-13 y 1.8-14

*★1.8-14** Una barra plana de $b = 60$ mm y espesor $t = 10$ mm, se carga en tensión mediante una fuerza P (véase la figura). La barra está fija a un soporte por un perno de diámetro d que pasa por un orificio del mismo tamaño en la barra. El esfuerzo de tensión admisible, sobre la sección transversal neta de la barra es $\sigma_T = 140$ MPa, el esfuerzo cortante admisible en el perno es $\tau_S = 80$ MPa y el esfuerzo de carga admisible entre el perno y la barra es $\sigma_B = 200$ MPa.

a) Determine el diámetro d_m del perno para el cual la carga P será máxima.

b) Determine el valor correspondiente, $P_{máx}$, de la carga.

★★1.8-15 Dos barras, AB y BC, del mismo material, soportan una carga vertical P (véase la figura). La longitud L de la barra horizontal es fija, pero el ángulo θ se puede variar moviendo el soporte A en dirección vertical y cambiando la longitud de la barra AC, para corresponder a la nueva posición del soporte A. Los esfuerzos admisibles en las barras son los mismos en tensión y en compresión.

Se observa que cuando se reduce el ángulo θ, la barra AC se vuelve más corta, pero las áreas transversales de ambas barras aumentan (porque las fuerzas axiales son mayores). Lo contrario sucede si aumenta el ángulo θ. Se ve entonces, que el peso de la estructura (que es proporcional al volumen) depende del ángulo θ.

Determine el ángulo θ para que la estructura tenga un peso mínimo sin rebasar los esfuerzos admisibles en las barras. (*Nota:* los pesos de las barras son muy pequeños en comparación con la fuerza P y se pueden despreciar.)

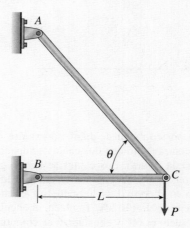

PROB. 1.8-15

2

Miembros cargados axialmente

2.1 INTRODUCCIÓN

2.1 INTRODUCCIÓN

Los componentes estructurales que sólo están sujetos a tensión o a compresión se llaman **miembros cargados axialmente** o **miembros con carga axial**. El tipo más común es el de barras sólidas con ejes longitudinales rectos, aunque los cables y los resortes helicoidales soportan cargas axiales. Como ejemplos de barras con carga axial están los miembros de armaduras, bielas de motores, rayos en las ruedas de bicicletas, columnas en edificios y puntales en monturas de motores de aviones. En el capítulo 1 se explicó el comportamiento esfuerzo-deformación unitaria de esos miembros, y se obtuvieron las ecuaciones para los esfuerzos que actúan sobre las secciones transversales ($\sigma = P/A$) y deformaciones en direcciones longitudinales ($\epsilon = \delta/L$).

En este capítulo se describirán otros aspectos de miembros con carga axial, comenzando con la determinación de cambios en las longitudes causados por las cargas (secciones 2.2 y 2.3). El cálculo de cambios de longitud es un ingrediente esencial en el análisis de estructuras estáticamente indeterminadas, tema que se presentará en la sección 2.4. También se deben calcular cambios de longitud siempre que sea necesario controlar los desplazamientos de una estructura, sea por razones estéticas o funcionales. En la sección 2.5 se explicarán los efectos de la temperatura sobre la longitud de una barra e introduciremos los conceptos de esfuerzo térmico y deformación térmica. También en esta sección se incluye una descripción de los efectos de malos ajustes y deformaciones unitarias previas.

Un panorama generalizado de los esfuerzos en barras con carga axial se presenta en la sección 2.6, donde se describirán los esfuerzos sobre *secciones inclinadas* (distintas de las *secciones transversales*) de barras. Aunque sobre las secciones transversales de barras con carga axial sólo actúan esfuerzos normales, en las secciones inclinadas actúan esfuerzos normales y cortantes al mismo tiempo.

A continuación se presentarán varios temas de importancia en la mecánica de materiales, como son la energía de deformación (sección 2.7), la carga de impacto (sección 2.8), la fatiga (sección 2.9), las concentraciones de esfuerzos (sección 2.10) y sobre comportamiento no lineal (secciones 2.11 y 2.12). Aunque estos temas son expuestos en el contexto de miembros con cargas axiales, las descripciones son la base para la aplicación de esos conceptos a otros elementos estructurales, como barras en torsión y vigas en flexión.

2.2 CAMBIOS DE LONGITUD DE MIEMBROS CARGADOS AXIALMENTE

FIG. 2-1 Resorte sometido a una carga axial P.

Cuando se determinan los cambios de longitud de miembros con carga axial, conviene comenzar con un **resorte helicoidal** (figura 2-1). Estos resortes se usan en diversas clases de máquinas y dispositivos; por ejemplo, en los automóviles hay docenas de ellos.

Cuando se aplica una carga a lo largo del eje de un resorte, como se ve en la figura 2-1, éste se alarga o se acorta dependiendo de la dirección de la carga. Si la fuerza actúa alejándose del resorte, éste se alarga y se dice que está cargado en *tensión*. Si la carga actúa hacia el resorte, éste se acorta y se dice que está en *compresión*. Sin embargo, de esta terminología no se debe inferir que las espiras de un resorte estén sujetas a esfuerzos de tensión o de compresión directa; más bien, los resortes trabajan principalmente en cortante directo y en torsión. Sin embargo, el estiramiento o acortamiento general de un resorte es análogo al comportamiento de una barra en tensión o en compresión, por lo que se usa la misma terminología.

Resortes

En la figura 2-2 se representa el alargamiento de un resorte. La parte superior de la figura muestra un resorte en su **longitud natural** L (llamada también su *longitud sin esfuerzo, longitud relajada* o *longitud libre*) y la parte inferior muestra los efectos de aplicar una carga de tensión. Bajo la acción de la fuerza P, el resorte se elonga una cantidad δ, y su longitud final se vuelve $L + \delta$. Si el material del resorte es **linealmente elástico**, la carga y el alargamiento serán proporcionales:

$$P = k\delta \qquad \delta = fP \tag{2-1a,b}$$

donde k y f son constantes de proporcionalidad.

A la constante k se le llama **rigidez** del resorte, y se define como la fuerza necesaria para producir un alargamiento unitario; esto es, $k = P/\delta$. De igual modo, a la constante f se le llama **flexibilidad** y se define como la elongación producida por una carga de valor unitario; esto es, $f = \delta/P$. Aunque para esta explicación usamos un resorte en tensión, debe ser obvio que las ecuaciones (2-1a) y (2-1b) también se aplican a resortes en compresión.

En la explicación anterior se ve que la rigidez y la flexibilidad de un resorte son recíprocas entre sí:

$$k = \frac{1}{f} \qquad f = \frac{1}{k} \tag{2-2a,b}$$

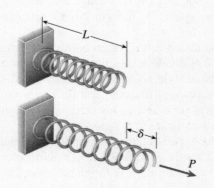

FIG. 2-2 Alargamiento de un resorte con carga axial.

FIG. 2-3 Barra prismática de sección transversal circular.

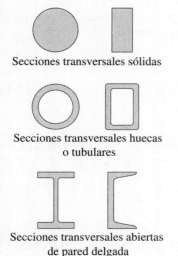

Secciones transversales sólidas

Secciones transversales huecas o tubulares

Secciones transversales abiertas de pared delgada

FIG. 2-4 Secciones transversales características en los miembros estructurales.

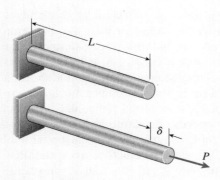

FIG. 2-5 Alargamiento de una barra prismática en tensión.

La flexibilidad de un resorte se puede determinar con facilidad midiendo la elongación producida por una carga conocida; entonces se puede calcular la rigidez con la ecuación (2-2a). A la rigidez y la flexibilidad de un resorte también se les llama, respectivamente, **constante del resorte** y **docilidad**.

Las propiedades de los resortes definidas por las ecuaciones (2-1) y (2-2) se aplican en el análisis y el diseño de diversos dispositivos mecánicos en los que intervienen resortes, como se mostrará en el ejemplo 2-1.

Barras prismáticas

Las barras cargadas axialmente se elongan bajo cargas de tensión y se acortan bajo cargas de compresión, igual que los resortes. Para analizar este comportamiento examinemos la barra prismática de la figura 2-3. Una **barra prismática** es un miembro estructural que tiene un eje longitudinal recto y una sección transversal constante en toda su longitud. Aunque con frecuencia se usarán barras circulares o redondas en nuestras ilustraciones, se debe tener en cuenta que los miembros estructurales pueden tener diversas formas transversales como se muestra la figura 2-4.

En la figura 2-5 se aprecia la elongación δ de una barra prismática sujeta a una carga P de tensión. Si la carga actúa pasando por el centroide del corte transversal en el extremo, el esfuerzo normal uniforme en cortes transversales alejados de los extremos se define con la fórmula $\sigma = P/A$, siendo A el área transversal. Además, si la barra se fabrica con un material homogéneo, la deformación unitaria axial es $\epsilon = \delta/L$, siendo δ la elongación y L la longitud de la barra.

Se supondrá que el material es **linealmente elástico**, lo que quiere decir que obedece a la ley de Hooke. Entonces, el esfuerzo y la deformación unitaria longitudinales se relacionan con la ecuación $\sigma = E\epsilon$, donde E es el módulo de elasticidad. Al combinar estas relaciones básicas se obtiene la siguiente ecuación del alargamiento de la barra:

$$\delta = \frac{PL}{EA} \tag{2-3}$$

Esta ecuación indica que el alargamiento es directamente proporcional a la carga P y a la longitud L, e inversamente proporcional al módulo de elasticidad E y al área transversal A. Al producto EA se le conoce como **rigidez axial** de la barra.

Aunque la ecuación (2-3) fue deducida para un miembro en tensión, se aplica igualmente a un miembro en compresión, en cuyo caso δ representa el acortamiento de la barra. En general, por inspección se sabe si un miembro se alarga o se acorta; sin embargo hay ocasiones en las que se necesita una **convención de signos** (por ejemplo, cuando se analiza una barra estáticamente indeterminada). Cuando esto sucede, se suele considerar al alargamiento como positivo y al acortamiento como negativo.

El cambio de longitud de una barra, en el caso normal, es muy pequeño en comparación con su longitud, en especial cuando el material es un metal estructural como acero o aluminio. Por ejemplo, veamos un puntal de aluminio que tenga 75.0 pulg de longitud y esté sometido a un esfuerzo moderado de compresión de 7 000 lb/pulg². Si el módulo de elasticidad es 10 500 klb/pulg², el acortamiento del puntal (de acuerdo con la ecuación 2-3, reemplazando a P/A por σ) es $\delta = 0.050$ pulg. En consecuencia, la relación del cambio de longitud entre la longitud original es 0.05/75 = 1/1 500 y la longitud final es 0.999 veces la longitud original. En condiciones similares, se puede usar la longitud original de una barra (en lugar de la longitud final) para realizar los cálculos.

La rigidez y la flexibilidad de una barra prismática se definen de la misma manera que para un resorte. La rigidez es la fuerza necesaria para producir un alargamiento unitario, o sea P/δ, y la flexibilidad es el alargamiento debido a una carga unitaria, o sea δ/P. Entonces se ve en la ecuación (2-3) que la **rigidez** y la **flexibilidad** de una barra prismática son, respectivamente,

$$k = \frac{EA}{L} \qquad f = \frac{L}{EA} \qquad\qquad (2\text{-}4a, b)$$

La rigidez y flexibilidad de miembros estructurales, incluso las de las ecuaciones (2-4a) y (2-4b), tienen un papel especial en el análisis por computadora de grandes estructuras.

Cables

Los cables se usan para transmitir grandes fuerzas de tensión, por ejemplo cuando se izan o se remolcan objetos pesados, se suben los elevadores, se aseguran las torres (se "ventean") y se soportan puentes colgantes. A diferencia de los resortes y las barras prismáticas, los cables no pueden resistir la compresión. Además tienen poca resistencia a la flexión, y por consiguiente pueden ser curvos y rectos. Sin embargo, un cable se considera como miembro con carga axial porque sólo está sujeto a fuerzas de tensión. Como las fuerzas de tensión en un cable se dirigen en el sentido del eje, pueden variar tanto en dirección como en magnitud, dependiendo de la configuración del cable.

Los cables se fabrican a partir de una gran cantidad de alambres devanados en alguna manera en particular. Si bien hay una gran variedad de arreglos, que dependen de la forma en que se vaya a usar el cable, un tipo común se observa en la figura 2-6, se forma con seis *torones* o *cordones*, trenzados helicoidalmente en torno a un torón central o alma. Cada torón está formado a su vez por muchos alambres, que también están enrollados en forma helicoidal. Por esta razón, a los cables se les llama **cuerdas de alambres**.

El área transversal de un cable es igual al área transversal total de los alambres individuales, llamada **área efectiva**, **área metálica**, **área de metal** o **área real**. Por ejemplo, el área transversal real de cierto cable de 1.0 pulg de diámetro sólo es 0.471 pulg², mientras que el área de un círculo de 1.0 pulg de diámetro es 0.785 pulg².

FIG. 2-6 Arreglo típico de los torones y alambres en un cable de acero.

Bajo la misma carga de tensión, el alargamiento de un cable es mayor que el de una barra maciza del mismo material y la misma área transversal, porque los alambres de un cable "se aprietan" de la misma manera que las fibras de una cuerda. Así, el módulo de elasticidad (llamado **módulo efectivo**) de un cable es menor que el del material del que está hecho. El módulo efectivo de los cables de acero es 20 000 klb/pulg^2 (140 GPa) aproximadamente, mientras que el acero mismo tiene un módulo aproximado de 30 000 klb/pulg^2 (210 GPa).

Cuando se determina el **alargamiento** de un cable con la ecuación (2-3), se debe usar el módulo efectivo como E y el área efectiva como A.

En la práctica, las dimensiones transversales, y otras propiedades de los cables, se obtienen con sus fabricantes. Sin embargo, para resolver los problemas de este libro (y definitivamente *no* para usarla en aplicaciones de ingeniería) se muestran en la tabla 2-1 las propiedades de un tipo de cable. Nótese que la última columna contiene la *carga última* o *resistencia a la ruptura*, que es la que hace que el cable se rompa. La *carga admisible* se obtiene a partir de la carga última, aplicándole un factor de seguridad que puede ir de 3 a 10, dependiendo del uso que va a tener el cable. Los alambres individuales de un cable se suelen fabricar con acero de alta resistencia y el esfuerzo de tensión calculado en la carga de ruptura puede ser hasta de 200 000 lb/pulg^2 (1 400 MPa).

En los ejemplos que siguen se ilustran técnicas para analizar dispositivos sencillos que contienen resortes y barras. En su solución se requiere usar diagramas de cuerpo libre, ecuaciones de equilibrio y ecuaciones de cambios de longitud. Los problemas del final del capítulo presentan muchos ejemplos más.

TABLA 2-1 PROPIEDADES DE LOS CABLES DE ACERO*

Diámetro nominal		Peso aproximado		Área efectiva		Resistencia a la ruptura	
pulg	(mm)	lb/pie	(N/m)	pulg^2	(mm^2)	lb	(kN)
0.50	(12)	0.42	(6.1)	0.119	(76.7)	23 100	(102)
0.75	(20)	0.95	(13.9)	0.268	(173)	51 900	(231)
1.00	(25)	1.67	(24.4)	0.471	(304)	91 300	(406)
1.25	(32)	2.64	(38.5)	0.745	(481)	144 000	(641)
1.50	(38)	3.83	(55.9)	1.08	(697)	209 000	(930)
1.75	(44)	5.24	(76.4)	1.47	(948)	285 000	(1260)
2.00	(50)	6.84	(99.8)	1.92	(1230)	372 000	(1650)

* Sólo se debe usar para resolver problemas en este libro.

Ejemplo 2-1

Una estructura rígida ABC en forma de L está formada por un brazo horizontal AB (longitud $b = 10.5$ pulg) y un brazo vertical BC (longitud $c = 6.4$ pulg) y está articulada en el punto B, como se ve en la figura 2-7a. La articulación está fija a la estructura externa BCD, instalada en un banco de un laboratorio. La posición del indicador C se controla con un resorte (rigidez $k = 4.2$ lb/pulg) fijo a una varilla roscada. La posición de esta varilla roscada se ajusta girando la tuerca moleteada.

El *paso* de las roscas (esto es, la distancia de una rosca a la siguiente) es $p = 1/16$ pulg, que quiere decir que un giro completo de la tuerca mueve esa cantidad a la varilla. Al principio en el colgante no hay peso alguno y la tuerca se gira hasta que el extremo del brazo BC está directamente sobre la marca de referencia en la estructura externa.

Si se coloca un peso $W = 2$ lb sobre el colgante en A, ¿cuántas revoluciones de tuerca se requerirán para regresar el indicador a la marca? (Se pueden despreciar las deformaciones de las partes metálicas del dispositivo, porque a su vez son despreciables en comparación con el cambio de longitud del resorte.)

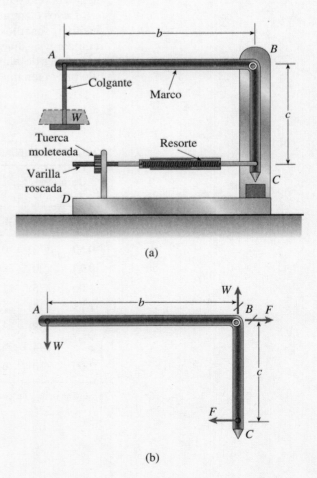

(a)

(b)

FIG. 2-7 Ejemplo 2-1. (a) Marco rígido ABC en forma de L fijo al marco exterior BCD por un pivote en B y (b) diagrama de cuerpo libre del marco ABC.

Solución

Al inspeccionar el arreglo (figura 2-7a) se ve que el peso que actúa hacia abajo hará que el indicador C se mueva hacia la derecha. Al hacerlo, el resorte se estira cierta cantidad, cantidad que podemos calcular a partir de la fuerza sobre ese resorte.

Para calcular la fuerza en el resorte se traza un diagrama de cuerpo libre de la estructura ABC (figura 2-7b). En ese diagrama W representa la fuerza aplicada sobre el colgante y F representa la fuerza aplicada por el resorte. Las reacciones en la articulación se indican con diagonales que cruzan las flechas (véase la descripción de las reacciones en la sección 1.8).

Al sacar momentos respecto al punto B se obtiene

$$F = \frac{Wb}{c} \tag{a}$$

El alargamiento correspondiente del resorte (de acuerdo con la ecuación 2-1a) es

$$\delta = \frac{F}{k} = \frac{Wb}{ck} \tag{b}$$

Para regresar el indicador a la marca se debe girar la tuerca las vueltas necesarias para mover la varilla roscada hacia la izquierda, una cantidad igual al alargamiento del resorte. Como cada vuelta completa de la tuerca mueve la varilla una distancia igual al paso p de la rosca, el movimiento total de la varilla es igual a np, siendo n la cantidad de vueltas. Por consiguiente

$$np = \delta = \frac{Wb}{ck} \tag{c}$$

de donde llegamos a la siguiente fórmula que determina la cantidad de vueltas de la tuerca:

$$n = \frac{Wb}{ckp} \tag{d} \quad \Longleftarrow$$

Resultados numéricos. Como paso final en la solución se sustituyen los datos numéricos en la ecuación (d), como sigue:

$$n = \frac{Wb}{ckp} = \frac{(2 \text{ lb})(10.5 \text{ pulg})}{(6.4 \text{ pulg})(4.2 \text{ lb/pulg})(1/16 \text{ pulg})} = 12.5 \text{ revoluciones} \quad \Longleftarrow$$

Este resultado indica que si se gira la tuerca 12.5 vueltas, la varilla roscada avanzará hacia la izquierda una cantidad igual al alargamiento del resorte causado por la carga de 2 lb, regresando así el indicador a la marca de referencia.

Ejemplo 2-2

El dispositivo de la figura 2-8a consiste en una viga horizontal *ABC* soportada por dos barras verticales *BD* y *CE*. La barra *CE* está articulada en ambos extremos, pero la barra *BD* está fija a su base en su extremo inferior. La distancia de *A* a *B* es 450 mm y de *B* a *C* es 225 mm. Las longitudes de las barras *BD* y *CE* son 480 mm y 600 mm, respectivamente, y sus áreas transversales son 1 020 mm² y 520 mm², respectivamente. Las barras son de acero cuyo módulo de elasticidad es $E = 205$ GPa.

Suponga que la viga *ABC* es rígida, calcule la carga máxima admisible, $P_{\text{máx}}$, si el desplazamiento del punto *A* se limita a 1.0 mm.

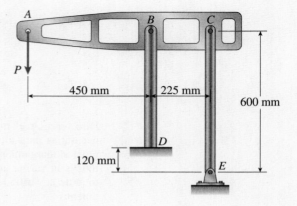

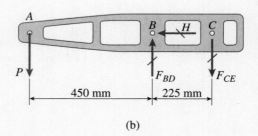

(b)

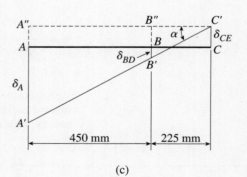

FIG. 2-8 Ejemplo 2-2. Viga horizontal *ABC* soportada por dos barras verticales.

(c)

Solución

Para calcular el desplazamiento del punto A se necesita conocer los desplazamientos de los puntos B y C. En consecuencia, debemos calcular los cambios de longitud de las barras BD y CE, usando la ecuación general $\delta = PL/EA$ (ecuación 2-3).

Comenzaremos determinando las fuerzas en las barras, con un diagrama de cuerpo libre de la viga (figura 2-8b). Como la barra CE está articulada en ambos extremos, es un miembro con "dos fuerzas" y sólo transmite una fuerza vertical F_{CE} a la viga. Sin embargo, la barra BD puede transmitir una fuerza vertical F_{BD} y también una fuerza horizontal H. De acuerdo con el equilibrio de la viga ABC en dirección horizontal, se observa que la fuerza horizontal es nula.

Hay dos ecuaciones más, de equilibrio, que permiten expresar las fuerzas F_{BD} y F_{CE} en función de la carga P. Así, sacando momentos respecto al punto B y después sumando las fuerzas en dirección vertical, se llega a

$$F_{CE} = 2P \qquad F_{BD} = 3P \tag{e}$$

Nótese que la fuerza F_{CE} actúa hacia abajo sobre la barra ABC, y la fuerza F_{BD} actúa hacia arriba. Por lo anterior, el miembro CE está en tensión y el miembro BD está en compresión.

El acortamiento del miembro BD es

$$\delta_{BD} = \frac{F_{BD}L_{BD}}{EA_{BD}}$$

$$= \frac{(3P)(480 \text{ mm})}{(205 \text{ GPa})(1\ 020 \text{ mm}^2)} = 6.887P \times 10^{-6} \text{ mm} \quad (P = \text{newtons}) \tag{f}$$

Nótese que el acortamiento δ_{BD} se expresa en milímetros, siempre que la carga P se exprese en newtons.

De igual modo, el alargamiento del miembro CE es

$$\delta_{CE} = \frac{F_{CE}L_{CE}}{EA_{CE}}$$

$$= \frac{(2P)(600 \text{ mm})}{(205 \text{ GPa})(520 \text{ mm}^2)} = 11.26P \times 10^{-6} \text{ mm} \quad (P = \text{newtons}) \tag{g}$$

De nuevo, el desplazamiento se expresa en milímetros, siempre que la carga P se exprese en newtons. Si se conocen los cambios de longitud de las dos barras, entonces se puede determinar el desplazamiento del punto A.

Diagrama de desplazamientos. Un diagrama de desplazamientos, que muestra las posiciones relativas de los puntos A, B y C, se muestra en la figura 2-8c. La línea ABC representa el alineamiento original de los tres puntos. Después de aplicada la carga P, el miembro BD se acorta la cantidad δ_{BD} y el punto B se mueve hacia B'. También, el miembro CE se alarga la cantidad δ_{CE} y el punto C se mueve hacia C'. Como se supone que la viga ABC es rígida, los puntos A', B' y C' están en una línea recta.

Para mayor claridad, se exageraron los desplazamientos en ese diagrama. En realidad, la línea ABC gira un ángulo muy pequeño para llegar a su nueva posición, $A'B'C'$ (véase la nota 2 al final de este ejemplo).

Con triángulos semejantes se pueden determinar las relaciones entre los desplazamientos en los puntos *A, B* y *C*. Con los triángulos semejantes $A'A''C'$ y $B'B''C'$ se obtiene

$$\frac{A'A''}{A''C'} = \frac{B'B''}{B''C'} \quad \text{o sea} \quad \frac{\delta_A + \delta_{CE}}{450 + 225} = \frac{\delta_{BD} + \delta_{CE}}{225} \tag{h}$$

en donde todos los términos están en milímetros.

Sustituyendo δ_{BD} y δ_{CE} de las ecuaciones (f) y (g), se obtiene

$$\frac{\delta_A + 11.26P \times 10^{-6}}{450 + 225} = \frac{6.887P \times 10^{-6} + 11.26P \times 10^{-6}}{225}$$

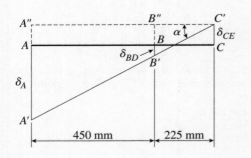

FIG. 2-8c (Repetición).

Por último, se sustituye δ_A por su valor límite de 1.0 mm, y despejamos la carga *P* de la ecuación. El resultado es

$$P = P_{\text{máx}} = 23\,200 \text{ N (o 23.2 kN)} \qquad \longleftarrow$$

Cuando la carga llega a tener este valor, el desplazamiento del punto *A* hacia abajo es 1.0 mm.

Nota 1: como la estructura se comporta en forma linealmente elástica, los desplazamientos son proporcionales a la magnitud de la carga. Por ejemplo, si la carga es la mitad de $P_{\text{máx}}$, esto es, si $P = 11.6$ kN, el desplazamiento del punto *A* hacia abajo es 0.5 mm.

Nota 2: para comprobar la hipótesis que *ABC* gira un ángulo muy pequeño, se puede calcular ese ángulo de rotación α con el diagrama de desplazamientos (figura 2-8c) como sigue:

$$\tan \alpha = \frac{A'A''}{A''C'} = \frac{\delta_A + \delta_{CE}}{675 \text{ mm}} \tag{i}$$

El desplazamiento δ_A del punto *A* es 1.0 mm y el alargamiento δ_{CE} de la barra *CE* se calcula con la ecuación (g), sustituyendo en ella $P = 23\,200$ N. El resultado es que $\delta_{CE} = 0.261$ mm. Por consiguiente, de acuerdo con la ecuación (i), el resultado es

$$\tan \alpha = \frac{1.0 \text{ mm} + 0.261 \text{ mm}}{675 \text{ mm}} = \frac{1.261 \text{ mm}}{675 \text{ mm}} = 0.001868$$

en donde $\alpha = 0.11°$. Este ángulo es tan pequeño que si se hubiese trazado el diagrama de desplazamientos a escala, no se podría distinguir entre la línea original *ABC* y la línea girada $A'B'C'$.

Así, al trabajar con diagramas de desplazamiento, se puede suponer, en el caso normal, que los desplazamientos son cantidades muy pequeñas, con lo que se simplifica la geometría. En este ejemplo se supuso que los puntos *A, B* y *C* sólo tenían movimientos en dirección vertical, por otro lado si los desplazamientos fueran grandes se hubiesen considerado movimientos en trayectorias curvas.

2.3 CAMBIOS EN LONGITUD DE BARRAS NO UNIFORMES

Cuando una barra prismática de un material linealmente elástico se carga sólo en los extremos, se determina su cambio de longitud con la ecuación $\delta = PL/EA$, como se describió en la sección anterior. En esta sección se analizará cómo se aplica esta misma ecuación a casos más generales.

Barras con cargas axiales indeterminadas

Supongamos, por ejemplo, que una barra prismática se carga con una o más cargas axiales que actúan en puntos intermedios, a lo largo del eje (figura 2-9a). Se determina el cambio de longitud de esta barra sumando algebraicamente los alargamientos y acortamientos de los segmentos individuales. El procedimiento es como sigue:

1. Identificar los segmentos de la barra (segmentos *AB*, *BC* y *CD*) con 1, 2 y 3, respectivamente.
2. Determinar las fuerzas axiales internas, N_1, N_2 y N_3 en los segmentos 1, 2 y 3, respectivamente, a partir de los diagramas de cuerpo libre de las figuras 2-9b, c y d. Observe que las fuerzas axiales internas se representan con la letra *N*, para diferenciarlas de las cargas externas *P*. Si sumamos las fuerzas en dirección vertical, obtendremos las siguientes ecuaciones de las fuerzas axiales:

$$N_1 = -P_B + P_C + P_D \qquad N_2 = P_C + P_D \qquad N_3 = P_D$$

Al escribir estas ecuaciones usamos la convención de signos que se explicó en la sección anterior (las fuerzas axiales internas son positivas cuando son de tensión y negativas cuando son de compresión).

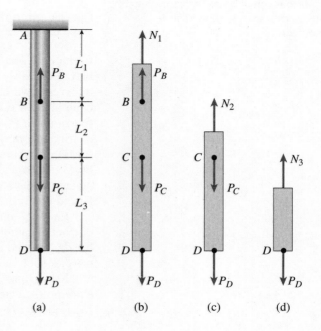

FIG. 2-9 (a) Barra con cargas externas actuando en puntos intermedios; (b), (c) y (d) diagramas de cuerpo libre mostrando las fuerzas axiales internas N_1, N_2 y N_3.

3. Determinar los cambios de longitud de los segmentos, con la ecuación (2-3):

$$\delta_1 = \frac{N_1 L_1}{EA} \qquad \delta_2 = \frac{N_2 L_2}{EA} \qquad \delta_3 = \frac{N_3 L_3}{EA}$$

donde L_1, L_2 y L_3 son las longitudes de los segmentos, y EA es la rigidez axial de la barra.

4. Sumar δ_1, δ_2 y δ_3 para obtener δ, el cambio de longitud de toda la barra:

$$\delta = \sum_{i=1}^{3} \delta_i = \delta_1 + \delta_2 + \delta_3$$

Como se explicó, los cambios de longitudes se deben sumar algebraicamente. Los alargamientos son positivos y los acortamientos son negativos.

Barras formadas por segmentos prismáticos

Este mismo método general se puede usar cuando la barra está formada por varios segmentos prismáticos cada uno con distintas fuerzas axiales, distintas dimensiones y de materiales diferentes (figura 2-10). El cambio de longitud se puede determinar con la ecuación

$$\delta = \sum_{i=1}^{n} \frac{N_i L_i}{E_i A_i} \tag{2-5}$$

en donde el subíndice i es un índice numerador para los distintos segmentos de la barra y n es la cantidad total de segmentos. En especial, observe que N_i no es una carga externa, sino una fuerza axial interna en el segmento i.

Barras con cargas o dimensiones en variación continua

A veces, la fuerza axial N y el área transversal A pueden variar en forma continua a lo largo del eje de una barra, como se ve en la barra cónica de la figura 2-11a. Esta barra no sólo tiene un área transversal variable en forma continua, sino una axial en variación continua. En esta ilustración, la carga consiste en dos partes: una fuerza única P_B que actúa en el extremo B de la barra, y las fuerzas distribuidas $p(x)$ que actúan a lo largo del eje (las unidades de una fuerza distribuida son fuerza por unidad de distancia; por ejemplo, libras por pulgada o newtons por metro). Una carga axial distribuida podría ser resultado de factores como fuerzas centrífugas, fuerzas de fricción o el peso de una barra que cuelga en posición vertical.

En estas condiciones ya no se pueden usar la ecuación (2-5) para obtener el cambio de longitud. En lugar de ello, se determina el cambio de longitud de un elemento diferencial de la barra, para después integrar sobre la longitud de ésta.

Seleccionaremos un elemento diferencial a la distancia x del extremo izquierdo de la barra (figura 2-11a). La fuerza axial interna $N(x)$ que actúa en su sección transversal (figura 2-11b) se puede

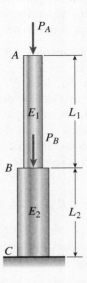

FIG. 2-10 Barra formada por segmentos prismáticos con distintas fuerzas axiales, distintas dimensiones y diferentes materiales.

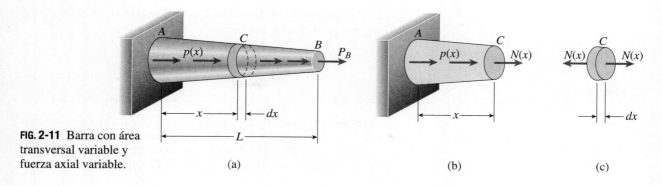

FIG. 2-11 Barra con área transversal variable y fuerza axial variable.

(a)   (b)   (c)

determinar a partir del equilibrio, usando el segmento *AC* o bien el segmento *CB* como cuerpo libre. En general, esa fuerza es una función de *x*. También, si se conocen las dimensiones de la barra, se puede expresar el área transversal $A(x)$ en función de *x*.

El alargamiento $d\delta$ del elemento diferencial (figura 2-11c) se puede obtener con la ecuación $\delta = PL/EA$ sustituyendo $N(x)$ por *P*, *dx* por *L* y $A(x)$ por *A*, como sigue:

$$d\delta = \frac{N(x)\, dx}{EA(x)} \qquad (2\text{-}6)$$

El alargamiento de toda la barra se obtiene integrando sobre la longitud:

$$\delta = \int_0^L d\delta = \int_0^L \frac{N(x)\, dx}{EA(x)} \qquad (2\text{-}7)$$

Si no son muy complicadas las ecuaciones de $N(x)$ y $A(x)$, se puede evaluar la integral en forma analítica, y se obtiene una fórmula para δ, como se demuestra después en el ejemplo 2-4. Sin embargo, si la integración formal es difícil o imposible, se debe usar un método numérico para evaluar la integral.

Limitaciones

Las ecuaciones (2-5) y (2-7) sólo se aplican a barras fabricadas con materiales linealmente elásticos, como lo indica la presencia del módulo de elasticidad *E* en las fórmulas. También, la formula $\delta = PL/EA$ se dedujo suponiendo que la distribución de esfuerzos es uniforme sobre cada sección transversal (porque se basa en la fórmula $\sigma = P/A$). Esta hipótesis es válida para barras prismáticas, pero no para barras cónicas, y en consecuencia la ecuación (2-7) da resultados satisfactorios con barras cónicas sólo si el ángulo entre los lados de la barra es pequeño.

Por ejemplo, si el ángulo entre los lados de una barra es 20°, el esfuerzo calculado con la ecuación $\sigma = P/A$ (en un corte transversal cualquiera) es 3% menor que el esfuerzo exacto para el mismo corte transversal, calculado con métodos avanzados. Para ángulos menores el error es menor. En consecuencia, se puede decir que la ecuación (2-7) es satisfactoria si el ángulo de convergencia es pequeño. Si es grande, se necesitan métodos más exactos de análisis (véase 2-1).

Los ejemplos que siguen ilustran la determinación de cambios de longitud en barras no uniformes.

Ejemplo 2-3

Una barra vertical de acero ABC se soporta con un pasador en su extremo superior, y se carga con una fuerza P_1 en su extremo inferior (figura 2-1a). En la junta B hay una viga horizontal BDE articulada a la barra vertical, y la viga horizontal está soportada en el punto D. Esa viga sostiene una carga P_2 en E.

La parte superior de la barra vertical (segmento AB) tiene longitud $L_1 = 20.0$ pulg y área transversal $A_1 = 0.25$ pulg^2. La parte inferior (segmento BC) tiene longitud $L_2 = 34.8$ pulg y área $A_2 = 0.15$ pulg^2. El módulo de elasticidad E del acero es 29.0×10^6 lb/pulg^2. Las partes izquierda y derecha de la viga BDE tienen longitud $a = 28$ pulg y $b = 25$ pulg, respectivamente.

Calcular el desplazamiento vertical δ_C en el punto C, si la carga $P_1 = 2\ 100$ lb y la carga $P_2 = 5\ 600$ lb. (Los pesos de la barra y de la viga son despreciables.)

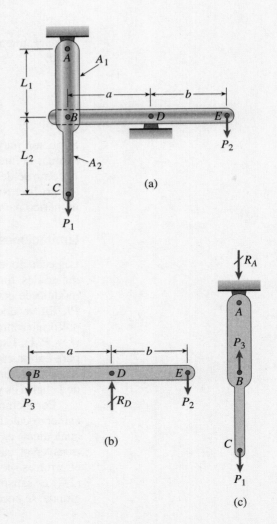

FIG. 2-12 Ejemplo 2-3. Cambio de longitud de una barra no uniforme (barra ABC).

Solución

Fuerzas axiales en la barra ABC. De la figura 2-12a, se observa que el desplazamiento vertical del punto C es igual al cambio de longitud de la barra *ABC*. Por consiguiente se deben determinar las fuerzas axiales en ambos segmentos de esta barra.

La fuerza axial N_2 en el segmento inferior es igual a la carga P_1. La fuerza axial N_1 en el segmento superior se puede calcular si se conoce ya sea la reacción vertical en A o la fuerza que aplica la viga a la barra. Esta última fuerza se puede obtener con un diagrama de cuerpo libre de la viga (figura 2-12b), en el que la fuerza que actúa sobre la viga (de la barra vertical) se representa por P_3 y la reacción vertical en el soporte D se representa por R_D. Ninguna fuerza horizontal actúa entre la barra y la viga, como se observa en un diagrama de cuerpo libre de la barra vertical (figura 2-12c). Por consiguiente, no hay reacción horizontal en el soporte D de la viga.

Se sacan momentos respecto al punto D, en el diagrama de cuerpo libre de la viga (figura 2-12b), y se obtiene

$$P_3 = \frac{P_2 b}{a} = \frac{(5\ 600\ \text{lb})(25.0\ \text{pulg})}{28.0\ \text{pulg}} = 5\ 000\ \text{lb}$$

Esta fuerza actúa hacia abajo sobre la viga (figura 2-12b) y hacia arriba sobre la barra vertical (figura 2-12c).

Ahora ya se puede determinar la reacción hacia abajo en el soporte A (figura 2-12c).

$$R_A = P_3 - P_1 = 5\ 000\ \text{lb} - 2\ 100\ \text{lb} = 2\ 900\ \text{lb}$$

La parte superior de la barra vertical (el segmento AB) está sujeta a una fuerza axial de compresión N_1, igual a R_A, es decir, a 2 900 lb. La parte inferior (el segmento BC) soporta una fuerza axial de tensión, N_2, igual a P_1, es decir, a 2 100 lb.

Nota: como alternativa a los cálculos anteriores, se puede obtener la reacción R_A con un diagrama de cuerpo libre de toda la estructura (en lugar del diagrama de cuerpo libre de la viga *BDE*).

Cambios de longitud. Si se considera positiva la tensión, la ecuación (2-5) da como resultado

$$\delta = \sum_{i=1}^{n} \frac{N_i L_i}{E_i A_i} = \frac{N_1 L_1}{EA_1} + \frac{N_2 L_2}{EA_2}$$

$$= \frac{(-2\ 900\ \text{lb})(20.0\ \text{pulg})}{(29.0 \times 10^6\ \text{lb/pulg}^2)(0.25\ \text{pulg}^2)} + \frac{(2\ 100\ \text{lb})(34.8\ \text{pulg})}{(29.0 \times 10^6\ \text{lb/pulg}^2)(0.15\ \text{pulg}^2)}$$

$$= -0.0080\ \text{pulg} + 0.0168\ \text{pulg} = 0.0088\ \text{pulg}$$

donde δ es el cambio de longitud de la barra *ABC*. Como δ es positiva, la barra se alarga. El desplazamiento del punto C es igual al cambio de longitud de la barra:

$$\delta_C = 0.0088\ \text{pulg}$$

Este desplazamiento es hacia abajo.

Ejemplo 2-4

Una barra cónica, de sección transversal redonda maciza y longitud L (figura 2-13a) está sostenida en el extremo B, y sujeta a una carga de tensión P en el extremo libre A. Los diámetros de la barra en los extremos A y B son d_A y d_B, respectivamente.

Determinar el alargamiento de la barra, debido a la carga P, suponiendo que el ángulo de conicidad es pequeño.

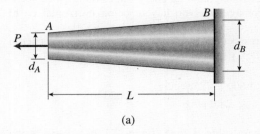

(a)

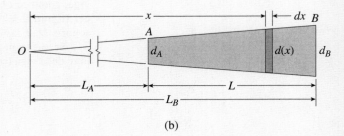

(b)

FIG. 2-13 Ejemplo 2-4. Cambio de longitud de una barra cónica de corte transversal circular macizo.

Solución

La barra que se analiza en este ejemplo tiene una fuerza axial constante (igual a la carga P) en toda su longitud. Sin embargo, el área transversal varía en forma continua de un extremo al otro. Por consiguiente, se debe usar la integración (véase la ecuación 2-7) para determinar el cambio de longitud.

Área transversal. El primer paso en la solución es obtener una ecuación del área transversal $A(x)$ en cualquier corte transversal de la barra. Con este objeto debemos establecer un origen de la coordenada x. Una posibilidad es colocar ese origen en el extremo libre A de la barra. Sin embargo, las integraciones que se van a hacer se simplificarán un poco si se ubica el origen de las coordenadas prolongando los lados de la barra cónica hasta que se encuentren en el punto O, como se ve en la figura 2-13b.

Las distancias L_A y L_B del origen a los extremos A y B están, respectivamente, en la relación

$$\frac{L_A}{L_B} = \frac{d_A}{d_B} \tag{a}$$

y se obtienen con los triángulos semejantes de la figura 2-13b. También por triángulos semejantes se obtiene la relación del diámetro $d(x)$ a la distancia x del origen, entre el diámetro d_A en el extremo pequeño de la barra:

$$\frac{d(x)}{d_A} = \frac{x}{L_A} \quad \text{o sea} \quad d(x) = \frac{d_A x}{L_A} \tag{b}$$

En consecuencia, el área transversal a la distancia x del origen es

$$A(x) = \frac{\pi[d(x)]^2}{4} = \frac{\pi d_A^2 x^2}{4L_A^2} \tag{c}$$

Cambio de longitud.   Ahora sustituimos la ecuación de $A(x)$ en la ecuación (2-7) y se obtiene el alargamiento δ:

$$\delta = \int \frac{N(x)dx}{EA(x)} = \int_{L_A}^{L_B} \frac{Pdx(4L_A^2)}{E(\pi d_A^2 x^2)} = \frac{4PL_A^2}{\pi E d_A^2} \int_{L_A}^{L_B} \frac{dx}{x^2} \qquad \text{(d)}$$

Al hacer la integración (véase las fórmulas de integración en el apéndice C) y sustituir los límites, se obtiene

$$\delta = \frac{4PL_A^2}{\pi E d_A^2}\left[-\frac{1}{x}\right]_{L_A}^{L_B} = \frac{4PL_A^2}{\pi E d_A^2}\left(\frac{1}{L_A} - \frac{1}{L_B}\right) \qquad \text{(e)}$$

Esta ecuación de δ se puede simplificar si se observa que

$$\frac{1}{L_A} - \frac{1}{L_B} = \frac{L_B - L_A}{L_A L_B} = \frac{L}{L_A L_B} \qquad \text{(f)}$$

Así, la ecuación de δ se transforma en

$$\delta = \frac{4PL}{\pi E d_A^2}\left(\frac{L_A}{L_B}\right) \qquad \text{(g)}$$

Por último, sustituimos $L_A/L_B = d_A/d_B$ (vea la ecuación a) y se obtiene

$$\delta = \frac{4PL}{\pi E d_A d_B} \qquad \text{(2-8)} \qquad \Longleftarrow$$

Esta fórmula representa el alargamiento de una barra cónica de sección transversal circular llena. Al sustituir en ella valores numéricos se puede determinar el cambio de longitud de cualquier barra en particular.

Nota 1: un error común es suponer que el alargamiento de una barra cónica se puede determinar calculando el de una barra prismática con la misma área transversal que el corte intermedio de la barra cónica. Al examinar la ecuación (2-8) se ve que esta idea es incorrecta.

Nota 2: la fórmula anterior (ecuación 2-8) para una barra cónica se puede reducir al caso especial de una barra prismática al sustituir $d_A = d_B = d$. El resultado es

$$\delta = \frac{4PL}{\pi E d^2} = \frac{PL}{EA}$$

lo cual sabemos que es correcto.

Una fórmula general como la ecuación 2-8 debe comprobarse siempre que sea posible, verificando que se reduzca a resultados conocidos para *casos especiales*. Si la reducción no conduce a un resultado correcto, puede ser que la fórmula original sea incorrecta. Si se obtiene un resultado correcto, la fórmula original puede seguir estando incorrecta, pero aumenta nuestra confianza en ella. En otras palabras, estas pruebas son condición necesaria, pero no suficiente, para que la fórmula original sea correcta.

2.4 ESTRUCTURAS ESTÁTICAMENTE INDETERMINADAS

Los resortes, barras y cables que se describieron en las secciones anteriores comparten una propiedad importante: se pueden determinar sus reacciones y sus fuerzas internas sólo con diagramas de cuerpo libre y ecuaciones de equilibrio. A las estructuras de este tipo se les clasifica como **estáticamente determinadas**. Se debe hacer notar, en forma especial, que las fuerzas en una estructura estáticamente determinada se pueden encontrar sin conocer las propiedades de los materiales. Imaginemos, por ejemplo, la barra *AB* de la figura 2-14. Los cálculos de las fuerzas axiales internas de ambas partes de la barra, así como de la reacción *R* en la base, son independientes del material con que se fabrique la barra.

La mayor parte de las estructuras son más complejas que la barra de la figura 2-14 y no se pueden determinar sus reacciones y sus fuerzas internas solamente con la estática. Este caso se ilustra en la figura 2-15, que muestra una barra *AB* fija en *ambos* extremos. Ahora hay dos reacciones verticales (R_A y R_B), pero sólo hay una condición de equilibrio útil: la de suma de fuerzas en dirección vertical. Como esa ecuación contiene dos incógnitas, no basta para determinar las reacciones. Las estructuras de este tipo se clasifican como **estáticamente indeterminadas**. Para analizarlas se completan las ecuaciones de equilibrio con ecuaciones que describen los desplazamientos de la estructura.

La figura 2-16a es un ejemplo de cómo se analiza una estructura estáticamente indeterminada. La barra prismática *AB* está fija a soportes rígidos en ambos extremos y está cargada axialmente por una fuerza *P* en un punto intermedio *C*. Como se mencionó, no se pueden determinar las reacciones R_A y R_B sólo con la estática, porque sólo hay disponible una **ecuación de equilibrio**:

$$\sum F_{\text{vert}} = 0 \qquad R_A - P + R_B = 0 \qquad \text{(a)}$$

Se necesita una ecuación más para despejar las dos reacciones desconocidas.

La ecuación adicional se basa en que una barra con ambos extremos fijos no cambia de longitud. Si la separamos de sus soportes (figura 2-16b), obtenemos una barra que está libre en ambos extremos y cargada con tres fuerzas: R_A, R_B y *P*. Esas fuerzas producen en la barra un cambio de longitud δ_{AB} que debe ser igual a cero:

$$\delta_{AB} = 0 \qquad \text{(b)}$$

Esta ecuación se llama **ecuación de compatibilidad** y expresa el hecho de que el cambio de longitud de la barra debe ser compatible con las condiciones en los soportes.

Para resolver las ecuaciones (a) y (b) debemos expresar ahora la ecuación de compatibilidad en términos de las fuerzas desconocidas R_A y R_B. Las relaciones entre las fuerzas que actúan sobre una barra y sus cambios de longitud se conocen como **relaciones fuerza-des-**

FIG. 2-14 Barra estáticamente determinada.

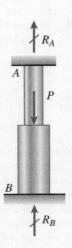

FIG. 2-15 Barra estáticamente indeterminada.

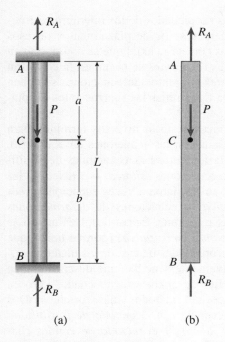

FIG. 2-16 Análisis de una barra estáticamente indeterminada.

plazamiento. Esas relaciones tienen varias formas, que dependen de las propiedades del material. Si el material es linealmente elástico, se puede usar la ecuación $\delta = PL/EA$ para obtener las relaciones entre fuerza y desplazamiento.

Supongamos que la barra de la figura 2-16 tiene un área transversal A y está hecha de un material de módulo E. Los cambios de longitud de los segmentos superior e inferior de esa barra son, respectivamente:

$$\delta_{AC} = \frac{R_A a}{EA} \qquad \delta_{CB} = -\frac{R_B b}{EA} \qquad \text{(c, d)}$$

donde el signo menos indica un acortamiento de la barra. Las ecuaciones (c) y (d) son las relaciones fuerza-desplazamiento.

Ya estamos listos para resolver simultáneamente los tres conjuntos de ecuaciones (la ecuación de equilibrio, la ecuación de compatibilidad y las relaciones fuerza-desplazamiento). En este ejemplo comenzaremos combinando las relaciones entre fuerza y desplazamiento con la ecuación de compatibilidad:

$$\delta_{AB} = \delta_{AC} + \delta_{CB} = \frac{R_A a}{EA} - \frac{R_B b}{EA} = 0 \qquad \text{(e)}$$

Observe que esta ecuación contiene las dos reacciones como incógnitas.

El siguiente paso es resolver simultáneamente la ecuación de equilibrio (ecuación a) y la anterior (ecuación e). Los resultados son

$$R_A = \frac{Pb}{L} \qquad R_B = \frac{Pa}{L} \qquad \text{(2-9a, b)}$$

Conocidas las reacciones, se pueden determinar el resto de las fuerzas y desplazamientos. Supongamos, por ejemplo, que se desea determinar el desplazamiento δ_C hacia abajo en el punto C. Este desplazamiento es igual al alargamiento del segmento AC:

$$\delta_C = \delta_{AC} = \frac{R_A a}{EA} = \frac{Pab}{LEA} \qquad \text{(2-10)}$$

También podemos calcular los esfuerzos en los dos segmentos de la barra, en forma directa, a partir de las fuerzas axiales internas (por ejemplo, $\sigma_{AC} = R_A/A = Pb/AL$).

Comentarios generales

En las descripciones anteriores vemos que el análisis de una estructura estáticamente indeterminada implica plantear y resolver ecuaciones de equilibrio, ecuaciones de compatibilidad y relaciones de fuerza-desplazamiento. Las ecuaciones de equilibrio relacionan las cargas que actúan sobre la estructura, con fuerzas desconocidas (que pueden ser reacciones o fuerzas internas) y las ecuaciones de compatibilidad expresan condiciones sobre los desplazamientos de la estructura. Las relaciones fuerza-desplazamiento son ecuaciones que usan las dimensiones y las propiedades de los miembros estructurales para relacionar las fuerzas y los desplazamientos de esos miembros. En el caso de barras con carga axial que se comportan en forma linealmente elástica, las relaciones se basan en la ecuación $\delta = PL/EA$. Por último, los tres conjuntos de ecuaciones se deben resolver simultáneamente para determinar las fuerzas y los desplazamientos desconocidos.

En las publicaciones técnicas se usan diversos términos para indicar las condiciones expresadas en las ecuaciones de equilibrio, compatibilidad y fuerza-desplazamiento. Las ecuaciones de equilibrio también se conocen como ecuaciones *estáticas* o *cinéticas*; a las ecuaciones de compatibilidad se les llama a veces ecuaciones *geométricas*, ecuaciones *cinemáticas* o ecuaciones de *deformaciones consistentes*; por último, a las relaciones fuerza-desplazamiento se les llama con frecuencia *relaciones constitutivas* (porque tienen que ver con la *constitución*, o las propiedades físicas, de los materiales).

Para las estructuras relativamente sencillas que describimos en este capítulo, el método anterior de análisis es adecuado. Pero en estructuras complejas se necesitan métodos más formales. Dos métodos que se usan con frecuencia son el *método de flexibilidad* (llamado también *método de fuerza*) y el *método de rigidez* (llamado también *método de desplazamiento*), los cuales se exponen detalladamente en textos de análisis estructural. Aunque esos métodos se usan en el caso normal para estructuras grandes y complejas, que requieren resolver cientos y a veces miles de ecuaciones simultáneas, se basan en los conceptos descritos en este capítulo; es decir, en ecuaciones de equilibrio, ecuaciones de compatibilidad y relaciones fuerza-desplazamiento.*

Los dos ejemplos siguientes ilustran la metodología para analizar estructuras estáticamente indeterminadas formadas por miembros con carga axial.

---

* Desde un punto de vista histórico, parece que el primero en analizar un sistema estáticamente indeterminado fue Euler en 1774; consideró el problema de una mesa rígida con cuatro patas soportada sobre una base elástica (Refs. 2-2 y 2-3). El siguiente trabajo fue del matemático e ingeniero francés L. M. H. Navier, quien en 1825 hizo notar que las reacciones estáticamente indeterminadas sólo se podían determinar teniendo en cuenta la elasticidad de la estructura (Ref. 2-4). Navier resolvió armaduras y vigas estáticamente indeterminadas.

Ejemplo 2-5

Un cilindro circular macizo de acero S está encerrado en un tubo circular de cobre C (figuras 2-17a y b). El cilindro y el tubo son comprimidos entre las placas rígidas de una máquina de pruebas, con fuerzas de compresión P. El cilindro de acero tiene área transversal A_s y módulo de elasticidad E_s, el tubo de cobre tiene área A_c y módulo E_c, ambas partes tienen la longitud L.

Determinar las siguientes cantidades: a) las fuerzas de compresión P_s en el cilindro de acero y P_c en el tubo de cobre; b) los esfuerzos correspondientes de compresión σ_s y σ_c, y c) el acortamiento δ del conjunto.

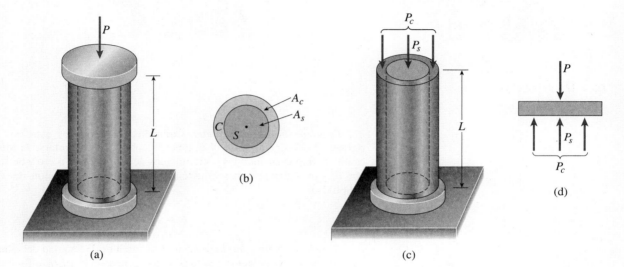

FIG. 2-17 Ejemplo 2-5. Análisis de una estructura estáticamente indeterminada.

Solución

a) *Fuerzas de compresión en el cilindro de acero y en el tubo de cobre.* Comenzaremos quitando la placa superior del conjunto, para dejar expuestas las fuerzas de compresión P_s y P_c que actúan sobre el cilindro de acero y el tubo de cobre, respectivamente (figura 2-17c). La fuerza P_s es la resultante de los esfuerzos uniformemente distribuidos que actúan sobre la sección transversal del cilindro de acero, y la fuerza P_c es la resultante de los esfuerzos que actúan sobre la sección transversal del tubo de cobre.

Ecuación de equilibrio. En la figura 2-17d se ve un diagrama de cuerpo libre de la placa superior. Esta placa está sometida a la fuerza P y a las fuerzas desconocidas de compresión P_s y P_c. Entonces, la ecuación de equilibrio es

$$\sum F_{\text{vert}} = 0 \qquad P_s + P_c - P = 0 \qquad\qquad (f)$$

Esta ecuación, que es la única ecuación de equilibrio no trivial, contiene dos incógnitas. Por consiguiente llegamos a la conclusión que la estructura es estáticamente indeterminada.

continúa

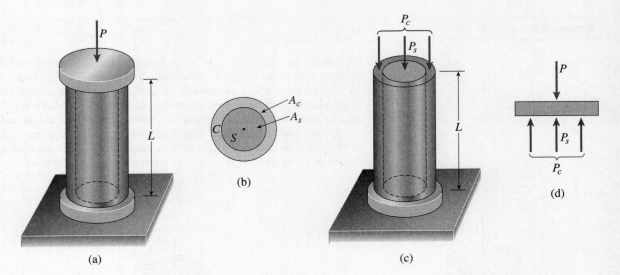

FIG. 2-17 (Repetición).

Ecuación de compatibilidad. Como las placas en los extremos son rígidas, el cilindro de acero y el tubo de cobre deben acortarse la misma cantidad. Representando los acortamientos de las partes de acero y de cobre por δ_s y δ_c, respectivamente, obtenemos la siguiente ecuación de compatibilidad:

$$\delta_s = \delta_c \tag{g}$$

Relaciones fuerza-desplazamiento. Los cambios de longitud del cilindro y el tubo se pueden obtener con la ecuación general $\delta = PL/EA$. En consecuencia, en este ejemplo las relaciones entre fuerza y desplazamiento son

$$\delta_s = \frac{P_s L}{E_s A_s} \qquad \delta_c = \frac{P_c L}{E_c A_c} \tag{h, i}$$

Solución de las ecuaciones. Ahora resolvemos simultáneamente los tres conjuntos de ecuaciones. Primero sustituimos las relaciones fuerza-desplazamiento en la ecuación de compatibilidad, con lo que se obtiene

$$\frac{P_s L}{E_s A_s} = \frac{P_c L}{E_c A_c} \tag{j}$$

Esta ecuación expresa la condición de compatibilidad en función de las fuerzas desconocidas.

A continuación resolvemos simultáneamente la ecuación de equilibrio (ecuación f) y la anterior ecuación de compatibilidad (ecuación j) para obtener las fuerzas axiales en el cilindro de acero y en el tubo de cobre:

$$P_s = P\left(\frac{E_s A_s}{E_s A_s + E_c A_c}\right) \qquad P_c = P\left(\frac{E_c A_c}{E_s A_s + E_c A_c}\right) \tag{2-11a, b}$$

Estas ecuaciones indican que las fuerzas de compresión en las partes de acero y de cobre son directamente proporcionales a sus rigideces axiales respectivas e inversamente proporcionales a la suma de sus rigideces.

b) Esfuerzos de compresión en el cilindro de acero y en el tubo de cobre. Al conocer las fuerzas axiales, podemos obtener ya las fuerzas de compresión en los dos materiales:

$$\sigma_s = \frac{P_s}{A_s} = \frac{PE_s}{E_s A_s + E_c A_c} \qquad \sigma_c = \frac{P_c}{A_c} = \frac{PE_c}{E_s A_s + E_c A_c} \qquad \text{(2-12a, b)} \quad \Longleftarrow$$

Observe que la relación σ_s/σ_c de los esfuerzos es igual a la relación E_s/E_c de los módulos de elasticidad, lo que demuestra que el material más "rígido" siempre tiene el esfuerzo mayor.

c) Acortamiento del conjunto. El acortamiento δ de todo el conjunto se puede obtener con la ecuación (h) o bien con la ecuación (i). Así, al sustituir las fuerzas (de las ecuaciones 2-11a y b), se obtiene

$$\delta = \frac{P_s L}{E_s A_s} = \frac{P_c L}{E_c A_c} = \frac{PL}{E_s A_s + E_c A_c} \qquad \text{(2-13)} \quad \Longleftarrow$$

Este resultado indica que el acortamiento del conjunto es igual a la carga total dividida entre la suma de las rigideces de las dos partes (recuérdese que, en la ecuación 2-4a, la rigidez de una barra con carga axial es $k = EA/L$).

Solución alterna de las ecuaciones. En lugar de sustituir las relaciones fuerza-desplazamiento (ecuaciones h e i) en la ecuación de compatibilidad, podríamos replantear esas relaciones en la forma siguiente:

$$P_s = \frac{E_s A_s}{L} \delta_s \qquad P_c = \frac{E_c A_c}{L} \delta_c \qquad \text{(k, l)}$$

y sustituirlas en la ecuación de equilibrio (ecuación f):

$$\frac{E_s A_s}{L} \delta_s + \frac{E_c A_c}{L} \delta_c = P \qquad \text{(m)}$$

Esta ecuación expresa la condición de equilibrio en términos de los desplazamientos desconocidos. A continuación se resuelve simultáneamente la ecuación de compatibilidad (ecuación g) y la ecuación anterior, y así se obtienen los desplazamientos:

$$\delta_s = \delta_c = \frac{PL}{E_s A_s + E_c A_c} \qquad \text{(n)}$$

el cual concuerda con la ecuación (2-13). Por último, se sustituye la ecuación (n) en las ecuaciones (k) y (l), para obtener las fuerzas de compresión P_s y P_c (véase las ecuaciones 2-11a y b).

Nota: el método alterno de resolver las ecuaciones es una versión simplificada del método de análisis de rigidez (o de desplazamiento) y el primer método con que se resolvieron las ecuaciones es una versión simplificada del método de flexibilidad (o de fuerza). Los nombres de esos dos métodos se deben a que la ecuación (m) tiene desplazamientos como incógnitas y rigideces como coeficientes (véase la ecuación 2-4a), mientras que la ecuación (j) tiene fuerzas como incógnitas y flexibilidades como coeficientes (véase la ecuación 2-4b).

Ejemplo 2-6

Una barra rígida horizontal AB está articulada en el extremo A y está soportada por dos alambres (CD y EF) en los puntos D y F (figura 2-18a). Una carga vertical P actúa sobre el extremo B de la barra, cuya longitud es $3b$, y los alambres CD y EF tienen longitudes L_1 y L_2, respectivamente. También, el alambre CD tiene diámetro d_1 y módulo de elasticidad E_1. El alambre EF tiene diámetro d_2 y módulo E_2.

a)   Obtener fórmulas para determinar la carga permisible P, si los esfuerzos admisibles en los alambres CD y EF son σ_1 y σ_2, respectivamente. El peso de la barra es despreciable.

b)   Calcular la carga admisible P para las siguientes condiciones: El alambre CD es de aluminio, con módulo $E_1 = 72$ GPa, diámetro $d_1 = 4.0$ mm y longitud $L_1 = 0.40$ m. El alambre EF es de magnesio, con módulo $E_2 = 45$ GPa, diámetro $d_2 = 3.0$ mm y longitud $L_2 = 0.30$ m. Los esfuerzos admisibles en los alambres de aluminio y magnesio son $\sigma_1 = 200$ MPa y $\sigma_2 = 175$ MPa, respectivamente.

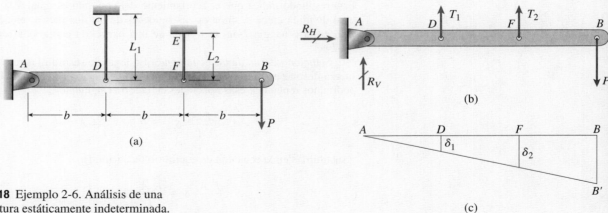

(a)

(b)

(c)

FIG. 2-18 Ejemplo 2-6. Análisis de una estructura estáticamente indeterminada.

Solución

Ecuación de equilibrio. Comenzaremos el análisis trazando un diagrama de cuerpo libre de la barra AB (figura 2-18b). En este diagrama, T_1 y T_2 son las fuerzas desconocidas de tensión en los alambres, y R_H y R_V son los componentes horizontal y vertical de la reacción en el soporte. De inmediato se ve que la estructura es estáticamente indeterminada, porque hay cuatro fuerzas desconocidas (T_1, T_2, R_H y R_V), mientras que sólo hay tres ecuaciones independientes de equilibrio.

Sacando momentos respecto al punto A (siendo positivos los momentos en sentido opuesto al de las manecillas del reloj), se obtiene

$$\sum M_A = 0 \qquad T_1 b + T_2(2b) - P(3b) = 0 \quad \text{o sea} \quad T_1 + 2T_2 = 3P \qquad (\text{o})$$

Las otras dos ecuaciones, que se obtienen sumando fuerzas en dirección horizontal y también en dirección vertical, no se pueden aprovechar para determinar T_1 y T_2.

Ecuación de compatibilidad. Para obtener una ecuación relacionada con los desplazamientos, se observa que la carga P hace que la barra AB gire en torno al soporte articulado en A y con ello los alambres se estiran.

Los desplazamientos resultantes se muestran en el diagrama de desplazamientos de la figura 2-18c, donde la línea AB representa la posición original de la barra rígida y la línea AB' representa la posición girada. Los desplazamientos δ_1 y δ_2 son los alargamientos de los alambres. Como esos desplazamientos son muy pequeños, la barra gira un ángulo muy pequeño (que se muestra muy exagerado en la figura) y podremos hacer cálculos suponiendo que los puntos D, F y B se mueven verticalmente hacia abajo (en lugar de moverse en arcos de círculos).

Ya que las distancias horizontales AD y DF son iguales, se obtiene la siguiente relación geométrica entre los alargamientos:

$$\delta_2 = 2\delta_1 \tag{p}$$

La ecuación (p) es la ecuación de compatibilidad.

Relaciones fuerza-desplazamiento. Como los alambres se comportan en forma linealmente elástica, se pueden expresar sus alargamientos en términos de las fuerzas desconocidas T_1 y T_2 mediante las siguientes ecuaciones:

$$\delta_1 = \frac{T_1 L_1}{E_1 A_1} \qquad \delta_2 = \frac{T_2 L_2}{E_2 A_2}$$

en donde A_1 y A_2 son las áreas transversales de los alambres CD y EF, respectivamente; esto es,

$$A_1 = \frac{\pi d_1^2}{4} \qquad A_2 = \frac{\pi d_2^2}{4}$$

Por comodidad para escribir las ecuaciones, introduciremos la siguiente notación para las flexibilidades de los alambres (véase la ecuación 2-4b):

$$f_1 = \frac{L_1}{E_1 A_1} \qquad f_2 = \frac{L_2}{E_2 A_2} \tag{q, r}$$

Así, las relaciones fuerza-desplazamiento se transforman en

$$\delta_1 = f_1 T_1 \qquad \delta_2 = f_2 T_2 \tag{s, t}$$

Solución de las ecuaciones. Ahora se resuelven simultáneamente los tres conjuntos de ecuaciones (equilibrio, compatibilidad y ecuaciones fuerza-desplazamiento). Al sustituir las ecuaciones (s) y (t) en la ecuación de compatibilidad (ecuación p) se obtiene

$$f_2 T_2 = 2 f_1 T_1 \tag{u}$$

La ecuación de equilibrio (ecuación o) y la ecuación anterior (ecuación u) contienen cada una las fuerzas T_1 y T_2 como cantidades incógnitas. Al resolver esas dos ecuaciones simultáneamente se obtienen

$$T_1 = \frac{3 f_2 P}{4 f_1 + f_2} \qquad T_2 = \frac{6 f_1 P}{4 f_1 + f_2} \tag{v, w}$$

Conociendo las fuerzas T_1 y T_2 podemos determinar con facilidad los alargamientos de los alambres, con las ecuaciones fuerza-desplazamiento.

continúa

a) *Carga admisible P*. Ahora que se terminó el análisis estáticamente indeterminado, y que se conocen las fuerzas en los alambres, podemos calcular el valor admisible de la carga P. El esfuerzo σ_1 en el alambre CD y el esfuerzo σ_2 en el alambre EF se obtienen con facilidad a partir de las fuerzas (ecuaciones v y w):

$$\sigma_1 = \frac{T_1}{A_1} = \frac{3P}{A_1}\left(\frac{f_2}{4f_1 + f_2}\right) \qquad \sigma_2 = \frac{T_2}{A_2} = \frac{6P}{A_2}\left(\frac{f_1}{4f_1 + f_2}\right)$$

De la primera de esas ecuaciones se despeja la fuerza admisible P_1 con base en el esfuerzo admisible σ_1 en el alambre CD:

$$P_1 = \frac{\sigma_1 A_1(4f_1 + f_2)}{3f_2} \qquad\qquad (2\text{-}14\text{a}) \quad \longleftarrow$$

De igual modo, de la segunda ecuación se obtiene la fuerza permisible P_2 basada en el esfuerzo permisible s_2 en el alambre EF:

$$P_2 = \frac{\sigma_2 A_2(4f_1 + f_2)}{6f_1} \qquad\qquad (2\text{-}14\text{b}) \quad \longleftarrow$$

La menor de esas dos cargas es la carga máxima admisible, P_{adm}.

b) *Cálculos numéricos de la carga admisible*. Al usar los datos y las ecuaciones anteriores obtenemos los siguientes valores numéricos:

$$A_1 = \frac{\pi d_1^2}{4} = \frac{\pi(4.0 \text{ mm})^2}{4} = 12.57 \text{ mm}^2$$

$$A_2 = \frac{\pi d_2^2}{4} = \frac{\pi(3.0 \text{ mm})^2}{4} = 7.069 \text{ mm}^2$$

$$f_1 = \frac{L_1}{E_1 A_1} = \frac{0.40 \text{ m}}{(72 \text{ GPa})(12.57 \text{ mm}^2)} = 0.4420 \times 10^{-6} \text{ m/N}$$

$$f_2 = \frac{L_2}{E_2 A_2} = \frac{0.30 \text{ m}}{(45 \text{ GPa})(7.069 \text{ mm}^2)} = 0.9431 \times 10^{-6} \text{ m/N}$$

Los esfuerzos admisibles son

$$\sigma_1 = 200 \text{ MPa} \qquad \sigma_2 = 175 \text{ MPa}$$

Por consiguiente, al sustituir en las ecuaciones (2-14A y b) se obtienen

$$P_1 = 2.41 \text{ kN} \quad P_2 = 1.26 \text{ kN}$$

El primer resultado se basa en el esfuerzo admisible σ_1 en el alambre de aluminio, el segundo se basa en el esfuerzo admisible σ_2 en el alambre de magnesio. La carga admisible es el menor de estos dos valores:

$$P_{\text{adm}} = 1.26 \text{ kN} \qquad\qquad \longleftarrow$$

Con esta carga, el esfuerzo en el magnesio es 175 MPa (el esfuerzo admisible) y el esfuerzo en el aluminio es $(1.26/2.41)(200 \text{ MPa}) = 105 \text{ MPa}$. Como era de esperarse, este esfuerzo es menor que el admisible de 200 MPa.

2.5 EFECTOS TÉRMICOS, DESAJUSTES Y DEFORMACIONES PREVIAS

Las cargas externas no son las únicas fuentes de esfuerzos y deformaciones en una estructura. Entre otras causas están los *efectos térmicos* debidos a cambios de temperatura, *desajustes* debidos a imperfecciones en la construcción y las *deformaciones previas* que producen las deformaciones iniciales. Además existen otras causas, como los asentamientos (o movimientos) de soportes, cargas de inercia causadas por un movimiento acelerado y fenómenos naturales, como sismos.

Los efectos térmicos, desajustes y deformaciones previas se encuentran con frecuencia en sistemas mecánicos y estructurales, se describirán en esta sección. Por regla general son más importantes en el diseño de estructuras estáticamente indeterminadas, que en las estáticamente determinadas.

Efectos térmicos

Los cambios de temperatura producen dilatación o contracción de los materiales estructurales, causando **deformaciones térmicas** y **esfuerzos térmicos**. Una ilustración sencilla de la dilatación térmica se ve en la figura 2-19, donde el bloque de material no está restringido y en consecuencia se dilata libremente. Cuando se calienta el bloque, cada elemento del material sufre deformaciones térmicas en todas direcciones y en consecuencia sus dimensiones aumentan. Si tomamos el vértice *A* como punto de referencia fijo, y si el lado *AB* mantiene su alineamiento original, el bloque tendrá la forma indicada por las líneas interrumpidas.

Para la mayor parte de los materiales estructurales, la deformación unitaria térmica ϵ_T es proporcional al cambio de temperatura ΔT; esto es

$$\epsilon_T = \alpha(\Delta T) \tag{2-15}$$

donde α es una propiedad llamada **coeficiente de dilatación térmica**, o **coeficiente de expansión térmica**. Como la deformación unitaria es una cantidad adimensional, las unidades del coeficiente de dilatación térmica son el recíproco de cambio de temperatura. En unidades SI, las dimensiones de α se pueden expresar como 1/K (el recíproco de grados Kelvin) o en 1/°C (el recíproco de grados Celsius). El valor de α es igual en ambos casos, porque un *cambio* de temperatura es numéricamente igual tanto en grados Kelvin como en grados Celsius. En el sistema inglés, las dimensiones de α son 1/°F (el recíproco de grados Fahrenheit).*

Cuando se necesita una **convención de signos** en las deformaciones térmicas, aquí compararemos esas deformaciones con las inducidas por cargas de la siguiente manera. Supongamos que hay una barra con carga axial y con deformación unitaria longitudinal

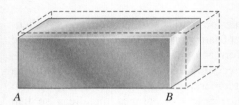

FIG. 2-19 Bloque de material sometido a un aumento de temperatura.

---

* Véase una descripción de las escalas de temperatura en la sección A.4 del apéndice A.

determinada por la ecuación $\epsilon = \sigma/E$, siendo σ el esfuerzo y E el módulo de elasticidad. A continuación supongamos que una barra idéntica está sometida a un cambio de temperatura ΔT, lo que quiere decir que la barra tiene la deformación unitaria térmica definida por la ecuación (2-15). Al igualar las dos deformaciones unitarias se obtiene la ecuación

$$\sigma = E\alpha(\Delta T)$$

Para esta ecuación se puede calcular el esfuerzo axial σ que produzca la misma deformación unitaria que cambio de temperatura ΔT. Por ejemplo, imaginemos una barra de acero inoxidable, con $E = 30 \times 10^6$ lb/pulg^2 y $\alpha = 9.6 \times 10^{-6}/°$F. Un cálculo rápido con la ecuación anterior de σ indica que un cambio de temperatura de 100°F produce la misma deformación unitaria que un esfuerzo de 29 000 lb/pulg^2. Este esfuerzo está en el intervalo de los esfuerzos admisibles normales para el acero inoxidable. Así, un cambio relativamente modesto de temperatura produce deformaciones unitarias de la misma magnitud que las causadas por cargas unitarias, lo que demuestra que los efectos de la temperatura pueden ser importantes en el diseño técnico.

Los materiales estructurales ordinarios se dilatan cuando se calientan y se contraen cuando se enfrían, y en consecuencia un aumento de temperatura produce una deformación térmica positiva. Las deformaciones térmicas suelen ser reversibles, es decir, el miembro regresa a su forma original cuando la temperatura regresa al valor original. Sin embargo, en fechas recientes pocas aleaciones metálicas se han desarrollado para que no se comporten de la manera acostumbrada. En lugar de ello, dentro de ciertos límites de temperatura, sus dimensiones disminuyen cuando se calientan, y aumentan cuando se enfrían.

También el agua es un material excepcional, desde un punto de vista térmico —se dilata al calentarla a temperaturas mayores que 4°C, y también se dilata cuando se enfría a menos de 4°C. Por consiguiente, el agua tiene su densidad máxima a 4°C.

Ahora regresemos al bloque de material de la figura 2-19. Suponemos que el material es homogéneo e isotrópico y que el aumento de temperatura ΔT es uniforme en todo el bloque. Podemos calcular el aumento en *cualquiera* de las dimensiones del bloque, multiplicando la dimensión original por la deformación unitaria térmica. Por ejemplo, si una de las dimensiones es L, entonces esa dimensión aumentará la cantidad

$$\delta_T = \epsilon_T L = \alpha(\Delta T)L \tag{2-16}$$

La ecuación (2-16) es una **relación entre temperatura y desplazamiento**, análoga a las relaciones fuerza-desplazamiento descritas en la sección anterior. Se puede usar para calcular cambios de longitudes de miembros estructurales sujetos a cambios de temperatura uniformes, como el alargamiento δ_T de la barra prismática de la figura 2-20 (las dimensiones transversales de la barra cambian también, pero esos cambios no se indican en la figura, ya que en general no tienen efectos sobre las fuerzas axiales que transmite la barra).

En las explicaciones anteriores de las deformaciones térmicas hemos supuesto que la estructura no tiene restricciones y que puede

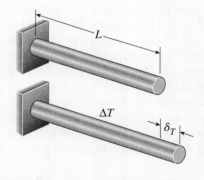

FIG. 2-20 Incremento de longitud de una barra debido a un aumento uniforme de temperatura (ecuación 2-16).

dilatarse o contraerse con libertad. Esas condiciones existen cuando un objeto descansa sobre una superficie sin fricción, o cuelga en el espacio abierto. En esos casos no se producen esfuerzos debidos a un cambio uniforme de temperatura en todo el objeto, aunque los cambios no uniformes de temperatura pueden inducir esfuerzos internos. Sin embargo, muchas estructuras tienen soportes que evitan la dilatación y contracción libre, en cuyo caso se desarrollarán **esfuerzos térmicos** aun cuando el cambio de temperatura sea uniforme en todo el material.

Para ilustrar algunas de esas ideas acerca de los efectos térmicos, veamos la armadura *ABC* de dos barrasen la figura 2-21, supongamos que cambia la temperatura de la barra *AB* en ΔT_1 y que la temperatura de la barra *BC* cambia en ΔT_2. Como la armadura es estáticamente determinada, ambas barras pueden alargarse o acortarse libremente y producen un desplazamiento de la articulación *B*. Sin embargo no hay esfuerzos en alguna de las barras y en los soportes no hay reacciones. Esta conclusión se aplica en general a **estructuras estáticamente determinadas**; esto es, los cambios uniformes de temperatura en los miembros producen deformaciones térmicas (y los cambios correspondientes de longitud) sin producir esfuerzo correspondiente alguno.

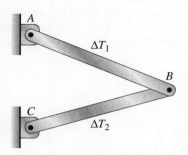

FIG. 2-21 Armadura estáticamente determinada con un cambio uniforme de temperatura en cada miembro.

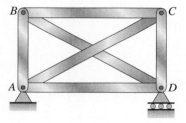

FIG. 2-22 Armadura estáticamente indeterminada sometida a cambios de temperatura.

Una **estructura estáticamente indeterminada** puede tener o no esfuerzos por temperatura, dependiendo del carácter de la estructura y de la naturaleza de los cambios de temperatura. Para ilustrar algunas de las posibilidades, examinemos la armadura estáticamente indeterminada de la figura 2-22. Como los soportes de esta estructura permiten que la articulación *D* se mueva en sentido horizontal, no se desarrollan esfuerzos cuando *toda* la armadura se calienta uniformemente. Todos los miembros aumentan de longitud en proporción con su longitud original y el tamaño de la armadura se vuelve un poco más grande.

Sin embargo, si algunas barras se calientan y otras no, se desarrollarán esfuerzos térmicos, porque el arreglo estáticamente indeterminado de las barras evita la dilatación libre. Para visualizar esta condición, se debe imaginar que sólo se calienta una barra. A medida que esa barra se alarga, encuentra resistencia de las demás y en consecuencia se producen esfuerzos en todos los miembros.

El análisis de una estructura estáticamente indeterminada con cambios de temperatura se basa en los conceptos explicados en la sección anterior, es decir, en ecuaciones de equilibrio, ecuaciones de compatibilidad y relaciones de desplazamiento. La diferencia principal es que al hacer el análisis se usan relaciones de temperatura-desplazamiento (ecuación 2-16) además de las relaciones fuerza desplazamiento (como $\delta = PL/EA$)). Los dos ejemplos siguientes ilustran con detalle los procedimientos.

Ejemplo 2-7

Una barra prismática *AB* de longitud *L* está sujeta entre soportes inmóviles (figura 2-23a). Si la temperatura de la barra se eleva uniformemente una cantidad ΔT, ¿qué esfuerzo térmico σ_T se desarrolla en ella? (Suponga que la barra está hecha de un material linealmente elástico.)

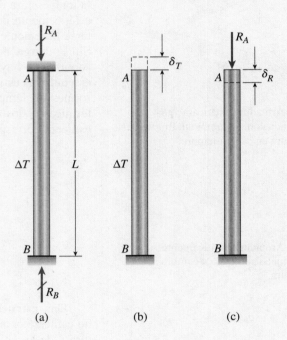

FIG. 2-23 Ejemplo 2-7. Barra estáticamente indeterminada con aumento de temperatura uniforme ΔT.

Solución

Como aumenta la temperatura, la barra tiende a alargarse, pero los soportes rígidos en *A* y *B* lo impiden. Por consiguiente, se desarrollan las reacciones R_A y R_B en los soporte y la barra se somete a esfuerzos uniformes de compresión.

Ecuación de equilibrio. Las únicas fuerzas que actúan sobre la barra son las reacciones que se ven en la figura 2-23a. Por consiguiente, el equilibrio de fuerzas en dirección vertical es

$$\sum F_{\text{vert}} = 0 \qquad R_B - R_A = 0 \qquad\qquad \text{(a)}$$

Como esta es la única ecuación no trivial de equilibrio, y ya que contiene dos incógnitas, vemos que la estructura es estáticamente indeterminada y además se necesita una ecuación más.

Ecuación de compatibilidad. La ecuación de compatibilidad expresa el hecho que el cambio de longitud en la barra es cero (porque los soportes no se mueven):

$$\delta_{AB} = 0 \qquad\qquad \text{(b)}$$

Para determinar este cambio de longitud se quita el soporte superior de la barra y queda una barra que está fija en la base y tiene libertad de desplazamiento en su extremo superior (figuras 2-23b y c). Cuando sólo actúa el cambio de temperatura (figura 2-23b), la barra se alarga una cantidad δ_T, y cuando sólo actúa la reacción R_A, se acorta una cantidad δ_R (figura 2-23c). Así, el cambio neto de longitud es $\delta_{AB} = \delta_T - \delta_R$, y la ecuación de compatibilidad se transforma en

$$\delta_{AB} = \delta_T - \delta_R = 0 \qquad\qquad \text{(c)}$$

Relaciones de desplazamiento. El aumento de longitud de la barra debido al cambio de temperatura se determina por la relación entre temperatura y desplazamiento (ecuación 2-16):

$$\delta_T = \alpha(\Delta T)L \qquad\qquad \text{(d)}$$

en donde α es el coeficiente de dilatación térmica. La disminución de longitud debida a la fuerza R_A se determina con la relación fuerza-desplazamiento:

$$\delta_R = \frac{R_A L}{EA} \qquad\qquad \text{(e)}$$

en la cual E es el módulo de elasticidad y A es el área transversal.

Solución de las ecuaciones. Al sustituir las relaciones de desplazamiento (d) y (e) en la ecuación de compatibilidad (ecuación c) se obtiene la ecuación siguiente:

$$\delta_T - \delta_R = \alpha(\Delta T)L - \frac{R_A L}{EA} = 0 \qquad\qquad \text{(f)}$$

Ahora resolveremos simultáneamente la ecuación de arriba y la ecuación de equilibrio (ecuación a) para obtener las reacciones R_A y R_B:

$$R_A = R_B = EA\alpha(\Delta T) \qquad\qquad \text{(2-17)}$$

Este esfuerzo es de compresión, cuando aumenta la temperatura de la barra.

$$\sigma_T = \frac{R_A}{A} = \frac{R_B}{A} = E\alpha(\Delta T) \qquad\qquad \text{(2-18)} \quad \Longleftarrow$$

Nota 1: en este ejemplo, las reacciones son independientes de la longitud de la barra y el esfuerzo es independiente tanto de la longitud como del área transversal (véase las ecuaciones 2-17 y 2-18). Así, de nuevo se ve la utilidad de una solución simbólica, porque estas características importantes del comportamiento de la barra podrían no notarse en una solución totalmente numérica.

Nota 2: al determinar el alargamiento térmico de la barra (ecuación d) hemos supuesto que el material es homogéneo y que el aumento de temperatura es uniforme en todo el volumen de la barra. También, al determinar la disminución de longitud debida a la fuerza en la reacción (ecuación e) supusimos que el comportamiento del material es linealmente elástico. Estas limitaciones siempre se deben tener en cuenta al plantear ecuaciones como las (d) y (e).

Nota 3: en este ejemplo la barra tiene desplazamientos longitudinales de cero no sólo en los extremos fijos, sino también en cada corte transversal. Así, no hay deformaciones axiales en esta barra y tenemos el caso especial de que hay *esfuerzos longitudinales sin deformaciones unitarias longitudinales*. Naturalmente, sí hay deformaciones transversales en la barra debidas al cambio de temperatura y a la compresión axial.

Ejemplo 2-8

Una camisa tiene la forma de un tubo circular de longitud L y rodea a un perno, ajustando entre rondanas en cada extremo (figura 2-24a). A continuación la tuerca se gira hasta que apenas aprieta. La camisa y el perno están hechos de materiales distintos y tienen áreas transversales distintas (supongamos que el coeficiente de dilatación térmica α_S de la camisa es mayor que el coeficiente α_B del perno).

a) Si la temperatura de todo el conjunto se eleva una cantidad ΔT ¿qué esfuerzos σ_S y σ_B se inducen en la camisa y en el perno, respectivamente?

b) ¿Cuál es el aumento δ en la longitud L de la camisa y el perno?

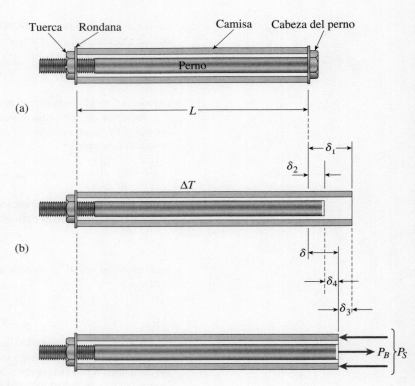

FIG. 2-24 Ejemplo 2-8. Conjunto de camisa y perno con aumento uniforme de temperatura ΔT.

Solución

Como la camisa y el perno son de materiales diferentes, se alargarán cantidades diferentes al calentarlos y dejarlos dilatarse libremente. Sin embargo, cuando se mantienen unidos por el conjunto, no puede haber dilatación térmica y se desarrollan esfuerzos en ambos materiales. Para determinarlos usaremos los mismos conceptos que en cualquier análisis estáticamente indeterminado: ecuaciones de equilibrio, ecuaciones de compatibilidad y relaciones de desplazamiento. Sin embargo, no podremos formular esas ecuaciones sino hasta desarmar la estructura.

Una forma sencilla de cortar la estructura es quitar la cabeza del perno y dejar que la camisa y el perno se dilaten libremente bajo el cambio de temperatura ΔT (figura 2-24b). Los alargamientos resultantes de la camisa y el perno se representan por δ_1 y δ_2, respectivamente, y las *relaciones temperatura-desplazamiento* correspondientes son

$$\delta_1 = \alpha_S(\Delta T)L \quad \delta_2 = \alpha_B(\Delta T)L \qquad \text{(g, h)}$$

Como α_S es mayor que α_B, el alargamiento δ_1 es mayor que δ_2, como se ve en la figura 2-24b.

Las fuerzas axiales en la camisa y en el perno deben ser tales que acorten la camisa y estiren el perno, hasta que las longitudes finales de ambos sean iguales. Esas fuerzas se ven en la figura 2-24c, donde P_S representa la fuerza de compresión en la camisa y P_B representa la fuerza de tensión en el perno. El acortamiento correspondiente δ_3 de la camisa y el alargamiento δ_4 del perno son

$$\delta_3 = \frac{P_S L}{E_S A_S} \qquad \delta_4 = \frac{P_B L}{E_B A_B} \qquad \text{(i, j)}$$

donde $E_S A_S$ y $E_B A_B$ son las rigideces axiales respectivas. Las ecuaciones (i) y (j) son las *relaciones carga-desplazamiento*.

Ahora podemos escribir una *ecuación de compatibilidad* en donde se exprese que el alargamiento final δ es igual para la camisa y para el perno. El alargamiento de la camisa es $\delta_1 - \delta_3$, y el del perno es $\delta_2 + \delta_4$; por consiguiente,

$$\delta = \delta_1 - \delta_3 = \delta_2 + \delta_4 \qquad \text{(k)}$$

Se sustituyen las relaciones temperatura-desplazamiento y carga-desplazamiento (ecuaciones g a j) en la ecuación anterior y se obtiene

$$\delta = \alpha_S(\Delta T)L - \frac{P_S L}{E_S A_S} = \alpha_B(\Delta T)L + \frac{P_B L}{E_B A_B} \qquad \text{(l)}$$

de donde

$$\frac{P_S L}{E_S A_S} + \frac{P_B L}{E_B A_B} = \alpha_S(\Delta T)L - \alpha_B(\Delta T)L \qquad \text{(m)}$$

que es una forma modificada de la ecuación de compatibilidad. Observe que contiene las fuerzas P_S y P_B como incógnitas.

Una *ecuación de equilibrio* se obtiene de la figura 2-24c, es un diagrama de cuerpo libre del conjunto que queda después de haber eliminado la cabeza del perno. Sumando las fuerzas en dirección horizontal se llega a

$$P_S = P_B \qquad \text{(n)}$$

expresa el hecho obvio que la fuerza de compresión en la camisa es igual a la fuerza de tensión en el perno.

Ahora se resuelven simultáneamente las ecuaciones (m) y (n) para obtener las fuerzas axiales en la camisa y en el perno:

$$P_S = P_B = \frac{(\alpha_S - \alpha_B)(\Delta T)E_S A_S E_B A_B}{E_S A_S + E_B A_B} \qquad \text{(2-19)}$$

continúa

Al deducir esta ecuación hemos supuesto que la temperatura aumentaba y que el coeficiente α_S es mayor que el coeficiente α_B. Con estas condiciones, P_S es la fuerza de compresión en la camisa, y P_B es la fuerza de tensión en el tornillo.

Los resultados serán muy distintos si la temperatura aumenta, pero el coeficiente α_S es menor que el coeficiente α_B. En este caso se abrirá un hueco entre el perno y la camisa, y no habrá esfuerzos en parte alguna del conjunto.

a) *Esfuerzos en la camisa y en el perno.* Se obtienen ecuaciones para determinar los esfuerzos σ_S y σ_B en la camisa y en el perno, respectivamente, dividiendo las fuerzas correspondientes entre las áreas adecuadas:

$$\sigma_S = \frac{P_S}{A_S} = \frac{(\alpha_S - \alpha_B)(\Delta T)E_S E_B A_B}{E_S A_S + E_B A_B} \qquad \text{(2-20a)} \quad \Longleftarrow$$

$$\sigma_B = \frac{P_B}{A_B} = \frac{(\alpha_S - \alpha_B)(\Delta T)E_S A_S E_B}{E_S A_S + E_B A_B} \qquad \text{(2-20b)} \quad \Longleftarrow$$

En las condiciones supuestas, el esfuerzo σ_S en la camisa es de compresión y del perno σ_B es de tensión. Es interesante observar como esos esfuerzos son independientes de la longitud del conjunto y sus magnitudes son inversamente proporcionales a sus áreas respectivas (es decir, $\sigma_S/\sigma_B = A_B/A_S$).

b) *Aumento de longitud en la camisa y en el perno.* El alargamiento δ del conjunto se puede determinar sustituyendo P_S o P_B de la ecuación (2-19) en la ecuación (l), y se obtiene

$$\delta = \frac{(\alpha_S E_S A_S + \alpha_B E_B A_B)(\Delta T)L}{E_S A_S + E_B A_B} \qquad \text{(2-21)} \quad \Longleftarrow$$

Con las fórmulas anteriores a nuestra disposición podremos calcular con facilidad las fuerzas, esfuerzos y desplazamientos en el conjunto, para un grupo dado de datos numéricos.

Nota: Como comprobación parcial de los resultados, podemos ver si las ecuaciones (2-19), (2-20) y (2-21) se reducen a valores conocidos en casos simplificados. Por ejemplo, supongamos que el perno es rígido y en consecuencia no le afectan los cambios de temperatura. En este caso se puede igualar $\alpha_B = 0$ y se deja que E_B se vuelva infinitamente grande, con ello se crea un conjunto en el cual la camisa está sujeta entre dos soportes rígidos. Al sustituir esos valores en las ecuaciones (2-19), (2-20) y (2-21), se observa lo siguiente

$$P_S = E_S A_S \alpha_S(\Delta T) \qquad \sigma_S = E_S \alpha_S(\Delta T) \qquad \delta = 0$$

Estos resultados concuerdan con los del ejemplo 2-7, para una barra sujeta entre soportes rígidos (compárese con las ecuaciones 2-17 y 2-18, así como con la ecuación b).

Como un segundo caso especial, supongamos que la camisa y el perno son del mismo material. Entonces, ambas partes se dilatarán libremente y se alargarán por igual cuando cambie la temperatura. No se desarrollarán fuerzas ni esfuerzos. Para ver si las ecuaciones deducidas predicen este comportamiento, se sustituyen $\alpha_S = \alpha_B = \alpha$ en las ecuaciones (2-19), (2-20) y (2-21), para obtener

$$P_S = P_B = 0 \qquad \sigma_S = \sigma_B = 0 \qquad \delta = \alpha(\Delta T)L$$

estos son los resultados que se esperaban.

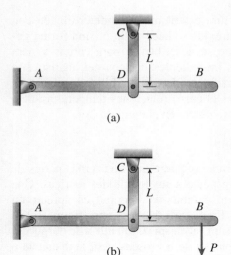

FIG. 2-25 Estructura estáticamente determinada con un pequeño desajuste.

Desajustes y deformaciones previas

Supongamos que un miembro de una estructura se fabrica con su longitud un poco distinta de la que está especificada. Entonces no ajustará en la estructura en la forma que debiera y la geometría de la estructura será distinta de la planeada. A esos casos se les conoce como **desajustes** o **malos ajustes**. A veces se crean desajustes en forma intencional, para causar deformaciones en la estructura en el momento de construirla. Debido a que existen esas deformaciones antes de aplicar carga alguna a la estructura, se llaman **deformaciones previas**. Acompañando a las deformaciones previas hay esfuerzos previos, y se dice que la estructura está **preesforzada**. Unos ejemplos comunes del preesforzado son los rayos de ruedas de bicicleta (que se torcerían si no estuvieran preesforzados), las caras pretensionadas de las raquetas de tenis, las partes de maquinaria ajustadas por encogimiento y las vigas de concreto preesforzado.

Si una estructura es **estáticamente determinada**, los desajustes pequeños en uno o más miembros no producirán deformaciones ni esfuerzos, aunque habrá diferencias respecto a la configuración teórica de la estructura. Para ilustrar esta afirmación, imaginemos una estructura sencilla formada por una viga horizontal *AB* soportada por una barra vertical *CD* (figura 2-25a). Si la barra *CD* tiene su longitud exacta correcta *L*, estará horizontal en el momento de construirla. Sin embargo, si es un poco más larga de lo que se especificó, la viga formará un ángulo pequeño con la horizontal. Sin embargo no habrá deformaciones ni esfuerzos, ni en la barra ni en la viga, atribuibles a la longitud incorrecta de la barra. Además, si actúa una carga *P* en el extremo de la viga (figura 2-25b), los esfuerzos en la estructura, debidos a esa carga, no serán afectados por la longitud incorrecta de la barra *CD*.

En general, si una estructura es estáticamente determinada, la presencia de desajustes pequeños va a producir cambios pequeños en su geometría, pero nada de deformaciones ni de esfuerzos. Así, los efectos de un desajuste se parecen a los de un cambio de temperatura.

El caso es muy distinto si la estructura es **estáticamente indeterminada**, porque entonces la estructura no tiene libertad de adaptarse a los desajustes (así como no tiene libertad de adaptarse a ciertos cambios de temperatura). Para visualizarlo, imaginemos una viga soportada por dos barras verticales (figura 2-26a). Si las dos barras tienen exactamente la longitud correcta *L*, se puede armar la estructura sin que haya deformaciones ni esfuerzos y la viga estará horizontal.

Sin embargo, supongamos que la barra *CD* es un poco mayor que la longitud especificada. Entonces, para armar la estructura debe comprimirse la barra *CD* con fuerzas externas (o debe estirarse la barra *EF* con fuerzas externas), las barras se deben armar en su lugar, y a continuación se deben soltar las fuerzas externas. El resultado es que la viga se deformará y girará, la barra *CD* estará en compresión y la barra *EF* estará en tensión. En otras palabras habrá deformaciones previas en todos los miembros, y la estructura estará preesforzada, aunque no actúen sobre ella cargas externas. Si ahora se agrega una carga *P* (figura 2-26b), se producirán esfuerzos y deformaciones adicionales.

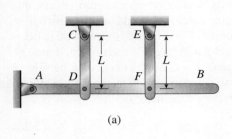

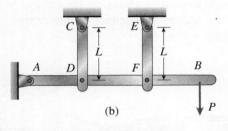

FIG. 2-26 Estructura estáticamente indeterminada con un pequeño desajuste.

El análisis de una estructura estáticamente indeterminada con desajustes y deformaciones previas se hace en la misma forma general que las que previamente se describieron para cargas y para cambios de temperatura. Los ingredientes básicos del análisis son ecuaciones de equilibrio, ecuaciones de compatibilidad, relaciones fuerza-desplazamiento y (si es el caso) relaciones temperatura-desplazamiento. La metodología se ilustra en el ejemplo 2-9.

Pernos y tensores de tornillo

Para preesforzar una estructura se requiere que una o más partes de ella se estiren o compriman respecto a sus longitudes teóricas. Una forma sencilla de producir un cambio de longitud es apretar un perno o un tensor de tornillo. En el caso de un **perno** (figura 2-27), cada vuelta de la tuerca causará su desplazamiento a lo largo del perno, una distancia igual al paso p de las roscas. Así, la distancia δ recorrida por la tuerca es

$$\delta = np \qquad (2\text{-}22)$$

donde n es la cantidad de vueltas de la tuerca (no necesariamente un entero). De acuerdo con la forma en que se arregle la estructura, el giro de una tuerca puede estirar o comprimir un miembro.

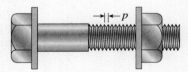

FIG. 2-27 El *paso* de las roscas es la distancia de una rosca a la siguiente.

En el caso de un **tensor de cuerda de doble acción** (figura 2-28) hay dos roscas en los extremos. Como en un extremo se usa una rosca derecha y en el otro una rosca izquierda, el dispositivo se alarga o se acorta al girar la hebilla. Cada vuelta completa de la hebilla la hace recorrer una distancia p a lo largo de cada rosca, donde de nuevo p es el paso de las roscas. En consecuencia, si la hebilla se aprieta una vuelta, las roscas se acercan una distancia $2p$ y el efecto es acortar el dispositivo en $2p$. Para n vueltas,

$$\delta = 2np \qquad (2\text{-}23)$$

Con frecuencia se intercalan tensores de tornillo en los cables, y después se aprietan creando así una tensión inicial en los cables, como se verá en el ejemplo siguiente.

FIG. 2-28 Tensor de doble acción. (Cada vuelta completa del tensor acorta o alarga el cable la distancia $2p$, siendo p el paso de las roscas.)

Ejemplo 2-9

El conjunto mecánico de la figura 2-29 consiste en un tubo de cobre, una placa extrema rígida y dos cables de acero con tensores de tornillo. La tensión de los cables aumenta girando los tensores hasta que el conjunto está apretado, pero sin esfuerzos iniciales (si se aprietan más los tensores producirán un estado preesforzado, en el que los cables están en tensión y el tubo en compresión).

a) Determinar las fuerzas en el tubo y en los cables (figura 2-29a) cuando los tensores se aprietan n vueltas.

b) Determinar el acortamiento del tubo.

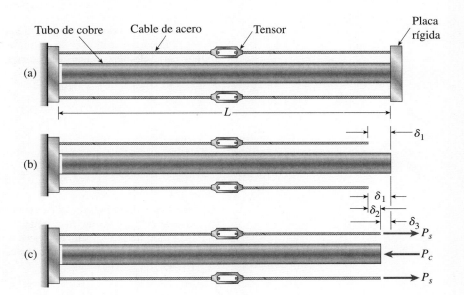

FIG. 2-29 Ejemplo 2-9. Conjunto estáticamente indeterminado con un tubo de cobre en compresión y dos cables de acero en tensión.

Solución

Comenzaremos el análisis quitando la placa del extremo derecho del conjunto, para que el tubo y los cables puedan cambiar de longitud con libertad (figura 2-29b). Al girar los tensores n vueltas, acortarán los cables la distancia

$$\delta_1 = 2np \qquad (o)$$

como se ve en la figura 2-29b.

Las fuerzas de tensión en los cables y de compresión en el tubo deben ser tales que alarguen los cables y acorten el tubo hasta que sus longitudes finales sean iguales. Esas fuerzas se muestran en la figura 2-29c, en donde P_s representa la fuerza de tensión en uno de los cables de acero y P_c la fuerza de compresión en el tubo de cobre. El alargamiento de un cable debido a la fuerza P_s es

$$\delta_2 = \frac{P_s L}{E_s A_s} \qquad (p)$$

continúa

siendo $E_s A_s$ la rigidez axial y L la longitud de un cable. Asimismo, la fuerza de compresión P_c ejercida en el tubo de cobre produce una disminución en su longitud

$$\delta_3 = \frac{P_c L}{E_c A_c} \tag{q}$$

donde $E_c A_c$ es la rigidez axial del tubo. Las ecuaciones (p) y (q) son las *relaciones carga-desplazamiento*.

El acortamiento final de uno de los cables es igual al acortamiento δ_1 causado al girar el tensor, menos el alargamiento δ_2 causado por la fuerza P_s. Este acortamiento final del cable deberá ser igual al acortamiento δ_3 del tubo:

$$\delta_1 - \delta_2 = \delta_3 \tag{r}$$

y esta es la *ecuación de compatibilidad*.

Cuando se sustituyen la ecuación del tensor (ecuación o) y las relaciones carga-desplazamiento (ecuaciones p y q) en la ecuación anterior, se obtiene

$$2np - \frac{P_s L}{E_s A_s} = \frac{P_c L}{E_c A_c} \tag{s}$$

o sea

$$\frac{P_s L}{E_s A_s} + \frac{P_c L}{E_c A_c} = 2np \tag{t}$$

que es una forma modificada de la ecuación de compatibilidad. Nótese que contiene a P_s y P_c como incógnitas.

La figura 2-29c es un diagrama de cuerpo libre del conjunto cuando se elimina la placa extrema, se obtiene la ecuación de equilibrio siguiente:

$$2P_s = P_c \tag{u}$$

a) *Fuerzas en el cable y en el tubo.* Ahora se resuelven simultáneamente las ecuaciones (t) y (u) para obtener las fuerzas axiales en los cables de acero y en el tubo de cobre, respectivamente.

$$P_s = \frac{2np E_c A_c E_s A_s}{L(E_c A_c + 2E_s A_s)} \qquad P_c = \frac{4np E_c A_c E_s A_s}{L(E_c A_c + 2E_s A_s)} \tag{2-24a, b}$$

Recuérdese que las fuerzas P_s son de tensión y que la fuerza P_c es de compresión. Si se desea, en este punto se calculan los esfuerzos σ_s y σ_c en el acero y en el cobre dividiendo las fuerzas P_s y P_c entre las áreas transversales A_s y A_c, respectivamente.

b) *Acortamiento del tubo.* La disminución de longitud del tubo es la cantidad δ_3 (véase la figura 2-29 y la ecuación q):

$$\delta_3 = \frac{P_c L}{E_c A_c} = \frac{4np E_s A_s}{E_c A_c + 2E_s A_s} \tag{2-25}$$

Al disponer ya de las fórmulas anteriores, se pueden calcular con facilidad las fuerzas, esfuerzos y desplazamientos del conjunto, para cualquier conjunto de datos numéricos.

2.6 ESFUERZOS SOBRE SECCIONES INCLINADAS

En nuestras descripciones anteriores de tensión y compresión en miembros con carga axial, los únicos esfuerzos que consideramos fueron los esfuerzos normales que actúan sobre las secciones transversales. Esos esfuerzos se representan en la figura 2-30, donde se ilustra una barra *AB* sometida a cargas axiales *P*.

Cuando se realiza un corte transversal indeterminado sobre un plano *mn* de la barra (perpendicular al eje *x*), se obtiene el diagrama de cuerpo libre de la figura 2-30b. Los esfuerzos normales que actúan sobre la parte cortada pueden calcularse con la fórmula $\sigma_x = P/A$, siempre que la distribución de esfuerzos sea uniforme sobre toda el área transversal *A*. Como se explicó en el capítulo 1, esta condición se presenta si la barra es prismática, el material es homogéneo, la fuerza axial *P* pasa por el centroide del área transversal y el corte transversal está lejos de cualquier concentración de esfuerzos. Naturalmente, no hay esfuerzos cortantes que actúen sobre la sección cortada, porque es perpendicular al eje longitudinal de la barra.

Por comodidad, en el caso normal mostraremos los esfuerzos en una vista bidimensional de la barra (figura 2-30c) y no la vista tridimensional más compleja (figura 2-30b). Sin embargo, al trabajar con

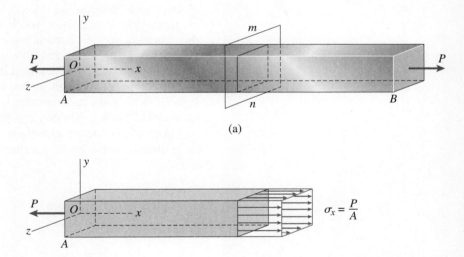

(a)

(b)

FIG. 2-30 Barra prismática en tensión, mostrando los esfuerzos que actúan sobre la sección transversal *mn*: (a) barra con fuerzas axiales *P*; (b) vista tridimensional de la barra cortada, mostrando los esfuerzos normales y (c) vista bidimensional.

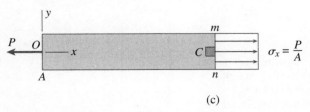

(c)

figuras planas no debemos olvidar que la barra tiene un espesor perpendicular al plano de la figura. Esta tercera dimensión debe tenerse en cuenta en las deducciones y en los cálculos.

Elementos de esfuerzo

La forma más útil de representar los esfuerzos en la barra de la figura 2-30 es aislar un elemento pequeño del material (como por ejemplo el elemento identificado con C en la figura 2-30c) y después mostrar los esfuerzos que actúan sobre todas las caras de este elemento. A un elemento de esta clase se le llama **elemento de esfuerzo**. El elemento de esfuerzo en el punto C es un bloque rectangular pequeño (no importa si es un cubo o un paralelepípedo rectangular) cuya cara derecha coincide con la sección transversal *mn*.

Se supone que las dimensiones de un elemento de esfuerzo son infinitesimalmente pequeñas, pero por claridad trazaremos ese elemento a una escala grande, como en la figura 2-31a. En este caso, las orillas del elemento son paralelos a los ejes *x, y* y *z*, y los únicos esfuerzos son los esfuerzos normales σ_x que actúan sobre las caras *x* (recuérdese que las caras *x* tienen sus normales paralelas al eje *x*). Por ser más cómodo, con frecuencia trazaremos una vista bidimensional del elemento (figura 2-31b), en lugar de su vista tridimensional.

Esfuerzos sobre secciones inclinadas

El elemento de esfuerzo de la figura 2-31 sólo muestra una perspectiva limitada de los esfuerzos en una barra con carga axial. Para obtener una imagen más completa, necesitamos investigar los esfuerzos que actúan sobre **secciones inclinadas**, o **cortes inclinados**, como la sección cortada por el plano inclinado *pq* en la figura 2-32a. Como los esfuerzos son iguales en toda la barra, los que actúan sobre la sección inclinada deben estar uniformemente distribuidos, como se muestra en los diagramas de cuerpo libre de la figura 2-32b (vista tridimensional) y en la figura 2-32c (vista bidimensional). De acuerdo con el equilibrio del cuerpo libre, sabemos que la resultante de los esfuerzos debe ser una fuerza horizontal P (la resultante se traza con una línea de puntos en las figuras 2-32b y 2-32c).

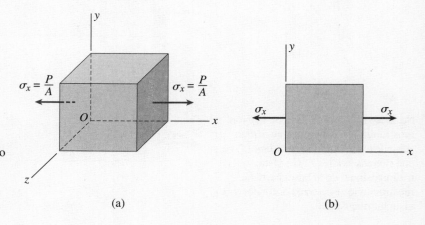

FIG. 2-31 Elemento de esfuerzo en el punto C de la barra con carga axial de la figura 2-30c: (a) vista tridimensional del elemento y (b) vista bidimensional del elemento.

(a)

(b)

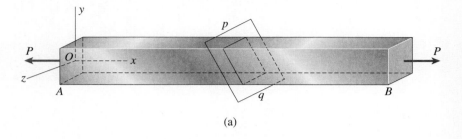

(a)

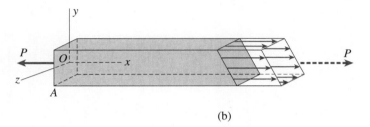

(b)

FIG. 2-32 Barra prismática en tensión mostrando los esfuerzos que actúan sobre un corte inclinado *pq*: (a) barra con fuerzas axiales *P*; (b) vista tridimensional de la barra cortada, mostrando los esfuerzos y (c) vista bidimensional.

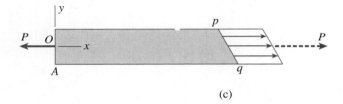

(c)

Como introducción, necesitamos un esquema para especificar la **orientación** del corte inclinado *pq*. Un método normal es especificar el ángulo θ entre el eje *x* y la normal *n* a la sección (véase la figura 2-33). Así, el ángulo θ de la sección inclinada de esa figura es 30°, aproximadamente. En contraste, la sección transversal *mn* (figura 2-30a) tiene un ángulo θ igual a cero (porque la normal a la sección transversal es el eje *x*). Como otros ejemplos, veamos el elemento de esfuerzo de la figura 2-31. El ángulo θ para la cara derecha es 0, para la cara superior es 90° (un corte longitudinal de la barra), para la cara izquierda es 180° y para la cara inferior es 270° (o −90°).

Ahora regresemos a la tarea de determinar los esfuerzos que actúan sobre la sección *pq* (figura 2-33b). Como dijimos, la resultante de esos esfuerzos es una fuerza *P* que actúa en dirección *x*. Esta resultante se puede descomponer en dos componentes, una fuerza normal *N* perpendicular al plano inclinado *pq*, y una fuerza cortante *V*, tangencial a ese plano. Estos componentes de fuerza son

$$N = P \cos \theta \qquad V = P \operatorname{sen} \theta \qquad \text{(2-26a, b)}$$

Asociados con las fuerzas *N* y *V* están los esfuerzos normal y cortante, uniformemente distribuidos sobre la sección inclinada (figuras 2-33c y d). El esfuerzo normal es igual a la fuerza normal *N*

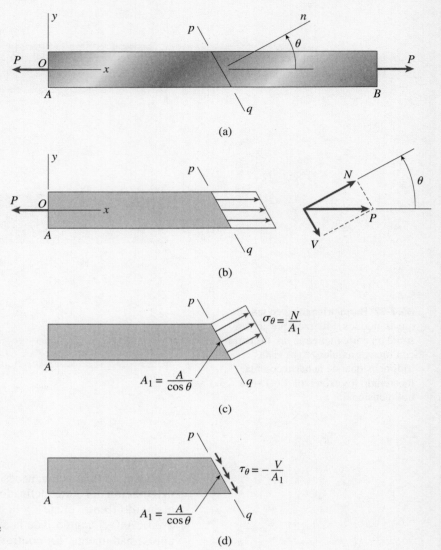

FIG. 2-33 Barra prismática en tensión, mostrando los esfuerzos que actúan sobre una sección inclinada pq.

dividida entre el área de la sección. El esfuerzo cortante es igual a la fuerza cortante V dividida entre el área de la sección. Entonces, los esfuerzos son

$$\sigma = \frac{N}{A_1} \qquad \tau = \frac{V}{A_1} \qquad \text{(2-27a, b)}$$

donde A_1 es el área de la sección inclinada, y es la siguiente:

$$A_1 = \frac{A}{\cos \theta} \qquad \text{(2-28)}$$

Como de costumbre, A representa el área transversal de la barra. Los esfuerzos σ y τ actúan en las direcciones indicadas en las figuras 2-33c y d, esto es, en las mismas direcciones que la fuerza normal N y la fuerza cortante V, respectivamente.

En este punto debemos establecer una **convención de notación y signos** normalizada, para esfuerzos que actúen sobre secciones inclinadas. Usaremos un subíndice θ para indicar que los esfuerzos actúan sobre una sección inclinada en un ángulo θ (figura 2-34), igual que cuando usamos un subíndice x para indicar que los esfuerzos actúan sobre una sección perpendicular al eje x (véase la figura 2-30). Los esfuerzos normales σ_θ son positivos en tensión y los esfuerzos cortantes τ_θ cuando tienden a producir rotación del material en el sentido contrario a las agujas del reloj, como se observa en la figura 2-34.

FIG. 2-34 Convención de signos para los esfuerzos que actúan sobre una sección inclinada. (Los esfuerzos normales son positivos cuando son de tensión, y los esfuerzos cortantes son positivos cuando tienden a producir rotación en el sentido contrario al de las manecillas del reloj.)

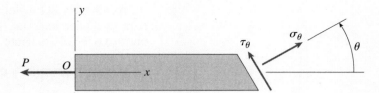

Para una barra en tensión, la fuerza normal N produce esfuerzos normales positivos σ_θ (véase la figura 2-33c). Esos esfuerzos se determinan con las siguientes ecuaciones (véase las ecuaciones 2-26, 2-27 y 2-28):

$$\sigma_\theta = \frac{N}{A_1} = \frac{P}{A}\cos^2\theta \qquad \tau_\theta = -\frac{V}{A_1} = -\frac{P}{A}\operatorname{sen}\theta\cos\theta$$

Introducimos la notación $\sigma_x = P/A$, donde σ_x es el esfuerzo normal sobre un corte transversal. También usamos las relaciones trigonométricas

$$\cos^2\theta = \frac{1}{2}(1 + \cos 2\theta) \qquad \operatorname{sen}\theta\cos\theta = \frac{1}{2}(\operatorname{sen} 2\theta)$$

y llegamos a las ecuaciones siguientes, para los **esfuerzos normales y cortantes**:

$$\sigma_\theta = \sigma_x \cos^2\theta = \frac{\sigma_x}{2}(1 + \cos 2\theta) \qquad (2\text{-}29\text{a})$$

$$\tau_\theta = -\sigma_x \operatorname{sen}\theta\cos\theta = -\frac{\sigma_x}{2}(\operatorname{sen} 2\theta) \qquad (2\text{-}29\text{b})$$

Estas ecuaciones definen los esfuerzos que actúan sobre un corte inclinado orientado en ángulo θ con respecto al eje x (figura 2-34).

Es importante reconocer que las ecuaciones (2-29a) y (2-29b) sólo fueron deducidas a partir de la estática y en consecuencia son

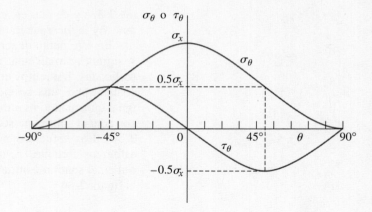

FIG. 2-35 Gráfica de esfuerzos normales σ_θ y esfuerzos cortantes τ_θ en función del ángulo θ de la sección inclinada (véase la figura 2-34 y las ecuaciones 2-29 a y b).

independientes del material. Entonces, esas ecuaciones son válidas para cualquier material, se comporte en forma lineal o no lineal, elástica o inelásticamente.

Esfuerzos normales y cortantes máximos

La forma en que los esfuerzos varían cuando la sección inclinada se corta en varios ángulos se ve en la figura 2-35. El eje horizontal es el ángulo θ, cuando varía de $-90°$ a $+90°$, y el eje vertical representa los esfuerzos σ_θ y τ_θ. Nótese que un ángulo positivo θ se mide en sentido contrario a las manecillas del reloj a partir del eje x (figura 2-34) y que un ángulo negativo se mide en el sentido de las manecillas del reloj.

Como se ve en la gráfica, el esfuerzo normal σ_θ es igual a σ_x cuando $\theta = 0$. Entonces, a medida que θ aumenta o disminuye, el esfuerzo normal disminuye hasta que se vuelve cero cuando $\theta = \pm 90°$, porque no hay esfuerzos normales sobre secciones cortadas en dirección paralela al eje longitudinal. El **esfuerzo normal máximo** se presenta cuando $\theta = 0$, y es

$$\sigma_{\text{máx}} = \sigma_x \tag{2-30}$$

También se observa que cuando $\theta = \pm 45°$, el esfuerzo normal tiene la mitad de su valor máximo.

El esfuerzo cortante τ_θ es cero sobre secciones transversales de la barra ($\theta = 0$), y también sobre secciones longitudinales ($\theta = \pm 90°$. Entre estos extremos el esfuerzo varía como se indica en la gráfica, llega al valor positivo máximo cuando $\theta = -45°$ y al valor negativo máximo cuando $\theta = +45°$. Estos **esfuerzos cortantes máximos** tienen la misma magnitud:

$$\tau_{\text{máx}} = \frac{\sigma_x}{2} \tag{2-31}$$

pero tienden a hacer girar al elemento en direcciones opuestas.

Los esfuerzos máximos en una **barra en tensión** se ven en la figura 2-36. Se seleccionaron dos elementos de esfuerzo: el elemento A está orientado hacia $\theta = 0°$, y el elemento B está orientado con $\theta = 45°$. El elemento A tiene los esfuerzos normales máximos (ecuación 2-30) y el elemento B tiene los esfuerzos cortantes máximos (ecuación 2-31). En el caso del elemento A (figura 2-36b), los

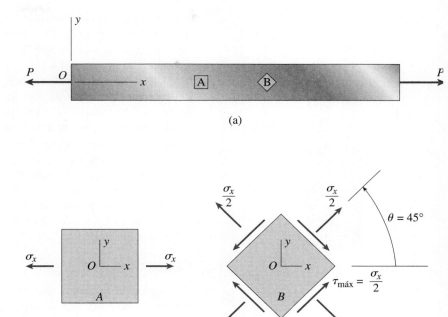

FIG. 2-36 Esfuerzos normales y cortantes que actúan sobre elementos de esfuerzo orientados a $\theta = 0°$ y $\theta = 45°$ para una barra en tensión.

únicos esfuerzos son los esfuerzos normales máximos, (ya que en todas las caras no existen esfuerzos cortantes).

En el caso del elemento *B* (figura 2-36c), los esfuerzos normales y cortantes actúan sobre todas las caras (excepto, desde luego, las caras delantera y trasera del elemento). Veamos por ejemplo, la cara a 45° (la superior derecha). Sobre ella, los esfuerzos normales y cortantes (según las ecuaciones 2-29a y b) son $\sigma_x/2$ y $-\sigma_x/2$, respectivamente. Por consiguiente, el esfuerzo normal es de tensión (positivo) y el esfuerzo cortante actúa en el sentido de las manecillas del reloj (negativo) contra el elemento. Los esfuerzos sobre las caras restantes se obtienen en forma parecida, sustituyendo $\theta = 135°$, $-45°$ y $-135°$ en las ecuaciones (2-29a y b).

Así, en este caso especial de un elemento orientado a $\theta = 45°$, los esfuerzos normales sobre las cuatro caras son iguales (iguales a $\sigma_x/2$), y los cuatro esfuerzos cortantes tienen la magnitud máxima (igual a $\sigma_x/2$). También, observe que los esfuerzos cortantes que actúan sobre planos perpendiculares son de igual magnitud y sus direcciones son hacia o alejándose de la línea de intersección de los planos, como se describió con detalle en la sección 1.6.

Si una barra se carga en compresión, en lugar de en tensión, el esfuerzo σ_x será de compresión y tendrá valor negativo. En consecuencia, todos los esfuerzos que actúan sobre el elemento de esfuerzo tendrán direcciones contrarias a las de una barra en tensión. Naturalmente, se pueden seguir usando las ecuaciones (2-29a y b) en los cálculos, sólo sustituyendo en ellas σ_x como cantidad negativa.

Aun cuando el esfuerzo cortante máximo en una barra con carga axial sólo es la mitad del esfuerzo normal, el esfuerzo cortante puede

Carga

Carga

FIG. 2-37 Falla por cortante a lo largo de un plano a 45° de un bloque de madera, cargado en compresión.

causar la falla si el material es mucho más débil en cortante que en tensión. En la figura 2-37 se ve un ejemplo de falla por cortante; se ve un bloque de madera que se cargó en compresión y falló por corte a lo largo de un plano a 45°.

Un comportamiento de esta clase sucede en acero dulce cargado en tensión. Durante una prueba de tensión de una barra plana de acero al bajo carbono, con superficies pulidas, aparecen *bandas de deslizamiento* en los lados de la barra, a unos 45° respecto al eje (figura 2-38). Esas bandas indican que el material falla en corte a lo largo de los planos sobre los que el esfuerzo cortante es máximo. Estas bandas fueron descubiertas por G. Piobert en 1842 y por W. Lüders en 1860 (véase las referencias 2-5 y 2-6) y hoy se les llama *bandas de Lüders* o *bandas de Piobert*. Parecen comenzar cuando se llega al esfuerzo de fluencia en la barra (punto *B* de la figura 1-10, sección 1.3).

Esfuerzo uniaxial

El estado de esfuerzo que se describe en esta sección se llama **esfuerzo uniaxial**, por la obvia razón que la barra se somete a tensión o compresión simple, sólo en una dirección. Las orientaciones más importantes de los elementos de esfuerzo en el esfuerzo uniaxial son $\theta = 0°$ y $\theta = 45°$ (figura 2-36b y c); la primera tiene el esfuerzo normal máximo y la última tiene el esfuerzo cortante máximo. Si se cortan secciones en la barra en otros ángulos, se pueden determinar los esfuerzos que actúan sobre los elementos de esfuerzo correspondientes, con las ecuaciones (2-29a y b), como se ilustra en los ejemplos 2-10 y 2-11 más adelante.

El esfuerzo uniaxial es un caso especial de un estado más general de esfuerzos, llamados *esfuerzos planos* o *esfuerzos en el plano*, que se describen con detalle en el capítulo 7.

Carga

Carga

FIG. 2-38 Bandas de deslizamiento (o bandas de Lüders) de un espécimen pulido de acero, cargado en tensión.

Ejemplo 2-10

Una barra prismática tiene área transversal $A = 1\,200$ mm^2 y se comprime con una carga axial $P = 90$ kN (figura 2-39a).

a) Calcular los esfuerzos que actúan sobre una sección inclinada (pq) de la barra, cortada a un ángulo $\theta = 25°$.

b) Determinar el estado completo de esfuerzos para $\theta = 25°$ e indicar los esfuerzos sobre un elemento de esfuerzo con la orientación adecuada.

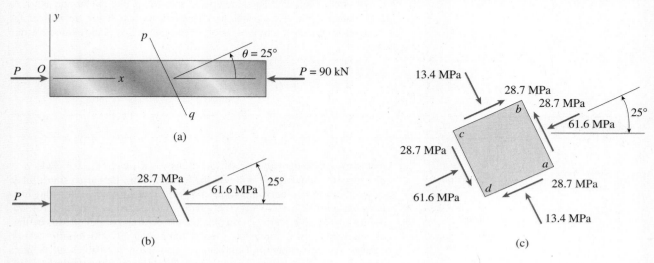

FIG. 2-39 Ejemplo 2-10. Esfuerzos sobre una sección inclinada.

Solución

a) *Esfuerzos sobre la sección inclinada.* Para determinar los esfuerzos que actúan sobre una sección a $\theta = 25°$, primero calcularemos el esfuerzo normal σ_x que actúa sobre una sección transversal:

$$\sigma_x = -\frac{P}{A} = -\frac{90\,\text{kN}}{1\,200\,\text{mm}^2} = -75\ \text{MPa}$$

donde el signo menos indica que el esfuerzo es de compresión. A continuación se calculan los esfuerzos normales y cortantes, con las ecuaciones (2-29a y b), con $\theta = 25°$, como sigue:

$$\sigma_\theta = \sigma_x \cos^2 \theta = (-75\ \text{MPa})(\cos 25°)^2 = -61.6\ \text{MPa} \quad \Longleftarrow$$

$$\tau_\theta = -\sigma_x \,\text{sen}\,\theta \cos \theta = (75\ \text{MPa})(\text{sen}\,25°)(\cos 25°) = 28.7\ \text{MPa} \quad \Longleftarrow$$

Estos esfuerzos se indican actuando sobre la sección inclinada en la figura 2-39b. Observe que el esfuerzo normal σ_θ es negativo (de compresión) y que el esfuerzo cortante τ_θ es positivo (contrario a las manecillas del reloj).

b) *Estado completo de esfuerzo.* Para determinar el estado completo de los esfuerzos debemos determinar los esfuerzos que actúan sobre todas las caras de un elemento de esfuerzo orientado a 25° (figura 2-39c). La cara ab, para la cual $\theta = 25°$, tiene la misma orientación que la del plano inclinado de la figura 2-39b. Por consiguiente, los esfuerzos son los mismos que se citaron anteriormente.

Los esfuerzos sobre la cara opuesta, cd, son iguales a los que hay sobre la cara ab, lo que se puede comprobar sustituyendo $\theta = 25° + 180° = 205°$ en las ecuaciones (2-29a y b).

continúa

Para la cara *ad* sustituimos $\theta = 25° - 90° = -65°$ en las ecuaciones (2-29a y b), para obtener

$$\sigma_\theta = -13.4 \text{ MPa} \qquad \tau_\theta = -28.7 \text{ MPa}$$

Estos mismos esfuerzos se aplican sobre la cara opuesta *bc*, como se puede comprobar al sustituir $\theta = 25° + 90° = 115°$ en las ecuaciones (2-29a y b). Nótese que el esfuerzo normal es de compresión y que el esfuerzo cortante actúa en el sentido de las manecillas del reloj.

El estado completo de esfuerzos se muestra en el elemento de esfuerzo de la figura 2-39c. Este esquema es una forma excelente de indicar las direcciones de los esfuerzos y las orientaciones de los planos sobre los que actúan.

Ejemplo 2-11

Una barra en compresión tiene área transversal cuadrada, con lado *b*, y debe soportar una carga $P = 8\,000$ lb (figura 2-40a). La barra está formada por dos piezas de material unidas por una junta pegada (llamada *junta charpada* o *biselada*) a lo largo del plano *pq*, que forma un ángulo $\alpha = 40°$ con la vertical. El material es un plástico estructural, para el que los esfuerzos admisibles en compresión y en cortante son 11 000 lb/pulg^2 y 600 lb/pulg^2, respectivamente. También, los esfuerzos admisibles en la junta pegada son 750 lb/pulg^2 en compresión y 500 lb/pulg^2 en cortante.

Determinar el ancho *b* mínimo de la barra.

Solución

Por comodidad, giremos un segmento de la barra hasta la posición horizontal (figura 2-40b), para que coincida con las figuras que usamos en la deducción de las ecuaciones de esfuerzos sobre una sección inclinada (véase las figuras 2-33 y 2-34). Con la barra en esta posición, se ve que la normal *n* al plano de la junta pegada (plano *pq*) forma un ángulo $\beta = 90° - \alpha$ o 50°, con el eje de la barra. Como el ángulo θ se define como positivo cuando es en sentido contrario al de las agujas del reloj (figura 2-34), se llega a la conclusión que $\theta = -50°$ para esta junta pegada.

El área transversal de la barra se relaciona con la carga *P* y el esfuerzo σ_x sobre las secciones transversales, con la ecuación

$$A = \frac{P}{\sigma_x} \tag{a}$$

Por consiguiente, para calcular el área necesaria debemos determinar el valor de σ_x que corresponde a cada uno de los cuatro esfuerzos admisibles. Entonces el valor mínimo de σ_x determinará el área requerida. Los valores de σ_x se obtienen reordenando como sigue las ecuaciones (2-29a y b):

$$\sigma_x = \frac{\sigma_\theta}{\cos^2\theta} \qquad \sigma_x = -\frac{\tau_\theta}{\operatorname{sen}\theta\cos\theta} \tag{2-32a, b}$$

Ahora aplicaremos estas ecuaciones a la junta pegada y al plástico:

a) *Valores de σ_x basados en los esfuerzos admisibles en la junta pegada.* Para la compresión en la junta pegada, $\sigma_\theta = -750$ lb/pulg^2 y $\theta = -50°$ se sustituyen en la ecuación (2-32a) y se obtiene

$$\sigma_x = \frac{-750 \text{ lb/pulg}^2}{(\cos -50°)^2} = -1\,815 \text{ lb/pulg}^2 \qquad \text{(b)}$$

Para la cortante en la junta pegada, el esfuerzo admisible es 500 lb/pulg^2. Sin embargo, no se ve de inmediato si $\tau_\theta = +500$ lb/pulg^2 o -500 lb/pulg^2. Una forma de saberlo es sustituir tanto $+500$ lb/pulg^2 como -500 lb/pulg^2 en la ecuación (2-32b) y seleccionar entonces el valor de σ_x que sea negativo. El otro valor de σ_x será positivo (tensión) y no se aplica a esta barra. Otro método es inspeccionar la barra (figura 2-40b) y observar las direcciones de las cargas, el esfuerzo cortante actuará en sentido de las manecillas del reloj contra el plano pq, lo que significa que es negativo. Por consiguiente, sustituiremos $\tau_\theta = -500$ lb/pulg^2 y $\theta = -50°$ en la ecuación (2-32), para obtener

$$\sigma_x = -\frac{-500 \text{ lb/pulg}^2}{(\text{sen} -50°)(\cos -50°)} = -1\,015 \text{ lb/pulg}^2 \qquad \text{(c)}$$

b) *Valores de σ_x basados en los esfuerzos admisibles en el plástico.* El esfuerzo máximo de compresión en el plástico está en un corte transversal. En consecuencia, ya que el esfuerzo admisible en compresión es 1 100 lb/pulg^2, de inmediato sabemos que

$$\sigma_x = -1\,100 \text{ lb/pulg}^2 \qquad \text{(d)}$$

El esfuerzo cortante máximo está en un plano a 45°, y es numéricamente igual a $\sigma_x/2$ (véase la ecuación 2-31). Como el esfuerzo cortante admisible es 600 lb/pulg^2, entonces

$$\sigma_x = -1\,200 \text{ lb/pulg}^2 \qquad \text{(e)}$$

El mismo resultado se puede obtener a partir de la ecuación (2-32b), sustituyendo $\tau_\theta = 600$ lb/pulg^2 y $\theta = 45°$.

c) *Ancho mínimo de la barra.* Al comparar los cuatro valores de σ_x (ecuaciones b, c, d y e) se ve que el menor es $\sigma_x = -1\,015$ lb/pulg^2. Por consiguiente, este es el valor que gobierna al diseño. Se sustituye en la ecuación (a) y se emplean sólo valores numéricos para obtener el área necesaria:

$$A = \frac{8\,000 \text{ lb}}{1\,015 \text{ lb/pulg}^2} = 7.88 \text{ pulg}^2$$

Como la barra tiene área transversal cuadrada ($A = b^2$), el ancho mínimo es

$$b_{\text{mín}} = \sqrt{A} = \sqrt{7.88 \text{ pulg}^2} = 2.81 \text{ pulg}$$

Cualquier ancho mayor que $b_{\text{mín}}$ asegurará que no se rebasen los esfuerzos admisibles.

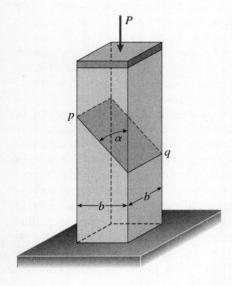

(a)

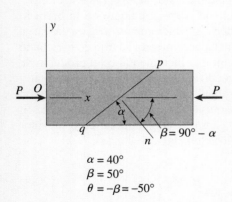

$\alpha = 40°$

$\beta = 50°$

$\theta = -\beta = -50°$

(b)

FIG. 2-40 Ejemplo 2-11. Esfuerzos sobre una sección inclinada.

2.7 ENERGÍA DE DEFORMACIÓN

La energía de deformación es un concepto fundamental en mecánica aplicada. Los principios de la energía de deformación se usan mucho para determinar la respuesta de las máquinas y las estructuras sometidas a cargas tanto estáticas como dinámicas. En esta sección presentaremos el tema de la energía de deformación en su forma más simple, considerando sólo miembros con carga axial sujetos a cargas estáticas. Los elementos estructurales más complejos se describirán en capítulos posteriores: barras en torsión en la sección 3.9 y vigas en flexión en la sección 9.8. Además, en las secciones 2.8 y 9.10 explicamos el uso en la energía de deformación en conexión con cargas dinámicas.

Para ilustrar las ideas básicas examinemos de nuevo una barra prismática de longitud L, sujeta a una fuerza de tensión P (figura 2-41). Supondremos que la carga se aplica con mucha lentitud, por lo que aumenta en forma gradual desde cero hasta su valor máximo P. Esa carga se llama **carga estática**, porque no hay efectos dinámicos o inerciales debidos al movimiento. La barra se alarga en forma gradual, a medida que se aplica la carga, y llega a alcanzar su elongación máxima δ al mismo tiempo que P llega a su valor total. Después, la carga y la elongación permanecen invariables.

Durante el proceso de carga, la carga P se mueve con lentitud la distancia δ y efectúa cierta cantidad de **trabajo**. Para evaluar este trabajo, recordaremos que en la mecánica elemental una fuerza constante efectúa un trabajo igual al producto de la fuerza por la distancia que recorre. Sin embargo, en nuestro caso, la magnitud de la fuerza varía desde cero hasta su valor máximo P. Para calcular el trabajo efectuado por la carga en estas condiciones, necesitamos saber la forma en que varía la fuerza. Esta información la contiene el **diagrama de carga-desplazamiento**, como el de la figura 2-42. En él, el eje vertical representa la carga axial y el eje horizontal representa la elongación correspondiente de la barra. La forma de la curva depende de las propiedades del material.

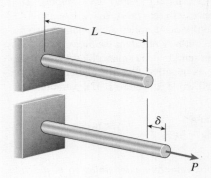

FIG. 2-41 Barra sometida a una carga aplicada estáticamente.

Representaremos con P_1 cualquier valor de la carga entre cero y el valor máximo P y la elongación correspondiente de la barra lo representaremos por δ_1. Entonces, un incremento dP_1 en la carga producirá un incremento $d\delta_1$ en el alargamiento. El trabajo efectuado por la carga durante este alargamiento incremental es el producto de la carga por la distancia que recorre; esto es, el trabajo es igual a $P_1 d\delta_1$. Este trabajo está representado en la figura por el área de la banda sombreada abajo de la curva de carga-desplazamiento. El trabajo total efectuado por la carga al aumentar de cero al valor máximo P es la suma de todos los elementos de bandas:

$$W = \int_0^\delta P_1 \, d\delta_1 \qquad (2\text{-}33)$$

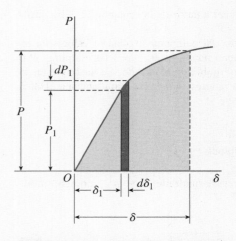

FIG. 2-42 Diagrama carga-desplazamiento.

En términos geométricos, *el trabajo efectuado por la carga es igual al área bajo la curva de carga-desplazamiento*.

Cuando la carga elonga la barra, se producen deformaciones. La presencia de esas deformaciones aumenta el valor de la energía de la barra misma. Por consiguiente, definiremos una nueva cantidad, llamada **energía de deformación**, como la energía absorbida por la barra durante el proceso de carga. De acuerdo con el principio de conservación de la energía, sabemos que esta energía de deformación es igual al trabajo efectuado por la carga, siempre que no se agregue ni se quite energía en forma de calor. En consecuencia,

$$U = W = \int_0^\delta P_1 d\delta_1 \tag{2-34}$$

donde U es el símbolo de la energía de deformación. A veces se llama **trabajo interno** a la energía de deformación, para diferenciarlo del trabajo externo efectuado por la carga.

El trabajo y la energía se expresan en las mismas **unidades.** En el SI, la unidad de trabajo y energía es el joule (J), igual a un newton metro (1 J = 1 N·m). En el sistema inglés, el trabajo y la energía se expresan en pies-libras (pie-lb), pies-kips (pie-k), pulgadas-libra (pulg-lb) y pulgadas-kips (pulg-k).*

Energía de deformación elástica e inelástica

Si la fuerza P (figura 2-41) se retira lentamente de la barra, ésta se acortará. Si no se rebasa el límite elástico del material, la barra regresará a su longitud original. Si se rebasa el límite, quedará una *deformación permanente* (sección 1.4). Así, ya sea toda o parte de la energía de deformación se recuperará en forma de trabajo. Este comportamiento se muestra en el diagrama carga-desplazamiento de la figura 2-43. Durante la aplicación de la carga, el trabajo efectuado es igual al área bajo la curva (área *OABCDO*). Cuando la carga se retira, el diagrama de carga-deslazamiento sigue la línea *BD* si el punto *B* está más allá del límite elástico, y queda un alargamiento permanente *OD*. Así, la energía de deformación recuperada durante la descarga, conocida como **energía de deformación elástica**, se representa por el triángulo sombreado *BCD*. El área *OABDO* representa energía que se pierde en el proceso de deformación permanente de la barra. A esta energía se le conoce como **energía de deformación inelástica**.

La mayor parte de las estructuras se diseñan esperando que el material permanezca dentro del intervalo elástico bajo las condiciones ordinarias en el servicio. Supongamos que la carga a la cual el esfuerzo en el material llega al límite elástico se representa por el punto *A* de la curva carga-desplazamiento (figura 2-43). Siempre que la carga esté abajo de este valor, toda la energía de deformación se recupera durante la descarga y no queda alargamiento permanente. Así, la barra actúa como un resorte elástico que almacena y libera energía cuando se aplica y se quita la carga.

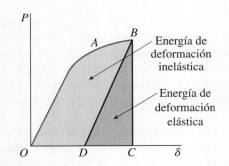

FIG. 2-43 Energía de deformación elástica e inelástica.

---

* En el apéndice A, tabla A-5 se dan los factores de conversión para trabajo y energía.

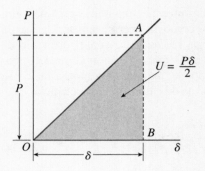

FIG. 2-44 Diagrama carga-desplazamiento para una barra de material linealmente elástico.

Comportamiento linealmente elástico

Ahora supongamos que el material sigue la ley de Hooke, por lo que la curva carga-desplazamiento es una recta (figura 2-44). Entonces, la energía de deformación U almacenada en la barra (igual al trabajo W efectuado por la carga) es

$$U = W = \frac{P\delta}{2} \tag{2-35}$$

representada por el área del triángulo sombreado OAB en la figura.*

La relación entre la carga P y la elongación δ de una barra de material linealmente elástico se describe con la ecuación

$$\delta = \frac{PL}{EA} \tag{2-36}$$

Al combinar esta ecuación con la (2-35), podremos expresar la energía de deformación de una **barra linealmente elástica** en alguna de las dos formas siguientes:

$$U = \frac{P^2 L}{2EA} \qquad U = \frac{EA\delta^2}{2L} \tag{2-37a, b}$$

La primera ecuación expresa la energía de deformación en función de la carga y la segunda la expresa en función del alargamiento.

En la primera ecuación se ve que al aumentar la longitud de una barra aumenta la cantidad de energía de deformación, aunque no cambie la carga (porque la carga deforma mayor cantidad de material). Por otra parte, al aumentar el módulo de elasticidad, o el área transversal, disminuye la energía de deformación, porque se reducen las deformaciones en la barra. Estos conceptos se ilustran en los ejemplos 2-12 y 2-15.

Las ecuaciones de energía de deformación, análogas a las ecuaciones (2-37a) y (2-37b), se pueden escribir para un **resorte linealmente elástico,** sustituyendo la rigidez EA/L de la barra prismática por la rigidez k del resorte. Así,

$$U = \frac{P^2}{2k} \qquad U = \frac{k\delta^2}{2} \tag{2-38a, b}$$

Se pueden obtener otras formas de esas ecuaciones al reemplazar k por $1/f$, siendo f la flexibilidad.

---

* El principio que el trabajo de las cargas externas es igual a la energía de deformación (para el caso del comportamiento linealmente elástico) fue enunciado por B. P. E. Clapeyron (1799-1864) ingeniero francés, y se llama *teorema de Clapeyron* (Ref. 2-7).

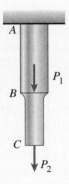

FIG. 2-45 Barra formada por segmentos prismáticos con distintas áreas transversales y distintas fuerzas axiales.

Barras no uniformes

La energía de deformación total U de una barra formada por varios segmentos es igual a la suma de las energías de deformación de los segmentos individuales. Por ejemplo, la energía de deformación de la barra representada en la figura 2-45 es igual a la energía de deformación del segmento AB, más la del segmento BC. Este concepto se expresa, en términos generales, con la siguiente ecuación:

$$U = \sum_{i=1}^{n} U_i \qquad (2\text{-}39)$$

donde U_i es la energía de deformación del segmento i de la barra, y n es la cantidad de segmentos. (Esta relación es válida, sea que el material se comporte en forma lineal o no lineal.)

Supongamos que el material de la barra es linealmente elástico y que la fuerza axial interna es constante dentro de cada segmento. En ese caso se puede usar la ecuación (2-37) para obtener las energías de deformación de los segmentos, y la ecuación (2-39) se vuelve

$$U = \sum_{i=1}^{n} \frac{N_i^2 L_i}{2E_i A_i} \qquad (2\text{-}40)$$

donde N_i es la fuerza axial que actúa en el segmento i, y L_i, E_i y A_i son las propiedades del segmento i (el uso de esta ecuación se ilustra en los ejemplos 2-12 y 2-15, al final de esta sección).

La energía de deformación de una barra no prismática con una fuerza axial continuamente variable (figura 2-46) se puede obtener aplicando la ecuación (2-37a) a un elemento diferencial (en la figura se muestra sombreado) e integrando entonces a lo largo de la longitud de la barra:

$$U = \int_0^L \frac{[N(x)]^2 dx}{2EA(x)} \qquad (2\text{-}41)$$

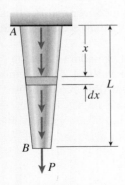

FIG. 2-46 Barra no prismática con fuerza axial variable.

En esta ecuación, $N(x)$ y $A(x)$ son la fuerza axial y el área transversal a la distancia x del extremo de la barra (el ejemplo 2-13 ilustra el uso de esta ecuación).

Comentarios

Las ecuaciones anteriores de la energía de deformación (ecuaciones 2-37 a 2-41) indican que la energía de deformación *no* es una función lineal de las cargas, ni siquiera cuando el material es linealmente elástico. Así, es importante darse cuenta de que *no se puede obtener la energía de deformación de una estructura que soporta a más de una carga combinando las energías de deformación obtenidas cuando las cargas individuales actúan por separado.*

En el caso de la barra no prismática de la figura 2-45, la energía de deformación *no* es la suma de la energía de deformación debida a la carga P_1 actuando sola y la energía de deformación con todas las cargas actuando en forma simultánea, como se demostrará más adelante en el ejemplo 2-13.

Aunque sólo hemos examinado miembros en tensión, en las descripciones anteriores de la energía de deformación todos los conceptos y las ecuaciones se aplican por igual a miembros en **compresión**. Como el trabajo efectuado por una carga axial es positivo, independientemente de que la carga cause tensión o compresión, se deduce que la energía de deformación siempre es una cantidad positiva. Este hecho también es evidente en las ecuaciones de la energía de deformación de barras linealmente elásticas (como las ecuaciones 2-37a y 2-37b). Esas ecuaciones siempre son positivas, porque los términos de carga y alargamiento están elevados al cuadrado.

La energía de deformación es una forma de **energía potencial** (o "energía de posición"), porque depende de los lugares relativos de las partículas o elementos que forman el miembro. Cuando se comprime una barra o un resorte, sus partículas se acercan más entre sí; cuando se estira, las distancias entre las partículas aumentan. En ambos casos, la energía de deformación del miembro aumenta, en comparación con su energía de deformación en el estado sin carga.

Desplazamientos causados por una sola carga

El desplazamiento de una estructura linealmente elástica que sólo soporta una carga se puede determinar a partir de su energía de deformación. Para ilustrar el método, imaginemos una armadura de dos barras (figura 2-47) cargadas por una fuerza vertical P. Nuestro objetivo es determinar el desplazamiento vertical δ en la articulación B, donde se aplica la carga.

Cuando se aplica con lentitud a la armadura, la carga P efectúa trabajo al moverse el desplazamiento vertical δ. Sin embargo, no efectúa trabajo al moverse lateralmente. Por consiguiente, como el diagrama carga-desplazamiento es lineal (véase la figura 2-44 y la ecuación 2-35), la energía de deformación U almacenada en la estructura, que es igual al trabajo efectuado por la carga, es

$$U = W = \frac{P\delta}{2}$$

de donde se obtiene que

$$\delta = \frac{2U}{P} \qquad (2\text{-}42)$$

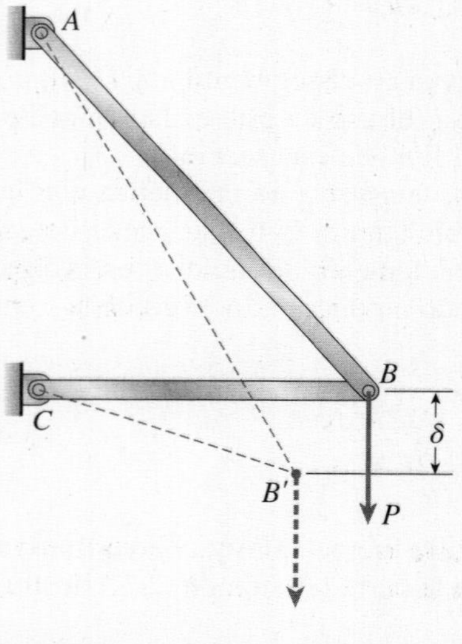

FIG. 2-47 Estructura que soporta una sola carga P.

Esta ecuación indica que en ciertas condiciones especiales, que se describirán en el párrafo siguiente, el desplazamiento de una estructura se puede determinar en forma directa a partir de la energía de deformación.

Las condiciones que se deben cumplir para aplicar la ecuación (2-42) son las siguientes: 1) la estructura se debe comportar en una forma linealmente elástica y 2) sólo debe actuar una carga sobre la estructura. Además, el único desplazamiento que se puede determinar es el que corresponde a la carga misma (esto es, el desplazamiento debe tener la dirección de la carga y debe estar en el punto donde se aplica la carga). En consecuencia, este método de determinar desplazamientos tiene una aplicación extremadamente limitada y no es buen indicador de la gran importancia de los principios de la energía de deformación en la mecánica estructural. Sin embargo, el método sí proporciona una introducción al empleo de la energía de deformación (veremos el método en el ejemplo 2-14).

Densidad de la energía de deformación

En muchos casos conviene usar una cantidad llamada **densidad de energía de deformación**, que se define como la energía de deformación por unidad de volumen del material. En el caso de materiales linealmente elásticos, las ecuaciones de la densidad de energía de deformación se pueden obtener a partir de las fórmulas de energía de deformación de una barra prismática (ecuaciones 2-37a y b). Ya que la energía de deformación de la barra está uniformemente distribuida en su volumen, podemos determinar la densidad de energía de deformación dividiendo la energía de deformación total U entre el volumen AL de la barra. Así, la densidad de energía de deformación, representada por el símbolo u, se puede expresar en cualquiera de las dos formas siguientes:

$$u = \frac{P^2}{2EA^2} \qquad u = \frac{E\delta^2}{2L^2} \qquad\qquad \text{(2-43a, b)}$$

Si sustituimos P/A por el esfuerzo σ y δ/L por la deformación unitaria ϵ, obtenemos

$$u = \frac{\sigma^2}{2E} \qquad u = \frac{E\epsilon^2}{2} \qquad\qquad \text{(2-44a, b)}$$

Estas ecuaciones definen la densidad de energía de deformación en un material linealmente elástico, en función del esfuerzo normal σ, o bien de la deformación unitaria normal ϵ.

Las ecuaciones (2-44a y b) tienen una interpretación geométrica sencilla. Son iguales al área $\sigma\epsilon/2$ del triángulo bajo el diagrama esfuerzo-deformación unitaria de un material que sigue la ley de Hooke ($\sigma = E\epsilon$). En casos más generales, cuando el material no sigue la ley de Hooke, la densidad de energía de deformación sigue siendo igual al área bajo la curva de esfuerzo-deformación unitaria, pero se debe evaluar el área para cada material en particular.

Las **unidades** de la densidad de energía de deformación son de energía entre volumen. Las unidades SI son joules por metro cúbico (J/m^3). Las unidades inglesas son pies-libras por pie cúbico, pulgadas libras por pulgada cúbica y otras unidades similares. Como todas se reducen a las unidades de esfuerzo (recuérdese que 1 J = 1 N·m), también se pueden usar pascales (Pa) y libras por pulgada cuadrada (psi) como unidades para la densidad de energía de deformación.

La densidad de energía de deformación del material, cuando se somete a esfuerzos hasta el límite de proporcionalidad, se llama **módulo de resiliencia** u_r. Se determina sustituyendo el límite de proporcionalidad σ_{pl} en la ecuación (2-44a):

$$u_r = \frac{\sigma_{pl}^2}{2E} \qquad (2\text{-}45)$$

Por ejemplo, un acero dulce con $\sigma_{pl} = 36\,000$ lb/pulg^2 y $E = 30 \times 10^6$ lb/pulg^2, tiene un módulo de resiliencia $u_r = 21.6$ lb/pulg^2 (o 149 kPa). Obsérvese que el módulo de resiliencia es igual al área bajo la curva de esfuerzo-deformación unitaria hasta el límite de proporcionalidad. La *resiliencia* representa la capacidad de un material de absorber y liberar energía dentro del intervalo elástico.

Otra cantidad, llamada *tenacidad*, es la capacidad de un material de absorber energía sin romperse. El módulo correspondiente se llama **módulo de tenacidad** u_t, y es la densidad de energía de deformación cuando el material se somete a esfuerzos hasta el punto de falla. Es igual al área bajo toda la curva esfuerzo-deformación. Mientras mayor sea el módulo de tenacidad, la capacidad del material para absorber energía sin fallar es mayor. Por consiguiente, es importante un módulo de tenacidad elevado cuando el material se sujeta a cargas de impacto (véase la sección 2.8).

Las ecuaciones anteriores de la densidad de energía de deformación (ecuaciones 2-43 a 2-45) se dedujeron para *esfuerzo uniaxial*, esto es, para materiales sometidos sólo a tensión o compresión. En los capítulos 3 y 7 se presentarán fórmulas de la densidad de energía de deformación para otros estados de esfuerzo.

Ejemplo 2-12

Tres barras redondas tienen la misma longitud L, pero distintas formas, como se ve en la figura 2-48. La primera barra tiene diámetro d en toda su longitud, la segunda tiene diámetro d en la quinta parte de su longitud y la tercera tiene diámetro d en una quinceava parte de su longitud. Por lo demás, la segunda y la tercera barra tienen diámetro $2d$. Las tres barras se someten a la misma carga axial P.

Comparar las cantidades de energía de deformación almacenadas en las barras, suponiendo que tienen un comportamiento linealmente elástico. (Los efectos de las concentraciones de esfuerzos y los pesos de las barras son despreciables.)

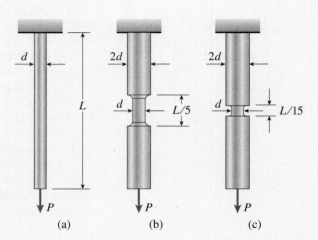

FIG. 2-48 Ejemplo 2-12. Cálculo de la energía de deformación.

Solución

a) *Energía de deformación U_1 de la primera barra.* La energía de deformación de la primera barra se determina en forma directa con la ecuación (2-37a):

$$U_1 = \frac{P^2 L}{2EA} \qquad \text{(a)} \;\blacktriangleleft$$

donde $A = \pi d^2/4$.

b) *Energía de deformación U_2 de la segunda barra.* La energía de deformación se determina sumando las energías de deformación en los tres segmentos de la barra (véase la ecuación 2-40). Así,

$$U_2 = \sum_{i=1}^{n} \frac{N_i^2 L_i}{2E_i A_i} = \frac{P^2(L/5)}{2EA} + \frac{P^2(4L/5)}{2E(4A)} = \frac{P^2 L}{5EA} = \frac{2U_1}{5} \qquad \text{(b)} \;\blacktriangleleft$$

corresponde sólo al 40% de la energía de deformación de la primera barra. Así, si se aumenta el área transversal en parte de la longitud, se reduce mucho la cantidad de energía de deformación que puede almacenarse en la barra.

c) *Energía de deformación U_3 de la tercera barra.* De nuevo al aplicar la ecuación (2-40) llegamos a

$$U_3 = \sum_{i=1}^{n} \frac{N_i^2 L_i}{2E_i A_i} = \frac{P^2(L/15)}{2EA} + \frac{P^2(14L/15)}{2E(4A)} = \frac{3P^2 L}{20EA} = \frac{3U_1}{10} \qquad \text{(c)} \;\blacktriangleleft$$

Ahora la energía de deformación disminuyó hasta el 30% de la de la primera barra.

Nota: al comparar los resultados, se ve que la energía de deformación disminuye a medida que aumenta la parte de la barra que tiene área mayor. Si se aplica la misma cantidad de trabajo a las tres barras, el esfuerzo mayor estará en la tercera barra, porque es la que tiene menor capacidad de absorción de energía. Si la región de diámetro d se hace todavía más pequeña, la energía de deformación disminuirá más.

Por lo anterior, llegamos a la conclusión de que sólo se necesita una pequeña cantidad de trabajo para llevar al esfuerzo de tensión a un valor alto en una barra con una ranura; cuanto más estrecha sea la ranura, más intensa será la condición. Cuando las cargas son dinámicas y es importante la capacidad de absorber energía, la presencia de ranuras es muy perjudicial.

En el caso de cargas estáticas, los esfuerzos máximos son más importantes que la capacidad de absorber energía. En este ejemplo, las tres barras tienen el mismo esfuerzo máximo P/A (siempre que se amortigüen las concentraciones de esfuerzos) y en consecuencia las tres barras tienen la misma capacidad de carga, cuando ésta se aplica estáticamente.

Ejemplo 2-13

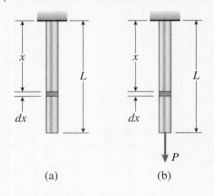

FIG. 2-49 Ejemplo 2-13. (a) Barra colgando bajo su propio peso y (b) barra colgando bajo su propio peso y también soportando una carga P.

Determinar la energía de deformación de una barra prismática colgada de su extremo superior (figura 2-49). Considerar las siguientes cargas: a) el peso propio de la barra, y b) el peso de la barra más una carga P en el extremo inferior. Suponga que el comportamiento es linealmente elástico.

Solución

a) *Energía de deformación debida al peso de la barra misma (figura 2-49a)*. La barra se sujeta a una fuerza axial variable, siendo cero la fuerza interna en el extremo inferior y máxima en el extremo superior. Para determinar la fuerza axial se considera un elemento de longitud dx (se muestra sombreado en la figura) a la distancia x del extremo superior. La fuerza axial interna $N(x)$ que actúa sobre este elemento es igual al peso de la barra abajo del elemento:

$$N(x) = \gamma A(L - x) \tag{d}$$

en donde γ es la densidad de peso del material y A es el área transversal de la barra. Se sustituye en la ecuación (2-41) y se integra, para obtener la energía total de deformación:

$$U = \int_0^L \frac{[N(x)]^2\, dx}{2EA(x)} = \int_0^L \frac{[\gamma A(L - x)]^2\, dx}{2EA} = \frac{\gamma^2 A L^3}{6E} \tag{2-46} \impliedby$$

b) *Energía de deformación debida al peso de la barra más la carga P* (*figura 2-49b*). En este caso, la fuerza axial $N(x)$ que actúa sobre el elemento es

$$N(x) = \gamma A(L - x) + P \tag{e}$$

(compárese con la ecuación d). En este caso obtenemos, de la ecuación (2-41),

$$U = \int_0^L \frac{[\gamma A(L - x) + P]^2\, dx}{2EA} = \frac{\gamma^2 A L^3}{6E} + \frac{\gamma P L^2}{2E} + \frac{P^2 L}{2EA} \tag{2-47} \impliedby$$

Nota: El primer término del lado derecho es igual que la energía de deformación de una barra que cuelga bajo su propio peso (ecuación 2-46) y el último término es el mismo que la energía de deformación de una barra sólo sometida a una fuerza axial P (ecuación 2-37a). Sin embargo, el término intermedio contiene a γ y P, lo que indica que depende tanto del peso de la barra como de la magnitud de la carga aplicada.

Así, en este ejemplo se ve que la energía de deformación de una barra sujeta a dos cargas *no* es igual a la suma de las energías de deformación producidas por las cargas individuales, cuando actúan por separado.

Ejemplo 2-14

Determinar el desplazamiento vertical δ_B de la articulación B de la armadura que se ve en la figura 2-50. Nótese que la única carga que actúa sobre esta estructura es una carga vertical P en la articulación B. Suponer que ambos miembros de la armadura tienen la misma rigidez axial EA.

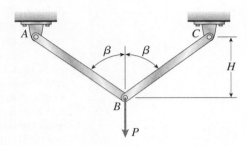

FIG. 2-50 Ejemplo 2-14. Desplazamiento de una estructura que soporta una sola carga P.

Solución

Ya que sólo hay una carga actuando sobre la armadura, se puede calcular el desplazamiento que corresponde a esa carga, igualando el trabajo de ella con la energía de deformación de los miembros. Sin embargo, para determinar la energía de deformación debemos conocer las fuerzas en los miembros (véase la ecuación 2-37a).

De acuerdo con el equilibrio de las fuerzas que actúan en la articulación B, se ve que la fuerza axial F en cada barra es

$$F = \frac{P}{2 \cos \beta} \tag{f}$$

donde β es el ángulo que se indica en la figura.

También, por la geometría de la armadura se ve que la longitud de cada barra es

$$L_1 = \frac{H}{\cos \beta} \tag{g}$$

siendo H la altura de la armadura.

Ahora se puede obtener la energía de deformación de las dos barras con la ecuación (2-37a):

$$U = (2)\frac{F^2 L_1}{2EA} = \frac{P^2 H}{4EA \cos^3 \beta} \tag{h}$$

También, el trabajo de la carga P (de la ecuación 2-35) es:

$$W = \frac{P\delta_B}{2} \tag{i}$$

donde δ_B es el desplazamiento de la articulación B hacia abajo. Se igualan U y W para despejar δ_B, el resultado es

$$\delta_B = \frac{PH}{2EA \cos^3 \beta} \tag{2-48}$$

Nótese que se determinó este desplazamiento sólo con ecuaciones de equilibrio y de energía de deformación; no necesitamos trazar un diagrama de desplazamiento en la articulación B.

Ejemplo 2-15

El cilindro de una máquina neumática está aprisionado mediante tornillos que pasan por las bridas de ese cilindro (figura 2-51a). En la parte (b) de la figura se muestra un detalle de uno de los tornillos. El diámetro d del fuste es 0.500 pulg y el diámetro d_r de la raíz de la rosca, en la parte roscada, es 0.406 pulg. El agarre g de los tornillos es 1.50 pulg y las roscas cubren una distancia $t = 0.25$ pulg dentro del agarre. Los tornillos pueden fracturarse por la acción de ciclos repetidos de alta y baja presión en la cámara.

Para reducir la posibilidad de que fallen los tornillos, los diseñadores sugieren dos modificaciones: a) maquinar los vástagos de los tornillos, para que el diámetro del vástago sea igual al diámetro d_r de la rosca, como se ve en la figura 2-52a, y b) cambiar cada par de tornillos por un solo perno largo como se ve en la figura 2-52b. Los pernos largos son semejantes a los tornillos originales, pero su agarre aumenta a la distancia $L = 13.5$ pulg.

Compare la capacidad de absorción de energía de las tres configuraciones de tornillo: 1) los tornillos originales, 2) tornillos con menor diámetro de fuste y 3) pernos largos. Suponga que el comportamiento es linealmente elástico, y no tener en cuenta los efectos de concentraciones de esfuerzos.

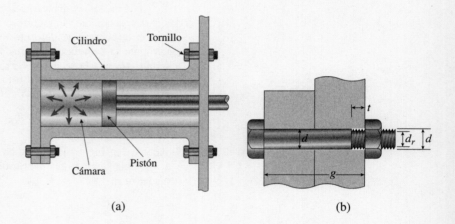

FIG. 2-51 Ejemplo 2-15. (a) Cilindro con pistón y tornillos sujetadores y (b) detalle de un tornillo.

(a)   (b)

Solución

1) *Tornillos originales.* Los tornillos originales se pueden idealizar a barras formadas por dos segmentos (figura 2-51b). El segmento de la izquierda tiene longitud $g - t$, y diámetro d; el segmento de la derecha tiene longitud t y diámetro d_r. La energía de deformación de un tornillo, bajo una carga de tensión P, se puede obtener sumando las energías de deformación de los dos segmentos (ecuación 2-40):

$$U_1 = \sum_{i=1}^{n} \frac{N_i^2 L_i}{2E_i A_i} = \frac{P^2(g-t)}{2EA_s} + \frac{P^2 t}{2EA_r} \tag{j}$$

donde A_s es el área transversal del fuste, y A_r es el área transversal en la raíz de las roscas; entonces

$$A_s = \frac{\pi d^2}{4} \qquad A_r = \frac{\pi d_r^2}{4} \tag{k}$$

Se sustituyen estas ecuaciones en la ecuación (j), para obtener la siguiente fórmula de la energía de deformación de uno de los tornillos originales:

$$U_1 = \frac{2P^2(g-t)}{\pi E d^2} + \frac{2P^2 t}{\pi E d_r^2} \tag{l}$$

(2) *Tornillos con menor diámetro de fuste.* Esos tornillos se pueden concebir como barras prismáticas de longitud g y diámetro d_r (figura 2-52a). Por consiguiente, la energía de deformación de un tornillo (véase la ecuación 2-37a) es

$$U_2 = \frac{P^2 g}{2 E A_r} = \frac{2P^2 g}{\pi E d_r^2} \tag{m}$$

La relación de energías de deformación para los casos 1) y 2) es

$$\frac{U_2}{U_1} = \frac{g d^2}{(g-t)d_r^2 + t d^2} \tag{n}$$

o bien, sustituyendo los valores numéricos,

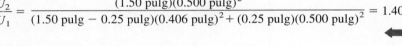

$$\frac{U_2}{U_1} = \frac{(1.50 \text{ pulg})(0.500 \text{ pulg})^2}{(1.50 \text{ pulg} - 0.25 \text{ pulg})(0.406 \text{ pulg})^2 + (0.25 \text{ pulg})(0.500 \text{ pulg})^2} = 1.40$$

Así, al usar tornillos con menores diámetros de fuste se causa un aumento de 40% de energía de deformación que pueden absorber los tornillos. Si se implementara, este esquema reduciría la cantidad de fallas causadas por las cargas de impacto.

3) *Pernos largos.* Los cálculos de los pernos largos (figura 2-52b) son iguales que para los tornillos originales, pero el agarre se cambia de g a L. En consecuencia, la energía de deformación de un perno largo (compárese con la ecuación 1) es

$$U_3 = \frac{2P^2(L-t)}{\pi E d^2} + \frac{2P^2 t}{\pi E d_r^2} \tag{o}$$

Como un tornillo largo sustituye a dos de los tornillos originales, se deben comparar las energías de deformación con la relación de U_3 a $2U_1$, como sigue:

$$\frac{U_3}{2U_1} = \frac{(L-t)d_r^2 + t d^2}{2(g-t)d_r^2 + 2t d^2} \tag{p}$$

Sustituyendo por valores numéricos:

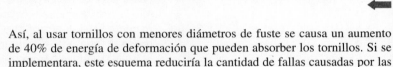

$$\frac{U_3}{2U_1} = \frac{(13.5 \text{ pulg} - 0.25 \text{ pulg})(0.406 \text{ pulg})^2 + (0.25 \text{ pulg})(0.500 \text{ pulg})^2}{2(1.50 \text{ pulg} - 0.25 \text{ pulg})(0.406 \text{ pulg})^2 + 2(0.25 \text{ pulg})(0.500 \text{ pulg})^2} = 4.18$$

Así, al usar pernos largos aumenta 318% la capacidad de absorción de energía y se obtiene la máxima seguridad desde el punto de vista de la energía de deformación.

Nota: cuando se diseñan los tornillos, también se deben tener en cuenta los esfuerzos máximos de tensión, los esfuerzos máximos de carga, las concentraciones de esfuerzos y muchos otros aspectos.

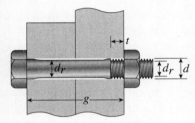

(a)

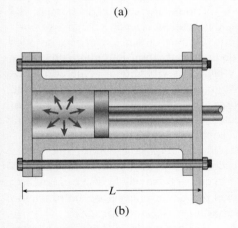

(b)

FIG. 2-52 Ejemplo 2-15. Modificaciones propuestas a los tornillos: (a) Tornillos con diámetro de fuste reducido y (b) Pernos con mayor longitud.

*2.8 CARGA DE IMPACTO

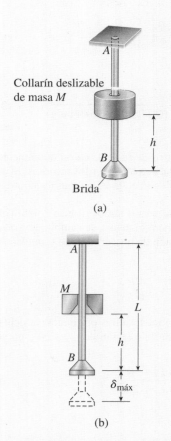

Collarín deslizable
de masa M

h

B

Brida

(a)

A

M

L

h

B

$\delta_{máx}$

(b)

FIG. 2-53 Carga de impacto sobre una barra prismática *AB* debida a un objeto de masa *M* que cae.

Las cargas se clasifican en estáticas o dinámicas, dependiendo de si permanecen constantes o si varían en función del tiempo. Una **carga estática** se aplica con lentitud, para que no cause efectos vibratorios o dinámicos en la estructura. La carga aumenta en forma gradual, desde cero hasta su valor máximo y en lo sucesivo permanece constante.

Una **carga dinámica** puede tener muchas formas; algunas cargas se aplican y quitan de repente (*cargas de impacto*), otras persisten largo tiempo y su intensidad varía continuamente (*cargas fluctuantes*). Las cargas de impacto se producen cuando chocan dos objetos o cuando un objeto cae y golpea una estructura. Las cargas fluctuantes se producen en la maquinaria rotatoria, por tráfico, ráfagas de viento, sismos y procesos de manufactura.

Como ejemplo de la forma en que las estructuras responden a las cargas dinámicas, describiremos el impacto de un objeto que cae sobre el extremo inferior de una barra prismática (figura 2-53). Un collarín de masa *M*, inicialmente en reposo, cae desde una altura *h* sobre una brida en el extremo de la barra *AB*. Cuando el collarín choca con la brida, la barra comienza a alargarse, creando esfuerzos axiales en su interior. En un intervalo muy corto de tiempo, del orden de algunos milisegundos, la brida desciende y llega a su posición de desplazamiento máximo. Después la barra se acorta, después se alarga, después se acorta de nuevo, al vibrar longitudinalmente, y el extremo de la barra sube y baja. Las vibraciones se parecen a las que suceden cuando un resorte se estira y después se suelta o cuando una persona salta en el *bungee*. Las vibraciones de la barra cesan pronto, debido a varios efectos amortiguadores. Después la barra llega al reposo con la masa *M* soportada por la brida.

Como es evidente, la reacción de la barra al collarín que cae es muy complicada y un análisis completo y exacto exige procedimientos matemáticos avanzados. Sin embargo se puede hacer un análisis aproximado aplicando el concepto de la energía de deformación (sección 2.7) y formulando varias hipótesis simplificadas.

Comencemos considerando la energía del sistema justo antes de soltar el collarín (figura 2-53a). La energía potencial del collarín con respecto a la altura sobre la brida es *Mgh*, donde *g* es la aceleración de la gravedad.* Esta energía potencial se convierte en energía cinética cuando cae el collarín. En el instante en que choca con la brida, su energía potencial con respecto a la altura sobre la brida es cero y su energía cinética es $Mv^2/2$, donde $v = \sqrt{2gh}$ es su velocidad.**

---

* En unidades SI, la aceleración de la gravedad $g = 9.81$ m/s². En unidades inglesas, $g = 32.2$ pie/s². Para conocer valores más precisos de *g*, o una descripción de masa y peso, véase el apéndice A.

** En trabajos técnicos, se suele considerar que la velocidad es una cantidad vectorial. Sin embargo, como la energía cinética es un escalar, usaremos la palabra "velocidad" para indicar la *magnitud* de la velocidad, es decir, la *rapidez*.

En el impacto que sigue, la energía cinética del collarín se transforma en otras formas de energía. Parte se transforma en la energía de deformación de la barra estirada. Algo de la energía se disipa en producción de calor y para causar deformaciones plásticas localizadas en el collarín y en la brida. Una pequeña parte queda como energía cinética del collarín, que puede seguir descendiendo (en contacto con la brida) o bien rebota y asciende.

Para hacer un análisis simplificado de este caso tan complejo, idealizaremos el comportamiento planteando las siguientes hipótesis: 1) Supondremos que el collarín y la brida están fabricados de tal modo que el collarín "se pega" a la brida y desciende con ella (esto es, que el collarín no rebota). Es más probable que este comportamiento domine cuando la masa del collarín sea grande en comparación con la de la barra. 2) No tendremos en cuenta todas las pérdidas de energía y supondremos que la energía cinética de la masa que cae se transforma por completo en energía de deformación de la barra. Con esta hipótesis se calcularán esfuerzos mayores en la barra, que los que se obtendrían teniendo en cuenta las pérdidas de energía. 3) No tomaremos en cuenta cambio alguno en la energía potencial de la barra misma (debida al movimiento vertical de sus elementos), ni tendremos en cuenta la existencia de energía de deformación en ella, debido a su propio peso. Estos dos efectos son extremadamente pequeños. 4) Supondremos que los esfuerzos en la barra quedan dentro del intervalo linealmente elástico. 5) Supondremos que la distribución de esfuerzos en la barra es la misma que cuando ésta se carga estáticamente con una fuerza en su extremo inferior; es decir, supondremos que los esfuerzos son uniformes en todo el volumen de la barra (en realidad, habrá ondas de esfuerzo viajando por la barra y causando variaciones en la distribución de esfuerzos).

Con base en las hipótesis anteriores, calculamos el alargamiento máximo y los esfuerzos máximos de tensión producidos por la carga de impacto (recuérdese que no estamos tomando en cuenta el peso de la barra misma y sólo estamos determinando los esfuerzos debidos al collarín que cae).

Alargamiento máximo de la barra

El alargamiento máximo $\delta_{máx}$ (figura 2-53b) se puede obtener con el principio de la *conservación de la energía*, igualando la energía potencial perdida por la masa que cae y la energía máxima de deformación que adquiere la barra. La energía potencial perdida es $W(h + \delta_{máx})$, donde $W = Mg$ es el peso del collarín y $h + \delta_{máx}$ es la distancia que recorre. La energía de deformación de la barra es $EA\delta^2_{máx}/2L$, siendo EA la rigidez axial y L la longitud de la barra (véase la ecuación 2-37b). De este modo se obtiene la siguiente ecuación:

$$W(h + \delta_{máx}) = \frac{EA\delta^2_{máx}}{2L} \qquad (2\text{-}49)$$

Esta ecuación es cuadrática en $\delta_{máx}$ y se puede resolver para obtener su raíz positiva; el resultado es

$$\delta_{máx} = \frac{WL}{EA} + \left[\left(\frac{WL}{EA}\right)^2 + 2h\left(\frac{WL}{EA}\right)\right]^{1/2} \qquad (2\text{-}50)$$

Nótese que el alargamiento máximo de la barra aumenta si se incrementan el peso del collar o la altura de caída. El alargamiento disminuye si aumenta la rigidez *EA/L*.

La ecuación anterior se puede escribir en una forma más sencilla, introduciendo la notación

$$\delta_{st} = \frac{WL}{EA} = \frac{MgL}{EA} \tag{2-51}$$

donde δ_{st} es el alargamiento de la barra debido al peso del collarín bajo condiciones de carga estática. Entonces la ecuación (2-50) se transforma en

$$\delta_{máx} = \delta_{st} + (\delta_{st}^2 + 2h\delta_{st})^{1/2} \tag{2-52}$$

o sea

$$\delta_{máx} = \delta_{st}\left[1 + \left(1 + \frac{2h}{\delta_{st}}\right)^{1/2}\right] \tag{2-53}$$

En esta ecuación se ve que el alargamiento de la barra bajo la carga de impacto es mucho mayor que el que habría si la misma carga se aplicara estáticamente. Supongamos, por ejemplo, que la altura *h* es 40 veces el desplazamiento estático δ_{st}; entonces, el alargamiento máximo sería 10 veces el alargamiento estático.

Cuando la altura *h* es grande en comparación con el alargamiento estático, se pueden despreciar el primer y segundo términos del lado derecho de la ecuación (2-53), y obtener

$$\delta_{máx} = \sqrt{2h\delta_{st}} = \sqrt{\frac{Mv^2L}{EA}} \tag{2-54}$$

donde $M = W/g$ y $v = \sqrt{2gh}$ es la velocidad de la masa que cae al chocar con la brida. Esta ecuación también se puede obtener en forma directa de la ecuación (2-49), omitiendo $\delta_{máx}$ en el lado derecho; a continuación se despeja $\delta_{máx}$. A causa de los términos omitidos, los valores de $\delta_{máx}$ calculados con la ecuación (2-54) siempre son menores que los obtenidos con la ecuación (2-53).

Esfuerzo máximo en la barra

El esfuerzo máximo se puede calcular con facilidad a partir del alargamiento máximo, porque suponemos que la distribución de esfuerzo es uniforme en la longitud de la barra. De la ecuación general $\delta = PL/EA = \sigma L/E$, sabemos que

$$\sigma_{máx} = \frac{E\delta_{máx}}{L} \tag{2-55}$$

Al sustituir en la ecuación (2-50) se obtiene la siguiente ecuación del esfuerzo máximo de tensión:

$$\sigma_{máx} = \frac{W}{A} + \left[\left(\frac{W}{A}\right)^2 + \frac{2WhE}{AL}\right]^{1/2} \tag{2-56}$$

Se introduce la notación

$$\sigma_{st} = \frac{W}{A} = \frac{Mg}{A} = \frac{E\delta_{st}}{L} \tag{2-57}$$

donde σ_{st} es el esfuerzo cuando la carga actúa estáticamente; entonces se puede escribir la ecuación (2-56) en la forma

$$\sigma_{máx} = \sigma_{st} + \left(\sigma_{st}^2 + \frac{2hE}{L} \sigma_{st} \right)^{1/2} \qquad (2\text{-}58)$$

o sea

$$\sigma_{máx} = \sigma_{st}\left[1 + \left(1 + \frac{2hE}{L\sigma_{st}} \right)^{1/2} \right] \qquad (2\text{-}59)$$

Esta ecuación es análoga a la ecuación (2-53) y de nuevo muestra que una carga de impacto produce efectos mucho mayores que cuando se aplica estáticamente.

De nuevo considerando el caso en que la altura h es grande en comparación con el alargamiento de la barra (compárese con la ecuación 2-54), se obtiene

$$\sigma_{máx} = \sqrt{\frac{2hE\sigma_{st}}{L}} = \sqrt{\frac{Mv^2E}{AL}} \qquad (2\text{-}60)$$

En este resultado vemos que un aumento en la energía cinética $Mv^2/2$ de la masa que cae aumenta el esfuerzo, mientras que un aumento en el volumen AL de la barra reduce el esfuerzo. Este caso es muy distinto del caso de la tensión estática en la barra, en el que el esfuerzo es independiente de la longitud L y del módulo de elasticidad E.

Las ecuaciones anteriores del alargamiento máximo y del esfuerzo máximo sólo se aplican en el instante en el que la brida de la barra está en su posición más baja. Después de haber alcanzado el alargamiento máximo en la barra, ésta vibrará axialmente hasta llegar al reposo en el alargamiento estático. Después, el alargamiento y el esfuerzo tienen los valores definidos por las ecuaciones (2-51) y (2-57).

Aunque las ecuaciones anteriores se dedujeron para el caso de una barra prismática, se pueden usar para cualquier estructura linealmente elástica sometida a una carga que cae, siempre que se conozca la rigidez adecuada de la estructura. En particular, se pueden usar las ecuaciones para un resorte, sustituyendo la rigidez k del resorte (véase la sección 2.2) por la rigidez EA/L de la barra prismática.

Factor de impacto

La relación de la respuesta dinámica de una estructura entre la respuesta estática (para la misma carga) se conoce como **factor de impacto**. Por ejemplo, el factor de impacto para el alargamiento de la barra de la figura 2-53 es la relación del alargamiento máximo entre el alargamiento estático:

$$\text{Factor de impacto} = \frac{\delta_{máx}}{\delta_{st}} \qquad (2\text{-}61)$$

Este factor representa la cantidad por la que se amplifica el alargamiento estático, debido a los efectos dinámicos del impacto.

Para otros factores de impacto se pueden escribir ecuaciones análogas a la ecuación (2-61), como el factor de impacto para el esfuerzo en la barra (la relación de $\sigma_{\text{máx}}$ entre σ_{st}). Cuando el collarín cae de una altura considerable, el factor de impacto puede ser muy grande, como por ejemplo 100 o más.

Carga aplicada súbitamente

Un caso especial del impacto se presenta cuando una carga se aplica de manera repentina sin velocidad inicial. Para explicar esta clase de carga, veamos de nuevo la barra prismática de la figura 2-53 y supongamos que el collarín deslizante se baja suavemente hasta que apenas toca la brida. Entonces se suelta súbitamente. Aunque en este caso no hay energía cinética al inicio de la extensión de la barra, el comportamiento es muy distinto del de la carga estática. En condiciones de carga estática, la carga se suelta en forma gradual y siempre existe un equilibrio entre la carga aplicada y la fuerza resistente de la barra.

Sin embargo, imaginemos lo que sucede cuando el collarín se suelta de repente desde su punto de contacto con la brida. Al principio, el alargamiento y el esfuerzo en la barra son cero, pero entonces el collarín baja por la acción de su propio peso. Durante este movimiento, la barra se alarga y aumenta en forma gradual su fuerza resistente. El movimiento continúa hasta que en algún momento la fuerza resistente es exactamente igual a W, el peso del collarín. En este instante, el alargamiento de la barra es δ_{st}. Sin embargo, el collarín tiene entonces cierta energía cinética, que adquirió durante su desplazamiento δ_{st} hacia abajo. En consecuencia, el collarín continúa bajando hasta que su velocidad llega a cero debido a la fuerza resistente en la barra. El alargamiento máximo de esta condición se obtiene de la ecuación (2-53), igualando h a cero; entonces

$$\delta_{\text{máx}} = 2\delta_{\text{st}} \tag{2-62}$$

En esta ecuación se ve que una carga aplicada súbitamente produce un alargamiento doble que el causado por la misma carga aplicada estáticamente. Así, el factor de impacto es 2.

Después de que se ha alcanzado alargamiento máximo $2\delta_{\text{st}}$, el extremo de la barra asciende y comienza una serie de vibraciones. Al final llega al reposo en el alargamiento estático producido por el peso del collarín.*

Limitaciones

Los análisis anteriores se basaron en la hipótesis de que no hay pérdidas de energía durante el impacto. En realidad, siempre hay pérdidas de energía; la mayor parte de la energía perdida se disipa en forma de calor y en deformaciones localizadas de los materiales. Debido a esas pérdidas, inmediatamente después de un impacto la energía cinética de un sistema es menor que antes. En consecuencia se convierte menos energía en energía de deformación de la barra.

---

* La ecuación (2-62) fue obtenida primero por J. V. Poncelet (1788-1867), matemático y científico francés; véase la referencia 2-8.

El resultado es que el desplazamiento real del extremo de la barra de la figura 2-53 es menor que el que indica nuestro análisis simplificado.

También supusimos que los esfuerzos en la barra permanecen dentro del límite de proporcionalidad. Si el esfuerzo máximo sale de ese límite, el análisis se vuelve más complicado, porque el alargamiento de la barra ya no es proporcional a la fuerza axial. Entre otros factores que se deben tener en cuenta están los efectos de las ondas de esfuerzo, amortiguamiento e imperfecciones en las superficies de contacto. Se debe recordar que todas las fórmulas de esta sección se basan en condiciones muy idealizadas y sólo producen una aproximación general a las condiciones reales (por lo regular se sobreestima el alargamiento).

Los materiales que tienen gran ductilidad más allá del límite de proporcionalidad ofrecen, en general, una resistencia mucho mayor a las cargas de impacto que los materiales frágiles. También, las barras con muescas, barrenos y demás formas de concentraciones de esfuerzos (véase las secciones 2.9 y 2.10) son muy débiles ante impactos. Un ligero golpe puede producirles la fractura, aunque el material mismo sea dúctil bajo carga estática.

Ejemplo 2-16

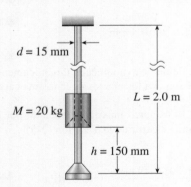

FIG. 2-54 Ejemplo 2-16. Carga de impacto en una barra vertical.

Una barra prismática redonda de acero ($E = 210$ GPa) de longitud $L = 2.0$ m y $d = 15$ mm de diámetro cuelga verticalmente de un soporte en su extremo superior (figura 2-54). Un collarín deslizante de masa $M = 20$ kg cae desde una altura $h = 150$ mm sobre la brida en el extremo de la barra, sin rebotar.

a) Calcular el alargamiento máximo de la barra, debido al impacto, y determinar el factor de impacto correspondiente.

b) Calcular el esfuerzo máximo de tensión en la barra y determinar el factor de impacto correspondiente.

Solución

En vista de que la disposición de la barra y el collarín de este ejemplo coincide con la figura 2-53, se pueden usar las ecuaciones deducidas antes (ecuación 2-49 a 2-60).

a) *Alargamiento máximo.* El alargamiento de la barra que produce el collarín que cae se puede determinar con la ecuación (2-53). El primer paso es determinar el alargamiento estático de la barra debido al peso del collarín. Ya que ese peso es Mg, se calcula el alargamiento como sigue:

$$\delta_{st} = \frac{MgL}{EA} = \frac{(20.0 \text{ kg})(9.81 \text{ m/s}^2)(2.0 \text{ m})}{(210 \text{ GPa})(\pi/4)(15 \text{ mm})^2} = 0.0106 \text{ mm}$$

continúa

Con este resultado se ve que

$$\frac{h}{\delta_{st}} = \frac{150 \text{ mm}}{0.0106 \text{ mm}} = 14\ 150$$

Los valores numéricos anteriores se pueden sustituir ahora en la ecuación (2-53) para obtener el alargamiento máximo:

$$\delta_{máx} = \delta_{st}\left[1 + \left(1 + \frac{2h}{\delta_{st}}\right)^{1/2}\right]$$

$$= (0.0106 \text{ mm})[1 + \sqrt{1 + 2(14\ 150)}]$$

$$= 1.79 \text{ mm}$$

Como la altura de caída es muy grande en comparación con el alargamiento estático, obtendremos casi el mismo resultado al calcular el alargamiento máximo con la ecuación (2-54):

$$\delta_{máx} = \sqrt{2h\delta_{st}} = [2(150 \text{ mm})(0.0106 \text{ mm})]^{1/2} = 1.78 \text{ mm}$$

El factor de impacto es igual a la relación del alargamiento máximo entre el alargamiento estático:

$$\text{Factor de impacto} = \frac{\delta_{máx}}{\delta_{st}} = \frac{1.79 \text{ mm}}{0.0106 \text{ mm}} = 169$$

Este resultado indica que los efectos de una carga aplicada dinámicamente pueden ser muy grandes, en comparación con los efectos de la misma carga al actuar estáticamente.

b) *Esfuerzo máximo de tensión.* El esfuerzo máximo producido por la caída del collarín se obtiene como sigue, a partir de la ecuación (2-55):

$$\sigma_{máx} = \frac{E\delta_{máx}}{L} = \frac{(210 \text{ GPa})(1.79 \text{ mm})}{2.0 \text{ m}} = 188 \text{ MPa}$$

Este esfuerzo se puede comparar con el esfuerzo estático (véase la ecuación 2-57), que es

$$\sigma_{st} = \frac{W}{A} = \frac{Mg}{A} = \frac{(20 \text{ kg})(9.81 \text{ m/s}^2)}{(\pi/4)(15 \text{ mm})^2} = 1.11 \text{ MPa}$$

La relación $\sigma_{máx}/\sigma_{st}$ es $188/1.11 = 169$, es igual al factor de impacto para los alargamientos. Este resultado era de esperarse, porque los esfuerzos son directamente proporcionales a los alargamientos correspondientes (véase las ecuaciones 2-55 y 2-57).

Ejemplo 2-17

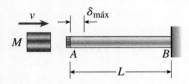

FIG. 2-55 Ejemplo 2-17. Carga de impacto en una barra horizontal.

Una barra horizontal *AB* de longitud *L* es golpeada en su extremo libre con un pesado bloque de masa *M*, que se mueve horizontalmente con velocidad *v* (figura 2-55).

a) Determinar el acortamiento máximo $\delta_{\text{máx}}$ de la barra, debido al impacto, y determinar el factor de impacto correspondiente.

b) Determinar el esfuerzo máximo de compresión $\sigma_{\text{máx}}$ y el factor de impacto correspondiente (sea *EA* la rigidez axial de la barra).

Solución

La carga de la barra en este ejemplo es muy distinta de los casos ilustrados en las figuras 2-53 y 2-54. Por consiguiente, se debe hacer un nuevo análisis basado en la conservación de la energía.

a) *Acortamiento máximo de la barra.* Para este análisis adoptaremos las mismas hipótesis anteriores. Así, no tomaremos en cuenta todas las pérdidas de energía y supondremos que la energía cinética del bloque en movimiento se transforma por completo en energía de deformación de la barra.

La energía cinética del bloque en el instante del impacto es $Mv^2/2$. La energía de deformación de la barra, cuando el bloque llega al reposo en el instante de máximo acortamiento, es $EA\delta_{\text{máx}}^2/2L$, como indica la ecuación (2-37b). Por consiguiente podemos escribir la siguiente ecuación de conservación de energía:

$$\frac{Mv^2}{2} = \frac{EA\delta_{\text{máx}}^2}{2L} \tag{2-63}$$

Se despeja $\delta_{\text{máx}}$ y se obtiene

$$\delta_{\text{máx}} = \sqrt{\frac{Mv^2L}{EA}} \tag{2-64}$$

Esta ecuación es igual que la (2-54), lo cual era de esperarse.

Para determinar el factor de impacto se debe conocer el desplazamiento estático del extremo de la barra. En este caso, el desplazamiento estático es el acortamiento de la barra debido al peso del bloque, aplicado como carga de compresión en ella (véase la ecuación 2-51):

$$\delta_{\text{st}} = \frac{WL}{EA} = \frac{MgL}{EA}$$

Entonces, el factor de impacto es

$$\text{Factor de impacto} = \frac{\delta_{\text{máx}}}{\delta_{\text{st}}} = \sqrt{\frac{EAv^2}{Mg^2L}} \tag{2-65}$$

El valor determinado con esta ecuación puede ser mucho mayor que 1.

b) *Esfuerzo máximo de compresión en la barra.* Este esfuerzo máximo se calcula a partir del acortamiento máximo, con la ecuación (2-55):

$$\sigma_{\text{máx}} = \frac{E\delta_{\text{máx}}}{L} = \frac{E}{L}\sqrt{\frac{Mv^2L}{EA}} = \sqrt{\frac{Mv^2E}{AL}} \tag{2-66}$$

Esta ecuación es igual que la ecuación (2-60).

El esfuerzo estático σ_{st} en la barra es igual a *W/A*, o *Mg/A*, que (en combinación con la ecuación 2-66) conduce al mismo factor de impacto que antes (ecuación 2-65).

*2.9 CARGA REPETIDA Y FATIGA

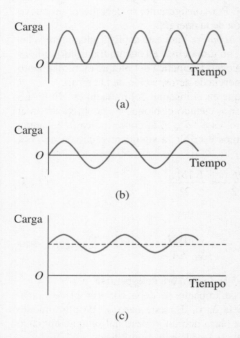

FIG. 2-56 Tipos de cargas repetidas:
(a) carga que actúa sólo en una dirección;
(b) carga alternativa, o reversible y (c)
carga fluctuante que varía respecto a un
valor promedio.

El comportamiento de una estructura no sólo depende de la naturaleza del material, sino también del carácter de las cargas. En algunos casos las cargas son estáticas: se aplican en forma gradual, actúan durante tiempos largos y cambian con lentitud. Otras cargas tienen carácter dinámico: como ejemplos están las cargas de impacto que actúan repentinamente (sección 2-8) y las cargas repetidas recurrentes en grandes cantidades de ciclos.

Algunas pautas características de **cargas repetidas** se representan en la figura 2-56. La primera gráfica a) muestra una carga que se aplica, se suprime y se aplica de nuevo, y siempre actúa en la misma dirección. La segunda gráfica b) muestra una carga alternante que invierte su dirección durante cada ciclo de carta; la tercera gráfica c) ilustra una carga fluctuante que varía respecto a un valor promedio. Las cargas repetidas se relacionan con la maquinaria, motores, turbinas, generadores, ejes, hélices, partes de avión, partes de automóviles, etc. Algunas de esas estructuras están sometidas a millones (hasta a miles de millones) de ciclos de carga durante su vida útil.

Es probable que una estructura sometida a cargas dinámicas falle con esfuerzos menores que cuando las mismas cargas se aplican en forma estática y en especial cuando las cargas se repiten durante gran cantidad de ciclos. En esos casos, la falla suele estar causada por **fatiga** o **fractura progresiva**. Un ejemplo conocido de una falla por fatiga es el esforzamiento de un sujetapapel (*clip*) hasta el punto de ruptura al doblarlo repetidamente en uno y otro sentido. Si el sujetapapel sólo se dobla una vez no se rompe; pero si la carga se invierte doblándolo en dirección opuesta y se repite todo el ciclo de carga varias veces, acabará por romperse. La *fatiga* se define como el deterioro de un material por acción de ciclos repetidos de esfuerzo y deformación, causando un agrietamiento progresivo que al final produce la fractura.

En una falla normal por fatiga se forma una grieta microscópica en un punto de gran esfuerzo (por lo general en una *concentración de esfuerzos*, que se describirá en la siguiente sección) y se agranda paulatinamente, a medida que las cargas se aplican en forma repetida. Cuando la grieta se vuelve tan grande que el material restante no puede resistir las cargas, se presenta una fractura súbita (figura 2-57). Dependiendo de la naturaleza del material, puede necesitar desde pocos ciclos de carga hasta cientos de millones de ciclos para que se produzca una falla por fatiga.

La magnitud de la carga que causa una falla por fatiga es menor que la de la carga que se puede sostener en forma estática, como ya dijimos. Para determinar la carga de falla se deben hacer pruebas del material. En caso de carga repetida, el material se prueba a varios valores de esfuerzo y se cuenta la cantidad de ciclos hasta la falla. Por ejemplo, un espécimen de material se coloca en una máquina de pruebas por fatiga y se carga en forma repetida hasta cierto esfuerzo, por ejemplo σ_1. Continúan los ciclos de carga hasta que se presenta la falla y se anota la cantidad n de ciclos a la falla. La prueba se repite para un esfuerzo distinto, por ejemplo σ_2. Si σ_2 es mayor que σ_1, la cantidad de ciclos a la falla será menor. Si σ_2 es menor que σ_1,

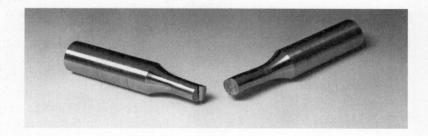

FIG. 2-57 Falla por fatiga de una barra cargada repetidamente en tensión; la grieta se propagó en forma gradual por la sección transversal, hasta que de repente se presentó la falla. (Cortesía de MTS Systems Corporation.)

la cantidad será mayor. Al final, se acumulan datos suficientes para trazar la **curva de fatiga** o **diagrama** *S-N,* en el que aparece el esfuerzo de falla (*S*) en función del número (*N*) de ciclos a la falla (figura 2-58). El eje vertical suele estar en una escala lineal y el eje horizontal suele ser una escala logarítmica.

La curva de fatiga de la figura 2-58 muestra que mientras menor es el esfuerzo, la cantidad de ciclos para producir la falla será mayor. Para algunos materiales esa curva tiene una asíntota horizontal llamada **límite de fatiga**. Si existe, ese límite es el esfuerzo máximo en el cual no se presenta la falla por fatiga, independientemente de cuántos ciclos se repita la carga. La forma precisa de una curva de fatiga depende de muchos factores, como las propiedades del material, la geometría del espécimen de prueba, la pauta de carga y la condición de la superficie del espécimen. Los resultados de numerosas pruebas de fatiga, hechas con una gran variedad de materiales y componentes estructurales, aparecen el las publicaciones de ingeniería.

Los diagramas *S − N* característicos del acero y el aluminio se ven en la figura 2-59. La ordenada es el esfuerzo de falla, expresado como porcentaje del esfuerzo último del material, y las abscisas son la cantidad de ciclos a los cuales sucede la falla. Nótese que la cantidad de ciclos se grafica en una escala logarítmica. La curva para el acero se vuelve horizontal más o menos a 10^7 ciclos, y el límite de fatiga as un 50% del esfuerzo último de tensión para carga estática ordinaria. Para el aluminio, el límite de fatiga no está definido con tanta claridad como el del acero, pero un valor normal del límite de

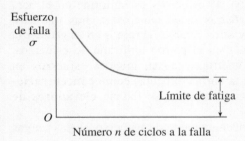

FIG. 2-58 Curva de fatiga, o diagrama *S-N*, mostrando el límite de fatiga.

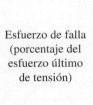
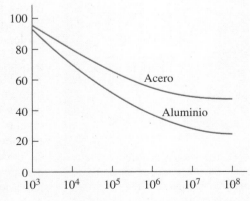

FIG. 2-59 Curvas de fatiga características del acero y el aluminio en carga alternativa (reversible).

fatiga es el esfuerzo a los 5×10^8 ciclos, más o menos 25% del esfuerzo último.

Ya que en general las fallas por fatiga comienzan con una grieta microscópica en un punto de esfuerzos altos y localizados (esto es, en una concentración de esfuerzos), la condición de la superficie del material tiene una gran importancia. Los especímenes muy pulidos tienen mayores límites de fatiga. Las superficies ásperas, en especial las que hay en concentraciones de esfuerzo en torno a agujeros o a ranuras, bajan mucho el límite de fatiga. La corrosión, que causa diminutas irregularidades en la superficie, tiene un efecto parecido. Para el acero, la corrosión ordinaria puede reducir el límite de fatiga en más de 50%.

*2.10 CONCENTRACIONES DE ESFUERZO

Cuando se determinan los esfuerzos en barras con carga axial, se acostumbra usar la fórmula básica $\sigma = P/A$, donde P es la fuerza axial en la barra y A es su área transversal. Esta fórmula se basa en la hipótesis que la distribución de esfuerzos es uniforme en el área transversal. En realidad, las barras tienen agujeros, ranuras, muescas, cuñeros, escalones, roscas y otros cambios abruptos en su geometría que producen perturbaciones en el patrón uniforme de esfuerzos. Esas discontinuidades geométricas causan grandes esfuerzos en regiones muy pequeñas de la barra conocidas como **concentraciones de esfuerzo**. Las discontinuidades se llaman **elevadores de esfuerzo**.

También aparecen concentraciones de esfuerzo en las cargas puntuales. Por ejemplo, una carga puede actuar sobre un área muy pequeña y producir grandes esfuerzos en la región en torno a este punto de aplicación. Un ejemplo es la carga aplicada en una conexión con pasador, en cuyo caso se aplica sobre la superficie de carga del pasador.

Los esfuerzos que existen en las concentraciones de esfuerzo se pueden determinar, ya sea con métodos experimentales o con métodos avanzados de análisis, incluyendo el método de elementos finitos. Los resultados de esas investigaciones, en muchos casos de interés práctico, se pueden conseguir con facilidad en las publicaciones técnicas (por ejemplo, Ref. 2-9). Más adelante y también en los capítulos 3 y 5 daremos algunos datos de concentración de esfuerzos.

Principio de Saint-Venant

Para ilustrar la naturaleza de las concentraciones de esfuerzo, examinemos los esfuerzos en una barra de corte transversal rectangular (ancho b, espesor t) sometida a una carga concentrada P en su extremo (figura 2-60). El esfuerzo máximo directamente abajo de la carga puede ser varias veces el esfuerzo promedio P/bt, dependiendo del área sobre la que se aplica la carga. Sin embargo, el esfuerzo máximo disminuye con rapidez al alejarnos del punto de aplicación de la carga, como se ve en los diagramas de esfuerzo de la figura. A una distancia del extremo de la barra igual al ancho b de la barra, la

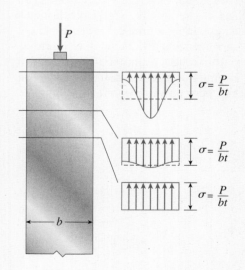

FIG. 2-60 Distribuciones de esfuerzo cerca del extremo de una barra con sección transversal rectangular (ancho b, espesor t) sujeta a una carga concentrada P que actúa sobre un área pequeña.

distribución de esfuerzos es casi uniforme y el esfuerzo máximo sólo es un pequeño porcentaje mayor que el esfuerzo promedio. Esta observación es cierta para la mayor parte de las concentraciones de esfuerzo, como barrenos y ranuras.

Por lo anterior, se puede hacer la afirmación general de que la ecuación $\sigma = P/A$ define los esfuerzos axiales en un corte transversal, sólo cuando el corte transversal está al menos a una distancia b de cualquier carga concentrada o discontinuidad de forma, siendo b la dimensión lateral máxima de la barra (como por ejemplo, su ancho o su diámetro).

La afirmación anterior sobre los esfuerzos en una barra prismática es parte de una observación más general, llamada **principio de Saint-Venant**. Con raras excepciones, este principio se aplica a cuerpos linealmente elásticos de todo tipo. Para comprender el principio de Saint-Venant, imagine que hay un cuerpo con un sistema de cargas que actúan sobre una parte pequeña de su superficie. Por ejemplo supongamos que hay una barra prismática de ancho b sometida a un sistema de varias cargas concentradas que actúan en su extremo (figura 2-61a). Para simplificar, supongamos que las cargas son simétricas y que sólo tienen una resultante vertical.

A continuación examinemos un sistema de carga diferente, pero estáticamente equivalente que actúa sobre la misma región pequeña de la barra ("estáticamente equivalente" quiere decir que dos sistemas de carga tienen la misma fuerza resultante y el mismo momento resultante). Por ejemplo, la carga uniformemente distribuida de la figura 2-61b es estáticamente equivalente al sistema de cargas concentradas que se ven en la figura 2-61a. El principio de Saint-Venant establece que los esfuerzos en el cuerpo causados por cualquiera de los dos sistemas son iguales, siempre que nos alejemos de la región cargada una distancia cuando menos igual a la dimensión mayor de la región cargada (en nuestro ejemplo, la distancia b). Así, las distri-

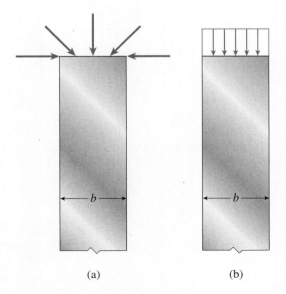

FIG. 2-61 Ilustración del principio de Saint-Venant: (a) sistema de cargas concentradas que actúan sobre una región pequeña de la barra y (b) sistema estáticamente equivalente.

(a)   (b)

buciones de esfuerzo que muestra la figura 2-60 son una ilustración del principio de Saint-Venant. Naturalmente, este "principio" no es una ley rigurosa de la mecánica, sino una observación de sentido común, basada en experiencia teórica y práctica.

El principio de Saint-Venant tiene gran importancia práctica en el diseño y análisis de barras, vigas, ejes y demás estructuras que se encuentran en la mecánica de materiales. Ya que los efectos de las concentraciones de esfuerzo son localizados, podemos usar todas las fórmulas acostumbradas de esfuerzo (como $\sigma = P/A$) en secciones transversales a una distancia suficiente del lugar de la concentración. Cerca de ese lugar, los esfuerzos dependen de los detalles de la carga y de la forma del miembro. Además, las fórmulas aplicables a miembros enteros (por ejemplo para alargamientos, desplazamientos y energía de deformación) dan resultados satisfactorios aun cuando haya concentraciones de esfuerzos. La explicación se basa en que las concentraciones de esfuerzos están localizadas y tienen poco efecto sobre el comportamiento general de un miembro.[*]

Factores de concentración de esfuerzo

Ahora examinemos algunos casos particulares de concentraciones de esfuerzo causados por discontinuidades en la forma de una barra. Comenzaremos con una barra de sección transversal rectangular con un agujero circular, sometida a una fuerza de tensión P (figura 2-62a). La barra es relativamente delgada y su ancho b es mucho mayor que su espesor t. Además, el agujero tiene un diámetro d.

El esfuerzo normal que actúa sobre el corte transversal que pasa por el centro del agujero tiene la distribución que muestra la figura

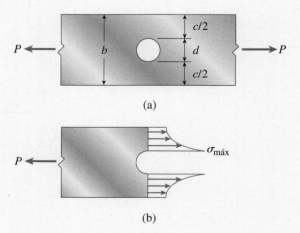

(a)

(b)

FIG. 2-62 Distribución de esfuerzo en una barra plana con un barreno.

---

[*] El principio de Saint-Venant tiene el nombre de Barré de Saint-Venant (1797-1886), famoso matemático y elastólogo francés (Ref. 2-10). Parece que el principio se aplica en general a barras y vigas macizas, pero no a todas las secciones abiertas y de paredes delgadas. Véase la referencia 2-11, con una descripción de las limitaciones del principio de Saint-Venant.

2-62b. El esfuerzo máximo $\sigma_{\text{máx}}$ se presenta en las orillas del agujero y puede ser bastante mayor que el *esfuerzo nominal* $\sigma = P/ct$ en el mismo corte transversal (nótese que ct es el área neta en el corte transversal que pasa por el agujero). La intensidad de una concentración de esfuerzos se suele expresar con la relación del esfuerzo máximo entre el esfuerzo nominal y se llama **factor de concentración de esfuerzo**, K:

$$K = \frac{\sigma_{\text{máx}}}{\sigma_{\text{nom}}} \tag{2-67}$$

Para una barra en tensión, el esfuerzo nominal es el esfuerzo promedio basado en el área transversal neta. En otros casos, se pueden usar varios esfuerzos. Así, siempre que se usa un factor de concentración de esfuerzo, es importante observar con cuidado la forma en que se define el esfuerzo nominal.

En la figura 2-63 se ve una gráfica del factor de concentración de esfuerzo K, para una barra con agujero. Si el agujero es pequeño, el factor K es igual a 3, lo que significa que el esfuerzo máximo es tres veces el esfuerzo nominal. A medida que el agujero tiene una proporción mayor respecto al ancho de la barra, K se vuelve más pequeño y el efecto de la concentración no es tan pronunciado.

De acuerdo con el principio de Saint-Venant, se sabe que a distancias de *alejamiento* iguales al ancho b de la barra en cualquier dirección axial, la distribución de esfuerzo es prácticamente uniforme e igual a P dividido entre el área transversal bruta ($\sigma = P/bt$).

En las figuras 2-64 y 2-65 se muestran factores de concentración de esfuerzos para otros dos casos de interés práctico. Esas gráficas son para barras planas y barras redondas, respectivamente, con un escalón que forma un *hombro* y reduce su tamaño. Para reducir los

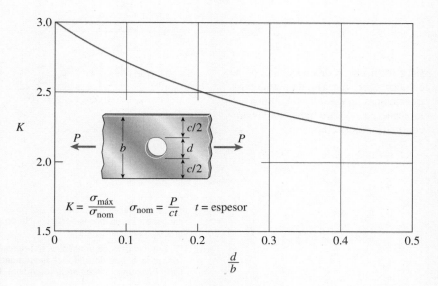

FIG. 2-63 Factor K de concentración de esfuerzo para barras planas con barreno.

efectos de la concentración de esfuerzos se usan *chaflanes* o *transiciones* para redondear las aristas entrantes.* Sin estas transiciones, los factores de concentración de esfuerzos serían extremadamente grandes, como se ve en la parte izquierda de cada gráfica, cuando K tiende a infinito y el radio R de la transición tiende a cero. En ambos casos, el esfuerzo máximo está en la parte menor de la barra, en la región de la transición.**

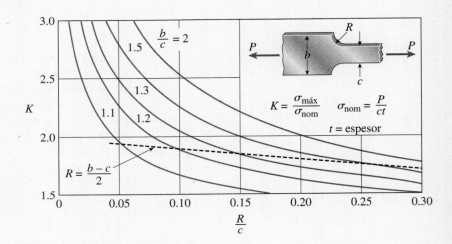

FIG. 2-64 Factor K de concentración de esfuerzo para barras planas con transiciones en escalones. La línea interrumpida es para transición de un cuarto de círculo completa.

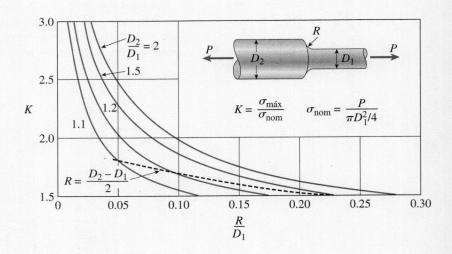

FIG. 2-65 Factor K de concentración de esfuerzos para barras redondas con transiciones en escalones. La línea interrumpida es para transición de un cuarto de círculo completa.

* Un *chaflán* o *filete de transición* es una superficie cóncava formada donde se encuentran otras dos superficies. Su objeto es redondear lo que de otra manera sería una arista entrante aguda.

** Los factores de concentración de esfuerzos que se ven en las gráficas son teóricos, para barras de material linealmente elástico. Estas figuras son gráficas de las fórmulas que aparecen en la referencia 2-9.

Diseño para la concentración de esfuerzos

Debido a la posibilidad de fallas por fatiga, las concentraciones de esfuerzo tienen importancia especial cuando el miembro se sujeta a carga repetida. Como se explicó en la sección anterior, se comienzan a formar grietas en el punto de máximo esfuerzo y después se difunden en forma gradual, a través del material, a medida que la carga se repite. En el diseño práctico se considera que el límite de fatiga (figura 2-58) es el esfuerzo último del material, cuando la cantidad de ciclos es extremadamente grande. El esfuerzo admisible se obtiene aplicando un factor de seguridad con respecto a este esfuerzo último. Entonces se compara el esfuerzo máximo en la concentración de esfuerzos con el esfuerzo admisible.

En muchos casos, es demasiado estricto el uso del valor teórico total del factor de concentración de esfuerzos. Las pruebas de fatiga suelen producir la falla a valores mayores del esfuerzo nominal que los que se obtienen dividiendo el límite de fatiga entre K. En otras palabras, un miembro estructural bajo carga repetitiva no es tan sensible a una concentración de esfuerzos como indica el valor de K y con frecuencia se usa un factor reducido de concentración de esfuerzo.

Hay otras clases de cargas dinámicas, como las cargas de impacto, que también requieren considerar los efectos de concentración de esfuerzos. A menos que se cuente con mejor información, se debe usar el factor total de concentración de esfuerzos. De igual forma, los miembros sometidos a bajas temperaturas son muy susceptibles a fallas por concentración de esfuerzos y en consecuencia deben tenerse precauciones especiales en esos casos.

La importancia de las concentraciones de esfuerzo cuando un miembro es sometido a una carga estática depende de la clase de material. Con materiales dúctiles, como el acero estructural, con frecuencia se puede pasar por alto una concentración de esfuerzos. La razón es que el material en el punto de esfuerzo máximo (como por ejemplo en torno a un barreno) tiene fluencia y flujo plástico que reducen la intensidad de la concentración y hacen que la distribución de los esfuerzos sea más uniforme. Por otra parte, con materiales frágiles (como el vidrio), una concentración de esfuerzos permanece hasta el punto de fractura. Por consiguiente, se puede hacer la observación general que con cargas estáticas y un material dúctil, no es probable que el efecto de concentración de esfuerzo tenga importancia; pero con cargas estáticas y un material frágil, se debe tener en cuenta el factor total de concentración de esfuerzos.

Las concentraciones de esfuerzos se pueden reducir de intensidad si las partes se proporcionan adecuadamente. Los chaflanes de buen tamaño reducen las concentraciones de esfuerzo en las aristas entrantes. Las superficies lisas en los puntos de gran esfuerzo, como por ejemplo en el interior de un barreno, inhiben la formación de grietas. Un refuerzo adecuado en torno a los agujeros también puede ayudar. Existen otras técnicas para suavizar la distribución de esfuerzo en un miembro estructural, reduciendo así el factor de concentración de esfuerzo. Esas técnicas, estudiadas en los cursos de diseño de ingeniería, son de gran importancia en el diseño de aviones, barcos y máquinas. Se han producido numerosas fallas estructurales porque los diseñadores no reconocieron los efectos de concentraciones de esfuerzos y de fatiga.

*2.11 COMPORTAMIENTO NO LINEAL

Hasta este punto, nuestras descripciones han sido principalmente de miembros y estructuras formadas por materiales que siguen la ley de Hooke. Ahora describiremos el comportamiento de miembros con carga axial cuando los esfuerzos son mayores que el límite de proporcionalidad. En esos casos, los esfuerzos, deformaciones y desplazamientos dependen de la forma de la curva de esfuerzo-deformación unitaria en la región más allá del límite de proporcionalidad (véase algunos diagramas comunes en la sección 1.3).

Curvas de esfuerzo-deformación no lineal

Para fines de análisis y diseño, representaremos la curva real de esfuerzo-deformación unitaria de un material con una **curva idealizada de esfuerzo-deformación** que se pueda expresar como función matemática. En la figura 2-66 se muestran algunos ejemplos. El primer diagrama (figura 2-66a) consta de dos partes: una región linealmente elástica seguida por una región no lineal, definida por una ecuación matemática apropiada. El comportamiento de las aleaciones de aluminio se puede representar a veces con mucha exactitud mediante una curva de este tipo, al menos en la región antes de que las deformaciones sean demasiado grandes (compare la figura 2-66a con la figura 1-13).

En el segundo ejemplo (figura 2-66b) se usa una sola ecuación matemática para toda la curva esfuerzo-deformación unitaria. La mejor ecuación conocida de este tipo es la ley de esfuerzo-deformación unitaria de Ramberg-Osgood, que explicaremos detalladamente más adelante (véase las ecuaciones 2-70 y 2-71).

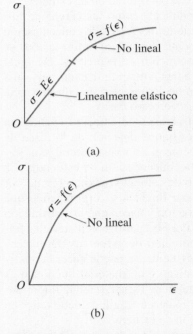

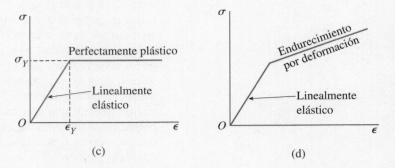

FIG. 2-66 Tipos de comportamiento idealizado de material: (a) curva de esfuerzo-deformación unitaria elástica y no lineal; (b) curva esfuerzo-deformación unitaria no lineal general; (c) curva esfuerzo-deformación unitaria elastoplástica y (d) curva esfuerzo-deformación unitaria bilineal.

En la figura 2-66c se encuentra el diagrama de esfuerzo-deformación unitario del acero estructural. Como el acero tiene una región linealmente elástica seguida por una de fluencia considerable (véase los diagramas de esfuerzo-deformación unitaria de las figuras 1-10 y 1-12), su comportamiento puede representarse con dos líneas rectas. Se supone que el material sigue la ley de Hooke hasta el esfuerzo de fluencia σ_Y, después de lo cual cede a esfuerzo constante; este último comportamiento se llama **plasticidad perfecta**. La región perfectamente plástica continúa hasta que las deformaciones unitarias son de 10 a 20 veces mayores que la de fluencia. Un material que tiene un diagrama esfuerzo-deformación de este tipo se llama **material elastoplástico** (o *material elástico-plástico*).

Al final, cuando la deformación unitaria es extremadamente grande, la curva de esfuerzo-deformación unitaria aumenta con respecto al esfuerzo de fluencia, debido al endurecimiento por deformación, como se explicó en la sección 1.3. Sin embargo, para cuando comienza este endurecimiento por deformación, los desplazamientos son tan grandes que la estructura ha perdido su utilidad. En consecuencia, se acostumbra analizar las estructuras de acero con base en el diagrama elastoplástico de la figura 2-66c. El mismo diagrama se usa para tensión y para compresión. Un análisis hecho con estas hipótesis se llama **análisis elastoplástico** o simplemente **análisis plástico**, y se describe en la sección siguiente.

La figura 2-66d muestra un diagrama esfuerzo-deformación unitaria formado por dos rectas con distintas pendientes; se llama **diagrama bilineal de esfuerzo-deformación**. Nótese que en ambas partes del diagrama la relación entre esfuerzo y deformación es lineal, pero sólo en la primera parte el esfuerzo es proporcional a la deformación unitaria (ley de Hooke). Este diagrama idealizado sirve para representar materiales con endurecimiento por deformación o como aproximación a los diagramas de las formas generales no lineales de las figuras 2-66a y b.

Cambios de longitud de barras

Se puede calcular el alargamiento o acortamiento de una barra si se conoce la curva de esfuerzo-deformación unitaria para el material. Para ilustrar un procedimiento general, examinaremos la barra cónica *AB* de la figura 2-67a. Tanto el área transversal como la fuerza axial varían a lo largo de la barra y el material tiene una curva general esfuerzo-deformación unitaria no lineal (figura 2-67b). Como la barra es estáticamente determinada, sólo a partir del equilibrio se pueden calcular las fuerzas axiales internas en todas las secciones transversales. Después se determinan los esfuerzos dividiendo las fuerzas entre las áreas transversales y se calculan las

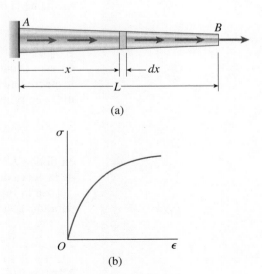

FIG. 2-67 Cambio de longitud de una barra ahusada formada por un material con curva esfuerzo-deformación unitaria no lineal.

deformaciones unitarias con la curva esfuerzo-deformación unitaria. Por último, se determina el cambio de longitud a partir de las deformaciones unitarias, como se describirá en el párrafo siguiente.

El cambio de longitud de un elemento dx de la barra (figura 2-67a) es ϵdx, siendo ϵ la deformación unitaria a la distancia x del extremo. Al integrar esta expresión desde un extremo de la barra hacia el otro, se obtiene el cambio de longitud en toda la barra.

$$\delta = \int_0^L \epsilon \, dx \qquad (2\text{-}68)$$

donde L es la longitud de la barra. Si las deformaciones se expresan en forma analítica, esto es, con fórmulas algebraicas, será posible integrar la ecuación (2-68) con métodos matemáticos formales y con ello obtener una ecuación para el cambio de longitud. Si los esfuerzos y las deformaciones unitarias se expresan en forma numérica, es decir, con una serie de valores numéricos, se procede como sigue: la barra se divide en segmentos pequeños de longitud Δx, se determinan el esfuerzo y la deformación unitaria promedio para cada segmento y se calcula la elongación de toda la barra, sumando las elongaciones de los segmentos individuales. Este proceso equivale a evaluar la integral de la ecuación (2-68) por métodos numéricos, en lugar de por integración formal.

Si las deformaciones unitarias son uniformes en toda la longitud de la barra, como en el caso de una barra prismática con fuerza axial constante, la integración de la ecuación (2-68) es trivial, y el cambio de longitud es

$$\delta = \epsilon L \qquad (2\text{-}69)$$

como era de esperarse (compárese con la ecuación 1-2, sección 1.2).

Ley de esfuerzo-deformación unitaria de Ramberg-Osgood

Las curvas esfuerzo-deformación unitaria para varios metales, incluyendo al aluminio y al magnesio, se pueden representar con exactitud mediante la **ecuación de Ramberg-Osgood**:

$$\frac{\epsilon}{\epsilon_0} = \frac{\sigma}{\sigma_0} + \alpha \left(\frac{\sigma}{\sigma_0} \right)^m \qquad (2\text{-}70)$$

en esta ecuación, σ y ϵ son el esfuerzo y la deformación unitaria, respectivamente, y ϵ_0, α_0, α y m son constantes del material (obtenidas en pruebas de tensión). Otra forma de escribir la ecuación es

$$\epsilon = \frac{\sigma}{E} + \frac{\sigma_0 \alpha}{E} \left(\frac{\sigma}{\sigma_0} \right)^m \qquad (2\text{-}71)$$

en donde $E = \sigma_0/\epsilon_0$ es el módulo de elasticidad de la parte inicial de la curva de esfuerzo-deformación unitaria.*

En la figura 2-68 se presenta una gráfica de la ecuación (2-71), para una aleación de aluminio con las siguientes constantes: $E = 10$

---

* La ley de esfuerzo-deformación unitaria de Ramberg-Osgood se presentó en la referencia 2-12.

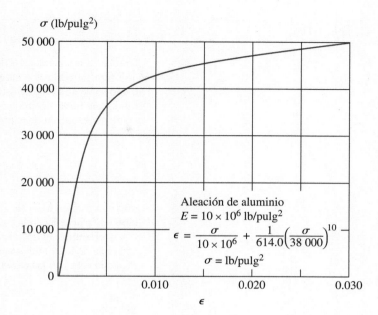

FIG. 2-68 Curva esfuerzo-deformación unitaria para una aleación de aluminio, usando la ecuación de Ramberg-Osgood (ecuación 2-72).

$\times 10^6$ lb/pulg^2, $\sigma_0 = 38\ 000$ lb/pulg^2, $\alpha = 3/7$ y $m = 10$. La ecuación de esta curva particular de esfuerzo-deformación unitaria es

$$\epsilon = \frac{\sigma}{10 \times 10^6} + \frac{1}{614.0}\left(\frac{\sigma}{38{,}000}\right)^{10} \qquad (2\text{-}72)$$

donde σ tiene unidades de libras por pulgada cuadrada (lbp).

Una ecuación similar de una aleación de aluminio, pero en unidades SI ($E = 70$ GPa, $\sigma_0 = 260$ MPa, $\alpha = 3/7$, y $m = 10$), es la que sigue:

$$\epsilon = \frac{\sigma}{70\ 000} + \frac{1}{628.2}\left(\frac{\sigma}{260}\right)^{10} \qquad (2\text{-}73)$$

donde σ está en megapascales (MPa). El cálculo de cambio de longitud de una barra, usando la ecuación (2-73) como relación esfuerzo-deformación unitaria, se ilustra en el ejemplo 2-18.

Estructuras estáticamente indeterminadas

Si una estructura es estáticamente indeterminada y el material se comporta en forma no lineal, los esfuerzos, deformaciones y desplazamientos se determinan resolviendo las mismas ecuaciones generales que las ecuaciones de la sección 2.4 para estructuras linealmente elásticas; son las ecuaciones de equilibrio, de compatibilidad y relaciones fuerza-desplazamiento (o las relaciones esfuerzo-deformación unitaria equivalentes). La diferencia principal es que aquí las relaciones fuerza-desplazamiento son no lineales, lo que quiere decir que no se pueden obtener soluciones analíticas, excepto en casos muy simples. En cambio, se deben resolver numéricamente con el programa de cómputo adecuado.

Ejemplo 2-18

Una barra prismática AB de $L = 2.2$ m de longitud y área transversal $A = 480$ mm² soporta dos cargas concentradas, $P_1 = 108$ kN y $P_2 = 27$ kN, como se ve en la figura 2-69. El material de la barra es una aleación de aluminio que tiene su curva esfuerzo-deformación unitaria representada por la siguiente ecuación de Ramberg-Osgood (ecuación 2-73):

$$\epsilon = \frac{\sigma}{70\,000} + \frac{1}{628.2}\left(\frac{\sigma}{260}\right)^{10}$$

donde σ está en MPa (la forma general de esta curva de esfuerzo-deformación unitaria se ve en la figura 2-68).

Determinar el desplazamiento δ_B del extremo inferior de la barra, con cada una de las condiciones siguientes: a) la carga P_1 actúa sola, b) la carga P_2 actúa sola y c) las cargas P_1 y P_2 actúan al mismo tiempo.

Solución

a) *Desplazamiento debido a la acción de la carga aislada P_1.* La carga P_1 produce un esfuerzo de tensión uniforme en toda la longitud de la barra, y es igual a P_1/A, es decir, 225 MPa. Al sustituir este valor en la relación esfuerzo-deformación unitaria se obtiene $\epsilon = 0.003589$. Por consiguiente, la elongación de la barra, igual al desplazamiento en el punto B, es (véase la ecuación 2-69)

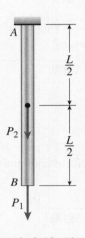

$$\delta_B = \epsilon L = (0.003589)(2.2 \text{ m}) = 7.90 \text{ mm} \qquad \Longleftarrow$$

FIG. 2-69 Ejemplo 2-18. Alargamiento de una barra de material no lineal usando la ecuación de Ramberg-Osgood.

b) *Desplazamiento debido a la acción de la carga aislada P_2.* El esfuerzo en la mitad superior de la barra es P_2/A, o sea 56.25 MPa, y no hay esfuerzo en la mitad inferior. Al proceder como en la parte a) obtenemos la siguiente elongación:

$$\delta_B = \epsilon L/2 = (0.0008036)(1.1 \text{ m}) = 0.884 \text{ mm} \qquad \Longleftarrow$$

c) *Desplazamiento debido a las dos cargas que actúan en forma simultánea.* El esfuerzo en la mitad inferior de la barra es P_1/A, y en la mitad superior es $(P_1 + P_2)/A$. Los esfuerzos correspondientes son 225 MPa y 281.25 MPa, y las deformaciones unitarias correspondientes son 0.003589 y 0.007510 (de acuerdo con la ecuación de Ramberg-Osgood). Por consiguiente, el alargamiento de la barra es

$$\delta_B = (0.003589)(1.1 \text{ m}) + (0.007510)(1.1 \text{ m})$$

$$= 3.95 \text{ mm} + 8.26 \text{ mm} = 12.2 \text{ mm} \qquad \Longleftarrow$$

Los tres valores calculados de δ_B ilustran un principio importante acerca de una estructura hecha de un material que se comporta en forma no lineal:

En una estructura no lineal, el desplazamiento producido por dos (o más) cargas que actúan en forma simultánea, no es igual a la suma de los desplazamientos producidos por esas cargas cuando actúan por separado.

*2.12 ANÁLISIS ELASTOPLÁSTICO

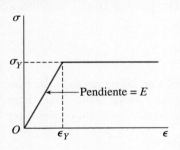

FIG. 2-70 Diagrama esfuerzo-deformación unitaria idealizado para un material elastoplástico, como acero estructural.

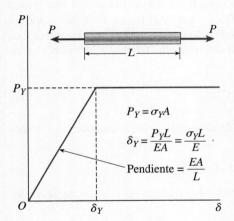

$$P_Y = \sigma_Y A$$

$$\delta_Y = \frac{P_Y L}{EA} = \frac{\sigma_Y L}{E}$$

$$\text{Pendiente} = \frac{EA}{L}$$

FIG. 2-71 Diagrama carga-desplazamiento para una barra prismática de material elastoplástico.

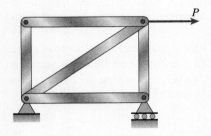

FIG. 2-72 Estructura estáticamente determinada formada por miembros con carga axial.

En la sección anterior describimos el comportamiento de estructuras cuando los esfuerzos en el material son mayores que el límite de proporcionalidad. Ahora describiremos un material de mucha importancia en el diseño de ingeniería: el acero, siendo el metal estructural más usado. El acero dulce (o acero estructural) se puede modelar como un material *elastoplástico* con un diagrama esfuerzo-deformación unitaria como el que se ve en la figura 2-70. Ese material se comporta inicialmente en forma linealmente elástica, con un módulo de elasticidad E. Después del inicio de la fluencia plástica, las deformaciones aumentan en un esfuerzo más o menos constante, llamado **esfuerzo de fluencia** o **esfuerzo de cedencia**, σ_Y. La deformación unitaria al inicio de la fluencia se llama **deformación unitaria de fluencia**, ϵ_Y.

El diagrama carga-desplazamiento para una barra prismática de material elastoplástico sometida a una carga de tensión (figura 2-71) tiene la misma forma que el diagrama esfuerzo-deformación unitaria. Primero, la barra se alarga en una forma linealmente elástica, y es válida la ley de Hooke. En consecuencia, en esta región de carga se puede determinar el cambio de longitud con la conocida fórmula $\delta = PL/EA$. Una vez alcanzado el esfuerzo de fluencia, la barra puede alargarse sin que aumente la carga y el alargamiento no tiene una magnitud específica. La carga a la que comienza la fluencia se llama **carga de fluencia** P_Y y la elongación correspondiente de la barra se llama **desplazamiento de fluencia** δ_Y. Nótese que para una sola barra prismática, la carga de fluencia P_Y es igual a $\sigma_Y A$, y el desplazamiento de fluencia δ_Y es igual a $P_Y L/EA$, o sea $\sigma_Y L/E$ (se aplican comentarios semejantes a una barra en compresión, siempre que no haya pandeo).

Si una estructura sólo consiste en miembros con carga axial y es **estáticamente determinada** (figura 2-72), su comportamiento general sigue la misma pauta. La estructura se comporta en una forma linealmente elástica hasta que uno de sus miembros llega al esfuerzo de fluencia. Entonces, ese miembro comenzará a alargarse (o a acortarse) sin que cambie la carga axial en él. Así, toda la estructura cederá y su diagrama de carga-desplazamiento tiene la misma forma que el de una sola barra (figura 2-71).

Estructuras estáticamente indeterminadas

La situación se complica más si una estructura elastoplástica es estáticamente indeterminada. Si cede uno de sus miembros, otros continuarán resistiendo cualquier aumento en la carga. Sin embargo, al final habrá suficientes miembros que cedan y toda la estructura cederá.

Para ilustrar el comportamiento de una estructura estáticamente indeterminada, usaremos el arreglo sencillo de la figura 2-73. Esta estructura consiste en tres barras de acero que soportan una carga P aplicada a través de una placa rígida. Las dos barras externas tienen longitud L_1, y la interna tiene longitud L_2. Las tres barras tienen la misma área transversal A. El diagrama esfuerzo-deformación unitaria del acero se idealiza como se ve en la figura 2-70, y el módulo de elasticidad en la región linealmente elástica es $E = \sigma_Y/\epsilon_Y$.

Como sucede en el caso normal con una estructura estáticamente indeterminada, comenzaremos el análisis con las ecuaciones de *equilibrio* y *compatibilidad*. De acuerdo con el equilibrio de la placa rígida en dirección vertical

$$2F_1 + F_2 = P \tag{a}$$

donde F_1 y F_2 son las fuerzas axiales en las barras externas e interna, respectivamente. Como la placa se mueve hacia abajo como un cuerpo rígido al aplicar la carga, la ecuación de compatibilidad es

$$\delta_1 = \delta_2 \tag{b}$$

siendo δ_1 y δ_2 los alargamientos de las barras externas e interna, respectivamente. Ya que dependen sólo del equilibrio y de la geometría, las dos ecuaciones anteriores son válidas para todos los valores de la carga P. No importa si las deformaciones unitarias caen en la región linealmente elástica o en la región plástica.

Cuando la carga P es pequeña, los esfuerzos en las barras son menores que el esfuerzo de fluencia σ_Y y el material es esforzado en la región linealmente plástica. Por consiguiente, las *relaciones fuerza-desplazamiento* entre las fuerzas sobre las barras, y los alargamientos de ellas son

$$\delta_1 = \frac{F_1 L_1}{EA} \qquad \delta_2 = \frac{F_2 L_2}{EA} \tag{c}$$

Sustituyendo en la ecuación de compatibilidad (ecuación b), obtenemos

$$F_1 L_1 = F_2 L_2 \tag{d}$$

Se resuelven simultáneamente las ecuaciones (a) y (d), obteniéndose

$$F_1 = \frac{PL_2}{L_1 + 2L_2} \qquad F_2 = \frac{PL_1}{L_1 + 2L_2} \tag{2-74a, b}$$

Así hemos determinado las fuerzas en las barras, en la región linealmente elástica. Los esfuerzos correspondientes son

$$\sigma_1 = \frac{F_1}{A} = \frac{PL_2}{A(L_1 + 2L_2)} \qquad \sigma_2 = \frac{F_2}{A} = \frac{PL_1}{A(L_1 + 2L_2)} \tag{2-75a, b}$$

Estas ecuaciones de fuerzas y esfuerzos son válidas, siempre que los esfuerzos en las tres barras sean menores que el esfuerzo de fluencia σ_Y.

Al aumentar la carga P en forma gradual, los esfuerzos en las barras aumentan hasta que se llega al esfuerzo de fluencia, ya sea en la barra interna o en las externas. Supongamos que las barras externas son más largas que la interna, como se ve en la figura 2-73:

$$L_1 > L_2 \tag{e}$$

Entonces, la barra interna tiene más esfuerzo que las externas (véase las ecuaciones 2-75a y b) y llegará primero al esfuerzo de fluencia.

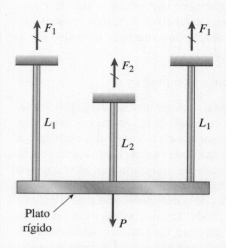

FIG. 2-73 Análisis elastoplástico de una estructura estáticamente indeterminada.

Cuando eso sucede, la fuerza en la barra interna es $F_2 = \sigma_Y A$. La magnitud de la carga P, cuando se llega por primera vez al esfuerzo de fluencia en cualquiera de las barras, se llama **carga de fluencia** P_Y. Se puede calcular P_Y igualando F_2 a $\sigma_Y A$ en la ecuación (2-74b) y despejando la carga:

$$P_Y = \sigma_Y A\left(1 + \frac{2L_2}{L_1}\right) \tag{2-76}$$

Siempre que la carga P sea menor que P_Y, la estructura se comporta en una forma linealmente elástica, y se pueden determinar las fuerzas en las barras con las ecuaciones (2-74a y b).

El desplazamiento de la barra rígida hacia abajo en la carga de fluencia, llamado **desplazamiento de fluencia** δ_Y, es igual a la elongación de la barra interna cuando su esfuerzo llega a igualar al esfuerzo de fluencia σ_Y:

$$\delta_Y = \frac{F_2 L_2}{EA} = \frac{\sigma_2 L_2}{E} = \frac{\sigma_Y L_2}{E} \tag{2-77}$$

La relación entre la carga aplicada P y el desplazamiento δ de la barra rígida hacia abajo se representa en el diagrama de carga-desplazamiento de la figura 2-74. El comportamiento de la estructura hasta la carga de fluencia P_Y se representa con la recta OA.

Con un aumento adicional en la carga, las fuerzas F_1 en las barras externas aumentan, pero la fuerza F_2 en la barra interna permanece constante en el valor $\sigma_Y A$ porque ahora esta barra es perfectamente plástica (véase la figura 2-71). Cuando las fuerzas F_1 alcanzan el valor $\sigma_Y A$, las barras externas también ceden, y en consecuencia la estructura ya no puede soportar carga adicional alguna. En lugar de ello, las tres barras se alargan plásticamente bajo esta carga constante, llamada **carga plástica** P_P. La carga plástica se representa con el punto B en el diagrama carga-desplazamiento (figura 2-74), y la recta horizontal BC representa la región de deformación plástica continua, sin aumento alguno en la carga.

La carga plástica P_P se puede calcular a partir del equilibrio estático, (ecuación a), sabiendo que

$$F_1 = \sigma_Y A \qquad F_2 = \sigma_Y A \tag{f}$$

Entonces de acuerdo con el equilibrio,

$$P_P = 3\sigma_Y A \tag{2-78}$$

El **desplazamiento plástico** δ_P en el instante en que la carga llega apenas a la carga plástica P_P es igual al alargamiento de las barras externas en el instante en que llegan al esfuerzo de fluencia. Por consiguiente,

$$\delta_P = \frac{F_1 L_1}{EA} = \frac{\sigma_1 L_1}{E} = \frac{\sigma_Y L_1}{E} \tag{2-79}$$

Si se compara δ_P con δ_Y se ve que, en este ejemplo, la relación del desplazamiento plástico al desplazamiento de fluencia es

$$\frac{\delta_P}{\delta_Y} = \frac{L_1}{L_2} \tag{2-80}$$

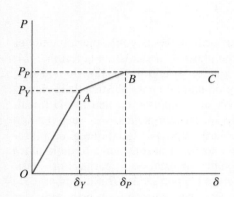

FIG. 2-74 Diagrama carga-desplazamiento para la estructura estáticamente indeterminada de la figura 2-73.

También, la relación de la carga plástica entre la carga de fluencia es

$$\frac{P_P}{P_Y} = \frac{3L_1}{L_1 + 2L_2} \tag{2-81}$$

Por ejemplo, si $L_1 = 1.5L_2$, las relaciones son $\delta_P/\delta_Y = 1.5$ y $P_P/P_Y = 9/7 = 1.29$. En general, la relación de los desplazamientos siempre es mayor que la de las cargas correspondientes, y la región parcialmente plástica AB en el diagrama de carga-desplazamiento (figura 2-74) siempre tiene una pendiente menor que la región elástica OA. Naturalmente, la región totalmente plástica tiene la pendiente mínima (cero).

Comentarios generales

Para comprender por qué la gráfica de carga-desplazamiento es lineal en la región parcialmente plástica (línea AB en la figura 2-74) y tiene una pendiente menor que en la región linealmente elástica, veamos lo siguiente. En la región parcialmente plástica de la estructura las barras externas todavía se comportan en una forma linealmente elástica. Por consiguiente, su alargamiento es una función lineal de la carga. Ya que su alargamiento es igual que el desplazamiento de la placa rígida hacia abajo, el desplazamiento de la placa rígida también debe ser una función lineal de la carga. Por consiguiente, se obtiene una recta entre los puntos A y B. Sin embargo, la pendiente del diagrama de carga-desplazamiento en esta región es menor que en la región lineal inicial, porque la barra interna cede en forma plástica, y sólo las barras externas ofrecen cada vez más resistencia a la carga que aumenta. De hecho, la rigidez de la estructura disminuye.

De acuerdo con la descripción relacionada con la ecuación (2-78), se puede ver que el cálculo de la carga plástica P_P sólo requiere usar la estática, porque todos los miembros han cedido y se conocen sus fuerzas axiales. En contraste, el cálculo de la carga de fluencia P_Y requiere un análisis estáticamente indeterminado, lo que quiere decir que se deben resolver las ecuaciones de equilibrio, compatibilidad y fuerza-desplazamiento.

Después de alcanzada la carga plástica P_P, la estructura se continúa deformando, como indica la línea BC en el diagrama de carga-desplazamiento (figura 2-74). Al final se presenta el endurecimiento por deformación y entonces la estructura puede soportar cargas adicionales. Sin embargo, la presencia de desplazamientos muy grandes en general quiere decir que la estructura ya no se puede usar, por lo que se suele considerar que la carga plástica P_P es la carga de falla.

La descripción anterior ha tratado del comportamiento de una estructura cuando se le aplica carga por primera vez. Si la carga se quita antes de alcanzar la carga de fluencia, la estructura se comportará elásticamente y regresará a su estado original sin esfuerzos. Sin embargo, si se rebasó la carga de fluencia, algunos miembros de la estructura conservarán una cedencia permanente cuando se quite la carga y causarán una condición preesforzada. Entonces la estructura tendrá *esfuerzos residuales* en ella, aunque no actúen cargas externas. Si la carga se aplica por segunda vez, la estructura se comportará en forma distinta.

Ejemplo 2-19

La estructura que se ve en la figura 2-75a consiste en una viga horizontal *AB* (que se supone rígida) soportada por dos barras idénticas (barra 1 y 2) fabricadas con material elastoplástico. La longitud de las barras es *L* y su área transversal es *A*; el material tiene esfuerzo de fluencia σ_Y, deformación unitaria de fluencia ϵ_Y y módulo de elasticidad $E = \sigma_Y/\epsilon_Y$. La longitud de la viga es 3*b*, y soporta una carga *P* en el extremo *B*.

a) Determinar la carga P_Y de fluencia y el correspondiente desplazamiento de fluencia δ_Y en el extremo de la barra (punto *B*).

b) Determinar la carga plástica P_P y el correspondiente desplazamiento plástico δ_P en el punto *B*.

c) Trazar un diagrama carga-desplazamiento, donde se relacione la carga *P* con el desplazamiento δ_B del punto *B*.

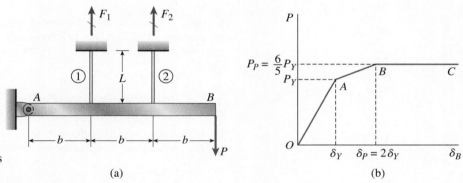

FIG. 2-75 Ejemplo 2-19. Análisis elastoplástico de una estructura estáticamente indeterminada.

(a)   (b)

Solución

Ecuación de equilibrio. Como la estructura es estáticamente indeterminada comenzaremos con las ecuaciones de equilibrio y de compatibilidad. De acuerdo con el equilibrio de la viga *AB*, sacamos momentos respecto al punto *A* para obtener

$$\sum M_A = 0 \qquad F_1(b) + F_2(2b) - P(3b) = 0$$

donde F_1 y F_2 son las fuerzas axiales en las barras 1 y 2, respectivamente. Esta ecuación se simplifica a

$$F_1 + 2F_2 = 3P \tag{g}$$

Ecuación de compatibilidad. La ecuación de compatibilidad se basa en la geometría de la estructura. Por la acción de la carga *P*, la viga rígida gira en torno al punto *A* y en consecuencia el desplazamiento hacia abajo de cualquier punto de la viga es proporcional a la distancia al punto *A*. Así, la ecuación de compatibilidad es

$$\delta_2 = 2\delta_1 \tag{h}$$

donde δ_2 es el alargamiento de la barra 2 y δ_1 es el alargamiento de la barra 1.

continúa

a) *Carga de fluencia y desplazamiento de fluencia.* Cuando la carga P es pequeña y los esfuerzos en el material están en la región linealmente elástica, las relaciones fuerza-desplazamiento para las dos barras son

$$\delta_1 = \frac{F_1 L}{EA} \qquad \delta_2 = \frac{F_2 L}{EA} \qquad\qquad \text{(i, j)}$$

Se combinan estas ecuaciones con la condición de compatibilidad (ecuación h) y se obtiene

$$\frac{F_2 L}{EA} = 2\, \frac{F_1 L}{EA} \qquad \text{es decir} \qquad F_2 = 2F_1 \qquad\qquad \text{(k)}$$

Ahora se sustituye en la ecuación de equilibrio (ecuación g) y se ve que

$$F_1 = \frac{3P}{5} \qquad F_2 = \frac{6P}{5} \qquad\qquad \text{(l, m)}$$

La barra 2, que tiene la mayor fuerza, será la primera en llegar al esfuerzo de fluencia. En ese instante, la fuerza en la barra 2 será $F_2 = \sigma_Y A$. Se sustituye ese valor en la ecuación (m) para obtener la carga plástica P_Y como sigue:

$$P_Y = \frac{5\sigma_Y A}{6} \qquad\qquad \text{(2-82)} \quad \Longleftarrow$$

El alargamiento correspondiente de la barra 2 (según la ecuación j) es $\delta_2 = \sigma_Y L/E$, por lo que el desplazamiento de fluencia en el punto B es

$$\delta_Y = \frac{3\delta_2}{2} = \frac{3\sigma_Y L}{2E} \qquad\qquad \text{(2-83)} \quad \Longleftarrow$$

Tanto P_Y como δ_Y se indican en el diagrama de carga-desplazamiento (figura 2-75b).

b) *Carga plástica y desplazamiento plástico.* Cuando se llega a la carga plástica P_P, ambas barras se estiran hasta el esfuerzo de fluencia, y ambas fuerzas, F_1 y F_2, serán iguales a $\sigma_Y A$. Entonces, de acuerdo con el equilibrio (ecuación g), la carga plástica es

$$P_P = \sigma_Y A \qquad\qquad \text{(2-84)} \quad \Longleftarrow$$

En esta carga, la barra de la izquierda acaba de llegar al esfuerzo de fluencia; por consiguiente, su alargamiento (de la ecuación i) es $\delta_1 = \sigma_Y L/E$, y el desplazamiento plástico del punto B es

$$\delta_P = 3\delta_1 = \frac{3\sigma_Y L}{E} \qquad\qquad \text{(2-85)} \quad \Longleftarrow$$

La relación de la carga plástica P_P entre la carga de fluencia P_Y es 6/5, y la relación del desplazamiento plástico δ_P entre el desplazamiento de fluencia δ_Y es 2. Esos valores también están indicados en el diagrama de carga-desplazamiento.

c) *Diagrama de carga-desplazamiento.* El comportamiento completo carga-desplazamiento de la estructura se representa en la figura 2-75b. El comportamiento es linealmente elástico en la región de O a A, parcialmente plástico de A a B, y totalmente plástico de B a C.

PROBLEMAS DEL CAPÍTULO 2

Cambios de longitud de miembros cargados axialmente

2.2-1 El brazo en forma de T, *ABC* en la figura, está en un plano vertical y pivota en un pasador horizontal en *A*. Tiene área transversal constante y su peso total es *W*. Un resorte vertical de rigidez *k* soporta al brazo en el punto *B*.

Deduzca una fórmula del alargamiento δ del resorte debido al peso del brazo.

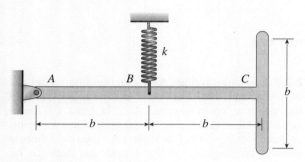

PROB. 2.2-1

2.2-2 Un cable de acero de 25 mm de diámetro nominal (véase la tabla 2-1) se usa en un patio de construcción para levantar una parte de un puente que pesa 38 kN, como se ve en la figura. El cable tiene un módulo de elasticidad efectivo $E = 140$ GPa.

a) Si el cable tiene 14 m de longitud, ¿cuál será la elongación al subir la carga?

b) Si el cable tiene capacidad para una carga máxima de 70 kN, ¿cuál es el factor de seguridad del cable, con respecto a la falla?

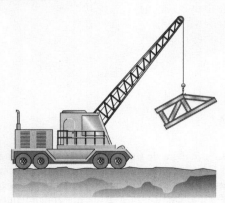

PROB. 2.2-2

2.2-3 Un alambre de acero y uno de cobre con la misma longitud, soportan cargas iguales *P* (véase la figura). Los módulos de elasticidad del acero y del cobre son $E_s = 30\ 000$ klb/pulg^2 y $E_c = 18\ 000$ klb/pulg^2, respectivamente.

a) Si los diámetros de los alambres son iguales, ¿cuál es la relación del alargamiento del alambre de cobre al alargamiento del alambre de acero?

b) Si los alambres se estiran la misma cantidad, ¿cuál es la relación del diámetro del alambre de cobre al diámetro del alambre de acero?

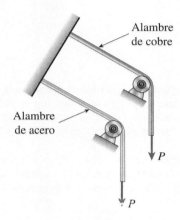

PROB. 2.2-3

2.2-4 ¿Qué distancia *h* baja la jaula de la figura, cuando se pone el peso *W* dentro de ella? (Véase la figura en la siguiente página.)

Sólo considere los efectos del estiramiento del cable, cuya rigidez axial $EA = 10\ 700$ kN. La polea *A* tiene un diámetro $d_A = 300$ mm, y la polea *B* tiene un diámetro $d_B = 150$ mm. La distancia $L_1 = 4.6$ m, la distancia $L_2 = 10.5$ m y el peso $W = 22$ kN. (*Nota:* al calcular la longitud del cable, incluya las partes que rodean a las poleas *A* y *B*.)

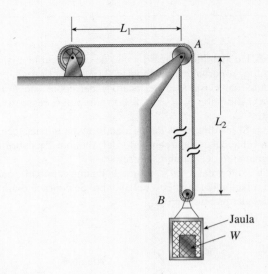

PROB. 2.2-4

2.2-5 Una válvula de seguridad en la parte superior de un tanque con vapor a la presión p tiene un agujero de descarga con diámetro d (véase la figura). La válvula está diseñada para soltar el vapor cuando la presión llega al valor $p_{máx}$.

Si la longitud natural del resorte es L y su rigidez es k, ¿cuál será la dimensión h de la válvula? (Exprese el resultado como una fórmula para determinar h.)

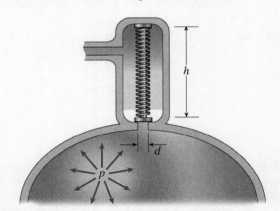

PROB. 2.2-5

2.2-6 El dispositivo de la figura consiste en un indicador ABC soportado por un resorte de rigidez $k = 800$ N/m. El resorte está colocado a una distancia $b = 150$ mm del extremo articulado del indicador. El dispositivo se ajusta de tal modo que cuando no hay carga P el indicador marca cero en la escala angular.

Si la carga es $P = 8$ N, ¿a qué distancia x debe actuar P para que el indicador marque 3° en la escala?

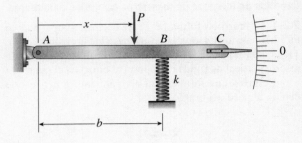

PROB. 2.2-6

2.2-7 Dos barras rígidas, AB y CD, descansan sobre una superficie horizontal lisa (véase la figura). La barra AB está pivotada en el extremo A, y la barra CD en el extremo D. Las barras están unidas entre sí por dos resortes linealmente elásticos de rigidez k. Antes de aplicar la carga P, las longitudes de los resortes son tales que las barras están paralelas y los resortes no están sometidos a esfuerzo.

Deduzca una fórmula para el desplazamiento δ_C del punto C cuando la carga P está actuando. (Suponga que las barras giran ángulos muy pequeños bajo la acción de la carga P.)

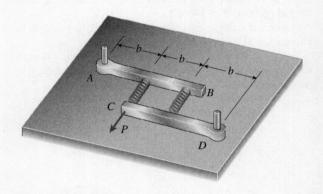

PROB. 2.2-7

2.2-8 La armadura de tres barras ABC de la figura tiene un claro $L = 3$ m y está formada por tubos de acero con área transversal $A = 3\,900$ mm^2, y módulo de elasticidad $E = 200$ GPa. Una carga P actúa horizontalmente hacia la derecha, en la articulación C (véase la figura en la siguiente página).

a) Si $P = 650$ kN, ¿cuál es el desplazamiento horizontal de la articulación B?

b) ¿Cuál es la carga máxima permisible $P_{máx}$ si el desplazamiento de la articulación B se limita a 1.5 mm?

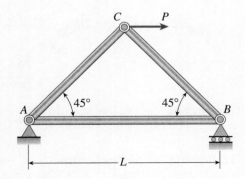

PROB. 2.2-8

2.2-9 Un alambre de aluminio con diámetro $d = 2$ mm y longitud $L = 3.8$ m se somete a una carga de tensión P (véase la figura). El aluminio tiene módulo de elasticidad $E = 75$ GPa.

Si el alargamiento máximo permisible del alambre es 3.0 mm y el esfuerzo admisible en tensión es 60 MPa, ¿cuál es la carga $P_{máx}$ admisible?

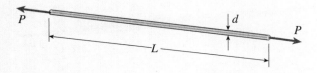

PROB. 2.2-9

2.2-10 Una barra uniforme AB de peso $W = 25$ N está soportada por dos resortes, como se ve en la figura. El resorte de la izquierda tiene rigidez $k_1 = 300$ N/m, y su longitud natural es $L_1 = 250$ mm. Las cantidades correspondientes para el resorte de la derecha son $k_2 = 400$ N/m y $L_2 = 200$ mm. La distancia entre los resortes es $L = 350$ mm y el resorte de la derecha está colgado de un soporte que está a $h = 80$ mm abajo del punto de soporte del resorte de la izquierda.

¿A qué distancia x del resorte de la izquierda se debe colocar una carga $P = 18$ N para que la barra quede en posición horizontal?

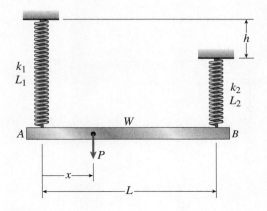

PROB. 2.2-10

2.2-11 Una columna redonda hueca de acero ($E = 30\ 000$ klb/pulg^2) se somete a una carga de compresión P, como se ve en la figura. La longitud de la columna es $L = 8.0$ pies y su diámetro externo es $d = 7.5$ pulg. La carga es $P = 85$ klb.

Si el esfuerzo de compresión admisible es $7\ 000$ lb/pulg^2 y el acortamiento admisible de la columna es 0.02 pulg, ¿cuál es el espesor de pared $t_{mín}$ mínimo necesario?

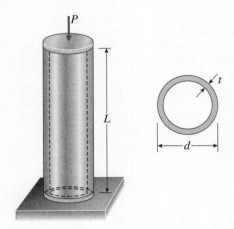

PROB. 2.2-11

*2.2-12 La viga rígida horizontal $ABCD$ está soportada por las barras verticales BE y CF, y está cargada con las fuerzas verticales $P_1 = 400$ kN y $P_2 = 360$ kN, que actúan en los puntos A y D, respectivamente (véase la figura). Las barras BE y CF son de acero ($E = 200$ GPa) y tienen áreas transversales $A_{BE} = 11\ 100$ mm^2 y $A_{CF} =$

9 280 mm². Las distancias entre los diversos puntos de las barras se ven en la figura.

Determine los desplazamientos verticales δ_A y δ_D de los puntos A y D, respectivamente.

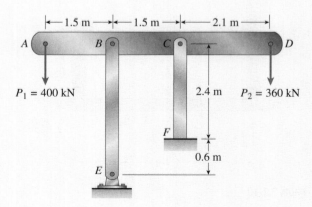

$P_1 = 400$ kN   2.4 m $P_2 = 360$ kN

0.6 m

PROB. 2.2-12

★★2.2-13 Un marco ABC consiste en dos barras rígidas AB y BC, cada una de longitud b (véase la primera parte de la figura siguiente). Las barras tienen articulaciones en A, B y C, y están unidas por un resorte con rigidez k. El resorte está fijo en los puntos medios de las barras. El marco tiene un soporte articulado en A y un soporte con rodillos en C y las barras forman un ángulo α con la horizontal.

Cuando se aplica una carga vertical P en la articulación B (véase la segunda parte de la figura) el soporte con rodillos C se mueve hacia la derecha, el resorte se estira y el ángulo de las barras disminuye desde α hasta θ.

Determine el ángulo θ y el aumento δ en la distancia entre los puntos A y C. (Use los siguientes datos: $b = 8.0$ pulg, $k = 16$ lb/pulg, $\alpha = 45°$ y $P = 10$ lb.)

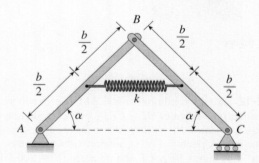

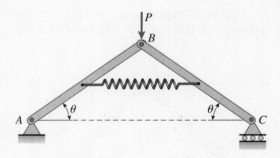

PROBS. 2.2-13 y 2.2-14

★★2.2-14 Resuelva el problema anterior con los siguientes datos: $b = 200$ mm, $k = 3.2$ kN/m, $\alpha = 45°$ y $P = 50$ N.

Cambios en longitud de barras no uniformes

2.3-1 Calcule el alargamiento de una barra de cobre de sección transversal circular llena, con extremos cónicos, cuando se estira debido a cargas axiales de 3.0 k de magnitud (véase la figura).

La longitud de los segmentos laterales es 20 pulg y la del segmento prismático intermedio es 50 pulg. También, los diámetros en las secciones transversales A, B, C y D son 0.5, 1.0, 1.0 y 0.5 pulg, respectivamente, y el módulo de elasticidad es 18 000 klb/pulg². (*Sugerencia:* use el resultado del ejemplo 2-4.)

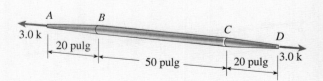

PROB. 2.3-1

2.3-2 Una barra de cobre rectangular larga, bajo una carga de tensión P, cuelga de un pasador que está soportado por dos postes de acero (véase la figura). La barra de cobre tiene 2.0 m de longitud, 4 800 mm² de área y su módulo de elasticidad es $E_c = 120$ GPa. Cada poste de acero tiene una altura de 0.5 pulg, área transversal de 4 500 mm² y módulo de elasticidad $E_s = 200$ GPa.

a) Determine el desplazamiento δ hacia abajo, del extremo inferior de la barra de cobre, debido a una carga $P = 180$ kN.

b) ¿Cuál es la carga máxima admisible $P_{máx}$ si el desplazamiento δ se limita a 1.0 mm?

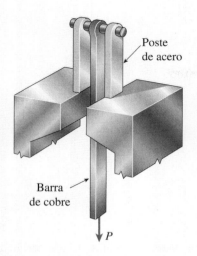

Poste
de acero

Barra
de cobre

P

PROB. 2.3-2

2.3-3 Una barra de acero AD (véase la figura) tiene área transversal 0.40 pulg^2 y está cargada con las fuerzas $P_1 = $ 2 700 lb, $P_2 = 1$ 800 lb y $P_3 = 1$ 300 lb. Las longitudes de los segmentos de la barra son $a = 60$ pulg, $b = 24$ pulg y $c = 36$ pulg.

a) Suponiendo que el módulo de elasticidad es $E = 30 \times 10^6$ lb/pulg^2, calcule el cambio de longitud δ de la barra. ¿Se elonga o se reduce?

b) ¿Qué cantidad P debe aumentarse la carga P_3 para que la barra no cambie de longitud cuando las tres fuerzas se apliquen?

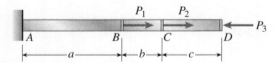

PROB. 2.3-3

2.3-4 Una barra rectangular de longitud L tiene una ranura en la mitad intermedia de su longitud (véase la figura). La barra tiene ancho b, espesor t y módulo de elasticidad E. El ancho de la ranura es $b/4$.

a) Deduzca una fórmula para determinar la elongación δ de la barra, debido a las cargas axiales P.

b) Calcule el alargamiento de la barra, si es de acero de alta resistencia, el esfuerzo axial en la parte intermedia es 160 MPa, la longitud es 750 mm, y el módulo de elasticidad es 210 GPa.

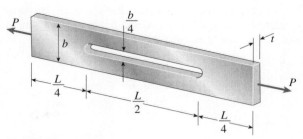

PROBS. 2.3-4 y 2.3-5

2.3-5 Resuelva el problema anterior si el esfuerzo axial en la parte intermedia es 24 000 lb/pulg^2, la longitud es 30 pulg y el módulo de elasticidad es 30×10^6 lb/pulg^2.

2.3-6 Un edificio de dos pisos tiene columnas de acero AB en la planta baja, y BC en el primer piso, como se ve en la figura. La carga del techo P_1 es igual a 400 kN y la carga del primer piso P_2 es igual a 720 kN. Cada columna tiene longitud $L = 3.75$ m. Las áreas transversales de las columnas del primero y segundo piso son 11 000 mm^2 y 3 900 mm^2, respectivamente.

a) Suponiendo que $E = 206$ GPa, determine la reducción total δ_{AC} de las dos columnas, debido a la acción combinada de las cargas P_1 y P_2.

b) ¿Cuánta carga adicional P_0 se puede colocar en la punta de la columna (punto C) para que la reducción total δ_{AC} no sea mayor que 4.0 mm?

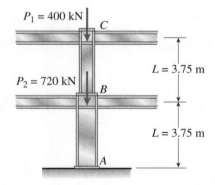

PROB. 2.3-6

2.3-7 Una barra de acero de 8.0 pies de longitud tiene sección transversal redonda, con diámetro $d_1 = 0.75$ pulg en la mitad de su longitud, y diámetro $d_2 = 0.5$ pulg en la otra mitad (véase la figura). El módulo de elasticidad es $E = 30 \times 10^6$ lb/pulg^2.

a) ¿Cuánto se elonga la barra bajo una carga de tensión $P = 5$ 000 lb?

b) Si el mismo volumen de material está en una barra de diámetro constante d y longitud 8.0 pies, ¿cuál será la elongación bajo la misma carga P?

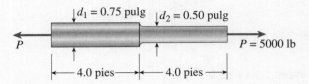

PROB. 2.3-7

2.3-8 Una barra ABC de longitud L consiste en dos partes de longitud igual, pero distintos diámetros (véase la figura). El segmento AB tiene diámetro $d_1 = 100$ mm, y el segmento BC tiene diámetro $d_2 = 60$ mm. Ambos segmentos tienen longitud $L/2 = 0.6$ m. A través del segmento AB se perfora un agujero circular de diámetro d en la mitad de su longitud (distancia $L/4 = 0.3$ m). La barra está hecha de plástico, cuyo módulo de elasticidad es $E = 4.0$ GPa. Las cargas de compresión $P = 110$ kN actúan en los extremos de la barra.

Si el acortamiento de la barra se limita a 8.0 mm ¿cuál es el diámetro máximo admisible $d_{máx}$ del agujero?

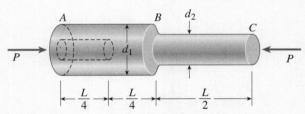

PROB. 2.3-8

2.3-9 Un pilote de madera hincado en el terreno soporta una carga P, sólo por fricción en sus lados (véase la figura). La fuerza de fricción f por unidad de longitud del pilote se supone uniformemente distribuida sobre la superficie del pilote. Ese pilote tiene longitud L, área transversal A y módulo de elasticidad E.

a) Deduzca una fórmula para calcular el acortamiento δ del pilote en función de P, L, E y A.

b) Trace un diagrama que muestre cómo varía el esfuerzo de compresión σ_c en la longitud del pilote.

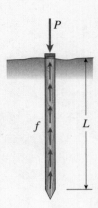

PROB. 2.3-9

2.3-10 Una barra prismática AB de longitud L, área transversal A, módulo de elasticidad E y peso W cuelga verticalmente bajo su propio peso (véase la figura).

a) Deduzca una fórmula para calcular el desplazamiento hacia abajo, δ_C, del punto C, ubicado a una distancia h del extremo inferior de la barra.

b) ¿Cuál es el alargamiento δ_B de toda la barra?

c) ¿Cuál es la relación β del alargamiento de la mitad superior de la barra al de la mitad inferior?

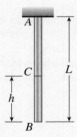

PROB. 2.3-10

★2.3-11 Una barra plana de corte transversal rectangular, longitud L y espesor constante t se somete a la tensión por las fuerzas P (véase la figura). El ancho de la barra varía en forma lineal desde b_1 en el extremo menor, hasta b_2 en el extremo mayor. Suponga que el ángulo de inclinación es pequeño.

a) Deduzca la fórmula siguiente, del alargamiento de la barra:

$$\delta = \frac{PL}{Et(b_2 - b_1)} \ln \frac{b_2}{b_1}$$

b) Calcule el alargamiento suponiendo que $L = 5$ pies, $t = 1.0$ pulg, $P = 25$ klb, $b_1 = 4.0$ pulg, $b_2 = 6.0$ pulg y $E = 30 \times 10^6$ lb/pulg^2.

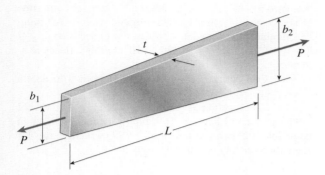

PROB. 2.3-11

★**2.3-2** Un poste AB que soporta equipo en un laboratorio es piramidal en su altura H (véase la figura). Sus secciones transversales son cuadradas, y las dimensiones son $b \times b$ en la punta y $1.5b \times 1.5b$ en la base.

Deduzca una fórmula para calcular el acortamiento δ del poste, debido a la carga de compresión P que actúa en la punta. (Suponga que el ángulo de inclinación es pequeño y no tenga en cuenta el peso mismo del poste.)

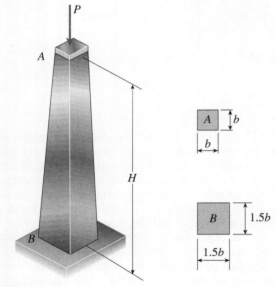

PROB. 2.3-12

★**2.3-13** Una barra larga y esbelta, con la forma de un cono circular recto de longitud L y diámetro en la base d, cuelga verticalmente bajo la acción de su propio peso (véase la figura). El peso del cono es W y el módulo de elasticidad de su material es E.

Deduzca una fórmula para calcular el aumento δ de longitud de la barra debido a su propio peso. (Suponga que el ángulo del cono es pequeño.)

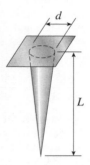

PROB. 2.3-13

★★**2.3-14** La barra ABC gira en un plano horizontal en torno a un eje vertical en su punto medio C (véase la figura). Esa barra, de longitud $2L$ y área transversal A, gira a una velocidad angular constante ω. Cada mitad de la barra (AC y BC) tiene el peso W_1, y soporta un peso W_2 en su extremo.

Deduzca la fórmula siguiente, para el alargamiento de una mitad de la barra (esto es, el alargamiento de AC o de BC):

$$\delta = \frac{L^2 \omega^2}{3gEA} (W_1 + 3W_2)$$

donde E es el módulo de elasticidad del material de la barra y g es la aceleración de la gravedad.

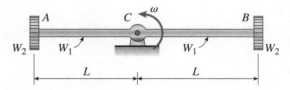

PROB. 2.3-14

★★2.3-15 Los cables principales de un puente colgante (véase la parte (a) de la figura) siguen una curva casi parabólica, porque la carga primaria sobre ellos es el peso del tablero del puente, que tiene una distribución uniforme a lo largo de la horizontal. Por consiguiente, representaremos la parte central *AOB* de uno de los cables principales (véase la parte (b) de la figura) como un cable parabólico colgado en los puntos *A* y *B*, que soporta una carga uniforme de intensidad *q* a lo largo de la horizontal. El claro del cable es *L*, la flecha es *h*, la rigidez axial es *EA* y el origen de las coordenadas es en su punto medio.

a) Deduzca la fórmula siguiente para calcular el alargamiento del cable *AOB*, que se ve en la parte (b) de la figura:

$$\delta = \frac{qL^3}{8hEA}\left(1 + \frac{16h^2}{3L^2}\right)$$

b) Calcule el alargamiento δ del claro central de uno de los cables principales del Puente *Golden Gate*, para el cual las dimensiones y propiedades son $L = 4\ 200$ pies, $H = 480$ pies, $q = 12\ 700$ lb/pie y $E = 28\ 800\ 000$ lb/pulg^2. El cable consiste en 27 572 alambres paralelos de 0.196 pulg de diámetro.

Sugerencia: Determine la fuerza de tensión *T* en cualquier punto del cable mediante un diagrama de cuerpo libre del mismo; a continuación determine la elongación de un elemento del cable, de longitud *ds*; por último, integre a lo largo de la curva del cable, para obtener una ecuación para calcular el alargamiento δ.

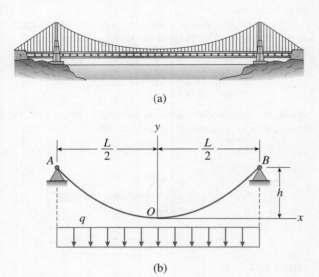

(a)

(b)

PROB. 2.3-15

Estructuras estáticamente indeterminadas

2.4-1 El conjunto que muestra la figura consta de un núcleo de latón (diámetro $d_1 = 0.25$ pulg) rodeado por una camisa de acero (diámetro interior $d_2 = 0.28$ pulg, diámetro exterior $d_3 = 0.35$ pulg). Una carga *P* comprime al núcleo y a la camisa, cuya longitud es $L = 4.0$ pulg. Los módulos de elasticidad del latón y el acero son $E_b = 1.5 \times 10^6$ lb/pulg^2 y $E_s = 30 \times 10^6$ lb/pulg^2, respectivamente.

a) ¿Qué carga *P* comprime al conjunto y lo acorta 0.003 pulg?

b) Si el esfuerzo admisible en el acero es 22 klb/pulg^2 y en el latón es 16 klb/pulg^2, ¿cuál es la carga admisible de compresión P_{adm}? (*Sugerencia:* use las ecuaciones deducidas en el ejemplo 2-5.)

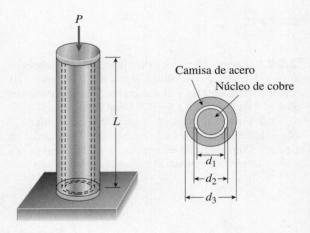

Camisa de acero
Núcleo de cobre

PROB. 2.4-1

2.4-2 Un conjunto cilíndrico consiste en un núcleo de latón y una camisa de aluminio; se comprime por una carga *P* (véase la figura). La longitud de la camisa de aluminio y del núcleo de latón es 350 mm, el diámetro del núcleo es 25 mm y el diámetro exterior de la camisa es 40 mm. También los módulos de elasticidad del aluminio y del latón son 72 GPa y 100 GPa, respectivamente.

a) Si la longitud del conjunto disminuye 0.1% cuando se aplica la carga *P* ¿cuál es la magnitud de la carga?

b) ¿Cuál es la carga máxima admisible $P_{máx}$ si los esfuerzos admisibles en el aluminio y el latón son 80 MPa y 120 MPa, respectivamente? (*Sugerencia:* use las ecuaciones deducidas en el ejemplo 2-5.)

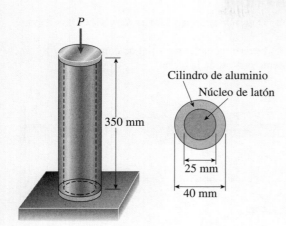

PROB. 2.4-2

b) Deduzca una fórmula para calcular el desplazamiento δ_C del punto C.

c) ¿Cuál es la relación del esfuerzo σ_1 en la región AC, al esfuerzo σ_2 en la región CB?

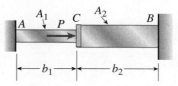

PROB. 2.4-4

2.4-3 Tres barras prismáticas, dos del material A y una de material B, transmiten una carga de tensión P (véase la figura). Las dos barras externas (material A) son idénticas. El área transversal de la barra intermedia (material B) es 50% mayor que la de cualquiera de las barras externas. También, el módulo de elasticidad del material A es doble del material B.

a) ¿Qué fracción de la carga P se transmite por la barra intermedia?

b) ¿Cuál es la relación del esfuerzo en la barra intermedia al esfuerzo en las barras externas?

c) ¿Cuál es la relación de la deformación unitaria en la barra intermedia, a la deformación unitaria en las barras externas?

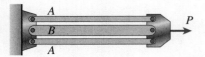

PROB. 2.4-3

2.4-4 Una barra ACB tiene dos áreas transversales distintas, A_1 y A_2, y se sujeta entre soportes rígidos en A y en B (véase la figura). Una carga P actúa en el punto C, que está a la distancia b_1 del extremo A y a la distancia b_2 del extremo B.

a) Deduzca fórmulas para calcular las reacciones R_A y R_B en los soportes A y B, respectivamente, debidas a la carga P.

2.4-5 Tres cables de acero juntos soportan una carga de 12 k (vea la figura). El diámetro del cable intermedio es 3/4 pulg y el diámetro de cada cable externo es 1/2 pulg. Las tensiones en los cables se ajustan de modo que cada cable cargue un tercio de la carga (es decir, 4 klb). Después, la carga aumenta 9k hasta un total de 21 klb.

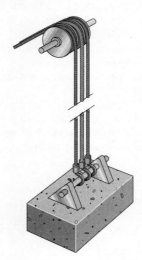

PROB. 2.4-5

a) ¿Qué porcentaje de la carga total soporta ahora el cable intermedio?

b) ¿Cuáles son los esfuerzos σ_M y σ_O en los cables intermedios y externos, respectivamente? (*Nota:* véase la tabla 2-1, en la sección 2.2, con las propiedades de los cables.)

2.4-6 Una varilla de plástico AB, de longitud $L = 0.5$ m, tiene un diámetro $d_1 = 30$ mm (véase la figura). Una camisa de plástico CD de longitud $c = 0.3$ m y diámetro exterior $d_2 = 45$ mm se adhiere firmemente a la varilla, de modo que no puede haber deslizamiento entre varilla y camisa. La varilla es de acrílico, con módulo de elasticidad $E_1 = 3.1$ GPa y la camisa es de poliamida, con $E_2 = 2.5$ GPa.

a) Calcule el alargamiento δ de la varilla cuando es tensionada por fuerzas axiales $P = 12$ kN.

b) Si la camisa se prolonga por toda la longitud de la varilla, ¿cuál es la elongación?

c) Si se quita la camisa, ¿cuál es la elongación?

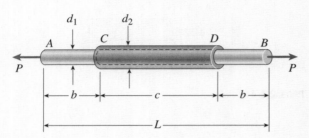

PROB. 2.4-6

2.4-7 La barra $ABCD$ cargada axialmente que muestra la figura está sujeta entre soportes rígidos. Tiene área transversal A_1 de A a C y $2A_1$ de C a D.

a) Deduzca ecuaciones para determinar las reacciones R_A y R_D en los extremos de la barra.

b) Determine los desplazamientos δ_B y δ_C en los puntos B y C, respectivamente.

c) Trace un diagrama donde los valores de la distancia del soporte de la izquierda a cualquier punto de la barra estén en el eje de las abscisas, y el eje de las ordenadas sean el desplazamiento horizontal δ en ese punto.

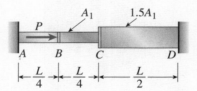

PROB. 2.4-7

2.4-8 La barra $ABCD$ tiene extremos fijos y consiste en tres segmentos prismáticos, como se ve en la figura. Los segmentos laterales tienen área transversal $A_1 = 840$ mm^2 y longitud $L_1 = 200$ mm. El segmento central tiene área transversal $A_2 = 1\ 260$ mm^2 y longitud $L_2 = 250$ mm. Las cargas P_B y P_C son 25.5 kN y 17.0 kN, respectivamente.

a) Determine las reacciones R_A y R_D en los soportes fijos.

b) Determine la fuerza axial de compresión F_{BC} en el segmento central de la barra.

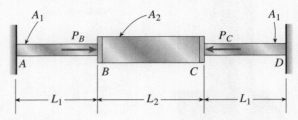

PROB. 2.4-8

2.4-9 Los tubos de aluminio y acero, mostrados en la figura, están fijos en soportes rígidos en los extremos A y B y en una placa rígida C en la unión de ellos. El tubo de aluminio tiene doble longitud que el tubo de acero. Dos cargas iguales y simétricamente ubicadas P actúan sobre la placa en C.

a) Deduzca fórmulas para calcular los esfuerzos axiales σ_a y σ_s en los tubos de aluminio y acero, respectivamente.

b) Calcule los esfuerzos con los datos siguientes: $P = 12$ klb, área transversal del tubo de aluminio $A_a = 8.92$ pulg^2, área transversal del tubo de acero $A_s = 1.03$ pulg^2, módulo de elasticidad del aluminio $E_a = 10 \times 10^6$ lb/pulg^2 y módulo de elasticidad del acero $E_s = 29 \times 10^3$ lb/pulg^2.

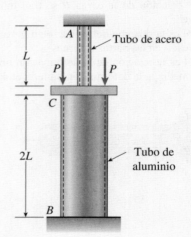

PROB. 2.4-9

2.4-10 Una barra rígida de peso $W = 800$ N cuelga de tres alambres verticales a distancias iguales; dos alambres son de acero y uno es de aluminio (véase la figura). Los alambres también soportan una carga P que actúa en el centro de la barra. El diámetro de los alambres de acero es 2 mm y el del alambre de aluminio es 4 mm.

¿Qué carga P_{adm} puede soportar si el esfuerzo admisible en los alambres de acero es 220 MPa y en el de aluminio es 80 MPa? (Suponga que E_s = 210 GPa y E_a = 70 GPa.)

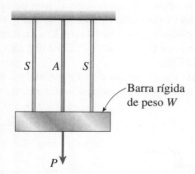

Barra rígida de peso W

PROB. 2.4-10

2.4-11 Una barra compuesta de sección transversal cuadrada y dimensiones $2b \times 2b$ se fabrica con dos metales distintos cuyos módulos de elasticidad son E_1 y E_2 (véase la figura). Las dos partes de la barra tienen las mismas dimensiones transversales. La barra se comprime con las fuerzas P que actúan a través de placas laterales rígidas. La línea de acción de las cargas tiene una excentricidad e tal que la magnitud del esfuerzo de compresión en cada parte de la barra es uniforme.

a) Determine las fuerzas axiales P_1 y P_2 en las dos partes de la barra.

b) Determine la excentricidad e de las cargas.

c) Determine la relación σ_1/σ_2 en las dos partes de la barra.

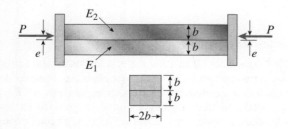

PROB. 2.4-11

2.4-12 Una barra redonda de acero ABC (E = 200 GPa) tiene área transversal A_1 de A a B y A_2 de B a C (véase la figura). La barra está soportada en forma rígida en el extremo A y se somete a una carga P igual a 40 kN en el extremo C. Un anillo de acero BD con área transversal A_3 soporta la barra en B. El anillo ajusta exactamente en B y D cuando no hay carga.

Determine el alargamiento δ_{AC} de la barra, debido a la carga P. (Suponga que L_1 = $2L_3$ = 250 mm, L_2 = 225 mm, A_1 = $2A_3$ = 960 mm² y A_2 = 300 mm².)

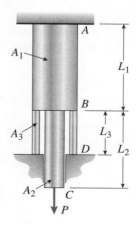

PROB. 2.4-12

★2.4-13 Una barra rígida horizontal de peso W = 7 200 lb está sostenida por tres varillas redondas esbeltas, a distancias iguales (véase la figura). Las dos varillas laterales son de aluminio (E_1 = 10 × 10⁶ lb/pulg²) y su diámetro es d_1 = 0.4 pulg, su longitud es L_1 = 40 pulg. La varilla central es de magnesio (E_2 = 6.5 × 10⁵ lb/pulg²) con diámetro d_2 y longitud L_2. Los esfuerzos admisibles en el aluminio y el magnesio son 24 000 lb/pulg² y 13 000 lb/pulg², respectivamente.

Si se desea que las tres varillas estén cargadas hasta sus valores máximos admisibles ¿cuál debe ser el diámetro exterior d_2 y la longitud L_2 de la varilla central?

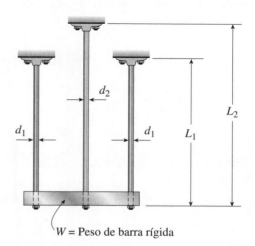

W = Peso de barra rígida

PROB. 2.4-13

★2.4-14 Una barra rígida *ABCD* está articulada en el punto *B*, y soportada con resortes en *A* y *D* (véase la figura). Los resortes *A* y *D* tienen rigideces $k_1 = 10$ kN/m y $k_2 = 25$ kN/m, respectivamente, y las dimensiones *a, b* y *c* son 250 mm, 500 mm y 200 mm, respectivamente. Una carga *P* actúa en el punto *C*.

Si el ángulo de rotación de la barra, debido a la acción de la carga *P*, se limita a 3° ¿cuál es la carga máxima admisible $P_{máx}$?

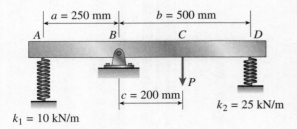

PROB. 2.4-14

★★2.4-15 Una barra rígida de longitud $L = 66$ pulg se articula en un soporte en *A*, y se sostiene con dos alambres verticales fijos en los puntos *C* y *D* (véase la figura). Ambos alambres tienen la misma área transversal $A = 0.0272$ pulg^2 y están hechos del mismo material (módulo $E = 30 \times 10^6$ lb/pulg^2). El alambre en *C* tiene longitud $h = 18$ pulg y la longitud del alambre en *D* es doble de la anterior. Las distancias horizontales son $c = 20$ pulg y $d = 50$ pulg.

a) Determine los esfuerzos de tensión σ_C y σ_D en los alambres, debidos a la carga $P = 170$ lb, que actúa en el extremo *B* de la barra.

b) Calcule el desplazamiento δ_B hacia abajo, del extremo *B* de la barra.

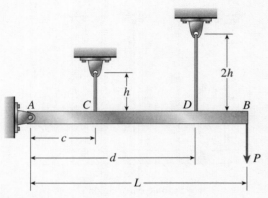

PROB. 2.4-15

★★2.4-16 Una barra trimetálica se comprime uniformemente con una fuerza axial $P = 40$ kN, aplicada a través de una placa rígida (véase la figura). Esa barra consiste de un núcleo circular de acero rodeado por tubos de latón y de cobre. El núcleo de acero tiene 30 mm de diámetro, el diámetro exterior del tubo de latón es 45 mm y el diámetro exterior del tubo de cobre es 60 mm. Los módulos de elasticidad correspondientes son $E_s = 210$ GPa, $E_b = 100$ GPa y $E_c = 120$ GPa.

Calcule los esfuerzos de compresión σ_s, σ_b y σ_c en el acero, latón y cobre, respectivamente, debidos a la fuerza *P*.

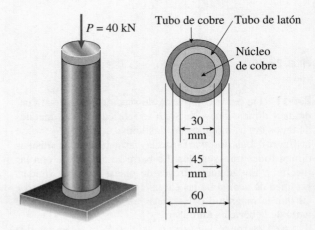

PROB. 2.4-16

Efectos térmicos

2.5-1 Los rieles de una vía están soldados en sus extremos (para formar rieles continuos y eliminar el sonido de traqueteo de las ruedas) cuando la temperatura es 60 °F.

¿Qué esfuerzo de compresión σ se produce en los rieles cuando los calienta el sol a 120°F, si el coeficiente de dilatación térmica es $\alpha = 6.5 \times 10^{-6}$/°F, y el módulo de elasticidad es $E = 30 \times 10^6$ lb/pulg^2?

2.5-2 Un tubo de aluminio tiene 60 m de longitud a una temperatura de 10°C. Un tubo de acero adyacente a la misma temperatura, es 5 mm más largo que el de aluminio.

¿A qué temperatura (grados Celsius) el tubo de aluminio será 15 mm más largo que el de acero? (Suponga que los coeficientes de dilatación térmica del aluminio y el acero son $\sigma_a = 23 \times 10^{-6}$/°C y $\alpha_s = 12 \times 10^{-6}$/°C, respectivamente.)

2.5-3 Una barra rígida de peso $W = 750$ lb cuelga de tres alambres a distancias iguales, dos de acero y uno de aluminio (véase la figura). El diámetro de los alambres es 1/8 pulg. Antes de cargarlos, los tres tenían la misma longitud.

¿Qué aumento de temperatura ΔT en los tres alambres causará que toda la carga la tomen los alambres de acero? (Suponga que $E_s = 30 \times 10^6$ lb/pulg^2, $\alpha_s = 6.5 \times 10^{-6}$/°F y $\alpha_a = 12 \times 10^{-6}$/°F.)

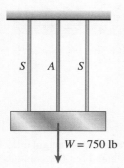

$W = 750$ lb

PROB. 2.5-3

2.5-4 Una varilla de acero de 15 mm de diámetro está sujeta firmemente (pero sin esfuerzos iniciales) entre paredes rígidas con el arreglo que se ve en la figura.

Calcule la caída de temperatura ΔT (grados Celsius) para que el esfuerzo promedio en el tornillo de 12 mm de diámetro sea 45 MPa. (Para la varilla de acero, use $\alpha = 12 \times 10^{-6}$/°C y $E = 200$ GPa.)

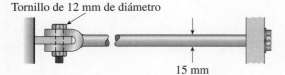

Tornillo de 12 mm de diámetro

15 mm

PROB. 2.5-4

2.5-5 Una barra AB de longitud L se sujeta entre soportes rígidos y se calienta de tal modo que el aumento de temperatura ΔT es $\Delta T = \Delta T_B x^3/L^3$ a la distancia x del extremo A, siendo ΔT_B el aumento de temperatura en el extremo de la barra (véase la figura).

Deduzca una fórmula para determinar el esfuerzo de compresión σ_c en la barra. (Suponga que el material tiene módulo de elasticidad E y coeficiente de dilatación térmica α.)

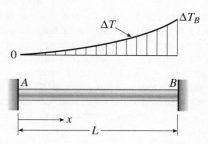

PROB. 2.5-5

2.5-6 Una barra de plástico ACB tiene dos secciones transversales circulares, y se sujeta entre soportes rígidos, como se ve en la figura. Los diámetros de las partes izquierda y derecha son 50 mm y 75 mm, respectivamente. Las longitudes correspondientes son 225 mm y 300 mm. Además, el módulo de elasticidad E es 6.0 GPa y el coeficiente de dilatación térmica α es 100×10^{-6}/°C. La barra se somete a un aumento uniforme de temperatura, de 30 °C.

Calcule las siguientes cantidades: a) la fuerza de compresión P en la barra, b) el esfuerzo máximo de compresión σ_c, y c) el desplazamiento δ_C del punto C.

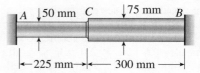

PROB. 2.5-6

2.5-7 Una varilla redonda de acero AB (diámetro $d_1 = 1.0$ pulg, longitud $L_1 = 3.0$ pies) tiene una camisa de bronce (diámetro exterior $d_2 = 1.25$ pulg, longitud $L_2 = 1.0$ pie) ajustada por contracción sobre la varilla, para que las dos partes estén unidas con firmeza (véase la figura).

Calcule la elongación total δ de la barra de acero, debido al aumento de temperatura $\Delta T = 500$ °F. Las propiedades de los materiales son las siguientes: para el acero, $E_s = 30 \times 10^6$ lb/pulg^2 y $\alpha_s = 6.5 \times 10^{-6}$/°F; para el bronce, $E_b = 15 \times 10^6$ lb/pulg^2 y $\alpha_b = 11 \times 10^{-6}$/°F.

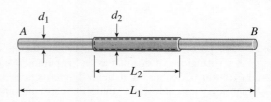

PROB. 2.5-7

2.5-8 Una camisa de latón S se pasa sobre un perno B de acero (véase la figura) y se ajusta la tuerca hasta apretar ligeramente la camisa. El perno tiene un diámetro $d_B = 25$ mm y la camisa tiene diámetros interior y exterior $d_1 = 26$ mm y $d_2 = 36$ mm, respectivamente.

Calcule el aumento de temperatura ΔT necesario para producir un esfuerzo de compresión de 25 MPa en la camisa. Use las siguientes propiedades de los materiales: para la camisa, $\alpha_S = 21 \times 10^{-6}/°C$ y $E_S = 100$ GPa; para el perno, $\alpha_B = 10 \times 10^{-6}/°C$ y $E_B = 200$ GPa. (*Sugerencia:* use los resultados del ejemplo 2-8.)

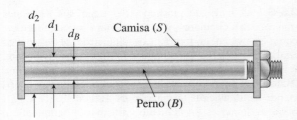

PROB. 2.5-8

2.5-9 Unas barras rectangulares de cobre y aluminio se sujetan con pasadores en sus extremos, como se ve en la figura. Unos distanciadores delgados causan una separación entre las barras. Las barras de cobre tienen dimensiones transversales 0.5 pulg $\times$ 2.0 pulg y las dimensiones de la barra de aluminio son 1.0 pulg $\times$ 2.0 pulg.

Determine el esfuerzo cortante en los pasadores de 7/16 pulg de diámetro, si la temperatura se eleva 100 °F. (Para el cobre, $E_c = 18\,000$ klb/pulg^2 y $\alpha_c = 9.5 \times 10^{-6}/°F$; para el aluminio, $E_a = 10\,000$ klb/pulg^2 y $\alpha_a = 13 \times 10^{-6}/°F$.) (*Sugerencia:* use los resultados del ejemplo 2-8.)

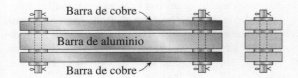

PROB. 2.5-9

*2.5-10 Una barra rígida $ABCD$ está articulada en el extremo A y sostenida por dos cables en los puntos B y C (véase la figura). El cable en B tiene diámetro nominal $d_B = 12$ mm, y el cable en C tiene diámetro nominal $d_C = 20$ mm. Una carga P actúa en el extremo D de la barra.

¿Cuál es la carga admisible P si la temperatura aumenta 60 °C y requiere que cada cable tenga un factor de seguridad mínimo de 5 contra la ruptura?

(*Nota:* los cables tienen módulos efectivos de elasticidad $E = 140$ GPa y coeficiente de dilatación térmica $\alpha = 12 \times 10^{-6}/°C$. Otras propiedades de los cables se pueden ver en la tabla 2-1, sección 2.2.)

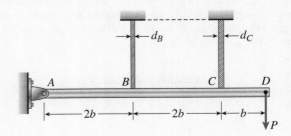

PROB. 2.5-10

*2.5-11 Un marco rígido triangular está articulado en C y sujeto con dos alambres horizontales idénticos en los puntos A y B (vea la figura). Cada alambre tiene rigidez axial $EA = 120$ klb y su coeficiente de dilatación térmica es $\alpha = 12.5 \times 10^{-6}/°F$.

a) Si la carga vertical $P = 500$ lb actúa en el punto D ¿cuáles son las fuerzas de tensión T_A y T_B en los alambres de A y B, respectivamente?

b) Si mientras actúa la carga P ambos se eleva la temperatura de ambos alambres 180°F ¿cuáles son las fuerzas T_A y T_B?

c) ¿Qué aumento adicional hará que el alambre en B se afloje?

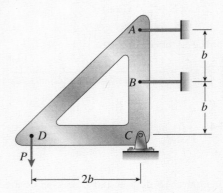

PROB. 2.5-11

Desajustes y deformaciones previas

2.5-12 Un alambre de acero AB se estira entre soportes rígidos (véase la figura). La tensión inicial previa del alambre es 42 MPa cuando la temperatura es 20°C.

a) ¿Cuál es el esfuerzo σ en el alambre cuando la temperatura baja a 0°C?

b) ¿A qué temperatura T el esfuerzo en el alambre será cero? (Suponga que $\alpha = 14 \times 10^{-6}/°C$ y que $E = 200$ GPa.)

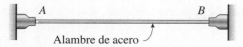

Alambre de acero

PROB. 2.5-12

2.5-13 Una barra de cobre AB de 25 pulg de longitud se coloca en su lugar a la temperatura ambiente, dejando un espacio de 0.008 pulg entre el extremo A y una restricción rígida (véase la figura).

Calcule el esfuerzo axial de compresión σ_c en la barra, si la temperatura aumenta 50 °C. (Para el cobre, use $\alpha = 9.6 \times 10^{-6}/°F$ y $E = 16 \times 10^6$ lb/pulg^2.)

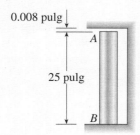

0.008 pulg

A

25 pulg

B

PROB. 2.5-13

2.5-14 Una barra AB de longitud L y rigidez axial EA se fija en el extremo A (vea la figura). En el otro extremo hay un hueco pequeño de dimensión s, entre el extremo de la barra y una superficie rígida. Sobre la barra actúa una carga P en el punto C, a dos tercios de la longitud a partir del extremo fijo.

Si las reacciones en los soportes, producidas por la carga P deben tener igual magnitud, ¿cuál debe ser el tamaño s del hueco?

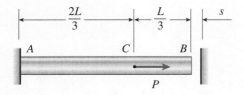

$\frac{2L}{3}$ $\frac{L}{3}$ s

A C B

P

PROB. 2.5-14

2.5-15 Los alambres B y C se fijan a un soporte en su extremo izquierdo y a una barra rígida articulada en el soporte, en el extremo derecho (véase la figura). Cada alambre tiene área transversal $A = 0.03$ pulg^2 y módulo de elasticidad $E = 30 \times 10^6$ lb/pulg^2. Cuando la barra está vertical, la longitud de cada alambre es $L = 80$ pulg. Sin embargo, antes de fijarse en la barra, la longitud del alambre B era 79.98 pulg y la del alambre C era 79.95 pulg.

Calcule las fuerzas de tensión T_B y T_C en los alambres, por la acción de una fuerza $P = 700$ lb, que actúa en el extremo superior de la barra.

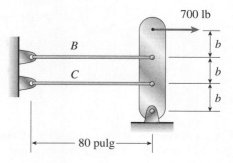

700 lb

B

C

b

b

b

80 pulg

PROB. 2.5-15

2.5-16 Una placa rígida de acero está soportada por tres postes de concreto de alta resistencia, cada uno con un área transversal efectiva $A = 40\ 000$ mm^2 y longitud $L = 2$ m (véase la figura). Antes de aplicar la carga P, el poste central es $s = 1.0$ mm más corto que los otros.

Determine la carga máxima admisible P_{adm} si el esfuerzo de compresión admisible en el concreto es $\sigma_{adm} = 20$ MPa. (Use $E = 30$ GPa para el concreto.)

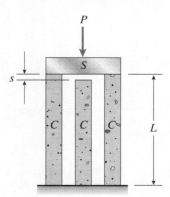

P

S

s

C C C

L

PROB. 2.5-16

2.5-17 Un tubo de cobre rodea un perno de acero, y la tuerca se gira hasta quedar apenas apretada (véase la figura). ¿Qué esfuerzos σ_s y σ_c se producen en el acero y el cobre, respectivamente, si ahora el tornillo se aprieta un cuarto de vuelta de tuerca?

El tubo de cobre tiene longitud $L = 16$ pulg y área transversal $A_c = 0.6$ pulg^2, y el perno de acero tiene área transversal $A_s = 0.2$ pulg^2. El paso de las roscas del tornillo es $p = 52$ mils (un mil es una milésima de pulgada). También, los módulos de elasticidad del acero y del cobre son $E_s = 30 \times 10^6$ lb/pulg^2 y $E_c = 16 \times 10^6$, respectivamente.

Nota: el paso de rosca es la distancia que avanza la tuerca en una vuelta completa (véase la ecuación 2-22).

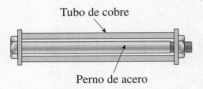

Tubo de cobre

Perno de acero

PROB. 2.5-17

2.5-18 Un cilindro de plástico está sujeto firmemente entre una placa rígida y una base, mediante dos pernos de acero (véase la figura).

Determine el esfuerzo de compresión σ_p en el plástico, cuando las tuercas de los pernos de acero se aprietan una vuelta completa.

Los datos para este conjunto son los siguientes: longitud $L = 200$ mm, paso de la rosca de los pernos $p = 1.0$ mm, módulo de elasticidad del acero $E_s = 200$ GPa, módulo de elasticidad del plástico $E_p = 7.5$ GPa, área transversal de un perno $A_s = 36.0$ mm^2 y área transversal del cilindro de plástico $A_p = 960$ mm^2.

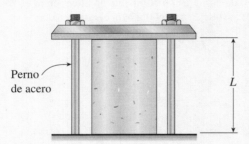

Perno de acero

L

PROBS. 2.5-18 y 2.5-19

2.5-19 Resuelva el problema anterior con los datos siguientes: longitud $L = 10$ pulg, paso de la rosca de los pernos $p = 0.058$ pulg, módulo de elasticidad del acero $E_s = 30 \times 10^6$ lb/pulg^2, módulo de elasticidad del plástico $E_p = 500$ klb/pulg^2, área transversal de un tornillo $A_s = 0.06$ pulg^2 y área transversal del cilindro de plástico $A_p = 1.5$ pulg^2.

2.5-20 A veces se fabrican vigas de concreto precargadas como sigue: con un mecanismo tensor se estiran alambres de acero de alta resistencia; el mecanismo aplica una fuerza Q, como se representa en el esquema de la parte (a) de la figura. A continuación se cuela el concreto en torno a los alambres, para formar una viga, como se ve en la parte (b).

Después de fraguar el concreto, los tensores se sueltan y se quita la fuerza Q (vea la parte (c) de la figura).

Así, la viga queda en un estado de preesfuerzo, con los alambres en tensión y el concreto en compresión.

Supongamos que la fuerza de precarga Q produce un esfuerzo inicial $\sigma_0 = 620$ MPa en los alambres de acero. Si los módulos de elasticidad del acero y del concreto tienen la relación 12:1 y las áreas transversales están en la relación 1:50, ¿cuáles son los esfuerzos finales σ_s y σ_c en los dos materiales?

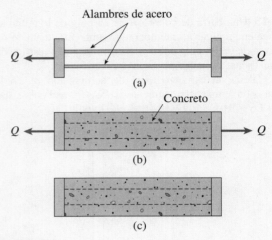

Alambres de acero

Q Q

(a)

Concreto

Q Q

(b)

(c)

PROB. 2.5-20

Esfuerzos sobre secciones inclinadas

2.6-1 Una barra de acero de sección transversal rectangular, de 1.5 pulg $\times$ 2.0 pulg, soporta una carga de tensión P (véase la figura). Los esfuerzos admisibles en tensión y en cortante son 15 000 lb/pulg^2 y 7 000 lb/pulg^2, respectivamente.

Determine la carga máxima admisible $P_{\text{máx}}$.

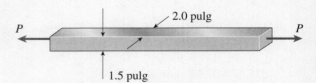

2.0 pulg

P P

1.5 pulg

PROB. 2.6-1

2.6-2 Una varilla de acero con un diámetro d se somete a una fuerza de tensión $P = 3.0$ kN (véase la figura). Los esfuerzos admisibles en tensión y en corte son 120 MPa y 50 MPa, respectivamente.

¿Cuál es el diámetro mínimo permisible $d_{\text{mín}}$ de la varilla?

PROB. 2.6-2

2.6-3 Un ladrillo normal (dimensiones 8 pulg $\times$ 4 pulg $\times$ 2.5 pulg) se comprime longitudinalmente con una fuerza P, como se ve en la figura. El esfuerzo cortante último del ladrillo es 1 200 lb/pulg^2, y el esfuerzo último de compresión es 3 600 lb/pulg^2. ¿Qué fuerza P_{max} se requiere para romperlo?

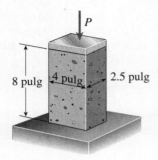

PROB. 2.6-3

2.6-4 Un alambre de latón, de $d = 2.42$ mm, se estira firmemente entre soportes rígidos, de modo que la fuerza de tensión es $T = 92$ N (véase la figura).

¿Cuál es la caída de temperatura máxima permisible ΔT, si el esfuerzo cortante admisible en el alambre es 60 MPa? (El coeficiente de dilatación térmica del alambre es 20×10^{-6}/°C, y el módulo de elasticidad es 100 GPa.

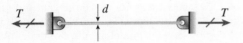

PROBS. 2.6-4 y 2.6-5

2.6-5 Un alambre de latón de diámetro $d = 1/16$ pulg se estira entre soportes rígidos, con una tensión inicial T de 32 lb (véase la figura).

a) Si la temperatura baja 50°F, ¿cuál es el esfuerzo cortante máximo τ_{max} en el alambre?

b) Si el esfuerzo cortante admisible es 10 000, lb/pulg^2 ¿cuál es la caída de temperatura máxima permisible? (Suponga que el coeficiente de dilatación térmica es 10.6×10^{-6}/°F y que el módulo de elasticidad es 15×10^6 lb/pulg^2.)

2.6-6 Una barra de acero de $d = 12$ mm de diámetro se somete a una carga de tensión $P = 9.5$ kN (véase la figura).

a) ¿Cuál es el esfuerzo normal máximo, σ_{max}, en la barra?

b) ¿Cuál es el esfuerzo cortante máximo, τ_{max}?

c) Trace un elemento de esfuerzos orientado a 45° respecto al eje de la barra y muestre todos los esfuerzos que actúen sobre ese elemento.

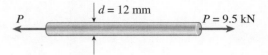

PROB. 2.6-6

2.6-7 Durante una prueba de tensión de una probeta de acero dulce (véase la figura) el extensómetro indica un alargamiento de 0.00120 pulg en una longitud calibrada de 2 pulg. Suponga que el acero se somete a esfuerzos menores que el límite de proporcionalidad, y que el módulo de elasticidad es $E = 30 \times 10^6$ lb/pulg^2.

a) ¿Cuál es el esfuerzo normal máximo σ_{max} en el espécimen?

b) ¿Cuál es el esfuerzo cortante máximo, τ_{max}?

c) Trace un elemento de esfuerzo orientado a un ángulo de 45° respecto al eje de la barra e indique todos los esfuerzos que actúen sobre las caras de ese elemento.

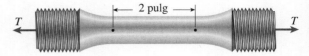

PROB. 2.6-7

2.6-8 Una barra de cobre de corte transversal rectangular, se sujeta entre soportes rígidos y no tiene esfuerzos (véase la figura). Después, la temperatura de la barra se eleva 50°C.

Determine los esfuerzos sobre todas las caras de los elementos A y B, e indíquelos en esquemas de los elementos. (Suponga que $\alpha = 17.5 \times 10^{-6}$/°C y $E = 120$ GPa.)

PROB. 2.6-8

2.6-9 Un miembro en compresión de una armadura de puente se forma con un perfil de acero de patín ancho (véase la figura). El área transversal es $A = 7.5$ pulg^2, y la carga axial es $P = 90$ klb.

Determine los esfuerzos normal y cortante que actúan sobre todas las caras de elementos de esfuerzo ubicados en el alma de la viga, y que están orientados en un ángulo de a) $\theta = 0°$, b) $\theta = 30°$ y c) $\theta = 45°$. En cada caso, muestre los esfuerzos en un diagrama de un elemento con la orientación correcta.

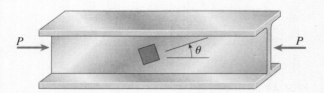

PROB. 2.6-9

2.6-10 Una barra de plástico de diámetro $d = 30$ mm se comprime en una máquina de pruebas, con una fuerza $P = 170$ N aplicada como se ve en la figura.

Determine los esfuerzos normal y cortante que actúan sobre todas las caras de elementos de esfuerzo orientados en un ángulo de a) $\theta = 0°$, b) $\theta = 22.5°$ y c) $\theta = 45°$. En cada caso, muestre los esfuerzos en un esquema de un elemento con la orientación adecuada.

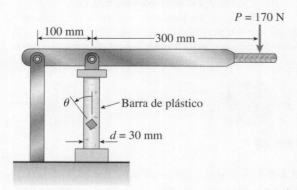

PROB. 2.6-10

2.6-11 Una barra de plástico ajusta apenas entre soportes rígidos a la temperatura ambiente (68°F), pero sin esfuerzos iniciales (véase la figura). Cuando aumenta la temperatura de la barra a 160°F, el esfuerzo de compresión sobre un plano inclinado pq llega a 1 700 lb/pulg^2.

a) ¿Cuál es el esfuerzo cortante sobre el plano pq? (Suponga que $\alpha = 60 \times 10^{-6}$/°F y $E = 450 \times 10^3$ lb/pulg^2.)

b) Trace un elemento de esfuerzo orientado en el plano pq e indique los esfuerzos que actúan sobre todas las caras de este elemento.

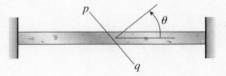

PROBS. 2.6-11 y 2.6-12

2.6-12 Una barra de cobre se sujeta firmemente (pero sin esfuerzo inicial alguno) entre soportes rígidos (véase la figura). Los esfuerzos admisibles sobre el plano inclinado pq, para el que $\theta = 55°$, se especifican como 60 MPa en compresión y 30 MPa en cortante.

a) ¿Cuál es el aumento máximo admisible de temperatura, ΔT, si no se deben rebasar los esfuerzos admisibles en el plano pq? (Suponga que $\alpha = 17 \times 10^{-6}$/°C y $E = 120$ GPa.)

b) Si la temperatura aumenta hasta el valor máximo permisible, ¿cuáles son los esfuerzos en el plano pq?

2.6-13 Una barra redonda de latón de diámetro d está formada por dos segmentos *latonados* (unidos con soldadura de latón) en un plano pq que forma un ángulo $\alpha = 36°$ respecto al eje de la barra (véase la figura). Los esfuerzos admisibles en el latón son 13 500 lb/pulg^2 en tensión y 6 500 lb/pulg^2 en cortante. En la unión latonada, los esfuerzos admisibles son 6 000 lb/pulg^2 en tensión y 3 000 lb/pulg^2 en cortante.

Si la barra debe resistir una fuerza de tensión $P = 6\ 000$ lb, ¿cuál es el diámetro mínimo requerido $d_{\text{mín}}$ en ella?

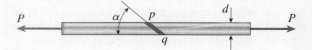

PROB. 2.6-13

2.6-14 Dos tablas están unidas con pegamento (ensambladura de "rayo de Júpiter"), como se ve en la figura. Para el corte y la pegadura, el ángulo α entre el plano de la junta y las caras de las tablas debe estar entre 10° y 40°. Bajo una carga de tensión P, el esfuerzo normal en las tablas es 4.9 MPa.

a) ¿Cuáles son los esfuerzos normal y cortante que actúan sobre la unión pegada, si $\alpha = 20°$?

b) Si el esfuerzo cortante admisible en la junta es 2.25 MPa ¿cuál es el valor máximo permisible del ángulo α?

c) ¿Para qué ángulo α el esfuerzo cortante sobre la junta pegada será numéricamente igual al doble del esfuerzo normal sobre esa junta?

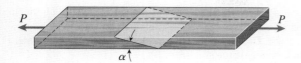

PROB. 2.6-14

2.6-15 Unos esfuerzos de tensión de 10 000 lb/pulg^2 y 5 000 lb/pulg^2 actúan sobre los lados de un elemento de esfuerzo tomado de una barra en esfuerzo uniaxial, como muestra la figura.

a) Determine el ángulo θ y el esfuerzo cortante τ_θ, e indique todos los esfuerzos en un esquema del elemento.

b) Determine el esfuerzo normal máximo $\sigma_{máx}$ y el esfuerzo cortante máximo $\tau_{máx}$ en el material.

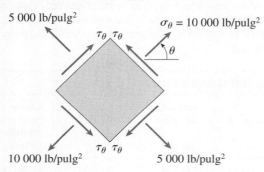

PROB. 2.6-15

2.6-16 Una barra prismática se sujeta a una fuerza axial que produce un esfuerzo de tensión $\sigma_\theta = 63$ MPa, y un esfuerzo cortante $\tau_\theta = -21$ MPa sobre cierto plano inclinado (véase la figura).

Determine los esfuerzos que actúan sobre todas las caras de un elemento de esfuerzo orientado a $\theta = 30°$ e indíquelos en un esquema del elemento.

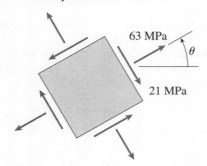

PROB. 2.6-16

***2.6-17** Se determina el esfuerzo normal sobre el plano pq de una barra prismática en tensión (véase la figura) y resulta 7 500 lb/pulg^2. Sobre el plano rs, que forma un ángulo $\beta = 30°$ con el plano pq, se ve que el esfuerzo es 2 500 lb/pulg^2.

Determine el esfuerzo normal máximo $\sigma_{máx}$ y el esfuerzo cortante máximo $\tau_{máx}$ en la barra.

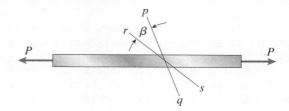

PROB. 2.6-17

***2.6-18** Un miembro en tensión se va a fabricar con dos piezas de plástico pegadas en el plano pq (véase la figura). Para poder cortar y pegar, el ángulo θ debe estar entre 25° y 45°. Los esfuerzos admisibles en la unión pegada, en tensión y en cortante, son 5.0 MPa y 3.0 MPa, respectivamente.

a) Determine el ángulo θ de modo que la barra soporte la carga máxima P. (Suponga que la resistencia de la junta pegada es la que controla el diseño.)

b) Determine la carga máxima admisible $P_{máx}$ si el área transversal de la barra es 225 mm^2.

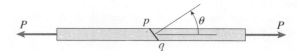

PROB. 2.6-18

Energía de deformación

Al resolver los problemas de la sección 2.7, suponga que el material se comporta linealmente elástico.

2.7-1 Una barra prismática AD de longitud L, área transversal A y módulo de elasticidad, se somete a cargas de $5P$, $3P$ y P que actúan en los puntos B, C y D, respectivamente (véase la figura). Las longitudes de los segmentos AB, BC y CD son $L/6$, $L/2$ y $L/3$, respectivamente.

a) Deduzca una expresión matemática para determinar la energía de deformación U de la barra.

b) Calcule la energía de deformación si $P = 6$ klb, $L = 52$ pulg, $A = 2.76$ pulg^2 y el material es aluminio con $E = 10.4 \times 10^6$ lb/pulg^2.

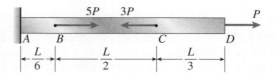

PROB. 2.7-1

2.7-2 Una barra redonda tiene dos diámetros distintos, d y $2d$, como muestra la figura. La longitud de cada segmento de la barra es $L/2$, y el módulo de elasticidad del material es E.

a) Deduzca una expresión matemática para determinar la energía de deformación U de la barra, debida a la carga P.

b) Calcule la energía de deformación, si la carga es $P = 27$ kN, la longitud $L = 600$ mm, el diámetro $d = 40$ mm y el material es latón, con $E = 105$ GPa.

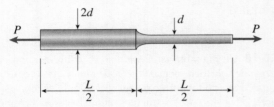

PROB. 2.7-2

2.7-3 Una columna de un edificio de tres plantas sostiene las cargas de techo y pisos que indica la figura. La altura H de los pisos es 10.5 pies, el área transversal A de la columna es 15.5 pulg^2, y el módulo de elasticidad E del acero es 30×10^6 lb/pulg^2.

Calcule la energía de deformación U de la columna, suponiendo que $P_1 = 40$ klb y $P_2 = P_3 = 60$ klb.

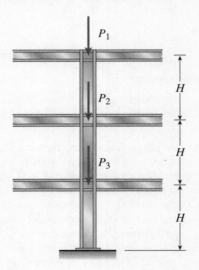

PROB. 2.7-3

2.7-4 La barra ABC que muestra la figura se carga con una fuerza P que actúa en el extremo C, y con una fuerza Q que actúa en el punto central B. La barra tiene rigidez axial constante EA.

a) Determine la energía de deformación U_1 de la barra, cuando actúa sola la fuerza P ($Q = 0$).

b) Determine la energía de deformación U_2 cuando la fuerza Q actúa sola ($P = 0$).

c) Determine la energía de deformación U_3 cuando actúan al mismo tiempo las fuerzas P y Q sobre la barra.

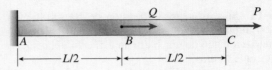

PROB. 2.7-4

2.7-5 Determine la energía de deformación por unidad de volumen (en lb/pulg^2) y la energía de deformación por unidad de peso (en pulg) que puede almacenar cada uno de los materiales de la tabla adjunta, suponiendo que el material se somete a esfuerzo hasta su límite de proporcionalidad.

DATOS PARA EL PROBLEMA 2.7-5

Material	Densidad de peso (lb/pulg^3)	Modulos de elasticidad (klb/pulg^2)	Límite de proporcionalidad (lb/pulg^2)
Aluminio	0.284	30 000	36 000
Acero de herramientas	0.284	30 000	75 000
Aluminio	0.0984	10 500	60 000
Hule (suave)	0.0405	0.300	300

2.7-6 La armadura ABC de la figura se somete a una carga horizontal P en la articulación B. Las dos barras son idénticas, con área transversal A y módulo de elasticidad E.

a) Determine la energía de deformación U de la armadura, si el ángulo es $\beta = 60°$.

b) Determine el desplazamiento horizontal δ_B de la articulación B, igualando la energía de deformación de la armadura con el trabajo efectuado por la carga.

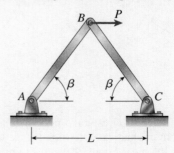

PROB. 2.7-6

2.7-7 La armadura *ABC* de la figura soporta una carga horizontal $P_1 = 300$ lb y una carga vertical $P_2 = 900$ lb. Ambas barras tienen área transversal $A = 2.4$ pulg^2 y son de acero, con $E = 30 \times 10^6$ lb/pulg^2.

a) Determine la energía de deformación U_1 de la armadura, cuando actúa sólo la carga P_1 ($P_2 = 0$).

b) Determine la energía de deformación U_2 de la armadura, cuando actúa sólo la carga P_2 ($P_1 = 0$).

c) Determine la energía de deformación U_3 cuando actúan las dos cargas al mismo tiempo.

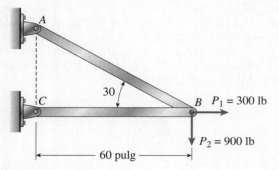

PROB. 2.7-7

2.7-8 La estructura estáticamente indeterminada de la figura consiste en una barra rígida horizontal *AB* soportada por cuatro resortes a distancias iguales. Los resortes 1, 2 y 3 tienen rigideces $3k$, $5k$ y k, respectivamente. Cuando no hay esfuerzos, los extremos inferiores de los cinco resortes están en una línea horizontal. La barra *AB*, cuyo peso es *W*, hace que los resortes se alarguen una cantidad δ.

a) Deduzca una fórmula para determinar la energía total de deformación *U* de los resortes, en función del desplazamiento δ hacia abajo de la barra.

b) Deduzca una fórmula para determinar el desplazamiento δ igualando la energía de deformación de los resortes y el trabajo efectuado por el peso *W*.

c) Determine las fuerzas F_1, F_2 y F_3 en los resortes.

d) Evalúe la energía de deformación *u*, el desplazamiento δ y las fuerzas en los resortes, si $W = 600$ N y $k = 7.5$ N/mm.

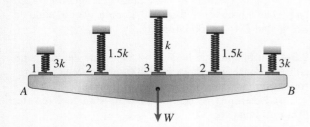

PROB. 2.7-8

2.7-9 Una barra ligeramente ahusada *AB* de sección transversal rectangular y longitud *L* está sometida a una fuerza *P* (véase la figura). El ancho de la barra varía uni-

formemente desde b_2 en el extremo *A*, hasta b_1 en el extremo *B*. El espesor *t* es constante.

a) Determine la energía de deformación *U* de la barra.

b) Determine el alargamiento δ de la barra, igualando la energía de deformación y el trabajo efectuado por la fuerza *P*.

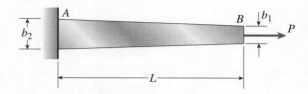

PROB. 2.7-9

*2.7-10 Una carga de compresión *P* se transmite a través de una placa rígida a tres barras de aleación de magnesio, que son idénticas, excepto que la barra central es un poco más corta que las otras (véase la figura). Las dimensiones y propiedades del conjunto son las siguientes: longitud $L = 1.0$ m, área transversal de cara barra $A = 3\,000$ mm^2, módulo de elasticidad $E = 45$ GPa y el hueco es $s = 1.0$ mm.

a) Calcule la carga P_1 requerida para cerrar el hueco.

b) Calcule el desplazamiento hacia abajo, δ, de la placa rígida, cuando $P = 400$ kN.

c) Calcule la energía total de deformación *U* de las tres barras, cuando $P = 400$ kN.

d) Explique por qué la energía de deformación *U no* es igual a $P\delta/2$. (*Sugerencia:* trace un diagrama de carga-desplazamiento.)

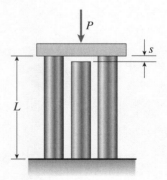

PROB. 2.7-10

**2.7-11 Un bloque *B* es impulsado hacia tres resortes con una fuerza *P* (véase la figura). El resorte central tiene rigidez k_1 y los laterales tienen rigidez k_2 cada uno. Al principio, los resortes no tienen esfuerzo, y el central es más largo que los laterales (la diferencia de longitud es *s*).

a) Trace un diagrama fuerza-desplazamiento con la fuerza P como ordenada, y el desplazamiento x del bloque como abscisa.

b) De acuerdo con el diagrama, determine la energía de deformación U_1 de los resortes, cuando $x = 2s$.

c) Explique por qué la energía de deformación U_1 no es igual a $P\delta/2$, siendo $\delta = 2s$.

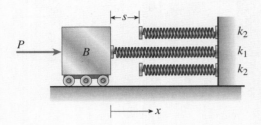

PROB. 2.7-11

***2.7-12** Una cuerda de *bungee* se comporta linealmente elástica y tiene una longitud no esforzada $L_0 = 760$ mm, y su rigidez es $k = 140$ N/m. La cuerda se fija en dos clavijas a $b = 380$ mm de distancia; se tira de su centro con una fuerza $P = 80$ N (véase la figura).

a) ¿Cuánta energía U se almacena en la cuerda?

b) ¿Cuál es el desplazamiento δ_C del punto donde se aplica la carga?

c) Compare la energía de deformación U con $P\delta_C/2$.

(*Nota:* el alargamiento de la cuerda *no* es pequeño en comparación con su longitud original.)

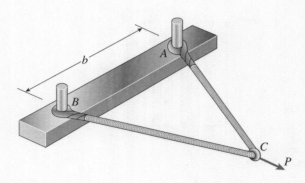

PROB. 2.7-12

Carga de impacto

Los problemas para la sección 2.8 se deben resolver con base en las hipótesis e idealizaciones que se describieron en el texto. En particular, suponga que el material se comporta linealmente elástico y que no se pierde energía durante el impacto.

2.8-1 Un collarín deslizante de peso $W = 150$ lb cae desde una altura $h = 2.0$ pulg sobre una brida en el extremo inferior de una varilla vertical esbelta (véase la figura). La longitud de la varilla es $L = 4.0$ pies, el área transversal es $A = 0.75$ pulg^2 y el módulo de elasticidad es $E = 30 \times 10^6$ lb/pulg^2.

Calcule lo siguiente: a) el desplazamiento máximo de la brida hacia abajo, b) el esfuerzo máximo de tensión en la varilla y c) el factor de impacto.

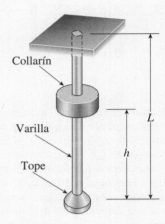

PROBS. 2.8-1, 2.8-2 y 2.8-3

2.8-2 Resuelva el problema anterior si la masa del collarín es $M = 80$ kg, la altura es $h = 0.5$ m, la longitud es $L = 3.0$ m, el área transversal es $A = 350$ mm^2 y el módulo de elasticidad es $E = 170$ GPa.

2.8-3 Resuelva el problema 2.8-1 si el peso del collarín es $W = 50$ lb, la altura $h = 2.0$ pulg, la longitud $L = 3.0$ pies, el área transversal es $A = 0.25$ pulg^2 y el módulo de elasticidad $E = 30\,000$ klb/pulg^2.

2.8-4 Un bloque que pesa $W = 5.0$ N cae dentro de un cilindro, desde una altura $h = 200$ mm, y llega a un resorte con rigidez $k = 90$ N/m (vea la figura).

a) Determine el acortamiento máximo del resorte, debido al impacto;

b) Determine el factor de impacto.

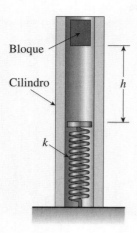

PROBS. 2.8-4 y 2.8-5

2.8-5 Resuelva el ejemplo anterior, si el bloque pesa $W = 1.0$ pulg, $h = 12$ pulg y $k = 0.5$ lb/pulg.

2.8-6 Una pequeña pelota de hule (peso $W = 450$ mN) se fija con una liga a una paleta de madera (véase la figura). La longitud natural de la liga es $L_0 = 200$ mm, su área transversal es $A = 1.6$ mm^2 y su módulo de elasticidad es $E = 2.0$ MPa. Después de golpearla con la paleta, la pelota hace estirar la liga hasta una altura total $L_1 = 900$ mm.

¿Cuál fue la velocidad v de la pelota al salir de la paleta? (Suponga un comportamiento linealmente elástico de la liga y no tenga en cuenta la energía potencial causada por algún cambio de elevación de la pelota.)

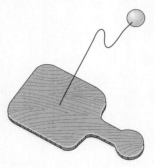

PROB. 2.8-6

2.8-7 Un peso $W = 4\,500$ lb cae desde una altura h sobre un poste vertical de madera, de longitud $L = 15$ pies, diámetro $d = 12$ pulg y módulo de elasticidad $E = 1.6 \times 10^6$ lb/pulg^2 (véase la figura).

Si el esfuerzo admisible en la madera bajo una carga de impacto es 2 500 lb/pulg^2, ¿cuál es la altura máxima permisible h?

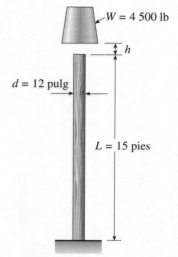

PROB. 2.8-7

2.8-8 Un cable con un limitador en su extremo inferior cuelga verticalmente de su extremo superior (véase la figura). El cable tiene área transversal efectiva $A = 40$ mm^2 y un módulo de elasticidad efectivo $E = 130$ GPa. Una corredera de masa $M = 35$ kg cae desde una altura $h = 1.0$ m sobre el limitador.

Si el esfuerzo admisible en el cable, bajo una carga de impacto, es 500 MPa ¿cuál es la longitud mínima permisible L del cable?

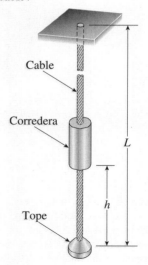

PROBS. 2.8-8 y 2.8-9

2.8-9 Resuelva el problema anterior si el peso de la corredera es $W = 100$ lb, $h = 45$ pulg, $A = 0.080$ pulg^2, $E = 21 \times 10^6$ lb/pulg^2 y el esfuerzo admisible es 70 klb/pulg^2.

2.8-10 Un poste de tope en el final de una vía, en un patio de ferrocarriles, tiene una constante de resorte $k = 8.0$ MN/m (véase la figura). El desplazamiento máximo posible d del extremo del tope es 450 mm.

¿Cuál es la velocidad máxima $v_{máx}$ que puede tener un furgón de ferrocarril que pesa $W = 545$ kN para no dañar el tope al chocar con él?

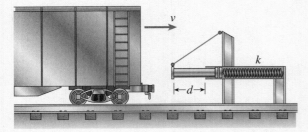

PROB. 2.8-10

2.8-11 Un tope para carros mineros se construye con un resorte de rigidez $k = 1\,120$ lb/pulg (véase la figura). Si un carro pesa 3 450 lb y se mueve a la velocidad $v = 7$ mph al chocar con el resorte, ¿cuál es el acortamiento máximo del resorte?

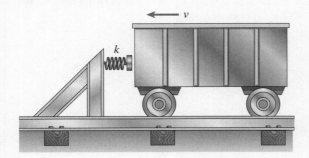

PROB. 2.8-11

*2.8-12 Una persona cuya masa es 55 kg, salta del *bungee* desde un puente y frena su caída con una cuerda elástica larga, con rigidez axial $EA = 2.3$ kN (véase la figura).

Si el punto de despegue está 60 m sobre el agua, y si se desea mantener una distancia de 10 m entre la saltadora y el agua ¿qué longitud L debe tener la cuerda?

PROB. 2.8-12

*2.8-13 Un peso W descansa sobre un muro y está fijo a un extremo de una cuerda muy flexible cuyo módulo de elasticidad es E (véase la figura). El otro extremo de la cuerda está fijo firmemente al muro. Entonces el peso se empuja desde el muro y cae libremente toda la longitud de la cuerda.

a) Deduzca una fórmula del factor de impacto.

b) Evalúe el factor de impacto si el peso, cuando cuelga estáticamente, alarga la cuerda 2.5% de su longitud original.

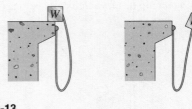

PROB. 2.8-13

**2.8-14 Una barra rígida AB con masa $M = 1.0$ kg y longitud $L = 0.5$ m está articulada en el extremo A y soportada en el extremo B por una cuerda de nailon BC (véase la figura). La cuerda tiene área transversal $A = 30$ mm^2, longitud $b = 0.25$ m y módulo de elasticidad $E = 2.1$ GPa.

Si la barra se eleva hasta su altura máxima y luego se suelta, ¿cuál es el esfuerzo máximo en la cuerda?

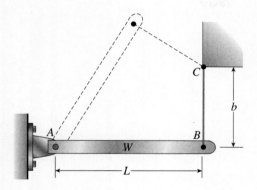

PROB. 2.8-14

Concentraciones de esfuerzo

Los problemas de la sección 2.10 se deben resolver considerando los factores de concentración de esfuerzo y suponiendo un comportamiento linealmente elástico.

2.10-1 Las barras planas que se ven en las partes a) y b) de la figura siguiente están sujetas a fuerzas de tensión $P = 3.0$ klb. Cada barra tiene espesor $t = 0.25$ pulg.

a) Para la barra con el barreno, determine los esfuerzos máximos para diámetros de agujero $d = 1$ pulg y $d = 2$ pulg, si el ancho es $b = 6.0$ pulg.

b) Para la barra escalonada con transiciones, determine los esfuerzos máximos para radios de transición $R = 0.25$ pulg y $R = 0.5$ pulg, si los anchos de esa barra son $b = 4.0$ pulg y $c = 2.5$ pulg.

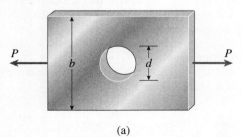

(a)

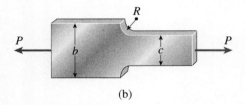

(b)

PROBS. 2.10-1 y 2.10-2

2.10-2 Las barras planas de las partes a) y b) de la figura se sujetan a fuerzas de tensión $P = 2.5$ kN. Cada barra tiene espesor $t = 5.0$ mm.

a) Para la barra con barreno, determine los esfuerzos máximos si los diámetros del agujero son $d = 12$ mm y $d = 20$ mm, con un ancho de $b = 60$ mm.

b) Para la barra escalonada con transiciones, determine los esfuerzos máximos para radios de transición $R = 6$ mm y $R = 10$ mm, si los anchos de esa barra son $b = 60$ mm y $c = 40$ mm.

2.10-3 Una barra plana de ancho b y espesor t tiene un agujero de diámetro d (véase la figura). El agujero puede tener cualquier diámetro que quepa en la barra.

¿Cuál es la carga máxima admisible $P_{máx}$ si el esfuerzo de tensión admisible en el material es σ_t?

PROB. 2.10-3

2.10-4 Una barra de latón con diámetro $d_1 = 20$ mm tiene extremos recalcados con diámetro $d_2 = 26$ mm (véase la figura). Las longitudes de los segmentos de la barra son $L_1 = 0.3$ m y $L_2 = 0.1$ m. En los hombros de la barra hay transiciones de cuarto de vuelta y el módulo de elasticidad del latón es $E = 100$ GPa.

Si la barra se alarga 0.12 mm bajo una carga P de tensión ¿cuál es el esfuerzo máximo $\sigma_{máx}$ en ella?

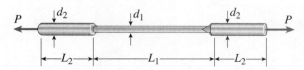

PROBS. 2.10-4 y 2.10-5

2.10-5 Resuelva el problema anterior para una barra de metal monel con las siguientes propiedades: $d_1 = 1.0$ pulg, $d_2 = 1.4$ pulg, $L_1 = 20.0$ pulg, $L_2 = 5.0$ pulg y $E = 25 \times 10^6$ lb/pulg². También, la barra se alarga 0.0040 pulg cuando se aplica la carga de tensión.

2.10-6 Una barra prismática de diámetro $d_0 = 20$ mm se compara con una barra escalonada del mismo diámetro ($d_1 = 20$ mm) que en su la región intermedia aumenta hasta un diámetro $d_2 = 25$ mm (véase la figura). Los radios de transición de los escalones son 2.0 mm.

a) ¿El aumento en la región intermedia de la barra la hace más fuerte que la barra prismática? Demuestre su respuesta determinando la carga máxima admisible P_1 para la barra prismática y la carga máxima admisible P_2 de la barra agrandada, suponiendo que el esfuerzo admisible del material es 80 MPa.

b) ¿Cuál debe ser el diámetro d_0 de la barra prismática para que tenga la misma carga máxima admisible que la barra escalonada?

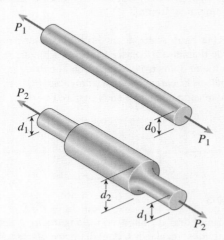

PROB. 2.10-6

2.10-7 Una barra escalonada con un agujero tiene anchos $b = 2.4$ pulg y $c = 1.6$ pulg. Las transiciones tienen radios de 0.2 pulg.

¿Cuál es el diámetro $d_{máx}$ del agujero más grande que se puede perforar en la barra sin reducir la capacidad de carga?

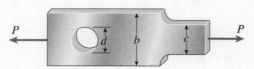

PROB. 2.10-7

Comportamiento no lineal
(cambios de longitud de barras)

2.11-1 Una barra AB de longitud L y densidad de peso γ cuelga verticalmente bajo su propio peso (véase la figura). La relación esfuerzo-deformación unitaria del material se determina con la ecuación de Ramberg-Osgood (ecuación 2-71):

$$\epsilon = \frac{\sigma}{E} + \frac{\sigma_0 \alpha}{E}\left(\frac{\sigma}{\sigma_0}\right)^m$$

Deduzca la siguiente fórmula

$$\delta = \frac{\gamma L^2}{2E} + \frac{\sigma_0 \alpha L}{(m+1)E}\left(\frac{\gamma L}{\sigma_0}\right)^m$$

del alargamiento de la barra.

PROB. 2.11-1

2.11-2 Una barra prismática de longitud $L = 1.8$ m y área transversal $A = 480$ mm^2 está cargada por las fuerzas $P_1 = 30$ kN y $P_2 = 60$ kN (véase la figura). La barra está fabricada con aleación de magnesio que tiene su curva esfuerzo-deformación definida por la siguiente ecuación de Ramberg-Osgood:

$$\epsilon = \frac{\sigma}{45,000} + \frac{1}{618}\left(\frac{\sigma}{170}\right)^{10} \qquad (\sigma = \text{MPa})$$

en el cual σ tiene las unidades de megapascal

a) Calcule el desplazamiento δ_C del extremo de la barra, cuando actúa sólo la carga P_1.

b) Calcule el desplazamiento cuando la carga P_2 actúa aisladamente.

c) Calcule el desplazamiento cuando las dos cargas actúan en forma simultánea.

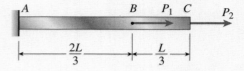

PROB. 2.11-2

2.11-3 Una barra redonda de longitud $L = 32$ pulg y diámetro $d = 0.75$ pulg está sometida a tensión por las fuerzas P (véase la figura). La barra se fabrica con una aleación de cobre, que tiene la siguiente *relación hiperbólica esfuerzo-deformación unitaria:*

$$\sigma = \frac{18\,000\epsilon}{1 + 300\epsilon} \qquad 0 \le \epsilon \le 0.03 \qquad (\sigma = \text{klb/pulg}^2)$$

a) Trace un diagrama esfuerzo-deformación para el material.

b) Si el alargamiento en la barra se limita a 0.25 pulg y el esfuerzo máximo se limita a 40 klb/pulg^2 ¿cuál es la carga P admisible?

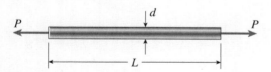

PROB. 2.11-3

2.11-4 Una barra prismática en tensión tiene longitud $L = 2.0$ m y área transversal $A = 249$ mm^2. El material de la barra tiene la curva esfuerzo-deformación unitaria que muestra la figura.

Determine el alargamiento δ de la barra, para cada una de las cargas axiales siguientes: $P = 10$ kN, 20 kN, 30 kN, 40 kN y 45 kN. De acuerdo con los resultados, trace un diagrama de carga P en función del alargamiento δ (diagrama de carga-desplazamiento).

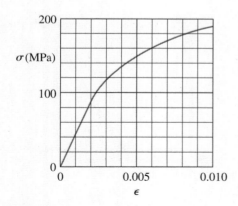

PROB. 2.11-4

2.11-5 Una barra de aluminio sujeta a fuerzas de tensión P tiene longitud $L = 150$ pulg y área transversal $A = 2.0$ pulg^2. El comportamiento esfuerzo-deformación unitaria se puede representar, en forma aproximada, con el diagrama bilineal de la figura.

Calcule el alargamiento δ de la barra, para cada una de las siguientes cargas: $P = 8$ klb, 16 klb, 24 klb, 32 klb y 40 klb. A partir de los resultados, trace un diagrama de la carga P en función de la elongación δ (diagrama de carga-desplazamiento).

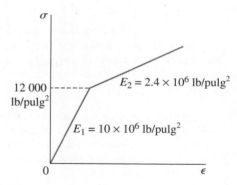

PROB. 2.11-5

*2.11-6 Una barra rígida AB articulada en el extremo A está soportada por un alambre CD y cargada con una fuerza P en el extremo B (véase la figura). El alambre es de acero de alta resistencia, con módulo de elasticidad $E = 210$ GPa y esfuerzo de fluencia $\sigma_Y = 820$ MPa. La longitud del alambre es $L = 1.0$ m y su diámetro es $d = 3$ mm. El diagrama esfuerzo-deformación del acero se define por la *ley de potencia modificada*, como sigue:

$$\sigma = E\epsilon \qquad 0 \le \sigma \le \sigma_Y$$
$$\sigma = \sigma_Y\left(\frac{E\epsilon}{\sigma_Y}\right)^n \qquad \sigma \ge \sigma_Y$$

a) Suponiendo que $n = 0.2$, calcule el desplazamiento δ_B en el extremo de la barra, debido a la carga P. Dé valores a P desde 2.4 kN hasta 5.6 kN, en incrementos de 0.8 kN.

b) Trace un diagrama de carga-desplazamiento con P en función de δ_B.

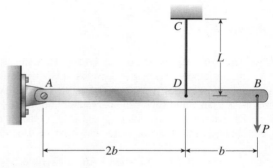

PROB. 2.11-6

Análisis elastoplástico

Los problemas de la sección 2.12 se deben resolver suponiendo que el material es elastoplástico, con esfuerzo de fluencia σ_Y, deformación unitaria de fluencia ϵ_Y y módulo de elasticidad E, en la región linealmente elástica (véase la figura 2-70).

2.12-1 Dos barras idénticas AB y BC sostienen una carga vertical P (véase la figura). Las barras son de acero, con un diagrama de esfuerzo-deformación unitaria que se puede idealizar como elastoplástico con esfuerzo de fluencia σ_Y. Cada barra tiene área transversal A.

Determine la carga de fluencia P_Y y la carga plástica P_P.

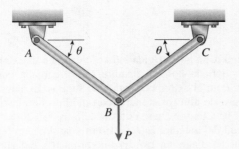

PROB. 2.12-1

2.12-2 Una barra escalonada ACB con secciones transversales circulares, se sujeta entre soportes rígidos y se carga con una fuerza axial P en el centro (véase la figura). Los diámetros de las dos partes de la barra son $d_1 = 20$ mm y $d_2 = 25$ mm, y el material es elastoplástico con esfuerzo de fluencia $\sigma_Y = 250$ MPa.

Determine la carga plástica P_P.

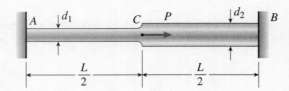

PROB. 2.12-2

2.12-3 Una barra rígida horizontal AB soporta una carga P y cuelga de cinco alambres colocados simétricamente, cada uno con área transversal A (véase la figura). Los alambres se fijan a una superficie curva de radio R.

a) Determine la carga plástica P_P si el material de los alambres es elastoplástico con esfuerzo de fluencia σ_Y.

b) ¿Cómo varía P_P si la barra AB es flexible, y no rígida?

c) ¿Cómo varía P_P si aumenta el radio R?

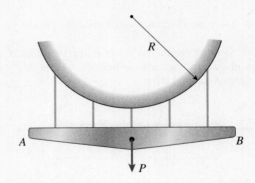

PROB. 2.12-3

2.12-4 Una carga P actúa sobre una viga horizontal sostenida por cuatro varillas, dispuestas en la forma simétrica que muestra la figura. Cada varilla tiene área transversal A y el material es elastoplástico con esfuerzo de fluencia σ_Y. Determine la carga plástica P_P.

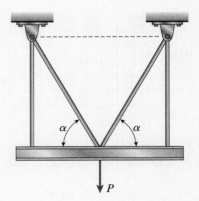

PROB. 2.12-4

2.12-5 La armadura simétrica $ABCDE$ de la figura se forma con cuatro barras y soporta una carga P en la articulación E. Cada una de las dos barras laterales tiene un área transversal de 0.307 pulg^2 y las dos barras centrales tienen cada una un área de 0.601 pulg^2. El material es elastoplástico, con esfuerzo de fluencia $\sigma_Y = 36$ klb/pulg^2.

Determine la carga plástica P_P.

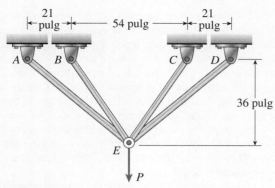

PROB. 2.12-5

2.12-6 Cinco barras, cada una con 10 mm de diámetro, sostienen una carga P, como muestra la figura. Determine la carga plástica P_P, si el material es elastoplástico con esfuerzo de fluencia $\sigma_Y = 250$ MPa.

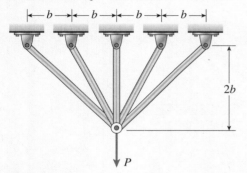

PROB. 2.12-6

2.12-7 Una varilla redonda de acero AB de diámetro $d = 0.60$ pulg se estira con fuerza entre dos soportes, de modo que al principio el esfuerzo de tensión en ella es 10 klb/pulg^2 (véase la figura). Una fuerza axial P se aplica entonces a la varilla, en un lugar intermedio C.

a) Determine la carga plástica P_P si el material es elastoplástico con esfuerzo de fluencia $\sigma_Y = 36$ klb/pulg^2.

b) ¿Cómo cambia P_P si el esfuerzo de tensión inicial se eleva a 20 klb/pulg^2?

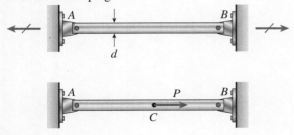

PROB. 2.12-7

*2.12-8 Una barra rígida ACB está soportada en un pivote en C y cargada por una fuerza P en el extremo B (véase la figura). Tres alambres idénticos de un material

elastoplástico (esfuerzo de fluencia σ_Y y módulo de elasticidad E) resisten la carga P. Cada alambre tiene área transversal A y longitud L.

a) Determine la carga P_Y de fluencia y el desplazamiento de fluencia correspondiente δ_Y en el punto B.

b) Determine la carga plástica P_P y el desplazamiento plástico correspondiente δ_P en el punto B cuando la carga justo llega al valor de P_P.

c) Trace un diagrama de carga-desplazamiento, con la carga P en el eje de las ordenadas y el desplazamiento δ_B del punto B en el eje de las abscisas.

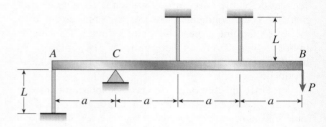

PROB. 2.12-8

*2.12-9 La estructura que muestra la figura consiste en una barra horizontal rígida $ABCD$ soportada por dos alambres de acero, una de longitud L y el otro de longitud $3L/4$. Ambos alambres tienen área transversal A y están hechos de material elastoplástico con esfuerzo de fluencia σ_Y y módulo de elasticidad E. Una carga vertical P actúa en el extremo D de la barra.

a) Determine la carga de fluencia P_Y y el desplazamiento de fluencia correspondiente, δ_Y en el punto D.

b) Determine la carga plástica P_P y el correspondiente desplazamiento plástico δ_P en el punto D, cuando la carga acaba de llegar al valor de P_P.

c) Trace un diagrama de carga-desplazamiento con la carga P en el eje de las ordenadas y el desplazamiento δ_D en el punto D en el eje de las abscisas.

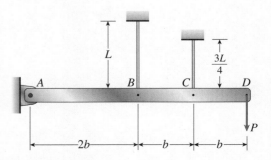

PROB. 2.12-9

★★2.1-10 Dos cables, cada uno de longitud L aproximada de 40 m, sostienen un recipiente cargado con peso W (véase la figura). Los cables, cuya área transversal efectiva es $A = 48.0$ mm² y módulo de elasticidad $E = 160$ GPa, son idénticos, pero uno es más largo que el otro al colgar por separado y sin carga. La diferencia de longitudes es $d = 100$ mm. Los cables son de acero, con un diagrama de esfuerzo-deformación unitaria con $\sigma_Y = 500$ MPa. Suponga que el peso W es inicialmente cero y aumenta en forma gradual con la adición de material al recipiente.

a) Determine el peso W_Y que produce primero la fluencia del cable más corto. También determine el alargamiento correspondiente δ_Y de ese cable más corto.

b) Determine el peso W_P que produce la fluencia de ambos cables. También determine el alargamiento δ_P de cable más corto, cuando el peso W acaba de alcanzar el valor W_P.

c) Trace un diagrama de carga-desplazamiento que tenga el peso W en las ordenadas y el alargamiento δ del cable más corto en las abscisas. (*Sugerencia:* el diagrama de carga-desplazamiento no es una sola recta en la región $0 \leq W \leq W_Y$.)

★★2.12-11 Un tubo circular hueco T de longitud $L = 15$ pulg se comprime uniformemente con una fuerza P que actúa a través de una placa rígida (véase la figura). Los diámetros externo e interno del tubo son 3.0 y 2.75 pulg, respectivamente. Una barra sólida concéntrica B de 1.5 pulg de diámetro está en el interior del tubo. Cuando no hay carga, hay una holgura $c = 0.010$ pulg entre la barra B y la placa rígida. Tanto la barra como el tubo son de acero con diagrama esfuerzo-deformación unitaria elasto-plástico, con $E = 29 \times 10^3$ klb/pulg² y $\sigma_Y = 36$ klb/pulg².

a) Determine la carga de fluencia P_Y y la reducción correspondiente δ_Y del tubo.

b) Determine la carga plástica P_P y la reducción correspondiente δ_P del tubo.

c) Trace un diagrama de carga-desplazamiento, que muestre la carga P en el eje de las ordenadas y el acortamiento δ del tubo en el eje de las abscisas. (*Sugerencia:* el diagrama de carga-desplazamiento no es una sola recta en la región $0 \leq P \leq P_Y$.)

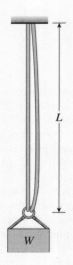

PROB. 2.12-10

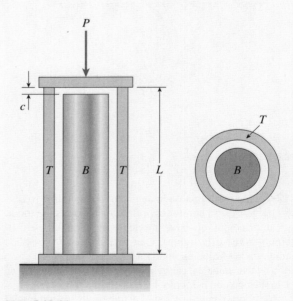

PROB. 2.12-11

3

Torsión

3.1 INTRODUCCIÓN

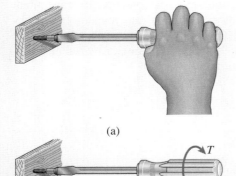

(a)

(b)

FIG. 3-1 Torsión de un destornillador debido a un par de torsión T aplicado a la manija.

En los capítulos 1 y 2 estudiamos el comportamiento del tipo más simple de miembro estructural; es decir, una barra recta sometida a cargas axiales. Ahora consideraremos un tipo de comportamiento algo más complicado conocido como **torsión**. La torsión se refiere a la deformación de una barra recta al ser cargada por momentos (o pares de torsión) que tienden a producir una rotación alrededor del eje longitudinal de la barra; por ejemplo, al girar un desarmador (figura 3-1a), la mano aplica un par de torsión T a la manija (figura 3-1b) y tuerce el vástago del desarmador. Otros ejemplos de barras en torsión son los ejes de impulsión en automóviles, ejes de transmisión, ejes de hélices, barras de dirección y taladros.

En la figura 3-2a se presenta un caso idealizado de carga torsional, que muestra una barra recta soportada en un extremo y cargada por dos pares de fuerzas iguales y opuestas. El primer par consiste en las fuerzas P_1 que actúan cerca del punto medio de la barra y el segundo par consiste en las fuerzas P_2 que actúan en el extremo. Cada par de fuerzas forma un **par** que tiende a torcer la barra respecto a su eje longitudinal. Como sabemos de la estática, el **momento de un par** es igual al producto de una de las fuerzas multiplicada por la distancia perpendicular entre las líneas de acción de las fuerzas; el primer par tiene entonces un momento $T_1 = P_1 d_1$ y el segundo, un momento $T_2 = P_2 d_2$.

Las **unidades** inglesas para el momento son la libra-pie (lb-pie) y la libra-pulgada (lb-pulg); la unidad del SI es el newton metro (N·m).

Por conveniencia solemos representar el momento de un par por un **vector** en forma de una flecha de cabeza doble (figura 3-2b). La flecha es perpendicular al plano que contiene el par y, por lo tanto, en este caso, ambas flechas son paralelas al eje de la barra. La dirección (o *sentido*) del momento se indica por la *regla de la mano derecha* para los vectores de momentos; esto es, si los dedos de la mano derecha se arquean en el sentido del momento, el pulgar señalará en el sentido del vector.

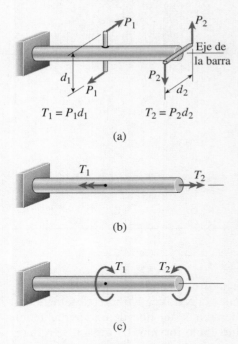

$T_1 = P_1 d_1$ $T_2 = P_2 d_2$

(a)

T_1 T_2

(b)

T_1 T_2

(c)

FIG. 3-2 Barra circular sometida a torsión por los momentos T_1 y T_2.

Otra representación de un momento es una flecha curva que actúa en el sentido de la rotación (figura 3-2c). Ambas representaciones son muy comunes y las aprovecharemos en este libro. La selección de una u otra depende de la conveniencia y las preferencias personales.

Los momentos que producen torcimiento en una barra, como los momentos T_1 y T_2 en la figura 3-2, se llaman **pares** o **momentos de torsión**. Los miembros cilíndricos que están sujetos a un par y que transmiten potencia por medio de rotación se denominan **ejes**; por ejemplo, el eje impulsor de un automóvil o el eje de la hélice de un barco. La mayor parte de los ejes tienen secciones transversales circulares, sólidas o tubulares.

En este capítulo desarrollaremos primero las fórmulas para las deformaciones y esfuerzos en barras circulares sometidas a torsión. Luego analizaremos el estado de esfuerzo conocido como *cortante puro* y obtendremos la relación entre los módulos de elasticidad E y G en tensión y en cortante, respectivamente. Después, analizaremos las flechas en rotación y determinaremos la potencia que transmiten. Para terminar, trataremos temas adicionales relacionados con la torsión; es decir, miembros estáticamente indeterminados, energía de deformación, tubos de pared delgada con sección transversal no circular, y concentraciones de esfuerzos.

3.2 DEFORMACIONES TORSIONANTES DE UNA BARRA CIRCULAR

Comenzaremos el análisis de la torsión considerando una barra prismática de sección transversal circular sometida a pares de torsión T que actúan en los extremos (figura 3-3a). Como todas las secciones transversales de la barra son idénticas y cada una está sometida al mismo par interno T, decimos que la barra está en **torsión pura**. Por consideraciones de simetría, puede demostrarse que las secciones transversales de la barra no cambian de forma al girar alrededor del eje longitudinal; en otras palabras, todas las secciones permanecen planas y circulares y todos los radios permanecen rectos. Además, si el ángulo de rotación entre un extremo y el otro de la barra es pequeño, no cambian la longitud ni el radio de la barra.

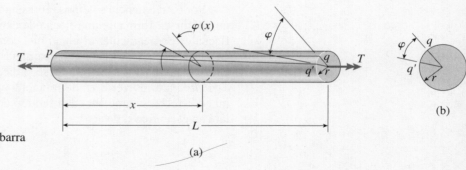

FIG. 3-3 Deformaciones de una barra circular en torsión pura.

Como ayuda para visualizar la deformación de la barra, conviene imaginar que el extremo izquierdo de la barra mostrada en la figura 3-3a está fijo. Entonces, por la acción del par T, el extremo derecho girará (con respecto al extremo izquierdo) un pequeño ángulo φ, conocido como **ángulo de torsión** *(o ángulo de rotación)*. Debido a esta rotación, una línea recta longitudinal pq sobre la superficie de la barra se convertirá en una curva helicoidal pq', en la que q' es la posición del punto q después que la sección transversal extrema ha girado el ángulo φ (figura 3-3b).

El ángulo de torsión cambia a lo largo del eje de la barra y en secciones intermedias tendrá un valor $\varphi(x)$ entre cero en el extremo izquierdo y φ en el extremo derecho. Si toda sección transversal de la barra tiene el mismo radio y está sometida al mismo par (torsión pura), el ángulo $\varphi(x)$ variará de manera lineal entre los extremos.

Deformación unitaria por cortante en la superficie exterior

Consideremos ahora un elemento de la barra entre dos secciones transversales a una distancia dx entre ellas (figura 3-4a). Este elemento se muestra amplificado en la figura 3-4b. En la superficie exterior identificamos un pequeño elemento $abcd$, con lados ab y cd que inicialmente son paralelos al eje longitudinal. Durante la torsión de la barra, la sección transversal derecha gira con respecto a la sección transversal izquierda un pequeño ángulo de torsión $d\varphi$, de manera que los puntos b y c se mueven a b' y c', respectivamente. Las longitudes de los lados del elemento, que es ahora el elemento $ab'c'd$, no cambian durante esta pequeña rotación.

Sin embargo, los ángulos en las esquinas del elemento (figura 3-4b) ya no son iguales a 90°. El elemento está en un estado de **cortante puro,** lo que significa que el elemento está sujeto a deforma-

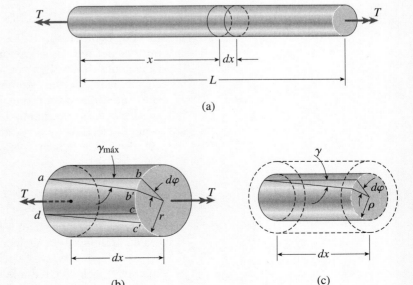

FIG. 3-4 Deformaciones de un elemento de longitud dx cortado de una barra en torsión.

ción por cortante pero no a deformación unitaria normal (véase la figura 1-28 de la sección 1.6). La magnitud de la deformación unitaria cortante en la superficie exterior de la barra, denominada $\gamma_{máx}$ es igual al decremento del ángulo en el punto a, es decir, el decremento en el ángulo bad. Según la figura 3-4b, vemos que el decremento en este ángulo es

$$\gamma_{máx} = \frac{bb'}{ab} \tag{a}$$

donde $\gamma_{máx}$ se mide en radianes, bb' es la distancia que recorre el punto b y ab es la longitud del elemento (igual a dx). Si r es el radio de la barra, podemos expresar la distancia bb' como $r\,d\varphi$, donde $d\varphi$ también se mide en radianes. La ecuación anterior toma entonces la forma

$$\gamma_{máx} = \frac{r\,d\varphi}{dx} \tag{b}$$

Esta ecuación relaciona la deformación unitaria cortante en la superficie exterior de la barra con el ángulo de torsión.

La cantidad $d\varphi/dx$ es la razón de cambio del ángulo de torsión φ con respecto a la distancia x medida a lo largo del eje de la barra. Denotaremos $d\varphi/dx$ con el símbolo θ y lo llamaremos **tasa de torsión** o **ángulo de torsión por unidad de longitud:**

$$\theta = \frac{d\varphi}{dx} \tag{3-1}$$

Con esta notación, ahora podemos escribir la ecuación para la deformación unitaria cortante en la superficie exterior (ecuación b) como sigue:

$$\gamma_{máx} = \frac{r\,d\varphi}{dx} = r\theta \tag{3-2}$$

Por comodidad, hemos considerado una barra sujeta a torsión pura al deducir las ecuaciones (3-1) y (3-2). Sin embargo, ambas ecuaciones son válidas en casos más generales de torsión, como cuando la rapidez de cambio del ángulo de torsión θ no es constante, sino que varía con la distancia x a lo largo del eje de la barra.

En el caso especial de la torsión pura, la tasa de torsión es igual al ángulo total de torsión φ dividido entre la longitud L, es decir, $\theta = \varphi/L$. En consecuencia, *sólo para la torsión pura*, resulta

$$\gamma_{máx} = r\theta = \frac{r\varphi}{L} \tag{3-3}$$

Esta ecuación se puede obtener directamente partiendo de la geometría de la figura 3-3a, teniendo en cuenta que $\gamma_{máx}$ es el ángulo entre las rectas pq y pq', es decir, $\gamma_{máx}$ es el ángulo qpq'. Por consiguiente, $\gamma_{máx}L$ es igual a la distancia qq' en el extremo de la barra, pero como la distancia qq' también es igual a $r\varphi$ (figura 3-3b), se obtiene $r\varphi = \gamma_{máx}L$, que concuerda con la ecuación (3-3).

Deformaciones unitarias cortantes dentro de la barra

Las deformaciones unitarias cortantes en el interior de la barra pueden encontrarse con el método usado para hallar la deformación unitaria cortante $\gamma_{máx}$ en la superficie. Puesto que los radios en las secciones transversales de una barra permanecen rectos y sin deformar durante la torsión, el análisis anterior de un elemento *abcd* en la superficie exterior (figura 3-4b) también será válido para un elemento similar situado sobre la superficie de un cilindro interior de radio ρ (figura 3-4c). Por tanto, los elementos interiores están entonces también en cortante puro con las deformaciones unitarias cortantes correspondientes dadas por la ecuación (compárese con las ecuaciones 3-2):

$$\gamma = \rho\theta = \frac{\rho}{r}\,\gamma_{máx} \tag{3-4}$$

Esta ecuación muestra que las deformaciones unitarias cortantes en una barra circular varían linealmente con la distancia radial ρ desde el centro. La deformación unitaria es nula en el centro y alcanza un valor máximo $\gamma_{máx}$ en la superficie exterior.

Tubos circulares

Un repaso de los análisis anteriores mostrará que las ecuaciones para las deformaciones unitarias cortantes (ecuaciones 3-2 a la 3-4) son aplicables a **tubos circulares** (figura 3-5) así como a barras circulares sólidas. La figura 3-5 muestra la variación lineal en la deformación unitaria cortante entre la deformación máxima en la superficie exterior y la deformación mínima en la superficie interior. Las ecuaciones de esas deformaciones unitarias son las siguientes:

$$\gamma_{máx} = \frac{r_2\varphi}{L} \qquad \gamma_{mín} = \frac{r_1}{r_2}\,\gamma_{máx} = \frac{r_1\varphi}{L} \tag{3-5a, b}$$

donde r_1 y r_2 son los radios interior y exterior del tubo, respectivamente.

Todas las ecuaciones anteriores para las deformaciones unitarias en una barra circular se basan en conceptos geométricos solamente y no consideran a las propiedades del material; por tanto, las ecuaciones son válidas para cualquier material —sea elástico o inelástico, lineal o no lineal—; sin embargo, las ecuaciones se limitan a barras con pequeños ángulos de torsión y deformaciones unitarias reducidas.

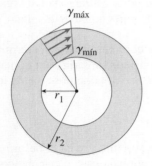

FIG. 3-5 Deformaciones unitarias cortantes en un tubo circular.

3.3 BARRAS CIRCULARES DE MATERIALES ELÁSTICO LINEALES

Ahora que hemos investigado las deformaciones unitarias cortantes en una barra circular en torsión (figuras 3-3 y 3-5), podemos determinar los sentidos y magnitudes de los esfuerzos cortantes correspondientes. Los sentidos de los esfuerzos pueden determinarse por inspección, como se ilustra en la figura 3-6a. Observamos que el par T tiende a girar el extremo derecho de la barra en sentido antihorario cuando se ve desde la derecha y, por lo tanto, los esfuerzos cor-

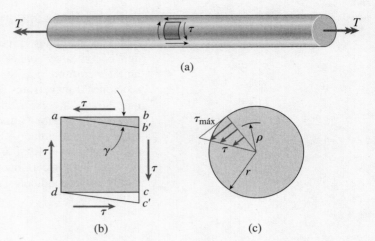

FIG. 3-6 Esfuerzos cortantes en una barra circular en torsión.

tantes τ actúan sobre un elemento ubicado en la superficie de la barra tendrá las direcciones según se muestra en la figura.

Por claridad, el elemento de esfuerzo que se muestra en la figura 3-6a se ha ampliado en la figura 3-6b, en la que se presentan la deformación unitaria cortante y los esfuerzos cortantes. Según explicamos en la sección 2.6, generalmente dibujamos los elementos de esfuerzo en dos dimensiones, como en la figura 3-6b, pero debemos recordar siempre que los elementos de esfuerzo son en realidad objetos tridimensionales con espesor perpendicular al plano de la figura.

Las magnitudes de los esfuerzos cortantes pueden determinarse a partir de la relación esfuerzo-deformación unitaria para el material de la barra. Si el material es elástico lineal, podemos usar la **ley de Hooke en cortante** (ecuación 1-14):

$$\tau = G\gamma \tag{3-6}$$

donde G es el módulo de elasticidad cortante y γ es la deformación unitaria cortante en radianes. Al combinar esta ecuación con las ecuaciones para las deformaciones unitarias cortantes (ecuaciones 3-2 y 3-4), obtenemos

$$\tau_{\text{máx}} = Gr\theta \qquad \tau = G\rho\theta = \frac{\rho}{r}\,\tau_{\text{máx}} \tag{3-7a, b}$$

donde $\tau_{\text{máx}}$ es el esfuerzo cortante en la superficie exterior de la barra (radio r), τ es el esfuerzo cortante en un punto interior (radio ρ) y θ es la tasa de torsión. (En estas ecuaciones, θ tiene unidades en radianes por unidad de longitud.)

Las ecuaciones (3-7 a) y (3-7b) muestran que los esfuerzos cortantes varían linealmente con la distancia desde el centro de la barra, como ilustra el diagrama triangular de esfuerzos en la figura 3-6c. Esta variación lineal del esfuerzo es una consecuencia de la ley de Hooke. Si la relación esfuerzo-deformación unitaria no es lineal, los esfuerzos experimentarán una variación no lineal y serán necesarios otros métodos de análisis.

Los esfuerzos cortantes que actúan sobre una sección transversal plana van acompañados por esfuerzos cortantes de la misma magni-

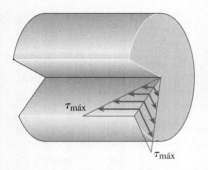

FIG. 3-7 Esfuerzos cortantes longitudinales y transversales en una barra circular sometida a torsión.

FIG. 3-8 Esfuerzos de tensión y compresión que actúan sobre un elemento de esfuerzo orientado a 45° con el eje longitudinal.

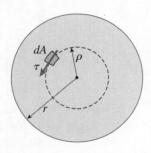

FIG. 3-9 Determinación de la resultante de los esfuerzos cortantes que actúan sobre una sección transversal.

tud que actúan sobre planos longitudinales (figura 3-7). Esta conclusión se infiere del hecho de que siempre existen esfuerzos cortantes iguales sobre planos mutuamente perpendiculares como se explica en la sección 1.6. Si el material de la barra es más débil en cortante sobre planos longitudinales que sobre planos transversales, como es típico de la madera cuando el grano corre paralelo al eje de la barra, la primera grieta por torsión aparecerá en dirección longitudinal sobre la superficie.

El estado de cortante puro en la superficie de una barra (figura 3-6b) equivale a esfuerzos iguales de tensión y compresión que actúan sobre un elemento orientado a un ángulo de 45° —como veremos en la sección 3.5—; por tanto, un elemento rectangular con lados a 45° respecto al eje de la barra estará sometido a esfuerzos de tensión y compresión como se muestra en la figura 3-8. Si una barra a torsión está hecha de un material más débil en tensión que en cortante, la falla ocurrirá en tensión a lo largo de una hélice inclinada a 45° respecto al eje, como puede demostrarse al torcer un pedazo de gis para pizarrón.

La fórmula de la torsión

El siguiente paso en el análisis es determinar la relación entre los esfuerzos cortantes y el par de torsión T. Una vez logrado esto, podremos calcular los esfuerzos y deformaciones unitarias en una barra debidos a la aplicación de cualquier conjunto de pares de torsión.

La distribución de los esfuerzos cortantes que actúan sobre una sección transversal se ilustra en las figuras 3-6c y 3-7. Dado a que estos esfuerzos actúan en forma continua alrededor de la sección transversal, tienen una resultante en forma de un momento igual al par de torsión T que actúa sobre la barra. Para hallar esta resultante, consideremos un elemento de área dA localizada a la distancia radial ρ del eje de la barra (figura 3-9). La fuerza cortante que actúa sobre este elemento es igual a $\tau\, dA$, donde τ es el esfuerzo cortante en el radio ρ. El momento de esta fuerza respecto al eje de la barra es igual a la fuerza multiplicada por su distancia al centro, o $\tau\rho\, dA$. Al sustituir el valor del esfuerzo cortante τ dado por la ecuación (3-7b), podemos expresar este momento elemental como

$$dM = \tau\rho\, dA = \frac{\tau_{\text{máx}}}{r}\, \rho^2\, dA$$

El momento resultante (igual al par T) es la suma sobre toda el área de la sección transversal de todos los momentos elementales:

$$T = \int_A dM = \frac{\tau_{\text{máx}}}{r} \int_A \rho^2\, dA = \frac{\tau_{\text{máx}}}{r}\, I_P \tag{3-8}$$

donde

$$I_P = \int_A \rho^2\, dA \tag{3-9}$$

es el **momento polar de inercia** de la sección transversal circular.

Para un **círculo** de radio r y diámetro d, el momento polar de inercia es

$$I_P = \frac{\pi r^4}{2} = \frac{\pi d^4}{32}$$ (3-10)

valor dado en el apéndice D, caso 9. Nótese que los momentos de inercia tienen unidades de longitud a la cuarta potencia.*

Puede obtenerse una expresión para el esfuerzo cortante máximo reordenando la ecuación (3-8), como sigue:

$$\tau_{máx} = \frac{Tr}{I_P}$$ (3-11)

Esta ecuación, conocida como **fórmula de la torsión**, muestra que el esfuerzo cortante máximo es proporcional al par aplicado T e inversamente proporcional al momento polar de inercia I_P.

Las **unidades** usadas con la fórmula de la torsión son las siguientes: en el SI, el par T suele expresarse en newtons metro (N·m), el radio r en metros (m), el momento polar de inercia I_P en metros a la cuarta potencia (m^4) y el esfuerzo cortante τ en pascales (Pa). En unidades inglesas, T se suele expresar en libras-pie (lb-pie) o en libras-pulgada (lb-pulg), r en pulgadas (pulg), I_P en pulgadas a la cuarta potencia (pulg^4) y τ en libras por pulgada cuadrada (lb/pulg^2).

Al sustituir $r = d/2$ e $I_P = \pi d^4/32$ en la fórmula de la torsión, obtenemos la siguiente ecuación para el esfuerzo máximo:

$$\tau_{máx} = \frac{16T}{\pi d^3}$$ (3-12)

Esta ecuación es aplicable sólo a barras de *sección transversal circular sólida*, mientras que la fórmula de la torsión (ecuación 3-11) lo es a barras sólidas y a tubos circulares, como se explica luego. La ecuación (3-12) muestra que el esfuerzo cortante es inversamente proporcional al cubo del diámetro. Entonces, si el diámetro se duplica, el esfuerzo se reduce por un factor de ocho.

El esfuerzo cortante a una distancia ρ del centro de la barra es

$$\tau = \frac{\rho}{r}\,\tau_{máx} = \frac{T\rho}{I_P}$$ (3-13)

que se obtiene combinando la ecuación (3-7b) con la fórmula de la torsión, ecuación (3-11). La ecuación (3-13) es una *fórmula generalizada de torsión*, y vemos de nuevo que los esfuerzos cortantes varían linealmente con la distancia radial desde el centro de la barra.

---

*Los momentos polares de inercia se estudian en la sección 12.6 del capítulo 12.

Ángulo de torsión

El ángulo de torsión por unidad de longitud de una barra de material elástico lineal puede relacionarse ahora con el par de torsión T aplicado. La combinación de la ecuación (3-7a) con la fórmula de la torsión, da

$$\theta = \frac{T}{GI_P} \tag{3-14}$$

donde θ tiene unidades de radianes por unidad de longitud. Esta ecuación muestra que el ángulo de torsión por unidad de longitud θ es directamente proporcional al par T e inversamente proporcional al producto GI_P conocido como **rigidez torsional** de la barra.

Para una barra en **torsión pura**, el ángulo total de torsión φ, que es igual al ángulo de torsión por unidad de longitud multiplicado por la longitud de la barra (es decir, $\varphi = \theta L$), es

$$\varphi = \frac{TL}{GI_P} \tag{3-15}$$

donde φ se mide en radianes. El uso de esas ecuaciones en el análisis y el diseño se ilustran en los ejemplos 3-1 y 3-2.

La cantidad GI_P/L, llamada **rigidez torsional unitaria** de la barra, es el par requerido para producir una rotación de un ángulo unitario. La **flexibilidad torsional unitaria** es el recíproco de la rigidez torsional unitaria, o L/GI_P, y se define como el ángulo de rotación producido por un par unitario. Tenemos entonces las siguientes expresiones:

$$k_T = \frac{GI_P}{L} \qquad f_T = \frac{L}{GI_P} \tag{a,b}$$

Esas cantidades son análogas a la rigidez axial $k = EA/L$ y a la flexibilidad axial $f = L/EA$ de una barra en tensión o compresión (compare con las ecuaciones 2-4a y 2-4b). Las rigideces y las flexibilidades son importantes en el análisis estructural.

La ecuación para el ángulo de torsión, ecuación (3-15), sirve para hallar el módulo de elasticidad en cortante G para un material. Si efectuamos una prueba de torsión sobre una barra circular, podremos medir el ángulo de torsión φ producido por un par T conocido. El valor de G puede calcularse con la ecuación (3-15).

Tubos circulares

Los tubos circulares resisten con más eficiencia cargas de torsión que las barras sólidas. Como ya sabemos, los esfuerzos cortantes en una barra circular sólida son máximos en el borde exterior de la sección transversal y cero en el centro; por tanto, en un eje sólido la mayor parte del material está sometido a un esfuerzo considerablemente menor que el esfuerzo cortante máximo. Además, los esfuerzos cerca del centro de la sección transversal tienen un brazo de momento ρ menor al evaluar el par de torsión (véase la figura 3-9 y la ecuación 3-8).

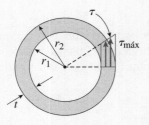

FIG. 3-10 Tubo circular en torsión.

En contraste, en un tubo hueco común la mayor parte del material está cerca del borde exterior de la sección transversal, donde los esfuerzos cortantes y los brazos de momento son máximos (figura 3-10). Entonces, si la reducción de peso y el ahorro de material son importantes, es aconsejable usar un tubo circular; por ejemplo, los impulsores grandes, los de hélices y los ejes de generadores usualmente tienen secciones transversales circulares huecas.

El análisis de la torsión de un tubo circular es casi idéntico al de una barra sólida. Pueden usarse las expresiones básicas para los esfuerzos cortantes (por ejemplo, las ecuaciones 3-7a y 3-7b). Por supuesto, la distancia radial ρ se limita al intervalo r_1 a r_2, donde r_1 es el radio interno y r_2 es el radio externo de la barra (figura 3-10).

La ecuación (3-8) aún marca la relación entre el par T y el esfuerzo máximo, pero los límites sobre la integral para el momento polar de inercia (ecuación 3-9) son $\rho = r_1$ y $\rho = r_2$; por tanto, el momento polar de inercia del área de la sección transversal de un tubo es

$$I_P = \frac{\pi}{2}(r_2^4 - r_1^4) = \frac{\pi}{32}(d_2^4 - d_1^4) \tag{3-16}$$

Una variante útil de esta ecuación es:

$$I_P = \frac{\pi r t}{2}(4r^2 + t^2) = \frac{\pi d t}{4}(d^2 + t^2) \tag{3-17}$$

en la que r es el *radio promedio* del tubo, igual $(r_1 + r_2)/2$; d es el *diámetro promedio*, igual a $(d_1 + d_2)/2$ y t es el *espesor de la pared* (figura 3.10), igual a $r_2 - r_1$. Naturalmente, las ecuaciones (3-16) y (3-17) producen los mismos resultados, pero a veces la última es más cómoda.

Si el tubo tiene paredes relativamente delgadas, con el espesor t pequeño en comparación con el radio r, se pueden omitir los términos en t^2 de la ecuación (3-17). Con esta simplificación se obtiene las siguientes *fórmulas aproximadas* para calcular el momento polar de inercia:

$$I_P \approx 2\pi r^3 t = \frac{\pi d^3 t}{4} \tag{3-18}$$

Este resultado se muestra en el caso 22 del apéndice D.

Recordatorio: En las ecuaciones (3-17) y (3-18), las cantidades r y d son el radio y el diámetro promedios, no los máximos. También, las ecuaciones (3-16) y (3-17) son exactas; la ecuación (3-18) es aproximada.

La fórmula de la torsión (ecuación 3-11) puede usarse para un tubo circular de material elástico lineal si se evalúa I_P según las ecuaciones (3-16) y (3-17) o, si es apropiado, con la ecuación (3-18).

El mismo comentario se aplica a la ecuación general para el esfuerzo cortante (ecuación 3-13), a las ecuaciones para la tasa de torsión y para el ángulo de torsión por unidad de longitud (ecuaciones 3-14 y 3-15) y a las ecuaciones para la rigidez y la flexibilidad (ecuaciones a y b).

La distribución del esfuerzo cortante en un tubo se ilustra en la figura 3-10, a partir de la cual vemos que el esfuerzo promedio en un tubo delgado es casi tan grande como el esfuerzo máximo. Esto significa que el material se usa con más eficiencia en una barra hueca que en una barra sólida, como se explicó anteriormente y como se demostrará después en los ejemplos 3-2 y 3-3.

Al diseñar un tubo circular para transmitir un par, debemos asegurarnos de que el espesor t es suficientemente grande para impedir el pandeo o el abollamiento de la pared del tubo; por ejemplo, puede especificarse un valor máximo de la razón radio-espesor, tal como $(r_2/t)_{máx} = 12$. Otras consideraciones de diseño incluyen los factores ambientales y de durabilidad, que también pueden imponer requisitos en el espesor mínimo de la pared. Estos temas se estudian en cursos y textos sobre diseño mecánico.

Limitantes

Las ecuaciones obtenidas en esta sección se limitan a barras de sección transversal circular (sólidas o huecas) que se comportan de manera elástica lineal; en otras palabras, las cargas deben ser tales que los esfuerzos no excedan el límite proporcional del material. Además, las ecuaciones para los esfuerzos son válidas sólo en las partes de las barras alejadas de las concentraciones de esfuerzos (como orificios y otros cambios abruptos de forma) y alejadas de las secciones transversales donde se aplican las cargas. (Las concentraciones de esfuerzos en torsión se verán en la sección 3.11.)

Por último, es importante subrayar que las ecuaciones para la torsión de barras circulares y tubos no pueden usarse para barras de otras formas. Las barras no circulares, como las rectangulares y las de sección transversal en forma de I, se comportan de manera muy diferente a las barras circulares; por ejemplo, sus secciones transversales *no* permanecen planas y los esfuerzos máximos *no* se localizan a las mayores distancias del punto medio de la sección transversal. Estas barras requieren métodos más avanzados de análisis, como los presentados en libros sobre teoría de la elasticidad y mecánica avanzada de materiales.*

---

*La teoría de la torsión para barras circulares se originó en el trabajo del famoso científico francés C. A. de Coulomb (1736-1806); ciertos desarrollos adcionales se deben a Thomas Young y A. Duleau (Ref. 3-1). La teoría general de la torsión (para barras de cualquier forma) se debe al más famoso investigador de la teoría de la elasticidad de todos los tiempos, Barré de Saint-Venant (1797-1886; véase la Ref. 2-10).

Ejemplo 3-1

Una barra sólida de acero con sección transversal circular (figura 3-11) tiene diámetro $d = 1.5$ pulg, longitud $L = 54$ pulg y módulo de elasticidad cortante $G = 11.5 \times 10^6$ lb/pulg^2. La barra está sometida a pares de torsión T que actúan en sus extremos.

a) Si los pares tienen magnitud $T = 250$ lb-pie, ¿cuál es el esfuerzo cortante máximo en la barra? ¿Cuál es el ángulo de torsión entre los extremos?

b) Si el esfuerzo cortante permisible es de 6 000 lb/pulg^2 y el ángulo permisible de torsión es de 2.5°, ¿cuál es el par permisible máximo?

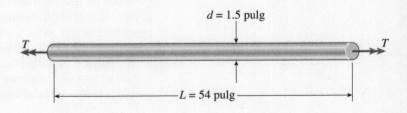

FIG. 3-11 Ejemplo 3-1. Barra en torsión pura.

Solución

a) *Esfuerzo cortante máximo y ángulo de torsión máximo.* Como la barra tiene sección transversal circular sólida, podemos encontrar el esfuerzo cortante máximo con la ecuación (3-12) de esta manera:

$$\tau_{\text{máx}} = \frac{16T}{\pi d^3} = \frac{16(250 \text{ lb-pie})(12 \text{ pulg/pie})}{\pi(1.5 \text{ pulg})^3} = 4\,530 \text{ lb/pulg}^2 \quad \Longleftarrow$$

De modo similar, el ángulo de torsión se obtiene de la ecuación (3-15) con el momento polar de inercia dado por la ecuación (3-10):

$$I_P = \frac{\pi d^4}{32} = \frac{\pi(1.5 \text{ pulg})^4}{32} = 0.4970 \text{ pulg}^4$$

$$\varphi = \frac{TL}{GI_P} = \frac{(250 \text{ lb-pie})(12 \text{ pulg/pie})(54 \text{ pulg})}{(11.5 \times 10^6 \text{ lb/pulg}^2)(0.4970 \text{ pulg}^4)} = 0.02834 \text{ rad} = 1.62° $$

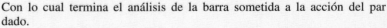

Con lo cual termina el análisis de la barra sometida a la acción del par dado.

b) *Par de torsión máximo permisible.* El par permisible máximo se determina con el esfuerzo cortante permisible o con el ángulo permisible de torsión. Si comenzamos con el esfuerzo cortante, reordenamos la ecuación (3-12) y procedemos como sigue:

$$\frac{\pi d^3 \tau_{\text{perm}}}{16} = \frac{\pi}{16}(1.5 \text{ pulg})^3(6\,000 \text{ lb/pulg}^2) = 3\,980 \text{ lb-pulg} = 331 \text{ lb-pie}$$

Cualquier par mayor que éste generará un esfuerzo cortante que excederá al esfuerzo permisible de 6 000 lb/pulg^2.

Usando la ecuación (3-15) modificada, se calcula el par basándose en el ángulo de torsión:

$$T_2 = \frac{GI_P\varphi_{\text{perm}}}{L} = \frac{(11.5 \times 10^6 \text{ lb/pulg}^2)(0.4970 \text{ pulg}^4)(2.5°)(\pi \text{ rad}/180°)}{54 \text{ pulg}}$$

$$= 4\,618 \text{ lb-pulg} = 385 \text{ lb-pies}$$

Cualquier par mayor que T_2 generará un ángulo de torsión que excederá al permisible.

El par permisible máximo es el menor de T_1 y T_2:

$$T_{\text{máx}} = 331 \text{ lb-pies} \qquad \Longleftarrow$$

En este ejemplo, el esfuerzo cortante permisible impone la condición límite.

Ejemplo 3-2

Se va a manufacturar un eje de acero como una barra circular sólida o como tubo circular (figura 3-12). Se requiere que el eje transmita un par de 1 200 N·m sin que se exceda un esfuerzo cortante permisible de 40 MPa ni un ángulo de torsión por unidad de longitud permisible de 0.75°/m (el módulo de elasticidad en cortante del acero es de 78 GPa.).

a) Determinar el diámetro requerido d_0 del eje sólido.

b) Determinar el diámetro exterior d_2 requerido para el eje hueco si el espesor t del eje se especifica como un décimo del diámetro exterior.

c) Determinar la razón de los diámetros (es decir, la razón d_2/d_0) y la razón de los pesos de los ejes hueco y sólido.

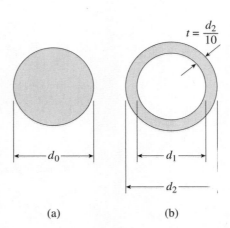

FIG. 3-12 Ejemplo 3-1. Torsión de un eje de acero.

(a)   (b)

continúa

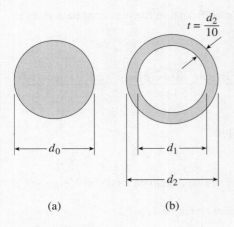

$t = \dfrac{d_2}{10}$

d_0

(a)

d_1

d_2

(b)

FIG. 3-12 (Repetición).

Solución

a) *Eje sólido*. El diámetro d_0 requerido se establece a partir del esfuerzo cortante permisible o del ángulo de torsión por unidad de longitud permisible. En el caso del esfuerzo cortante permisible, reordenamos la ecuación (3-12) y obtenemos

$$d_0^3 = \frac{16T}{\pi\tau_{\text{perm}}} = \frac{16(1\ 200\ \text{N·m})}{\pi(40\ \text{MPa})} = 152.8 \times 10^{-6}\ \text{m}^3$$

de donde obtenemos

$$d_0 = 0.0535\ \text{m} = 53.5\ \text{mm}$$

En el caso del ángulo de torsión por unidad de longitud permisible, encontramos primero el momento polar de inercia requerido (véase la ecuación 3-14):

$$I_P = \frac{T}{G\theta_{\text{perm}}} = \frac{1\ 200\ \text{N·m}}{(78\ \text{GPa})(0.75°/\text{m})(\pi\ \text{rad}/180°)} = 1\ 175 \times 10^{-9}\ \text{m}^4$$

Puesto que el momento polar de inercia es igual a $\pi d^4/32$, el diámetro requerido es

$$d_0^4 = \frac{32I_P}{\pi} = \frac{32(1\ 175 \times 10^{-9}\ \text{m}^4)}{\pi} = 11.97 \times 10^{-6}\ \text{m}^4$$

o

$$d_0 = 0.0588\ \text{m} = 58.8\ \text{mm}$$

Al comparar los dos valores de d_0, vemos que el ángulo de torsión por unidad de longitud rige el diseño y el diámetro requerido del eje sólido es

$$d_0 = 58.8\ \text{mm} \qquad \Longleftarrow$$

En un diseño práctico, seleccionaríamos un diámetro ligeramente mayor que el valor calculado para d_0; por ejemplo, 60 mm.

b) *Eje hueco*. De nuevo, el diámetro requerido se basa en el esfuerzo cortante permisible o bien en el ángulo de torsión por unidad de longitud permisible. Comenzamos observando que el diámetro exterior de la barra es d_2 y que el diámetro interior es

$$d_1 = d_2 - 2t = d_2 - 2(0.1d_2) = 0.8d_2$$

Así pues, momento polar de inercia (ecuación 3-16) es

$$I_P = \frac{\pi}{32}\,(d_2^4 - d_1^4) = \frac{\pi}{32}\left[d_2^4 - (0.8d_2)^4\right] = \frac{\pi}{32}\,(0.5904d_2^4) = 0.05796d_2^4$$

En el caso del esfuerzo cortante permisible, usamos la fórmula de la torsión (ecuación 3-11) como sigue:

$$\tau_{\text{perm}} = \frac{Tr}{I_P} = \frac{T(d_2/2)}{0.05796d_2^4} = \frac{T}{0.1159d_2^3}$$

Reordenamos la ecuación y obtenemos

$$d_2^3 = \frac{T}{0.1159\tau_{\text{perm}}} = \frac{1\ 200\ \text{N·m}}{0.1159(40\ \text{MPa})} = 258.8 \times 10^{-6}\ \text{m}^3$$

Despejamos d_2 y resulta

$$d_2 = 0.0637 \text{ m} = 63.7 \text{ mm}$$

que es el diámetro exterior requerido con base en el esfuerzo cortante.

En el caso del ángulo de torsión permisible, usamos la ecuación (3-14) con θ reemplazada por θ_{perm} e I_P sustituida por la expresión obtenida antes; entonces tenemos

$$\theta_{\text{perm}} = \frac{T}{G(0.05796d_2^4)}$$

de donde

$$d_2^4 = \frac{T}{0.05796 G \theta_{\text{perm}}}$$

$$= \frac{1\ 200 \text{ N·m}}{0.05796(78 \text{ GPa})(0.75°/\text{m})(\pi \text{ rad}/180°)} \qquad 20.28 \times 10^{-6} \text{ m}^4$$

Despejamos d_2 y obtenemos

$$d_2 = 0.0671 \text{ m} = 67.1 \text{ mm}$$

que es el diámetro requerido con base en el ángulo de torsión por unidad de longitud.

Al comparar los dos valores de d_2, vemos que el ángulo de torsión por unidad de longitud rige el diseño y que el diámetro exterior requerido para el eje hueco es

$$d_2 = 67.1 \text{ mm} \qquad \Longleftarrow$$

El diámetro interior d_1 es igual a $0.8d_2$ o 53.7 mm (como valores prácticos, seleccionaríamos $d_2 = 70$ mm y $d_1 = 0.8d_2 = 56$ mm.)

c) *Razones de diámetros y pesos*. La razón del diámetro exterior del eje hueco con el diámetro del eje sólido (usando los valores calculados) es

$$\frac{d_2}{d_0} = \frac{67.1 \text{ mm}}{58.8 \text{ mm}} = 1.14 \qquad \Longleftarrow$$

Como los pesos de los ejes son proporcionales a sus áreas transversales, podemos expresar la razón del peso del eje hueco con el peso del eje sólido como sigue:

$$\frac{W_{\text{hueco}}}{W_{\text{sólido}}} = \frac{A_{\text{hueco}}}{A_{\text{sólido}}} = \frac{\pi(d_2^2 - d_1^2)/4}{\pi d_0^2/4} = \frac{d_2^2 - d_1^2}{d_0^2}$$

$$= \frac{(67.1 \text{ mm})^2 - (53.7 \text{ mm})^2}{(58.8 \text{ mm})^2} = 0.47 \qquad \Longleftarrow$$

Estos resultados muestran que el eje hueco usa sólo 47% del material requerido por el eje sólido, mientras que su diámetro exterior es sólo 14% mayor.

Nota: este ejemplo ilustra cómo determinar los tamaños requeridos de barras sólidas y huecas cuando se conocen los esfuerzos permisibles y los ángulos de torsión permisibles. Muestra también el hecho de que los materiales se usan con más eficiencia en las barras huecas que en las barras sólidas.

Ejemplo 3-3

Un eje hueco y un eje sólido elaborados con el mismo material tienen la misma longitud y el mismo radio externo R (figura 3-13). El radio interno del eje hueco es de 0.6R.

a) Suponiendo que ambos ejes están sometidos al mismo par de torsión, comparar sus esfuerzos cortantes, ángulos de torsión y pesos.

b) Determinar las razones resistencia-peso para ambos ejes.

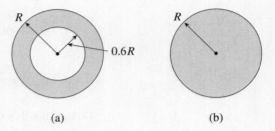

FIG. 3-13 Ejemplo 3-3. Comparación de los ejes hueco y sólido.

(a)   (b)

Solución

a) *Comparacion de esfuerzos cortantes.* Los esfuerzos cortantes máximos, dados por la fórmula de la torsión (ecuación 3-11), son proporcionales a $1/I_P$, ya que los pares y los radios son los mismos. Para el eje hueco obtenemos

$$I_P = \frac{\pi R^4}{2} - \frac{\pi (0.6R)^4}{2} = 0.4352\,\pi R^4$$

y para el eje sólido,

$$I_P = \frac{\pi R^4}{2} = 0.5\,\pi R^4$$

Por lo tanto, la razón β_1 del esfuerzo cortante máximo en el eje hueco con el esfuerzo cortante máximo en el eje sólido es

$$\beta_1 = \frac{\tau_H}{\tau_S} = \frac{0.5\pi R^4}{0.4352\pi R^4} = 1.15 \qquad \Longleftarrow$$

donde los subíndices H y S se refieren al eje hueco y al eje sólido, respectivamente.

Comparación de los ángulos de torsión. Los ángulos de torsión (ecuación 3-15) también son proporcionales a $1/I_P$, porque los pares T, longitudes L y módulos de elasticidad G son los mismos para ambos ejes; por lo tanto, la razón es la misma que para los esfuerzos cortantes:

$$\beta_2 = \frac{\varphi_H}{\varphi_S} = \frac{0.5\pi R^4}{0.4352\pi R^4} = 1.15 \qquad \Longleftarrow$$

Comparación de pesos. Los pesos de los ejes son proporcionales a sus áreas transversales; en consecuencia, el peso del eje sólido es proporcional a πR^2 y el peso del eje hueco es proporcional a

$$\pi R^2 - \pi(0.6R)^2 = 0.64\pi R^2$$

Por tanto, la razón del peso del eje hueco con el peso del eje sólido es

$$\beta_3 = \frac{W_H}{W_S} = \frac{0.64\pi R^2}{\pi R^2} = 0.64 \qquad \Longleftarrow$$

De las razones anteriores, se observa de nuevo la ventaja inherente de los ejes huecos. En este ejemplo, el eje hueco tiene un esfuerzo 15% mayor, ángulo de rotación 15% más amplio y 36% menos de peso que el eje sólido.

b) *Razones resistencia-peso.* En ocasiones, la eficiencia relativa de una estructura se mide por medio de su *razón resistencia a peso*, que para una barra en torsión se define como el par permisible dividido entre el peso. El par permisible para un eje hueco de la figura 3-13 a (de la fórmula de torsión) es

$$T_H = \frac{\tau_{\text{máx}} I_P}{R} = \frac{\tau_{\text{máx}}(0.4352\pi R^4)}{R} = 0.4352\pi R^3 \tau_{\text{máx}}$$

y para el eje sólido es

$$T_S = \frac{\tau_{\text{máx}} I_P}{R} = \frac{\tau_{\text{máx}}(0.5\pi R^4)}{R} = 0.5\pi R^3 \tau_{\text{máx}}$$

Los pesos de los ejes son iguales a las áreas transversales multiplicadas por la longitud L y por la densidad de peso γ del material:

$$W_H = 0.64\pi R^2 L\gamma \qquad W_S = \pi R^2 L\gamma$$

Entonces, las razones resistencia a peso S_H y S_S para las barras hueca y sólida, respectivamente, son

$$S_H = \frac{T_H}{W_H} = 0.68\,\frac{\tau_{\text{máx}} R}{\gamma L} \qquad S_S = \frac{T_S}{W_S} = 0.5\,\frac{\tau_{\text{máx}} R}{\gamma L} \qquad \Longleftarrow$$

En este ejemplo, la razón resistencia-peso del eje hueco es 36% mayor que la razón resistencia-peso del eje sólido, lo que demuestra de nuevo la eficiencia relativa de los ejes huecos. Para un eje más delgado, el porcentaje se incrementa; para un eje más grueso, decrece.

3.4 TORSIÓN NO UNIFORME

Como se explicó en la sección 3.2, la *torsión pura* se refiere a la torsión de una barra prismática sometida a pares que actúan sólo en los extremos. La **torsión no uniforme** difiere de la torsión pura en que la barra no tiene que ser prismática y en que los pares aplicados pueden actuar en cualquier parte del eje de la barra. Para analizar las barras en torsión no uniforme se aplican las fórmulas de la torsión pura a segmentos finitos de la barra y se suman los resultados o se aplican las fórmulas a elementos diferenciales de la barra; por último se integran.

Para ilustrar estos procedimientos, consideraremos tres casos de torsión no uniforme. Cabe tratar otros casos por medio de procedimientos similares a los descritos aquí.

Caso 1. *Barra constituida por segmentos prismáticos con par constante en cada segmento* (figura 3-14). La barra mostrada en la parte (a) de la figura tiene dos diámetros diferentes y está cargada por pares que actúan en los puntos *A*, *B*, *C* y *D*; en consecuencia, la dividimos en segmentos de manera que cada segmento sea prismático y esté sometido a un par constante. En este ejemplo hay tres segmentos, *AB*, *BC* y *CD*. Cada uno está en torsión pura y, por lo tanto, todas las fórmulas obtenidas en la sección anterior son aplicables a cada parte por separado.

El primer paso en el análisis es determinar la magnitud y sentido del par interno en cada segmento. Generalmente los pares se determinan por inspección, pero en caso necesario se cortan secciones a través de la barra, se dibujan diagramas de cuerpo libre y se resuelven ecuaciones de equilibrio. Este proceso se ilustra en las partes (b), (c) y (d) de la figura. El primer corte se efectúa en cualquier lugar del segmento *CD*, con lo cual se muestra el par interno T_{CD}. Por el diagrama de cuerpo libre (figura 3-14b), vemos que T_{CD} es igual a $-T_1 - T_2 + T_3$. En el siguiente diagrama vemos que T_{BC} es igual a $-T_1 - T_2$ y en el último encontramos que T_{AB} es igual a $-T_1$; entonces,

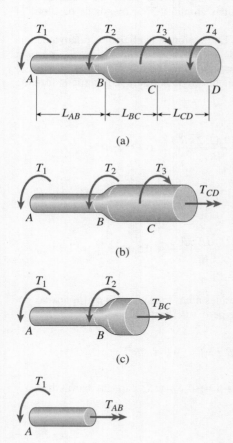

FIG. 3-14 Barra en torsión no uniforme (caso 1).

$$T_{CD} = -T_1 - T_2 + T_3 \quad T_{BC} = -T_1 - T_2 \quad T_{AB} = -T_1 \quad \text{(a, b, c)}$$

Cada uno de estos pares es constante a lo largo de su segmento.

Cuando queremos determinar los esfuerzos cortantes en cada segmento, sólo necesitamos las magnitudes de estos pares internos, ya que las direcciones de los esfuerzos no son de interés; sin embargo, si buscamos el ángulo de torsión para toda la barra, necesitamos conocer la dirección del ángulo de giro en cada segmento para combinar los ángulos correctamente; por lo tanto, hay que establecer una *convención de signos* para los pares internos. Una regla conveniente en muchos casos es la siguiente: *un par interno es positivo cuando su vector señala en sentido contrario a la sección cortada y negativo cuando su vector señala hacia la sección.* Todos los pares internos que se muestran en las figuras 3-14b, c y d están dibujados en sus direcciones positivas. Si el par calculado (con las ecuaciones a, b o c) resulta con un signo positivo, esto significa que el par actúa en el sentido considerado; si tiene un signo negativo, actúa en sentido opuesto.

El esfuerzo cortante máximo en cada segmento de la barra se obtiene con facilidad mediante la fórmula de la torsión (ecuación 3-11) usando las dimensiones transversales apropiadas y el par interno correspondiente; por ejemplo, el esfuerzo máximo en el segmento BC (figura 3-14) se encuentra usando el diámetro de ese segmento y el par T_{BC} calculado con la ecuación (b). El esfuerzo máximo en toda la barra es el mayor esfuerzo de los calculados para cada uno de los tres segmentos.

Para hallar el ángulo de torsión para cada segmento se aplica la ecuación (3-15) usando de nuevo las dimensiones y par apropiados. El ángulo de torsión total de un extremo de la barra con respecto al otro se obtiene sumando algebraicamente como sigue:

$$\varphi = \varphi_1 + \varphi_2 + \ldots + \varphi_n \tag{3-19}$$

donde φ_1 es el ángulo de torsión para el segmento 1, φ_2 es el ángulo de torsión para el segmento 2, etc. y n es el número total de segmentos. Como todos los ángulos de torsión se encuentran con la ecuación (3-15), podemos escribir la fórmula general

$$\gamma = \sum_{i=1}^{n} \varphi_i = \sum_{i=1}^{n} \frac{T_i L_i}{G_i (I_P)_i} \tag{3-20}$$

donde el subíndice i numera los diversos segmentos. Para el segmento i de la barra, T_i es el par interno (encontrado por equilibrio, como se ilustra en la figuras 3-14), L_i es la longitud, G_i es el módulo cortante e $(I_P)_i$ es el momento polar de inercia. Algunos de los pares (y los correspondientes ángulos de torsión) pueden ser positivos y otros pueden ser negativos. La suma *algebraica* de los ángulos de torsión para todos los segmentos da el ángulo total de torsión φ entre los extremos de la barra. El proceso se ilustra posteriormente en el ejemplo 3-4.

Caso 2. *Barra con secciones transversales continuamente variables y par de torsión constante* (figura 3-15). Cuando el par es constante, el esfuerzo cortante máximo en una barra sólida siempre ocurre en la sección transversal con el menor diámetro, como se muestra por la ecuación (3-12). Esta observación suele ser válida para barras tubulares. Si éste es el caso, sólo se necesita investigar la sección transversal mínima, para calcular el esfuerzo cortante máximo. En cualquier otro caso podrá necesitarse evaluar los esfuerzos en más de una ubicación, para obtener el máximo.

Para hallar el ángulo de torsión, consideremos un elemento de longitud dx a una distancia x desde un extremo de la barra (figura 3-15). La diferencial del ángulo de rotación $d\varphi$ para este elemento es

$$d\varphi = \frac{T\,dx}{G I_P(x)} \tag{d}$$

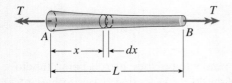

FIG. 3-15 Barra en torsión no uniforme (caso 2).

donde $I_P(x)$ es el momento polar de inercia de la sección transversal a la distancia x desde el extremo. El ángulo de torsión para toda la barra es la suma de los ángulos diferenciales de rotación:

$$\varphi = \int_0^L d\varphi = \int_0^L \frac{T\,dx}{GI_P(x)} \tag{3-21}$$

Si la expresión para el momento polar de inercia $I_P(x)$ no es muy complicada, esta integral puede evaluarse en forma analítica, como en el ejemplo 3-5; en otros casos debe evaluarse numéricamente.

Caso 3. *Barra con secciones transversales continuamente variables y par continuamente variable* (figura 3-16). La barra mostrada en el inciso (a) de la figura está sometida a un *par distribuido* de intensidad t por unidad de distancia a lo largo del eje de la barra; en consecuencia, el par interno $T(x)$ varía de manera continua a lo largo del eje (figura 3-16b). El par interno puede evaluarse con ayuda de un diagrama de cuerpo libre y una ecuación de equilibrio. Como en el caso 2, el momento polar de inercia $I_P(x)$ puede evaluarse en función de las dimensiones transversales de la barra.

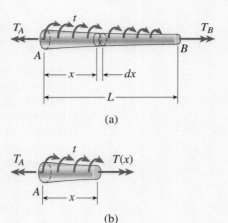

(a)

(b)

FIG. 3-16 Barra en torsión no uniforme (caso 3).

Si conocemos el par y el momento polar de inercia como funciones de x, podemos usar la fórmula de la torsión a fin de hallar la variación del esfuerzo cortante a lo largo del eje de la barra. Luego, se identifica la sección transversal de máximo esfuerzo cortante y a continuación se determina el esfuerzo cortante máximo.

El ángulo de torsión para la barra de la figura 3-16a puede encontrarse de la misma manera que para el caso 2. La única diferencia es que el par, al igual que el momento polar de inercia, también varía a lo largo del eje; en consecuencia, la ecuación para el ángulo de torsión es

$$\varphi = \int_0^L d\varphi = \int_0^L \frac{T(x)\, dx}{GI_P(x)} \tag{3-22}$$

Esta integral puede evaluarse analíticamente en algunos casos, pero por lo general requiere métodos numéricos.

Limitantes

Los análisis descritos en esta sección son válidos para barras hechas de materiales elástico lineales con secciones transversales circulares (sólidas o huecas). Los esfuerzos determinados con la fórmula de la torsión son válidos en regiones de la barra *alejadas* de concentraciones de esfuerzos, que son esfuerzos fuertemente localizados, los cuales ocurren siempre que el diámetro cambia de manera abrupta y en las secciones de aplicación de los pares concentrados (véase sección 3.11). Sin embargo, las concentraciones de esfuerzos tienen relativamente poco efecto sobre el ángulo de torsión y, por ello, las ecuaciones para φ suelen ser válidas.

Por último, debemos recordar que obtuvimos la fórmula de la torsión y las fórmulas para los ángulos de torsión para barras prismáticas; podemos aplicarlas con seguridad a barras con secciones transversales variables sólo cuando los cambios en diámetro son pequeños y graduales. Como regla empírica, las fórmulas dadas son satisfactorias si el ángulo de ahusamiento (el ángulo entre los lados de la barra) es menor que 10°.

Ejemplo 3-4

Un eje sólido de acero *ABCDE* (figura 3-17) con diámetro $d = 30$ mm gira libremente en cojinetes en sus extremos *A* y *E*. El eje es impulsado por un engrane en *C*, que le aplica un par $T_2 = 450$ N·m en el sentido mostrado en la figura. Los engranes en *B* y *D* son impulsados por el eje y tienen pares resistentes $T_1 = 275$ N·m y $T_3 = 175$ N·m, respectivamente, que actúan en sentido opuesto al par T_2. Los segmentos *BC* y *CD* tienen longitudes $L_{BC} = 500$ mm y $L_{CD} = 400$ mm, respectivamente y el módulo cortante es $G = 80$ GPa.

Determinar el esfuerzo cortante máximo en cada parte del eje y el ángulo de torsión entre los engranes *B* y *D*.

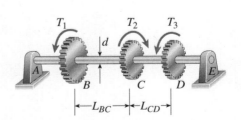

FIG. 3-17 Ejemplo 3-4. Eje de acero en torsión.

continúa

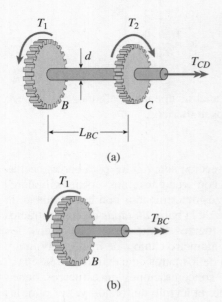

(a)

(b)

FIG. 3-18 Diagramas de cuerpo libre para el ejemplo 3-4.

Solución

Cada segmento de la barra es prismático y está sometido a un par constante (caso 1); por tanto, el primer paso en el análisis es determinar los pares que actúan en los segmentos, después de lo cual podemos encontrar los esfuerzos cortantes y los ángulos de torsión.

Pares que actúan en los segmentos. Los pares en los segmentos extremos (*AB* y *DE*) son cero, ya que aquí despreciamos cualquier fricción en los cojinetes de los soportes; por lo tanto, los segmentos extremos no tienen esfuerzos ni ángulos de torsión.

El par T_{CD} en el segmento *CD* se encuentra cortando una sección por el segmento y construyendo un diagrama de cuerpo libre (figura 3-18a). Se supone que el par es positivo, por lo que su vector se aleja de la sección cortada. Por el equilibrio del cuerpo libre obtenemos

$$T_{CD} = T_2 - T_1 = 450 \text{ N·m} - 275 \text{ N·m} = 175 \text{ N·m}$$

El signo positivo en el resultado significa que T_{CD} actúa en el sentido considerado positivo.

El par en el segmento *BC* se encuentra de manera similar usando el diagrama de cuerpo libre de la figura 3-18b:

$$T_{BC} = -T_1 = -275 \text{ N·m}$$

Observe que este par tiene un signo negativo, lo cual significa que su sentido es opuesto al sentido mostrado en la figura.

Esfuerzos cortantes. Los esfuerzos cortantes máximos en los segmentos *BC* y *CD* se encuentran a partir de la forma modificada de la fórmula de la torsión (ecuación 3-12): entonces,

$$\tau_{BC} = \frac{16T_{BC}}{\pi d^3} = \frac{16(275 \text{ N·m})}{\pi (30 \text{ mm})^3} = 51.9 \text{ MPa} \qquad \Longleftarrow$$

$$\tau_{CD} = \frac{16T_{CD}}{\pi d^3} = \frac{16(175 \text{ N·m})}{\pi (30 \text{ mm})^3} = 33.0 \text{ MPa} \qquad \Longleftarrow$$

Puesto que los sentidos de los esfuerzos cortantes no son de interés en este ejemplo, sólo se usaron valores absolutos de los pares en los cálculos anteriores.

Ángulos de torsión. El ángulo de torsión φ_{BD} entre los engranes *B* y *D* es la suma algebraica de los ángulos de torsión para los segmentos que constituyen a la barra, como se dan por la ecuación (3-19): entonces,

$$\varphi_{BD} = \varphi_{BC} + \varphi_{CD}$$

Al calcular los ángulos de torsión individuales, necesitamos el momento de inercia de la sección transversal:

$$I_P = \frac{\pi d^4}{32} = \frac{\pi (30 \text{ mm})^4}{32} = 79\,520 \text{ mm}^4$$

Ahora podemos determinar los ángulos de torsión como sigue:

$$\varphi_{BC} = \frac{T_{BC}L_{BC}}{GI_P} = \frac{(-275 \text{ N·m})(500 \text{ mm})}{(80 \text{ GPa})(79\,520 \text{ mm}^4)} = -0.0216 \text{ rad}$$

$$\varphi_{CD} = \frac{T_{CD}L_{CD}}{GI_P} = \frac{(175 \text{ N·m})(400 \text{ mm})}{(80 \text{ GPa})(79\,520 \text{ mm}^4)} = 0.0110 \text{ rad}$$

Observe que en este ejemplo los ángulos de torsión tienen sentidos opuestos. Al sumar algebraicamente obtenemos el ángulo total de torsión:

$$\varphi_{BD} = \varphi_{BC} + \varphi_{CD} = -0.0216 + 0.0110 = -0.0106 \text{ rad} = -0.61°$$ ⬅

El signo negativo significa que el engrane D gira en sentido horario (visto desde el extremo derecho del eje) con respecto al engrane B; pero para la mayoría de los fines basta el valor absoluto del ángulo de torsión, por lo que es suficiente decir que el ángulo de torsión entre los engranes B y D es de 0.61°. El ángulo de torsión entre los dos extremos del eje se denomina algunas veces *enrollado*.

Notas: los procedimientos ilustrados en este ejemplo pueden usarse para ejes con segmentos de diferentes diámetros o que sean de materiales diversos, con la condición de que las dimensiones y propiedades permanezcan constantes dentro de cada segmento.

En este ejemplo y en los problemas al final del capítulo sólo se consideran los efectos de la torsión. Los efectos de la flexión se ven a partir del capítulo 4.

Ejemplo 3-5

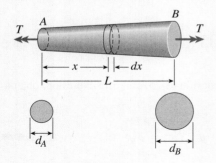

FIG. 3-19 Ejemplo 3-5. Barra ahusada en torsión.

Una barra ahusada AB de sección transversal circular sólida se tuerce por los pares T aplicados en los extremos (figura 3-19). El diámetro de la barra varía linealmente de d_A en el extremo izquierdo a d_B en el extremo derecho suponiendo que d_B es mayor que d_A.

a) Determinar el esfuerzo cortante máximo en la barra.

b) Obtener una fórmula para el ángulo de torsión de la barra.

Solución

a) *Esfuerzos cortantes*. Dado que el esfuerzo cortante máximo en cualquier sección transversal está dado por la fórmula de la torsión modificada (ecuación 3-12), sabemos de inmediato que el esfuerzo cortante máximo en la barra ocurre en la sección transversal con el menor diámetro; es decir, en el extremo A (figura 3-19):

$$\tau_{\max} = \frac{16T}{\pi d_A^3}$$ ⬅

b) *Ángulo de torsión*. Como el par es constante y el momento polar de inercia varía de manera continua con la distancia x desde el extremo A (caso 2), usaremos la ecuación (3-21) para hallar el ángulo de torsión. Primero establecemos una expresión para el diámetro d a la distancia x desde el extremo A:

$$d = d_A + \frac{d_B - d_A}{L} x \tag{3-23}$$

donde L es la longitud de la barra. Ahora podemos escribir una expresión para el momento polar de inercia:

$$I_P(x) = \frac{\pi d^4}{32} = \frac{\pi}{32}\left(d_A + \frac{d_B - d_A}{L} x\right)^4 \tag{3-24}$$

continúa

Sustituimos esta expresión en la ecuación (3-21) y obtenemos una fórmula para el ángulo de torsión:

$$\phi = \int_0^L \frac{T\,dx}{GI_P(x)} = \frac{32T}{\pi G} \int_0^L \frac{dx}{\left(d_A + \dfrac{d_B - d_A}{L}x\right)^4} \tag{3-25}$$

Para evaluar la integral en esta ecuación, observamos que es de la forma

$$\int \frac{dx}{(a + bx)^4}$$

donde

$$a = d_A \qquad b = \frac{d_B - d_A}{L} \tag{e, f}$$

Con ayuda de una tabla de integrales (véase apéndice C), encontramos

$$\int \frac{dx}{(a + bx)^4} = -\frac{1}{3b(a + bx)^3}$$

Evaluamos esta integral sustituyendo con x los límites 0 y L y con a y b las expresiones en las ecuaciones (e) y (f). La integral en la ecuación (3-25) queda igual a

$$\frac{L}{3(d_B - d_A)}\left(\frac{1}{d_A^3} - \frac{1}{d_B^3}\right) \tag{g}$$

Al reemplazar la integral en la ecuación (3-25) con esta expresión, obtenemos

$$\varphi = \frac{32TL}{3\pi G(d_B - d_A)}\left(\frac{1}{d_A^3} - \frac{1}{d_B^3}\right) \tag{3-26}$$

que es la ecuación buscada para el ángulo de torsión de la barra ahusada.

Una forma conveniente de escribir la ecuación anterior es

$$\varphi = \frac{TL}{G(I_P)_A}\left(\frac{\beta^2 + \beta + 1}{3\beta^3}\right) \tag{3-27}$$

donde

$$\beta = \frac{d_B}{d_A} \qquad (I_P)_A = \frac{\pi d_A^4}{32} \tag{3-28}$$

La cantidad β es la razón de los diámetros extremos e $(I_P)_A$ es el momento polar de inercia en el extremo A.

En el caso especial de una barra prismática, tenemos $\beta = 1$ y la ecuación (3-27) da $\varphi = TL/G(I_P)_A$. Para valores de β mayores que 1, el ángulo de rotación decrece porque el diámetro mayor en el extremo B produce un incremento en la rigidez torsional (en comparación con una barra prismática).

3.5 ESFUERZOS Y DEFORMACIONES UNITARIAS EN CORTANTE PURO

Cuando se somete a torsión una barra circular, sólida o hueca, aparecen esfuerzos cortantes sobre las secciones transversales y los planos longitudinales, como se ilustró previamente en la figura 3.7. Examinemos ahora con más detalle los esfuerzos y deformaciones unitarias producidos durante la torsión de la barra.

Comenzamos con un elemento de esfuerzo *abcd* cortado entre dos secciones transversales de una barra sujeta a torsión (figuras 3-20a y b). Este elemento está en estado de **cortante puro** porque los únicos esfuerzos que actúan sobre él son esfuerzos cortantes τ sobre las cuatro caras laterales (véase el análisis del cortante puro en la sección 1.6).

Los sentidos de estos esfuerzos cortantes dependen del sentido de los pares T aplicados. En este análisis suponemos que los pares tuercen el extremo derecho en sentido horario cuando éste se observa desde la derecha (figura 3-20a); por tanto, los esfuerzos cortantes que actúan sobre el elemento tienen los sentidos mostrados en la figura. Este mismo estado de esfuerzo existe en un elemento similar cortado en el interior de la barra, excepto que la magnitud de los esfuerzos cortantes es menor porque la distancia radial al elemento es menor.

Las direcciones de los pares que muestra la figura 3-20a se escogieron intencionalmente de modo que los esfuerzos cortantes que resulten (figura 3-20b) sean positivos, según la convención de signos de esfuerzos cortantes que se describió anteriormente en la sección 1.6. A continuación repetiremos esta **convención de signos:**

Un esfuerzo cortante que actúa sobre una cara positiva de un elemento es positivo si actúa en la dirección positiva de uno de los ejes coordenados, y negativo si su dirección es la negativa de uno de los ejes. Por el contrario, un esfuerzo cortante que actúa sobre una cara negativa de un elemento es positivo si actúa en la dirección negativa de uno de los ejes coordenados, y es negativa si actúa en dirección positiva de uno de los ejes.

Al aplicar esta convención de signos al esfuerzo cortante que actúa sobre el elemento de esfuerzos de la figura 3-20b, se ve que los cuatro esfuerzos cortantes son positivos. Por ejemplo, el esfuerzo de la cara de la derecha (que es positiva, porque el eje x se dirige hacia la derecha) actúa en la dirección positiva del eje y; en consecuencia, es un esfuerzo cortante positivo. Además, el esfuerzo en la cara de la izquierda (que es negativa) actúa en la dirección negativa del eje y; por lo tanto, es un esfuerzo cortante positivo. A los esfuerzos restantes se aplican comentarios similares.

Esfuerzos sobre secciones inclinadas

Ahora podemos determinar los esfuerzos que actúan sobre *secciones inclinadas* del elemento de esfuerzos en cortante puro; seguiremos el mismo método que el de la sección 2.6 para investigar los esfuerzos en el caso uniaxial.

Una vista bidimensional del elemento de esfuerzo se ilustra en la figura 3-21a. Según se explicó en la sección 2.6, solemos dibujar sólo una vista bidimensional de un elemento de esfuerzo, pero debe-

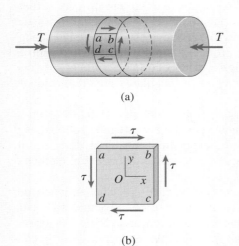

FIG. 3-20 Esfuerzos que actúan sobre un elemento de esfuerzo cortado de una barra en torsión (cortante puro).

FIG. 3-21 Análisis de los esfuerzos sobre planos inclinados: (a) elemento en cortante puro; (b) esfuerzos que actúan sobre un elemento triangular de esfuerzo y (c) fuerzas que actúan sobre el elemento triangular de esfuerzo (diagrama de cuerpo libre).

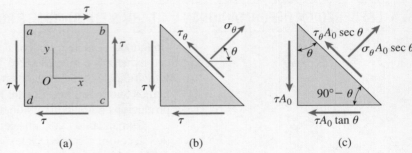

(a)   (b)   (c)

mos estar conscientes de que el elemento tiene una tercera dimensión (espesor) perpendicular al plano de la figura.

Ahora, del elemento de esfuerzo (figura 3-21a) cortamos un elemento de esfuerzo en forma de cuña (o "triangular") que tenga una cara orientada un ángulo θ respecto al eje x (figura 3-21b). Sobre esta cara inclinada actúan esfuerzos normales σ_θ y esfuerzos cortantes τ_θ; ambos se ilustran en sus sentidos positivos en la figura. La **convención de signos** para los esfuerzos σ_θ y τ_θ se describió anteriormente en la sección 2.6 y se repite a continuación:

Los esfuerzos normales σ_θ son positivos en tensión y los esfuerzos cortantes τ_θ son positivos cuando tienden a producir rotación del material en sentido antihorario (observe que esta convención de signos para el esfuerzo cortante τ_θ que actúa sobre un corte inclinado es distinta de la que se usa en los esfuerzos cortantes ordinarios τ que actúan sobre los lados de elementos rectangulares con orientación de los ejes xy).

Las caras horizontal y vertical del elemento triangular (figura 3-21b) tienen esfuerzos cortantes positivos τ actuando sobre ellas y las caras delantera y trasera del elemento están libres de esfuerzo. Por consiguiente, todos los esfuerzos que actúan sobre el elemento se pueden ver en la figura.

Ahora los esfuerzos σ_θ y τ_θ se pueden calcular partiendo del equilibrio del elemento triangular. Las *fuerzas* que actúan sobre sus tres caras laterales pueden obtenerse multiplicando los esfuerzos por las áreas sobre las que actúan; por ejemplo, la fuerza sobre la cara izquierda es igual a τA_0, donde A_0 es el área de la cara vertical. Esta fuerza actúa en sentido y negativo y se muestra en el *diagrama de cuerpo libre* de la figura 3-21c. Como el espesor del elemento en la dirección z es constante, vemos que el área de la cara inferior es A_0 tan θ y el área de la cara inclinada es A_0 sec θ. Multiplicamos los esfuerzos por las áreas sobre las que actúan y obtenemos las fuerzas restantes y con esto completamos el diagrama de cuerpo libre (figura 3-21c).

Ahora podemos escribir dos ecuaciones de equilibrio para el elemento triangular, una en la dirección de σ_θ y la otra en la dirección de τ_θ. Al escribir estas ecuaciones, las fuerzas que actúan sobre las caras izquierda e inferior deben resolverse en componentes en las direcciones de σ_θ y τ_θ. Así, la primera ecuación, obtenida al sumar fuerzas en la dirección de σ_θ, es

$$\sigma_\theta A_0 \sec \theta = \tau A_0 \operatorname{sen} \theta + \tau A_0 \tan \theta \cos \theta$$

o

$$\sigma_\theta = 2\tau \operatorname{sen} \theta \cos \theta \qquad (3\text{-}29a)$$

La segunda ecuación se obtiene al sumar fuerzas en la dirección de τ_θ:

$$\tau_\theta A_0 \sec \theta = \tau A_0 \cos \theta - \tau A_0 \tan \theta \operatorname{sen} \theta$$

o

$$\tau_\theta = \tau(\cos^2 \theta - \operatorname{sen}^2 \theta) \qquad (3\text{-}29b)$$

Estas ecuaciones pueden expresarse de manera más simple introduciendo las siguientes identidades trigonométricas (véase el apéndice C):

$$\operatorname{sen} 2\theta = 2 \operatorname{sen} \theta \cos \theta \qquad \cos 2\theta = \cos^2 \theta - \operatorname{sen}^2 \theta$$

Entonces las ecuaciones para σ_θ y τ_θ toman la forma

$$\sigma_\theta = \tau \operatorname{sen} 2\theta \qquad \tau_\theta = \tau \cos 2\theta \qquad (3\text{-}30a, b)$$

Las ecuaciones (3-30a y b) dan los esfuerzos normal y cortante que actúan sobre cualquier plano inclinado en términos de los esfuerzos cortantes τ que actúan sobre los planos x y y (figura 3-21a) y del ángulo θ que define la orientación del plano inclinado (figura 3-21b).

La forma en que varían los esfuerzos σ_θ y τ_θ con la orientación del plano inclinado se muestra en la gráfica de la figura 3-22, que es una gráfica de las ecuaciones (3-30a y b). Vemos que para $\theta = 0$, que es la cara derecha del elemento de esfuerzo en la figura 3-21a, la gráfica da $\sigma_\theta = 0$ y $\tau_\theta = \tau$. Era de esperarse este resultado, porque el esfuerzo cortante τ actúa en dirección contraria a las manecillas del reloj contra el elemento, y en consecuencia produce un esfuerzo cortante τ_θ positivo.

Para la cara superior del elemento donde ($\theta = 90°$) obtenemos $\sigma_\theta = 0$ y $\tau_\theta = -\tau$. El signo menos para τ_θ indica que actúa en dirección de las manecillas del reloj contra el elemento, es decir, hacia la derecha en la cara ab (figura 3-21a), lo cual es consistente con la dirección del esfuerzo cortante τ. Observe que los esfuerzos cortantes numéricamente máximos se presentan en los planos para los que $\theta = 0$ y 90°, así como sobre las caras opuestas ($\theta = 180°$ y 270°).

La gráfica muestra que el esfuerzo normal σ_θ alcanza un valor máximo en $\theta = 45°$. Para ese ángulo, el esfuerzo es positivo (tensión) e igual numéricamente al esfuerzo cortante τ. De manera similar, σ_θ tiene su valor mínimo (de compresión) para $\theta = -45°$. En ambos ángulos a 45°, el esfuerzo cortante τ_θ es igual a cero. Estas condiciones se ven en la figura 3-23, que muestra los elementos de esfuerzo orientados hacia $\theta = 0$ y $\theta = 45°$. Sobre el elemento a 45° actúan esfuerzos iguales de tensión y compresión en direcciones perpendiculares, sin esfuerzos cortantes.

Observe que los esfuerzos normales que actúan sobre el elemento a 45° (figura 3-23b) corresponden a un elemento sometido a esfuerzos cortantes τ que actúan en las direcciones ilustradas en la figura 3-23a. Si el sentido de los esfuerzos cortantes que actúan

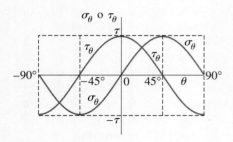

FIG. 3-22 Gráfica de los esfuerzos normales σ_θ y los esfuerzos cortantes τ_θ *versus* el ángulo θ del plano inclinado.

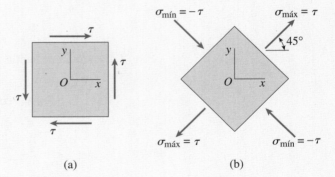

FIG. 3-23 Elementos de esfuerzo orientados a $\theta = 0$ y $\theta = 45°$ para cortante puro.

sobre el elemento de la figura 3-23a se invierte, los esfuerzos normales que actúan sobre los planos a 45° también cambiarán de sentido.

Si se orienta un elemento de esfuerzo a un ángulo diferente a 45°, sobre las caras inclinadas actuarán tanto esfuerzos normales como cortantes (véase las ecuaciones 3-30a y b, y la figura 3-22). Los elementos de esfuerzo sometidos a estas condiciones más generales se ven en detalle en el capítulo 7.

Las ecuaciones obtenidas en esta sección son válidas para un elemento de esfuerzo en cortante puro, sin importar si el elemento se cortó en una barra en torsión o en algún otro elemento estructural. Además, como las ecuaciones (3-30) se obtuvieron sólo por consideraciones de equilibrio, son válidas para cualquier material, se comporte éste de manera elástica lineal o no.

La existencia de esfuerzos máximos de tensión sobre planos a 45° respecto al eje x (figura 3-23b) explica por qué las barras en torsión hechas de materiales frágiles y débiles en tensión fallan por agrietamiento a lo largo de una superficie helicoidal a 45° (figura 3-24). Como se mencionó en la sección 3.3, este tipo de falla se ilustra con facilidad torciendo un pedazo de gis para pizarrón.

Deformaciones unitarias en cortante puro

Consideremos ahora las deformaciones unitarias que existen en un elemento en cortante puro; por ejemplo, considere el elemento en cortante puro de la figura 3-23a. Las deformaciones unitarias cortantes correspondientes se muestran en la figura 3.25a donde las deformaciones se exageran marcadamente. La deformación unitaria cortante γ es el cambio de ángulo entre dos líneas originalmente perpendiculares como se estudió en la sección 1.6; por tanto, la dis-

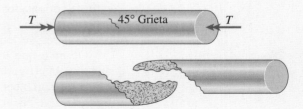

FIG. 3-24 Falla de torsión en un material frágil por agrietamiento de tensión a lo largo de una superficie helicoidal a 45°.

minución del ángulo en la esquina inferior izquierda del elemento es la deformación unitaria cortante γ (medida en radianes). Este mismo cambio de ángulo ocurre en la esquina superior derecha, donde el ángulo disminuye, y en las otras dos esquinas, donde los ángulos aumentan. Sin embargo las longitudes de los lados del elemento —incluido el espesor perpendicular al plano del papel— no cambian cuando tienen lugar estas deformaciones cortantes; por tanto, la forma del elemento cambia de un paralelepípedo rectangular (figura 3-23a) a un paralelepípedo oblicuo (figura 3-25a). Este cambio se llama **distorsión por cortante**.

Si el material es elástico lineal, la deformación unitaria cortante para el elemento orientado a $\theta = 0$ (figura 3-25a) se relaciona con el esfuerzo cortante mediante la ley de Hooke en cortante:

$$\gamma = \frac{\tau}{G} \tag{3-31}$$

donde, como es usual, el símbolo G representa el módulo de elasticidad cortante.

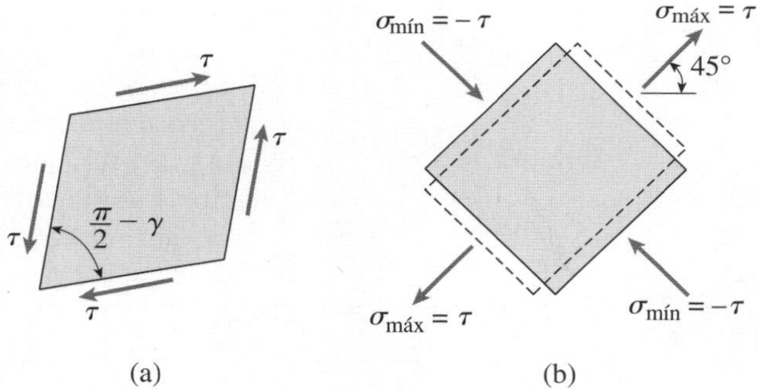

FIG. 3-25 Deformaciones unitarias en cortante puro: (a) distorsión cortante de un elemento orientado a $\theta = 0$ y (b) distorsión de un elemento orientado a $\theta = 45°$.

Consideremos ahora las deformaciones unitarias que ocurren en un elemento orientado a $\theta = 45°$ (figura 3-25b). Los esfuerzos de tensión que actúan a 45° tienden a alargar el elemento en esa dirección. Debido al efecto Poisson, también tienden a acortarlo en la dirección perpendicular (la dirección en que $\theta = 135°$ o $-45°$). De manera similar, los esfuerzos de compresión que actúan a 135° tienden a acortar el elemento en esa dirección y a alargarlo en la dirección a 45°. Esos cambios dimensionales se presentan en la figura 3-25b, cuyas líneas punteadas muestran el elemento deformado. Puesto que no hay distorsiones por cortante, el elemento sigue siendo un paralelepípedo rectangular, aun cuando sus dimensiones hayan cambiado.

Si el material es elástico lineal y obedece la ley de Hooke, podemos obtener una ecuación que relacione la deformación unitaria con el esfuerzo en el elemento a $\theta = 45°$ (figura 3-25b). El esfuerzo de tensión $\sigma_{máx}$ que actúa a $\theta = 45°$ produce una deformación unitaria normal positiva en esa dirección igual a $\sigma_{máx}/E$. Como $\sigma_{máx} = \tau$, podemos expresar también esta deformación unitaria como τ/E. Asimismo, el esfuerzo $\sigma_{máx}$ produce una deformación unitaria negativa en la dirección perpendicular igual a $-\nu\tau/E$, donde ν es la razón de

Poisson. De igual forma, el esfuerzo $\sigma_{\text{mín}} = -\tau$ (en $\theta = 135°$) da lugar a una deformación unitaria negativa igual a $-\tau/E$ en esa dirección y una deformación unitaria positiva en dirección perpendicular (la dirección a 45°) igual a $\nu\tau/E$; por tanto, la deformación unitaria normal en la dirección a 45° es

$$\epsilon_{\text{máx}} = \frac{\tau}{E} + \frac{\nu\tau}{E} = \frac{\tau}{E}(1 + \nu) \qquad (3\text{-}32)$$

que es positiva, lo que representa un alargamiento. La deformación unitaria en la dirección perpendicular es una deformación unitaria negativa con el mismo valor; en otras palabras, el cortante puro produce un alargamiento en la dirección a 45° y un acortamiento en la dirección a 135°. Estas deformaciones unitarias son congruentes con la forma del elemento deformado de la figura 3-25a porque la diagonal a 45° se ha alargado y la diagonal a 135° se ha acortado.

En la siguiente sección usaremos la geometría del elemento deformado para relacionar la deformación unitaria cortante γ (figura 3-25a) con la deformación unitaria normal $\epsilon_{\text{máx}}$ en la dirección a 45° (figura 3-25b). Al hacerlo así, obtendremos la siguiente relación

$$\epsilon_{\text{máx}} = \frac{\gamma}{2} \qquad (3\text{-}33)$$

Esta ecuación, junto con la ecuación (3-31), sirve para calcular las deformaciones unitarias cortantes máximas y las deformaciones unitarias normales máximas en torsión pura cuando se conoce el esfuerzo cortante τ.

Ejemplo 3-6

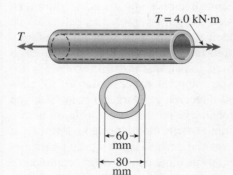

FIG. 3-26 Ejemplo 3-6. Tubo circular en torsión.

Un tubo circular con diámetro externo de 80 mm y diámetro interno de 60 mm está sometido a un par $T = 4.0$ KN·m (figura 3-26). El tubo es de una aleación de aluminio 7075-T6.

a) Determinar los esfuerzos máximos de tensión, compresión y cortante en el tubo y muestre esos esfuerzos en diagramas de elementos de esfuerzo apropiadamente orientados.

b) Determinar las deformaciones unitarias máximas correspondientes en el tubo mostrándolas en esquemas de los elementos deformadas.

Solución

a) *Esfuerzos máximos.* Los valores máximos de los tres esfuerzos (cortante, tensión y compresión) son numéricamente iguales, aunque actúan sobre planos diferentes. Sus magnitudes se encuentran con la fórmula de la torsión:

$$\tau_{\text{máx}} = \frac{Tr}{I_P} = \frac{(4\,000 \text{ N·m})(0.040 \text{ m})}{\dfrac{\pi}{32}\left[(0.080 \text{ m})^4 - (0.060 \text{ m})^4\right]} \qquad 58.2 \text{ MPa} \quad \Longleftarrow$$

Los esfuerzos cortantes máximos actúan sobre planos transversales y longitudinales, como se ve en el elemento de esfuerzo de la figura 3-27a, en la que el eje x es paralelo al eje longitudinal del tubo.

Los esfuerzos máximos de tensión y compresión son

$$\sigma_t = 58.2 \text{ MPa} \qquad \sigma_c = -58.2 \text{ MPa}$$

Estos esfuerzos actúan sobre planos a 45° respecto al eje (figura 3-27b).

b) *Deformaciones unitarias máximas.* La deformación unitaria cortante máxima en el tubo se obtiene con la ecuación (3-31). El módulo de elasticidad en cortante se obtiene en la tabla H-2, apéndice H, donde se lee $G = 27$ GPa; por tanto, la deformación unitaria cortante máxima es

$$\gamma_{\text{máx}} = \frac{\tau_{\text{máx}}}{G} = \frac{58.2 \text{ MPa}}{27 \text{ GPa}} = 0.0022 \text{ rad}$$

El elemento deformado se indica con líneas punteadas en la figura 3-27c.

La magnitud de las deformaciones unitarias normales máximas (de la ecuación 3-33) es

$$\epsilon_{\text{máx}} = \frac{\gamma_{\text{máx}}}{2} = 0.0011$$

Así pues, las deformaciones unitarias máximas en tensión y compresión son entonces

$$\epsilon_t = 0.0011 \qquad \epsilon_c = -0.0011$$

El elemento deformado se presenta por medio de las líneas punteadas en la figura 3-27d para un elemento con lados de dimensiones unitarias.

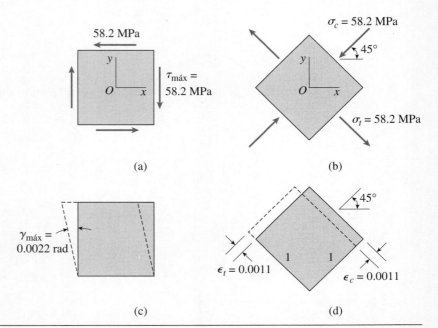

FIG. 3-27 Elementos de esfuerzo y deformación unitaria para el tubo del ejemplo 3-6: (a) esfuerzos cortantes máximos; (b) esfuerzos máximos de tensión y compresión; (c) deformaciones máximas en cortante y (d) deformaciones máximas en tensión y compresión.

3.6 RELACIÓN ENTRE LOS MÓDULOS DE ELASTICIDAD *E* Y *G*

Una relación importante entre los módulos de elasticidad E y G puede obtenerse con las ecuaciones de la sección anterior. Con este fin, considérese el elemento de esfuerzo *abcd* de la figura 3-28a. Supongamos que la cara frontal del elemento es cuadrada, con una longitud de cada lado igual a h. Cuando este elemento se somete a cortante puro por esfuerzos τ, la cara frontal se deforma en un rombo (figura 3-28b) con lados de longitud h y con una deformación unitaria cortante $\gamma = \tau/G$. Debido a la deformación, la diagonal *bd* se alarga y la diagonal *ac* se acorta. La longitud de la diagonal *bd* es igual a su longitud inicial $\sqrt{2}\,h$ multiplicada por el factor $1 + \epsilon_{máx}$, donde $\epsilon_{máx}$ es la deformación unitaria normal en la dirección a 45°; entonces

$$L_{bd} = \sqrt{2}\,h(1 + \epsilon_{máx}) \tag{a}$$

Esta longitud puede relacionarse con la deformación unitaria cortante γ considerando la geometría del elemento deformado.

Para obtener las relaciones geométricas requeridas, considérese el triángulo *abd* (figura 3-28c) que representa la mitad del rombo mostrado en la figura 3-28b. El lado *bd* de este triángulo tiene longitud L_{bd} (ecuación a) y los otros lados, longitud h. El ángulo *adb* del triángulo es igual a la mitad del ángulo *adc* del rombo, o $\pi/4 - \gamma/2$. El ángulo *abd* en el triángulo es el mismo; por tanto, el ángulo *dab* del triángulo es igual a $\pi/2 + \gamma$. Si usamos la ley de los cosenos (véase el apéndice C) en el triángulo *abd*, obtenemos

$$L_{bd}^2 = h^2 + h^2 - 2h^2 \cos\left(\frac{\pi}{2} + \gamma\right)$$

Sustituimos el valor de L_{bd} dado por la ecuación (a), simplificamos y obtenemos

$$(1 + \epsilon_{máx})^2 = 1 - \cos\left(\frac{\pi}{2} + \gamma\right)$$

Desarrollamos el término en el miembro izquierdo y observamos también que $\cos(\pi/2 + \gamma) = -\mathrm{sen}\,\gamma$ y obtenemos

$$1 + 2\epsilon_{máx} + \epsilon_{máx}^2 = 1 + \mathrm{sen}\,\gamma$$

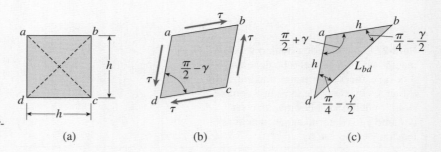

FIG. 3-28 Geometría de un elemento deformado en cortante puro.

(a)   (b)   (c)

Debido a que $\epsilon_{máx}$ y γ son deformaciones unitarias muy pequeñas, podemos despreciar $\epsilon^2_{máx}$ en comparación con $2\epsilon_{máx}$ y reemplazar sen γ con γ. La expresión resultante es

$$\epsilon_{máx} = \frac{\gamma}{2} \tag{3-34}$$

que establece la relación ya presentada en la sección 3.5 como ecuación (3-33).

La deformación unitaria cortante γ que aparece en la ecuación (3-34) es igual a τ/G por la ley de Hooke (ecuación 3-31) y la deformación unitaria normal $\epsilon_{máx}$ es igual a $\tau(1 - \nu)/E$, por la ecuación (3-32). Al efectuar estas sustituciones en la ecuación (3-34) tenemos

$$G = \frac{E}{2(1 + \nu)} \tag{3-35}$$

Vemos que E, G y ν no son propiedades independientes de un material elástico lineal. Si dos de ellas se conocen, la tercera puede calcularse con la ecuación (3-35).

En la tabla H-2 del apéndice H se dan valores característicos de E, G y ν.

3.7 TRANSMISIÓN DE POTENCIA POR MEDIO DE EJES CIRCULARES

El uso más importante de los ejes circulares es transmitir potencia mecánica de un dispositivo o máquina a otra, como en el caso del eje impulsor de un automóvil, el eje de la hélice de un barco o el eje de una bicicleta. La potencia se transmite por el movimiento rotatorio del eje y la cantidad de potencia transmitida depende de la magnitud del par y de la velocidad de rotación. Un problema común de diseño es establecer el tamaño requerido para un eje de modo que transmita una cantidad específica de potencia a una velocidad angular específica sin exceder los esfuerzos permisibles del material.

Supongamos que un eje impulsado por un motor (figura 3-29) gira a una velocidad angular ω, medida en radianes por segundo (rad/s). El eje transmite un par T a una máquina (no ilustrada) que efectúa un trabajo útil. El par aplicado por el eje al dispositivo externo tiene el mismo sentido que el de la velocidad angular ω, es decir, su vector apunta hacia la izquierda. Sin embargo, el par que se

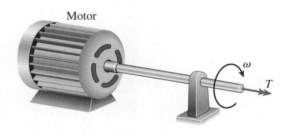

FIG. 3-29 Eje que transmite un par de torsión T constante con velocidad angular ω.

ve en la figura es el que el dispositivo ejerce *sobre el eje*, por lo que su vector apunta en dirección contraria.

En general, el trabajo W efectuado por un par de magnitud constante es igual al producto del par por el ángulo que gira; es decir,

$$W = T\psi \tag{3-36}$$

donde ψ es el ángulo de rotación en radianes.

La **potencia** es la *velocidad* con que se efectúa un trabajo, o

$$P = \frac{dW}{dt} = T\frac{d\psi}{dt} \tag{3-37}$$

donde P es el símbolo para la potencia y t representa el tiempo. La razón de cambio $d\psi/dt$ del desplazamiento angular ψ es la velocidad angular ω y, por tanto la ecuación anterior puede escribirse

$$P = T\omega \qquad (\omega = \text{rad/s}) \tag{3-38}$$

Esta fórmula, bien conocida en la física elemental, da la potencia transmitida por un eje en rotación que transmite un par T constante.

En seguida exponemos las **unidades** que se deben usar en la ecuación (3-38). Si el par T está en newtons metro (N·m), entonces la potencia se expresa en watts (W). Un watt es igual a un newton metro entre segundo (o un joule entre segundo). Si T se expresa en libras-pie (lb-pie) la potencia se expresa en libras pie entre segundo.*

A menudo la velocidad angular se da como la frecuencia f de rotación, que es el número de revoluciones por unidad de tiempo. La unidad de frecuencia es el hertz (Hz), igual a una revolución entre segundo (s^{-1}). Como una revolución es igual a 2π radianes, obtenemos

$$\omega = 2\pi f \qquad (\omega = \text{rad/s},\ f = \text{Hz} = s^{-1}) \tag{3-39}$$

La expresión para la potencia (ecuación 3-38) se convierte en

$$P = 2\pi f T \qquad (f = \text{Hz} = s^{-1}) \tag{3-40}$$

Otra unidad comúnmente usada es la cantidad de revoluciones por minuto (rpm), denotada con la letra n; por tanto, tenemos también las siguientes relaciones:

$$n = 60f \tag{3-41}$$

y

$$P = \frac{2\pi nT}{60} \qquad (n = \text{rpm}) \tag{3-42}$$

---

*Véase la tabla A-1 del apéndice A, para las unidades del trabajo y la potencia.

En las ecuaciones (3-40) y (3-42), las cantidades P y T tienen las mismas unidades que en la ecuación (3-38); o sea, P tiene unidades de watts si T tiene unidades de Newton metro y P tiene unidades de libra-pie entre segundo si T tiene unidades de libra-pie.

En unidades inglesas, la potencia suele expresarse en caballos de potencia (hp), unidad igual a 550 pie-lb/s; por tanto, los caballos de potencia H transmitidos por un eje en rotación son

$$H = \frac{2\pi nT}{60(550)} = \frac{2\pi nT}{33\ 000} \qquad (n = \text{rpm}, T = \text{lb-pie}, H = \text{hp}) \quad (3\text{-}43)$$

Un caballo de potencia es igual aproximadamente a 746 watts.

Las ecuaciones anteriores relacionan el par que actúa en un eje con la potencia que transmite. Una vez conocido el par, podemos determinar los esfuerzos cortantes, las deformaciones unitarias cortantes, los ángulos de torsión y otras cantidades deseadas, por medio de los métodos descritos en las secciones 3.2 a 3.5.

Los siguientes ejemplos.ilustran algunos de los procedimientos usados para el análisis de ejes rotatorios.

Ejemplo 3-7

Un motor que impulsa un eje sólido circular de acero transmite 40 hp a un engrane en B (figura 3-30). El esfuerzo cortante permisible en el acero es de 6 000 lb/pulg^2.

a) ¿Cuál es el diámetro d requerido para el eje si éste es operado a 500 rpm?

b) ¿Cuál es el diámetro d requerido si se opera a 3 000 rpm?

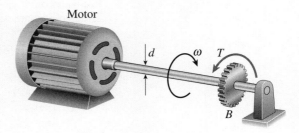

FIG. 3-30 Ejemplo 3-7. Eje de acero en torsión.

Solución

a) *Motor operando a 500 rpm.* Conocida la potencia y la velocidad de rotación, podemos encontrar el par T que actúa sobre el eje usando la ecuación (3-43). Despejamos T en esa ecuación y obtenemos

$$T = \frac{33\ 000H}{2\pi n} = \frac{33\ 000(40\ \text{hp})}{2\pi(500\ \text{rpm})} = 420.2\ \text{lb-pie} = 5\ 042\ \text{lb-pulg}$$

El eje transmite este par del motor al engrane.

continúa

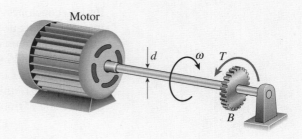

Motor

FIG. 3-30 (Repetición).

El esfuerzo cortante máximo en el eje puede obtenerse con la fórmula modificada de la torsión (ecuación 3-12):

$$\tau_{\text{máx}} = \frac{16T}{\pi d^3}$$

Despejamos en esta ecuación el diámetro d, sustituimos τ_{perm} por $\tau_{\text{máx}}$ y obtenemos

$$d^3 = \frac{16T}{\pi \tau_{\text{perm}}} = \frac{16(5042 \text{ lb-pulg})}{\pi(6\,000 \text{ lb/pulg}^3)} = 4.280 \text{ pulg}^3$$

de donde

$$d = 1.62 \text{ pulg}$$

El diámetro del eje debe tener por lo menos este valor para no exceder el esfuerzo cortante permisible.

b) *Motor operando a 3 000 rpm.* Seguimos el mismo procedimiento del inciso (a) y obtenemos

$$T = \frac{33\,000H}{2\pi n} = \frac{33\,000(40 \text{ hp})}{2\pi(3\,000 \text{ rpm})} = 70.03 \text{ lb-pies} = 840.3 \text{ lb-pulg}$$

$$d^3 = \frac{16T}{\pi \tau_{\text{perm}}} = \frac{16(840.3 \text{ lb-pulg})}{\pi(6\,000 \text{ lb/pulg}^3)} = 0.7133 \text{ pulg}^3$$

$$d = 0.89 \text{ pulg}$$

que es menor al del diámetro encontrado en el inciso (a).

Este ejemplo muestra que entre mayor sea la velocidad de rotación, menor es el tamaño requerido para el eje (para la misma potencia y el mismo esfuerzo permisible).

Ejemplo 3-8

Un eje sólido de acero *ABC* con 50 mm de diámetro (figura 3-31a) es impulsado en *A* por un motor que transmite 50 kW al eje a 10 Hz. Los engranes en *B* y *C* impulsan maquinaria que requiere potencia igual a 35 kW y 15 kW, respectivamente.

Calcule el esfuerzo cortante máximo $\tau_{máx}$ en el eje y el ángulo de torsión φ_{AC} entre el motor en *A* y el engrane en *C*. (Use *G* = 80 GPa.)

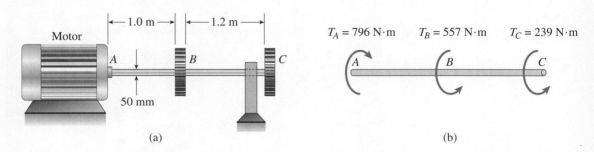

FIG. 3-31 Ejemplo 3-8. Eje de acero en torsión.

Solución

Pares que actúan sobre el eje. Comenzamos el análisis determinando los pares aplicados al eje por el motor y los dos engranes. Puesto que el motor suministra 50 kW a 10 Hz, genera un par T_A en el extremo *A* del eje (figura 3-31b) que podemos calcular con la ecuación (3-40):

$$T_A = \frac{P}{2\pi f} = \frac{50 \text{ kW}}{2\pi(10 \text{ Hz})} = 796 \text{ N·m}$$

De manera similar, podemos calcular los pares T_B y T_C aplicados por los engranes al eje:

$$T_B = \frac{P}{2\pi f} = \frac{35 \text{ kW}}{2\pi(10 \text{ Hz})} = 557 \text{ N·m}$$

$$T_C = \frac{P}{2\pi f} = \frac{15 \text{ kW}}{2\pi(10 \text{ Hz})} = 239 \text{ N·m}$$

Estos pares se muestran en el diagrama de cuerpo libre del eje (figura 3-31b). Observe que los pares aplicados por los engranes son opuestos al sentido del par aplicado por el motor (Si consideramos T_A como la "carga" aplicada al eje por el motor, entonces los pares T_B y T_C son las "reacciones" de los engranes.)

Los pares internos en los dos segmentos del eje se encuentran (por inspección) con ayuda del diagrama de cuerpo libre de la figura 3-31b:

$$T_{AB} = 796 \text{ N·m} \qquad T_{BC} = 239 \text{ N·m}$$

Ambos pares internos actúan en el mismo sentido, por lo que los ángulos de torsión en los segmentos *AB* y *BC* se suman para determinar el ángulo total de torsión (específicamente, ambos pares son positivos según la convención de signos adoptada en la sección 3.4).

continúa

Esfuerzos cortantes y ángulos de torsión. El esfuerzo cortante y el ángulo de torsión en el segmento *AB* del eje se encuentran de la manera acostumbrada con las ecuaciones (3-12) y (3-15):

$$\tau_{AB} = \frac{16T_{AB}}{\pi d^3} = \frac{16(796 \text{ N·m})}{\pi(50 \text{ mm})^3} = 32.4 \text{ MPa}$$

$$\varphi_{AB} = \frac{T_{AB}L_{AB}}{GI_P} = \frac{(796 \text{ N·m})(1.0 \text{ m})}{(80 \text{ GPa})\left(\dfrac{\pi}{32}\right)(50 \text{ mm})^4} = 0.0162 \text{ rad}$$

Las cantidades correspondientes para el segmento *BC* son

$$\tau_{BC} = \frac{16T_{BC}}{\pi d^3} = \frac{16(239 \text{ N·m})}{\pi(50 \text{ mm})^3} = 9.7 \text{ MPa}$$

$$\varphi_{BC} = \frac{T_{BC}L_{BC}}{GI_P} = \frac{(239 \text{ N·m})(1.2 \text{ m})}{(80 \text{ GPa})\left(\dfrac{\pi}{32}\right)(50 \text{ mm})^4} = 0.0058 \text{ rad}$$

El esfuerzo cortante máximo en el eje ocurre en el segmento *AB* y es igual a

$$\tau_{\text{máx}} = 32.4 \text{ MPa}$$

También el ángulo total de torsión entre el motor en *A* y el engrane en *C* es

$$\varphi_{AC} = \varphi_{AB} + \varphi_{BC} = 0.0162 \text{ rad} + 0.0058 \text{ rad} = 0.0220 \text{ rad} = 1.26°$$

Como ya se explicó, ambas partes del eje giran en el mismo sentido, por lo que sus ángulos de torsión se suman.

3.8 MIEMBROS A TORSIÓN ESTÁTICAMENTE INDETERMINADOS

Las barras y ejes descritos en las secciones anteriores del capítulo son *estáticamente determinados* porque todos los pares internos y todas las reacciones pueden obtenerse de diagramas de cuerpo libre y de ecuaciones de equilibrio; sin embargo, si se añaden restricciones adicionales a las barras, como soportes fijos, las ecuaciones de equilibrio ya no serán suficientes para determinar los pares. Entonces las barras se clasifican como **estáticamente indeterminadas**. Estos miembros torsionales se analizan completando las ecuaciones de equilibrio con ecuaciones de compatibilidad relativas a los desplazamientos rotatorios. Entonces, el método general para analizar miembros torsionales estáticamente indeterminados es el mismo que el descrito en la sección 2.4 para barras estáticamente indeterminadas con cargas axiales.

El primer paso en el análisis es escribir **ecuaciones de equilibrio** usando diagramas de cuerpo libre obtenidos de la situación física dada. Las cantidades desconocidas en las ecuaciones de equilibrio son pares internos o de reacción.

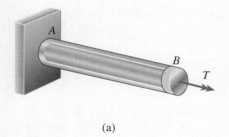

(a)

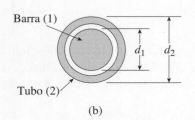

(b)

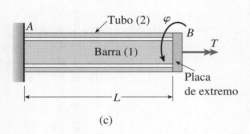

(c)

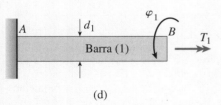

(d)

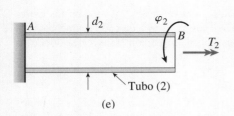

(e)

FIG. 3-32 Barra estáticamente indeterminada en torsión.

El segundo paso es formular **ecuaciones de compatibilidad**, basadas en condiciones físicas pertinentes a los ángulos de torsión. En consecuencia, las ecuaciones de compatibilidad contienen ángulos de torsión como incógnitas.

El tercer paso es relacionar los ángulos de torsión con los pares por medio de **relaciones par de torsión-desplazamientos**, como $\varphi = TL/GI_P$. Después de introducir estas relaciones en las ecuaciones de compatibilidad, se tienen ecuaciones que contienen los pares como incógnitas; por tanto, el último paso es resolver simultáneamente las ecuaciones de equilibrio y compatibilidad para obtener los pares desconocidos.

A fin de ilustrar el método de solución, analizaremos la barra compuesta AB mostrada en la figura 3-32a. Esta barra está unida a un soporte fijo en el extremo A y está cargada por un par T en el extremo B. Además, la estructura consiste en dos partes: una barra sólida dentro de un tubo (figuras 3-32b y c), unidos a una placa rígida de extremo en B.

Por comodidad, identificaremos la barra sólida y el tubo (así como sus propiedades) con los números 1 y 2, respectivamente; por ejemplo, el diámetro de la barra sólida se denota con d_1 y el diámetro exterior del tubo, con d_2. Entre la barra y el tubo existe una pequeña holgura, por lo que el diámetro interno del tubo es ligeramente mayor que d_1 de la barra.

Cuando se aplica el par T en el extremo de la barra, la placa de extremo gira un pequeño ángulo φ (figura 3-32c) y se generan pares T_1 y T_2 en la barra sólida y en el tubo, respectivamente (figuras 3-32d y e). Por el equilibrio, sabemos que la suma de estos pares es igual a la carga aplicada, por lo que la *ecuación de equilibrio* es

$$T_1 + T_2 = T \tag{a}$$

En virtud de que esta ecuación contiene dos incógnitas (T_1 y T_2), vemos que la barra compuesta es estáticamente indeterminada.

Para obtener una segunda ecuación, debemos considerar los desplazamientos rotatorios de la barra sólida y del tubo. Sea φ_1 el ángulo de torsión de la barra sólida (figura 3-32d) y φ_2 el ángulo de torsión del tubo (figura 3-32e). Estos ángulos de torsión deben ser iguales porque la barra y el tubo están unidos rígidamente a la placa de extremo y giran con ésta; en consecuencia, la *ecuación de compatibilidad* es

$$\varphi_1 = \varphi_2 \tag{b}$$

Los ángulos φ_1 y φ_2 se relacionan con los pares T_1 y T_2 por medio de *relaciones par de torsión-desplazamiento*, que en el caso de materiales elástico lineales se obtienen de la ecuación $\varphi = TL/GI_P$; así pues,

$$\varphi_1 = \frac{T_1 L}{G_1 I_{P1}} \qquad \varphi_2 = \frac{T_2 L}{G_2 I_{P2}} \tag{c, d}$$

donde G_1 y G_2 son los módulos de elasticidad en cortante de los materiales e I_{p1} e I_{p2} son los momentos polares de inercia de las secciones transversales.

Cuando se sustituyen las expresiones anteriores para φ_1 y φ_2 en la ecuación (b), resulta la siguiente ecuación de compatibilidad

$$\frac{T_1 L}{G_1 I_{P1}} = \frac{T_2 L}{G_2 I_{P2}} \tag{e}$$

Tenemos ahora dos ecuaciones (ecuaciones a y e) con dos incógnitas; de ellas podemos despejar los pares T_1 y T_2. Los resultados son:

$$T_1 = T\left(\frac{G_1 I_{P1}}{G_1 I_{P1} + G_2 I_{P2}}\right) \qquad T_2 = T\left(\frac{G_2 I_{P2}}{G_1 I_{P1} + G_2 I_{P2}}\right) \tag{3-44a, b}$$

Con estos pares conocidos, la parte esencial del análisis estáticamente indeterminado está completa. Todas las otras cantidades, como esfuerzos y ángulos de torsión, ahora se calculan a partir de los pares.

El procedimiento anterior ilustra la metodología general para analizar un sistema estáticamente indeterminado en torsión. En el siguiente ejemplo, este procedimiento se usa para analizar una barra fija en ambos extremos. En el ejemplo y los problemas, suponemos que las barras están hechas de materiales elástico lineales; sin embargo, la metodología general también es aplicable a barras de materiales no lineales; el único cambio se da en las relaciones de par de torsión-desplazamiento.

Ejemplo 3-9

La barra *ACB* mostrada en las figuras 3-33a y b está fija en ambos extremos y cargada por un par de torsión T_0 en el punto *C*. Los segmentos *AC* y *CB* de la barra tienen diámetros d_A y d_B, longitudes L_A y L_B y momentos polares de inercia I_{PA} e I_{PB}, respectivamente. El material de la barra es el mismo en ambos segmentos.

Obtener las fórmulas de: a) los pares reactivos T_A y T_B en los extremos; b) los esfuerzos cortantes máximos τ_{AC} y τ_{CB} en cada segmento de la barra, y c) el ángulo de rotación φ_C en la sección transversal donde se aplica la carga T_0.

Solución

Ecuación de equilibrio. La carga T_0 produce reacciones T_A y T_B en los extremos fijos de la barra, como se muestra en las figuras 3-33a y b. Entonces, del equilibrio de la barra obtenemos

$$T_A + T_B = T_0 \tag{f}$$

Como hay dos incógnitas en esta ecuación (y no se tienen otras ecuaciones útiles de equilibrio), la barra es estáticamente indeterminada.

Ecuación de compatibilidad. Separamos la barra de su soporte en el extremo *B* y obtenemos una barra fija en el extremo *A* y libre en el extremo *B* (figuras 3-33c y d). Cuando la carga T_0 actúa sola en esta barra, produce

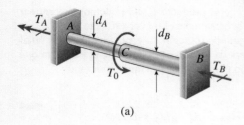

(a)

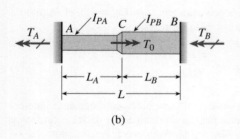

(b)

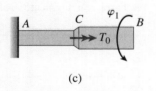

(c)

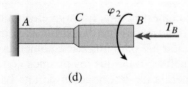

(d)

FIG. 3-33 Ejemplo 3-9. Barra estáticamente indeterminada en torsión

un ángulo de torsión en el extremo B que denotamos con φ_1 (figura 3-33c). Similarmente, cuando el par reactivo T_B actúa solo, produce un ángulo φ_2 (figura 3-33d). El ángulo de torsión en el extremo B en la barra original, igual a la suma de φ_1 y φ_2, es cero; por tanto, la ecuación de compatibilidad es

$$\varphi_1 + \varphi_2 = 0 \tag{g}$$

Observe que φ_1 y φ_2 se consideran positivos con el sentido mostrado en la figura.

Ecuaciones par de torsión-desplazamiento. Los ángulos de torsión φ_1 y φ_2 pueden expresarse en términos de los pares T_0 y T_B consultando a las figuras 3-33c y d y usando la ecuación $\varphi = TL/GI_P$. Las ecuaciones son:

$$\varphi_1 = \frac{T_0 L_A}{GI_{PA}} \qquad \varphi_2 = -\frac{T_B L_A}{GI_{PA}} - \frac{T_B L_B}{GI_{PB}} \tag{h, i}$$

El signo negativo aparece en la ecuación (i) porque T_B produce una rotación en sentido opuesto al sentido considerado positivo de φ_2 (figura 3-33d).

Sustituimos ahora los ángulos de torsión (ecuaciones h e i) en la ecuación de compatibilidad (ecuación g) y obtenemos

$$\frac{T_0 L_A}{GI_{PA}} - \frac{T_B L_A}{GI_{PA}} - \frac{T_B L_B}{GI_{PB}} = 0$$

o

$$\frac{T_B L_A}{I_{PA}} + \frac{T_B L_B}{I_{PB}} = \frac{T_0 L_A}{I_{PA}} \tag{j}$$

Solución de ecuaciones. De la ecuación anterior puede despejarse el par T_B y luego sustituirlo en la ecuación de equilibrio (ecuación f) para obtener el par T_A. Los resultados son

$$T_A = T_0 \left(\frac{L_B I_{PA}}{L_B I_{PA} + L_A I_{PB}} \right) \quad T_B = T_0 \left(\frac{L_A I_{PB}}{L_B I_{PA} + L_A I_{PB}} \right) \tag{3-45a, b}$$

Así hemos hallado los pares reactivos en los extremos de la barra y la parte estáticamente indeterminada del análisis está completa.

Como caso especial, observe que si la barra es prismática ($I_{PA} = I_{PB} = I_P$), los resultados anteriores se simplifican a:

$$T_A = \frac{T_0 L_B}{L} \qquad T_B = \frac{T_0 L_A}{L} \tag{3-46a, b}$$

donde L es la longitud total de la barra. Estas ecuaciones son análogas a las que dan las reacciones en una barra axialmente cargada con extremos fijos (ecuaciones 2-9a y 2-9b).

Esfuerzos cortantes máximos. Los esfuerzos cortantes máximos en cada parte de la barra se obtienen directamente con la fórmula de la torsión:

$$\tau_{AC} = \frac{T_A d_A}{2 I_{PA}} \qquad \tau_{CB} = \frac{T_B d_B}{2 I_{PB}}$$

Sustituimos de las ecuaciones (3-45a) y (3-45b), con lo que resulta

$$\tau_{AC} = \frac{T_0 L_B d_A}{2(L_B I_{PA} + L_A I_{PB})} \qquad \tau_{CB} = \frac{T_0 L_A d_B}{2(L_B I_{PA} + L_A I_{PB})} \tag{3-47a, b}$$

continúa

Al comparar el producto $L_B d_A$ con el producto $L_A d_B$, podemos determinar de inmediato cual segmento de la barra tiene el mayor esfuerzo.

Ángulo de rotación. El ángulo de rotación φ_C en la sección C es igual al ángulo de torsión de cualquiera de los dos segmentos de la barra, ya que ambos segmentos giran el mismo ángulo en la sección C; por tanto

$$\varphi_C = \frac{T_A L_A}{GI_{PA}} = \frac{T_B L_B}{GI_{PB}} = \frac{T_0 L_A L_B}{G(L_B I_{PA} + L_A I_{PB})} \quad \text{(3-48)} \impliedby$$

En el caso especial de una barra prismática ($I_{PA} = I_{PB} = I_P$), el ángulo de rotación en la sección donde se aplica la carga, es

$$\varphi_C = \frac{T_0 L_A L_B}{GLI_P} \quad \text{(3-49)}$$

Este ejemplo ilustra no sólo el análisis de una barra estáticamente indeterminada, sino también las técnicas para la determinación de los esfuerzos y ángulos de rotación. Aderás, observe también que los resultados obtenidos en este ejemplo son válidos para una barra con segmentos sólidos o tubulares.

3.9 ENERGÍA DE DEFORMACIÓN EN TORSIÓN Y CORTANTE PURO

Cuando se aplica una carga a una estructura, la carga efectúa un trabajo y desarrolla energía de deformación en la estructura, como se describió en detalle en la sección 2.7 para una barra sometida a cargas axiales. En el siguiente análisis usaremos los mismos conceptos básicos para determinar la energía de deformación de una barra en torsión.

Consideremos una barra prismática AB en **torsión pura** sometida a la acción de un par de torsión T (figura 3-34). Cuando la carga se aplica en forma estática, la barra se tuerce y el extremo libre gira un ángulo φ. Supongamos ahora que el material de la barra es elástico lineal y obedece a la ley de Hooke, entonces la relación entre el par aplicado y el ángulo de torsión será también lineal, como se muestra en el diagrama par-rotación de la figura 3-35 y está dado por la ecuación $\varphi = TL/GI_P$.

El trabajo W hecho por el par al girar el ángulo φ es igual al área bajo la línea par-rotación OA; es decir, es igual al área del triángulo sombreado en la figura 3-35. Además, del principio de la conservación de la energía sabemos que la energía de deformación de la barra es igual al trabajo efectuado por la carga, siempre que no se gane o pierda energía en forma de calor; por tanto, obtenemos la siguiente ecuación para la energía de deformación U de la barra:

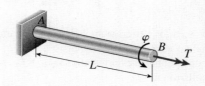

FIG. 3-34 Barra prismática en torsión pura.

$$U = W = \frac{T\varphi}{2} \quad \text{(3-50)}$$

Esta ecuación es análoga a la ecuación $U = W = P\delta/2$ para una barra sometida a una carga axial (véase la ecuación 2-35).

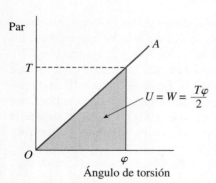

Par

A

T

$U = W = \dfrac{T\varphi}{2}$

O

φ

Ángulo de torsión

FIG. 3-35 Diagrama par de torsión-rotación para una barra en torsión pura (material elástico lineal).

Con la ecuación $\varphi = TL/GI_P$, podemos expresar la energía de deformación en las formas siguientes:

$$U = \frac{T^2L}{2GI_P} \qquad U = \frac{GI_P\varphi^2}{2L} \qquad \text{(3-51a, b)}$$

La primera expresión está en términos de la carga y la segunda, en términos del ángulo de torsión. De nuevo, observe la analogía con las correspondientes ecuaciones para una barra con carga axial (véase las ecuaciones 2-37a y b).

La unidad del SI para el trabajo y la energía es el joule (J), que es igual a un newton metro (1 J = 1 N·m). La unidad inglesa básica es el libra pie (lb-pie), pero también se usan otras unidades similares como la libra pulgada (lb-pulg) y la kip (1 000 libras) pulgada (K pulg).

Torsión no uniforme

Si una barra está sometida a torsión no uniforme (que explicamos en la sección 3.4), necesitamos fórmulas adicionales para la energía de deformación. En los casos en que la barra se compone de segmentos prismáticos con par constante en cada segmento (véase la figura 3-14a en la sección 3.4), podemos determinar la energía de deformación de cada segmento y luego sumar para obtener la energía total de la barra:

$$U = \sum_{i=1}^{n} U_i \qquad \text{(3-52)}$$

donde U_i es la energía de deformación del segmento i y n es la cantidad de segmentos; por ejemplo, si usamos la ecuación (3-51a) para obtener las energías de deformación individuales, la ecuación anterior toma la forma

$$U = \sum_{i=1}^{n} \frac{T_i^2 L_i}{2G_i(I_P)_i} \qquad \text{(3-53)}$$

donde T_i es el par de torsión interno en el segmento i y L_i, G_i e $(I_P)_i$ son las propiedades torsionales del segmento.

Si la sección transversal de la barra o el par interno varía a lo largo del eje como se ilustra en las figuras 3-15 y 3-16, sección 3.4, podemos obtener la energía de deformación total determinando primero la energía de deformación de un elemento y luego integrando a lo largo del eje. Para un elemento de longitud dx, la energía de deformación es (véase ecuación 3-51a)

$$dU = \frac{[T(x)]^2 dx}{2GI_P(x)}$$

donde $T(x)$ es el par interno que actúa sobre el elemento e $I_P(x)$ es el momento polar de inercia de la sección transversal en el elemento; por tanto, la energía de deformación total de la barra es

$$U = \int_0^L \frac{[T(x)]^2 dx}{2GI_P(x)} \qquad \text{(3-54)}$$

De nuevo, deben notarse las similaridades de las expresiones para la energía de deformación por torsión y por carga axial (compárense las ecuaciones 3-53 y 3-54 con las ecuaciones 2-40 y 2-41, sección 2.7).

El uso de las ecuaciones anteriores para la torsión no uniforme se ilustra con los ejemplos que siguen. En el ejemplo 3-10, se determina la energía de deformación para una barra en torsión pura con segmentos prismáticos y en los ejemplos 3-11 y 3-12 se define la energía de deformación para barras con pares variables y dimensiones transversales variables.

Además, el ejemplo 3-12 muestra cómo, en condiciones muy limitadas, el ángulo de torsión de una barra puede hallarse a partir de su energía de deformación. (Para un análisis más detallado de este método, incluyendo sus limitantes, véase la subsección "Desplazamientos causados por una sola carga" en la sección 2.7.)

Limitantes

Al evaluar la energía de deformación debemos recordar que las ecuaciones obtenidas en esta sección son aplicables sólo a barras de material elástico lineal con ángulos pequeños de torsión. También hay que recordar la importante observación enunciada en la sección 2.7: *la energía de deformación de una estructura que soporta más de una carga no puede obtenerse sumando las energías de deformación obtenidas para las cargas individuales que actúan por separado.* Esta observación se demuestra en el ejemplo 3-10.

Densidad de la energía de deformación en cortante puro

Como los elementos individuales de una barra en torsión trabajan en cortante puro, es útil obtener expresiones para la energía de deformación asociada con los esfuerzos cortantes. Comenzamos el análisis considerando un pequeño elemento de material sometido a esfuerzos cortantes τ sobre sus caras laterales (figura 3-36a). Por conveniencia, supondremos que la cara frontal del elemento es cuadrada, con cada lado de longitud h. Aunque la figura muestra sólo una vista bidimensional del elemento, el elemento es tridimensional con espesor t perpendicular al plano de la figura.

Por la acción de los esfuerzos cortantes, el elemento se distorsiona de manera que la cara frontal se transforma en un rombo, como se muestra en la figura 3-36b. El cambio de ángulo en cada esquina del elemento es la deformación unitaria cortante γ.

Las fuerzas cortantes V que actúan sobre las caras laterales del elemento (figura 3-36c) se encuentran multiplicando los esfuerzos por las áreas ht sobre las que actúan:

$$V = \tau h t \tag{a}$$

Estas fuerzas efectúan trabajo conforme el elemento se deforma y pasa de su forma inicial (figura 3-36a) a su forma distorsionada (figura 3-36b). Para calcular este trabajo necesitamos determinar las distancias relativas a través de las cuales se mueven las fuerzas cortantes. Esta tarea se simplifica si el elemento en la figura 3-36c se gira como cuerpo rígido hasta que dos de sus caras sean horizontales como en la figura 3-36d. Durante la rotación de cuerpo rígido, el

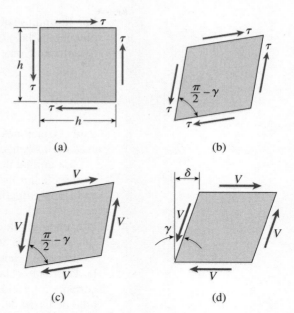

(a)   (b)

(c)   (d)

FIG. 3-36 Elemento en cortante puro.

trabajo neto efectuado por las fuerzas V es cero porque las fuerzas se presentan por parejas que forman dos pares iguales y opuestos.

Como puede verse en las figuras 3-36d, la cara superior del elemento se desplaza en sentido horizontal una distancia δ (con respecto a la cara inferior) conforme la fuerza cortante se incrementa gradualmente desde cero hasta su valor final V. El desplazamiento δ es igual al producto de la deformación unitaria cortante γ (que es un ángulo pequeño) y la dimensión vertical del elemento:

$$\delta = \gamma h \qquad \text{(b)}$$

Si suponemos que el material es elástico lineal y obedece la ley de Hooke, entonces el trabajo realizado por las fuerzas V es igual a $V\delta/2$, que también es la energía de deformación almacenada en el elemento:

$$U = W = \frac{V\delta}{2} \qquad \text{(c)}$$

Observe que las fuerzas que actúan sobre las caras laterales del elemento (figura 3-36d) no se mueven a lo largo de sus líneas de acción y, por tanto, no trabajan.

Al sustituir las ecuaciones (a) y (b) en la ecuación (c), obtenemos la energía de deformación total del elemento:

$$U = \frac{\tau\gamma h^2 t}{2}$$

Ya que el volumen del elemento es $h^2 t$, la **densidad de la energía de deformación** u (es decir, la energía de deformación por unidad de volumen) es

$$u = \frac{\tau\gamma}{2} \qquad \text{(d)}$$

Por último, sustituimos la ley de Hooke en cortante ($\tau = G\gamma$) y obtenemos las siguientes ecuaciones para la densidad de la energía de deformación en cortante puro:

$$u = \frac{\tau^2}{2G} \qquad u = \frac{G\gamma^2}{2}$$ (3-55a, b)

Estas ecuaciones son similares en forma a las del esfuerzo uniaxial (véanse las ecuaciones 2-44a y b, sección 2.7).

La unidad del SI para la densidad de la energía de deformación es el joule por metro cúbico (J/m^3) y la unidad inglesa es la libra pulgada por pulgada cúbica (u otras unidades similares). Puesto que estas unidades son las mismas que para los esfuerzos, también podemos expresar la densidad de la energía de deformación en pascales (Pa) o en libras por pulgada cuadrada ($lb/pulg^2$).

En la siguiente sección (sección 3.10) usaremos la ecuación para la densidad de la energía de deformación en términos del esfuerzo cortante (ecuación 3-55a) para determinar el ángulo de torsión de un tubo de pared delgada con forma arbitraria en su sección transversal.

Ejemplo 3-10

Una barra circular sólida AB de longitud L está fija en un extremo y libre en el otro (figura 3-37). Deberán considerarse tres condiciones diferentes de carga: a) el par T_a que actúa en el extremo libre; b) el par T_b que actúa en el punto medio de la barra, y c) los pares T_a y T_b que actúan simultáneamente.

Para cada caso de carga, obtener una fórmula para la energía de deformación almacenada en la barra. Luego evalúe la energía de deformación para los siguientes datos: $T_a = 100$ N·m, $T_b = 150$ N·m, $L = 1.6$ m, $G = 80$ GPa e $I_P = 79.52 \times 10^3$ mm^4.

Solución

a) *Par T_a que actúa en el extremo libre (figura 3-37a)*. En este caso la energía de deformación se obtiene directamente de la ecuación (3-51a):

$$U_a = \frac{T_a^2 L}{2GI_P}$$ (e) ⬅

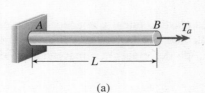
(a)

b) *Par T_b que actúa en el punto medio (figura 3-37b)*. Cuando el par actúa en el punto medio, aplicamos la ecuación (3-51a) al segmento AC de la barra:

$$U_b = \frac{T_b^2 (L/2)}{2GI_P} = \frac{T_b^2 L}{4GI_P}$$ (f) ⬅

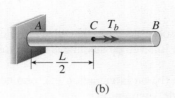
(b)

c) *Pares T_a y T_b en acción simultánea (figura 3-37c)*. Cuando ambas cargas actúan sobre la barra, el par en el segmento CB es T_a y el par en el segmento AC es $T_a + T_b$. Entonces, la energía de deformación (de la ecuación 3-53) es

$$U_c = \sum_{i=1}^{n} \frac{T_i^2 L_i}{2G(I_P)_i} = \frac{T_a^2(L/2)}{2GI_P} + \frac{(T_a + T_b)^2(L/2)}{2GI_P}$$

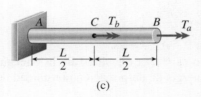
(c)

$$= \frac{T_a^2 L}{2GI_P} + \frac{T_a T_b L}{2GI_P} + \frac{T_b^2 L}{4GI_P}$$ (g) ⬅

FIG. 3-37 Ejemplo 3-10. Energía de deformación causada por dos cargas.

La comparación de las ecuaciones (e), (f) y (g) permite ver que la energía de deformación producida por las dos cargas que actúan al mismo tiempo *no* es igual a la suma de las energías de deformación producidas por las cargas que actúan por separado. Como se señaló en la sección 2.7, la razón es que la energía de deformación es una función cuadrática de las cargas; es decir, no es una función lineal.

d) *Resultados numéricos*. Al sustituir los datos dados en la ecuación (e) obtenemos

$$U_a = \frac{T_a^2 L}{2GI_P} = \frac{(100 \text{ N·m})^2 (1.6 \text{ m})}{2(80 \text{ GPa})(79.52 \times 10^3 \text{ mm}^4)} = 1.26 \text{ J} \quad \Longleftarrow$$

Recuérdese que un joule es igual a un newton metro (1 J = 1 N·m).

Procedemos de la misma manera con las ecuaciones (f) y (g), con lo cual encontramos

$$U_b = 1.41 \text{ J} \quad \Longleftarrow$$

$$U_c = 1.26 \text{ J} + 1.89 \text{ J} + 1.41 \text{ J} = 4.56 \text{ J} \quad \Longleftarrow$$

Observe que el término medio, que contiene el producto de las dos cargas, contribuye considerablemente a la energía de deformación y no se puede despreciar.

Ejemplo 3-11

Una barra prismática *AB*, fija en un extremo y libre en el otro, está cargada por un par de torsión distribuido, de intensidad constante *t* por unidad de longitud a lo largo del eje de la barra (figura 3-38).

a) Obtener una fórmula para la energía de deformación de la barra.

b) Evaluar la energía de deformación de un eje hueco usado para perforar el suelo; considere los siguientes datos:

$t = 480$ lb pulg/pulg, $L = 12$ pies, $G = 11.5 \times 10^6$ lb/pulg^2, e $I_P = 17.18$ pulg^4.

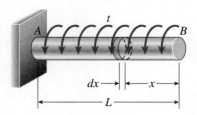

FIG. 3-38 Ejemplo 3-11. Energía de deformación causada por un par de torsión distribuido.

Solución

a) *Energía de deformación de la barra*. El primer paso en la solución es determinar el par de torsión interno $T(x)$ que actúa a una distancia x del borde libre de la barra (figura 3-38). Este par interno es igual al par total que actúa sobre el segmento de la barra de $x = 0$ a $x = x$. Este último par es igual a la intensidad t del par por la distancia x sobre la cual actúa:

$$T(x) = tx \qquad (h)$$

continúa

Sustituimos en la ecuación (3-54) y obtenemos

$$U = \int_0^L \frac{[T(x)]^2 dx}{2GI_P} = \frac{1}{2GI_P} \int_0^L (tx)^2 dx = \frac{t^2 L^3}{6GI_P} \qquad (3\text{-}56)$$

La expresión da la energía de deformación almacenada en la barra.

b) *Resultados numéricos*. Para evaluar la energía de deformación del eje hueco, sustituimos los datos de la ecuación (3-56):

$$U = \frac{t^2 L^3}{6GI_P} = \frac{(480 \text{ lb-pulg/pulg})^2 (144 \text{ pulg})^3}{6(11.5 \times 10^6 \text{ lb/pulg})(17.18 \text{ pulg})^4} = 580 \text{ pulg-lb}$$

Este ejemplo ilustra el uso de la integración para evaluar la energía de deformación de una barra sometida a una carga distribuida.

Ejemplo 3-12

Una barra ahusada *AB* de sección transversal sólida circular está soportada en un extremo y cargada por un par de torsión *T* en el otro (figura 3-39). El diámetro de la barra varía linealmente desde d_A en el extremo izquierdo hasta d_B en el extremo derecho.

Determinar el ángulo de rotación φ_A en el extremo *A* de la barra igualando la energía de deformación con el trabajo hecho por la carga.

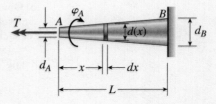

FIG. 3-39 Ejemplo 3-12. Barra ahusada en torsión.

Solución

Por el principio de conservación de la energía sabemos que el trabajo efectuado por el par aplicado es igual a la energía de deformación de la barra; es decir, $W = U$. El trabajo está dado por la ecuación

$$W = \frac{T\varphi_A}{2} \qquad (i)$$

y la ecuación (3-54) da la energía de deformación U.

Para usar la ecuación (3-54), necesitamos expresiones para el par de torsión $T(x)$ y el momento polar de inercia $I_P(x)$. El par es constante a lo largo del eje de la barra e igual a la carga *T* y el momento polar de inercia es

$$I_P(x) = \frac{\pi}{32}\big[d(x)\big]^4$$

donde $d(x)$ es el diámetro de la barra a la distancia x del extremo A. De la geometría de la figura, vemos que

$$d(x) = d_A + \frac{d_B - d_A}{L}x \tag{j}$$

y, por tanto

$$I_P(x) = \frac{\pi}{32}\left(d_A + \frac{d_B - d_A}{L}x\right)^4 \tag{k}$$

Ahora podemos sustituir este valor en la ecuación (3-54), como sigue:

$$U = \int_0^L \frac{[T(x)]^2 dx}{2GI_P(x)} = \frac{16T^2}{\pi G}\int_0^L \frac{dx}{\left(d_A + \dfrac{d_B - d_A}{L}x\right)^4}$$

En esta expresión, la integral puede encontrarse con ayuda de una tabla de integrales (véase el apéndice C); sin embargo, ya la evaluamos en el ejemplo 3-5, sección 3.4 (véase la ecuación g de dicho ejemplo) y encontramos que

$$\int_0^L \frac{dx}{\left(d_A + \dfrac{d_B - d_A}{L}x\right)^4} = \frac{L}{3(d_B - d_A)}\left(\frac{1}{d_A^3} - \frac{1}{d_B^3}\right)$$

Por tanto, la energía de deformación de la barra ahusada es

$$U = \frac{16T^2 L}{3\pi G(d_B - d_A)}\left(\frac{1}{d_A^3} - \frac{1}{d_B^3}\right) \tag{3-57}$$

Al igualar la energía de deformación con el trabajo del par (ecuación i) y despejar φ_A, obtenemos

$$\varphi_A = \frac{32TL}{3\pi G(d_B - d_A)}\left(\frac{1}{d_A^3} - \frac{1}{d_B^3}\right) \tag{3-58} \quad \Longleftarrow$$

Esta ecuación, que es la misma que la ecuación (3-26) en el ejemplo 3-5, sección 3.4, da el ángulo de rotación en el extremo A de la barra ahusada.

Observe en particular que el método usado en este ejemplo para encontrar el ángulo de rotación es adecuado sólo cuando la barra está sometida a una sola carga y sólo cuando el ángulo buscado corresponde a esa carga. De otra manera, debemos encontrar los desplazamientos angulares por los métodos usuales descritos en las secciones 3.3, 3.4 y 3.8.

3.10 TUBOS DE PARED DELGADA

La teoría de la torsión descrita en las secciones anteriores es aplicable a barras sólidas o huecas de sección transversal circular. Las formas circulares son las que mejor resisten la torsión, razón por la cual son las más usadas; sin embargo, en estructuras de peso ligero, como las de aeronaves y naves espaciales, a menudo se requieren miembros tubulares de pared delgada con secciones transversales no circulares para resistir torsión. En esta sección analizaremos esta clase de miembros estructurales.

Para obtener fórmulas aplicables a diversas formas, consideremos un tubo de pared delgada con sección transversal arbitraria (figura 3-40a). El tubo es de forma cilíndrica —es decir, todas las secciones transversales son idénticas y el eje longitudinal es una línea recta—. El espesor t de la pared no tiene que ser constante, sino que puede variar alrededor de la sección transversal, pero debe ser pequeño en comparación con el ancho total del tubo. El tubo está sometido a torsión pura por pares T que actúan en los extremos.

Esfuerzos cortantes y flujo cortante

Los esfuerzos cortantes τ que actúan sobre una sección transversal del tubo aparecen en la figura 3-40b, que muestra un elemento del tubo cortado entre dos secciones transversales separadas una distancia dx entre sí. Los esfuerzos actúan en paralelo a los bordes de la sección transversal y "fluyen" alrededor de ésta. Además, la intensi-

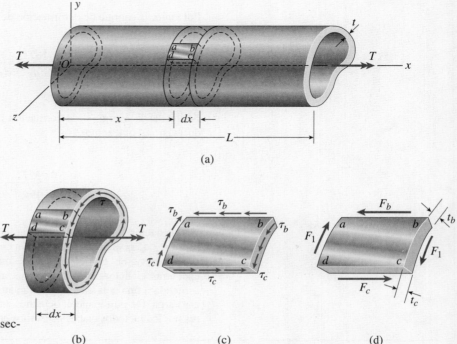

FIG. 3-40 Tubo de pared delgada con sección transversal de forma arbitraria.

(a)

(b)   (c)   (d)

dad de los esfuerzos varía tan poco *a través* del espesor del tubo (porque éste se supone que es delgado) que podemos suponer que τ es constante en esa dirección; sin embargo, si el espesor t no es constante, los esfuerzos variarán en intensidad al *recorrer* la sección transversal y dicha variación ha de determinarse por equilibrio.

Para hallar la magnitud de los esfuerzos cortantes, consideremos un elemento rectangular *abcd* obtenido mediante dos cortes longitudinales *ab* y *cd* (figuras 3-40a y b). Este elemento se ilustra como cuerpo libre en la figura 3-40c. Los esfuerzos cortantes τ que se muestran en la figura 3-40b, actúan sobre la cara *bc* de la sección tranversal. Suponemos que estos esfuerzos varían en intensidad al movernos a lo largo de la sección transversal de *b* a *c*; por lo tanto, el esfuerzo cortante en *b* se denota con τ_b y el esfuerzo en *c*, con τ_c, véase la figura 3-40c).

Como sabemos del equilibrio, los esfuerzos cortantes idénticos actúan en sentido opuesto sobre la cara *ad* de la sección transversal opuesta y los esfuerzos cortantes de la misma magnitud también actúan sobre las caras longitudinales *ab* y *cd*. Los esfuerzos cortantes constantes que actúan sobre las caras *ab* y *cd* son iguales a τ_b y τ_c, respectivamente.

Los esfuerzos que actúan sobre las caras longitudinales *ab* y *cd* producen fuerzas F_b y F_c (figura 3-40d). Estas fuerzas se obtienen multiplicando los esfuerzos por las áreas sobre las que actúan:

$$F_b = \tau_b t_b dx \qquad F_c = \tau_c t_c dx$$

en donde t_b y t_c representan los espesores del tubo en los puntos *b* y *c*, respectivamente (figura 3-40d).

Además, las fuerzas F_1 se deben a los esfuerzos que actúan sobre las caras *bc* y *ad*. Del equilibrio del elemento en dirección longitudinal (dirección *x*), vemos que $F_b = F_c$, o

$$\tau_b t_b = \tau_c t_c$$

Como las posiciones de los cortes longitudinales *ab* y *cd* se seleccionaron arbitrariamente, de la ecuación anterior se infiere que el producto del esfuerzo cortante τ y el espesor t del tubo es el mismo en cada punto de la sección transversal. Este producto se conoce como **flujo cortante** y se denota con la letra *f*:

$$f = \tau t = \text{constante} \tag{3-59}$$

Esta relación muestra que el esfuerzo cortante máximo ocurre donde el espesor del tubo es mínimo y viceversa. En las regiones donde el espesor es constante, el esfuerzo cortante es constante. Observe que el flujo cortante es igual a la fuerza cortante por unidad de distancia a lo largo de la sección transversal.

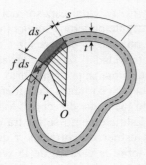

FIG. 3-41 Sección transversal de un tubo de pared delgada.

Fórmula de la torsión para tubos de pared delgada

El siguiente paso del análisis es relacionar el flujo cortante f (y por lo tanto, el esfuerzo cortante τ) con el par de torsión T que actúa sobre el tubo. Con este fin, examinemos la sección transversal del tubo como se ilustra en la figura 3-41. La **línea media** (también llamada la *línea central* o la *línea del medio*) de la pared del tubo se ilustra con una línea punteada en la figura. Consideremos un elemento de área de longitud ds (medida a lo largo de la línea media) y espesor t. La distancia s que define la posición del elemento, se mide a lo largo de la línea media desde algún punto de referencia escogido en forma arbitraria.

La fuerza cortante total que actúa sobre el elemento de área es $f\,ds$ y el momento de esta fuerza respecto a cualquier punto O dentro del tubo es

$$dT = rf\,ds$$

en donde r es la distancia perpendicular desde el punto O a la línea de acción de la fuerza $f\,ds$ (nótese que la línea de acción de la fuerza $f\,ds$ es tangente a la línea media de la sección transversal en el elemento ds). El par total T producido por los esfuerzos cortantes se obtiene integrando a lo largo de la línea media de la sección transversal:

$$T = f \int_0^{L_m} r\,ds \tag{a}$$

donde L_m denota la longitud de la línea media.

La integral en la ecuación (a) puede ser difícil de resolver por medios matemáticos formales, pero se puede evaluar con facilidad dándole una interpretación geométrica simple. La cantidad $r\,ds$ representa el doble del área del triángulo sombreado de la figura 3-41 (observe que el triángulo tiene longitud de base ds y altura igual a r). Por tanto, la integral representa el doble del área A_m encerrada por la línea media de la sección transversal:

$$\int_0^{L_m} r\,ds = 2A_m \tag{b}$$

Se infiere de la ecuación (a) que $T = 2fA_m$ y, por tanto, el **flujo cortante** es

$$f = \frac{T}{2A_m} \tag{3-60}$$

Ahora podemos eliminar el flujo cortante f entre las ecuaciones (3-59) y (3-60) y obtener una **fórmula de torsión para tubos de pared delgada**:

$$\tau = \frac{T}{2tA_m} \tag{3-61}$$

Como t y A_m son propiedades de la sección transversal, los esfuerzos cortantes τ pueden calcularse con la ecuación (3-61) en cualquier tubo de pared delgada sometido a un par conocido T. (*Recordatorio:* el área A_m es el área *encerrada* por la línea media, *no* es el área de la sección transversal del tubo.)

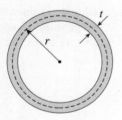

FIG. 3-42 Tubo circular de pared delgada.

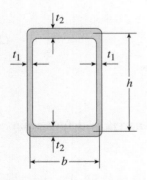

FIG. 3-43 Tubo rectangular de pared delgada.

Para ilustrar el uso de la fórmula de la torsión, consideremos un **tubo circular** de pared delgada (figura 3-42) de espesor t y radio r a la línea media. El área encerrada por la línea media es

$$A_m = \pi r^2 \tag{3-62}$$

por lo que el esfuerzo cortante (constante alrededor de la sección transversal) es

$$\tau = \frac{T}{2\pi r^2 t} \tag{3-63}$$

Esta fórmula concuerda con el esfuerzo obtenido con la fórmula estándar de la torsión (ecuación 3-11) cuando esta última se aplica a un tubo circular con paredes delgadas usando la expresión aproximada $I_P \approx 2\pi r^3 t$ para el momento polar de inercia (ecuación 3-18).

Como segunda ilustración, consideremos un **tubo rectangular** de pared delgada (figura 3-43) con espesor t_1 en sus lados y espesor t_2 en sus partes superior e inferior. La altura es h y el ancho es b (medidos en la línea media de la sección transversal). El área dentro de la línea media es

$$A_m = bh \tag{3-64}$$

y los esfuerzos cortantes en los lados vertical y horizontal, respectivamente, son

$$\tau_{\text{vert}} = \frac{T}{2t_1 bh} \qquad \tau_{\text{horiz}} = \frac{T}{2t_2 bh} \tag{3-65a, b}$$

Si t_2 es mayor que t_1, el esfuerzo cortante máximo se presentará en los lados verticales de la sección transversal.

Energía de deformación y constante de torsión

La energía de deformación de un tubo de pared delgada puede determinarse encontrando primero la energía de deformación de un elemento y luego integrando sobre todo el volumen de la barra. Consideremos un elemento del tubo con área $t\,ds$ en su sección transversal (véase el elemento de la figura 3-41) y longitud dx (véase el elemento en la figura 3-40). El volumen de tal elemento, similar en forma al elemento *abcd* mostrado en la figura 3-40a, es $t\,ds\,dx$. Puesto que los elementos del tubo están en cortante puro, la densidad de la energía de deformación del elemento es $\tau^2/2G$, según la ecuación (3-55a). La energía total de deformación del elemento es igual a la densidad de la energía de deformación multiplicada por el volumen:

$$dU = \frac{\tau^2}{2G}\, t\,ds\,dx = \frac{\tau^2 t^2}{2G}\frac{ds}{t}\,dx = \frac{f^2}{2G}\frac{ds}{t}\,dx \tag{c}$$

donde hemos reemplazado τt con el flujo de cortante f (una constante).

La energía total de deformación del tubo se obtiene integrando dU sobre el volumen del tubo; es decir, ds se integra de 0 a L_m alrededor de la línea media y dx se integra a lo largo del eje del tubo de 0 a L, donde L es la longitud. Se tiene entonces,

$$U = \int dU = \frac{f^2}{2G}\int_0^{L_m}\frac{ds}{t}\int_0^L dx \tag{d}$$

Observe que el espesor t puede variar alrededor de la línea media y debe permanecer con ds bajo el signo de integración. Como la última integral es igual a la longitud L del tubo, la ecuación para la energía de deformación es

$$U = \frac{f^2 L}{2G} \int_0^{L_m} \frac{ds}{t} \qquad \text{(e)}$$

Sustituimos el flujo de cortante dado por la ecuación (3-60) y obtenemos

$$U = \frac{T^2 L}{8 G A_m^2} \int_0^{L_m} \frac{ds}{t} \qquad \text{(3-66)}$$

como la ecuación para la energía de deformación del tubo en términos del par de torsión T.

La expresión anterior para la energía de deformación puede escribirse en forma más simple introduciendo una nueva propiedad de la sección transversal, llamada la **constante de torsión**. Para un tubo de pared delgada, la constante de torsión (denotada por la letra J) se define como sigue:

$$\text{(3-67)}$$

$$J = \frac{4 A_m^2}{\displaystyle\int_0^{L_m} \frac{ds}{t}}$$

Con esta notación, la ecuación para la **energía de deformación** (ecuación 3-66) queda

$$U = \frac{T^2 L}{2 G J} \qquad \text{(3-68)}$$

que tiene la misma forma que la ecuación para la energía de deformación en una barra circular (véase la ecuación 3-51a). La única diferencia es que la constante de torsión J ha reemplazado al momento polar de inercia I_P. Observe que la constante de torsión tiene unidades de longitud a la cuarta potencia.

En el caso especial de una sección transversal con espesor constante t, la expresión para J ecuación (3-67) se simplifica a

$$J = \frac{4 t A_m^2}{L_m} \qquad \text{(3-69)}$$

Para cada forma de sección transversal, podemos evaluar J con la ecuación (3-67) o con la (3-69).

Como ilustración, consideremos de nuevo el **tubo circular** de pared delgada de la figura 3-42. Como el espesor es constante, usamos la ecuación (3-69) y sustituimos $L_m = 2\pi r$ y $A_m = \pi r^2$; el resultado es

$$J = 2 \pi r^3 t \qquad \text{(3-70)}$$

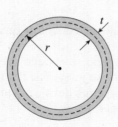

FIG. 3-42 (Repetición).

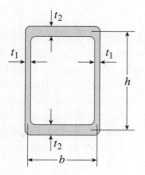

FIG. 3-43 (Repetición).

que es la expresión aproximada para el momento polar de inercia (ecuación 3-18). Entonces, en el caso de un tubo circular de pared delgada, el momento polar de inercia es igual a la constante de torsión.

Como segunda ilustración, usaremos de nuevo el **tubo rectangular** de la figura 3-43. Para esta sección transversal tenemos $A_m = bh$, por lo cual la integral en la ecuación (3-67) es

$$\int_0^{L_m} \frac{ds}{t} = 2\int_0^h \frac{ds}{t_1} + 2\int_0^b \frac{ds}{t_2} = 2\left(\frac{h}{t_1} + \frac{b}{t_2}\right)$$

Entonces, la constante de torsión es

$$J = \frac{2b^2h^2t_1t_2}{bt_1 + ht_2} \tag{3-71}$$

Las constantes de torsión para otras secciones transversales de pared delgada pueden encontrarse de manera similar.

Ángulo de torsión

El ángulo de torsión φ para un tubo de pared delgada de forma arbitraria en su sección transversal (figura 3-44) se puede determinar igualando el trabajo W efectuado por el par de torsión T que se aplica con la energía de deformación U del tubo. Entonces,

$$W = U \quad \text{o} \quad \frac{T\varphi}{2} = \frac{T^2L}{2GJ}$$

de donde obtenemos la ecuación para el ángulo de torsión:

$$\varphi = \frac{TL}{GJ} \tag{3-72}$$

De nuevo, observamos que la ecuación tiene la misma forma que la ecuación correspondiente para una barra circular (ecuación 3-15) pero con el momento polar de inercia reemplazado con la constante de torsión. La cantidad GJ se llama **rigidez torsional** del tubo.

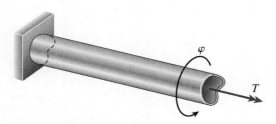

FIG. 3-44 Ángulo de torsión φ para un tubo de pared delgada.

Limitantes

Las fórmulas desarrolladas en esta sección son aplicables a miembros prismáticos con formas tubulares cerradas con paredes delgadas. Si la sección transversal es delgada pero abierta, como en el caso de vigas I y canales, esta teoría no es aplicable. Para subrayar este punto, conviene imaginar que tomamos un tubo de pared delgada y lo ranuramos a lo largo; la sección transversal se convierte en una sección abierta, los esfuerzos cortantes y los ángulos de torsión aumentan, la resistencia torsional decrece y las fórmulas dadas en esta sección no pueden usarse.

Algunas de las fórmulas de esta sección están restringidas a materiales elástico lineales; por ejemplo, cualquier ecuación que contenga el módulo de elasticidad por cortante G está en esta categoría. Ahora bien, las ecuaciones para el flujo de cortante y esfuerzos cortantes (ecuaciones 3-60 y 3-61) se basan sólo en el equilibrio y son válidas, sean cuales sean las propiedades del material. La teoría es aproximada porque se basa en ciertas dimensiones de la línea central y se vuelve menos exacta conforme se incrementa el espesor t de la pared.*

Una importante consideración en el diseño de cualquier miembro de pared delgada es la posibilidad de que las paredes se pandeen. Entre más delgadas sean las paredes y más largo sea el tubo, más probable es que ocurra el pandeo. En el caso de tubos no circulares, suelen usarse atiesadores y diafragmas para mantener la forma y prevenir el pandeo local. En todos nuestros análisis y problemas, supondremos que se ha impedido el pandeo.

---

*R. Bredt, ingeniero alemán, desarrolló la teoría de la torsión para tubos de pared delgada descrita en esta sección, y la presentó en 1896 (Ref. 3-2). Con frecuencia se le denomina *teoría de la torsión de Bredt*.

Ejemplo 3-13

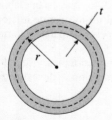

FIG. 3-45 Ejemplo 3-13. Comparación de la teoría aproximada y la teoría exacta de la torsión

Comparar el esfuerzo cortante máximo en un tubo circular (figura 3-45) calculado por un lado con la teoría aproximada para un tubo de pared delgada y, por otro, con el esfuerzo calculado con la teoría exacta de la torsión (observe que el tubo tiene espesor constante t y radio r en la línea media de la sección transversal).

Solución

Teoría aproximada. El esfuerzo cortante obtenido con la teoría aproximada para un tubo de pared delgada (ecuación 3-63) es

$$\tau_1 = \frac{T}{2\pi r^2 t} = \frac{T}{2\pi t^3 \beta^2} \tag{3-73}$$

en donde la relación

$$\beta = \frac{r}{t} \tag{3-74}$$

se introduce.

Fórmula de torsión. El esfuerzo máximo obtenido con la fórmula más exacta de la torsión (ecuación 3-11) es

$$\tau_2 = \frac{T(r + t/2)}{I_P} \tag{f}$$

donde

$$I_P = \frac{\pi}{2}\left[\left(r + \frac{t}{2}\right)^4 - \left(r - \frac{t}{2}\right)^4\right] \tag{g}$$

Después de desarrollarla, esta expresión se simplifica como

$$I_P = \frac{\pi r t}{2}(4r^2 + t^2) \tag{3-75}$$

y la expresión para el esfuerzo cortante (ecuación f) se convierte en

$$\tau_2 = \frac{T(2r + t)}{\pi r t(4r^2 + t^2)} = \frac{T(2\beta + 1)}{\pi t^3 \beta(4\beta^2 + 1)} \tag{3-76}$$

Razón. La razón τ_1/τ_2 de los esfuerzos cortantes es

$$\frac{\tau_1}{\tau_2} = \frac{4\beta^2 + 1}{2\beta(2\beta + 1)} \tag{3-77} \quad \Longleftarrow$$

que depende sólo de la razón β.

Para valores de β iguales a 5, 10 y 20, a partir de la ecuación (3-77) obtenemos los valores $\tau_1/\tau_2 = 0.92$, 0.95 y 0.98, respectivamente. Así vemos que la fórmula aproximada para los esfuerzos cortantes da resultados un tanto menores que los obtenidos con la fórmula exacta. La exactitud de la fórmula aproximada aumenta conforme la pared del tubo se vuelve más delgada. En el límite, conforme el espesor tiende a cero y β tiende a infinito, la razón τ_1/τ_2 se vuelve 1.

Ejemplo 3-14

Un tubo circular y un tubo cuadrado (figura 3-46) que están elaborados con el mismo material se encuentran sometidos al mismo par de torsión. Ambos tubos tienen la misma longitud, el mismo espesor de pared y la misma área de sección transversal.

¿Cuáles son las razones de sus esfuerzos cortantes y ángulos de torsión? (Desprecie los efectos de las concentraciones de esfuerzos en las esquinas del tubo cuadrado.)

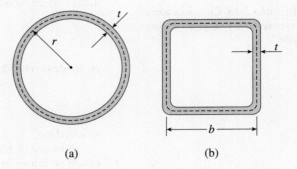

FIG. 3-46 Ejemplo 3-14. Comparación de un tubo circular y un tubo cuadrado.

(a)   (b)

Solución

Tubo circular. Para el tubo circular, el área A_{m1} encerrada por la línea media de la sección transversal es

$$A_{m1} = \pi r^2 \tag{h}$$

donde r es el radio de la línea media. La constante de torsión (ecuación 3-70) y el área de la sección transversal son

$$J_1 = 2\pi r^3 t \qquad A_1 = 2\pi r t \tag{i, j}$$

Tubo cuadrado. Para el tubo cuadrado, el área de la sección transversal es

$$A_2 = 4bt \tag{k}$$

donde b es la longitud de un lado, medido a lo largo de la línea media. Como las áreas de los tubos son iguales, obtenemos $b = \pi r/2$. Además, la constante de torsión (ecuación 3-71) y el área encerrada por la línea media de la sección transversal son

$$J_2 = b^3 t = \frac{\pi^3 r^3 t}{8} \qquad A_{m2} = b^2 = \frac{\pi^2 r^2}{4} \tag{l, m}$$

Razones. La razón τ_1/τ_2 del esfuerzo cortante en el tubo circular al esfuerzo cortante en el tubo cuadrado (ecuación 3-61) es

$$\frac{\tau_1}{\tau_2} = \frac{A_{m2}}{A_{m1}} = \frac{\pi^2 r^2/4}{\pi r^2} = \frac{\pi}{4} = 0.79 \tag{n} \quad \Longleftarrow$$

La razón de los ángulos de torsión (de la ecuación 3-72) es

$$\frac{{}_1\varphi}{{}_2\varphi} = \frac{J_2}{J_1} = \frac{\pi^3 r^3 t/8}{2\pi r^3 t} = \frac{\pi^2}{16} = 0.62 \tag{o} \quad \Longleftarrow$$

Estos resultados muestran que el tubo circular no sólo tiene un esfuerzo cortante 21% menor que el tubo cuadrado, sino también mayor rigidez contra la rotación.

*3.11 CONCENTRACIONES DE ESFUERZOS EN TORSIÓN

En las secciones previas de este capítulo estudiamos los esfuerzos en miembros a torsión suponiendo que la distribución de los esfuerzos variaba continua y suavemente. Esta suposición es válida siempre que no haya cambios abruptos en la forma de la barra (ningún orificio, ranuras o escalón abrupto, entre otros) y siempre que la región en consideración esté alejada de cualquier punto de carga. Si se tienen condiciones tales que perturben el libre flujo de los esfuerzos, se generarán grandes esfuerzos localizados en las regiones alrededor de las discontinuidades. En el trabajo práctico de ingeniería, estas **concentraciones de esfuerzos** se manejan por medio de **factores de concentración de esfuerzos** como se explicó en la sección 2.10.

Los efectos de una concentración de esfuerzos están confinados a una pequeña región alrededor de la discontinuidad, según el principio de Saint-Venant (véase la sección 2.10); por ejemplo, considérese un eje escalonado que consiste en dos segmentos con diámetros diferentes (figura 3-47). El segmento mayor tiene diámetro D_2 y el segmento menor, diámetro D_1. La unión entre los dos segmentos forma un "escalón" que es troquelado con un filete de radio R. Sin el filete, el factor de concentración de esfuerzos teórico sería infinitamente grande debido a la esquina reentrante a 90°. Por supuesto, no pueden presentarse esfuerzos infinitamente grandes; más bien, el material en la esquina reentrante se deformaría y aliviaría la alta concentración de esfuerzos de manera parcial. Sin embargo, tal situación es muy peligrosa en presencia de cargas dinámicas y siempre se usa un filete en los buenos diseños. Cuanto mayor sea el radio del mismo, menores serán los esfuerzos.

A una distancia del escalón aproximadamente igual al diámetro D_2 (por ejemplo, en la sección transversal A-A en la figura 3-47a),

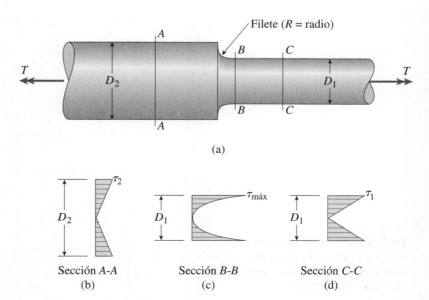

FIG. 3-47 Eje escalonado en torsión.

los esfuerzos cortantes de torsión prácticamente no son afectados por la discontinuidad; por tanto, el esfuerzo máximo τ_2 a una distancia suficiente a la izquierda del escalón puede hallarse con la fórmula de la torsión, con D_2 como el diámetro (figura 3-47b). Los mismos comentarios generales se aplican a la sección C-C, que está a la distancia D_1 (o mayor) de la punta del filete. Puesto que el diámetro D_1 es menor que el diámetro D_2, el esfuerzo máximo τ_1 en la sección C-C (figura 3-47d) es mayor que el esfuerzo τ_2.

El efecto de la concentración de esfuerzos es máximo en la sección B-B, que pasa por la punta del filete. En esta sección, el esfuerzo máximo es

$$\tau_{\text{máx}} = K\tau_{\text{nom}} = K\frac{Tr}{I_P} = K\left(\frac{16T}{\pi D_1^3}\right) \tag{3-78}$$

En esta ecuación, K es el factor de concentración de esfuerzos y τ_{nom} (igual a τ_1) es el esfuerzo cortante nominal, es decir, el esfuerzo cortante en la parte más pequeña del eje.

Los valores del factor K están graficados en la figura 3-48 como función de la razón R/D_1. Las curvas están trazadas para varios valores de la razón D_2/D_1. Observe que cuando el radio R del filete es muy pequeño y la transición de un diámetro al otro es abrupta, el valor de K se vuelve muy grande. Por el contrario, cuando R es grande, el valor de K tiende a 1.0 y el efecto de la concentración de esfuerzos desaparece. La curva punteada en la figura 3-48 es para el caso especial de un filete de un cuarto de círculo, lo que significa que $D_2 = D_1 + 2R$. (*Nota:* en los problemas 3.11-1 al 3.11-5 se practica la obtención de los valores K de la figura 3-48.)

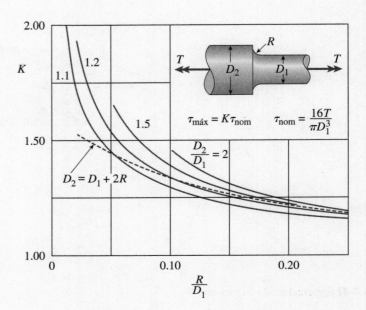

FIG. 3-48 Factor K de concentración de esfuerzos para un eje escalonado en torsión. (La línea punteada es para un filete de cuadrante circular.)

Muchos otros casos de concentraciones de esfuerzos para ejes circulares, como ejes con un chavetero y un eje con un orificio, pueden encontrarse en la literatura técnica (por ejemplo, Ref. 2-9).

Como dijimos en la sección 2.10, las concentraciones de esfuerzos son importantes para materiales frágiles sometidos a cargas estáticas y para la mayoría de los materiales sometidos a cargas dinámicas. Hay que hacer notar que las fallas por fatiga son de la mayor importancia en el diseño de flechas y ejes rotatorios (véase la ecuación 2.9, donde se presenta un breve análisis del fenómeno de la fatiga). Los factores K teóricos de concentración de esfuerzos que se dan en esta seccion, se basan en un comportamiento elástico lineal del material; sin embargo, los experimentos sobre fatiga muestran que estos factores son conservadores y las fallas en materiales dúctiles suelen presentarse debido a cargas mayores que las predichas por los factores teóricos.

PROBLEMAS DEL CAPÍTULO 3

Deformaciones por torsión

3.2-1 Una varilla de cobre de $L = 18.0$ pulg de longitud se va a someter a los pares de torsión T (véase la figura) hasta que el ángulo de rotación entre sus extremos sea 3.0°.

Si la deformación cortante admisible en el cobre es 0.0006 rad, ¿cuál es el diámetro máximo permisible de la varilla?

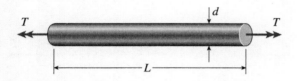

PROBS. 3.2-1 y 3.2-2

3.2-2 Una barra de plástico de $d = 50$ mm de diámetro se va a someter a los pares T (véase la figura) hasta que el ángulo de rotación entre sus extremos sea 5.0°.

Si la deformación cortante máxima en el plástico es 0.012 rad, ¿cuál es la longitud mínima permisible de la barra?

3.2-3 Un tubo circular de aluminio sometido a torsión pura por pares T (véase la figura) tiene un radio exterior r_2 igual al doble del radio interior r_1.

a) Si la deformación unitaria cortante máxima en el tubo se mide como 400×10^{-6} radianes, ¿cuál es la deformación unitaria cortante γ_1 en la superficie interior?

b) Si el ángulo de torsión por unidad de longitud máximo permisible es de 0.15 grados por pie y la deformación unitaria cortante máxima debe mantenerse en 400×10^{-6} radianes por ajuste del par T, ¿cuál es el radio exterior mínimo requerido $(r_2)_{\text{mín}}$?

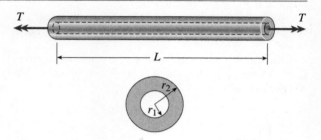

PROBS. 3.2-3, 3.2-4 y 3.2-5

3.2-4 Un tubo circular de acero de longitud $L = 0.90$ m está sometido a torsión por pares T (véase la figura).

a) Si el radio interno del tubo es $r_1 = 40$ mm y el ángulo de torsión medido entre los extremos es de 0.5°, ¿cuál es la deformación unitaria cortante γ_1 en la superficie interna?

b) Si la deformación unitaria cortante máxima permisible es de 0.0005 radianes y el ángulo de torsión debe mantenerse en 0.5° por ajuste del par T, ¿cuál es el radio exterior máximo permisible $(r_2)_{\text{máx}}$?

3.2-5 Resuelva el problema anterior si la longitud $L = 50$ pulg, el radio interior $r_1 = 1.5$ pulg, el ángulo de torsión es de.0.6° y la deformación unitaria permisible cortante es de 0.0004 radianes.

Barras y tubos circulares

3.3-1 Un analista usa un malacate de mano (véase la figura) para subir una canasta de mineral por el tiro de una mina. El eje del malacate es de acero, con $d = 0.625$ pulg de diámetro. Además, la distancia del centro del eje al centro de la cuerda de izado es $b = 4.0$ pulg.

Si el peso de la canasta con carga es $W = 100$ lb, ¿cuál es el esfuerzo cortante máximo en el eje, debido a la torsión?

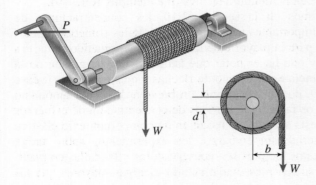

PROB. 3.3-1

3.3-2 Al perforar un orificio en la pata de una mesa, un ebanista usa un taladro eléctrico (véase la figura) con broca de $d = 4.0$ mm de diámetro.

a) Si el par resistente que opone la pata de la mesa es 0.3 N·m, ¿cuál es el esfuerzo cortante máximo en la broca?

b) Si el módulo de elasticidad al cortante del acero es $G = 75$ GPa, ¿cuál es la razón de torsión de la broca (grados por metro)?

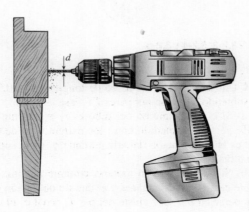

PROB. 3.3-2

3.3-3 Al quitar una rueda para cambiar un neumático, el conductor aplica fuerzas $P = 25$ lb en los extremos de los brazos de una llave de cruz (véase la figura). La llave es de acero con módulo de elasticidad en cortante $G = 11.4 \times 10^6$ lb/pulg². Cada brazo tiene 9.0 pulg de longitud y tiene una sección transversal sólida con diámetro $d = 0.5$ pulg.

a) Determine el esfuerzo cortante máximo en el brazo que está haciendo girar la tuerca (brazo A).

b) Determine el ángulo de torsión (en grados) de este mismo brazo.

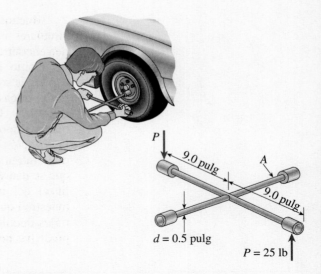

PROB. 3.3-3

3.3-4 Una barra de aluminio de sección transversal circular sólida es torcida por pares T que actúan en los extremos (véase la figura). Las dimensiones y módulo de elasticidad en cortante son: $L = 1.2$ m, $d = 30$ mm y $G = 28$ GPa.

a) Determine la rigidez torsional de la barra.

b) Si el ángulo de torsión de la barra es de 4°, ¿cuál es el esfuerzo cortante máximo? ¿Cuál es la deformación unitaria cortante máxima (en radianes)?

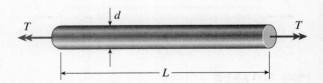

PROB. 3.3-4

3.3-5 Un barreno de acero de alta resistencia que se usa para taladrar un agujero en la tierra tiene un diámetro de 0.5 pulg (véase la figura). El esfuerzo cortante permisible en el acero es de 40 klb/pulg² y el módulo de elasticidad en cortante es de 11 600 klb/pulg².

¿Cuál es la longitud mínima requerida del barreno de modo que un extremo del barreno se tuerce 30° con respecto al otro extremo sin sobrepasar el esfuerzo permisible?

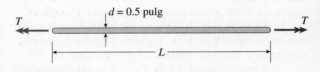

PROB. 3.3-5

3.3-6 El eje de acero de una llave tiene 8.0 mm de diámetro y 200 mm de longitud (véase la figura).

Si el esfuerzo permisible en cortante es de 60 MPa, ¿cuál es el par permisible máximo $T_{máx}$ que puede ejercerse con la llave?

¿Qué ángulo φ (en grados) gira el eje debido a la acción del par máximo? (Suponga $G = 78$ GPa y desprecie cualquier flexión en el eje.)

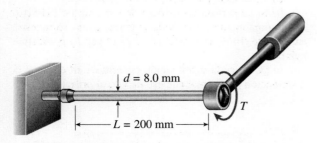

PROB. 3.3-6

3.3-7 Un tubo circular de aluminio está sometido a torsión por pares T aplicados en los extremos (véase la figura). La barra tiene 20 pulg de longitud y los diámetros interior y exterior son de 1.2 y 1.6 pulg, respectivamente. Se determina por medición que el ángulo de torsión es de 3.63° cuando el par es de 5 800 lb-pulg.

Calcule el esfuerzo cortante máximo $\tau_{máx}$ en el tubo, el módulo de elasticidad cortante G y la deformación unitaria cortante máxima $\gamma_{máx}$ (en radianes).

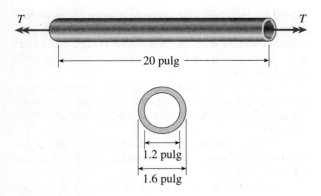

PROB. 3.3-7

3.3-8 Un eje de hélice para un yate pequeño está hecho de una barra de acero sólido de 100 mm de diámetro. El esfuerzo cortante permisible es de 50 MPa y el ángulo de torsión por unidad de longitud permisible es de 2.0° en 3 m.

Suponga que el módulo de elasticidad en cortante es $G = 80$ GPa y determine el par máximo $T_{máx}$ aplicable al eje.

3.3-9 Tres discos circulares idénticos A, B y C están soldados a los extremos de tres barras circulares idénticas (véase la figura). Las tres barras están en el mismo plano y los discos están en planos perpendiculares a los ejes de las barras. Las barras están soldadas en su intersección D para formar una conexión rígida. Cada una tiene diámetro $d_1 = 0.5$ pulg y cada disco tiene diámetro $d_2 = 3.0$ pulg.

Las fuerzas P_1, P_2 y P_3 generan pares que actúan sobre los discos A, B y C, respectivamente, sometiendo a las barras a la torsión. Si $P_1 = 28$ lb, ¿cuál es el esfuerzo cortante máximo $\tau_{máx}$ en cualquiera de las tres barras?

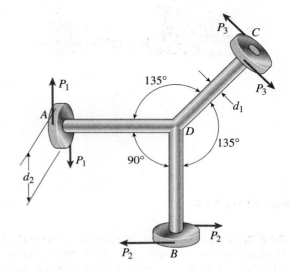

PROB. 3.3-9

3.3-10 El eje de acero de un malacate grande en un transatlántico está sujeto a un par de 1.5 kN·m (véase la figura). ¿Cuál es el diámetro mínimo requerido $d_{mín}$ si el esfuerzo cortante permisible es de 50 MPa y el ángulo de torsión por unidad de longitud permisible es de 0.8°/m? (Suponga que el módulo de elasticidad en cortante es de 80 GPa.)

PROB. 3.3-10

3.3-11 Un eje hueco de acero de una barrena para construcción tiene $d_2 = 6.0$ pulg de diámetro exterior y $d_1 = 4.5$ pulg de diámetro interior (véase la figura). El acero tiene módulo de elasticidad $G = 11.0 \times 10^6$ lb/pulg².

Cuando el par que se aplica es de 150 klb-pulg, calcule las siguientes cantidades:

a) esfuerzo cortante τ_2 en la superficie externa del eje,
b) esfuerzo cortante τ_1 en la superficie interna,
c) razón de torsión θ (grados por unidad de longitud).

Además, trace un diagrama que muestre cómo varía la magnitud de los esfuerzos cortantes a lo largo de un radio en el corte transversal.

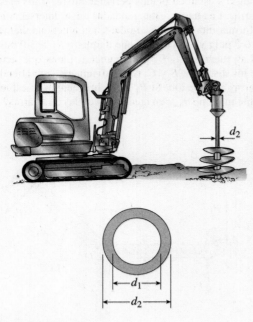

PROBS. 3.3-11 y 3.3-12

3.3-12 Resuelva el problema anterior si el eje tiene $d_2 = 150$ mm de diámetro exterior, y $d_1 = 100$ mm de diámetro interior. También, el módulo de elasticidad del acero es $G = 75$ GPa y el par aplicado es 16 kN·m.

3.3-13 Un poste vertical de sección transversal circular sólida se somete a torsión mediante las fuerzas horizontales $P = 1\,100$ lb en los extremos de un brazo horizontal AB (véase la figura). La distancia del exterior del poste a la línea de acción de cada fuerza es $c = 5.0$ pulg.

Si el esfuerzo cortante permisible en el poste es 4 500 lb/pulg², ¿cuál es el diámetro mínimo requerido, $d_{mín}$, del poste?

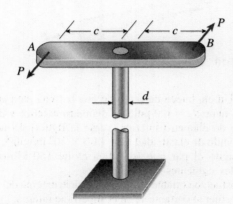

PROBS. 3.3-13 y 3.3-14

3.3-14 Resuelva el problema anterior si las fuerzas horizontales tienen $P = 5.0$ kN de magnitud, la distancia $c = 125$ mm, y si el esfuerzo cortante admisible es 30 MPa.

3.3-15 Una barra sólida de latón con diámetro $d = 1.2$ pulg está sometida a un par T_1, como se ve en la parte (a) de la figura. El esfuerzo cortante permisible en el latón es de 12 ksi.

a) ¿Cuál es el par T_1 permisible máximo?

b) Si se perfora un orificio de 0.6 pulg de diámetro longitudinalmente a través de la barra, como se muestra en la parte (b) de la figura, ¿cuál es el par T_2 permisible máximo?

c) ¿Cuál es la disminución porcentual en el par y la disminución porcentual en peso debido al orificio?

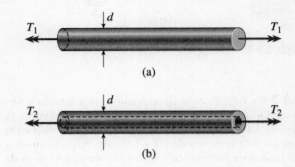

PROB. 3.3-15

3.3-16 Un tubo hueco de aluminio usado en la estructura de un techo tiene un diámetro exterior $d_2 = 100$ mm y un diámetro interior $d_1 = 80$ mm (véase la figura). El tubo tiene 2.5 m de longitud y el aluminio tiene un módulo cortante G = 28 GPa.

a) Si el tubo es deformado en torsión pura por pares que actúan en sus extremos, ¿cuál es el ángulo de torsión φ (en grados) cuando el esfuerzo cortante máximo es de 50 MPa?

b) ¿Qué diámetro d se requiere para que un eje sólido (véase la figura) resista el mismo par con el mismo esfuerzo máximo?

c) ¿Cuál es la razón del peso del tubo hueco con peso del eje sólido?

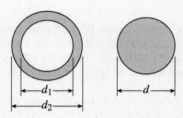

PROB. 3.3-16

★3.3-17 Un tubo circular de radio interior r_1 y radio exterior r_2 está sometido a un par producido por fuerzas $P = 900$ lb (véase la figura). Las fuerzas tienen sus líneas de acción a una distancia $b = 5.5$ pulg desde el exterior del tubo.

Si el esfuerzo cortante permisible en el tubo es de 6 300 lb/pulg^2 y el radio interior $r_1 = 1.2$ pulg, ¿cuál es el radio exterior mínimo permisible r_2?

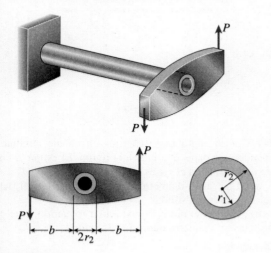

PROB. 3.3-17

3.4-2 Un tubo circular con diámetro exterior $d_3 = 70$ mm y diámetro interior $d_2 = 60$ mm está soldado en su extremo derecho a una placa fija y en el extremo izquierdo a una placa rígida de extremo (véase la figura). Una barra circular sólida de diámetro $d_1 = 40$ mm está dentro y colocada concéntricamente en el tubo. La barra pasa a través de un agujero en la placa fija y está soldada a la placa rígida de extremo.

La barra tiene 1.0 m de longitud y el tubo tiene la mitad de esa longitud. Un par $T = 1\,000$ N·m actúa en el extremo A de la barra. Además, la barra y el tubo son de una aleación de aluminio con módulo de elasticidad cortante $G = 27$ GPa.

a) Determine los esfuerzos cortantes máximos en la barra y en el tubo.

b) Determine el ángulo de torsión (en grados) en el extremo A de la barra.

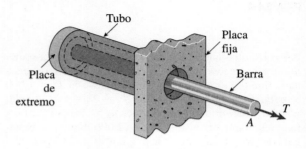

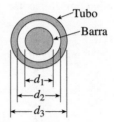

PROB. 3.4-2

Torsión no uniforme

3.4-1 Un eje escalonado ABC que consiste en dos segmentos circulares sólidos está sometido a los pares T_1 y T_2 que actúan en sentidos opuestos, como se aprecia en la figura. La parte más larga del eje tiene diámetro $d_1 = 2.25$ pulg y longitud $L_1 = 30$ pulg; el segmento menor, diámetro $d_2 = 1.75$ pulg y longitud $L_2 = 20$ pulg El material es acero con módulo cortante $G = 11 \times 10^6$ lb/pulg^2, y los pares son $T_1 \times 20{,}000$ lb-pulg y $T_2 \times 8\,000$ lb-pulg

Calcule las siguientes cantidades: a) el esfuerzo cortante máximo $\tau_{máx}$ en el eje y b) el ángulo de rotación φ_C (en grados) en el extremo C.

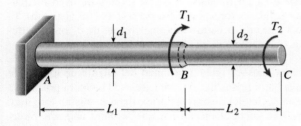

PROB. 3.4-1

3.4-3 Un eje escalonado $ABCD$ que consiste de segmentos circulares sólidos está sometido a tres pares como se muestra en la figura. Los pares de torsión tienen una magnitud de 12.0 klb-pulg, 9.0 klb-pulg, y 9.0 klb-pulg. La longitud de cada segmento es de 24 pulg y los diámetros de los segmentos son 3.0 pulg, 2.5 pulg y 2.0 pulg. El material es acero con módulo de elasticidad al cortante $G = 11.6 \times 10^3$ klb/pulg^2.

a) Calcule el esfuerzo cortante máximo $\tau_{máx}$ en el eje.

b) Calcule el ángulo de torsión φ_D (en grados) en el extremo D.

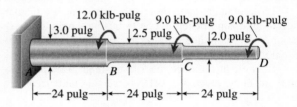

PROB. 3.4-3

3.4-4 Una barra circular sólida *ABC* consiste en dos segmentos, como se ve en la figura. Un segmento tiene diámetro $d_1 = 50$ mm y longitud $L_1 = 1.25$ m; el otro segmento tiene diámetro $d_2 = 40$ mm y longitud $L_2 = 1.0$ m.

¿Cuál es el par permisible T_{perm} si el esfuerzo cortante no debe exceder de 30 MPa y el ángulo de torsión entre los extremos de la barra no debe sobrepasar a 1.5°? (Suponga $G = 80$ GPa.)

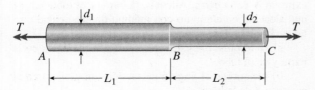

PROB. 3.4-4

3.4-5 Un tubo hueco *ABCDE* de metal monel está sometido a cinco pares que actúan con los sentidos mostrados en la figura. Las magnitudes de los pares son $T_1 = 1\ 000$ lb-pulg, $T_2 = T_4 = 50$ lb-pulg y $T_3 = T_5 = 800$ lb-pulg. El tubo tiene un diámetro exterior $d_2 = 1.0$ pulg. El esfuerzo cortante permisible es de 12 000 lb/pulg^2 y el ángulo de torsión por unidad de longitud es de 2.0°/pie.

Determine el diámetro interior d_1 máximo permisible para el tubo.

$T_1 =$ $\quad$ $T_2 =$ $\quad$ $T_3 =$ $\quad$ $T_4 =$ $\quad$ $T_5 =$
1 000 lb-pulg 500 lb-pulg 800 lb-pulg 500 lb-pulg 800 lb-pulg

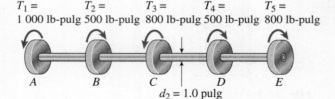

PROB. 3.4-5

3.4-6 Un eje redondo macizo está formado por dos segmentos, como muestra la primera parte de la figura adjunta. El segmento de la izquierda tiene 80 mm de diámetro y 1.2 m de longitud; el segmento de la derecha tiene 60 mm de diámetro y 0.9 m de longitud.

En la segunda parte de la figura se ve un eje tubular hueco del mismo material, con la misma longitud. El espesor t del tubo hueco es $d/10$, siendo d el diámetro exterior. Ambos ejes están sujetos al mismo par de torsión.

Si el eje hueco debe tener la misma rigidez a la torsión que el eje macizo, ¿cuál debe ser su diámetro exterior d?

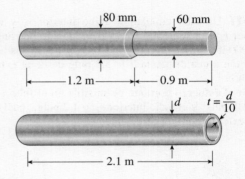

PROB. 3.4-6

3.4-7 Cuatro engranes están fijos en un eje circular y transmiten los pares que indica la figura. El esfuerzo cortante permisible en el eje es 10 000 lb/pulg^2.

a) ¿Cuál es el diámetro requerido d del eje, si tiene sección transversal sólida?

b) ¿Cuál es el diámetro externo d requerido, si el eje es hueco y su diámetro interno es 1.0 pulg?

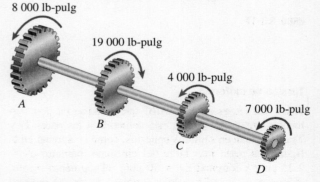

PROB. 3.4-7

3.4-8 Una barra ahusada AB de sección trasnversal circular sólida es torcida por los pares T (véase la figura). El diámetro de la barra varía linealmente de d_A en el extremo izquierdo a d_B en el extremo derecho.

¿Para qué razón d_B/d_A será el ángulo de torsión de la barra ahusada igual a la mitad del ángulo de torsión de una barra prismática de diámetro d_A? (La barra prismática está hecha del mismo material, tiene la misma longitud, y está sujeta al mismo par que la barra ahusada. *Sugerencia*: use los resultados del ejemplo 3-5.)

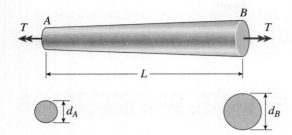

PROBS. 3.4-8, 3.4-9 y 3.4-10

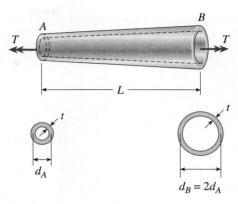

PROB. 3.4-11

3.4-9 Dos pares de torsión $T = 36\ 000$ lb-pulg obran sobre una barra cónica AB maciza de sección redonda (véase la figura). El diámetro de la barra varía en forma lineal desde d_A en el extremo izquierdo hasta d_B en el extremo derecho. La longitud de la barra es $L = 4.0$ pies y es de aleación de aluminio con módulo de elasticidad al cortante $G = 3.9 \times 10^6$ lb/pulg^2. El esfuerzo cortante permisible en la barra es $15\ 000$ lb/pulg^2 y el ángulo de torsión admisible es $3.0°$.

Si el diámetro en el extremo B debe ser 1.5 veces el diámetro en el extremo A, ¿cuál es el diámetro d_A necesario en A? (*Sugerencia:* utilice los resultados del ejemplo 3-5.)

3.4-10 La barra de la figura es linealmente cónica del extremo A al extremo B y es maciza, de sección transversal circular. El diámetro de su extremo más pequeño es $d_A = 25$ mm y la longitud es $L = 300$ mm. La barra es de acero y posee módulo de elasticidad al cortante $G = 82$ GPa.

Si el par es $T = 180$ N·m y el ángulo de torsión admisible es $0.3°$, ¿cuál es el diámetro mínimo admisible d_B del extremo mayor de la barra? (*Sugerencia*: utilice los resultados del ejemplo 3-5.)

3.4-11 En la figura se muestra un tubo AB uniformemente ahusado con sección transversal circular hueca. El tubo tiene espesor t de pared constante y longitud L. Los diámetros promedio en los extremos son d_A y $d_B = 2d_A$. El momento polar de inercia puede representarse con la fórmula aproximada $I_P \approx \pi d^3 t/4$ (véase la ecuación 3-18).

Obtenga una fórmula para el ángulo de torsión φ del tubo cuando éste se encuentra sometido a pares T en sus extremos.

3.4-12 Una barra prismática AB de longitud L y de sección transversal circular sólida (diámetro d) está cargada por un par distribuido de intensidad t constante por unidad de longitud (véase la figura).

a) Determine el.esfuerzo cortante máximo $\tau_{máx}$ en la barra.

b) Determine el ángulo de torsión φ entre los extremos de la barra.

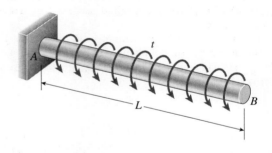

PROB. 3.4-12

★3.4-13 Una barra prismática AB de sección transversal circular sólida (diámetro d) está cargada por un par distribuido (véase la figura). La intensidad del par, es decir, el par por unidad de longitud, se denota como $t(x)$ porque varía linealmente desde un valor máximo t_A en el extremo A hasta cero en el extremo B. La barra está fija en el extremo A y libre en el extremo B. Además, la longitud de la barra es L y el módulo de elasticidad constante del material es G.

a) Determine el esfuerzo cortante máximo $\tau_{máx}$ en la barra.

b) Determine el ángulo de torsión φ entre los extremos de la barra.

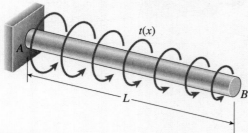

PROB. 3.4-13

★★3.4-14 Un alambre de aleación de magnesio, de diámetro $d = 4$ mm y longitud L, gira dentro de un tubo flexible, para abrir o cerrar un interruptor desde un lugar apartado (véase la figura). En forma manual se le aplica un par T (puede ser en dirección horaria o antihoraria) en el extremo B, haciendo girar así el alambre dentro del tubo. En el otro extremo A, el giro del alambre acciona una manija que abre o cierra el interruptor.

Para accionar el interruptor se requiere un par $T_0 = 0.2$ N·m. La rigidez a la torsión del tubo, combinada con la fricción entre el tubo y el alambre, induce un par distribuido de intensidad constante $t = 0.04$ N·m/m (par por unidad de distancia) que actúa a todo lo largo del alambre.

a) Si el esfuerzo cortante admisible en el alambre es $\tau_{adm} = 30$ MPa, ¿cuál es la longitud máxima $L_{máx}$ admisible del alambre?

b) Si la longitud del alambre es $L = 4.0$ m, y el módulo de elasticidad del alambre al cortante es $G = 15$ GPa, ¿cuál es el ángulo de torsión φ (en grados) entre los extremos del alambre?

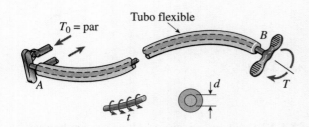

PROB. 3.4-14

Cortante Puro

3.5-1 Un eje hueco de aluminio (véase la figura) tiene $d_2 = 4.0$ pulg de diámetro externo, y $d_1 = 2.0$ pulg de diámetro interno. Cuando se acciona por los pares T, el eje tiene un ángulo de torsión por unidad de distancia igual a $0.54°$/pie. El módulo de elasticidad del aluminio al cortante es $G = 4.0 \times 10^6$ lb/pulg^2.

a) Determine el esfuerzo máximo de tensión $\sigma_{máx}$ en el eje.

b) Determine la magnitud de los pares T aplicados.

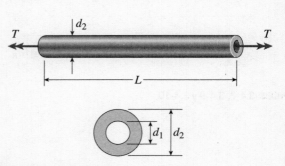

PROBS. 3.5-1, 3.5-2 y 3.5-3

3.5-2 Una barra hueca de acero ($G = 80$ GPa) está sometida a los pares T (véase la figura). La torsión de la barra produce una deformación máxima por cortante $\gamma_{máx} = 640 \times 10^{-6}$ rad. Los diámetros exterior e interior de la barra son 150 mm y 120 mm, respectivamente.

a) Determine la deformación máxima de la barra por tensión.

b) Determine el esfuerzo máximo de tensión en la barra.

c) ¿Cuál es la magnitud de los pares T aplicados?

3.5-3 Una barra tubular con diámetro externo $d_2 = 4.0$ pulg está sometida a pares $T = 70.0$ klb-pulg (véase la figura). Bajo la acción de estos pares, se mide el esfuerzo máximo de tensión en la barra y resulta de 6400 lb/pulg^2.

a) Determine el diámetro interior d_1 de la barra.

b) Si la longitud de la barra es $L = 48.0$ pulg, y es de aluminio con módulo de cortante $G = 4.0 \times 10^6$ lb/pulg^2, ¿cuál es el ángulo de torsión φ, (en grados), entre los extremos de la barra?

c) Determine la deformación máxima por cortante, $\gamma_{máx}$, (en radianes).

3.5-4 Una barra circular sólida de diámetro $d = 50$ mm (véase la figura) es torcida en una máquina de pruebas hasta que el par aplicado alcanza el valor $T = 500$ N·m. Para este valor del par, un extensómetro orientado a $45°$ respecto al eje de la barra registra un valor $\epsilon = 339 \times 10^{-6}$.

¿Cuál es el módulo cortante G del material?

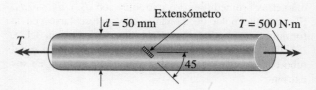

PROB. 3.5-4

3.5-5 Un tubo de acero ($G = 11.5 \times 10^6$ lb/pulg^2) tiene un diámetro exterior $d_2 = 2.0$ pulg y un diámetro interior $d_1 = 1.5$ pulg (véase la figura). Cuando un par T lo tuerce, el tubo desarrolla una deformación unitaria normal máxima de 170×10^{-6}.

¿Cuál es la magnitud del par T aplicado?

3.5-6 Una barra circular sólida de acero ($G = 78$ GPa) transmite un par $T = 360$ N·m. Los esfuerzos permisibles son tensión, 90 MPa; compresión, 70 MPa, y cortante, 40 MPa. Además, la deformación unitaria en tensión permisible máxima es de 220×10^{-6}.

Determine el diámetro d mínimo requerido en la barra.

3.5-7 La deformación unitaria normal a 45° sobre la superficie de un tubo circular (véase la figura) es de 880×10^{-6} cuando el par $T = 75$ lb-pulg. El tubo es de una aleación de cobre con $G = 6.2 \times 10^6$ lb/pulg^2.

Si el diámetro exterior d_2 del tubo es de 0.8 pulg, ¿cuál es el diámetro interior d_1?

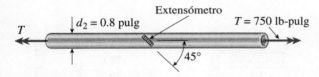

PROB. 3.5-7

3.5-8 Un tubo de aluminio tiene diámetro interior $d_1 = 50$ mm, módulo de elasticidad al cortante $G = 27$ GPa, y actúa sobre él un par $T = 4.0$ kN·m. El esfuerzo cortante admisible en el aluminio es 50 MPa, y el esfuerzo normal admisible es 900×10^{-6}.

Calcule el diámetro exterior d_2 necesario.

3.5-9 Una barra maciza de acero ($G = 11.8 \times 10^6$ lb/pulg^2) con $d = 2.0$ pulg de diámetro está sometida a pares $T = 8.0$ klb-pulg actuando en las direcciones que muestra la figura.

a) Determine los esfuerzos máximos cortante, de tensión y de compresión en la barra, e indíquelos en esquemas de elementos de esfuerzo con orientación correcta.

b) Calcule las deformaciones unitarias máximas correspondientes (cortante, de tensión y de compresión) en la barra y muéstrelos en esquemas de los elementos deformados.

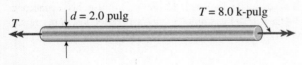

PROB. 3.5-9

3.5-10 Una barra maciza de aluminio ($G = 27$ GPa) con $d = 40$ mm de diámetro está sometida a pares $T = 300$ N·m que actúan en las direcciones que se ven en la figura.

a) Determine los esfuerzos máximos cortante, de tensión y de compresión en la barra e indíquelos en esquemas de elementos de esfuerzo con orientación correcta.

b) Calcule las deformaciones unitarias máximas correspondientes (cortante, de tensión y de compresión) en la barra y muéstrelos en esquemas de los elementos deformados.

PROB. 3.5-10

Transmisión de potencia

3.7-1 El eje de un generador en una pequeña planta hidroeléctrica gira a 120 rpm y entrega 50 hp (véase la figura).

a) Si el diámetro del eje es $d = 3.0$ pulg, ¿cuál es el esfuerzo cortante máximo $\tau_{máx}$ en el eje?

b) Si el esfuerzo cortante está limitado a 4 000 lb/pulg^2, ¿cuál es el diámetro mínimo permisible $d_{mín}$ del eje?

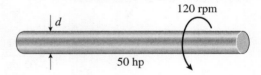

PROB. 3.7-1

3.7-2 Un motor impulsa un eje a 12 Hz y entrega 20 kW de potencia (véase la figura).

a) Si el eje tiene un diámetro d de 30 mm, ¿cuál es el esfuerzo cortante máximo $\tau_{máx}$ en el eje?

b) Si el esfuerzo cortante máximo permisible es de 40 MPa, ¿cuál es el diámetro mínimo permisible $d_{mín}$ requerido para el eje?

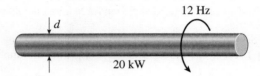

PROB. 3.7-2

3.7-3 La propela de un barco grande tiene diámetro exterior de 18 pulg y diámetro interior de 12 pulg, como se ve en la figura. El eje está diseñado para un esfuerzo cortante máximo de 4 500 lb/pulg^2.

a) Si el eje está girando a 100 rpm, ¿cuál es la potencia máxima que puede transmitir sin exceder el esfuerzo cortante permisible?

b) Si la velocidad rotacional del eje se duplica pero los requisitos de potencia permanecen sin cambio, ¿qué pasa con el esfuerzo cortante en el eje?

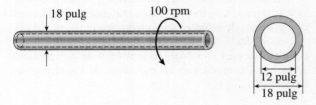

PROB. 3.7-3

3.7-4 El eje motriz de un camión (diámetro exterior de 60 mm y diámetro interior de 40 mm) está girando a 2 500 rpm (véase la figura).

a) Si el eje transmite 150 kW, ¿cuál es el esfuerzo cortante máximo en él?

b) Si el esfuerzo cortante permisible es de 30 MPa, ¿cuál es la potencia máxima que puede transmitirse?

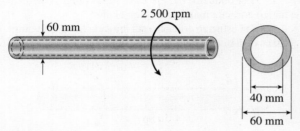

PROB. 3.7-4

3.7-5 Un eje circular hueco que va a usarse en una estación de bombeo se está diseñando con un diámetro interior igual a 0.75 veces el diámetro exterior. El eje debe transmitir 400 hp a 400 rpm sin que se exceda el esfuerzo cortante permisible de 6 000 lb/pulg^2.

Determine el diámetro exterior d requerido mínimo.

3.7-6 Un eje tubular que se está diseñando para usarse en un sitio de construcción debe transmitir 120 kW a 1.75 Hz. El diámetro interior del eje tendrá la mitad del diámetro exterior.

Si el esfuerzo cortante permisible en el eje es de 45 MPa, ¿cuál es el diámetro exterior d requerido mínimo?

3.7-7 Un eje de hélice de sección transversal circular sólida y diámetro d está empalmado por medio de un collarín del mismo material (véase la figura). El collarín está firmemente unido a ambas partes del eje.

¿Cuál debe ser el diámetro exterior d_1 del collarín para que el empalme pueda transmitir la misma potencia que el eje sólido?

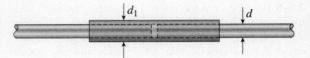

PROB. 3.7-7

3.7-8 ¿Cuál es la potencia máxima que puede entregar un eje hueco de hélice (diámetro exterior de 50 mm y diámetro interior de 40 mm; módulo de elasticidad en cortante de 80 GPa) que gira a 600 rpm si el esfuerzo cortante permisible es de 100 MPa y la razón de torsión permisible de 3.0°/m?

★3.7-9 Un motor entrega 275 hp a 1 000 rpm al extremo de un eje (véase la figura). Los engranes en B y C toman 125 y 150 hp, respectivamente.

Determine el diámetro d requerido para el eje si el esfuerzo cortante permisible es de 7 500 lb/pulg^2 y el ángulo de torsión entre el motor y el engrane C está limitado a 1.5°. (Suponga $G = 11.5 \times 10^6$ lb/pulg^2, $L_1 = 6$ pies y $L_2 = 4$ pies.)

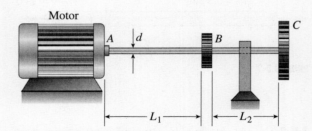

PROBS. 3.7-9 y 3.7-10

★3.7-10 Un motor que entrega 300 kW a una velocidad rotacional de 32 Hz impulsa el eje ABC mostrado en la figura. Los engranes en B y C toman 120 y 180 kW, respectivamente. Las longitudes de las dos partes del eje son $L_1 = 1.5$ m y $L_2 = 0.9$ m.

Determine el diámetro d requerido para el eje si el esfuerzo cortante permisible es de 50 MPa, el ángulo de torsión permisible entre los puntos A y C es de 4.0° y $G = 75$ GPa.

Miembros a torsión estáticamente indeterminados

3.8-1 Una barra circular sólida $ABCD$ con apoyos fijos está sometida a los pares T_0 y $2T_0$ que actúan en las posiciones mostradas en la figura.

Obtenga una fórmula para el máximo ángulo de torsión $\varphi_{\text{máx}}$ de la barra. (*Sugerencia:* use las ecuaciones 3-46a y b del ejemplo 3-9 para obtener los pares reactivos.)

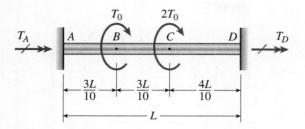

PROB. 3.8-1

3.8-2 Una barra circular sólida *ABCD* con soportes fijos en los extremos *A* y *D* está sometida a dos pares T_0 iguales y con direcciones opuestas, como se ve en la figura. Los pares están aplicados en los puntos *B* y *C*, cada uno de los cuales está a la distancia *x* de los extremos de la barra. (La distancia *x* puede variar desde cero hasta *L*/2.)

a) ¿Para qué distancia *x* el ángulo de torcimiento en los puntos *B* y *C* será máximo?

b) ¿Cuál es el ángulo correspondiente de torsión $\varphi_{máx}$? (*Sugerencia*: use las ecuaciones 3-46a y b, del ejemplo 3-9, para obtener los pares de reacción.)

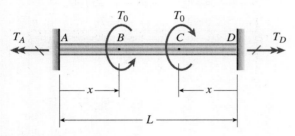

PROB. 3.8-2

3.8-3 Un eje circular sólido *AB* de diámetro *d* está fijo en ambos extremos a fin de evitar rotaciones (véase la figura). Un disco circular está unido al eje en la posición mostrada.

¿Cuál es el ángulo de rotación más grande permisible $\varphi_{máx}$ del disco si el esfuerzo cortante permisible en el eje es τ_{perm}? (Suponga que *a* > *b*. Además, use las ecuaciones 3-46a y b del ejemplo 3-9 para obtener los pares reactivos.)

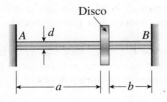

PROB. 3.8-3

3.8-4 Un eje hueco de acero *ACB* con diámetro exterior de 50 mm y diámetro interior de 40 mm está fijo en los extremos *A* y *B* (véase la figura) a fin de evitar rotaciones. Las fuerzas horizontales *P* se aplican en los extremos del brazo vertical que está soldado al eje en el punto *C*.

Determine el valor permisible de las fuerzas *P* si el esfuerzo cortante permisible máximo en el eje es de 45 MPa. (*Sugerencia:* use las ecuaciones 3-46a y b del ejemplo 3-9 para obtener los pares reactivos.)

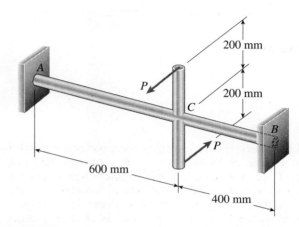

PROB. 3.8-4

3.8-5 Un eje escalonado sólido de acero *ACB* con secciones transversales circulares, fijo en ambos extremos para evitar rotaciones, tiene dos diámetros diferentes (véase la figura).

Si el esfuerzo cortante máximo permisible es de 6 000 lb/pulg², ¿cuál es el par máximo $(T_0)_{máx}$ que puede aplicarse a la seccion *C*? (*Sugerencia:* obtenga los pares reactivos con las ecuaciones 3-45a y b del ejemplo 3-9.)

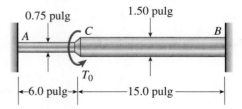

PROB. 3.8-5

3.8-6 A Un eje escalonado *ABC*, con sección transversal sólida circular (véase la figura), está fijo en los extremos para evitar rotaciones.

Si el esfuerzo cortante permisible es de 43 MPa, ¿cuál es el par máximo $(T_0)_{máx}$ aplicable al eje en la sección C? (*Sugerencia:* obtenga los pares reactivos con las ecuaciones 3-45a y b del ejemplo 3-9.)

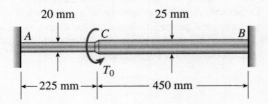

PROB. 3.8-6

3.8-7 Un eje escalonado ACB tiene soportes que impiden su rotación, en los extremos A y B, y está sometido a un par T_0 que actúa en la sección C (véase la figura). Los dos segmentos del eje (AC y CB) tienen diámetros d_A y d_B, respectivamente, y sus momentos polares de inercia respectivos son I_{PA} e I_{PB}. La longitud del eje es L y la del segmento AC es a.

a) ¿Para qué relación a/L los esfuerzos cortantes máximos serán iguales en ambos segmentos del eje?

b) ¿Para qué relación a/L los pares internos serán iguales en ambos segmentos del eje? (*Sugerencia*: aplique las ecuaciones 3-45a y b del ejemplo 3-9, para calcular los pares de reacción.)

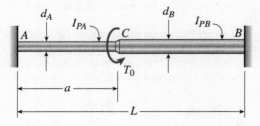

PROB. 3.8-7

3.8-8 Una barra circular AB de longitud L está fija en ambos extremos y cargada por un par distribuido $t(x)$ que varía linealmente en intensidad desde cero en el extremo A a t_0 en el extremo B (véase la figura).

Obtenga fórmulas para los pares de empotramiento T_A y T_B.

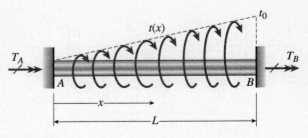

PROB. 3.8-8

3.8-9 Una barra circular AB con extremos fijos para impedir su rotación tiene un orificio que entra hasta la mitad de su longitud (véase la figura). El diámetro exterior de la barra es $d_2 = 3.0$ pulg y el diámetro del agujero es $d_1 = 2.4$ pulg La longitud total de la barra es $L = 50$ pulg.

¿A qué distancia x del extremo izquierdo de la barra se debe aplicar un par T_0 para que los pares reactivos en los soportes sean iguales?

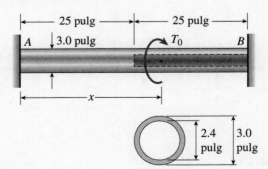

PROB. 3.8-9

3.8-10 Una barra sólida de acero con diámetro $d_1 = 25.0$ mm está envuelta por un tubo de acero con diámetro exterior $d_3 = 37.5$ mm y diámetro interior $d_2 = 30.0$ mm (véase la figura). Ambos están firmemente sostenidos en el extremo A y unidos a una placa rígida de extremo en B. La barra compuesta, que tiene una longitud $L = 500$ mm, es torcida por un par $T = 400$ N·m que actúa en el extremo.

a) Determine los esfuerzos cortantes máximos τ_1 y τ_2 en el tubo y en la barra, respectivamente.

b) Determine el ángulo de rotación φ (en grados) de la placa rígida, suponiendo que el módulo cortante del acero es $G = 80$ GPa.

c) Determine la rigidez torsional k_T de la barra compuesta. (*Sugerencia:* use las ecuaciones 3-44a y b para encontrar los pares en la barra y el tubo.)

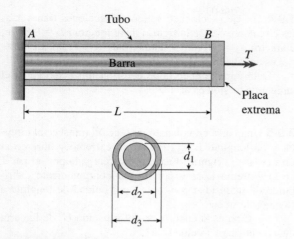

PROBS. 3.8-10 y 3.8-11

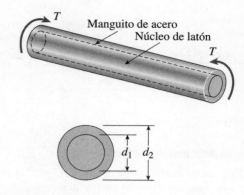

PROBS. 3.8-12 y 3.8-13

3.8-11 Una barra sólida de acero con diámetro $d_1 = 1.50$ pulg está encerrada en un tubo de acero con diámetro exterior $d_3 = 2.25$ pulg y diámetro interior $d_2 = 1.75$ pulg (véase la figura). Ambos están fijos en el extremo A y conectados rígidamente a una placa de extremo en B. La barra compuesta, que tiene una longitud $L = 30.0$ pulg, está sometida a un par $T = 5000$ lb-pulg que actúa en el extremo.

a) Determine los esfuerzos cortantes máximos τ_1 y τ_2 en el tubo y en la barra, respectivamente;

b) Determine el ángulo de rotación φ (en grados) de la placa rígida, suponiendo que el módulo cortante del acero es $G = 11.6 \times 10^6$ lb/pulg^2.

c) Determine la rigidez torsional k_T de la barra compuesta. (*Sugerencia:* encuentre los pares en la barra y el tubo con las ecuaciones 3-44a y b.)

★3.8-12 El eje compuesto mostrado en la figura en se elabora ajustando por contracción un tubo de acero sobre un núcleo de latón de manera que ambos actúen como una barra sólida única en torsión. Los diámetros exteriores de las dos partes son $d_1 = 40$ mm para el núcleo de latón y $d_2 = 50$ mm para el manguito de acero. El módulo de elasticidad al cortante del acero es $G_b = 36$ GPa y el del latón, $G_1 = 80$ GPa.

Suponiendo que los esfuerzos cortantes permisibles del latón y el acero son, $\tau_b = 48$ MPa y $\tau_s = 80$ MPa, respectivamente, determine el par máximo permisible $T_{\text{máx}}$, que puede aplicarse al eje. (*Sugerencia:* use las ecuaciones 3-44a y b para encontrar los pares.)

★3.8-13 El eje compuesto de la figura se fabrica por contracción de una camisa de acero sobre un núcleo de latón, de tal forma que las dos partes funcionan como una sola barra maciza bajo torsión. Los diámetros externos de las dos partes son $d_1 = 1.6$ pulg para el núcleo de latón y $d_2 = 2.0$ pulg para el manguito de acero. Los módulos de elasticidad al cortante son $G_b = 5400$ klb/pulg^2 para el latón y $G_s = 12\ 000$ klb/pulg^2 para el acero.

Suponiendo que los esfuerzos cortantes máximos permisibles en el latón y el acero sean $\tau_1 = 4\ 500$ lb/pulg^2 y $\tau_s = 7\ 500$ lb/pulg^2, respectivamente, calcule el par máximo permisible $T_{\text{máx}}$ que se puede aplicar a ese eje. (*Sugerencia:* utilice las ecuaciones 3-44a y b para calcular los pares.)

★3.8-14 Un eje de acero ($G_s = 80$ GPa) de $L = 4.0$ m de longitud total está confinado, en la mitad de su longitud, por una camisa de latón ($G_b = 40$ GPa) que se liga con firmeza con el acero (véase la figura). Los diámetros exteriores del eje y la camisa son $d_1 = 70$ mm y $d_2 = 90$ mm, respectivamente.

a) Calcule el par admisible T_1 que se puede aplicar a los extremos del eje para que el ángulo de torsión φ entre sus extremos se limite a 8.0°.

b) Calcule el par admisible T_2 para que el esfuerzo cortante en el latón sea cuando mucho $\tau_b = 70$ MPa.

c) Determine el par admisible T_3 para que el esfuerzo cortante en el acero no pase de $\tau_s = 110$ MPa.

d) ¿Cuál es el par máximo permisible $T_{\text{máx}}$ para satisfacer las tres condiciones anteriores?

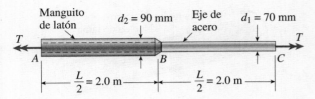

PROB. 3.8-14

Energía de deformación en torsión

3.9-1 Una barra circular sólida de acero ($G = 11.4 \times 10^6$ lb/pulg^2) de longitud $L = 30$ pulg y diámetro $d = 1.75$ pulg está sometida a torsión pura por pares T que actúan en los extremos (véase la figura).

a) Calcule la cantidad de energía de deformación U almacenada en la barra cuando el esfuerzo cortante máximo es de 4 500 lb/pulg^2.

b) Con la energía de deformación, calcule el ángulo de torsión φ (en grados).

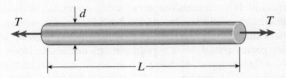

PROBS. 3.9-1 y 3.9-2

3.9-2 Una barra circular sólida de cobre ($G = 45$ GPa) con longitud $L = 0.75$ m y diámetro $d = 40$ mm está sometida a torsión pura por pares T que actúan en los extremos (véase la figura).

a) Calcule la cantidad de energía de deformación U almacenada en la barra cuando el esfuerzo cortante máximo es de 32 MPa.

b) Con la energía de deformación calcule el ángulo de torsión φ (en grados).

3.9-3 El eje escalonado sólido de sección trasnversal circular (véase la figura tiene longitud $L = 45$ pulg, diámetro $d_2 = 1.2$ pulg, y diámetro $d_1 = 1.0$ pulg. El material es latón con $G = 5.6 \times 10^6$ lb/pulg^2.

Determine la energía de deformación U del eje si el ángulo de torsión es de 3.0°.

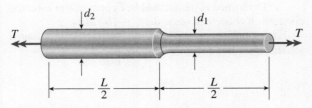

PROBS. 3.9-3 y 3.9-4

3.9-4 Un eje escalonado sólido de secciones transversales circulares (véase la figura) tiene longitud $L = 0.80$ m, diámetro $d_2 = 40$ mm y diámetro $d_1 = 30$ mm. El material es acero con $G = 80$ GPa.

Determine la energía de deformación U del eje si el ángulo de torsión es de 1.0°.

3.9-5 Una barra en voladizo de sección transversal circular y de longitud L está fija en un extremo y libre en el otro (véase la figura). La barra está cargada por un par T en el extremo libre y por un par continuamente distribuido de intensidad constante t por unidad de longitud a lo largo de su eje.

a) ¿Cuál es la energía de deformación U_1 de la barra cuando la carga T actúa sola?

b) ¿Cuál es la energía de deformación U_2 cuando la carga t actúa sola?

c) ¿Cuál es la energía de deformación U_3 cuando ambas cargas actúan simultáneamente?

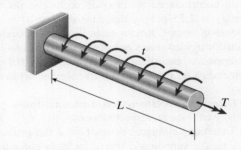

PROB. 3.9-5

3.9-6 Obtenga una fórmula para la energía de deformación U de la barra circular estáticamente indeterminada mostrada en la figura. La barra tiene apoyos fijos en los extremos A y B y está cargada con los pares $2T_0$ y T_0 en los puntos C y D, respectivamente.

Sugerencia: utilice las ecuaciones 3-46a y b del ejemplo 3-9, sección 3.8 para obtener los pares reactivos.

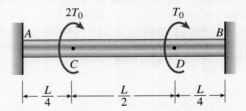

PROB. 3.9-6

3.9-7 Un eje *ACB* escalonado estáticamente indeterminado está fijo en los extremos *A* y *B* y cargado por un par T_0 en el punto *C* (véase la figura). Los dos segmentos de la barra son del mismo material, tienen longitudes L_A y L_B y momentos polares de inercia I_{PA} e I_{PB}.

Determine el ángulo de rotación φ de la sección transversal en *C* usando la energía de deformación. *Sugerencia:* con la ecuación 3-51b determine la energía de deformación *U* en términos del ángulo φ. Después iguale la energía de deformación al trabajo realizado por el par T_0. Compare su resultado con la ecuación 3-48 del ejemplo 3-9, sección 3.8.

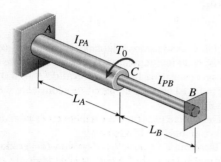

PROB. 3.9-7

3.9-8 Obtenga una fórmula para la energía de deformación *U* de la barra en voladizo mostrada en la figura.

La barra tiene secciones transversales circulares y una longitud *L*. Está sujeta a un par distribuido de intensidad *t* por unidad de longitud. La intensidad varía linealmente desde $t = 0$ en el extremo libre hasta un valor máximo $t = t_0$ en el apoyo.

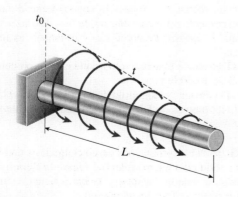

PROB. 3.9-8

★3.9-9 Un tubo hueco de pared delgada *AB* de forma cónica tiene espesor *t* constante y diámetros promedio d_A y d_B en los extremos (véase la figura).

a) Determine la energía de deformación *U* del tubo al estar sometido a torsión pura por pares *T*.

b) Determine el ángulo de torsión φ del tubo.

Nota: use la fórmula aproximada $I_P \approx \pi d^3 t/4$ para un anillo delgado circular; véase el caso 22, apéndice D.

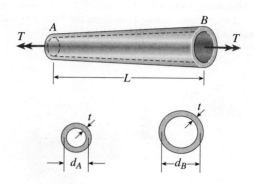

PROB. 3.9-9

★3.9-10 Un tubo circular hueco *A* se ajusta sobre el extremo de una barra circular sólida *B*, según se aprecia en la figura. Los extremos lejanos de ambas barras están fijos. En un inicio, un agujero a través de la barra *B* forma un ángulo β con una línea que pasa por dos agujeros en la barra *A*. Se hace girar la barra *B* hasta alinear los agujeros y se pasa un pasador por ellos.

Cuando la barra *B* se libera y el sistema retorna al equilibrio, ¿cuál es la energía de deformación total *U* de las dos barras? (Sean I_{pA} e I_{pB} los momentos polares de inercia de las barras *A* y *B*, respectivamente. La longitud *L* y el módulo de elasticidad en cortante *G* son los mismos para ambas.)

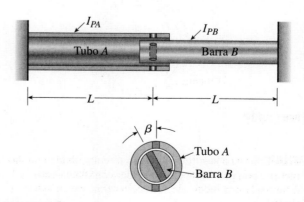

PROB. 3.9-10

★★3.9-11 Un volante pesado unido al extremo de un eje (flecha) de diámetro d está girando a n revoluciones por minuto (véase la figura). Si el cojinete en A se detiene de súbito, ¿cuál será el ángulo de torsión máximo φ del eje? ¿Cuál es el esfuerzo cortante máximo correspondiente en el eje?

(Sea L = longitud del eje, G = módulo de elasticidad en cortante e I_m = momento de inercia de masa del volante respecto al eje longitudinal de la flecha. Desprecie la fricción en los cojinetes en B y C y la masa de la flecha.) *Sugerencia:* iguale la energía cinética del volante en rotación con la energía de deformación del eje.

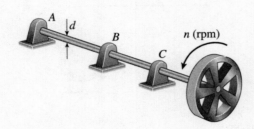

PROB. 3.9-11

Tubos de pared delgada

3.10-1 Un tubo circular hueco con 10 pulg de diámetro interior y 1.0 pulg de espesor de pared (véase la figura) está sometido a un par $T = 1\,200$ klb-pulg.

Determine el esfuerzo cortante máximo en el tubo usando: a) la teoría aproximada para los tubos de pared delgada, y b) la teoría exacta de la torsión. ¿La teoría aproximada da resultados conservadores o no conservadores?

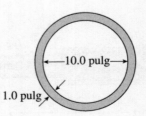

PROB. 3.10-1

3.10-2 Se va a sustituir una barra circular sólida con diámetro d con por un tubo rectangular con dimensiones $d \times 2d$ en su línea media de la sección transversal (véase la figura).

Determine el espesor $t_{\text{mín}}$ requerido en el tubo de manera que el esfuerzo cortante máximo en él no exceda el esfuerzo cortante máximo de la barra sólida.

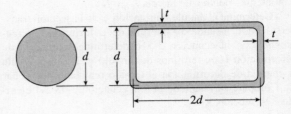

PROB. 3.10-2

3.10-3 Un tubo de pared delgada de aluminio con sección transversal rectangular (véase la figura) tiene dimensiones con respecto a la línea central de $b = 6.0$ pulg y $h = 4.0$ pulg. El espesor de pared t es constante y es igual a 0.25 pulg.

a) Determine el esfuerzo cortante en el tubo debido a un par de torsión $T = 15$ klb-pulg.

b) Determine el ángulo de torsión (en grados) si la longitud del tubo es de 50 pulg y el módulo de cortante $G = 4 \times 10^6$ lb/pulg^2.

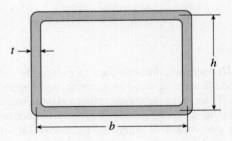

PROBS. 3.10-3 y 3.10-4

3.10-4 Un tubo de acero de pared delgada con sección trasnversal rectangular (véase la figura) tiene dimensiones con respecto a la línea central de $b = 150$ mm y $h = 100$ mm. El espesor de pared t es constante y es igual a 6.0 mm.

a) Determine el esfuerzo cortante en el tubo debido a un par $T = 1\,650$ N·m.

b) D etermine el ángulo de giro (en grados) si la longitud L del tubo es de 1.2 m y el módulo de cortante G es de 75 GPa.

3.10-5 Un tubo circular de pared delgada y una barra circular sólida del mismo material (véase la figura), están sometidos a torsión. El tubo y la barra tienen la misma área transversal y la misma longitud.

¿Cuál es la razón de la energía de deformación U_1 en el tubo a la energía de deformación U_2 en la barra sólida si los esfuerzos cortantes máximos son los mismos en ambos casos? (Para el tubo, use la teoría aproximada para barras de pared delgada).

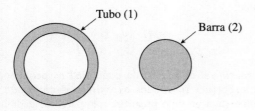

PROB. 3.10-5

3.10-6 Calcule el esfuerzo cortante τ y el ángulo de torsión φ (en grados) para un tubo de acero ($G = 76$ GPa) cuya sección transversal se muestra en la figura. El tubo tiene longitud $L = 1.5$ m y está sometido a un par de torsión $T = 10$ kN·m.

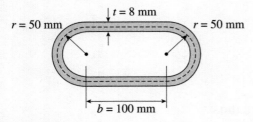

PROB. 3.10-6

3.10-7 Un tubo de pared delgada de acero con sección transversal elíptica de espesor constante t (véase la figura) está sometido a un par de torsión $T = 18$ klb-pulg.

Determine el esfuerzo cortante τ y el ángulo de torsión θ por unidad de longitud (en grados por pulgada) si $G = 12 \times 10^6$ lb/pulg^2, $t = 0.2$ pulg, $a = 3$ pulg y $b = 2$ pulg. (*Nota*: consulte las propiedades de una elipse en el apéndice D, caso 16.)

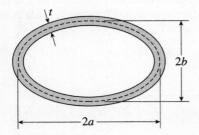

PROB. 3.10-7

3.10-8 Se aplica un par de torsión T a un tubo de pared delgada con sección transversal en forma de hexágono regular con espesor de pared t constante y longitud b en cada lado (véase la figura).

Obtenga fórmulas para el esfuerzo cortante τ y el ángulo de torsión por unidad de longitud θ.

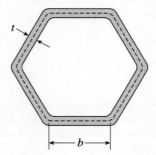

PROB. 3.10-8

3.10-9 Compare el ángulo de torsión φ_1 para un tubo circular de pared delgada (véase la figura) calculado con base en la teoría aproximada para barras de pared delgada, con el ángulo de torsión φ_2 calculado con base en la teoría exacta de la torsión para barras circulares.

a) Exprese la razón φ_1/φ_2 en términos de la razón adimensional $\beta = r/t$.

b) Calcule la razón de los ángulos de torsión para $\beta = 5$, 10 y 20. ¿Qué concluye de sus resultados sobre la exactitud de la teoría aproximada?

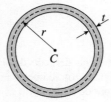

PROB. 3.10-9

★3.10-10 Un tubo rectangular de pared delgada tiene espesor t uniforme y dimensiones $a \times b$ en la línea media de la sección transversal (véase la figura).

¿Cómo varía el esfuerzo cortante en el tubo con la razón $\beta = a/b$ si la longitud total L_m de la línea media de la sección transversal y el par T permanecen constantes?

Con base en sus resultados, muestre que el esfuerzo cortante es mínimo cuando el tubo es cuadrado ($\beta = 1$).

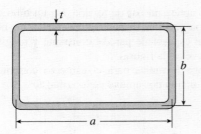

PROB. 3.10-10

★3.10-11 Una barra tubular de aluminio ($G = 4 \times 10^6$ lb/pulg^2) de sección transversal cuadrada (véase la figura) con dimensiones exteriores de 2 pulg × 2 pulg debe resistir un par $T = 3\,000$ lb-pulg.

Calcule el espesor de pared mínimo requerido $t_{\text{mín}}$ si el esfuerzo cortante permisible es de 4 500 lb/pulg^2 y la razón de torsión permisible es de 0.01 rad/pie.

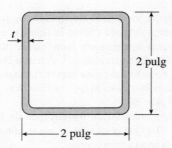

PROB. 3.10-11

★3.10-12 Un eje tubular delgado de sección transversal circular (véase la figura) con diámetro interior de 100 mm está sometido a un par de 5 000 N·m.

Si el esfuerzo cortante permisible es de 42 MPa, determine el espesor t de pared requerido usando: a) la teoría aproximada para un tubo de pared delgada y b) la teoría exacta de la torsión para una barra circular.

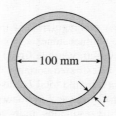

PROB. 3.10-12

★★3.10-13 Un tubo largo ahusado AB de pared delgada con sección transversal circular (véase la figura) está sometido a un par de torsión T. El tubo tiene longitud L y espesor de pared t constante. Los diámetros a las líneas medias de las secciones transversales en los extremos A y B son d_A y d_B, respectivamente.

Deduzca la siguiente fórmula del ángulo de torsión del tubo:

$$\varphi = \frac{2TL}{\pi G t}\left(\frac{d_A + d_B}{d_A^2 d_B^2}\right)$$

Sugerencia: si el ángulo de conicidad es pequeño, es posible obtener resultados aproximados aplicando las fórmulas para un tubo prismático de pared delgada a un elemento diferencial del tubo ahusado y luego integrando a lo largo del eje del tubo.

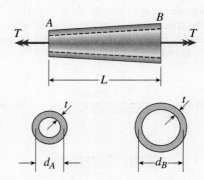

PROB. 3.10-13

Concentraciones de esfuerzos en torsión

Los problemas de la sección 3.11 deben resolverse considerando los factores de concentración de esfuerzos.

3.11-1 Un eje escalonado que consiste en segmentos sólidos circulares con diámetros $D_1 = 2.0$ pulg y $D_2 = 2.4$ pulg (véase la figura), está sometido a un par T. El radio del filete es $R = 0.1$ pulg.

Si el esfuerzo cortante permisible para la concentración del esfuerzo es de 6 000 lb/pulg^2, ¿cuál es el par permisible máximo $T_{\text{máx}}$?

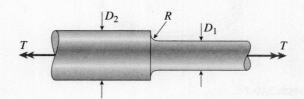

PROBS. 3.11-1 a 3.11-5

3.11-2 Un eje escalonado con diámetros $D_1 = 40$ mm y $D_2 = 60$ mm soporta pares $T = 1\ 100$ N·m (véase la figura).

Si el esfuerzo cortante permisible para la concentración de esfuerzos es de 120 MPa, ¿cuál es el mínimo radio $R_{mín}$ que puede usarse para el filete?

3.11-3 Se usa un filete de cuarto de círculo en la transición de un eje escalonado que tiene un diámetro $D_2 = 1.0$ pulg (véase la figura). Un par $T = 500$ lb-pulg actúa sobre el eje.

Determine el esfuerzo cortante máximo $\tau_{máx}$ en la concentración de esfuerzos para los siguientes valores: $D_1 = 0.7, 0.8$ y 0.9 pulg. Trace una gráfica que muestre $\tau_{máx}$ *versus* D_1.

3.11-4 Se requiere que el eje escalonado mostrado en la figura transmita 600 kW de potencia a 400 rpm. El eje tiene un filete de un cuarto de círculo y el menor de sus diámetros es $D_1 = 100$ mm.

Si el esfuerzo cortante máximo permisible para la concentración de esfuerzos es de 100 MPa, ¿Cuál diámetro D_2 se alcanzará en este esfuerzo? ¿Este diámetro es un límite superior o inferior para el valor de D_2?

3.11-5 Un eje escalonado (véase la figura) tiene diámetro $D_2 = 1.5$ pulg y un filete de un cuarto de círculo. El esfuerzo cortante permisible es de 15 000 lb/pulg^2 y la carga $T = 4\ 800$ lb-pulg.

¿Cuál es el menor diámetro D_1 permisible?

4

Fuerzas cortantes
y momentos flexionantes

4.1 INTRODUCCIÓN

Los miembros estructurales se clasifican según los tipos de cargas que soportan; por ejemplo, una *barra cargada axialmente* soporta fuerzas cuyos vectores se dirigen a lo largo del eje de la barra y una *barra en torsión* soporta momentos de torsión (o pares) cuyos vectores de momento se dirigen a lo largo del eje. En este capítulo comenzaremos el estudio de las **vigas** (figura 4-1), que son miembros estructurales sometidos a cargas laterales; es decir, a fuerzas o momentos que tienen sus vectores perpendiculares al eje de la barra.

Las vigas mostradas en la figura 4-1 se clasifican como *estructuras planas* porque se localizan en un solo plano. Si todas las cargas actúan en ese mismo plano y todas las deflexiones (mostradas por las líneas punteadas) ocurren en ese plano, entonces nos referimos a este plano como el **plano de flexión**.

En este capítulo analizaremos las fuerzas cortantes y los momentos flexionantes en vigas y mostraremos cómo se relacionan estas cantidades entre sí y con las cargas. La determinación de las fuerzas cortantes y los momentos flexionantes es un paso esencial en el diseño de cualquier viga. Por lo general necesitamos conocer no sólo los valores máximos de estas cantidades, sino también la manera en que varían a lo largo del eje. Una vez conocidas las fuerzas cortantes y momentos flexionantes, podemos conocer los esfuerzos, las deformaciones unitarias y las deflexiones, como veremos en los capítulos 5, 6 y 9.

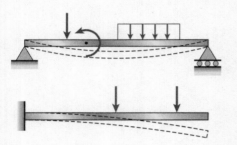

FIG. 4-1 Ejemplos de vigas sometidas a cargas laterales.

4.2 TIPOS DE VIGAS, CARGAS Y REACCIONES

Las vigas se describen según el modo en que están sostenidas; por ejemplo, una viga con un soporte de pasador en un extremo y un soporte de rodillo en el otro (figura 4-2a) se denomina **viga simplemente apoyada** o **viga simple**. La característica esencial de un

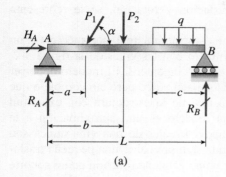

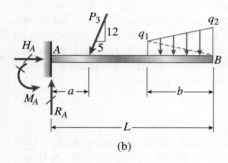

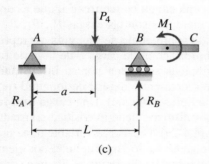

FIG. 4-2 Tipos de vigas: (a) viga simple; (b) viga en voladizo y (c) viga con voladizo.

soporte de pasador es que impide la traslación en el extremo de una viga pero no su rotación. El extremo A de la viga en la figura 4-2a no puede moverse en sentido horizontal o vertical, pero el eje de la viga puede girar en el plano de la figura. En consecuencia, un soporte de pasador es capaz de desarrollar una reacción de fuerza con componentes horizontal y vertical (H_A y R_A), pero no puede desarrollar una reacción de momento.

En el extremo B de la viga (figura 4-2a), el **soporte de rodillo** impide la traslación en dirección vertical pero no en la horizontal; por tanto, ese apoyo puede resistir una fuerza vertical (R_B) mas no una fuerza horizontal. Por supuesto, el eje de la viga puede girar en B y en A. Las reacciones verticales en los soportes de rodillo y en los soportes de pasador pueden actuar *ya sea* hacia abajo o hacia arriba y la reacción horizontal en un soporte de pasador puede actuar ya sea hacia la izquierda o hacia la derecha. En las figuras, las reacciones se indican por diagonales que atraviesan las flechas para distinguirlas de las cargas, como ya se explicó en la sección 1.8.

La viga de la figura 4-2b, que está fija en un extremo y libre en el otro, se llama **viga en voladizo**. En el **soporte fijo** (o *empotramiento*) la viga no puede trasladarse ni girar, mientras que en el extremo libre puede hacer ambas cosas. En consecuencia, en los empotramientos pueden existir fuerzas y momentos de reacción.

El tercer ejemplo en la figura es una **viga con un voladizo** (figura 4-2c). Esta viga está simplemente apoyada en los puntos A y B (es decir, tiene un soporte de pasador en A y un soporte de rodillo en B) pero además se extiende más allá del soporte en B. El segmento BC en voladizo es similar a la viga en voladizo, excepto que el eje de la viga puede girar en el punto B.

Al dibujar diagramas de vigas, identificamos los apoyos por medio de **símbolos convencionales**, como los mostrados en la figura 4-2. Estos símbolos indican la manera en que la viga está restringida y, por tanto, señalan también la naturaleza de las fuerzas y momentos reactivos; sin embargo, *no representan la construcción física real*. Por ejemplo, considérense los ejemplos mostrados en la figura 4-3. La parte (a) muestra una viga de patín ancho soportada sobre un muro de concreto y asegurada por pernos de anclaje que pasan a través de agujeros ovalados en el patín inferior de la viga. Esta conexión impide el movimiento vertical de la viga (hacia arriba o hacia abajo) pero no evita el movimiento horizontal. Además, cualquier restricción contra la rotación del eje longitudinal de la viga es pequeña y por lo general puede despreciarse. En consecuencia, este tipo de soporte suele representarse con un rodillo como se muestra en la parte (b) de la figura.

El segundo ejemplo (figura 4-3c) es una conexión de viga a columna donde la viga está unida al patín de la columna por medio de ángulos con pernos. Generalmente se supone que este soporte impide que la viga se mueva en sentido horizontal y vertical pero no en sentido rotatorio (la restricción de la rotación es ligera porque los ángulos y la columna pueden flexionarse). Entonces, esta conexión se representa como un soporte de pasador para la viga (figura 4-3d).

El último ejemplo (figura 4-3e) es un poste de metal soldado en una placa de base que está sujeta a un pilar de concreto empotrado profundamente en la tierra. Puesto que la base del poste está comple-

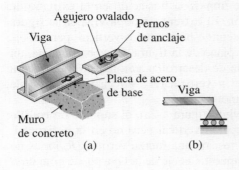

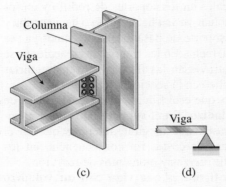

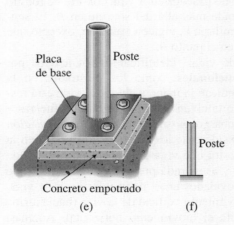

FIG. 4-3 Viga soportada sobre un muro: (a) construcción real y (b) representación como un soporte de rodillo. Unión de viga con columna: (c) construcción real y (d) representación como un soporte de pasador. Poste anclado a una zapata de concreto: (e) construcción real y (f) representación como un soporte fijo o empotramiento.

tamente restringida contra traslación y rotación, se le representa como un soporte fijo (figura 4-3f).

La tarea de representar una estructura real por medio de un **modelo idealizado**, como se ilustró con las vigas de la figura 4-2, es un aspecto importante del trabajo ingenieril. El modelo debe ser tan simple que facilite el análisis matemático pero tan complejo que represente el comportamiento real de la estructura con exactitud razonable. Por supuesto, cada modelo es una aproximación a la naturaleza; por ejemplo, los apoyos reales de una viga nunca son perfectamente rígidos, por lo que siempre habrá una pequeña traslación en un soporte de pasador y una pequeña rotación en un soporte empotrado. Además, los soportes nunca están libres de fricción por completo, de manera que siempre habrá una pequeña cantidad de restricción contra traslación en un soporte de rodillos. En la mayoría de los casos, en especial en vigas estáticamente determinadas, estas desviaciones de las condiciones idealizadas tienen poca influencia en la acción de la viga y pueden despreciarse con seguridad.

Tipos de cargas

En la figura 4-2 se presentan varios tipos de cargas que actúan sobre vigas. Cuando una carga se aplica sobre un área muy pequeña puede idealizarse como una **carga concentrada,** que es una fuerza única. En la figura los ejemplos son las cargas P_1, P_2, P_3 y P_4. Cuando una carga se reparte sobre el eje de una viga, se representa como una **carga distribuida**, como la carga q de la parte (a) en la figura. Las cargas distribuidas se miden por su **intensidad**, que se expresa en unidades de fuerza entre unidad de longitud (por ejemplo, newtons entre metro o libras entre pie). Una **carga uniformemente distribuida** o **carga uniforme** tiene intensidad constante q por unidad de distancia (figura 4-2a). Una carga variable tiene una intensidad que cambia con la distancia a lo largo del eje; por ejemplo, la **carga linealmente variable** de la figura 4-2b tiene una intensidad que varía en sentido lineal de q_1 a q_2. Otro tipo de carga es un **par**, ilustrado por el par de momento M_1 que actúa sobre la viga con voladizo (figura 4-2c).

Como dijimos en la sección 4.1, en este análisis suponemos que las cargas actúan en el plano de la figura, lo cual significa que todas las fuerzas deben tener sus vectores en el plano de la figura y todos los pares deben tener sus vectores momento perpendiculares al plano de la misma. Además, la viga tiene que ser simétrica respecto a ese plano, lo cual significa que toda sección transversal de la viga debe tener un eje vertical de simetría. En estas condiciones, la viga se flexionará sólo en el *plano de flexión* (el plano de la figura).

Reacciones

Por lo general, la determinación de las reacciones es el primer paso en el análisis de una viga. Una vez conocidas las reacciones, pueden encontrarse las fuerzas cortantes y los momentos flexionantes, como veremos adelante. Si una viga está apoyada de manera estáticamente determinada, todas las reacciones pueden encontrarse a partir de diagramas de cuerpo libre y ecuaciones de equilibrio.

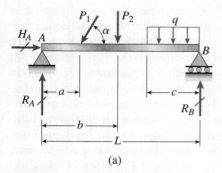

FIG. 4-2a Viga simple. (Repetición.)

A manera de ejemplo, determinemos las reacciones de la **viga simple** AB de la figura 4-2a. Esta viga está cargada con una fuerza inclinada P_1, una fuerza vertical P_2 y una carga uniformemente distribuida de intensidad q. Comenzamos observando que la viga tiene tres reacciones desconocidas: una fuerza horizontal H_A en el soporte de pasador, una fuerza vertical R_A en el soporte de pasador y una fuerza vertical R_B en el soporte de rodillo. Para una estructura plana como esta viga, sabemos por estática que podemos plantear tres ecuaciones de equilibrio independientes. Entonces, como tenemos tres reacciones desconocidas y tres ecuaciones, la viga es estáticamente determinada.

La ecuación de equilibrio horizontal es

$$\sum F_{\text{horiz}} = 0 \quad H_A - P_1 \cos \alpha = 0$$

de donde obtenemos

$$H_A = P_1 \cos \alpha$$

Este resultado es tan obvio por inspección de la viga que no nos molestamos en escribir la ecuación de equilibrio.

Para encontrar las reacciones verticales R_A y R_B escribimos ecuaciones de equilibrio por momento para los puntos B y A, respectivamente, considerando los momentos en sentido contrario a las manecillas del reloj como positivos:

$$\sum M_B = 0 \quad -R_A L + (P_1 \text{ sen } \alpha)(L - a) + P_2(L - b) + qc^2/2 = 0$$

$$\sum M_A = 0 \quad R_B L - (P_1 \text{ sen } \alpha)(a) - P_2 b - qc(L - c/2) = 0$$

Despejamos R_A y R_B y obtenemos

$$R_A = \frac{(P_1 \text{ sen } \alpha)(L - a)}{L} + \frac{P_2(L - b)}{L} + \frac{qc^2}{2L}$$

$$R_B = \frac{(P_1 \text{ sen } \alpha)(a)}{L} + \frac{P_2 b}{L} + \frac{qc(L - c/2)}{L}$$

Como comprobación de estos resultados podemos escribir una ecuación de equilibrio en dirección vertical y ver si se reduce a una identidad.

Como segundo ejemplo, consideremos la **viga en voladizo** de la figura 4-2b. Las cargas consisten en una fuerza inclinada P_3 y en una carga distribuida linealmente variable. Esta última se representa con un diagrama trapezoidal de intensidad de carga que varía de q_1 a q_2. Las reacciones en el empotramiento son una fuerza horizontal H_A, una fuerza vertical R_A y un par M_A. El equilibrio de fuerzas en la dirección horizontal da

$$H_A = \frac{5P_3}{13}$$

y el equilibrio en la dirección vertical da

$$R_A = \frac{12P_3}{13} + \left(\frac{q_1 + q_2}{2}\right)b$$

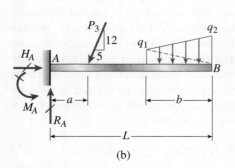

FIG. 4-2b Viga en voladizo. (Repetición.)

Para hallar esta reacción usamos el hecho de que la resultante de la carga distribuida es igual al área del diagrama trapezoidal de carga.

La reacción de momento M_A en el empotramiento se encuentra con una ecuación de equilibrio de momentos. En este ejemplo sumaremos momentos respecto al punto A para eliminar H_A y R_A de la ecuación de momentos. Además, con el fin de encontrar el momento de la carga distribuida, dividiremos el trapecio en dos triángulos, como se muestra por la línea punteada en la figura 4-2b. Cada triángulo de carga puede reemplazarse con su resultante, que es una fuerza con magnitud igual al área del triángulo y con su línea de acción a través del centroide del triángulo. Entonces, el momento respecto al punto A de la parte triangular inferior de la carga es

$$\left(\frac{q_1 b}{2}\right)\left(L - \frac{2b}{3}\right)$$

donde $q_1 b/2$ es la fuerza resultante (igual al área del diagrama triangular de carga) y $L - 2b/3$ es el brazo de momento (respecto al punto A) de la resultante.

El momento de la porción triangular superior de la carga se obtiene por medio de un procedimiento similar y la ecuación final de equilibrio de momentos (los contrarios a las manecillas del reloj son positivos) es

$$\sum M_A = 0 \quad M_A - \left(\frac{12P_3}{13}\right)a - \frac{q_1 b}{2}\left(L - \frac{2b}{3}\right) - \frac{q_2 b}{2}\left(L - \frac{b}{3}\right) = 0$$

de donde

$$M_A = \frac{12P_3 a}{13} + \frac{q_1 b}{2}\left(L - \frac{2b}{3}\right) + \frac{q_2 b}{2}\left(L - \frac{b}{3}\right)$$

Puesto que esta ecuación da un resultado positivo, el momento reactivo M_A actúa con el sentido supuesto; es decir, contrario a las manecillas del reloj. (Las expresiones para R_A y M_A pueden comprobarse tomando momentos respecto al extremo B de la viga y verificando que la ecuación resultante de equilibrio se reduzca a una identidad.)

La **viga con un voladizo** (figura 4-2c) soporta una fuerza vertical P_4 y un par de momento M_1. Como no hay fuerzas horizontales actuando sobre la viga, la reacción horizontal en el soporte de pasador no existe y no tenemos que mostrarla en el diagrama de cuerpo libre. Para llegar a esta conclusión, usamos la ecuación de equilibrio para fuerzas en dirección horizontal. En consecuencia, quedan sólo dos ecuaciones independientes de equilibrio —ya sean dos ecuaciones de momento o una ecuación de momento más la ecuación de equilibrio vertical—. Escribamos arbitrariamente dos ecuaciones de momento, la primera respecto al punto B y la segunda en relación con el punto A, como se muestra a continuación (los momentos contrarios a las manecillas del reloj son positivos):

$$\sum M_B = 0 \quad -R_A L + P_4(L - a) + M_1 = 0$$

$$\sum M_A = 0 \quad -P_4 a + R_B L + M_1 = 0$$

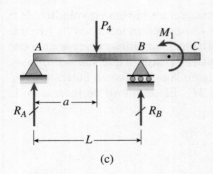

FIG. 4-2c Viga con voladizo. (Repetición.)

Por lo tanto, las reacciones son

$$R_A = \frac{P_4(L - a)}{L} + \frac{M_1}{L} \qquad R_B = \frac{P_4\, a}{L} - \frac{M_1}{L}$$

De nuevo, la suma de fuerzas en la dirección vertical comprueba los resultados.

El análisis anterior ilustra cómo se calculan las reacciones de vigas estáticamente determinadas a partir de ecuaciones de equilibrio. Con toda intención usamos ejemplos algebraicos en vez de numéricos para mostrar cómo se efectúa cada paso.

4.3 FUERZAS CORTANTES Y MOMENTOS FLEXIONANTES

Cuando una viga se carga con fuerzas o pares, en el interior de la viga aparecen esfuerzos y deformaciones unitarias. Para determinarlos, debemos encontrar primero las fuerzas internas y los pares internos que actúan sobre las secciones transversales de la viga.

Para ilustrar cómo se encuentran estas cantidades internas, consideremos una viga en voladizo AB cargada con una fuerza P en su extremo libre (figura 4-4a). Cortamos a través de la viga en una sección transversal mn localizada a una distancia x del extremo libre y aislamos la parte izquierda de la viga como cuerpo libre (figura 4-4b). El cuerpo libre se mantiene en equilibrio por la fuerza P y los esfuerzos que actúan sobre la sección transversal cortada. Estos esfuerzos representan la acción de la parte derecha de la viga sobre la parte izquierda. En esta etapa del análisis no conocemos la distribución de los esfuerzos que actúan sobre la sección transversal; todo lo que sabemos es que la resultante de estos esfuerzos debe ser tal que mantenga el equilibrio del cuerpo libre.

De la estática, sabemos que la resultante de los esfuerzos que actúan sobre la sección transversal pueden reducirse a una **fuerza cortante** V y a un **momento flexionante** M (figura 4-4b). Puesto que la carga P es transversal al eje de la viga, no existe ninguna fuerza axial en la sección transversal. La fuerza cortante y el momento flexionante actúan en el plano de la viga; es decir, el vector para la fuerza cortante se encuentra en el plano de la figura y el vector para el momento es perpendicular al plano de la figura.

Las fuerzas cortantes y los momentos flexionantes, al igual que las fuerzas axiales en barras y los pares internos de torsión en ejes o flechas, son las resultantes de los esfuerzos distribuidos sobre la sección transversal; por tanto, estas cantidades se conocen en forma genérica como **resultantes de esfuerzo**.

Las resultantes de esfuerzo en vigas estáticamente determinadas pueden calcularse a partir de ecuaciones de equilibrio. En el caso de la viga en voladizo de la figura 4-4a, usamos el diagrama de cuerpo libre de la figura 4-4b. Al sumar fuerzas en dirección vertical y tomar momentos respecto a la sección cortada, obtenemos

$$\sum F_{\text{vert}} = 0 \qquad P - V = 0 \ \text{o} \ V = P$$

$$\sum M = 0 \qquad M - Px = 0 \ \text{o} \ M = Px$$

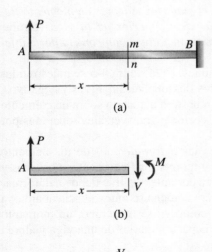

FIG. 4-4 Fuerza cortante V y momento flexionante M en una viga.

donde x es la distancia desde el extremo libre de la viga hasta la sección transversal en que se van a determinar V y M. Entonces, con el uso de un diagrama de cuerpo libre y de dos ecuaciones de equilibrio, podemos calcular sin dificultad la fuerza cortante y el momento flexionante.

Convenciones de signos

Consideremos ahora las convenciones de signo para las fuerzas cortantes y los momentos flexionantes. Es costumbre suponer que ambos son positivos cuando actúan en las direcciones mostradas en la figura 4-4b. Observe que la fuerza cortante tiende a hacer girar el material en el sentido de las manecillas del reloj y el momento flexionante tiende a comprimir la parte superior de la viga y a alargar la parte inferior. En este caso, la fuerza cortante actúa hacia abajo y el momento flexionante actúa en sentido contrario a las manecillas del reloj.

La acción de estas *mismas* resultantes de esfuerzos contra la parte derecha de la viga se muestra en la figura 4-4c. Las direcciones de ambas cantidades están invertidas ahora; la fuerza cortante actúa hacia arriba y el momento flexionante lo hace en el sentido de las manecillas del reloj; sin embargo, la fuerza cortante aún tiende a hacer girar el material en el sentido de las manecillas del reloj y el momento flexionante aún tiende a comprimir la parte superior de la viga y a alargar la parte inferior.

Por tanto, debemos reconocer que el signo algebraico de una resultante de esfuerzo está determinado por la manera en que se deforma el material sobre el que actúa y no por su dirección en el espacio. En el caso de una viga, *una fuerza cortante positiva actúa en el sentido de las manecillas del reloj contra el material* (figuras 4-4b y c) *y una fuerza cortante negativa actúa en sentido contrario a las manecillas del reloj contra el material. Además un momento flexionante positivo comprime la parte superior de la viga* (figuras 4-4b y c) *y un momento flexionante negativo comprime la parte inferior.*

Para aclarar estas convenciones, en la figura 4-5 se muestran las fuerzas cortantes y los momentos flexionantes positivos y negativos. Las fuerzas y los momentos se muestran actuando sobre un elemento de una viga cortado entre dos secciones transversales separadas por una pequeña distancia.

En la figura 4-6 se ilustran las *deformaciones* de un elemento causadas por fuerzas cortantes y momentos flexionantes positivos y negativos. Vemos que una fuerza cortante positiva tiende a deformar el elemento de manera que la cara derecha se mueve hacia abajo con respecto a la cara izquierda y, como ya se mencionó, un momento flexionante positivo comprime la parte superior de una viga y alarga la parte inferior de la misma.

Las convenciones de signos para las resultantes de esfuerzo se llaman **convenciones de signo por deformación** porque se basan en cómo se deforma el material; por ejemplo, ya usamos una convención de signo de deformación al tratar con las fuerzas axiales en una barra. Establecimos que una fuerza axial que produce alargamiento (o tensión) en una barra es positiva y que la fuerza axial que origina

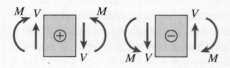

FIG. 4-5 Convenciones de signos para la fuerza constante V y el momento flexionante M.

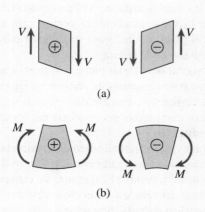

FIG. 4-6 Deformaciones (muy exageradas) de un elemento de viga causadas por: (a) fuerzas cortantes y (b) momentos flexionantes.

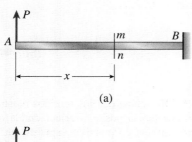

(a)

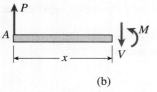

(b)

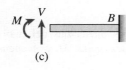

(c)

FIG. 4-4 (Repetición.)

acortamiento (o compresión) es negativa; entonces, el signo de una fuerza axial depende de cómo se deforma el material y no de su dirección en el espacio.

Por el contrario, al escribir ecuaciones de equilibrio, usamos **convenciones de signo de la estática**, donde las fuerzas son positivas o negativas según sean sus sentidos a lo largo de ejes coordenados; por ejemplo, si estamos sumando fuerzas en la dirección y, las fuerzas que actúan en el sentido positivo del eje y se toman como positivas y las fuerzas que actúan en sentido negativo se toman como negativas.

Por ejemplo, considérese la figura 4-4b, que es un diagrama de cuerpo libre de parte de la viga en voladizo. Supóngase que sumamos fuerzas en dirección vertical y que el eje y es positivo hacia arriba. A la carga P se le da entonces un signo positivo en la ecuación de equilibrio porque actúa hacia arriba; sin embargo, la fuerza cortante V (que es una fuerza cortante *positiva*) recibe un signo negativo porque actúa hacia abajo (es decir, en el sentido negativo del eje y). Este ejemplo muestra la distinción entre la convención de signo por deformación usada para la fuerza cortante y la convención de signo de la estática que se utiliza en la ecuación de equilibrio.

Los siguientes ejemplos ilustran los procedimientos para tratar las convenciones de signo y determinar las fuerzas cortantes y momentos flexionantes en vigas. El procedimiento general consiste en construir diagramas de cuerpo libre y resolver ecuaciones de equilibrio.

Ejemplo 4-1

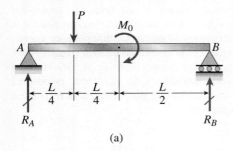

(a)

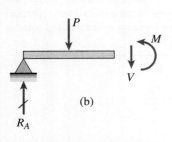

(b)

FIG. 4-7 a y b Ejemplo 4-1. Fuerzas cortantes y momentos flexionantes en una viga simple.

Una viga simple AB soporta dos cargas, una fuerza P y un par M_0, que actúan como se ve en la figura 4-7a.

Encontrar la fuerza cortante V y el momento flexionante M en la viga en secciones transversales localizadas como sigue: a) una pequeña distancia a la izquierda del centro del claro de la viga y b) una pequeña distancia a la derecha del centro del claro de la viga.

Solución

Reacciones. El primer paso en el análisis de esta viga es encontrar las reacciones R_A y R_B en los apoyos. Al tomar momentos respecto a los extremos B y A obtenemos dos ecuaciones de equilibrio, de donde encontramos, respectivamente,

$$R_A = \frac{3P}{4} - \frac{M_0}{L} \qquad R_B = \frac{P}{4} + \frac{M_0}{L} \qquad (a)$$

a) *Fuerza cortante y momento flexionante a la izquierda del centro del claro*. Cortamos la viga en una sección transversal justo a la izquierda del centro del claro y dibujamos un diagrama de cuerpo libre de cualquier mitad de la viga. En este ejemplo escogemos la mitad izquierda de la viga como cuerpo libre (figura 4-7b). Este cuerpo libre se mantiene en equilibrio debido a la carga P, la reacción R_A y las dos resultantes de esfuerzo desconocidas —la fuerza cortante V y el momento flexionante M— ambas mostradas actuando en sus sentidos positivos (figura 4-5). El par M_0 no actúa sobre el cuerpo libre porque la viga está cortada a la izquierda de su punto de aplicación. Sumamos fuerzas en dirección vertical (positivas hacia arriba) y resulta

$$\sum F_{\text{vert}} = 0 \qquad R_A - P - V = 0$$

continúa

de donde obtenemos la fuerza cortante:

$$V = R_A - P = -\frac{P}{4} - \frac{M_0}{L} \qquad \text{(b)} \quad \blacktriangleleft$$

Este resultado muestra que cuando P y M_0 actúan con los sentidos mostrados en la figura 4-7a, la fuerza cortante (en la posición seleccionada) es negativa y actúa con sentido opuesto al sentido positivo supuesto en la figura 4-7b.

Si tomamos momentos respecto a un eje por la sección transversal donde se ha cortado la viga (figura 4-7b), obtenemos

$$\Sigma M = 0 \quad -R_A\left(\frac{L}{2}\right) + P\left(\frac{L}{4}\right) + M = 0$$

donde los momentos contrarios a las manecillas del reloj se consideran positivos. Despejamos el momento flexionante M, y obtenemos

$$M = R_A\left(\frac{L}{2}\right) - P\left(\frac{L}{4}\right) = \frac{PL}{8} - \frac{M_0}{2} \qquad \text{(c)} \quad \blacktriangleleft$$

El momento flexionante M puede ser positivo o negativo, dependiendo de las magnitudes de las cargas P y M_0. Si es positivo, actúa con el sentido mostrado en la figura; si es negativo, lo hace en dirección opuesta.

b) *Fuerza cortante y momento flexionante a la derecha del centro del claro*. En este caso, cortamos la viga en una sección transversal justo a la derecha del centro del claro y dibujamos de nuevo un diagrama de cuerpo libre de la parte de la viga a la izquierda de la sección cortada (figura 4-7c). La diferencia entre este diagrama y el anterior es que el par M_0 ahora sí actúa sobre el cuerpo libre. De dos ecuaciones de equilibrio, la primera para fuerzas en dirección vertical y la segunda para momentos respecto a un eje por la sección cortada, obtenemos

$$V = -\frac{P}{4} - \frac{M_0}{L} \qquad M = \frac{PL}{8} + \frac{M_0}{2} \qquad \text{(d, e)} \quad \blacktriangleleft$$

Estos resultados muestran que cuando la sección cortada es desplazada de la izquierda a la derecha del par M_0, la fuerza cortante no cambia (porque las fuerzas verticales que actúan sobre el cuerpo libre no cambian) pero el momento flexionante se incrementa algebraicamente una cantidad igual a M_0 (compare las ecuaciones c y e).

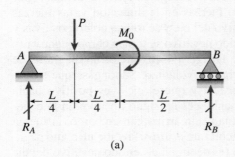

(a)

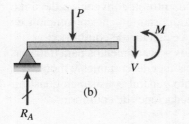

(b)

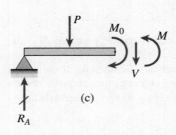

(c)

FIG. 4-7 Ejemplo 4-1. Fuerzas cortantes y momentos flexionantes en una viga simple.

Ejemplo 4-2

Una viga en voladizo, libre en el extremo A y fija en el extremo B, está sometida a una carga distribuida de intensidad q linealmente variable (figura 4-8a). La intensidad máxima de la carga ocurre en el apoyo fijo y es igual a q_0.

Encontrar la fuerza cortante V y el momento flexionante M a la distancia x del extremo libre de la viga.

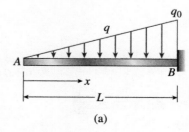

(a)

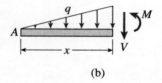

(b)

FIG. 4-8 Ejemplo 4-2. Fuerza cortante y momento flexionante en una viga en voladizo.

Solución

Fuerza cortante. Cortamos la viga a una distancia x desde el extremo izquierdo y aislamos parte de la viga como cuerpo libre (figura4-8b). Sobre el cuerpo libre actúan la carga distribuida q, la fuerza cortante V y el momento flexionante M. Ambas cantidades desconocidas (V y M) se suponen positivas.

La intensidad de la carga distribuida a una distancia x desde el extremo es

$$q = \frac{q_0 x}{L} \tag{4-1}$$

continúa

Por tanto, la carga total hacia abajo sobre el cuerpo libre, igual al área del diagrama triangular de carga (figura 4-8b), es

$$\frac{1}{2}\left(\frac{q_0 x}{L}\right)(x) = \frac{q_0 x^2}{2L}$$

De una ecuación de equilibrio en la dirección vertical encontramos

$$V = -\frac{q_0 x^2}{2L} \qquad\qquad (4\text{-}2a) \;\blacktriangleleft$$

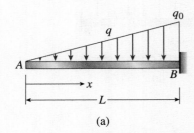

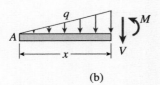

FIG. 4-8 (Repetición).

En el extremo libre A ($x = 0$), la fuerza cortante es cero y en el extremo fijo B ($x = L$), la fuerza cortante tiene su valor máximo:

$$V_{\text{máx}} = -\frac{q_0 L}{2} \qquad\qquad (4\text{-}2b)$$

que es numéricamente igual a la carga total hacia abajo sobre la viga. Los signos negativos de las ecuaciones (4-2a) y (4-2b) indican que las fuerzas cortantes actúan en sentido opuesto al mostrado en la figura 4-8b.

Momento flexionante. Para encontrar el momento flexionante M en la viga (figura 4-8b), escribimos una ecuación de equilibrio de momentos respecto a un eje que pase por la sección cortada. Recordemos que el momento de una carga triangular es igual al área del diagrama de carga por la distancia desde su centroide al eje de momentos; con base en lo anterior obtenemos la siguiente ecuación de equilibrio (los momentos contrarios a las manecillas del reloj son positivos):

$$\sum M = 0 \qquad M + \frac{1}{2}\left(\frac{q_0 x}{L}\right)(x)\left(\frac{x}{3}\right) = 0$$

de donde obtenemos

$$M = -\frac{q_0 x^3}{6L} \qquad\qquad (4\text{-}3a) \;\blacktriangleleft$$

En el extremo libre de la viga ($x = 0$), el momento flexionante es cero y en el extremo fijo ($x = L$), el momento tiene su valor numérico más alto:

$$M_{\text{máx}} = -\frac{q_0 L^2}{6} \qquad\qquad (4\text{-}3b)$$

Los signos negativos de las ecuaciones (4-3a) y (4-3b) indican que los momentos flexionantes actúan en sentido opuesto al mostrado en la figura 4-8b.

Ejemplo 4-3

Una viga simple con un voladizo está sostenida en los puntos A y B (figura 4-9a). Una carga uniforme de intensidad $q = 200$ lb/pie actúa en toda la longitud de la viga y una carga concentrada $P = 14$ klb actúa en un punto a 9 pies del apoyo izquierdo. La longitud del claro es de 24 pies y la del voladizo es de 6 pies.

Calcular la fuerza cortante V y el momento flexionante M en la sección transversal D localizada a 15 pies del apoyo izquierdo.

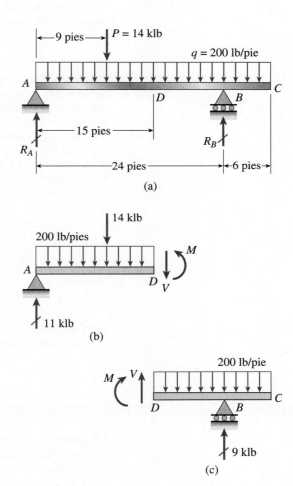

FIG. 4-9 Ejemplo 4-3. Fuerza cortante y momento flexionante en una viga con un voladizo.

Solución

Reacciones. Comenzamos calculando las reacciones R_A y R_B mediante ecuaciones de equilibrio para toda la viga considerada como cuerpo libre. Tomamos momentos respecto a los soportes en B y A, respectivamente y encontramos

$$R_A = 11 \text{ klb} \quad R_B = 9 \text{ klb}$$

continúa

Fuerza cortante y momento flexionante en la sección D. Practicamos un corte en la sección D y construimos un diagrama de cuerpo libre de la parte izquierda de la viga (figura 4-9b). Al dibujar este diagrama, suponemos que las resultantes de esfuerzos desconocidas V y M son positivas. Las ecuaciones de equilibrio para el cuerpo libre son:

$$\Sigma F_{\text{vert}} = 0 \quad 11 \text{ klb} - 14 \text{ k} - (0.200 \text{ klb/pie})(15 \text{ pies}) - V = 0$$

$$\Sigma M_D = 0 \quad -(11 \text{ klb})(15 \text{ pies}) + (14 \text{ klb})(6 \text{ pies}) + (0.200 \text{ klb/pie})(15 \text{ pies})(7.5 \text{ pies}) + M = 0$$

donde las fuerzas hacia arriba se consideran positivas en la primera ecuación y los momentos contrarios a las manecillas del reloj se consideran positivos en la segunda ecuación. Resolvemos estas ecuaciones y obtenemos

$$V = -6 \text{ klb} \qquad M = 58.5 \text{ klb-pie} \qquad \longleftarrow$$

El signo negativo para V indica que la fuerza cortante es negativa; es decir, su dirección es opuesta a la señalada en la figura 4-9b. El signo positivo para M señala que el momento flexionante actúa con el sentido ilustrado en la figura.

Diagrama de cuerpo libre alternativo. Otro método de solución consiste en obtener V y M de un diagrama de cuerpo libre de la parte derecha de la viga (figura 4-9c). Al dibujar este diagrama, suponemos de nuevo que la fuerza cortante y el momento flexionante desconocidos son positivos. Las dos ecuaciones de equilibrio son

$$\Sigma F_{\text{vert}} = 0 \quad V + 9 \text{ klb} - (0.200 \text{ klb/pie})(15 \text{ pies}) = 0$$

$$\Sigma M_D = 0 \quad -M + (9 \text{ klb})(9 \text{ pies}) - (0.200 \text{ klb/pie})(15 \text{ pies})(7.5 \text{ pies}) = 0$$

de donde

$$V = -6 \text{ klb} \quad M = 58.5 \text{ klb-pie}$$

igual que antes. Como suele ocurrir, la selección de un diagrama de cuerpo libre u otro es un asunto de conveniencia y preferencia personal.

4.4 RELACIONES ENTRE CARGAS, FUERZAS CORTANTES Y MOMENTOS FLEXIONANTES

Obtendremos ahora algunas relaciones importantes entre cargas, fuerzas cortantes y momentos flexionantes en vigas. Estas relaciones son muy útiles al investigar las fuerzas cortantes y los momentos flexionantes en toda la longitud de una viga; además, son de particular utilidad al construir los diagramas de fuerza cortante y momento flexionante (sección 4.5).

Para obtener las relaciones, consideremos un elemento de viga cortado entre dos secciones transversales a una distancia dx entre sí (figura 4-10). La carga que actúa sobre la superficie superior del elemento puede ser una carga distribuida, una carga concentrada o un par, como se muestra en las figuras 4-10a, b y c. Las **convenciones de signos** para estas cargas son las siguientes: *las cargas distribuidas y las cargas concentradas son positivas cuando actúan hacia abajo sobre la viga y negativas cuando actúan hacia arriba. Un par*

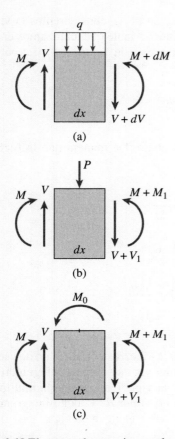

FIG. 4-10 Elemento de una viga usado para obtener las relaciones entre cargas, fuerzas cortantes y momentos flexionantes (todas las cargas y resultantes de esfuerzos se muestran en sus sentidos positivos).

que actúa como carga sobre una viga es positivo cuando es contrario a las manecillas del reloj y negativo cuando es horario. Si se usan otras convenciones de signo, los cambios serán en los signos de los términos que aparecen en las ecuaciones que se deducen en esta sección.

Las fuerzas cortantes y los momentos flexionantes que actúan sobre los lados del elemento se muestran en sus sentidos positivos en la figura 4-10. En general, las fuerzas cortantes y los momentos flexionantes varían a lo largo del eje de la viga; por tanto, sus valores en la cara derecha del elemento pueden ser diferentes de sus valores en la cara izquierda.

En el caso de una carga distribuida (figura 4-10a), los incrementos en V y M son infinitesimales y los denotamos con dV y dM, respectivamente. Las resultantes de esfuerzo correspondientes sobre la cara derecha son $V + dV$ y $M + dM$.

En el caso de una carga concentrada (figura 4-10b) o de un par (figura 4-10c), los incrementos pueden ser finitos, por lo que se denotan con V_1 y M_1. Las resultantes de esfuerzo correspondientes sobre la cara derecha son $V + V_1$ y $M + M_1$.

Para cada tipo de carga podemos escribir dos ecuaciones de equilibrio para el elemento: una ecuación de equilibrio de fuerzas en dirección vertical y una de equilibrio de momentos. La primera de estas ecuaciones da la relación entre la carga y la fuerza cortante; la segunda, la relación entre la fuerza cortante y el momento flexionante.

Cargas distribuidas (figura 4-10a)

El primer tipo de carga es una carga distribuida de intensidad q, como se muestra en la figura 4-10a. Primero describiremos su relación con la fuerza cortante y después su relación con el momento flexionante.

1) **Fuerza cortante**. El equilibrio de fuerzas en dirección vertical (las fuerzas hacia arriba son positivas) da

$$\sum F_{\text{vert}} = 0 \quad V - q\,dx - (V + dV) = 0$$

o

$$\frac{dV}{dx} = -q \qquad (4\text{-}4)$$

De esta ecuación vemos que la razón de cambio de la fuerza cortante en cualquier punto sobre el eje de la viga es igual al negativo de la intensidad de la carga distribuida en el mismo punto. (*Nota:* si la convención de signo para una carga distribuida se invierte, de modo que q sea positiva hacia arriba en vez de hacia abajo, entonces el signo menos se omite en la ecuación anterior.)

Algunas relaciones útiles son obvias de inmediato en la ecuación (4-4); por ejemplo, si no se tiene carga distribuida sobre un segmento de la viga (es decir, si $q = 0$), entonces $dV/dx = 0$ y la fuerza cortante es constante en esa parte de la viga. También, si la carga distribuida es uniforme a lo largo de parte de la viga ($q = $ constante), entonces dV/dx es constante y la fuerza cortante varía linealmente en esa parte de la viga.

Como demostración de la ecuación (4-4), consideremos la viga en voladizo con una carga linealmente variable que analizamos en el ejemplo 4-2 de la sección anterior (véase la figura 4-8). La carga sobre la viga (de la ecuación 4-1) es

$$q = \frac{q_0 x}{L}$$

que es positiva porque actúa hacia abajo. De manera que la fuerza cortante (ecuación 4-2a) es

$$V = -\frac{q_0 x^2}{2L}$$

Efectuamos la derivación dV/dx y resulta

$$\frac{dV}{dx} = \frac{d}{dx}\left(-\frac{q_0 x^2}{2L}\right) = -\frac{q_0 x}{L} = -q$$

que concuerda con la ecuación (4-4).

Una útil relación vinculada con las fuerzas cortantes en dos secciones transversales diferentes de una viga se obtiene integrando la ecuación (4-4) a lo largo del eje de la viga. Para obtenerla multiplicamos ambos lados de la ecuación (4-4) por dx y luego integramos entre dos puntos cualesquiera A y B sobre el eje de la viga:

$$\int_A^B dV = -\int_A^B q\,dx \tag{a}$$

donde suponemos que x se incrementa al movernos del punto A al punto B. El lado izquierdo de esta ecuación es igual a la diferencia $(V_B - V_A)$ de las fuerzas cortantes en B y A. La integral en el lado derecho representa el área del diagrama de carga entre A y B, que a su vez es igual a la magnitud de la resultante de la carga distribuida que actúa entre los puntos A y B. De la ecuación (a) obtenemos entonces

$$V_B - V_A = -\int_A^B q\,dx$$

$$= -(\text{área del diagrama de carga entre } A \text{ y } B) \tag{4-5}$$

En otras palabras, el cambio en la fuerza cortante entre dos puntos a lo largo del eje de la viga es igual al negativo de la carga total hacia abajo entre esos puntos. El área del diagrama de carga puede ser positivo (si q actúa hacia abajo) o negativo (si q actúa hacia arriba).

En virtud de que la ecuación (4-4) se obtuvo para un elemento de la viga sometido *sólo* a una carga distribuida (o a ninguna carga), no podemos usar la ecuación (4-4) en un punto donde esté aplicada una carga concentrada (porque la *intensidad* de carga q no está defi-

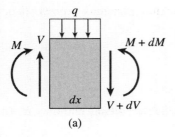

FIG. 4-10a (Repetición).

nida para una carga concentrada). Por la misma razón, no podemos usar la ecuación (4-5) si una carga concentrada P actúa sobre la viga entre los puntos A y B.

2) **Momento flexionante.** Consideremos ahora el momento de equilibrio del elemento de viga de la figura 4-10a. Si sumamos momentos respecto a un eje en el lado izquierdo del elemento (el eje es perpendicular al plano de la figura) y consideramos los momentos contrarios a las manecillas del reloj como positivos, obtenemos

$$\Sigma M = 0 \qquad -M - q\,dx\left(\frac{dx}{2}\right) - (V + dV)dx + M + dM = 0$$

Ignoramos los productos de diferenciales (por ser despreciables en comparación con los otros términos) y obtenemos la siguiente relación:

$$\frac{dM}{dx} = V \tag{4-6}$$

Esta ecuación muestra que la razón de cambio del momento flexionante en cualquier punto sobre el eje de una viga es igual a la fuerza cortante en ese mismo punto; por ejemplo, si la fuerza cortante es cero en una región de la viga, el momento flexionante es constante en esa misma región.

La ecuación (4-6) es aplicable sólo en regiones donde actúan cargas distribuidas (o ninguna carga) sobre la viga. En un punto donde actúa una carga concentrada, ocurre un cambio repentino (o discontinuidad) en la fuerza cortante, y la derivada dM/dx no está definida en ese punto.

Usemos de nuevo la viga en voladizo de la figura 4-8 como ejemplo y recordemos que el momento flexionante (ecuación 4-3a) es

$$M = -\frac{q_0 x^3}{6L}$$

Entonces, la derivada dM/dx es

$$\frac{dM}{dx} = \frac{d}{dx}\left(-\frac{q_0 x^3}{6L}\right) = -\frac{q_0 x^2}{2L}$$

que es igual a la fuerza cortante en la viga (ecuación 4-2a).

Al integrar la ecuación (4-6) entre dos puntos A y B sobre la viga, resulta

$$\int_A^B dM = \int_A^B V\,dx \tag{b}$$

La integral en el lado izquierdo de esta ecuación es igual a la diferencia $(M_B - M_A)$ de los momentos flexionantes en los puntos B y A. Para interpretar la integral del lado derecho, necesitamos considerar V como función de x y visualizar un diagrama de fuerza cortante que muestre la variación de V con x. Vemos entonces que la integral en el lado derecho representa el área bajo el diagrama de fuerza cortante entre A y B; por lo tanto, podemos expresar la ecuación (b) de la manera siguiente:

$$M_B - M_A = \int_A^B V\,dx$$

$$= \text{(área del diagrama de fuerza cortante entre } A \text{ y } B) \quad (4\text{-}7)$$

Esta ecuación es válida aun cuando actúen cargas concentradas sobre la viga entre los puntos A y B; pero no lo es si un par actúa entre A y B. Un par produce un cambio repentino en el momento flexionante y el lado izquierdo de la ecuación (b) no se puede integrar a través de una discontinuidad de este tipo.

Cargas concentradas (figura 4-10b)

Consideremos ahora una carga concentrada P que actúa sobre el elemento de viga (figura 4-10b). Del equilibrio de fuerzas en dirección vertical, obtenemos

$$V - P - (V + V_1) = 0 \quad \text{o} \quad V_1 = -P \qquad (4\text{-}8)$$

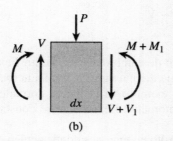

FIG. 4-10b (Repetición).

Este resultado indica que ocurre un cambio abrupto en la fuerza cortante en cualquier punto donde actúe una carga concentrada. Conforme pasamos de la izquierda a la derecha a través del punto de aplicación de la carga, la fuerza cortante decrece una cantidad igual a la magnitud de la carga P dirigida hacia abajo.

Del equilibrio de momentos respecto a la cara izquierda del elemento (figura 4-10b) obtenemos

$$-M - P\left(\frac{dx}{2}\right) - (V + V_1)dx + M + M_1 = 0$$

o

$$M_1 = P\left(\frac{dx}{2}\right) + V\,dx + V_1\,dx \qquad (c)$$

Como la longitud dx del elemento es infinitesimalmente pequeña, vemos de esta ecuación que el incremento M_1 en el momento flexionante también es infinitesimalmente pequeño. *Por tanto, el momento flexionante no cambia cuando pasamos a través del punto de aplicación de una carga concentrada.*

Aun cuando el momento flexionante M no cambia bajo una carga concentrada, su derivada dM/dx experimenta un cambio abrupto. En el lado izquierdo del elemento (figura 4-10b), la tasa de cambio del momento flexionante (ecuación 4-6) es $dM/dx = V$. En el lado derecho, la tasa de cambio es $dM/dx = V + V_1 = V - P$. *Por tanto, en el punto de aplicación de una carga concentrada, la tasa de cambio del momento flexionante dM/dx decrece abruptamente una cantidad igual a P.*

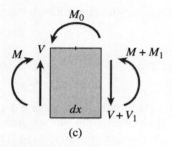

FIG. 4-10c (Repetición).

Cargas en forma de pares (figura 4-10c)

El último caso por considerar es una carga en forma de un par M_0 (figura 4-10c). Del equilibrio del elemento en dirección vertical, obtenemos $V_1 = 0$, que muestra que *la fuerza cortante no cambia en el punto de aplicación de un par.*

El equilibrio de momentos respecto al lado izquierdo del elemento da

$$-M + M_0 - (V + V_1)dx + M + M_1 = 0$$

Ignoramos los términos que contienen diferenciales (por ser despreciables en comparación con los términos finitos) y obtenemos

$$M_1 = -M_0 \qquad\qquad (4\text{-}9)$$

Esta ecuación muestra que el momento flexionante disminuye una cantidad M_0 cuando pasamos de la izquierda a la derecha a través del punto de aplicación de la carga; *por lo tanto, el momento flexionante cambia de manera abrupta en el punto de aplicación de un par.*

Las ecuaciones (4-4) a la (4-9) son útiles al efectuar una investigación completa de las fuerzas cortantes y momentos flexionantes en una viga, como se verá en la siguiente sección.

4.5 DIAGRAMAS DE FUERZA CORTANTE Y DE MOMENTO FLEXIONANTE

Cuando diseñamos una viga, por lo general necesitamos saber cómo varían a lo largo de ella las fuerzas cortantes y los momentos flexionantes. Los valores máximo y mínimo de estas cantidades resultan de especial importancia. La información correspondiente la dan gráficas en que la fuerza cortante y el momento flexionante se trazan como ordenadas y la distancia x a lo largo del eje de la viga se traza como abscisa. Tales gráficas se llaman **diagramas de fuerza cortante y de momento flexionante**.

Para ofrecer una idea clara de estos diagramas, explicaremos en detalle cómo se construyen e interpretan para tres condiciones básicas de carga —una sola carga concentrada, una carga uniforme y varias cargas concentradas—. Además, en los ejemplos 4-4 a 4-7 al final de la sección se encuentran ejemplos detallados de las técnicas para manejar distintas clases de cargas, incluyendo el caso de un par que actúa como carga en una viga.

Carga concentrada

Comencemos con una viga simple AB que soporta una carga concentrada P (figura 4-11a). La carga P actúa a una distancia a del apoyo izquierdo y a una distancia b del apoyo derecho. Si consideramos la viga entera como cuerpo libre, podremos determinar con facilidad las reacciones en la viga a partir del equilibrio; los resultados son

$$R_A = \frac{Pb}{L} \qquad R_B = \frac{Pa}{L} \qquad \text{(4-10a, b)}$$

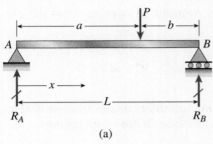

Cortamos la viga en una sección a la izquierda de la carga P y a una distancia x del apoyo en A. Después dibujamos un diagrama de cuerpo libre de la parte izquierda de la viga (figura 4-11b). De las ecuaciones de equilibrio para este cuerpo libre, obtenemos la fuerza cortante V y el momento flexionante M a la distancia x del soporte:

$$V = R_A = \frac{Pb}{L} \qquad M = R_A x = \frac{Pbx}{L} \qquad (0 < x < a) \quad \text{(4-11a, b)}$$

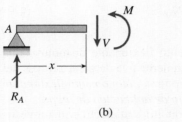

Estas expresiones son válidas sólo para la parte de la viga a la izquierda de la carga P.

A continuación, cortamos la viga a la derecha de la carga P (es decir, en la región $a < x < L$) y dibujamos de nuevo un diagrama de cuerpo libre de la parte izquierda de la viga (figura 4-11c). De las ecuaciones de equilibrio para este cuerpo libre, obtenemos las siguientes expresiones para la fuerza cortante y el momento flexionante:

$$V = R_A - P = \frac{Pb}{L} - P = -\frac{Pa}{L} \qquad (a < x < L) \quad \text{(4-12a)}$$

$$M = R_A x - P(x - a) = \frac{Pbx}{L} - P(x - a)$$

$$= \frac{Pa}{L}(L - x) \qquad (a < x < L) \qquad \text{(4-12b)}$$

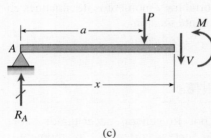

Nótese que estas ecuaciones son válidas sólo para la parte derecha de la viga.

Las ecuaciones para las fuerzas cortantes y momentos flexionantes (ecuaciones 4-11 y 4-12) se grafican abajo de los esquemas de la viga. La figura 4-11d es el *diagrama de fuerza cortante* y la figura 4-11e, el *diagrama de momento flexionante*.

Del primer diagrama vemos que la fuerza cortante en el extremo A de la viga ($x = 0$) es igual a la reacción R_A. Luego permanece constante hasta el punto de aplicación de la carga P. En este punto, la fuerza cortante disminuye en forma abrupta una cantidad igual a la carga P. En la parte derecha de la viga, la fuerza cortante es constante de nuevo pero numéricamente igual a la reacción en B.

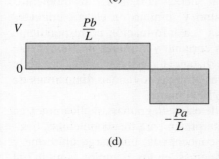

Como se muestra en el segundo diagrama, el momento flexionante en la parte izquierda de la viga crece linealmente desde cero en el soporte hasta Pab/L bajo la carga concentrada ($x = a$). En la parte derecha, el momento flexionante otra vez es una función lineal de x, que varía desde Pab/L en $x = a$ hasta cero en el soporte ($x = L$). Así, el momento flexionante máximo es

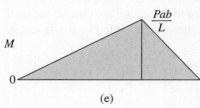

FIG. 4-11 Diagramas de fuerza cortante y momento flexionante para una viga simple con una carga concentrada.

$$M_{\text{máx}} = \frac{Pab}{L} \qquad \text{(4-13)}$$

y ocurre bajo la carga concentrada.

Al obtener las expresiones para la fuerza cortante y el momento flexionante a la derecha de la carga P (ecuaciones 4-12a y b), consideramos el equilibrio de la parte izquierda de la viga (figura 4-11c). Las fuerzas R_A y P —además de V y M— actúan sobre este cuerpo libre. En este ejemplo en particular, resulta más sencillo considerar la porción derecha de la viga como cuerpo libre, porque sólo se tiene una fuerza (R_B) en las ecuaciones de equilibrio (adicionales a V y M). Por supuesto, los resultados finales no cambian.

Ahora pueden verse ciertas características de los diagramas de fuerza cortante y de momento flexionante (figuras 4-11d y e). Observamos primero que la pendiente dV/dx del diagrama de fuerza cortante es cero en la región $0 < x < a$ y $a < x < L$, lo que concuerda con la ecuación $dV/dx = -q$ (ecuación 4-4). En estas mismas regiones, la pendiente dM/dx del diagrama de momento flexionante es igual a V (ecuación 4-6). A la izquierda de la carga P, la pendiente del diagrama de momento es positiva e igual a Pb/L; a la derecha, es negativa e igual a $-Pa/L$. En el punto de aplicación de la carga P se tiene un cambio abrupto en el diagrama de fuerza cortante (igual en magnitud a la carga P) y un correspondiente cambio en la pendiente del diagrama de momento flexionante.

Consideremos ahora el *área* del diagrama de fuerza cortante. Al movernos de $x = 0$ a $x = a$, el área del diagrama de fuerza cortante es $(Pb/L)a$, o Pab/L. Esta cantidad representa el incremento del momento flexionante entre esos dos mismos puntos (véase la ecuación 4-7). De $x = a$ a $x = L$, el área del diagrama de fuerza cortante es $-Pab/L$, lo que significa que en esta región el momento flexionante decrece esa cantidad; en consecuencia, el momento flexionante es cero en el extremo B de la viga, como era de esperarse.

Si los momentos flexionantes en ambos extremos de una viga son cero —como suele ser el caso en una viga simple—, entonces el área del diagrama de fuerza cortante entre los extremos de la viga debe ser cero, siempre que no actúen pares sobre la viga (véase el análisis en la sección 4.4, luego de la ecuación 4-7).

Como se mencionó antes, los valores máximo y mínimo de las fuerzas cortantes y los momentos flexionantes son necesarios al diseñar vigas. Para una viga simple con una sola carga concentrada, la fuerza cortante máxima ocurre en el extremo de la viga más cercano a la carga concentrada y el momento flexionante máximo ocurre bajo la carga misma.

Carga uniforme

Una viga simple con una carga uniforme distribuida de intensidad constante q se muestra en la figura 4-12a. Como la viga y su carga son simétricas, de inmediato vemos que cada una de las reacciones (R_A y R_B) es igual a $qL/2$. Por tanto, la fuerza cortante y el momento flexionante a la distancia x del extremo izquierdo son

$$V = R_A - qx = \frac{qL}{2} - qx \tag{4-14a}$$

$$M = R_A x - qx\left(\frac{x}{2}\right) = \frac{qLx}{2} - \frac{qx^2}{2} \tag{4-14b}$$

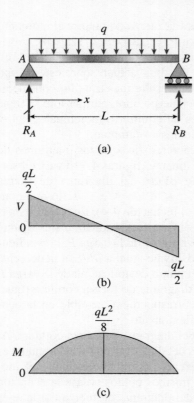

FIG. 4-12 Diagramas de fuerza cortante y momento flexionante para una viga simple con carga uniforme.

Estas ecuaciones, que son válidas en toda la longitud de la viga, se han graficado como diagramas de fuerza cortante y de momento flexionante en las figuras 4-12b y c, respectivamente.

El diagrama de fuerza cortante consiste en una línea recta inclinada con ordenadas en $x = 0$ y $x = L$ iguales numéricamente a las reacciones. La pendiente de la línea es $-q$, según la ecuación (4-4). El diagrama de momento flexionante es una curva parabólica simétrica respecto al punto medio de la viga. En cada sección transversal la pendiente del diagrama de momento flexionante es igual a la fuerza cortante (véase la ecuación 4-6):

$$\frac{dM}{dx} = \frac{d}{dx}\left(\frac{qLx}{2} - \frac{qx^2}{2}\right) = \frac{qL}{2} - qx = V$$

El valor máximo del momento flexionante ocurre en el punto medio de la viga, donde dM/dx y la fuerza cortante V son iguales a cero; por tanto, sustituimos $x = L/2$ en la expresión para M y obtenemos

$$M_{\text{máx}} = \frac{qL^2}{8} \qquad (4\text{-}15)$$

como se ve en el diagrama de momento flexionante.

El diagrama de intensidad de carga (figura 4-12a) tiene un área qL y, según la ecuación (4-5), la fuerza cortante V debe decrecer esta cantidad al movernos a lo largo de la viga de A a B. Podemos ver que esto es cierto porque la fuerza cortante disminuye de $qL/2$ a $-qL/2$.

El área del diagrama de fuerza cortante entre $x = 0$ y $x = L/2$ es $qL^2/8$, y vemos que esta área representa el incremento en el momento flexionante entre estos mismos dos puntos (ecuación 4-7). De manera similar, el momento flexionante decrece $qL^2/8$ en la región de $x = L/2$ a $x = L$.

Varias cargas concentradas

Si varias cargas concentradas actúan sobre una viga simple, (figura 4-13a), se pueden determinar expresiones para las fuerzas cortantes y los momentos flexionantes para cada segmento de la viga entre los puntos de aplicación de las cargas. De nuevo, mediante el uso de diagramas de cuerpo libre de la parte izquierda de la viga y la medición de la distancia x desde el extremo A, obtenemos las siguientes ecuaciones para el primer segmento de la viga:

$$V = R_A \qquad M = R_A x \qquad (0 < x < a_1) \qquad (4\text{-}16a, b)$$

Para el segundo segmento, obtenemos

$$V = R_A - P_1 \qquad M = R_A x - P_1(x - a_1) \qquad (a_1 < x < a_2) \quad (4\text{-}17a, b)$$

Para el tercer segmento de la viga, conviene considerar la parte derecha de la viga en vez de la izquierda, porque actúan menos cargas sobre el correspondiente cuerpo libre. Obtenemos así

$$V = -R_B + P_3 \qquad (4\text{-}18a)$$

$$M = R_B(L - x) - P_3(L - b_3 - x) \qquad (a_2 < x < a_3) \quad (4\text{-}18b)$$

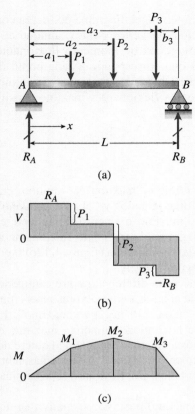

FIG. 4-13 Diagramas de fuerza cortante y momento flexionante para una viga simple con varias cargas concentradas.

Por último, para el cuarto segmento de la viga obtenemos

$$V = -R_B \qquad M = R_B(L - x) \qquad (a_3 < x < L) \qquad \text{(4-19a, b)}$$

Las ecuaciones (4-16) a la (4-19) sirven para construir los diagramas de fuerza cortante y de momento flexionante (figuras 4-13b y c).

Por el diagrama de fuerza cortante observamos que la fuerza cortante es constante en cada segmento de la viga y cambia abruptamente en cada punto de carga, con la cantidad de cada cambio igual a la carga. Además, el momento flexionante en cada segmento es una función lineal de x y, por tanto, la parte correspondiente del diagrama de momento flexionante es una línea recta inclinada. Como ayuda para dibujar esas líneas, obtenemos los momentos flexionantes bajo las cargas concentradas sustituyendo $x = a_1$, $x = a_2$ y $x = a_3$ en las ecuaciones (4-16b), (4-17b) y (4-18b), respectivamente. De esta manera obtenemos los siguientes momentos flexionantes:

$$M_1 = R_A a_1 \quad M_2 = R_A a_2 - P_1(a_2 - a_1) \quad M_3 = R_B b_3 \quad \text{(4-20a, b, c)}$$

Conocidos estos valores, es fácil construir el diagrama de momento flexionante conectando los puntos con líneas rectas.

Por cada discontinuidad en la fuerza cortante hay un cambio correspondiente en la pendiente dM/dx del diagrama de momento flexionante. Además, el cambio en el momento flexionante entre dos puntos de carga es igual al área del diagrama de fuerza cortante entre esos mismos dos puntos (véase la ecuación 4-7). Por ejemplo, el cambio en momento flexionante entre las cargas P_1 y P_2 es $M_2 - M_1$. Sustituimos de las ecuaciones (4-20a y b) y obtenemos

$$M_2 - M_1 = (R_A - P_1)(a_2 - a_1)$$

que es el área del diagrama rectangular de fuerza cortante entre $x = a_1$ y $x = a_2$.

El momento flexionante máximo en una viga con sólo cargas concentradas, *debe* ocurrir bajo una de las cargas o en una reacción. Para demostrar esto, recordemos que la pendiente del diagrama de momento flexionante es igual a la fuerza cortante. Por tanto, siempre que el momento flexionante tiene un máximo o un mínimo, la derivada dM/dx (y como consecuencia la fuerza cortante) debe cambiar de signo. Sin embargo, en una viga con sólo cargas concentradas, la fuerza cortante puede cambiar de signo sólo bajo una carga.

Si al proceder a lo largo del eje x, la fuerza cortante cambia de positiva a negativa (como en la figura 4-13b), entonces la pendiente en el diagrama de momento flexionante también cambia de positiva a negativa; por consiguiente, debemos tener un momento flexionante máximo en esta sección transversal. Por el contrario, un cambio en la fuerza cortante de negativa a positiva indica un momento flexionante mínimo. En teoría, el diagrama de fuerza cortante puede cruzar el eje horizontal en varios puntos, aunque esto es bastante improbable. En el diagrama de momento flexionante, hay un máximo o mínimo local que corresponde a cada punto de cruce. Hay que hallar los valores de todos los máximos y mínimos locales para encontrar los momentos flexionantes máximos positivos y negativos en una viga.

Comentarios generales

Observe que estamos usando los términos "máximo" y "mínimo" con sus significados comunes de "el más grande" y "el más pequeño", así pues, podemos referirnos al "máximo momento flexionante en una viga" sin importar que el diagrama de momento flexionante se describa mediante una función suave y continua (figura 4-12c) o por una serie de líneas (como en la figura 4-13c).

Además, con frecuencia se necesita diferenciar entre cantidades positivas y negativas. En consecuencia, usaremos expresiones como "momento positivo máximo" y "momento negativo máximo". En ambos casos, la expresión indica la cantidad numérica máxima, es decir: el término "momento negativo máximo" en realidad quiere decir "momento negativo numéricamente máximo". A las demás cantidades en la viga, como fuerzas cortantes y deflexiones, se les aplican comentarios parecidos.

Los momentos flexionantes máximo positivo y negativo en una viga pueden ocurrir en los siguiente lugares: 1) una sección transversal donde se aplica una carga concentrada y la fuerza cortante cambia de signo (véase las figuras 4-11 y 4-13); 2) una sección transversal donde la fuerza cortante es cero (véase la figura 4-12); 3) un punto de apoyo donde se tiene una reacción vertical y 4) una sección transversal donde se aplica un par. Los análisis anteriores y los ejemplos siguientes en esta sección ilustran todas estas posibilidades.

Cuando actúan varias cargas sobre una viga, los diagramas de fuerza cortante y de momento flexionante pueden obtenerse por superposición (o suma) de los diagramas obtenidos para cada una de las cargas que actúan por separado. Por ejemplo, el diagrama de fuerza cortante de la figura 4-13b es en realidad la suma de tres diagramas separados, cada uno del tipo mostrado en la figura 4-11d para una sola carga concentrada. Podemos hacer un comentario análogo para el diagrama de momento flexionante de la figura 4-13c. La superposición de los diagramas de fuerza cortante y de momento flexionante es permisible porque las fuerzas cortantes y los momentos flexionantes en vigas estáticamente determinadas son funciones lineales de las cargas aplicadas.

Se dispone actualmente de programas para computadora que construyen los diagramas de fuerza cortante y de momento flexionante. Después de entender la naturaleza de los diagramas mediante su construcción manual, el lector se sentirá seguro al usar un programa de computadora para graficarlos y obtener resultados numéricos.

Ejemplo 4-4

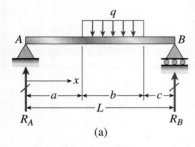

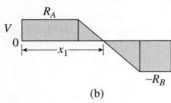

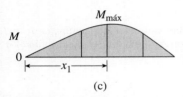

FIG. 4-14 Ejemplo 4-4. Viga simple con una carga uniforme sobre parte del claro.

Construir los diagramas de fuerza cortante y momento flexionante para una viga simple con carga uniforme de intensidad q que actúa sobre parte del claro (figura 4-14a).

Solución

Reacciones. Comenzamos el análisis determinando las reacciones de la viga con ayuda del diagrama de cuerpo libre de la viga entera (figura 4-14a). Los resultados son

$$R_A = \frac{qb(b + 2c)}{2L} \qquad R_B = \frac{qb(b + 2a)}{2L} \qquad \text{(4-21a, b)}$$

Fuerzas cortantes y momentos flexionantes. Para obtener las fuerzas cortantes y los momentos flexionantes para toda la viga, debemos considerar los tres segmentos de la viga en forma individual. En cada segmento, cortamos la viga para exponer la fuerza cortante V y el momento flexionante M. Después dibujamos un diagrama de cuerpo libre que contenga V y M como cantidades desconocidas. Por último, sumamos las fuerzas en dirección vertical para obtener la fuerza cortante y tomar los momentos respecto a la sección cortada para obtener el momento flexionante. Los resultados para los tres segmentos son:

$$V = R_A \qquad M = R_A x \qquad (0 < x < a) \qquad \text{(4-22a, b)}$$

$$V = R_A - q(x - a) \qquad M = R_A x - \frac{q(x - a)^2}{2} \qquad (a < x < a + b) \quad \text{(4-23a, b)}$$

$$V = -R_B \qquad M = R_B(L - x) \qquad (a + b < x < L) \qquad \text{(4-24a, b)}$$

Estas ecuaciones dan la fuerza cortante y el momento flexionante en cada sección transversal de la viga. Como verificación parcial de esos resultados, podemos aplicar la ecuación (4-4) a las fuerzas cortantes y la ecuación (4-6) a los momentos flexionantes y comprobar si las ecuaciones se satisfacen.

Construimos ahora los diagramas de fuerza cortante y de momento flexionante (figuras 4-14b y c) a partir de las ecuaciones (4-22) a la (4-24). El diagrama de fuerza cortante consiste en líneas rectas horizontales en las regiones descargadas de la viga y en una línea recta inclinada con pendiente negativa en la región cargada, como era de esperar de la ecuación $dV/dx = -q$.

El diagrama de momento flexionante consiste en dos líneas rectas inclinadas en las porciones descargadas de la viga y en una curva parabólica en la porción cargada. Las líneas inclinadas tienen pendientes iguales a R_A y $-R_B$, respectivamente, según la relación $dM/dx = V$. Cada una de estas líneas inclinadas es tangente a la curva parabólica en el punto en que la corta. Esto se concluye del hecho de que no hay cambios abruptos en la magnitud de la fuerza cortante en esos puntos. Por tanto, de la ecuación $dM/dx = V$, vemos que la pendiente del diagrama de momento flexionante no cambia abruptamente en esos puntos.

Momento flexionante máximo. El momento máximo ocurre donde la fuerza cortante es igual a cero. Este punto puede encontrarse igualando a

continúa

cero la fuerza cortante V (de la ecuación 4-23a) y despejando el valor de x, que denotaremos con x_1. El resultado es

$$x_1 = a + \frac{b}{2L}(b + 2c) \tag{4-25}$$

Ahora sustituimos x_1 en la expresión para el momento flexionante (ecuación 4-23b) y determinamos el momento máximo. El resultado es

$$M_{\text{máx}} = \frac{qb}{8L^2}(b + 2c)(4aL + 2bc + b^2) \tag{4-26}$$

El momento flexionante máximo siempre ocurre dentro de la región de carga uniforme, como se muestra en la ecuación (4-26).

Casos especiales. Si la carga uniforme está simétricamente colocada sobre la viga ($a = c$), obtenemos los siguientes resultados simplificados de las ecuaciones (4-25) y (4-26):

$$x_1 = \frac{L}{2} \qquad M_{\text{máx}} = \frac{qb(2L - b)}{8} \tag{4-27a, b}$$

Si la carga uniforme se extiende sobre todo el claro, entonces $b = L$ y $M_{\text{máx}} = qL^2/8$, valor que concuerda con la figura 4-12 y la ecuación (4-15).

Ejemplo 4-5

Construir los diagramas de fuerza cortante y momento flexionante para una viga en voladizo con dos cargas concentradas (figura 4-15a).

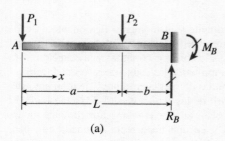

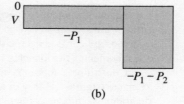

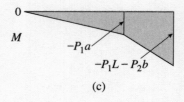

(a)

(b)

(c)

FIG. 4-15 Ejemplo 4-5. Viga en voladizo con dos cargas concentradas.

Solución

Reacciones. Del diagrama de cuerpo libre de toda la viga encontramos la reacción vertical R_B (positiva hacia arriba) y el momento de reacción M_B (positivo en el sentido de las manecillas del reloj):

$$R_B = P_1 + P_2 \qquad M_B = P_1L + P_2b \tag{4-28a, b}$$

Fuerzas cortantes y momentos flexionantes. Obtenemos las fuerzas cortantes y momentos flexionantes al cortar la viga en cada uno de los dos segmentos, dibujar los diagramas de cuerpo libre correspondientes y resolver las ecuaciones de equilibrio. De nuevo, si medimos la distancia x desde el extremo izquierdo de la viga, obtenemos

$$V = -P_1 \qquad M = -P_1 x \qquad (0 < x < a) \qquad \text{(4-29a, b)}$$

$$V = -P_1 - P_2 \qquad M = -P_1 x - P_2(x - a) \qquad (a < x < L) \quad \text{(4-30a, b)}$$

Los diagramas de fuerza cortante y momento flexionante correspondientes se presentan en las figuras 4-15b y c. La fuerza cortante es constante entre las cargas y alcanza su valor numérico máximo en el apoyo, donde es igual numéricamente a la reacción vertical R_B (ecuación 4-28a).

El diagrama de momento flexionante consiste en dos líneas rectas inclinadas, cada una con pendiente igual a la fuerza cortante en el correspondiente segmento de la viga. El momento flexionante máximo ocurre en el apoyo y es igual numéricamente al momento reactivo M_B (ecuación 4-28b); también es igual al área de todo el diagrama de fuerza cortante, según la ecuación (4-7).

Ejemplo 4-6

Una viga en voladizo que soporta una carga uniforme de intensidad constante q se muestra en la figura 4-16a. Construir los diagramas de fuerza cortante y momento flexionante para esta viga.

Solución

Reacciones. Las reacciones R_B y M_B en el soporte fijo se obtienen de ecuaciones de equilibrio para toda la viga; se tiene entonces,

$$R_B = qL \qquad M_B = \frac{qL^2}{2} \qquad \text{(4-31a, b)}$$

Fuerzas cortantes y momentos flexionantes. Estas cantidades se encuentran cortando la viga a una distancia x del extremo libre, dibujando un diagrama de cuerpo libre de la parte izquierda de la viga y resolviendo las ecuaciones de equilibrio. De esta manera obtenemos

$$V = -qx \qquad M = -\frac{qx^2}{2} \qquad \text{(4-32a, b)}$$

Los diagramas de fuerza cortante y de momento flexionante se obtienen graficando esas ecuaciones (véanse las figuras 4-16b y c). Observe que la pendiente del diagrama de fuerza cortante es igual a $-q$ (véase la ecuación 4-4) y la pendiente del diagrama de momento flexionante es igual a V (véase la ecuación 4-6).

Los valores máximos de la fuerza cortante y el momento flexionante ocurren en el apoyo fijo donde $x = L$:

$$V_{\text{máx}} = -ql \qquad M_{\text{máx}} = -\frac{qL^2}{2} \qquad \text{(4-33a, b)}$$

Estos valores son congruentes con los valores de las reacciones R_B y M_B (ecuaciones 4-31a y b).

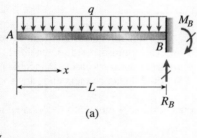

(a)

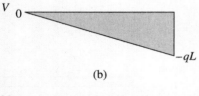

(b)

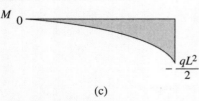

(c)

FIG. 4-16 Ejemplo 4-6. Viga en voladizo con carga uniforme.

continúa

Solución alternativa. En vez de usar diagramas de cuerpo libre y ecuaciones de equilibrio, podemos determinar las fuerzas cortantes y momentos flexionantes integrando las relaciones diferenciales entre carga, fuerza cortante y momento flexionante. La fuerza cortante V a una distancia x del extremo libre A se obtiene de la carga integrando la ecuación (4-5):

$$V - V_A = V - 0 = V = -\int_0^x q \, dx = -qx \qquad \text{(a)}$$

que concuerda con el resultado previo (ecuación 4-32a).

El momento flexionante M a la distancia x desde el extremo se obtiene de la fuerza cortante integrando la ecuación (4-7):

$$M - M_A = M - 0 = M = \int_0^x V \, dx = \int_0^x -qx \, dx = -\frac{qx^2}{2} \qquad \text{(b)}$$

que concuerda con la ecuación 4-32b.

La integración de las relaciones diferenciales es bastante simple en este ejemplo, ya que el patrón de carga es continuo y no hay cargas concentradas o pares en la región de integración. Si se tuviesen cargas concentradas o pares, habría discontinuidades en los diagramas de V y M y no podríamos integrar la ecuación (4-5) a través de una carga concentrada ni podríamos integrar la ecuación (4-7) mediante un par (véase la sección 4.4).

Ejemplo 4-7

En la figura 4-17a se ve una viga *ABC* con un voladizo en el extremo izquierdo. La viga está sometida a una carga uniforme de intensidad $q = 1.0$ klb/pie sobre el voladizo *AB* y a un par contrario a las manecillas del reloj $M_0 = 12.0$ klb-pie que actúa a la mitad de la distancia entre los soportes *B* y *C*.

Construir los diagramas de fuerza cortante y momento flexionante para esta viga.

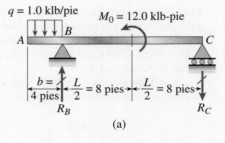

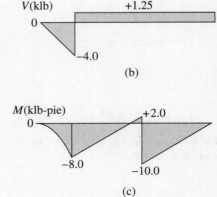

FIG. 4-17 Ejemplo 4-7. Viga con un voladizo.

Solución

Reacciones. Resulta fácil calcular las reacciones R_B y R_C con ayuda del diagrama de cuerpo libre de la viga entera (figura 4-17a). Al hacerlo así, encontramos que R_B es hacia arriba y R_C es hacia abajo, como se aprecia en la figura. Sus valores numéricos son

$$R_B = 5.25 \text{ klb} \qquad R_C = 1.25 \text{ klb}$$

Fuerzas cortantes. La fuerza cortante es igual a cero en el extremo libre de la viga e igual a $-qb$ (o -4.0 klb) justo a la izquierda del apoyo B. Puesto que la carga está uniformemente distribuida (es decir, q es constante), la pendiente del diagrama de fuerza cortante es constante e igual a $-q$ (de la ecuación 4-4); por tanto, el diagrama de fuerza cortante es una línea recta inclinada con pendiente negativa en la región de A a B (figura 4-17b).

Como no hay cargas concentradas o distribuidas entre los apoyos, el diagrama de fuerza cortante es horizontal en esta región. La fuerza cortante es igual a la reacción R_C, o 1.25 klb, según se ve en la figura. (Observe que la fuerza cortante no cambia en el punto de aplicación del par M_0.)

La fuerza cortante numéricamente mayor ocurre justo a la izquierda del apoyo B y es igual a -4.0 klb.

Momentos flexionantes. El momento flexionante es cero en el extremo libre y disminuye de manera algebraica (pero se aumenta de forma numérica), conforme nos movemos hacia la derecha hasta alcanzar el apoyo B. La pendiente del diagrama de momento, igual al valor de la fuerza cortante (de la ecuación 4-6), es cero en el extremo libre y -4.0 klb justo a la izquierda del apoyo B. El diagrama es parabólico (de segundo grado) en esta región, con el vértice en el extremo de la viga. El momento en el punto B es

$$M_B = -\frac{qb^2}{2} = -\frac{1}{2}(1.0 \text{ klb/pie})(4.0 \text{ pies})^2 = -8.0 \text{ klb-pie}$$

que también es igual al área del diagrama de fuerza cortante entre A y B (véase la ecuación 4-7).

La pendiente del diagrama de momento flexionante de B a C es igual a la fuerza cortante, o 1.25 klb; por tanto, el momento flexionante justo a la izquierda del par M_0 es

$$-8.0 \text{ klb-pie} + (1.25 \text{ klb})(8.0 \text{ pies}) = 2.0 \text{ klb-pie}$$

como se muestra sobre el diagrama. Por supuesto, podemos obtener este resultado cortando la viga justo a la izquierda del par, dibujando un diagrama de cuerpo libre y resolviendo la ecuación de equilibrio de momento.

El momento flexionante cambia en forma abrupta en el punto de aplicación del par M_0, como se explicó en relación con la ecuación (4-9). Puesto que el par actúa en sentido contrario a las manecillas del reloj, el momento decrece una cantidad igual a M_0. Así, el momento justo a la derecha del par M_0 es

$$2.0 \text{ klb-pie} - 12.0 \text{ klb-pie} = -10.0 \text{ klb-pie}$$

De este punto al apoyo C, el diagrama vuelve a ser una línea recta con pendiente igual a 1.25 klb; por tanto, el momento flexionante en el apoyo es

$$-10.0 \text{ klb-pie} + (1.25 \text{ klb})(8.0 \text{ pies}) = 0$$

como era de esperarse.

Los valores máximo y mínimo del momento flexionante ocurren donde la fuerza cortante cambia de signo y donde se aplica el par. Si comparamos los diversos puntos altos y bajos del diagrama de momentos, vemos que el momento flexionante numéricamente mayor es igual a -10.0 klb-pie y ocurre justo a la derecha del par M_0.

PROBLEMAS DEL CAPÍTULO 4

Fuerzas cortantes y momentos flexionantes

4.3-1 Calcule la fuerza cortante V y el momento flexionante M en una sección transversal justo a la izquierda de la carga de 1 600 lb que actúa en la viga simple AB mostrada en la figura.

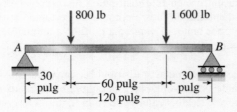

PROB. 4.3-1

4.3-2 Calcule la fuerza cortante V y el momento flexionante M en el punto central C de la viga simple AB mostrada en la figura.

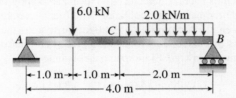

PROB. 4.3-2

4.3-3 Determine la fuerza cortante V y el momento flexionante M en el centro de la viga con voladizos (véase la figura). Observe que una de las cargas actúa hacia abajo y otra hacia arriba.

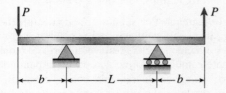

PROB. 4.3-3

4.3-4 Calcule la fuerza cortante V y el momento flexionante M en una sección transversal localizada a 0.5 m del soporte fijo de la viga AB en voladizo mostrada en la figura.

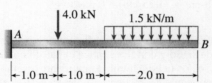

PROB. 4.3-4

4.3-5 Encuentre la fuerza cortante V y el momento flexionante M en una sección transversal localizada a 16 pies del extremo izquierdo A de la viga con un voladizo mostrada en la figura.

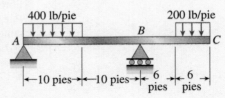

PROB. 4.3-5

4.3-6 La viga ABC que se ve en la figura está simplemente apoyada en A y B, y tiene un voladizo de B a C. Las cargas son una fuerza horizontal $P_1 = 4.0$ kN que actúa en el extremo de un brazo vertical, y una fuerza vertical $P_2 = 8.0$ kN que actúa en el extremo del voladizo.

Calcule la fuerza cortante V y el esfuerzo flexionante M en una sección localizada a 3.0 m del apoyo de la izquierda. (*Nota:* ignore los peraltes de la viga y del brazo vertical y use las dimensiones medidas en la línea del centro al hacer los cálculos.)

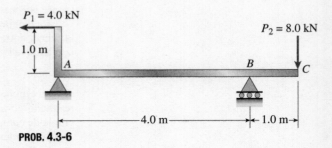

PROB. 4.3-6

4.3-7 La viga $ABCD$ de la figura tiene voladizos en cada extremo y soporta una carga uniforme de intensidad q.

¿Para qué relación b/L el momento flexionante en la mitad de la viga será cero?

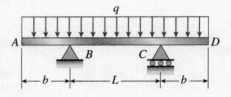

PROB. 4.3-7

4.3-8 En la máxima tensión, un arquero aplica un tirón de 130 N a la cuerda del arco de la figura. Calcule el momento flexionante en el centro del arco.

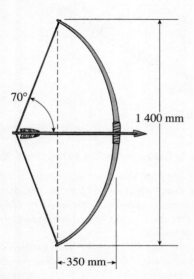

PROB. 4.3-8

4.3-9 Una barra curva *ABC* está sometida a cargas en forma de dos fuerzas iguales y opuestas *P*, como se ve en la figura. El eje de la barra forma un semicírculo de radio *r*.

Determine la fuerza axial *N*, la fuerza cortante *V* y el momento flexionante *M* que actúan en una sección transversal definida por el ángulo θ.

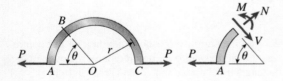

PROB. 4.3-9

4.3-10 En condiciones de crucero, la carga distribuida sobre el ala de un avión pequeño tiene la variación idealizada que muestra la figura.

Calcule la fuerza cortante *V* y el momento flexionante *M* en el arranque del ala.

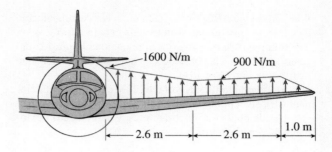

PROB. 4.3-10

4.3-11 La viga *ABCD* con un brazo vertical *CE* está soportada como una viga simple en *A* y *D* (véase la figura). Un cable pasa por una pequeña polea unida al brazo en *E*. Un extremo del cable está unido a la viga en el punto *B*. ¿Cuál es la fuerza *P* en el cable si el momento flexionante en la viga justo a la izquierda del punto *C* es numéricamente igual a 640 lb-pie? (*Nota:* desprecie el espesor de la viga y el brazo vertical y utilice las dimensiones de línea longitudinal para efectuar los cálculos.)

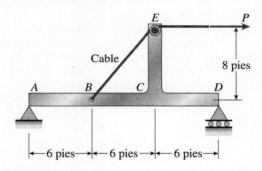

PROB. 4.3-11

4.3-12 Una viga simplemente apoyada *AB* sostiene una carga distribuida de forma trapezoidal (véase la figura). La intensidad de la carga varía en forma lineal desde 50 kN/m en el soporte A hasta 30 kN/m en el *B*.

Calcule la fuerza cortante *V* y el momento flexionante *M* en el centro de la viga.

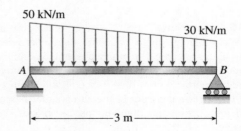

PROB. 4.3-12

4.3-13 La viga *ABCD* representa una viga de cimentación de concreto armado que sostiene una carga uniforme $q_1 = 3\,500$ lb/pie (véase la figura). Suponga que la presión del suelo sobre el lecho bajo de la viga está uniformemente distribuida, con intensidad q_2.

a) Calcule la fuerza cortante V_B y el momento flexionante M_B en el punto *B*.

b) Calcule la fuerza cortante V_m y el momento flexionante M_m en el centro de la viga.

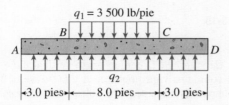

PROB. 4.3-13

4.3-14 La viga *ABCD* con soporte simple, está cargada por una fuerza $W = 27$ kN tal como se ve en la figura. El cable pasa sobre una pequeña polea sin fricción en *B* y está unido en *E* al brazo vertical.

Calcule la fuerza axial N, la fuerza cortante V y el momento flexionante M en la sección *C* que está justo a la izquierda del brazo vertical. (*Nota:* Omita el espesor de la viga y el brazo vertical, y utilice las dimensiones de línea longitudinal para efectuar los cálculos.)

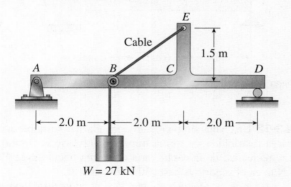

PROB. 4.3-14

★4.3-15 La centrífuga mostrada en la figura gira en un plano horizontal (el plano *xy*) sobre una superficie lisa respecto al eje *z* (vertical) con una aceleración angular α. Cada uno de los dos brazos tiene un peso w por unidad de longitud y soporta un peso $W = 2.0wL$ en su extremo.

Obtenga fórmulas para la fuerza cortante máxima y el momento flexionante máximo en los brazos, suponiendo que $b = L/9$ y $c = L/10$.

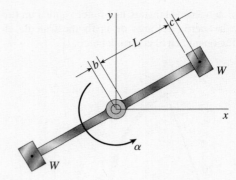

PROB. 4.3-15

Diagramas de fuerza cortante y de momento flexionante

Al resolver los problemas correspondientes a la sección 4.5, dibuje los diagramas de fuerza cortante y de momento flexionante aproximadamente a escala e indique todas las ordenadas importantes, incluyendo los valores máximos y mínimos.

Los problemas 4.5-1 a 4.5-10 son problemas simbólicos y los problemas 4.5-11 a 4.5-24 son numéricos. Los problemas restantes (4.5-25 a 4.5-30) incluyen temas especializados, tales como la optimización, vigas con articulaciones, y cargas móviles.

4.5-1 Construya los diagramas de fuerza cortante y momento flexionante para una viga simple *AB* que soporta dos cargas concentradas iguales P (véase la figura).

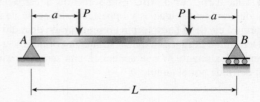

PROB. 4.5-1

4.5-2 Una viga simple *AB* está sometida a un par contrario a las manecillas del reloj de momento M_0, que actúa a una distancia a del apoyo izquierdo (véase la figura).

Dibuje los diagramas de fuerza cortante y momento flexionante para esta viga.

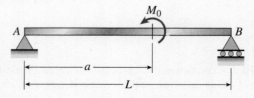

PROB. 4.5-2

4.5-3 Construya los diagramas de fuerza cortante y momento flexionante para una viga en voladizo *AB* que soporta una carga uniforme de intensidad *q* sobre la mitad de su longitud (véase la figura).

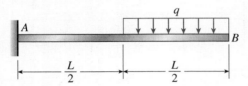

PROB. 4.5-3

4.5-4 La viga en voladizo *AB* que se ve en la figura sostiene una carga concentrada *P* en su centro, y un par contrario a las manecillas del reloj de momento $M_1 = PL/4$ en el extremo libre.

Construya los diagramas de fuerza cortante y momento flexionante para esta viga.

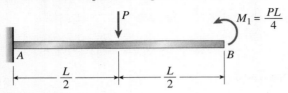

PROB. 4.5-4

4.5-5 La viga simple *AB* mostrada en la figura está sometida a una carga concentrada *P* y a un par horario $M_1 = PL/4$ que actúa en los puntos tercios.

Dibuje los diagramas de fuerza cortante y momento flexionante para esta viga.

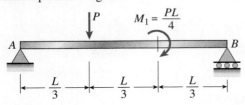

PROB. 4.5-5

4.5-6 En la figura se muestra una viga simple *AB* sometida a pares horarios M_1 y $2M_1$ que actúan en los puntos tercios del claro.

Dibuje los diagramas de fuerza cortante y momento flexionante para esta viga.

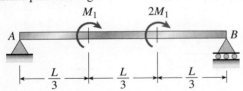

PROB. 4.5-6

4.5-7 Una viga simplemente apoyada *ABC* soporta una carga vertical *P* por medio de una ménsula *BDE* (véase la figura).

Dibuje los diagramas de fuerza cortante y momento flexionante para la viga *ABC*.

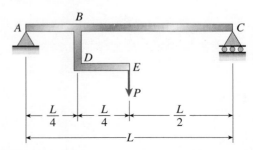

PROB. 4.5-7

4.5-8 Una viga *ABC* está simplemente apoyada en *A* y *B*, y tiene un voladizo *BC* (véase la figura). La viga está cargada por dos fuerzas *P* y un par en el sentido de las manecillas del reloj *Pa* tal como se presenta en la figura.

Dibuje los diagramas de fuerza cortante y momento flexionante para la viga *ABC*.

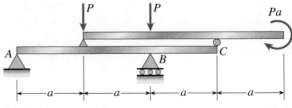

PROB. 4.5-8

4.5-9 La viga *ABCD* está simplemente apoyada en *B* y *C*, y tiene sus extremos en voladizo (véase la figura). El claro es *L* y cada voladizo tiene *L*/3 de longitud. Sobre toda la viga actúa una carga uniforme *q*.

Trace los diagramas de fuerza cortante y momento flexionante para esta viga.

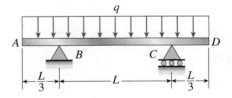

PROB. 4.5-9

4.5-10 Construya los diagramas de fuerza cortante y de momento flexionante para una viga en voladizo AB sometida a una carga linealmente variable de intensidad máxima q_0 (véase la figura).

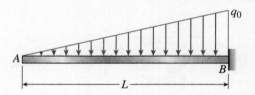

PROB. 4.5-10

4.5-11 La viga simple AB soporta una carga uniforme de intensidad $q = 10$ lb/pulg que actúa sobre la mitad del claro, y una carga concentrada $P = 80$ lb que actúa en el centro del claro (véase la figura).

Trace los diagramas de fuerza cortante y momento flexionante para esta viga.

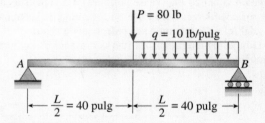

PROB. 4.5-11

4.5-12 La viga AB mostrada en la figura sustenta una carga uniforme de 3 000 N/m de intensidad que actúa sobre la mitad de la longitud de la viga. La viga descansa sobre un cimiento que produce una carga uniforme distribuida sobre la longitud total.

Dibuje los diagramas de fuerza cortante y de momento flexionante para esta viga.

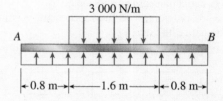

PROB. 4.5-12

4.5-13 La viga en voladizo AB soporta una carga concentrada y un par, como se ve en la figura.

Dibuje los diagramas de fuerza cortante y momento flexionante para esta viga.

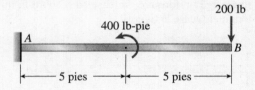

PROB. 4.5-13

4.5-14 La viga en voladizo AB de la figura está bajo una carga uniforme que actúa sobre la mitad de longitud, y bajo una carga concentrada que actúa en el extremo libre.

Trace los diagramas de fuerza cortante y momento flexionante para esta viga.

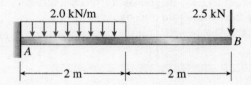

PROB. 4.5-14

4.5-15 La viga ABC está uniformemente cargada, tiene apoyos simples en A y B, y un voladizo BC (véase la figura).

Trace los diagramas de fuerza cortante y momento flexionante para esta viga.

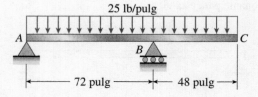

PROB. 4.5-15

4.5-16 Una viga ABC con voladizo en un extremo sostiene una carga uniforme de 12 kN/m de intensidad y una carga concentrada de 2.4 kN de magnitud (véase la figura).

Trace los diagramas de fuerza cortante y momento flexionante para esta viga.

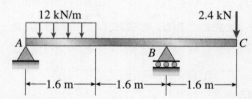

PROB. 4.5-16

4.5-17 La viga *ABC* de la figura adjunta está simplemente apoyada en *A* y *B*, y tiene un voladizo de *B* y *C*. La carga consiste en una fuerza horizontal $P_1 = 400$ lb que actúa en el extremo del brazo vertical y una fuerza vertical $P_2 = 900$ lb que actúa en el extremo del voladizo.

Trace los diagramas de fuerza cortante y momento flexionante para esta viga. (*Nota:* ignore los espesores de la viga y el brazo vertical; use dimensiones de la línea central para hacer los cálculos.)

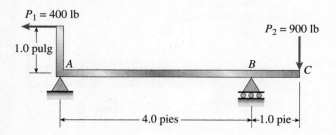

PROB. 4.5-17

4.5-18 Una viga simple *AB* está cargada uniformemente en dos segmentos y dos fuerzas horizontales actúan en los extremos de un brazo vertical (véase la figura).

Trace los diagramas de fuerza cortante y momento flexionante para esta viga.

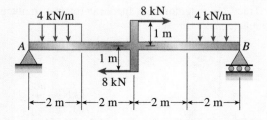

PROB. 4.5-18

4.5-19 Una viga *ABCD* con un brazo vertical *CE* está simplemente apoyada en *A* y en *D* (véase la figura). Un cable pasa por una pequeña polea fija en el brazo en *E*. Un extremo del cable está fijo a la viga en el punto *B*. La fuerza de tensión en el cable es 1 800 lb.

Trace los diagramas de fuerza cortante y momento flexionante para esta viga *ABCD*. (*Nota:* desprecie el espesor de la viga y el brazo vertical, y utilice las dimensiones de línea longitudinal para efectuar los cálculos.)

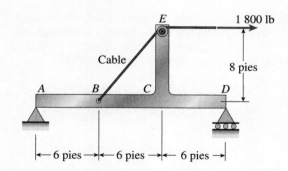

PROB. 4.5-19

4.5-20 La viga *ABCD* que se ve en la figura tiene voladizos de 4.2 m en ambas direcciones, medidas a partir de los apoyos *B* y *C* separados 1.2 m.

Trace los diagramas de fuerza cortante y momento flexionante para esta viga en voladizo.

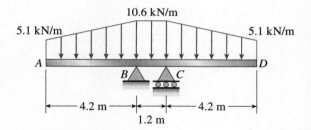

PROB. 4.5-20

4.5-21 La viga simple *AB* mostrada en la figura sustenta una carga concentrada y un segmento de carga uniforme. Trace los diagramas de fuerza cortante y momento flexionante para las vigas de las figuras siguientes.

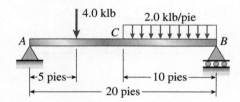

PROB. 4.5-21

4.5-22 La viga en voladizo mostrada en la figura sustenta una carga concentrada y un segmento de carga uniforme.

Trace los diagramas de fuerza cortante y momento flexionante para esta viga en voladizo.

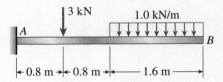

PROB. 4.5-22

4.5-23 La viga simple *ACB* mostrada en la figura está sujeta a una carga triangular de 180 lb/pie de intensidad máxima.

Trace los diagramas de fuerza cortante y momento flexionante para esta viga.

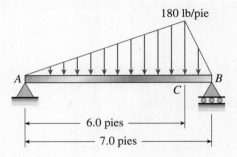

PROB. 4.5-23

4.5-24 Una viga con apoyos simples está sujeta a una carga distribuida trapezoidalmente (véase la figura). La intensidad de la carga varía de 1.0 kN/m en el apoyo *A* a 3.0 kN/m en el apoyo *B*.

Trace los diagramas de fuerza cortante y momento flexionante para esta viga.

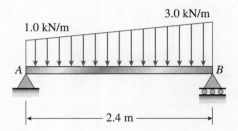

PROB. 4.5-24

4.5-25 Una viga de longitud *L* se diseña para soportar una carga uniforme de intensidad *q* (véase la figura). Si los apoyos de la viga se colocan en los extremos, como viga simple, el momento flexionante máximo en ella es $qL^2/8$. Sin embargo, si los soportes se recorren en forma simétrica hacia el centro de la viga (como se ve en la figura), se reduce el momento máximo de flexión.

Determine la distancia *a* entre los apoyos para que el momento flexionante máximo en la viga tenga el mínimo valor numérico posible.

Trace los diagramas de fuerza cortante y momento flexionante para esta viga.

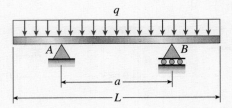

PROB. 4.5-25

4.5-26 La viga compuesta *ABCDE* de la figura adjunta consiste en dos vigas (*AD* y *DE*) unidas por una articulación en *D*. Esta articulación puede transmitir una fuerza cortante, pero no un momento flexionante. Las cargas en la viga consisten en una fuerza de 4 kN en el extremo del codo fijo en *B* y una fuerza de 2 kN en el centro de la viga *DE*.

Trace los diagramas de fuerza cortante y momento flexionante para esta viga.

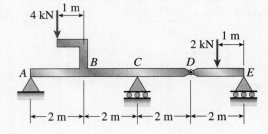

PROB. 4.5-26

4.5-27 La viga compuesta *ABCDE* que se ve en la figura consiste en dos vigas, *AD* y *DE*, unidas por una articulación en *D*. Esta articulación puede transmitir fuerzas cortantes, pero no momentos flexionantes. Una fuerza *P* actúa hacia arriba en *A*, y una carga uniforme *q* actúa hacia abajo sobre el tramo *DE*.

Trace los diagramas de fuerza cortante y momento flexionante para esta viga.

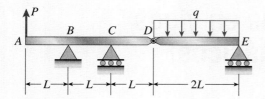

PROB. 4.5-27

4.5-28 En la figura se presenta el diagrama de fuerza cortante para una viga simple.

Determine la carga sobre la viga y dibuje el diagrama de momento flexionante, suponiendo que no actúan pares como cargas sobre la viga.

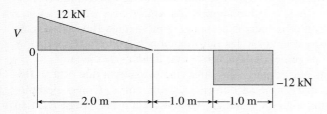

PROB. 4.5-28

★4.5-29 El diagrama de fuerzas cortantes para cierta viga se ve en la figura. Suponiendo que no actúan pares sobre la viga, calcule las fuerzas que actúan sobre ella y trace el diagrama de momento flexionante.

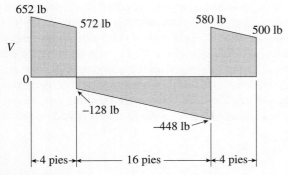

PROB. 4.5-29

★4.5-30 Una viga simple AB soporta dos cargas en ruedas conectadas, de P y $2P$, a una distancia d entre sí (véase la figura). Las ruedas se pueden colocar a cualquier distancia x del soporte izquierdo.

a) Calcule la distancia x que produzca la máxima fuerza cortante en la viga, y también la fuerza cortante máxima $V_{máx}$.

b) Calcule la distancia x que produzca el momento flexionante máximo en la viga, y también trace el diagrama de momento flexionante correspondiente (suponga que $P = 10$ kN, $d = 2.4$ m y $L = 12$ m).

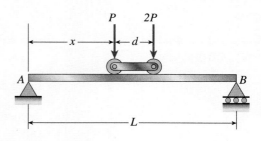

PROB. 4.5-30

Esfuerzos en vigas (temas básicos)

5.1 INTRODUCCIÓN

En el capítulo anterior vimos cómo las cargas que actúan sobre una viga generan acciones internas (o *resultantes de esfuerzos*) en forma de fuerzas cortantes y momentos flexionantes. En este capítulo avanzamos un paso más y estudiaremos los *esfuerzos* y *deformaciones* relacionados con esas fuerzas cortantes y momentos flexionantes. Si conocemos los esfuerzos y las deformaciones, podremos analizar y diseñar las vigas sometidas a diversas condiciones de carga.

Las cargas que actúan sobre una viga ocasionan que ésta se flexione, con lo que su eje se deforma en una curva. Como ejemplo, considérese una viga en voladizo *AB* sometida a una carga *P* en su extremo libre (figura 5-1a). El eje recto en un inicio se flexiona y adopta una forma curva (figura 5-1b), llamada **curva de deflexión** de la viga.

Para fines de referencia, construimos un sistema de **ejes coordenados** (figura 5-1b) con el origen localizado en un punto apropiado sobre el eje longitudinal de la viga. En esta ilustración, colocamos el origen en el apoyo fijo. El eje *x* positivo se dirige hacia la derecha y el eje *y* positivo, hacia arriba. El eje *z*, que no se muestra en la figura, se orienta hacia afuera de la página (es decir, hacia el lector), de manera que los tres ejes forman un sistema coordenado derecho.

Suponemos que las vigas consideradas en este capítulo (al igual que las consideradas en el capítulo 4) son simétricas respecto al plano *xy*, lo que significa que el eje *y* es un eje de simetría de la sección transversal; además, todas las cargas deben actuar en el plano *xy*. En consecuencia, las deflexiones por flexión ocurren en este mismo plano, conocido como **plano de flexión**. Así, la curva de deflexión de la figura 5-1b es una curva plana situada en el plano de flexión.

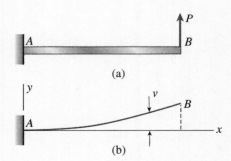

FIG. 5-1 Flexión de una viga en voladizo: (a) viga con carga y (b) curva de deflexión.

La **deflexión** de la viga en cualquier punto a lo largo de su eje es el *desplazamiento* de ese punto desde su posición original, medido en la dirección y. Denotamos la deflexión con la letra v para distinguirla de la coordenada y (figura 5-1b).*

5.2 FLEXIÓN PURA Y FLEXIÓN NO UNIFORME

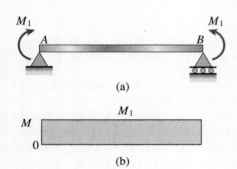

FIG. 5-2 Viga simple en flexión pura ($M = M_1$).

Al analizar vigas suele requerirse distinguir entre flexión pura y flexión no uniforme. **Flexión pura** se refiere a la flexión de una viga bajo un momento flexionante constante; por tanto, ocurre sólo en regiones de una viga donde la fuerza cortante es cero (porque $V = dM/dx$; véase la ecuación 4-6). Por el contrario, la **flexión no uniforme** se refiere a flexión en presencia de fuerzas cortantes, lo que significa que el momento flexionante cambia al movernos a lo largo del eje de la viga.

Para ejemplificar la flexión pura, consideremos una viga simple AB cargada con dos pares M_1 que tienen la misma magnitud, pero que actúan en direcciones opuestas (figura 5-2a). Estas cargas producen un momento flexionante constante $M = M_1$, a todo lo largo de la viga, como se observa en el diagrama de momento flexionante en la parte (b) de la figura. Observe que la fuerza cortante V es cero para todas las secciones transversales de la viga.

En la figura 5-3a se muestra otro ejemplo de flexión pura; en ella, la viga en voladizo AB está sometida a un par horario M_2 en su extremo libre. En esta viga no hay fuerzas cortantes y el momento de flexión M es constante en toda su longitud; pero es negativo ($M = -M_2$), como puede verse en el diagrama de momento flexionante que se muestra en la parte (b) de la figura 5-3.

La viga simple cargada en forma simétrica en la figura 5-4a es un ejemplo de una viga que está parcialmente en flexión pura y parcialmente en flexión no uniforme, como se ve en los diagramas de fuerza cortante y momento flexionante (figuras 5-4b y c). La región central de la viga está en flexión pura porque la fuerza cortante es cero y el momento flexionante es constante. Las partes de la viga cercanas a los extremos se encuentran en flexión no uniforme porque están presentes fuerzas cortantes y los momentos flexionantes varían.

En las siguientes dos secciones analizaremos las deformaciones unitarias y los esfuerzos en vigas sometidas sólo a flexión pura. Por fortuna, a menudo podemos usar los resultados obtenidos para la flexión pura aun cuando haya fuerzas cortantes, como se explicará después (véase el último párrafo de la sección 5.8).

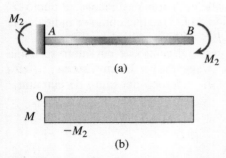

FIG. 5-3 Viga en voladizo en flexión pura ($M = -M_2$).

---

*En la mecánica aplicada, los símbolos tradicionales para los desplazamientos en las direcciones x, y y z son u, v y w, respectivamente.

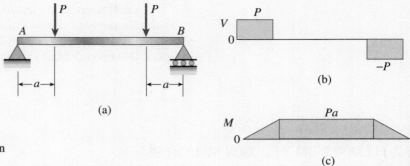

FIG. 5-4 Viga simple con su región central en flexión pura y sus regiones extremas en flexión no uniforme.

5.3 CURVATURA DE UNA VIGA

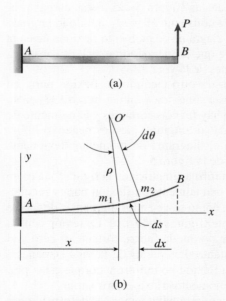

FIG. 5-5 Curvatura de una viga flexionada: (a) viga con carga y (b) curva de deflexión.

Cuando se aplican cargas a una viga, el eje longitudinal adopta la forma de una curva, como se expuso anteriormente en la figura 5-1. Las deformaciones unitarias y los esfuerzos resultantes en la viga se relacionan directamente con la **curvatura** de la curva de deflexión.

Para ilustrar el concepto de curvatura, consideremos de nuevo una viga en voladizo sometida a una carga P que actúa en el extremo libre (figura 5-5a). La curva de deflexión de esta viga se muestra en la figura 5-5b. Para fines de análisis, identificamos dos puntos, m_1 y m_2, sobre la curva de deflexión. El punto m_1 se selecciona a una distancia arbitraria x del eje y y el punto m_2 se localiza a una pequeña distancia ds subsiguiente a lo largo de la curva. En cada uno de estos puntos dibujamos una línea perpendicular a la *tangente* a la curva de deflexión; es decir, perpendicular a la curva misma. Estas líneas normales se cortan en el punto O', que es el **centro de curvatura** de la curva de deflexión. Dado que la mayoría de las vigas tienen deflexiones muy pequeñas y curvas de deflexión casi planas, el punto O' suele quedar mucho más alejado de la viga que como se indica en la figura.

La distancia $m_1 O'$ de la curva al centro de curvatura se llama **radio de curvatura** ρ (letra griega rho) y la **curvatura** κ (letra griega kappa) se define como el recíproco del radio de curvatura. Entonces,

$$\kappa = \frac{1}{\rho} \qquad (5\text{-}1)$$

La curvatura es una medida de cuán agudamente está doblada una viga. Si la carga sobre una viga es pequeña, ésta permanecerá casi recta, el radio de curvatura será muy grande y la curvatura muy pequeña. Si la carga se incrementa, la flexión aumentará, el radio de curvatura será más pequeño y la curvatura será mayor.

De la geometría del triángulo $O'm_1m_2$ (figura 5-5b), obtenemos

$$\rho \, d\theta = ds \qquad (a)$$

en donde $d\theta$ (medido en radianes) es el ángulo infinitesimal entre las normales y ds es la distancia infinitesimal a lo largo de la curva entre los puntos m_1 y m_2. Combinamos la ecuación (a) con la ecuación (5-1) y obtenemos

$$\kappa = \frac{1}{\rho} = \frac{d\theta}{ds} \qquad (5\text{-}2)$$

Esta ecuación para la **curvatura** se obtiene en los libros de texto de cálculo básico y es válida para cualquier curva, sea cual sea la cantidad de curvatura. Si la curvatura es *constante* a todo lo largo de la longitud de una curva, el radio de curvatura también será constante y la curva será el arco de un círculo.

Las deflexiones de una viga suelen ser muy pequeñas comparadas con su longitud (considérense, por ejemplo, las deflexiones del marco estructural de un automóvil o de una viga en un edificio). Las deflexiones pequeñas significan que la curva de deflexión es casi plana. En consecuencia, la distancia ds a lo largo de la curva puede considerarse igual a su proyección horizontal dx (véase la figura 5-5b). En estas condiciones especiales, la ecuación para la curvatura es

$$\kappa = \frac{1}{\rho} = \frac{d\theta}{dx} \qquad (5\text{-}3)$$

La curvatura y el radio de curvatura son funciones de la distancia x medida a lo largo del eje x. Se infiere que la posición O' del centro de curvatura depende también de la distancia x.

En la sección 5.5 veremos que la curvatura en un punto particular sobre el eje de una viga depende del momento flexionante en dicho punto y de las propiedades de la viga (forma de la sección transversal y tipo de material); por tanto, si la viga es prismática y el material es homogéneo, la curvatura variará sólo con el momento flexionante. En consecuencia, una viga en *flexión pura* tendrá curvatura constante y una viga en *flexión no uniforme*, curvatura variable.

La **convención de signos para la curvatura** depende de la orientación de los ejes coordenados. Si el eje x es positivo hacia la derecha y el eje y es positivo hacia arriba, como se muestra en la figura 5-6, entonces la curvatura es positiva cuando la viga se flexiona con su concavidad hacia arriba y el centro de curvatura queda arriba de la viga. De manera inversa, la curvatura es negativa cuando la viga se flexiona con su concavidad hacia abajo y el centro de curvatura queda debajo de la viga.

En la siguiente sección veremos cómo se determinan las deformaciones unitarias en una viga flexionada a partir de su curvatura y en el capítulo 9 estudiaremos cómo se relaciona la curvatura con las deflexiones de vigas.

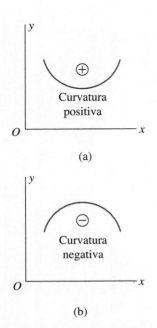

FIG. 5-6 Convención de signos para la curvatura.

5.4 DEFORMACIONES UNITARIAS LONGITUDINALES EN VIGAS

Las deformaciones unitarias longitudinales en una viga se encuentran analizando la curvatura de la viga y las deformaciones asociadas. Para este fin, consideremos la porción *AB* de una viga en flexión pura sometida a momentos flexionantes positivos *M* (figura 5-7a). Suponemos que la viga tiene inicialmente un eje longitudinal recto (el eje *x* en la figura) y que su sección transversal es simétrica respecto al eje *y* como se muestra en la figura 5-7b.

Debido a la acción de momentos flexionantes, la viga se flexiona en el plano *xy* (plano de flexión) y su eje longitudinal adopta la forma de una curva circular (curva *ss* en la figura 5-7c). La viga se flexiona con la concavidad hacia arriba, que corresponde a una curvatura positiva (figura 5-6a).

Las **secciones transversales de la viga**, como las secciones *mn* y *pq* en la figura 5-7a, permanecen planas y normales al eje longitudinal (figura 5-7c). El hecho de que las secciones transversales de una viga en flexión pura permanezcan planas es tan fundamental para la teoría de vigas que a menudo se considera como una hipótesis; sin embargo, podríamos llamarlo también un teorema, porque puede demostrarse de manera rigurosa usando sólo argumentos racionales basados en la simetría (Ref. 5-1). El punto básico es que la simetría de la viga y su carga (figuras 5-7a y b) significa que todos los elementos de la viga (como el elemento *mpqn*) deben defor-

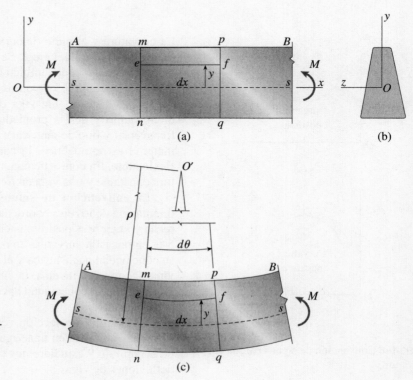

FIG. 5-7 Deformaciones de una viga en flexión pura: (a) elevación de la viga; (b) sección transversal de la viga y (c) viga deformada.

marse de manera idéntica, lo que es posible sólo si las secciones transversales permanecen planas durante la flexión (figura 5-7c). Esta conclusión es válida para vigas de cualquier material, sea elástico o inelástico, lineal o no lineal. Por supuesto, las propiedades del material, así como sus dimensiones, deben ser simétricas respecto al plano de flexión. (*Nota:* aun cuando una sección transversal plana en flexión pura permanece plana, habrá deformaciones en el plano mismo. Tales deformaciones se deben a los efectos de la razón de Poisson, como se explicará al final de este análisis.)

Debido a las deformaciones por flexión mostradas en la figura 5-7c, las secciones transversales *mn* y *pq* giran respecto de sí mismas sobre ejes perpendiculares al plano *xy*. Las líneas longitudinales sobre la parte inferior de la viga se alargan, mientras que las de la parte superior se acortan. Así, la parte inferior de la viga está en tensión y la superior en compresión. En alguna región entre la parte superior e inferior de la viga existe una superficie en la que las líneas longitudinales no cambian de longitud. Esta superficie, indicada por la línea segmentada *ss* en las figuras 5-7a y c, se llama **superficie neutra** de la viga. Su intersección con cualquier plano transversal se llama **eje neutro** de la sección transversal; por ejemplo, el eje *z* es el eje neutro de la sección transversal en la figura 5-7b.

Los planos que contienen las secciones transversales *mn* y *pq* en la viga deformada (figura 5-7c) se intersecan en una línea que pasa por el centro de curvatura O'. El ángulo entre estos planos se denota con $d\theta$ y la distancia de O' a la superficie neutra *ss* es el radio de curvatura ρ. La distancia inicial *dx* entre los dos planos (figura 5-7a) no cambia en la superficie neutra (figura 5-7c), por lo que $\rho \, d\theta = dx$. Sin embargo, el resto de las líneas longitudinales entre los dos planos se alarga o se acorta, con lo cual se generan **deformaciones unitarias normales** ϵ_x.

Para evaluar estas deformaciones unitarias normales, consideremos una línea longitudinal característica *ef* localizada dentro de la viga entre los planos *mn* y *pq* (figura 5-7a). Identificamos la línea *ef* por su distancia *y* desde la superficie neutra en la viga inicialmente recta. Estamos suponiendo ahora que el eje *x* se encuentra a lo largo de la superficie neutra de la viga *no deformada*. Por supuesto, cuando la viga se flexiona, la superficie neutra se mueve con la viga, pero el eje *x* permanece fijo en posición. Sin embargo, la línea longitudinal *ef* en la viga flexionada (figura 5-7c) permanece a la misma distancia *y* desde la superficie neutra. La longitud L_1 de la línea *ef* después de que tiene lugar la flexión es

$$L_1 = (\rho - y) \, d\theta = dx - \frac{y}{\rho} dx$$

en donde hemos sustituido $d\theta = dx/\rho$.

Puesto que la longitud original de la línea *ef* es *dx*, se infiere que su alargamiento es $L_1 - dx$ o $-y\,dx/\rho$. La *deformación unitaria longitudinal* correspondiente es igual al alargamiento dividido entre la longitud inicial *dx*; por tanto, la **relación deformación-curvatura** es

$$\epsilon_x = -\frac{y}{\rho} = -\kappa y \qquad (5\text{-}4)$$

donde κ es la curvatura (véase la ecuación 5-1).

La ecuación anterior muestra que las deformaciones unitarias longitudinales en la viga son proporcionales a la curvatura y varían linealmente con la distancia *y* desde la superficie neutra. Cuando el punto en consideración está arriba de la superficie neutra, la distancia *y* es positiva. Si la curvatura también es positiva (como en la figura 5-7c), entonces ϵ_x será una deformación unitaria negativa y representará un acortamiento. Por el contrario, si el punto en consideración está abajo de la superficie neutra, la distancia *y* será negativa y, si la curvatura es positiva, la deformación unitaria ϵ_x también será positiva y representará un alargamiento. Observe que la **convención de signos** para ϵ_x es la misma que para las deformaciones unitarias normales en capítulos anteriores, es decir, los alargamientos son positivos y los acortamientos son negativos.

La ecuación (5-4) para las deformaciones unitarias normales en una viga se obtuvo sólo a partir de la geometría de la viga deformada; las propiedades del material no entraron en la deducción. Así pues, *las deformaciones unitarias en una viga en flexión pura varían linealmente con la distancia desde la superficie neutra, sin importar la forma de la curva esfuerzo-deformación unitaria del material.*

El siguiente paso en nuestro análisis —es decir, encontrar los esfuerzos a partir de las deformaciones unitarias— requiere el uso de la *curva esfuerzo-deformación unitaria*. Este paso se describe en la siguiente sección para materiales elástico lineales y en la sección 6.10 para materiales elastoplásticos.

Las deformaciones unitarias longitudinales en una viga van acompañadas por *deformaciones unitarias transversales* (es decir, deformaciones unitarias normales en las direcciones *y* y *z*), debido a los efectos de la razón de Poisson; sin embargo, no se tienen esfuerzos transversales acompañantes porque las vigas tienen libertad para deformarse en sentido lateral. Esta condición de esfuerzo es análoga a la de una barra prismática en tensión o compresión y, por tanto, *los elementos longitudinales en una viga en flexión pura están en un estado de esfuerzo uniaxial.*

Una viga de acero AB simplemente apoyada (figura 5-8a) de longitud $L = 8.0$ pies y altura $h = 6.0$ pulg, es flexionada por pares M_0 que le dan forma de arco circular con una deflexión δ hacia abajo en el centro del claro (figura 5-8b). La deformación unitaria normal longitudinal (alargamiento) sobre la superficie inferior es de 0.00125, y la distancia desde la superficie inferior de la viga hasta la superficie neutra es de 3.0 pulg.

Determinar el radio de curvatura ρ, la curvatura κ y la deflexión δ de la viga.

Nota: Esta viga tiene una deflexión relativamente grande, por ser grande su longitud en comparación con su altura ($L/h = 16$), y también por que la deformación unitaria de 0.00125 es grande (es más o menos igual a la longitud de fluencia del acero estructural ordinario).

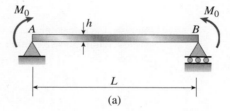

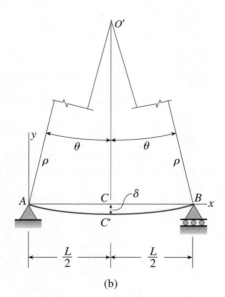

FIG. 5-8 Ejemplo 5-1. Viga en flexión pura: (a) viga con cargas y (b) curva de deflexión.

continúa

Solución

Curvatura. Como conocemos la deformación unitaria longitudinal en la superficie inferior de la viga ($\epsilon_x = 0.00125$) y como también conocemos la distancia desde la superficie inferior al eje neutro ($y = -3.0$ pulg), podemos usar la ecuación (5-4) para calcular el radio de curvatura y la curvatura. Reordenamos la ecuación (5-4), sustituimos los valores numéricos y obtenemos

$$\rho = -\frac{y}{\epsilon_x} = -\frac{-3.0 \text{ pulg}}{0.00125} = 2\,400 \text{ pulg} = 200 \text{ pies} \qquad \kappa = \frac{1}{\rho} = 0.0050 \text{ pie}^{-1} \quad \Longleftarrow$$

Estos resultados muestran que el radio de curvatura es extremadamente grande, en comparación con la longitud de la viga, aun cuando la deformación unitaria del material sea grande. Si, como es lo normal, la deformación unitaria es menor, entonces el radio de curvatura es aún mayor.

Deflexión. Como se señaló en la sección 5.3, un momento flexionante constante (flexión pura) produce una curvatura constante en toda la longitud de una viga; por tanto, la curva de deflexión es un arco circular. De la figura 5-8b vemos que la distancia del centro de curvatura O' al punto medio C' de la viga flexionada es el radio de curvatura ρ y la distancia de O' al punto C sobre el eje x es $\rho \cos \theta$, donde θ es el ángulo $BO'C$. Esto conduce a la siguiente expresión para la deflexión en el punto medio de la viga:

$$\delta = \rho(1 - \cos \theta) \qquad (5\text{-}5)$$

Para una curva casi plana, podemos suponer que la distancia entre los apoyos es igual a la longitud de la viga; así pues, del triángulo $BO'C$, obtenemos

$$\text{sen } \theta = \frac{L/2}{\rho} \qquad (5\text{-}6)$$

Sustituimos los valores numéricos y obtenemos

$$\text{sen } \theta = \frac{(8.0 \text{ pies})(12 \text{ pulg/pie})}{2(2\,400 \text{ pulg})} = 0.0200$$

y
$$\theta = 0.0200 \text{ rad} = 1.146°$$

Observe que para fines prácticos, podemos considerar sen θ y θ (en radianes) como numéricamente iguales porque θ es un ángulo muy pequeño.

Ahora sustituimos en la ecuación (5-5) para la deflexión y obtenemos

$$\delta = \rho(1 - \cos \theta) = (2\,400 \text{ pulg})(1 - 0.999800) = 0.480 \text{ pulg} \quad \Longleftarrow$$

Esta deflexión es muy pequeña comparada con la longitud de la viga, como se evidencia por la razón de la longitud del claro con la deflexión:

$$\frac{L}{\delta} = \frac{(8.0 \text{ pies})(12 \text{ pulg/pie})}{0.480 \text{ pulg}} = 200$$

De esta manera, hemos confirmado que la curva de deflexión es casi plana a pesar de las grandes deformaciones unitarias. Por supuesto, en la figura 5-8b la deflexión de la viga se ha exagerado por claridad.

Nota: el propósito de este ejemplo es mostrar las magnitudes relativas del radio de curvatura, la longitud de la viga y su deflexión. Sin embargo, este método para encontrar la deflexión de una viga tiene poco valor práctico porque se limita a flexión pura, que produce una forma circular para la curva de deflexión. En el capítulo 9 se presentan métodos más útiles para encontrar deflexiones en vigas.

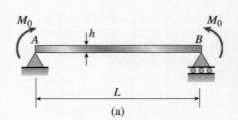

(a)

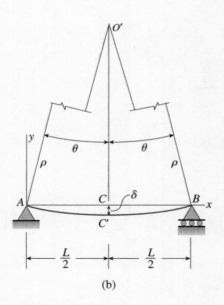

(b)

FIG. 5-8 Ejemplo 5-1. Viga en flexión pura: (a) viga con cargas y (b) curva de deflexión.

5.5 ESFUERZOS NORMALES EN VIGAS (MATERIALES ELÁSTICO LINEALES)

En la sección anterior analizamos las deformaciones unitarias longitudinales ϵ_x en una viga en flexión pura (véase la ecuación 5-4 y la figura 5-7). Como los elementos longitudinales de una viga están sometidos sólo a tensión o a compresión, podemos usar ahora la **curva esfuerzo-deformación unitaria** del material para determinar los esfuerzos a partir de las deformaciones unitarias. Los esfuerzos actúan sobre toda la sección transversal de la viga y varían de intensidad dependiendo de la forma del diagrama esfuerzo-deformación unitaria y de las dimensiones de la sección transversal. Puesto que la dirección x es longitudinal (figura 5-7a), usamos el símbolo σ_x para denotar esos esfuerzos.

La relación esfuerzo-deformación unitaria que se encuentra con más frecuencia en ingeniería es la ecuación para un **material elástico lineal**. Para tales materiales, sustituimos la ley de Hooke para esfuerzo uniaxial ($\sigma = E\epsilon$) en la ecuación (5-4) y obtenemos

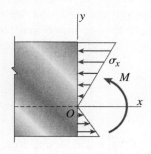

(a)

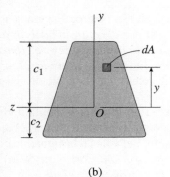

(b)

FIG. 5-9 Esfuerzos normales en una viga de material elástico lineal: (a) vista lateral de la viga que muestra la distribución de los esfuerzos normales y (b) sección transversal de la viga que muestra el eje z como el eje neutro de la sección transversal.

$$\sigma_x = E\epsilon_x = -\frac{Ey}{\rho} = -E\kappa y \qquad (5\text{-}7)$$

Esta ecuación muestra que los esfuerzos normales que actúan sobre la sección transversal varían linealmente con la distancia y desde la superficie neutra. Esta distribución del esfuerzo se presenta en la figura 5-9a para el caso en que el momento flexionante M es positivo y la viga se flexiona con curvatura positiva.

Cuando la curvatura es positiva, los esfuerzos σ_x son negativos (de compresión) arriba de la superficie neutra y positivos (de tensión) abajo de ella. En la figura, los esfuerzos de compresión se indican por medio de flechas que señalan *hacia* la sección transversal y los esfuerzos de tensión, mediante flechas que se *alejan* de la sección transversal.

Para que la ecuación (5-7) sea de valor práctico, debemos localizar el origen de coordenadas de manera que podamos determinar la distancia y; en otras palabras, debemos ubicar el eje neutro de la sección transversal. También necesitamos obtener una relación entre la curvatura y el momento flexionante, de manera que podamos sustituirla en la ecuación (5-7) y obtener una ecuación que relacione los esfuerzos con el momento flexionante. Estos dos objetivos se alcanzan determinando la resultante de los esfuerzos σ_x que actúan sobre la sección transversal.

En general, la **resultante de los esfuerzos normales** consiste en dos resultantes de esfuerzo: 1) una fuerza que actúa en la dirección x, y 2) un par de flexión que actúa alrededor del eje z; sin embargo, la fuerza axial es cero cuando una viga está sometida a flexión pura. Así pues, podemos escribir las siguientes ecuaciones de estática: 1) la fuerza resultante en la dirección x es igual a cero y 2) el momento resultante es igual al momento flexionante M. La primera ecuación da la posición del eje neutro y la segunda, la relación momento-curvatura.

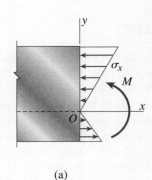

(a)

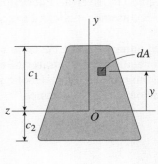

(b)

FIG. 5-9 (Repetición).

Localización del eje neutro

Para obtener la primera ecuación de estática, consideramos un elemento de área dA en la sección transversal (figura 5-9b). El elemento se localiza a una distancia y del eje neutro, por lo que la ecuación (5-7) da el esfuerzo σ_x que actúa sobre el elemento. La *fuerza* que actúa sobre el elemento es igual a $\sigma_x dA$ y es de compresión cuando y es positiva. Como no hay fuerza resultante en acción sobre la sección transversal, la integral de $\sigma_x dA$ sobre el área A de toda la sección transversal debe ser nula; entonces, la *primera ecuación de estática* es

$$\int_A \sigma_x dA = - \int_A E\kappa y\, dA = 0 \tag{a}$$

Como la curvatura κ y el módulo de elasticidad E son constantes diferentes de cero en cualquier sección transversal de una viga flexionada, no intervienen en la integración sobre el área de la sección transversal; por tanto, podemos eliminarlas de la ecuación y obtenemos

$$\int_A y\, dA = 0 \tag{5-8}$$

Esta ecuación establece que el momento estático del área de la sección transversal, evaluado con respecto al eje z, es cero; en otras palabras, el eje z debe pasar por el centroide de la sección transversal.*

Puesto que el eje z también es el eje neutro, llegamos a la siguiente conclusión: *el eje neutro pasa por el centroide del área de la sección transversal cuando el material obedece la ley de Hooke y no hay fuerza axial actuando sobre la sección transversal.* Esta observación hace relativamente fácil determinar la posición del eje neutro.

Como explicamos en la sección 5.1, el análisis se limita a vigas para las que el eje y es un eje de simetría. En consecuencia, el eje y también pasa por el centroide; por tanto, llegamos a la siguiente conclusión adicional: *el origen O de coordenadas* (figura 5-9b) *se localiza en el centroide del área de la sección transversal.*

Como el eje y es un eje de simetría de la sección transversal, se infiere que el eje y es un *eje principal* (véase el capítulo 12, sección 12.9, donde se estudian los ejes principales). Dado que el eje z es perpendicular al eje y, también es un eje principal. Así, cuando una viga de material elástico lineal está sometida a flexión pura, *los ejes y y z son ejes centroidales principales.*

Relación momento-curvatura

La *segunda ecuación de la estática* expresa el hecho de que la resultante de momento de los esfuerzos normales σ_x que actúan sobre la

---

*Los centroides y momentos estáticos de áreas se estudian en el capítulo 12, secciones 12.2 y 12.3.

sección transversal es igual al momento flexionante M (figura 5-9a). El elemento de fuerza $\sigma_x dA$ que actúa sobre el elemento de área dA (figura 5-9b) lo hace en el sentido positivo del eje x cuando σ_x es positivo y en el sentido negativo cuando σ_x es negativo. Como el elemento dA está arriba del eje neutro, un esfuerzo positivo σ_x que actúa sobre este elemento produce un elemento de momento igual a $\sigma_x y dA$. Este elemento de momento actúa en sentido opuesto al momento flexionante positivo M mostrado en la figura 5-9a. Por tanto, el incremento dM en el momento flexionante es

$$dM = -\sigma_x\, y\, dA$$

La integral de todos estos momentos elementales sobre el área A de la sección transversal entera debe ser igual al momento flexionante:

$$M = -\int_A \sigma_x\, y\, dA \tag{b}$$

o, al sustituir σ_x de la ecuación (5-7),

$$M = \int_A \kappa E y^2\, dA = \kappa E \int_A y^2\, dA \tag{5-9}$$

Esta ecuación relaciona la curvatura de la viga con el momento flexionante M.

En virtud de que la integral en la ecuación anterior es una propiedad del área de la sección transversal, es conveniente reescribir la ecuación como sigue:

$$M = \kappa EI \tag{5-10}$$

en donde

$$I = \int_A y^2\, dA \tag{5-11}$$

Esta integral es el **momento de inercia** del área de la sección transversal con respecto al eje z (es decir, con respecto al eje neutro). Los momentos de inercia siempre son positivos y tienen dimensiones de una longitud a la cuarta potencia; por ejemplo, las unidades inglesas y SI habituales al efectuar cálculos en vigas son pulg^4 y mm^4 respectivamente.*

La ecuación (5-10) se puede reordenar para expresar la *curvatura* en términos del momento flexionante en la viga:

$$\kappa = \frac{1}{\rho} = \frac{M}{EI} \tag{5-12}$$

Conocida como la **ecuación momento-curvatura**, la ecuación (5-12) muestra que la curvatura es directamente proporcional al momento flexionante M e inversamente proporcional a la cantidad EI, que se llama **rigidez por flexión** de la viga. La rigidez por flexión es una medida de la resistencia de la viga a la flexión; es decir, entre mayor es la rigidez por flexión, menor es la curvatura para un momento flexionante dado.

---

*Los momentos de inercia de áreas se estudian en el capítulo 12, sección 12.4.

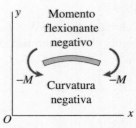

FIG. 5-10 Relaciones entre los signos de los momentos flexionantes y los signos de las curvaturas.

Si comparamos la **convención de signos** para momentos flexionantes (figura 4-5) con la de la curvatura (figura 5-6), veremos que *un momento flexionante positivo produce curvatura positiva y un momento flexionante negativo, curvatura negativa* (véase la figura 5-10).

Fórmula de la flexión

Ahora que hemos localizado el eje neutro y obtenido la relación momento-curvatura, podemos determinar los esfuerzos en términos del momento flexionante. Sustituyendo la expresión para la curvatura (ecuación 5-12) en la expresión para el esfuerzo σ_x (ecuación 5-7), obtenemos

$$\sigma_x = -\frac{My}{I} \qquad (5\text{-}13)$$

Esta ecuación, llamada **fórmula de la flexión**, muestra que los esfuerzos son directamente proporcionales al momento flexionante M e inversamente proporcionales al momento de inercia I de la sección transversal. Además, los esfuerzos varían en sentido lineal con la distancia y desde el eje neutro, como se señaló antes. Los esfuerzos calculados con la fórmula de la flexión se llaman **esfuerzos de flexión** o **esfuerzos flexionantes**.

Si el momento flexionante en la viga es positivo, los esfuerzos de flexión serán positivos (de tensión) sobre la parte de la sección transversal donde y es negativa; es decir, sobre la parte inferior de la viga. En este caso, los esfuerzos en la parte superior de la viga serán negativos (de compresión). Si el momento flexionante es negativo, los esfuerzos se invertirán. Esas relaciones se ilustran en la figura 5-11.

Esfuerzos máximos en una sección transversal

Los esfuerzos de flexión máximos de tensión y de compresión que actúan en cualquier sección transversal dada, ocurren en puntos localizados a la mayor distancia del eje neutro. Denotemos con c_1 y c_2

FIG. 5-11 Relaciones entre los signos de los momentos flexionantes y las direcciones de los esfuerzos normales: (a) momento flexionante positivo y (b) momento flexionante negativo.

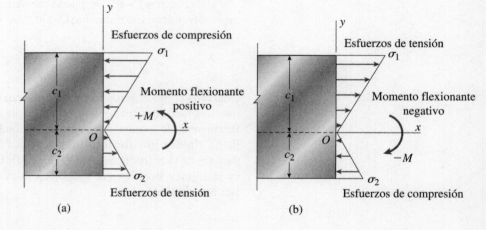

las distancias desde el eje neutro a los elementos extremos en las direcciones y positiva y negativa, respectivamente (véase las figuras 5-9b y 5-11). Los **esfuerzos normales máximos** correspondientes σ_1 y σ_2 (de la fórmula de la flexión) son

$$\sigma_1 = -\frac{Mc_1}{I} = -\frac{M}{S_1} \qquad \sigma_2 = \frac{Mc_2}{I} = \frac{M}{S_2} \qquad \text{(5-14a, b)}$$

en donde

$$S_1 = \frac{I}{c_1} \qquad S_2 = \frac{I}{c_2} \qquad \text{(5-15a, b)}$$

Las cantidades S_1 y S_2 se conocen como **módulos de sección** del área de la sección transversal. De las ecuaciones (5-15a y b) vemos que cada módulo de sección tiene dimensiones de longitud a la tercera potencia (por ejemplo, pulg^3 o mm^3). Observe que las distancias c_1 y c_2 a la parte superior e inferior de la viga se toman siempre como cantidades positivas.

La ventaja de expresar los esfuerzos máximos en términos de módulos de sección surge del hecho de que cada módulo de sección combina las propiedades importantes de la sección transversal de la viga en una sola cantidad. Esta cantidad se puede listar entonces en tablas y manuales como una propiedad de la viga, lo que es muy conveniente para los diseñadores. (El diseño de vigas mediante módulos de sección se explica en la siguiente sección.)

Formas doblemente simétricas

Si la sección transversal de una viga es simétrica con respecto al eje z así como con respecto al eje y (*sección transversal doblemente simétrica*), entonces $c_1 = c_2 = c$ y los esfuerzos máximos de tensión y compresión son numéricamente iguales:

$$\sigma_1 = -\sigma_2 = -\frac{Mc}{I} = -\frac{M}{S} \qquad \text{o} \qquad \sigma_{\text{máx}} = \frac{M}{S} \qquad \text{(5-16a, b)}$$

en donde

$$S = \frac{I}{c} \qquad \text{(5-17)}$$

es el único módulo de sección para la sección transversal.

Para una viga de **sección transversal rectangular** con ancho b y altura h (figura 5-12a), el momento de inercia y el módulo de sección son

$$I = \frac{bh^3}{12} \qquad S = \frac{bh^2}{6} \qquad \text{(5-18a, b)}$$

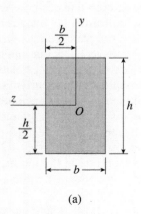

(a)

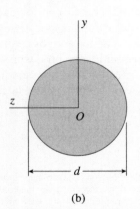

(b)

FIG. 5-12 Formas de sección transversal doblemente simétrica.

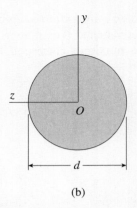

FIG. 5-12b (Repetición).

Para una **sección transversal circular** de diámetro d (figura 5-12b), estas propiedades son

$$I = \frac{\pi d^4}{64} \qquad S = \frac{\pi d^3}{32} \qquad \text{(5-19a, b)}$$

Las propiedades de otras formas de doble simetría, como los tubos huecos (rectangulares o circulares) y las vigas de patín ancho, se calculan fácilmente con las fórmulas anteriores.

Los momentos de inercia de muchas figuras planas se encuentran en el apéndice D, como referencia conveniente. También, en los apéndices E y F, y en muchos manuales de ingeniería, se encuentran las dimensiones y propiedades de perfiles comunes para vigas de acero y de madera, que se explicarán con más detalle en la siguiente sección.

Para otras formas de perfil se pueden determinar la ubicación del eje neutro, el momento de inercia y módulos de sección, mediante cálculos directos, con las técnicas que se describirán en el capítulo 12. El procedimiento general se ve más adelante en el ejemplo 5-4.

Limitantes

El análisis presentado en esta sección es para flexión pura de vigas prismáticas compuestas de materiales elástico lineales homogéneos. Si una viga está sometida a flexión no uniforme, las fuerzas cortantes producirán alabeo (o distorsión fuera del plano) en las secciones transversales. Entonces, una sección transversal plana antes de la flexión deja de serlo después de que ésta se presenta. El alabeo debido a las deformaciones cortantes complica el comportamiento de la viga de manera considerable; sin embargo, investigaciones detalladas muestran que la presencia de los esfuerzos cortantes y el alabeo asociado no alteran significativamente los esfuerzos normales calculados con la fórmula de la flexión (Ref. 2-1, págs. 42 y 48). De suerte que se justifica el uso de la teoría de la flexión pura para calcular esfuerzos normales en vigas sometidas a flexión no uniforme.*

La fórmula de la flexión da resultados exactos sólo en regiones de la viga donde los cambios en su forma o las discontinuidades en la carga no perturban la distribución del esfuerzo; por ejemplo, la fórmula de la flexión no es aplicable cerca de los apoyos de una viga o de una carga concentrada. Tales irregularidades producen esfuerzos localizados o *concentraciones de esfuerzos*, que son mucho mayores que los esfuerzos obtenidos con la fórmula de la flexión (véase la sección 5.13).

---

*La teoría de vigas comenzó con Galileo Galilei (1564-1642), quien investigó el comportamiento de varios tipos de vigas. Su trabajo en mecánica de materiales está descrito en su famoso libro *Dos nuevas ciencias*, publicado en 1638 (Ref. 5-2). Aunque Galileo efectuó muchos importantes descubrimientos relativos a vigas, no obtuvo la distribución de esfuerzos que usamos hoy en día. Mariotte, Jacob Bernoulli, Euler, Parent, Saint-Venant y otros realizaron progresos posteriores (Ref. 5-3).

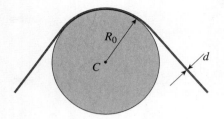

FIG. 5-13 Ejemplo 5-2. Alambre doblado alrededor de un tambor.

Ejemplo 5-2

Un alambre de acero de alta resistencia de diámetro d se dobla alrededor de un tambor cilíndrico de radio R_0 (figura 5-13).

Determinar el momento flexionante M y el esfuerzo de flexión máximo $\sigma_{máx}$ en el alambre, considerando $d = 4$ mm y $R_0 = 0.5$ m. (El alambre de acero tiene módulo de elasticidad $E = 200$ GPa y límite proporcional $\sigma_{p1} = 1\,200$ MPa.)

Solución

El primer paso en este ejemplo es determinar el radio de curvatura ρ del alambre doblado. Luego, conociendo ρ, podemos encontrar el momento flexionante y los esfuerzos máximos.

Radio de curvatura. El radio de curvatura del alambre doblado es la distancia desde el centro del tambor hasta el eje neutro de la sección transversal del alambre:

$$\rho = R_0 + \frac{d}{2} \tag{5-20}$$

Momento flexionante. El momento flexionante en el alambre puede encontrarse a partir de la relación momento-curvatura (ecuación 5-12):

$$M = \frac{EI}{\rho} = \frac{2EI}{2R_0 + d} \tag{5-21}$$

en donde I es el momento de inercia del área de la sección transversal del alambre. Sustituimos I en términos del diámetro d del alambre (ecuación 5-19a), con lo cual

$$M = \frac{\pi E d^4}{32(2R_0 + d)} \tag{5-22}$$

Este resultado se obtuvo sin considerar el *signo* del momento flexionante, ya que la dirección de la flexión es obvia en la figura.

Esfuerzos máximos de flexión. Los esfuerzos máximos de tensión y compresión, que son numéricamente iguales, se obtienen con la fórmula de la flexión tal como está dada por la ecuación (5-16b):

$$\sigma_{máx} = \frac{M}{S}$$

en donde S es el módulo de sección para una sección transversal circular. Sustituimos M de la ecuación (5-22) y S de la ecuación (5-19b), con lo cual

$$\sigma_{máx} = \frac{Ed}{2R_0 + d} \tag{5-23}$$

El mismo resultado se obtiene directamente de la ecuación (5-7) reemplazando y con $d/2$ y sustituyendo ρ de la ecuación (5-20).

Analizando la figura 5-13, vemos que el esfuerzo es de compresión en la parte inferior (o interior) del alambre y de tensión en la parte superior (o exterior).

Resultados numéricos. Sustituimos ahora los datos numéricos dados en las ecuaciones (5-22) y (5-23) y obtenemos los siguientes resultados:

$$M = \frac{\pi E d^4}{32(2R_0 + d)} = \frac{\pi(200 \text{ GPa})(4 \text{ mm})^4}{32[2(0.5 \text{ m}) + 4 \text{ mm}]} = 5.01 \text{ N·m} \quad \Longleftarrow$$

$$\sigma_{\text{máx}} = \frac{Ed}{2R_0 + d} = \frac{(200 \text{ GPa})(4 \text{ mm})}{2(0.5 \text{ m}) + 4 \text{ mm}} = 797 \text{ MPa} \quad \Longleftarrow$$

Observe que $\sigma_{\text{máx}}$ es menor que el límite proporcional del acero del alambre; por consiguiente, los cálculos son válidos.

Nota: como el radio del tambor es grande en comparación con el diámetro del alambre, podemos despreciar d respecto a $2R_0$ en los denominadores de las expresiones para M y $\sigma_{\text{máx}}$. Las ecuaciones (5-22) y (5-23) dan los siguientes resultados:

$$M = 5.03 \text{ N·m} \qquad \sigma_{\text{máx}} = 800 \text{ MPa}$$

Estos resultados están del lado de la seguridad y difieren en menos del 1% de los valores más precisos.

Ejemplo 5-3

Una viga simple *AB* de claro $L = 22$ pies (figura 5-14a) sustenta una carga uniforme de intensidad $q = 1.5$ klb/pie y una carga concentrada $P = 12$ klb. La carga uniforme .incluye el peso de la viga. La carga concentrada actúa en un punto situado a 9.0 pies del extremo izquierdo de la viga. La viga está hecha de madera laminada pegada y tiene una sección transversal con ancho $b = 8.75$ pulg y altura $h = 27$ pulg (figura 5-14b).

Determinar los esfuerzos máximos de tensión y compresión en la viga debidos a la flexión.

Solución

Reacciones, fuerzas cortantes y momentos flexionantes. Comenzaremos el análisis calculando las reacciones en los apoyos *A* y *B*, con las técnicas descritas en el capítulo 4. Los resultados son

$$R_A = 23.59 \text{ klb} \qquad R_B = 21.41 \text{ klb}$$

Conocidas las reacciones, se puede trazar el diagrama de fuerzas cortantes, que se ve en la figura 5-14c. Observe que la fuerza cortante pasa de positiva a negativa bajo la carga concentrada *P*, que está a 9 pies del apoyo izquierdo.

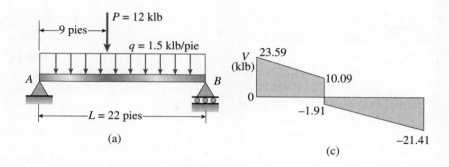

(a)

(c)

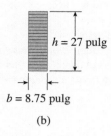

$h = 27$ pulg

$b = 8.75$ pulg

(b)

FIG. 5-14 Ejemplo 5-3. Esfuerzos en una viga simple.

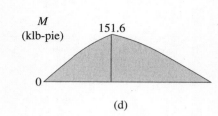

(d)

A continuación, trazamos el diagrama de momentos flexionantes (figura 5-14d) y calculamos el momento máximo de flexión, que está bajo la carga concentrada, donde cambia de signo la fuerza cortante. El momento máximo es

$$M_{\text{máx}} = 151.6 \text{ klb-pie}$$

Los esfuerzos flexionantes máximos en la viga están en la sección transversal de momento máximo.

Módulo de sección. Calculamos ahora el módulo de sección del área de la sección transversal con la ecuación (5-18b):

$$S = \frac{bh^2}{6} = \frac{1}{6}(8.75 \text{ pulg})(27 \text{ pulg})^2 = 1\,063 \text{ pulg}^3$$

Esfuerzos máximos. Determinamos los esfuerzos máximos de tensión y compresión σ_t y σ_c con la ecuación (5-16):

$$\sigma_t = \sigma_2 = \frac{M_{\text{máx}}}{S} = \frac{(151.6 \text{ klb-pies})(12 \text{ pulg/pie})}{1\,063 \text{ pulg}^3} = 1\,710 \text{ lb/pulg}^2 \quad \Longleftarrow$$

$$\sigma_c = \sigma_1 = -\frac{M_{\text{máx}}}{S} = -1\,710 \text{ lb/pulg}^2 \quad \Longleftarrow$$

Como el momento flexionante es positivo, el esfuerzo máximo de tensión ocurre en la parte inferior de la viga y el esfuerzo máximo de compresión en la parte superior.

Ejemplo 5-4

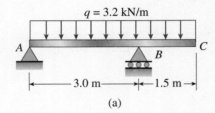

(a)

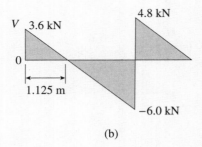

(b)

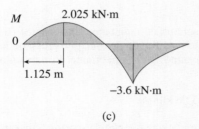

(c)

FIG. 5-15 Ejemplo 5-4. Esfuerzos en una viga con un voladizo.

La viga *ABC* de la figura 5-15a tiene apoyos simples en *A* y *B*, y un voladizo de *B* a *C*. El claro es 3.0 m y la longitud del voladizo es 1.5 m. En toda su longitud (4.5 m) actúa una carga uniforme de intensidad $q = 3.2$ kN/m.

La sección transversal de la viga tiene forma de canal con $b = 300$ mm y altura $h = 80$ mm (figura 5-16a). El espesor del alma es $t = 12$ mm, y el espesor promedio de los patines es el mismo. Para fines de cálculo de propiedades de la sección transversal, suponga que esa forma consiste en los tres rectángulos que se ven en la figura 5-16b.

Determinar los esfuerzos máximos de tensión y compresión en la viga debidos a la carga uniforme.

Solución

Reacciones, fuerzas cortantes y momentos flexionantes. Comenzaremos el análisis de esta viga calculando las reacciones en los apoyos *A* y *B*, con las técnicas que explicamos en el capítulo 4. Los resultados son

$$R_A = 3.6 \text{ kN} \qquad R_B = 10.8 \text{ kN}$$

Con estos valores trazamos el diagrama de fuerzas cortantes (figura 5-15b). Observe que la fuerza cortante cambia de signo, y es igual a cero en dos lugares: 1) a una distancia 1.125 m del apoyo izquierdo y 2) en la reacción del lado derecho.

A continuación, trazamos el diagrama de momentos flexionantes, que se ve en la figura 5-15c. Los momentos flexionantes máximo positivo y máximo negativo están en las secciones transversales donde cambia de signo la fuerza cortante. Estos momentos máximos son

$$M_{\text{pos}} = 2.025 \text{ kN·m} \qquad M_{\text{neg}} = -3.6 \text{ kN·m}$$

respectivamente.

Eje neutro de la sección transversal (figura 5-16b). El origen *O* de las coordenadas *yz* se coloca en el centroide del área transversal, por lo que el eje *z* viene a ser el eje neutro de esa área. El centroide se ubica con las técnicas que describiremos en el capítulo 12, sección 12.3, como sigue:

Primero, se divide el área en tres rectángulos (A_1, A_2 y A_3). Segundo, se establece un eje de referencia *Z-Z* a través del borde superior del área transversal, y se hace que y_1 y y_2 sean, respectivamente, las distancias del eje *Z-Z* a los centroides de las áreas A_1 y A_2. A continuación, se hacen los cálculos para ubicar el centroide del perfil de canal completo (distancias c_1 y c_2):

Área 1: $\quad y_1 = t/2 = 6$ mm
$\qquad\qquad A_1 = (b - 2t)(t) = (276 \text{ mm})(12 \text{ mm}) = 3\,312 \text{ mm}^2$

Área 2: $\quad y_2 = h/2 = 40$ mm
$\qquad\qquad A_2 = ht = (80 \text{ mm})(12 \text{ mm}) = 960 \text{ mm}^2$

Área 3: $\quad y_3 = y_2 \qquad A_3 = A_2$

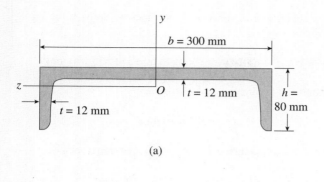

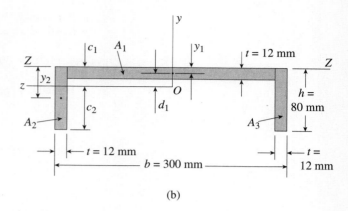

FIG. 5-16 Sección transversal de la viga del ejemplo 5-4. (a) Forma real y (b) forma idealizada para utilizarla en el análisis (para mayor claridad, se exageraron los espesores de la viga).

$$c_1 = \frac{\sum y_i A_i}{\sum A_i} = \frac{y_1 A_1 + 2y_2 A_2}{A_1 + 2A_2}$$

$$= \frac{(6 \text{ mm})(3\,312 \text{ mm}^2) + 2(40 \text{ mm})(960 \text{ mm}^2)}{3\,312 \text{ mm}^2 + 2(960 \text{ mm}^2)} = 18.48 \text{ mm}$$

$$c_2 = h - c_1 = 80 \text{ mm} - 18.48 \text{ mm} = 61.52 \text{ mm}$$

Queda determinada así la posición del eje neutro (eje z).

Momento de inercia. Para calcular los esfuerzos con la fórmula de la flexión se debe determinar el momento de inercia del área transversal con respecto al eje neutro. Para esos cálculos se requiere usar el teorema del eje paralelo (véase el capítulo 12, sección 12.5).

Comenzamos con el área A_1 y su momento de inercia (I_z) respecto al eje z se calcula con la ecuación

$$(I_z)_1 = (I_c)_1 + A_1 d_1^2 \tag{c}$$

En esta ecuación, $(I_c)_1$ es el momento de inercia del área A_1 respecto a su propio eje centroidal:

$$(I_c)_1 = \frac{1}{12}(b-2t)(t)^3 = \frac{1}{12}(276 \text{ mm})(12 \text{ mm})^3 = 39\,744 \text{ mm}^4$$

y d_1 es la distancia del eje centroidal del área A_1 al eje z:

$$d_1 = c_1 - t/2 = 18.48 \text{ mm} - 6 \text{ mm} = 12.48 \text{ mm}$$

continúa

Por consiguiente, el momento de inercia del área A_1 respecto al eje z, (según la ecuación c), es

$$(I_z)_1 = 39\ 744\ \text{mm}^4 + (3\ 312\ \text{mm}^2)(12.48\ \text{mm}^2) = 555\ 600\ \text{mm}^4$$

Haciendo lo mismo con las áreas A_2 y A_3, se obtiene

$$(I_z)_2 = (I_z)_3 = 956\ 600\ \text{mm}^4$$

Así, el momento de inercia centroidal I_z de toda el área transversal es

$$I_z = (I_z)_1 + (I_z)_2 + (I_z)_3 = 2.469 \times 10^6\ \text{mm}^4$$

Módulos de sección. Los módulos de sección para la parte superior e inferior de la viga, respectivamente, son

$$S_1 = \frac{I_z}{c_1} = 133\ 600\ \text{mm}^3 \qquad S_2 = \frac{I_z}{c_2} = 40\ 100\ \text{mm}^3$$

(véase ecuaciones 5-15a y b). Habiendo determinado las propiedades de las secciones transversales, podremos continuar con el cálculo de los esfuerzos máximos, con las ecuaciones (5-14a y b).

Esfuerzos máximos. En la sección transversal donde el momento flexionante positivo es máximo, el esfuerzo máximo de tensión está en la parte inferior de la viga (σ_2), y el esfuerzo máximo de compresión está en la parte superior (σ_1). Así, de acuerdo con las ecuaciones (5-14b) y (5-14a), respectivamente, se obtienen

$$\sigma_t = \sigma_2 = \frac{M_{\text{pos}}}{S_2} = \frac{2.025\ \text{kN·m}}{40\ 100\ \text{mm}^3} = 50.5\ \text{MPa}$$

$$\sigma_c = \sigma_1 = -\frac{M_{\text{pos}}}{S_1} = -\frac{2.025\ \text{kN·m}}{133\ 600\ \text{mm}^3} = -15.2\ \text{MPa}$$

De igual manera, los esfuerzos máximos en la sección que tiene momento negativo máximo son:

$$\sigma_t = \sigma_1 = -\frac{M_{\text{neg}}}{S_1} = -\frac{-3.6\ \text{kN·m}}{133\ 600\ \text{mm}^3} = 26.9\ \text{MPa}$$

$$\sigma_c = \sigma_2 = \frac{M_{\text{neg}}}{S_2} = \frac{-3.6\ \text{kN·m}}{40\ 100\ \text{mm}^3} = -89.8\ \text{MPa}$$

Al comparar estos cuatro esfuerzos, se ve que el esfuerzo máximo de tensión en la viga es de 50.5 MPa y está en la parte inferior de ella, en la sección transversal de momento flexionante máximo positivo; por consiguiente,

$$(\sigma_t)_{\text{máx}} = 50.5\ \text{MPa} \qquad \Longleftarrow$$

El esfuerzo máximo de compresión es -89.8 MPa y está en la parte inferior de la viga, en la sección de momento máximo negativo:

$$(\sigma_c)_{\text{máx}} = -89.8\ \text{MPa} \qquad \Longleftarrow$$

Quedan así calculados los esfuerzos máximos de flexión debidos a la carga uniforme que actúa sobre la viga.

5.6 DISEÑO DE VIGAS PARA ESFUERZOS DE FLEXIÓN

El proceso de diseñar una viga requiere la consideración de muchos factores, entre ellos el tipo de estructura (avión, automóvil, puente, edificio, etc.), los materiales por usarse, las cargas que se van a soportar, las condiciones ambientales y los costos. Sin embargo, desde el punto de vista de la resistencia la tarea se reduce a seleccionar una forma y tamaño de viga tales que los esfuerzos reales en ésta no excedan los esfuerzos permisibles del material. En el siguiente análisis, consideraremos sólo los esfuerzos de flexión (es decir, los esfuerzos obtenidos con la fórmula de la flexión, ecuación 5-13). Después, tomaremos en cuenta los efectos de los esfuerzos cortantes (secciones 5.8, 5.9 y 5.10) y las concentraciones de esfuerzos (sección 5.13).

Al diseñar una viga para resistir esfuerzos de flexión, por lo general comenzamos calculando el **módulo de sección requerido**; por ejemplo, si la viga tiene una sección transversal doblemente simétrica y los esfuerzos permisibles son los mismos en tensión y en compresión, podemos calcular el módulo requerido dividiendo el momento flexionante máximo entre el esfuerzo permisible en flexión del material (ecuación 5-16):

$$S = \frac{M_{\text{máx}}}{\sigma_{\text{perm}}} \qquad (5\text{-}24)$$

El esfuerzo permisible se basa en las propiedades del material y en el factor de seguridad deseado. Para garantizar que no se rebase este esfuerzo, debemos escoger una viga que suministre un módulo de sección por lo menos tan grande como el obtenido con la ecuación (5-24).

Si la sección transversal no es doblemente simétrica, o si los esfuerzos permisibles son diferentes en tensión y en compresión, hay que determinar dos módulos de sección requeridos, uno basado en tensión y otro en compresión. Luego debemos proporcionar una viga que satisfaga ambos criterios.

Para minimizar el peso y ahorrar material, solemos escoger una viga que tenga la menor área transversal y que suministre los módulos de sección requeridos (y que cumpla cualquier otro requisito de diseño impuesto).

Las vigas se construyen en una gran variedad de formas y tamaños para satisfacer una gran cantidad de propósitos; por ejemplo, se fabrican grandes vigas de acero soldadas (figura 5-17), se extruyen vigas de aluminio como tubos redondos o rectangulares, se recortan vigas de madera y se unen con pegamento para adecuarlas a requisitos especiales y se cuelan vigas de concreto reforzado en cualquier forma deseada por medio de una construcción apropiada de la cimbra.

Además, pueden adquirirse vigas de acero, aluminio, plástico y madera en las **formas y tamaños estándar** considerados en los catálogos de distribuidores y fabricantes. Los perfiles de fácil obtención incluyen vigas de patín ancho, vigas I, perfiles angulares, canales, vigas rectangulares y tubos.

FIG. 5-17 Soldado de tres grandes placas de acero para formar una sola sección sólida. (Cortesía de The Lincoln Electric Company.)

Vigas de perfiles y tamaños estandarizados

Las dimensiones y propiedades de muchos tipos de vigas aparecen en los manuales de ingeniería; por ejemplo, los perfiles y tamaños de vigas de acero estructural están estandarizados por el American Institute of Steel Construction (AISC), que publica un manual que da sus propiedades tanto en unidades inglesas como en unidades del sistema SI (Ref. 5-4). Las tablas en estos manuales ofrecen las dimensiones transversales y ciertas propiedades importantes, como el peso por unidad de longitud, el área transversal, el momento de inercia y el módulo de sección.

Las propiedades de las vigas de aluminio y de madera se tabulan de una manera similar y se encuentran en publicaciones de la Aluminum Association (Ref. 5-5) y de la American Forest and Paper Association (Ref. 5-6).

Al final de este libro se encuentran, tablas abreviadas de vigas de acero y de madera útiles para la resolución de problemas con el uso de unidades inglesas (apéndices E y F).

Los **perfiles de acero estructural** reciben una designación como W30 × 211, que significa que el perfil es de forma W (llamado también perfil de patín ancho), con un peralte nominal de 30 pulg y un peso de 211 lb por pie de longitud (véase la tabla E-1, apéndice E).

Se aplican designaciones análogas a los perfiles S (o vigas I) y los perfiles C (canales), como se ve en las tablas E-2 y E-3. Las secciones en ángulo (o perfiles L) se designan por las longitudes de los dos lados y el espesor (véanse las tablas E-4 y E-5); por ejemplo, L 8 × 6 × 1 denota un ángulo con lados desiguales, uno de 8 pulg y el otro de 6 pulg de longitud, con un espesor de 1 pulg Se usan designaciones comparables cuando las dimensiones y las propiedades están dadas en unidades SI.

Las secciones estandarizadas de acero descritas anteriormente se fabrican por *rolado*, proceso en que un tocho de acero caliente se pasa alternativamente entre rodillos hasta que toma la forma deseada.

Por lo general, los **perfiles estructurales de aluminio** se fabrican por el proceso de *extrusión*, en que un tocho caliente se empuja o extruye a través de un dado conformador. Como los dados son relativamente fáciles de hacer y el material es trabajable, las vigas de aluminio pueden extruirse en casi cualquier forma deseada. En el *Aluminum Design Manual* (Ref. 5-5) se dan las propiedades de vigas de patín ancho, de vigas I, canales, ángulos, tubos y otras secciones más. Además, se pueden encargar perfiles fabricados a la medida.

La mayoría de las **vigas de madera** tienen secciones transversales rectangulares que se designan con dimensiones nominales, como 4 × 8 pulgadas. Estas dimensiones representan el tamaño en que se corta la madera sin terminar. Las dimensiones netas (o dimensiones reales) de una viga de madera son menores que las nominales si los lados de la madera aserrada se *cepillan* para darles una textura lisa. Una viga de madera de 4 × 8 tiene dimensiones reales de 3.5 × 7.25 pulgadas después de cepillada. Por supuesto, las dimensiones netas de la madera cepillada son las que deben usarse en los cálculos ingenieriles. Las dimensiones netas y sus propiedades correspondientes (en unidades inglesas) están dadas en el apéndice F. Se dispone de tablas similares en unidades SI.

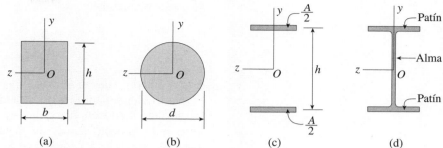

FIG. 5-18 Formas de secciones transversales para vigas.

(a)   (b)   (c)   (d)

Eficiencia relativa de diferentes formas de vigas

Uno de los objetivos al diseñar una viga es usar el material con eficiencia dentro de las restricciones impuestas por la función, la apariencia, los costos de fabricación, etc. Desde el punto de vista sólo de la resistencia, la eficiencia en flexión depende principalmente de la forma de la sección transversal. En particular, la viga más eficiente es aquella en que el material se localiza tan lejos como sea práctico del eje neutro. Cuanto más lejos esté una cantidad dada de material del eje neutro, mayor resulta el módulo de sección y cuanto mayor es el módulo de sección, mayor es el momento flexionante que puede resistirse (para un esfuerzo permisible dado).

Como ilustración, considérese una sección transversal en forma de un **rectángulo** de ancho b y altura h (figura 5-18a). El módulo de sección (de la ecuación 5.18b) es

$$S = \frac{bh^2}{6} = \frac{Ah}{6} = 0.167Ah \qquad (5\text{-}25)$$

donde A denota el área de la sección transversal. Esta ecuación muestra que la eficiencia de una sección transversal rectangular de área dada aumenta conforme se incrementa la altura h (y el ancho b se reduce para mantener constante el área). Por supuesto, hay un límite práctico para el incremento de altura, porque la viga se vuelve lateralmente inestable cuando la razón de altura a ancho resulta muy grande. Una viga de sección rectangular muy estrecha fallará debido al pandeo lateral, no por falta de resistencia del material.

A continuación comparemos una **sección transversal circular sólida** de diámetro d (figura 5-18b) con una sección transversal cuadrada de la misma área. El lado h de un cuadrado con la misma área que el círculo es $h = (d/2)\sqrt{\pi}$. Los módulos de sección correspondientes (de las ecuaciones 5-18b y 5-19b) son

$$S_{\text{cuadrado}} = \frac{h^3}{6} = \frac{\pi\sqrt{\pi}d^3}{48} = 0.1160d^3 \qquad (5\text{-}26a)$$

$$S_{\text{círculo}} = \frac{\pi d^3}{32} = 0.0982d^3 \qquad (5\text{-}26b)$$

de donde obtenemos

$$\frac{S_{\text{cuadrado}}}{S_{\text{círculo}}} = 1.18 \qquad (5\text{-}27)$$

Este resultado muestra que una viga de sección transversal cuadrada es más eficiente para resistir la flexión que una viga circular con la misma área. La razón, por supuesto, es que un círculo tiene una cantidad relativamente mayor de material cerca del eje neutro. Este material se esfuerza menos, por lo que no contribuye mucho a la resistencia de la viga.

La **forma ideal de la sección transversal** para una viga de área A transversal dada y altura h se obtendría colocando la mitad del área a una distancia $h/2$ arriba del eje neutro y la otra mitad a una distancia $h/2$ abajo del eje neutro (figura 5-18c). Para esta forma ideal, obtenemos

$$I = 2\left(\frac{A}{2}\right)\left(\frac{h}{2}\right)^2 = \frac{Ah^2}{4} \qquad S = \frac{I}{h/2} = 0.5Ah \quad (5\text{-}28a,b)$$

Estos límites teóricos son aproximados en la práctica por medio de secciones de patín ancho y secciones I, que tienen la mayor parte de su material en los patines (figura 5-18d). Para vigas estándares de patín ancho, el módulo de sección es aproximadamente

$$S \approx 0.35Ah \qquad (5\text{-}29)$$

que es menor que lo ideal pero mucho mayor que el módulo de sección de una sección transversal rectangular de la misma área y altura (véase la ecuación 5-25).

Otra característica favorable de una viga de patín ancho es su mayor ancho y consiguiente mayor estabilidad con respecto al pandeo lateral que una viga rectangular de la misma altura y módulo de sección. Por otra parte, hay límites prácticos respecto al espesor del alma de una viga de patín ancho. Si el alma es demasiado delgada, ésta resulta muy susceptible al pandeo local o puede quedar sobreesforzada en cortante, tema que se verá en la sección 5.10.

Los cuatro ejemplos siguientes ilustran el proceso de seleccionar una viga con base en los esfuerzos permisibles. En estos ejemplos sólo se consideran los efectos de los esfuerzos de flexión (obtenidos con la fórmula de la flexión).

Nota: al resolver ejemplos y problemas que requieren la selección de una viga de las tablas del apéndice, usamos la siguiente regla: *si hay varias opciones en una tabla, es preferible la viga más ligera que suministre el módulo de sección requerido.*

Ejemplo 5-5

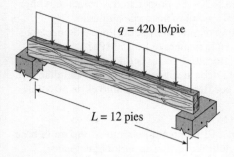

FIG. 5-19 Ejemplo 5-5. Diseño de una viga de madera simplemente apoyada.

Una viga de madera simplemente apoyada con claro $L = 12$ pies, sustenta una carga uniforme $q = 420$ lb/pie (figura 5-19). El esfuerzo permisible de flexión es de 1 800 lb/pulg^2, la madera pesa 35 lb/pie^3 y la viga está soportada en sentido lateral contra pandeo lateral y volteo.

Seleccionar un tamaño adecuado para la viga en la tabla del apéndice F.

Solución

Como no sabemos de antemano cuánto pesará la viga, procederemos mediante ensayo y error como sigue: 1) calculamos el módulo de sección requerido con base en la carga uniforme dada, 2) escogemos un tamaño de prueba para la viga, 3) añadimos el peso de la viga a la carga uniforme y calculamos un nuevo módulo de sección requerido y 4) comprobamos que la viga elegida sea satisfactoria. Si no lo es, seleccionamos una viga mayor y repetimos el proceso.

1) El momento flexionante máximo en la viga ocurre en el centro del claro (ecuación 4-15):

$$M_{\text{máx}} = \frac{qL^2}{8} = \frac{(420 \text{ lb/pie})(12 \text{ pies})^2(12 \text{ pulg/pie})}{8} = 90\ 720 \text{ lb-pulg}$$

El módulo de sección requerido (ecuación 5-24) es

$$S = \frac{M_{\text{máx}}}{\sigma_{\text{perm}}} = \frac{90\ 720 \text{ lb-pulg}}{1\ 800 \text{ lb/pulg}^2} = 50.40 \text{ pulg}^3$$

2) De la tabla en el apéndice F vemos que la viga más ligera con un módulo de sección de por lo menos 50.40 pulg^3 respecto al eje 1-1 es una viga de 3 × 12 pulg (dimensiones nominales). Esta viga tiene un módulo de sección igual a 52.73 pulg^3 y pesa 6.8 lb/pie (observe que en el apéndice F se encuentran pesos de vigas basados en una densidad de 35 lb/pie^3).

3) La carga uniforme sobre la viga es de 426.8 lb/pie y el módulo de sección requerido correspondiente es

$$S = (50.40 \text{ pulg}^3)\left(\frac{426.8 \text{ lb/pie}}{420 \text{ lb/pie}}\right) = 51.22 \text{ pulg}^3$$

4) La viga seleccionada tiene un módulo de sección de 52.73 pulg^3, que es mayor que el módulo requerido de 51.22 pulg^3

Por tanto, una viga de 3 × 12 pulg es satisfactoria.   ⬅

Nota: Si la densidad por peso de la madera es diferente a 35 lb/pie^3, podemos obtener el peso de la viga por pie lineal multiplicando el valor en la última columna en el apéndice F por la razón de la densidad real con 35 lb/pie^3.

Ejemplo 5-6

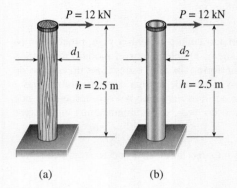

FIG. 5-20 Ejemplo 5-6. (a) Poste sólido de madera y (b) tubo de aluminio.

Un poste vertical de 2.5 m de alto debe soportar una carga lateral $P = 12$ kN en su extremo superior (figura 5-20). Se proponen dos soluciones alternativas: un poste sólido de madera y un tubo hueco de aluminio.

a) ¿Cuál es el diámetro mínimo requerido d_1 para el poste de madera si el esfuerzo permisible de flexión en la madera es de 15 MPa?

b) ¿Cuál es el diámetro exterior mínimo requerido d_2 para el tubo de aluminio si el espesor de su pared debe ser igual a un octavo del diámetro exterior y el esfuerzo permisible por flexión en el aluminio es de 50 MPa?

Solución

Momento flexionante máximo. El momento máximo ocurre en la base del poste y es igual a la carga P multiplicada por la altura h; entonces,

$$M_{\text{máx}} = Ph = (12 \text{ kN})(2.5 \text{ m}) = 30 \text{ kN·m}$$

a) *Poste de madera.* El módulo de sección requerido S_1 para el poste de madera (ecuaciones 5-19b y 5-24) es

$$S_1 = \frac{\pi d_1^3}{32} = \frac{M_{\text{máx}}}{\sigma_{\text{perm}}} = \frac{30 \text{ kN·m}}{15 \text{ MPa}} = 0.0020 \text{ m}^3 = 2 \times 10^6 \text{ mm}^3$$

Despejamos el diámetro y obtenemos

$$d_1 = 273 \text{ mm} \qquad \Longleftarrow$$

El diámetro seleccionado para el poste de madera tiene que ser igual o mayor que 273 mm para no rebasar el esfuerzo permisible.

b) *Tubo de aluminio.* Para determinar el módulo de sección S_2 para el tubo, primero debemos encontrar el momento de inercia I_2 de la sección transversal. El espesor de la pared del tubo es $d_2/8$, por lo que el diámetro interior es $d_2 - d_2/4$, o $0.75d_2$. Entonces, el momento de inercia (véase la ecuación 5-19a) es

$$I_2 = \frac{\pi}{64}\left[d_2^4 - (0.75d_2)^4 \right] = 0.03356d_2^4$$

El módulo de sección del tubo se obtiene de la ecuación (5-17) de la siguiente manera:

$$S_2 = \frac{I_2}{c} = \frac{0.03356d_2^4}{d_2/2} = 0.06712d_2^3$$

El módulo de sección requerido se obtiene con la ecuación (5-24):

$$S_2 = \frac{M_{\text{máx}}}{\sigma_{\text{perm}}} = \frac{30 \text{ kN·m}}{50 \text{ MPa}} = 0.0006 \text{ m}^3 = 600 \times 10^3 \text{ mm}^3$$

Al igualar las dos expresiones anteriores para el módulo de sección, despejamos el diámetro exterior requerido:

$$d_2 = \left(\frac{600 \times 10^3 \text{ mm}^3}{0.06712} \right)^{1/3} = 208 \text{ mm} \qquad \Longleftarrow$$

El diámetro interior correspondiente es de 0.75 (208 mm) o 156 mm.

Ejemplo 5-7

Una viga simple AB con claro de 21 pies debe soportar una carga uniforme $q = 2\,000$ lb/pie distribuida a lo largo de la viga como se muestra en la figura (figura 5-21a).

Considerar tanto la carga uniforme como el peso de la viga y usar un esfuerzo permisible de flexión de 18 000 lb/pulg^2 a fin de escoger una viga de acero estructural de patín ancho para sustentar las cargas.

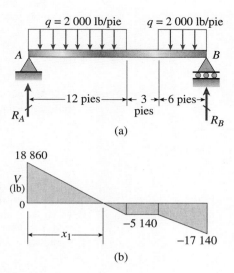

FIG. 5-21 Ejemplo 5-7. Diseño de una viga simple con cargas uniformes parciales.

Solución

En este ejemplo procederemos de la siguiente manera: 1) encontraremos el momento flexionante máximo en la viga debido a la carga uniforme, 2) conocido el momento máximo, hallamos el módulo de sección requerido, 3) seleccionamos una viga de prueba de patín ancho en la tabla E-1 del apéndice E y obtenemos el peso de la viga, 4) conocido el peso, calculamos un nuevo valor del momento flexionante y un nuevo valor del módulo de sección y 5) estudiamos si la viga seleccionada aún funciona; de lo contrario, elegimos un nuevo tamaño de viga y repetimos el proceso hasta hallar un tamaño de viga satisfactorio.

Momento flexionante máximo. Como ayuda para localizar la sección transversal de momento flexionante máximo, construimos un diagrama de fuerza cortante (figura 5-21b) usando los métodos descritos en el capítulo 4. Como parte de ese proceso, determinamos las reacciones en los apoyos:

$$R_A = 18\,860 \text{ lb} \qquad R_B = 17\,140 \text{ lb}$$

continúa

La distancia x_1 desde el apoyo izquierdo a la sección transversal de fuerza cortante cero se obtiene con la ecuación

$$V = R_A - qx_1 = 0$$

que es válida en el intervalo $0 \le x \le 12$ pies. Despejamos x_1 y obtenemos

$$x_1 = \frac{R_A}{q} = \frac{18\ 860\ \text{lb}}{2\ 000\ \text{lb/pie}} = 9.430\ \text{pies}$$

que es menor que 12 pies, por lo cual el cálculo es válido.

El momento flexionante máximo se presenta en la sección transversal en que la fuerza cortante es cero; por tanto

$$M_{\text{máx}} = R_A x_1 - \frac{qx_1^2}{2} = 88\ 920\ \text{lb-pie}$$

Módulo de sección requerido. El módulo de sección requerido (con base sólo en la carga q) se obtiene con la ecuación (5-24):

$$S = \frac{M_{\text{máx}}}{\sigma_{\text{perm}}} = \frac{(88\ 920\ \text{lb-pie})(12\ \text{pulg/pie})}{18\ 000\ \text{lb/pulg}^2} = 59.3\ \text{pulg}^3$$

Viga de prueba. Entramos en la tabla E-1 y seleccionamos la viga de patín ancho más ligera que tenga un módulo de sección mayor que 59.3 pulg^3. La viga más ligera que tiene tal módulo de sección es la W 12×50 con $S = 64.7$ pie^3. Esta viga pesa 50 lb/pie (recuerde que las tablas en el apéndice E son abreviadas, por lo que es posible que exista una viga más ligera).

Recalculamos las reacciones, el momento flexionante máximo y el módulo de sección requerido con la viga cargada por la carga uniforme q y por su propio peso. Debido a esas cargas combinadas, las reacciones son

$$R_A = 19\ 380\ \text{lb} \qquad R_B = 17\ 670\ \text{lb}$$

y la distancia a la sección transversal de fuerza cortante cero es ahora

$$x_1 = \frac{19\ 380\ \text{lb}}{2\ 050\ \text{lb/pie}} = 9.454\ \text{pies}$$

El momento flexionante máximo aumenta a 9 1610 lb-pie y el nuevo módulo de sección requerido es

$$S = \frac{M_{\text{máx}}}{\sigma_{\text{perm}}} = \frac{(91\ 610\ \text{lb-pie})(12\ \text{pulg/pie})}{18\ 000\ \text{lb/pulg}^2} = 61.1\ \text{pulg}^3$$

Vemos que la viga W 12×50 con módulo de sección $S = 64.7$ pulg^3 aún funciona.

Nota: Si el nuevo módulo de sección requerido excediese al de la viga W 12×50, se seleccionaría una nueva viga con un módulo de sección mayor y se repetiría el proceso.

Ejemplo 5-8

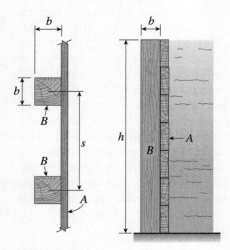

(a) Vista superior   (b) Vista lateral

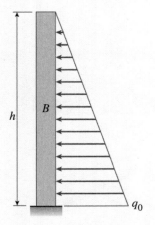

(c) Diagrama longitudinal

FIG. 5-22 Ejemplo 5-8. Cortina de madera con tablones horizontales A soportados por postes verticales B.

Una presa temporal de madera está construida con tablones horizontales A soportados por postes verticales de madera B empotrados en el suelo, de manera que trabajan como vigas en voladizo (figura 5-22). Los postes son de sección transversal cuadrada (dimensiones b $\times$ b) y están espaciados a una distancia $s = 0.8$ m, centro a centro. Suponga que el nivel máximo del agua detrás de la presa es $h = 2.0$ m.

Determinar la dimensión b mínima requerida para los postes si el esfuerzo permisible por flexión en la madera es $\sigma_{perm} = 8.0$ MPa.

Solución

Diagrama de carga. Cada poste está sometido a una carga con distribución triangular producida por la presión del agua que actúa contra los tablones. En consecuencia, el diagrama de carga para cada poste es triangular (figura 5-22c). La intensidad máxima q_0 de la carga sobre éstos es igual a la presión del agua a la profundidad h, multiplicada por el espaciamiento s de los postes:

$$q_0 = \gamma h s \tag{a}$$

en donde γ es el peso específico del agua. Observe que q_0 tiene unidades de fuerza por unidad de distancia, γ tiene unidades de fuerza por unidad de volumen y h y s tienen unidades de longitud.

Módulo de sección. Como cada poste es una viga en voladizo, el momento flexionante máximo ocurre en la base y está dado por la siguiente expresión:

$$M_{máx} = \frac{q_0 h}{2}\left(\frac{h}{3}\right) = \frac{\gamma h^3 s}{6} \tag{b}$$

Así pues, el módulo de sección requerido (ecuación 5-24) es

$$S = \frac{M_{máx}}{\sigma_{perm}} = \frac{\gamma h^3 s}{6\sigma_{perm}} \tag{c}$$

Para una viga de sección transversal cuadrada, el módulo de sección es $S = b^3/6$ (véase la ecuación 5-18b). Sustituimos esta expresión para S en la ecuación (c) y obtenemos una fórmula para el cubo de la dimensión b mínima de los postes:

$$b^3 = \frac{\gamma h^3 s}{\sigma_{perm}} \tag{d} \quad \Longleftarrow$$

Valores numéricos. Reemplazamos los valores numéricos dados en la ecuación (d) y obtenemos

$$b^3 = \frac{(9.81 \text{ kN/m}^3)(2.0 \text{ m})^3(0.8 \text{ m})}{8.0 \text{ MPa}} = 0.007848 \text{ m}^3 = 7.848 \times 10^6 \text{ mm}^3$$

de donde

$$b = 199 \text{ mm} \quad \Longleftarrow$$

Así, la dimensión mínima requerida b para los postes es de 199 mm. Cualquier dimensión mayor, digamos 200 mm, garantizará que el esfuerzo real de flexión sea menor que el esfuerzo permisible.

5.7 VIGAS NO PRISMÁTICAS

Las teorías de vigas descritas en este capítulo se formularon para vigas prismáticas —es decir, vigas rectas con la misma sección transversal en toda su longitud—; sin embargo, las vigas no prismáticas suelen usarse para reducir el peso y mejorar la apariencia. Tales vigas se encuentran en automóviles, aviones, maquinaria, puentes, edificios, herramientas y muchas otras aplicaciones (figura 5-23). Por fortuna, la fórmula de la flexión (ecuación 5-13) da valores razonablemente exactos para los esfuerzos de flexión en vigas no prismáticas cuando los cambios en las dimensiones transversales son graduales, como en los ejemplos de la figura 5-23.

Los esfuerzos de flexión no varían de igual manera a lo largo del eje de una viga prismática y de una no prismática. En una viga prismática, el módulo de sección S es constante, de modo que los esfuerzos varían en proporción directa al momento flexionante (porque $\sigma = M/S$); pero, en una viga no prismática, el módulo de sección también varía a lo largo del eje. En consecuencia, no podemos suponer que los esfuerzos máximos ocurran en la sección transversal con el momento flexionante máximo; a veces se presentan en otra parte, como se ilustra en el ejemplo 5-9.

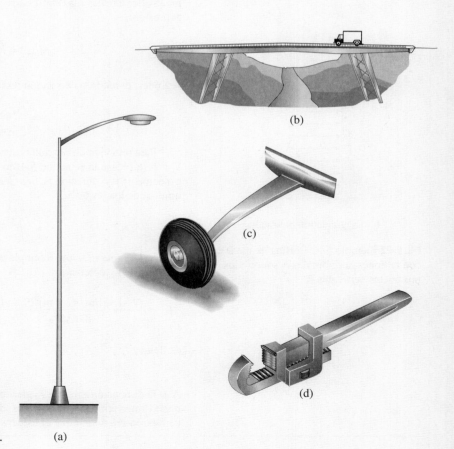

(b)

(c)

(d)

FIG. 5-23 Ejemplos de vigas no prismáticas: (a) lámpara de alumbrado público; (b) puente con trabes y estribos ahusados; (c) puntal de la rueda de un pequeño avión y (d) manija de una llave.

(a)

Vigas totalmente esforzadas

Para reducir al mínimo la cantidad de material, y contar entonces con la viga más ligera posible, se pueden variar las dimensiones de sus secciones transversales, para que en cada una haya el esfuerzo de flexión máximo permisible. Una viga en estas condiciones se llama **viga totalmente esforzada**, **viga totalmente cargada** o *viga de resistencia constante*.

Naturalmente, casi nunca se alcanzan estas condiciones ideales, a causa de problemas prácticos de construcción de la misma, y por la posibilidad de que las cargas sean distintas de las supuestas en el diseño. Sin embargo, puede ser que el conocimiento de las propiedades de una viga totalmente esforzada tenga un papel importante en el diseño de estructuras para obtener pesos mínimos. Como ejemplos comunes de estructuras diseñadas para mantener un esfuerzo máximo casi constante tenemos las láminas de los muelles en los automóviles, las trabes de puentes de sección variable, y algunas de las estructuras de la figura 5-23.

En el ejemplo 5-10 se ilustra cómo determinar la forma de una viga totalmente esforzada.

Ejemplo 5-9

Una viga ahusada en voladizo *AB* de sección transversal circular sólida soporta una carga *P* en el extremo libre (figura 5-24). El diámetro d_B en el extremo mayor es el doble del diámetro d_A en el extremo menor:

$$\frac{d_B}{d_A} = 2$$

Determinar el esfuerzo de flexión σ_B en el soporte fijo y el esfuerzo máximo de flexión $\sigma_{máx}$.

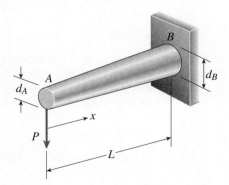

FIG. 5-24 Ejemplo 5-9. Viga ahusada en voladizo de sección transversal circular.

Solución

Si el ángulo de ahusamiento de la viga es pequeño, los esfuerzos de flexión obtenidos con la fórmula de la flexión apenas diferirán de los valores exactos. Como guía respecto a la exactitud, observamos que si el ángulo entre la línea *AB* (figura 5-24) y el eje longitudinal de la viga es de aproximadamente 20°, el error en el cálculo de los esfuerzos normales con la fórmula de la flexión es de cerca de 10%. Desde luego, al disminuir el ángulo de ahusamiento, el error se reduce.

continúa

Módulo de sección. El módulo de sección en cualquier sección transversal de la viga puede expresarse como una función de la distancia x medida a lo largo del eje de la viga. Puesto que el módulo de sección depende del diámetro, primero debemos expresar el diámetro en términos de x como sigue:

$$d_x = d_A + (d_B - d_A)\frac{x}{L} \tag{5-30}$$

en donde d_x es el diámetro a la distancia x desde el extremo libre; por tanto, el módulo de sección a la distancia x desde el extremo es (ecuación 5-19b)

$$S_x = \frac{\pi d_x^3}{32} = \frac{\pi}{32}\left[d_A + (d_B - d_A)\frac{x}{L}\right]^3 \tag{5-31}$$

Esfuerzos de flexión. Dado que el momento flexionante es igual a Px, el esfuerzo normal máximo en cualquier sección transversal está dado por la ecuación

$$\sigma_1 = \frac{M_x}{S_x} = \frac{32Px}{\pi[d_A + (d_B - d_A)(x/L)]^3} \tag{5-32}$$

Por inspección de la viga advertimos que el esfuerzo σ_1 es de tensión en la parte superior de la viga y de compresión en la parte inferior.

Observe que las ecuaciones (5-30), (5-31) y (5-32) son válidas para cualquier valor de d_A y d_B, siempre que el ángulo de ahusamiento sea pequeño. En el siguiente análisis, consideraremos el caso en que $d_B = 2d_A$.

Esfuerzo máximo en el soporte fijo. El esfuerzo máximo en la sección de momento flexionante máximo (extremo B de la viga) puede encontrarse con la ecuación (5-32), sustituyendo $x = L$ y $d_B = 2d_A$; el resultado es

$$\sigma_B = \frac{4PL}{\pi d_A^3} \tag{a}$$ ←

Esfuerzo máximo en la viga. El esfuerzo máximo en una sección transversal a una distancia x desde el extremo (ecuación 5-32) para el caso en que $d_B = 2d_A$ es

$$\sigma_1 = \frac{32Px}{\pi d_A^3 (1 + x/L)^3} \tag{b}$$

Para determinar la posición de la sección transversal con el esfuerzo de flexión máximo en la viga, necesitamos encontrar el valor de x que hace a σ_1 un máximo. Si derivamos $d\sigma_1/dx$ e igualamos a cero, podemos despejar el valor de x que hace a σ_1 un máximo; el resultado es

$$x = \frac{L}{2} \tag{c}$$

El esfuerzo máximo correspondiente que se obtiene al sustituir $x = L/2$ en la ecuación (b), es

$$\sigma_{máx} = \frac{128PL}{27\pi d_A^3} = \frac{4.741PL}{\pi d_A^3} \tag{d}$$ ←

En este ejemplo específico, el esfuerzo máximo ocurre en el punto medio de la viga y es 19 % mayor que el esfuerzo σ_B en el extremo empotrado.

Nota: si se reduce el ahusamiento de la viga, la sección transversal de esfuerzo normal máximo se mueve del punto medio hacia el soporte fijo. Para ángulos muy pequeños de ahusamiento, el esfuerzo máximo se presenta en el extremo B.

Ejemplo 5-10

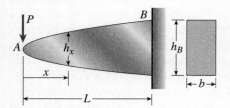

FIG. 5-25 Ejemplo 5-10. Viga completamente esforzada con esfuerzo normal máximo constante (forma teórica donde no se consideran los esfuerzos cortantes).

Se va a diseñar una viga en voladizo de longitud L para soportar una carga concentrada P en el extremo libre (figura 5-25). La sección transversal de la viga es rectangular con ancho constante b y peralte variable h. Como ayuda para el diseño de esta viga, los ingenieros quisieran saber como varía la altura de una viga idealizada para que el esfuerzo normal máximo en toda sección transversal sea igual al esfuerzo permisible σ_{perm}.

Considerar nada más los esfuerzos de flexión obtenidos con la fórmula de la flexión y determinar la altura de la viga totalmente esforzada.

Solución

El momento flexionante y el módulo de sección a una distancia x desde el extremo libre de la viga son

$$M = Px \qquad S = \frac{bh_x^2}{6}$$

donde h_x es el peralte de la viga a la distancia x. Sustituimos en la fórmula de la flexión y obtenemos

$$\sigma_{\text{perm}} = \frac{M}{S} = \frac{Px}{bh_x^2/6} = \frac{6Px}{bh_x^2} \tag{e}$$

Despejamos el peralte de la viga, con lo cual

$$h_x = \sqrt{\frac{6Px}{b\sigma_{\text{perm}}}} \tag{f}$$

En el extremo fijo de la viga ($x = L$), el peralte h_B es

$$h_B = \sqrt{\frac{6PL}{b\sigma_{\text{perm}}}} \tag{g}$$

por consiguiente, podemos expresar el peralte h_x como:

$$h_x = h_B\sqrt{\frac{x}{L}} \tag{h}$$

Esta última ecuación muestra que el peralte de la viga completamente esforzada varía con la raíz cuadrada de x. En consecuencia, la viga idealizada tiene la forma parabólica mostrada en la figura 5-25.

Nota: en el extremo cargado de la viga ($x = 0$), el peralte teórico es cero porque no hay momento flexionante en ese punto. Por supuesto, una viga de esta forma no es práctica porque no soporta las fuerzas cortantes cerca del extremo de la viga. Sin embargo, la forma idealizada puede ser un buen punto de partida para determinar un diseño realista, en el que intervengan esfuerzos cortantes y otros efectos.

5.8 ESFUERZOS CORTANTES EN VIGAS DE SECCIÓN TRANSVERSAL RECTANGULAR

Cuando una viga está sometida a *flexión pura*, las únicas resultantes de esfuerzo son los momentos flexionantes y los únicos esfuerzos son los esfuerzos normales que actúan sobre las secciones transversales. Sin embargo, la mayoría de las vigas están sometidas a cargas que producen tanto momentos flexionantes como fuerzas cortantes (*flexión no uniforme*). En estos casos, se desarrollan esfuerzos normales y cortantes en la viga. Los esfuerzos normales se calculan con la fórmula de la flexión (véase la sección 5.5), siempre que la viga esté construida con un material elástico-lineal. Los esfuerzos cortantes se analizan en ésta y en las dos secciones siguientes.

Esfuerzos cortantes vertical y horizontal

Consideremos una viga de sección transversal rectangular (ancho b y peralte h) sometida a una fuerza cortante positiva V (figura 5-26a). Es razonable suponer que los esfuerzos cortantes τ que actúan sobre la sección transversal son paralelos a la fuerza cortante; es decir, paralelos a los lados verticales de la sección transversal. También cabe suponer que los esfuerzos cortantes están uniformemente distribuidos a través del ancho de la viga, aunque ellos pueden variar según el peralte. Con base en estas dos hipótesis, podemos determinar la intensidad del esfuerzo cortante en cualquier punto sobre la sección transversal.

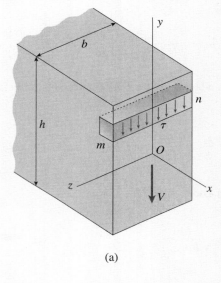

Para fines de análisis, aislamos un pequeño elemento *mn* de la viga (figura 5-26a) cortando entre dos secciones transversales adyacentes y entre dos planos horizontales. De acuerdo con nuestras hipótesis, los esfuerzos cortantes τ que actúan sobre la cara frontal de este elemento son verticales y uniformemente distribuidos de un lado de la viga al otro. Además, del análisis de los esfuerzos cortantes en la sección 1.6, sabemos que los esfuerzos cortantes que actúan sobre un lado de un elemento van acompañados por esfuerzos cortantes de igual magnitud que actúan sobre caras perpendiculares del elemento (véanse las figuras 5-26b y c). Así, se tienen esfuerzos cortantes horizontales entre capas horizontales de la viga y esfuerzos cortantes verticales sobre las secciones transversales. En cualquier punto de la viga, estos esfuerzos cortantes complementarios son iguales en magnitud.

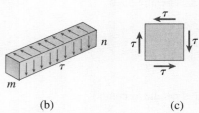

FIG. 5-26 Esfuerzos cortantes en una viga de sección transversal rectangular.

La igualdad de los esfuerzos cortantes horizontales y verticales que actúan sobre un elemento conduce a una conclusión importante respecto a los esfuerzos cortantes en la parte superior e inferior de la viga. Si imaginamos que el elemento *mn* (figura 5-26a) está localizado ya sea en la parte superior o la inferior, vemos que los esfuerzos cortantes horizontales deben desaparecer porque no hay esfuerzos sobre las superficies exteriores de la viga. Se infiere que los esfuerzos cortantes verticales también deben desaparecer en esas posiciones; en otras palabras, $\tau = 0$ donde $y = \pm h/2$.

La existencia de esfuerzos cortantes horizontales en una viga puede demostrarse por medio de un sencillo experimento. Se colocan dos vigas rectangulares idénticas sobre apoyos simples y se cargan con una fuerza P (figura 5-27a). Si la fricción entre las vigas es pequeña, se flexionarán en forma independiente (figura 5-27b). Cada

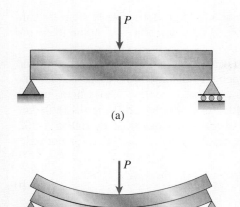

(a)

(b)

FIG. 5-27 Flexión de dos vigas separadas.

viga estará en compresión arriba de su propio eje neutro y en tensión abajo de éste; por lo tanto, la superficie inferior de la viga superior se deslizará con respecto a la superficie superior de la viga inferior.

Supongamos ahora que las dos vigas están pegadas a lo largo de la superficie de contacto, de manera que forman una viga sólida única. Cuando esta viga se carga, deben desarrollarse esfuerzos cortantes horizontales a lo largo de la superficie pegada para impedir el deslizamiento mostrado en la figura 5-27b. Debido a la presencia de estos esfuerzos cortantes, la viga sólida es mucho más rígida y fuerte que las dos vigas separadas.

Obtención de la fórmula del esfuerzo cortante

Ahora estamos listos para obtener una fórmula para los esfuerzos cortantes τ en una viga rectangular. Sin embargo, en vez de evaluar los esfuerzos cortantes verticales que actúan sobre una sección transversal, es más fácil evaluar los esfuerzos cortantes horizontales que actúan entre capas de la viga. Por supuesto, los esfuerzos cortantes verticales tienen la misma magnitud que los esfuerzos cortantes horizontales.

Con este procedimiento en mente, consideremos una viga en flexión no uniforme (figura 5-28a). Tomamos dos secciones transversales adyacentes mn y m_1n_1, a una distancia dx entre ellas y consideramos el **elemento** mm_1n_1n. El momento flexionante y la fuerza cortante que actúan sobre la cara izquierda del elemento se denotan con M y V, respectivamente. Como el momento flexionante y la

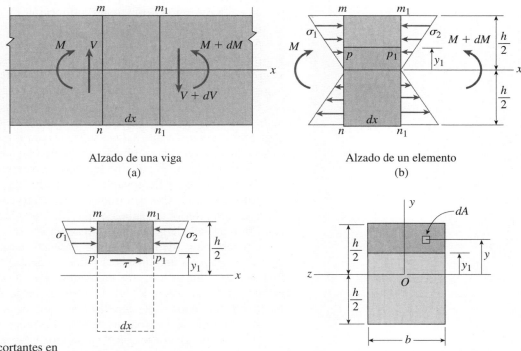

Alzado de una viga
(a)

Alzado de un elemento
(b)

Alzado de un subelemento
(c)

Sección transversal de la viga en el subelemento
(d)

FIG. 5-28 Esfuerzos cortantes en una viga de sección transversal rectangular.

fuerza cortante pueden cambiar a lo largo del eje de la viga, las cantidades correspondientes sobre la cara derecha se denotan $M + dM$ y $V + dV$.

Debido a la presencia de los momentos flexionantes y fuerzas cortantes (figura 5-28a), el elemento está sometido a esfuerzos normales y cortantes sobre ambas caras seccionales. Ahora bien, puesto que sólo necesitamos los esfuerzos normales en la siguiente deducción, sólo se ilustran los esfuerzos normales en la figura 5-28b. Sobre las secciones transversales mn y m_1n_1, los esfuerzos normales son, respectivamente,

$$\sigma_1 = -\frac{My}{I} \quad \text{y} \quad \sigma_2 = -\frac{(M+dM)y}{I} \tag{a,b}$$

tal como son dados por la fórmula de la flexión (ecuación 5-13). En estas expresiones, y es la distancia desde el eje neutro e I es el momento de inercia del área de la sección transversal respecto al eje neutro.

A continuación aislamos un **subelemento** mm_1p_1p pasando un plano horizontal pp_1 a través del elemento mm_1n_1n (figura 5-28b). El plano pp_1 está a una distancia y_1 de la superficie neutra de la viga. El subelemento se presenta por separado en la figura 5-28c. Observamos que su cara superior es parte de la superficie superior de la viga, por lo que está libre de esfuerzos. En su cara inferior (paralela a la superficie neutra y a una distancia y_1 de ella) actúan los esfuerzos cortantes horizontales τ que existen en este nivel de la viga. Sobre sus caras transversales mp y m_1p_1 actúan los esfuerzos de flexión σ_1 y σ_2, respectivamente, producidos por los momentos flexionantes. Los esfuerzos cortantes verticales también actúan sobre las caras transversales, pero no afectan el equilibrio del subelemento en la dirección horizontal (la dirección x), de manera que no se ilustran en la figura 5-28c.

Si los momentos flexionantes en las secciones transversales mn y m_1n_1 (figura 5-28b) son iguales —es decir, si la viga está en flexión pura—, los esfuerzos normales σ_1 y σ_2 que actúan sobre los lados mp y m_1p_1 del subelemento (figura 5-28c) también serán iguales. En estas condiciones, el subelemento estará en equilibrio debido nada más a la acción de los esfuerzos normales, y por tanto los esfuerzos cortantes τ que actúan sobre la cara inferior pp_1 desaparecerán. Esta conclusión es obvia, ya que una viga en flexión pura no tiene fuerza cortante y, por ello, tampoco esfuerzos cortantes.

Si los momentos flexionantes varían a lo largo del eje x (flexión no uniforme), podemos determinar el esfuerzo cortante τ que actúa sobre la cara inferior del subelemento (figura 5-28c) considerando el equilibrio del subelemento en la dirección x.

Comenzamos identificando un elemento de área dA en la *sección transversal* a una distancia y del eje neutro (figura 5-28d). La fuerza que actúa sobre este elemento es σdA, en donde σ es el esfuerzo normal obtenido con la fórmula de la flexión. Si el elemento de área se localiza sobre la cara izquierda mp del subelemento (donde el momento flexionante es M), el esfuerzo normal está dado por la ecuación (a), por lo que el elemento de fuerza es

$$\sigma_1 dA = \frac{My}{I} dA$$

Observe que estamos usando sólo valores absolutos en esta ecuación porque las direcciones de los esfuerzos son obvias a partir de la figura. La suma de estos elementos de fuerza sobre el área de la cara mp del subelemento (figura 5-28c) da la fuerza horizontal total F_1 que actúa sobre esa cara:

$$F_1 = \int \sigma_1 \, dA = \int \frac{My}{I} \, dA \qquad \text{(c)}$$

Observe que esta integración se lleva a cabo sobre el área de la parte sombreada de la sección transversal mostrada en la figura 5-28d; es decir, sobre el área de la sección transversal de $y = y_1$ a $y = h/2$.

La fuerza F_1 se presenta en la figura 5-29 sobre un diagrama parcial de cuerpo libre del subelemento (las fuerzas verticales se omitieron).

De manera similar, encontramos que la fuerza total F_2 que actúa sobre la cara derecha $m_1 p_1$ del subelemento (figura 5-29 y figura 5-28 c) es

$$F_2 = \int \sigma_2 \, dA = \int \frac{(M+dM)y}{I} \, dA \qquad \text{(d)}$$

Conocidas las fuerzas F_1 y F_2, podemos determinar la fuerza horizontal F_3 que actúa sobre la cara inferior del subelemento.

Puesto que éste se encuentra en equilibrio, podemos sumar fuerzas en la dirección x y obtener

$$F_3 = F_2 - F_1 \qquad \text{(e)}$$

o

$$F_3 = \int \frac{(M + dM)y}{I} \, dA - \int \frac{My}{I} \, dA = \int \frac{(dM)y}{I} \, dA$$

Las cantidades dM e I en el último término pueden salir de la integral por ser constantes en cualquier sección transversal y no intervienen en la integración. Entonces, la expresión para la fuerza F_3 es

$$F_3 = \frac{dM}{I} \int y \, dA \qquad \text{(5-33)}$$

Si los esfuerzos cortantes τ se distribuyen uniformemente a través del ancho b de la viga, la fuerza F_3 también es igual a lo siguiente:

$$F_3 = \tau b \, dx \qquad \text{(5-34)}$$

en donde $b \, dx$ es el área de la cara inferior del subelemento.

Combinamos las ecuaciones (5-33) y (5-34), despejamos el esfuerzo cortante τ y obtenemos

$$\tau = \frac{dM}{dx} \left(\frac{1}{Ib} \right) \int y \, dA \qquad \text{(5-35)}$$

La cantidad dM/dx es igual a la fuerza cortante V (véase la ecuación 4-6) y por lo cual la expresión anterior se convierte en

$$\tau = \frac{V}{Ib} \int y \, dA \qquad \text{(5-36)}$$

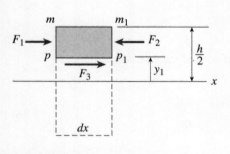

FIG. 5-29 Diagrama parcial de cuerpo libre del subelemento que muestra todas las fuerzas horizontales (compare con la figura 5-28 c).

La integral en esta ecuación se evalúa sobre la parte sombreada de la sección transversal (figura 5-28d), como ya se explicó. Así, la integral es el momento estático del área sombreada con respecto al eje neutro (eje z); en otras palabras, *la integral es el momento estático del área transversal arriba del nivel en el cual se está evaluando el esfuerzo cortante* τ. Generalmente, este primer momento estático se denota con el símbolo Q:

$$Q = \int y \, dA \qquad (5\text{-}37)$$

Con esta notación, la ecuación para el esfuerzo cortante es

$$\tau = \frac{VQ}{Ib} \qquad (5\text{-}38)$$

Esta ecuación, conocida como **fórmula del cortante**, puede usarse para determinar el esfuerzo cortante τ en cualquier punto en la sección transversal de una viga rectangular. Observe que para una sección transversal específica, la fuerza cortante V, el momento de inercia I y el ancho b son constantes; sin embargo, el momento estático Q (y por consiguiente, el esfuerzo cortante τ) varía con la distancia y_1 desde el eje neutro.

Cálculo del momento estático Q

Si el nivel en que se va a determinar el esfuerzo cortante está arriba del eje neutro, como se muestra en la figura 5-28d, es natural obtener Q calculando el momento estático del área transversal *arriba* de ese nivel (el área sombreada en la figura). Sin embargo, como alternativa, podríamos calcular el momento estático del área transversal remanente; es decir, el área *abajo* del área sombreada. Su momento estático es igual al negativo de Q.

La explicación estriba en el hecho de que el momento estático de toda el área transversal con respecto al eje neutro es igual a cero (porque el eje neutro pasa por el centroide); por tanto, el valor de Q para el área debajo del nivel y_1 es el negativo de Q para el área arriba de este nivel. Por conveniencia, solemos utilizar el área arriba del nivel y_1 cuando el punto donde queremos encontrar el esfuerzo cortante está en la parte superior de la viga, y usamos el área debajo del nivel y_1 cuando el punto está en la parte inferior de la viga.

Además, por lo general no ponemos mucha atención en las convenciones de signos para V y Q; más bien, tratamos todos los términos en la fórmula del cortante como cantidades positivas y hallamos la dirección de los esfuerzos cortantes por inspección, ya que los esfuerzos actúan en la misma dirección que la fuerza cortante V. Este procedimiento para determinar los esfuerzos cortantes se ilustra posteriormente en el ejemplo 5-11.

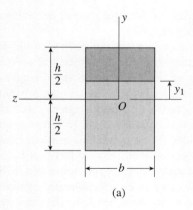

(a)

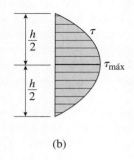

(b)

FIG. 5-30 Distribución de los esfuerzos cortantes en una viga de sección transversal rectangular: (a) sección transversal de la viga y (b) diagrama que muestra la distribución parabólica de los esfuerzos cortantes sobre la altura de la viga.

Distribución de los esfuerzos cortantes en una viga rectangular

Ahora podemos determinar la distribución de los esfuerzos cortantes en una viga de sección transversal rectangular (figura 5-30a). El momento estático Q de la parte sombreada del área de la sección transversal se obtiene multiplicando el área por la distancia de su propio centroide al eje neutro:

$$Q = b\left(\frac{h}{2} - y_1\right)\left(y_1 + \frac{h/2 - y_1}{2}\right) = \frac{b}{2}\left(\frac{h^2}{4} - y_1^2\right) \qquad \text{(f)}$$

Por supuesto, este mismo resultado puede obtenerse por integración usando la ecuación (5-37):

$$Q = \int y \, dA = \int_{y_1}^{h/2} yb \, dy = \frac{b}{2}\left(\frac{h^2}{4} - y_1^2\right) \qquad \text{(g)}$$

Sustituimos la expresión para Q en la fórmula del cortante (ecuación 5-38) y obtenemos

$$\tau = \frac{V}{2I}\left(\frac{h^2}{4} - y_1^2\right) \qquad \text{(5-39)}$$

Esta ecuación muestra que los esfuerzos cortantes en una viga rectangular varían cuadráticamente con la distancia y_1 desde el eje neutro. Al graficarlo a lo largo del peralte de la viga, τ varía como se ve en la figura 5-30b. Observe que el esfuerzo cortante es cero cuando $y_1 = \pm h/2$.

El valor máximo del esfuerzo cortante ocurre en el eje neutro ($y_1 = 0$) donde el momento estático Q tiene su valor máximo. Sustituimos $y_1 = 0$ en la ecuación (5-39) y obtenemos

$$\tau_{\text{máx}} = \frac{Vh^2}{8I} = \frac{3V}{2A} \qquad \text{(5-40)}$$

en donde $A = bh$ es el área de la sección transversal. Así, el esfuerzo cortante máximo en una viga de sección transversal rectangular es 50 % mayor que el esfuerzo cortante promedio V/A.

Observe de nuevo que las ecuaciones anteriores para los esfuerzos cortantes pueden usarse en el cálculo de los esfuerzos cortantes verticales que actúan sobre las secciones transversales o de los esfuerzos cortantes horizontales que actúan entre capas horizontales de la viga.*

Limitantes

Las fórmulas para los esfuerzos cortantes presentadas en esta sección están sometidas a las mismas restricciones que la fórmula de la

---

*El ingeniero ruso D. J. Jourawski desarrolló el análisis del esfuerzo cortante presentado en esta sección (Refs. 5-7 y 5-8).

flexión de la cual se obtuvieron; son válidas para vigas de materiales elástico lineales con deflexiones pequeñas.

En el caso de vigas rectangulares, la exactitud de la fórmula del cortante depende de la razón peralte-ancho de la sección transversal. La fórmula puede considerarse exacta para vigas muy angostas (peralte h mucho mayor que el ancho b), pero se vuelve menos exacta al aumentar b respecto a h; por ejemplo, cuando la viga es cuadrada ($b = h$), el esfuerzo cortante máximo verdadero es un 13% mayor que el valor dado por la ecuación (5-40). (Para un análisis más completo de las limitaciones de la fórmula del cortante, véase la Ref. 5-9.)

Un error común es aplicar la fórmula del cortante (ecuación 5-38) a secciones transversales para las cuales no es aplicable; por ejemplo, no funciona en secciones de forma triangular o semicircular. Para evitar el mal uso de esta fórmula, debemos tener en mente las siguientes hipótesis planteadas al deducirla: 1) Los bordes de la sección transversal deben ser paralelos al eje y (de manera que los esfuerzos cortantes actúen en paralelo al eje y) y 2) los esfuerzos cortantes deben ser uniformes a través del ancho de la sección transversal. Estas hipótesis se cumplen sólo en ciertos casos, como en los analizados en esta sección y en las dos siguientes.

Por último, la fórmula del cortante se aplica sólo a vigas prismáticas; si una viga no lo es (por ejemplo, si es ahusada), los esfuerzos cortantes son bastante diferentes de los predichos por las fórmulas dadas aquí (Refs. 5-9 y 5-10).

Efectos de las deformaciones cortantes

Puesto que el esfuerzo cortante τ varía parabólicamente sobre el peralte de una viga rectangular, se infiere que la deformación unitaria cortante $\gamma = \tau/G$ varía de igual forma. Como resultado de esas deformaciones unitarias cortantes, las secciones transversales de la viga, que eran superficies planas en un inicio, resultan alabeadas. Este alabeo se muestra en la figura 5-31, en la que las secciones transversales mn y pq, planas al principio, se han vuelto las superficies curvas m_1n_1 y p_1q_1, en que la deformación unitaria cortante máxima se presenta en la superficie neutra. En los puntos m_1, p_1, n_1 y q_1 la deformación unitaria cortante es cero, por lo que las curvas m_1n_1 y p_1q_1 son perpendiculares a las superficies superior e inferior de la viga.

Si la fuerza cortante V es constante a lo largo del eje de la viga, el alabeo es el mismo en cada sección transversal; por tanto, las deformaciones unitarias cortantes no afectan el alargamiento y el acortamiento de los elementos longitudinales debidos a los momentos flexionantes y la distribución de los esfuerzos normales es la misma que en la flexión pura. Además, investigaciones detalladas que han usado métodos avanzados de análisis muestran que el alabeo de las secciones transversales por deformaciones unitarias cortantes no afecta sustancialmente a las deformaciones unitarias longitudinales, aun cuando la fuerza cortante varíe continuamente a lo largo de la longitud. Entonces, en casi toda condición, se justifica usar la fórmula de la flexión (ecuación 5-13) para flexión no uniforme, aunque se haya obtenido para flexión pura.

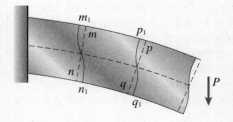

FIG. 5-31 Alabeo de las secciones transversales de una viga debido a las deformaciones unitarias cortantes.

Ejemplo 5-11

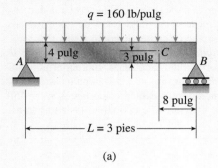

(a)

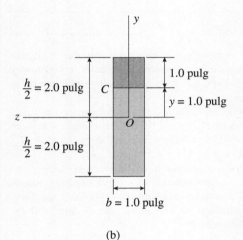

(b)

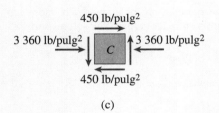

(c)

FIG. 5-32 Ejemplo 5-11. (a) Viga simple con carga uniforme; (b) sección transversal de la viga y (c) elemento de esfuerzo que muestra los esfuerzos normales y cortantes en el punto C.

Una viga metálica con claro $L = 3$ pies está simplemente apoyada en los puntos A y B (figura 5-32a). La carga uniforme sobre la viga (incluido su peso) es $q = 160$ lb/pulg. La sección transversal de la viga es rectangular (figura 5-32b) con ancho $b = 1$ pulg y peralte $h = 4$ pulg. La viga está bien apuntalada contra pandeo lateral.

Determinar los esfuerzos normal σ_C y cortante τ_C en el punto C, localizado a 1 pulg debajo de la parte superior de la viga y a 8 pulg del apoyo derecho. Muestre estos esfuerzos en un croquis de un elemento de esfuerzo en el punto C.

Solución

Fuerza cortante y momento flexionante. La fuerza cortante V_C y el momento flexionante M_C en la sección transversal que pasa por el punto C. se encuentran mediante los métodos descritos en el capítulo 4. Los resultados son

$$M_C = 17\,920 \text{ lb-pulg} \qquad V_C = -1\,600 \text{ lb}$$

Los signos de estas cantidades se basan en las convenciones de signos estándares para momentos flexionantes y fuerzas cortantes (figura 4-5).

Momento de inercia. El momento de inercia del área de la sección transversal respecto al eje neutro (eje z en la figura 5-32b) es

$$I = \frac{bh^3}{12} = \frac{1}{12}(1.0 \text{ pulg})(4.0 \text{ pulg})^3 = 5.333 \text{ pulg}^4$$

Esfuerzo normal en el punto C. El esfuerzo normal en el punto C se encuentra con la fórmula de la flexión (ecuación 5-13), con la distancia y desde el eje neutro igual a 1.0 pulg; tenemos entonces

$$\sigma_C = -\frac{My}{I} = -\frac{(17\,920 \text{ lb-pulg})(1.0 \text{ pulg})}{5.333 \text{ pulg}^4} = -3\,360 \text{ lb/pulg}^2 \quad \Longleftarrow$$

El signo negativo indica que el esfuerzo es de compresión, como era de esperarse.

Esfuerzo cortante en el punto C. Para obtener el esfuerzo cortante en el punto C, necesitamos evaluar el momento estático Q_C del área de la sección transversal arriba del punto C (figura 5-32b). Este momento estático es igual al producto del área (denotada con A_C) y su distancia centroidal (denotada con y_C) desde el eje z; entonces,

$$A_C = (1.0 \text{ pulg})(1.0 \text{ pulg}) = 1.0 \text{ pulg}^2 \qquad y_C = 1.5 \text{ pulg}$$

$$Q_C = A_C y_C = 1.5 \text{ pulg}^3$$

Ahora sustituimos los valores numéricos en la fórmula del cortante (ecuación 5-38) y obtenemos la magnitud del esfuerzo cortante:

$$\tau_C = \frac{V_C Q_C}{Ib} = \frac{(1\,600 \text{ lb})(1.5 \text{ pulg}^3)}{(5.333 \text{ pulg}^4)(1.0 \text{ pulg})} = 450 \text{ lb/pulg}^2 \quad \Longleftarrow$$

continúa

La dirección de este esfuerzo puede establecerse por inspección porque actúa en la misma dirección que la fuerza cortante. En este ejemplo, la fuerza cortante actúa hacia arriba en la parte de la viga que está a la izquierda del punto C, y hacia abajo en la parte de la viga que está a la derecha del punto C. La mejor manera de mostrar las direcciones de los esfuerzos normal y cortante es dibujar un elemento de esfuerzo, como sigue.

Elemento de esfuerzo en el punto C. El elemento de esfuerzo, que se muestra en la figura 5-32c, está cortado del lado de la viga en el punto C (figura 5-32a). Los esfuerzos de compresión $\sigma_C = 3\,360$ lb/pulg^2 actúan sobre las caras transversales del elemento y los esfuerzos cortantes $\tau_C = 450$ lb/pulg^2, sobre las caras superior e inferior así como sobre las caras transversales.

Ejemplo 5-12

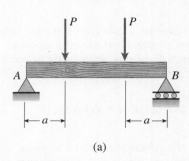

(a)

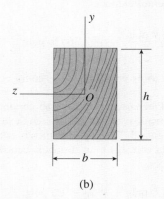

(b)

FIG. 5-33 Ejemplo 5-12. Viga de madera con cargas concentradas.

Una viga de madera AB que sostiene dos cargas concentradas P (figura 5-33a) tiene una sección transversal rectangular de ancho $b = 100$ mm y peralte $h = 150$ mm (figura 5-33b). Las distancias de los extremos de la viga a las cargas son $a = 0.5$ m.

Determinar el valor permisible máximo $P_{\text{máx}}$ de las cargas si el esfuerzo permisible por flexión es $\sigma_{\text{perm}} = 11$ MPa (en compresión y en tensión) y el esfuerzo permisible en cortante horizontal es $\tau_{\text{perm}} = 1.2$ MPa. (Despreciar el peso de la viga.)

Nota: Las vigas de madera son mucho más débiles en *cortante horizontal* (cortante paralelo a las fibras longitudinales de la madera) que en *cortante transversal de contra-hilo* (cortante sobre las secciones transversales); en consecuencia, generalmente se considera para el diseño el esfuerzo permisible en cortante horizontal.

Solución

La fuerza cortante máxima se presenta en los apoyos y el momento flexionante máximo, en toda la región entre las cargas. Sus valores son

$$V_{\text{máx}} = P \qquad M_{\text{máx}} = Pa$$

El módulo de sección S y el área transversal A son

$$S = \frac{bh^2}{6} \qquad A = bh$$

Los esfuerzos máximos normal y cortante en la viga se obtienen con las fórmulas de la flexión y el cortante (ecuaciones. 5-16 y 5-40):

$$\sigma_{\text{máx}} = \frac{M_{\text{máx}}}{S} = \frac{6Pa}{bh^2} \qquad \tau_{\text{máx}} = \frac{3V_{\text{máx}}}{2A} = \frac{3P}{2bh}$$

Por tanto, los respectivos valores permisibles máximos para la carga P en flexión y cortante, son

$$P_{\text{flexión}} = \frac{\sigma_{\text{perm}} bh^2}{6a} \qquad P_{\text{cortante}} = \frac{2\tau_{\text{perm}} bh}{3}$$

Sustituimos los valores numéricos en estas fórmulas y obtenemos

$$P_{\text{flexión}} = \frac{(11 \text{ MPa})(100 \text{ mm})(150 \text{ mm})^2}{6(0.5 \text{ m})} = 8.25 \text{ kN}$$

$$P_{\text{cortante}} = \frac{2(1.2 \text{ MPa})(100 \text{ mm})(150 \text{ mm})}{3} = 12.0 \text{ kN}$$

Así, el esfuerzo flexionante rige el diseño y la carga permisible máxima es

$$P_{\text{máx}} = 8.25 \text{ kN} \qquad \longleftarrow$$

Un análisis más completo de esta viga requeriría incluir el peso de la viga, lo que reduciría la carga permisible.

Notas: 1) En este ejemplo, los esfuerzos normales máximos y los esfuerzos cortantes máximos no se presentan en la misma posición en la viga; el esfuerzo normal es máximo en la región central de la viga en las partes superior e inferior de la sección transversal y el esfuerzo cortante es máximo cerca de los apoyos en el eje neutro de la sección transversal.

2) En la mayoría de las vigas, los esfuerzos de flexión (no los esfuerzos cortantes) rigen la carga permisible, como en este ejemplo.

3) Aunque la madera no es un material homogéneo y a menudo se aleja de un comportamiento elástico lineal, podemos obtener buenos resultados aproximados con las fórmulas de la flexión y el cortante. Esos resultados aproximados suelen ser adecuados para diseñar vigas de madera.

5.9 ESFUERZOS CORTANTES EN VIGAS DE SECCIÓN TRANSVERSAL CIRCULAR

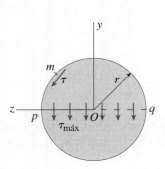

FIG. 5-34 Esfuerzos cortantes que actúan sobre la sección transversal de una viga circular.

Cuando una viga tiene una **sección transversal circular** (figura 5-34), no podemos suponer que los esfuerzos cortantes actúen paralelos al eje *y*; por ejemplo, es fácil demostrar que en el punto *m* (sobre el borde de la sección transversal), el esfuerzo cortante τ debe actuar *tangencialmente* al borde. Esta observación se deriva del hecho de que la superficie exterior de la viga está libre de esfuerzo, de modo que el esfuerzo cortante que actúa sobre la sección transversal no puede tener un componente en dirección radial.

Aunque no hay una manera simple de encontrar los esfuerzos cortantes que actúan sobre toda la sección transversal, podemos determinarlos con facilidad en el eje neutro (donde los esfuerzos son máximos) mediante algunas hipótesis razonables sobre la distribución de los esfuerzos. Suponemos que los esfuerzos actúan en paralelo al eje *y* y que tienen intensidad constante a través del ancho de la viga (del punto *p* al punto *q* en la figura 5-34). Como éstas hipótesis son las mismas que las usadas para obtener la fórmula $\tau = VQ/Ib$ (ecuación 5-38), podemos utilizar la fórmula del cortante en el cálculo de los esfuerzos en el eje neutro.

Para usarlas en la fórmula del cortante, necesitamos las siguientes propiedades de una sección transversal circular de radio r:

$$I = \frac{\pi r^4}{4} \qquad Q = A\bar{y} = \left(\frac{\pi r^2}{2}\right)\left(\frac{4r}{3\pi}\right) = \frac{2r^3}{3} \qquad b = 2r \qquad \text{(5-41a, b)}$$

La expresión para el momento de inercia I se toma del Caso 9 del apéndice D y la expresión para el momento estático Q se basa en las fórmulas para un semicírculo (Caso 10, apéndice D). Sustituimos estas expresiones en la fórmula del cortante y obtenemos

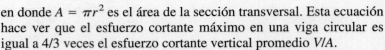

$$\tau_{\text{máx}} = \frac{VQ}{Ib} = \frac{V(2r^3/3)}{(\pi r^4/4)(2r)} = \frac{4V}{3\pi r^2} = \frac{4V}{3A} \qquad \text{(5-42)}$$

en donde $A = \pi r^2$ es el área de la sección transversal. Esta ecuación hace ver que el esfuerzo cortante máximo en una viga circular es igual a 4/3 veces el esfuerzo cortante vertical promedio V/A.

Si una viga tiene una **sección transversal circular hueca** (figura 5-35), podemos suponer de nuevo con exactitud razonable que los esfuerzos cortantes en el eje neutro son paralelos al eje y y que están uniformemente distribuidos a través de la sección. En consecuencia, podemos volver a usar la fórmula del cortante para encontrar los esfuerzos máximos. Las propiedades requeridas de la sección circular hueca son

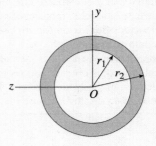

FIG. 5-35 Sección transversal circular hueca.

$$I = \frac{\pi}{4}\left(r_2^4 - r_1^4\right) \qquad Q = \frac{2}{3}\left(r_2^3 - r_1^3\right) \qquad b = 2(r_2 - r_1) \qquad \text{(5-43a, b, c)}$$

en donde r_1 y r_2 son los radios interno y externo de la sección transversal; por tanto, el esfuerzo máximo es

$$\tau_{\text{máx}} = \frac{VQ}{Ib} = \frac{4V}{3A}\left(\frac{r_2^2 + r_2 r_1 + r_1^2}{r_2^2 + r_1^2}\right) \qquad \text{(5-44)}$$

en donde

$$A = \pi\left(r_2^2 - r_1^2\right)$$

es el área de la sección transversal. Nótese que si $r_1 = 0$, la ecuación (5-44) se reduce a la ecuación (5-42) para una viga circular sólida.

Aunque la teoría anterior para esfuerzos cortantes en vigas de sección transversal circular es aproximada, da resultados que sólo difieren en un pequeño porcentaje de los obtenidos mediante la teoría exacta de la elasticidad (Ref. 5-9). En consecuencia, las ecuaciones (5-42) y (5-44) son útiles para determinar los esfuerzos cortantes máximos en vigas circulares en circunstancias ordinarias.

Ejemplo 5-13

Un poste vertical es un tubo redondo de diámetro exterior $d_2 = 4.0$ pulg y diámetro interior $d_1 = 3.2$ pulg; está cargado con una fuerza horizontal $P = 1\,500$ lb (figura 5-36a).

a) Calcular el esfuerzo cortante máximo en el poste.

b) Para la misma carga P y el mismo esfuerzo cortante, ¿cuál es el diámetro d_0 de un poste redondo macizo (figura 5-36b)?

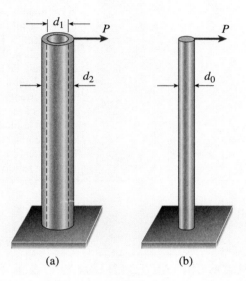

FIG. 5-36 Ejemplo 5-13. Esfuerzos cortantes en vigas de sección transversal redonda.

(a)   (b)

Solución

a) *Esfuerzo cortante máximo.* Para el poste con sección transversal circular hueca (figura 5-36a), se aplica la ecuación (5-44) con la fuerza cortante V sustituida por la carga P, y el área transversal A sustituida por la expresión $\pi(r_2^2 - r_1^2)$; así,

$$\tau_{\text{máx}} = \frac{4P}{3\pi}\left(\frac{r_2^2 + r_2 r_1 + r_1^2}{r_2^4 - r_1^4}\right) \qquad \text{(a)}$$

A continuación se sustituyen los valores numéricos, que son,

$$P = 1\,500 \text{ lb} \qquad r_2 = d_2/2 = 2.0 \text{ pulg} \qquad r_1 = d_1/2 = 1.6 \text{ pulg}$$

y con ellos obtenemos

$$\tau_{\text{máx}} = 658 \text{ lb/pulg}^2 \qquad \longleftarrow$$

que es el esfuerzo cortante máximo en el poste.

b) *Diámetro del poste redondo macizo.* Para el poste con sección transversal redonda maciza (figura 5-36b), se aplica la ecuación (5-42) sustituyendo a V por P y a r por $d_0/2$:

$$\tau_{\text{máx}} = \frac{4P}{3\pi(d_0/2)^2} \qquad \text{(b)}$$

continúa

Despejamos a d_0:

$$d_0^2 = \frac{16P}{3\pi\tau_{\text{máx}}} = \frac{16(1\,500\text{ lb})}{3\pi(658\text{ lb/pulg}^2)} = 3.87\text{ pulg}^2$$

de donde se obtiene

$$d_0 = 1.97\text{ pulg} \qquad \longleftarrow$$

En este ejemplo en particular, el poste macizo redondo tiene un diámetro aproximadamente igual a la mitad del poste tubular.

Nota: casi nunca determinan los esfuerzos cortantes el diseño de vigas redondas o rectangulares fabricadas con metales como acero o aluminio. En estos materiales, el esfuerzo cortante permisible está entre los límites aproximados de 25 a 50% del esfuerzo permisible de tensión. En el caso del poste tubular en este ejemplo, el esfuerzo cortante máximo sólo es de 658 lb/pulg². En contraste, el esfuerzo flexionante máximo, calculado con la fórmula de la flexión, es 9700 lb/pulg², para un poste relativamente corto de 24 pulg de longitud. Así, a medida que aumenta la carga, se alcanzará el esfuerzo admisible a la tensión mucho antes de alcanzar el esfuerzo admisible al cortante.

El caso es muy distinto con materiales débiles al corte, como por ejemplo la madera. Para una viga normal de madera, el esfuerzo permisible en corte horizontal está entre los límites de 4 a 10% del esfuerzo permisible de flexión. En consecuencia, aunque el esfuerzo cortante máximo tenga un valor relativamente bajo, a veces es el que determina el diseño.

5.10 ESFUERZOS CORTANTES EN LAS ALMAS DE VIGAS CON PATINES

Cuando una viga de patín ancho (figura 5-37a) está sometida a fuerzas cortantes y a momentos flexionantes (flexión no uniforme), se desarrollan esfuerzos normales y cortantes en sus secciones transversales. La distribución de los esfuerzos cortantes en una viga de patín ancho es más complicada que en una viga rectangular; por ejemplo, los esfuerzos cortantes en los patines de la viga actúan tanto en dirección vertical como en dirección horizontal (direcciones y y z), como indican las pequeñas flechas en la figura (5-37b). Los esfuerzos cortantes horizontales, que son mucho mayores que los esfuerzos cortantes verticales en los patines, se estudiarán en la sección 6.7.

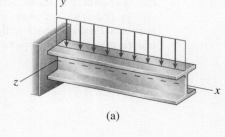

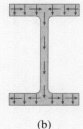

FIG. 5-37 (a) Viga de patín ancho y (b) sentidos de los esfuerzos cortantes que actúan sobre una sección transversal.

(a)

(b)

Los esfuerzos cortantes en el alma de una viga de patín ancho, actúan sólo en la dirección vertical y son mayores que los esfuerzos en los patines. Estos esfuerzos pueden encontrarse con los procedimientos usados para hallar los esfuerzos cortantes en vigas rectangulares.

Esfuerzos cortantes en el alma

Comencemos el análisis determinando los esfuerzos cortantes en el nivel *ef* en el alma de una viga de patín ancho (figura 5-38a). Plantearemos las mismas hipótesis que para el caso de una viga rectangular; es decir, supondremos que los esfuerzos cortantes actúan paralelos al eje *y* y que se distribuyen de manera uniforme a través del espesor del alma. Entonces la fórmula $\tau = VQ/Ib$ aún es aplicable; sin embargo, el ancho *b* ahora es el espesor *t* del alma y el área utilizada al calcular el momento estático Q es el área entre la línea *ef* y el borde superior de la sección transversal (indicada por el área sombreada en la figura 5-38a).

Al obtener el momento estático Q del área sombreada, despreciaremos los efectos de los pequeños filetes en la unión del alma y patines (puntos *b* y *c* en la figura 5-38a). El error al ignorar las áreas de estos filetes es muy pequeño. Después dividiremos el área sombreada en dos rectángulos. El primer rectángulo es el patín superior, cuya área es

$$A_1 = b\left(\frac{h}{2} - \frac{h_1}{2}\right) \qquad (a)$$

en donde *b* es el ancho del patín, *h* es el peralte total de la viga y h_1 es la distancia entre los paños interiores de los patines. El segundo rectángulo es la parte del alma entre *ef* y el patín; es decir, el rectángulo *efcb*, cuya área es

$$A_2 = t\left(\frac{h_1}{2} - y_1\right) \qquad (b)$$

en donde *t* es el espesor del alma y y_1 es la distancia del eje neutro a la línea *ef*.

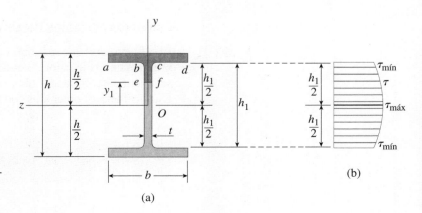

FIG. 5-38 Esfuerzos cortantes en el alma de una viga de patín ancho. (a) Sección transversal de la viga y (b) distribución de los esfuerzos cortantes verticales en el alma.

Los momentos estáticos de las áreas A_1 y A_2, evaluados respecto al eje neutro, se obtienen multiplicando estas áreas por las distancias desde sus respectivos centroides al eje z. Al sumar estos momentos estáticos se obtiene el momento estático Q del área combinada:

$$Q = A_1\left(\frac{h_1}{2} + \frac{h/2 - h_1/2}{2}\right) + A_2\left(y_1 + \frac{h_1/2 - y_1}{2}\right)$$

Al sustituir la A_1 y la A_2 de las ecuaciones (a) y (b) y luego simplificar, obtenemos

$$Q = \frac{b}{8}(h^2 - h_1^2) + \frac{t}{8}(h_1^2 - 4y_1^2) \tag{5-45}$$

Por tanto, el esfuerzo cortante τ en el alma de la viga a la distancia y_1 del eje neutro es

$$\tau = \frac{VQ}{It} = \frac{V}{8It}\left[b(h^2 - h_1^2) + t(h_1^2 - 4y_1^2)\right] \tag{5-46}$$

en donde el momento de inercia de la sección transversal es

$$I = \frac{bh^3}{12} - \frac{(b-t)h_1^3}{12} = \frac{1}{12}(bh^3 - bh_1^3 + th_1^3) \tag{5-47}$$

Puesto que todas las cantidades en la ecuación (5-46) son constantes excepto y_1, vemos de inmediato que τ varía cuadráticamente sobre el peralte del alma, como ilustra la gráfica en la figura 5-38b. Observe que la gráfica está dibujada sólo para el alma y no se incluyen los patines; la razón es simple, la ecuación (5-46) no sirve para Jetermi-nar los esfuerzos cortantes verticales en los patines de la viga (véase la subsección "Limitantes" en esta sección).

Esfuerzos cortantes máximos y mínimos

El esfuerzo cortante máximo en el alma de una viga de patín ancho se presenta en el eje neutro, donde $y_1 = 0$ y el esfuerzo cortante mínimo se manifiesta donde el alma encuentra los patines ($y_1 = \pm h_1/2$). Estos esfuerzos, obtenidos con la ecuación (5-46), son

$$\tau_{\text{máx}} = \frac{V}{8It}(bh^2 - bh_1^2 + th_1^2) \qquad \tau_{\text{mín}} = \frac{Vb}{8It}(h^2 - h_1^2) \tag{5-48a, b}$$

En la gráfica de la figura 5-38b están marcados con $\tau_{máx}$ y $\tau_{mín}$. Para vigas comunes de patín ancho, el esfuerzo máximo en el alma es entre 10 y 60% mayor que el esfuerzo mínimo.

Aunque no es evidente del análisis anterior, el esfuerzo $\tau_{máx}$ dado por la ecuación (5-48a) no sólo es el esfuerzo cortante máximo en el alma, sino también el esfuerzo cortante máximo en cualquier parte de la viga.

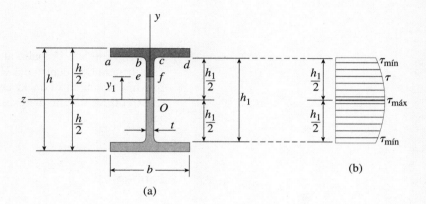

FIG. 5-38 (Repetición). Esfuerzos cortantes en el alma de una viga de patín ancho. (a) Sección transversal de la viga y (b) distribución de los esfuerzos cortantes verticales en el alma.

Fuerza cortante en el alma

La fuerza cortante vertical tomada nada más por el alma puede determinarse multiplicando el área del diagrama de esfuerzos cortantes (figura 5-38b) por el espesor t del alma. El diagrama de esfuerzos cortantes consta de dos partes, un rectángulo de área $h_1\tau_{mín}$ y un segmento parabólico del área

$$\frac{2}{3}(h_1)(\tau_{máx} - \tau_{mín})$$

Sumamos ambas áreas, multiplicamos por el espesor t del alma, combinamos términos y obtenemos la fuerza cortante total en el alma:

$$V_{alma} = \frac{th_1}{3}(2\tau_{máx} + \tau_{mín}) \tag{5-49}$$

Para vigas de proporciones habituales, la fuerza cortante en el alma es entre 90 y 98% de la fuerza cortante total V sobre la sección transversal; los patines toman el resto del cortante.

Como el alma resiste la mayoría de la fuerza cortante, a menudo los ingenieros aproximan el cálculo del valor del esfuerzo cortante máximo dividiendo la fuerza cortante total entre el área del alma. El resultado es el esfuerzo cortante promedio en el alma, suponiendo que el alma toma *toda* la fuerza cortante:

$$\tau_{\text{prom}} = \frac{V}{th_1} \qquad (5\text{-}50)$$

Para vigas típicas de patín ancho, el esfuerzo promedio calculado de esta manera está dentro del 10% (más o menos) del esfuerzo cortante máximo calculado con la ecuación (5-48a). Así pues, la ecuación (5-50) ofrece una manera simple de estimar el esfuerzo cortante máximo.

Limitantes

La teoría elemental del cortante presentada en esta sección sirve para hallar los esfuerzos cortantes verticales en el alma de una viga de patín ancho; sin embargo, al investigar los esfuerzos cortantes verticales en los patines, no podemos suponer que los esfuerzos cortantes son constantes a través del ancho de la sección; es decir, a través del ancho *b* de los patines (figura 5-38a). Así pues, no podemos usar la fórmula del cortante para determinarlos.

Para enfatizar este punto, consideremos la unión del alma y el patín superior ($y_1 = h_1/2$), donde el ancho de la sección cambia en forma abrupta de *t* a *b*. Los esfuerzos cortantes sobre las superficies libres *ab* y *cd* (figura 5-38a) deben ser cero, mientras que los esfuerzos cortantes a través del alma en la línea *bc* es $\tau_{\text{mín}}$. Estas observaciones indican que la distribución de los esfuerzos cortantes en la unión del alma y el patín es bastante compleja y no puede investigarse siguiendo métodos elementales. El análisis de los esfuerzos se complica más aún por el uso de filetes en las esquinas reentrantes (esquinas *b* y *c*). Los filetes son necesarios para prevenir que los esfuerzos se vuelvan peligrosamente grandes, pero también alteran la distribución de los esfuerzos a través del alma.

Concluimos entonces que la fórmula del cortante no puede usarse para determinar los esfuerzos cortantes verticales en los patines, aunque da buenos resultados para los esfuerzos cortantes que actúan *horizontalmente* en los patines (figura 5-37b), como se verá después en la sección 6.8.

El método descrito arriba para determinar los esfuerzos cortantes en las almas de vigas de patín ancho también puede usarse en otras secciones que tengan almas delgadas. El ejemplo 5-15 ilustra el procedimiento para una viga T.

Ejemplo 5-14

Una viga de patín ancho (figura 5.39) está sometida a una fuerza cortante vertical $V = 45$ kN. Sus dimensiones transversales son $b = 165$ mm, $t = 7.5$ mm, $h = 320$ mm, y $h_1 = 290$ mm.

Calcular los esfuerzos cortantes máximo y mínimo, y la fuerza cortante total en el alma (ignore las áreas de los filetes en sus cálculos).

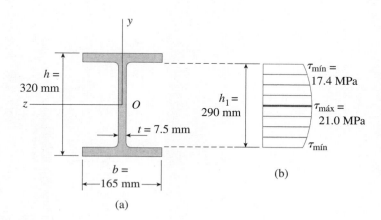

FIG. 5-39 Ejemplo 5-14. Esfuerzos cortantes en el alma de una viga de patín ancho.

Solución

Esfuerzos cortantes máximo y mínimo. Estos esfuerzos en el alma de la viga se calculan con las ecuaciones (5-48a) y (5-48b). Antes de sustituir en ellas, se calcula el momento de inercia del área transversal con la ecuación (5-47):

$$I = \frac{1}{12}(bh^3 - bh_1^3 + th_1^3) = 130.45 \times 10^6 \text{ mm}^4$$

Ahora se sustituye este valor de I, y también los valores numéricos de la fuerza de corte V y de las dimensiones transversales, en las ecuaciones (5-48a) y (5-48b):

$$\tau_{\text{máx}} = \frac{V}{8It}(bh^2 - bh_1^2 + th_1^2) = 21.0 \text{ MPa} \quad \Longleftarrow$$

$$\tau_{\text{mín}} = \frac{Vb}{8It}(h^2 - h_1^2) = 17.4 \text{ MPa} \quad \Longleftarrow$$

En este caso, la relación de $\tau_{\text{máx}}$ con $\tau_{\text{mín}}$ es 1.21; es decir, el esfuerzo máximo en el alma es 21% mayor que el mínimo. En la figura 5-39b se ve la variación de los esfuerzos cortantes para el peralte h_1 del alma.

Fuerza cortante total. La fuerza cortante en el alma se calcula con la ecuación (5.49) como sigue:

$$V_{\text{alma}} = \frac{th_1}{3}(2\tau_{\text{máx}} + \tau_{\text{mín}}) = 43.0 \text{ kN} \quad \Longleftarrow$$

Se ve, con este resultado, que el alma de esta viga en particular resiste el 96% de la fuerza cortante total.

Nota: el esfuerzo cortante promedio en el alma de la viga, según la ecuación (5-50), es

$$\tau_{\text{prom}} = \frac{V}{th_1} = 20.7 \text{ MPa}$$

que sólo es 1% menor que el esfuerzo máximo.

Una viga con sección transversal en forma de T (figura 5-40a) está sometida a una fuerza cortante vertical $V = 10\ 000$ lb. Las dimensiones de la sección transversal son $b = 4$ pulg, $t = 1.0$ pulg, $h = 8.0$ pulg y $h_1 = 7.0$ pulg.

Determinar el esfuerzo cortante τ_1 en la parte superior del alma (nivel nn) y el esfuerzo cortante máximo $\tau_{máx}$ (desprecie las áreas de los filetes).

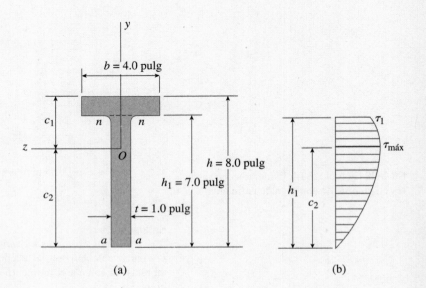

FIG. 5-40 Ejemplo 5-15. Esfuerzos cortantes en el alma de una viga T.

(a)   (b)

Solución

Posición del eje neutro. El eje neutro de la viga T se localiza calculando las distancias c_1 y c_2 desde la parte superior e inferior de la viga al centroide de la sección transversal (figura 5-40a). Dividimos primero la sección transversal en dos rectángulos, el patín y el alma (véase la línea segmentada en la figura 5-40a). Luego calculamos el momento estático Q_{aa} de esos dos rectángulos con respecto a la línea *aa* en la parte inferior de la viga. La distancia c_2 es igual a Q_{aa} dividido entre el área A de toda la sección transversal (véase en el capítulo 12, sección 12.3, los métodos para localizar los centroides de áreas compuestas). Los cálculos son:

$$A = \sum A_i = b(h - h_1) + th_1 = 11.0 \text{ pulg}^2$$

$$Q_{aa} = \sum y_i A_i = \left(\frac{h + h_1}{2}\right)(b)(h - h_1) + \frac{h_1}{2}(th_1) = 54.5 \text{ pulg}^3$$

$$c_2 = \frac{Q_{aa}}{A} = \frac{54.5 \text{ pulg}^3}{11.0 \text{ pulg}^2} = 4.955 \text{ pulg} \qquad c_1 = h - c_2 = 3.045 \text{ pulg}$$

Momento de inercia. El momento de inercia I de toda el área de la sección transversal (con respecto al eje neutro) puede encontrarse determinando el momento de inercia I_{aa} respecto a la línea *aa* en la parte inferior de la viga y luego usando el teorema de los ejes paralelos (véase la sección 12.5):

$$I = I_{aa} - Ac_2^2$$

Los cálculos son:

$$I_{aa} = \frac{bh^3}{3} - \frac{(b-t)h_1^3}{3} = 339.67 \text{ pulg}^4 \quad Ac_2^2 = 270.02 \text{ pulg}^4$$

$$I = 69.65 \text{ pulg}^4$$

Esfuerzo cortante en la parte superior del alma. Para encontrar el esfuerzo cortante τ_1 en la parte superior del alma (a lo largo de la línea *nn*) necesitamos calcular el momento estático Q_1 del área arriba del nivel *nn*. Este momento estático es igual al área del patín multiplicada por la distancia del eje neutro al centroide del patín:

$$Q_1 = b(h - h_1)\left(c_1 - \frac{h - h_1}{2}\right)$$

$$= (4 \text{ pulg})(1 \text{ pulg})(3.045 \text{ pulg} - 0.5 \text{ pulg}) = 10.18 \text{ pulg}^3$$

Por supuesto, obtenemos el mismo resultado si calculamos el momento estático del área por *debajo* del nivel *nn*:

$$Q_1 = th_1\left(c_2 - \frac{h_1}{2}\right) = (1 \text{ pulg})(7 \text{ pulg})(4.955 \text{ pulg} - 3.5 \text{ pulg}) = 10.18 \text{ pulg}^3$$

Sustituimos en la fórmula del cortante y encontramos

$$\tau_1 = \frac{VQ_1}{It} = \frac{(10\ 000 \text{ lb})(10.18 \text{ pulg}^3)}{(69.65 \text{ pulg}^4)(1 \text{ pulg})} = 1\ 460 \text{ lb/pulg}^2 \quad \blacktriangleleft$$

Este esfuerzo existe tanto como esfuerzo cortante vertical sobre la sección transversal y como un esfuerzo cortante horizontal sobre el plano horizontal entre el patín y el alma.

Esfuerzo cortante máximo. El esfuerzo cortante máximo ocurre en el alma al nivel del eje neutro; por tanto, calculamos el momento estático $Q_{\text{máx}}$ del área transversal debajo del eje neutro:

$$Q_{\text{máx}} = tc_2\left(\frac{c_2}{2}\right) = (1 \text{ pulg})(4.955 \text{ pulg})\left(\frac{4.955 \text{ pulg}}{2}\right) = 12.28 \text{ pulg}^3$$

Como se indicó, obtenemos el mismo resultado si calculamos el momento estático del área arriba del eje neutro, pero esos cálculos serían un poco más largos.

Sustituimos en la fórmula del cortante, con lo cual

$$\tau_{\text{máx}} = \frac{VQ_{\text{máx}}}{It} = \frac{(10\ 000 \text{ lb})(12.28 \text{ pulg}^3)}{(69.65 \text{ pulg}^4)(1 \text{ pulg})} = 1\ 760 \text{ lb/pulg}^2 \quad \blacktriangleleft$$

que es el esfuerzo cortante máximo en la viga.

La distribución parabólica de los esfuerzos cortantes en el alma se muestra en la figura 5-40b.

*5.11 VIGAS COMPUESTAS Y FLUJO CORTANTE

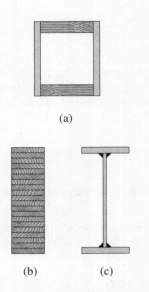

FIG. 5-41 Secciones transversales de vigas armadas típicas: (a) viga en caja de madera; (b) viga encolada y (c) trabe de placas armada.

(a)

(b)   (c)

Las **vigas compuestas** se fabrican con dos o más piezas de material unidas entre sí para formar una sola viga. Tales vigas se construyen en una gran variedad de formas para satisfacer requisitos arquitectónicos o estructurales especiales y proporcionar secciones transversales mayores que las comúnmente disponibles.

La figura 5-41 muestra algunas secciones transversales comunes de vigas armadas. La parte (a) de la figura ilustra una **viga en caja** de madera elaborada con dos tablones que sirven de patines y con dos almas de madera contrachapada. Las piezas se unen entre sí con clavos, tornillos o pegamento, de manera que toda la viga actúe como una unidad. Las vigas en caja se construyen también con otros materiales, incluido acero, plástico y materiales compuestos.

El segundo ejemplo es una viga laminada pegada, hecha de tablas pegadas o encoladas entre sí para formar una viga mucho mayor que la que podría cortarse de un árbol como una pieza. Las vigas laminadas encoladas se usan ampliamente en la construcción de edificios pequeños.

El tercer ejemplo es una **trabe armada con placas** de acero del tipo que suele utilizarse en puentes y grandes edificios. Estas trabes, que consisten en tres placas de acero unidas por soldadura, pueden fabricarse en tamaños mucho mayores que los disponibles con perfiles ordinarios de patín ancho o I.

Las vigas armadas deben diseñarse de manera que la viga se comporte como un solo miembro. En consecuencia, los cálculos de diseño comprenden dos fases. En la primera, la viga se diseña como si estuviera hecha de una sola pieza, tomando en cuenta los esfuerzos de flexión y cortantes. En la segunda, se diseñan las *conexiones* entre las partes (clavos, pernos, soldadura, pegamento) para garantizar que la viga se comporte realmente como una sola unidad. En particular, las conexiones deben tener la fuerza suficiente para transmitir las fuerzas cortantes horizontales que actúan entre las partes de la viga. Para obtener estas fuerzas, utilizamos el concepto de *flujo de cortante*.

Flujo cortante

Con objeto de obtener una fórmula para las fuerzas cortantes horizontales que actúan entre partes de una viga, regresemos a la deducción de la fórmula del cortante (figuras 5-28 y 5-29, sección 5.8). En dicha deducción, cortamos un elemento mm_1n_1n de una viga (figura 5-42a) e investigamos el equilibrio horizontal de un subelemento mm_1p_1p (figura 5-42b). A partir del equilibrio horizontal del subelemento determinamos la fuerza F_3 (figura 5-42c) que actúa sobre su superficie inferior:

$$F_3 = \frac{dM}{I} \int y \, dA \qquad (5\text{-}51)$$

Esta ecuación es igual a la ecuación (5-33) de la sección 5.8.

Definamos ahora una nueva cantidad, llamada **flujo de cortante** *f*. El flujo de cortante *es la fuerza cortante horizontal por unidad de distancia a lo largo del eje longitudinal de la viga.* Como la fuerza

F_3 actúa a lo largo de la distancia dx, la fuerza cortante por distancia unitaria es igual a F_3 dividida entre dx; entonces

$$f = \frac{F_3}{dx} = \frac{dM}{dx}\left(\frac{1}{I}\right)\int y\, dA$$

Reemplazamos dM/dx con la fuerza cortante V, denotamos la integral con Q y obtenemos la siguiente **fórmula del flujo de cortante**:

$$f = \frac{VQ}{I} \tag{5-52}$$

Esta ecuación da el flujo de cortante que actúa sobre el plano horizontal pp_1 que se muestra en la figura 5-42a. Los términos V, Q e I tienen los mismos significados que en la fórmula del cortante (ecuación 5-38).

Si los esfuerzos cortantes sobre el plano pp_1 están uniformemente distribuidos —según supusimos para vigas rectangulares y vigas de patín ancho—, el flujo de cortante f es igual a τb. En este caso, la fórmula del flujo de cortante se reduce a la fórmula del cortante. Pero la deducción de la ecuación (5-51) para la fuerza F_3 no implica hipótesis alguna sobre la distribución de los esfuerzos cortantes en la viga; más bien, la fuerza F_3 se encuentra solamente del equilibrio horizontal del subelemento (figura 5-42c). Así pues, ahora podemos interpretar el subelemento y la fuerza F_3 en términos más generales que antes.

El subelemento puede ser *cualquier* bloque prismático de material entre secciones transversales mn y m_1n_1 (figura 5-42a); no tiene

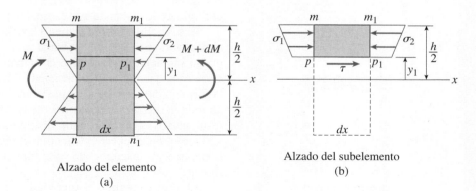

Alzado del elemento
(a)

Alzado del subelemento
(b)

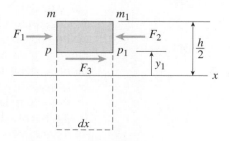

Alzado del subelemento
(c)

FIG. 5-42 Esfuerzos cortantes horizontales y fuerzas cortantes en una viga. (*Nota:* se repitieron las figuras 5-28 y 5-29.)

que obtenerse de un solo corte horizontal (como el pp_1) a través de la viga. Además, puesto que la fuerza F_3 es la fuerza cortante horizontal total que actúa entre el subelemento y el resto de la viga, ella puede estar distribuida en cualquier parte sobre los lados del subelemento, no sólo sobre su superficie inferior. Estos mismos comentarios son aplicables al flujo de cortante f, ya que ésta sólo es la fuerza F_3 entre una distancia unitaria.

Volvamos a la fórmula del flujo cortante $f = VQ/I$ (ecuación 5-52). Los términos V e I conservan sus significados habituales y no los afecta el subelemento seleccionado; sin embargo, el momento estático Q es una propiedad de la cara transversal del subelemento. Para ilustrar cómo se determina Q, consideraremos tres ejemplos específicos de vigas armadas (figura 5-43).

Áreas usadas al calcular el momento estático Q

El primer ejemplo de una viga armada es una **trabe a base de placas** soldadas de acero (figura 5-43a). Los cordones de soldadura deben transmitir las fuerzas cortantes horizontales que actúan entre los patines y el alma. En el patín superior, la fuerza cortante horizontal (por distancia unitaria a lo largo del eje de la viga) es el flujo de cortante a lo largo de la superficie de contacto aa. Este flujo de cortante puede calcularse tomando Q como el momento estático del área transversal arriba de la superficie de contacto aa; en otras palabras, Q es el momento estático del área del patín (área sombreada en la figura 5-43a), calculado con respecto al eje neutro. Después de calcular el flujo de cortante, resulta fácil determinar la cantidad de soldadura necesaria para resistir la fuerza cortante, porque la resistencia de una soldadura suele especificarse en términos de fuerza por unidad de distancia a lo largo del cordón de soldadura.

El segundo ejemplo es una **viga de patín ancho** que se refuerza remachando una sección en canal a cada patín (figura 5-43b). Los remaches tienen que transmitir la fuerza cortante horizontal que actúa entre cada canal y la viga principal. Esta fuerza se calcula a partir de la fórmula del flujo de cortante usando Q como el momento estático de toda la canal (parte sombreada en la figura). El flujo de cortante resultante es la fuerza longitudinal por unidad de distancia que actúa a lo largo de la superficie de contacto bb y los remaches deben tener el tamaño y espaciamiento longitudinal adecuados para resistir esta fuerza.

El último ejemplo es una **viga en caja de madera** con dos patines y dos almas conectadas por clavos o tornillos (figura 5-43c). La fuerza cortante horizontal total entre el patín superior y las almas es el flujo de cortante que actúa a lo largo de *ambas* superficies de contacto cc y dd, por lo que el momento estático Q se calcula para el patín superior (área sombreada). En otras palabras, el flujo de cortante calculado con la fórmula $f = VQ/I$ es el flujo de cortante total a lo largo de todas las superficies de contacto que rodean el área para la que se calcula Q. En este caso, la acción combinada de los clavos en *ambos* lados de la viga (es decir, en cc y dd) resiste el flujo de cortante f, como se ilustra en el siguiente ejemplo.

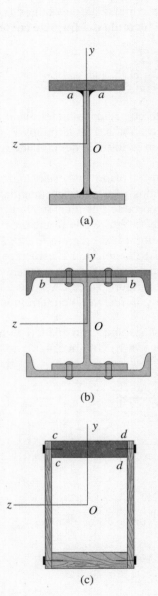

FIG. 5-43 Áreas usadas al calcular el momento estático Q.

Ejemplo 5-16

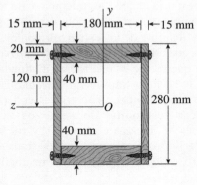

(a) Sección transversal

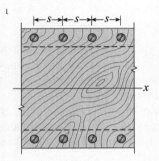

(b) Vista lateral

FIG. 5-44 Ejemplo 5-16. Viga en caja de madera.

Una viga de madera en caja (figura 5-44) está hecha con dos tablones, cada uno de 40×180 mm de sección transversal, que sirven de patines, y con dos almas de madera contrachapada, cada una de 15 mm de espesor. El peralte total de la viga es de 280 mm. La madera contrachapada está unida a los patines por medio de tornillos que tienen una carga permisible en cortante de $F = 800$ N cada uno.

Si la fuerza cortante V que actúa sobre la sección transversal es de 10.5 kN, determinar el espaciamiento s longitudinal máximo permisible de los tornillos (figura 5-44b).

Solución

Flujo de cortante. La fuerza cortante horizontal transmitida entre el patín superior y las dos almas puede encontrarse con la fórmula del flujo de cortante $f = VQ/I$, en donde Q es el momento estático del área transversal del patín. Para hallar este momento estático, multiplicamos el área A_f del patín por la distancia d_f de su centroide al eje neutro:

$$A_f = 40 \text{ mm} \times 180 \text{ mm} = 7\ 200 \text{ mm}^2 \qquad d_f = 120 \text{ mm}$$

$$Q = A_f d_f = (7\ 200 \text{ mm}^2)(120 \text{ mm}) = 864 \times 10^3 \text{ mm}^3$$

El momento de inercia de toda el área transversal respecto al eje neutro es igual al momento de inercia del rectángulo externo, menos el momento de inercia del "orificio" (el rectángulo interno):

$$I = \frac{1}{12}(210 \text{ mm})(280 \text{ mm})^3 - \frac{1}{12}(180 \text{ mm})(200 \text{ mm})^3 = 264.2 \times 10^6 \text{ mm}^4$$

Sustituimos V, Q e I en la fórmula del flujo de cortante (ecuación 5-52) y obtenemos

$$f = \frac{VQ}{I} = \frac{(10{,}500 \text{ N})(864 \times 10^3 \text{ mm}^3)}{264.2 \times 10^6 \text{ mm}^4} = 34.3 \text{ N/mm}$$

que es la fuerza cortante horizontal por milímetro de longitud que debe transmitirse entre el patín y las dos almas.

Espaciamiento de los tornillos. Puesto que el espaciamiento longitudinal de los tornillos es s y hay dos líneas de tornillos (una a cada lado del patín), se infiere que la capacidad de carga de los tornillos es $2F$ por distancia s a lo largo de la viga. Así pues, la capacidad de los tornillos por unidad de distancia a lo largo de la viga es $2F/s$. Igualamos $2F/s$ con el flujo de cortante f, despejamos el espaciamiento s y obtenemos

$$s = \frac{2F}{f} = \frac{2(800 \text{ N})}{34.3 \text{ N/mm}} = 46.6 \text{ mm} \qquad \longleftarrow$$

Este valor de s es el espaciamiento máximo permisible para los tornillos, basado en la carga permisible por tornillo; cualquier espaciamiento mayor de 46.6 mm los sobrecargaría. Por conveniencia en la fabricación, y para estar del lado de la seguridad, se seleccionaría un espaciamiento $s = 45$ mm.

*5.12 VIGAS CON CARGAS AXIALES

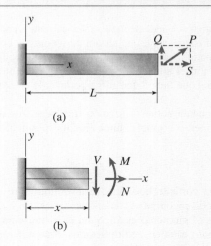

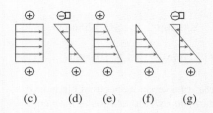

FIG. 5-45 Esfuerzos normales en una viga en voladizo sometida a cargas de flexión y axiales: (a) viga con carga P que actúa en el extremo libre; (b) resultantes de esfuerzos N, V y M que actúan sobre una sección transversal a una distancia x del soporte; (c) esfuerzos de tensión debidos a la fuerza axial N que actúa sola; (d) esfuerzos de tensión y compresión debidos al momento flexionante M que actúa solo y (e), (f), (g) posibles distribuciones finales de los esfuerzos debidos a los efectos combinados de N y M.

A menudo, los miembros estructurales están sometidos a la acción simultánea de cargas de flexión y cargas axiales. Esto sucede, por ejemplo, en estructuras de aviones, columnas de edificios, maquinaria, partes de barcos y naves espaciales. Si los miembros no son muy esbeltos, los esfuerzos combinados pueden obtenerse por superposición de los esfuerzos de flexión y de los esfuerzos axiales.

Para ver cómo se hace esto, consideremos la viga en voladizo de la figura 5-45a. La única carga que recibe es una fuerza inclinada P que actúa por el centroide de la sección transversal extrema. Esta carga puede resolverse en dos componentes, una carga lateral Q y una carga axial S, que producen **resultantes de esfuerzos** en la forma de momentos flexionantes M, fuerzas cortantes V y fuerzas axiales N en toda la viga (figura 5-45b). Sobre una sección transversal característica, a la distancia x desde el soporte, estas resultantes de esfuerzos son

$$M = Q(L - x) \qquad V = -Q \qquad N = S$$

en donde L es la longitud de la viga. Los esfuerzos asociados con cada una de estas resultantes de esfuerzos pueden determinarse en cualquier punto de la sección transversal por medio de la fórmula apropiada ($\sigma = -My/I$, $\tau = VQ/Ib$ y $\sigma = N/A$).

Dado que la fuerza axial N y el momento flexionante M producen esfuerzos normales, necesitamos combinar estos esfuerzos para obtener la distribución final de esfuerzos. La **fuerza axial** (al actuar sola) produce una distribución uniforme de esfuerzos $\sigma = N/A$ sobre toda la sección transversal, según se ve en el diagrama de esfuerzos en la figura 5-45c. En este ejemplo en particular, el esfuerzo σ es de tensión, como se indica por medio de los signos más en el diagrama.

El **momento flexionante** produce un esfuerzo linealmente variable $\sigma = -My/I$ (figura 5-45d) de compresión en la parte superior de la viga y de tensión en la parte inferior. La distancia y se mide desde el eje z, que pasa por el centroide de la sección transversal.

La distribución final de esfuerzos normales se obtiene por superposición de los esfuerzos producidos por la fuerza axial y el momento flexionante. Entonces, la ecuación para el **esfuerzo combinado** es

$$\sigma = \frac{N}{A} - \frac{My}{I} \qquad (5\text{-}53)$$

Observe que N es positiva cuando produce tensión y M es positivo de acuerdo con la convención de signos para el momento flexionante (un momento flexionante positivo produce compresión en la parte superior de la viga y tensión en la parte inferior). El eje y es positivo hacia arriba. En tanto usemos esta convención de signos en la ecuación (5-53), el esfuerzo normal σ será positivo en tensión y negativo en compresión.

La distribución final de los esfuerzos depende de los valores algebraicos relativos de los términos en la ecuación (5-53). Para nuestro ejemplo específico, las tres posibilidades se presentan en las figuras 5-45e, f y g. Si el esfuerzo de flexión en la parte superior de la viga (figura 5-45d) es numéricamente menor que el esfuerzo axial (figura 5-45c), toda la sección estará en tensión (figura 5-45e). Si el esfuerzo de flexión en la parte superior es igual al esfuerzo axial, la distribución será triangular (figura 5-45f) y si el esfuerzo de flexión es mayor en términos numéricos que el esfuerzo axial, la sección transversal estará parcialmente en compresión y en tensión (figura 5-45g). Por supuesto, si la fuerza axial es una fuerza de compresión o si el momento flexionante se invierte en dirección, las distribuciones de esfuerzos cambiarán de manera correspondiente.

Siempre que la flexión y cargas axiales actúan al mismo tiempo, el eje neutro (es decir, la línea en la sección transversal donde el esfuerzo normal es cero) no pasa ya por el centroide de la sección transversal. Como se muestra en la figuras 5-45e, f y g, respectivamente, el eje neutro puede quedar fuera de la sección transversal, en el borde de la sección o dentro de la sección.

El uso de la ecuación (5-53) para determinar los esfuerzos en una viga con cargas axiales se ilustra en el ejemplo 5-17.

Cargas axiales excéntricas

Una **carga axial excéntrica** es aquella que *no* actúa a través del centroide de la sección transversal. Un ejemplo se ilustra en la figura 5-46a, en el que la viga en voladizo AB está sometida a una carga P de tensión que actúa a la distancia e del eje x (el eje x pasa por los centroides de las secciones transversales). La distancia e, llamada *excentricidad* de la carga, es positiva en la dirección positiva del eje y.

La carga excéntrica P es estáticamente equivalente a una fuerza P axial que actúa a lo largo del eje x y a un momento flexionante Pe que actúa respecto al eje z (figura 5-46b). Observe que el momento Pe es un momento flexionante negativo.

Una vista en corte transversal de la viga (figura 5-46c) presenta los ejes y y z pasando por el centroide C de la sección transversal. La carga excéntrica P corta al eje y, que es un eje de simetría.

En virtud de que la fuerza axial N en cualquier sección transversal es igual a P y el momento flexionante M es igual a $-Pe$, el **esfuerzo normal** en cualquier punto en la barra (de la ecuación 5-53) es

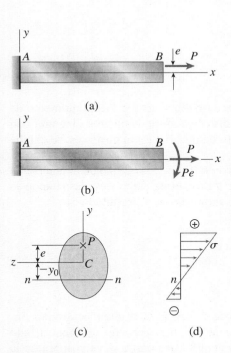

(a)

(b)

(c)   (d)

FIG. 5-46 (a) Viga en voladizo con una carga axial excéntrica P; (b) cargas equivalentes P y Pe; (c) sección transversal de la viga y (d) distribución de los esfuerzos normales sobre la sección transversal.

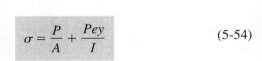

$$\sigma = \frac{P}{A} + \frac{Pey}{I}$$

(5-54)

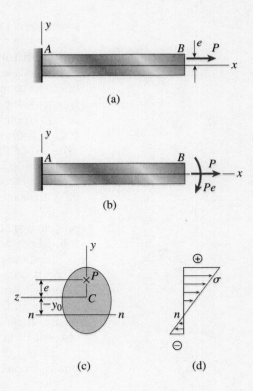

FIG. 5-46 (Repetición).

en donde A es el área de la sección transversal e I es el momento de inercia respecto al eje z. La distribución de esfuerzos obtenida con la ecuación (5.54), para el caso en que P y e son positivos, se exhibe en la figura 5-46d.

La posición del **eje neutro** nn (figura 5-46c) puede obtenerse de la ecuación (5-54) igualando a cero el esfuerzo σ y despejando la coordenada y, que denotamos ahora con y_0. El resultado es

$$y_0 = -\frac{I}{Ae} \qquad (5\text{-}55)$$

La coordenada y_0 se mide desde el eje z (que es el eje neutro por flexión pura) hasta la línea nn de esfuerzo cero (el eje neutro bajo flexión combinada con carga axial). Puesto que y_0 es positiva en la dirección del eje y (hacia arriba en la figura 5-46c), se denomina $-y_0$ cuando se muestra hacia abajo en la figura.

De la ecuación (5-55) vemos que el eje neutro se encuentra debajo del eje z cuando e es positiva y arriba del eje z cuando e es negativa. Si se reduce la excentricidad, la distancia y_0 se incrementa y el eje neutro se aleja del centroide. En el límite, cuando e tiende a cero, la carga actúa en el centroide, el eje neutro se encuentra en el infinito y la distribución de esfuerzos es uniforme. Si se incrementa la excentricidad, la distancia y_0 decrece y el eje neutro se acerca al centroide. En el límite, cuando *e* se vuelve muy grande, la carga actúa a una distancia infinita, el eje neutro pasa por el centroide y la distribución de esfuerzos es la misma que en flexión pura.

Las cargas axiales excéntricas se analizan en algunos de los problemas al final de este capítulo, comenzando con el problema 5.12-12.

Limitantes

El análisis anterior de vigas con cargas axiales se basa en la hipótesis de que los momentos flexionantes pueden calcularse sin considerar las deflexiones de las vigas; en otras palabras, al determinar el momento flexionante M que se va a usar en la ecuación (5-53), debemos poder usar las dimensiones originales de la viga; es decir, las dimensiones *antes* de que ocurran deformaciones o deflexiones. El uso de las dimensiones originales es válido si las vigas son relativamente rígidas en flexión, de manera que las deflexiones sean pequeñas.

Entonces, al analizar una viga con cargas axiales, es importante distinguir entre una viga **robusta** —que es relativamente corta y, por tanto, muy resistente a flexión— y una viga **esbelta** —que es relativamente larga y, por lo mismo, muy flexible—. En el caso de una viga robusta, las deflexiones laterales son tan pequeñas que no tienen un efecto significativo sobre la línea de acción de las fuerzas axiales. Como consecuencia, los momentos flexionantes no dependerán de las deflexiones y los esfuerzos podrán calcularse con la ecuación (5-53).

En el caso de una viga esbelta, las deflexiones laterales (aun cuando sean pequeñas en magnitud) son suficientemente grandes para alterar en forma significativa la línea de acción de las fuerzas axiales. Cuando esto sucede, se crea un momento flexionante adicional en cada sección transversal, igual al producto de la fuerza axial y la deflexión lateral; en otras palabras, se tiene una interacción o acoplamiento entre los efectos axiales y los efectos de la flexión. Este comportamiento se verá en el capítulo 11 en las **columnas**.

La diferencia entre una viga robusta y una esbelta obviamente no es muy precisa. En general, la única manera de saber si los efectos de interacción son importantes es analizar la viga con y sin la interacción y ver si los resultados difieren notoriamente. Sin embargo, este procedimiento puede requerir una cantidad importante de trabajo. Como guía práctica, por lo general consideramos como robusta una viga con una razón de longitud a peralte de 10 o menor. En los ejemplos y problemas de esta sección se consideran sólo vigas robustas.

Una viga tubular ACB de longitud $L = 60$ pulg está soportada en sus extremos por pasadores y cargada por una fuerza inclinada P en su punto medio (figura 5-47a). La distancia desde el punto de aplicación de la carga P al eje longitudinal del tubo es $d = 5.5$ pulg. La sección transversal del tubo es cuadrada (figura 5-47b) con dimensión exterior $b = 6.0$ pulg, área $A = 20.0$ pulg^2 y momento de inercia $I = 86.67$ pulg^4.

Determinar los esfuerzos máximos de tensión y compresión en la viga debidos a una carga $P = 1\ 000$ lb.

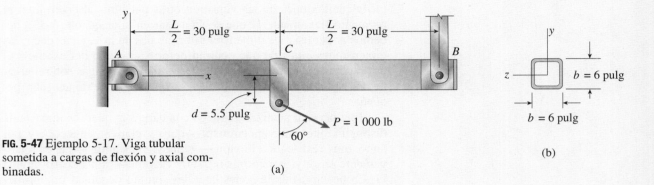

FIG. 5-47 Ejemplo 5-17. Viga tubular sometida a cargas de flexión y axial combinadas.

Solución

Viga y carga. Comenzamos representando la viga y su carga en forma idealizada con fines de análisis (figura 5-48a). Como el apoyo en el extremo A resiste desplazamientos horizontales y verticales, se representa como un soporte de pasador. El apoyo en B impide desplazamientos verticales, pero no ofrece resistencia a los desplazamientos horizontales, por lo que se muestra como un soporte de rodillo.

La carga inclinada P se descompone en sus componentes horizontal y vertical P_H y P_V, respectivamente:

$$P_H = P \operatorname{sen} 60° = (1\ 000\ \text{lb})(\operatorname{sen} 60°) = 866\ \text{lb}$$

$$P_V = P \cos 60° = (1\ 000\ \text{lb})(\cos 60°) = 500\ \text{lb}$$

La componente horizontal P_H se desplaza al eje de la viga por medio de la adición de un momento M_0 (figura 5-48a):

$$M_0 = P_H d = (866.0\ \text{lb})(5.5\ \text{pulg}) = 4\ 760\ \text{lb-pulg}$$

Observe que las cargas P_H, P_V y M_0 presentes en el punto medio C de la viga son estáticamente equivalentes a la carga original P.

Reacciones y resultantes de esfuerzos. Las reacciones de la viga (R_H, R_A y R_B) se ilustran en la figura 5-48a. Además, los diagramas de fuerza axial N, fuerza cortante V y momento flexionante M aparecen en las figuras 5-48b, c y d, respectivamente. Todas estas cantidades se encuentran a partir de diagramas de cuerpo libre y ecuaciones de equilibrio usando los procedimientos descritos en el capítulo 4.

Esfuerzos en la viga. El esfuerzo máximo de tensión en la viga ocurre en la parte inferior de la viga ($y = -3.0$ pulg) justo a la izquierda del punto

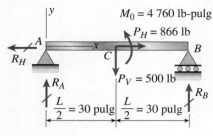

$R_H = 866$ lb

$R_A = 329$ lb $\quad R_B = 171$ lb

(a)

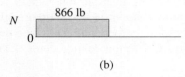

(b)

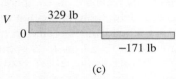

(c)

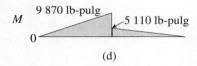

(d)

FIG. 5-48 Solución del ejemplo 5-17. (a) Viga y carga idealizadas; (b) diagrama de fuerza axial; (c) diagrama de fuerza cortante y (d) diagrama de momento flexionante.

medio C. Llegamos a esta conclusión observando que en este punto de la viga, el esfuerzo de tensión debido a la fuerza axial se *suma* con el esfuerzo de tensión debido al momento flexionante máximo. Entonces, de la ecuación (5-53), obtenemos

$$(\sigma_t)_{\text{máx}} = \frac{N}{A} - \frac{My}{I} = \frac{866 \text{ lb}}{20.0 \text{ pulg}^2} - \frac{(9\,870 \text{ lb-pulg})(-3.0 \text{ pulg})}{86.67 \text{ pulg}^4}$$

$$= 43 \text{ lb/pulg}^2 + 342 \text{ lb/pulg}^2 = 385 \text{ lb/pulg}^2 \qquad \Longleftarrow$$

El esfuerzo de compresión máximo ocurre en la parte superior de la viga ($y = 3.0$ pulg) a la izquierda del punto C o bien en la parte superior de la viga a la derecha del punto C. Estos dos esfuerzos se calculan como sigue:

$$(\sigma_c)_{\text{izq}} = \frac{N}{A} - \frac{My}{I} = \frac{866 \text{ lb}}{20.0 \text{ pulg}^2} - \frac{(9870 \text{ lb-pulg})(3.0 \text{ pulg})}{86.67 \text{ pulg}^4}$$

$$= 43 \text{ lb/pulg}^2 - 342 \text{ lb/pulg}^2 = -299 \text{ lb/pulg}^2$$

$$(\sigma_c)_{\text{der}} = \frac{N}{A} - \frac{My}{I} = 0 - \frac{(5110 \text{ lb-pulg})(3.0 \text{ pulg})}{86.67 \text{ pulg}^4} = -177 \text{ lb/pulg}^2$$

Entonces, el esfuerzo máximo de compresión es

$$(\sigma_c)_{\text{máx}} = -299 \text{ lb/pulg}^2 \qquad \Longleftarrow$$

y se presenta en la parte superior de la viga a la izquierda del punto C.

Nota: este ejemplo muestra cómo determinar los esfuerzos normales en una viga debido a la combinación de flexión y carga axial. Los esfuerzos cortantes que actúan sobre secciones transversales de la viga (debido a las fuerzas cortantes V) pueden determinarse sin necesidad de los esfuerzos normales, como se describió antes en este capítulo. Después, en el capítulo 7, veremos cómo hallar los esfuerzos sobre planos inclinados cuando conocemos los esfuerzos normales y cortantes que actúan sobre planos transversales.

*5.13 CONCENTRACIONES DE ESFUERZOS EN FLEXIÓN

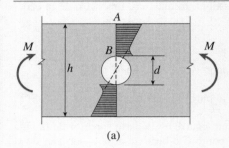

(a)

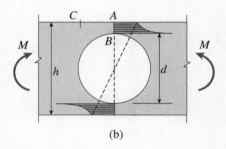

(b)

FIG. 5-49 Distribuciones del esfuerzo en una viga en flexión pura con un orificio en el eje neutro (la viga tiene una sección transversal rectangular con altura h y espesor b).

Las fórmulas de flexión y de cortante analizadas en secciones anteriores de este capítulo son válidas para vigas sin orificios, muescas u otros cambios abruptos en sus dimensiones. Siempre que se tienen tales discontinuidades, se producen esfuerzos altamente localizados. Estas **concentraciones de esfuerzos** pueden ser de gran importancia cuando un miembro es de material frágil o está sometido a cargas dinámicas. (véase el capítulo 2, sección 2.10, donde se mencionan las condiciones en que las concentraciones de esfuerzos son importantes).

Con fines ilustrativos, se describen en esta sección dos casos de concentraciones de esfuerzos en vigas. El primero es una viga de sección transversal rectangular con un **orificio en el eje neutro** (figura 5-49). La viga tiene peralte h y espesor b (perpendicular al plano de la figura) y está en flexión pura debido a la acción de momentos flexionantes M.

Cuando el diámetro d del orificio es pequeño en comparación con el peralte h, la distribución de esfuerzos sobre la sección transversal que pasa por el orificio es aproximadamente como la mostrada por el diagrama en la figura 5-49a. En el punto B sobre el borde del orificio, el esfuerzo es mucho mayor que el esfuerzo que existiría en ese punto si no hubiera tal. (La línea segmentada en la figura muestra la distribución de esfuerzos sin agujero.) Sin embargo, al movernos hacia los bordes exteriores de la viga (hacia el punto A), la distribución de esfuerzos varía en sentido lineal con la distancia desde el eje neutro y la presencia del agujero sólo la afecta ligeramente.

Cuando el orificio es relativamente grande, el patrón de esfuerzos es similar al de la figura 5-49b. Se tiene un gran incremento en el esfuerzo en el punto B y sólo un pequeño cambio en el esfuerzo en el punto A, en comparación con la distribución de esfuerzos en la viga sin orificio (nuevamente mostrada por la línea segmentada). El esfuerzo en el punto C es mayor que el esfuerzo en A y menor que el esfuerzo en B.

Extensas investigaciones han mostrado que el esfuerzo en el borde del orificio (punto B) es alrededor del doble del *esfuerzo nominal* en dicho punto. El esfuerzo nominal se calcula con la fórmula de la flexión de la manera habitual ($\sigma = My/I$), en donde y es la distancia $d/2$ desde el eje neutro al punto B e I es el momento de inercia de la sección transversal neta en el orificio. Tenemos entonces la siguiente fórmula aproximada para el esfuerzo en el punto B:

$$\sigma_B \approx 2\,\frac{My}{I} = 1\frac{2Md}{b(h^3 - d^3)}$$
(5-56)

En el borde exterior de la viga (en el punto C), el esfuerzo es aproximadamente igual al *esfuerzo nominal* (no al esfuerzo real) en el punto A (donde $y = h/2$):

$$\sigma_C \approx \frac{My}{I} = \frac{6Mh}{b(h^3 - d^3)}$$
(5-57)

De las dos últimas ecuaciones vemos que la razón σ_B/σ_C es aproximadamente $2d/h$; por tanto, concluimos que cuando la razón d/h del diámetro del orificio al peralte de la viga excede 1/2, el esfuerzo máximo ocurre en el punto B. Cuando d/h es menor que 1/2, dicho esfuerzo se presenta en el punto C.

El segundo caso es el de una **viga rectangular con muescas** (figura 5-50). La viga de la figura está sometida a flexión pura y tiene peralte h y espesor b (perpendicular al plano de la figura). Además, su peralte neto (es decir, la distancia entre las bases de las muescas) es h_1 y el radio en la base de cada muesca es R. El esfuerzo máximo en esta viga se presenta en la base de las muescas y puede ser mucho mayor que el esfuerzo nominal en ese punto. El esfuerzo nominal se calcula con la fórmula de la flexión con $y = h_1/2$ e $I = bh_1^3/12$; tenemos entonces,

$$\sigma_{\text{nom}} = \frac{My}{I} = \frac{6M}{bh_1^2} \tag{5-58}$$

El esfuerzo máximo es igual al factor de concentración de esfuerzos K multiplicado por el esfuerzo nominal:

$$\sigma_{\text{máx}} = K\sigma_{\text{nom}} \tag{5-59}$$

El factor de concentración de esfuerzos K está graficado en la figura 5-50 para algunos valores de la razón h/h_1. Observe que cuando la muesca se vuelve "más aguda" —es decir, la razón R/h_1 se reduce—, el factor de concentración de esfuerzos se incrementa. (La figura 5.50 se trazó a partir de las fórmulas que aparecen en la referencia 2-9.)

Los efectos de las concentraciones de esfuerzos se limitan a regiones pequeñas alrededor de orificios y muescas, como se explicó en la descripción del principio de Saint-Venant en la sección 2.10. A una distancia igual a h o mayor del orificio o muesca, el efecto de la concentración de esfuerzos es despreciable y se pueden usar las fórmulas ordinarias para esfuerzos.

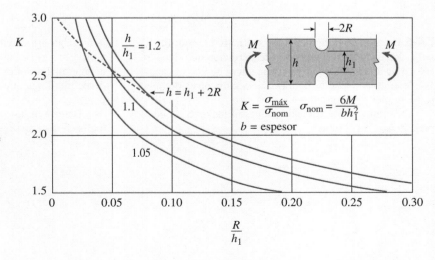

FIG. 5-50 Factor K de concentración de esfuerzos para una viga con muescas, de sección transversal rectangular en flexión pura (h = altura de la viga; b = espesor de la viga, perpendicular al plano de la figura). La línea segmentada es para muescas semicirculares ($h = h_1 + 2R$).

PROBLEMAS DEL CAPÍTULO 5

Deformaciones unitarias longitudinales en vigas

5.4-1 Determine la deformación unitaria máxima normal $\epsilon_{máx}$ producida en un alambre de acero de diámetro $d = 1/16$ pulg cuando se dobla alrededor de un tambor cilíndrico de radio $R = 24$ pulg (véase la figura).

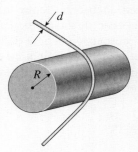

PROB. 5.4-1

5.4-2 Se flexiona un alambre de cobre de diámetro $d = 3$ mm en forma de círculo y se sostiene con sus extremos apenas tocándose (véase la figura). Si la deformación unitaria permisible máxima en el cobre es $\epsilon_{máx} = 0.0024$, ¿cuál es la menor longitud L de alambre que puede usarse?

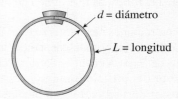

PROB. 5.4-2

5.4-3 Un tubo de polietileno con diámetro exterior de 4.5 pulg, diseñado para transportar desperdicios químicos, se coloca en una zanja que forma una curva de 90° mediante 1/4 de círculo (véase la figura). La sección curva del tubo tiene 46 pies de longitud.

Determine la deformación unitaria máxima de compresión $\epsilon_{máx}$ en el tubo.

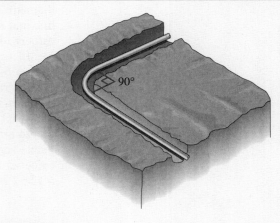

PROB. 5.4-3

5.4-4 Una viga en voladizo AB está cargada por un par M_0 en su extremo libre (véase la figura). La longitud de la viga es $L = 1.5$ m y el esfuerzo unitario normal longitudinal en la superficie superior es de 0.001. La distancia de la superficie superior de la viga a la superficie neutra es de 75 mm.

Calcule el radio de curvatura ρ, la curvatura κ y la deflexión vertical δ en el extremo de la viga.

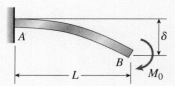

PROB. 5.4-4

5.4-5 Una tira delgada de acero de longitud $L = 20$ pulg y espesor $t = 0.2$ pulg es flexionada por pares M_0 (véase la figura). La deflexión δ en el centro de la tira (medida desde una línea que une sus puntos extremos) es de 0.25 pulg.

Determine la deformación unitaria longitudinal normal ϵ en la parte superior de la tira.

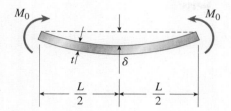

PROB. 5.4-5

5.4-6 Una barra de sección transversal rectangular está cargada y soportada como se ve en la figura. La distancia entre soportes es $L = 1.2$ m y la altura de la barra es $h = 100$ mm. La deflexión δ en el punto medio es 3.6 mm.

¿Cuál es la deformación unitaria normal máxima ϵ en las partes superior e inferior de la barra?

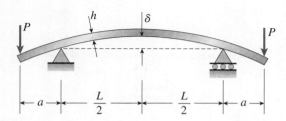

PROB. 5.4-6

Esfuerzos normales en vigas

5.5-1 Una tira delgada de cobre endurecido ($E = 16\,400$ klb/pulg^2) de longitud $L = 80$ pulg y espesor $t = 3/32$ pulg está doblada en forma circular y se sostiene con sus extremos apenas en contacto (véase la figura).

a) Calcule el esfuerzo de flexión máximo $\sigma_{máx}$ en la tira.

b) Si se incrementa el espesor de la tira, el esfuerzo aumenta o disminuye?

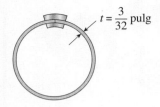

$t = \dfrac{3}{32}$ pulg

PROB. 5.5-1

5.5-2 Un alambre de acero ($E = 200$ GPa) de diámetro $d = 1.0$ mm está doblado alrededor de una polea de radio $R_0 = 400$ mm (véase la figura).

a) ¿Cuál es el esfuerzo máximo $\sigma_{máx}$ en el alambre?

b) ¿El esfuerzo aumenta o disminuye si el radio de la polea se incrementa?

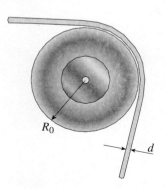

R_0

d

PROB. 5.5-2

5.5-3 Una regleta delgada de acero de alta resistencia ($E = 30 \times 10^6$ lb/pulg^2) con espesor $t = 0.15$ pulg y longitud $L = 40$ pulg es flexionada por pares M_0 hasta que toma la forma de un arco circular que subtiende un ángulo central $\alpha = 45°$ (véase la figura).

a) ¿Cuál es el esfuerzo de flexión máximo $\sigma_{máx}$ en la regleta?

b) Si el ángulo central se incrementa, el esfuerzo ¿aumenta o se reduce?

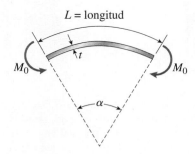

$L =$ longitud

t

M_0 M_0

α

PROB. 5.5-3

5.5-4 Una viga de madera AB simplemente apoyada con claro $L = 3.5$ m soporta una carga uniforme de intensidad $q = 6.4$ kN/m (véase la figura).

Calcule el esfuerzo máximo de flexión $\sigma_{máx}$ debido a la carga q, si la viga tiene una sección transversal rectangular con ancho $b = 140$ mm y altura $h = 240$ mm.

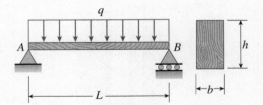

PROB. 5.5-4

5.5-5 Cada trabe de un puente levadizo (véase la figura) tiene 180 pies de longitud y está simplemente apoyada en sus extremos. La carga de diseño para cada trabe es una carga uniforme de intensidad 1.6 klb/pie. Las trabes están fabricadas con placas de acero soldadas para formar una sección transversal I (véase la figura) con módulo de sección $S = 3\,600$ pulg^3.

¿Cuál es el esfuerzo de flexión máximo $\sigma_{máx}$ en una trabe debido a la carga uniforme?

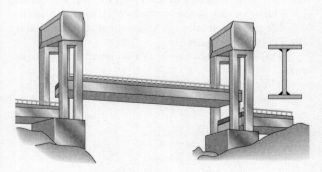

PROB. 5.5-5

5.5-6 El eje de un vagón de carga AB está cargado aproximadamente como se ve en la figura, con las fuerzas P como representación de las cargas del vagón (transmitidas al eje a través de las cajas del eje) y las fuerzas R como las cargas del riel (transmitidas al eje por las ruedas). El diámetro del eje es $d = 80$ mm, la distancia entre ruedas es $L = 1.45$ m y la distancia entre las cargas P y R es $b = 200$ mm.

Calcule el esfuerzo de flexión máximo $\sigma_{máx}$ en el eje si $P = 47$ kN.

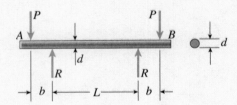

PROB. 5.5-6

5.5-7 Dos niños que pesan cada uno 90 lb ocupan el tablón de un sube y baja que pesa 3 lb/pie de longitud (véase la figura). El centro de gravedad de cada menor está a 8 pies del fulcro. El tablón tiene 19 pies de longitud, 8 pulg de ancho y 1.5 pulg de espesor.

¿Cuál es el esfuerzo máximo de flexión en el tablón?

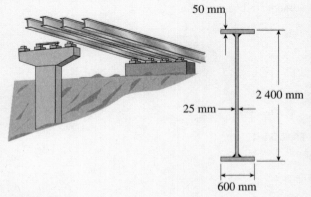

PROB. 5.5-7

5.5-8 Durante la construcción de un puente carretero, las trabes principales se proyectan de un pilar al siguiente (véase la figura). Cada trabe tiene una longitud en voladizo de 46 m y una sección transversal en forma de I, con las dimensiones ilustradas en la figura. La carga sobre cada trabe (durante la construcción) es de 11.0 kN/m, que incluye el peso de la misma.

Determine el esfuerzo máximo de flexión en una trabe debido a esta carga.

PROB. 5.5-8

5.5-9 La viga horizontal *ABC* de una bomba para extracción de petróleo tiene la sección transversal mostrada en la figura. Si la fuerza vertical de bombeo que actúa en el extremo *C* es de 8.8 klb y si la distancia de la línea de acción de esa fuerza al punto *B* es de 14 pies, ¿cuál es el esfuerzo de flexión máximo en la viga debido a la fuerza de bombeo?

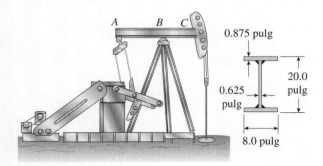

PROB. 5.5-9

5.5-10 Un *durmiente* de ferrocarril está sometido a dos cargas concentradas; cada una es de magnitud $P = 175$ kN y actúa como se muestra en la figura. Se supone que la reacción q del balasto está uniformemente distribuida sobre la longitud del durmiente que tiene dimensiones transversales $b = 300$ mm y $h = 250$ mm.

Calcule el esfuerzo de flexión máximo $\sigma_{máx}$ en el durmiente debido a las cargas P, suponiendo una distancia $L = 1\,500$ mm y una distancia en voladizo $a = 500$ mm.

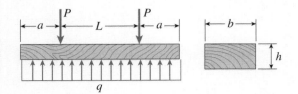

PROB. 5.5-10

5.5-11 Una grúa iza con eslinga un tubo de fibra de vidrio como se ve en la figura. El diámetro exterior del tubo es de 6.0 pulg, su espesor es de 0.25 pulg y su densidad de peso es de 0.053 lb/pulg³. La longitud del tubo es $L = 36$ pies y la distancia entre los puntos de izado es $s = 11$ pies.

Determine el esfuerzo máximo de flexión en el tubo debido a su peso propio.

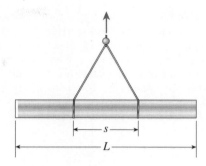

PROB. 5.5-11

5.5-12 Una pequeña presa de altura $h = 2.0$ m está construida de vigas verticales de madera *AB* de espesor $t = 120$ mm, como se ve en la figura. Considere que las vigas están simplemente apoyadas arriba y abajo.

Determine el esfuerzo máximo de flexión $\sigma_{máx}$ en las vigas, suponiendo que la densidad por peso del agua es $\gamma = 9.81$ kN/m³.

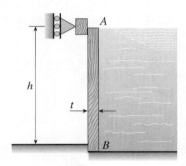

PROB. 5.5-12

5.5-13 Obtenga las expresiones matemáticas (o las fórmulas) del esfuerzo máximo de tensión σ_t (debido a flexión pura por momentos flexionantes positivos M) en vigas con las siguientes secciones transversales (véase la figura): a) un semicírculo de diámetro d y b) un trapezoide isósceles con bases $b_1 = b$ y $b_2 = 4b/3$, y altura h.

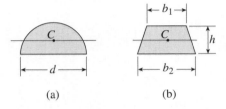

(a)   (b)

PROB. 5.5-13

5.5-14 Determine las expresiones matemáticas (o las fórmulas) del esfuerzo flexionante máximo $\sigma_{máx}$ (debido a flexión pura por un momento M) para una viga con sección transversal en forma de un cilindro recortado (véase la figura). El círculo tiene diámetro d y el ángulo $\beta = 60°$. (*Sugerencia:* aplique las fórmulas del apéndice D, casos 9 y 15.)

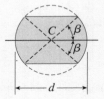

PROB. 5.5-14

5.5-15 Una viga simple AB de claro $L = 24$ pies está sometida a dos cargas rodantes separadas entre sí una distancia $d = 5$ pies (véase la figura). Cada rueda transmite una carga $P = 3.0$ klb y el conjunto puede ocupar cualquier posición sobre la viga.

Determine el esfuerzo de flexión máximo $\sigma_{máx}$ debido a las cargas rodantes si la viga tiene una sección I con módulo de sección $S = 16.2$ pulg^3.

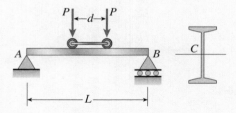

PROB. 5.5-15

5.5-16 Determine el esfuerzo máximo de tensión σ_t y el esfuerzo máximo de compresión σ_c debidos a la carga P que actúa sobre la viga simple AB (véase la figura).

Los datos son los siguientes: $P = 5.4$ kN, $L = 3.0$ m, $d = 1.2$ m, $b = 75$ mm, $t = 25$ mm, $h = 100$ mm y $h_1 = 75$ mm.

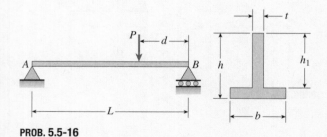

PROB. 5.5-16

5.5-17 Una viga en voladizo AB, con carga uniforme y una carga concentrada (véase la figura) está hecha con una sección en canal.

Encuentre el esfuerzo de tensión máximo σ_t y el esfuerzo de compresión máximo σ_c si la sección transversal tiene las dimensiones indicadas y el momento de inercia respecto al eje z (el eje neutro) es $I = 2.81$ pulg^4. (*Nota:* la carga uniforme representa el peso de la viga.)

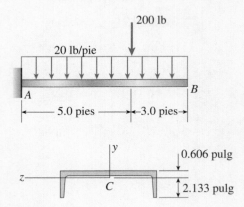

PROB. 5.5-17

5.5-18 Una viga en voladizo AB de sección transversal triangular tiene longitud $L = 0.8$ m, ancho $b = 80$ mm y altura $h = 120$ mm (véase la figura). La viga es de un latón que tiene un peso específico de 85 kN/m^3.

a) Determine el esfuerzo máximo de tensión σ_t y el esfuerzo máximo de compresión σ_c debido al peso propio de la viga.

b) Si el ancho b se duplica, ¿qué le sucede a los esfuerzos?,

c) Si la altura h se duplica, ¿qué le pasa a los esfuerzos?

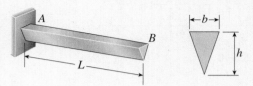

PROB. 5.5-18

5.5-19 Una viga ABC con un voladizo de B a C soporta una carga uniforme de 160 lb/pies en toda su longitud (véase la figura). La viga es una canaleta con las dimensiones mostradas en la figura. El momento de inercia respecto al eje z (el eje neutro) es igual a 5.14 pulg^4.

Calcule el esfuerzo máximo en tensión σ_t y el esfuerzo máximo de compresión σ_c debido a la carga uniforme.

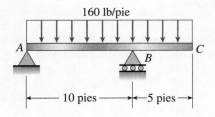

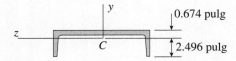

PROB. 5.5-19

5.5-20 Un marco *ABC* viaja en sentido horizontal con una aceleración a_0 (véase la figura). Obtenga una fórmula para el esfuerzo máximo $\sigma_{máx}$ en el brazo vertical *AB* que tiene longitud *L*, espesor *t* y densidad de masa ρ.

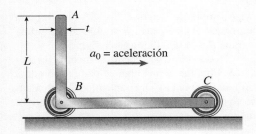

PROB. 5.5-20

★5.5-21 Una viga T está soportada y cargada como se ve en la figura. La sección transversal tiene ancho $b = 2\,1/2$ pulg, altura $h = 3$ pulg y espesor $t = 1/2$ pulg.

Determine los esfuerzos máximos de tensión y compresión en la viga.

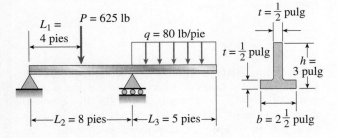

PROB. 5.5-21

★5.5-22 Una viga en voladizo *AB* con sección transversal rectangular tiene un agujero longitudinal en toda su longitud (véase la figura). La viga soporta una carga $P = 600$ N. La sección transversal es de 25 mm de ancho y 50 mm de altura; el agujero tiene un diámetro de 10 mm.

Encuentre los esfuerzos de flexión en la parte superior de la viga, en la parte superior del agujero y en la parte inferior de la viga.

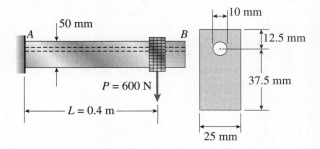

PROB. 5.5-22

★★5.5-23 Una pequeña presa de altura $h = 6$ pies está construida de vigas *AB* verticales de madera, como se presenta en la figura. Las vigas de madera, que tienen espesor $t = 2.5$ pulg, están simplemente soportadas por vigas horizontales de acero en *A* y *B*.

Trace una gráfica que muestre el esfuerzo de flexión máximo $\sigma_{máx}$ en las vigas de madera *versus* la profundidad *d* del agua arriba del soporte inferior en *B*. Grafique el esfuerzo $\sigma_{máx}$ (lb/pulg^2) como la ordenada de la gráfica y la profundidad *d* (pies) como la abscisa. (*Nota:* el peso específico γ del agua es igual a 62.4 lb/pies^3.)

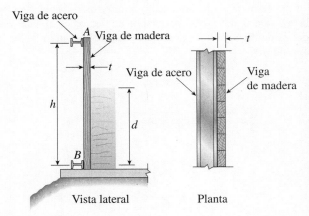

PROB. 5.5-23

Diseño de vigas

5.6-1 La sección transversal de un puente ferrocarrilero de vía angosta se muestra en la parte (a) de la figura. El puente está construido con trabes longitudinales de acero que soportan los durmientes de madera. Las trabes están restringidas contra pandeo lateral por riostras diagonales, como se indica con las líneas punteadas.

El espaciamiento de las trabes es $s_1 = 50$ pulg y la separación entre rieles es $s_2 = 30$ pulg. La carga transmitida por cada riel a un solo durmiente es $P = 1500$ lb. La sección transversal de un durmiente [parte (b) de la figura], tiene ancho $b = 5.0$ pulg y altura d.

Determine el valor mínimo de d con base en un esfuerzo permisible de flexión de 1125 lb/pulg^2 en el durmiente. (Desprecie el peso del durmiente.)

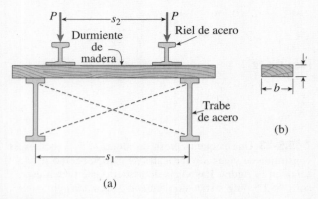

(a)

(b)

PROB. 5.6-1

5.6-2 Una ménsula de fibra de vidrio $ABCD$ de sección transversal circular sólida tiene la forma y dimensiones que se ven en la figura. Una carga vertical $P = 367$ N actúa en el extremo libre D.

Determine el diámetro $d_{mín}$ mínimo permisible para la ménsula si el esfuerzo permisible de flexión en el material es de 30 MPa y $b = 35$ mm (desprecie el peso de la ménsula).

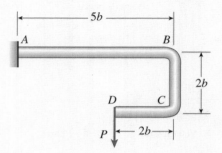

PROB. 5.6-2

5.6-3 Una viga en voladizo de longitud $L = 6$ pies soporta una carga uniforme de intensidad $q = 200$ lb/pie y una carga concentrada $P = 2\,500$ lb (véase la figura).

Calcule el módulo de sección requerido S si $\sigma_{perm} = 15\,000$ lb/pulg^2. Luego seleccione la viga de patín ancho más adecuada (perfil W) de la tabla E-1 en el apéndice E y recalcule S tomando en cuenta el peso de la viga. Seleccione una nueva viga si es necesario.

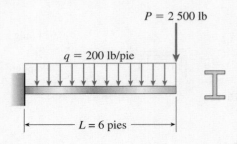

PROB. 5.6-3

5.6-4 Una viga simple de longitud $L = 15$ pies soporta una carga uniforme de intensidad $q = 400$ lb/pie y una carga concentrada $P = 4\,000$ lb (véase la figura).

Si $\sigma_{perm} = 16\,000$ lb/pulg^2, calcule el módulo de sección requerido S. Elija luego una viga de patín ancho de 8 pulg (perfil W) de la tabla E-1 en el apéndice E y recalcule S tomando en cuenta el peso de la viga. Elija una nueva viga de 8 pulg en caso necesario.

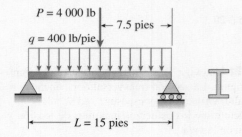

PROB. 5.6-4

5.6-5 Una viga simple AB está cargada como se ve en la figura. Calcule el módulo de sección S requerido si $\sigma_{perm} = 15\,000$ lb/pulg^2, $L = 24$ pies, $P = 2\,000$ lb y $q = 400$ lb/pie. Seleccione una viga I apropiada (perfil S) de la tabla E-2 en el apéndice E y recalcule S tomando en cuenta el peso de la viga. Seleccione un nuevo tamaño de viga si es preciso.

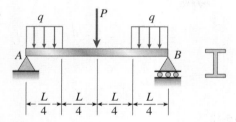

PROB. 5.6-5

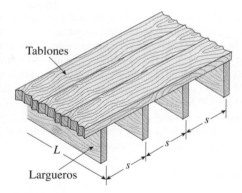

Tablones

Largueros

PROB. 5.6-7 y 5.6-8

5.6-6 Un puente de pontones (véase la figura) se construye con dos vigas longitudinales de madera que salvan el claro entre pontones adyacentes y soportan las vigas de piso transversales o tablones de piso.

Para fines de diseño, suponga que una carga uniforme de piso de 8.0 kPa actúa sobre los tablones (esta carga incluye una tolerancia por el peso de los tablones y de las vigas longitudinales). Considere que los tablones de piso son de 2.0 m de largo y que las vigas longitudinales están simplemente apoyadas con claro de 3.0 m. El esfuerzo permisible de flexión en la madera es de 16 MPa.

Si las vigas longitudinales tienen sección transversal cuadrada, ¿cuál es el ancho mínimo requerido $b_{mín}$?

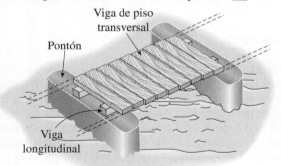

PROB. 5.6-6

5.6-7 El sistema de piso de un edificio pequeño consiste en tablones de madera soportados por largueros de 2 pulg (ancho nominal) espaciados a una distancia s, medida centro a centro (véase la figura). El claro L de cada larguero es de 10.5 pies, el espaciamiento s de los largueros es de 16 pulg y el esfuerzo permisible de flexión en la madera es de 1 350 lb/pulg². La carga uniforme de piso es de 120 lb/pie² que incluye una tolerancia para el peso del sistema de piso.

Calcule el módulo de sección requerido S para los largueros y luego seleccione un tamaño adecuado para los largueros (madera cepillada) en el apéndice F, suponiendo que cada larguero puede representarse como una viga simple que soporta una carga uniforme.

5.6-8 Los largueros de madera que soportan un piso de tablones (véase la figura) son de 40 mm × 180 mm en sección transversal (dimensiones reales) y tienen un claro $L = 4.0$ m. La carga de piso es de 3.6 kPa, que incluye el peso de los largueros y el piso.

Calcule el espaciamiento máximo permisible s de los largueros si el esfuerzo permisible de flexión es de 15 MPa (suponga que cada larguero puede representarse como una viga simple que soporta una carga uniforme).

5.6-9 Una viga ABC con un voladizo de B a C está hecha con una sección en canal C 10 × 30 (véase la figura). La viga soporta su propio peso (30 lb/pie) más una carga uniforme de intensidad q que actúa sobre el voladizo. Los esfuerzos permisibles en tensión y compresión son de 18 klb/pulg² y 12 klb/pulg², respectivamente.

Determine la carga permisible uniforme q_{perm} si la distancia L es igual a 3.0 pies.

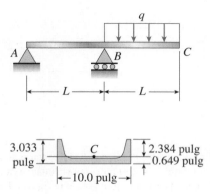

PROB. 5.6-9

5.6-10 Una "barra trapecio" en un cuarto de hospital permite a los pacientes ejercitarse mientras se encuentran encamados (véase la figura). La barra es de 2.1 m de largo y tiene una sección transversal en forma de octágono regular. La carga de diseño es de 1.2 kN aplicada en el punto medio de la barra y el esfuerzo permisible de flexión es de 200 MPa.

Determine el ancho mínimo h de la barra (suponga que los extremos de la barra están simplemente apoyados y que el peso de la barra es despreciable).

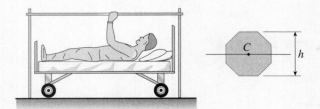

PROB. 5.6-10

5.6-11 Un carro de dos ejes que forma parte de una grúa viajera en un laboratorio de pruebas, se mueve lentamente sobre una viga simple AB (véase la figura). La carga transmitida a la viga desde el eje frontal es de 2 000 lb y la transmitida desde el eje posterior es de 4 000 lb. El peso de la viga puede despreciarse.

a) Determine el módulo de sección mínimo requerido S para la viga si el esfuerzo permisible de flexión es de 15.0 klb/pulg², la longitud de la viga es de 16 pies y la separación entre ejes del carro es de 5 pies.

b) Seleccione una viga I (perfil S) de la tabla E-2 del apéndice E para estas condiciones.

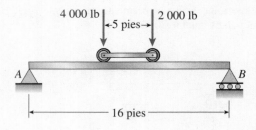

PROB. 5.6-11

5.6-12 Una viga en voladizo AB de sección transversal circular y longitud $L = 450$ mm soporta una carga $P = 400$ N que actúa en el extremo libre (véase la figura). La viga es de acero con un esfuerzo permisible de flexión de 60 MPa.

Determine el diámetro $d_{\text{mín}}$ requerido para la viga, considerando el efecto del peso propio de la viga.

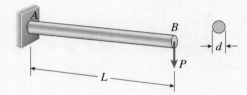

PROB. 5.6-12

5.6-13 Una viga compuesta $ABCD$ (véase la figura) está soportada en los puntos A, B y D y tiene un empalme (representado por el pasador de la conexión) en el punto C. La distancia $a = 6.0$ pies y la viga es una W 16 × 57 de patín ancho con un esfuerzo permisible de flexión de 10 800 lb/pulg².

Encuentre la carga q_{perm} uniforme permisible que puede colocarse sobre la viga, tomando en cuenta el peso de la misma.

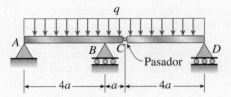

PROB. 5.6-13

5.6-14 Tres vigas idénticas en voladizo soportan un pequeño balcón de madera (véase la figura). Cada viga tiene una longitud $L_1 = 2.1$ m, ancho b y altura $h = 4b/3$. Las dimensiones del piso del balcón son $L_1 \times L_2$, con $L_2 = 2.5$ m. La carga de diseño es de 5.5 kPa actuando sobre toda el área del piso (esta carga incluye todas las cargas excepto los pesos de las vigas en voladizo, que tienen un peso específico de $\gamma = 5.5$ kN/m³). El esfuerzo permisible de flexión en los voladizos es de 15 MPa.

Suponga que el voladizo intermedio soporta 50% de la carga y que cada voladizo exterior soporta 25% de la carga, y determine las dimensiones requeridas para b y h.

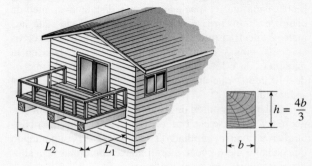

PROB. 5.6-14

5.6-15 Una viga con sección transversal en forma de un perfil de patín ancho no simétrico (véase la figura) está sometida a un momento flexionante negativo que actúa alrededor del eje z.

Determine el ancho b del patín superior para que los esfuerzos en las partes superior e inferior de la viga estén en la razón de 4:3, respectivamente.

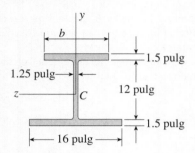

PROB. 5.6-15

5.6-16 Una viga con sección transversal en forma de canal (véase la figura) está sometida a un momento flexionante que actúa respecto al eje z.

Calcule el espesor t de la canal para que los esfuerzos de flexión en la parte superior e inferior de la viga estén en la razón de 7:3, respectivamente.

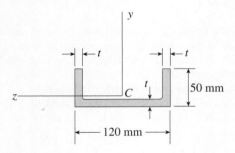

PROB. 5.6-16

5.6-17 Determine las razones de los pesos de tres vigas que tienen la misma longitud, son del mismo material, están sometidas al mismo momento flexionante máximo y tienen el mismo esfuerzo de flexión máximo si sus secciones transversales son: 1) un rectángulo con altura igual a dos veces el ancho; 2) un cuadrado y 3) un círculo (véanse las figuras).

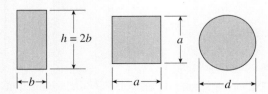

PROB. 5.6-17

★**5.6-18** Un entrepaño horizontal AD de longitud L = 900 mm, ancho b = 300 mm y espesor t = 20 mm está soportado por ménsulas en B y C [véase la parte (a) de la figura]. Las ménsulas son ajustables y pueden colocarse en cualquier posición entre los extremos del entrepaño. Una carga uniforme de intensidad q, que incluye el peso del entrepaño, actúa sobre éste [véase la parte (b) de la figura].

Determine el valor permisible máximo de la carga q si el esfuerzo de flexión permisible en el entrepaño es σ_{perm} = 5.0 MPa, y la posición de los soportes se ajusta para la capacidad de carga máxima.

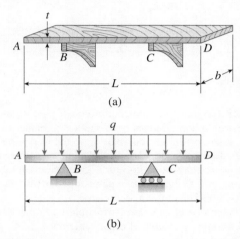

PROB. 5.6-18

★**5.6-19** Una placa de acero (llamada *cubreplaca*) con dimensiones transversales de 4.0 pulg × 0.5 pulg está soldada a lo largo de toda la longitud del patín superior de un perfil de patín ancho W 12 × 35 (véase la figura, que muestra la sección transversal de la viga).

¿Cuál es el incremento porcentual en el módulo de sección más pequeño (respecto al del perfil solo)?

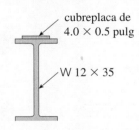

cubreplaca de 4.0 × 0.5 pulg

W 12 × 35

PROB. 5.6-19

★★**5.6-20** Una viga de acero ABC está simplemente apoyada en A y B y tiene un voladizo BC de longitud L = 150 mm (véase la figura). La viga soporta una carga uniforme de intensidad $q = 3.5$ kN/m sobre toda su longitud de 450 mm. La sección transversal de la viga es rectangular con ancho b y altura $2b$. El esfuerzo permisible de flexión en el acero es $\sigma_{perm} = 60$ MPa y su peso específico es $\gamma = 77.0$ kN/m^3.

a) Desprecie el peso de la viga y calcule el ancho b requerido en la sección transversal rectangular.

b) Calcule el ancho requerido b tomando en cuenta el peso de la viga.

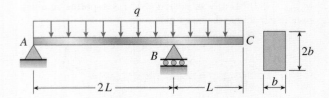

PROB. 5.6-20

★★5.6-21 Un muro de contención con 5 pies de altura está construido con tablones horizontales de madera de 3 pulg de espesor (dimensión real) soportados por postes verticales de madera de 12 pulg de diámetro (dimensión real), como se muestra en la figura. La presión lateral del suelo es $p_1 = 100$ lb/pie^2 en la parte superior del muro y $p_2 = 400$ lb/pie^2 en el fondo del mismo.

Suponga que el esfuerzo permisible en la madera es de 1200 lb/pulg^2 y calcule el espaciamiento máximo permisible s de los postes.

(*Sugerencia:* observe que el espaciamiento de los postes puede obedecer a la capacidad de carga de los postes o de los tablones. Considere que los postes actúan como vigas en voladizo sometidas a una distribución trapezoidal de carga y que los tablones funcionan como vigas simples entre los postes. Para estar del lado de la seguridad, suponga que la presión sobre el tablón del fondo es uniforme e igual a la presión máxima.)

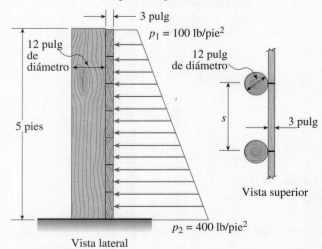

PROB. 5.6-21

★★5.6-22 Una viga de sección transversal cuadrada (a = longitud de cada lado) se flexiona en el plano de una diagonal (véase la figura). Si se elimina una pequeña cantidad de material de las esquinas superior e inferior —como se muestra por los triángulos sombreados en la figura—, podemos incrementar el módulo de sección y obtener una viga más fuerte, aun cuando el área de la sección transversal se ha reducido.

a) Determine la razón β que define las áreas que deben suprimirse para obtener la sección transversal más resistente en flexión.

b) ¿En qué porcentaje se incrementa el módulo de sección cuando se eliminan las áreas?

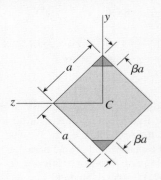

PROB. 5.6-22

★★5.6-23 La sección transversal de una viga rectangular con b de ancho y h de altura se muestra en la parte (a) de la figura. Por razones desconocidas para su diseñador, se intenta agregar salientes de ancho $b/9$ y altura d a sus lechos alto y bajo [véase la parte (b) de la figura]:

¿Para qué valores de d aumenta la capacidad de absorber momentos flexionantes de la viga? ¿Para qué valores disminuye?

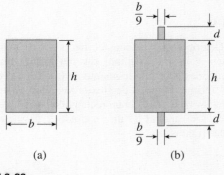

PROB. 5.6-23

Vigas no prismáticas

5.7-1 Una viga ahusada en voladizo AB de longitud L tiene secciones transversales cuadradas y soporta una carga concentrada P en el extremo libre (véase la figura). El ancho y altura de la viga varían linealmente desde h_A en el extremo libre hasta h_B en el extremo empotrado.

Determine la distancia x desde el extremo libre A a la sección transversal de esfuerzo de flexión máximo si $h_B = 3h_A$. ¿Cuál es la magnitud $\sigma_{máx}$ del esfuerzo máximo de flexión? ¿Cuál es la razón del esfuerzo máximo al máximo esfuerzo σ_B en el empotramiento?

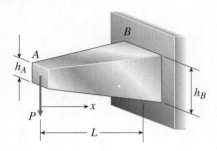

PROB. 5.7-1

5.7-2 Dos vigas verticales formadas por tubos ahusados circulares de pared delgada soportan un letrero elevado (véase la figura). Para fines de análisis, cada viga puede representarse como un voladizo AB de longitud $L = 8.0$ m sometido a una carga lateral $P = 2.4$ kN en el extremo libre. Los tubos tienen espesor constante $t = 10.0$ mm y diámetros *promedio* $d_A = 90$ mm y $d_B = 270$ mm en los extremos A y B, respectivamente.

Como el espesor es pequeño comparado con los diámetros, el momento de inercia en cualquier sección transversal puede obtenerse con la fórmula $I = \pi d^3 t/8$ (véase el Caso 22, apénd. D) y el módulo de sección puede obtenerse con la fórmula $S = \pi d^2 t/4$.

¿A qué distancia x desde el extremo libre se da el esfuerzo máximo de flexión? ¿Cuál es la magnitud $\sigma_{máx}$ del esfuerzo máximo de flexión? ¿Cuál es la razón del esfuerzo máximo al esfuerzo máximo σ_B en el empotramiento?

5.7-3 Una viga ahusada en voladizo AB con secciones transversales rectangulares está sometida a una carga concentrada $P = 50$ lb y a un par $M_0 = 800$ lb-pulg que actúan en el extremo libre (véase la figura). El ancho b de la viga es constante e igual a 1.0 pulg, pero la altura varía linealmente desde $h_A = 2.0$ pulg en el extremo cargado hasta $h_B = 3.0$ pulg en el empotramiento.

¿A qué distancia x desde el extremo libre se presenta el esfuerzo máximo por flexión $\sigma_{máx}$? ¿Cuál es la magnitud $\sigma_{máx}$ del esfuerzo máximo por flexión? ¿Cuál es la razón del esfuerzo máximo al esfuerzo máximo σ_B en el empotramiento?

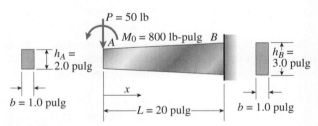

PROB. 5.7-3

★5.7-4 Los rayos de un gran volante se modelan como vigas fijas en un extremo y cargadas por una fuerza P y un par M_0 en el otro (véase la figura). Las secciones transversales de los rayos son elípticas; las longitudes de sus ejes mayor y menor (altura y ancho, respectivamente) se muestran en la figura. Las dimensiones transversales varían en forma lineal del extremo A al extremo B.

Considere sólo los efectos de flexión debido a las cargas P y M_0 y determine las siguientes cantidades: a) el esfuerzo máximo de flexión σ_A en el extremo A; b) el esfuerzo máximo de flexión σ_B en el extremo B; c) la distancia x a la sección transversal de esfuerzo de flexión máximo y d) la magnitud $\sigma_{máx}$ del esfuerzo máximo de flexión.

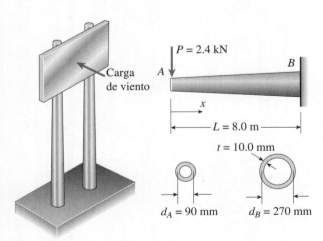

PROB. 5.7-2

PROB. 5.7-4

★5.7-5 Considere la viga ahusada en voladizo de sección transversal circular sólida mostrada en la figura 5-24 del ejemplo 5-9.

a) Tome en cuenta sólo los efectos de flexión debido a la carga P y determine el intervalo de valores para la razón d_B/d_A para el cual se presentan los esfuerzos normales máximos en el soporte.

b) ¿Cuál es el esfuerzo máximo para este intervalo de valores?

Vigas totalmente esforzadas

Los problemas 5.7-6 al 5.7-8 se refieren a vigas completamente esforzadas de sección transversal rectangular. Considere sólo los esfuerzos de flexión obtenidos con la fórmula de la flexión y desprecie los pesos de las vigas.

5.7-6 Una viga en voladizo AB con secciones transversales rectangulares, ancho constante b y altura h_x variable, está sometida a una carga uniforme de intensidad q (véase la figura).

¿Cómo debe variar la altura h_x en función de x (medida desde el extremo libre de la viga) para tener una viga completamente esforzada? (Exprese h_x en términos de la altura h_B del extremo fijo de la viga.)

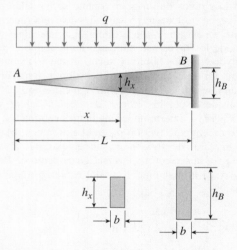

PROB. 5.7-6

5.7-7 Una viga simple ABC con sección transversal rectangular, de altura constante h y ancho variable b_x, sostiene una carga concentrada P que actúa en su punto medio (véase la figura).

¿Cómo debe variar el ancho b_x en función de x, para que la viga esté completamente esforzada? (Exprese a b_x en función también del ancho b_B en el punto medio de la viga.)

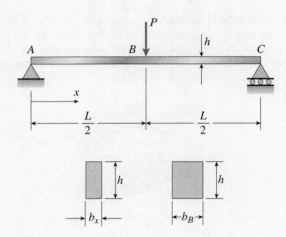

PROB. 5.7-7

5.7-8 Una viga en voladizo AB con secciones transversales rectangulares, ancho variable b_x y altura variable h_x, está sometida a una carga uniforme de intensidad q (véase la figura). Si el ancho varía en forma lineal con x de acuerdo con la ecuación $b_x = b_B\, x/L$, ¿cómo debe variar la altura h_x en función de x para tener una viga completamente esforzada? (Exprese h_x en términos de la altura h_B del extremo fijo de la viga.)

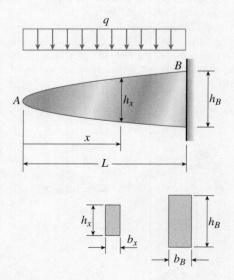

PROB. 5.7-8

Esfuerzos cortantes en vigas rectangulares

5.8-1 Los esfuerzos cortantes τ en una viga rectangular están dados por la ecuación (5-39):

$$\tau = \frac{V}{2I}\left(\frac{h^2}{4} - y_1^2\right)$$

en donde V es la fuerza cortante, I es el momento de inercia del área de la sección transversal, h es la altura de la viga y y_1 es la distancia del eje neutro al punto donde se está evaluando el esfuerzo cortante (figura 5-30).

Integre sobre el área de la sección transversal y demuestre que la resultante de los esfuerzos cortantes es igual a la fuerza cortante V.

5.8-2 Calcule el esfuerzo cortante máximo $\tau_{\text{máx}}$ y el esfuerzo de flexión máximo $\sigma_{\text{máx}}$ en una viga de madera simplemente apoyada (véase la figura) que soporta una carga uniforme de 18.0 kN/m (incluye el peso de la viga), si la longitud es de 1.75 m y la sección transversal es rectangular con ancho de 150 mm y altura de 250 mm.

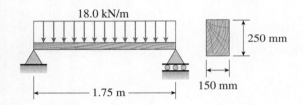

PROB. 5.8-2

5.8-3 Dos vigas de madera, cada una con sección transversal cuadrada (3.5 pulg × 3.5 pulg de dimensiones reales), están pegadas para formar una viga sólida de dimensiones de 3.5 pulg × 7.0 pulg (véase la figura). La viga está simplemente apoyada con un claro de 6 pies.

¿Cuál es la carga máxima $P_{\text{máx}}$ que puede actuar en el punto medio si el esfuerzo cortante permisible en la junta pegada es de 200 lb/pulg^2? (Incluya los efectos del peso de la viga, suponiendo que la madera tiene un peso específico de 35 lb/pie^3).

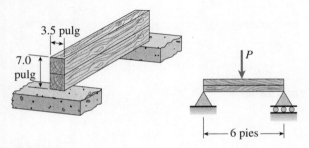

PROB. 5.8-3

5.8-4 Una viga en voladizo de longitud $L = 2$ m soporta una carga $P = 8.0$ kN (véase la figura). La viga es de madera con dimensiones transversales de 120 mm × 200 mm.

Calcule los esfuerzos cortantes debido a la carga P en puntos localizados a 25, 50, 75 y 100 mm desde la superficie superior de la viga. Con estos resultados trace una gráfica que muestre la distribución de los esfuerzos cortantes desde arriba hasta la parte inferior de la viga.

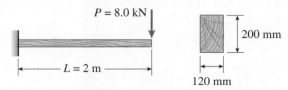

PROB. 5.8-4

5.8-5 Una viga simple de longitud $L = 16$ pulg y dimensiones de la sección transversal $b = 0.6$ pulg y $h = 2$ pulg (véase la figura) soporta una carga uniforme de intensidad $q = 240$ lb/pulg, que incluye el peso de la viga.

Calcule los esfuerzos cortantes en la viga (en la sección transversal de fuerza cortante máxima) en puntos localizados a 1/4, 1/2, 3/4 y 1 pulg desde la superficie superior de la viga. Con esos cálculos, trace una gráfica que muestre la distribución de los esfuerzos cortantes desde la parte superior hasta la parte inferior de la viga.

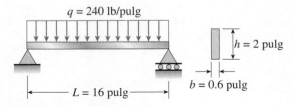

PROB. 5.8-5

5.8-6 Una viga de sección transversal rectangular (ancho b y altura h) soporta una carga uniformemente distribuida a lo largo de toda su longitud L. Los respectivos esfuerzos permisibles en flexión y en cortante son σ_{perm} y τ_{perm}.

a) Si la viga está simplemente apoyada, ¿cuál es el claro L_0 abajo del cual rige el esfuerzo cortante y arriba del cual rige el esfuerzo de flexión para la carga permisible?

b) Si la viga está soportada como voladizo, ¿cuál es el claro L_0 abajo del cual rige el esfuerzo cortante y arriba del cual rige el esfuerzo de flexión para la carga permisible?

5.8-7 Una viga de madera laminada simplemente apoyada se construye pegando tres tablones de 2 pulg × 4 pulg (dimensiones reales) para formar una viga sólida de 4 pulg × 6 pulg en su sección transversal, como se ve en la figura. El esfuerzo cortante permisible en las juntas pegadas es de 65 lb/pulg^2 y el esfuerzo de flexión permisible en la madera es de 1 800 lb/pulg^2.

Si la viga tiene 6 pies de largo, ¿cuál es la carga permisible P que puede actuar en el centro del claro de la viga? (Desprecie el peso de la viga.)

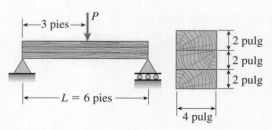

PROB. 5.8-7

5.8-8 Una viga de plástico laminado con sección transversal cuadrada está construida con tres tiras pegadas, cada una de 10 mm × 30 mm en sección transversal (véase la figura). La viga tiene un peso total de 3.2 N y está simplemente apoyada con claro $L = 320$ mm.

Considere el peso de la viga y calcule la carga permisible máxima P que puede colocarse en el centro del claro si: a) el esfuerzo cortante permisible en las juntas pegadas es de 0.3 MPa y b) el esfuerzo permisible de flexión en el plástico es de 8 MPa.

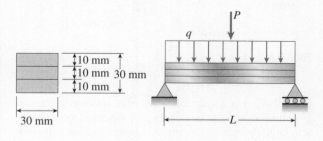

PROB. 5.8-8

★5.8-9 Una viga de madera AB simplemente apoyada con claro de 9 pies está sometida a una carga uniforme de 120 lb/pie de intensidad que actúa a lo largo de toda su longitud y a una carga concentrada de 8 800 lb de magnitud que actúa en un punto a 3 pies del apoyo derecho (véase la figura). Los respectivos esfuerzos permisibles en flexión y cortante, son de 2 500 lb/pulg^2 y 150 lb/pulg^2.

a) En la tabla en el apéndice F seleccione la viga más ligera que soporte las cargas (desprecie el peso de la viga).

b) Tome en cuenta el peso de la viga (densidad de peso = 35 lb/pie^3) y compruebe que la viga seleccionada sea satisfactoria o, si no lo es, seleccione otra viga.

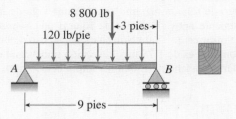

PROB. 5.8-9

★5.8-10 Una viga de madera simplemente apoyada de sección transversal rectangular tiene un claro de 1.2 m y sostiene una carga concentrada P al centro del claro, además de su propio peso (véase la figura). La sección transversal tiene 140 mm de ancho y 240 mm de alto. La densidad de la madera es igual a 5.4 kN/m^3.

Calcule el valor permisible máximo de la carga P si: a) el esfuerzo de flexión permisible es de 8.5 MPa y b) el esfuerzo cortante permisible es 0.8 MPa.

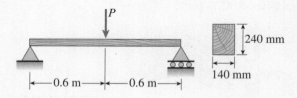

PROB. 5.8-10

★★5.8-11 Una plataforma cuadrada de madera de 8 pies × 8 pies de área, descansa sobre muros de mampostería (véase la figura). La cubierta de la plataforma está construida con tablones de ranura y lengüeta de espesor nominal de 2 pulg (espesor real de 1.5 pulg; véase el apéndice F) soportados sobre dos vigas de 8 pies de longitud. Las vigas tienen dimensiones nominales de 4 pulg × 6 pulg (dimensiones reales de 3.5 pulg × 5.5 pulg).

Los tablones están diseñados para soportar una carga uniformemente distribuida w (lb/pie²) que actúa sobre toda la superficie superior de la plataforma. El esfuerzo permisible de flexión para los tablones es de 2 400 lb/pulg² y el esfuerzo cortante permisible es de 100 lb/pulg². Al analizar los tablones, desprecie el peso y suponga que sus reacciones se distribuyen de manera uniforme sobre las superficies superiores de las vigas.

a) Determine la carga permisible w_1 de la plataforma (lb/pie²) basándose en el esfuerzo flexionante de los tablones.

b) Determine la carga permisible w_2 de la plataforma (lb/pie²) basándose en el esfuerzo cortante de los tablones.

c) ¿Cuál de los valores anteriores es la carga permisible w_{perm} sobre la plataforma?

(*Sugerencias:* tenga cuidado al construir el diagrama de carga para los tablones; tome en cuenta que las reacciones son cargas distribuidas en vez de cargas concentradas. Observe también que las fuerzas cortantes máximas ocurren en las caras interiores de las vigas de soporte.)

★★5.8-12 Una viga de madera ABC con apoyos simples en A y B y un voladizo BC, tiene altura $h = 280$ mm (véase la figura). La longitud del claro principal de la viga es $L = 3.6$ m y la longitud del voladizo es $L/3 = 1.2$ m. La viga soporta una carga concentrada $3P = 15$ kN en el centro del claro principal y una carga $P = 5$ kN en el extremo libre del voladizo. La madera tiene un peso específico $\gamma = 5.5$ kN/m³.

a) Determine el ancho b requerido en la viga con base en un esfuerzo de flexión permisible de 8.2 MPa.

b) Determine el ancho b requerido con base en un esfuerzo cortante permisible de 0.7 MPa.

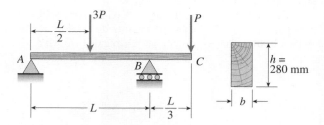

PROB. 5.8-12

Esfuerzos cortantes en vigas circulares

5.9-1 Un poste de madera de sección transversal circular sólida (d = diámetro) está sometido a una fuerza horizontal $P = 450$ lb (véase la figura). La longitud del poste es $L = 6$ pies y los esfuerzos permisibles en la madera son de 1 900 lb/pulg² en flexión y de 120 lb/pulg² en cortante.

Determine el diámetro mínimo requerido para el poste con base en: a) el esfuerzo permisible de flexión y b) el esfuerzo cortante permisible.

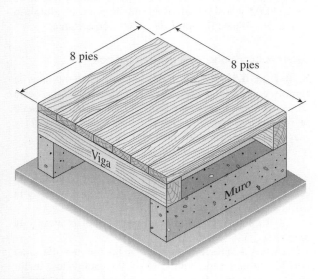

PROB. 5.8-11

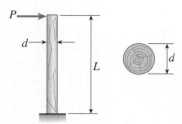

PROB. 5.9-1

5.9-2 Un puente simple de troncos en una zona remota consiste en dos troncos paralelos con tablones a través de ellos (véase la figura). Los troncos son de pino Douglas con diámetro promedio de 300 mm. Un camión cruza despacio el puente que tiene 2.5 m de claro. Suponga que el peso del camión está igualmente distribuido entre los dos troncos.

Como la distancia entre ejes del camión es mayor que 2.5 m, sólo un par de ruedas está sobre el puente al mismo tiempo; por tanto, la carga de rueda sobre un tronco equivale a una carga concentrada W que actúa en cualquier posición a lo largo del claro. Además, el peso de un tronco y los tablones que soporta equivalen a una carga uniforme de 850 N/m sobre el tronco.

Determine la carga de rueda máxima permisible W con base en: a) el esfuerzo permisible de flexión de 7.0 MPa y b) un esfuerzo cortante permisible de 0.75 MPa.

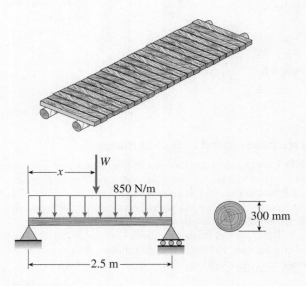

PROB. 5.9-2

*5.9-3 Un letrero elevado para una gasolinera está soportado por dos postes de aluminio de sección transversal circular hueca, como se muestra en la figura. Los postes se diseñan para resistir una presión de viento de 75 lb/pie² contra el área total del letrero. Las dimensiones de los postes y letrero son $h_1 = 20$ pies, $h_2 = 5$ pies y $b = 10$ pies. Para impedir el pandeo de las paredes de los postes, el espesor t se especifica como un décimo del diámetro exterior d.

a) Determine el diámetro mínimo requerido de los postes con base en un esfuerzo permisible de flexión de 7 500 lb/pulg² en el aluminio

b) Determine el diámetro mínimo requerido con base en un esfuerzo cortante permisible de 2 000 lb/pulg².

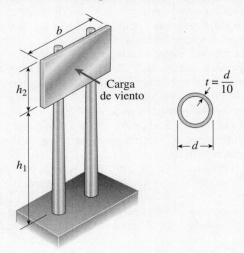

PROBS. 5.9-3 y 5.9-4

*5.9-4 Resuelva el problema anterior para un letrero y postes con estas dimensiones: $h_1 = 6.0$ m, $h_2 = 1.5$ m, $b = 3.0$ m, y $t = d/10$. La presión por viento de diseño es de 3.6 kPa y los esfuerzos permisibles en el aluminio son de 50 MPa en flexión y de 14 MPa en cortante.

Esfuerzos cortantes en vigas con patines

5.10-1 al 5.10-6 Una viga de patín ancho (véase la figura) con la sección transversal descrita abajo, está sometida a una fuerza cortante V. Con las dimensiones de la sección transversal, calcule el momento de inercia y luego determine las siguientes cantidades:

a) El esfuerzo cortante máximo $\tau_{máx}$ en el alma;

b) El esfuerzo cortante mínimo $\tau_{mín}$ en el alma;

c) El esfuerzo cortante promedio τ_{prom} (obtenido dividiendo la fuerza cortante entre el área del alma) y la razón $\tau_{máx}/\tau_{prom}$, y

d) La fuerza cortante V_{alma} tomada por el alma y la razón V_{alma}/V.

(*Nota:* desprecie los filetes en las uniones del alma con los patines y determine todas las cantidades, incluyendo el momento de inercia, considerando que la sección transversal consta de tres rectángulos.)

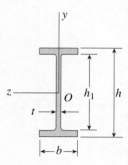

PROBS. 5.10-1 al 5.10-6

5.10-1 Dimensiones de la sección transversal: $b = 6$ pulg, $t = 0.5$ pulg, $h = 12$ pulg, $h_1 = 10.5$ pulg y $V = 30$ klb.

5.10-2 Dimensiones de la sección transversal: $b = 180$ mm, $t = 12$ mm, $h = 420$ mm, $h_1 = 380$ mm y $V = 125$ kN.

5.10-3 Perfil de patín ancho, W 8×28 (véase la tabla E-1 del apéndice E); $V = 10$ klb.

5.10-4 Dimensiones de la sección transversal: $b = 220$ mm, $t = 12$ mm, $h = 600$ mm, $h_1 = 570$ mm, y $V = 200$ kN.

5.10-5 Perfil de patín ancho, W 18×71 (véase la tabla E-1 del apéndice E); $V = 21$ klb.

5.10-6 Dimensiones de la sección transversal: $b = 120$ mm, $t = 7$ mm, $h = 350$ mm, $h_1 = 330$ mm, y $V = 60$ kN.

5.10-7 Una viga en voladizo AB de longitud $L = 6.5$ pies soporta una carga uniforme de intensidad q que incluye el peso de la viga (véase la figura). La viga está formada por un perfil de acero W 10×12 de patín ancho (véase la tabla E-1 del apéndice E).

Calcule la carga permisible máxima q con base en: a) un esfuerzo permisible de flexión $\sigma_{perm} = 16$ klb/pulg^2 y b) un esfuerzo cortante permisible $\tau_{perm} = 8.5$ klb/pulg^2. (*Nota:* obtenga el momento de inercia y módulo de sección de la viga en la tabla E-1).

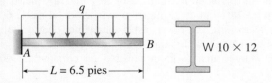

PROB. 5.10-7

5.10-8 Una trabe para puente AB sobre un claro simple de longitud $L = 14$ m soporta una carga uniforme de intensidad q que incluye su peso (véase la figura). La trabe consta de tres placas soldadas que forman la sección transversal mostrada.

Determine la carga máxima permisible q con base en: a) un esfuerzo permisible de flexión $\sigma_{perm} = 110$ MPa y b) un esfuerzo cortante permisible $\tau_{perm} = 50$ MPa.

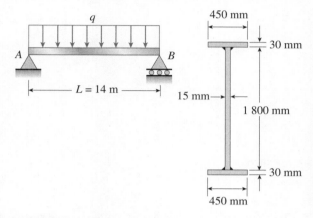

PROB. 5.10-8

5.10-9 Una viga simple con un voladizo soporta una carga uniforme de intensidad $q = 1\,200$ lb/pie y una carga concentrada $P = 3000$ lb (véase la figura). La carga uniforme incluye un margen para el peso de la viga. Los respectivos esfuerzos permisibles en flexión y cortante son de 18 klb/pulg^2 y 11 klb/pulg^2.

En la tabla E-2 del apéndice E elija la viga I más ligera (perfil S) que soporte las cargas dadas.

Sugerencia: seleccione una viga con base en el esfuerzo de flexión y luego calcule el esfuerzo cortante máximo. Si la viga queda sobreesforzada en cortante, tome una más pesada y repita el proceso.

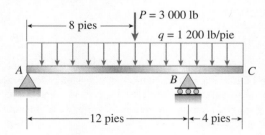

PROB. 5.10-9

5.10-10 Una viga en caja hueca de acero tiene la sección transversal rectangular que se ilustra en la figura. Determine la fuerza cortante V máxima permisible que puede actuar sobre la viga si el esfuerzo cortante permisible es de 36 MPa.

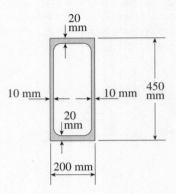

PROB. 5.10-10

5.10-11 Una viga en caja hueca de aluminio tiene la sección transversal cuadrada que se muestra en la figura. Calcule los esfuerzos cortantes máximo y mínimo $\tau_{máx}$ y $\tau_{mín}$ en el alma de la viga debidos a una fuerza cortante $V = 28$ klb.

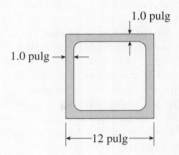

PROB. 5.10-11

5.10-12 La viga T de la figura tiene las siguientes dimensiones transversales: $b = 220$ mm, $t = 15$ mm, $h = 300$ mm y $h_1 = 275$ mm. La viga está sometida a una fuerza cortante $V = 60$ kN.

Determine el esfuerzo cortante máximo $\tau_{máx}$ en el alma de la viga.

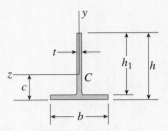

PROBS. 5.10-12 y 5.10-13

5.10-13 Calcule el esfuerzo cortante máximo $\tau_{máx}$ en el alma de la viga T de la figura si $b = 10$ pulg, $t = 0.6$ pulg, $h = 8$ pulg, $h_1 = 7$ pulg y la fuerza cortante $V = 5\,000$ lb.

Vigas armadas

5.11-1 Una viga I prefabricada de madera que sirve como larguero de piso, tiene la sección transversal mostrada en la figura. La carga permisible por cortante para las juntas pegadas entre el alma y los patines es de 65 lb/pulg en dirección longitudinal.

Determine la fuerza cortante permisible máxima $V_{máx}$ para la viga.

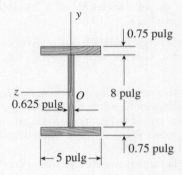

PROB. 5.11-1

5.11-2 Una trabe soldada de acero con la sección transversal mostrada en la figura, está hecha de dos placas de patín de 280 mm × 25 mm y una placa de alma de 600 mm × 15 mm. Las placas están unidas por cuatro filetes de soldadura a todo lo largo de la trabe. Cada filete de soldadura tiene una carga permisible en cortante de 900 kN/m.

Calcule la fuerza cortante permisible máxima $V_{máx}$ para la trabe.

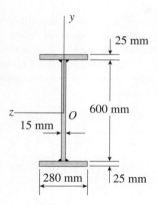

PROB. 5.11-2

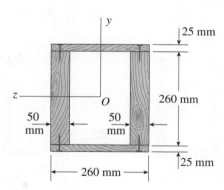

PROB. 5.11-4

5.11-3 Una trabe soldada de acero con la sección transversal que se ve en la figura, está hecha de dos placas de patín de 18 pulg × 1 pulg y una placa de alma de 64 pulg × 3/8 pulg Las placas están unidas por cuatro filetes de soldadura a todo lo largo de la trabe.

Si la trabe está sometida a una fuerza cortante de 300 klb, ¿qué fuerza F (por pulgada de longitud de soldadura) debe resistir por cada cordón de soldadura?

5.11-5 En la figura se muestra una viga en caja hecha con cuatro tablas de madera de tamaño 6 pulg × 1 pulg (dimensiones reales). Las tablas están unidas por tornillos cuya carga permisible en cortante es de $F = 250$ lb en cada uno.

Calcule el espaciamiento longitudinal máximo permisible $s_{máx}$ para los tornillos si la fuerza cortante V es de 1 200 lb.

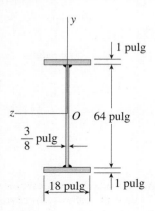

PROB. 5.11-3

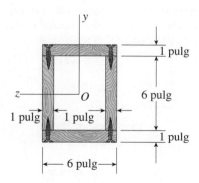

PROB. 5.11-5

5.11-4 Una viga en caja de madera está hecha con dos tablones de 260 mm × 50 mm y dos tablones de 260 mm × 25 mm (véase la figura). Los tablones están clavados con un espaciamiento longitudinal de $s = 100$ mm.

Si cada clavo tiene una fuerza cortante permisible $F = 1$ 200 N, ¿cuál es la fuerza cortante máxima permisible $V_{máx}$?

5.11-6 Dos vigas en caja de madera (vigas A y B) tienen las mismas dimensiones exteriores (200 mm × 360 mm) y el mismo espesor ($t = 20$ mm), como se ve en la figura. Ambas están clavadas en sus juntas; cada clavo tiene una carga cortante permisible de 250 N. Las vigas están diseñadas para una fuerza cortante $V = 3.2$ kN.

a) ¿Cuál es el espaciamiento longitudinal máximo s_A para los clavos en la viga A?

b) ¿Cuál es el espaciamiento longitudinal máximo s_B para los clavos en la viga B?

c) ¿Cuál viga resiste la fuerza cortante con más eficiencia?

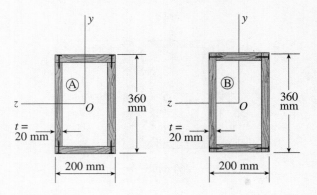

PROB. 5.11-6

5.11-7 Una viga de madera hueca con alma de madera laminada tiene las dimensiones transversales mostradas en la figura. La madera laminada está unida a los patines mediante clavos pequeños. Cada clavo tiene una carga permisible al cortante de 30 lb.

Encuentre el espaciamiento *s* máximo permisible de los clavos en las secciones transversales donde la fuerza cortante *V* sea igual a a) 200 lb y b) 300 lb.

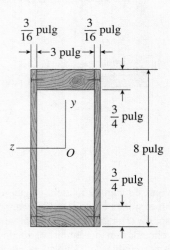

PROB. 5.11-7

5.11-8 Una viga T se elabora clavando dos tablones de las dimensiones que se indican en la figura.

Si la fuerza cortante total *V* que actúa sobre la sección transversal es de 1 600 N y cada clavo puede tomar 750 N en cortante, ¿cuál es el espaciamiento *s* máximo permisible entre clavos?

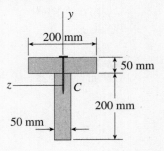

PROB. 5.11-8

5.11-9 La viga T mostrada en la figura se fabrica soldando dos placas de acero. Si la carga permisible para cada soldadura es 2.0 klb/pulg en dirección longitudinal, ¿cuál es la fuerza cortante máxima permisible *V*?

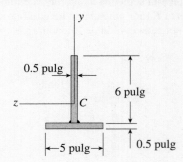

PROB. 5.11-9

5.11-10 Una viga armada de acero está fabricada con un perfil W 16 × 77 de patín ancho y dos cubre placas de 10 pulg × 1/2 pulg (véase la figura). La carga permisible en cortante de cada perno es de 2.1 klb.

¿Cual es el espaciamiento *s* requerido en los pernos en dirección longitudinal si la fuerza cortante *V* = 30 klb? (*Nota*: obtenga las dimensiones y el momento de inercia del perfil W en la tabla E-1.)

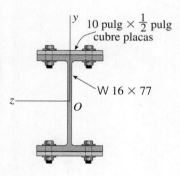

y

10 pulg $\times \frac{1}{2}$ pulg
cubre placas

W 16 $\times$ 77

z

O

PROB. 5.11-10

5.11-11 Dos vigas de acero W 10 $\times$ 45 de patín ancho se atornillan para formar una viga armada como se muestra en la figura.

¿Cuál es el espaciamiento s máximo permisible de los pernos si la fuerza cortante $V = 20$ klb y la carga permisible en cortante para cada perno es $F = 3.1$ klb? (*Nota:* obtenga las dimensiones y las propiedades de los perfiles W de la tabla E-1.)

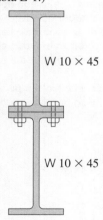

W 10 $\times$ 45

W 10 $\times$ 45

PROB. 5.11-11

Vigas con cargas axiales

Al resolver los problemas de la sección 5.12, suponga que la presencia de deflexiones laterales no afecta a los momentos flexionantes.

5.12-1 Al taladrar un agujero con berbiquí y barrena, se ejerce una fuerza hacia abajo $P = 25$ lb sobre la manija del berbiquí (véase la figura). El diámetro de la manivela es $d = 7/16$ pulg y su excentricidad lateral es $b = 4$-$7/8$ pulg.

Determine los respectivos esfuerzos máximos de tensión y compresión σ_t y σ_c, en la manivela.

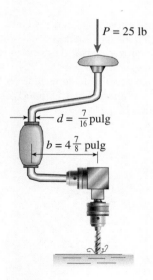

$P = 25$ lb

$d = \frac{7}{16}$ pulg

$b = 4\frac{7}{8}$ pulg

PROB. 5.12-1

5.12-2 Un poste de aluminio para el alumbrado público pesa 4 600 N y soporta un brazo que pesa 660 N (véase la figura). El centro de gravedad del brazo está a 1.2 m del eje del poste. El diámetro exterior del poste (en su base) es de 225 mm y su espesor es de 18 mm.

Determine los esfuerzos máximos de tensión y compresión, σ_t y σ_c, respectivamente, en el poste (en su base) debido a los pesos.

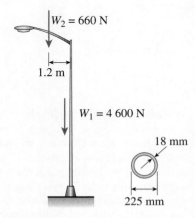

$W_2 = 660$ N

1.2 m

$W_1 = 4\,600$ N

18 mm

225 mm

PROB. 5.12-2

5.12-3 Una barra curva *ABC* con eje circular (radio $r = 12$ pulg) está cargada por fuerzas $P = 400$ lb (véase la figura). La sección transversal de la barra es rectangular con altura h y espesor t.

Si el esfuerzo permisible de tensión en la barra es de 12 000 lb/pulg² y la altura $h = 1.25$ pulg, ¿cuál es el espesor mínimo requerido $t_{mín}$?

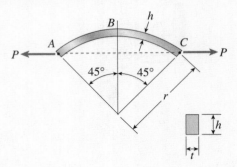

PROB. 5.12-3

5.12-4 Una estructura rígida *ABC* está formada por dos tubos de acero soldados entre sí en *B* (véase la figura). Cada tubo tiene área transversal $A = 11.31 \times 10^3$ mm², momento de inercia $I = 46.37 \times 10^6$ mm⁴ y diámetro exterior $d = 200$ mm.

Encuentre los esfuerzos máximos de tensión y compresión, σ_t y σ_c, respectivamente, en la estructura debidos a la carga $P = 8.0$ kN si $L = H = 1.4$ m.

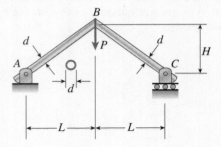

PROB. 5.12-4

5.12-5 Una palmera inclinada a un ángulo de unos 60° pesa alrededor de 1 000 lb (véase la figura). El peso de la palmera puede resolverse en dos fuerzas resultantes, una fuerza $P_1 = 900$ lb que actúa en un punto a 12 pies de la base y en una fuerza $P_2 = 100$ lb que actúa en la parte superior de la palmera, que tiene 30 pies de largo. El diámetro en la base de la palmera es de unas 14 pulg.

Calcule los esfuerzos máximos de tensión y compresión, σ_t y σ_c, respectivamente, en la base de la palmera debido a su peso.

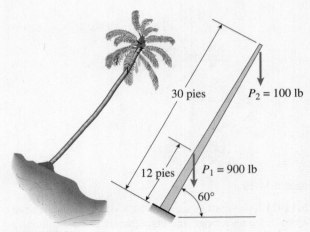

PROB. 5.12-5

5.12-6 Un poste vertical de aluminio está empotrado en su base y es jalado desde su parte superior por un cable con una fuerza de tensión T (véase la figura). El cable está unido a la superficie exterior del poste y forma un ángulo $\alpha = 25°$ en el punto de la conexión. El poste tiene longitud $L = 2.0$ m y sección transversal circular hueca con diámetro exterior $d_2 = 260$ mm y diámetro interior $d_1 = 200$ mm.

Determine la fuerza de tensión permisible T_{perm} en el cable si el esfuerzo de compresión permisible en el poste de aluminio es de 90 MPa.

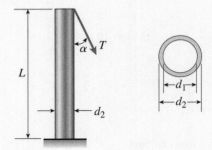

PROB. 5.12-6

5.12-7 Debido a un asentamiento de la cimentación, una torre circular está inclinada un ángulo α respecto a la vertical (véase la figura). El núcleo estructural de la torre es un cilindro circular de altura h, diámetro exterior d_2 y diámetro interior d_1. Por simplicidad en el análisis, suponga que el peso de la torre se distribuye de manera uniforme a lo largo de la altura.

Obtenga una fórmula para el ángulo máximo permisible a para que no se tengan esfuerzos de tensión en la torre.

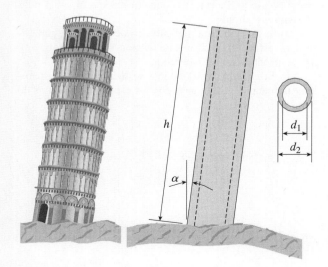

PROB. 5.12-7

5.12-8 Una barra de acero de sección transversal circular sólida está sometida a una fuerza axial de tensión $T = 26$ kN y a un momento flexionante $M = 3.2$ kN·m (véase la figura).

Con base en un esfuerzo permisible en tensión de 120 MPa, determine el diámetro d requerido para la barra. (Desprecie el peso propio de la barra.)

PROB. 5.12-8

5.12-9 Una chimenea cilíndrica de ladrillos de altura H pesa $w = 825$ lb/pie de altura (véase la figura). Los diámetros interior y exterior son $d_1 = 3$ pies y $d_2 = 4$ pies, respectivamente. La presión del viento contra el lado de la chimenea es $p = 10$ lb/pie^2 de área proyectada.

Determine la altura máxima H para que no haya tensión en la mampostería.

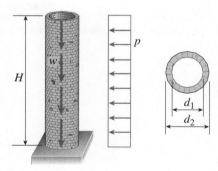

PROB. 5.12-9

5.12-10 Un arbotante transmite una carga $P = 25$ kN que actúa a un ángulo de 60° con la horizontal sobre la parte superior de un estribo vertical AB (véase la figura). El estribo vertical tiene altura $h = 5.0$ m y sección transversal rectangular de espesor $t = 1.5$ m y ancho $b = 1.0$ m (perpendicular al plano de la figura). La piedra usada en la construcción pesa $\gamma = 26$ kN/m^3

¿Cuál es el peso W requerido del pedestal y estatua arriba del estribo vertical (es decir, arriba de la sección A) para no tener esfuerzos de tensión en el estribo vertical?

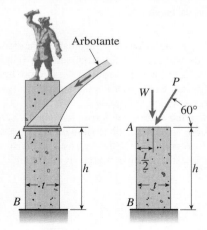

PROB. 5.12-10

5.12-11 Un muro de concreto simple (es decir, sin acero de refuerzo), descansa sobre una cimentación segura y sirve como una pequeña presa para un arroyo (véase la figura). La altura del muro es $h = 6.0$ pies y el espesor del muro es $t = 1.0$ pie.

a) Determine los esfuerzos máximos de tensión y compresión, σ_t y σ_c, respectivamente, en la base del muro cuando el nivel del agua llega hasta la parte superior del muro ($d = h$). Suponga que el concreto simple tiene un peso específico $\gamma_c = 145$ lb/pie^3.

b) Determine la profundidad permisible máxima $d_{máx}$ del agua para que no haya tensión en el concreto.

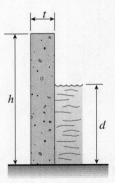

PROB. 5.12-11

Cargas axiales excéntricas

5.12-12 Un poste circular y un poste rectangular están comprimidos por cargas que producen una fuerza resultante P que actúa en el borde de la sección transversal (véase la figura). El diámetro del poste circular y el ancho del poste rectangular son iguales.

a) ¿Para qué ancho b del poste rectangular serán iguales los esfuerzos máximos de tensión en ambos postes?

b) En las condiciones descritas en el inciso a), ¿qué poste tiene el esfuerzo de compresión más grande?

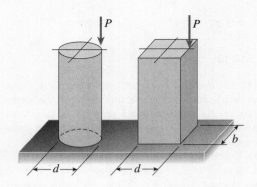

PROB. 5.12-12

5.12-13 Dos cables, cada uno con una fuerza de tensión $P = 1\ 200$ lb, están unidos por pernos a un bloque de acero (véase la figura). El bloque tiene espesor $t = 1$ pulg y ancho $b = 3$ pulg.

a) Si el diámetro d del cable es de 0.25 pulg, ¿cuáles son los esfuerzos máximos de tensión y compresión, σ_t y σ_c, respectivamente, en el bloque?

b) Si el diámetro del cable se incrementa (sin cambiar la fuerza P), ¿qué pasa con los esfuerzos máximos de tensión y compresión?

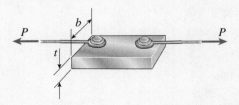

PROB. 5.12-13

5.12-14 Una barra AB soporta una carga P que actúa en el centroide de la sección transversal extrema (véase la figura). En la región media de la barra, el área transversal se reduce suprimiendo la mitad de la barra.

a) Si las secciones transversales de la barra son cuadradas con lados de longitud b, ¿cuáles son los esfuerzos máximos de tensión y compresión, σ_t y σ_c, respectivamente, en la sección mn dentro de la región reducida?

b) Si las secciones transversales extremas son circulares con diámetro b, ¿cuáles son los esfuerzos máximos σ_t y σ_c?

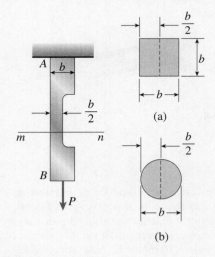

PROB. 5.12-14

5.12-15 Una columna corta hecha con un perfil W 10 × 30 de patín ancho está sometida a una carga resultante de compresión $P = 12$ klb que tiene su línea de acción en el punto medio de un patín (véase la figura).

a) Determine los esfuerzos máximos de tensión y compresión, σ_t y σ_c, respectivamente, en la columna.

b) Localice el eje neutro bajo esta condición de carga.

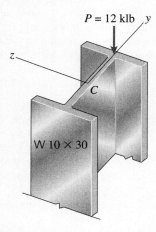

PROB. 5.12-15

5.12-16 Una columna corta formada por un perfil de patín ancho está sometida a una carga de compresión que produce una fuerza resultante $P = 60$ kN que actúa en el punto medio de un patín (véase la figura).

a) Determine los esfuerzos máximos de tensión y compresión, σ_t y σ_c, respectivamente, en la columna.

b) Localice el eje neutro en esta condición de carga.

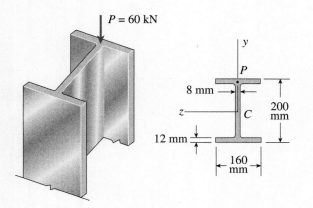

PROB. 5.12-16

5.12-17 Un miembro de tensión construido en una sección angular L 4 × 4 × $\frac{3}{4}$ pulg (véase el apéndice E) está sometido a una carga de tensión $P = 15$ lbp que actúa a través del punto donde se intersecan las líneas medias (véase la figura).

Determine el esfuerzo máximo de tensión σ_t en la sección angular.

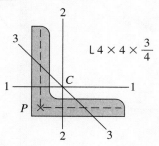

PROB. 5.12-17

5.12-18 Un canal C 8 × 11.5 de corta longitud está sometida a una fuerza axial de compresión P cuya línea de acción pasa por el punto medio del alma de la canal (véase la figura).

a) Determine la ecuación del eje neutro en esta condición de carga.

b) Si los esfuerzos permisibles en tensión y compresión son de 10000 lb/pulg^2 y 8 000 lb/pulg^2, respectivamente, encuentre la carga máxima permisible $P_{máx}$.

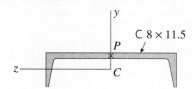

PROB. 5.12-18

Concentraciones de esfuerzos

Los problemas de la sección 5.13 deberán resolverse considerando los factores de concentraciones de esfuerzos.

5.13-1 Las vigas que se presentan en la figura están sometidas a momentos flexionantes $M = 2\,100$ lb-pulg Cada una tiene sección transversal rectangular con altura $h = 1.5$ pulg y ancho $b = 0.375$ pulg (perpendicular al plano de la figura).

a) Para la viga con un orificio a media altura, determine los esfuerzos máximos para diámetros de orificio $d = 0.25, 0.50, 0.75$ y 1.00 pulg.

b) Para la viga con dos muescas idénticas (altura interior $h_1 = 1.25$ pulg), calcule los esfuerzos máximos para radios de muesca $R = 0.05$, 0.10, 0.15 y 0.20 pulg.

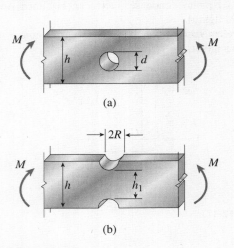

(a)

(b)

PROBS. 5.13-1 a 5.13-4

5.13-2 Las vigas ilustradas en la figura están sometidas a momentos flexionantes $M = 250$ N·m. Cada una tiene una sección transversal rectangular con altura $h = 44$ mm y ancho $b = 10$ mm (perpendicular al plano de la figura).

a) Para la viga con un orificio a media altura, determine los esfuerzos máximos para diámetros del orificio de $d = 10$, 16, 22 y 28 mm.

b) Para la viga con dos muescas idénticas (altura interior $h_1 = 40$ mm), calcule los esfuerzos máximos para radios de la muesca $R = 2$, 4, 6 y 8 mm.

5.13-3 Una viga rectangular con muescas semicirculares [parte (b) de la figura], tiene dimensiones $h = 0.88$ pulg y $h_1 = 0.80$ pulg El esfuerzo de flexión máximo permisible en la viga metálica es $\sigma_{máx} = 60$ klb/pulg² y el momento flexionante es $M = 600$ lb-pulg.

Determine el ancho mínimo permisible $b_{mín}$ de la viga.

5.13-4 Una viga rectangular con muescas semicirculares [parte (b) de la figura], tiene dimensiones $h = 120$ mm y $h_1 = 100$ mm. El esfuerzo de flexión máximo permisible en la viga de plástico es $\sigma_{máx} = 6$ MPa y el momento flexionante es $M = 150$ N·m.

Determine el ancho mínimo permisible $b_{mín}$ de la viga.

5.13-5 Una viga rectangular con muescas y un orificio (véase la figura) tiene dimensiones $h = 5.5$ pulg, $h_1 = 5$ pulg y ancho $b = 1.6$ pulg La viga está sometida a un momento flexionante $M = 130$ klb-pulg y el esfuerzo de flexión máximo permisible en el material (acero) es $\sigma_{máx} = 42\,000$ lb/pulg².

a) ¿Cuál es el radio mínimo $R_{mín}$ que debe usarse en las muescas?

b) ¿Cuál es el diámetro $d_{máx}$ del orificio más grande que puede taladrarse a la mitad de la altura de la viga?

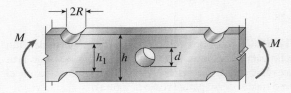

PROB. 5.13-5

Esfuerzos en vigas
(temas avanzados)

6.1 INTRODUCCIÓN

En este capítulo continuaremos el estudio de la flexión de vigas examinando varios temas especializados, entre ellos el análisis de vigas compuestas (es decir, vigas de más de un material), vigas con cargas inclinadas, vigas asimétricas, esfuerzos cortantes en vigas de pared delgada, centros de cortante y flexión elastoplástica. Estos temas se basan en los conceptos fundamentales estudiados en el capítulo 5, como curvatura, esfuerzos normales en vigas (incluyendo la fórmula de la flexión) y esfuerzos cortantes en vigas.

Después, en los capítulos 9 y 10 estudiaremos dos temas de importancia fundamental en el diseño de vigas: las deflexiones en vigas y las vigas estáticamente indeterminadas.

6.2 VIGAS COMPUESTAS

Las vigas elaboradas con más de un material se llaman **vigas compuestas**. Algunos ejemplos son las vigas bimetálicas (como las usadas en termostatos), los tubos recubiertos de plástico y las vigas de madera reforzadas con placas de acero (véase la figura 6-1).

Se han desarrollado muchos otros tipos de vigas compuestas en años recientes, principalmente para ahorrar material y reducir el peso; por ejemplo, las **vigas sándwich** se usan ampliamente en las industrias de aviación y aeroespacial, donde se requieren peso ligero, alta resistencia y rigidez. Algunos objetos comunes como esquíes, puertas, paneles de pared, entrepaños y cajas de cartón también se fabrican como elementos sándwich.

Una viga sándwich característica (figura 6-2) consiste en dos *tapas* delgadas de material de resistencia relativamente alta (como el aluminio) separadas por un *núcleo* grueso de material ligero y de

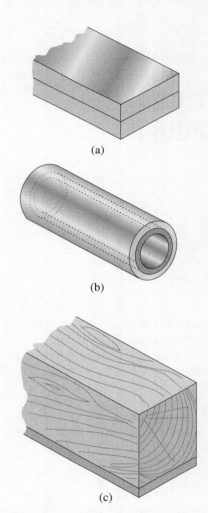

(a)

(b)

(c)

FIG. 6-1 Ejemplos de vigas compuestas: (a) viga bimetálica; (b) tubo de acero recubierto con plástico y (c) viga de madera reforzada con una placa de acero.

baja resistencia. Puesto que las tapas están a la mayor distancia del eje neutro (donde los esfuerzos de flexión son máximos), funcionan en alguna medida como los patines de una viga I. El núcleo sirve de relleno y da soporte a las tapas, estabilizándolas contra arrugamiento o pandeo. Es frecuente usar plásticos y espumas de peso ligero, así como panales y corrugaciones como núcleos.

Deformaciones unitarias y esfuerzos

Las deformaciones unitarias en las vigas compuestas se determinan a partir del mismo axioma básico que sirve para encontrar las deformaciones unitarias en vigas de un solo material; es decir, del principio de que las secciones transversales permanecen planas durante la flexión. Este axioma es válido para la flexión pura, sin importar la naturaleza del material (véase la sección 5.4); por tanto, las deformaciones unitarias longitudinales ϵ_x en una viga compuesta varían linealmente de la parte superior a la inferior de la viga, tal como lo expresa la ecuación (5-4), que repetimos a continuación:

$$\epsilon_x = -\frac{y}{\rho} = -\kappa y \qquad (6\text{-}1)$$

En esta ecuación, y es la distancia desde el eje neutro, ρ es el radio de curvatura y κ es la curvatura.

Si comenzamos con la distribución lineal de la deformación unitaria representada por la ecuación (6-1), podemos determinar las deformaciones unitarias y esfuerzos en cualquier viga compuesta. Para mostrar cómo se hace, consideremos la viga compuesta de la figura 6-3, que consta de dos materiales (marcadas 1 y 2 en la figura) firmemente unidos, de modo que actúan como una sola viga sólida.

Al igual que en los análisis previos de vigas (capítulo 5), suponemos que el plano xy es un plano de simetría y que el plano xz es el plano neutro de la viga; sin embargo, el eje neutro (el eje z en la figura 6-3b) *no* pasa por el centroide del área de la sección transversal cuando la viga está hecha de dos materiales diferentes.

Si la viga está flexionada con curvatura positiva, las deformaciones unitarias ϵ_x variarán como se ve en la figura 6-3c, donde ϵ_A es la deformación unitaria de compresión en la parte superior de la viga, ϵ_B es la deformación unitaria de tensión en la parte inferior y ϵ_C es la deformación unitaria en la superficie de contacto de los dos materiales. Por supuesto que la deformación unitaria es cero en el eje neutro (eje z).

Los esfuerzos normales que actúan sobre la sección transversal pueden obtenerse de las deformaciones unitarias usando las relaciones esfuerzo-deformación unitaria de ambos materiales. Supongamos que los dos materiales se comportan de manera elástico-lineal, por lo que la ley de Hooke para esfuerzo uniaxial es válida. Entonces los esfuerzos en los materiales se obtienen multiplicando las deformaciones unitarias por el módulo de elasticidad apropiado.

Denotamos los módulos de elasticidad para los materiales 1 y 2 con E_1 y E_2, respectivamente, y también suponemos que $E_2 > E_1$ y obtenemos el diagrama de esfuerzos mostrado en la figura 6-3d. El

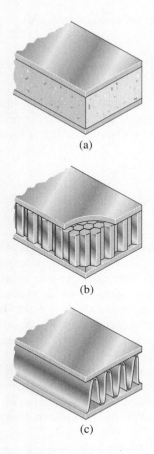

FIG. 6-2 Vigas sándwich con: (a) núcleo de plástico; (b) núcleo de panal y (c) núcleo corrugado.

esfuerzo de compresión en la parte superior de la viga es $\sigma_A = E_1 \epsilon_A$ y el esfuerzo de tensión en la parte inferior es $\sigma_B = E_2 \epsilon_B$.

En la superficie de contacto (C), los esfuerzos en los dos materiales son distintos porque sus módulos son diferentes. En el material 1, el esfuerzo es $\sigma_{1C} = E_1 \epsilon_C$ y en el material 2 es $\sigma_{2C} = E_2 \epsilon_C$.

Con la ley de Hooke y la ecuación (6-1), podemos expresar los esfuerzos normales a la distancia y desde el eje neutro en términos de la curvatura:

$$\sigma_{x1} = -E_1 \kappa y \qquad \sigma_{x2} = -E_2 \kappa y \qquad \text{(6-2a, b)}$$

en donde σ_{x1} es el esfuerzo en el material 1 y σ_{x2} es el esfuerzo en el material 2. Con ayuda de estas ecuaciones, podemos localizar el eje neutro y obtener la relación momento-curvatura.

Eje neutro

La posición del eje neutro (el eje z) se encuentra a partir de la condición de que la fuerza axial resultante que actúa sobre la sección transversal es cero (véase la sección 5.5); por tanto,

$$\int_1 \sigma_{x1} \, dA + \int_2 \sigma_{x2} \, dA = 0 \qquad \text{(a)}$$

donde la primera integral debe evaluarse sobre el área de la sección transversal del material 1 y la segunda integral, sobre el área de la sección transversal del material 2. Reemplazamos σ_{x1} y σ_{x2} en la ecua-

FIG. 6-3 (a) Viga compuesta de dos materiales; (b) sección transversal de la viga; (c) distribución de las deformaciones unitarias ϵ_x sobre el peralte de la viga y (d) distribución de los esfuerzos σ_x en la viga para el caso en que $E_2 > E_1$.

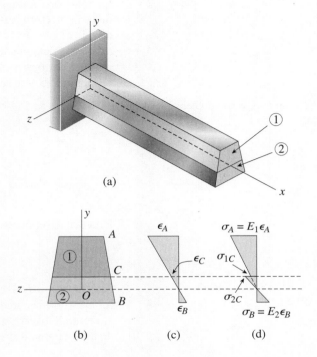

ción anterior por sus expresiones de las ecuaciones (6-2a) y (6-2b), con lo cual

$$-\int_1 E_1 \kappa y \, dA - \int_2 E_2 \kappa y \, dA = 0$$

Como la curvatura es una constante en cualquier sección transversal, no entra en las integraciones y puede cancelarse de la ecuación; entonces la ecuación para localizar el **eje neutro** se transforma en

$$E_1 \int_1 y \, dA + E_2 \int_2 y \, dA = 0 \qquad (6\text{-}3)$$

Las integrales en esta ecuación representan los momentos estáticos de las dos partes del área de la sección transversal con respecto al eje neutro (si se tienen más de dos materiales, lo que es un caso poco común, se requieren entonces más términos en la ecuación).

La ecuación (6-3) es una forma generalizada de la ecuación análoga para una viga de un solo material (ecuación 5-8). Los detalles del procedimiento para la localización del eje neutro con ayuda de la ecuación (6-3) se ilustrarán en el ejemplo 6-1.

Si la sección transversal de una viga es **doblemente simétrica**, como en el caso de una viga de madera con tapas de acero en sus partes superior e inferior (figura 6-4), el eje neutro se localiza a la mitad de la altura de la sección transversal y la ecuación (6-3) no es necesaria.

Relación momento-curvatura

La relación momento-curvatura para una viga compuesta por dos materiales (figura 6-3) puede determinarse a partir de la condición de que el momento resultante de los esfuerzos de flexión es igual al momento flexionante M que actúa en la sección transversal. Seguimos los mismos pasos que para una viga de un solo material (véanse las ecuaciones 5-9 a la 5-12), usamos las ecuaciones (6-2a) y (6-2b) y obtenemos

$$M = -\int_A \sigma_x y \, dA = -\int_1 \sigma_{x1} y \, dA - \int_2 \sigma_{x2} y \, dA$$

$$= \kappa E_1 \int_1 y^2 \, dA + \kappa E_2 \int_2 y^2 \, dA \qquad (b)$$

Esta ecuación puede escribirse de manera más simple

$$M = \kappa(E_1 I_1 + E_2 I_2) \qquad (6\text{-}4)$$

en donde I_1 e I_2 son los momentos de inercia respecto al eje neutro (el eje z) de las áreas transversales de los materiales 1 y 2, respectivamente. Observe que $I = I_1 + I_2$, donde I es el momento de inercia de *toda* el área transversal respecto al eje neutro.

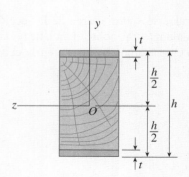

FIG. 6-4 Sección transversal doblemente simétrica.

De la ecuación (6-4) puede ahora despejarse la curvatura en términos del momento flexionante:

$$\kappa = \frac{1}{\rho} = \frac{M}{E_1 I_1 + E_2 I_2} \tag{6-5}$$

Esta ecuación es la **relación momento-curvatura** para una viga de dos materiales (compárese con la ecuación 5-12 para una viga de un solo material). El denominador del miembro derecho de la ecuación es la **rigidez por flexión** de la viga compuesta.

Esfuerzos normales (fórmulas de flexión)

Los esfuerzos normales (o esfuerzos de flexión) en la viga se obtienen sustituyendo la expresión para la curvatura (ecuación 6-5) en las expresiones para σ_{x1} y σ_{x2} (ecuaciones 6-2a y 6-2b); tenemos entonces,

$$\sigma_{x1} = -\frac{MyE_1}{E_1 I_1 + E_2 I_2} \qquad \sigma_{x2} = -\frac{MyE_2}{E_1 I_1 + E_2 I_2} \tag{6-6a, b}$$

Estas expresiones, conocidas como **fórmulas de la flexión para una viga compuesta**, dan los esfuerzos normales en los materiales 1 y 2, respectivamente. Si los dos materiales tienen los mismos módulos de elasticidad ($E_1 = E_2 = E$), ambas ecuaciones se reducen a la fórmula de la flexión para una viga de un solo material (ecuación 5-13).

El análisis de vigas compuestas, utilizando las ecuaciones (6-3) a la (6-6), se ilustra en los ejemplos 6-1 y 6-2 al final de esta sección.

Teoría aproximada para la flexión de vigas sándwich

Las vigas sándwich con secciones transversales doblemente simétricas y hechas de dos materiales elástico-lineales (figura 6-5) pueden

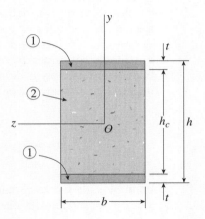

FIG. 6-5 Sección transversal de una viga sándwich con dos ejes de simetría (sección transversal doblemente simétrica).

analizarse por flexión usando las ecuaciones (6-5) y (6-6), como vimos antes. Sin embargo, también podemos desarrollar una teoría aproximada para la flexión de dichas vigas al introducir algunas hipótesis simplificatorias.

Si el material de las tapas (material 1) tiene un módulo de elasticidad mucho mayor que el del material del núcleo (material 2), es razonable despreciar los esfuerzos normales en el núcleo y suponer que las tapas resisten todos los esfuerzos longitudinales de flexión. Esta hipótesis equivale a decir que el módulo de elasticidad E_2 del núcleo es cero. En estas condiciones, la fórmula de la flexión para el material 2 (ecuación 6-6b) da $\sigma_{x2} = 0$ (como se esperaba) y la fórmula de la flexión para el material 1 (ecuación 6-6a) da

$$\sigma_{x1} = -\frac{My}{I_1} \tag{6-7}$$

que es similar a la fórmula ordinaria de la flexión (ecuación 5-13). La cantidad I_1 es el momento de inercia de las dos tapas evaluado con respecto al eje neutro; tenemos entonces que

$$I_1 = \frac{b}{12}\left(h^3 - h_c^3\right) \tag{6-8}$$

en donde b es el ancho de la viga, h es la altura total de la viga y h_c es la altura del núcleo. Observe que $h_c = h - 2t$, donde t es el espesor de las tapas.

Los esfuerzos normales máximos en la viga sándwich ocurren en la parte superior e inferior de la sección transversal, donde $y = h/2$ y $-h/2$, respectivamente. Así, de la ecuación (6-7), obtenemos

$$\sigma_{\text{superior}} = -\frac{Mh}{2I_1} \qquad \sigma_{\text{inferior}} = \frac{Mh}{2I_1} \tag{6-9a, b}$$

Si el momento flexionante M es positivo, la tapa superior está en compresión y la inferior en tensión (estas ecuaciones son conservadoras, porque expresan los esfuerzos en las tapas, que son mayores que los obtenidos con las ecuaciones 6-6a y 6-6b).

Si las tapas son delgadas en comparación con el espesor del núcleo (es decir, si t es pequeño en comparación con h_c), podemos despreciar los esfuerzos cortantes en las tapas y suponer que el núcleo toma todos los esfuerzos cortantes. En esas condiciones, el esfuerzo cortante promedio y la deformación unitaria cortante promedio en el núcleo son, respectivamente,

$$\tau_{\text{promedio}} = \frac{V}{bh_c} \qquad \gamma_{\text{promedio}} = \frac{V}{bh_c G_c} \tag{6-10a, b}$$

donde V es la fuerza cortante que actúa sobre la sección transversal y G_c es el módulo de elasticidad en cortante para el material del núcleo (aunque el esfuerzo cortante máximo y la deformación unitaria cortante máxima son mayores que los valores promedio, los valores promedio se usan a menudo para fines de diseño).

Limitantes

En todo el análisis anterior de las vigas compuestas, supusimos que ambos materiales obedecían la ley de Hooke y que las dos partes de la viga estaban bien unidas entre sí para actuar como una sola unidad. Visto así, nuestro análisis es altamente idealizado y representa sólo un primer paso para entender el comportamiento de las vigas compuestas y de los materiales compuestos. Los métodos para tratar con materiales no homogéneos y no lineales, los esfuerzos de adherencia entre las partes, los esfuerzos cortantes sobre las secciones transversales, el pandeo de las tapas y otros temas afines, se tratan en libros dedicados a la construcción compuesta.

Las **vigas de concreto reforzado** son uno de los tipos más complejos de construcción compuesta (figura 6-6) y su comportamiento difiere de modo considerable de las vigas compuestas estudiadas en esta sección. El concreto es fuerte en compresión pero extremadamente débil en tensión, por lo que su resistencia a la tensión es despreciable. En estas condiciones, *las fórmulas dadas en esta sección no son aplicables.*

Además, las vigas de concreto reforzado no se diseñan con base en un comportamiento elástico lineal, sino que se usan métodos de diseño más realistas (basados en la capacidad de carga en vez de esfuerzos permisibles). El diseño de los miembros de concreto reforzado es un tema de alta especialización que se presenta en cursos y libros de texto dedicados exclusivamente a este tema.

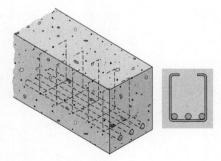

FIG. 6-6 Viga de concreto reforzado con varillas de refuerzo longitudinal y estribos verticales.

Ejemplo 6-1

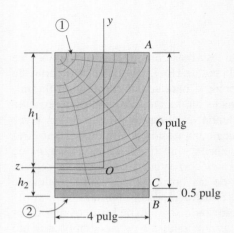

FIG. 6-7. Ejemplo 6-1. Sección transversal de una viga compuesta de madera y acero.

Una viga compuesta (figura 6-7) está construida con una viga de madera (4.0 pulg $\times$ 6.0 pulg de dimensiones reales) y una placa de acero de refuerzo (4.0 pulg de ancho y 0.5 pulg de espesor). La madera y el acero están firmemente unidos para actuar como una sola viga. La viga está sometida a un momento flexionante positivo $M = 60$ klb-pulg.

Calcule los esfuerzos máximos de tensión y compresión en la madera (material 1) y los esfuerzos máximo y mínimo de tensión en el acero (material 2) si $E_1 \times 1\,500$ klb/pulg^2 y $E_2 \times 30\,000$ klb/pulg^2.

Solución

Eje neutro. El primer paso en el análisis es localizar el eje neutro de la sección transversal. Con tal fin, denotemos las distancias desde el eje neutro a la parte superior e inferior de la viga como h_1 y h_2, respectivamente. Para obtener estas distancias, usamos la ecuación (6-3). Las integrales en esta ecuación se evalúan tomando los momentos estáticos de las áreas 1 y 2 respecto al eje z:

$$\int_1 y\,dA = \bar{y}_1 A_1 = (h_1 - 3 \text{ pulg})(4 \text{ pulg} \times 6 \text{ pulg})$$

$$= (h_1 - 3 \text{ pulg})(24 \text{ pulg}^2)$$

$$\int_2 y\,dA = \bar{y}_2 A_2 = -(6.25 \text{ pulg} - h_1)(4 \text{ pulg} \times 0.5 \text{ pulg})$$

$$= (h_1 - 6.25 \text{ pulg})(2 \text{ pulg}^2)$$

en donde A_1 y A_2 son las áreas de las partes 1 y 2 de la sección transversal, $\bar{y}_1$ y $\bar{y}_2$ representan las coordenadas y de los centroides de las áreas respectivas y h_1 tiene unidades de pulgadas.

Sustituimos las expresiones anteriores en la ecuación (6-3) y obtenemos la ecuación que define la posición del eje neutro:

$$E_1 \int_1 y\,dA + E_2 \int_2 y\,dA = 0$$

o

$$(1\,500 \text{ klb/pulg}^2)(h_1 - 3 \text{ pulg})(24 \text{ pulg}^2) +$$
$$(30\,000 \text{ klb/pulg}^2)(h_1 - 6.25 \text{ pulg})(2 \text{ pulg}^2) = 0$$

Resolvemos esta ecuación y obtenemos la distancia h_1 del eje neutro a la parte superior de la viga:

$$h_1 = 5.031 \text{ pulg}$$

También, la distancia h_2 del eje neutro a la parte inferior de la viga es

$$h_2 = 6.5 \text{ pulg} - h_1 = 1.469 \text{ pulg}$$

De esta manera se establece la posición del eje neutro.

Momentos de inercia. Los momentos de inercia I_1 e I_2 de las áreas A_1 y A_2 con respecto al eje neutro pueden encontrarse usando el teorema de los ejes paralelos (véase la sección 12.5, del capítulo 12). Comenzamos con el área 1 (figura 6-7) y obtenemos

$$I_1 = \frac{1}{12}(4 \text{ pulg})(6 \text{ pulg})^3 + (4 \text{ pulg})(6 \text{ pulg})(h_1 - 3 \text{ pulg})^2 = 171.0 \text{ pulg}^4$$

De manera similar, para el área 2 resulta

$$I_2 = \frac{1}{12}(4 \text{ pulg})(0.5 \text{ pulg})^3 + (4 \text{ pulg})(0.5 \text{ pulg})(h_2 - 0.25 \text{ pulg})^2$$

$$= 3.01 \text{ pulg}^4$$

Para revisar estos cálculos, podemos determinar el momento de inercia I de toda la sección transversal respecto al eje z:

$$I = \frac{1}{3}(4 \text{ pulg})h_1^3 + \frac{1}{3}(4 \text{ pulg})h_2^3 = 169.8 + 4.2 = 174.0 \text{ pulg}^4$$

que concuerda con la suma de I_1 e I_2.

Esfuerzos normales. Los esfuerzos en los materiales 1 y 2 se calculan con las fórmulas de la flexión para vigas compuestas (ecuaciones 6-6a y b). El esfuerzo máximo de compresión en el material 1 se presenta en la parte superior de la viga (*A*), donde $y = h_1 = 5.031$ pulg. Si denotamos este esfuerzo por σ_{1A} y usamos la ecuación (6-6a), obtenemos

$$\sigma_{1A} = -\frac{Mh_1 E_1}{E_1 I_1 + E_2 I_2}$$

$$= -\frac{(60 \text{ klb-pulg})(5.031 \text{ pulg})(1\,500 \text{ klb/pulg}^2)}{(1\,500 \text{ klb/pulg}^2)(171.0 \text{ pulg}^4) + (30\,000 \text{ klb/pulg}^2)(3.01 \text{ pulg}^4)}$$

$$= -1310 \text{ lb/pulg}^2 \qquad \Longleftarrow$$

El esfuerzo máximo de tensión en el material 1 se presenta en el plano de contacto entre los dos materiales (*C*) donde $y = -(h_2 - 0.5 \text{ pulg}) = -0.969$ pulg. Procedemos como en el cálculo anterior, con lo cual

$$\sigma_{1C} = -\frac{(60 \text{ klb-pulg})(5.031 \text{ pulg})(1\,500 \text{ klb/pulg}^2)}{(1\,500 \text{ klb/pulg}^2)(171.0 \text{ pulg}^4) + (30\,000 \text{ klb/pulg}^2)(3.01 \text{ pulg}^4)}$$

$$= 251 \text{ lb/pulg}^2 \qquad \Longleftarrow$$

De esta manera, hemos encontrado los esfuerzos máximos de tensión y compresión en la madera.

La placa de acero (material 2) se localiza debajo del eje neutro, por lo cual está totalmente en tensión. El esfuerzo máximo de tensión ocurre en la parte inferior de la viga (*B*), donde $y = -h_2 = -1.469$ pulg; así pues, de la ecuación (6-6b) obtenemos

$$\sigma_{2B} = -\frac{M(-h_2)E_2}{E_1 I_1 + E_2 I_2}$$

$$= -\frac{(60 \text{ klb-pulg})(-1.469 \text{ pulg})(30\,000 \text{ klb/pulg}^2)}{(1\,500 \text{ klb/pulg}^2)(171.0 \text{ pulg}^4) + (30\,000 \text{ klb/pulg}^2)(3.01 \text{ pulg}^4)}$$

$$= 7\,620 \text{ lb/pulg}^2 \qquad \Longleftarrow$$

El esfuerzo mínimo de tensión en el material 2 ocurre en el plano de contacto (*C*) donde $y = -0.969$ pulg. Tenemos entonces,

$$\sigma_{2C} = -\frac{(60 \text{ klb/pulg})(-0.969 \text{ pulg})(30\,000 \text{ klb/pulg}^2)}{(1\,500 \text{ klb/pulg}^2)(171.0 \text{ pulg}^4) + (30\,000 \text{ klb/pulg}^2)(3.01 \text{ pulg}^4)}$$

$$= 5030 \text{ lb/pulg}^2 \qquad \Longleftarrow$$

Estos esfuerzos son los esfuerzos máximo y mínimo de tensión en el acero.

Nota: en el plano de contacto la razón del esfuerzo en el acero con el esfuerzo en la madera es

$$\sigma_{2C}/\sigma_{1C} = 5030 \text{ lb/pulg}^2/251 \text{ lb/pulg}^2 = 20$$

que es igual a la razón E_2/E_1 de los módulos de elasticidad (como era de esperarse). Si bien las deformaciones unitarias en el acero y en la madera son iguales en el plano de contacto, los esfuerzos son diferentes debido a los diferentes módulos.

Ejemplo 6-2

Una viga sándwich con tapas de una aleación de aluminio que encierran un núcleo de plástico (figura 6-8) está sometida a un momento flexionante $M = 3.0$ kN·m. El espesor de las tapas es $t = 5$ mm y su módulo de elasticidad es $E_1 = 72$ GPa. La altura del núcleo de plástico es $h_c = 150$ mm y su módulo de elasticidad es $E_2 = 800$ MPa. Las dimensiones totales de la viga son $h = 160$ mm y $b = 200$ mm.

Determine los esfuerzos máximos de tensión y compresión en las tapas y en el núcleo usando: a) la teoría general para vigas compuestas y b) la teoría aproximada para las vigas sándwich.

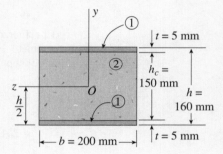

FIG. 6-8. Ejemplo 6-2. Sección transversal de viga sándwich con tapas de aleación de aluminio y núcleo de plástico.

Solución

Eje neutro. Ya que la sección transversal es doblemente simétrica, el eje neutro se encuentra a la mitad de la altura (eje z, figura 6-8).

Momentos de inercia. El momento de inercia I_1 del área transversal de las tapas (con respecto al eje z) es

$$I_1 = \frac{b}{12}(h^3 - h_c^3) = \frac{200 \text{ mm}}{12}\left[(160 \text{ mm})^3 - (150 \text{ mm})^3\right]$$

$$= 12.017 \times 10^6 \text{ mm}^4$$

y el momento de inercia I_2 del núcleo plástico es

$$I_2 = \frac{b}{12}(h_c^3) = \frac{200 \text{ mm}}{12}(150 \text{ mm})^3 = 56.250 \times 10^6 \text{ mm}^4$$

Para verificar estos resultados, observe que el momento de inercia del área transversal completa con respecto al eje z ($I = bh^3/12$) es igual a la suma de I_1 e I_2.

a) *Esfuerzos normales calculados con la teoría general para las vigas compuestas.* Para calcular estos esfuerzos, usamos las ecuaciones (6-6a y b). Preliminarmente, evaluaremos primero el denominador de esas ecuaciones (es decir, la rigidez por flexión de la viga compuesta):

$$E_1 I_1 + E_2 I_2 = (72 \text{ GPa})(12.017 \times 10^6 \text{ mm}^4) + (800 \text{ MPa})$$
$$(56.250 \times 10^6 \text{ mm}^4) = 910\,200 \text{ N·m}^2$$

Los esfuerzos máximos de tensión y compresión en las tapas de aluminio se encuentran con la ecuación (6-6a):

$$(\sigma_1)_{\text{máx}} = \pm \frac{M(h/2)(E_1)}{E_1 I_1 + E_2 I_2}$$

$$= \pm \frac{(3.0 \text{ kN·m})(80 \text{ mm})(72 \text{ GPa})}{910\,200 \text{ N·m}^2} = \pm 19.0 \text{ MPa} \quad \Longleftarrow$$

Las cantidades correspondientes para el núcleo plástico (de la ecuación 6-6b) son

$$(\sigma_2)_{\text{máx}} = \pm \frac{M(h_c/2)(E_2)}{E_1 I_1 + E_2 I_2}$$

$$= \pm \frac{(3.0 \text{ kN·m})(75 \text{ mm})(800 \text{ MPa})}{910\,200 \text{ N·m}^2} = \pm 0.198 \text{ MPa} \quad \Longleftarrow$$

Los esfuerzos máximos en las tapas son 96 veces mayores que los esfuerzos máximos en el núcleo, principalmente porque el módulo de elasticidad del aluminio es 90 veces mayor que el del plástico.

b) *Esfuerzos normales calculados con la teoría aproximada para las vigas sándwich.* En la teoría aproximada se desprecian los esfuerzos normales en el núcleo y se supone que las tapas transmiten todo el momento flexionante. Entonces, los esfuerzos máximos de tensión y compresión en las tapas pueden encontrarse con las ecuaciones (6.9a y b) de la manera siguiente:

$$(\sigma_1)_{\text{máx}} = \pm \frac{Mh}{2I_1} = \pm \frac{(3.0 \text{ kN·m})(80 \text{ mm})}{12.017 \times 10^6 \text{ mm}^4} = \pm 20.0 \text{ MPa} \quad \Longleftarrow$$

Como se esperaba, esta teoría es conservadora y da esfuerzos un tanto mayores en las tapas de aluminio que los de la teoría general para las vigas compuestas.

6.3 MÉTODO DE LA SECCIÓN TRANSFORMADA

El método de la sección transformada es un procedimiento alternativo para analizar los esfuerzos de flexión en una viga compuesta. Se basa en las teorías y ecuaciones desarrolladas en la sección anterior, por lo cual está sujeto a las mismas limitantes (por ejemplo, es válido sólo para materiales elástico lineales) y da los mismos resultados. Aunque el método de la sección transformada no reduce la cantidad de trabajo, muchos ingenieros lo consideran una manera conveniente de visualizar y organizar los cálculos.

El método consiste en transformar la sección transversal de una viga compuesta en una sección transversal equivalente de una viga imaginaria compuesta de un solo material. Esta nueva sección trans-

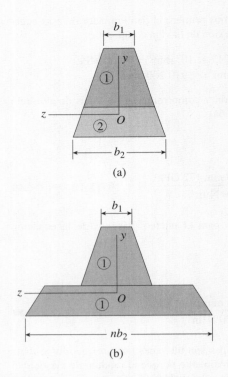

(a)

(b)

FIG. 6-9 Viga compuesta de dos materiales: (a) sección transversal real y (b) sección transformada hecha de sólo el material 1.

versal se llama **sección transformada**. La viga imaginaria con la sección transformada se analiza entonces de la manera usual para vigas de un solo material. Como paso final, los esfuerzos en la viga transformada se convierten en los de la viga original.

Eje neutro y sección transformada

Para que la viga transformada sea equivalente a la viga original, *su eje neutro debe localizarse en el mismo lugar y su capacidad de momento resistente también debe ser la misma.* Para mostrar cómo se satisfacen esos dos requisitos, consideremos de nuevo una viga compuesta de dos materiales (figura 6-9a). El **eje neutro** de la sección transversal se obtiene de la ecuación (6-3), que se repite aquí

$$E_1 \int_1 y\, dA + E_2 \int_2 y\, dA = 0 \qquad (6\text{-}11)$$

En esta ecuación, las integrales representan los momentos estáticos de ambas partes de la sección transversal con respecto al eje neutro.

Introduzcamos ahora la notación

$$n = \frac{E_2}{E_1} \qquad (6\text{-}12)$$

donde n es la **razón modular**. Con esta notación, podemos reescribir la ecuación (6-11) en la forma

$$\int_1 y\, dA + \int_2 yn\, dA = 0 \qquad (6\text{-}13)$$

Puesto que las ecuaciones (6-11) y (6-13) son equivalentes, la ecuación anterior muestra que el eje neutro no cambia si cada elemento de área dA en el material 2 se multiplica por el factor n, siempre que la coordenada y de cada uno de tales elementos de área no cambie.

Por tanto, podemos crear una nueva sección transversal que consista en dos partes: 1) el área 1 con sus dimensiones sin cambio y 2) el área 2 con su *ancho* (es decir, la dimensión paralela al eje neutro) multiplicado por n. Esta nueva sección transversal (la sección transformada) se muestra en la figura 6-9b para el caso en que $E_2 > E_1$ (y por tanto, $n > 1$). Su eje neutro está en la misma posición que el eje neutro de la viga original (observe que todas las dimensiones perpendiculares al eje neutro permanecen iguales).

Como el esfuerzo en el material (para una deformación unitaria dada) es proporcional al módulo de elasticidad ($\sigma = E\epsilon$), vemos que multiplicar el ancho del material 2 por $n = E_2/E_1$ equivale a transformarlo en el material 1. Por ejemplo, supongamos que $n = 10$, entonces el área de la parte 2 de la sección transversal es ahora 10 veces más ancha que antes. Si imaginamos que esta parte de la viga es ahora del material 1, vemos que tomará la misma fuerza anterior porque su módulo *se ha reducido* un factor de 10 (de E_2 a E_1), al mismo tiempo que su área *se ha incrementado* un factor de 10. La nueva sección (la sección transformada) consta ahora sólo del material 1.

Relación momento-curvatura

La *relación momento-curvatura* para la viga transformada debe ser la misma que para la viga original. Para mostrar que así es, observamos que los esfuerzos en la viga transformada (ya que contiene sólo material 1) están dados por la ecuación 5-7 de la sección 5.5:

$$\sigma_x = -E_1\kappa y$$

Con esta ecuación y aplicando el mismo procedimiento para una viga de un solo material (véase la sección 5.5), obtenemos la relación momento-curvatura para la viga transformada:

$$M = -\int_A \sigma_x y \, dA = -\int_1 \sigma_x y \, dA - \int_2 \sigma_x y \, dA$$

$$= E_1\kappa\int_1 y^2 dA + E_1\kappa\int_2 y^2 dA = \kappa(E_1 I_1 + E_1 n I_2)$$

o

$$M = \kappa(E_1 I_1 + E_2 I_2) \tag{6-14}$$

Esta ecuación es la misma que la (6-4), lo cual demuestra que la relación momento-curvatura para la viga transformada es la misma que la de la viga original.

Esfuerzos normales

Como la viga transformada sólo es de un material, los *esfuerzos normales* (o *esfuerzos de flexión*) pueden encontrarse a partir de la fórmula de la flexión (ecuación 5-13). Así, los esfuerzos normales en la viga transformada en material 1 (figura 6-9b) son

$$\sigma_{x1} = -\frac{My}{I_T} \tag{6-15}$$

donde I_T es el momento de inercia de la sección transformada con respecto al eje neutro. Sustituimos en esta ecuación y calculamos los esfuerzos en cualquier punto de la viga *transformada* (como veremos, los esfuerzos en la viga transformada concuerdan con los de la viga original en la parte de la viga original hecha del material 1; sin embargo, en la parte de la viga original hecha del material 2, los esfuerzos son diferentes a los de la viga transformada).

Ahora es fácil revisar la ecuación (6-15) al observar que el momento de inercia de la sección transformada (figura 6-9b) se vincula con el momento de inercia de la sección original (figura 6-9a) por la siguiente relación:

$$I_T = I_1 + nI_2 = I_1 + \frac{E_2}{E_1}I_2 \tag{6-16}$$

Al sustituir esta expresión por I_T en la ecuación (6-15) resulta:

$$\sigma_{x1} = -\frac{MyE_1}{E_1I_1 + E_2I_2} \tag{a}$$

que es igual a la ecuación (6-6a) lo que demuestra que los esfuerzos en el material 1 en la viga original son los mismos esfuerzos que en la parte correspondiente de la viga transformada.

Como dijimos, los esfuerzos en el material 2 en la viga original *no* son los mismos que los esfuerzos en la parte correspondiente de la viga transformada. Los esfuerzos en la viga transformada (ecuación 6-15) deben multiplicarse por la razón modular *n* para obtener los esfuerzos en el material 2 de la viga original:

$$\sigma_{x2} = -\frac{My}{I_T}n \tag{6-17}$$

Podemos revisar esta fórmula observando que cuando la ecuación (6-16) para I_T se sustituye en la ecuación (6-17), obtenemos

$$\sigma_{x2} = -\frac{MynE_1}{E_1I_1 + E_2I_2} = -\frac{MyE_2}{E_1I_1 + E_2I_2} \tag{b}$$

que es igual a la ecuación (6-6b).

Comentarios generales

En este análisis del método de la sección transformada escogimos convertir la viga original en una viga formada por completo del material 1, pero también es posible transformarla en material 2. En ese caso, los esfuerzos en el material 2 de la viga original serán los mismos que los esfuerzos en la parte correspondiente de la viga transformada, pero los esfuerzos en el material 1 de la viga original deben obtenerse multiplicando los esfuerzos en la parte correspondiente de la viga transformada por la razón modular *n*, que en este caso se define como $n = E_1/E_2$.

También es posible transformar la viga original en un material que tenga cualquier módulo de elasticidad arbitrario *E*, en cuyo caso todas las partes de la viga deben transformarse en el material ficticio. Por supuesto, los cálculos son más simples si convertimos a uno de los materiales originales. Por último, con un poco de ingenio es posible aplicar el método de la sección transformada a vigas compuestas por más de dos materiales.

Ejemplo 6-3

La viga compuesta de la figura 6-10a está formada por una viga de madera (4.0 pulg × 6.0 pulg de dimensiones reales) y una placa de acero de refuerzo (4.0 pulg de ancho y 0.5 pulg de espesor). La viga está sometida a un momento flexionante positivo $M \times 60$ klb-pulg.

Con el método de la sección transformada, calculamos los esfuerzos máximos de tensión y compresión en la madera (material 1) y los esfuerzos de tensión máximo y mínimo en el acero (material 2) considerando que $E_1 = 1\,500$ klb/pulg^2 y $E_2 = 30\,000$ klb/pulg^2.

(*Nota:* es la misma viga que se analizó en el ejemplo 6-1 de la sección 6.2.)

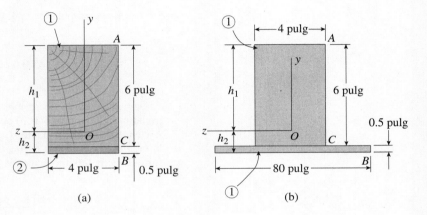

FIG. 6-10. Ejemplo 6-3. Viga compuesta del ejemplo 6-1 analizada por el método de la sección transformada: (a) sección transversal de la viga original y (b) sección transformada (material 1).

Solución

Sección transformada. Transformaremos la viga original en una viga de material 1, lo cual significa que la razón modular queda definida como

$$n = \frac{E_2}{E_1} = \frac{30\,000 \text{ klb/pulg}^2}{1\,500 \text{ klb/pulg}^2} = 20$$

La parte de madera de la viga (material 1) no se altera, pero la parte de acero (material 2) tiene su ancho multiplicado por la razón modular. El ancho de esta sección es

$$n(4 \text{ pulg}) = 20(4 \text{ pulg}) = 80 \text{ pulg}$$

en la sección transformada (figura 6-10b).

Eje neutro. Puesto que la viga transformada consiste en un solo material, el eje neutro pasa por el centroide del área de la sección transversal; por tanto, con el borde superior de la sección transversal como línea de referencia y con la distancia y_i medida positiva hacia abajo, podemos calcular la distancia h_1 al centroide:

$$h_1 = \frac{\sum y_i A_i}{\sum A_i} = \frac{(3 \text{ pulg})(4 \text{ pulg})(6 \text{ pulg}) + (6.25 \text{ pulg})(80 \text{ pulg})(0.5 \text{ pulg})}{(4 \text{ pulg})(6 \text{ pulg}) + (80 \text{ pulg})(0.5 \text{ pulg})}$$

$$= \frac{322.0 \text{ pulg}^3}{64.0 \text{ pulg}^2} = 5.031 \text{ pulg}$$

continúa

Además, la distancia h_2 del borde inferior de la sección al centroide es

$$h_2 = 6.5 \text{ pulg} - h_1 = 1.469 \text{ pulg}$$

Así queda determinada la posición del eje neutro.

Momento de inercia de la sección transformada. Con el teorema de los ejes paralelos (véase la sección 12.5, capítulo 12) calculamos el momento de inercia I_T de toda el área transversal con respecto al eje neutro:

$$I_T = \frac{1}{12}(4 \text{ pulg})(6 \text{ pulg})^3 + (4 \text{ pulg})(6 \text{ pulg})(h_1 - 3 \text{ pulg})^2$$

$$+ \frac{1}{12}(80 \text{ pulg})(0.5 \text{ pulg})^3 + (80 \text{ pulg})(0.5 \text{ pulg})(h_2 - 0.25 \text{ pulg})^2$$

$$= 171.0 \text{ pulg}^4 + 60.3 \text{ pulg}^4 = 231.3 \text{ pulg}^4$$

Esfuerzos normales en la madera (material 1). Los esfuerzos en la viga transformada (figura 6-10b) en la parte superior de la sección transversal A y en el plano de contacto (C) entre las dos parte, son los mismos que en la viga original (figura 6-10a). Estos esfuerzos pueden encontrarse con la fórmula de la flexión (ecuación 6-15) como sigue:

$$\sigma_{1A} = -\frac{My}{I_T} = -\frac{(60 \text{ klb-pulg})(5.031 \text{ pulg})}{231.3 \text{ pulg}^4} = -1\,310 \text{ lb/pulg}^2 \quad \Longleftarrow$$

$$\sigma_{1C} = -\frac{My}{I_T} = -\frac{(60 \text{ klb-pulg})(-0.969 \text{ pulg})}{231.3 \text{ pulg}^4} = 251 \text{ lb/pulg}^2 \quad \Longleftarrow$$

Son los esfuerzos máximos de tensión y compresión en la madera (material 1) en la viga original. El esfuerzo σ_{1A} es de compresión y el esfuerzo σ_{1C} es de tensión.

Esfuerzos normales en el acero (material 2). Los esfuerzos máximo y mínimo en la placa de acero se encuentran multiplicando los esfuerzos correspondientes en la viga transformada por la razón modular n (ecuación 6-17). El esfuerzo máximo ocurre en el borde inferior de la sección transversal (B) y el esfuerzo mínimo, en el plano de contacto (C):

$$\sigma_{2B} = -\frac{My}{I_T}n = -\frac{(60 \text{ klb-pulg})(-1.469 \text{ pulg})}{231.3 \text{ pulg}^4}(20) = 7\,620 \text{ lb/pulg}^2 \quad \Longleftarrow$$

$$\sigma_{2C} = -\frac{My}{I_T}n = -\frac{(60 \text{ klb-pulg})(-0.969 \text{ pulg})}{231.3 \text{ pulg}^4}(20) = 5\,030 \text{ lb/pulg}^2 \quad \Longleftarrow$$

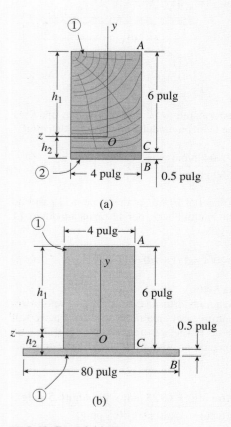

FIG. 6-10 (Repetición).

Ambos esfuerzos son de tensión.

Observe que los esfuerzos calculados con el método de la sección transformada concuerdan con los encontrados en el ejemplo 6-1 mediante la aplicación directa de las fórmulas para una viga compuesta.

6.4 VIGAS DOBLEMENTE SIMÉTRICAS CON CARGAS INCLINADAS

En nuestros análisis anteriores de la flexión, estudiamos vigas con un plano de simetría longitudinal (el plano xy en la figura 6-11) y que soportaban cargas laterales en ese mismo plano. En esas condiciones, los esfuerzos de flexión pueden obtenerse con la fórmula de la flexión (ecuación 5-13) siempre que el material sea homogéneo y elástico lineal.

En esta sección extenderemos esas ideas y consideraremos qué sucede cuando la viga está sometida a cargas que no actúan en el plano de simetría; es decir, a **cargas inclinadas** (figura 6-12). Limitaremos nuestro análisis a vigas con una sección transversal doblemente simétrica; es decir, que los planos xy y xz son planos de simetría. Además, las cargas inclinadas deberán pasar por el centroide de la sección transversal para que la viga no se tuerza respecto a su eje longitudinal.

Podemos determinar los esfuerzos de flexión en la viga de la figura 6-12 descomponiendo la carga inclinada en dos componentes, uno sobre cada plano de simetría. A continuación se obtienen los esfuerzos de flexión con la fórmula de la flexión para cada componente de carga que está actuando por separado; luego se llega a los esfuerzos finales superponiendo los esfuerzos individuales.

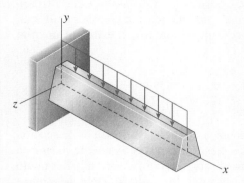

FIG. 6-11 Viga con carga lateral que actúa en un plano de simetría.

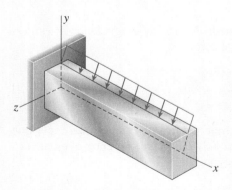

FIG. 6-12 Viga doblemente simétrica con una carga inclinada.

Convención de signos para momentos flexionantes

Estableceremos primero una convención de signos para los momentos flexionantes que actúan sobre las secciones transversales de una viga.* Con este fin, hacemos un corte en la viga y consideramos una sección transversal característica (figura 6-13). Los momentos flexionantes M_y y M_z que actúan respecto a los ejes y y z, respectivamente, se representan como vectores mediante flechas de doble punta. Los momentos son positivos cuando sus vectores señalan en las direcciones positivas de los ejes correspondientes y la regla de la mano derecha para vectores da el sentido de rotación (indicado por las flechas curvas en la ilustración).

En la figura 6-13 observamos que un momento flexionante positivo M_y produce compresión sobre el lado derecho de la viga (el lado z negativo) y tensión sobre el izquierdo (el lado z positivo). De manera similar, un momento positivo M_z produce compresión en la parte superior de la viga (donde la y es positiva) y tensión en la parte inferior (donde la y es negativa). También es importante observar que los momentos flexionantes mostrados en la figura 6-13 actúan sobre la cara x positiva de un segmento de la viga; es decir, sobre una cara que tiene su normal exterior señalando en la dirección positiva del eje x.

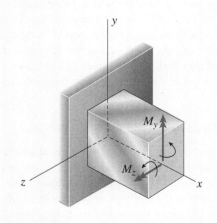

FIG. 6-13 Convención de signos para los momentos flexionantes M_y y M_z.

---

*Las direcciones de los esfuerzos normales y cortantes en un viga suelen ser evidentes por inspección de la viga y su carga, por lo que a menudo calculamos los esfuerzos ignorando las convenciones de signo y usamos sólo valores absolutos. Sin embargo, al deducir las fórmulas generales, necesitamos observar rigurosamente las convenciones de signo para evitar ambigüedades en las ecuaciones.

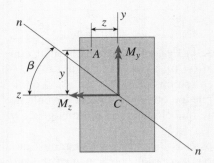

FIG. 6-14 Sección transversal de una viga sometida a los momentos flexionantes M_y y M_z.

Esfuerzos normales (esfuerzos de flexión)

Los esfuerzos normales vinculados con los momentos flexionantes individuales M_y y M_z se obtienen con la fórmula de la flexión (ecuación 5-13). Entonces, estos esfuerzos se sobreponen para dar los esfuerzos producidos cuando ambos momentos actúan al mismo tiempo; por ejemplo, considérense los esfuerzos en un punto de la sección transversal que tenga coordenadas positivas y y z (punto A en la figura 6-14). Un momento positivo M_y produce tensión en este punto y un momento positivo M_z produce compresión; así, el **esfuerzo normal** en el punto A es

$$\sigma_x = \frac{M_y z}{I_y} - \frac{M_z y}{I_z} \qquad (6\text{-}18)$$

en donde I_y e I_z son los momentos de inercia del área de la sección transversal con respecto a los ejes y y z, respectivamente. Con esta ecuación es posible encontrar el esfuerzo normal en cualquier punto de la sección transversal sustituyendo los valores algebraicos apropiados de los momentos y de las coordenadas.

Eje neutro

La ecuación del eje neutro puede determinarse igualando el esfuerzo normal σ_x (ecuación 6-18) a cero:

$$\frac{M_y}{I_y} z - \frac{M_z}{I_z} y = 0 \qquad (6\text{-}19)$$

Esta ecuación muestra que el eje neutro nn es una línea recta que pasa por el centroide C (figura 6-14). El ángulo β entre el eje neutro y el eje z se determina como sigue:

$$\tan \beta = \frac{y}{z} = \frac{M_y I_z}{M_z I_y} \qquad (6\text{-}20)$$

Según las magnitudes y direcciones de los momentos flexionantes, el ángulo β puede variar de $-90°$ a $+90°$. Es útil conocer la orientación del eje neutro para determinar los puntos en la sección transversal donde los esfuerzos normales son máximos (como los esfuerzos varían en forma lineal con la distancia desde el eje neutro, los esfuerzos máximos se presentan en los puntos más alejados del eje neutro).

Relación entre el eje neutro y la inclinación de las cargas

Según hemos visto, la orientación del eje neutro con respecto al eje z se determina por medio de los momentos flexionantes y de los momentos de inercia (ecuación 6-20). Ahora queremos determinar la orientación del eje neutro respecto al ángulo de inclinación de las cargas que actúan sobre la viga. Con este fin, usaremos como ejemplo la viga en voladizo mostrada en la figura 6-15a. La viga está cargada por una fuerza P que actúa en el plano de la sección trans-

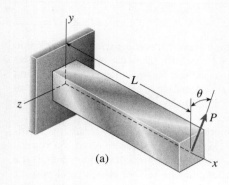

(a)

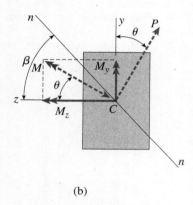

(b)

FIG. 6-15 Viga doblemente simétrica con una carga inclinada P que actúa a un ángulo θ respecto al eje y positivo.

versal extrema y está inclinada un ángulo θ respecto al eje y positivo. Se selecciona esta orientación de la carga porque significa que ambos momentos flexionantes (M_y y M_z) son positivos cuando θ tiene valores entre 0 y 90°.

La carga P puede descomponerse en las componentes $P\cos\theta$ en la dirección y positiva y $P\,\text{sen}\,\theta$ en la dirección z negativa; por tanto, los momentos flexionantes M_y y M_z (figura 6-15b) que actúan sobre una sección transversal localizada a una distancia x del empotramiento son

$$M_y = (P\,\text{sen}\,\theta)(L - x) \qquad M_z = (P\cos\theta)(L - x) \quad \text{(6-21a, b)}$$

en donde L es la longitud de la viga. La razón de esos momentos es

$$\frac{M_y}{M_z} = \tan\theta \qquad (6\text{-}22)$$

que muestra que el vector de momento M resultante forma el ángulo θ con el eje z (figura 6-15b). En consecuencia, el vector momento resultante es *perpendicular* al plano longitudinal que contiene a la fuerza P.

El ángulo β entre el eje neutro nn y el eje z (figura 6-15b) se obtiene con la ecuación (6-20):

$$\tan\beta = \frac{M_y I_z}{M_z I_y} = \frac{I_z}{I_y}\tan\theta \qquad (6\text{-}23)$$

que muestra que generalmente el ángulo β *no* es igual al ángulo θ. Entonces, *excepto en casos especiales, el eje neutro no es perpendicular al plano longitudinal que contiene a la carga.*

Hay excepciones a esta regla general en tres **casos especiales**:

1. Cuando la carga se encuentra en el plano xy ($\theta = 0$ o 180°), lo cual significa que el eje z es el eje neutro.
2. Cuando la carga se encuentra en el plano xz ($\theta = \pm 90°$), lo que significa que el eje y es el eje neutro.
3. Cuando los momentos de inercia principales son iguales; es decir, cuando $I_y = I_z$.

En este último caso, todos los ejes que pasan por el centroide son ejes principales y tienen el mismo momento de inercia. El plano de carga, sin importar cuál sea su dirección, siempre es un plano principal y el eje neutro siempre es perpendicular a él (esta situación ocurre con secciones transversales cuadradas, circulares y algunas otras, según se describe en la sección 12.9, del capítulo 12).

El hecho de que el eje neutro no sea necesariamente perpendicular al plano de la carga puede afectar de manera considerable los esfuerzos en una viga, en especial si la razón de los momentos principales de inercia es muy grande. En estas condiciones, los esfuerzos en la viga son muy sensibles a cambios ligeros en la dirección de la carga y a irregularidades en el alineamiento de la viga misma. Esta característica de ciertas vigas se ilustra posteriormente en el ejemplo 6-5.

Ejemplo 6-4

Una viga de madera *AB* de sección transversal rectangular que sirve como larguero de techo (figuras 6-16a y b) está simplemente apoyada sobre las cuerdas superiores de dos armaduras de techo adyacentes. La viga soporta el peso de la cubierta del techo y el material de la techumbre, además de su propio peso y cualesquiera cargas adicionales que se presentan en el techo (como viento, nieve y cargas sísmicas).

En este ejemplo, consideraremos sólo los efectos de una carga distribuida uniforme de intensidad $q = 3.0$ kN/m que actúa en dirección vertical a través de los centroides de las secciones transversales (figura 6-16c). La carga actúa a lo largo de toda la longitud de la viga e incluye el peso de ésta. Las cuerdas superiores de las armaduras tienen una pendiente de 1:2 ($\alpha = 26.57°$), y la viga tiene ancho $b = 100$ mm, peralte $h = 150$ mm y claro $L = 1.6$ m.

Determine los esfuerzos máximos de tensión y compresión en la viga y localice el eje neutro.

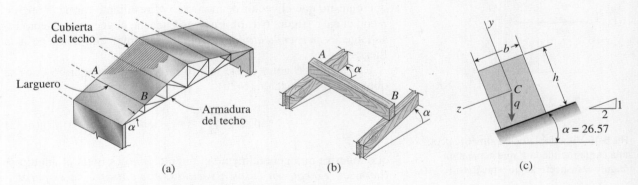

(a)   (b)   (c)

FIG. 6-16. Ejemplo 6-4. Viga de madera con sección transversal rectangular que sirve como larguero de techo.

Solución

Cargas y momentos flexionantes. La carga uniforme *q* que actúa en dirección vertical puede descomponerse en componentes según las direcciones *y* y *z* (figura 6-17a):

$$q_y = q \cos \alpha \qquad q_z = q \operatorname{sen} \alpha \qquad \text{(6-24a, b)}$$

Los momentos flexionantes máximos se presentan en el centro del claro de la viga y se cuantifican con la fórmula general $M = qL^2/8$; por tanto,

$$M_y = \frac{q_z L^2}{8} = \frac{qL^2 \operatorname{sen} \alpha}{8} \qquad M_z = \frac{q_y L^2}{8} = \frac{qL^2 \cos \alpha}{8} \qquad \text{(6-25a, b)}$$

Estos dos momentos son positivos porque sus vectores señalan en las direcciones positivas de los ejes *y* y *z* (figura 6-17b).

Momentos de inercia. Los momentos de inercia del área de la sección transversal respecto a los ejes *y* y *z* son:

$$I_y = \frac{hb^3}{12} \qquad I_z = \frac{bh^3}{12} \qquad \text{(6-26a, b)}$$

Esfuerzos de flexión. Los esfuerzos en el centro del claro de la viga se obtienen con la ecuación (6-18) con los momentos flexionantes dados por las ecuaciones (6-25) y los momentos de inercia dados por las ecuaciones (6-26):

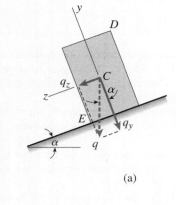

(a)

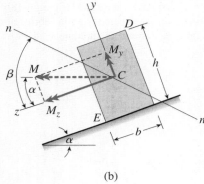

(b)

FIG. 6-17 Solución al ejemplo 6-4. (a) Componentes de la carga uniforme y (b) momentos flexionantes actuando sobre una sección transversal.

$$\sigma_x = \frac{M_y z}{I_y} - \frac{M_z y}{I_z} = \frac{qL^2 \text{sen}\,\alpha}{8hb^3/12}\,z - \frac{qL^2 \cos\,\alpha}{8bh^3/12}\,y$$

$$= \frac{3qL^2}{2bh}\left(\frac{\text{sen}\,\alpha}{b^2}z - \frac{\cos\,\alpha}{h^2}y\right) \tag{6-27}$$

El esfuerzo en cualquier punto de la sección transversal puede obtenerse con esta ecuación sustituyendo las coordenadas y y z del punto.

Con base en la orientación de la sección transversal y la dirección de las cargas y momentos flexionantes (figura 6-17), está claro que el esfuerzo máximo de compresión ocurre en el punto D (donde $y = h/2$ y $z = -b/2$) y que el esfuerzo máximo de tensión se presenta en el punto E (donde $y = -h/2$ y $z = b/2$). Sustituimos esas coordenadas en la ecuación (6-27), simplificamos y obtenemos expresiones para los esfuerzos máximo y mínimo en la viga:

$$\sigma_E = -\sigma_D = \frac{3qL^2}{4bh}\left(\frac{\text{sen}\,\alpha}{b} + \frac{\cos\,\alpha}{h}\right) \tag{6-28}$$ ⬅

Valores numéricos. Los esfuerzos máximos de tensión y compresión pueden calcularse con la ecuación anterior sustituyendo los datos dados:

$$q = 3.0 \text{ kN/m} \quad L = 1.6 \text{ m} \quad b = 100 \text{ mm} \quad h = 150 \text{ mm} \quad \alpha = 26.57°$$

Los resultados son

$$\sigma_E = -\sigma_D = 4.01 \text{ MPa}$$ ⬅

Eje neutro. Además de encontrar los esfuerzos en la viga, a menudo es útil localizar el eje neutro. La ecuación de la línea se obtiene igualando a cero el esfuerzo (ecuación 6-27):

$$\frac{\text{sen}\,\alpha}{b^2}z - \frac{\cos\,\alpha}{h^2}y = 0 \tag{6-29}$$

En la figura 6-17b el eje neutro se ve como la línea *nn*. El ángulo β del eje z al eje neutro se obtiene con la ecuación (6-29):

$$\tan\beta = \frac{y}{z} = \frac{h^2}{b^2}\tan\alpha \tag{6-30}$$

Sustituimos valores numéricos y obtenemos

$$\tan\beta = \frac{h^2}{b^2}\tan\alpha = \frac{(150 \text{ mm})^2}{(100 \text{ mm})^2}\left(\tan 26.57°\right) = 1.125 \quad \beta = 48.4°$$ ⬅

Puesto que el ángulo β no es igual al ángulo α, el eje neutro está inclinado respecto al plano de carga (que es vertical).

Por la orientación del eje neutro (figura 6-17b), vemos que los puntos D y E son los más alejados del eje neutro, lo que confirma nuestra hipótesis de que los esfuerzos máximos ocurren en esos puntos. Las partes de la viga arriba y a la derecha del eje neutro están en compresión y las partes a la izquierda y abajo del eje neutro están en tensión.

Ejemplo 6-5

Una viga en voladizo de 12 pies de longitud (figura 6-18a) está construida con una sección S 24 × 80 (véase la tabla E-2, del apéndice E, para las dimensiones y propiedades de este perfil). Una carga $P = 10$ klb actúa en dirección vertical en el extremo de la viga.

Como la viga es muy estrecha comparada con su peralte (figura 6-18b), el momento de inercia respecto al eje z es mucho mayor que el momento de inercia respecto al eje y.

a) Determine los esfuerzos máximos de flexión en la viga considerando que el eje y de la sección transversal es vertical; es decir, que está perfectamente alineado con la carga P (figura 6-18a).

b) Halle los esfuerzos máximos de flexión considerando que la viga está inclinada un ángulo pequeño $\alpha = 1°$ respecto a la carga P (figura 6-18b). Una pequeña inclinación puede deberse a imperfecciones en la fabricación de la viga, falta de alineación de la viga durante el montaje o al movimiento de la estructura de soporte.)

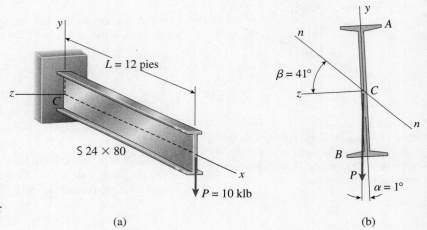

FIG. 6-18. Ejemplo 6-5. Viga en voladizo con momento de inercia I_z mucho mayor que I_y.

(a)   (b)

Solución

a) *Esfuerzos máximos de flexión cuando la carga está alineada con el eje y.* Si la viga y la carga están perfectamente alineadas, el eje z es el eje neutro y los esfuerzos máximos en la viga (en el apoyo) se obtienen con la fórmula de la flexión:

$$\sigma_{máx} = \frac{My}{I_z} = \frac{PL(h/2)}{I_z}$$

en donde $M = PL$ es el momento flexionante en el apoyo, h es el peralte de la viga e I_z es el momento de inercia respecto al eje z. Al sustituir valores numéricos obtenemos

$$\sigma_{máx} = \frac{(10 \text{ k})(12 \text{ pies})(12 \text{ pulg/pie})(12.00 \text{ pulg})}{2\ 100 \text{ pulg}^4} = 8\ 230 \text{ lb/pulg}^2 \impliedby$$

Este esfuerzo es de tensión en la parte superior de la viga y de compresión en su parte inferior.

b) *Esfuerzos máximos de flexión cuando la carga está inclinada respecto al eje y.* Suponemos ahora que la viga tiene una pequeña inclinación (figura 6-18b), de manera que el ángulo entre el eje y y la carga es $\alpha = 1°$.

Las componentes de la carga P son $P \cos \alpha$ en la dirección y negativa y $P \sin \alpha$ en la dirección z positiva; por tanto, los momentos flexionantes en el apoyo son

$$M_y = -(P \text{ sen } \alpha)L = -(10 \text{ klb})(\text{sen } 1°)(12 \text{ pies})(12 \text{ pulg/pie})$$
$$= -25.13 \text{ klb-pulg}$$

$$M_z = -(P \cos \alpha)L = -(10 \text{ klb})(\cos 1°)(12 \text{ pies})(12 \text{ pulg/pie})$$
$$= -1\,440 \text{ klb-pulg}$$

El ángulo β que da la orientación del eje neutro nn (figura 6-18b) se obtiene con la ecuación (6-20):

$$\tan \beta = \frac{y}{z} = \frac{M_y I_z}{M_z I_y} = \frac{(-25.13 \text{ klb-pulg})(2\,100 \text{ pulg}^4)}{(-1\,440 \text{ klb-pulg})(42.2 \text{ pulg}^4)} = 0.8684 \qquad \beta = 41°$$

Este cálculo muestra que el eje neutro está inclinado un ángulo de 41° respecto al eje z, aun cuando el plano de carga está inclinado sólo 1° respecto al eje y. La sensibilidad de la posición del eje neutro respecto al ángulo de carga es una consecuencia de la gran magnitud de la razón I_z/I_y.

Por la posición del eje neutro (figura 6-18b), vemos que los esfuerzos máximos en la viga ocurren en los puntos A y B, localizados a la mayor distancia desde el eje neutro. Las coordenadas del punto A son

$$z_A = -3.50 \text{ pulg} \qquad y_A = 12.0 \text{ pulg}$$

Por tanto, el esfuerzo de tensión en el punto A (véase la ecuación 6-18) es

$$\sigma_A = \frac{M_y z_A}{I_y} - \frac{M_z y_A}{I_z}$$

$$= \frac{(-25.13 \text{ klb-pulg})(-3.50 \text{ pulg})}{42.2 \text{ pulg}^4} - \frac{(-1440 \text{ klb-pulg})(12.0 \text{ pulg})}{2100 \text{ pulg}^4}$$

$$= 2\,080 \text{ lb/pulg}^2 + 8\,230 \text{ lb/pulg}^2 = 10\,310 \text{ lb/pulg}^2 \qquad \blacktriangleleft$$

El esfuerzo en B tiene la misma magnitud pero es de compresión:

$$\sigma_B = -10\,310 \text{ lb/pulg}^2 \qquad \blacktriangleleft$$

Estos esfuerzos son 25% mayores que el esfuerzo $\sigma_{máx} = 8\,230 \text{ lb/pulg}^2$ para la misma viga con una carga perfectamente alineada. Además, la carga inclinada produce una deflexión lateral en la dirección z, mientras que la carga perfectamente alineada no.

Este ejemplo permite ver que las vigas con I_z mucho mayor que I_y pueden desarrollar grandes esfuerzos si la viga o sus cargas se desvían incluso una pequeña cantidad de su alineamiento planeado; por tanto, deben usarse con cuidado, porque son altamente susceptibles a sobreesfuerzos, flexión lateral (es decir, a los lados) y pandeo. El remedio estriba en proporcionarles un soporte lateral adecuado, a fin de impedir la flexión lateral; por ejemplo, los largueros de piso de madera en edificios se soportan por un lado instalando riostras o bloques entre ellos.

6.5 FLEXIÓN DE VIGAS ASIMÉTRICAS

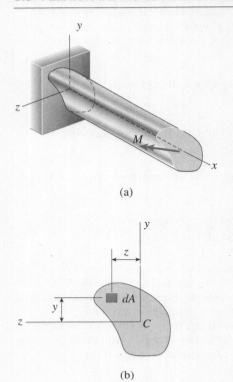

FIG. 6-19 Viga con sección transversal asimétrica, sometida a un momento flexionante *M*.

En los análisis anteriores de la flexión supusimos que las vigas tenían secciones transversales con por lo menos un eje de simetría. Abandonaremos ahora esta restricción y consideraremos vigas con secciones transversales asimétricas. Comenzaremos investigando vigas en flexión pura y después (secciones 6.6 a la 6.9), consideraremos los efectos de cargas laterales. Igual que en los análisis anteriores, supondremos que las vigas son de materiales elástico-lineales.

Supongamos que una viga con sección transversal asimétrica está sometida a un momento flexionante *M* que actúa en la sección transversal extrema (figura 6-19a). Queremos conocer los esfuerzos en la viga y la posición del eje neutro. Desafortunadamente, en esta etapa del análisis no hay una manera directa de establecer estas cantidades; por tanto, usaremos un procedimiento indirecto: en vez de comenzar con un momento flexionante y tratar de encontrar el eje neutro, partiremos de un eje neutro supuesto y hallaremos el momento flexionante asociado.

Eje neutro

Primero construimos dos ejes perpendiculares (los ejes *y* y *z*) en un punto seleccionado en forma arbitraria en el plano de la sección transversal (figura 6-19b). Los ejes pueden tener cualquier orientación, pero por conveniencia los orientaremos horizontal y verticalmente. Después *suponemos* que la viga está flexionada de manera tal que el eje *z* es el eje neutro de la sección transversal. En consecuencia, la viga se *desflexiona* en el plano *xy*, que es entonces el plano de flexión. En estas condiciones, el esfuerzo normal que actúa sobre un elemento de área *dA* localizado a una distancia *y* del eje neutro (consulte las figuras 6-19b y ecuación 5-7, del capítulo 5) es

$$\sigma_x = -E\kappa_y y \tag{6-31}$$

Es necesario el signo menos porque la parte de la viga arriba del eje *z* (el eje neutro) está en compresión cuando la curvatura es positiva (la convención de signo para la curvatura cuando la viga está flexionada en el plano *xy* se encuentra en la figura 6-20a). La fuerza que actúa sobre el elemento de área *dA* es $\sigma_x dA$, y la fuerza resultante que actúa sobre toda la sección transversal es la integral de esta fuerza elemental sobre el área *A* de la sección transversal. Dado que la viga está en flexión pura, la fuerza resultante debe ser cero; por tanto,

$$\int_A \sigma_x dA = -\int_A E\kappa_y y\, dA = 0$$

El módulo de elasticidad y la curvatura son constantes en cualquier sección transversal dada, por lo que

$$\int_A y\, dA = 0 \tag{6-32}$$

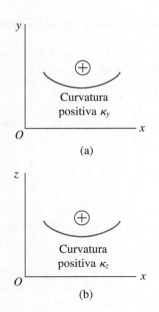

FIG. 6-20 Convención de signos para las curvaturas κ_y y κ_z en los planos xy y xz, respectivamente.

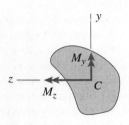

FIG. 6-21 Momentos flexionantes M_y y M_z que actúan respecto a los ejes y y z, respectivamente.

Esta ecuación muestra que el eje z (el eje neutro) pasa por el centroide C de la sección transversal.

Suponemos ahora que la viga está flexionada en forma tal que el eje y es el eje neutro y que el plano xz es el plano de flexión. Entonces, el esfuerzo normal que actúa sobre el elemento de área dA (figura 6-19b), es

$$\sigma_x = -E\kappa_z z \qquad (6\text{-}33)$$

En la figura 6-20b se aprecia la convención de signos para la curvatura κ_z en el plano xz. El signo menos se necesita en la ecuación (6-33) porque la curvatura positiva en el plano xz produce compresión sobre el elemento dA. La fuerza resultante para este caso es

$$\int_A \sigma_x dA = -\int_A E\kappa_z z \, dA = 0$$

de donde obtenemos

$$\int_A z \, dA = 0 \qquad (6\text{-}34)$$

de nuevo tenemos que el eje neutro debe pasar por el centroide. Hemos establecido así que *el origen de los ejes y y z para una viga asimétrica debe situarse en el centroide C*.

Consideremos ahora el momento resultante de los esfuerzos σ_x. Suponemos de nuevo que la flexión tiene lugar con el eje z como eje neutro; entonces, los esfuerzos σ_x están dados por la ecuación (6-31). Los momentos flexionantes correspondientes M_z y M_y de los ejes z y y, respectivamente (figura 6-21), son

$$M_z = -\int_A \sigma_x y \, dA = \kappa_y E \int_A y^2 dA = \kappa_y EI_z \qquad (6\text{-}35a)$$

$$M_y = \int_A \sigma_x z \, dA = -\kappa_y E \int_A yz \, dA = -\kappa_y EI_{yz} \qquad (6\text{-}35b)$$

En estas ecuaciones, I_z es el momento de inercia del área de la sección transversal con respecto al eje z e I_{yz} es el *producto de inercia* con respecto a los ejes y y z.*

De las ecuaciones (6-35a) y (6-35b) sacamos las siguientes conclusiones: 1) si el eje z se escoge en una dirección arbitraria que pase por el centroide, será el eje neutro *sólo* si los momentos M_y y M_z actúan respecto a los ejes y y z y *nada más* si esos momentos están en la razón establecida por las ecuaciones (6-35a) y (6-35b). 2) Si el eje z se toma como *eje principal*, entonces el producto de inercia I_{yz} es igual a cero y el único momento flexionante es M_z. En este caso, el eje z es el eje neutro, la flexión tiene lugar en el plano xy y el momento M_z actúa en ese mismo plano. Así entonces, la flexión se presenta de manera análoga a como lo hace en una viga simétrica.

En resumen, una viga asimétrica se flexiona de la misma manera general que una viga simétrica, siempre que el eje z sea un *eje cen-*

*Los productos de inercia se estudian en la sección 12.7 del capítulo 12.

troidal principal y el único momento flexionante sea el momento M_z que actúa respecto a ese mismo eje.

Si suponemos ahora que el eje y es el eje neutro, llegaremos a conclusiones similares. Los esfuerzos σ_x están dados por la ecuación (6-33) y los momentos flexionantes son

$$M_y = \int_A \sigma_x z \; dA = -\kappa_z E \int_A z^2 dA = -\kappa_z E I_y \qquad (6\text{-}36\text{a})$$

$$M_z = -\int_A \sigma_x y \; dA = \kappa_z E \int_A yz \; dA = \kappa_z E I_{yz} \qquad (6\text{-}36\text{b})$$

en donde I_y es el momento de inercia con respecto al eje y. De nuevo observamos que si la orientación del eje neutro (el eje y en este caso) es arbitraria, deberán existir momentos M_y y M_z; sin embargo, si el eje y es un eje principal, el único momento es M_y y entonces tenemos flexión ordinaria en el plano xz. Así pues, establecemos que una viga asimétrica se flexiona de la misma manera general que una viga simétrica cuando el eje y es un *eje centroidal principal* y el único momento flexionante es el momento M_y que actúa respecto a ese mismo eje.

Una observación adicional es que como los ejes y y z son ortogonales, sabemos que si *cualquiera* de ellos es un eje principal, el otro eje automáticamente también es un eje principal.

Llegamos así a esta importante conclusión: *cuando una viga asimétrica está en flexión pura, el plano en que el momento flexionante actúa es perpendicular a la superficie neutra sólo si los ejes y y z son ejes centroidales principales de la sección transversal y si el momento flexionante actúa en uno de los dos planos principales (el plano xy o el plano xz).* En tal caso, el plano principal donde actúa el momento flexionante resulta ser el plano de flexión y entonces es válida la teoría usual de la flexión (incluida la fórmula de la flexión).

Con esta conclusión, tenemos ahora un método directo para encontrar los esfuerzos en una viga asimétrica sometida a un momento flexionante que actúe en dirección arbitraria.

Procedimiento para analizar una viga asimétrica

Describiremos ahora un procedimiento general para analizar una viga asimétrica sometida a cualquier momento flexionante M (figura 6-22). Comenzamos localizando el centroide C de la sección transversal y construimos un conjunto de ejes principales en ese punto (los ejes y y z en la figura).* A continuación, el momento flexionante M se descompone en las componentes M_y y M_z, positivas en las direcciones mostradas en la figura. Estas componentes son

$$M_y = M \operatorname{sen} \theta \qquad M_z = M \cos \theta \qquad (6\text{-}37\text{a, b})$$

donde θ es el ángulo entre el vector de momento M y el eje z (figura 6-22). Puesto que cada componente actúa en un plano principal,

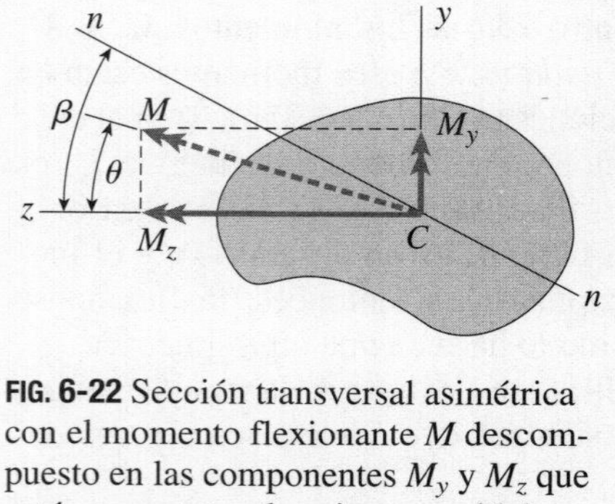

FIG. 6-22 Sección transversal asimétrica con el momento flexionante M descompuesto en las componentes M_y y M_z que actúan respecto a los ejes centroidales principales.

---

*Los ejes principales se tratan en las secciones 12.8 y 12.9 del capítulo 12.

produce flexión pura en dicho plano. Así, las fórmulas usuales para flexión pura son aplicables y resulta sencillo encontrar los esfuerzos debidos a los momentos M_y y M_z que actúan por separado. Los esfuerzos de flexión obtenidos de los momentos que están actuando por separado se sobreponen para obtener los esfuerzos producidos por el momento flexionante original M (observe que este procedimiento general es similar al descrito en la sección anterior para analizar vigas doblemente simétricas con cargas inclinadas).

La superposición de los esfuerzos de flexión para obtener el esfuerzo resultante en cualquier punto en la sección transversal está dada por la ecuación (6-18):

$$\sigma_x = \frac{M_y z}{I_y} - \frac{M_z y}{I_z} = \frac{(M \operatorname{sen} \theta)z}{I_y} - \frac{(M \cos \theta)y}{I_z} \quad (6\text{-}38)$$

en donde y y z son las coordenadas del punto en consideración.

Además, la ecuación del eje neutro nn (figura 6-22) se obtiene al igualar σ_x a cero y simplificar:

$$\frac{\operatorname{sen} \theta}{I_y} z - \frac{\cos \theta}{I_z} y = 0 \quad (6\text{-}39)$$

El ángulo β entre el eje neutro y el eje z puede obtenerse con la ecuación anterior:

$$\tan \beta = \frac{y}{z} = \frac{I_z}{I_y} \tan \theta \quad (6\text{-}40)$$

Esta ecuación hace ver que en general los ángulos β y θ no son iguales, por lo que el eje neutro no suele ser perpendicular al plano en que actúa el par aplicado M. Las únicas excepciones son los tres casos especiales descritos en la sección anterior, en el párrafo que siguió a la ecuación (6-23).

En esta sección nos hemos centrado en las vigas asimétricas. Por supuesto, las vigas simétricas son casos especiales de las vigas asimétricas, por lo cual los análisis de esta sección también son aplicables a las vigas simétricas. Si una viga tiene un solo eje de simetría, éste es uno de los ejes centroidales principales de la sección transversal; el otro eje principal es perpendicular al eje de simetría en el centroide. Si una viga es doblemente simétrica, los dos ejes de simetría son ejes centroidales principales.

En sentido estricto, los análisis de esta sección son aplicables sólo a la flexión pura, lo que significa que no actúan fuerzas cortantes sobre las secciones transversales. Cuando se tienen fuerzas cortantes, surge la posibilidad de que la viga se tuerza respecto al eje longitudinal. Sin embargo, la torsión se evita cuando las fuerzas cortantes actúan a través del *centro de cortante*, el cual se describe en la siguiente sección.

Los ejemplos que siguen ilustran el análisis de vigas con un eje de simetría (los cálculos para una viga asimétrica sin ejes de simetría, se hacen con el mismo método general, pero la determinación de las diversas propiedades transversales es mucho más complicada).

Ejemplo 6-6

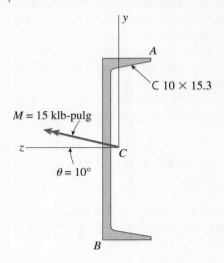

FIG. 6-23 Ejemplo 6-6. Sección en canal sometida a un momento flexionante M que actúa a un ángulo θ respecto al eje z.

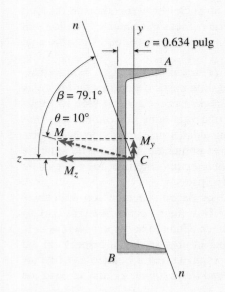

FIG. 6-24 Solución al ejemplo 6-6.

Una sección en canal (C 10×15.3) está sometida a un momento flexionante $M = 15$ klb-pulg orientado según un ángulo $\theta = 10°$ respecto al eje z (figura 6-23).

Calcule los esfuerzos de flexión σ_A y σ_B en los puntos A y B, respectivamente, y determine la posición del eje neutro.

Solución

Propiedades de la sección transversal. El centroide C se localiza sobre el eje de simetría (el eje z) a una distancia

$$c = 0.634 \text{ pulg}$$

desde la parte posterior de la sección en canal (figura 6-24).* Los ejes y y z son ejes centroidales principales con momentos de inercia

$$I_y = 2.28 \text{ pulg}^4 \qquad I_z = 67.4 \text{ pulg}^4$$

Las coordenadas de los puntos A y B son:

$$y_A = 5.00 \text{ pulg} \quad z_A = -2.600 \text{ pulg} + 0.634 \text{ pulg} = -1.966 \text{ pulg}$$

$$y_B = -5.00 \text{ pulg} \quad z_B = 0.634 \text{ pulg}$$

Momentos flexionantes. Los momentos flexionantes respecto a los ejes y y z (figura 6-24) son

$$M_y = M \text{ sen } \theta = (15 \text{ klb-pulg})(\text{sen } 10°) = 2.605 \text{ klb-pulg}$$

$$M_z = M \cos \theta = (15 \text{ klb-pulg})(\cos 10°) = 14.77 \text{ klb-pulg}$$

Esfuerzos de flexión. Ahora calculamos el esfuerzo en el punto A con la ecuación (6-38):

$$\sigma_A = \frac{M_y z_A}{I_y} - \frac{M_z y_A}{I_z}$$

$$= \frac{(2.605 \text{ klb-pulg})(-1.966 \text{ pulg})}{2.28 \text{ pulg}^4} - \frac{(14.77 \text{ klb-pulg})(5.00 \text{ pulg})}{67.4 \text{ pulg}^4}$$

$$= -2\,246 \text{ lb/pulg}^2 - 1\,096 \text{ lb/pulg}^2 = -3\,340 \text{ lb/pulg}^2 \qquad \blacktriangleleft$$

Con un cálculo similar obtenemos el esfuerzo en el punto B:

$$\sigma_B = \frac{M_y z_B}{I_y} - \frac{M_z y_B}{I_z}$$

$$= \frac{(2.605 \text{ klb-pulg})(0.634 \text{ pulg})}{2.28 \text{ pulg}^4} - \frac{(14.77 \text{ klb-pulg})(-5.00 \text{ pulg})}{67.4 \text{ pulg}^4}$$

$$= 724 \text{ lb/pulg}^2 + 1\,096 \text{ lb/pulg}^2 = 1\,820 \text{ lb/pulg}^2 \qquad \blacktriangleleft$$

Éstos son los esfuerzos máximos de compresión y de tensión en la viga.

---

*Véase la tabla E-3 del apéndice E, donde se dan las dimensiones y propiedades de las secciones en canal.

Eje neutro. El ángulo β que localiza al eje neutro (ecuación 6-40) se encuentra como sigue:

$$\tan \beta = \frac{I_z}{I_y} \tan \theta = \frac{67.4 \text{ pulg}^4}{2.28 \text{ pulg}^4} \tan 10° = 5.212 \qquad \beta = 79.1° \quad \Longleftarrow$$

El eje neutro *nn* se presenta en la figura 6-24 y vemos que los puntos *A* y *B* están situados a la mayor distancia de él, lo cual confirma así que σ_A y σ_B son los esfuerzos máximos en la viga.

En este ejemplo, el ángulo β entre el eje *z* y el eje neutro es mucho mayor que el ángulo θ (figura 6-24) porque la razón I_z/I_y es considerable. El ángulo β varía de 0 a 79.1° conforme el ángulo θ varía de 0 a 10°. Según señalamos en el ejemplo 6-5 de la sección 6.4, las vigas con razones I_z/I_y grandes son muy sensibles a la dirección de la carga, razón por la cual deben tener suficiente soporte lateral para prevenir deflexiones laterales excesivas.

6.6 CONCEPTO DE CENTRO DE CORTANTE

En las secciones anteriores de este capítulo nos ocupamos de la determinación de los esfuerzos de flexión en vigas en diversas condiciones especiales; por ejemplo, en la sección 6.4 consideramos vigas simétricas con cargas inclinadas y en la sección 6.5, vigas asimétricas. Ahora bien, las cargas laterales que actúan sobre una viga producen fuerzas cortantes y momentos flexionantes, por lo que examinaremos los efectos del cortante en esta sección y las tres siguientes.

En el capítulo 5 vimos cómo determinar los esfuerzos cortantes en vigas cuando las cargas actúan en un plano de simetría y obtuvimos la fórmula del cortante para calcular estos esfuerzos para ciertas formas de vigas. Ahora examinaremos los esfuerzos cortantes en vigas cuando las cargas laterales actúan en un plano que *no* es un plano de simetría. Encontraremos que las cargas deben aplicarse en un punto particular de la sección transversal, llamado *centro de cortante*, para que la viga se flexione sin torsión.

Consideremos una viga en voladizo con sección transversal de un solo eje de simetría que soporta una carga *P* en su extremo libre (véase la figura 6-25a de la página siguiente). Una viga con la sección transversal como la de la figura 6-25b se llama *viga I desbalanceada*. Por lo general, las vigas de perfil I se cargan en el plano de simetría (el plano *xz*), sean balanceadas o no, pero en este caso la línea de acción de la fuerza *P* es perpendicular a ese plano. Dado que el origen de coordenadas se toma en el centroide *C* de la sec-

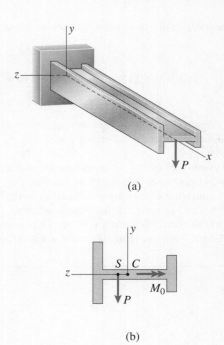

(a)

(b)

FIG. 6-25 Viga en voladizo con sección transversal de simetría simple: (a) viga con carga y (b) sección transversal intermedia de la viga que muestra las resultantes de esfuerzo P y M_0, el centroide C y el centro de cortante S.

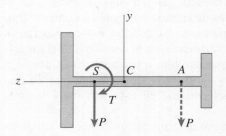

FIG. 6-26 Viga de simetría simple con carga P aplicada en el punto A.

ción transversal y el eje z es un eje de simetría de la sección transversal, los ejes y y z son ejes centroidales principales.

Supongamos que por la acción de la carga P la viga se flexiona con el plano xz como plano neutro, lo que significa que el plano xy es el plano de flexión. En estas condiciones existen dos resultantes de esfuerzo en secciones transversales intermedias de la viga (figura 6-25b): un momento flexionante M_0 que actúa respecto al eje z y con su vector de momento en la dirección negativa del eje z y una fuerza cortante de magnitud P que actúa en la dirección y negativa. Para una viga y carga dadas, M_0 y P son cantidades conocidas.

Los esfuerzos normales que actúan sobre la sección transversal tienen una resultante que es el momento flexionante M_0, y los esfuerzos cortantes también tienen una resultante: la fuerza cortante (igual a P). Si el material obedece la ley de Hooke, los esfuerzos normales varían linealmente con la distancia desde el eje neutro (el eje z) y pueden calcularse con la fórmula de la flexión. Puesto que los esfuerzos cortantes que actúan sobre una sección transversal se determinan a partir de los esfuerzos normales sólo por consideraciones de equilibrio (véase la deducción de la fórmula del cortante en la sección 5.8), se infiere que la distribución de los esfuerzos cortantes sobre la sección transversal también está determinada. La resultante de estos esfuerzos cortantes es una fuerza vertical igual en magnitud a la fuerza P, con su línea de acción a través de algún punto S que se encuentra sobre el eje z (figura 6-25b). Este punto se conoce como **centro de cortante** (también conocido como *centro de flexión*) de la sección transversal.

En resumen, suponiendo que el eje z sea el eje neutro, podemos determinar no sólo la distribución de los esfuerzos normales sino también la distribución de los esfuerzos cortantes y la posición de la fuerza cortante resultante; por tanto, reconocemos ahora que una carga P aplicada en el extremo de la viga (figura 6-25a) debe pasar por un punto particular (el centro de cortante) para que la flexión ocurra con el eje z como eje neutro.

Si la carga se aplica en algún otro punto sobre el eje z (digamos, en el punto A en la figura 6-26), se puede reemplazar con un sistema estáticamente equivalente que consista en una fuerza P que actúa en el centro de cortante y en un par de torsión T. La fuerza que actúa en el centro de cortante produce flexión respecto al eje z y el par genera torsión; por lo tanto, reconocemos ahora que *una carga lateral que actúa sobre una viga producirá flexión sin torsión sólo si actúa a través del centro de cortante*.

El centro de cortante (igual que el centroide) se encuentra sobre cualquier eje de simetría, de manera que el centro de cortante S y el centroide C coinciden en una **sección transversal doblemente simétrica** (figura 6-27a). Una carga P que actúe por el centroide produce flexión respecto a los ejes y y z sin torsión y los esfuerzos de flexión correspondientes pueden encontrarse con el método descrito en la sección 6.4 para vigas doblemente simétricas.

Si una viga tiene una **sección transversal con un solo eje de simetría** (figura 6-27b), el centroide y el centro de cortante estarán sobre el eje de simetría. Una carga P que actúe por el centro de cortante puede descomponerse en sus componentes en las direcciones y y z. La componente en la dirección y producirá flexión en el plano xy

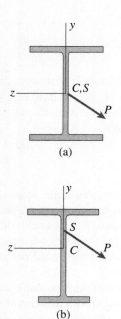

(a)

(b)

FIG. 6-27 (a) Viga doblemente simétrica con una carga P que actúa por el centroide (y centro de cortante) y (b) viga de simetría simple con una carga P que actúa por el centro de cortante.

con el eje z como eje neutro y la componente en la dirección z generará flexión (sin torsión) en el plano xz con el eje y como eje neutro. Los esfuerzos de flexión producidos por estas componentes pueden superponerse para obtener los esfuerzos que causa la carga original.

Por último, si una viga tiene una **sección transversal asimétrica** (figura 6-28), el análisis de flexión procede como sigue (siempre que la carga actúe por el centro de cortante). Primero, localizamos el centroide C de la sección transversal y determinamos la orientación de los ejes centroidales principales y y z. Luego descomponemos la carga en componentes (que actúan en el centro de cortante) en las direcciones y y z, y determinamos los momentos flexionantes M_y y M_z respecto a los ejes principales. Para terminar, calculamos los esfuerzos de flexión con el método descrito en la sección 6.5 para vigas asimétricas.

Ahora que hemos explicado el *significado* del centro de cortante y su uso en el análisis de vigas, es natural preguntar: "¿cómo *se localiza* el centro de cortante?" Por supuesto, para perfiles doblemente simétricos la respuesta es simple: se localiza en el centroide. En perfiles con un solo eje de simetría, se encuentra sobre el eje de simetría, pero la posición precisa sobre ese eje quizá no sea fácil de determinar. La localización del centro de cortante es aún más difícil si la sección transversal es asimétrica (figura 6-28). En tales casos, la tarea requiere métodos más avanzados que los que son apropiados para este libro (algunos manuales de ingeniería dan fórmulas para localizar centros de cortante; por ejemplo, véase la Ref. 2-9).

Las vigas de **secciones transversales abiertas de pared delgada**, como vigas de patín ancho, canales, ángulos, vigas T y secciones Z, son un caso especial. No sólo son de uso común para fines estructurales, sino que son muy débiles en torsión; en consecuencia, resulta de especial importancia localizar sus centros de cortante. Las secciones transversales de este tipo se consideran en las siguientes tres secciones: en la 6.7 y 6.8 veremos cómo encontrar los esfuerzos cortantes en tales vigas y en la 6.9, cómo localizar sus centros de cortante.

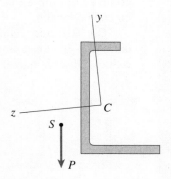

FIG. 6-28 Viga asimétrica con una carga P que actúa por el centro de cortante S.

6.7 ESFUERZOS CORTANTES EN VIGAS CON SECCIONES TRANSVERSALES ABIERTAS DE PARED DELGADA

En las secciones 5.8, 5.9 y 5.10 describimos la distribución de los esfuerzos cortantes en vigas rectangulares, vigas circulares y en las almas de vigas con patines, y obtuvimos la fórmula del cortante (ecuación 5-38) para calcular los esfuerzos:

$$\tau = \frac{VQ}{Ib} \tag{6-41}$$

En esta fórmula, V representa la fuerza cortante que actúa sobre la sección transversal, I es el momento de inercia del área de la sección transversal (con respecto al eje neutro), b es el ancho de la viga en la posición en que va a determinarse el esfuerzo cortante y Q es el momento estático del área de la sección transversal hacia afuera de la posición donde se busca el esfuerzo.

Consideraremos ahora los esfuerzos cortantes en una clase especial de vigas, conocidas como vigas de **sección transversal abierta de pared delgada**. Las vigas de este tipo tienen dos características: 1) el espesor de pared es pequeño en comparación con la altura y ancho de la sección transversal y 2) la sección transversal es abierta, como en el caso de una viga I o una viga en canal, en vez de ser cerrada como en el caso de una viga en caja hueca. En la figura 6-29 se muestran ejemplos de ellas. Las vigas de este tipo se llaman también **secciones** o **perfiles estructurales**.

Podemos determinar los esfuerzos cortantes en las vigas de pared delgada de sección transversal abierta usando los procedimientos que utilizamos al obtener la fórmula del cortante (ecuación 6-41). A fin de mantener la deducción tan general como sea posible, consideraremos una viga que tenga su línea central *mm* transversal de forma arbitraria (figura 6-30a). Los ejes y y z son ejes centroidales principales de la sección transversal y la carga P actúa en forma paralela al eje y a través del centro de cortante S (figura 6-30b); por tanto, la flexión tendrá lugar en el plano xy con el eje z como eje neutro.

En estas condiciones, podemos obtener el esfuerzo normal en cualquier punto en la viga a partir de la fórmula de la flexión:

$$\sigma_x = -\frac{M_z y}{I_z} \tag{6-42}$$

donde M_z es el momento flexionante respecto al eje z (positivo como se definió en la figura 6-13) y y es la coordenada del punto en consideración.

Consideremos ahora un elemento de volumen *abcd* cortado entre dos secciones transversales separadas una distancia dx (figura 6-30a). Observe que el elemento comienza en el borde de la sección

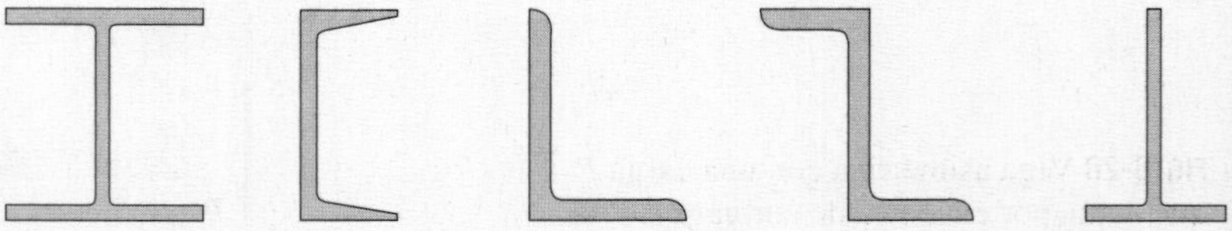

FIG. 6-29 Vigas comunes de sección transversal abierta de pared delgada (viga de patín ancho o viga I, canal, ángulo, Z y T).

transversal y tiene una longitud s medida a lo largo de la línea central mm (figura 6-30b). Para determinar los esfuerzos cortantes, aislamos el elemento como se ve en la figura 6-30c. La resultante de los esfuerzos normales que actúa sobre la cara ad es la fuerza F_1 y la resultante sobre la cara bc es la fuerza F_2. Dado que los esfuerzos normales que actúan sobre la cara ad son mayores que los que actúan sobre la cara bc (debido a que el momento flexionante es mayor), la fuerza F_1 será mayor que F_2; por tanto, los esfuerzos cortantes τ deben actuar a lo largo de la cara cd para que el elemento esté en equilibrio. Estos esfuerzos cortantes actúan en sentido paralelo a las superficies superior e inferior del elemento y deben estar acompañados por esfuerzos cortantes complementarios que actúan sobre las caras transversales ad y bc, como se ilustra en la figura.

Para evaluar estos esfuerzos cortantes, sumamos fuerzas en la dirección x para el elemento $abcd$ (figura 6-30c); se tiene

$$\tau t \, dx + F_2 - F_1 = 0 \qquad \text{o} \qquad \tau t \, dx = F_1 - F_2 \tag{a}$$

donde t es el espesor de la sección transversal en la cara cd del elemento; en otras palabras, t es el espesor de la sección transversal a una distancia s del borde libre (figura 6-30b). A continuación, obtenemos una expresión para la fuerza F_1 usando la ecuación (6-42):

$$F_1 = \int_0^s \sigma_x dA = -\frac{M_{z1}}{I_z} \int_0^s y \, dA \tag{b}$$

donde dA es un elemento de área sobre el lado ad del elemento de volumen $abcd$, y es la coordenada del elemento dA y M_{z1} es el momento flexionante en la sección transversal. Una expresión análoga se obtiene para la fuerza F_2:

$$F_2 = \int_0^s \sigma_x dA = -\frac{M_{z2}}{I_z} \int_0^s y \, dA \tag{c}$$

Sustituimos estas expresiones para F_1 y F_2 en la ecuación (a), y obtenemos

$$\tau = \left(\frac{M_{z2} - M_{z1}}{dx} \right) \frac{1}{I_z t} \int_0^s y \, dA \tag{d}$$

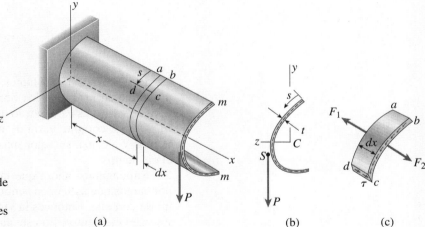

FIG. 6-30 Esfuerzos cortantes en una viga de sección transversal abierta de pared delgada (los ejes y y z son ejes centroidales principales).

(a)   (b)   (c)

La cantidad $(M_{z2} - M_{z1})/dx$ es la razón de cambio dM/dx del momento flexionante y es igual a la fuerza cortante que actúa sobre la sección transversal (véase la ecuación 4-6):

$$\frac{dM}{dx} = \frac{M_{z2} - M_{z1}}{dx} = V_y \tag{6-43}$$

La fuerza cortante V_y es paralela al eje y y positiva en la dirección negativa del eje y; es decir, positiva en la dirección de la fuerza P (figura 6-30). Esta convención concuerda con la convención de signos previamente adoptada en el capítulo 4 (véase la figura 4-5 para la convención de signos de fuerzas cortantes).

Sustituimos la ecuación (6-43) en la ecuación (d) y obtenemos para el esfuerzo cortante τ la siguiente ecuación:

$$\tau = \frac{V_y}{I_z t} \int_0^s y \, dA \tag{6-44}$$

Esta ecuación da los esfuerzos cortantes en cualquier punto en la sección transversal a una distancia s desde el borde libre. La integral en el lado derecho representa el momento estático con respecto al eje z (el eje neutro) del área de la sección transversal de $s = 0$ a $s = s$. Si denotamos este momento estático con Q_z, podremos escribir la ecuación para los **esfuerzos cortantes** τ en la forma más simple

$$\tau = \frac{V_y Q_z}{I_z t} \tag{6-45}$$

que es análoga a la fórmula estándar del cortante (ecuación 6-41).

Los esfuerzos cortantes están dirigidos a lo largo de la línea central de la sección transversal y actúan en paralelo a los bordes de la sección. Además, suponemos tácitamente que estos esfuerzos tienen intensidad constante a través del espesor t de la pared, lo que es una hipótesis válida cuando el espesor es pequeño (observe que el espesor de la pared no tiene que ser constante, sino que puede variar en función de la distancia s).

El **flujo de cortante** en cualquier punto en la sección transversal, igual al producto del esfuerzo cortante y el espesor en ese punto, es

$$f = \tau t = \frac{V_y Q_z}{I_z} \tag{6-46}$$

Como V_y e I_z son constantes, el flujo de cortante es directamente proporcional a Q_z. En los bordes superior e inferior de la sección transversal, Q_z es cero, por lo que el flujo de cortante también es cero. El flujo de cortante varía de modo continuo entre estos puntos extremos y alcanza su valor máximo donde Q_z es máximo, que es en el eje neutro.

Supongamos ahora que la viga en la figura 6-30 es flexionada por cargas que actúan en sentido paralelo al eje z y pasan por el centro de cortante. Entonces la viga se flexionará en el plano xz y el eje y será el eje neutro. En este caso, podemos repetir el mismo tipo de análisis y llegar a las siguientes ecuaciones para los esfuerzos cortantes y flujo de cortante (compárelas con las ecuaciones 6-45 y 6-46):

$$\tau = \frac{V_z Q_y}{I_y t} \qquad f = \tau t = \frac{V_z Q_y}{I_y} \qquad (6\text{-}47a, b)$$

En estas ecuaciones, V_z es la fuerza cortante paralela al eje z y Q_y es el momento estático con respecto al eje y.

En resumen, hemos obtenido expresiones para los esfuerzos cortantes en vigas de sección transversal abierta de pared delgada con las estipulaciones de que la fuerza cortante debe pasar por el centro de cortante y tiene que ser paralela a uno de los ejes centroidales principales. Si la fuerza cortante está inclinada respecto a los ejes y y z (pero pasa por el centro de cortante), puede descomponerse en componentes paralelas a los ejes principales. Luego se efectúan dos análisis separados y los resultados se sobreponen.

Para ilustrar el uso de las ecuaciones del esfuerzo cortante, consideraremos los esfuerzos cortantes en una viga de patín ancho en la siguiente sección. Después, en la sección 6.9 usaremos las ecuaciones del esfuerzo cortante para localizar los centros de cortante de varias vigas de pared delgada con secciones transversales abiertas.

6.8   ESFUERZOS CORTANTES EN UNA VIGA DE PATÍN ANCHO

Ahora aplicaremos los conceptos y ecuaciones estudiados en la sección anterior al estudio de los esfuerzos cortantes en vigas de patín ancho. Para fines de la descripción, veamos la viga de la figura 6-31a, que está cargada por una fuerza P que actúa en el plano del alma, esto es, pasa por el centro de cortante, el cual coincide con el centroide de la sección transversal. Las dimensiones transversales se ven en la figura 6-31b, donde b es el ancho del patín, h es la altura entre las *líneas centrales* de los patines, t_f es el espesor del patín y t_w es el espesor del alma.

Esfuerzos cortantes en el patín superior

Comenzamos considerando los esfuerzos cortantes en la sección bb en la parte derecha del patín superior (figura 6-31b). Puesto que la distancia s tiene su origen en el borde de la sección (punto a), el área de la sección transversal entre el punto a y la sección bb es st_f. La distancia del centroide de esta área al eje neutro es $h/2$, por lo que su momento estático Q_z es igual a $st_f h/2$. Así, el esfuerzo cortante τ_f en el patín en la sección bb (de la ecuación 6-45) es

$$\tau_f = \frac{V_y Q_z}{I_z t} = \frac{P(st_f h/2)}{I_z t_f} = \frac{shP}{2I_z} \qquad (6\text{-}48)$$

La dirección de este esfuerzo puede determinarse examinando las fuerzas que actúan sobre el elemento A que está cortado del patín entre el punto a y la sección bb (véanse las figuras 6-31a y b).

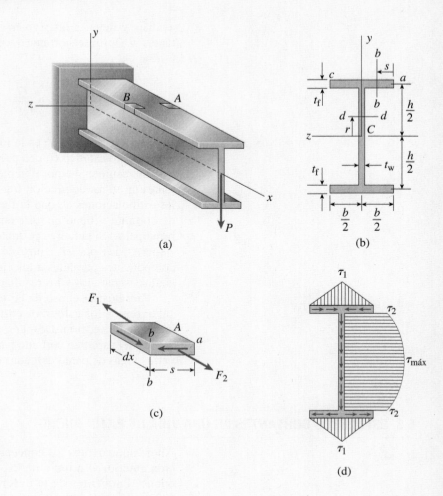

FIG. 6-31 Esfuerzos cortantes en una viga de patín ancho.

El elemento está dibujado a una escala mayor en la figura 6-31c para mostrar con claridad las fuerzas y esfuerzos que actúan sobre él. Vemos de inmediato que la fuerza de tensión F_1 es mayor que la fuerza F_2 porque el momento flexionante es mayor sobre la cara posterior del elemento que sobre la cara frontal. Se infiere que el esfuerzo cortante sobre la cara izquierda del elemento A debe actuar hacia el lector si el elemento está en equilibrio. De esta observación, también se infiere que los esfuerzos cortantes sobre la cara frontal del elemento A deben actuar hacia la izquierda.

Volvamos ahora a la figura 6-31b, hemos determinado completamente la magnitud y dirección del esfuerzo cortante en la sección *bb*, que puede localizarse en cualquier parte entre el punto *a* y la unión del patín superior con el alma. Así, los esfuerzos cortantes sobre toda la parte superior derecha del patín son horizontales, actúan hacia la izquierda y tienen la magnitud dada por la ecuación (6-48). Como se ve de tal ecuación, los esfuerzos cortantes crecen linealmente con la distancia *s*.

La variación de los esfuerzos en el patín superior se ilustra en la figura 6-31d y vemos que los esfuerzos varían desde cero en el punto *a* (donde $s = 0$) hasta un valor máximo τ_1 en $s = b/2$:

$$\tau_1 = \frac{bhP}{4I_z} \tag{6-49}$$

El flujo de cortante correspondiente es

$$f_1 = \tau_1 t_f = \frac{bht_f P}{4I_z} \tag{6-50}$$

Observe que hemos calculado el esfuerzo cortante y el flujo de cortante en la unión de las *líneas centrales* del patín y el alma usando en los cálculos sólo dimensiones de la línea central de la sección transversal. Este procedimiento aproximado simplifica los cálculos y es satisfactorio para secciones transversales de pared delgada.

Si comenzamos en el punto *c* sobre la parte izquierda del patín superior (figura 6-31b) y medimos *s* hacia la derecha, podemos repetir el mismo análisis. Encontraremos que las ecuaciones (6-48) y (6-49) dan de nuevo la magnitud de los esfuerzos cortantes. Ahora bien, si cortamos un elemento *B* (figura 6-31a) y consideramos su equilibrio, encontraremos que los esfuerzos cortantes sobre la sección transversal actúan ahora hacia la derecha, según se ve en la figura 6-31d.

Esfuerzos cortantes en el alma

El siguiente paso es determinar los esfuerzos cortantes que actúan en el alma. Si consideramos un corte horizontal en la parte superior del alma (en la unión con el patín), hallaremos el momento estático respecto al eje neutro igual a $Q_z = bt_f h/2$, por lo que el esfuerzo cortante correspondiente es

$$\tau_2 = \frac{bht_f P}{2I_z t_w} \tag{6-51}$$

El flujo de cortante asociado es

$$f_2 = \tau_2 t_w = \frac{bht_f P}{2I_z} \tag{6-52}$$

Observe que el flujo de cortante f_2 es igual a dos veces el flujo de cortante f_1, lo que es obvio porque los flujos de cortante en ambas mitades del patín superior se combinan para producir el flujo de cortante en la parte superior del alma.

Los esfuerzos cortantes en el alma actúan hacia abajo y crecen en magnitud hasta que se alcanza el eje neutro. En la sección *dd*, localizada a una distancia *r* del eje neutro (figura 6-31b), el esfuerzo cortante τ_w en el alma se calcula como sigue:

$$Q_z = \frac{bt_\text{f}h}{2} + \left(\frac{h}{2} - r\right)(t_\text{w})\left(\frac{h/2 + r}{2}\right) = \frac{bt_\text{f}h}{2} + \frac{t_\text{w}}{2}\left(\frac{h^2}{4} - r^2\right)$$

$$\tau_\text{w} = \left(\frac{bt_\text{f}h}{t_\text{w}} + \frac{h^2}{4} - r^2\right)\frac{P}{2I_z} \tag{6-53}$$

Cuando $r = h/2$, esta ecuación se reduce a la ecuación (6-51) y cuando $r = 0$ se obtiene el esfuerzo cortante máximo:

$$\tau_\text{máx} = \left(\frac{bt_\text{f}}{t_\text{w}} + \frac{h}{4}\right)\frac{Ph}{2I_z} \tag{6-54}$$

Debe notarse de nuevo que hemos efectuado todos los cálculos con base en las dimensiones de la línea central de la sección transversal. Por esta razón, los esfuerzos cortantes en el alma de una viga de patín ancho calculados con la ecuación (6-53) pueden resultar ligeramente diferentes de los obtenidos con el análisis más exacto practicado en el capítulo 5 (ecuación 5-46 de la sección 5.10).

Los esfuerzos cortantes en el alma varían parabólicamente, como se muestra en la figura 6-31d, aunque la variación no es grande. La razón de $\tau_\text{máx}$ con τ_2 es

$$\frac{\tau_\text{máx}}{\tau_2} = 1 + \frac{ht_\text{w}}{4bt_\text{f}} \tag{6-55}$$

Por ejemplo, si suponemos que $h = 2b$ y $t_\text{f} = 2t_\text{w}$, la razón es $\tau_\text{máx}/\tau_2 = 1.25$.

Esfuerzos cortantes en el patín inferior

Como paso final del análisis estudiamos los esfuerzos cortantes en el patín inferior usando los mismos métodos aplicados al patín superior. Encontraremos que las magnitudes de los esfuerzos son las mismas que las del patín superior, pero las direcciones son como se muestran en la figura 6-31d.

Comentarios generales

De la figura 6-31d vemos que los esfuerzos cortantes sobre la sección transversal "fluyen" hacia el interior desde los bordes exteriores del patín superior, luego hacia abajo por el alma y por último hacia el exterior de los bordes del patín inferior. En virtud de que este flujo siempre es continuo en cualquier sección estructural, es un método conveniente para hallar las direcciones de los esfuerzos. Por ejemplo, si la fuerza cortante actúa hacia abajo sobre la viga de la figura 6-31a, sabemos de inmediato que el flujo de cortante en el alma también debe ser hacia abajo. Conocida la dirección del flujo de cortante en el alma, conocemos también las direcciones de los flujos de cortantes en los patines, debido a la continuidad requerida en el flujo. Es más fácil usar este procedimiento simple para obtener las direcciones de los esfuerzos cortantes que visualizar las direcciones de las fuerzas que actúan sobre elementos como el A (figura 6-31c) cortado de la viga.

La resultante de todos los esfuerzos cortantes que actúan sobre la sección transversal es claramente una fuerza vertical, porque los esfuerzos horizontales en los patines no producen resultante. Los esfuerzos cortantes en el alma tienen una resultante R que puede encontrarse por integración de los esfuerzos cortantes sobre la altura del alma:

$$R = \int \tau \, dA = 2 \int_0^{h/2} \tau t_w \, dr$$

Sustituimos de la ecuación (6-53) y obtenemos

$$R = 2t_w \int_0^{h/2} \left(\frac{bt_f h}{t_w} + \frac{h^2}{4} - r^2 \right) \left(\frac{P}{2I_z} \right) dr = \left(\frac{bt_f}{t_w} + \frac{h}{6} \right) \frac{h^2 t_w P}{2I_z} \quad (6\text{-}56)$$

El momento de inercia I_z puede calcularse como sigue (usando las dimensiones de la línea central):

$$I_z = \frac{t_w h^3}{12} + \frac{bt_f h^2}{2} \quad\quad\quad (6\text{-}57)$$

en donde el primer término es el momento de inercia del alma y el segundo término es el momento de inercia de los patines. Cuando esta expresión para I_z se sustituye en la ecuación (6-56), obtenemos $R = P$, lo que demuestra que la resultante de los esfuerzos cortantes que actúan sobre la sección transversal es igual a la carga. Además, la línea de acción de la resultante está contenida en el plano del alma, por lo que la resultante pasa por el centro de cortante.

El análisis anterior permite ver un cuadro más completo de los esfuerzos cortantes en una viga I de patín ancho, porque incluye a los patines (recuerde que en el capítulo 5 sólo estudiamos los esfuerzos cortantes en el alma). Además, este análisis ilustra las técnicas generales para calcular esfuerzos cortantes en vigas de sección transversal abierta con paredes delgadas. En la siguiente sección veremos otros ejemplos en los que se determinan los esfuerzos cortantes en un perfil de canal y en uno de ángulo, como parte del proceso de ubicar sus centros de cortante.

6.9 CENTRO DE CORTANTE EN SECCIONES ABIERTAS DE PARED DELGADA

En las secciones 6.7 y 6.8 desarrollamos métodos para encontrar los esfuerzos cortantes en vigas de sección transversal abierta de pared delgada. Usaremos ahora esos métodos para localizar los centros de cortante de varias formas de vigas. Sólo se considerarán vigas con secciones transversales con un eje de simetría o asimétricas, porque ya sabemos que el centro de cortante de una sección transversal doblemente simétrica se localiza en el centroide.

El procedimiento para localizar el centro de cortante consta de dos partes: primero, evaluar los esfuerzos cortantes que actúan sobre la sección transversal cuando se presenta flexión respecto a uno de los ejes principales; segundo, determinar la resultante de dichos esfuerzos. El centro de cortante se localiza sobre la línea de acción de la resultante. Si consideramos la flexión respecto a *ambos* ejes principales, podemos hallar la posición del centro de cortante.

Igual que en las secciones 6.7 y 6.8, usaremos sólo las dimensiones de la línea central al deducir fórmulas y efectuar cálculos. Este procedimiento es satisfactorio si la viga es de pared delgada; es decir, si el espesor de la viga es pequeño en comparación con las demás dimensiones de la sección transversal.

Sección en canal

La primera viga que analizaremos es una sección en canal con un solo eje de simetría (figura 6-32a). Por los análisis en la sección 6.6 sabemos inmediatamente que el centro de cortante se localiza sobre el eje de simetría (el eje *z*). Para encontrar la posición del centro de cortante sobre el eje *z*, suponemos que la viga se flexiona respecto al eje *z* como eje neutro y luego determinamos la línea de acción de la fuerza cortante resultante V_y que actúa en sentido paralelo al eje *y*. El centro de cortante se localiza donde la línea de acción de V_y interseca al eje *z* (observe que el origen de los ejes *y* y *z* está en el centroide *C*, por lo que ambos ejes son ejes centroidales principales).

Con base en los análisis hechos en la sección 6.8, concluimos que los esfuerzos cortantes en una canal varían linealmente en los patines y parabólicamente en el alma (figura 6-32b). Podemos encontrar la resultante de esos esfuerzos si conocemos el esfuerzo máximo τ_1 en el patín, el esfuerzo τ_2 en la parte superior del alma y el esfuerzo máximo $\tau_{máx}$ en el alma.

Para hallar el esfuerzo τ_1 en el patín, usamos la ecuación (6-45) con Q_z igual al momento estático del área del patín respecto al eje *z*:

$$Q_z = \frac{bt_f h}{2} \tag{a}$$

donde *b* es el ancho del patín, t_f es el espesor del patín y *h* es la altura de la viga (observe de nuevo que las dimensiones *b* y *h* se

FIG. 6-32 Centro de cortante *S* de una sección en canal.

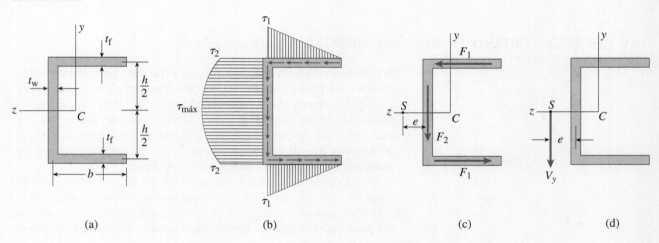

miden a lo largo de la línea central de la sección). Entonces, el esfuerzo τ_1 en el patín es

$$\tau_1 = \frac{V_y Q_z}{I_z t_f} = \frac{bhV_y}{2I_z} \tag{6-58}$$

donde I_z es el momento de inercia respecto al eje z.

El esfuerzo τ_2 en la parte superior del alma se obtiene de manera similar, pero con el espesor igual al espesor del alma en vez del espesor del patín:

$$\tau_2 = \frac{V_y Q_z}{I_z t_w} = \frac{b t_f h V_y}{2 t_w I_z} \tag{6-59}$$

El momento estático del área en el eje neutro es

$$Q_z = \frac{b t_f h}{2} + \frac{h t_w}{2}\left(\frac{h}{4}\right) = \left(b t_f + \frac{h t_w}{4}\right)\frac{h}{2} \tag{b}$$

Por tanto, el esfuerzo máximo es

$$\tau_{\text{máx}} = \frac{V_y Q_z}{I_z t_w} = \left(\frac{b t_f}{t_w} + \frac{h}{4}\right)\frac{h V_y}{2 I_z} \tag{6-60}$$

Los esfuerzos τ_1 y τ_2 en la mitad inferior de la viga son iguales a los esfuerzos correspondientes en la mitad superior (figura 6-32b).

La fuerza cortante horizontal F_1 en cualquiera de los patines (figura 6-32c) puede encontrarse a partir de los diagramas triangulares de esfuerzo. Cada fuerza es igual al área del triángulo de esfuerzos multiplicada por el espesor del patín:

$$F_1 = \left(\frac{\tau_1 b}{2}\right)(t_f) = \frac{h b^2 t_f V_y}{4 I_z} \tag{6-61}$$

La fuerza vertical F_2 en el alma debe ser igual a la fuerza cortante V_y, ya que las fuerzas en los patines no tienen componentes verticales. Podemos comprobar que $F_2 = V_y$ considerando el diagrama parabólico de esfuerzos de la figura 6-32b. El diagrama consta de dos partes: un rectángulo de área $\tau_2 h$ y un segmento parabólico de área

$$\frac{2}{3}(\tau_{\text{máx}} - \tau_2)h$$

Así, la fuerza cortante F_2, igual al área del diagrama de esfuerzos multiplicada por el espesor del alma t_w, es

$$F_2 = \tau_2 h t_w + \frac{2}{3}(\tau_{\text{máx}} - \tau_2) h t_w$$

Sustituimos las expresiones para τ_2 y $\tau_{\text{máx}}$ (ecuaciones 6-59 y 6-60) en la ecuación anterior y obtenemos

$$F_2 = \left(\frac{t_w h^3}{12} + \frac{b h^2 t_f}{2}\right)\frac{V_y}{I_z} \tag{c}$$

Por último, observamos que la expresión para el momento de inercia es

$$I_z = \frac{t_\text{w}h^3}{12} + \frac{bh^2t_\text{f}}{2} \tag{6-62}$$

en donde basamos de nuevo los cálculos en las dimensiones de la línea central. Sustituimos esta expresión para I_z en la ecuación (c) para F_2, con lo cual

$$F_2 = V_y \tag{d}$$

como se esperaba.

Las tres fuerzas que actúan sobre la sección transversal (figura 6-32c) tienen una resultante V_y que interseca al eje z en el centro de cortante S (figura 6-32d); por consiguiente, el momento de las tres fuerzas respecto a cualquier punto en la sección transversal debe ser igual al momento de la fuerza V_y respecto al mismo punto. Esta relación entre momentos proporciona una ecuación de donde puede despejarse la posición del centro de cortante.

Como ilustración, seleccionemos el centro de cortante mismo como centro de momentos. En ese caso, el momento de las tres fuerzas (figura 6-32c) es $F_1h - F_2e$, donde e es la distancia desde la línea central del alma al centro de cortante y el momento de la fuerza resultante V_y es cero (figura 6-32d). Igualamos estos momentos y

$$F_1h - F_2e = 0 \tag{6-63}$$

Sustituimos F_1 de la ecuación (6-61), F_2 de la ecuación (d), despejamos e y obtenemos

$$e = \frac{b^2h^2t_\text{f}}{4I_z} \tag{6-64}$$

Cuando se sustituye la expresión para I_z (ecuación 6-62), la ecuación (6-64) se convierte en

$$e = \frac{3b^2t_\text{f}}{ht_\text{w} + 6bt_\text{f}} \tag{6-65}$$

Así, hemos determinado la posición del centro de cortante para una sección en canal.

Como se explicó en la sección 6.6, una viga de sección en canal experimentará flexión sin torsión siempre que se cargue con fuerzas que pasen por el centro de cortante. Si las cargas actúan paralelas al eje y pero a través de algún otro punto que no sea el centro de cortante (por ejemplo, si actúan en el plano del alma), pueden reemplazarse con un sistema de fuerzas estáticamente equivalentes a cargas que pasen por el centro de cortante y a pares de torsión. Tenemos entonces una combinación de flexión y torsión en la viga. Si las cargas actúan a lo largo del eje z, tenemos flexión simple alrededor del eje y. Si actúan inclinadas pasando por el centro de cortante, pueden reemplazarse con cargas estáticamente equivalentes que actúen paralelas a los ejes y y z.

Sección en ángulo

El siguiente perfil que consideraremos es una sección en ángulo con lados iguales (figura 6-33a), en donde cada lado del ángulo tiene longitud b y espesor t. El eje z es un eje de simetría y el origen de coordenadas está en el centroide C; por tanto, los ejes y y z son ejes centroidales principales.

Para localizar el centro de cortante seguiremos el procedimiento general descrito para una sección en canal, ya que queremos hallar la distribución de los esfuerzos cortantes como parte del análisis. Sin embargo, como veremos después, el centro de cortante de una sección en ángulo puede establecerse por inspección.

Comenzamos suponiendo que la sección está sometida a una fuerza cortante V_y que actúa paralela al eje y. Luego usamos la ecuación (6-45) para encontrar los esfuerzos cortantes correspondientes en los lados del ángulo. Para esto, necesitamos el momento estático del área de la sección transversal entre el punto a en el borde exterior de la viga (figura 6-33b) y la sección bb localizada a una distancia s del punto a. El área es igual a st y su distancia centroidal desde el eje neutro es

$$\frac{b - s/2}{\sqrt{2}}$$

El momento estático del área es

$$Q_z = st\left(\frac{b - s/2}{\sqrt{2}}\right) \tag{6-66}$$

Al sustituir en la ecuación (6-45), obtenemos la siguiente expresión para el esfuerzo cortante una distancia s desde el borde de la sección transversal:

$$\tau = \frac{V_y Q_z}{I_z t} = \frac{V_y s}{I_z \sqrt{2}}\left(b - \frac{s}{2}\right) \tag{6-67}$$

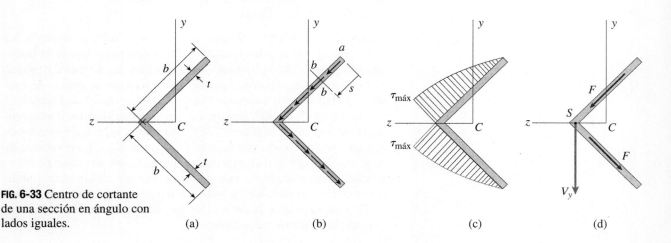

FIG. 6-33 Centro de cortante de una sección en ángulo con lados iguales.

(a)   (b)   (c)   (d)

El momento de inercia I_z puede obtenerse del caso 24, apéndice D, con $\beta = 45°$:

$$I_z = 2I_{BB} = 2\left(\frac{tb^3}{6}\right) = \frac{tb^3}{3} \qquad (6\text{-}68)$$

Sustituimos esta expresión para I_z en la ecuación (6-67) y resulta

$$\tau = \frac{3V_y s}{b^3 t \sqrt{2}}\left(b - \frac{s}{2}\right) \qquad (6\text{-}69)$$

Esta ecuación da el esfuerzo cortante en cualquier punto a lo largo del lado del ángulo. El esfuerzo varía de manera cuadrática con s, según se ve en la figura 6-33c.

El valor máximo del esfuerzo cortante ocurre en la intersección de los lados del ángulo y se obtiene con la ecuación (6-69) sustituyendo $s = b$:

$$\tau_{\text{máx}} = \frac{3V_y}{2bt\sqrt{2}} \qquad (6\text{-}70)$$

La fuerza cortante F en cada lado (figura 6-33d) es igual al área del diagrama parabólico de esfuerzos (figura 6-33c) multiplicado por el espesor t de los lados:

$$F = \frac{2}{3}(\tau_{\text{máx}} b)(t) = \frac{V_y}{\sqrt{2}} \qquad (6\text{-}71)$$

Puesto que las componentes horizontales de las fuerzas F se cancelan entre sí, sólo quedan las componentes verticales. Cada componente vertical es igual a $F/\sqrt{2}$, o $V_y/2$, y, por lo tanto, la fuerza resultante vertical es igual a la fuerza cortante V_y, como se esperaba.

Como la fuerza resultante pasa por el punto de intersección de las líneas de acción de ambas fuerzas F (figura 6-33d), vemos que el centro de cortante S se localiza en la confluencia de los dos lados del ángulo.

Secciones constituidas por dos rectángulos angostos que se cruzan

En el análisis anterior de una sección en ángulo, evaluamos los esfuerzos cortantes y las fuerzas en los lados para ilustrar la metodología general del análisis de secciones abiertas de pared delgada. Si nuestro único objetivo hubiese sido localizar el centro de cortante, no habría sido necesario evaluar los esfuerzos y las fuerzas.

Dado que los esfuerzos cortantes son paralelos a las líneas centrales de los lados (figura 6-33b), habríamos sabido de inmediato que las resultantes son dos fuerzas F (figura 6-33d). La resultante de estas dos fuerzas es una sola fuerza que pasa por su punto de intersección; en consecuencia, este punto es el centro de cortante. Entonces podemos determinar la posición del centro de cortante de una sección en ángulo de lados iguales por medio de un simple razonamiento (sin efectuar *ningún* cálculo).

El mismo razonamiento es válido para todas las secciones transversales constituidas por dos rectángulos delgados que se intersecan (figura 6-34). En cada caso, las resultantes de los esfuerzos cortantes son fuerzas que se intersecan en la unión de los rectángulos; por tanto, el centro de cortante S se localiza en ese punto.

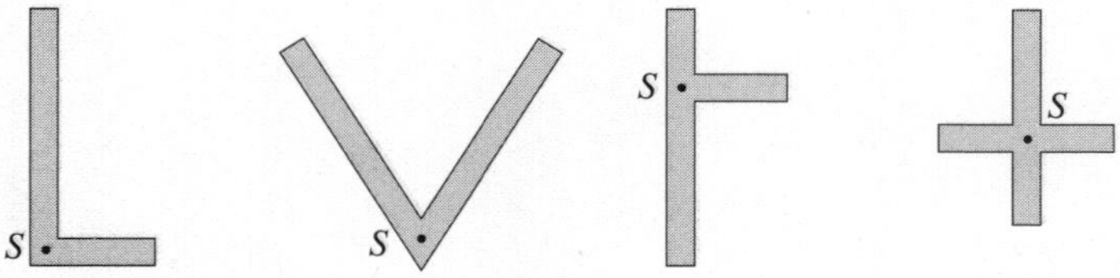

FIG. 6-34 Centros de cortante de secciones que consisten en dos rectángulos delgados que se intersecan.

Sección Z

Determinemos ahora la posición del centro de cortante de una sección Z de paredes delgadas (figura 6-35a). La sección no tiene ejes de simetría pero es simétrica respecto al centroide C (véase la sección 12.2, capítulo 12 donde se estudia la *simetría respecto a un punto*). Los ejes y y z son ejes principales que pasan por el centroide.

Comenzamos suponiendo que una fuerza cortante V_y actúa paralelamente al eje y y genera flexión respecto al eje z como eje neutro. Los esfuerzos cortantes en los patines y alma estarán dirigidos, como se ve en la figura 6-35a. Por consideraciones de simetría concluimos que las fuerzas F_1 en los dos patines deben ser iguales (figura 6-35b). La resultante de las tres fuerzas que actúan sobre la sección transversal (F_1 en los patines y F_2 en el alma) tienen que ser iguales a la fuerza cortante V_y. Las fuerzas F_1 poseen una resultante $2F_1$ que actúa por el centroide y es paralela a los patines. Esta fuerza interseca a la fuerza F_2 en el centroide C, por lo que concluimos que la línea de acción de la fuerza cortante V_y pasa por el centroide.

Si la viga está sometida a una fuerza cortante V_z paralela al eje z, llegamos a una conclusión similar (o sea, la fuerza cortante pasa por el centroide). Como el centro de cortante está localizado en la intersección de las líneas de acción de las dos fuerzas cortantes, concluimos que el centro de cortante de la sección Z coincide con el centroide.

Esta conclusión es aplicable a cualquier sección Z que sea simétrica respecto al centroide; es decir, cualquier sección Z con patines idénticos (mismo ancho y mismo espesor). Es importante notar que el espesor del alma no tiene que ser el mismo que el de los patines.

Las posiciones de los centros de cortante para muchas otras formas estructurales se dan en los problemas al final de este capítulo.*

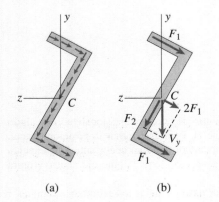

(a)   (b)

FIG. 6-35 Centro de cortante de una sección Z de pared delgada.

---

*Timoshenko fue el primero en determinar un centro de cortante en 1913. (Ref. 6-

Ejemplo 6-7

Una sección transversal semicircular de pared delgada de radio r y espesor t se ilustra en la figura 6-36a. Determine la distancia e desde el centro O del semicírculo al centro de cortante S.

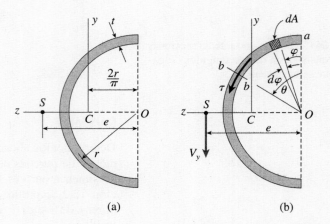

FIG. 6-36. Ejemplo 6-7. Centro de cortante de una sección semicircular de pared delgada.

(a)   (b)

Solución

Vemos de inmediato que el centro de cortante está localizado en algún lugar sobre el eje de simetría (el eje z). Para determinar la posición exacta, suponemos que la viga está flexionada por una fuerza cortante V_y que actúa paralela al eje y y genera flexión respecto al eje z como eje neutro (figura 6-36b).

Esfuerzos cortantes. El primer paso es hallar los esfuerzos cortantes τ que actúan sobre la sección transversal (figura 6-36b). Consideramos una sección bb definida por la distancia s medida a lo largo de la línea central de la sección transversal desde el punto a. El ángulo central subtendido entre el punto a y la sección bb se denota θ; por tanto, la distancia s es igual a $r\theta$, donde r es el radio de la línea central y θ se mide en radianes.

Para evaluar el momento estático del área de la sección transversal entre el punto a y la sección bb, identificamos un elemento de área dA (sombreado en la figura) e integramos como sigue:

$$Q_z = \int y \, dA = \int_0^\theta (r \cos \varphi)(tr \, d\varphi) = r^2 t \text{ sen } \theta \tag{e}$$

en donde φ es el ángulo al elemento de área y t es el espesor de la sección. Así, el esfuerzo cortante τ en la sección bb es

$$\tau = \frac{V_y Q_z}{I_z t} = \frac{V_y r^2 \text{ sen } \theta}{I_z} \tag{f}$$

Sustituimos $I_z = \pi r^3 t/2$ (véase el caso 22 o el caso 23, apéndice D) y resulta

$$\tau = \frac{2V_y \operatorname{sen} \theta}{\pi r t} \qquad (6\text{-}72)$$

Cuando $\theta = 0$ o $\theta = \pi$, esta expresión da $\tau = 0$, como era de esperarse. Cuando $\theta = \pi/2$, se obtiene el esfuerzo cortante máximo.

Posición del centro de cortante. La resultante de los esfuerzos cortantes debe ser la fuerza cortante vertical V_y; por tanto, el momento M_0 de los esfuerzos cortantes respecto al centro O tiene que ser igual al momento de la fuerza V_y respecto al mismo punto:

$$M_0 = V_y e \qquad (g)$$

Para evaluar M_0, comenzamos observando que el esfuerzo cortante τ que actúa sobre el elemento de área dA (figura 6-36b) es

$$\tau = \frac{2V_y \operatorname{sen} \varphi}{\pi r t}$$

como se encontró con la ecuación (6-72). La fuerza correspondiente es $\tau \, dA$ y el momento de esta fuerza es

$$dM_0 = r(\tau dA) = \frac{2V_y \operatorname{sen} \varphi \, dA}{\pi t}$$

Como $dA = tr d\varphi$, esta expresión se convierte en

$$dM_0 = \frac{2r V_y \operatorname{sen} \varphi \, d\varphi}{\pi}$$

Por tanto, el momento producido por los esfuerzos cortantes es

$$M_0 = \int dM_0 = \int_0^{\pi} \frac{2r V_y \operatorname{sen} \varphi \, d\varphi}{\pi} = \frac{4r V_y}{\pi} \qquad (h)$$

Se infiere de la ecuación (g) que la distancia e al centro de cortante es

$$e = \frac{M_0}{V_y} = \frac{4r}{\pi} \approx 1.27r \qquad (6\text{-}73) \quad \Longleftarrow$$

Este resultado muestra que el centro de cortante S se localiza fuera de la sección semicircular.

Nota: la distancia del centro O del semicírculo al centroide C de la sección transversal (figura 6-36a) es $2r/\pi$ (del caso 23, apéndice D), que es la mitad de la distancia e. Así, el centroide está a la mitad de la distancia del centro de cortante al centro del semicírculo.

La posición del centro de cortante en un caso más general de una sección circular de pared delgada se estudia en el problema 6.9-12.

*6.10 FLEXIÓN ELASTOPLÁSTICA

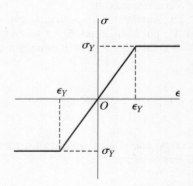

FIG. 6-37 Diagrama esfuerzo-deformación unitaria idealizado para un material elastoplástico.

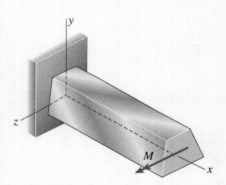

FIG. 6-38 Viga de material elastoplástico sometida a un momento flexionante positivo M.

En los análisis anteriores sobre la flexión supusimos que las vigas eran de materiales que obedecían la ley de Hooke (materiales elástico lineales). Consideraremos ahora la flexión de vigas elastoplásticas cuando el material se deforma más allá de la región lineal. Cuando esto sucede, la distribución de los esfuerzos ya no es lineal sino que varía de acuerdo con la forma de la curva esfuerzo-deformación unitaria.

Los **materiales elastoplásticos** se trataron durante el análisis de barras cargadas axialmente en la sección 2.12. Según se explicó en esas secciones, los materiales elastoplásticos obedecen la ley de Hooke hasta el esfuerzo de fluencia σ_Y y luego fluyen plásticamente debido a esfuerzo constante (véase el diagrama esfuerzo-deformación unitaria en la figura 6-37). En la figura vemos que un material elastoplástico tiene una región de elasticidad lineal entre regiones de plasticidad perfecta. En toda esta sección, supondremos que el material tiene el mismo esfuerzo de fluencia σ_Y y la misma deformación unitaria ϵ_Y en tensión y en compresión.

Los aceros estructurales son los mejores ejemplos de materiales elastoplásticos porque tienen puntos de fluencia bien definidos y experimentan grandes deformaciones durante la fluencia. Finalmente los aceros comienzan a endurecerse por deformación y entonces la hipótesis de plasticidad perfecta ya no es válida. Puesto que el endurecimiento por deformación incrementa la resistencia del material, esta hipótesis queda del lado de la seguridad.

Momento de fluencia

Consideremos una viga de material elastoplástico sometida a un momento flexionante M que genera flexión en el plano xy (figura 6-38). Cuando el momento flexionante es pequeño, el esfuerzo máximo en la viga es menor que el esfuerzo de fluencia σ_Y, por lo que ésta se encuentra en la misma condición que una viga en flexión elástica ordinaria con una distribución lineal del esfuerzo (figura 6-39b). En estas condiciones, el eje neutro pasa por el centroide de la sección transversal y los esfuerzos normales se obtienen con la fórmula de la flexión ($\sigma = -My/I$). Puesto que el momento flexionante es positivo, los esfuerzos son de compresión arriba del eje z y de tensión abajo de él.

Estas condiciones se mantienen hasta que el esfuerzo en la viga en el punto más alejado del eje neutro alcanza el esfuerzo de fluencia σ_Y, ya sea en tensión o en compresión (figura 6-39c). El momento flexionante en la viga cuando el esfuerzo máximo alcanza el esfuerzo de fluencia, llamado **momento de fluencia** M_y, puede obtenerse con la fórmula de la flexión:

$$M_Y = \frac{\sigma_Y I}{c} = \sigma_Y S \qquad (6\text{-}74)$$

en donde c es la distancia del punto más alejado al eje neutro y S es el módulo de sección correspondiente.

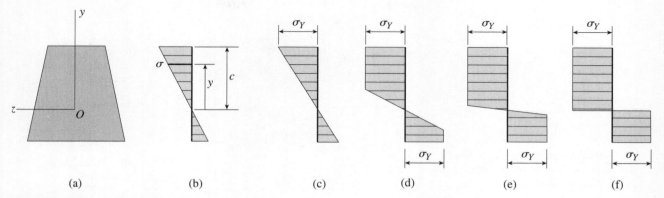

FIG. 6-39 Distribuciones del esfuerzo en una viga de material elastoplástico.

Momento plástico y eje neutro

Si ahora incrementamos el momento flexionante más allá del momento de fluencia M_Y, las deformaciones unitarias en la viga continuarán aumentando y la deformación unitaria máxima excederá la deformación unitaria de fluencia ϵ_Y. Sin embargo, debido a la fluencia perfectamente plástica, el esfuerzo máximo permanecerá constante e igual a σ_Y, como se ve en la figura 6-39d. Observe que las regiones exteriores de la viga se han plastificado por completo, mientras que un núcleo central (llamado **núcleo elástico**) permanece elástico-lineal.

Si el eje z no es un eje de simetría (sección transversal con un solo eje de simetría), el eje neutro se alejará del centroide cuando se rebase el momento de fluencia. Este desplazamiento de la posición del eje neutro no es grande, y en el caso de la sección transversal trapezoidal de la figura 6-39 es muy pequeño para apreciarlo. Si la sección transversal es doblemente simétrica, el eje neutro pasa por el centroide aun cuando el momento de fluencia haya sido excedido.

Al aumentar aún más el momento flexionante, la región plástica se agranda y se mueve desde adentro hacia el eje neutro hasta que se alcanza la condición mostrada en la figura 6-39e. En esta etapa, la deformación unitaria máxima en la viga (a la distancia más grande del eje neutro) es tal vez 10 o 15 veces la deformación unitaria de fluencia ϵ_Y y el núcleo elástico casi ha desaparecido. Así, para fines prácticos, la viga ha alcanzado su capacidad última de resistir momentos y podemos pensar que la distribución última del esfuerzo está formada por dos partes rectangulares (figura 6-39f). El momento flexionante correspondiente a esta distribución idealizada del esfuerzo, llamada **momento plástico** M_p, representa el momento máximo que puede soportar una viga de material elastoplástico.

Para encontrar el momento plástico M_P, comenzamos localizando el **eje neutro** de la sección transversal en condiciones de plastificación total. Con este fin, consideremos la sección transversal de la figura 6-40a y al eje z como eje neutro. Cada punto en la sección transversal arriba del eje neutro está sometido a un esfuerzo de compresión σ_Y (figura 6-40b) y cada punto abajo del eje neutro está sometido a un esfuerzo de tensión σ_Y. La fuerza de compresión resultante C es igual a σ_Y multiplicada por el área de la sección trans-

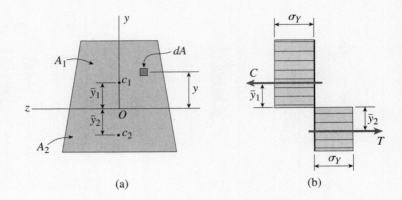

FIG. 6-40 Localización del eje neutro y determinación del momento plástico M_P en condiciones totalmente plásticas.

(a)   (b)

versal A_1 arriba del eje neutro (figura 6-40a) y la fuerza de tensión resultante T es igual a σ_Y veces el área A_2 abajo del eje neutro. Puesto que la fuerza resultante que actúa sobre la sección transversal es cero, se infiere que

$$T = C \quad \text{o} \quad A_1 = A_2 \tag{a}$$

Como el área total A de la sección transversal es igual a $A_1 + A_2$, vemos que

$$A_1 = A_2 = \frac{A}{2} \tag{6-75}$$

Por tanto, en condiciones de plastificación total, **el eje neutro divide la sección transversal en dos áreas iguales**.

En consecuencia, la posición del eje neutro para el momento plástico M_p puede ser diferente de su posición para flexión elástica lineal; por ejemplo, en el caso de una sección transversal trapezoidal que es más estrecha en la parte superior que en la inferior (figura 6-40a), el eje neutro para flexión plástica total queda un poco abajo del eje neutro para flexión elástica lineal.

Dado que el momento plástico M_P es el momento resultante de los esfuerzos que actúan sobre la sección transversal, puede hallarse por integración sobre el área transversal A (figura 6-40a):

$$M_P = -\int_A \sigma y \, dA = -\int_{A_1} (-\sigma_Y) y \, dA - \int_{A_2} \sigma_Y y \, dA$$

$$= \sigma_Y(\bar{y}_1 A_1) - \sigma_Y(-\bar{y}_2 A_2) = \frac{\sigma_Y A(\bar{y}_1 + \bar{y}_2)}{2} \tag{b}$$

en donde y es la coordenada (positiva hacia arriba) del elemento de área dA en tanto que $\bar{y}_1$ y $\bar{y}_2$ son las distancias del eje neutro a los centroides c_1 y c_2 de las áreas A_1 y A_2, respectivamente.

Una manera más fácil de obtener el momento plástico es evaluar los momentos de las fuerzas C y T respecto al eje neutro (figura 6-40b):

$$M_P = C\,\bar{y}_1 + T\,\bar{y}_2 \tag{c}$$

Al reemplazar T y C con $\sigma_Y A/2$, obtenemos

$$M_P = \frac{\sigma_Y A(\bar{y}_1 + \bar{y}_2)}{2} \tag{6-76}$$

que es igual a la ecuación (b).

El procedimiento para obtener el **momento plástico** es dividir la sección transversal de la viga en dos áreas iguales, localizar el centroide de cada mitad y luego usar la ecuación (6-76) para calcular M_P.

MÓDULO PLÁSTICO Y FACTOR DE FORMA

La expresión para el momento plástico puede escribirse en una forma similar a la del momento de fluencia (ecuación 6-74):

$$M_P = \sigma_Y Z \tag{6-77}$$

en donde

$$Z = \frac{A(\bar{y}_1 + \bar{y}_2)}{2} \tag{6-78}$$

es el **módulo plástico** (o *módulo de la sección plástica*) de la sección transversal. El módulo plástico puede interpretarse geométricamente como el momento estático (evaluado con respecto al eje neutro) del área de la sección transversal arriba del eje neutro más el momento estático del área abajo del eje neutro.

La razón del momento plástico al momento de fluencia es sólo una función de la forma de la sección transversal y se llama **factor de forma** f:

$$f = \frac{M_P}{M_Y} = \frac{Z}{S} \tag{6-79}$$

Este factor es una medida de la reserva de resistencia de la viga después de que empieza la fluencia; es máximo cuando la mayoría del material está cerca del eje neutro (por ejemplo, en el caso de una viga de sección circular sólida) y mínimo cuando la mayor parte del material queda lejos del eje neutro (como en el caso de una sección de patín ancho). En el resto de esta sección se dan valores de f para secciones transversales de perfiles rectangulares, de patín ancho y circulares. Otras formas se consideran en los problemas al final del capítulo.

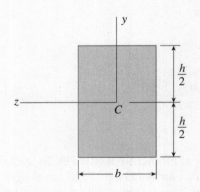

FIG. 6-41 Sección transversal rectangular.

Vigas de sección transversal rectangular

Determinemos ahora las propiedades de una viga de sección transversal rectangular (figura 6-41) cuando el material es elastoplástico. El módulo de sección es $S = bh^2/6$, por lo cual el **momento de fluencia** (ecuación 6-74) es

$$M_Y = \frac{\sigma_Y bh^2}{6} \tag{6-80}$$

en donde b es el ancho y h es la altura de la sección transversal.

En virtud de que la sección transversal es doblemente simétrica, el eje neutro pasa por el centroide aun cuando la viga esté cargada en el intervalo plástico. En consecuencia, las distancias a los centroides de las áreas arriba y abajo del eje neutro son

$$\bar{y}_1 = \bar{y}_2 = \frac{h}{4} \tag{d}$$

Por tanto, el **módulo plástico** (ecuación 6-78) es

$$Z = \frac{A(\bar{y}_1 + \bar{y}_2)}{2} = \frac{bh}{2}\left(\frac{h}{4} + \frac{h}{4}\right) = \frac{bh^2}{4} \tag{6-81}$$

y el momento plástico (ecuación 6-77) es

$$M_P = \frac{\sigma_Y bh^2}{4} \tag{6-82}$$

Por último, el **factor de forma** para una sección transversal rectangular es

$$f = \frac{M_P}{M_Y} = \frac{Z}{S} = \frac{3}{2} \tag{6-83}$$

lo que significa que el momento plástico para una viga rectangular es 50% mayor que el momento de fluencia.

A continuación consideremos los esfuerzos en una viga rectangular cuando el momento flexionante M es mayor que el momento de fluencia pero aún no alcanza el momento plástico. Las partes exteriores de la viga estarán sometidas al esfuerzo de fluencia σ_Y y la parte interior (el **núcleo elástico**) tendrá una distribución de esfuerzos variable linealmente (figuras 6-42a y b). Las zonas plastificadas por completo se muestran sombreadas en la figura 6-42a y e denota las distancias del eje neutro a los bordes interiores de las zonas plásticas (o a los bordes exteriores del núcleo elástico).

Los esfuerzos que actúan sobre la sección transversal tienen las fuerzas resultantes C_1, C_2, T_1 y T_2, como se ve en la figura 6-42c. Cada una de las fuerzas C_1 y T_1 en las zonas plásticas son iguales al esfuerzo de fluencia por el área transversal de la zona:

$$C_1 = T_1 = \sigma_Y b\left(\frac{h}{2} - e\right) \tag{e}$$

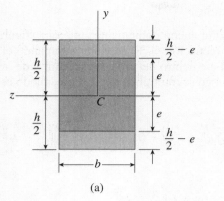
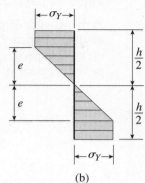
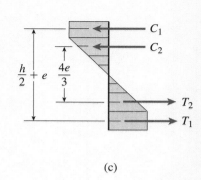

FIG. 6-42 Distribución del esfuerzo en una viga de sección transversal rectangular con un núcleo elástico ($M_Y \leq M \leq M_P$).

Cada una de las fuerzas C_2 y T_2 en el núcleo elástico son iguales al área del diagrama de esfuerzos por el ancho b de la viga:

$$C_2 = T_2 = \frac{\sigma_Y e}{2} b \tag{f}$$

Entonces, el **momento flexionante** (figura 6-42c) es

$$M = C_1\left(\frac{h}{2} + e\right) + C_2\left(\frac{4e}{3}\right)$$

$$= \sigma_Y b\left(\frac{h}{2} - e\right)\left(\frac{h}{2} + e\right) + \frac{\sigma_Y b e}{2}\left(\frac{4e}{3}\right)$$

$$= \frac{\sigma_Y b h^2}{6}\left(\frac{3}{2} - \frac{2e^2}{h^2}\right) = M_Y\left(\frac{3}{2} - \frac{2e^2}{h^2}\right) \quad M_Y \leq M \leq M_P \tag{6-84}$$

Esta ecuación es válida para $M_y \leq M \leq M_p$. Observe que cuando $e = h/2$, la ecuación da $M = M_Y$, que cuando $e = 0$, da $M = 3M_Y/2$, que es el momento plástico M_p.

La ecuación (6-84) sirve para hallar el momento flexionante cuando se conocen las dimensiones del núcleo elástico, aunque es más común determinar el **tamaño del núcleo elástico** cuando se conoce el momento flexionante; por tanto, en la ecuación (6-84) despejamos e en términos del momento flexionante:

$$e = h\sqrt{\frac{1}{2}\left(\frac{3}{2} - \frac{M}{M_Y}\right)} \quad M_Y \leq M \leq M_P \tag{6-85}$$

Notamos de nuevo las condiciones límite: cuando $M = M_Y$, la ecuación da $e = h/2$ y cuando $M = M_P = 3M_Y/2$, da $e = 0$, que es la condición de plastificación total.

Vigas de patín ancho

Para una viga de patín ancho doblemente simétrica (figura 6-43), el módulo plástico Z (ecuación 6-78) se calcula tomando el momento estático respecto al eje neutro del área de un patín y de la mitad superior del alma y luego se multiplica por 2. El resultado es

$$Z = 2\left[(bt_{\mathrm{f}})\left(\frac{h}{2} - \frac{t_{\mathrm{f}}}{2}\right) + (t_{\mathrm{w}})\left(\frac{h}{2} - t_{\mathrm{f}}\right)\left(\frac{1}{2}\right)\left(\frac{h}{2} - t_{\mathrm{f}}\right)\right]$$

$$= bt_{\mathrm{f}}(h - t_{\mathrm{f}}) + t_{\mathrm{w}}\left(\frac{h}{2} - t_{\mathrm{f}}\right)^2 \tag{g}$$

Si reordenamos términos, podemos expresar Z en la forma alternativa:

$$Z = \frac{1}{4}\left[bh^2 - (b - t_{\mathrm{w}})(h - 2t_{\mathrm{f}})^2\right] \tag{6-86}$$

Después de calcular el módulo plástico con la ecuación (6-86), podemos obtener el momento plástico M_P con la ecuación (6-76).

El manual AISC ofrece valores de Z para perfiles de patín ancho disponibles en el mercado. (Ref. 5-4.) El factor de forma f para vigas de patín ancho varía entre 1.1 y 1.2, según las proporciones de la sección transversal.

Es posible analizar otras formas de vigas elastoplásticas de manera similar a la descrita para vigas rectangulares y de patín ancho (consúltense los siguientes ejemplos y los problemas al final del capítulo).

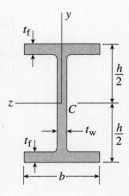

FIG. 6-43 Sección transversal de una viga de patín ancho.

Ejemplo 6-8

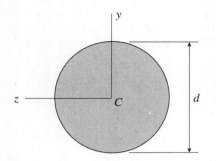

FIG. 6-44. Ejemplo 6-8. Sección transversal de una viga circular (material elastoplástico).

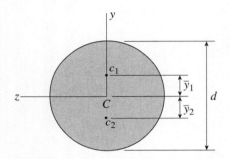

FIG. 6-45 Solución del ejemplo 6-8.

Determine el momento de fluencia, el módulo plástico, el momento plástico y el factor de forma para una viga de sección transversal circular de diámetro d (figura 6-44).

Solución

Preliminarmente, observamos que como la sección transversal es doblemente simétrica, el eje neutro pasa por el centro del círculo en el caso de comportamiento elástico lineal y de comportamiento elastoplástico del material.

El momento de fluencia M_y dado por la fórmula de la flexión (ecuación 6-74) es

$$M_Y = \frac{\sigma_Y I}{c} = \frac{\sigma_Y(\pi d^4/64)}{d/2} = \sigma_Y\left(\frac{\pi d^3}{32}\right) \qquad (6\text{-}87)$$

El módulo plástico Z se encuentra con la ecuación (6-78) en donde A es el área del círculo y $\bar{y}$ y $\bar{y}_2$ son las distancias a los centroides c_1 y c_2 de las dos mitades del círculo (figura 6-45). Entonces, a partir de los casos 9 y 10 del apéndice D, obtenemos

$$A = \frac{\pi d^2}{4} \qquad \bar{y}_1 = \bar{y}_2 = \frac{2d}{3\pi}$$

Sustituimos en la ecuación (6-78) el módulo plástico y encontramos

$$Z = \frac{A(\bar{y}_1 + \bar{y}_2)}{2} = \frac{d^3}{6} \qquad (6\text{-}88)$$

Por tanto, el momento plástico M_P (ecuación 6-77) es

$$M_P = \sigma_Y Z = \frac{\sigma_Y d^3}{6} \qquad (6\text{-}89)$$

y el factor de forma f (ecuación 6-79) es

$$f = \frac{M_P}{M_Y} = \frac{16}{3\pi} \approx 1.70 \qquad (6\text{-}90)$$

Este resultado hace ver que el momento flexionante máximo para una viga circular de material elastoplástico es un 70% mayor que el momento flexionante que se genera cuando la viga empieza a fluir.

Una viga en caja hueca doblemente simétrica (figura 6-46) de material elastoplástico ($\sigma_Y = 33$ klb/pulg^2) está sometida a un momento flexionante M de tal magnitud que los patines fluyen pero las almas permanecen linealmente elásticas.

Determine la magnitud del momento M si las dimensiones de la sección transversal son $b = 5.0$ pulg, $b_1 = 4.0$ pulg, $h = 9.0$ pulg y $h_1 = 7.5$ pulg.

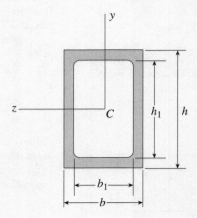

FIG. 6-46. Ejemplo 6-9. Sección transversal de una viga en caja hueca (material elastoplástico).

Solución

La sección transversal de la viga y la distribución de los esfuerzos normales se muestran en las figuras 6-47a y b. En la figura vemos que los esfuerzos en las almas aumentan en sentido lineal con la distancia desde el eje neutro y los esfuerzos en los patines son iguales al esfuerzo de fluencia σ_Y; por tanto, el momento flexionante M que actúa sobre la sección transversal consiste en dos partes:

1) un momento M_1 correspondiente al núcleo elástico y

2) un momento M_2 producido por los esfuerzos de fluencia σ_Y en los patines.

El momento flexionante generado por el núcleo se encuentra con la fórmula de la flexión (ecuación 6-74), con el módulo de sección calculado sólo para las almas; tenemos entonces,

$$S_1 = \frac{(b - b_1)h_1^2}{6} \tag{6-91}$$

y

$$M_1 = \sigma_Y S_1 = \frac{\sigma_Y(b - b_1)h_1^2}{6} \tag{6-92}$$

Para encontrar el momento generado por los patines, observamos que la fuerza resultante F en cada patín (figura 6-47b) es igual al esfuerzo de fluencia multiplicado por el área del patín:

$$F = \sigma_Y b\left(\frac{h - h_1}{2}\right) \tag{h}$$

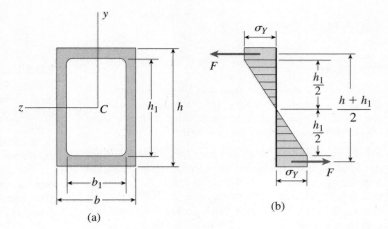

FIG. 6-47 Solución del ejemplo 6-9.

(a)

(b)

La fuerza en el patín superior es de compresión y la fuerza en el patín inferior es de tensión si el momento flexionante M es positivo. Juntas, ambas fuerzas generan el momento flexionante M_2:

$$M_2 = F\left(\frac{h + h_1}{2}\right) = \frac{\sigma_Y b(h^2 - h_1^2)}{4} \qquad (6\text{-}93)$$

Por consiguiente, el momento total que actúa sobre la sección transversal, después de un reacomodo, es

$$M = M_1 + M_2 = \frac{\sigma_Y}{12}\left[3bh^2 - (b + 2b_1)h_1^2\right] \qquad (6\text{-}94)$$

Sustituimos los valores numéricos dados y obtenemos

$$M = 1\ 330 \text{ klb-pulg}$$

Nota: el momento de fluencia M_Y y el momento plástico M_P para la viga en este ejemplo tienen los siguientes valores (determinados en el problema 6.10-13):

$$M_Y = 1\ 196 \text{ klb-pulg} \quad M_P = 1\ 485 \text{ klb-pulg}$$

El momento flexionante M se encuentra entre ambos valores, como era de esperarse.

PROBLEMAS DEL CAPÍTULO 6

Vigas compuestas

Al resolver los problemas de la sección 6.2, suponga que las partes componentes de las vigas están firmemente unidas por adhesivos o conectores. Aplique la teoría para las vigas compuestas descrita en el texto.

6.2-1 Una viga compuesta que consiste en tapas de fibra de vidrio y en un núcleo de aglomerado tiene la sección transversal mostrada en la figura. El ancho de la viga es de 2.0 pulg, el espesor de las tapas es de 0.10 pulg y el espesor del núcleo es de 0.50 pulg. La viga está sometida a un momento flexionante de 250 lb-pulg respecto al eje z.

Encuentre los esfuerzos flexionantes máximos σ_{tapa} y $\sigma_{núcleo}$ en las tapas y el núcleo, respectivamente, considerando que sus módulos de elasticidad respectivos son de 4×10^6 lb/pulg^2 y de 1.5×10^6 lb/pulg^2.

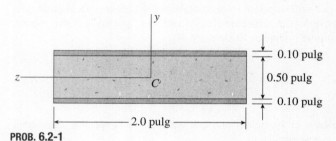

PROB. 6.2-1

6.2-2 Una viga de madera con dimensiones de la sección transversal de 200×300 mm está reforzada por los lados con placas de acero de 12 mm de espesor (véase la figura). Los respectivos módulos de elasticidad para el acero y la madera son $E_s = 204$ GPa y $E_w = 8.5$ GPa. Los esfuerzos permisibles correspondientes son $\sigma_s = 130$ MPa y $\sigma_w = 8.0$ MPa.

Calcule el momento flexionante permisible máximo $M_{máx}$ cuando la viga está flexionada respecto al eje z.

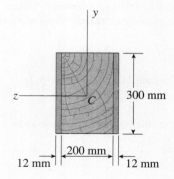

PROB. 6.2-2

6.2-3 Una viga en caja hueca está construida con almas de madera contrachapada de abeto Douglas y patines de pino como se muestra en la figura. La madera contrachapada es de 1 pulg de espesor y 12 pulg de ancho; los patines son de 2 pulg $\times$ 4 pulg (tamaño real). El módulo de elasticidad de la madera contrachapada es de 1 600 000 lb/pulg^2 y el del pino es de 1 200 000 lb/pulg^2.

Si los esfuerzos permisibles son de 2000 lb/pulg^2 para la madera contrachapada y de 1700 lb/pulg^2 para el pino, encuentre el momento flexionante permisible $M_{máx}$ cuando la viga se flexiona respecto al eje z.

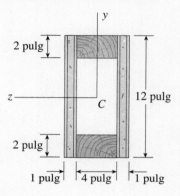

PROB. 6.2-3

6.2-4 Un tubo redondo de acero de diámetro exterior d y un núcleo de aluminio de diámetro $d/2$ están unidos para formar una viga compuesta como se ve en la figura.

Obtenga una fórmula para el momento flexionante permisible M que puede soportar la viga con base en un esfuerzo permisible σ_s para el acero. (Suponga que los respectivos módulos de elasticidad para el acero y el aluminio son E_s y E_a.)

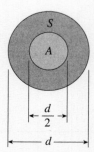

PROB. 6.2-4

6.2-5 Una viga simple con claro de 10 pies, soporta una carga uniforme de 800 lb/pie de intensidad (véase la figura). La viga consta de un miembro de madera (4 pulg × 11.5 pulg de sección transversal) reforzado por placas de acero de 0.25 pulg de espesor arriba y abajo de la sección transversal. Los respectivos módulos de elasticidad para el acero y la madera son $E_s = 30 \times 10^6$ lb/pulg^2 y $E_w = 1.5 \times 10^6$ lb/pulg^2.

Calcule los esfuerzos flexionantes máximos σ_s en las placas de acero y σ_w en el miembro de madera debido a la carga uniforme.

6.2-7 En la figura se muestra la sección transversal de una viga sándwich que consiste en tapas de una aleación de aluminio y en un núcleo de espuma. El ancho b de la viga es de 8.0 pulg, el espesor t de las tapas es de 0.25 pulg y la altura h_c del núcleo es de 5.5 pulg (altura total $h = 6.0$ pulg). Los módulos de elasticidad son de 10.5×10^6 lb/pulg^2 para las tapas de aluminio y de 12 000 lb/pulg^2 para el núcleo de espuma. Un momento flexionante $M = 40$ klb-pulg actúa respecto al eje z.

Determine los esfuerzos máximos en las tapas y núcleo usando: a) la teoría general para vigas compuestas y b) la teoría aproximada para vigas sándwich.

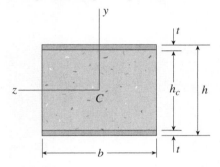

PROBS. 6.2-7 y 6.2-8

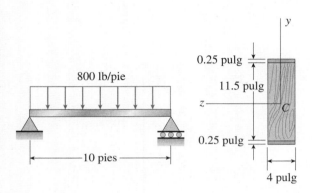

PROB. 6.2-5

6.2-8 En la figura se ilustra la sección transversal de una viga sándwich que consiste en tapas de fibra de vidrio y en un núcleo de plástico ligero. El ancho b de la viga es de 50 mm, el espesor t de las tapas es de 4 mm y la altura h_c del núcleo es de 92 mm (altura total $h = 100$ mm). Los módulos de elasticidad son de 75 GPa para la fibra de vidrio y de 1.2 GPa para el plástico. Un momento flexionante $M = 275$ Nm actúa respecto al eje z.

Determine los esfuerzos máximos en las tapas y núcleo usando: a) la teoría general para vigas compuestas y b) la teoría aproximada para vigas sándwich.

6.2-6 Un tubo de acero recubierto de plástico tiene la sección transversal que se ilustra en la figura. El tubo de acero tiene un diámetro exterior $d_3 = 100$ mm y un diámetro interior $d_2 = 94$ mm. La cubierta de plástico posee un diámetro interior $d_1 = 82$ mm. El módulo de elasticidad del acero es 75 veces el módulo del plástico.

Determine el momento flexionante permisible M_{perm} si el esfuerzo permisible en el acero es de 35 MPa y en el plástico es de 600 MPa.

★6.2-9 Una viga bimetálica usada en un interruptor para el control de temperatura consiste en tiras de aluminio y cobre unidas entre sí como se muestra en la figura, que es una vista de la sección transversal. El ancho de la viga es de 1 pulg y cada tira tiene un espesor de 1/16 pulg.

Por la acción de un momento flexionante $M = 12$ lb-pulg respecto al eje z, ¿cuáles son los esfuerzos máximos σ_a y σ_c en el aluminio y cobre, respectivamente? (Suponga $E_a = 10.5 \times 10^6$ lb/pulg^2 y $E_c = 16.8 \times 10^6$ lb/pulg^2.)

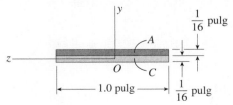

PROB. 6.2-9

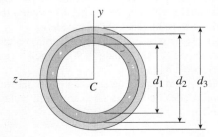

PROB. 6.2-6

*6.2-10 Una viga compuesta simplemente apoyada de 3 m de longitud, soporta una carga distribuida uniforme de intensidad $q = 3.0$ kN/m (véase la figura). La viga está construida con un miembro de madera de 100 mm de ancho y 150 mm de altura, reforzado en su parte inferior por una placa de acero de 8 mm de espesor y 100 mm de ancho.

Encuentre los respectivos esfuerzos máximos de flexión σ_w y σ_s en la madera y el acero, debido a la carga uniforme si los módulos de elasticidad son $E_w = 10$ GPa para la madera y $E_s = 210$ GPa para el acero.

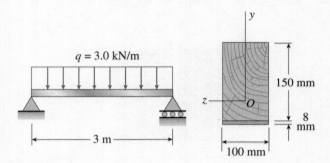

PROB. 6.2-10

Método de la sección transformada

Al resolver los problemas de la sección 6.3, suponga que las partes componentes de las vigas están firmemente unidas por adhesivos o conectores. Aplique el método de la sección transformada en las soluciones.

6.3-1 Una viga de madera de 8 pulg de ancho y de 12 pulg de peralte está reforzada en sus partes superior e inferior por placas de acero de 0.5 pulg de espesor (véase la figura).

Encuentre el momento flexionante permisible $M_{máx}$ respecto al eje z si el esfuerzo permisible en la madera es de 1 000 lb/pulg^2 y de 16 000 lb/pulg^2 en el acero (suponga que la razón de los módulos de elasticidad del acero y la madera es de 20).

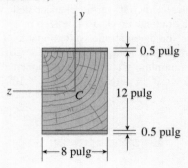

PROB. 6.3-1

6.3-2 Una viga simple de 3.2 m de claro soporta una carga uniforme de 48 kN/m de intensidad. La sección transversal de la viga es una caja hueca con patines de madera y placas laterales de acero, como se ve en la figura. Los patines de madera son de 75 mm por 100 mm en sección transversal y las placas de acero tienen 300 mm de peralte.

¿Cuál es el espesor t requerido de las placas de acero si los esfuerzos permisibles son de 120 MPa para el acero y de 6.5 MPa para la madera? (Suponga que los respectivos módulos de elasticidad para el acero y la madera son de 210 GPa y de 10 GPa, y que el peso propio de la viga es despreciable.)

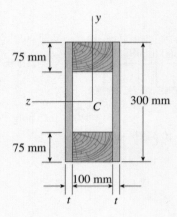

PROB. 6.3-2

6.3-3 Una viga simple de 15 pies de largo soporta una carga uniforme de intensidad q. La viga está construida con un perfil S 8 × 18.4 (sección I) reforzado con vigas de madera firmemente unidas a los patines (véase la sección transversal en la figura). Las vigas de madera tienen 2 pulg de peralte y 4 pulg de ancho. El módulo de elasticidad del acero es 20 veces el de la madera.

Si los respectivos esfuerzos permisibles en el acero y la madera son de 12 000 lb/pulg^2 y 900 lb/pulg^2, ¿cuál es la carga permisible q_{perm}?

(*Nota:* ignore el peso de la viga y véase las dimensiones y propiedades de la viga de acero en la tabla E-2 del apéndice E.)

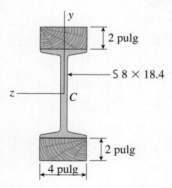

PROB. 6.3-3

6.3-4 La viga compuesta de la figura está simplemente apoyada y soporta una carga uniforme total de 50 kN/m para un claro de 4.0 m. Está construida con un miembro de madera rectangular con dimensiones de la sección transversal de 150 mm × 250 mm y dos placas de acero de 50 mm × 150 mm de dimensiones de la sección transversal.

Determine los respectivos esfuerzos máximos σ_s y σ_w en el acero y en la madera, si los módulos de elasticidad son E_s = 209 GPa y E_w = 11 GPa (desprecie el peso de la viga).

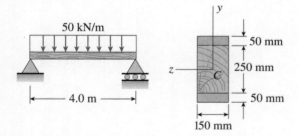

PROB. 6.3-4

6.3-5 En la figura se aprecia la sección transversal de una viga de tiras de aluminio separadas por un plástico de peso ligero. La viga tiene ancho b = 3.0 pulg, las tiras de aluminio tienen espesor t = 0.1 pulg y los segmentos de plástico tienen peraltes d = 1.2 pulg y $3d$ = 3.6 pulg El peralte total de la viga es h = 6.4 pulg.

Los módulos de elasticidad para el aluminio y plástico son E_a = 11 × 10^6 lb/pulg^2 y E_p = 440 × 10^3 lb/pulg^2, respectivamente.

Determine los respectivos esfuerzos máximos σ_a y σ_p en aluminio y plástico debidos a un momento flexionante de 6.0 klb-pulg

PROBS. 6.3-5 y 6.3-6

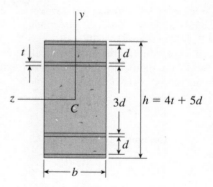

6.3-6 Resuelva el problema anterior si la viga tiene ancho b = 75 mm, las tiras de aluminio tienen espesor t = 3 mm, los segmentos de plástico tienen peraltes d = 40 mm y $3d$ = 120 mm y el peralte total de la viga es h = 212 mm. Además, los módulos de elasticidad son E_a = 75 GPa y E_p = 3 GPa, respectivamente.

Determine los respectivos esfuerzos máximos σ_a y σ_p en el aluminio y plástico, debidos a un momento flexionante de 1.0 kN·m.

6.3-7 Una viga compuesta construida con una viga de madera reforzada con una placa de acero tiene las dimensiones transversales mostradas en la figura. La viga que está simplemente apoyada y tiene un claro de 6.0 pies, soporta una carga distribuida uniforme de intensidad q = 800 lb/pie.

Calcule los esfuerzos máximos de flexión σ_s y σ_w en el acero y la madera, respectivamente, debido a la carga uniforme si E_s/E_w = 20.

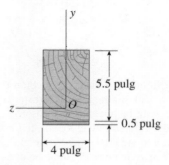

PROB. 6.3-7

6.3-8 En la figura se ve la sección transversal de una viga compuesta de aluminio y acero. Los módulos de elasticidad son $E_a = 75$ GPa y $E_s = 200$ GPa.

¿Cuál es el esfuerzo máximo σ_s en el acero debido a la acción de un momento flexionante que produce un esfuerzo máximo de 50 MPa en el aluminio?

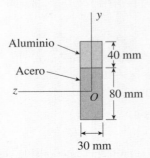

PROB. 6.3-8

6.3-9 Una viga compuesta está construida con una viga de madera de 6 pulg de ancho y 8 pulg de peralte reforzada en su parte inferior por una placa de acero de 0.5 pulg $\times$ 6 pulg (véase la figura). Los módulos de elasticidad son, para la madera, $E_w = 1.2 \times 10^6$ lb/pulg^2 y, para el acero, $E_s = 30 \times 10^6$ lb/pulg^2.

Encuentre el momento flexionante permisible M_{perm} para la viga si el esfuerzo permisible en la madera es $\sigma_w = 1\,200$ lb/pulg^2 y en el acero es $\sigma_s = 10\,000$ lb/pulg^2.

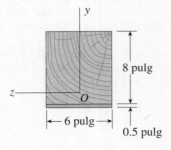

PROB. 6.3-9

6.3-10 En la figura se muestra la sección transversal de una tira bimetálica. Suponga que los respectivos módulos de elasticidad para los metales A y B son $E_A = 168$ GPa y $E_B = 90$ GPa y determine el menor de los dos módulos de sección para la viga. (Recuerde que el módulo de sección es igual al momento flexionante dividido entre el esfuerzo máximo de flexión.) ¿En qué material ocurre el esfuerzo máximo?

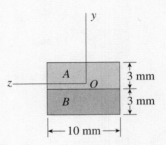

PROB. 6.3-10

6.3-11 Una viga de acero W 12 $\times$ 50 de patín ancho y un segmento de una losa de concreto de 4 pulg de espesor (véase la figura) resisten conjuntamente un momento flexionante positivo de 95 klb-pie. La viga y la losa están unidas por conectores de cortante soldados a la viga de acero. (Estos conectores resisten el cortante horizontal en la superficie de contacto.) Los módulos de elasticidad del acero y el concreto están en la razón 12 a 1.

Determine los esfuerzos máximos σ_s y σ_c en el acero y el concreto, respectivamente. (*Nota:* Véase las dimensiones y las propiedades de la viga de acero en la tabla E-1 del apéndice E.)

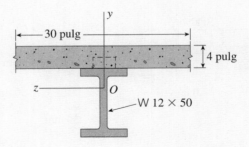

PROB. 6.3-11

★6.3-12 La figura ilustra una viga de madera reforzada con una sección en canal de aluminio. La viga tiene una sección transversal con dimensiones de 150 mm $\times$ 250 mm y la sección en canal tiene un espesor uniforme de 6 mm.

Si los respectivos esfuerzos permisibles en la madera y en el aluminio son de 8.0 MPa y de 38 MPa y sus módulos de elasticidad están en la razón de 1 a 6, ¿cuál es el momento flexionante máximo permisible en la viga?

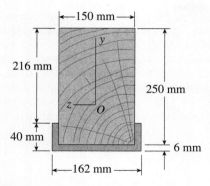

PROB. 6.3-12

Vigas con cargas inclinadas

Al resolver los problemas de la sección 6.4 dibuje un croquis de la sección transversal que muestre la orientación del eje neutro y las posiciones de los puntos donde se están determinando los esfuerzos.

6.4-1 Una viga de sección transversal rectangular soporta una carga inclinada P con su línea de acción a lo largo de una diagonal de la sección transversal (véase la figura). Demuestre que el eje neutro se encuentra a lo largo de la otra diagonal.

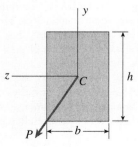

PROB. 6.4-1

6.4-2 Una viga de madera de sección transversal rectangular (véase la figura) está simplemente apoyada con un claro de longitud L. El eje longitudinal de la viga es horizontal y la sección transversal está inclinada un ángulo α. La carga sobre la viga es una carga uniforme vertical de intensidad q que actúa a través del centroide C.

Determine la orientación del eje neutro y calcule el esfuerzo máximo de tensión $\sigma_{máx}$ si $b = 75$ mm, $h = 150$ mm, $L = 1.5$ m, $\alpha = 30°$ y $q = 6.4$ kN/m.

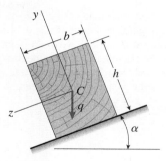

PROBS. 6.4-2 y 6.4-3

6.4-3 Resuelva el problema anterior con los siguientes datos: $b = 6$ pulg, $h = 8$ pulg, $L = 8.0$ pies, tan $\alpha = 1/3$ y $q = 375$ lb/pie.

6.4-4 Una viga de patín ancho simplemente apoyada con claro L soporta una carga vertical concentrada P que actúa a través del centroide C en el punto medio del claro (véase la figura). La viga está unida a soportes que forman un ángulo α con la horizontal.

Determine la orientación del eje neutro y calcule los esfuerzos máximos en las esquinas exteriores de la sección transversal (puntos A, B, D y E) debido a la carga P.

Los datos para la viga son los siguientes: W 10×30 de sección, $L = 10.0$ pies, $P = 4.25$ klb y $\alpha = 26.57°$. (*Nota:* véase las dimensiones y propiedades de la viga en la tabla E-1 del apéndice E.)

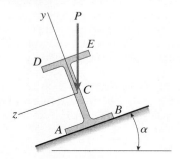

PROBS. 6.4-4 y 6.4-5

6.4-5 Resuelva el problema anterior usando los siguientes datos: perfil W 8×21 de sección, $L = 76$ pulg, $P = 4.8$ klb y $\alpha = 20°$.

6.4-6 A Una viga en voladizo de madera de sección transversal rectangular y longitud L soporta una carga inclinada P en su extremo libre (véase la figura).

Determine la orientación del eje neutro y calcule el esfuerzo máximo de tensión $\sigma_{máx}$ debido a la carga P.

Los datos de la viga son: $b = 75$ mm, $h = 150$ mm, $L = 1.8$ m, $P = 625$ N y $\alpha = 36°$.

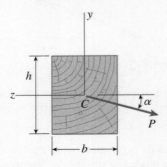

PROBS. 6.4-6 y 6.4-7

6.4-7 Resuelva el problema anterior con una viga en voladizo con los siguientes datos: $b = 4$ pulg, $h = 8$ pulg, $L = 7.5$ pies, $P = 320$ lb y $\alpha = 45°$.

6.4-8 Una viga de acero de sección I (véase la figura) está simplemente apoyada en sus extremos. Dos momentos flexionantes iguales y dirigidos en sentido opuesto M_0 actúan en los extremos de la viga, de manera que está en flexión pura. Los momentos actúan en el plano mm, que está orientado según un ángulo α con el plano xy.

Determine la orientación del eje neutro y calcule el esfuerzo máximo de tensión $\sigma_{máx}$ debido a los momentos M_0.

Los datos de la viga son: S 8×18.4 de sección, $M_0 = 30$ klb-pulg y $\alpha = 30°$. (*Nota:* véase las dimensiones y propiedades de la viga en la tabla E-2 del apéndice E.)

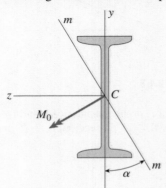

PROB. 6.4-8

6.4-9 Una viga en voladizo con sección transversal de patín ancho y longitud L soporta una carga inclinada P en su extremo libre (véase la figura).

Determine la orientación del eje neutro y calcule el esfuerzo máximo de tensión $\sigma_{máx}$ debido a la carga P.

Los datos de la viga son: W 10×45 de sección, $L = 8.0$ pies, $P = 1.5$ klb y $\alpha = 55°$. (*Nota:* véanse las dimensiones y propiedades de la viga en la tabla E-1 del apéndice E.)

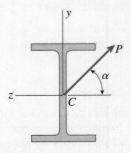

PROBS. 6.4-9 y 6.4-10

6.4-10 Resuelva el problema anterior usando los siguientes datos: perfil W 8×35 de sección, $L = 5.0$ pies, $P = 2.4$ klb y $\alpha = 60°$.

★6.4-11 Una viga en voladizo de sección W 12×14 y longitud $L = 9$ pies, soporta una carga ligeramente inclinada $P = 500$ lb en su extremo libre (véase la figura).

a) Grafique el esfuerzo σ_A en el punto A como función del ángulo de inclinación α.

b) Grafique el ángulo β, que localiza el eje neutro nn como función del ángulo α (al graficar, dé a α valores entre 0 y 10°). (*Nota:* véase las dimensiones y propiedades de la viga en la tabla E-1 del apéndice E.)

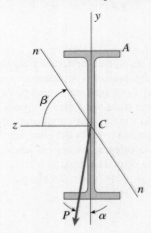

PROB. 6.4-11

Flexión de vigas asimétricas

Al resolver los problemas de la sección 6.5, dibuje un diagrama de la sección transversal que muestre la orientación del eje neutro y las posiciones de los puntos donde se están determinando los esfuerzos.

6.5-1 Una viga con sección transversal en canal está sometida a un momento flexionante M que tiene su vector formando un ángulo θ con el eje z (véase la figura).

Determine la orientación del eje neutro y calcule el esfuerzo máximo de tensión σ_t y el esfuerzo máximo de compresión σ_c en la viga.

Use los siguientes datos: C 8 × 11.5 de sección, $M \times 20$ klb-pulg, $\tan \theta = 1/3$. (*Nota:* Véase las dimensiones y propiedades de la sección en canal en la tabla E-3 del apéndice E.)

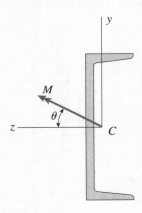

PROBS. 6.5-1 y 6.5-2

6.5-2 Resuelva el problema anterior para un canal C 6 × 13 de sección con $M = 5.0$ klb-pulg y $\theta = 15°$.

6.5-3 Una sección en ángulo de lados iguales está sometida a un momento flexionante M que tiene su vector dirigido a lo largo del eje 1-1, como se muestra en la figura.

Determine la orientación del eje neutro y calcule el esfuerzo máximo de tensión σ_t y el esfuerzo máximo de compresión σ_c si el ángulo es un L 6 × 6 × 3/4 y $M = 20$ klb-pulg. (*Nota:* Véase las dimensiones y propiedades del canal en la tabla E-4 del apéndice E.)

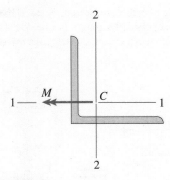

PROBS. 6.5-3 y 6.5-4

6.5-4 Resuelva el problema anterior para un perfil L 4 × 4 × 1/2 con $M = 6.0$ klb-pulg.

★6.5-5 Una viga con sección transversal semicircular de radio r está sometida a un momento flexionante M que tiene su vector formando un ángulo θ con el eje z (véase la figura).

Obtenga fórmulas para el esfuerzo máximo de tensión σ_t y para el esfuerzo máximo de compresión σ_c en la viga para $\theta = 0$, 45° y 90°. (*Nota:* Exprese los resultados en la forma $\alpha \, M/r^3$, donde α es un valor numérico.)

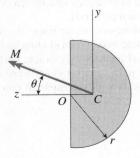

PROB. 6.5-5

Esfuerzos cortantes en una viga de patín ancho

Para resolver los problemas de la sección 6.8, suponga que las secciones transversales son de pared delgada y use las dimensiones sobre la línea central para todos los cálculos y deducciones, a menos que se especifique otra cosa.

6.8-1 Una viga simple con sección transversal de patín ancho soporta una carga uniforme de intensidad $q = 3.0$ klb/pie en un claro de longitud $L = 10$ pies (véase la figura). Las dimensiones de la sección transversal son $h = 10.5$ pulg, $b = 7$ pulg y $t_f = t_w = 0.4$ pulg.

a) Calcule el esfuerzo cortante máximo $\tau_{máx}$ sobre la sección transversal A-A localizada a una distancia $d = 2.0$ pies desde el extremo de la viga.

b) Calcule el esfuerzo cortante τ_B en el punto B sobre la sección transversal. El punto B está localizado a una distancia $a = 2.0$ pulg del borde del patín inferior.

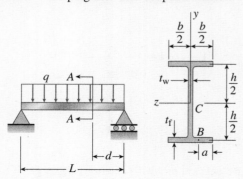

PROBS. 6.8-1 y 6.8-2

6.8-2 Resuelva el problema anterior con los siguientes datos: $L = 3$ m, $q = 40$ kN/m, $h = 260$ mm, $b = 170$ mm, $t_f = 12$ mm, $t_w = 10$ mm, $d = 0.6$ m y $a = 60$ mm.

6.8-3 Una viga de patín ancho tiene la sección transversal que se ve en la figura. Las dimensiones son $b = 5.25$ pulg, $h = 7.9$ pulg, $t_w = 0.25$ pulg y $t_f = 0.4$ pulg. Las cargas en la viga le producen una fuerza cortante $V = 6.0$ klb en esa sección transversal.

a) Use las dimensiones de líneas de centro y calcule el esfuerzo cortante máximo en el alma de la viga.

b) Aplique el análisis más exacto de la sección 5.10 en el capítulo 5 para calcular el esfuerzo cortante máximo en el alma de la viga y compárelo con el obtenido en el inciso a).

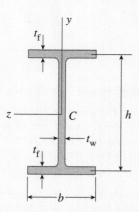

PROBS. 6.8-3 y 6.8-4

6.8-4 Resuelva el problema anterior con los siguientes datos: $b = 145$ mm, $h = 250$ mm, $t_w = 8.0$ mm, $t_f = 14.0$ mm y $V = 30$ kN.

Centro de cortante de secciones abiertas de pared delgada

Para localizar los centros de cortante en los problemas de la sección 6.9, suponga que las secciones transversales son de pared delgada y use las dimensiones de línea central para todos los cálculos y deducciones.

6.9-1 Calcule la distancia e de la línea central del alma de una sección de canal C 12 × 20.7 al centro de cortante S (véase la figura).

(*Nota:* Para fines de análisis, considere que los patines son rectángulos de espesor t_f igual al espesor promedio del patín dado en la tabla E-3 del apéndice E.)

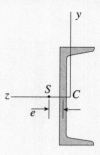

PROBS. 6.9-1 y 6.9-2

6.9-2 Calcule la distancia e de la línea central del alma de una sección en canal C 8 × 18.75 al centro de cortante S (véase la figura).

(*Nota:* Para fines de análisis, considere que los patines son rectángulos de espesor t_f igual al espesor promedio del patín dado en la tabla E-3 del apéndice E.)

6.9-3 En la figura se muestra la sección transversal de una viga de patín ancho desbalanceada. Obtenga la siguiente fórmula para la distancia h_1 de la línea central de un patín al centro de cortante S:

$$h_1 = \frac{t_2 b_2^3 h}{t_1 b_1^3 + t_2 b_2^3}$$

También revise la fórmula para los casos especiales de una viga T ($b_2 = t_2 = 0$) y de una viga de patín ancho balanceada ($t_2 = t_1$ y $b_2 = b_1$).

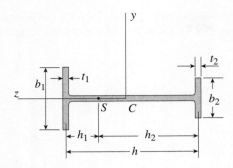

PROB. 6.9-3

6.9-4 En la figura se ve la sección transversal de una viga de patín ancho desbalanceada. Obtenga la siguiente fórmula para la distancia e de la línea central del alma al centro de cortante S:

$$e = \frac{3t_f(b_2^2 - b_1^2)}{ht_w + 6t_f(b_1 + b_2)}$$

También compruebe la fórmula para los casos especiales de una sección en canal ($b_1 = 0$ y $b_2 = b$) y de una viga doblemente simétrica ($b_1 = b_2 = b/2$).

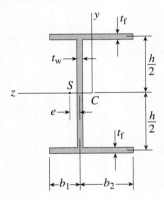

PROB. 6.9-4

6.9-5 En la figura se aprecia la sección transversal de una viga en canal con patines dobles y espesor constante para toda la sección.

Obtenga la siguiente fórmula para la distancia e de la línea central del alma al centro de cortante S:

$$e = \frac{3b^2(h_1^2 + h_2^2)}{h_2^3 + 6b(h_1^2 + h_2^2)}$$

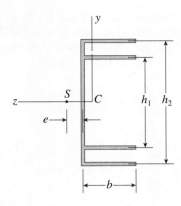

PROB. 6.9-5

6.9-6 La figura muestra la sección transversal de un tubo circular cortado de espesor constante. Demuestre que la distancia e del centro del círculo al centro de cortante S es igual a $2r$.

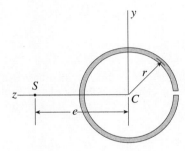

PROB. 6.9-6

6.9-7 La figura presenta la sección transversal de un tubo cuadrado cortado de espesor constante. Obtenga la siguiente fórmula para la distancia e de la esquina de la sección transversal al centro de cortante S:

$$e = \frac{b}{2\sqrt{2}}$$

PROB. 6.9-7

6.9-8 En la figura se muestra la sección transversal de un tubo rectangular cortado de espesor constante. Obtenga la siguiente fórmula para la distancia e de la línea central de la pared del tubo al centro de cortante S:

$$e = \frac{b(2h + 3b)}{2(h + 3b)}$$

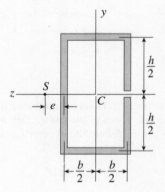

PROB. 6.9-8

★6.9-9 En la figura se ve una sección transversal en forma de U de espesor constante. Obtenga la siguiente fórmula para la distancia e desde el centro del semicírculo al centro de cortante S:

$$e = \frac{2(2r^2 + b^2 + \pi b r)}{4b + \pi r}$$

Trace además una gráfica que muestre cómo varía la distancia e (expresada como la razón adimensional e/r) en función de la razón b/r (dé valores a b/r entre 0 y 2).

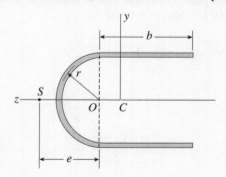

PROB. 6.9-9

★6.9-10 Obtenga la siguiente fórmula para la distancia e de la línea central de la pared al centro de cortante S para la sección C de espesor constante mostrada en la figura:

$$e = \frac{3bh^2(b + 2a) - 8ba^3}{h^2(h + 6b + 6a) + 4a^2(2a - 3h)}$$

También compruebe la fórmula para los casos especiales de una sección en canal ($a = 0$) y un tubo rectangular cortado ($a = h/2$).

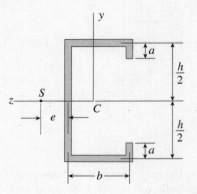

PROB. 6.9-10

★6.9-11 Obtenga la siguiente fórmula para la distancia e de la línea central de la pared al centro de cortante S para la sección en sombrero de espesor constante mostrada en la figura:

$$e = \frac{3bh^2(b + 2a) - 8ba^3}{h^2(h + 6b + 6a) + 4a^2(2a + 3h)}$$

También revise la fórmula para el caso especial de una sección en canal ($a = 0$).

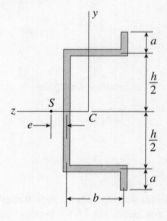

PROB. 6.9-11

★6.9-12 En la figura se aprecia una sección transversal en forma de arco circular de espesor constante. Obtenga la siguiente fórmula para la distancia e del centro del arco al centro de cortante S:

$$e = \frac{2r(\operatorname{sen} \beta - \beta \cos \beta)}{\beta - \operatorname{sen} \beta \cos \beta}$$

en donde β está en radianes. También grafique cómo varía la distancia e al variar β entre 0 y π.

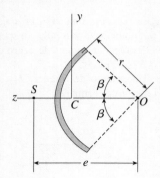

PROB. 6.9-12

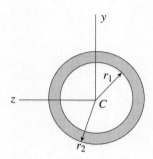

PROB. 6.10-2

Flexión Elastoplástica

Los problemas de la sección 6.10 deben resolverse usando la hipótesis de que el material es elastoplástico con un esfuerzo de fluencia σ_Y.

6.10-1 Determine el factor de forma f para una sección transversal en forma de doble trapezoide con las dimensiones mostradas en la figura.

Revise también su resultado para los casos especiales de un rombo ($b_1 = 0$) y de un rectángulo ($b_1 = b_2$).

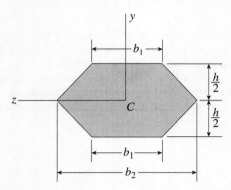

PROB. 6.10-1

6.10-2 a) Determine el factor de forma f para una sección transversal circular hueca con radio interior r_1 y radio exterior r_2 (véase la figura). b) Si la sección es muy delgada, ¿cuál es el factor de forma?

6.10-3 Una viga en voladizo de longitud $L = 54$ pulg soporta una carga uniforme de intensidad q (véase la figura). La viga es de acero ($\sigma_Y = 36$ klb/pulg²) y tiene una sección transversal rectangular de ancho $b = 4.5$ pulg y peralte $h = 6.0$ pulg.

¿Qué intensidad de carga q producirá una condición plástica total en la viga?

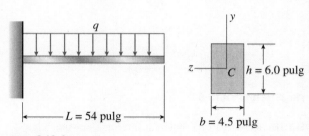

PROB. 6.10-3

6.10-4 Una viga de acero de sección transversal rectangular tiene 50 mm de ancho y 80 mm de altura (véase la figura). El esfuerzo de fluencia del acero es de 210 MPa.

a) ¿Qué porcentaje del área transversal ocupa el núcleo elástico si la viga está sometida a un momento flexionante de 13.0 kN·m actuando respecto al eje z?

b) ¿Cuál es la magnitud del momento flexionante que ocasionará que el 50% de la sección transversal fluya?

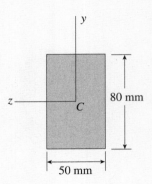

PROB. 6.10-4

6.10-5 Calcule el factor de forma f para la viga de patín ancho mostrada en la figura si $h = 12.0$ pulg, $b = 6.0$ pulg, $t_f = 0.6$ pulg y $t_w = 0.4$ pulg.

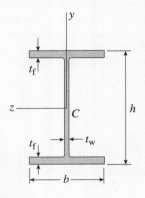

PROBS. 6.10-5 y 6.10-6

6.10-6 Resuelva el problema anterior para una viga de patín ancho con $h = 400$ mm, $b = 150$ mm, $t_f = 12$ mm y $t_w = 8$ mm.

6.10-7 Determine el módulo plástico Z y el factor de forma f para una viga W 10×30 de patín ancho. (*Nota:* Obtenga las dimensiones de la sección transversal y el módulo de sección de la viga de la tabla E-1 del apéndice E.)

6.10-8 Resuelva el problema anterior para una viga de patín ancho W 8×28.

6.10-9 Determine el momento de fluencia M_Y y el momento plástico M_P para una W 16×77 de patín ancho si $\sigma_Y = 36$ klb/pulg^2. (*Nota:* Obtenga las dimensiones de la sección transversal y el módulo de sección de la viga de la tabla E-1 del apéndice E.)

6.10-10 Resuelva el problema anterior para una viga de patín ancho W 10×45.

6.10-11 La figura presenta una viga en caja hueca con peralte $h = 16$ pulg, ancho $b = 8$ pulg y espesor de pared constante $t = 0.75$ pulg. La viga es de acero con esfuerzo de fluencia $\sigma_Y = 32$ klb/pulg^2.

Determine el momento de fluencia M_Y, el momento plástico M_P y el factor de forma f.

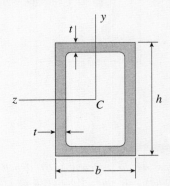

PROBS. 6.10-11 y 6.10-12

6.10-12 Resuelva el problema anterior para una viga en caja con dimensiones $h = 0.4$ m, $b = 0.2$ m y $t = 20$ mm. El esfuerzo de fluencia del acero es de 230 MPa.

6.10-13 En la figura se ve una viga en caja hueca con peralte $h = 9.0$ pulg, peralte interior $h_1 = 7.5$ pulg, ancho $b = 5.0$ pulg y ancho interior $b_1 = 4.0$ pulg.

Suponga que la viga es de acero con esfuerzo de fluencia $\sigma_Y = 33$ klb/pulg^2 y calcule el momento de fluencia M_Y, el momento plástico M_P y el factor de forma f.

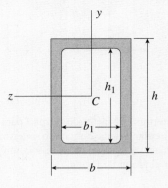

PROBS. 6.10-13 al 6.10-16

6.10-14 Resuelva el problema anterior para una viga en caja con dimensiones $h = 200$ mm, $h_1 = 160$ mm, $b = 150$ mm y $b_1 = 130$ mm. Suponga que la viga está construida de acero con esfuerzo de fluencia $\sigma_Y = 220$ MPa.

6.10-15 La viga en caja hueca de la figura está sometida a un momento flexionante M de tal magnitud que los patines fluyen pero el alma permanece elástica lineal.

a) Calcule la magnitud del momento M si las dimensiones de la sección transversal son $h = 14$ pulg, $h_1 = 12.5$ pulg, $b = 8$ pulg y $b_1 = 7$ pulg. Considere un esfuerzo de fluencia $\sigma_Y = 42$ klb/pulg^2.

b) ¿Qué porcentaje del momento M produce el núcleo elástico?

6.10-16 Resuelva el problema anterior para una viga en caja con dimensiones $h = 400$ mm, $h_1 = 360$ mm, $b = 200$ mm y $b_1 = 160$ mm; considere un esfuerzo de fluencia para el acero de $\sigma_Y = 220$ MPa.

6.10-17 Una viga W 12 $\times$ 50 de patín ancho está sometida a un momento flexionante M de tal magnitud que los patines fluyen pero el alma permanece en el intervalo elástico lineal.

a) Calcule la magnitud del momento M si el esfuerzo de fluencia es $\sigma_Y = 36$ klb/pulg^2.

b) ¿Qué porcentaje del momento M genera el núcleo elástico?

★6.10-18 Una viga T con un solo eje de simetría tiene las siguientes dimensiones en su sección transversal (véase la figura): $b = 140$ mm, $a = 200$ mm, $t_w = 20$ mm y $t_f = 25$ mm.

Calcule el módulo plástico Z y el factor de forma f.

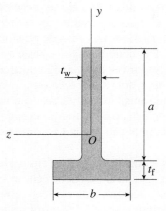

PROBS. 6.10-18

★6.10-19 Una viga de patín ancho con sección transversal desbalanceada tiene las dimensiones que se ilustran en la figura.

Determine el momento plástico M_P si $\sigma_Y = 36$ klb/pulg^2.

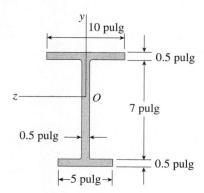

PROB. 6.10-19

★6.10-22 Determine el momento plástico M_P para una viga con la sección transversal mostrada en la figura si $\sigma_Y = 210$ MPa.

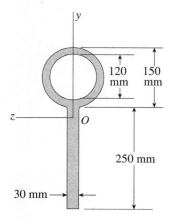

PROB. 6.10-22

7

Análisis de esfuerzos y deformación

7.1 INTRODUCCIÓN

Los esfuerzos normales y cortantes en vigas, ejes y barras pueden calcularse con las fórmulas básicas estudiadas en los capítulos anteriores; por ejemplo, los esfuerzos en una viga están dados por las fórmulas de la flexión y del cortante ($\sigma = My/I$ y $\tau = VQ/Ib$), y los esfuerzos en un eje, por la fórmula de la torsión ($\tau = T\rho/I_P$). Los esfuerzos calculados con dichas fórmulas actúan sobre secciones transversales de los miembros y a veces ocurren esfuerzos mayores sobre **secciones inclinadas.** Por todo lo anterior, comenzaremos el análisis de esfuerzos y deformaciones estudiando los métodos para encontrar los esfuerzos normales y cortantes que actúan sobre las secciones inclinadas cortadas a través de miembros.

Ya hemos obtenido expresiones para los esfuerzos normales y cortantes que actúan sobre secciones inclinadas tanto en el *estado de esfuerzos uniaxiales* como en el *estado de esfuerzo cortante puro* (véase las secciones 2.6 y 3.5, respectivamente). En el caso del estado de esfuerzos uniaxiales, encontramos que los esfuerzos cortantes máximos ocurren sobre planos inclinados a 45° respecto al eje, mientras que los esfuerzos máximos normales se presentan sobre las secciones transversales. En el caso del estado del esfuerzo cortante puro, encontramos que los esfuerzos máximos de tensión y compresión se dan en planos a 45°. De manera análoga, los esfuerzos sobre secciones inclinadas cortadas a través de una viga pueden ser mayores que los esfuerzos que actúan sobre una sección transversal. Para calcularlos necesitamos determinar los esfuerzos que actúan sobre planos inclinados debido a un estado de esfuerzo más general denominado **esfuerzo plano** —también se le conoce como **estado plano de esfuerzos** (sección 7.2).

En nuestros análisis del esfuerzo plano usaremos **elementos de esfuerzo** para representar el estado de esfuerzo en un punto de un cuerpo. Ya hemos tratado los elementos de esfuerzo en un contexto especializado (véase las secciones 2.6 y 3.5); ahora los usaremos de un modo más formal. Comenzaremos el análisis considerando un elemento sobre el cual se conocen los esfuerzos y obtendremos las **ecuaciones de transformación** que dan los esfuerzos que actúan sobre los lados de un elemento orientado en una dirección diferente.

Al trabajar con elementos de esfuerzo, debemos recordar siempre que sólo existe un **estado de esfuerzo** intrínseco en un punto de un cuerpo sometido a esfuerzos, sea cual sea la orientación del elemento que se use para representar dicho estado de esfuerzo. Cuando tenemos dos elementos con diferentes orientaciones en el mismo punto del cuerpo, los esfuerzos que actúan sobre las caras de los dos elementos son distintos pero representan el mismo estado de esfuerzo —es decir, el esfuerzo en el punto en consideración—. Esta situación es análoga a la representación de un vector de fuerza por medio de sus componentes; aunque las componentes son diferentes, cuando se giran los ejes coordenados a una nueva posición, la fuerza sigue siendo la misma.

Además, siempre debemos tener presente que los esfuerzos *no* son vectores. A veces este hecho puede resultar confuso porque ordinariamente representamos a los esfuerzos por medio de flechas de la misma manera que representamos a los vectores. *Aunque las flechas utilizadas para representar esfuerzos tienen magnitud y dirección, no son vectores debido a que no se combinan de acuerdo con la ley de adición del paralelogramo.* Los esfuerzos son cantidades mucho más complejas que los vectores y en la matemática se llaman **tensores**. Otras cantidades tensoriales en la mecánica son las deformaciones y los momentos de inercia.

7.2 ESFUERZO PLANO

FIG 7-1 Elementos en el esfuerzo plano: (a) vista tridimensional de un elemento orientado según los ejes *xyz*; (b) vista bidimensional del mismo elemento y (c) vista bidimensional de un elemento orientado según los ejes $x_1 y_1 z_1$.

Las condiciones de esfuerzo que encontramos en capítulos previos al analizar barras en tensión y compresión, ejes en torsión y vigas en flexión, son ejemplos de un estado de esfuerzo llamado **esfuerzo plano** (o **estado plano de esfuerzos**). Para explicarlo, consideraremos el elemento de esfuerzo mostrado en la figura 7-1a. Este elemento es de tamaño infinitesimal y puede esbozarse como un cubo o un paralelepípedo rectangular. Los ejes *xyz* son paralelos a los bordes del elemento, cuyas caras se designan según las direcciones de sus normales dirigidas hacia afuera como ya se explicó en la sec-

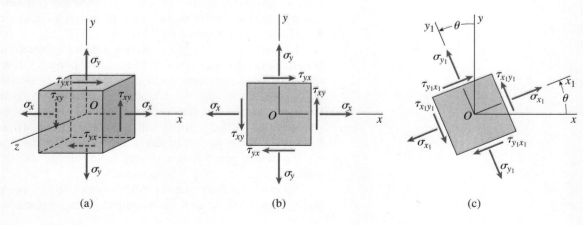

(a)   (b)   (c)

ción 1.6; por ejemplo, la cara derecha del elemento se designa como cara x positiva y la cara izquierda (oculta para el observador), cara x negativa. De manera similar, la cara superior es la cara y positiva y la cara frontal, la cara z positiva.

Cuando el material está en el esfuerzo plano en el plano xy, sólo las caras x y y del elemento están sometidas a esfuerzos y todos los esfuerzos actúan paralelamente a los ejes x y y como se muestra en la figura 7-1a. Esta condición de esfuerzo es muy común porque está presente en la superficie de cualquier cuerpo sometido a un esfuerzo, excepto en puntos donde las cargas externas actúan sobre la superficie. Cuando el elemento mostrado en la figura 7-1a se localiza en la superficie libre de un cuerpo, el eje z es perpendicular a la superficie y la cara z está en el plano de la superficie.

Los símbolos para los esfuerzos ilustrados en la figura 7-1a tienen los siguientes significados. Un **esfuerzo normal** σ tiene un subíndice que identifica la cara sobre la que actúa el esfuerzo; por ejemplo, el esfuerzo σ_x actúa sobre la cara x del elemento y el esfuerzo σ_y, sobre la cara y. Puesto que el tamaño del elemento es infinitesimal, los esfuerzos normales que actúan sobre las caras opuestas son iguales. La **convención de signos para los esfuerzos normales** es la usual; es decir, la tensión es positiva y la compresión es negativa.

Un **esfuerzo cortante** τ tiene dos subíndices: el primero denota la cara sobre la que actúa el esfuerzo y el segundo da el sentido sobre esa cara. Así el esfuerzo τ_{xy} actúa sobre la cara x en el sentido del eje y (figura 7-1a) y el esfuerzo τ_{yx}, sobre la cara y en el sentido del eje x.

La **convención de signos para los esfuerzos cortantes** es como sigue. Un esfuerzo cortante es positivo cuando actúa sobre una cara positiva de un elemento en el sentido positivo de un eje y es negativo cuando actúa sobre una cara positiva de un elemento en el sentido negativo de un eje; por lo tanto, los esfuerzos τ_{xy} y τ_{yx} mostrados sobre las caras x y y positivas en la figura 7-1a son esfuerzos cortantes positivos. De manera similar, un esfuerzo cortante es positivo cuando actúa en el sentido negativo de un eje, sobre una cara negativa de un elemento; por lo tanto, los esfuerzos τ_{xy} y τ_{yx} mostrados sobre las caras x y y negativas del elemento también son positivos.

Esta convención de signos para los esfuerzos cortantes es fácil de recordar si la enunciamos de la siguiente manera: *un esfuerzo cortante es positivo cuando los sentidos asociados con sus subíndices son más-más o menos-menos; el esfuerzo es negativo cuando los sentidos son más-menos o menos-más.*

La convención de signos anterior para los esfuerzos cortantes es congruente con el equilibrio del elemento, porque sabemos que los esfuerzos cortantes sobre caras opuestas de un elemento infinitesimal deben ser iguales en magnitud y opuestos en sentido; por lo tanto, de acuerdo con nuestra convención de signos, un esfuerzo positivo τ_{xy} actúa hacia arriba sobre la cara positiva (figura 7-1a) y hacia abajo sobre la cara negativa. De manera similar, los esfuerzos τ_{yx} que actúan sobre las caras superior e inferior del elemento son positivos aunque tengan sentidos opuestos.

Sabemos también que los esfuerzos cortantes sobre planos perpendiculares son iguales en magnitud y tienen sentidos tales que ambos esfuerzos se acercan o se alejan de la línea de intersección de las caras. En tanto que τ_{xy} y τ_{yx} sean positivos en los sentidos mostrados en la figura, son congruentes con esta observación; por lo tanto, observamos que

$$\tau_{xy} = \tau_{yx} \tag{7-1}$$

Esta relación se obtuvo antes del equilibrio del elemento (véase la sección 1.6).

Por conveniencia al trazar los elementos del esfuerzo plano, usualmente dibujamos sólo una vista bidimensional del elemento, como se muestra la figura 7-1b. Aunque una figura de este tipo es adecuada para ilustrar todos los esfuerzos que actúan sobre el elemento, debemos tener en mente que el elemento es un cuerpo sólido con un espesor perpendicular al plano de la figura.

Esfuerzos sobre secciones inclinadas

Ahora estamos listos para considerar los esfuerzos que actúan sobre secciones inclinadas, suponiendo que se conocen los esfuerzos σ_y, σ_y y τ_{xy} (figuras 7-1a y b). Para representar los esfuerzos que actúan sobre una sección inclinada, ahora tomamos en cuenta un nuevo elemento de esfuerzo (figura 7-1c) que se encuentra en el mismo punto en el material que el elemento original (figura 7-1b). Sin embargo, el nuevo elemento posee caras paralelas y perpendiculares a la dirección inclinada. Asociados con este nuevo elemento se tienen los ejes x_1, y_1 y z_1, tales que el eje z_1 coincide con el eje z y los ejes x_1y_1 están girados en sentido contrario a las manecillas del reloj un ángulo s con respecto a los ejes xy.

Los esfuerzos normales y cortantes que actúan sobre este nuevo elemento se denotan σ_{x_1}, σ_{y_1}, $\tau_{x_1y_1}$ y $\tau_{y_1x_1}$, usando las mismas designaciones de subíndices y convención de signos que explicamos para los esfuerzos que actúan sobre el elemento xy. Las conclusiones anteriores relativas a los esfuerzos cortantes siguen siendo válidas; es decir,

$$\tau_{x_1y_1} = \tau_{y_1x_1} \tag{7-2}$$

A partir de esta ecuación y del equilibrio del elemento, vemos que *los esfuerzos cortantes que actúan sobre las cuatro caras de un elemento en el esfuerzo plano son conocidos si determinamos el esfuerzo cortante que actúa sobre cualquiera de las caras.*

Los esfuerzos que actúan sobre el elemento inclinado x_1y_1 (figura 7-1c) pueden expresarse en términos de los esfuerzos sobre el elemento xy (figura 7-1b) usando ecuaciones de equilibrio. Con este fin, escogemos un **elemento de esfuerzo en forma de cuña** (figura 7-2a) que tiene una cara inclinada que es la misma que la cara x_1 del elemento inclinado mostrado en la figura 7-1c. Las otras dos caras laterales de la cuña son paralelas a los ejes x y y.

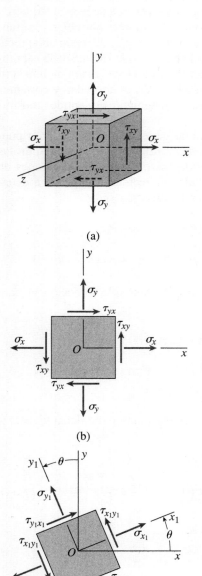

(a)

(b)

(c)

FIG. 7-1 (Repetición).

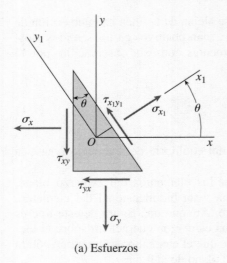

(a) Esfuerzos

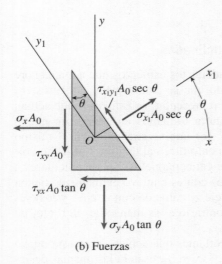

(b) Fuerzas

FIG. 7-2 Elemento de esfuerzo en forma de cuña en el esfuerzo plano: (a) esfuerzos que actúan sobre el elemento y (b) fuerzas que actúan sobre el elemento (diagrama de cuerpo libre).

A fin de escribir las ecuaciones de equilibrio para la cuña, necesitamos construir un diagrama de cuerpo libre que muestre las fuerzas que actúan sobre las caras. Sea A_0 el área de la cara izquierda (esto es, la cara x negativa). Entonces las fuerzas normales y cortantes que actúan sobre dicha cara son $\sigma_x A_0$ y $\tau_{xy} A_0$, según se aprecia en el diagrama de cuerpo libre de la figura 7-2b. El área de la cara inferior (o cara y negativa) es $A_0 \tan \theta$, y el área de la cara inclinada (o cara x_1 positiva) es $A_0 \sec \theta$. Así, las fuerzas normales y cortantes que actúan sobre esas caras tienen las magnitudes y sentidos mostrados en la figura 7-2b.

Las fuerzas que actúan sobre las caras izquierda e inferior pueden descomponerse en componentes ortogonales que actúan en las direcciones x_1 y y_1. Entonces podemos obtener dos ecuaciones de equilibrio sumando fuerzas en tales direcciones; la primera ecuación, obtenida sumando fuerzas en la dirección x_1, es

$$\sigma_{x_1} A_0 \sec \theta - \sigma_x A_0 \cos \theta - \tau_{xy} A_0 \operatorname{sen} \theta$$

$$- \sigma_y A_0 \tan \theta \operatorname{sen} \theta - \tau_{yx} A_0 \tan \theta \cos \theta = 0$$

De la misma manera, sumamos las fuerzas en la dirección y_1 para obtener

$$\tau_{x_1 y_1} A_0 \sec \theta + \sigma_x A_0 \operatorname{sen} \theta - \tau_{xy} A_0 \cos \theta$$

$$- \sigma_y A_0 \tan \theta \cos \theta + \tau_{yx} A_0 \tan \theta \operatorname{sen} \theta = 0$$

Si usamos la relación $\tau_{xy} = \tau_{yx}$, simplificamos y reordenamos, obtenemos estas dos ecuaciones:

$$\sigma_{x_1} = \sigma_x \cos^2 \theta + \sigma_y \operatorname{sen}^2 \theta + 2\tau_{xy} \operatorname{sen} \theta \cos \theta \qquad \text{(7-3a)}$$

$$\tau_{x_1 y_1} = -(\sigma_x - \sigma_y) \operatorname{sen} \theta \cos \theta + \tau_{xy} (\cos^2 \theta - \operatorname{sen}^2 \theta) \qquad \text{(7-3b)}$$

Las ecuaciones (7-3a) y (7-3b) dan los esfuerzos normales y cortantes que actúan sobre el plano x_1 en términos del ángulo θ y los esfuerzos σ_x, σ_y y τ_{xy} que actúan sobre los planos x y y.

Para el caso especial en que $\theta = 0$, observamos que las ecuaciones (7-3a) y (7-3b) dan $\sigma_{x_1} = \sigma_x$ y $\tau_{x_1 y_1} = \tau_{xy}$, según era de esperarse. También, cuando $\theta = 90°$, las ecuaciones dan $\sigma_{x_1} = \sigma_y$ y $\tau_{x_1 y_1} = -\tau_{xy} = -\tau_{yx}$. En el último caso, como el eje x_1 es vertical cuando $\theta = 90°$, el esfuerzo $\tau_{x_1 y_1}$ será positivo cuando actúe hacia la izquierda; sin embargo, el esfuerzo τ_{yx} actúa hacia la derecha, por lo que $\tau_{x_1 y_1} = -\tau_{yx}$.

Ecuaciones de transformación para el esfuerzo plano

Las ecuaciones (7-3a) y (7-3b) para los esfuerzos sobre una sección inclinada pueden expresarse de manera más conveniente introduciendo las siguientes identidades trigonométricas (véase el apéndice C):

$$\cos^2 \theta = \frac{1}{2}(1 + \cos 2\theta) \qquad \text{sen}^2 \theta = \frac{1}{2}(1 - \cos 2\theta)$$

$$\text{sen } \theta \cos \theta = \frac{1}{2} \text{ sen } 2\theta$$

Cuando se hacen esas sustituciones, resultan las ecuaciones

$$\sigma_{x_1} = \frac{\sigma_x + \sigma_y}{2} + \frac{\sigma_x - \sigma_y}{2} \cos 2\theta + \tau_{xy} \text{ sen } 2\theta \qquad \text{(7-4a)}$$

$$\tau_{x_1 y_1} = -\frac{\sigma_x - \sigma_y}{2} \text{ sen } 2\theta + \tau_{xy} \cos 2\theta \qquad \text{(7-4b)}$$

Se conocen como **ecuaciones de transformación para el esfuerzo plano** porque transforman las componentes de esfuerzo de un conjunto de ejes en otro. Ahora bien, como se explicó antes, el estado de esfuerzo intrínseco en el punto considerado es el mismo, ya sea que lo representen esfuerzos que actúan sobre el elemento xy (figura 7-1b) o sobre el elemento inclinado $x_1 y_1$ (figura 7-1c).

Puesto que las ecuaciones de transformación nada más se obtuvieron a partir del equilibrio del elemento, son aplicables a esfuerzos en cualquier tipo de material, sea éste lineal o no lineal, elástico o inelástico.

Una observación importante relativa a los esfuerzos normales se puede obtener de las ecuaciones de transformación. Como asunto preliminar, observamos que el esfuerzo normal σ_{y_1} que actúa sobre la cara y_1 del elemento inclinado (figura 7-1c) puede obtenerse de la ecuación (7-4a) sustituyendo $\theta + 90°$ con θ. El resultado es la siguiente ecuación para σ_{y_1}:

$$\sigma_{y_1} = \frac{\sigma_x + \sigma_y}{2} - \frac{\sigma_x - \sigma_y}{2} \cos 2\theta - \tau_{xy} \text{ sen } 2\theta \qquad \text{(7-5)}$$

Sumamos las expresiones para σ_{x_1} y σ_{y_1} (ecuaciones 7-4a y 7-5) para obtener la siguiente ecuación para esfuerzo plano:

$$\sigma_{x_1} + \sigma_{y_1} = \sigma_x + \sigma_y \qquad \text{(7-6)}$$

Esta ecuación muestra que la suma de los esfuerzos normales que actúan sobre caras perpendiculares de elementos en el esfuerzo plano (en un punto dado de un cuerpo sometido a esfuerzos) es constante e independiente del ángulo θ.

La manera en que varían los esfuerzos normales y cortantes se presenta en la figura 7-3, que es una gráfica de σ_{x_1} y $\tau_{x_1y_1}$ *versus* el ángulo θ (de las ecuaciones 7-4a y 7-4b). La gráfica está trazada para el caso particular de $\sigma_y = 0.2\sigma_x$ y $\tau_{xy} = 0.8\sigma_x$, y en ella vemos que los esfuerzos varían de modo continuo conforme la orientación del elemento cambia. En ciertos ángulos, el esfuerzo normal alcanza un valor máximo o mínimo; en otros, se vuelve cero. De forma similar, el esfuerzo cortante tiene valores máximo, mínimo y cero en ciertos ángulos. En la sección 7.3 se plantea una investigación detallada de esos valores máximos y mínimos.

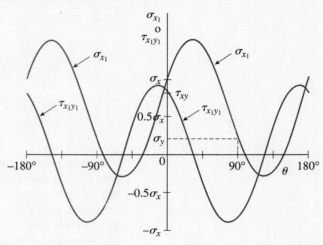

FIG. 7-3 Gráfica del esfuerzo normal σ_{x_1} y del esfuerzo cortante $\tau_{x_1y_1}$ *versus* el ángulo θ (para $\sigma_y = 0.2\sigma_x$ y $\tau_{xy} = 0.8\sigma_x$).

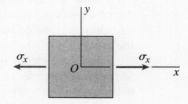

FIG. 7-4 Elemento en esfuerzo uniaxial.

Casos especiales del esfuerzo plano

El caso general del esfuerzo plano se reduce a estados más simples de esfuerzo en condiciones especiales; por ejemplo, si todos los esfuerzos que actúan sobre el elemento xy (figura 7-1b) son cero excepto el esfuerzo normal σ_x, entonces el elemento está en **estado de esfuerzo uniaxial** (figura 7-4). Las ecuaciones de transformación correspondientes que se obtienen igualando σ_y y τ_{xy} a cero en las ecuaciones (7-4a) y (7-4b) son

$$\sigma_{x_1} = \frac{\sigma_x}{2}(1 + \cos 2\theta) \qquad \tau_{x_1y_1} = -\frac{\sigma_x}{2}(\text{sen } 2\theta) \quad \text{(7-7a,b)}$$

Estas ecuaciones concuerdan con las expresiones obtenidas antes en la sección 2.6 (véase las ecuaciones 2-29a y 2-29b), excepto que ahora usamos una notación más generalizada para los esfuerzos que actúan sobre un plano inclinado.

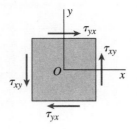

FIG. 7-5 Elemento en estado de cortante puro.

Otro caso especial es el de **cortante puro** (figura 7-5), para el cual se obtienen las ecuaciones de transformación sustituyendo $\sigma_x = 0$ y $\sigma_y = 0$ en las ecuaciones (7-4a) y (7-4b):

$$\sigma_{x_1} = \tau_{xy} \operatorname{sen} 2\theta \qquad \tau_{x_1 y_1} = \tau_{xy} \cos 2\theta \qquad \text{(7-8a, b)}$$

De nuevo, estas ecuaciones concuerdan con las obtenidas antes (véanse las ecuaciones 3-30a y 3-30b, de la sección 3.5).

Para finalizar, observamos el caso especial **de esfuerzo biaxial**, en donde el elemento xy está sometido a esfuerzos normales en las direcciones x y y pero sin esfuerzos cortantes (figura 7-6). Las ecuaciones para el esfuerzo biaxial se obtienen de las ecuaciones (7-4a) y (7-4b) sencillamente cancelando los términos que contienen τ_{xy} como se muestra a continuación:

$$\sigma_{x_1} = \frac{\sigma_x + \sigma_y}{2} + \frac{\sigma_x - \sigma_y}{2} \cos 2\theta \qquad \text{(7-9a)}$$

$$\tau_{x_1 y_1} = -\frac{\sigma_x - \sigma_y}{2} \operatorname{sen} 2\theta \qquad \text{(7-9b)}$$

El esfuerzo biaxial se presenta en diversas clases de estructuras, incluidos los recipientes de pared delgada a presión (véanse las secciones 8.2 y 8.3).

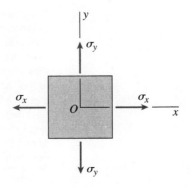

FIG. 7-6 Elemento en esfuerzo biaxial.

Ejemplo 7-1

Un elemento en el esfuerzo plano está sometido a los esfuerzos $\sigma_x = 16\,000$ lb/pulg^2, $\sigma_y = 6\,000$ lb/pulg^2, y $\tau_{xy} = \tau_{yx} = 4\,000$ lb/pulg^2, según se ve en la figura 7-7a.

Determine los esfuerzos que actúan sobre un elemento inclinado un ángulo $\theta = 45°$.

Solución

Ecuaciones de transformación. Para determinar los esfuerzos que actúan sobre un elemento inclinado, usaremos las ecuaciones de transformación (ecuaciones 7-4a y 7-4b). Con los datos numéricos dados, obtenemos los siguientes valores que sustituiremos en dichas ecuaciones:

$$\frac{\sigma_x + \sigma_y}{2} = 11\,000 \text{ lb/pulg}^2 \qquad \frac{\sigma_x - \sigma_y}{2} = 5\,000 \text{ lb/pulg}^2$$

$$\tau_{xy} = 4\,000 \text{ lb/pulg}^2$$

$$\text{sen } 2\theta = \text{sen } 90° = 1 \qquad \cos 2\theta = \cos 90° = 0$$

Sustituimos estos valores en las ecuaciones (7-4a) y (7-4b), obtenemos

$$\sigma_{x_1} = \frac{\sigma_x + \sigma_y}{2} + \frac{\sigma_x - \sigma_y}{2} \cos 2\theta + \tau_{xy} \text{ sen } 2\theta$$

$$= 11\,000 \text{ lb/pulg}^2 + (5\,000 \text{ lb/pulg}^2)(0) + (4\,000 \text{ lb/pulg}^2)(1)$$

$$= 15\,000 \text{ lb/pulg}^2$$

$$\tau_{x_1 y_1} = -\frac{\sigma_x - \sigma_y}{2} \text{ sen } 2\theta + \tau_{xy} \cos 2\theta$$

$$= -(5\,000 \text{ lb/pulg}^2)(1) + (4\,000 \text{ lb/pulg}^2)(0)$$

$$= -5\,000 \text{ lb/pulg}^2$$

Además el esfuerzo σ_{y_1} puede obtenerse con la ecuación (7-5):

$$\sigma_{y_1} = \frac{\sigma_x + \sigma_y}{2} - \frac{\sigma_x - \sigma_y}{2} \cos 2\theta - \tau_{xy} \text{ sen } 2\theta$$

$$= 11\,000 \text{ lb/pulg}^2 - (5\,000 \text{ lb/pulg}^2)(0) - (4\,000 \text{ lb/pulg}^2)(1)$$

$$= 7\,000 \text{ lb/pulg}^2$$

Elementos de esfuerzo. A partir de estos resultados es fácil obtener los esfuerzos que actúan sobre todos los lados de un elemento orientado a $\theta = 45°$, como se muestra la figura 7-7b. Las flechas muestran las direcciones verdaderas en que actúan los esfuerzos. Hay que observar en particular las direcciones de los esfuerzos cortantes, que tienen la misma magnitud. Observe, también que la suma de los esfuerzos normales permanece constante e igual a $22\,000$ lb/pulg^2 (véase la ecuación 7-6).

Nota: los esfuerzos mostrados en la figura 7-7b representan el mismo estado intrínseco de esfuerzo que los esfuerzos ilustrado en la figura 7-7a, pero tienen diferentes valores porque los elementos sobre los que actúan tienen distintas orientaciones.

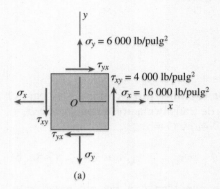

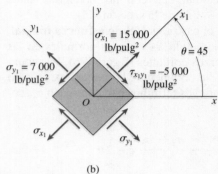

FIG. 7-7 Ejemplo 7-1. (a) Elemento en el esfuerzo plano y (b) elemento inclinado a un ángulo $\theta = 45°$.

Ejemplo 7-2

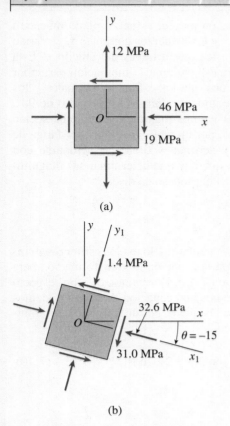

(a)

(b)

FIG. 7-8 Ejemplo 7-2. (a) Elemento en el esfuerzo plano y (b) elemento inclinado a un ángulo $\theta = -15°$.

Se tiene una condición de esfuerzo plano en un punto sobre la superficie de una estructura cargada donde los esfuerzos poseen las magnitudes y direcciones mostradas sobre el elemento de esfuerzos de la figura 7-8a.

Determine los esfuerzos que actúan sobre un elemento orientado a un ángulo de 15° en el sentido de las manecillas del reloj con respecto al elemento original.

Solución

Los esfuerzos que actúan sobre el elemento original (figura 7-8a) tienen los siguientes valores:

$$\sigma_x = -46 \text{ MPa} \qquad \sigma_y = 12 \text{ MPa} \qquad \tau_{xy} = -19 \text{ MPa}$$

En la figura 7-8b se muestra un elemento orientado según un ángulo de 15° en el sentido delas manecillas del reloj, donde el eje x_1 forma un ángulo $\theta = -15°$ con el eje x (Como alternativa, el eje x_1 podría colocarse a un ángulo positivo $\theta = 75°$.)

Ecuaciones de transformación. Podemos calcular con facilidad los esfuerzos sobre la cara x_1 del elemento orientado a $\theta = -15°$ usando las ecuaciones de transformación (ecuaciones 7-4a y 7-4b). Los cálculos son:

$$\frac{\sigma_x + \sigma_y}{2} = -17 \text{ MPa} \qquad \frac{\sigma_x - \sigma_y}{2} = -29 \text{ MPa}$$

$$\text{sen } 2\theta = \text{sen } (-30°) = -0.5 \qquad \cos 2\theta = \cos (-30°) = 0.8660$$

Sustituimos en las ecuaciones de transformación y obtenemos

$$\sigma_{x_1} = \frac{\sigma_x + \sigma_y}{2} + \frac{\sigma_x - \sigma_y}{2} \cos 2\theta + \tau_{xy} \text{sen } 2\theta$$

$$= -17 \text{ MPa} + (-29 \text{ MPa})(0.8660) + (-19 \text{ MPa})(-0.5)$$

$$= -32.6 \text{ MPa} \qquad \qquad \Longleftarrow$$

$$\tau_{x_1y_1} = -\frac{\sigma_x - \sigma_y}{2} \text{sen } 2\theta + \tau_{xy} \cos 2\theta$$

$$= -(-29 \text{ MPa})(-0.5) + (-19 \text{ MPa})(0.8660)$$

$$= -31.0 \text{ MPa} \qquad \qquad \Longleftarrow$$

También, el esfuerzo normal que actúa sobre la cara y_1 (ecuación 7-5) es

$$\sigma_{y_1} = \frac{\sigma_x + \sigma_y}{2} - \frac{\sigma_x - \sigma_y}{2} \cos 2\theta - \tau_{xy} \text{sen } 2\theta$$

$$= -17 \text{ MPa} - (-29 \text{ MPa})(0.8660) - (-19 \text{ MPa})(-0.5)$$

$$= -1.4 \text{ MPa} \qquad \qquad \Longleftarrow$$

Este esfuerzo puede confirmarse sustituyendo $\theta = 75°$ en la ecuación (7-4a). Como comprobación adicional de los resultados, observamos que $\sigma_{x_1} + \sigma_{y_1} = \sigma_x + \sigma_y$.

Los esfuerzos que actúan sobre el elemento inclinado se muestran en la figura 7-8b, donde las flechas indican las direcciones verdaderas de los esfuerzos. Observamos de nuevo que ambos elementos de esfuerzo presentados en la figura 7-8 representan el mismo estado de esfuerzo.

7.3 ESFUERZOS PRINCIPALES Y ESFUERZOS CORTANTES MÁXIMOS

Las ecuaciones de transformación para el esfuerzo plano muestran que los esfuerzos normales σ_{x_1} y los esfuerzos cortantes $\tau_{x_1 y_1}$ varían continuamente conforme giran los ejes a través del ángulo θ. Esta variación se exhibe en la figura 7-3 para una combinación particular de esfuerzos. En la figura vemos que los esfuerzos normales y los cortantes alcanzan valores máximos y mínimos a intervalos de 90°. No es de sorprender que esos valores máximos y mínimos suelan requerirse para fines de diseño; por ejemplo, las fallas por fatiga de estructuras como máquinas y aeronaves suelen relacionarse con los esfuerzos máximos, por lo que hay que determinar sus magnitudes y orientaciones como parte del proceso de diseño.

Esfuerzos principales

Los esfuerzos normales máximo y mínimo, llamados **esfuerzos principales**, pueden encontrarse con la ecuación de transformación para el esfuerzo normal σ_{x_1} (ecuación 7-4a). Derivamos σ_{x_1} con respecto a θ, igualamos a cero y obtenemos una ecuación de la que podemos encontrar los valores de θ para los que σ_{x_1} es un máximo o un mínimo. La ecuación para la derivada es

$$\frac{d\sigma_{x_1}}{d\theta} = -(\sigma_x - \sigma_y)\,\text{sen}\,2\theta + 2\tau_{xy}\cos 2\theta = 0 \qquad (7\text{-}10)$$

de donde obtenemos

$$\tan 2\theta_p = \frac{2\tau_{xy}}{\sigma_x - \sigma_y} \qquad (7\text{-}11)$$

El subíndice p indica que el ángulo θ_p define la orientación de los **planos principales**; es decir, los planos sobre los que actúan los esfuerzos principales.

Dos valores del ángulo $2\theta_p$ en el intervalo de 0 a 360° se pueden obtener de la ecuación (7-11). Esos valores difieren en 180°, con un valor entre 0 y 180° y el otro entre 180° y 360°; por lo tanto, el ángulo θ_p tiene dos valores que difieren en 90°, un valor entre 0 y 90° y el otro entre 90° y 180°. Los dos valores de θ_p se conocen como los **ángulos principales**. Para uno de estos ángulos, el esfuerzo normal σ_{x_1} es un esfuerzo principal *máximo*; para el otro, es un esfuerzo principal *mínimo*. Como los ángulos principales difieren en 90°, vemos que *los esfuerzos principales ocurren sobre planos mutuamente perpendiculares*.

Los esfuerzos principales pueden calcularse sustituyendo cada uno de los dos valores de θ_p en la primera ecuación de transformación de esfuerzos (ecuación 7-4a) y despejando σ_{x_1}. Al determinar los esfuerzos principales de esta manera, no sólo obtenemos los valores de los esfuerzos principales, sino también vemos qué esfuerzo principal se vincula con qué ángulo principal.

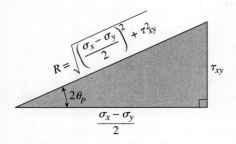

FIG. 7-9 Representación geométrica de la ecuación (7-11).

También podemos obtener fórmulas generales para los esfuerzos principales. Con este fin observamos al triángulo rectángulo en la figura 7-9, el cual se construye a partir de la ecuación (7-11). Observe que la hipotenusa del triángulo, obtenida con el teorema de Pitágoras, es

$$R = \sqrt{\left(\frac{\sigma_x - \sigma_y}{2}\right)^2 + \tau_{xy}^2} \qquad (7\text{-}12)$$

La cantidad R siempre es un número positivo y al igual que los otros dos lados del triángulo, tiene unidades de esfuerzo. Del triángulo obtenemos dos relaciones adicionales:

$$\cos 2\theta_p = \frac{\sigma_x - \sigma_y}{2R} \qquad \operatorname{sen} 2\theta_p = \frac{\tau_{xy}}{R} \qquad (7\text{-}13a,\, b)$$

Al sustituir estas expresiones para $\cos 2\theta_p$ y $\operatorname{sen} 2\theta_p$ en la ecuación (7-4a), obtenemos el esfuerzo principal más grande de los dos en términos algebraicos, denotado con σ_1:

$$\sigma_1 = \sigma_{x_1} = \frac{\sigma_x + \sigma_y}{2} + \frac{\sigma_x - \sigma_y}{2}\cos 2\theta_p + \tau_{xy}\operatorname{sen} 2\theta_p$$

$$= \frac{\sigma_x + \sigma_y}{2} + \frac{\sigma_x - \sigma_y}{2}\left(\frac{\sigma_x - \sigma_y}{2R}\right) + \tau_{xy}\left(\frac{\tau_{xy}}{R}\right)$$

Luego de sustituir el valor de R de la ecuación (7-12) y de ordenar de manera algebraica, se tiene

$$\sigma_1 = \frac{\sigma_x + \sigma_y}{2} + \sqrt{\left(\frac{\sigma_x - \sigma_y}{2}\right)^2 + \tau_{xy}^2} \qquad (7\text{-}14)$$

El menor de los esfuerzos principales, denotado con σ_2, puede encontrarse a partir de la condición de que la suma de los esfuerzos normales sobre planos perpendiculares es constante (véase la ecuación 7-6):

$$\sigma_1 + \sigma_2 = \sigma_x + \sigma_y \qquad (7\text{-}15)$$

Sustituimos la expresión para σ_1 en la ecuación (7-15), despejamos σ_2 y obtenemos

$$\sigma_2 = \sigma_x + \sigma_y - \sigma_1$$

$$= \frac{\sigma_x + \sigma_y}{2} - \sqrt{\left(\frac{\sigma_x - \sigma_y}{2}\right)^2 + \tau_{xy}^2} \qquad (7\text{-}16)$$

Esta ecuación tiene la misma forma que la ecuación para σ_1 pero difiere por la presencia del signo menos antes de la raíz cuadrada.

Las fórmulas anteriores para σ_1 y σ_2 pueden combinarse en una sola fórmula para los **esfuerzos principales**:

$$\sigma_{1,2} = \frac{\sigma_x + \sigma_y}{2} \pm \sqrt{\left(\frac{\sigma_x - \sigma_y}{2}\right)^2 + \tau_{xy}^2} \qquad (7\text{-}17)$$

El signo más da el esfuerzo principal algebraicamente mayor y el signo menos, el esfuerzo principal algebraicamente menor.

Ángulos principales

Denotemos ahora los dos ángulos que definen los planos principales con θ_{p_1} y θ_{p_2}, correspondientes a los esfuerzos principales σ_1 y σ_2. Ambos ángulos pueden determinarse de la ecuación para tan $2\theta_p$ (ecuación 7-11); sin embargo, no podemos saber de esa ecuación cuál ángulo es θ_{p_1} y cuál es θ_{p_2}. Un procedimiento simple para identificarlos es tomar uno de los valores y sustituirlo en la ecuación para σ_{x_1} (ecuación 7-4a). El valor resultante de σ_{x_1} será σ_1 o σ_2 (suponiendo que ya hemos encontrado σ_1 y σ_2 de la ecuación 7-17), lo que permite correlacionar los dos ángulos principales con los dos esfuerzos principales.

Otro método para correlacionar los ángulos principales con los esfuerzos principales es usar las ecuaciones (7-13a) y (7-13b) para hallar θ_p, ya que el único ángulo que satisface *las dos* ecuaciones es θ_{p_1}. Entonces podemos reescribir estas ecuaciones como sigue:

$$\cos 2\theta_{p_1} = \frac{\sigma_x - \sigma_y}{2R} \qquad \operatorname{sen} 2\theta_{p_1} = \frac{\tau_{xy}}{R} \qquad \text{(7-18a, b)}$$

Existe sólo un ángulo entre 0 y 360° que satisface ambas ecuaciones. Así, el valor de θ_{p_1} puede determinarse en forma única con las ecuaciones (7-18a) y (7-18b). El ángulo θ_{p_2} correspondiente a σ_2 define un plano perpendicular al plano definido por θ_{p_1}; por lo tanto, θ_{p_2} puede tomarse como 90° mayor o 90° menor que θ_{p_1}.

Esfuerzos cortantes sobre los planos principales

Una característica importante de los planos principales puede obtenerse de la ecuación de transformación para los esfuerzos cortantes (ecuación 7-4b). Si igualamos a cero el esfuerzo cortante $\tau_{x_1y_1}$, obtenemos una expresión que es la misma que la ecuación (7-10); por lo tanto, si despejamos el ángulo 2θ de esa ecuación, obtenemos la misma expresión para tan 2θ dada por la ecuación (7-11); en otras palabras, los ángulos de los esfuerzos planos cortantes cero son los mismos que los ángulos de los planos principales.

Así pues, podemos expresar la siguiente observación importante: *los esfuerzos cortantes son cero sobre los planos principales.*

Casos especiales

Los planos principales para elementos en **esfuerzo uniaxial** y esfuerzo biaxial son los mismos planos x y y (figura 7-10) porque tan $2\theta_p = 0$ (véase la ecuación 7-11) y los dos valores de θ_p son 0 y 90°. Sabemos también que los planos x y y son los planos principales porque los esfuerzos cortantes son cero en esos planos.

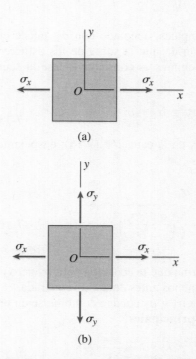

(a)

(b)

FIG. 7-10 Elementos en esfuerzo uniaxial y biaxial.

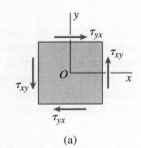

(a)

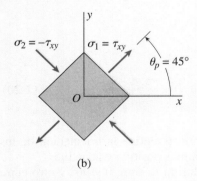

(b)

FIG. 7-11 (a) Elemento en el estado de cortante puro y (b) esfuerzos principales.

Para un elemento en **cortante puro** (figura 7-11a), los planos principales están orientados a 45° respecto al eje x (figura 7-11b) porque tan $2\theta_p$ es infinita y los dos valores de θ_p son 45° y 135°. Si τ_{xy} es positiva, los esfuerzos principales son $\sigma_1 = \tau_{xy}$ y $\sigma_2 = -\tau_{xy}$ (véase la sección 3.5, relativa a un análisis del estado de cortante puro).

El tercer esfuerzo principal

El análisis anterior de los esfuerzos principales se refiere sólo a rotación de ejes en el plano xy; es decir, rotación respecto al eje z (figura 7-12a); por lo tanto, los dos esfuerzos principales determinados con la ecuación (7-17) se denominan los **esfuerzos principales en el plano**. No debemos pasar por alto el hecho de que el elemento de esfuerzo es tridimensional y que tiene tres (no dos) esfuerzos principales en acción sobre tres planos mutuamente perpendiculares.

Mediante un análisis tridimensional más completo, puede demostrarse que los tres planos principales para un elemento del esfuerzo plano son los dos planos principales ya descritos, más la cara z del elemento. Estos planos principales se ilustran en la figura 7-12b, donde un elemento de esfuerzo se ha orientado según el ángulo principal θ_{p_1}, que corresponde al esfuerzo principal σ_1. Los esfuerzos principales σ_1 y σ_2 están dados por la ecuación (7-17) y el tercer esfuerzo principal (σ_3) es igual a cero.

Por definición, σ_1 es mayor que σ_2 en términos algebraicos, en tanto que σ_3 puede ser mayor, o menor que σ_1 y σ_2 o estar entre ambos. Por supuesto, también es posible que sean iguales algunos o todos los esfuerzos principales. Observe de nuevo que no hay esfuerzos cortantes sobre plano principal alguno.*

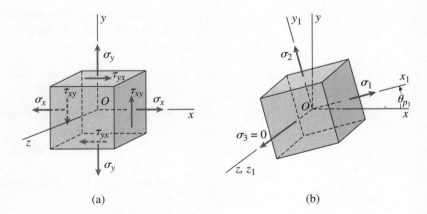

FIG. 7-12 Elementos en el esfuerzo plano: (a) elemento original y (b) elemento orientado según los tres planos principales y los tres esfuerzos principales.

(a)

(b)

---

*La determinación de los esfuerzos principales es un ejemplo del tipo de análisis matemático conocido como *análisis de valores propios*, que se describe en libros sobre álgebra matricial. Las ecuaciones de transformación de esfuerzos y el concepto de esfuerzos principales se deben a los matemáticos franceses A. L. Cauchy (1789-1857) y Barré de Saint-Venant (1797-1886) y al científico e ingeniero escocés W. J. M. Rankine (1820-1872); véanse las referencias 7-1, 7-2 y 7-3, respectivamente.

Esfuerzos cortantes máximos

Ya encontrados los esfuerzos principales y sus direcciones para un elemento en el esfuerzo plano, se considera la determinación de los esfuerzos cortantes máximos y los planos sobre los que actúan. Los esfuerzos cortantes $\tau_{x_1y_1}$ que actúan sobre planos inclinados están dados por la segunda ecuación de transformación (ecuación 7-4b). Derivamos $\tau_{x_1y_1}$ con respecto a θ, igualamos a cero y obtenemos

$$\frac{d\tau_{x_1y_1}}{d\theta} = -(\sigma_x - \sigma_y)\cos 2\theta - 2\tau_{xy}\,\text{sen}\,2\theta = 0 \quad (7\text{-}19)$$

de donde

$$\tan 2\theta_s = -\frac{\sigma_x - \sigma_y}{2\tau_{xy}} \quad\quad (7\text{-}20)$$

El subíndice s indica que el ángulo θ_s define la orientación de los planos de esfuerzos cortantes máximos positivo y negativo.

La ecuación (7-20) da un valor de θ_s entre 0 y 90° y otro entre 90° y 180°. Además, estos dos valores difieren en 90°, por lo cual los esfuerzos cortantes máximos ocurren sobre planos perpendiculares. Puesto que los esfuerzos cortantes sobre planos perpendiculares son iguales en valor absoluto, los esfuerzos cortantes máximos positivo y negativo difieren sólo en signo.

La comparación de la ecuación (7-20) para θ_s con la ecuación (7-11) para θ_p muestra que

$$\tan 2\theta_s = -\frac{1}{\tan 2\theta_p} = -\cot 2\theta_p \quad\quad (7\text{-}21)$$

A partir de esta ecuación podemos obtener una relación entre los ángulos θ_s y θ_p. Primero reescribimos la ecuación anterior en la forma

$$\frac{\text{sen}\,2\theta_s}{\cos 2\theta_s} + \frac{\cos 2\theta_p}{\text{sen}\,2\theta_p} = 0$$

Multiplicamos por los términos en el denominador y obtenemos

$$\text{sen}\,2\theta_s\,\text{sen}\,2\theta_p + \cos 2\theta_s\cos 2\theta_p = 0$$

que equivale a la siguiente expresión (véase el apéndice C):

$$\cos(2\theta_s - 2\theta_p) = 0$$

Por lo tanto

$$2\theta_s - 2\theta_p = \pm\,90°$$

y

$$\theta_s = \theta_p \pm 45° \quad\quad (7\text{-}22)$$

Esta ecuación muestra que *los planos de esfuerzo cortante máximo ocurren a 45° respecto a los planos principales.*

El plano del esfuerzo cortante máximo positivo $\tau_{máx}$ está definido por el ángulo θ_{s_1}, para el cual son aplicables las siguientes ecuaciones:

$$\cos 2\theta_{s_1} = \frac{\tau_{xy}}{R} \qquad \operatorname{sen} 2\theta_{s_1} = -\frac{\sigma_x - \sigma_y}{2R} \qquad (7\text{-}23\text{a,b})$$

en donde R está dado por la ecuación (7-12). Además, el ángulo θ_{s_1} se relaciona con el ángulo θ_{p_1} (véanse las ecuaciones 7-18a y 7-18b) como sigue:

$$\theta_{s_1} = \theta_{p_1} - 45° \qquad (7\text{-}24)$$

El esfuerzo cortante máximo correspondiente se obtiene sustituyendo las expresiones para $\cos 2\theta_{s_1}$ y $\operatorname{sen} 2\theta_{s_1}$ en la segunda ecuación de transformación (ecuación 7-4b):

$$\tau_{máx} = \sqrt{\left(\frac{\sigma_x - \sigma_y}{2}\right)^2 + \tau_{xy}^2} \qquad (7\text{-}25)$$

El esfuerzo cortante máximo negativo $\tau_{mín}$ tiene la misma magnitud pero signo opuesto.

Otra expresión para el esfuerzo cortante máximo se puede obtener a partir de los esfuerzos principales σ_1 y σ_2, que da la ecuación (7-17). Restamos la expresión para σ_2 de la expresión para σ_1 y comparándola luego con la ecuación (7-25), vemos que

$$\tau_{máx} = \frac{\sigma_1 - \sigma_2}{2} \qquad (7\text{-}26)$$

Entonces, *el esfuerzo cortante máximo es igual a la mitad de la diferencia de los esfuerzos principales.*

Los planos de esfuerzo cortante máximo también contienen esfuerzos normales. El **esfuerzo normal** que actúa sobre los planos de esfuerzo cortante máximo positivo puede determinarse sustituyendo las expresiones para el ángulo θ_{s_1} (ecuaciones 7-23a y 7-23b) en la ecuación para σ_{x_1} (ecuación 7-4a). El esfuerzo resultante es igual al promedio de los esfuerzos normales sobre los planos x y y:

$$\sigma_{prom} = \frac{\sigma_x + \sigma_y}{2} \qquad (7\text{-}27)$$

Este mismo esfuerzo normal actúa sobre los planos de esfuerzo cortante máximo negativo.

En los casos particulares de **esfuerzo uniaxial** y **esfuerzo biaxial** (figura 7-10), los planos de esfuerzo cortante máximo ocurren a 45° respecto a los ejes x y y. En el caso del **estado de cortante puro** (figura 7-11), los esfuerzos cortantes máximos ocurren en los planos x y y.

Esfuerzos cortantes en el plano y fuera del plano

El análisis anterior de los esfuerzos cortantes se trató sólo con **esfuerzos cortantes en el plano**; es decir, con esfuerzos que actúan en el plano xy. Para obtener los esfuerzos cortantes máximos en el plano (ecuaciones 7-25 y 7-26), consideramos elementos que se obtuvieron girando los ejes xyz respecto al eje z, que es un eje principal (figura 7-12a). Encontramos que los esfuerzos cortantes máximos ocurren sobre planos a 45° respecto a los planos principales. Los planos principales para el elemento de la figura 7-12a se muestran en la figura 7-12b, donde σ_1 y σ_2 son los esfuerzos principales; por lo tanto, los esfuerzos cortantes máximos en el plano se encuentran de un elemento obtenido girando los ejes $x_1y_1z_1$ (figura 7-12b) respecto al eje z_1 un ángulo de 45°. Esos esfuerzos están dados por la ecuación (7-25) o la (7-26).

También podemos obtener esfuerzos cortantes máximos por rotaciones a 45° respecto a los otros dos ejes principales (los ejes x_1 y y_1 en la figura 7-12b). Como resultado, obtenemos tres conjuntos de **esfuerzos cortantes positivo máximo y negativo máximo** (compárese con la ecuación 7-26):

$$(\tau_{\text{máx}})_{x_1} = \pm \frac{\sigma_2}{2} \quad (\tau_{\text{máx}})_{y_1} = \pm \frac{\sigma_1}{2} \quad (\tau_{\text{máx}})_{z_1}$$

$$= \pm \frac{\sigma_1 - \sigma_2}{2} \qquad \text{(7-28a, b, c)}$$

en donde los subíndices indican el eje principal respecto al cual tiene lugar la rotación a 45°. Los esfuerzos obtenidos por las rotaciones respecto a x_1 y y_1 se denominan **esfuerzos cortantes fuera del plano**.

Los valores algebraicos de σ_1 y σ_2 determinan cuál de las expresiones anteriores da el esfuerzo cortante numéricamente mayor. Si σ_1 y σ_2 tienen el mismo signo, una de las dos primeras expresiones es numéricamente mayor; si tienen signos opuestos, la última expresión es mayor.

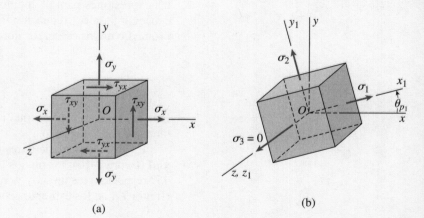

FIG. 7-12 (Repetición).   (a)   (b)

Ejemplo 7-3

Un elemento en el esfuerzo plano está sometido a esfuerzos $\sigma_x = 12\ 300$ lb/pulg², $\sigma_y = -4\ 200$ lb/pulg², y $\tau_{xy} = -4\ 700$ lb/pulg², como se ve en la figura 7-13a.

a) Determine los esfuerzos principales y muéstrelos sobre el croquis de un elemento orientado de manera apropiada.

b) Determine los esfuerzos cortantes máximos; muéstrelos sobre el croquis de un elemento orientado de modo apropiado (considere sólo los esfuerzos en el plano).

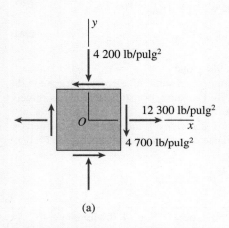

(a)

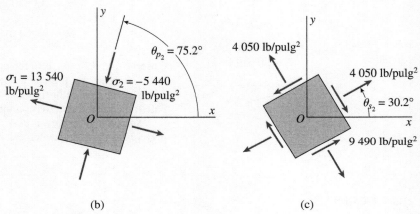

(b)   (c)

FIG. 7-13 Ejemplo 7-3. (a) Elemento en el esfuerzo plano; (b) esfuerzos principales y (c) esfuerzos cortantes máximos.

Solución

a) *Esfuerzos principales.* Los ángulos principales θ_p que localizan los planos principales pueden obtenerse con la ecuación (7-11):

$$\tan 2\theta_p = \frac{2\tau_{xy}}{\sigma_x - \sigma_y} = \frac{2(-4\ 700\ \text{lb/pulg}^2)}{12\ 300\ \text{lb/pulg}^2 - (-4\ 200\ \text{lb/pulg}^2)} = -0.5697$$

Al despejar los ángulos, obtenemos estos dos conjuntos de valores:

$$2\theta_p = 150.3° \quad \text{y} \quad \theta_p = 75.2°$$

$$2\theta_p = 330.3° \quad \text{y} \quad \theta_p = 165.2°$$

Los esfuerzos principales pueden obtenerse sustituyendo los dos valores de $2\theta_p$ en la ecuación de transformación para σ_{x_1} (ecuación 7-4a). Como cálculo preliminar, determinamos las siguientes cantidades:

$$\frac{\sigma_x + \sigma_y}{2} = \frac{12\ 300\ \text{lb/pulg}^2 - 4\ 200\ \text{lb/pulg}^2}{2} = 4\ 050\ \text{lb/pulg}^2$$

$$\frac{\sigma_x - \sigma_y}{2} = \frac{12\ 300\ \text{lb/pulg}^2 + 4\ 200\ \text{lb/pulg}^2}{2} = 8\ 250\ \text{lb/pulg}^2$$

continúa

Ahora sustituimos el primer valor de $2\theta_p$ en la ecuación (7-4a) y obtenemos

$$\sigma_{x_1} = \frac{\sigma_x + \sigma_y}{2} + \frac{\sigma_x - \sigma_y}{2}\cos 2\theta + \tau_{xy}\,\text{sen}\,2\theta$$

$$= 4\,050\ \text{lb/pulg}^2 + (8\,250\ \text{lb/pulg}^2)(\cos 150.3°) - (4\,700\ \text{lb/pulg}^2)$$
$$(\text{sen}\ 150.3°)$$

$$= -5\,440\ \text{lb/pulg}^2$$

De manera similar, sustituimos el segundo valor de $2\theta_p$ y obtenemos $\sigma_{x_1} = 13\,540$ lb/pulg^2. Así, los esfuerzos principales y sus correspondientes ángulos principales son

$$\sigma_1 = 13\,540\ \text{lb/pulg}^2 \quad y \quad \theta_{p_1} = 165.2° \qquad \Longleftarrow$$

$$\sigma_2 = -5\,440\ \text{lb/pulg}^2 \quad y \quad \theta_{p_2} = 75.2° \qquad \Longleftarrow$$

Observe que θ_{p_1} y θ_{p_2} difieren en 90° y que $\sigma_1 + \sigma_2 = \sigma_x + \sigma_y$.

Los esfuerzos principales se muestran sobre un elemento orientado de forma apropiada en la figura 7-13b. Por supuesto, sobre los planos principales no actúan esfuerzos cortantes.

Solución alternativa para los esfuerzos principales. Los esfuerzos principales también pueden calcularse directamente con la ecuación (7-17):

$$\sigma_{1,2} = \frac{\sigma_x + \sigma_y}{2} \pm \sqrt{\left(\frac{\sigma_x - \sigma_y}{2}\right)^2 + \tau_{xy}^2}$$

$$= 4\,050\ \text{lb/pulg}^2 \pm \sqrt{(8\,250\ \text{lb/pulg}^2)^2 + (-4\,700\ \text{lb/pulg}^2)^2}$$

$$\sigma_{1,2} = 4\,050\ \text{lb/pulg}^2 \pm 9\,490\ \text{lb/pulg}^2$$

Por lo tanto

$$\sigma_1 = 13\,540\ \text{lb/pulg}^2 \qquad \sigma_2 = -5\,440\ \text{lb/pulg}^2$$

El ángulo θ_{p_1} del plano en que actúa σ_1 se obtiene con las ecuaciones (7-18a) y (7-18b):

$$\cos 2\theta_{p_1} = \frac{\sigma_x - \sigma_y}{2R} = \frac{8\,250\ \text{lb/pulg}^2}{9\,490\ \text{lb/pulg}^2} = 0.869$$

$$\text{sen}\,2\theta_{p_1} = \frac{\tau_{xy}}{R} = \frac{-4\,700\ \text{lb/pulg}^2}{9\,490\ \text{lb/pulg}^2} = -0.495$$

en donde la ecuación (7-12) da R y es igual al término con la raíz cuadrada en el cálculo anterior para los esfuerzos principales σ_1 y σ_2.

El único ángulo entre 0 y 360° que tiene el seno y coseno especificado es $2\theta_{p_1} = 330.3°$; por lo tanto, $\theta_{p_1} = 165.2°$. Este ángulo se relaciona con el esfuerzo principal algebraicamente mayor $\sigma_1 = 13\,540$ lb/pulg^2. El otro ángulo es 90° mayor o menor que θ_{p_1}; por lo tanto, $\theta_{p_2} = 75.2°$. Este ángulo corresponde al esfuerzo principal menor $\sigma_2 = -5\,440$ lb/pulg^2. Observe que esos resultados para los esfuerzos principales y ángulos principales concuerdan con los antes encontrados.

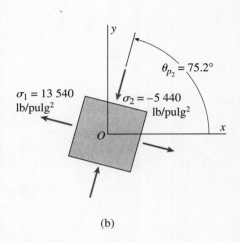

(b)

FIG. 7-13B (Repetida).

b) *Esfuerzos cortantes máximos.* La ecuación (7-25) da los esfuerzos cortantes máximos en el plano:

$$\tau_{\text{máx}} = \sqrt{\left(\frac{\sigma_x - \sigma_y}{2}\right)^2 + \tau_{xy}^2}$$

$$= \sqrt{(8\,250\ \text{lb/pulg}^2)^2 + (-4\,700\ \text{lb/pulg}^2)^2} = 9\,490\ \text{lb/pulg}^2 \quad \Longleftarrow$$

El ángulo θ_{s_1} con respecto al plano con el esfuerzo cortante máximo positivo se calcula mediante la ecuación (7-24):

$$\theta_{s_1} = \theta_{p_1} - 45° = 165.2° - 45° = 120.2° \quad \Longleftarrow$$

Por lo que se infiere que el esfuerzo cortante máximo negativo actúa sobre el plano para el cual $\theta_{s_2} = 120.2° - 90° = 30.2°$.

Los esfuerzos normales que actúan sobre los planos de esfuerzos cortantes máximos se calculan con la ecuación (7-27):

$$\sigma_{\text{prom}} = \frac{\sigma_x + \sigma_y}{2} = 4\,050\ \text{lb/pulg}^2 \quad \Longleftarrow$$

Para finalizar, los esfuerzos cortantes máximos y los esfuerzos normales asociados se ilustran sobre el elemento de esfuerzo de la figura 7-13c.

Como procedimiento alternativo para encontrar los esfuerzos cortantes máximos, podemos usar la ecuación (7-20) a fin de establecer los dos valores de los ángulos θ_s y luego podemos utilizar la segunda ecuación de transformación (ecuación 7-4b) para obtener los esfuerzos cortantes correspondientes.

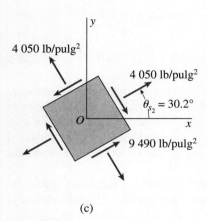

4 050 lb/pulg^2

4 050 lb/pulg^2

$\theta_{s_2} = 30.2°$

9 490 lb/pulg^2

(c)

FIG. 7-13c (Repetida).

7.4 CÍRCULO DE MOHR PARA EL ESFUERZO PLANO

Las ecuaciones de transformación para el esfuerzo plano pueden representarse en forma gráfica por medio de un trazado conocido como **círculo de Mohr**. Esta representación gráfica es de gran utilidad porque permite visualizar las relaciones entre los esfuerzos normales y cortantes que actúan sobre diferentes planos inclinados en un punto de un cuerpo sometido a esfuerzos; sirve también para calcular los esfuerzos principales, los esfuerzos cortantes máximos y los esfuerzos en planos inclinados. Además, el círculo de Mohr es válido no sólo para esfuerzos, sino también para otras cantidades de naturaleza matemática similar, incluidas las deformaciones y los momentos de inercia.*

---

*El círculo de Mohr se denomina así en honor del famoso ingeniero civil alemán Otto Christian Mohr (1835-1918), quien lo desarrolló en 1882. (Ref. 7-4.)

Ecuaciones del círculo de Mohr

Las ecuaciones del círculo de Mohr pueden deducirse de las ecuaciones de transformación para el esfuerzo plano (ecuaciones 7-4a y 7-4b). Las dos ecuaciones se repiten aquí pero con un pequeño reordenamiento de la primera expresión:

$$\sigma_{x_1} - \frac{\sigma_x + \sigma_y}{2} = \frac{\sigma_x - \sigma_y}{2} \cos 2\theta + \tau_{xy} \operatorname{sen} 2\theta \qquad (7\text{-}29a)$$

$$\tau_{x_1y_1} = -\frac{\sigma_x - \sigma_y}{2} \operatorname{sen} 2\theta + \tau_{xy} \cos 2\theta \qquad (7\text{-}29b)$$

Por la geometría analítica, reconocemos que ambas son las ecuaciones de un círculo en forma paramétrica, donde el ángulo 2θ es el parámetro y los esfuerzos σ_{x_1} y $\tau_{x_1y_1}$ son las coordenadas. En esta etapa no es necesario identificar la naturaleza de las ecuaciones; si eliminamos el parámetro, el significado de las ecuaciones resultará claro.

Para suprimir el parámetro 2θ, elevamos al cuadrado ambos lados de cada ecuación y luego sumamos ambas. El resultado es la ecuación

$$\left(\sigma_{x_1} - \frac{\sigma_x + \sigma_y}{2}\right)^2 + \tau_{x_1y_1}^2 = \left(\frac{\sigma_x - \sigma_y}{2}\right)^2 + \tau_{xy}^2 \qquad (7\text{-}30)$$

Esta ecuación puede escribirse en forma más simple usando la siguiente notación de la sección 7.3 (véanse las ecuaciones 7-27 y 7-12, respectivamente):

$$\sigma_{\text{prom}} = \frac{\sigma_x + \sigma_y}{2} \qquad R = \sqrt{\left(\frac{\sigma_x - \sigma_y}{2}\right)^2 + \tau_{xy}^2} \qquad (7\text{-}31a,b)$$

La ecuación (7-30) toma la forma

$$(\sigma_{x_1} - \sigma_{\text{prom}})^2 + \tau_{x_1y_1}^2 = R^2 \qquad (7\text{-}32)$$

que es la ecuación algebraica de un círculo. Las coordenadas son σ_{x_1} y $\tau_{x_1y_1}$, el radio es R y el centro del círculo tiene las coordenadas $\sigma_{x_1} = \sigma_{\text{prom}}$ y $\tau_{x_1y_1} = 0$.

Dos formas del círculo Mohr

El círculo de Mohr puede trazarse a partir de las ecuaciones (7-29) y (7-32) de dos maneras distintas. En la primera se traza el esfuerzo normal σ_{x_1} positivo hacia la derecha y el esfuerzo cortante $\tau_{x_1y_1}$ positivo hacia abajo, como se muestra en la figura 7-14a. La ventaja de trazar los esfuerzos cortantes positivos hacia abajo es que el ángulo 2θ sobre el círculo de Mohr es positivo en sentido contrario a las manecillas del reloj, lo que concuerda con la dirección positiva de 2θ en la deducción de las ecuaciones de transformación (véanse las figuras 7-1 y 7-2).

En la segunda forma del círculo de Mohr, $\tau_{x_1y_1}$ se traza positivo hacia arriba pero el ángulo 2θ ahora es positivo en el sentido de las manecillas del reloj (figura 7-14b), que es opuesto a su dirección positiva usual.

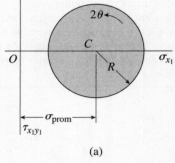

(a)

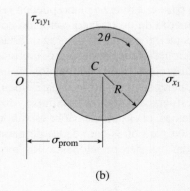

(b)

FIG. 7-14 Dos formas del círculo de Mohr: (a) $\tau_{x_1y_1}$ es positivo hacia abajo y el ángulo 2θ es positivo en sentido contrario a las manecillas del reloj y (b) $\tau_{x_1y_1}$ es positivo hacia arriba y el ángulo 2θ es positivo en el sentido de las manecillas del reloj. (*Nota*: en el libro se usa la primera forma.)

Ambas formas son matemáticamente correctas y cualquiera puede usarse; pero es más fácil visualizar la orientación del elemento de esfuerzo si la dirección positiva del ángulo 2θ es la misma en el círculo de Mohr y en el elemento. Además, una rotación en sentido opuesto a las manecillas del reloj concuerda con la regla usual de la mano derecha para rotaciones.

Por lo tanto, optaremos por la primera forma del círculo de Mohr (figura 7-14a) en la que *el esfuerzo cortante positivo se traza hacia abajo y un ángulo positivo 2θ se traza en sentido contrario a las manecillas del reloj.*

Construcción del círculo de Mohr

El círculo de Mohr puede construirse de varias maneras, dependiendo de cuáles esfuerzos se conozcan y cuáles se desconozcan. Para nuestro propósito inmediato, que es mostrar las propiedades básicas del círculo, supongamos que conocemos los esfuerzos σ_x, σ_y y τ_{xy} que actúan sobre los planos x y y de un elemento en el esfuerzo plano (figura 7-15a). Como veremos, esta información es suficiente para construir el círculo. Luego, con el círculo dibujado, podemos determinar los esfuerzos σ_{x_1}, σ_{y_1} y $\tau_{x_1y_1}$ que actúan sobre un elemento inclinado (figura 7-15b). También podemos obtener los esfuerzos principales y los esfuerzos cortantes máximos con ayuda del círculo.

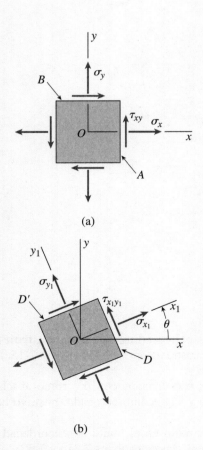

(a)

(b)

FIG. 7-15 Construcción del círculo de Mohr para el esfuerzo plano.

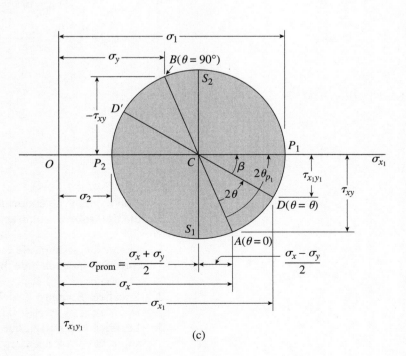

(c)

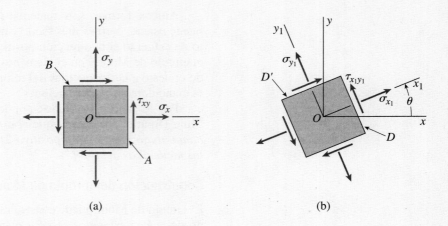

(a)   (b)

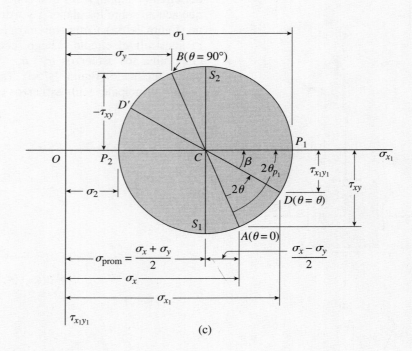

FIG. 7-15 (Repetida).

(c)

Con σ_x, σ_y y τ_{xy} conocidos, el **procedimiento para construir el círculo de Mohr** es como se muestra a continuación (figura 7-15c):

1. Dibuje un sistema de ejes coordenados con σ_{x_1} como abscisa (positivo hacia la derecha) y $\tau_{x_1y_1}$ como ordenada (positivo hacia abajo).

2. Localice el centro C del círculo en el punto con coordenadas $\sigma_{x_1} = \sigma_{\text{prom}}$ y $\tau_{x_1y_1} = 0$ (véase las ecuaciones 7-31a y 7-32).

3. Localice el punto A, que representa las condiciones de esfuerzo sobre la cara x del elemento mostrado en la figura 7-15a, mar-

cando sus coordenadas $\sigma_{x_1} = \sigma_x$ y $\tau_{x_1y_1} = \tau_{xy}$. Observe que el punto A en el círculo corresponde a $\theta = 0$. Observe también que la cara x del elemento (figura 7-15a) está marcada "A" para mostrar su correspondencia con el punto A sobre el círculo.

4. Localice el punto B que representa las condiciones de esfuerzo sobre la cara y del elemento mostrado en la figura 7-15a, trazando sus coordenadas $\sigma_{x_1} = \sigma_y$ y $\tau_{x_1y_1} = -\tau_{xy}$. Observe que el punto B sobre el círculo corresponde a $\theta = 90°$. Además, la cara y del elemento (figura 7-15a) está marcada "B" para mostrar su correspondencia con el punto B en el diagrama.

5. Dibuje una línea del punto A al punto B. Esta línea es un diámetro del círculo y pasa por el centro C. Los puntos A y B, que representan los esfuerzos sobre planos a 90° uno del otro (figura 7-15a), están en extremos opuestos del diámetro (y, por lo tanto, están a 180° uno del otro sobre el círculo).

6. Con el punto C como centro, trace el círculo de Mohr por los puntos A y B. El círculo dibujado de esta manera tiene radio R (ecuación 7-31b), como se expone en el siguiente párrafo.

Ahora que hemos dibujado el círculo, podemos confirmar por geometría que las líneas CA y CB son radios y tienen longitudes iguales a R. Observamos que las respectivas abscisas de los puntos C y A son $(\sigma_x + \sigma_y)/2$ y σ_x, respectivamente. La diferencia de estas abscisas es $(\sigma_x - \sigma_y)/2$, tal como están dimensionadas en la figura. También la ordenada del punto A es τ_{xy}; por lo tanto, la línea CA es la hipotenusa de un triángulo rectángulo que tiene un lado de longitud $(\sigma_x - \sigma_y)/2$ y el otro lado de longitud τ_{xy}. Extraemos la raíz cuadrada de la suma de los cuadrados de esos dos lados y obtenemos el radio R:

$$R = \sqrt{\left(\frac{\sigma_x - \sigma_y}{2}\right)^2 + \tau_{xy}^2}$$

que es la misma que la ecuación (7-31b). Por un procedimiento similar, podemos mostrar que la longitud de la línea CB también es igual al radio R del círculo.

Esfuerzos sobre un elemento inclinado

Consideraremos ahora los esfuerzos σ_{x_1}, σ_{y_1} y $\tau_{x_1y_1}$ que actúan sobre las caras de un elemento en el esfuerzo plano orientado según un ángulo θ respecto al eje x (figura 7-15b). Si se conoce el ángulo θ, estos esfuerzos pueden determinarse con el círculo de Mohr. El procedimiento es el siguiente.

Sobre el círculo (figura 7-15c), medimos un ángulo 2θ en sentido contrario a las manecillas del reloj desde el radio CA, porque el punto A corresponde a $\theta = 0$ y es el punto de referencia desde donde medimos los ángulos. El ángulo 2θ localiza el punto D, que (según se expone en el párrafo siguiente) tiene coordenadas σ_{x_1} y $\tau_{x_1y_1}$; por lo tanto, el punto D representa los esfuerzos sobre la cara x_1 del elemento de la figura 7-15b. En consecuencia, esta cara del elemento se marca "D" en la figura.

Observe que un ángulo 2θ sobre el círculo de Mohr corresponde a un ángulo θ sobre un elemento de esfuerzo; por ejemplo, el punto D sobre el círculo está a un ángulo 2θ del punto A, pero la cara x_1 del elemento mostrado en la figura 7-15b (la cara marcada "D") está a un ángulo θ de la cara x del elemento ilustrado en la figura 7-15a (la cara marcada "A"). De manera similar, los puntos A y B están separados 180° sobre el círculo, pero las caras correspondientes del elemento (figura 7-15a) lo están por 90°.

Para demostrar que las ecuaciones de transformación de esfuerzos (ecuaciones 7-4a y 7-4b) dan las coordenadas σ_{x_1} y $\tau_{x_1y_1}$ del punto D sobre el círculo, usamos de nuevo la geometría del círculo. Sea β el ángulo entre la línea radial CD y el eje σ_{x_1}. Entonces, con base en la geometría de la figura, obtenemos las siguientes expresiones para las coordenadas del punto D:

$$\sigma_{x_1} = \frac{\sigma_x + \sigma_y}{2} + R \cos \beta \qquad \tau_{x_1y_1} = R \, \text{sen} \, \beta \qquad \text{(7-33a,b)}$$

Si observamos que el ángulo entre el radio CA y el eje horizontal es $2\theta + \beta$, podemos obtener

$$\cos (2\theta + \beta) = \frac{\sigma_x - \sigma_y}{2R} \qquad \text{sen} \, (2\theta + \beta) = \frac{\tau_{xy}}{R}$$

Desarrollamos las expresiones para el seno y el coseno (observe el apéndice C) y resulta

$$\cos 2\theta \cos \beta - \text{sen} \, 2\theta \, \text{sen} \, \beta = \frac{\sigma_x - \sigma_y}{2R} \qquad \text{(a)}$$

$$\text{sen} \, 2\theta \cos \beta + \cos 2\theta \, \text{sen} \, \beta = \frac{\tau_{xy}}{R} \qquad \text{(b)}$$

Multiplicamos la primera de esas ecuaciones por $\cos 2\theta$ y la segunda por $\text{sen} \, 2\theta$ y sumamos, con lo que resulta

$$\cos \beta = \frac{1}{R} \left(\frac{\sigma_x - \sigma_y}{2} \cos 2\theta + \tau_{xy} \, \text{sen} \, 2\theta \right) \qquad \text{(c)}$$

También multiplicamos la ecuación (a) por $\text{sen} \, 2\theta$, la ecuación (b) por $\cos 2\theta$ y restamos, con lo que obtenemos

$$\text{sen} \, \beta = \frac{1}{R} \left(-\frac{\sigma_x - \sigma_y}{2} \, \text{sen} \, 2\theta + \tau_{xy} \cos 2\theta \right) \qquad \text{(d)}$$

Cuando estas expresiones para $\cos \beta$ y $\text{sen} \, \beta$ se sustituyen en las ecuaciones (7-33a) y (7-33b), obtenemos las ecuaciones de transformación de esfuerzos para σ_{x_1} y $\tau_{x_1y_1}$ (ecuaciones 7-4a y 7-4b). Así, hemos demostrado entonces que el punto D sobre el círculo de Mohr, definido por el ángulo 2θ, representa las condiciones de esfuerzo sobre la cara x_1 del elemento de esfuerzo definido por el ángulo θ (figura 7-15b).

El punto D', que es diametralmente opuesto al punto D sobre el círculo, se localiza por un ángulo 2θ (medido desde la línea CA) que es $180°$ mayor que el ángulo 2θ para el punto D; por lo tanto, el punto D' sobre el círculo representa los esfuerzos sobre una cara del elemento de esfuerzo (figura 7-15b) a $90°$ de la cara representada por el punto D. Así entonces, el punto D' sobre el círculo da los esfuerzos σ_{y_1} y $-\tau_{x_1y_1}$ sobre la cara y_1 del elemento de esfuerzo (la cara marcada "D'" en la figura 7-15b).

De este análisis vemos cómo los esfuerzos representados por puntos sobre el círculo de Mohr se relacionan con los esfuerzos que actúan sobre un elemento. Los esfuerzos sobre un plano inclinado definido por el ángulo θ (figura 7-15b) se encuentran sobre el círculo en el punto donde el ángulo desde el punto de referencia (punto A) es 2θ. Entonces, conforme giramos los ejes x_1y_1 en sentido contrario a las manecillas del reloj un ángulo θ (figura 7-15b), el punto sobre el círculo de Mohr correspondiente a la cara x_1 se mueve en sentido contrario a las manecillas del reloj a través de un ángulo 2θ. De manera similar, si giramos los ejes en el sentido de las manecillas del reloj un ángulo dado, el punto sobre el círculo se moverá también en este sentido un ángulo dos veces mayor.

Esfuerzos principales

Quizá la determinación de los esfuerzos principales sea la aplicación más importante del círculo de Mohr. Observe que al movernos alrededor del círculo de Mohr (figura 7-15c), encontramos el punto P_1 en donde el esfuerzo normal alcanza su valor algebraico máximo y en donde el esfuerzo cortante es cero; por consiguiente, el punto P_1 representa un **esfuerzo principal** y un **plano principal**. La abscisa σ_1 del punto P_1 da el esfuerzo principal algebraicamente mayor y su ángulo $2\theta_{p_1}$ desde el punto de referencia A (donde $\theta = 0$) proporciona la orientación del plano principal. El otro plano principal, asociado con el esfuerzo normal menor en términos algebraicos, está representado por el punto P_2, diametralmente opuesto al punto P_1.

Por la geometría del círculo, vemos que el esfuerzo principal mayor en términos algebraicos es

$$\sigma_1 = \overline{OC} + \overline{CP_1} = \frac{\sigma_x + \sigma_y}{2} + R$$

que, al sustituir la expresión para R (ecuación 7-31b), concuerda con la ecuación previa para este esfuerzo (ecuación 7-14). De manera similar, podemos comprobar la expresión para el esfuerzo principal σ_2 algebraicamente menor.

El ángulo principal θ_{p_1} entre el eje x (figura 7-15a) y el plano del esfuerzo principal algebraicamente mayor es la mitad del ángulo $2\theta_{p_1}$, que es el ángulo en el círculo de Mohr entre los radios CA y CP_1. El coseno y el seno del ángulo $2\theta_{p_1}$ pueden obtenerse por inspección del círculo:

$$\cos 2\theta_{p_1} = \frac{\sigma_x - \sigma_y}{2R} \qquad \mathrm{sen}\, 2\theta_{p_1} = \frac{\tau_{xy}}{R}$$

Estas ecuaciones concuerdan con las ecuaciones (7-18a) y (7-18b) y vemos de nuevo que la geometría del círculo concuerda con las obtenidas antes. Sobre el círculo, el ángulo $2\theta_{p_2}$ al otro punto principal (punto P_2) es 180° mayor que $2\theta_{p_1}$; por consiguiente, $\theta_{p_2} = \theta_{p_1} + 90°$, como era de esperarse.

Esfuerzos cortantes máximos

Los puntos S_1 y S_2, que representan los planos de esfuerzos cortantes máximo positivo y máximo negativo, respectivamente, se localizan en la parte inferior y superior del círculo de Mohr (figura 7-15c). Estos puntos están a los ángulos $2\theta = 90°$ de los puntos P_1 y P_2, lo que concuerda con el hecho de que los planos de esfuerzo cortante máximo están orientados a 45° respecto a los planos principales.

Los esfuerzos cortantes máximos son iguales en términos numéricos al radio R del círculo (compare la ecuación 7-31b para R con la ecuación 7-25 para $\tau_{\text{máx}}$). Además, los esfuerzos normales sobre los planos de esfuerzo cortante máximo son iguales a la abscisa del punto C, que es el esfuerzo normal promedio σ_{prom} (véase la ecuación 7-31a).

Convención alternativa de signos para los esfuerzos cortantes

En algunas ocasiones se usa una convención de signos alternativa para los esfuerzos cortantes al construir el círculo de Mohr. En esta convención, la dirección de un esfuerzo cortante que actúa sobre un elemento del material se indica por el sentido de la rotación que tiende a producir (figuras 7-16a y b). Si el esfuerzo cortante τ tiende a girar el elemento de esfuerzo en el sentido de las manecillas del reloj, se llama *esfuerzo cortante en el sentido de las manecillas del reloj* y si tiende a hacerlo en sentido contrario a las manecillas del reloj, se denomina *esfuerzo cortante en sentido contrario a las manecillas del reloj*. Entonces, al construir el círculo de Mohr, los esfuerzos cortantes en sentido de las manecillas se trazan hacia arriba y los esfuerzos cortantes en sentido contrario, hacia abajo (figura 7-16c).

Debe quedar claro que *la convención alternativa de signos produce un círculo idéntico al descrito* (figura 7-15c). La razón es que un esfuerzo cortante positivo $\tau_{x_1y_1}$ también es un esfuerzo cortante en sentido contrario a las manecillas del reloj y ambos se trazan hacia abajo. Además, un esfuerzo cortante negativo $\tau_{x_1y_1}$ es un esfuerzo cortante en el sentido de las manecillas y ambos se trazan hacia arriba.

Así, la convención alternativa de signos proporciona solamente un punto de vista diferente. En vez de considerar el eje vertical asociado con esfuerzos cortantes negativos trazados hacia arriba y esfuerzos cortantes positivos trazados hacia abajo (lo que es algo inconveniente), podemos considerar el eje vertical relacionado con esfuerzos cortantes en sentido de las manecillas trazados hacia arriba y esfuerzos cortantes contrario a las manecillas del reloj trazados hacia abajo (figura 7-16c).

Comentarios generales sobre el círculo

De acuerdo con los análisis anteriores en esta sección, está claro que podemos encontrar los esfuerzos que actúan sobre cualquier plano

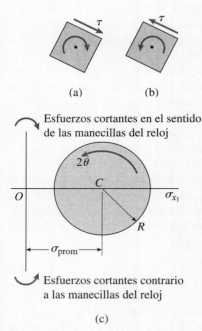

(a)   (b)

Esfuerzos cortantes en el sentido de las manecillas del reloj

2θ

C

O σ_{x_1}

R

σ_{prom}

Esfuerzos cortantes contrario a las manecillas del reloj

(c)

FIG. 7-16 Convención alternativa de signos para los esfuerzos cortantes: (a) esfuerzo cortante en sentido de las manecillas del reloj; (b) esfuerzo cortante en sentido contrario a las manecillas del reloj y (c) ejes para el círculo de Mohr (observe que los esfuerzos cortantes en el sentido de las manecillas del reloj se trazan hacia arriba y los esfuerzos cortantes en sentido contrario, hacia abajo).

inclinado así como los esfuerzos principales y los esfuerzos cortantes máximos con ayuda del círculo de Mohr. Sin embargo, sólo se han considerado rotaciones de ejes en el plano xy (es decir, rotaciones respecto al eje z), por lo que *todos los esfuerzos sobre el círculo de Mohr son esfuerzos en el plano*.

Por conveniencia, el círculo de la figura 7-15 se dibujó con σ_x, σ_y, y τ_{xy} como esfuerzos positivos, pero puede seguirse el mismo procedimiento si uno o más de los esfuerzos es negativo. Si uno de los esfuerzos normales es negativo, parte o todo el círculo estará a la izquierda del origen, como lo ilustra el ejemplo 7-6 que sigue.

El punto A de la figura 7-15c, que representa los esfuerzos sobre el plano $\theta = 0$, puede estar en cualquier parte alrededor del círculo; sin embargo, el ángulo 2θ se mide siempre en sentido contrario a las manecillas del reloj desde el radio CA, independientemente de donde se encuentre el punto A.

En los casos especiales de *esfuerzo uniaxial*, *esfuerzo biaxial* y *cortante puro*, la construcción del círculo de Mohr es más simple que en el caso general del esfuerzo plano. Estos casos especiales se ilustran en el ejemplo 7-4 y en los problemas 7.4-1 al 7.4-9.

Además de usar el círculo de Mohr para obtener los esfuerzos sobre planos inclinados cuando se conocen los esfuerzos sobre los planos x y y, podemos utilizarlo de manera opuesta. Si conocemos los esfuerzos σ_{x_1}, σ_{y_1} y $\tau_{x_1y_1}$ que actúan sobre un elemento inclinado orientado según un ángulo conocido θ, resulta fácil construir el círculo y determinar los esfuerzos σ_x, σ_y y τ_{xy} para el ángulo $\theta = 0$. El procedimiento es localizar los puntos D y D' a partir de los esfuerzos conocidos y luego dibujar el círculo usando la línea DD' como diámetro. Si medimos el ángulo 2θ en sentido negativo desde el radio CD, podemos localizar el punto A, correspondiente a la cara x del elemento. Entonces podemos localizar el punto B construyendo un diámetro desde A. Por último, podemos determinar las coordenadas de los puntos A y B y de ahí obtener los esfuerzos que actúan sobre el elemento para el cual $\theta = 0$.

Si se desea, es posible construir el círculo de Mohr a escala y medir los valores de los esfuerzos con base en el dibujo. Sin embargo, a menudo es preferible obtener los esfuerzos por cálculo numérico, ya sea directamente de las ecuaciones, o bien, usando trigonometría y la geometría del círculo.

El círculo de Mohr permite visualizar las relaciones entre los esfuerzos que actúan sobre planos a diferentes ángulos y sirve también como un medio mnemotécnico para el cálculo de esfuerzos. Aunque muchos procedimientos gráficos ya no se usan en el trabajo de ingeniería, el círculo de Mohr aún es muy valioso porque proporciona una imagen simple y clara de un análisis que resulta complicado de otra manera.

El círculo de Mohr también es aplicable a las transformaciones del estado plano de deformación y a los momentos de inercia de áreas planas, porque esas cantidades obedecen las mismas leyes de transformación que los esfuerzos (véanse las secciones 7.7, 12.8 y 12.9).

Ejemplo 7-4

En un punto sobre la superficie de un cilindro a presión, el material está sometido a esfuerzos biaxiales $\sigma_x = 90$ MPa y $\sigma_y = 20$ MPa, según se ve sobre el elemento de esfuerzos de la figura 7-17a.

Use el círculo de Mohr para determinar los esfuerzos que actúan sobre un elemento inclinado un ángulo $\theta = 30°$ (considere sólo los esfuerzos en el plano y muestre los resultados sobre un croquis de un elemento orientado de manera apropiada).

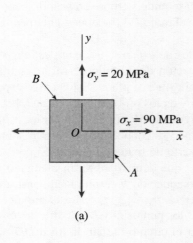

(a)

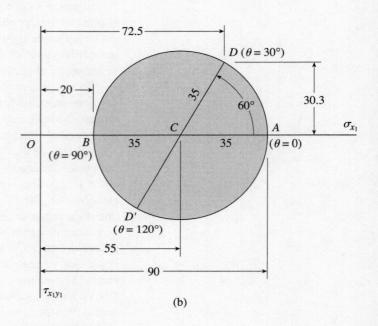

(b)

FIG. 7-17 Ejemplo 7-4. (a) Elemento en el esfuerzo plano y (b) el círculo de Mohr correspondiente. (*Nota*: todos los esfuerzos sobre el círculo tienen unidades de MPa.)

Solución

Construcción del círculo de Mohr. Comenzamos fijando los ejes para los esfuerzos normales y cortantes, con σ_{x_1} positivo hacia la derecha y $\tau_{x_1 y_1}$ positivo hacia abajo, como se muestra en la figura 7-17b. Luego situamos el centro C del círculo sobre el eje σ_{x_1} en el punto en que el esfuerzo es igual al esfuerzo normal promedio (ecuación 7-31a):

$$\sigma_{\text{prom}} = \frac{\sigma_x + \sigma_y}{2} = \frac{90 \text{ MPa} + 20 \text{ MPa}}{2} = 55 \text{ MPa}$$

El punto A, que representa los esfuerzos sobre la cara x del elemento ($\theta = 0$), tiene coordenadas

$$\sigma_{x_1} = 90 \text{ MPa} \qquad \tau_{x_1 y_1} = 0$$

De manera similar, las coordenadas del punto B, que representan los esfuerzos sobre la cara y ($\theta = 90°$), son

$$\sigma_{x_1} = 20 \text{ MPa} \qquad \tau_{x_1 y_1} = 0$$

Ahora dibujamos el círculo a través de los puntos A y B con centro en C y radio R (véase la ecuación 7-31b) igual a

$$R = \sqrt{\left(\frac{\sigma_x - \sigma_y}{2}\right)^2 + \tau_{xy}^2} = \sqrt{\left(\frac{90\ \text{MPa} - 20\ \text{MPa}}{2}\right)^2 + 0} = 35\ \text{MPa}$$

Esfuerzos sobre un elemento inclinado a $\theta = 30°$. Los esfuerzos que actúan sobre un plano orientado según un ángulo $\theta = 30°$ están dados por las coordenadas del punto D que se halla a un ángulo $2\theta = 60°$ del punto A (figura 7-17b). Por inspección del círculo, vemos que las coordenadas del punto D son

(Punto D) $\sigma_{x_1} = \sigma_{\text{prom}} + R \cos 60°$

$$= 55\ \text{MPa} + (35\ \text{MPa})(\cos 60°) = 72.5\ \text{MPa} \qquad \Longleftarrow$$

$$\tau_{x_1 y_1} = -R \operatorname{sen} 60° = -(35\ \text{MPa})(\operatorname{sen} 60°) = -30.3\ \text{MPa} \qquad \Longleftarrow$$

De manera similar, podemos encontrar los esfuerzos representados por el punto D', que corresponde a un ángulo $\theta = 120°$ (o $2\theta = 240°$):

(Punto D') $\sigma_{x_1} = \sigma_{\text{prom}} - R \cos 60°$

$$= 55\ \text{MPa} - (35\ \text{MPa})(\cos 60°) = 37.5\ \text{MPa} \qquad \Longleftarrow$$

$$\tau_{x_1 y_1} = R \operatorname{sen} 60° = (35\ \text{MPa})(\operatorname{sen} 60°) = 30.3\ \text{MPa} \qquad \Longleftarrow$$

Estos resultados se presentan en la figura 7-18 sobre un croquis de un elemento orientado a un ángulo $\theta = 30°$, con todos los esfuerzos mostrados en sus direcciones verdaderas. Observe que la suma de los esfuerzos normales sobre el elemento inclinado es igual a $\sigma_x + \sigma_y$ o 110 MPa.

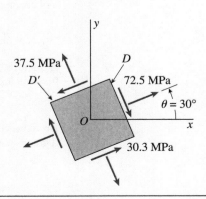

FIG. 7-18 Ejemplo 7-4 (continuación). Esfuerzos que actúan sobre un elemento orientado a un ángulo $\theta = 30°$.

Ejemplo 7-5

Un elemento en el esfuerzo plano en la superficie de una máquina grande está sometido a esfuerzos $\sigma_x = 15\ 000$ lb/pulg^2, $\sigma_y = 5{,}000$ lb/pulg^2 y $\tau_{xy} = 4\ 000$ lb/pulg^2, como se muestra en la figura 7-19a.

Determine las siguientes cantidades usando el círculo de Mohr: a) los esfuerzos que actúan sobre un elemento inclinado un ángulo $\theta = 40°$; b) los esfuerzos principales y c) los esfuerzos cortantes máximos (considere sólo los esfuerzos en el plano y muestre todos los resultados sobre croquis de elementos orientados de forma apropiada).

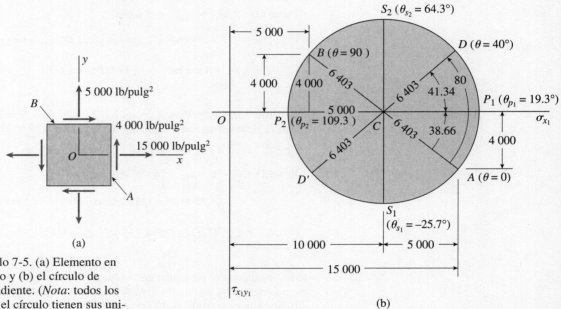

(a)

FIG. 7-19 Ejemplo 7-5. (a) Elemento en el esfuerzo plano y (b) el círculo de Mohr correspondiente. (*Nota*: todos los esfuerzos sobre el círculo tienen sus unidades en lb/pulg^2.)

(b)

Solución

Construcción del círculo de Mohr. El primer paso en la solución es establecer los ejes para el círculo de Mohr, con σ_{x_1} positivo hacia la derecha y $\tau_{x_1 y_1}$ positivo hacia abajo (figura 7-19b). El centro C del círculo está localizado sobre el eje σ_{x_1} en el punto en que σ_{x_1} es igual al esfuerzo normal promedio (ecuación 7.31a).

$$\sigma_{\text{prom}} = \frac{\sigma_x + \sigma_y}{2} = \frac{15\ 000\ \text{lb/pulg}^2 + 5\ 000\ \text{lb/pulg}^2}{2} = 10\ 000\ \text{lb/pulg}^2$$

El punto A, que representa los esfuerzos sobre la cara x del elemento ($\theta = 0$), tiene las coordenadas

$$\sigma_{x_1} = 15\ 000\ \text{lb/pulg}^2 \qquad \tau_{x_1 y_1} = 4\ 000\ \text{lb/pulg}^2$$

De manera similar, las coordenadas del punto B, que representan los esfuerzos sobre la cara y ($\theta = 90°$) son

$$\sigma_{x_1} = 5\ 000\ \text{lb/pulg}^2 \qquad \tau_{x_1 y_1} = -4\ 000\ \text{lb/pulg}^2$$

El círculo se traza por los puntos A y B con centro en C. El radio del círculo, de la ecuación (7-31b), es

$$R = \sqrt{\left(\frac{\sigma_x - \sigma_y}{2}\right)^2 + \tau_{xy}^2}$$

$$= \sqrt{\left(\frac{15\ 000\ \text{lb/pulg}^2 - 5\ 000\ \text{lb/pulg}^2}{2}\right)^2 + (4\ 000\ \text{lb/pulg}^2)^2}$$

$$= 6\ 403\ \text{lb/pulg}^2$$

a) *Esfuerzos sobre un elemento inclinado a* $\theta = 40°$. Los esfuerzos que actúan sobre un plano orientado con un ángulo $\theta = 40°$ están dados por las coordenadas del punto D que se halla a un ángulo $2\theta = 80°$ del punto A (figura 7-19b). Para evaluar estas coordenadas, necesitamos conocer el ángulo entre la línea CD y el eje σ_{x_1} (es decir, el ángulo DCP_1), que a su vez requiere que conozcamos el ángulo entre la línea CA y el eje σ_{x_1} (ángulo ACP_1). Estos ángulos se encuentran con base en la geometría del círculo como sigue:

$$\tan \overline{ACP_1} = \frac{4\ 000\ \text{lb/pulg}^2}{5\ 000\ \text{lb/pulg}^2} = 0.8 \qquad \overline{ACP_1} = 38.66°$$

$$\overline{DCP_1} = 80° - \overline{ACP_1} = 80° - 38.66° = 41.34°$$

Conocidos estos ángulos, podemos determinar las coordenadas del punto D directamente de la figura:

(Punto D) $\sigma_{x_1} = 10\ 000\ \text{lb/pulg}^2 + (6\ 403\ \text{lb/pulg}^2)(\cos 41.34°)$
$$= 14\ 810\ \text{lb/pulg}^2$$

$$\tau_{x_1 y_1} = -(6\ 403\ \text{lb/pulg}^2)(\text{sen } 41.34°) = -4\ 230\ \text{lb/pulg}^2$$

FIG. 7-20 Ejemplo 7-5 (continuación). (a) Los esfuerzos actúan sobre un elemento orientado $\theta = 40°$; (b) esfuerzos principales y (c) esfuerzos cortantes máximos.

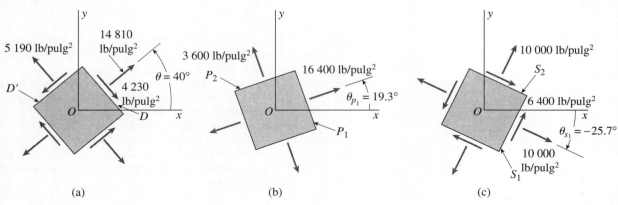

(a)   (b)   (c)

continúa

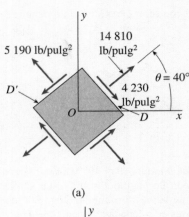

(a)

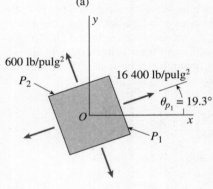

(b)

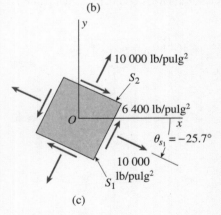

(c)

FIG. 7-20 (Repetida).

De manera análoga, es posible encontrar los esfuerzos representados por el punto D', que corresponde a un plano inclinado un ángulo $\theta = 130°$ (o $2\theta = 260°$):

(Punto D') $\sigma_{x_1} = 10\ 000\ \text{lb/pulg}^2 - (6\ 403\ \text{lb/pulg}^2)(\cos 41.34°)$
    $= 5\ 190\ \text{lb/pulg}^2$

$\tau_{x_1y_1} = (6\ 403\ \text{lb/pulg}^2)(\text{sen}\ 41.34°) = 4\ 230\ \text{lb/pulg}^2$

Estos esfuerzos se muestran en la figura 7-20a en un croquis de un elemento orientado con un ángulo $\theta = 40°$ (todos los esfuerzos se presentan en sus direcciones verdaderas). Observe también que la suma de los esfuerzos normales es igual a $\sigma_x + \sigma_y$ o $20\ 000\ \text{lb/pulg}^2$.

b) *Esfuerzos principales.* Los puntos P_1 y P_2 sobre el círculo de Mohr (figura 7-19b) representan los esfuerzos principales. El esfuerzo principal algebraicamente mayor (punto P_1) es

$$\sigma_1 = 10\ 000\ \text{lb/pulg}^2 + 6\ 400\ \text{lb/pulg}^2 = 16\ 400\ \text{lb/pulg}^2$$

como se ve por inspección del círculo. El ángulo $2\theta_{p_1}$ del punto A al punto P_1 es el ángulo ACP_1 sobre el círculo; es decir,

$$\overline{ACP_1} = 2\theta_{p_1} = 38.66° \qquad \theta_{p_1} = 19.3°$$

Así, el plano del esfuerzo principal mayor en términos algebraicos está orientado a un ángulo $\theta_{p_1} = 19.3°$, según se observa en la figura 7-20b.

El esfuerzo principal algebraicamente menor (representado por el punto P_2) se obtiene del círculo de manera similar:

$$\sigma_2 = 10\ 000\ \text{lb/pulg}^2 - 6\ 400\ \text{lb/pulg}^2 = 3\ 600\ \text{lb/pulg}^2$$

El ángulo $2\theta_{p_2}$ al punto P_2 sobre el círculo es $38.66° + 180° = 218.66°$; así, el segundo plano principal está definido por el ángulo $\theta_{p_2} = 109.3°$. Los esfuerzos principales y los planos principales se muestran en la figura 7-20b y observamos de nuevo que la suma de los esfuerzos normales es igual a $20\ 000\ \text{lb/pulg}^2$.

c) *Esfuerzos cortantes máximos.* Los puntos S_1 y S_2 sobre el círculo de Mohr representan los esfuerzos cortantes máximos; por lo tanto, el esfuerzo cortante máximo en el plano (igual al radio del círculo) es

$$\tau_{\text{máx}} = 6\ 400\ \text{lb/pulg}^2$$

El ángulo ACS_1 del punto A al punto S_1 es $90° - 38.66° = 51.34°$, por lo cual el ángulo $2\theta_{s_1}$ para el punto S_1 es

$$2\theta_{s_1} = -51.34°$$

Este ángulo es negativo porque está medido en sentido de las manecillas del reloj sobre el círculo. El ángulo θ_{s_1} correspondiente al plano del esfuerzo cortante máximo positivo es la mitad de este valor, o $\theta_{s_1} = -25.7°$, como se muestra en las figuras 7-19b y 7-20c. El esfuerzo cortante máximo negativo (punto S_2 sobre el círculo) tiene el mismo valor numérico que el esfuerzo cortante máximo positivo ($6\ 400\ \text{lb/pulg}^2$).

Los esfuerzos normales que actúan sobre los planos de esfuerzo cortante máximo son iguales a σ_{prom}, que es la abscisa del centro C del círculo ($10\ 000\ \text{lb/pulg}^2$). Esos esfuerzos también se ilustran en la figura 7-20c. Observe que los planos de esfuerzo cortante máximo están orientados a 45° respecto a los planos principales.

Ejemplo 7-6

En un punto sobre la superficie del eje de un generador, los esfuerzos son $\sigma_x = -50$ MPa, $\sigma_y = 10$ MPa y $\tau_{xy} = -40$ MPa, como se ve en la figura 7-21a.

Determine las siguientes cantidades usando el círculo de Mohr: a) los esfuerzos que actúan sobre un elemento inclinado un ángulo $\theta = 45°$; b) los esfuerzos principales y c) los esfuerzos cortantes máximos (considere sólo los esfuerzos en el plano y muestre todos los resultados sobre el croquis de elementos apropiadamente orientados).

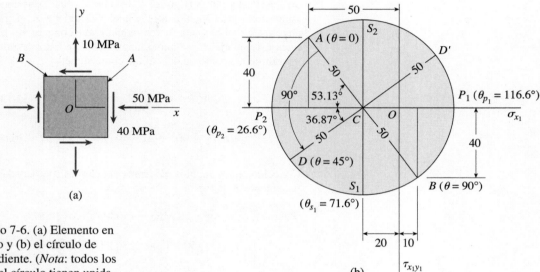

FIG. 7-21 Ejemplo 7-6. (a) Elemento en el esfuerzo plano y (b) el círculo de Mohr correspondiente. (*Nota*: todos los esfuerzos sobre el círculo tienen unidades de MPa.)

Solución

Construcción del círculo de Mohr. Los ejes para los esfuerzos normales y cortantes se muestran en la figura 7-21b, con σ_{x_1} positivo hacia la derecha y $\tau_{x_1y_1}$ positivo hacia abajo. El centro C del círculo se localiza sobre el eje σ_{x_1} en el punto en que el esfuerzo es igual al esfuerzo normal promedio (ecuación 7-31a):

$$\sigma_{\text{prom}} = \frac{\sigma_x + \sigma_y}{2} = \frac{-50 \text{ MPa} + 10 \text{ MPa}}{2} = -20 \text{ MPa}$$

El punto A, que representa los esfuerzos sobre la cara x del elemento ($\theta = 0$), tiene las coordenadas

$$\sigma_{x_1} = -50 \text{ MPa} \qquad \tau_{x_1y_1} = -40 \text{ MPa}$$

De manera similar, las coordenadas del punto B, que representan los esfuerzos sobre la cara y ($\theta = 90°$), son

$$\sigma_{x_1} = 10 \text{ MPa} \qquad \tau_{x_1y_1} = 40 \text{ MPa}$$

continúa

Ahora se traza el círculo por los puntos A y B con centro en C y radio R (de la ecuación 7-31b) igual a

$$R = \sqrt{\left(\frac{\sigma_x - \sigma_y}{2}\right)^2 + \tau_{xy}^2}$$

$$= \sqrt{\left(\frac{-50\ \text{MPa} - 10\ \text{MPa}}{2}\right)^2 + (-40\ \text{MPa})^2} = 50\ \text{MPa}$$

a) *Esfuerzos sobre un elemento inclinado un ángulo* $\theta = 45°$. Los esfuerzos que actúan sobre un plano orientado según un ángulo $\theta = 45°$, están dados por las coordenadas del punto D, que se halla a un ángulo $2\theta = 90°$ desde el punto A (figura 7-21b). Para evaluar estas coordenadas necesitamos conocer el ángulo entre la línea CD y el eje σ_{x_1} negativo (es decir, el ángulo DCP_2), lo que a su vez requiere que conozcamos el ángulo entre la línea CA y el eje σ_{x_1} negativo (ángulo ACP_2). Estos ángulos se determinan a partir de la geometría del círculo como sigue:

$$\tan \overline{ACP_2} = \frac{40\ \text{MPa}}{30\ \text{MPa}} = \frac{4}{3} \qquad \overline{ACP_2} = 53.13°$$

$$\overline{DCP_2} = 90° - \overline{ACP_2} = 90° - 53.13° = 36.87°$$

Conocidos estos ángulos, podemos obtener las coordenadas del punto D directamente de la figura:

(Punto D) $\qquad \sigma_{x_1} = -20\ \text{MPa} - (50\ \text{MPa})(\cos 36.87°) = -60\ \text{MPa}$ ◀

$\qquad\qquad \tau_{x_1y_1} = (50\ \text{MPa})(\text{sen } 36.87°) = 30\ \text{MPa}$ ◀

FIG. 7-22 Ejemplo 7-6 (continuación). (a) esfuerzos que actúan sobre un elemento orientado a $\theta = 45°$; (b) esfuerzos principales y (c) esfuerzos cortantes máximos.

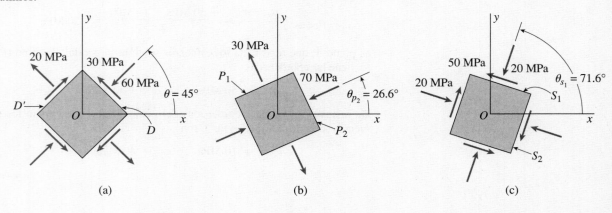

De manera análoga podemos encontrar los esfuerzos representados por el punto D', que corresponde a un plano inclinado según un ángulo $\theta = 135°$ (or $2\theta = 270°$):

(Punto D') $\sigma_{x_1} = -20$ MPa $+ (50$ MPa$)(\cos 36.87°) = 20$ MPa   ⬅

$$\tau_{x_1y_1} = (-50 \text{ MPa})(\text{sen } 36.87°) = -30 \text{ MPa}$$ ⬅

Estos esfuerzos se presentan en la figura 7-22a en un croquis de un elemento orientado según un ángulo $\theta = 45°$ (todos los esfuerzos se muestran en sus direcciones verdaderas). Observe también que la suma de los esfuerzos normales es igual a $\sigma_x + \sigma_y$, o -40 MPa.

b) *Esfuerzos principales.* Los esfuerzos principales están representados por los puntos P_1 y P_2 en el círculo de Mohr. El esfuerzo principal algebraicamente mayor (representado por el punto P_1) es

$$\sigma_1 = -20 \text{ MPa} + 50 \text{ MPa} = 30 \text{ MPa}$$ ⬅

como se ve por inspección del círculo. El ángulo $2\theta_{p_1}$ del punto A al punto P_1 es el ángulo ACP_1 medido en sentido contrario a las manecillas del reloj sobre el círculo, es decir,

$$\overline{ACP_1} = 2\theta_{p_1} = 53.13° + 180° = 233.13° \qquad \theta_{p_1} = 116.6°$$ ⬅

Así, el plano del esfuerzo principal algebraicamente mayor está orientado según un ángulo $\theta_{p_1} = 116.6°$.

El esfuerzo principal menor en términos algebraicos (punto P_2) se obtiene del círculo de manera similar:

$$\sigma_2 = -20 \text{ MPa} - 50 \text{ MPa} = -70 \text{ MPa}$$ ⬅

El ángulo $2\theta_{p_2}$ al punto P_2 sobre el círculo es de $53.13°$; entonces, el ángulo $\theta_{p_2} = 26.6°$ define al segundo plano principal.

Los esfuerzos y planos principales se muestran en la figura 7-22b; observamos de nuevo que la suma de los esfuerzos normales es igual a $\sigma_x + \sigma_y$ o -40 MPa.

c) *Esfuerzos cortantes máximos.* Los esfuerzos cortantes máximos positivo y negativo están representados por los puntos S_1 y S_2 en el círculo de Mohr (figura 7-21b). Sus magnitudes, iguales al radio del círculo, son

$$\tau_{\text{máx}} = 50 \text{ MPa}$$ ⬅

El ángulo ACS_1 del punto A al punto S_1 es de $90° + 53.13° = 143.13°$; por lo tanto, el ángulo $2\theta_{s_1}$ para el punto S_1 es

$$2\theta_{s_1} = 143.13°$$

El ángulo θ_{s_1} correspondiente al plano del esfuerzo cortante positivo máximo es la mitad de ese valor, o $\theta_{s_1} = 71.6°$, como se muestra la figura 7-22c. El esfuerzo cortante máximo negativo (punto S_2 sobre el círculo) tiene el mismo valor numérico que el esfuerzo positivo (50 MPa).

Los esfuerzos normales que actúan sobre los planos de esfuerzo cortante máximo son iguales a σ_{prom}, que es la coordenada del centro C del círculo (-20 MPa). Estos esfuerzos se ilustran también en la figura 7-22c. Observe que los planos de esfuerzo cortante máximo están orientados a 45° respecto a los planos principales.

7.5 LEY DE HOOKE PARA EL ESFUERZO PLANO

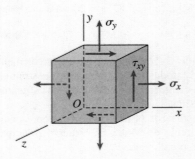

FIG. 7-23 Elemento de material en el esfuerzo plano ($\sigma_z = 0$).

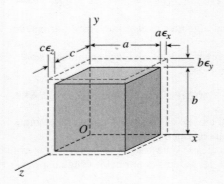

FIG. 7-24 Elemento de material sometido a deformaciones normales ϵ_x, ϵ_y, y ϵ_z.

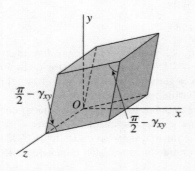

FIG. 7-25 Deformación cortante γ_{xy}.

Los esfuerzos que actúan sobre planos inclinados cuando el material está sometido al esfuerzo plano (figura 7-23) se analizaron en las secciones 7.2, 7.3 y 7.4. Las ecuaciones de transformación de esfuerzos deducidas en esos análisis se obtuvieron solamente a partir de consideraciones de equilibrio, y por tanto no se requirieron las propiedades de los materiales. En esta sección investigaremos ahora las *deformaciones* en el material, esto significa que debemos considerar las propiedades del material. Ahora bien, limitaremos el análisis a materiales que satisfagan dos condiciones importantes: primero, *el material es uniforme en todo el cuerpo, con las mismas propiedades en todas direcciones* (materiales homogéneos e isótropos), y segundo, *el material obedece la ley de Hooke* (materiales elásticolineales). Con estas condiciones resulta fácil obtener las relaciones entre los esfuerzos y las deformaciones en el cuerpo.

Comencemos considerando las **deformaciones normales** ϵ_x, ϵ_y y ϵ_z en el esfuerzo plano. Los efectos de dichas deformaciones se exhiben en la figura 7-24, que muestra los cambios en dimensiones de un elemento infinitesimalmente pequeño con bordes de longitud a, b y c. Las tres deformaciones ilustradas son positivas (alargamientos). Las deformaciones pueden expresarse en términos de los esfuerzos (figura 7-23) sobreponiendo los efectos de los esfuerzos individuales.

Por ejemplo, la deformación ϵ_x en la dirección x debida al esfuerzo σ_x es igual a σ_x/E, donde E es el módulo de elasticidad. Además, la deformación ϵ_x debida al esfuerzo σ_y es igual a $-\nu\sigma_y/E$, donde ν es la razón de Poisson (véase la sección 1.5). Por supuesto, el esfuerzo cortante τ_{xy} no produce deformaciones normales en las direcciones x, y o z. Entonces, la deformación resultante en la dirección x es

$$\epsilon_x = \frac{1}{E}(\sigma_x - \nu\sigma_y) \tag{7-34a}$$

Obtenemos las deformaciones en las direcciones y y z de manera similar:

$$\epsilon_y = \frac{1}{E}(\sigma_y - \nu\sigma_x) \qquad \epsilon_z = -\frac{\nu}{E}(\sigma_x + \sigma_y) \tag{7-34b, c}$$

Estas ecuaciones pueden usarse para encontrar las deformaciones normales (en los esfuerzos planos) cuando se conocen los esfuerzos.

El esfuerzo cortante τ_{xy} (figura 7-23) ocasiona una distorsión del elemento tal que cada cara z se convierte en un rombo (figura 7-25). La **deformación cortante** γ_{xy} es la disminución del ángulo entre las caras x y y del elemento y se relaciona con el esfuerzo cortante mediante la ley de Hooke en cortante como sigue:

$$\gamma_{xy} = \frac{\tau_{xy}}{G} \tag{7-35}$$

donde G es el módulo de elasticidad en cortante. Observe que los esfuerzos normales σ_x y σ_y no afectan la deformación cortante γ_{xy}. En consecuencia, las ecuaciones (7-34) y (7-35) dan las deformaciones (en el esfuerzo plano) cuando todos los esfuerzos (σ_x, σ_y y τ_{xy}) actúan al mismo tiempo.

Las primeras dos ecuaciones (ecuaciones 7-34a y 7-34b) dan las deformaciones ϵ_x y ϵ_y en términos de los esfuerzos. Estas ecuaciones pueden resolverse simultáneamente para los esfuerzos en términos de las deformaciones:

$$\sigma_x = \frac{E}{1 - \nu^2}(\epsilon_x + \nu\epsilon_y) \qquad \sigma_y = \frac{E}{1 - \nu^2}(\epsilon_y + \nu\epsilon_x) \quad \text{(7-36a, b)}$$

Además, tenemos la siguiente ecuación para el esfuerzo cortante en términos de la deformación cortante:

$$\tau_{xy} = G\gamma_{xy} \qquad\qquad\qquad \text{(7-37)}$$

Las ecuaciones (7-36) y (7-37) son útiles para encontrar los esfuerzos (en el esfuerzo plano) cuando se conocen las deformaciones. Por supuesto, el esfuerzo normal σ_z en la dirección z es igual a cero.

Las ecuaciones (7-34) a la (7-37) se conocen colectivamente como **ley de Hooke para el esfuerzo plano**. Contienen tres constantes del material (E, G y ν) pero sólo dos son independientes debido a la relación

$$G = \frac{E}{2(1 + \nu)} \qquad\qquad\qquad \text{(7-38)}$$

la cual ya se dedujo en la sección 3.6.

Casos especiales de la ley de Hooke

En el caso especial de esfuerzo biaxial (figura 7-10b), tenemos $\tau_{xy} = 0$, por lo que la ley de Hooke para el esfuerzo plano se simplifica a

$$\epsilon_x = \frac{1}{E}(\sigma_x - \nu\sigma_y) \qquad \epsilon_y = \frac{1}{E}(\sigma_y - \nu\sigma_x)$$

$$\epsilon_z = -\frac{\nu}{E}(\sigma_x + \sigma_y) \qquad\qquad \text{(7-39a, b, c)}$$

$$\sigma_x = \frac{E}{1 - \nu^2}(\epsilon_x + \nu\epsilon_y) \qquad \sigma_y = \frac{E}{1 - \nu^2}(\epsilon_y + \nu\epsilon_x) \quad \text{(7-40a, b)}$$

Estas ecuaciones son las mismas que las ecuaciones (7-34) y (7-36) porque los efectos de los esfuerzos normales y cortantes son independientes unos de otros.

Para el **esfuerzo uniaxial** con $\sigma_y = 0$ (figura 7-10a), las ecuaciones de la ley de Hooke se simplifican más aún:

$$\epsilon_x = \frac{\sigma_x}{E} \qquad \epsilon_y = \epsilon_z = -\frac{\nu\sigma_x}{E} \qquad \sigma_x = E\epsilon_x \quad \text{(7-41a, b, c)}$$

Por último, consideramos el **esfuerzo plano** (figura 7-11a), que significa que $\sigma_x = \sigma_y = 0$. Obtenemos entonces

$$\epsilon_x = \epsilon_y = \epsilon_z = 0 \qquad \gamma_{xy} = \frac{\tau_{xy}}{G} \qquad\qquad \text{(7-42a, b)}$$

En estos tres casos especiales, el esfuerzo normal σ_z es igual a cero.

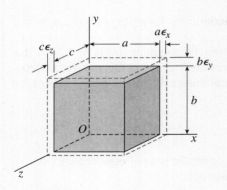

FIG. 7-24 (Repetida).

Cambio de volumen

Cuando un objeto sólido se ve sometido a deformaciones, tanto sus dimensiones como su volumen cambiarán. Es posible determinar la variación del volumen si se conocen las deformaciones normales en tres direcciones perpendiculares. A fin de explicar cómo se logra esto, consideraremos de nuevo el pequeño elemento que se muestra en la figura 7-24. Originalmente, este elemento era un paralelepípedo rectangular cuyos lados tenían las longitudes a, b y c, en las direcciones x y y y z, respectivamente. Las deformaciones ϵ_x, ϵ_y y ϵ_z, producen los cambios dimensionales que muestran las líneas punteadas. Así, el aumento en la longitud de los lados es $a\epsilon_x$, $b\epsilon_y$ y $c\epsilon_z$.

El volumen original del elemento es

$$V_0 = abc \tag{a}$$

y su volumen final es

$$V_1 = (a + a\epsilon_x)(b + b\epsilon_y)(c + c\epsilon_z)$$
$$= abc(1 + \epsilon_x)(1 + \epsilon_y)(1 + \epsilon_z) \tag{b}$$

Consultando la ecuación (a), es posible expresar el volumen final del elemento (ecuación b) de la siguiente manera

$$V_1 = V_0(1 + \epsilon_x)(1 + \epsilon_y)(1 + \epsilon_z) \tag{7-43a}$$

Desarrollando los términos del lado derecho de esta ecuación, se obtiene la siguiente expresión equivalente

$$V_1 = V_0(1 + \epsilon_x + \epsilon_y + \epsilon_z + \epsilon_x\epsilon_y + \epsilon_x\epsilon_z + \epsilon_y\epsilon_z + \epsilon_x\epsilon_y\epsilon_z) \tag{7-43b}$$

Las ecuaciones anteriores para V_1, son válidas para deformaciones grandes y pequeñas.

Si limitamos ahora nuestro análisis a las estructuras que tienen sólo deformaciones muy pequeñas (como suele ser el caso), podemos despreciar los términos de la ecuación (7-43b) que se compone de los productos de pequeñas deformaciones. Tales productos son pequeños en sí mismos comparados con las deformaciones individuales ϵ_x, ϵ_y y ϵ_z. Entonces la expresión para el volumen final se simplifica y queda como sigue

$$V_1 = V_0(1 + \epsilon_x + \epsilon_y + \epsilon_z) \tag{7-44}$$

y el **cambio de volumen** es

$$\Delta V = V_1 - V_0 = V_0(\epsilon_x + \epsilon_y + \epsilon_z) \tag{7-45}$$

Esta expresión puede utilizarse para cualquier volumen de material *siempre que las deformaciones sean pequeñas y permanezcan constantes en todo el volumen*. Observe también que el material no tiene que obedecer la ley de Hooke. Además, la expresión no se limita al esfuerzo plano, sino que es válida para cualquier condición de esfuerzo. (Como apunte final, debemos mencionar que las deformaciones de cortante no producen cambios en el volumen.)

El **cambio unitario de volumen e**, también conocido como **dilatación**, se define como el cambio del volumen dividido entre el volumen original; así:

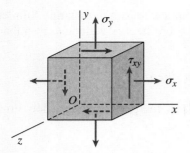

FIG. 7-23 (Repetida).

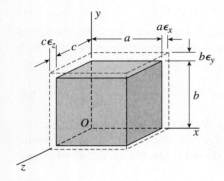

FIG. 7-24 (Repetida).

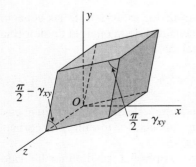

FIG. 7-25 (Repetida).

$$e = \frac{\Delta V}{V_0} = \epsilon_x + \epsilon_y + \epsilon_z \qquad (7\text{-}46)$$

Aplicando esta ecuación a un elemento diferencial de volumen e integrándola después, es posible obtener el cambio en el volumen de un cuerpo aún cuando las deformaciones normales varíen a todo lo largo del cuerpo.

Las ecuaciones anteriores para los cambios de volumen son aplicables tanto para deformaciones de tensión como de compresión, puesto que las deformaciones ϵ_x, ϵ_y y ϵ_z, son cantidades algebraicas (positivas para el alargamiento y negativas para el acortamiento). Con esta convención de signos, los valores positivos para ΔV y para e representan aumentos del volumen, en tanto que los valores negativos representan reducciones.

Regresemos a los materiales que sigue la **ley de Hooke** y que están sometidos solamente a un **esfuerzo plano** (figura 7-23). En este caso, las deformaciones ϵ_x, ϵ_y y ϵ_z están dadas por las ecuaciones (7-43 a, b y c). Sustituyendo estas relaciones en la ecuación (7-46), tenemos la siguiente expresión para el cambio unitario de volumen en función de los esfuerzos:

$$e = \frac{\Delta V}{V_0} = \frac{1 - 2\nu}{E}(\sigma_x + \sigma_y) \qquad (7\text{-}47)$$

Observe que esta ecuación también es aplicable al **esfuerzo biaxial**.

Para el caso de una barra prismática en tensión, es decir, sometida a un **esfuerzo uniaxial**, la ecuación (7-47) se simplifica a

$$e = \frac{\Delta V}{V_0} = \frac{\sigma_x}{E}(1 - 2\nu) \qquad (7\text{-}48)$$

A partir de esta ecuación, se observa que el máximo valor posible de la razón de Poisson para materiales comunes es igual a 0.5, puesto que un valor mayor significaría que el volumen disminuye cuando el material está en tensión, lo que contradice el comportamiento físico común.

Densidad de la energía de deformación en el esfuerzo plano

La densidad de la energía de deformación u es la energía de deformación almacenada en un volumen unitario del material (véase los análisis en las secciones 2.7 y 3.9). Para un elemento en el esfuerzo plano, podemos obtener la densidad de la energía de deformación consultando a los elementos mostrados en las figuras 7-24 y 7-25. Ya que las deformaciones normales y cortantes ocurren de manera independiente, podemos sumar las energías de deformación de estos dos elementos para obtener la energía total.

Comencemos por encontrar la energía de deformación asociada con las deformaciones normales (figura 7-24). Puesto que el esfuerzo que actúa sobre la cara x del elemento es σ_x (véase la figura 7-23), encontramos que la fuerza que actúa sobre la cara x del elemento (figura 7-24) es igual a $\sigma_x bc$. Por supuesto, conforme se aplican cargas a la estructura, esta fuerza se incrementa gradualmente desde cero hasta su valor máximo. Al mismo tiempo, la cara x del elemento recorre la distancia $a\epsilon_x$; por lo tanto, el trabajo que realiza esta fuerza es

$$\frac{1}{2}(\sigma_x bc)(a\epsilon_x)$$

siempre que la ley de Hooke sea aplicable para el material. Similarmente, la fuerza $\sigma_y ac$ que actúa sobre la cara y efectúa un trabajo igual a

$$\frac{1}{2}(\sigma_y ac)(b\epsilon_y)$$

La suma de estos dos términos da la energía de deformación almacenada en el elemento:

$$\frac{abc}{2}(\sigma_x\epsilon_x + \sigma_y\epsilon_y)$$

Así entonces, la densidad de la energía de deformación (energía de deformación por volumen unitario) debida a los esfuerzos y deformaciones normales es

$$u_1 = \frac{1}{2}(\sigma_x\epsilon_x + \sigma_y\epsilon_y) \tag{c}$$

La densidad de la energía de deformación asociada con las deformaciones de cortante (figura 7-25) se evaluó previamente en la sección 3.9 (véase la ecuación d de esa sección):

$$u_2 = \frac{\tau_{xy}\gamma_{xy}}{2} \tag{d}$$

Al combinar las densidades de energía de deformación para las deformaciones normales y cortantes, obtenemos la siguiente fórmula para la **densidad de la energía de deformación en esfuerzo plano**:

$$u = \frac{1}{2}(\sigma_x\epsilon_x + \sigma_y\epsilon_y + \tau_{xy}\gamma_{xy}) \tag{7-49}$$

Sustituyendo las deformaciones de las ecuaciones (7-34) y (7-35), obtenemos la densidad de la energía de deformación en términos sólo de esfuerzos:

$$u = \frac{1}{2E}(\sigma_x^2 + \sigma_y^2 - 2\nu\sigma_x\sigma_y) + \frac{\tau_{xy}^2}{2G} \tag{7-50}$$

De manera similar, podemos sustituir los esfuerzos de las ecuaciones (7-36) y (7-37) y obtener la densidad de la energía de deformación en términos sólo de deformaciones:

$$u = \frac{E}{2(1-\nu^2)}(\epsilon_x^2 + \epsilon_y^2 + 2\nu\epsilon_x\epsilon_y) + \frac{G\gamma_{xy}^2}{2} \tag{7-51}$$

Para obtener la densidad de la energía de deformación en el caso especial de esfuerzo **biaxial**, basta cancelar los términos de cortante en las ecuaciones (7-49), (7-50) y (7-51).

Para el caso especial de esfuerzo **uniaxial**, sustituimos los valores siguientes

$$\sigma_y = 0 \qquad \tau_{xy} = 0 \qquad \epsilon_y = -\nu\epsilon_x \qquad \gamma_{xy} = 0$$

en las ecuaciones (7-50) y (7-51) y obtenemos, respectivamente,

$$u = \frac{\sigma_x^2}{2E} \qquad u = \frac{E\epsilon_x^2}{2} \tag{e, f}$$

Estas ecuaciones concuerdan con las ecuaciones (2-44a) y (2-44b) de la sección 2.7.

También, para el **estado de cortante puro**, sustituimos

$$\sigma_x = \sigma_y = 0 \qquad \epsilon_x = \epsilon_y = 0$$

en las ecuaciones (7-50) y (7-51) y obtenemos

$$u = \frac{\tau_{xy}^2}{2G} \qquad u = \frac{G\gamma_{xy}^2}{2} \qquad \text{(g, h)}$$

Que concuerdan con las ecuaciones (3-55a) y (3-55b) de la sección 3.9.

7.6 ESTADO TRIAXIAL DE ESFUERZOS

Se dice que un elemento de material se encuentra en **estado triaxial de esfuerzos** al estar sometido a esfuerzos normales σ_x, σ_y y σ_z que actúan en tres direcciones mutuamente perpendiculares (figura 7-26a). Dado que no hay esfuerzos cortantes sobre las caras x, y y z, los esfuerzos σ_x, σ_y y σ_z son los *esfuerzos principales* en el material.

Si se corta un plano inclinado paralelo al eje z a través del elemento (figura 7-26b), los únicos esfuerzos sobre la cara inclinada son el esfuerzo normal σ y el esfuerzo cortante τ, que actúan paralelos al plano xy y son análogos a los esfuerzos σ_{x_1} y $\tau_{x_1y_1}$ que hallamos en el análisis del esfuerzo plano (véase, por ejemplo, la figura 7-2a). Puesto que los esfuerzos σ y τ (figura 7-26b) se encuentran a partir de ecuaciones de equilibrio de fuerzas en el plano xy, son independientes del esfuerzo normal σ_z; por lo tanto, podemos usar las ecuaciones de transformación del esfuerzo plano y el círculo de Mohr para el esfuerzo plano al determinar los esfuerzos σ y τ en el estado triaxial de esfuerzos. La misma conclusión general es válida para los esfuerzos normal y cortante que actúan sobre planos inclinados cortados a través del elemento paralelo a los ejes x y y.

Esfuerzos cortantes máximos

Por nuestros análisis del esfuerzo plano, sabemos que los esfuerzos cortantes máximos se presentan en planos orientados a 45° respecto a los planos principales; por lo tanto, para un material en el estado triaxial de esfuerzos (figura 7-26a), los esfuerzos cortantes máximos se dan en elementos orientados según ángulos de 45° respecto a los ejes x, y y z. Consideremos por ejemplo, un elemento obtenido por una rotación de 45° respecto al eje z. Los esfuerzos cortantes positivo y negativo máximos que actúan sobre este elemento son

$$(\tau_{\text{máx}})_z = \pm \frac{\sigma_x - \sigma_y}{2} \qquad \text{(7-52a)}$$

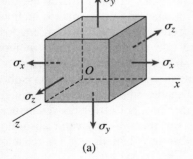

FIG. 7-26 Elemento en el estado triaxial de esfuerzos.

De modo similar, obtenemos los siguientes esfuerzos cortantes máximos por rotaciones de ángulos de 45° respecto a los ejes x y y:

$$(\tau_{\text{máx}})_x = \pm \frac{\sigma_y - \sigma_z}{2} \qquad (\tau_{\text{máx}})_y = \pm \frac{\sigma_x - \sigma_z}{2} \qquad \text{(7-52b, c)}$$

El esfuerzo cortante máximo absoluto es el valor numéricamente mayor de los esfuerzos determinados con las ecuaciones (7-52a, b y c) en térmicos numéricos. Es igual a la mitad de la diferencia entre el mayor y el menor algebraicamente de los tres esfuerzos principales.

Los esfuerzos que actúan sobre elementos orientados a diversos ángulos respecto a los ejes x, y y z se pueden visualizar con ayuda de los **círculos de Mohr**. Para elementos orientados por rotaciones respecto al eje z, el círculo correspondiente está marcado con una A en la figura 7-27. Observe que este círculo está dibujado para el caso en que $\sigma_x > \sigma_y$ y que tanto σ_x como σ_y son esfuerzos de tensión.

De manera similar, podemos construir círculos B y C para elementos orientados por rotaciones respecto a los ejes x y y, respectivamente. Los radios de los círculos representan los esfuerzos cortantes máximos dados por las ecuaciones (7-52a, b y c) y el esfuerzo cortante máximo absoluto es igual al radio del círculo mayor. Los esfuerzos normales que actúan sobre los planos de esfuerzos cortantes máximos tienen magnitudes dadas por las abscisas de los centros de los círculos respectivos.

En el análisis anterior del estado triaxial de esfuerzos consideramos sólo los esfuerzos que actúan sobre planos obtenidos por rotación respecto a los ejes x, y y z. Entonces, cada plano que consideramos es paralelo a uno de los ejes; por ejemplo, el plano inclinado en la figura 7-26b es paralelo al eje z y su normal es paralela al plano xy. Por supuesto, también podemos cortar a través del elemento en **direcciones inclinadas**, de manera que los planos inclinados resultantes sean oblicuos respecto a los tres ejes coordenados. Los esfuerzos normal y cortante que actúan sobre tales planos pueden obtenerse a partir de un análisis tridimensional más complicado. Sin embargo, los esfuerzos normales que actúan sobre planos inclinados tienen valor intermedio entre los esfuerzos principales algebraicamente máximo y mínimo; por otro lado, los esfuerzos cortantes sobre dichos planos son menores (en valor absoluto) que el esfuerzo cortante máximo absoluto obtenido con las ecuaciones (7-52a, b y c).

Ley de Hooke para el estado triaxial de esfuerzos

Si el material obedece la ley de Hooke, podemos obtener las relaciones entre los esfuerzos normales y las deformaciones normales usando el mismo procedimiento que para el esfuerzo plano (véase la sección 7.5). Las deformaciones producidas por los esfuerzos σ_x, σ_y y σ_z que actúan de manera independiente se sobreponen para obtener las deformaciones resultantes. De esta manera, obtenemos fácilmente las siguientes ecuaciones para las **deformaciones en el estado triaxial de esfuerzos**:

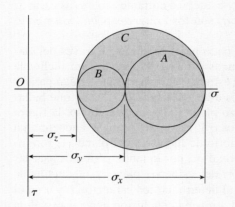

FIG. 7-27 Círculos de Mohr para un elemento en el estado triaxial de esfuerzos.

$$\epsilon_x = \frac{\sigma_x}{E} - \frac{\nu}{E}(\sigma_y + \sigma_z) \qquad (7\text{-}53a)$$

$$\epsilon_y = \frac{\sigma_y}{E} - \frac{\nu}{E}(\sigma_z + \sigma_x) \qquad (7\text{-}53b)$$

$$\epsilon_z = \frac{\sigma_z}{E} - \frac{\nu}{E}(\sigma_x + \sigma_y) \qquad (7\text{-}53c)$$

En estas ecuaciones se usan las convenciones estándares de signos; es decir, los esfuerzos de tensión σ y las deformaciones de alargamiento ϵ, son positivas.

Las ecuaciones anteriores pueden resolverse simultáneamente para los **esfuerzos en términos de las deformaciones**:

$$\sigma_x = \frac{E}{(1 + \nu)(1 - 2\nu)}\Big[(1 - \nu)\epsilon_x + \nu(\epsilon_y + \epsilon_z)\Big] \quad (7\text{-}54a)$$

$$\sigma_y = \frac{E}{(1 + \nu)(1 - 2\nu)}\Big[(1 - \nu)\epsilon_y + \nu(\epsilon_z + \epsilon_x)\Big] \quad (7\text{-}54b)$$

$$\sigma_z = \frac{E}{(1 + \nu)(1 - 2\nu)}\Big[(1 - \nu)\epsilon_z + \nu(\epsilon_x + \epsilon_y)\Big] \quad (7\text{-}54c)$$

Las ecuaciones (7-53) y (7-54) representan la **ley de Hooke para el estado triaxial de esfuerzos**.

En el caso especial de esfuerzo **biaxial** (figura 7-10b), podemos obtener las ecuaciones de la ley de Hooke sustituyendo $\sigma_z = 0$ en las ecuaciones anteriores. Las ecuaciones resultantes se reducen a las ecuaciones (7-39) y (7-40) de la sección 7.5.

Cambio de volumen unitario

El cambio de volumen unitario (o *dilatación*) para un elemento en el estado triaxial de esfuerzos se obtiene del mismo modo que para el esfuerzo plano (sección 7.5). Si el elemento está sometido a las deformaciones ϵ_x, ϵ_y y ϵ_z, podemos usar la ecuación (7-46) para el cambio de volumen unitario:

$$e = \epsilon_x + \epsilon_y + \epsilon_z \qquad (7\text{-}55)$$

Esta ecuación es válida para cualquier material, siempre que las deformaciones sean pequeñas.

Si la ley de Hooke se cumple para el material, podemos sustituir las deformaciones ϵ_x, ϵ_y y ϵ_z de las ecuaciones (7-53a, b y c) y obtener

$$e = \frac{1 - 2\nu}{E}(\sigma_x + \sigma_y + \sigma_z) \qquad (7\text{-}56)$$

Las ecuaciones (7-55) y (7-56) dan el cambio de volumen unitario en el estado triaxial de esfuerzos en términos de las deformaciones y esfuerzos, respectivamente.

Densidad de la energía de deformación

La densidad de la energía de deformación para un elemento en el estado triaxial de esfuerzos se obtiene por el mismo método usado para el esfuerzo plano. Cuando los esfuerzos σ_x y σ_y actúan solos (esfuerzo biaxial), la densidad de la energía de deformación (de la ecuación 7-49 con el término de cortante cancelado) es

$$u = \frac{1}{2}(\sigma_x \epsilon_x + \sigma_y \epsilon_y)$$

Cuando el elemento está en el estado triaxial de esfuerzos y sometido a esfuerzos σ_x, σ_y y σ_z, la expresión para la densidad de la energía de deformación es

$$u = \frac{1}{2}(\sigma_x \epsilon_x + \sigma_y \epsilon_y + \sigma_z \epsilon_z) \qquad (7\text{-}57a)$$

Si sustituimos las deformaciones de las ecuaciones (7-53a, b y c), obtenemos la densidad de la energía de deformación en términos de los esfuerzos:

$$u = \frac{1}{2E}(\sigma_x^2 + \sigma_y^2 + \sigma_z^2) - \frac{\nu}{E}(\sigma_x\sigma_y + \sigma_x\sigma_z + \sigma_y\sigma_z) \qquad (7\text{-}57b)$$

De manera similar, pero con las ecuaciones (7-54a, b y c), podemos expresar la densidad de la energía de deformación en términos de las deformaciones:

$$u = \frac{E}{2(1+\nu)(1-2\nu)}[(1-\nu)(\epsilon_x^2 + \epsilon_y^2 + \epsilon_z^2)$$

$$+ 2\nu(\epsilon_x\epsilon_y + \epsilon_x\epsilon_z + \epsilon_y\epsilon_z)] \qquad (7\text{-}57c)$$

Al usar estas expresiones para calcular, debemos cerciorarnos de sustituir los esfuerzos y las deformaciones con sus signos algebraicos correctos.

Esfuerzo esférico

Un tipo especial del estado triaxial de esfuerzos, llamado **esfuerzo esférico**, ocurre cuando los tres esfuerzos normales son iguales (figura 7-28):

$$\sigma_x = \sigma_y = \sigma_z = \sigma_0 \qquad (7\text{-}58)$$

En estas condiciones de esfuerzo, *cualquier* plano que corte al elemento estará sometido al mismo esfuerzo normal σ_0 y estará libre de esfuerzos cortantes. Tenemos entonces esfuerzos normales iguales en toda dirección y ningún esfuerzo cortante en el material. Cada plano es un plano principal y los tres círculos de Mohr de la figura 7-27 se reducen a un solo punto.

Las deformaciones normales en el esfuerzo esférico también son las mismas en todas direcciones, siempre que el material sea homogéneo e isótropo. Si la ley de Hooke es aplicable, las deformaciones normales son

$$\epsilon_0 = \frac{\sigma_0}{E}(1 - 2\nu) \qquad (7\text{-}59)$$

como resulta de las ecuaciones (7-53a, b y c).

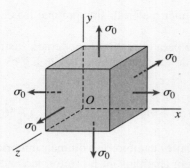

FIG. 7-28 Elemento en el esfuerzo esférico.

Puesto que no hay deformaciones cortantes, un elemento en forma de cubo cambia de tamaño pero conserva la forma de cubo. En general, cualquier cuerpo sometido a esfuerzo esférico mantendrá sus proporciones relativas pero su volumen se dilatará o se contraerá, según si σ_0 es de tensión o de compresión.

La expresión para el cambio de volumen unitario puede obtenerse de la ecuación (7-55) sustituyendo las deformaciones de la ecuación (7-59). El resultado es

$$e = 3\epsilon_0 = \frac{3\sigma_0(1 - 2\nu)}{E} \tag{7-60}$$

Por lo general la ecuación (7-60) se expresa en forma más compacta introduciendo una nueva cantidad K, llamada **módulo de elasticidad volumétrico** o **módulo de elasticidad a granel**, que se define como sigue:

$$K = \frac{E}{3(1 - 2\nu)} \tag{7-61}$$

Con esta notación, la expresión para el cambio de volumen unitario es

$$e = \frac{\sigma_0}{K} \tag{7-62}$$

y el módulo volumétrico es

$$K = \frac{\sigma_0}{e} \tag{7-63}$$

De esta manera, es posible definir el módulo del volumen como la relación del esfuerzo esférico con la deformación volumétrica, que es análoga a la definición del módulo E en el estado uniaxial de esfuerzos. Observe que las fórmulas anteriores para e y K se basan en la suposición de que *las deformaciones son pequeñas y que la ley de Hooke es válida para el material*.

De la ecuación (7-61) para K, vemos que si la razón de Poisson ν es igual a 1/3, los módulos K y E son numéricamente iguales. Si $\nu = 0$, entonces K tiene el valor $E/3$ y si $\nu = 0.5$, K se vuelve infinito, lo cual corresponde a un material rígido que no cambia de volumen (es decir, el material es incompresible).

Las fórmulas anteriores para el esfuerzo esférico se obtuvieron para un elemento sometido a tensión uniforme en toda dirección pero, por supuesto, también se aplican a un elemento en compresión uniforme. En el caso de compresión uniforme, los esfuerzos y las deformaciones tienen signos negativos. La compresión uniforme ocurre cuando el material está sometido a una presión uniforme en todas direcciones; por ejemplo, un objeto sumergido en el mar o una roca a una gran profundidad dentro de la corteza terrestre. A este estado de esfuerzo se le suele denominar **esfuerzo hidrostático**.

Aunque la compresión uniforme es relativamente común, un estado de tensión uniforme es difícil de lograr. Puede alcanzarse por el calentamiento repentino y uniforme de la superficie externa de una esfera metálica sólida, de manera que las capas exteriores alcancen una temperatura mayor que la de las capas interiores. La tendencia de las capas exteriores a expandirse, produce tensión uniforme en todas direcciones en el centro de la esfera.

7.7 DEFORMACIÓN PLANA

Las deformaciones en un punto de una estructura cargada varían de acuerdo con la orientación de los ejes de manera similar a los esfuerzos. En esta sección obtendremos las ecuaciones de transformación que relacionan las deformaciones en direcciones inclinadas con las deformaciones en las direcciones de referencia. Estas ecuaciones de transformación se utilizan ampliamente en los laboratorios e investigaciones de campo que comprenden mediciones de deformaciones.

Las deformaciones suelen medirse con *extensómetros*; por ejemplo, éstos se instalan en aeronaves a fin de medir el comportamiento estructural durante el vuelo, y en edificios con objeto de medir los efectos de los sismos. Puesto que cada extensómetro mide la deformación en una dirección específica, por lo general hay que calcular las deformaciones en otras direcciones por medio de las ecuaciones de transformación.

Deformación plana *versus* esfuerzo plano

Expliquemos primero qué significa deformación plana y cómo se relaciona con el esfuerzo plano. Consideremos un pequeño elemento de material con lados de longitud a, b y c en las direcciones x, y y z, respectivamente (figura 7-29a). Si las únicas deformaciones se presentan en el plano xy, entonces pueden existir tres componentes de deformación: la deformación normal ϵ_x en la dirección x (figura 7-29b), la deformación normal ϵ_y en la dirección y (figura 7-29c) y la deformación cortante γ_{xy} (figura 7-29d). Se dice que un elemento de material sometido a estas deformaciones (y *sólo* a esas deformaciones) se halla en estado de **deformación plana**.

Se infiere que un elemento en deformación plana no tiene deformación normal ϵ_z en la dirección z ni deformaciones cortantes γ_{xz} ni γ_{yz} en los planos xz y yz, respectivamente. Así, la deformación plana se define mediante las siguientes condiciones:

$$\epsilon_z = 0 \qquad \gamma_{xz} = 0 \qquad \gamma_{yz} = 0 \qquad \text{(7-64a, b, c)}$$

Las deformaciones restantes (ϵ_x, ϵ_y y γ_{xy}) pueden tener valores diferentes de cero.

FIG. 7-29 Componentes de deformación ϵ_x, ϵ_y y γ_{xy} en el plano xy (deformación plana).

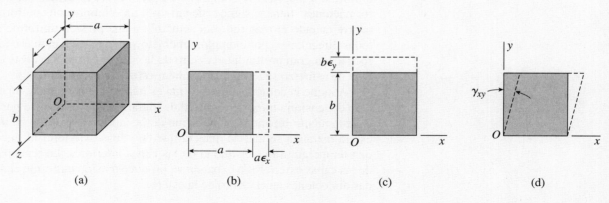

En la definición anterior, vemos que la deformación plana ocurre cuando las caras frontal y posterior de un elemento de material (figura 7-29a) están restringidas por completo contra desplazamientos en la dirección z, una condición idealizada que rara vez se cumple en estructuras reales. Ahora bien, esto no significa que las ecuaciones de transformación de la deformación plana no sean útiles. Resulta que son sumamente útiles porque también se aplican a las deformaciones del esfuerzo plano, como se explica a continuación.

La definición de deformación plana (ecuaciones 7-64a, b y c) es análoga a la del esfuerzo plano. En el esfuerzo plano, los siguientes esfuerzos deben ser cero:

$$\sigma_z = 0 \qquad \tau_{xz} = 0 \qquad \tau_{yz} = 0 \qquad \text{(7-65a, b, c)}$$

mientras que los esfuerzos restantes (σ_x, σ_y y τ_{xy}) pueden tener valores diferentes a cero. En la figura 7-30 se comparan los esfuerzos y las deformaciones en el esfuerzo plano y en el estado plano de deformación.

A partir de las semejanzas en las definiciones del esfuerzo plano y de la deformación plana, no debe inferirse que ambos se presentan al mismo tiempo. En general, un elemento en el esfuerzo plano sufrirá una deformación en la dirección z (figura 7-30); por lo tanto, *no* está en deformación plana. Además, un elemento en deformación plana suele recibir la acción de los esfuerzos σ_z debido al requisito de que $\epsilon_z = 0$; así pues, *no* está en deformación plana. Entonces, en condiciones ordinarias, el esfuerzo plano y deformación plana no son simultáneos.

	Esfuerzo plano	Deformación plana
	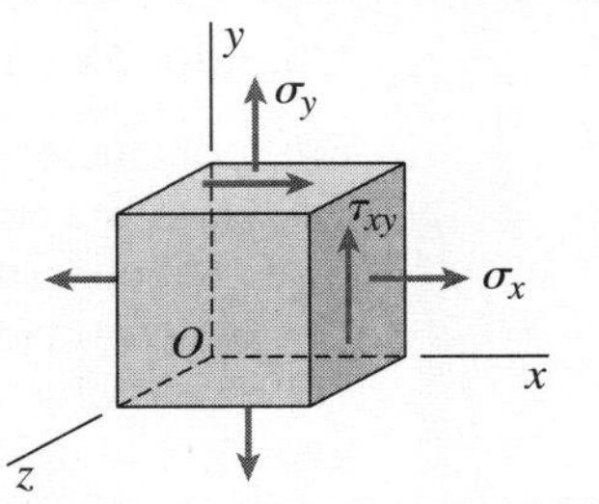	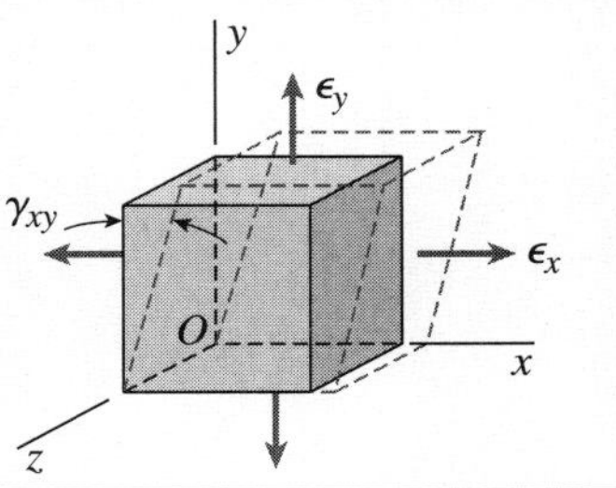
Esfuerzos	$\sigma_z = 0 \quad \tau_{xz} = 0 \quad \tau_{yz} = 0$ σ_x, σ_y y τ_{xy} pueden tener valores diferentes de cero	$\tau_{xz} = 0 \quad \tau_{yz} = 0$ σ_x, σ_y, σ_z y τ_{xy} pueden tener valores diferentes de cero
Deformaciones	$\gamma_{xz} = 0 \quad \gamma_{yz} = 0$ ϵ_x, ϵ_y, ϵ_z y γ_{xy} pueden tener valores diferentes de cero	$\epsilon_z = 0 \quad \gamma_{xz} = 0 \quad \gamma_{yz} = 0$ ϵ_x, ϵ_y, y γ_{xy} pueden tener valores diferentes de cero

FIG. 7-30 Comparación del esfuerzo plano con la deformación plana.

Se presenta una excepción cuando un elemento en el esfuerzo plano está sometido a esfuerzos normales iguales y opuestos (es decir, cuando $\sigma_x = -\sigma_y$) y el material obedece la ley de Hooke. En este caso especial, no se tiene deformación normal en la dirección z, como se muestra con la ecuación (7-34c), de modo que el elemento se encuentra en deformación plana y también en el esfuerzo plano. Otro caso especial, si bien hipotético, se manifiesta cuando un material tiene una razón de Poisson igual a cero ($\nu = 0$); entonces, cada elemento en el esfuerzo plano se halla también en la deformación plana porque $\epsilon_z = 0$ (ecuación 7-34c).*

Aplicación de las ecuaciones de transformación

Las ecuaciones de transformación de esfuerzos obtenidas para el esfuerzo plano en el plano xy (ecuaciones 7-4a y 7-4b) son válidas aun cuando esté presente un esfuerzo normal σ_z. La explicación estriba en el hecho de que el esfuerzo σ_z no entra en las ecuaciones de equilibrio usadas al deducir las ecuaciones (7-4a) y (7-4b); por lo tanto, *las ecuaciones de transformación para el esfuerzo plano pueden usarse también para los esfuerzos en deformación plana.*

Se tiene una situación análoga para deformación plana. Aunque obtendremos las ecuaciones de transformación para la deformación para el caso deformación plana en el plano xy, las ecuaciones valen aunque se tenga una deformación ϵ_z (la razón es muy simple: la deformación ϵ_z no afecta a las relaciones geométricas usadas en la deducción); por lo tanto, *las ecuaciones de transformación para la deformación plana también pueden utilizarse para las deformaciones en el esfuerzo plano.*

Por último, hay que recordar que las ecuaciones de transformación para el esfuerzo plano tan sólo se obtuvieron de consideraciones de equilibrio, de suerte que son válidas para cualquier material, sea elástico lineal o no. La misma conclusión es aplicable a las ecuaciones de transformación para la deformación plana ya que como se obtuvieron sólo de consideraciones geométricas, *son independientes de las propiedades del material.*

Ecuaciones de transformación para la deformación plana

En la obtención de las ecuaciones de transformación para la deformación plana usaremos los ejes coordenados mostrados en la figura 7-31. Supondremos que se conocen las deformaciones normales ϵ_x y ϵ_y y la deformación cortante γ_{xy} relacionadas con los ejes xy (figura 7-29). Los objetivos del análisis son determinar la deformación normal ϵ_{x_1} y la deformación cortante $\gamma_{x_1 y_1}$ asociadas con los ejes $x_1 y_1$, que están girados en sentido contrario a las manecillas del reloj un ángulo θ desde los ejes xy (no es necesario obtener una ecuación separada para la deformación normal ϵ_{y_1} porque puede obtenerse de la ecuación para ϵ_{x_1} sustituyendo $\theta + 90°$ en lugar de θ).

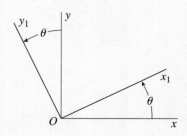

FIG. 7-31 Los ejes x_1 y y_1 girados un ángulo θ desde los ejes xy.

*En los análisis de este capítulo, omitimos los efectos de los cambios de temperatura y predeformaciones, los cuales producen deformaciones adicionales que pueden alterar algunas de nuestras conclusiones.

Deformación normal ϵ_{x_1}. Para hallar la deformación normal ϵ_{x_1} en la dirección x_1, consideramos un pequeño elemento de material seleccionado de manera que el eje x_1 esté dirigido a lo largo de una diagonal de la cara z del elemento y los ejes x y y estén a lo largo de los lados del elemento (figura 7-32a). La figura ilustra una vista bidimensional del elemento, con el eje z hacia el observador. Por supuesto, el elemento en realidad es tridimensional, como en la figura 7-29a, con una dimensión en dirección z.

Consideremos primero la deformación ϵ_x en la dirección x (figura 7-32a). Esta deformación produce un alargamiento en la dirección x igual a $\epsilon_x \, dx$, donde dx es la longitud del lado correspondiente del elemento. Como resultado de este alargamiento, la diagonal del elemento aumenta de longitud una cantidad

$$\epsilon_x \, dx \cos \theta \tag{a}$$

según se ve en la figura 7-32a.

Consideremos ahora la deformación ϵ_y en la dirección y (figura 7-32b). Esta deformación produce un alargamiento en la dirección y igual a $\epsilon_y \, dy$, donde dy es la longitud del lado del elemento paralelo al eje y. Como resultado de este alargamiento, la diagonal del elemento aumenta de longitud una cantidad

$$\epsilon_y \, dy \, \text{sen} \, \theta \tag{b}$$

que se presenta en la figura 7-32b.

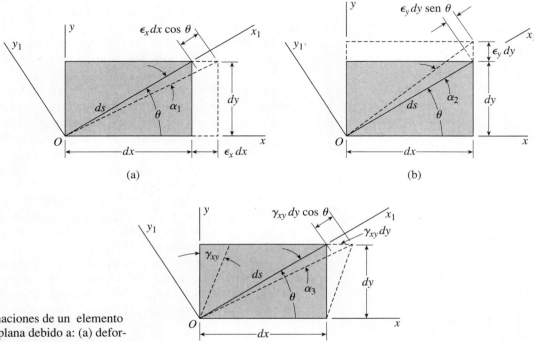

(a)

(b)

(c)

FIG. 7-32 Deformaciones de un elemento en deformación plana debido a: (a) deformación normal ϵ_x; (b) deformación normal ϵ_y y (c) deformación cortante γ_{xy}.

Por último, consideremos la deformación cortante γ_{xy} en el plano xy (figura 7-32c). Esta deformación produce una distorsión del elemento tal que el ángulo en la esquina inferior izquierda del elemento decrece una cantidad igual a la deformación cortante. En consecuencia, la cara superior del elemento se mueve hacia la derecha (con respecto a la cara inferior) una cantidad $\gamma_{xy}\,dy$. Esta deformación da lugar a un incremento en la longitud de la diagonal igual a

$$\gamma_{xy}\,dy\cos\theta \tag{c}$$

según se muestra en la figura 7-32c.

El incremento total Δd en la longitud de la diagonal es la suma de las tres expresiones anteriores; de esta manera,

$$\Delta d = \epsilon_x\,dx\cos\theta + \epsilon_y\,dy\,\text{sen}\,\theta + \gamma_{xy}\,dy\cos\theta \tag{d}$$

La deformación normal ϵ_{x_1} en la dirección x_1 es igual a este incremento en longitud dividido entre la longitud inicial ds de la diagonal:

$$\epsilon_{x_1} = \frac{\Delta d}{ds} = \epsilon_x\,\frac{dx}{ds}\cos\theta + \epsilon_y\,\frac{dy}{ds}\,\text{sen}\,\theta + \gamma_{xy}\,\frac{dy}{ds}\cos\theta \tag{e}$$

Puesto que $dx/ds = \cos\theta$ y $dy/ds = \text{sen}\,\theta$, obtenemos la siguiente ecuación para la **deformación normal**:

$$\epsilon_{x_1} = \epsilon_x\cos^2\theta + \epsilon_y\,\text{sen}^2\theta + \gamma_{xy}\,\text{sen}\,\theta\cos\theta \tag{7-66}$$

Hemos obtenido así una expresión para la deformación normal en la dirección x_1 en términos de las deformaciones ϵ_x, ϵ_y y γ_{xy} asociada con los ejes xy.

Como ya se mencionó, la deformación normal ϵ_{y_1} en la dirección y_1 se obtiene de esta ecuación sustituyendo $\theta + 90°$ en lugar de θ.

Deformación cortante $\gamma_{x_1y_1}$. Veremos ahora la deformación cortante $\gamma_{x_1y_1}$ relacionada con los ejes x_1y_1. Esta deformación es igual al decremento angular entre líneas en el material que estaban dirigidas en un inicio a lo largo de los ejes x_1 y y_1. Para aclarar esta idea, consideremos la figura 7-33, que muestra los ejes xy y x_1y_1, con el ángulo θ entre ellos. Sea Oa una línea en el material que *inicialmente* estaba a lo largo del eje x_1 (es decir, a lo largo de la diagonal del elemento en la figura 7-32). Las deformaciones causadas por las deformaciones ϵ_x, ϵ_y y γ_{xy} (figura 7-32) ocasionan que la línea Oa gire un ángulo α contrario a las manecillas del reloj desde el eje x_1 hasta la posición mostrada en la figura 7-33. De manera similar, la línea Ob estaba al principio a lo largo del eje y_1, pero gira un ángulo β en el sentido de las manecillas del reloj debido a las deformaciones. La deformación cortante $\gamma_{x_1y_1}$ es el decremento en ángulo entre las dos líneas que estaban en ángulo recto al inicio; por lo tanto,

$$\gamma_{x_1y_1} = \alpha + \beta \tag{7-67}$$

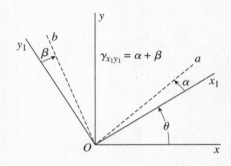

FIG. 7-33 Deformación cortante $\gamma_{x_1y_1}$ asociada con los ejes x_1y_1.

Entonces, para encontrar la deformación cortante $\gamma_{x_1y_1}$, debemos determinar los ángulos α y β.

El ángulo α puede hallarse a partir de las deformaciones mostradas en la figura 7-32, como sigue. La deformación ϵ_x (figura 7-32a) produce una rotación horaria de la diagonal del elemento. Denotemos este ángulo de giro con α_1. El ángulo α_1 es igual a la distancia $\epsilon_x\,dx$ sen θ dividida entre la longitud ds de la diagonal:

$$\alpha_1 = \epsilon_x \frac{dx}{ds} \text{ sen } \theta \tag{f}$$

De manera similar, la deformación ϵ_y produce una rotación antihoraria de la diagonal mediante un ángulo α_2 (figura 7-32b). Este ángulo es igual a la distancia $\epsilon_y\,dy$ cos θ dividida entre ds:

$$\alpha_2 = \epsilon_y \frac{dy}{ds} \cos\theta \tag{g}$$

Para finalizar, la deformación γ_{xy} produce una rotación horaria mediante un ángulo α_3 (figura 7-32c) igual a la distancia $\gamma_{xy}\,dy$ sen θ dividida entre ds:

$$\alpha_3 = \gamma_{xy} \frac{dy}{ds} \text{ sen }\theta \tag{h}$$

Por lo tanto, la rotación en sentido contrario a las manecillas del reloj resultante de la diagonal (figura 7-32), igual al ángulo α mostrado en la figura 7-33, es

$$\alpha = -\alpha_1 + \alpha_2 - \alpha_3$$

$$= -\epsilon_x \frac{dx}{ds} \text{ sen } \theta + \epsilon_y \frac{dy}{ds} \cos \theta - \gamma_{xy} \frac{dy}{ds} \text{ sen } \theta \tag{i}$$

Al observar de nuevo que $dx/ds = $ cos θ y $dy/ds = $ sen θ, obtenemos

$$\alpha = -(\epsilon_x - \epsilon_y)\text{ sen } \theta \cos \theta - \gamma_{xy} \text{ sen}^2 \theta \tag{7-68}$$

La rotación de la línea Ob (figura 7-33), que se encontraba inicialmente a 90° con respecto a la línea Oa, puede encontrarse sustituyendo $\theta + 90°$ en lugar de θ en la expresión para α. La expresión resultante es positiva en sentido contrario a las manecillas del reloj (porque α es positiva en ese sentido), por lo cual es igual al negativo del ángulo β (porque β es positivo en el sentido de las manecillas del reloj). Entonces,

$$\beta = (\epsilon_x - \epsilon_y) \text{ sen } (\theta + 90°) \cos (\theta + 90°) + \gamma_{xy} \text{ sen}^2 (\theta + 90°)$$

$$= -(\epsilon_x - \epsilon_y) \text{ sen } \theta \cos \theta + \gamma_{xy} \cos^2 \theta \tag{7-69}$$

Al sumar α y β resulta la deformación cortante $\gamma_{x_1y_1}$ (véase la ecuación 7-67):

$$\gamma_{x_1y_1} = -2(\epsilon_x - \epsilon_y)\text{ sen } \theta \cos \theta + \gamma_{xy} (\cos^2 \theta - \text{ sen}^2 \theta) \tag{j}$$

Para poner la ecuación en una forma más útil, dividimos cada término entre 2:

$$\frac{\gamma_{x_1 y_1}}{2} = -(\epsilon_x - \epsilon_y) \operatorname{sen} \theta \cos \theta + \frac{\gamma_{xy}}{2} (\cos^2 \theta - \operatorname{sen}^2 \theta) \quad \text{(7-70)}$$

Tenemos ahora una expresión para la **deformación cortante** $\gamma_{x_1 y_1}$ asociada con los ejes $x_1 y_1$ en términos de las deformaciones ϵ_x, ϵ_y y γ_{xy} relacionada con los ejes xy.

Ecuaciones de transformación para la deformación plana. Las ecuaciones para la deformación plana (ecuaciones 7-66 y 7-70) pueden expresarse en términos del ángulo 2θ usando las siguientes identidades trigonométricas:

$$\cos^2 \theta = \frac{1}{2} (1 + \cos 2\theta) \qquad \operatorname{sen}^2 \theta = \frac{1}{2} (1 - \cos 2\theta)$$

$$\operatorname{sen} \theta \cos \theta = \frac{1}{2} \operatorname{sen} 2\theta$$

Así pues, las ecuaciones de transformación para la deformación plana son

$$\epsilon_{x_1} = \frac{\epsilon_x + \epsilon_y}{2} + \frac{\epsilon_x - \epsilon_y}{2} \cos 2\theta + \frac{\gamma_{xy}}{2} \operatorname{sen} 2\theta \quad \text{(7-71a)}$$

y

$$\frac{\gamma_{x_1 y_1}}{2} = -\frac{\epsilon_x - \epsilon_y}{2} \operatorname{sen} 2\theta + \frac{\gamma_{xy}}{2} \cos 2\theta \quad \text{(7-71b)}$$

TABLA 7-1 VARIABLES CORRESPONDIENTES A LAS ECUACIONES DE TRANSFORMACIÓN PARA EL ESFUERZO PLANO (ECUACIONES 7-4a Y b) Y LA DEFORMACIÓN PLANA (ECUACIONES 7-71a Y b).

Esfuerzos	Deformaciones
σ_x	ϵ_x
σ_y	ϵ_y
τ_{xy}	$\gamma_{xy}/2$
σ_{x_1}	ϵ_{x_1}
$\tau_{x_1 y_1}$	$\gamma_{x_1 y_1}/2$

Estas ecuaciones son la contraparte de las ecuaciones (7-4a y b) para el esfuerzo plano.

Al comparar los dos conjuntos de ecuaciones, observe que ϵ_{x_1} corresponde a σ_{x_1} $\gamma_{x_1 y_1}/2$ corresponde a $\tau_{x_1 y_1}$, ϵ_x corresponde a σ_x, ϵ_y corresponde a σ_y y $\gamma_{xy}/2$ corresponde a τ_{xy}. Las variables correspondientes en los dos conjuntos de ecuaciones de transformación están listadas en la tabla 7-1.

La analogía entre las ecuaciones de transformación para el esfuerzo plano y para la deformación plana muestra que todas las observaciones hechas en las secciones 7.2, 7.3 y 7.4 relativas al esfuerzo plano, esfuerzos principales, esfuerzos cortantes máximos y círculo de Mohr, tienen sus contrapartes en la deformación plana. Por ejemplo, la suma de las deformaciones normales en direcciones perpendiculares es una constante (compárese la ecuación 7-6):

$$\epsilon_{x_1} + \epsilon_{y_1} = \epsilon_x + \epsilon_y \quad \text{(7-72)}$$

Es fácil comprobar esta igualdad sustituyendo las expresiones para ϵ_{x_1} (de la ecuación 7-71a) y ϵ_{y_1} (de la ecuación 7-71a con θ reemplazada por $\theta + 90°$).

Deformaciones principales

Las deformaciones principales existen sobre planos perpendiculares con los ángulos principales θ_p calculados con la siguiente ecuación (compárela con la ecuación 7-11):

$$\tan 2\theta_p = \frac{\gamma_{xy}}{\epsilon_x - \epsilon_y} \tag{7-73}$$

Las deformaciones principales pueden calcularse con la ecuación

$$\epsilon_{1,2} = \frac{\epsilon_x + \epsilon_y}{2} \pm \sqrt{\left(\frac{\epsilon_x - \epsilon_y}{2}\right)^2 + \left(\frac{\gamma_{xy}}{2}\right)^2} \tag{7-74}$$

que corresponde a la ecuación (7-17) para los esfuerzos principales. Las dos deformaciones principales (en el plano xy) pueden correlacionarse con las dos direcciones principales usando el procedimiento descrito en la sección 7.3 para los esfuerzos principales (que se ilustra luego en el ejemplo 7-7). Por último, observe que la tercera deformación principal es $\epsilon_z = 0$ en la deformación plana. Además, las deformaciones cortantes también son cero sobre los planos principales.

Deformaciones cortantes máximas

Las deformaciones cortantes máximas en el plano xy se asocian con ejes a 45° respecto a las direcciones de las deformaciones principales. La deformación cortante algebraicamente máxima (en el plano xy) está dada por la siguiente ecuación (compárela con la ecuación 7-25):

$$\frac{\gamma_{\text{máx}}}{2} = \sqrt{\left(\frac{\epsilon_x - \epsilon_y}{2}\right)^2 + \left(\frac{\gamma_{xy}}{2}\right)^2} \tag{7-75}$$

La deformación cortante mínima tiene la misma magnitud pero es negativa. En las direcciones de la deformación cortante máxima, las deformaciones normales son

$$\epsilon_{\text{prom}} = \frac{\epsilon_x + \epsilon_y}{2} \tag{7-76}$$

que es análoga a la ecuación (7-27) para esfuerzos. Las deformaciones cortantes máximas fuera del plano; es decir, las deformaciones cortantes en los planos xz y yz, pueden obtenerse de ecuaciones análogas a la ecuación (7-75).

Un elemento en el esfuerzo plano orientado según las direcciones principales de esfuerzo (observe la figura 7-12b), no recibe la acción de los esfuerzos cortantes sobre sus caras; por lo tanto, la deformación cortante $\gamma_{x_1 y_1}$ para este elemento es cero. Se infiere que las deformaciones normales en este elemento son las deformaciones principales. Entonces, en un punto dado de un cuerpo sometido a esfuerzos, *las deformaciones principales y los esfuerzos principales se presentan en las mismas direcciones.*

Círculo de Mohr para la deformación plana

El círculo de Mohr para la deformación plana se construye igual que el círculo para el esfuerzo plano, como se ilustra en figura 7-34. La deformación normal ϵ_{x_1} se traza como abscisa (positiva hacia la derecha) y la mitad de la deformación cortante ($\gamma_{x_1y_1}/2$), como ordenada (positiva hacia abajo). El centro C del círculo tiene una abscisa igual a ϵ_{prom} (ecuación 7-76).

El punto A, que representa las deformaciones asociadas con la dirección x ($\theta = 0$), tiene coordenadas ϵ_x y $\gamma_{xy}/2$. El punto B, en el extremo opuesto de un diámetro desde A, posee coordenadas ϵ_y y $-\gamma_{xy}/2$, y representa las deformaciones vinculadas con un par de ejes girados en un ángulo $\theta = 90°$.

Las deformaciones relacionadas con los ejes girados un ángulo θ están dadas por el punto D que se localiza sobre el círculo midiendo un ángulo 2θ en sentido contrario a las manecillas del reloj desde el radio CA. Los puntos P_1 y P_2 representan las deformaciones principales y los puntos S_1 y S_2, las deformaciones cortantes máximas. Todas estas deformaciones pueden determinarse de la geometría del círculo o con las ecuaciones de transformación.

Medición de la deformación

Un **extensómetro** de resistencia eléctrica es un dispositivo para medir deformaciones normales sobre la superficie de un objeto sometido a esfuerzos. Tales extensómetros son tan pequeños que sus longitudes varían entre un octavo y media pulgada. Se adhieren firmemente a la superficie del objeto, de manera que cambian de longitud en proporción a las deformaciones del objeto.

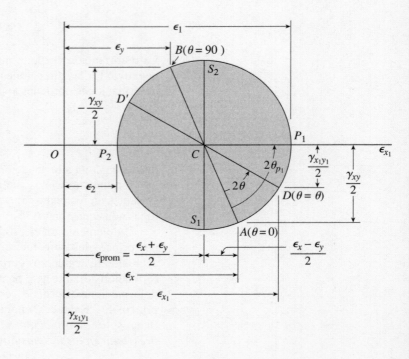

FIG. 7-34 El círculo de Mohr para la deformación plana.

FIG. 7-35 Vista amplificada de tres extensómetros de resistencia eléctrica, dispuestos como una roseta de deformaciones a 45° (cortesía de Micro-Measurements Division, Measurements Group, Inc., Raleigh, NC, USA).

Cada extensómetro consiste en una fina retícula metálica que se alarga o acorta cuando el objeto se deforma en el punto donde está adherido. La retícula equivale a un alambre continuo que va de un extremo al otro de la retícula, con lo cual se incrementa efectivamente su longitud (figura 7-35). La resistencia eléctrica del alambre se altera cuando se alarga o se acorta; luego, este cambio en la resistencia se convierte en una medición de la deformación. Los extensómetros son sumamente sensibles y pueden medir deformaciones del orden de 1×10^{-6}.

Puesto que cada extensómetro mide la deformación normal en sólo una dirección y normalmente no se conocen las direcciones de los esfuerzos principales, es necesario usar tres extensómetros en combinación a fin de que cada dispositivo mida la deformación en una dirección diferente. De estas tres mediciones, es posible calcular las deformaciones en cualquier dirección, como se ilustra en el ejemplo 7-8.

Un grupo de tres extensómetros dispuesto según un patrón particular se llama **roseta de deformaciones**. Puesto que la roseta está montada sobre la superficie del cuerpo, donde el material se encuentra en el esfuerzo plano, podemos usar las ecuaciones de transformación para la deformación plana a fin de calcular las deformaciones en diferentes direcciones (como ya se explicó en esta sección, las ecuaciones de transformación para deformación plana pueden usarse también para las deformaciones en el esfuerzo plano).

Cálculo de los esfuerzos a partir de las deformaciones

Las ecuaciones de la deformación presentadas en esta sección se obtienen sólo de consideraciones geométricas, como ya se señaló; por lo tanto, son aplicables a cualquier material, sea lineal o no lineal, elástico o inelástico. Ahora bien, si se desea determinar los esfuerzos en función de las deformaciones, hay que tomar en cuenta las propiedades del material.

Si el material obedece la ley de Hooke, podemos hallar los esfuerzos usando las ecuaciones apropiadas de esfuerzo-deformación de la sección 7.5 (para el esfuerzo plano) o de la sección 7.6 (para el estado triaxial de esfuerzos).

Como primer ejemplo, supongamos que el material está en el esfuerzo plano y que conocemos las deformaciones ϵ_x, ϵ_y y γ_{xy}, tal vez de mediciones con extensómetros. Podemos usar entonces las ecuaciones de esfuerzo-deformación para el esfuerzo plano (ecuaciones 7-36 y 7-37) con objeto de obtener los esfuerzos en el material.

Ahora consideremos ejemplo. Supongamos que hemos determinado las tres deformaciones principales ϵ_1, ϵ_2 y ϵ_3 para un elemento de material (si el elemento está en la deformación plana, entonces $\epsilon_3 = 0$. Conocidas estas deformaciones, podemos encontrar los esfuerzos principales usando la ley de Hooke para el estado triaxial de esfuerzos (ecuaciones 7-54a, b y c). Una vez conocidos los esfuerzos principales, podemos encontrar los esfuerzos sobre planos inclinados utilizando las ecuaciones de transformación para el esfuerzo plano (véase el análisis al principio de la sección 7.6).

Ejemplo 7-7

Un elemento de material en la deformación plana experimenta las siguientes deformaciones:

$$\epsilon_x = 340 \times 10^{-6} \qquad \epsilon_y = 110 \times 10^{-6} \qquad \gamma_{xy} = 180 \times 10^{-6}$$

Estas deformaciones se muestran muy exageradas en la figura 7-36a, la cual ilustra las deformaciones de un elemento de dimensiones unitarias. Como los bordes del elemento tienen longitudes unitarias, los cambios en las dimensiones lineales poseen las mismas magnitudes que las deformaciones normales ϵ_x y ϵ_y. La deformación cortante γ_{xy} es la disminución del ángulo que está en la esquina inferior izquierda del elemento.

Determine las siguientes cantidades: a) las deformaciones para un elemento orientado a un ángulo $\theta = 30°$, las deformaciones principales y c) las deformaciones cortantes máximas (considere sólo las deformaciones en el plano y muestre todos los resultados sobre croquis de elementos orientados de manera apropiada).

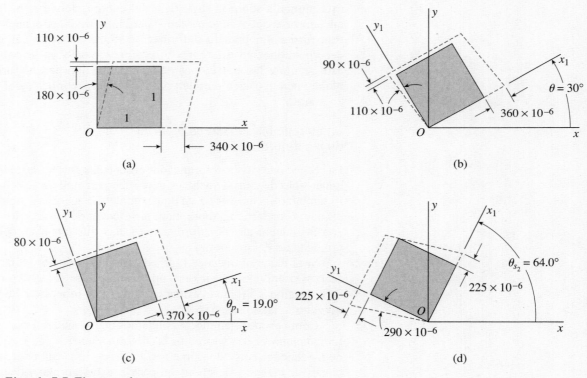

FIG. 7-36 Ejemplo 7-7. Elemento de material en la deformación plana: (a) elemento orientado según los ejes x y y; (b) elemento orientado a un ángulo $\theta = 30°$; (c) deformaciones principales y (d) deformaciones cortantes máximas. (*Nota*: los bordes de los elementos tienen longitudes unitarias.)

Solución

a) *Elemento orientado a un ángulo* $\theta = 30°$. Las deformaciones para un elemento orientado a un ángulo θ respecto al eje x pueden encontrarse de las ecuaciones de transformación (ecuaciones 7-71a y 7-71b). Como aspecto preliminar, efectuaremos primero los siguientes cálculos:

$$\frac{\epsilon_x + \epsilon_y}{2} = \frac{(340 + 110)10^{-6}}{2} = 225 \times 10^{-6}$$

$$\frac{\epsilon_x - \epsilon_y}{2} = \frac{(340 - 110)10^{-6}}{2} = 115 \times 10^{-6}$$

$$\frac{\gamma_{xy}}{2} = 90 \times 10^{-6}$$

Sustituimos en las ecuaciones (7-71a) y (7-71b), y obtenemos

$$\epsilon_{x_1} = \frac{\epsilon_x + \epsilon_y}{2} + \frac{\epsilon_x - \epsilon_y}{2} \cos 2\theta + \frac{\gamma_{xy}}{2} \operatorname{sen} 2\theta$$

$$= (225 \times 10^{-6}) + (115 \times 10^{-6})(\cos 60°) + (90 \times 10^{-6})(\operatorname{sen} 60°)$$

$$= 360 \times 10^{-6}$$ ⬅

$$\frac{\gamma_{x_1y_1}}{2} = -\frac{\epsilon_x - \epsilon_y}{2} \operatorname{sen} 2\theta + \frac{\gamma_{xy}}{2} \cos 2\theta$$

$$= -(115 \times 10^{-6})(\operatorname{sen} 60°) + (90 \times 10^{-6})(\cos 60°)$$

$$= -55 \times 10^{-6}$$

Por lo tanto, la deformación cortante es

$$\gamma_{x_1y_1} = -110 \times 10^{-6}$$ ⬅

La deformación ϵ_{y_1} puede obtenerse de la ecuación (7-72), como sigue:

$$\epsilon_{y_1} = \epsilon_x + \epsilon_y - \epsilon_{x_1} = (340 + 110 - 360)10^{-6} = 90 \times 10^{-6}$$ ⬅

Las deformaciones ϵ_{x_1}, ϵ_{y_1} y $\gamma_{x_1y_1}$ se muestran en la figura 7-36b para un elemento orientado a $\theta = 30°$. Observe que el ángulo en la esquina inferior izquierda del elemento crece porque $\gamma_{x_1y_1}$ es negativo.

b) *Deformaciones principales.* Las deformaciones principales se determinan con facilidad mediante la ecuación (7-74) como sigue:

$$\epsilon_{1,2} = \frac{\epsilon_x + \epsilon_y}{2} \pm \sqrt{\left(\frac{\epsilon_x - \epsilon_y}{2}\right)^2 + \left(\frac{\gamma_{xy}}{2}\right)^2}$$

$$= 225 \times 10^{-6} \pm \sqrt{(115 \times 10^{-6})^2 + (90 \times 10^{-6})^2}$$

$$= 225 \times 10^{-6} \pm 146 \times 10^{-6}$$

Así, las deformaciones principales son

$$\epsilon_1 = 370 \times 10^{-6} \qquad \epsilon_2 = 80 \times 10^{-6}$$

continúa

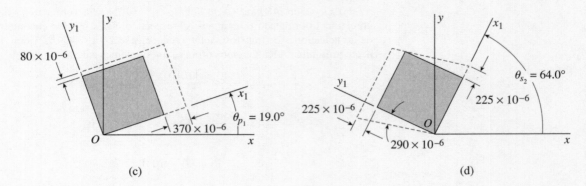

FIG. 7-36c y d (Repetida).

en donde ϵ_1 denota la deformación principal algebraicamente mayor y ϵ_2 denota la deformación principal algebraicamente menor (recuerde que estamos considerando sólo deformaciones en el plano en este ejemplo).

Los ángulos a las direcciones principales se obtienen con la ecuación (7-73):

$$\tan 2\theta_p = \frac{\gamma_{xy}}{\epsilon_x - \epsilon_y} = \frac{180}{340 - 110} = 0.7826$$

Los valores de $2\theta_p$ entre 0 y 360° son de 38.0° y 218.0°, por lo que los ángulos a las direcciones principales son

$$\theta_p = 19.0° \text{ y } 109.0°$$

Para determinar el valor de θ_p asociado con cada deformación principal, sustituimos $\theta_p = 19.0°$ en la primera ecuación de transformación (ecuación 7-71a) y despejamos la deformación:

$$\epsilon_{x_1} = \frac{\epsilon_x + \epsilon_y}{2} + \frac{\epsilon_x + \epsilon_y}{2} \cos 2\theta + \frac{\gamma_{xy}}{2} \text{ sen } 2\theta$$

$$= (225 \times 10^{-6}) + (115 \times 10^{-6})(\cos 38.0°) + (90 \times 10^{-6})(\text{sen } 38.0°)$$

$$= 370 \times 10^{-6}$$

Este resultado hace ver que la deformación principal mayor ϵ_1 está al ángulo $\theta_{p_1} = 19.0°$. La deformación menor ϵ_2 actúa a 90° de esa dirección ($\theta_{p_2} = 109.0°$) Así,

$$\epsilon_1 = 370 \times 10^{-6} \quad \text{y} \quad \theta_{p_1} = 19.0°$$

$$\epsilon_2 = 80 \times 10^{-6} \quad \text{y} \quad \theta_{p_2} = 109.0°$$

Observe que $\epsilon_1 + \epsilon_2 = \epsilon_x + \epsilon_y$.

Las deformaciones principales se ven en la figura 7-36c. Por supuesto, no hay deformaciones cortantes sobre los planos principales.

c) *Deformación cortante máxima.* La deformación cortante máxima se calcula con la ecuación (7-75):

$$\frac{\gamma_{\text{máx}}}{2} = \sqrt{\left(\frac{\epsilon_x - \epsilon_y}{2}\right)^2 + \left(\frac{\gamma_{xy}}{2}\right)^2} = 146 \times 10^{-6} \qquad \gamma_{\text{máx}} = 290 \times 10^{-6} \quad \Longleftarrow$$

El elemento con las deformaciones cortantes máximas está orientado a 45° respecto a las direcciones principales; por lo tanto, $\theta_s = 19.0° + 45° = 64.0°$ y $2\theta_s = 128.0°$. Al sustituir este valor de $2\theta_s$ en la segunda ecuación de transformación (ecuación 7-71b), podemos determinar el signo de la deformación cortante asociada con esta dirección. Los cálculos son:

$$\frac{\gamma_{x_1 y_1}}{2} = -\frac{\epsilon_x - \epsilon_y}{2}\,\text{sen}\,2\theta + \frac{\gamma_{xy}}{2}\cos 2\theta$$

$$= -(115 \times 10^{-6})(\text{sen}\,128.0°) + (90 \times 10^{-6})(\cos 128.0°)$$

$$= -146 \times 10^{-6}$$

Este resultado muestra que un elemento orientado a un ángulo $\theta_{s_2} = 64.0°$ tiene la deformación cortante negativa máxima.

Podemos llegar al mismo resultado observando que el ángulo θ_{s_1} con respecto a la dirección de la deformación cortante máxima positiva es siempre 45° menor que θ_{p_1}; por lo tanto,

$$\theta_{s_1} = \theta_{p_1} - 45° = 19.0° - 45° = -26.0° \quad \Longleftarrow$$

$$\theta_{s_2} = \theta_{s_1} + 90° = 64.0° \quad \Longleftarrow$$

Las deformaciones cortantes correspondientes a θ_{s_1} y θ_{s_2} son $\gamma_{\text{máx}} = 290 \times 10^{-6}$ y $\gamma_{\text{mín}} = -290 \times 10^{-6}$, respectivamente.

Las deformaciones normales sobre el elemento que tiene las deformaciones cortantes máxima y mínima son

$$\epsilon_{\text{prom}} = \frac{\epsilon_x + \epsilon_y}{2} = 225 \times 10^{-6} \quad \Longleftarrow$$

En la figura 7-36d se muestra un croquis del elemento con las deformaciones cortantes máximas en el plano.

En este ejemplo, encontramos las deformaciones usando las ecuaciones de transformación; sin embargo, todos los resultados pueden obtenerse también usando el círculo de Mohr.

Ejemplo 7-8

Una roseta de deformación a 45° (llamada también *roseta rectangular*) consiste en tres extensómetros de resistencia eléctrica dispuestos para medir deformaciones en dos direcciones perpendiculares y también a un ángulo de 45° entre ellos, como se observa en la figura 7-37a. La roseta se adhiere a la superficie de la estructura antes de que ésta se cargue. Los extensómetros A, B y C miden las deformaciones normales ϵ_a, ϵ_b y ϵ_c en las direcciones de las líneas Oa, Ob y Oc, respectivamente.

Explique cómo obtener las deformaciones ϵ_{x_1}, ϵ_{y_1} y $\gamma_{x_1y_1}$ asociadas con un elemento orientado según un ángulo θ respecto a los ejes xy (figura 7-37b).

Solución

En la superficie del objeto esforzado, el material está en el esfuerzo plano. Como las ecuaciones de transformación de las deformaciones (ecuaciones 7-71a y 7-71b) son aplicables al esfuerzo plano y también a la deformación plana, podemos usarlas para determinar las deformaciones en cualquier dirección deseada.

Deformaciones asociadas con los ejes xy. Comenzamos determinando las deformaciones asociadas con los ejes xy. Como los extensómetros A y C están alineados con los ejes x y y, respectivamente, dan las deformaciones ϵ_x y ϵ_y, directamente:

$$\epsilon_x = \epsilon_a \qquad \epsilon_y = \epsilon_c \qquad\qquad (7\text{-}77\text{a, b})$$

Para obtener la deformación cortante γ_{xy}, usamos la ecuación de transformación para deformaciones normales (ecuación 7-71a):

$$\epsilon_{x_1} = \frac{\epsilon_x + \epsilon_y}{2} + \frac{\epsilon_x - \epsilon_y}{2}\cos 2\theta + \frac{\gamma_{xy}}{2}\,\text{sen}\,2\theta$$

Para un ángulo $\theta = 45°$, sabemos que $\epsilon_{x_1} = \epsilon_b$ (figura 7-37a); por lo tanto, la ecuación anterior da

$$\epsilon_b = \frac{\epsilon_a + \epsilon_c}{2} + \frac{\epsilon_a - \epsilon_c}{2}(\cos 90°) + \frac{\gamma_{xy}}{2}(\text{sen}\,90°)$$

Despejamos γ_{xy} y obtenemos

$$\gamma_{xy} = 2\epsilon_b - \epsilon_a - \epsilon_c \qquad\qquad (7\text{-}78)$$

Así entonces, las deformaciones ϵ_x, ϵ_y y γ_{xy} se determinan fácilmente a partir de las lecturas dadas por los extensómetros.

Deformaciones asociadas con los ejes x_1y_1. Conocidas las deformaciones ϵ_x, ϵ_y y γ_{xy}, podemos calcular las deformaciones para un elemento orientado a cualquier ángulo θ (figura 7-37b) a partir de las ecuaciones de transformación para las deformaciones (ecuaciones 7-71a y 7-71b), o bien, con ayuda del círculo de Mohr. Podemos calcular también las deformaciones principales y las deformaciones cortantes máximas de las ecuaciones (7-74) y (7-75), respectivamente.

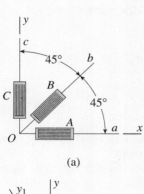

(a)

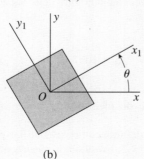

(b)

FIG. 7-37 Ejemplo 7-8. (a) roseta de deformación a 45° y (b) elemento orientado según un ángulo θ respecto a los ejes xy.

PROBLEMAS DEL CAPÍTULO 7

Esfuerzo plano

7.2-1 Un elemento en *esfuerzo plano* está sometido a los esfuerzos $\sigma_x = 6\,500$ lb/pulg^2, $\sigma_y = 1\,700$ lb/pulg^2 y $\tau_{xy} = 2\,750$ lb/pulg^2, como se ve en la figura.

Determine los esfuerzos que actúan sobre un elemento orientado a un ángulo $\theta = 60°$ respecto al eje x, donde el ángulo θ es positivo en sentido contrario a las manecillas del reloj. Muestre estos esfuerzos sobre un croquis de un elemento orientado según el ángulo θ.

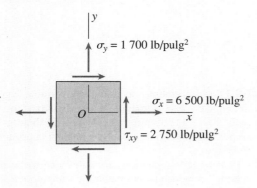

PROB. 7.2-1

7.2-2 Resuelva el problema anterior para $\sigma_x = 80$ MPa, $\sigma_y = 52$ MPa, $\tau_{xy} = 48$ MPa y $\theta = 25°$ (véase la figura).

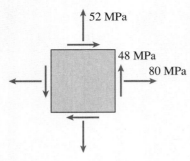

PROB. 7.2-2

7.2-3 Resuelva el problema 7.2-1 con $\sigma_x = -9\,900$ lb/pulg^2, $\sigma_y = -3\,400$ lb/pulg^2, $\tau_{xy} = 3\,600$ lb/pulg^2 y $\theta = 50°$ (observe la figura).

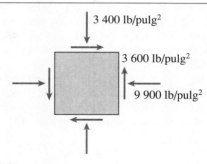

PROB. 7.2-3

7.2-4 Los esfuerzos que actúan en el elemento A en el alma de un riel de tren son de 42 MPa en tensión en dirección horizontal y de 140 MPa en compresión en dirección vertical (véase la figura). Los esfuerzos cortantes son de 60 MPa de magnitud y actúan en los sentidos mostrados.

Determine los esfuerzos que actúan sobre un elemento orientado a un ángulo contrario a las manecillas del reloj de 48° desde la horizontal. Muestre los esfuerzos sobre un croquis de un elemento orientado según este ángulo.

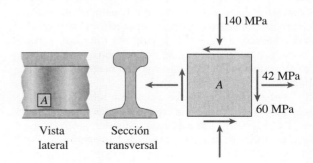

Vista
lateral

Sección
transversal

PROB. 7.2-4

7.2-5 Resuelva el problema anterior si los esfuerzos normal y cortante que actúan sobre el elemento A son de 7 500, 20 500 y 4 800 lb/pulg^2 (en las direcciones es que se muestran en la figura) y el ángulo es de 30° (en sentido contrario a las manecillas del reloj).

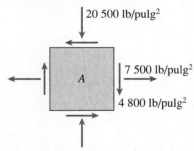

PROB. 7.2-5

7.2-6 Un elemento en el *esfuerzo plano* que forma parte del fuselaje de un avión, se ve sometido a esfuerzos de compresión con una magnitud de 25.5 MPa en dirección horizontal y a esfuerzos de tensión con magnitud de 6.5 MPa en dirección vertical (véase la figura). Además, en las direcciones que se muestran, actúan esfuerzos de cortante con una magnitud de 12.0 MPa.

Determine los esfuerzos que actúan sobre un elemento orientado a 40° en sentido de las manecillas del reloj con respecto a la horizontal. Muestre esos esfuerzos en un diagrama de un elemento con dicha orientación.

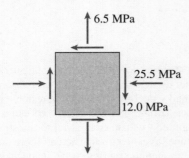

PROB. 7.2-6

7.2-7 Se encuentra que los esfuerzos que actúan sobre el elemento *B* en el alma de una viga de patín ancho son una compresión de 11 000 lb/pulg^2 en dirección horizontal y una compresión de 3 000 lb/pulg^2 en dirección vertical (véase la figura). Además, en la dirección que se muestra, actúan esfuerzos de cortante con una magnitud de 4 200 lb/pulg^2.

Determine los esfuerzos que actúan sobre un elemento orientado a 41°, en sentido contrario a las manecillas del reloj, con respecto a la horizontal. Muestre estos esfuerzos en el diagrama de un elemento con dicha orientación.

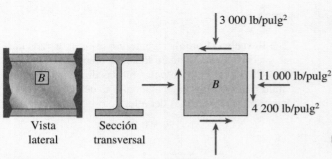

PROB. 7.2-7

7.2-8 Resuelva el problema anterior considerando que los esfuerzos normal y cortante que actúan sobre el elemento *B* son de 54, 12 y 20 MPa (en las direcciones que se muestran en la figura) y el ángulo es de 42.5° (en sentido de las manecillas del reloj).

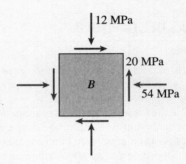

PROB. 7.2-8

7.2-9 El recubrimiento de polietileno de una laguna de sedimentación está sometido a los esfuerzos $\sigma_x = 350$ lb/pulg^2, $\sigma_y = 112$ lb/pulg^2 y $\tau_{xy} = -120$ lb/pulg^2 como se ve por el elemento de esfuerzo plano en la primera parte de la figura.

Determine los esfuerzos normales y cortantes que actúan sobre una costura orientada a un ángulo de 30° con respecto al elemento, como se aprecia en la segunda parte de la figura. Muestre los esfuerzos sobre un croquis de un elemento que tenga los lados paralelos y perpendiculares a la costura.

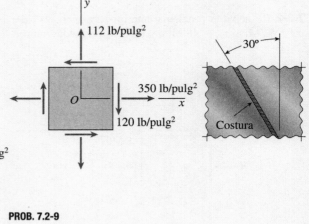

PROB. 7.2-9

7.2-10 Resuelva el problema anterior considerando que los esfuerzos normal y cortante que actúan sobre el elemento son $\sigma_x = 2\ 100$ kPa, $\sigma_y = 300$ kPa y $\tau_{xy} = -560$ kPa, y el cordón de soldadura forma un ángulo de 22.5° con respecto al elemento (véase la figura).

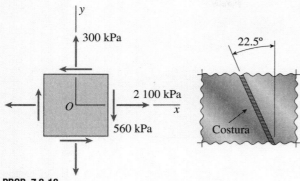

PROB. 7.2-10

7.2-13 En un punto sobre la superficie de una máquina, el material se encuentra en esfuerzo biaxial con $\sigma_x = 3\ 600$ lb/pulg^2 y $\sigma_y = -1\ 600$ lb/pulg^2, según se ve en la primera parte de la figura; la segunda parte presenta un plano inclinado aa cortado a través del mismo punto en el material, pero orientado según un ángulo θ.

Determine el valor del ángulo θ entre cero y 90° tal que ningún esfuerzo normal actúe sobre el plano aa. Esboce un elemento de esfuerzo que tenga el plano aa como uno de sus lados y muestre todos los esfuerzos que actúan sobre el elemento.

7.2-11 Una placa rectangular de dimensiones 3.0 pulg $\times$ 5.0 pulg está formada por dos placas triangulares soldadas (véase la figura). La placa está sometida a un esfuerzo de tensión de 500 lb/pulg^2 en la dirección larga y a un esfuerzo de compresión de 350 lb/pulg^2 en la dirección corta.

Determine el esfuerzo normal σ_w que actúa en sentido perpendicular al cordón de soldadura y el esfuerzo cortante τ_w que actúa paralelo al cordón (suponga que el esfuerzo normal σ_w es positivo cuando actúa en tensión contra la soldadura y que el esfuerzo cortante τ_w es positivo cuando actúa en sentido contrario a las manecillas del reloj contra ella).

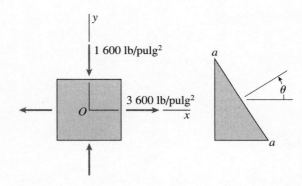

PROB. 7.2-13

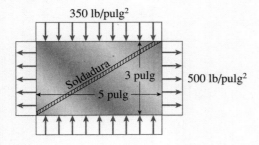

PROB. 7.2-11

7.2-12 Resuelva el problema anterior para una placa con dimensiones de 100 mm $\times$ 250 mm, sometida a un esfuerzo de compresión de 2.5 MPa en dirección larga y un esfuerzo de tensión de 12.0 MPa en dirección corta (véase la figura).

7.2-14 Resuelva el problema anterior para $\sigma_x = 32$ MPa y $\sigma_y = -50$ MPa (véase la figura).

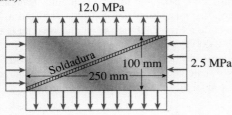

PROB. 7.2-12

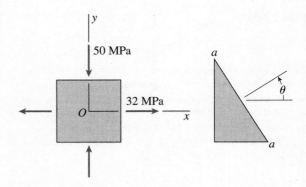

PROB. 7.2-14

7.2-15 Un elemento en el *esfuerzo plano* del chasis de un auto de carreras está orientado según un ángulo conocido θ (véase la figura). Sobre este elemento inclinado, los esfuerzos normales y cortantes tienen las magnitudes y direcciones mostradas en la figura.

Determine los esfuerzos normales y cortantes que actúan sobre un elemento cuyos lados son paralelos a los ejes xy; es decir, encuentre σ_x, σ_y y τ_{xy}. Muestre los resultados en el diagrama de un elemento orientado a $\theta = 0°$.

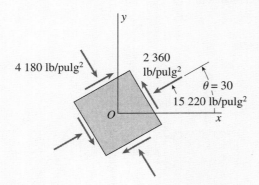

PROB. 7.2-15

7.2-16 Resuelva el problema anterior para el elemento que se muestra en la figura.

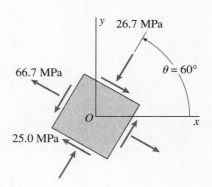

PROB. 7.2-16

★7.2-17 Una placa en el esfuerzo plano está sometida a esfuerzos normales σ_x y σ_y y a un esfuerzo cortante τ_{xy}, como se muestra en la figura. A los ángulos en sentido contrario a las manecillas del reloj $\theta = 40°$ y $\theta = 80°$ desde el eje x, el esfuerzo normal es de 5 000 lb/pulg^2 en tensión.

Si el esfuerzo σ_x es igual a 2 000 lb/pulg^2, ¿qué valores tienen los esfuerzos σ_y y τ_{xy}?

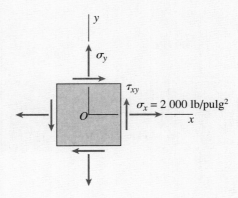

PROB. 7.2-17

★7.2-18 La superficie del ala de un avión está sometida al esfuerzo plano con los esfuerzos normales σ_x y σ_y y el esfuerzo cortante τ_{xy} como se muestra en la figura. A un ángulo en sentido contrario a las manecillas del reloj de $\theta = 30°$ desde el eje x, el esfuerzo normal es de 35 MPa a tensión y a un ángulo $\theta = 50°$ es de 10 MPa a compresión.

Si el esfuerzo σ_x es de 100 MPa a tensión, ¿cuáles son los esfuerzos σ_y y τ_{xy}?

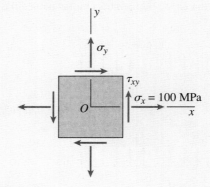

PROB. 7.2-18

★7.2-19 En un punto de una estructura sometida al *esfuerzo plano*, los esfuerzos son $\sigma_x = -4\,000$ lb/pulg^2, $\sigma_y = 2\,500$ lb/pulg^2 y $\tau_{xy} = 2\,800$ lb/pulg^2 (en la figura 7-1 se muestra la convención de signos para estos esfuerzos). Un elemento de esfuerzo ubicado en el mismo punto de la estructura, pero que forma un ángulo θ_1 en sentido contrario a las manecillas del reloj con respecto al eje x, está sometido a los esfuerzos que se muestran en la figura (σ_b, τ_b y 2 000 lb/pulg^2).

Suponiendo que dicho ángulo θ_1 se encuentra entre cero y 90°, calcule el esfuerzo normal σ_b, el esfuerzo cortante τ_b y el ángulo θ_1.

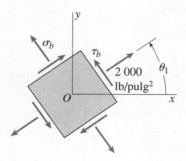

PROB. 7.2-19

Esfuerzos principales y esfuerzos cortantes máximos

Al resolver los problemas de la sección 7.3, considere sólo los esfuerzos en el plano (los esfuerzos en el plano xy).

7.3-1 Un elemento en el esfuerzo plano está sometido a los esfuerzos $\sigma_x = 6\ 500$ lb/pulg^2, $\sigma_y = 1\ 700$ lb/pulg^2 y $\tau_{xy} = 2\ 750$ lb/pulg^2 (véase la figura del problema 7.2-1).

Determine los esfuerzos principales y muéstrelos en un diagrama de un elemento bien orientado.

7.3-2 Un elemento en el esfuerzo plano está sometido a los esfuerzos $\sigma_x = 80$ MPa, $\sigma_y = 52$ MPa y $\tau_{xy} = 48$ MPa (véase la figura del problema 7.2-2).

Determine los esfuerzos principales y muéstrelos en un diagrama de un elemento orientado de forma apropiada.

7.3-3 Un elemento en el esfuerzo plano está sujeto a los esfuerzos $\sigma_x = -9\ 900$ lb/pulg^2, $\sigma_y = -3\ 400$ lb/pulg^2, y $\tau_{xy} = 3\ 600$ lb/pulg^2 (véase la figura del problema 7.2-3).

Determine los esfuerzos principales y muéstrelos en un diagrama de un elemento orientado de manera adecuada.

7.3-4 Un elemento en el esfuerzo plano está sujeto a los esfuerzos $\sigma_x = 42$ MPa, $\sigma_y = -140$ MPa y $\tau_{xy} = -60$ MPa (véase la figura del problema 7.2-4).

Determine los esfuerzos principales y muéstrelos en un diagrama de un elemento orientado de manera adecuada.

7.3-5 Un elemento en el esfuerzo plano está sujeto a los esfuerzos $\sigma_x = 7\ 500$ lb/pulg^2 $\sigma_y = -20\ 500$ lb/pulg^2 y $\tau_{xy} = -4\ 800$ lb/pulg^2 (véase la figura del problema 7.2-5).

Determine los esfuerzos cortantes máximos y sus esfuerzos normales asociados, y muéstrelos en un diagrama de un elemento orientado de manera adecuada.

7.3-6 Un elemento en el esfuerzo plano está sujeto a los esfuerzos $\sigma_x = -25.5$ MPa, $\sigma_y = 6.5$ MPa y $\tau_{xy} = -12.0$ MPa (observe la figura del problema 7.2-6).

Determine los esfuerzos cortantes máximos y sus esfuerzos normales asociados y muéstrelos en un diagrama de un elemento orientado de manera adecuada.

7.3-7 Un elemento en el esfuerzo plano está sujeto a los esfuerzos $\sigma_x = -11\ 000$ lb/pulg^2, $\sigma_y = -3\ 000$ lb/pulg^2 y $\tau_{xy} = -4\ 200$ lb/pulg^2 (véase la figura del problema 7.2-7).

Determine los esfuerzos cortantes máximos y sus esfuerzos normales asociados, y muéstrelos en un diagrama de un elemento orientado de manera adecuada.

7.3-8 Un elemento en el esfuerzo plano está sujeto a los esfuerzos $\sigma_x = -54$ MPa, $\sigma_y = -12$ MPa y $\tau_{xy} = 20$ MPa (véase la figura del problema 7.2-8).

Determine los esfuerzos cortantes máximos y sus esfuerzos normales asociados, y muéstrelos en un diagrama de un elemento orientado de manera adecuada.

7.3-9 Un muro de cortante en un edificio de concreto reforzado está sometido a una carga vertical uniforme de intensidad q y a una fuerza horizontal H, como se muestra en la primera parte de la figura. (La fuerza H representa a los efectos del viento y a las cargas por sismo.) Como consecuencia de estas cargas, los esfuerzos en el punto A sobre la superficie del muro tienen los valores mostrados en la segunda parte de la figura (esfuerzo de compresión de 1 100 lb/pulg^2 y esfuerzo cortante igual a 480 lb/pulg^2).

a) Determine los esfuerzos principales y muéstrelos sobre un diagrama de un elemento orientado de manera apropiada.

b) Determine los esfuerzos cortantes máximos y los esfuerzos normales asociados y muéstrelos sobre un diagrama de un elemento orientado apropiadamente.

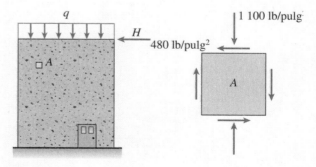

PROB. 7.3-9

7.3-10 Un eje de hélice sometido a torsión y empuje axial combinados, está diseñado para resistir un esfuerzo cortante de 63 MPa y un esfuerzo normal de compresión de 90 MPa (véase la figura).

a) Determine los esfuerzos principales y muéstrelos en un diagrama de un elemento orientado apropiadamente.

b) Determine los esfuerzos cortantes máximos y los esfuerzos normales asociados y muéstrelos en un diagrama de un elemento orientado apropiadamente.

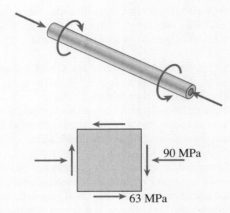

PROB. 7.3-10

7.3-11 al 7.3-16 Un elemento en el *esfuerzo plano* (véase la figura) está sometido a los esfuerzos σ_x, σ_y y τ_{xy}.

a) Determine los esfuerzos principales y muéstrelos en un diagrama de un elemento orientado de manera adecuada.

b) Determine los esfuerzos cortantes máximos y sus esfuerzos normales asociados y muéstrelos en un diagrama de un cuerpo orientado de manera adecuada.

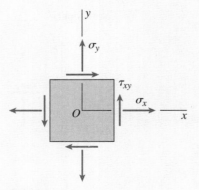

PROBS. 7.3-11 al 7.3-16

7.3-11 $\sigma_x = 3\ 500$ lb/pulg², $\sigma_y = 1\ 120$ lb/pulg², $\tau_{xy} = -1\ 200$ lb/pulg²

7.3-12 $\sigma_x = 2\ 100$ kPa, $\sigma_y = 300$ kPa, $\tau_{xy} = -560$ kPa

7.3-13 $\sigma_x = 15\ 000$ lb/pulg², $\sigma_y = 1\ 000$ lb/pulg², $\tau_{xy} = 2\ 400$ lb/pulg²

7.3-14 $\sigma_x = 16$ MPa, $\sigma_y = -96$ MPa, $\tau_{xy} = -42$ MPa

7.3-15 $\sigma_x = -3\ 000$ lb/pulg², $\sigma_y = -12\ 000$ lb/pulg², $\tau_{xy} = 6\ 000$ lb/pulg²

7.3-16 $\sigma_x = -100$ MPa, $\sigma_y = 50$ MPa, $\tau_{xy} = -50$ MPa

★7.3-17 En un punto sobre la superficie del componente de una máquina, los esfuerzos que actúan sobre la cara x de un elemento de esfuerzo son $\sigma_x = 6\ 500$ lb/pulg² y $\tau_{xy} = 2\ 100$ lb/pulg² (véase la figura).

¿Cuál es el intervalo permisible de valores para el esfuerzo σ_y si el esfuerzo cortante máximo está limitado a $\tau_0 = 2\ 900$ lb/pulg²?

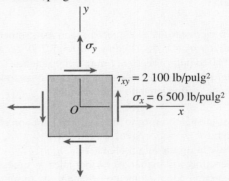

PROB. 7.3-17

★7.3-18 En un punto de la superficie del componente de una máquina, los esfuerzos que actúan sobre la cara x de un elemento de esfuerzo son $\sigma_x = 45$ MPa y $\tau_{xy} = 30$ MPa (observe la figura).

¿Cuál es el intervalo de valores permisibles para el esfuerzo σ_y, si el esfuerzo cortante máximo está limitado a $\tau_0 = 34$ MPa?

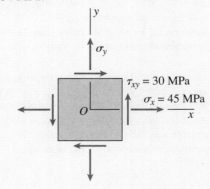

PROB. 7.3-18

★7.3-19 Un elemento en el *esfuerzo plano* está sometido a los esfuerzos $\sigma_x = 6\ 500$ lb/pulg^2 y $\tau_{xy} = -2\ 800$ lb/pulg^2 (véase la figura). Se conoce que uno de los esfuerzos principales es igual a 7 300 lb/pulg^2 en tensión.

a) Determine el esfuerzo σ_y.

b) Determine el otro esfuerzo principal y la orientación de los planos principales; luego muestre los esfuerzos principales en un diagrama de un cuerpo orientado de manera adecuada.

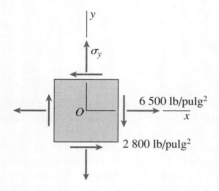

PROB. 7.3-19

★7.3-20 Un elemento en el esfuerzo plano está sometido a los esfuerzos $\sigma_x = -68.5$ MPa y $\tau_{xy} = 39.2$ MPa (véase la figura). Se sabe que uno de los esfuerzos principales es igual a 26.3 MPa en tensión.

a) Determine el esfuerzo σ_y.

b) Determine el otro esfuerzo principal y la orientación de los planos principales; muestre luego los esfuerzos principales en un diagrama de un elemento bien orientado.

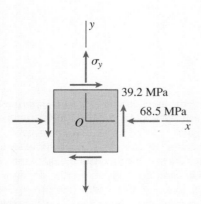

PROB. 7.3-20

Círculo de Mohr

Los problemas de la sección 7.4 deben resolverse usando el círculo de Mohr. Considere sólo los esfuerzos en el plano (los esfuerzos en el plano xy).

7.4-1 Un elemento en *estado uniaxial de esfuerzos* está sometido a esfuerzos de tensión $\sigma_x = 14\ 500$ lb/pulg^2, como se muestra en la figura.

Con el círculo de Mohr, determine: a) los esfuerzos que actúan sobre un elemento orientado según un ángulo contrario a las manecillas del reloj $\theta = 24°$ respecto al eje x y b) los esfuerzos cortantes máximos y los esfuerzos normales asociados. Presente los resultados en diagramas de elementos bien orientados.

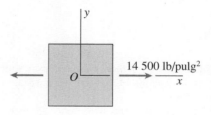

PROB. 7.4-1

7.4-2 Un elemento en *estado uniaxial de esfuerzos* está sometido a los esfuerzos de tensión $\sigma_x = 55$ MPa, como se muestra en la figura.

Utilizando el círculo de Mohr, determine: a) los esfuerzos que actúan sobre un elemento orientado con un ángulo $\theta = -30°$ con respecto al eje x (el signo negativo indica que es en el sentido de las manecillas del reloj), y b) los esfuerzos cortantes máximos y sus esfuerzos normales asociados. Muestre todos los resultados en diagramas de elementos orientados en forma adecuada.

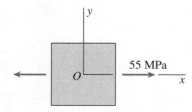

PROB. 7.4-2

7.4-3 Un elemento en *esfuerzo uniaxial* está sometido a un esfuerzo de compresión de 5 600 lb/pulg^2 de magnitud, como se aprecia en la figura.

Con el círculo de Mohr, determine: a) los esfuerzos que actúan sobre un elemento orientado según una pendiente 1:2 (véase la figura) y b) los esfuerzos cortantes máximos y los esfuerzos normales asociados. Muestre todos los resultados en diagramas de elementos bien orientados.

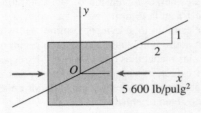

PROB. 7.4-3

7.4-4 Un elemento en *esfuerzo biaxial* está sometido a los esfuerzos $\sigma_x = -60$ MPa y $\sigma_y = 20$ MPa, como se muestra en la figura.

Con el círculo de Mohr, determine: a) los esfuerzos que actúan sobre un elemento orientado según un ángulo contrario a las manecillas del reloj $\theta = 22.5°$ respecto al eje x, y b) los esfuerzos cortantes máximos y los esfuerzos normales asociados. Muestre todos los resultados en diagramas de elementos bien orientados.

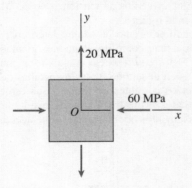

PROB. 7.4-4

7.4-5 Un elemento en *esfuerzo biaxial* está sometido a los esfuerzos $\sigma_x = 6\ 000$ lb/pulg^2 y $\sigma_y = -1\ 500$ lb/pulg^2, como se muestra en la figura.

Utilizando el círculo de Mohr, determine: a) los esfuerzos que actúan sobre un elemento orientado de manera que forma un ángulo $\theta = 60°$ en sentido contrario a las manecillas del reloj con respecto al eje x y b) los esfuerzos cortantes máximos y sus esfuerzos normales asociados. Muestre todos los resultados en diagramas de elementos orientados de manera adecuada.

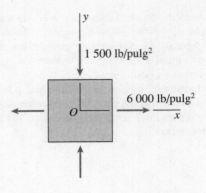

PROB. 7.4-5

7.4-6 Un elemento en *esfuerzo biaxial* está sometido a los esfuerzos $\sigma_x = -24$ MPa y $\sigma_y = 63$ MPa (véase la figura).

Con el círculo de Mohr, determine: a) los esfuerzos que actúan sobre un elemento orientado según una pendiente de 1:2.5 (véase la figura) y b) los esfuerzos cortantes máximos y los esfuerzos normales asociados. Muestre todos los resultados en diagramas de elementos bien orientados.

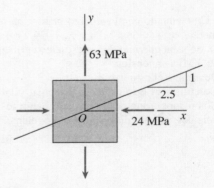

PROB. 7.4-6

7.4-7 Un elemento en *estado de cortante puro* está sometido a los esfuerzos $\tau_{xy} = 3\ 000$ lb/pulg^2, como se muestra en la figura.

Utilizando el círculo de Mohr, determine: a) los esfuerzos que actúan sobre un elemento que forma un ángulo en sentido contrario a las manecillas del reloj $\theta = 70°$ con respecto al eje x y b) los esfuerzos principales. Muestre todos los resultados en diagramas de elementos orientados de manera adecuada.

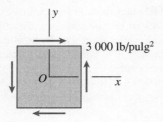

3 000 lb/pulg^2

O

x

y

PROB. 7.4-7

7.4-8 Un elemento en *estado de cortante puro* está sometido a esfuerzos $\tau_{xy} = -16$ MPa, según se ve en la figura.

Con el círculo de Mohr, determine: a) los esfuerzos que actúan sobre un elemento orientado según un ángulo contrario a las manecillas del reloj $\theta = 20°$ respecto al eje x y b) los esfuerzos principales. Muestre todos los resultados sobre diagramas de elementos bien orientados.

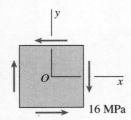

y

O

x

16 MPa

PROB. 7.4-8

7.4-9 Un elemento en *estado de cortante puro* está sometido a los esfuerzos $\tau_{xy} = 4\,000$ lb/pulg^2, como se muestra en la figura.

Utilizando el círculo de Mohr, determine: a) los esfuerzos que actúan sobre un elemento colocado sobre una pendiente de 3: 4 (observe la figura) y b) los esfuerzos principales. Muestre todos los resultados en diagramas de elementos orientados de manera adecuada.

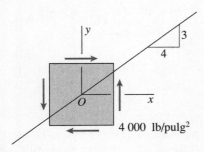

y

3

4

O

x

4 000 lb/pulg^2

PROB. 7.4-9

7.4-10 al 7.4-15 Un elemento en el *esfuerzo plano* está sometido a los esfuerzos σ_x, σ_y y τ_{xy} (observe la figura).

Utilizando el círculo de Mohr, determine los esfuerzos que actúan sobre un elemento que forma un ángulo θ con respecto al eje x. Muestre estos esfuerzos en un diagrama de un elemento orientado con un ángulo θ. (*Nota*: el ángulo θ es positivo en sentido contrario a las manecillas del reloj y negativo en el sentido opuesto.)

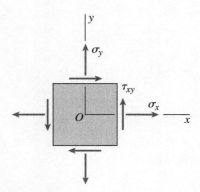

y

σ_y

τ_{xy}

σ_x

O

x

PROBS. 7.4-10 al 7.4-15

7.4-10 $\sigma_x = 21$ MPa, $\sigma_y = 11$ MPa, $\tau_{xy} = 8$ MPa, $\theta = 50°$

7.4-11 $\sigma_x = 4\,500$ lb/pulg^2, $\sigma_y = 14\,100$ lb/pulg^2, $\tau_{xy} = -3\,100$ lb/pulg^2, $\theta = -55°$

7.4-12 $\sigma_x = -44$ MPa, $\sigma_y = -194$ MPa, $\tau_{xy} = -36$ MPa, $\theta = -35°$

7.4-13 $\sigma_x = -1\,520$ lb/pulg^2, $\sigma_y = -480$ lb/pulg^2, $\tau_{xy} = 280$ lb/pulg^2, $\theta = 18°$

7.4-14 $\sigma_x = 31$ MPa, $\sigma_y = -5$ MPa, $\tau_{xy} = 33$ MPa, $\theta = 45°$

7.4-15 $\sigma_x = -5\,750$ lb/pulg^2, $\sigma_y = 750$ lb/pulg^2, $\tau_{xy} = -2\,100$ lb/pulg^2, $\theta = 75°$

7.4-16 al 7.4-23 Un elemento en *esfuerzo plano* está sujeto a los esfuerzos σ_x, σ_y y τ_{xy} (observe la figura).

Utilizando el círculo de Mohr, determine: a) los esfuerzos principales y b) los esfuerzos cortantes máximos y sus esfuerzos normales asociados. Muestre todos los resultados en diagramas de elementos orientados de manera adecuada.

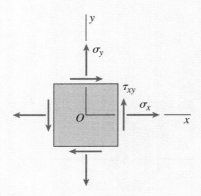

PROBS. 7.4-16 al 7.4-23

7.4-16 $\sigma_x = -31.5$ MPa, $\sigma_y = 31.5$ MPa, $\tau_{xy} = 30$ MPa

7.4-17 $\sigma_x = 8\,400$ lb/pulg^2, $\sigma_y = 0$, $\tau_{xy} = 1\,440$ lb/pulg^2

7.4-18 $\sigma_x = 0$, $\sigma_y = -22.4$ MPa, $\tau_{xy} = -6.6$ MPa

7.4-19 $\sigma_x = 1\,850$ lb/pulg^2, $\sigma_y = 6\,350$ lb/pulg^2, $\tau_{xy} = 3\,000$ lb/pulg^2

7.4-20 $\sigma_x = 3\,100$ kPa, $\sigma_y = 8\,700$ kPa, $\tau_{xy} = -4\,500$ kPa

7.4-21 $\sigma_x = -12\,300$ lb/pulg^2, $\sigma_y = -19\,500$ lb/pulg^2, $\tau_{xy} = -7\,700$ lb/pulg^2

7.4-22 $\sigma_x = -3.1$ MPa, $\sigma_y = 7.9$ MPa, $\tau_{xy} = -13.2$ MPa

7.4-23 $\sigma_x = 700$ lb/pulg^2, $\sigma_y = -2\,500$ lb/pulg^2, $\tau_{xy} = 3\,000$ lb/pulg^2

Ley de hooke para el esfuerzo plano

Al resolver los problemas de la sección 7.5, suponga que el material es elástico lineal con un módulo de elasticidad E y razón de Poisson ν.

7.5-1 Una placa rectangular de acero con espesor $t = 0.25$ pulg está sometida a esfuerzos normales uniformes σ_x y σ_y, como se muestra en la figura. Los extensómetros A y B, orientados en las direcciones x y y, respectivamente, están adheridos a la placa. Las lecturas dan las deformaciones normales $\epsilon_x = 0.0010$ (alargamiento) y $\epsilon_y = -0.0007$ (acortamiento).

Para $E = 30 \times 10^6$ lb/pulg^2 y $\nu = 0.3$, determine los esfuerzos σ_x y σ_y y el cambio Δt en el espesor de la placa.

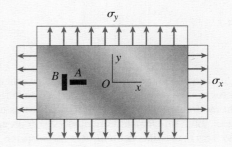

PROBS. 7.5-1 y 7.5-2

7.5-2 Resuelva el problema anterior si el espesor de la placa de acero es $t = 10$ mm, las lecturas de los extensómetro son $\epsilon_x = 480 \times 10^{-6}$ (alargamiento) y $\epsilon_y = 130 \times 10^{-6}$ (alargamiento), el módulo es $E = 200$ GPa y la razón de Poisson es $\nu = 0.30$.

7.5-3 Suponga que las deformaciones normales ϵ_x y ϵ_y para un elemento en el *esfuerzo plano* (véase la figura) se miden con extensómetros.

a) Obtenga una fórmula para la deformación normal ϵ_z en la dirección z, en términos de ϵ_x, ϵ_y y la razón de Poisson ν.

b) Obtenga una fórmula para la dilatación e en términos de ϵ_x, ϵ_y y la razón de Poisson ν.

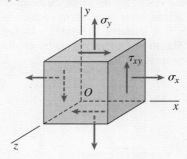

PROB. 7.5-3

7.5-4 Una placa de magnesio en *esfuerzo biaxial* está sometida a esfuerzos de tensión $\sigma_x = 24$ MPa y $\sigma_y = 12$ MPa (véase la figura). Las deformaciones correspondientes en la placa son $\epsilon_x = 440 \times 10^{-6}$ y $\epsilon_y = 80 \times 10^{-6}$.

Determine la razón de Poisson ν y el módulo de elasticidad E para el material.

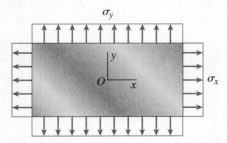

PROBS. 7.5-4 al 7.5-7

7.5-5 Resuelva el problema anterior para una placa de acero con $\sigma_x = 10\,800$ lb/pulg^2 (tensión), $\sigma_y = -5\,400$ lb/pulg^2 (compresión), $\epsilon_x = 420 \times 10^{-6}$ (alargamiento) y $\epsilon_y = -300 \times 10^{-6}$ (acortamiento).

7.5-6 Una placa rectangular en *esfuerzo biaxial* (véase la figura) está sometida a esfuerzos normales $\sigma_x = 90$ MPa (tensión) y $\sigma_y = -20$ MPa (compresión). La placa tiene dimensiones de $400 \times 800 \times 20$ y está hecha de aluminio con $E = 200$ GPa y $\nu = 0.30$.

a) Determine la deformación cortante máxima en el plano $\gamma_{máx}$ en la placa.

b) Determine el cambio Δt en el espesor de la placa.

c) Determine el cambio ΔV en el volumen de la placa.

7.5-7 Resuelva el problema anterior para una placa de aluminio con $\sigma_x = 12\,000$ lb/pulg^2 (tensión), $\sigma_y = -3\,000$ lb/pulg^2 (compresión), dimensiones de $20 \times 30 \times 0.5$ pulg, $E = 10.5 \times 10^6$ lb/pulg^2 y $\nu = 0.33$.

7.5-8 Un cubo de latón de 50 mm por lado está comprimido en dos direcciones perpendiculares por fuerzas $P = 175$ kN (véase la figura).

Calcule el cambio ΔV en el volumen del cubo y la energía de deformación U almacenada en el cubo, suponiendo $E = 100$ GPa y $\nu = 0.34$.

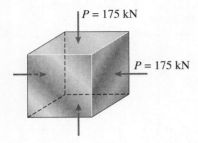

PROB. 7.5-8

7.5-9 Un cubo de concreto ($E = 3.0 \times 10^6$ lb/pulg^2, $\nu = 0.1$) de 4.0 pulg por lado, está comprimido en *esfuerzo biaxial* por medio de un marco de pruebas cargado como se ve en la figura.

Suponga que cada carga F es de 20 klb y determine el cambio ΔV en el volumen del cubo y la energía de deformación U almacenada en el cubo.

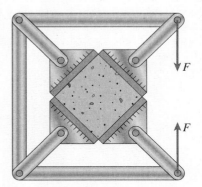

PROB. 7.5-9

7.5-10 Una placa cuadrada de ancho b y espesor t está cargada por fuerzas normales P_x y P_y y por fuerzas cortantes V, como se muestra en la figura. Estas fuerzas producen esfuerzos uniformemente distribuidos que actúan sobre las caras laterales de la placa.

Calcule el cambio ΔV en el volumen de la placa y la energía de deformación U almacenada en la placa si sus dimensiones son $b = 600$ mm y $t = 40$ mm; y está hecha de magnesio con $E = 45$ GPa y $\nu = 0.35$; las fuerzas son $P_x = 480$ kN, $P_y = 180$ kN y $V = 120$ kN.

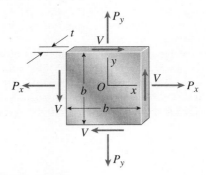

PROBS. 7.5-10 y 7.5-11

7.5-11 Resuelva el problema anterior para una placa de aluminio con $b = 12$ pulg, t = 1.0 pulg, $E = 10\,600$ klb/pulg^2, $\nu = 0.33$, $P_x = 90$ klb, $P_y = 20$ klb y $V = 15$ klb.

★7.5-12 Un círculo de diámetro $d = 200$ mm está grabado al aguafuerte sobre una placa de latón (véase la figura). La placa tiene dimensiones de $400 \times 400 \times 20$ mm. Las fuerzas aplicadas a la placa producen los esfuerzos normales uniformemente distribuidos $\sigma_x = 42$ MPa y $\sigma_y = 14$ MPa.

Calcule las siguientes cantidades: a) el cambio de longitud Δac del diámetro ac; b) el cambio de longitud Δbd del diámetro bd; c) el cambio Δt del espesor de la placa; d) el cambio ΔV del volumen de la placa, y e) la energía de deformación U almacenada en la placa (suponga $E = 100$ GPa y $\nu = 0.34$).

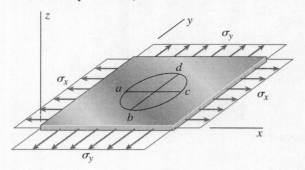

PROB. 7.5-12

Estado triaxial de esfuerzos

Al resolver los problemas de la sección 7.6, suponga que el material es elástico lineal con módulo de elasticidad E y razón de Poisson ν.

7.6-1 Un elemento de aluminio en forma de paralelepípedo rectangular (véase la figura) de dimensiones $a = 6.0$ pulg, $b = 4.0$ pulg y $c = 3.0$ pulg, está sometido a los *esfuerzos triaxiales* $\sigma_x = 12\ 000$ lb/pulg^2, $\sigma_y = -4\ 000$ lb/pulg^2, y $\sigma_z = -1\ 000$ lb/pulg^2 que actúan sobre las caras x, y y z, respectivamente.

Determine las siguientes cantidades: a) el esfuerzo cortante máximo $\tau_{máx}$ en el material; b) los cambios Δa, Δb y Δc de las dimensiones del elemento; c) el cambio ΔV del volumen, y d) la energía de deformación U almacenada en el elemento (suponga $E = 10\ 400$ klb/pulg^2 y $\nu = 0.33$.

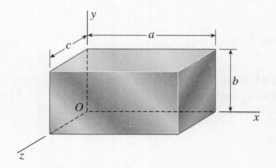

PROBS. 7.6-1 y 7.6-2

7.6-2 Resuelva el problema anterior si el elemento es de acero ($E = 200$ GPa, $\nu = 0.30$) con dimensiones $a = 300$ mm, $b = 150$ mm y $c = 150$ mm y los esfuerzos son $\sigma_x = -60$ MPa, $\sigma_y = -40$ MPa y $\sigma_z = -40$ MPa.

7.6-3 Un cubo de hierro fundido con lados de longitud a $= 4.0$ pulg (véase la figura) se ensaya en un laboratorio sometiéndolo al **estado triaxial de esfuerzos**. Los extensómetros montados en la máquina de ensayo muestran que las deformaciones de compresión en el material son $\epsilon_x = -225 \times 10^{-6}$ y $\epsilon_y = \epsilon_z = -37.5 \times 10^{-6}$.

Determine las siguientes cantidades: a) los esfuerzos normales σ_x, σ_y y σ_z que actúan sobre las caras x, y y z del cubo; b) el esfuerzo cortante máximo $\tau_{máx}$ en el material; c) el cambio ΔV del volumen del cubo y d) la energía de deformación U almacenada en el cubo (suponga $E = 14\ 000$ klb/pulg^2 y $\nu = 0.25$).

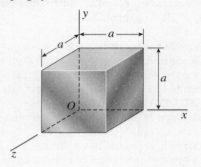

PROBS. 7.6-3 y 7.6-4

7.6-4 Resuelva el problema anterior si el cubo es de granito ($E = 60$ GPa, $\nu = 0.25$) con dimensiones $a = 75$ mm y deformaciones de compresión $\epsilon_x = -720 \times 10^{-6}$ y $\epsilon_y = \epsilon_z = -270 \times 10^{-6}$.

7.6-5 Un elemento de aluminio en el *estado triaxial de esfuerzos* (véase la figura) está sometido a los esfuerzos $\sigma_x = 5\ 200$ lb/pulg^2 (tensión), $\sigma_y = -4\ 750$ lb/pulg^2 (compresión) y $\sigma_z = -3\ 090$ lb/pulg^2 (compresión). Se sabe también que las deformaciones en las direcciones x y y son $\epsilon_x = 713.8 \times 10^{-6}$ (alargamiento) $\epsilon_y = -502.3 \times 10^{-6}$ (acortamiento).

¿Cuál es el módulo volumétrico K para el aluminio?

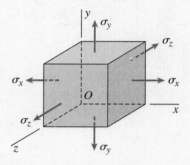

PROBS. 7.6-5 Y 7.6-6

7.6-6 Resuelva el problema anterior, si el material es nailon sometido a esfuerzos de compresión $\sigma_x = -4.5$ MPa, $\sigma_y = -3.6$ MPa, y $\sigma_z = -2.1$ MPa, las deformaciones normales son $\epsilon_x = -740 \times 10^{-6}$ y $\epsilon_y = -320 \times 10^{-6}$ (acortamientos).

7.6-7 Un cilindro de hule R de longitud L y área transversal A se comprime dentro de un cilindro S de acero con una fuerza F que aplica una presión uniformemente distribuida al hule (véase la figura).

a) Obtenga una fórmula para la presión lateral p entre el hule y el acero (desprecie la fricción entre el hule y el acero y suponga que el cilindro de acero es rígido en comparación con el hule).

b) Deduzca una fórmula para el acortamiento δ del cilindro de hule.

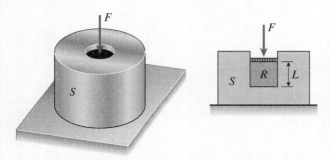

PROB. 7.6-7

7.6-8 Un bloque R de hule se confina entre las paredes planas paralelas de un bloque S de acero (véase la figura). Una fuerza F aplica una presión p_0 uniformemente distribuida en la parte superior del bloque de hule.

a) Obtenga una fórmula para la presión lateral p entre el hule y el acero (desprecie la fricción entre el hule y el acero y suponga que el bloque de acero es rígido en comparación con el hule).

b) Deduzca una fórmula para la dilatación e del hule.

c) Deduzca una fórmula para la densidad u de la energía de deformación del hule.

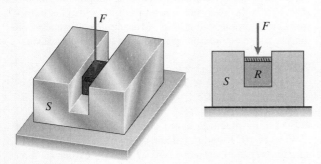

PROB. 7.6-8

7.6-9 Una bola esférica sólida de latón ($E = 15 \times 10^6$ lb/pulg^2, $\nu = 0.34$) se sumerge en el océano a una profundidad de 10 000 pies. El diámetro de la bola es de 11.0 pulg.

Determine el decremento Δd de diámetro, el decremento ΔV de volumen y la energía de deformación U de la bola.

7.6-10 Una esfera sólida de acero ($E = 210$ GPa, $\nu = 0.3$) está sometida a una presión hidrostática p tal que su volumen se reduce en 0.4%.

a) Calcule la presión p.

b) Calcule el módulo volumétrico de elasticidad K para el acero.

c) Calcule la energía de deformación U almacenada en la esfera si su díametro es $d = 150$ mm.

7.6-11 Una esfera sólida de bronce (módulo volumétrico de elasticidad $K = 14.5 \times 10^6$ lb/pulg^2) es calentada alrededor de su superficie exterior. La tendencia a expanderse de la parte calentada produce tensión uniforme en todas direcciones en el centro de la esfera.

Si el esfuerzo en el centro es de 12 000 lb/pulg^2, ¿cuál es la deformación? Calcule también el cambio de volumen unitario e y la densidad u de la energía de deformación en el centro.

Deformación plana

Al resolver los problemas de la sección 7.7, considere sólo las deformaciones en el plano (las deformaciones en el plano xy), excepto que se indique otra cosa. Use las ecuaciones de transformación de la deformación plana, a menos que se especifique el círculo de Mohr (problemas 7.7-23 al 7.7-28).

7.7-1 Una placa rectangular delgada en *esfuerzo biaxial* está sometida a los esfuerzos σ_x y σ_y, como se muestra en la parte (a) de la figura. El ancho y altura de la placa son $b = 8.0$ pulg y $h = 4.0$ pulg respectivamente. Las mediciones muestran que las deformaciones normales en las direcciones x y y son $\epsilon_x = 195 \times 10^{-6}$ y $\epsilon_y = -125 \times 10^{-6}$, respectivamente.

Consultando la parte (b) de la figura, que ofrece una vista bidimensional de la placa, determine las siguientes cantidades: a) el incremento Δd de la longitud de la diagonal Od; b) el cambio $\Delta \varphi$ del ángulo φ entre la diagonal

Od y el eje *x* y c) el cambio $\Delta\psi$ del ángulo ψ entre la diagonal *Od* y el eje *y*.

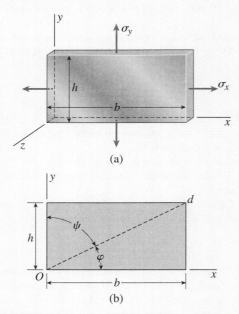

(a)

(b)

PROBS. 7.7-1 y 7.7-2

7.7-2 Resuelva el problema anterior con $b = 160$ mm, $h = 60$ mm, $\epsilon_x = 410 \times 10^{-6}$ y $\epsilon_y = -320 \times 10^{-6}$.

7.7-3 Una placa cuadrada delgada en *esfuerzo biaxial* está sometida a los esfuerzos σ_x y σ_y, como se muestra en la parte (a) de la figura. El ancho de la placa es $b = 12.0$ pulg. Las mediciones indican que las deformaciones normales en las direcciones *x* y *y* son $\epsilon_x = 427 \times 10^{-6}$ y $\epsilon_y = 113 \times 10^{-6}$, respectivamente.

Consultando la parte (b) de la figura, que muestra una vista bidimensional de la placa, determine las siguientes cantidades: a) el incremento Δd de la longitud de la diagonal *Od*; b) el cambio $\Delta\varphi$ del ángulo φ entre la diagonal *Od* y el eje *x* y c) la deformación cortante γ asociada con las diagonales *Od* y *cf* (es decir, encuentre el decremento en el ángulo *ced*).

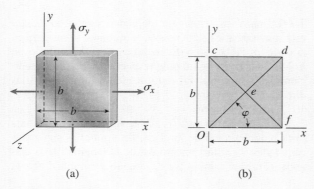

(a)   (b)

PROBS. 7.7-3 y 7.7-4

7.7-4 Resuelva el problema anterior si $b = 225$ mm, $\epsilon_x = 845 \times 10^{-6}$ y $\epsilon_y = 211 \times 10^{-6}$.

7.7-5 Un elemento de material sometido a *deformación plana* (véase la figura) tiene las siguientes deformaciones: $\epsilon_x = 220 \times 10^{-6}$, $\epsilon_y = 480 \times 10^{-6}$ y $\gamma_{xy} = 180 \times 10^{-6}$.

Calcule las deformaciones para un elemento orientado a un ángulo $\theta = 50°$ y muestre estas deformaciones en un diagrama de un elemento bien orientado.

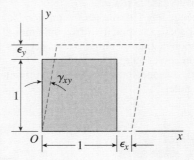

PROBS. 7.7-5 al 7.7-10

7.7-6 Resuelva el problema anterior con los siguientes datos: $\epsilon_x = 420 \times 10^{-6}$, $\epsilon_y = -170 \times 10^{-6}$, $\gamma_{xy} = 310 \times 10^{-6}$ y $\theta = 37.5°$.

7.7-7 Las deformaciones para un elemento de material en la *deformación plana* (véase la figura) son: $\epsilon_x = 480 \times 10^{-6}$, $\epsilon_y = 140 \times 10^{-6}$ y $\gamma_{xy} = -350 \times 10^{-6}$.

Determine las deformaciones principales y las deformaciones máximas por cortante y muéstrelas en diagramas orientados de manera adecuada.

7.7-8 Resuelva el problema anterior para las siguientes deformaciones: $\epsilon_x = 120 \times 10^{-6}$, $\epsilon_y = -450 \times 10^{-6}$ y $\gamma_{xy} = -360 \times 10^{-6}$.

7.7-9 Un elemento de material en *la deformación plana* (véase la figura) está sometido a las deformaciones $\epsilon_x = 480 \times 10^{-6}$, $\epsilon_y = 70 \times 10^{-6}$ y $\gamma_{xy} = 420 \times 10^{-6}$.

Determine las siguientes cantidades: a) las deformaciones para un elemento orientado según un ángulo $\theta = 75°$; b) las deformaciones principales y c) las deformaciones cortantes máximas. Muestre los resultados en diagramas de elementos orientados de manera adecuada.

7.7-10 Resuelva el problema anterior para los siguiente datos: $\epsilon_x = -1\,120 \times 10^{-6}$, $\epsilon_y = -430 \times 10^{-6}$, $\gamma_{xy} = 780 \times 10^{-6}$ y $\theta = 45°$.

7.7-11 Una placa de acero con módulo de elasticidad $E = 30 \times 10^6$ lb/pulg^2 y razón de Poisson $\nu = 0.30$ está cargada según el *esfuerzo biaxial* con los esfuerzos normales σ_x y σ_y (véase la figura). Un extensómetro se adhiere a la placa a un ángulo $\varphi = 30°$.

Si el esfuerzo σ_x es de 18 000 lb/pulg^2 y la deformación medida por el extensómetro es $\epsilon = 407 \times 10^{-6}$, ¿cuál es el esfuerzo cortante máximo en el plano $(\tau_{máx})_{xy}$ y la deformación cortante $(\gamma_{máx})_{xy}$? ¿Cuál es la deformación cortante máxima $(\gamma_{máx})_{xz}$ en el plano xz? ¿Cuál es la deformación cortante máxima $(\gamma_{máx})_{yz}$ en el plano yz?

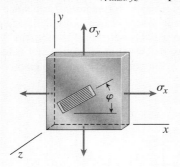

PROBS. 7.7-11 y 7.7-12

7.7-12 Resuelva el problema anterior, suponiendo ahora que la placa es de aluminio con $E = 72$ GPa y $\nu = 1/3$, el esfuerzo σ_x es de 86.4 MPa, el ángulo φ es de 21° y la deformación ϵ es de 946×10^{-6}.

7.7-13 Un elemento en el *esfuerzo plano* está sometido a esfuerzos $\sigma_x = -8\ 400$ lb/pulg^2, $\sigma_y = 1\ 100$ lb/pulg^2, y $\tau_{xy} = -1\ 700$ lb/pulg^2 (véase la figura). El material es aluminio con módulo de elasticidad $E = 10\ 000$ klb/pulg^2 y razón de Poisson $\nu = 0.33$.

Determine las siguientes cantidades: a) las deformaciones para un elemento orientado a un ángulo $\theta = 30°$; b) las deformaciones principales y c) las deformaciones cortantes máximas. Muestre los resultados en diagramas de elementos orientados de manera apropiada.

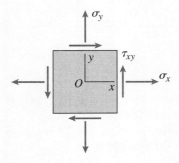

PROBS. 7.7-13 y 7.7-14

7.7-14 Resuelva el problema anterior con los siguientes datos: $\sigma_x = -150$ MPa, $\sigma_y = -210$ MPa, $\tau_{xy} = -16$ MPa y $\theta = 50°$. El material es latón con $E = 100$ GPa y $\nu = 0.34$.

7.7-15 Durante una prueba del ala de un avión, las lecturas de los extensómetros de una roseta a 45° (véase la figura) son las siguientes: extensómetro A, 520×10^{-6}; extensómetro B, 360×10^{-6}; y extensómetro C, -80×10^{-6}.

Determine las deformaciones principales y las deformaciones cortantes máximas y muéstrelas en diagramas de elementos orientados apropiadamente.

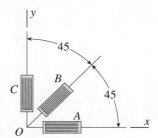

PROBS. 7.7-15 y 7.7-16

7.7-16 Una roseta de deformaciones a 45° (véase la figura) montada en la superficie del chasis de un automóvil da las siguientes lecturas: extensómetro A, 310×10^{-6}; extensómetro B, 180×10^{-6}; y extensómetro C, -160×10^{-6}.

Determine las deformaciones principales y las deformaciones cortantes máximas y muéstrelas en diagramas de elementos bien orientados.

7.7-17 Una barra circular sólida de diámetro $d = 1.5$ pulg está sometida a una fuerza axial P y a un par T (véase la figura). Los extensómetros A y B montados en la superficie de la barra dan las lecturas $\epsilon_a = 100 \times 10^{-6}$ y $\epsilon_b = -55 \times 10^{-6}$. La barra es de acero con $E = 30 \times 10^6$ lb/pulg^2 y $\nu = 0.29$.

a) Determine la fuerza axial P y el par de torsión T.

b) Determine la deformación cortante máxima $\gamma_{máx}$ y el esfuerzo cortante máximo $\gamma_{máx}$ en la barra.

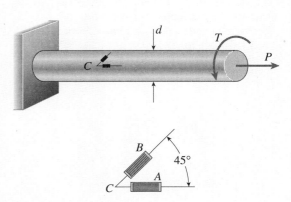

PROB. 7.7-17

7.7-18 Una viga en voladizo de sección transversal rectangular (ancho $b = 25$ mm, altura $h = 100$ mm) está cargada por una fuerza P que actúa a la mitad del peralte de la viga y está inclinada un ángulo α respecto a la vertical (véase la figura). Se colocan dos extensómetros en el punto C, que también está a la mitad del peralte de la viga. El extensómetro A mide la deformación en la dirección horizontal y el B mide la deformación a un ángulo $\beta = 60°$ respecto a la horizontal. Las deformaciones medidas son $\epsilon_a = 125 \times 10^{-6}$ y $\epsilon_b = -375 \times 10^{-6}$.

Determine la fuerza P y el ángulo α, suponiendo que el material es acero con $E = 200$ GPa y $\nu = 1/3$.

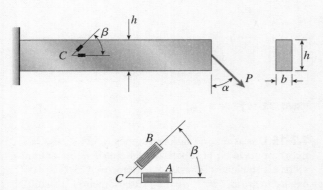

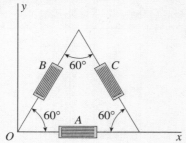

PROBS. 7.7-18 y 7.7-19

7.7-19 Resuelva el problema anterior, pero ahora las dimensiones de la sección transversal son $b = 1.0$ pulg y $h = 3.0$ pulg, el ángulo del extensómetro es $\beta = 75°$, las deformaciones medidas son $\epsilon_a = 171 \times 10^{-6}$ y $\epsilon_b = -266 \times 10^{-6}$ y el material es una aleación de magnesio con módulo $E = 6.0 \times 10^6$ lb/pulg^2 y razón de Poisson $\nu = 0.35$.

7.7-20 Una roseta de deformaciones a 60°, o *roseta delta*, consiste en tres extensómetros de resistencia eléctrica dispuestos como se aprecia en la figura. El extensómetro A mide la deformación normal ϵ_a en la dirección del eje x. Los extensómetros B y C miden las deformaciones ϵ_b y ϵ_c, en las direcciones inclinadas mostradas.

Obtenga las ecuaciones para las deformaciones ϵ_x, ϵ_y y γ_{xy} asociadas con los ejes xy.

PROB. 7.7-20

7.7-21 En la superficie de una componente estructural de un vehículo espacial, las deformaciones se controlan por medio de tres extensómetros dispuestos como se ve en la figura. Durante cierta maniobra, se registran las siguientes deformaciones: $\epsilon_a = 1\,100 \times 10^{-6}$, $\epsilon_b = 200 \times 10^{-6}$ y $\epsilon_c = 200 \times 10^{-6}$.

Determine las deformaciones principales y los esfuerzos principales en el material que es una aleación de magnesio para la cual $E = 6\,000$ klb/pulg^2 y $\nu = 0.35$. (Muestre las deformaciones principales y los esfuerzos principales en diagramas de elementos bien orientados.)

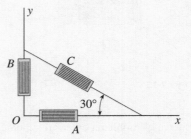

PROB. 7.7-21

7.7-22 Las deformaciones sobre la superficie de un dispositivo experimental de aluminio puro ($E = 70$ GPa, $\nu = 0.33$) y probado en un transbordador espacial se midieron por medio de extensómetros. Éstos se orientaron como indica la figura y las deformaciones medidas fueron $\epsilon_a = 1\,100 \times 10^{-6}$, $\epsilon_b = 1\,496 \times 10^{-6}$ y $\epsilon_c = -39.44 \times 10^{-6}$.

¿Cuál es el esfuerzo σ_x en la dirección x?

PROB. 7.7-22

7.7-23 Resuelva el problema 7.7-5 con el círculo de Mohr para la deformación plana.

7.7-24 Resuelva el problema 7.7-6 con el círculo de Mohr para la deformación plana.

7.7-25 Resuelva el problema 7.7-7 con el círculo de Mohr para la deformación plana.

7.7-26 Resuelva el problema 7.7-8 con el círculo de Mohr para la deformación plana.

7.7-27 Resuelva el problema 7.7-9 con el círculo de Mohr para la deformación plana.

7.7-28 Resuelva el problema 7.7-10 con el círculo de Mohr para la deformación plana.

8

Aplicaciones del esfuerzo plano (recipientes a presión, vigas y cargas combinadas)

8.1 INTRODUCCIÓN

En el capítulo anterior analizamos los esfuerzos y deformaciones en un punto de una estructura sometida al **esfuerzo plano** (véase las secciones 7.2 a la 7.5). El esfuerzo plano es una condición común de esfuerzo que existe en todas las estructuras, incluidos edificios, máquinas, vehículos y aeronaves. En este capítulo examinaremos algunas aplicaciones prácticas del esfuerzo plano, por lo que hay que entender con claridad el material presentado en las secciones 7.2 a 7.5 antes de seguir adelante.

Las primeras estructuras que analizaremos son los **recipientes a presión**, como los tanques de aire comprimido y los tubos de agua (secciones 8.2 y 8.3). Determinaremos los esfuerzos y las deformaciones en las paredes de estas estructuras debidos a las presiones internas generadas por los gases comprimidos o los líquidos. Después volveremos al tema de los **esfuerzos en vigas** y explicaremos cómo determinar los esfuerzos principales y los esfuerzos cortantes máximos en varios puntos (secciones 8.4). Finalmente, en la sección 8.5 analizaremos estructuras sometidas a **cargas combinadas**; es decir, a combinaciones de cargas axiales, cargas de torsión, cargas de flexión y presión interna. Nuestro objetivo es determinar los esfuerzos normales y cortantes máximos en diferentes puntos de dichas estructuras.

8.2 RECIPIENTES ESFÉRICOS A PRESIÓN

Los **recipientes a presión** son estructuras cerradas que contienen líquidos o gases a presión. Algunos ejemplos conocidos son tanques, tubos y cabinas a presión en aeronaves y vehículos espaciales. Cuando los recipientes a presión tienen paredes delgadas en comparación con sus dimensiones generales, se les incluye dentro de la categoría más general de **cascarones**; por ejemplo, domos de techos, alas de aeronaves y cascos de submarinos.

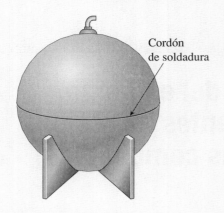

FIG. 8-1 Recipiente esférico a presión.

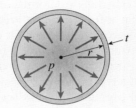

FIG. 8-2 Sección transversal del recipiente esférico a presión donde se muestra el radio interior r, el espesor t de la pared y la presión interna p.

En esta sección consideraremos los recipientes a presión de pared delgada de forma esférica, como el tanque de aire comprimido de la figura 8-1. El término **pared delgada** no es preciso, pero como regla general los recipientes a presión se consideran de pared delgada cuando la razón del radio r al espesor de la pared t (figura 8-2) es mayor que 10. Cuando esta condición se satisface, podemos determinar los esfuerzos en las paredes con exactitud razonable usando sólo la estática.

En los siguientes análisis supondremos que la presión interna p (figura 8-2) excede a la presión que actúa sobre el exterior del cascarón; de otra manera, el recipiente puede abollarse hacia adentro debido al pandeo.

Una esfera es la forma teórica ideal para un recipiente que resiste una presión interna. Basta contemplar la familiar burbuja de jabón para reconocer que una esfera es la forma "natural" para este propósito. A fin de hallar los esfuerzos en un recipiente esférico, cortamos a través de la esfera según un plano diametral vertical (figura 8-3a) y aislamos la mitad del cascarón junto con *su contenido de fluido* como un solo cuerpo libre (figura 8-3b). Sobre este cuerpo libre actúan los esfuerzos de tensión s en la pared del recipiente y la presión p del fluido. La presión actúa en sentido horizontal contra el área circular plana de fluido que permanece dentro del hemisferio. Puesto que la presión es uniforme, la fuerza resultante de la presión es

$$P = p(\pi r^2) \tag{a}$$

donde r es el radio interno de la esfera.

Observe que la presión p no es la presión absoluta dentro del recipiente, sino la presión interna neta o **presión manométrica**. La presión manométrica es la presión interna *que supera* la presión que actúa sobre el exterior del recipiente. Si las presiones interna y externa son iguales, ningún esfuerzo se desarrolla en la pared del recipiente;

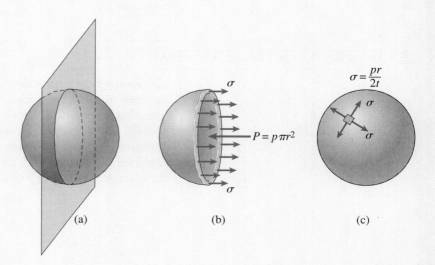

FIG. 8-3 Esfuerzos σ de tensión en la pared de un recipiente esférico a presión.

sólo el exceso de la presión interna sobre la presión externa tiene efecto sobre estos esfuerzos.

Debido a la simetría del recipiente y su carga (figura 8-3b), el esfuerzo de tensión σ es uniforme alrededor de la circunferencia. Además, como la pared es delgada, podemos suponer con buena precisión que el esfuerzo está distribuido uniformemente a través del espesor t. La exactitud de esta aproximación aumenta conforme el cascarón se vuelve más delgado y decrece conforme se engruesa.

La resultante de los esfuerzos de tensión σ en la pared es una fuerza horizontal igual al esfuerzo σ multiplicado por el área sobre la que actúa, o

$$\sigma(2\pi r_m t)$$

donde t es el espesor de la pared y r_m es el radio medio:

$$r_m = r + \frac{t}{2} \tag{b}$$

Así, el equilibro de fuerzas en dirección horizontal (figura 8-3b) nos da:

$$\sum F_{\text{horiz}} = 0 \qquad \sigma(2\pi r_m t) - p(\pi r^2) = 0 \tag{c}$$

de donde obtenemos los *esfuerzos de tensión* en la pared del recipiente:

$$\sigma = \frac{pr^2}{2r_m t} \tag{d}$$

En virtud de que nuestro análisis es válido sólo para cascarones delgados, podemos despreciar la pequeña diferencia entre los dos radios ecuación (d) y reemplazar r con r_m o viceversa. Si bien cualquier radio que escojamos es satisfactorio para este análisis aproximado, resulta que los esfuerzos se aproximan más a los esfuerzos teóricamente exactos si usamos el radio interior r en vez del radio medio r_m; por tanto, adoptaremos la siguiente fórmula para calcular los **esfuerzos de tensión en la pared de un cascarón esférico**:

$$\sigma = \frac{pr}{2t} \tag{8-1}$$

Como es evidente de la simetría de un cascarón esférico, obtenemos la misma ecuación para los esfuerzos de tensión cuando cortamos por el centro de la esfera en cualquier dirección. Llegamos así a la siguiente conclusión: *La pared de un recipiente esférico a presión está sometida a esfuerzos uniformes de tensión σ en todas direcciones*. Esta condición de esfuerzo se presenta en la figura 8-3c mediante el pequeño elemento de esfuerzo con esfuerzos σ que actúan en direcciones mutuamente perpendiculares.

Los esfuerzos que actúan en sentido tangencial a la superficie curva de un cascarón —por ejemplo, los esfuerzos σ mostrados en la figura 8-3c— se conocen como **esfuerzos de membrana**. El nombre se deriva del hecho de que son los únicos esfuerzos que existen en membranas verdaderas, como películas de jabón.

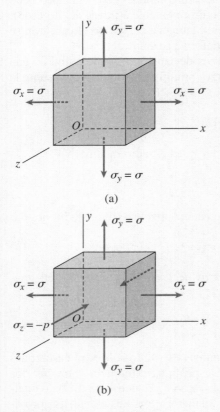

FIG. 8-4 Esfuerzos en un recipiente esférico a presión en (a) la superficie externa y (b) la superficie interna.

Esfuerzos en la superficie exterior

Por lo general, la superficie exterior de un recipiente esférico a presión está libre de cargas; por tanto, el elemento ilustrado en la figura 8-3c se encuentra en *esfuerzo biaxial*. A manera de ayuda para analizar los esfuerzos que actúan sobre este elemento, lo presentamos de nuevo en la figura 8-4a, donde un conjunto de ejes coordenados está orientado paralelamente a los lados del elemento. Los ejes x y y son tangenciales a la superficie de la esfera y el eje z es perpendicular a la superficie; entonces, los esfuerzos normales σ_x y σ_y son los mismos que los esfuerzos σ de membrana y el esfuerzo normal σ_z es cero. Ningún esfuerzo cortante actúa sobre los lados de este elemento.

Si analizamos el elemento de la figura 8-4a con las ecuaciones de transformación para el esfuerzo plano (véanse la figura 7-1 y las ecuaciones 7-4a y 7-4b de la sección 7.2), encontramos

$$\sigma_{x_1} = \sigma \quad \text{y} \quad \tau_{x_1 y_1} = 0$$

como era de esperarse; en otras palabras, cuando consideramos los elementos obtenidos por rotación de los ejes respecto al eje z, los esfuerzos normales permanecen constantes y no se tienen esfuerzos cortantes. *Cada plano es un plano principal y cada dirección es una dirección principal.* Los **esfuerzos principales** para el elemento son entonces

$$\sigma_1 = \sigma_2 = \frac{pr}{2t} \qquad \sigma_3 = 0 \qquad \text{(8-2a, b)}$$

Los esfuerzos σ_1 y σ_2 se encuentran en el plano xy y el esfuerzo σ_3 actúa en la dirección z.

Para obtener los **esfuerzos cortantes máximos**, debemos considerar rotaciones fuera del plano; es decir, rotaciones respecto a los ejes x y y (porque todos los esfuerzos cortantes en el plano son cero). Los elementos orientados al efectuar rotaciones de 45° respecto a los ejes x y y tienen esfuerzos cortantes máximos iguales a $\sigma/2$ y esfuerzos normales iguales a $\sigma/2$; por tanto,

$$\tau_{\text{máx}} = \frac{\sigma}{2} = \frac{pr}{4t} \qquad \text{(8-3)}$$

Estos esfuerzos son los esfuerzos cortantes máximos en el elemento.

Esfuerzos en la superficie interior

En la superficie interior de la pared de un recipiente esférico, un elemento de esfuerzo (figura 8-4b) tiene los mismos esfuerzos σ_x y σ_y de membrana que un elemento en la superficie exterior (figura 8-4a). Además, un esfuerzo de compresión σ_z igual a la presión p actúa en dirección z (figura 8-4b). Este esfuerzo de compresión disminuye de p en la superficie interior a cero en la superficie exterior.

El elemento mostrado en la figura 8-4b está en estado triaxial de esfuerzos con esfuerzos principales

$$\sigma_1 = \sigma_2 = \frac{pr}{2t} \qquad \sigma_3 = -p \qquad\qquad (e, f)$$

Los esfuerzos cortantes en el plano son cero, pero el esfuerzo cortante máximo fuera del plano (obtenido por una rotación de 45° respecto al eje x o al eje y) es

$$\tau_{\text{máx}} = \frac{\sigma + p}{2} = \frac{pr}{4t} + \frac{p}{2} = \frac{p}{2}\left(\frac{r}{2t} + 1\right) \qquad\qquad (g)$$

Cuando el recipiente es de pared delgada y la razón r/t es grande, podemos despreciar el número 1 en comparación con el término $r/2t$; en otras palabras, el esfuerzo principal σ_3 en la dirección z es pequeño en comparación con los esfuerzos principales σ_1 y σ_2. En consecuencia, podemos considerar el estado de esfuerzo en la superficie interior como el mismo que el de la superficie exterior (estado biaxial de esfuerzos). Esta aproximación es congruente con la naturaleza aproximada de la teoría del cascarón delgado, por lo que usaremos las ecuaciones (8-1), (8-2) y (8-3) para obtener los esfuerzos en la pared de un recipiente esférico a presión.

Comentarios generales

Los recipientes a presión suelen tener aberturas en la pared (que sirven de entradas y salidas del fluido) así como accesorios y soportes que ejercen fuerzas sobre el cascarón (figura 8-1). Estos dispositivos producen una falta de uniformidad en la distribución de los esfuerzos, o *concentraciones de esfuerzos*, que no se pueden analizar con las fórmulas elementales que hemos dado, ya que requieren métodos de análisis más avanzados. Otros factores que afectan el diseño de los recipientes a presión son corrosión, impactos accidentales y cambios de temperatura.

Algunas limitantes de la teoría de los cascarones delgados aplicada a los recipientes a presión son:

1. El espesor de la pared debe ser pequeño en comparación con las otras dimensiones (la razón r/t tiene que ser de 10 o mayor).
2. La presión interna debe exceder a la presión externa (para evitar el pandeo hacia adentro).
3. El análisis presentado en esta sección se basa sólo en los efectos de la presión interna (no se han considerado los efectos de las cargas externas, reacciones, peso del contenido y peso de la estructura).
4. Las fórmulas obtenidas en esta sección son válidas en toda la pared del recipiente, *excepto* cerca de puntos con concentraciones de esfuerzos.

El siguiente ejemplo ilustra el uso de los esfuerzos principales y los esfuerzos cortantes máximos en el análisis de un cascarón esférico.

Ejemplo 8-1

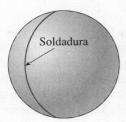

FIG. 8-5 Ejemplo 8-1. Recipiente esférico a presión (Los accesorios y los apoyos no se muestran.)

Un tanque de aire comprimido con un diámetro interior de 18 pulgadas y un espesor de pared de 1/4 pulg, se forma soldando dos hemisferios de acero (figura 8-5).

a) Si el esfuerzo permisible de tensión en el acero es de 14 000 lb/pulg^2, ¿cuál es la presión p_a máxima permisible del aire en el tanque?

b) Si el esfuerzo cortante permisible en el acero es de 6 000 lb/pulg^2, ¿cuál es la presión p_b máxima permisible?

c) Si la deformación normal en la superficie externa del tanque no debe exceder de 0.0003, ¿cuál es la presión p_c máxima permisible? (Suponga que la ley de Hooke es válida y que el módulo de elasticidad para el acero es de 29×10^6 lb/pulg^2 y la razón de Poisson es de 0.28.)

d) Ciertas pruebas del cordón de soldadura muestran que ocurre una falla cuando la carga de tensión sobre la soldadura excede de 8.1 kips por pulgada de cordón. Si el factor de seguridad requerido contra la falla de la soldadura es de 2.5, ¿cuál es la presión p_d permisible máxima?

e) Con base en los cuatro factores anteriores, ¿cuál es la presión p_{perm} permisible en el tanque?

Solución

a) *Presión permisible con base en el esfuerzo de tensión en el acero.* El esfuerzo de tensión máximo en la pared del tanque está dado por la fórmula $\sigma = pr/2t$ (véase la ecuación 8-1). Al despejar la presión en esta ecuación en términos del esfuerzo permisible, obtenemos

$$p_a = \frac{2t\sigma_{\text{perm}}}{r} = \frac{2(0.25 \text{ pulg})(14\,000 \text{ lb/pulg}^2)}{9.0 \text{ pulg}} = 777.8 \text{ lb/pulg}^2 \quad \Longleftarrow$$

La presión permisible máxima con base en la tensión en la pared del tanque es entonces $p_a = 777$ lb/pulg^2 (observe que redondeamos hacia abajo y no hacia arriba en un cálculo de este tipo).

b) *Presión permisible con base en el esfuerzo cortante en el acero.* La ecuación (8-3) da el esfuerzo cortante máximo en la pared del tanque, a partir de la cual obtenemos la siguiente ecuación para la presión:

$$p_b = \frac{4t\tau_{\text{perm}}}{r} = \frac{4(0.25 \text{ pulg})(6\,000 \text{ lb/pulg}^2)}{9.0 \text{ pulg}} = 666.7 \text{ lb/pulg}^2 \quad \Longleftarrow$$

Por tanto, la presión permisible con base en el esfuerzo cortante es $p_b = 666$ lb/pulg^2.

c) *Presión permisible con base en la deformación normal en el acero.* La deformación normal se obtiene de la ley de Hooke para el estado biaxial de esfuerzos (ecuación 7-39a):

$$\epsilon_x = \frac{1}{E}(\sigma_x - \nu\sigma_y) \qquad (h)$$

Sustituimos $\sigma_x = \sigma_y = \sigma = pr/2t$ (véase la figura. 8-4a) y obtenemos

$$\epsilon_x = \frac{\sigma}{E}(1 - \nu) = \frac{pr}{2tE}(1 - \nu) \qquad (8\text{-}4)$$

De esta ecuación podemos despejar la presión p_c:

$$p_c = \frac{2tE\epsilon_{\text{perm}}}{r(1 - \nu)} = \frac{2(0.25 \text{ pulg})(29 \times 10^6 \text{ lb/pulg}^2)(0.0003)}{(9.0 \text{ pulg})(1 - 0.28)} = 671.3 \text{ lb/pulg}^2$$

Así, la presión permisible con base en la deformación normal en la pared es $p_c = 671 \text{ lb/pulg}^2$.

d) *Presión permisible con base en la tensión en el cordón de soldadura*. La carga de tensión permisible sobre el cordón de soldadura es igual a la carga de falla dividida entre el factor de seguridad:

$$T_{\text{perm}} = \frac{T_{\text{falla}}}{n} = \frac{8.1 \text{ klb/pulg}}{2.5} = 3.24 \text{ klb/pulg} = 3\,240 \text{ lb/pulg}$$

El esfuerzo de tensión permisible correspondiente es igual a la carga permisible sobre una longitud de una pulgada de cordón dividida entre el área de la sección transversal de una pulgada de longitud de soldadura:

$$\sigma_{\text{perm}} = \frac{T_{\text{perm}}(1.0 \text{ pulg})}{(1.0 \text{ pulg})(t)} = \frac{(3\,240 \text{ lb/pulg}^2)(1.0 \text{ pulg})}{(1.0 \text{ pulg})(0.25 \text{ pulg})} = 12\,960 \text{ lb/pulg}^2$$

Por último, despejamos la presión interna utilizando la ecuación (8-1):

$$p_d = \frac{2t\sigma_{\text{perm}}}{r} = \frac{2(0.25 \text{ pulg})(12\,960 \text{ lb/pulg}^2)}{9.0 \text{ pulg}} = 720.0 \text{ lb/pulg}^2$$

Este resultado da la presión permisible con base en la tensión en el cordón de soldadura.

e) *Presión permisible*. Al comparar los resultados anteriores para p_a, p_b, p_c y p_d, vemos que rige el esfuerzo cortante en la pared y la presión permisible en el tanque es

$$p_{\text{perm}} = 666 \text{ lb/pulg}^2$$

Este ejemplo ilustra cómo diferentes esfuerzos y deformaciones entran en el diseño de un recipiente esférico a presión.

Nota: cuando la presión interna alcanza el valor máximo permisible (666 lb/pulg^2), los esfuerzos de tensión en el cascarón son

$$\sigma = \frac{pr}{2t} = \frac{(666 \text{ lb/pulg}^2)(9.0 \text{ pulg})}{2(0.25 \text{ pulg})} = 12\,000 \text{ lb/pulg}^2$$

De esta manera, en la superficie interna del cascarón (figura 8-4b), la razón del esfuerzo principal en la dirección z (666 lb/pulg^2) al esfuerzo principal en el plano ($12\,000 \text{ lb/pulg}^2$), es sólo de 0.056; por tanto, se justifica nuestra suposición de que podemos despreciar el esfuerzo principal σ_3 en la dirección z y considerar el cascarón entero en esfuerzo biaxial.

8.3 RECIPIENTES CILÍNDRICOS A PRESIÓN

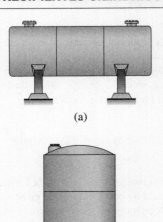

FIG. 8-6 Recipientes cilíndricos a presión con secciones transversales circulares.

Los recipientes cilíndricos a presión con sección transversal circular (figura 8-6) se encuentran en instalaciones industriales (tanques de aire comprimido y motores de cohetes), en casas habitación (extinguidores de incendio y latas de rociadores) y en granjas (tanques de propano y silos para granos). Los tubos a presión, como los utilizados para el abastecimiento de agua y las tuberías de carga, también se clasifican como recipientes cilíndricos a presión.

Comenzaremos el análisis de los recipientes cilíndricos determinando los esfuerzos normales en un *tanque AB circular de pared delgada* sometido a presión interna (figura 8-7a). Sobre la pared del tanque se presenta un *elemento de esfuerzo* con sus caras paralelas y perpendiculares al eje del mismo. Los esfuerzos normales σ_1 y σ_2 que actúan sobre las caras laterales de este elemento son los esfuerzos de membrana en la pared. Ningún esfuerzo cortante actúa sobre dichas caras debido a la simetría del recipiente y sus cargas; por tanto, los esfuerzos σ_1 y σ_2 son esfuerzos principales.

Debido a sus direcciones, el esfuerzo σ_1 se llama **esfuerzo circunferencial** o **esfuerzo de aro** y el esfuerzo σ_2 se llama **esfuerzo longitudinal** o **esfuerzo axial**; cada uno se puede calcular a partir del equilibrio usando los diagramas de cuerpo libre apropiados.

Esfuerzo circunferencial

Para determinar el esfuerzo circunferencial σ_1, practicamos dos cortes (*mn* y *pq*) perpendiculares al eje longitudinal y separados una distancia *b* (figura 8-7a). Luego efectuamos un tercer corte en un plano vertical a través del eje longitudinal del tanque, con lo cual resulta el diagrama de cuerpo libre expuesto en la figura 8-7b. Este cuerpo libre consiste no sólo en la pieza semicircular del tanque, sino también en el fluido contenido dentro de los cortes. Los esfuerzos circunferenciales σ_1 y la presión interna *p* actúan sobre el corte longitudinal (plano *mpqn*).

Si bien los esfuerzos y las presiones también actúan sobre las caras izquierda y derecha del cuerpo libre, no los ilustramos porque no entran en la ecuación de equilibrio que usaremos. Al igual que en el análisis de un recipiente esférico, despreciaremos el peso del tanque y su contenido.

Los esfuerzos circunferenciales σ_1 que actúan en la pared del recipiente tienen una resultante igual a $\sigma_1(2bt)$, donde *t* es el espesor de la pared. Además, la fuerza resultante P_1 de la presión interna es igual a $2pbr$, donde *r* es el radio interior del cilindro. Tenemos entonces la siguiente ecuación de equilibrio:

$$\sigma_1(2bt) - 2pbr = 0$$

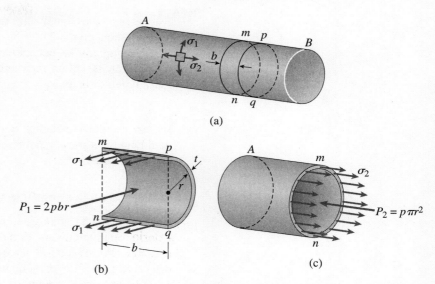

FIG. 8-7 Esfuerzos en un recipiente cilíndrico a presión circular.

De esta ecuación obtenemos la siguiente fórmula para el *esfuerzo circunferencial en un cilindro a presión*:

$$\sigma_1 = \frac{pr}{t} \tag{8-5}$$

Este esfuerzo se distribuye de manera uniforme sobre el espesor de la pared, siempre que el espesor sea pequeño respecto al radio.

Esfuerzo longitudinal

El esfuerzo longitudinal σ_2 se obtiene del equilibrio de un cuerpo libre de la parte del recipiente a la izquierda de la sección transversal *mn* (figura 8-7c). De nuevo, el cuerpo libre incluye no sólo parte del tanque, sino también su contenido. Los esfuerzos σ_2 actúan en sentido longitudinal y tienen una fuerza resultante igual a $\sigma_2(2\pi rt)$. Observe que estamos usando el radio interior del cascarón en vez del radio medio, como se explicó en la sección 8.2.

La fuerza resultante P_2 de la presión interna es una fuerza igual a $p\pi r^2$. Así, la ecuación de equilibrio para el cuerpo libre es

$$\sigma_2(2\pi rt) - p\pi r^2 = 0$$

Despejamos σ_2 de esta ecuación y obtenemos la siguiente fórmula para el *esfuerzo longitudinal* en un recipiente a presión cilíndrico:

$$\sigma_2 = \frac{pr}{2t} \tag{8-6}$$

Este esfuerzo es igual al esfuerzo de membrana en un recipiente esférico (ecuación 8-1).

Al comparar las ecuaciones (8-5) y (8-6), vemos que el esfuerzo circunferencial en un recipiente cilíndrico es igual al doble del esfuerzo longitudinal:

$$\sigma_1 = 2\sigma_2 \tag{8-7}$$

En este resultado notamos que un cordón de soldadura longitudinal en un tanque a presión debe ser dos veces tan fuerte como un cordón circunferencial.

Esfuerzos en la superficie exterior

En la figura 8.8a, los esfuerzos principales σ_1 y σ_2 en la superficie exterior de un recipiente cilíndrico se muestran sobre el elemento de esfuerzo. Puesto que el tercer esfuerzo principal (que actúa en la dirección z) es cero, el elemento está en *esfuerzo biaxial*.

Los máximos *esfuerzos cortantes en el plano* ocurren sobre planos que están girados 45° respecto al eje z; estos esfuerzos son

$$(\tau_{\text{máx}})_z = \frac{\sigma_1 - \sigma_2}{2} = \frac{\sigma_1}{4} = \frac{pr}{4t} \tag{8-8}$$

Los máximos *esfuerzos cortantes fuera del plano* se obtienen por rotaciones a 45° respecto a los ejes x y y, respectivamente; entonces,

$$(\tau_{\text{máx}})_x = \frac{\sigma_1}{2} = \frac{pr}{2t} \qquad (\tau_{\text{máx}})_y = \frac{\sigma_2}{2} = \frac{pr}{4t} \tag{8-9a, b}$$

Al comparar los resultados anteriores vemos que el *esfuerzo cortante máximo absoluto* es

$$\tau_{\text{máx}} = \frac{\sigma_1}{2} = \frac{pr}{2t} \tag{8-10}$$

Este esfuerzo se presenta en un plano girado 45° respecto al eje x.

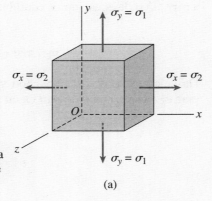
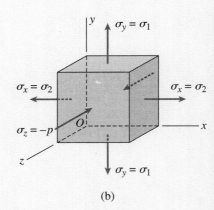

FIG. 8-8 Esfuerzos en un recipiente cilíndrico a presión circular en: (a) la superficie exterior y (b) la superficie interior.

(a)   (b)

Esfuerzos en la superficie interior

Las condiciones de esfuerzo en la superficie interior de la pared del recipiente se ilustran en la figura 8-8b. Los esfuerzos principales son

$$\sigma_1 = \frac{pr}{t} \qquad \sigma_2 = \frac{pr}{2t} \qquad \sigma_3 = -p \qquad\qquad \text{(a, b, c)}$$

Los tres esfuerzos cortantes máximos, obtenidos mediante giros de 45° con respecto a los ejes x, y y z, son

$$(\tau_{\text{máx}})_x = \frac{\sigma_1 - \sigma_3}{2} = \frac{pr}{2t} + \frac{p}{2} \qquad (\tau_{\text{máx}})_y = \frac{\sigma_2 - \sigma_3}{2} = \frac{pr}{4t} + \frac{p}{2} \qquad \text{(d, e)}$$

$$(\tau_{\text{máx}})_z = \frac{\sigma_1 - \sigma_2}{2} = \frac{pr}{4t} \qquad\qquad \text{(f)}$$

El primero de estos esfuerzos es el mayor; sin embargo, según se explicó en el análisis de los esfuerzos cortantes en un cascarón esférico, podemos despreciar el término adicional $p/2$ en las ecuaciones (d) y (e) cuando el cascarón es de pared delgada. Entonces, las expresiones (d), (e) y (f) resultan ser las mismas que las ecuaciones (8-9) y (8-8), respectivamente.

Por tanto, en todos nuestros ejemplos y problemas relativos a recipientes cilíndricos a presión, *despreciaremos la presencia de los esfuerzos de compresión en la dirección z* (este esfuerzo de compresión varía de p en la superficie interior a cero en la superficie exterior). Con esta aproximación, los esfuerzos en la superficie interior resultan los mismos que los esfuerzos en la superficie exterior (estado biaxial de esfuerzos). Como se explicó en el análisis de los recipientes esféricos a presión, este procedimiento es satisfactorio cuando consideramos las otras numerosas aproximaciones en nuestra teoría.

Comentarios generales

Las fórmulas anteriores para esfuerzos en un cilindro circular son válidas en regiones del cilindro alejadas de cualquier discontinuidad que ocasione concentraciones de esfuerzos, como se vio antes para cascarones esféricos. Hay una discontinuidad obvia en los extremos del cilindro donde se unen las cabezas, debido a que la geometría de la estructura cambia en forma abrupta. Se presentan otras concentraciones de esfuerzos en aberturas, puntos de apoyo y dondequiera que se unen accesorios u objetos al cilindro. Los esfuerzos en tales puntos no se pueden establecer nada más con ecuaciones de equilibrio; se precisan métodos más avanzados de análisis (como la teoría de los cascarones y el método del elemento finito).

En la sección 8.2 se indican algunas de las limitantes de la teoría elemental para los cascarones de pared delgada.

Ejemplo 8-2

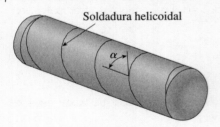

Soldadura helicoidal

FIG. 8-9 Ejemplo 8-2. Recipiente cilíndrico a presión con soldadura helicoidal.

Un recipiente cilíndrico a presión se construye enrollando sobre un mandril una placa de acero larga y estrecha y soldándola luego a lo largo de los bordes para formar una junta helicoidal (figura 8-9). El cordón helicoidal de soldadura forma un ángulo $\alpha = 55°$ con el eje longitudinal. El recipiente tiene radio interior $r = 1.8$ m y espesor de pared $t = 20$ mm. El material es acero con módulo $E = 200$ GPa y razón de Poisson $\nu = 0.30$. La presión interna p es de 800 kPa.

Calcular las siguientes cantidades para la parte cilíndrica del recipiente: a) los esfuerzos circunferencial σ_1 y longitudinal σ_2; b) los esfuerzos cortantes máximos en el plano y fuera del plano; c) las deformaciones circunferencial ϵ_1 y longitudinal ϵ_2 y d) el esfuerzo normal σ_w y el esfuerzo cortante τ_w que actúan en sentidos perpendicular y paralelo, respectivamente, al cordón de soldadura.

Solución

a) *Esfuerzos circunferencial y longitudinal.* En la figura 8.10a, los esfuerzos circunferencial σ_1 y longitudinal σ_2 se ilustran actuando sobre un elemento de esfuerzo en el punto A sobre la pared del recipiente. Las magnitudes de los esfuerzos se calculan con las ecuaciones (8-5) y (8-6):

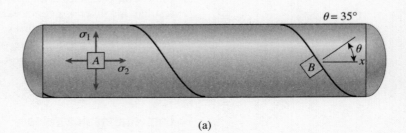

(a)

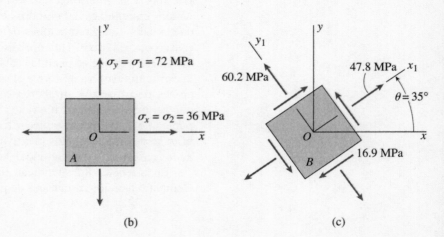

(b)   (c)

FIG. 8-10 Solución al ejemplo 8-2.

$$\sigma_1 = \frac{pr}{t} = \frac{(800 \text{ kPa})(1.8 \text{ m})}{20 \text{ mm}} = 72 \text{ MPa} \quad \sigma_2 = \frac{pr}{2t} = \frac{\sigma_1}{2} = 36 \text{ MPa} \quad \Longleftarrow$$

El elemento de esfuerzo en el punto A se presenta de nuevo en la figura 8-10b, en la que el eje x está en la dirección longitudinal del cilindro y el eje y en la dirección circunferencial. Como no hay esfuerzo en la dirección z ($\sigma_3 = 0$), el elemento está en estado biaxial de esfuerzos.

Observe que la razón de la presión interna (800 kPa) al esfuerzo principal menor en el plano (36 MPa) es de 0.022; por lo tanto, se justifica nuestra hipótesis de que podemos despreciar cualquier esfuerzo en la dirección z y considerar todos los elementos en el cascarón cilíndrico —incluso aquellos en la superficie interior—, como en estado biaxial de esfuerzos.

b) *Esfuerzos cortantes máximos.* El esfuerzo cortante máximo en el plano se obtiene con la ecuación (8-8):

$$(\tau_{\text{máx}})_z = \frac{\sigma_1 - \sigma_2}{2} = \frac{\sigma_1}{4} = \frac{pr}{4t} = 18 \text{ MPa} \quad \Longleftarrow$$

Puesto que estamos despreciando el esfuerzo normal en la dirección z, el esfuerzo cortante máximo fuera del plano se obtiene con la ecuación (8-9a):

$$\tau_{\text{máx}} = \frac{\sigma_1}{2} = \frac{pr}{2t} = 36 \text{ MPa} \quad \Longleftarrow$$

Este esfuerzo es el esfuerzo cortante máximo absoluto en la pared del recipiente.

c) *Deformaciones circunferencial y longitudinal.* Dado que los esfuerzos máximos son bastante menores que el esfuerzo de fluencia del acero (véase la tabla H-3, apéndice H), podemos suponer que la ley de Hooke es aplicable a la pared del recipiente. Entonces podemos obtener las deformaciones en las direcciones x y y (figura 8-10b) con las ecuaciones (7-39a) y (7-39b) para el estado biaxial de esfuerzos:

$$\epsilon_x = \frac{1}{E}(\sigma_x - \nu\sigma_y) \qquad \epsilon_y = \frac{1}{E}(\sigma_y - \nu\sigma_x) \qquad \text{(g, h)}$$

Observamos que la deformación ϵ_x es la misma que la deformación principal ϵ_2 en la dirección longitudinal y que la deformación ϵ_y es la misma que la deformación principal ϵ_1 en la dirección circunferencial. Además, el esfuerzo σ_x es el mismo que el esfuerzo σ_2 y el esfuerzo σ_y es el mismo que el esfuerzo σ_1; por tanto, las dos ecuaciones anteriores pueden escribirse de las siguientes maneras:

$$\epsilon_2 = \frac{\sigma_2}{E}(1 - 2\nu) = \frac{pr}{2tE}(1 - 2\nu) \qquad \text{(8-11a)}$$

$$\epsilon_1 = \frac{\sigma_1}{2E}(2 - \nu) = \frac{pr}{2tE}(2 - 2\nu) \qquad \text{(8-11b)}$$

Sustituimos las cifras y encontramos

$$\epsilon_2 = \frac{\sigma_2}{E}(1 - 2\nu) = \frac{(36 \text{ MPa})[1 - 2(0.30)]}{200 \text{ GPa}} = 72 \times 10^{-6} \quad \Longleftarrow$$

$$\epsilon_1 = \frac{\sigma_1}{2E}(2 - \nu) = \frac{(72 \text{ MPa})(2 - 0.30)}{2(200 \text{ GPa})} = 306 \times 10^{-6} \quad \Longleftarrow$$

continúa

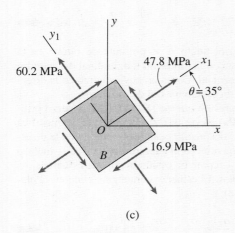

(c)

FIG. 8-10c (Repetición).

Éstas son las deformaciones longitudinal y circunferencial, respectivamente, en el cilindro.

d) *Esfuerzos normal y cortante que actúan sobre el cordón de soldadura.* El elemento de esfuerzo en el punto B de la pared del cilindro (figura 8-10a) está orientado de manera que sus lados son paralelos y perpendiculares al cordón de soldadura. El ángulo θ para el elemento es

$$\theta = 90° - \alpha = 35°$$

según se aprecia en la figura 8-10c. Se aplican las ecuaciones de transformación de esfuerzos o el círculo de Mohr para obtener los esfuerzos normal y cortante que actúan sobre las caras laterales de este elemento.

Ecuaciones de transformación del esfuerzo. El esfuerzo normal σ_{x_1} y el esfuerzo cortante $\tau_{x_1y_1}$ que actúan sobre la cara x_1 del elemento (figura 8-10c) se obtienen con las ecuaciones (7-4a) y (7-4b), que se repiten aquí:

$$\sigma_{x_1} = \frac{\sigma_x + \sigma_y}{2} + \frac{\sigma_x - \sigma_y}{2}\cos 2\theta + \tau_{xy}\,\text{sen}\,2\theta \qquad \text{(8-12a)}$$

$$\tau_{x_1y_1} = -\frac{\sigma_x - \sigma_y}{2}\,\text{sen}\,2\theta + \tau_{xy}\cos 2\theta \qquad \text{(8-12b)}$$

Sustituimos $\sigma_x = \sigma_2 = pr/2t$, $\sigma_y = \sigma_1 = pr/t$, y $\tau_{xy} = 0$, con lo cual obtenemos

$$\sigma_{x_1} = \frac{pr}{4t}(3 - \cos 2\theta) \qquad \tau_{x_1y_1} = \frac{pr}{4t}\,\text{sen}\,2\theta \qquad \text{(8-13a, b)}$$

Estas ecuaciones dan los esfuerzos normal y cortante que actúan sobre un plano inclinado que forma un ángulo θ respecto al eje longitudinal del cilindro.

Al sustituir $pr/4t = 18$ MPa y $\theta = 35°$ en las ecuaciones (8-13a) y (8-13b), resulta

$$\sigma_{x_1} = 47.8 \text{ MPa} \qquad \tau_{x_1y_1} = 16.9 \text{ MPa}$$

Estos esfuerzos se muestran sobre el elemento de esfuerzo de la figura 8-10c.

Para completar el elemento de esfuerzo, calculamos el esfuerzo normal σ_{y_1} que actúa sobre la cara y_1 del elemento a partir de la suma de los esfuerzos normales sobre caras perpendiculares (ecuación 7-6):

$$\sigma_1 + \sigma_2 = \sigma_{x_1} + \sigma_{y_1} \qquad \text{(8-14)}$$

Al sustituir obtenemos

$$\sigma_{y_1} = \sigma_1 + \sigma_2 - \sigma_{x_1} = 72 \text{ MPa} + 36 \text{ MPa} - 47.8 \text{ MPa} = 60.2 \text{ MPa}$$

según se ve en la figura 8-10c.

En la figura vemos que los esfuerzos normal y cortante que actúan en forma perpendicular y paralela, respectivamente, al cordón de soldadura son

$$\sigma_w = 47.8 \text{ MPa} \qquad \tau_w = 16.9 \text{ MPa}$$

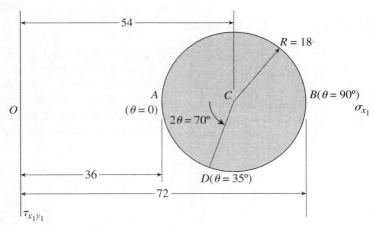

FIG. 8-11 Círculo de Mohr para el elemento en esfuerzo biaxial de la figura 8-10b. (*Nota*: todos los esfuerzos sobre el círculo están en unidades de MPa.)

Círculo de Mohr. En la figura 8-11 se ilustra la construcción del círculo de Mohr para el elemento en estado biaxial de esfuerzos de la figura 8-10b. El punto A representa el esfuerzo $\sigma_2 = 36$ MPa sobre la cara x ($\theta = 0$) del elemento y el punto B, el esfuerzo $\sigma_1 = 72$ MPa sobre la cara y ($\theta = 90°$). El centro C del círculo está a un esfuerzo de 54 MPa y el radio del círculo es

$$R = \frac{72 \text{ MPa} - 36 \text{ MPa}}{2} = 18 \text{ MPa}$$

Un ángulo antihorario $2\theta = 70°$ (medido sobre el círculo desde el punto A) localiza al punto D, que corresponde a los esfuerzos sobre la cara x_1 ($\theta = 35°$) del elemento. Las coordenadas del punto D (de la geometría del círculo) son

$$\sigma_{x_1} = 54 \text{ MPa} - R\cos 70° = 54 \text{ MPa} - (18 \text{ MPa})(\cos 70°) = 47.8 \text{ MPa}$$
$$\tau_{x_1 y_1} = R \text{ sen } 70° = (18 \text{ MPa})(\text{sen } 70°) = 16.9 \text{ MPa}$$

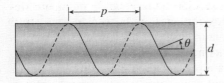

FIG. 8-12 Vista lateral de una hélice.

Estos resultados concuerdan con los encontrados a partir de las ecuaciones para la transformación del esfuerzo.

Nota: cuando se observa de manera lateral, una **hélice** sigue la forma de una curva senoidal (figura 8-12). El paso de la hélice es

$$p = \pi d \tan \theta \tag{8-15}$$

donde d es el diámetro del cilindro circular y θ es el ángulo entre una normal a la hélice y una línea longitudinal. El ancho de la placa plana que se enrolla en una forma cilíndrica es

$$w = \pi d \text{ sen } \theta \tag{8-16}$$

Entonces, si se tienen el diámetro del cilindro y el ángulo θ, tanto el paso como el ancho de la placa quedan establecidos. Por razones prácticas, el ángulo θ suele encontrarse entre 20° y 35°.

8.4 ESFUERZOS MÁXIMOS EN VIGAS

Por lo general, el análisis de los esfuerzos en una viga comienza con la determinación de los esfuerzos normal y cortante que actúan sobre secciones transversales; por ejemplo, cuando es válida la ley de Hooke, podemos obtener los esfuerzos normal y cortante a partir de las **fórmulas de la flexión y del cortante** (ecuaciones 5-13 y 5-38, respectivamente, del capítulo 5):

$$\sigma = -\frac{My}{I} \qquad \tau = \frac{VQ}{Ib} \qquad (8\text{-}17a, b)$$

En la fórmula de la flexión, σ es el esfuerzo normal que actúa sobre la sección transversal, M es el momento flexionante, y es la distancia desde el eje neutro e I es el momento de inercia del área de la sección transversal con respecto al eje neutro (las convenciones de signos para M y y en la fórmula de la flexión se muestran en las figuras 5-9 y 5-10 del capítulo 5).

En el caso de la fórmula del cortante, τ es el esfuerzo cortante en cualquier punto en la sección transversal, V es la fuerza cortante, Q es el momento estático del área de la sección transversal hacia afuera del punto en la sección transversal donde se busca el esfuerzo y b es el ancho de la sección transversal (la fórmula del cortante suele escribirse sin consideración de signos, ya que las direcciones de los esfuerzos cortantes son obvias de las direcciones de las cargas).

Los esfuerzos normales que se obtienen con la fórmula de la flexión tienen sus valores máximos a las distancias más alejadas desde el eje neutro, mientras que los esfuerzos cortantes que se obtienen con la fórmula del cortante suelen tenerlos en dicho eje. Los esfuerzos normales se calculan en la sección transversal de momento flexionante máximo y los esfuerzos cortantes, en la sección transversal de fuerza cortante máxima. En la mayoría de los casos, éstos son los únicos esfuerzos necesarios para fines de diseño.

Ahora bien, para tener una representación más completa de los esfuerzos en una viga, necesitamos determinar los esfuerzos principales y los esfuerzos cortantes máximos en diferentes puntos de la misma. Comenzaremos analizando los esfuerzos en una viga rectangular.

Vigas de sección transversal rectangular

Podemos llegar a entender cómo varían los esfuerzos en una viga considerando la viga simple de sección transversal rectangular mostrada en la figura 8-13a. Para los fines de este análisis, escogemos una sección transversal a la izquierda de la carga y luego seleccionamos cinco puntos (A, B, C, D y E) sobre un lado de la viga. El punto A está en la parte superior y el E en la parte inferior de la viga, el punto C está a la mitad del peralte de la viga y los puntos B y D se encuentran en posiciones intermedias.

Si la ley de Hooke es aplicable, los esfuerzos normal y cortante en cada uno de estos cinco puntos se pueden calcular con facilidad

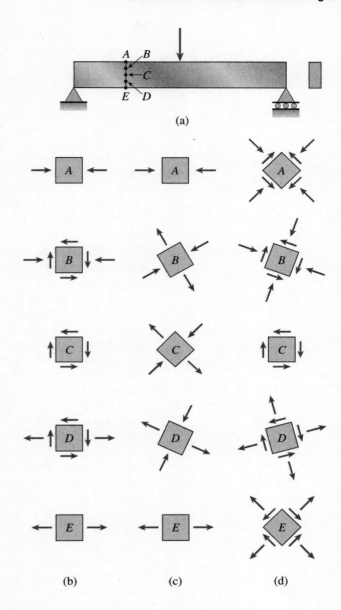

FIG. 8-13 Esfuerzos en una viga de sección transversal rectangular: (a) viga simple con los puntos A, B, C, D y E sobre el lado de la viga; (b) esfuerzos normales y cortantes que actúan sobre elementos de esfuerzo en los puntos A, B, C, D y E; (c) esfuerzos principales y (d) esfuerzos cortantes máximos.

mediante las fórmulas de la flexión y de cortante. Puesto que estos esfuerzos actúan sobre la sección transversal, podemos dibujarlos sobre elementos de esfuerzo que tengan caras verticales y horizontales, como se muestra en la figura 8-13b. Observe que todos los elementos están en el esfuerzo plano porque no hay esfuerzos que estén actuando en sentido perpendicular al plano de la figura.

En el punto A, el esfuerzo normal es de compresión y no hay esfuerzos cortantes. De manera similar, en el punto E el esfuerzo normal es de tensión y tampoco hay esfuerzos cortantes. Así, los elementos en esas posiciones se encuentran en esfuerzo uniaxial. En el eje neutro (punto C), el elemento está en cortante puro. En las otras dos posiciones (puntos B y D), actúan esfuerzos normales y cortantes sobre los elementos de esfuerzo.

Para encontrar los esfuerzos principales y los esfuerzos cortantes máximos en cada punto, podemos usar las ecuaciones de transformación del esfuerzo plano o el círculo de Mohr. Las direcciones de los esfuerzos principales se muestran en la figura 8-13c y las direcciones de los esfuerzos cortantes máximos, en la figura 8-13d (observe que estamos considerando sólo esfuerzos en el plano).

Examinemos ahora los **esfuerzos principales** con más detalle. En los dibujos de la figura 8-13c podemos observar cómo cambian los esfuerzos principales de arriba hacia abajo de la viga. Comencemos con el esfuerzo principal de compresión. En el punto A, el esfuerzo de compresión actúa en dirección horizontal y el otro esfuerzo principal es cero. Conforme nos movemos hacia el eje neutro, el esfuerzo principal de compresión se inclina y en el eje neutro (punto C) actúa a 45° respecto a la horizontal. En el punto D, el esfuerzo principal de compresión está aún más inclinado respecto a la horizontal y en la parte inferior de la viga su dirección se ha vuelto vertical (con la excepción de que ahora su magnitud es igual a cero).

Así entonces, la dirección y magnitud del esfuerzo principal de compresión varía continuamente desde la parte superior hasta la parte inferior de la viga. Si la sección transversal escogida se localiza en una región de momento flexionante grande, el esfuerzo principal de compresión máximo se presenta en la parte superior de la viga (punto A) y el esfuerzo principal de compresión mínimo (cero) se manifiesta en la parte inferior de la viga (punto E). Si la sección transversal se halla en una región de momento flexionante pequeño y de fuerza cortante grande, entonces el esfuerzo principal de compresión máximo está en el eje neutro.

Comentarios análogos son aplicables al esfuerzo principal de tensión, que también varía en magnitud y dirección conforme nos movemos del punto A al punto E. En el punto A, el esfuerzo de tensión es cero y en el punto E tiene su valor máximo (en la figura 8-19 del ejemplo 8-3 se ilustran algunas gráficas que muestran cómo varían los esfuerzos principales en magnitud para una viga específica y en una sección transversal específica).

Los **esfuerzos cortantes máximos** (figura 8-13d) arriba y en la parte inferior de la viga se presentan sobre planos a 45° (debido a que los elementos están en esfuerzo uniaxial). En el eje neutro, los esfuerzos cortantes máximos se dan sobre planos horizontales y verticales (porque el elemento está en el estado de cortante puro). En todos los puntos, los esfuerzos cortantes máximos se manifiestan sobre planos orientados a 45° respecto a los planos principales. En regiones de fuerte momento flexionante, los esfuerzos cortantes máximos se presentan en la parte superior e inferior de la viga; en regiones de momento flexionante pequeño y fuerza cortante elevada, los esfuerzos cortantes máximos se dan en el eje neutro.

Si investigamos los esfuerzos en muchas secciones transversales de la viga, podremos determinar cómo varían los esfuerzos principales a través de la viga; luego podremos construir dos sistemas de curvas ortogonales, llamadas **trayectorias de esfuerzos**, que dan las direcciones de los esfuerzos principales. Algunos ejemplos de trayectorias de esfuerzos para vigas rectangulares se ilustran en la figura 8-14. La parte (a) de la figura muestra una viga en voladizo con una carga que actúa en el extremo libre y la parte (b) muestra

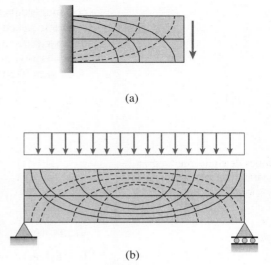

(a)

(b)

FIG. 8-14 Trayectorias de esfuerzos principales para vigas de sección transversal rectangular: (a) viga en voladizo y (b) viga simple (las líneas sólidas representan esfuerzos principales de tensión y las líneas punteadas, esfuerzos principales de compresión).

una viga simple con carga uniforme. Las líneas sólidas denotan los esfuerzos principales de tensión y las líneas punteadas, los esfuerzos principales de compresión. Las curvas para los esfuerzos principales de tensión y de compresión se cortan siempre en ángulo recto y cada trayectoria cruza el eje longitudinal a 45°. En las superficies superior e inferior de la viga, donde los esfuerzos cortantes son cero, las trayectorias son horizontales o bien verticales.*

Otro tipo de curva que puede trazarse a partir de los esfuerzos principales es una **curva de equiesfuerzos (contorno de esfuerzos)**, que es una curva que conecta puntos de igual esfuerzo principal. En la figura 8-15 se ilustran algunas curvas de equiesfuerzos para una viga en voladizo de sección transversal rectangular (sólo para esfuerzos principales de tensión). La curva del esfuerzo máximo está en la parte superior izquierda de la ilustración. Conforme nos movemos hacia abajo en la figura, los esfuerzos de tensión representados por las curvas son cada vez más pequeños. La curva de equiesfuerzos de tensión cero está en el borde inferior de la viga. Así entonces, el esfuerzo máximo de tensión se presenta en el soporte, donde el momento flexionante tiene su valor máximo.

Observe que las trayectorias de esfuerzos (figura 8-14) dan las direcciones de los esfuerzos principales pero no ofrecen información sobre las magnitudes de los esfuerzos. En general, las magnitudes de los esfuerzos principales varían según nos movemos a lo largo de una trayectoria. En contraste, las magnitudes de los esfuerzos principales son constantes según nos movemos a lo largo de una curva de equiesfuerzos (figura 8-15) pero las curvas no dan información sobre las direcciones de los esfuerzos. En particular, los esfuerzos principales no son paralelos ni perpendiculares a una curva de equiesfuerzos.

---

*El ingeniero alemán Karl Culmann (1821-1881) ideó las trayectorias de esfuerzo; véase la referencia 8-1.

Las trayectorias de esfuerzo y las curvas de equiesfuerzos de las figuras 8-14 y 8-15 se trazaron con las fórmulas de la flexión y del cortante (ecuaciones 8-17a y b). Al trazar estas figuras, se despreciaron tanto las concentraciones de esfuerzo cerca de los apoyos y cerca de las cargas concentradas como los esfuerzos de compresión directos causados por la carga uniforme apoyada sobre la parte superior de la viga (figura 8-14b).

FIG. 8-15 Curvas de equiesfuerzo para una viga en voladizo (se muestran sólo los esfuerzos principales de tensión).

Vigas de patín ancho

Los esfuerzos principales para otros perfiles de vigas, como las de patín ancho, se pueden analizar de manera similar a la descrita para vigas rectangulares; por ejemplo, considérese la viga de patín ancho simplemente apoyada de la figura 8-16a. Procedemos igual que en el caso de la viga rectangular e identificamos los puntos *A*, *B*, *C*, *D* y *E*, desde arriba hasta la parte inferior fondo de la viga (figura 8-16b). Los puntos *B* y *D* están en el alma, donde ésta encuentra al patín y el punto *C* se halla en el eje neutro. Podemos pensar que estos puntos se localizan a un lado de la viga (figura 8-16b y c) o dentro de la viga a lo largo de un eje vertical de simetría (figura 8-16d). Los esfuerzos determinados con las fórmulas de la flexión o del cortante son los mismos para ambos conjuntos de puntos.

Los elementos de esfuerzo en los puntos *A*, *B*, *C*, *D* y *E* (como se ven en una vista lateral de la viga) se muestran en las partes (e) a la (i) de la figura 8-16. Estos elementos tienen la misma apariencia general que los de la viga rectangular (figura 8-13b).

Por lo general los **esfuerzos principales** máximos se dan en las partes superior e inferior de la viga (puntos *A* y *E*), donde los esfuerzos obtenidos con la fórmula de la flexión alcanzan sus valores máximos. Sin embargo, dependiendo de las magnitudes relativas del momento flexionante y la fuerza cortante, los esfuerzos máximos se presentan a veces en la unión del alma con el patín (puntos *B* y *D*). Esto se debe a que los esfuerzos normales en los puntos *B* y *D* son sólo ligeramente menores que aquellos en los puntos *A* y *E*, mientras que los esfuerzos cortantes (que son cero en los puntos *A* y *E*) pueden ser considerables en los puntos *B* y *D* debido a la delgada alma. (*Nota:* la figura 5-38, capítulo 5, muestra cómo varían los esfuerzos cortantes en el alma de una viga de patín ancho.)

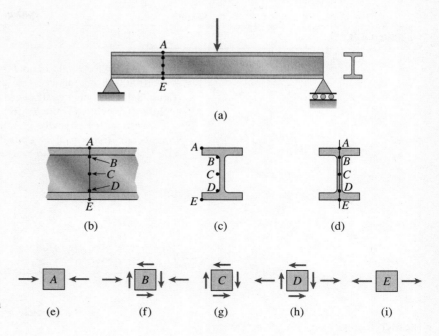

FIG. 8-16 Esfuerzos en una viga de patín ancho.

Los **esfuerzos cortantes máximos** que actúan sobre una sección transversal de una viga de patín ancho se presentan siempre en el eje neutro, según lo prueba la fórmula del cortante (ecuación 8-17b). Sin embargo, los esfuerzos cortantes máximos que actúan sobre planos inclinados suelen manifestarse en la parte superior e inferior de la viga (puntos A y E) o donde el alma se une al patín (puntos B y D) debido a la presencia de los esfuerzos normales.

Al analizar una viga de patín ancho para conocer los esfuerzos máximos, hay que recordar que puede haber esfuerzos elevados cerca de los apoyos, puntos de carga, filetes y orificios. Tales *concentraciones de esfuerzos* están confinadas a una región muy cercana a la discontinuidad y no se pueden calcular con las fórmulas elementales de las vigas.

El siguiente ejemplo ilustra el procedimiento para determinar los esfuerzos principales y los esfuerzos cortantes máximos en una sección transversal seleccionada de una viga rectangular. Los procedimientos para una viga de patín ancho son similares.

Ejemplo 8-3

Una viga simple AB con claro $L = 6$ pies soporta una carga concentrada $P = 10\,800$ lb que actúa a una distancia $c = 2$ pies del apoyo derecho (figura 8-17). La viga es de acero con sección transversal rectangular de ancho $b = 2$ pulg y peralte $h = 6$ pulg.

Investigar los esfuerzos principales y los esfuerzos cortantes máximos en la sección transversal mn, situada a la distancia $x = 9$ pulg del extremo A de la viga (considerar sólo los esfuerzos en el plano).

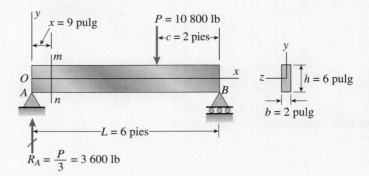

FIG. 8-17 Ejemplo 8-3. Viga de sección transversal rectangular.

Solución

Comenzamos usando las fórmulas de la flexión y del cortante para calcular los esfuerzos que actúan sobre la sección mn. Una vez conocidos estos esfuerzos, podemos determinar los esfuerzos principales y los esfuerzos cortantes máximos a partir de las ecuaciones del esfuerzo plano. Por último, podemos graficarlos a fin de mostrar cómo varían sobre el peralte de la viga.

Como asunto preliminar, primero observamos que la reacción de la viga en el apoyo A es $R_A = P/3 = 3\,600$ lb, y por tanto el momento flexionante y la fuerza cortante en la sección mn son

$$M = R_A x = (3\,600 \text{ lb})(9 \text{ pulg}) = 32\,400 \text{ lb-pulg} \qquad V = R_A = 3\,600 \text{ lb}$$

Esfuerzos normales sobre la sección transversal mn. Estos esfuerzos se encuentran con la fórmula de la flexión (ecuación 8-17a), como sigue:

$$\sigma_x = -\frac{My}{I} = -\frac{12My}{bh^3} = -\frac{12(32\,400 \text{ lb-pulg})y}{(2 \text{ pulg})(\text{pulg})^3} = -900y \qquad \text{(a)}$$

donde y está en pulgadas (pulg) y σ_x en libras por pulgada cuadrada (lb/pulg^2). Los esfuerzos calculados con la ecuación (a) son positivos cuando están en tensión y negativos cuando se hallan en compresión; por ejemplo, observe que un valor positivo de y (mitad superior de la viga) da un esfuerzo negativo, como es de esperarse.

En la figura 8-18 se presenta un elemento de esfuerzo cortado del lado de la viga en la sección transversal mn (figura 8-17). Para fines de referencia, un conjunto de ejes xy se muestra asociado con el elemento. El esfuerzo normal σ_x y el esfuerzo cortante τ_{xy} se ilustran actuando sobre el elemento en sus sentidos positivos (observe que en este ejemplo no hay esfuerzo normal σ_y que actúe sobre el elemento).

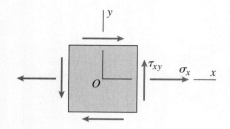

FIG. 8-18 Elemento en esfuerzo plano en la sección transversal *mn* de la viga en la figura 8-17 (ejemplo 8-3).

Esfuerzos cortantes sobre la sección transversal mn. Los esfuerzos cortantes están dados por la fórmula del cortante (ecuación 8-17b) donde el momento estático Q para una sección transversal rectangular es

$$Q = b\left(\frac{h}{2} - y\right)\left(y + \frac{h/2 - y}{2}\right) = \frac{b}{2}\left(\frac{h^2}{4} - y^2\right) \qquad (8\text{-}18)$$

Así, la fórmula del cortante es

$$\tau = \frac{VQ}{Ib} = \frac{12V}{(bh^3)(b)}\left(\frac{b}{2}\right)\left(\frac{h^2}{4} - y^2\right) = \frac{6V}{bh^3}\left(\frac{h^2}{4} - y^2\right) \qquad (8\text{-}19)$$

Los esfuerzos cortantes τ_{xy} que actúan sobre la cara x del elemento de esfuerzo (figura 8-18) son positivos hacia arriba, mientras que los esfuerzos cortantes reales τ (ecuación 8-19) actúan hacia abajo; por tanto, los esfuerzos cortantes τ_{xy} están dados por la fórmula:

$$\tau_{xy} = -\frac{6V}{bh^3}\left(\frac{h^2}{4} - y^2\right) \qquad (8\text{-}20)$$

Al sustituir los valores numéricos en esta ecuación, obtenemos

$$\tau_{xy} = -\frac{6(3\,600\text{ lb})}{(2\text{ pulg})(6\text{ pulg}^3)} = \left(\frac{(6\text{ pulg})^2}{4} - y^2\right) = -50(9 - y^2) \qquad (b)$$

donde y está en unidades de pulgadas (pulg) y τ_{xy} en unidades de libras por pulgadas cuadradas (psi).

Cálculo de los esfuerzos. Con el fin de calcular los esfuerzos en la sección transversal *mn*, dividimos la altura de la viga en seis intervalos iguales y designamos los puntos correspondientes con las letras A a G, como se ve en la vista lateral de la viga (figura 8-19a). Las coordenadas y de esos puntos están indicadas en la columna 2 de la tabla 8-1 y los esfuerzos correspondientes σ_x y τ_{xy} (calculados con las ecuaciones a y b, respectivamente), en las columnas 3 y 4. Estos esfuerzos están graficados en las figuras 8-19b y 8-19c. Los esfuerzos normales varían linealmente desde un esfuerzo de compresión de $-2\,700$ lb/pulg^2 en la parte superior de la viga (punto A) hasta un esfuerzo de tensión de $2\,700$ lb/pulg^2 en la parte inferior de la viga (punto G). Los esfuerzos cortantes tienen una distribución parabólica con el esfuerzo máximo en el eje neutro (punto D).

Esfuerzos principales y esfuerzos cortantes máximos. Los esfuerzos principales en cada uno de los siete puntos, del A al G, pueden determinarse con la ecuación (7-17):

$$\sigma_{1,2} = \frac{\sigma_x + \sigma_y}{2} \pm \sqrt{\left(\frac{\sigma_x - \sigma_y}{2}\right)^2 + \tau_{xy}^2} \qquad (8\text{-}21)$$

Puesto que no hay esfuerzos normales en la dirección y (figura 8-18), esta ecuación se simplifica y toma la forma

$$\sigma_{1,2} = \frac{\sigma_x}{2} \pm \sqrt{\left(\frac{\sigma_x}{2}\right)^2 + \tau_{xy}^2} \qquad (8\text{-}22)$$

Además, los esfuerzos cortantes máximos (de la ecuación 7-25) son

$$\tau_{\text{máx}} = \sqrt{\left(\frac{\sigma_x - \sigma_y}{2}\right)^2 + \tau_{xy}^2} \qquad (8\text{-}23)$$

continúa

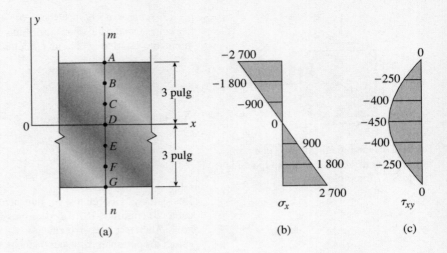

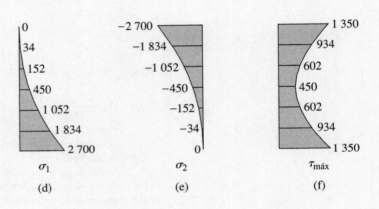

FIG. 8-19 Esfuerzos en la viga de la figura 8-17 (Ejemplo 8-3). (a) Puntos A, B, C, D, E, F y G en la sección transversal mn; (b) esfuerzos normales σ_x que actúan sobre la sección transversal mn; (c) esfuerzos cortantes τ_{xy} que actúan sobre la sección transversal mn; (d) esfuerzos principales de tensión σ_1; (e) esfuerzos principales de compresión σ_2, y (f) esfuerzos cortantes máximos $\tau_{máx}$. (*Nota*: todos los esfuerzos están en lb/pulg^2.)

TABLA 8-1 ESFUERZOS EN LA SECCIÓN TRANSVERSAL mn DE LA VIGA EN LA FIG. 8-17

(1)	(2)	(3)	(4)	(5)	(6)	(7)
Punto	y (pulg)	σ_x (lb/pulg^2)	τ_{xy} (lb/pulg^2)	σ_1 (lb/pulg^2)	σ_2 (lb/pulg^2)	$\tau_{máx}$ (lb/pulg^2)
A	3	−2 700	0	0	−2 700	1 350
B	2	−1 800	−250	34	−1 834	934
C	1	−900	−400	152	−1 052	602
D	0	0	−450	450	−450	450
E	−1	900	−400	1 052	−152	602
F	−2	1 800	−250	1 834	−34	934
G	−3	2 700	0	2 700	0	1 350

que se simplifica a

$$\tau_{máx} = \sqrt{\left(\frac{\sigma_x}{2}\right)^2 + \tau_{xy}^2} \qquad (8\text{-}24)$$

Entonces, si sustituimos los valores de σ_x y τ_{xy} (de la tabla 8-1) en las ecuaciones (8-22) y (8-24), podemos calcular los esfuerzos principales σ_1 y σ_2 y el esfuerzo cortante máximo $\tau_{máx}$. Estas cantidades están dadas en las últimas tres columnas de la tabla 8-1 y graficadas en las figuras 8-19d, e y f.

Los esfuerzos principales de tensión σ_1 aumentan desde cero en la parte superior de la viga hasta un máximo de 2 700 lb/pulg^2 en la parte inferior de la misma (figura 8-19d). Las direcciones de los esfuerzos también cambian; variando desde una posición vertical en la parte superior hasta una horizontal en la parte inferior. A la mitad del peralte, el esfuerzo σ_1 actúa sobre un plano a 45°. Comentarios similares son aplicables al esfuerzo principal de compresión σ_2, excepto en reversa; por ejemplo, el esfuerzo es máximo en la parte superior de la viga y nulo en la parte inferior (figura 8-19e).

Los esfuerzos cortantes máximos en la sección transversal mn se dan sobre planos a 45° en la parte superior e inferior de la viga. Estos esfuerzos son iguales a la mitad de los esfuerzos normales σ_x en los mismos puntos. En el eje neutro, donde el esfuerzo normal σ_x es cero, los esfuerzos cortantes máximos se presentan sobre los planos horizontal y vertical.

Nota 1: si consideramos otras secciones transversales de la viga, los esfuerzos normales y cortantes máximos diferirán de los mostrados en la figura 8-19; por ejemplo, en una sección transversal entre la sección mn y la carga concentrada (figura 8-17), los esfuerzos normales σ_x son mayores que los presentados en la figura 8-19b porque el momento flexionante es mayor; sin embargo, los esfuerzos cortantes τ_{xy} son los mismos que los mostrados en la figura 8-19c porque la fuerza cortante no cambia en esa región de la viga. En consecuencia, los esfuerzos principales σ_1 y σ_2 y los esfuerzos cortantes máximos $\tau_{máx}$ variarán de la misma manera general que la mostrada en las figuras 8-19d, e y f, pero con valores numéricos diferentes.

El esfuerzo de tensión máximo en cualquier parte de la viga es el esfuerzo normal en la parte inferior de la viga en la sección transversal de momento flexionante máximo. Este esfuerzo es

$$(\sigma_{tens})_{máx} = 14\ 400\ \text{lb/pulg}^2$$

El esfuerzo de compresión máximo tiene el mismo valor numérico y se presenta en la parte superior de la viga en la misma sección transversal.

El esfuerzo cortante máximo τ_{xy} que actúa sobre una sección transversal de la viga se manifiesta a la derecha de la carga P (figura 8-17) porque la fuerza cortante es mayor en esa región de la viga ($V = R_B = 7\ 200$ lb). Por tanto, el valor máximo de τ_{xy}, que se da en el eje neutro, es

$$(\tau_{xy})_{máx} = 900\ \text{lb/pulg}^2$$

El esfuerzo cortante máximo en cualquier parte de la viga se presenta sobre planos a 45° en la parte superior o inferior de la viga en la sección transversal de momento flexionante máximo:

$$\tau_{máx} = \frac{14\ 400\ \text{lb/pulg}^2}{2} = 7\ 200\ \text{lb/pulg}^2$$

Nota 2: en el diseño práctico de vigas ordinarias, los esfuerzos principales y los esfuerzos cortantes máximos rara vez se calculan; en su lugar, los esfuerzos de tensión y de compresión que se usarán en el diseño se calculan con la fórmula de la flexión en la sección transversal de momento flexionante máximo, y el esfuerzo cortante que se considerará en el diseño se calcula con la fórmula del cortante en la sección transversal de fuerza cortante máxima.

8.5 CARGAS COMBINADAS

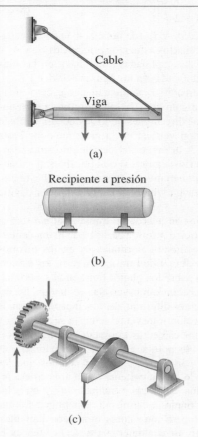

FIG. 8-20 Ejemplos de estructuras sometidas a cargas combinadas: (a) viga de patín ancho soportada por un cable (flexión y carga axial combinadas); (b) recipiente cilíndrico a presión soportado como viga y (c) eje en torsión y flexión combinadas.

En capítulos previos analizamos miembros estructurales sometidos a un solo tipo de carga; por ejemplo, estudiamos barras cargadas axialmente en los capítulos 1 y 2, ejes en torsión en el capítulo 3 y vigas en flexión en los capítulos 4, 5 y 6. También ya analizamos recipientes a presión en este capítulo. Para cada tipo de carga, desarrollamos métodos a fin de encontrar esfuerzos y deformaciones.

Sin embargo, en muchas estructuras se requiere que los miembros resistan más de un tipo de carga; por ejemplo, una viga puede estar sometida a la acción simultánea de momentos flexionantes y fuerzas axiales (figura 8-20a), un recipiente a presión puede estar apoyado de manera que funcione también como viga (figura 8-20b) o un eje en torsión puede sostener una carga de flexión (figura 8-20c). En una gran variedad de máquinas, edificios, vehículos, herramientas, equipo y muchos otros tipos de estructuras se presentan situaciones similares a las mostradas en la figura 8-20, llamadas **cargas combinadas**.

A menudo es posible analizar un miembro estructural sometido a cargas combinadas superponiendo los esfuerzos y deformaciones causados por cada carga que actúa por separado. Ahora bien, la superposición de los esfuerzos y las deformaciones es permisible sólo en ciertas condiciones, como se explicó en capítulos anteriores. Un requisito es que los esfuerzos y las deformaciones deben ser funciones lineales de las cargas aplicadas. Esto requiere a su vez que el material obedezca la ley de Hooke y que los desplazamientos sean pequeños.

Otro requisito es que no debe existir interacción entre las diversas cargas; es decir, los esfuerzos y deformaciones causados por una de las cargas no deben verse afectados por la presencia de otras cargas. La mayor parte de las estructuras comunes satisfacen estas dos condiciones, por lo que el uso de la superposición es muy común en el trabajo ingenieril.

Método de análisis

Si bien hay muchas maneras de analizar una estructura sometida a más de un tipo de carga, por lo general el procedimiento incluye los siguientes pasos:

1. Se elige un punto en la estructura para determinar los esfuerzos y las deformaciones (por lo general se escoge un punto en una sección transversal, donde los esfuerzos son grandes; por ejemplo, en una sección transversal, donde el momento flexionante tiene su valor máximo).

2. Para cada carga sobre la estructura se determinan las resultantes de esfuerzos en la sección transversal que contenga el punto seleccionado (las posibles resultantes de los esfuerzos son una fuerza axial, un momento de torsión, un momento flexionante y una fuerza cortante).

3. Se calculan los esfuerzos normal y cortante en el punto seleccionado debidos a cada una de las resultantes de esfuerzos. Además, si la estructura es un recipiente a presión, determinar los esfuerzos debidos a la presión interna (los esfuerzos se encuentran con las fórmulas para esfuerzos ya obtenidas; por ejemplo, $\sigma = P/A$, $\tau = T\rho/I_P$, $\sigma = My/I$, $\tau = VQ/Ib$ y $\sigma = pr/t$).

4. Los esfuerzos individuales se combinan para obtener los esfuerzos resultantes en el punto seleccionado; en otras palabras, se obtienen los esfuerzos σ_x, σ_y y τ_{xy} que actúan sobre un elemento de esfuerzo en el punto (observe que sólo estamos tratando elementos en el esfuerzo plano en este capítulo).

5. Los esfuerzos principales y los esfuerzos cortantes máximos en el punto seleccionado se determinan usando las ecuaciones de transformación de esfuerzos o el círculo de Mohr. Si es necesario, se encuentran los esfuerzos que actúan sobre otros planos inclinados.

6. Las deformaciones en el punto se hallan con ayuda de la ley de Hooke para el esfuerzo plano.

7. Se escogen puntos adicionales y se repite el proceso hasta tener suficiente información sobre los esfuerzos y las deformaciones que satisfaga los propósitos del análisis.

Ilustración del método

A fin de ilustrar el procedimiento para analizar un miembro sometido a cargas combinadas, analizaremos en términos generales los esfuerzos en la barra en voladizo de sección transversal circular mostrada en la figura 8-21a. Esta barra está sometida a dos tipos de cargas, un par de torsión T y una carga vertical P; ambas actúan en el extremo libre de la barra.

Comencemos seleccionando arbitrariamente dos puntos A y B para investigación (figura 8-21a). El punto A se localiza en la parte superior de la barra y el punto B se encuentra a un lado. Ambos se ubican en la misma sección transversal.

Las resultantes de esfuerzos que actúan sobre la sección transversal (figura 8-21b) son un momento de torsión igual al par T, un momento flexionante M igual a la carga P multiplicada por la distancia b del extremo libre de la barra a la sección transversal y una fuerza cortante V igual a la carga P.

Los esfuerzos que actúan en los puntos A y B se muestran en la figura 8-21c. El momento de torsión T produce esfuerzos cortantes de torsión

$$\tau_1 = \frac{Tr}{I_P} = \frac{2T}{\pi r^3} \qquad (a)$$

donde r es el radio de la barra e $I_P = \pi r^4/2$ es el momento polar de inercia del área de la sección transversal. El esfuerzo τ_1 actúa en sentido horizontal a la izquierda del punto A y verticalmente hacia abajo en el punto B, como se muestra en la figura.

El momento flexionante M genera un esfuerzo de tensión en el punto A:

$$\sigma_A = \frac{Mr}{I} = \frac{4M}{\pi r^3} \qquad (b)$$

donde $I = \pi r^4/4$ es el momento de inercia respecto al eje neutro. Sin embargo, el momento flexionante no produce esfuerzo en el punto B porque B está sobre el eje neutro.

La fuerza cortante V no produce esfuerzo cortante en la parte superior de la barra (punto A), pero en el punto B el esfuerzo cortante es (véase la ecuación 5-42 en el capítulo 5):

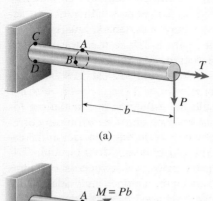

(a)

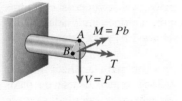

(b)

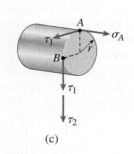

(c)

FIG. 8-21 Barra en voladizo sometida a torsión y flexión combinadas: (a) cargas que actúan sobre la barra; (b) resultantes de esfuerzos en una sección transversal y (c) esfuerzos en los puntos A y B.

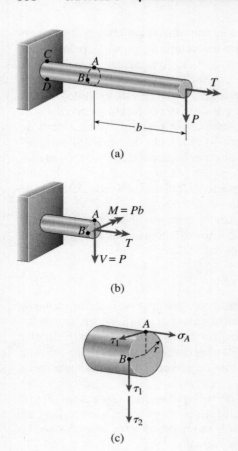

FIG. 8-21 (Repetición).

$$\tau_2 = \frac{4V}{3A} = \frac{4V}{3\pi r^2} \tag{c}$$

donde $A = \pi r^2$ es el área de la sección transversal.

Los esfuerzos σ_A y τ_1 que actúan en el punto A (figura 8-21c) se muestran actuando sobre un elemento de esfuerzo en la figura 8-22a. Este elemento está recortado de la parte superior de la barra en el punto A. En la figura 8-22b se ofrece una vista aérea bidimensional del elemento. Con el fin de determinar los esfuerzos principales y los esfuerzos cortantes máximos, asociamos ejes x y y al elemento. El eje x es paralelo al eje longitudinal de la barra circular (figura 8-21a) y el eje y es horizontal. Observe que el elemento está en el esfuerzo plano con $\sigma_x = \sigma_A$, $\sigma_y = 0$ y $\tau_{xy} = -\tau_1$.

Un elemento de esfuerzo en el punto B (también en esfuerzo plano) se presenta en la figura 8-23a. Los únicos esfuerzos que actúan sobre este elemento son los esfuerzos cortantes, iguales a $\tau_1 + \tau_2$ (véase la figura 8-21c). En la figura 8-23b se muestra una vista bidimensional del elemento de esfuerzo, con el eje x paralelo al eje longitudinal de la barra y el eje y en dirección vertical. Los esfuerzos que actúan sobre el elemento son $\sigma_x = \sigma_y = 0$ y $\tau_{xy} = -(\tau_1 + \tau_2)$.

Ahora que hemos determinado los esfuerzos que actúan en los puntos A y B y hemos construido los elementos de esfuerzo correspondientes, podemos usar las ecuaciones de transformación del esfuerzo plano (secciones 7.2 y 7.3) o el círculo de Mohr (sección 7.4) para determinar los esfuerzos principales, los esfuerzos cortantes máximos y los esfuerzos que actúan en direcciones inclinadas. También podemos usar la ley de Hooke (sección 7.5) para determinar las deformaciones en los puntos A y B.

El procedimiento anteriormente descrito para analizar los esfuerzos en los puntos A y B (figura 8-21a), puede usarse en otros puntos en la barra. Los puntos donde los esfuerzos calculados con la fórmula de la flexión y las fórmulas de los cortantes tienen valores máximos y mínimos, llamados **puntos críticos,** resultan de especial interés; por ejemplo, los esfuerzos normales debidos a la flexión son máximos en la sección transversal de momento flexionante máximo que se presenta en el soporte; por tanto, los puntos C y D en las partes superior e inferior de la viga en el extremo empotrado (figura 8-21a) son puntos críticos para el cálculo de los esfuerzos. Otro punto crítico es B, porque ahí los esfuerzos cortantes son máximos

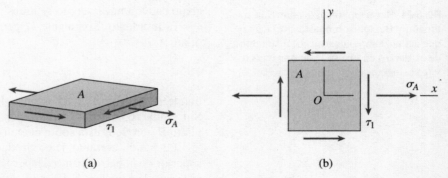

FIG. 8-22 Elemento de esfuerzo en el punto A.

(a)   (b)

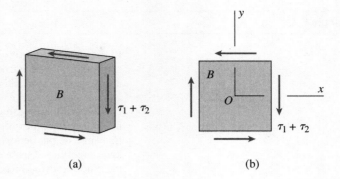

FIG. 8-23 Elemento de esfuerzo en el punto B.

(observe que, en este ejemplo, los esfuerzos cortantes no cambian si el punto B se mueve a lo largo de la barra en dirección longitudinal).

Como paso final, los esfuerzos principales y los esfuerzos cortantes máximos en los puntos críticos pueden compararse entre sí para determinar los esfuerzos normales y cortantes máximos absolutos en la barra.

Este ejemplo ilustra el procedimiento general para hallar los esfuerzos producidos por cargas combinadas y no comprende teoría nueva alguna, sólo la aplicación de las fórmulas y conceptos ya obtenidos. Como la variedad de situaciones prácticas no parece tener límite, no vale la pena obtener fórmulas específicas para calcular los esfuerzos máximos. Cada estructura suele tratarse como caso especial.

Selección de los puntos críticos

Si el objetivo del análisis es determinar los esfuerzos máximos en *cualquier parte* de la estructura, entonces hay que escoger los puntos críticos en secciones transversales donde las resultantes de esfuerzos alcancen los valores máximos. Ya en dichas secciones se elegirán los puntos en que los esfuerzos normales o los esfuerzos cortantes tengan sus valores máximos. Si la selección de los puntos se hace con buen juicio, podremos estar razonablemente seguros de haber obtenido los esfuerzos máximos en la estructura.

Sin embargo, a veces es difícil reconocer de antemano dónde se localizan los esfuerzos máximos en el miembro. Entonces quizá sea necesario investigar los esfuerzos en un gran número de puntos —quizá incluso utilizando el ensayo y error para seleccionar los puntos—. Otras estrategias también pueden resultar útiles, como obtener ecuaciones específicas para el problema en consideración o elaborar hipótesis simplificadoras a fin de facilitar un análisis que podría resultar sumamente difícil sin ellas.

Los siguientes ejemplos ilustran los métodos usados para calcular esfuerzos en estructuras sometidas a cargas combinadas.

Ejemplo 8-4

El eje o flecha del rotor de un helicóptero impulsa las aspas del rotor que suminstran la fuerza de levantamiento que sostiene al helicóptero en el aire (figura 8-24a). En consecuencia, el eje está sometido a una combinación de torsión y carga axial (figura 8-24b).

Determinar el esfuerzo de tensión máximo, el esfuerzo de compresión máximo y el esfuerzo cortante máximo en el eje de diámetro 50 mm que transmite un par de torsión $T = 2.4$ kN·m y una fuerza de tensión $P = 125$ kN, determine el esfuerzo de tensión máximo, el esfuerzo de compresión máximo y el esfuerzo cortante máximo en la flecha.

(a)

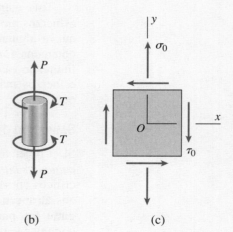

(b)   (c)

FIG. 8-24 Ejemplo 8-4. Eje del rotor de un helicóptero (torsión y fuerza axial combinadas).

Solución

La acción combinada de la fuerza axial P y el par de torsión T produce los esfuerzos en el eje del rotor (figura 8-24b); por tanto, los esfuerzos en cualquier punto sobre la superficie del eje consisten en un esfuerzo de tensión σ_0 y en esfuerzos cortantes τ_0, como se muestra sobre el elemento de esfuerzo en la figura 8-24c. Observe que el eje y es paralelo al eje longitudinal de la flecha.

El esfuerzo de tensión σ_0 es igual a la fuerza axial dividida entre el área de la sección transversal:

$$\sigma_0 = \frac{P}{A} = \frac{4P}{\pi d^2} = \frac{4(125 \text{ kN})}{\pi (50 \text{ mm})^2} = 63.66 \text{ MPa}$$

El esfuerzo cortante τ_0 se obtiene con la fórmula de torsión (véase las ecuaciones 3-11 y 3-12 de la sección 3.3):

$$\tau_0 = \frac{Tr}{I_P} = \frac{16T}{\pi d^3} = \frac{16(2.4 \text{ kN·m})}{\pi (50 \text{ mm})^3} = 97.78 \text{ MPa}$$

Los esfuerzos σ_0 y τ_0 actúan directamente sobre las secciones transversales del eje.

Conocidos los esfuerzos σ_0 y τ_0, podemos obtener los esfuerzos principales y los esfuerzos cortantes máximos con los métodos descritos en la sección 7.3. Los esfuerzos principales se obtienen con la ecuación (7-17):

$$\sigma_{1,2} = \frac{\sigma_x + \sigma_y}{2} \pm \sqrt{\left(\frac{\sigma_x - \sigma_y}{2}\right)^2 + \tau_{xy}^2} \qquad \text{(d)}$$

Al sustituir $\sigma_x = 0$, $\sigma_y = \sigma_0 = 63.66$ MPa, y $\tau_{xy} = -\tau_0 = -97.78$ MPa, obtenemos

$$\sigma_{1,2} = 32 \text{ MPa} \pm 103 \text{ MPa}$$

o

$$\sigma_1 = 135 \text{ MPa} \qquad \sigma_2 = -71 \text{ MPa} \qquad \blacktriangleleft$$

Éstos son los esfuerzos máximos de tensión y compresión en el eje del rotor.

Los esfuerzos cortantes máximos en el plano (ecuación 7-25) son

$$\tau_{\text{máx}} = \sqrt{\left(\frac{\sigma_x - \sigma_y}{2}\right)^2 + \tau_{xy}^2} \qquad \text{(e)}$$

Ya evaluamos este término, por lo que observamos

$$\tau_{\text{máx}} = 103 \text{ MPa} \qquad \blacktriangleleft$$

Puesto que los esfuerzos principales σ_1 y σ_2 tienen signos opuestos, los esfuerzos cortantes máximos en el plano son más grandes que los esfuerzos cortantes máximos fuera del plano (véanse las ecuaciones 7-28a, b y c y el análisis adjunto); por tanto, el esfuerzo cortante máximo en la flecha es de 103 MPa.

Ejemplo 8-5

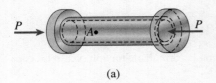

(a)

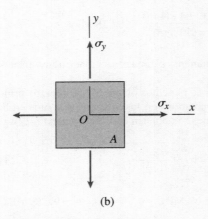

(b)

FIG. 8-25 Ejemplo 8-5. Recipiente a presión sometido a presión interna y fuerza axial combinadas.

Un recipiente a presión cilíndrico de pared delgada con sección transversal circular está sometido a una presión p interna de gas y comprimido simultáneamente por una carga axial $P = 12$ klb (figura 8-25a). El cilindro tiene radio interior $r = 2.1$ pulg y espesor de pared $t = 0.15$ pulg.

Determinar la presión permisible interna máxima p_{perm} con base en un esfuerzo cortante permisible de 6 500 lb/pulg² en la pared del recipiente.

Solución

Los esfuerzos en la pared del recipiente a presión se deben a la acción combinada de la presión interna y la fuerza axial. Puesto que ambas acciones producen esfuerzos normales uniformes en toda la pared, es posible seleccionar cualquier punto de la superficie para investigarlo. En un punto característico, como el punto A (figura 8-25a), aislamos un elemento de esfuerzo como se muestra en la figura 8-25b). El eje x es paralelo al eje longitudinal del recipiente a presión y el eje y es circunferencial. Observe que no hay esfuerzos cortantes actuando sobre el elemento.

Esfuerzos principales. El esfuerzo longitudinal σ_x es igual al esfuerzo de tensión σ_2 producido por la presión interna (véanse la figura 8-7a y la ecuación 8-6) menos el esfuerzo de compresión producido por la fuerza axial; es decir,

$$\sigma_x = \frac{pr}{2t} - \frac{P}{A} = \frac{pr}{2t} - \frac{P}{2\pi rt} \qquad \text{(f)}$$

donde $A = 2\pi rt$ es el área de la sección transversal del cilindro (observe que por conveniencia usamos el radio interno r en todos los cálculos).

El esfuerzo circunferencial σ_y es igual al esfuerzo de tensión σ_1 producido por la presión interna (figura 8-7a y ecuación 8-5):

$$\sigma_y = \frac{pr}{t} \qquad \text{(g)}$$

Observe que σ_y es algebraicamente mayor que σ_x.

Como no actúan esfuerzos cortantes sobre el elemento (figura 8-25), los esfuerzos normales σ_x y σ_y también son los esfuerzos principales:

$$\sigma_1 = \sigma_y = \frac{pr}{t} \qquad \sigma_2 = \sigma_x = \frac{pr}{2t} - \frac{P}{2\pi rt} \qquad \text{(h, i)}$$

Sustituimos los valores numéricos y obtenemos

$$\sigma_1 = \frac{pr}{t} = \frac{p(2.1 \text{ pulg})}{0.15 \text{ pulg}} = 14.0p$$

$$\sigma_2 = \frac{pr}{2t} - \frac{P}{2\pi rt} = \frac{p(2.1 \text{ pulg})}{2(0.15 \text{ pulg})} - \frac{12 \text{ klb}}{2\pi(2.1 \text{ pulg})(0.15 \text{ pulg})}$$

$$= 7.0p - 6\,063 \text{ lb/pulg}^2$$

donde σ_1, σ_2 y p están en unidades de libras por pulgada cuadrada (lb/pulg²).

Esfuerzos cortantes en el plano. El esfuerzo cortante máximo en el plano (ecuación 7-26) es

$$\tau_{\text{máx}} = \frac{\sigma_1 - \sigma_2}{2} = \frac{1}{2}(14.0p - 7.0p + 6\ 063\ \text{lb/pulg}^2)$$

$$= 3.5p + 3\ 032\ \text{lb/pulg}^2$$

Como $\tau_{\text{máx}}$ está limitado a 6 500 lb/pulg^2, la ecuación anterior toma la forma

$$6\ 500\ \text{lb/pulg}^2 = 3.5p + 3\ 032\ \text{lb/pulg}^2$$

de donde obtenemos

$$p = \frac{3\ 468\ \text{lb/pulg}^2}{3.5} = 990.9\ \text{lb/pulg}^2 \quad \text{o} \quad (p_{\text{perm}})_1 = 990\ \text{lb/pulg}^2$$

porque redondeamos hacia abajo.

Esfuerzos cortantes fuera del plano. El esfuerzo cortante máximo fuera del plano (véanse las ecuaciones 7-28a y 7-28b) es

$$\tau_{\text{máx}} = \frac{\sigma_2}{2} \quad \text{o} \quad \tau_{\text{máx}} = \frac{\sigma_1}{2}$$

A partir de la primera de estas dos ecuaciones obtenemos

$$6\ 500\ \text{lb/pulg}^2 = 3.5p - 3\ 032\ \text{lb/pulg}^2 \quad \text{o} \quad (p_{\text{perm}})_2 = 2\ 720\ \text{lb/pulg}^2$$

Y de la segunda ecuación resulta

$$6\ 500\ \text{lb/pulg}^2 = 7.0p \quad \text{o} \quad (p_{\text{perm}})_3 = 928\ \text{lb/pulg}^2$$

Presión interna permisible. Al comparar los tres valores calculados para la presión permisible, vemos que $(p_{\text{perm}})_3$ rige, de manera que la presión interna permisible es

$$p_{\text{perm}} = 928\ \text{lb/pulg}^2 \qquad \blacktriangleleft$$

A esta presión, los esfuerzos principales son $\sigma_1 = 13\ 000$ lb/pulg^2 y $\sigma_2 = 430$ lb/pulg^2. Estos esfuerzos tienen los mismos signos, confirmando de esta manera que uno de los esfuerzos cortantes fuera del plano debe ser el esfuerzo cortante máximo (consúltese el análisis que sigue a las ecuaciones 7-28a, b y c).

Nota: en este ejemplo determinamos la presión permisible en el recipiente suponiendo que la carga axial era igual a 12 klb. Un análisis más completo incluiría la posibilidad de que la fuerza axial no estuviese presente (de hecho, la presión permisible no cambia si se retira la fuerza axial en este ejemplo).

Ejemplo 8-6

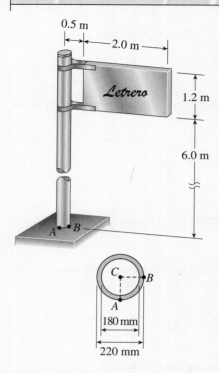

FIG. 8-26 Ejemplo 8-6. Presión del viento sobre un letrero (flexión, torsión y cortante combinados en el poste).

Un poste circular hueco con diámetro exterior de 220 mm y diámetro interior de 180 mm sostiene un letrero de dimensiones de 2.0 m × 1.2 m (figura 8-26). El letrero está desplazado 0.5 m del centro del poste y su borde inferior está 6.0 m sobre el terreno.

Determinar los esfuerzos principales y los esfuerzos cortantes máximos en los puntos A y B en la base del poste debido a una presión de viento de 2.0 kPa contra el letrero.

Solución

Resultantes de esfuerzos. La presión del viento contra el letrero produce una fuerza resultante W que actúa en el punto medio de éste (figura 8-27a) y es igual a la presión p multiplicada por el área A sobre la que actúa:

$$W = pA = (2.0 \text{ kPa})(2.0 \text{ m} \times 1.2 \text{ m}) = 4.8 \text{ kN}$$

La línea de acción de esta fuerza está a una altura $h = 6.6$ m sobre el suelo y a una distancia $b = 1.5$ m de la línea central del poste.

La fuerza del viento que actúa sobre el letrero es estáticamente equivalente a una fuerza lateral W y a un par de torsión T que actúa sobre el poste (figura 8-27b). El par es igual a la fuerza W multiplicada por la distancia b:

$$T = Wb = (4.8 \text{ kN})(1.5 \text{ m}) = 7.2 \text{ kN·m}$$

Las resultantes de esfuerzos en la base del poste (figura 8-27c) son un momento flexionante M, un par de torsión T y una fuerza cortante V. Sus magnitudes son

$$M = Wh = (4.8 \text{ kN})(6.6 \text{ m}) = 31.68 \text{ kN·m}$$

$$T = 7.2 \text{ kN·m} \qquad V = W = 4.8 \text{ kN}$$

El examen de estas resultantes de esfuerzos muestra que los esfuerzos de flexión máximos ocurren en el punto A y los esfuerzos cortantes máximos en el punto B; Por tanto, A y B son puntos críticos donde deben determinarse los esfuerzos (otro punto crítico es diametralmente opuesto al punto A, como se explica en la *nota* que se encuentra al final de este ejemplo).

Esfuerzos en los puntos A y B. El momento flexionante M produce un esfuerzo de tensión σ_A en el punto A (figura 8-27d) pero ningún esfuerzo en el punto B (que se localiza en el eje neutro). El esfuerzo σ_A se obtiene con la fórmula de la flexión:

$$\sigma_A = \frac{M(d_2/2)}{I}$$

donde d_2 es el diámetro exterior (220 mm) e I es el momento de inercia de la sección transversal. El momento de inercia es

$$I = \frac{\pi}{64}\left(d_2^{\,4} - d_1^{\,4}\right) = \frac{\pi}{64}\left[(220 \text{ mm})^4 - (180 \text{ mm})^4\right] = 63.46 \times 10^{-6} \text{ m}^4$$

donde d_1 es el diámetro interior. Por tanto el esfuerzo σ_A es,

$$\sigma_A = \frac{Md_2}{2I} = \frac{(31.68 \text{ kN·m})(220 \text{ mm})}{2(63.46 \times 10^{-6} \text{ m}^4)} = 54.91 \text{ MPa}$$

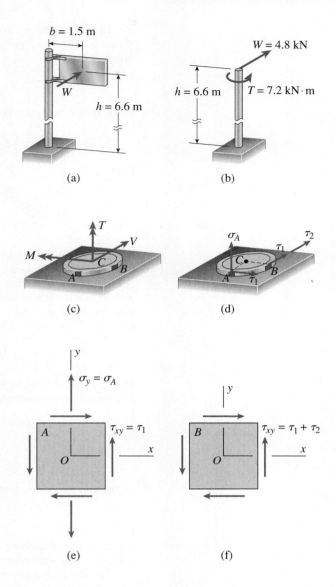

FIG. 8-27 Solución al ejemplo 8-6.

(a)

(b)

(c)

(d)

(e)

(f)

continúa

El par de torsión T produce esfuerzos cortantes τ_1 en los puntos A y B (figura 8-27d). Podemos calcular dichos esfuerzos con la fórmula de la torsión:

$$\tau_1 = \frac{T(d_2/2)}{I_P}$$

donde I_p es el momento polar de inercia:

$$I_P = \frac{\pi}{32}\left(d_2^4 - d_1^4\right) = 2I = 126.92 \times 10^{-6} \text{ m}^4$$

Entonces,

$$\tau_1 = \frac{Td_2}{2I_P} = \frac{(7.2 \text{ kN·m})(220 \text{ mm})}{2(126.92 \times 10^{-6} \text{ m}^4)} = 6.24 \text{ MPa}$$

Por último, calculamos los esfuerzos cortantes en los puntos A y B debidos a la fuerza cortante V. El esfuerzo cortante en el punto A es cero y el esfuerzo cortante en el punto B (denotado con τ_2 en la figura 8-27d) se obtiene con la fórmula del cortante para un tubo circular (ecuación 5-44 de la sección 5.9):

$$\tau_2 = \frac{4V}{3A}\left(\frac{r_2^2 + r_2 r_1 + r_1^2}{r_2^2 + r_1^2}\right) \qquad \text{(j)}$$

donde r_2 y r_1 son los radios exterior e interior, respectivamente, y A es el área de la sección transversal:

$$r_2 = \frac{d_2}{2} = 110 \text{ mm} \qquad r_1 = \frac{d_1}{2} = 90 \text{ mm}$$

$$A = \pi(r_2^2 - r_1^2) = 12\,570 \text{ mm}^2$$

Al sustituir los valores numéricos en la ecuación (j), obtenemos

$$\tau_2 = 0.76 \text{ MPa}$$

Ahora hemos calculado todos los esfuerzos que actúan sobre los puntos A y B de la sección transversal.

Elementos de esfuerzo. El siguiente paso es mostrar estos esfuerzos sobre elementos de esfuerzo (figuras 8-27e y f). Para ambos elementos, el eje y es paralelo al eje longitudinal del poste y el eje x es horizontal. En el punto A, los esfuerzos que actúan sobre el elemento son

$$\sigma_x = 0 \qquad \sigma_y = \sigma_A = 54.91 \text{ MPa} \qquad \tau_{xy} = \tau_1 = 6.24 \text{ MPa}$$

En el punto B, los esfuerzos son

$$\sigma_x = \sigma_y = 0 \qquad \tau_{xy} = \tau_1 + \tau_2 = 6.24 \text{ MPa} + 0.76 \text{ MPa} = 7.00 \text{ MPa}$$

Puesto que no existen esfuerzos normales que estén actuando sobre el elemento, el punto B se encuentra en estado de cortante puro.

Ahora que conocemos todos los esfuerzos que actúan sobre los elementos de esfuerzo (figuras 8-27e y f), podemos usar las ecuaciones dadas en la sección 7.3 para determinar los esfuerzos principales y los esfuerzos cortantes máximos.

Esfuerzos principales y esfuerzos cortantes máximos en el punto A. Los esfuerzos principales se obtienen con la ecuación (7-17), que se repite aquí:

$$\sigma_{1,2} = \frac{\sigma_x + \sigma_y}{2} \pm \sqrt{\left(\frac{\sigma_x - \sigma_y}{2}\right)^2 + \tau_{xy}^2} \qquad (k)$$

Sustituimos $\sigma_x = 0$, $\sigma_y = 54.91$ MPa, y $\tau_{xy} = 6.24$ MPa, con lo cual resulta

$$\sigma_{1,2} = 27.5 \text{ MPa} \pm 28.2 \text{ MPa}$$

o

$$\sigma_1 = 55.7 \text{ MPa} \qquad \sigma_2 = -0.7 \text{ MPa} \qquad \blacktriangleleft$$

Los esfuerzos cortantes máximos en el plano pueden obtenerse con la ecuación (7-25):

$$\tau_{máx} = \sqrt{\left(\frac{\sigma_x - \sigma_y}{2}\right)^2 + \tau_{xy}^2} \qquad (l)$$

Este término se evaluó antes, por lo que vemos de inmediato que

$$\tau_{máx} = 28.2 \text{ MPa} \qquad \blacktriangleleft$$

Puesto que los esfuerzos principales σ_1 y σ_2 tienen signos opuestos, los esfuerzos cortantes máximos en el plano son mayores que los esfuerzos cortantes máximos fuera del plano (consulte las ecuaciones 7-28a, b y c y el análisis que las acompaña); por tanto, el esfuerzo cortante máximo en el punto *A* es de 28.2 MPa.

Esfuerzos principales y esfuerzos cortantes máximos en el punto B. Los esfuerzos en este punto son $\sigma_x = 0$, $\sigma_y = 0$ y $\tau_{xy} = 7.0$ MPa. Dado que el elemento está en estado de cortante puro, los esfuerzos principales son

$$\sigma_1 = 7.0 \text{ MPa} \qquad \sigma_2 = -7.0 \text{ MPa} \qquad \blacktriangleleft$$

y el esfuerzo cortante máximo en el plano es

$$\tau_{máx} = 7.0 \text{ MPa} \qquad \blacktriangleleft$$

Los esfuerzos cortantes máximos fuera del plano tienen la mitad de este valor.

Nota: si se requieren los esfuerzos máximos en cualquier parte del poste, hay que determinar también los esfuerzos en el punto crítico diametralmente opuesto al punto *A*, porque en dicho punto el esfuerzo de compresión debido a la flexión alcanza el valor máximo. Los esfuerzos principales en ese punto son

$$\sigma_1 = 0.7 \text{ MPa} \qquad \sigma_2 = -55.7 \text{ MPa}$$

y el esfuerzo cortante máximo es de 28.2 MPa; por tanto, el esfuerzo de tensión máximo en el poste es de 55.7 MPa, el esfuerzo máximo de compresión es de -55.7 MPa y el esfuerzo cortante máximo es de 28.2 MPa. (Recuerde que sólo se han considerado los efectos de la presión del viento en este análisis. Otras cargas, como el peso de la estructura, también producen esfuerzos en la base del poste.)

Ejemplo 8-7

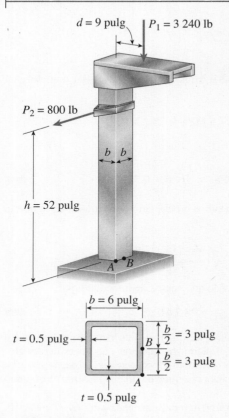

FIG. 8-28 Ejemplo 8-7. Cargas sobre un poste (carga axial, flexión y fuerza cortante combinadas).

Un poste tubular de sección transversal cuadrada soporta una plataforma horizontal (figura 8-28). El tubo tiene dimensión exterior $b = 6$ pulg y espesor de pared $t = 0.5$ pulg. La plataforma tiene dimensiones de 6.75 pulg $\times$ 24.0 pulg y soporta una carga uniformemente distribuida de 20 lb/pulg^2 sobre su superficie superior. La resultante de la carga distribuida es una fuerza vertical P_1:

$$P_1 = (20 \text{ lb/pulg}^2)(6.75 \text{ pulg} \times 24.0 \text{ pulg}) = 3\,240 \text{ lb}$$

Esta fuerza actúa en el punto medio de la plataforma, que está a una distancia $d = 9$ pulg del eje longitudinal del poste. Una segunda carga $P_2 = 800$ lb actúa horizontalmente sobre el poste a una altura $h = 52$ pulg sobre la base.

Determinar los esfuerzos principales y los esfuerzos cortantes máximos en los puntos A y B en la base del poste debidos a las cargas P_1 y P_2.

Solución

Resultantes de esfuerzos. La fuerza P_1 que actúa sobre la plataforma (figura 8-28) es estáticamente equivalente a una fuerza P_1 y a un momento $M_1 = P_1 d$ que actúa en el centroide de la sección trasnversal del poste (figura 8-29a). En la figura también se muestra la carga P_2.

Las resultantes de esfuerzos en la base del poste debidas a las cargas P_1 y P_2 y el momento M_1 se ilustran en la figura 8-29b. Esas resultantes de esfuerzos son:

1. Una fuerza de compresión axial $P_1 = 3\,240$ lb
2. Un momento flexionante M_1 producido por la fuerza P_1:

$$M_1 = P_1 d = (3\,240 \text{ lb})(9 \text{ pulg}) = 29\,160 \text{ lb-pulg}$$

3. Una fuerza cortante $P_2 = 800$ lb
4. Un momento flexionante M_2 producido por la fuerza P_2:

$$M_2 = P_2 h = (800 \text{ lb})(52 \text{ pulg}) = 41\,600 \text{ lb-pulg}$$

El examen de estas resultantes de esfuerzos (figura 8-29b) permite ver que M_1 y M_2 producen esfuerzos de compresión máximos en el punto A y que la fuerza cortante genera esfuerzos cortantes máximos en el punto B; por tanto, A y B son puntos críticos donde deben determinarse los esfuerzos (otro punto crítico está diagonalmente opuesto al punto A, como se explica en la *Nota* que se encuentra al final de este ejemplo).

Esfuerzos en los puntos A y B. 1) La fuerza axial P_1 (figura 8-29b) produce esfuerzos uniformes de compresión en todo el poste. Estos esfuerzos son

$$\sigma_{P_1} = \frac{P_1}{A}$$

donde el área A es el área transversal del poste:

$$A = b^2 - (b - 2t)^2 = 4t(b - t)$$

$$= 4(0.5 \text{ pulg})(6 \text{ pulg} - 0.5 \text{ pulg}) = 11.00 \text{ pulg}^2$$

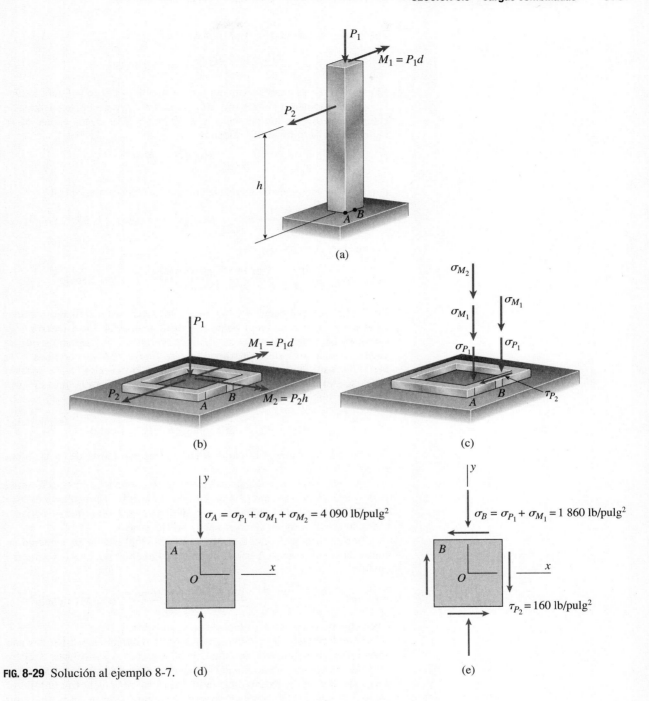

FIG. 8-29 Solución al ejemplo 8-7.   (d)

continúa

Por tanto, el esfuerzo de compresión axial es

$$\sigma_{P_1} = \frac{P_1}{A} = \frac{3\ 240\ \text{lb}}{11.00\ \text{pulg}^2} = 295\ \text{lb/pulg}^2$$

El esfuerzo σ_{P_1} se muestra actuando en los puntos A y B en la figura 8-29c.

2) El momento flexionante M_1 (figura 8-29b) genera esfuerzos de compresión σ_{M_1} en los puntos A y B (figura 8-29c). Estos esfuerzos se obtienen con la fórmula de la flexión:

$$\sigma_{M_1} = \frac{M_1(b/2)}{I} = \frac{M_1 b}{2I}$$

donde I es el momento de inercia del área de la sección transversal:

$$I = \frac{b^4}{12} - \frac{(b - 2t)^4}{12} = \frac{1}{12}\left[(6\ \text{pulg})^4 - (5\ \text{pulg})^4\right] = 55.92\ \text{pulg}^4$$

Entonces, el esfuerzo σ_{M_1} es

$$\sigma_{M_1} = \frac{M_1 b}{2I} = \frac{(29\ 160\ \text{lb-pulg})(6\ \text{pulg})}{2(55.92\ \text{pulg}^4)} = 1\ 564\ \text{lb/pulg}^2$$

3) La fuerza cortante P_2 (figura 8-29b) produce un esfuerzo cortante en el punto B pero no en el punto A. Por el análisis de los esfuerzos cortantes en las almas de vigas con patines (sección 5.10), sabemos que se puede obtener un valor aproximado del esfuerzo cortante dividiendo la fuerza cortante entre el área del alma (véase la ecuación 5-50, sección 5.10). Así, el esfuerzo cortante producido en el punto B por la fuerza P_2 es

$$\tau_{P_2} = \frac{P_2}{A_{\text{alma}}} = \frac{P_2}{2t(b - 2t)} = \frac{800\ \text{lb}}{2(0.5\ \text{pulg})(6\ \text{pulg} - 1\ \text{pulg})} = 160\ \text{lb/pulg}^2$$

El esfuerzo τ_{P_2} actúa en el punto B en la dirección mostrada en la figura 8-29c.

Si se desea, se puede calcular el esfuerzo cortante τ_{P_2} con la fórmula más exacta de la ecuación (5-48a) en la sección 5.10. El resultado de este cálculo es $\tau_{P_2} = 163\ \text{lb/pulg}^2$, lo cual indica que el esfuerzo cortante obtenido con la fórmula aproximada es satisfactorio.

4) El momento flexionante M_2 (figura 8-29b) produce un esfuerzo de compresión en el punto A pero ningún esfuerzo en el punto B. El esfuerzo en A es

$$\sigma_{M_2} = \frac{M_2(b/2)}{I} = \frac{M_2 b}{2I} = \frac{(41\ 600\ \text{lb-pulg})(6\ \text{pulg})}{2(55.92\ \text{pulg}^4)} = 2\ 232\ \text{lb/pulg}^2$$

Este esfuerzo se muestra también en la figura 8-29c.

Elementos de esfuerzo. El siguiente paso es mostrar los esfuerzos que actúan sobre los elementos de esfuerzo en los puntos A y B (figuras 8-29d y e). Cada elemento está orientado de manera que el eje y es vertical (es decir, paralelo al eje longitudinal del poste) y el eje x es horizontal. En el punto A el único esfuerzo es un esfuerzo de compresión σ_A en la dirección y (figura 8-29d):

$$\begin{aligned}
\sigma_A &= \sigma_{P_1} + \sigma_{M_1} + \sigma_{M_2} \\
&= 295\ \text{lb/pulg}^2 + 1\ 564\ \text{lb/pulg}^2 + 2\ 232\ \text{lb/pulg}^2 \\
&= 4\ 090\ \text{lb/pulg}^2\ (\text{compresión})
\end{aligned}$$

Así, este elemento se encuentra en esfuerzo uniaxial.

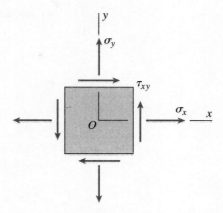

FIG. 8-30 Notación para un elemento en esfuerzo plano.

En el punto B, el esfuerzo de compresión en la dirección y (figura 8-29e) es

$$\sigma_B = \sigma_{P_1} + \sigma_{M_1} = 295 \text{ lb/pulg}^2 + 1\,564 \text{ lb/pulg}^2$$

$$= 1\,860 \text{ lb/pulg}^2 \text{ (compresión)}$$

y el esfuerzo cortante es

$$\tau_{P_2} = 160 \text{ lb/pulg}^2$$

El esfuerzo cortante actúa hacia la izquierda sobre la cara superior del elemento y hacia abajo sobre la cara x del elemento.

Esfuerzos principales y esfuerzos cortantes máximos en el punto A. Utilizando la notación estándar para un elemento en el esfuerzo plano (figura 8-30), escribimos los esfuerzos para el elemento A (figura 8-29d) como sigue:

$$\sigma_x = 0 \qquad \sigma_y = -\sigma_A = -4\,090 \text{ lb/pulg}^2 \qquad \tau_{xy} = 0$$

Puesto que el elemento está en esfuerzo uniaxial, los esfuerzos principales son

$$\sigma_1 = 0 \qquad \sigma_2 = -4\,090 \text{ lb/pulg}^2 \qquad \Longleftarrow$$

y el esfuerzo cortante máximo en el plano (ecuación 7-26) es

$$\tau_{\text{máx}} = \frac{\sigma_1 - \sigma_2}{2} = \frac{4\,090 \text{ lb/pulg}^2}{2} = 2\,050 \text{ lb/pulg}^2 \qquad \Longleftarrow$$

El esfuerzo cortante máximo fuera del plano (ecuación 7-28a) tiene la misma magnitud.

Esfuerzos principales y esfuerzos cortantes máximos en el punto B. Si usamos de nuevo la notación estándar para el esfuerzo plano (figura 8-30) vemos que los esfuerzos en el punto B (figura 8-29e) son

$$\sigma_x = 0 \qquad \sigma_y = -\sigma_B = -1\,860 \text{ lb/pulg}^2 \qquad \tau_{xy} = -\tau_{P_2} = -160 \text{ lb/pulg}^2$$

Para obtener los esfuerzos principales, utilizamos la ecuación (7-17), que repetimos aquí:

$$\sigma_{1,2} = \frac{\sigma_x + \sigma_y}{2} \pm \sqrt{\left(\frac{\sigma_x - \sigma_y}{2}\right)^2 + \tau_{xy}^2} \qquad (m)$$

continúa

Al sustituir los valores de σ_x, σ_y y τ_{xy}, obtenemos

$$\sigma_{1,2} = -930 \text{ lb/pulg}^2 \pm 944 \text{ lb/pulg}^2$$

o

$$\sigma_1 = 14 \text{ lb/pulg}^2 \qquad \sigma_2 = -1\,870 \text{ lb/pulg}^2 \qquad \longleftarrow$$

Los esfuerzos cortantes máximos en el plano pueden obtenerse con la ecuación (7-25):

$$\tau_{\text{máx}} = \sqrt{\left(\frac{\sigma_x - \sigma_y}{2}\right)^2 + \tau_{xy}^2} \qquad (n)$$

Ya se evaluó este término, por lo que vemos de inmediato que

$$\tau_{\text{máx}} = 944 \text{ lb/pulg}^2 \qquad \longleftarrow$$

Como los esfuerzos principales σ_1 y σ_2 tienen signos opuestos, los esfuerzos cortantes máximos en el plano son mayores que los esfuerzos cortantes máximos fuera del plano (consulte las ecuaciones 7-28a, b y c y el análisis que las acompaña); por tanto, el esfuerzo cortante máximo en el punto *B* es 944 lb/pulg^2.

Nota: si se requieren los esfuerzos máximos en cualquier parte de la base del poste, también debemos determinar los esfuerzos en el punto crítico opuesto diagonalmente al punto *A* (figura 8-29c) porque en dicho punto cada momento flexionante produce el esfuerzo de tensión máximo. Así entonces, el esfuerzo de tensión que actúa en ese punto es

$$\begin{aligned}
\sigma_y &= -\sigma_{P_1} + \sigma_{M_1} + \sigma_{M_2} \\
&= -295 \text{ lb/pulg}^2 + 1\,564 \text{ lb/pulg}^2 + 2\,232 \text{ lb/pulg}^2 \\
&= 3\,500 \text{ lb/pulg}^2
\end{aligned}$$

Los esfuerzos que actúan sobre un elemento de esfuerzo en ese punto (véase la figura 8-30) son

$$\sigma_x = 0 \qquad \sigma_y = 3\,500 \text{ lb/pulg}^2 \qquad \tau_{xy} = 0$$

y, por tanto, los esfuerzos principales y el esfuerzo cortante máximo son

$$\sigma_1 = 3\,500 \text{ lb/pulg}^2 \qquad \sigma_2 = 0 \qquad \tau_{\text{máx}} = 1\,750 \text{ lb/pulg}^2$$

Así, el esfuerzo de tensión máximo en cualquier parte de la base del poste es 3 500 lb/pulg^2, el esfuerzo de compresión máximo es 4 090 lb/pulg^2 y el esfuerzo cortante máximo es 2 050 lb/pulg^2. (Tenga en mente que sólo se consideraron los efectos de las cargas P_1 y P_2 en este análisis. Otras cargas, como el peso de la estructura, también producen esfuerzos en la base del poste.)

PROBLEMAS DEL CAPÍTULO 8

Recipientes esféricos a presión

Al resolver los problemas de la sección 8.2, suponga que el radio o el diámetro dado es una dimensión interior y que todas las presiones internas son presiones manométricas.

8.2-1 Un tanque esférico grande (véase la figura) contiene gas a una presión de 400 lb/pulg^2. El tanque tiene 45 pies de diámetro y está construido de acero de alta resistencia con un esfuerzo de fluencia en tensión de 80 klb/pulg^2.

Determine el espesor mínimo (al 1/4 pulg más cercano) de la pared del tanque si se requiere un factor de seguridad de 3.5 con respecto a la fluencia.

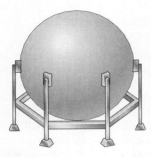

PROB. 8.2-1 y 8.2-2

8.2-2 Resuelva el problema anterior, pero ahora la presión interna es de 3.5 MPa, el diámetro es de 18 m, el esfuerzo de fluencia es de 550 MPa y el factor de seguridad es de 3.0. Determine el espesor requerido al milímetro más cercano.

8.2-3 Una claraboya semiesférica (o *ventanilla de observación*) en una cámara de descompresión (véase la figura) está sometida a una presión de aire interna de 80 lb/pulg^2. La ventana está unida a la pared de la cámara por 18 pernos.

Encuentre la fuerza de tensión F en cada perno y el esfuerzo de tensión σ en la ventana si el radio de la semiesfera es de 7.0 pulg y su espesor es de 1.0 pulg.

PROB. 8.2-3

8.2-4 Una pelota de hule (véase la figura) se infla a una presión de 60 kPa. A dicha presión, el diámetro de la pelota es de 230 mm y el espesor de la pared es de 1.2 mm. El hule tiene módulo de elasticidad $E = 3.5$ MPa y razón de Poisson $\nu = 0.45$.

Determine el esfuerzo y la deformación máximos en la pelota.

PROBS. 8.2-4 y 8.2-5

8.2-5 Resuelva el problema anterior pero ahora la presión es de 9.0 lb/pulg^2, el diámetro es de 9.0 pulg, el espesor de la paredes de 0.05 pulg, el módulo de elasticidad es de 500 lb/pulg^2 y la razón de Poisson es de 0.45.

8.2-6 Un recipiente esférico de acero a presión (diámetro de 480 mm y espesor de 8.0 mm) está recubierto con laca frágil que se agrieta cuando la deformación excede de 150×10^{-6} (observe la figura).

¿Qué presión interna p ocasionará que la laca se agriete? (Suponga $E = 205$ GPa y $\nu = 0.30$.)

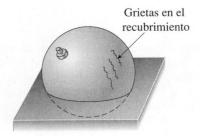

Grietas en el recubrimiento

PROB. 8.2-6

8.2-7 Un tanque esférico de 50 pulg de diámetro y espesor de pared de 2.0 pulg contiene aire comprimido a una presión de 2 400 lb/pulg^2. El tanque está construido con dos hemisferios unidos por un cordón de soldadura (véase la figura).

a) ¿Cuál es la carga de tensión f (lb/pulg de longitud de soldadura) soportada por la soldadura?;

b) ¿Cuál es el esfuerzo cortante máximo $\tau_{máx}$ en la pared del tanque?;

c) ¿Cuál es la deformación normal máxima ϵ en la pared? (Para el acero, suponga $E = 31 = 10^6$ lb/pulg^2 y $\nu = 0.29$.)

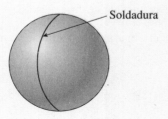

Soldadura

PROBS. 8.2-7 y 8.2-8

8.2-8 Resuelva el problema anterior con los siguientes datos: diámetro 1.0 m, espesor 50 mm, presión 24 Mpa, módulo 210 GPa y razón de Poisson 0.29.

8.2-9 Un tanque esférico de acero inoxidable con diámetro de 20 pulg se usa para almacenar gas propano a una presión de 2 400 lb/pulg^2. Las propiedades del acero son: esfuerzo de fluencia en tensión 140 000 lb/pulg^2, esfuerzo de fluencia en cortante 65 000 lb/pulg^2, módulo de elasticidad 30 $\times$ 10^6 lb/pulg^2 y razón de Poisson 0.28. El factor de seguridad deseado con respecto a la fluencia es de 2.75. Además, la deformación normal no debe exceder de 1 000 $\times$ 10^{-6}.

Determine el espesor mínimo permisible $t_{mín}$ del tanque.

8.2-10 Resuelva el problema anterior pero ahora el diámetro es de 500 mm, la presión es de 16 MPa, el esfuerzo de fluencia en tensión es de 950 MPa, el esfuerzo de fluencia en cortante es de 450 MPa, el factor de seguridad es de 2.4, el módulo de elasticidad es de 200 GPa, la razón de Poisson es de 0.28 y la deformación normal no debe exceder de 1 200 $\times$ 10^{-6}.

8.2-11 Una esfera hueca a presión con radio $r = 4.8$ pulg y espesor de pared $t = 0.4$ pulg se sumerge en un lago (véase la figura). El aire comprimido en el tanque está a una presión de 24 lb/pulg^2 (presión manométrica cuando el tanque está fuera del agua).

¿A qué profundidad D_0 estará la pared del tanque sometida a un esfuerzo de compresión de 90 lb/pulg^2?

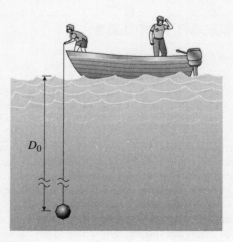

D_0

PROB. 8.2-11

Recipientes cilíndricos a presión

Al resolver los problemas de la sección 8.3, suponga que el radio o el diámetro dado es una dimensión interior y que todas las presiones internas son presiones manométricas.

8.3-1 Se está diseñando un tanque de buceo (véase la figura) con una presión interna de 1 600 lb/pulg^2 con un factor de seguridad de 2.0 con respecto a la fluencia. El esfuerzo de fluencia del acero es de 35 000 lb/pulg^2 en tensión y de 16 000 lb/pulg^2 en cortante.

Si el diámetro del tanque es de 7.0 pulg, ¿cuál es el espesor mínimo de pared requerido?

PROB. 8.3-1

8.3-2 Un tubo vertical alto con su parte superior abierta (véase la figura) tiene diámetro $d = 2.0$ m y espesor de pared $t = 18$ mm.

a) ¿Qué altura h del agua producirá un esfuerzo circunferencial de 10.9 MPa en la pared del tubo?

b) ¿Cuál es el esfuerzo axial en la pared del tanque debido a la presión del agua?

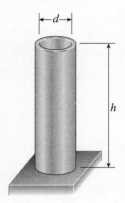

PROB. 8.3-2

8.3-3 Una carpa inflable que usa un circo ambulante tiene forma de semicilindro circular con extremos cerrados (véase la figura). Un pequeño fuelle sirve para inflar la tela y la estructura de plástico, que tiene un radio de 40 pies cuando está totalmente inflada. Una costura longitudinal se encuentra a todo lo largo de la "cumbrera" de la estructura.

Si la costura longitudinal a lo largo de la cumbrera se desgarra al estar sometida a una carga de tensión de 540 libras por pulgada de costura, ¿cuál es el factor de seguridad n contra desgarramiento cuando la presión interna es de 0.5 lb/pulg^2 y la estructura está totalmente inflada?

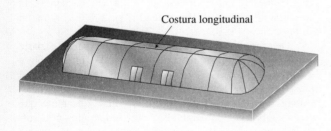

Costura longitudinal

PROB. 8.3-3

8.3-4 Un recipiente a presión cilíndrico de pared delgada con un radio r, está sometido simultáneamente a una presión p interna de gas y a una fuerza F de compresión que actúa en los extremos (véase la figura).

¿Cuál debe ser la magnitud de la fuerza F para producir un cortante puro en la pared del cilindro?

PROB. 8.3-4

8.3-5 Un extensómetro se instala en dirección longitudinal sobre la superficie de una lata de aluminio para refresco (véase la figura). La razón del radio al espesor de la lata es de 200. Cuando la lata se abre, la deformación cambia en $\epsilon_0 = 170 \times 10^{-6}$.

¿Cuál es la presión interna p en la lata? (Suponga $E = 10 \times 10^6$ lb/pulg^2 y $\nu = 0.33$.)

12 FL OZ (355 mL)

PROB. 8.3-5

8.3-6 Un tanque de acero cilíndrico circular (véase la figura) contiene un combustible volátil a presión. Un extensómetro en el punto A registra la deformación longitudinal en el tanque y transmite esta información a un cuarto de control. El esfuerzo cortante último en la pared del tanque es de 82 MPa y se requiere un factor de seguridad de 2.

¿Para qué valor de la deformación deben tomar medidas los operadores a fin de reducir la presión en el tanque? (Los datos para el acero son: módulo de elasticidad $E = 205$ GPa y razón de Poisson $\nu = 0.30$.)

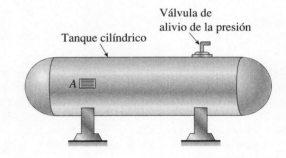

Válvula de alivio de la presión

Tanque cilíndrico

A

PROB. 8.3-6

8.3-7 Un cilindro lleno de aceite está a presión por la acción de un pistón, como se muestra en la figura. El diámetro d del pistón es de 1.80 pulg y la fuerza de compresión F es de 3 500 lb. El esfuerzo cortante permisible máximo τ_{perm} en la pared del cilindro es de 5 500 lb/pulg^2.

¿Cuál es el espesor mínimo permisible $t_{\text{mín}}$ de la pared del cilindro? (Véase la figura.)

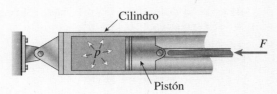

PROBS. 8.3-7 y 8.3-8

PROBS. 8.3-10 y 8.3-11

8.3-8 Resuelva el problema anterior, pero ahora $d = 90$ mm, $F = 42$ kN y $\tau_{perm} = 40$ MPa.

8.3-9 Un tubo vertical en un sistema de abastecimiento de agua (véase la figura) tiene 12 pies de diámetro y 6 pulg de espesor. Dos tubos horizontales toman agua del tubo vertical; cada uno tiene 2 pies de diámetro y 1 pulg de espesor. Cuando el sistema está cerrado y el agua llena los tubos y no se mueve, el esfuerzo circunferencial en el fondo del tubo vertical es de 130 lb/pulg^2.

a) ¿Cuál es la altura h del agua en el tubo vertical?

b) Si los fondos de los tubos están a la misma elevación que el fondo del tubo vertical, ¿cuál es el esfuerzo circunferencial en los tubos?

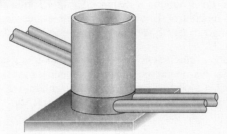

PROB. 8.3-9

8.3-10 Un tanque cilíndrico con extremos hemisféricos está construido de secciones de acero soldadas circunferencialmente (véase la figura). El diámetro del tanque es de 1.2 m, el espesor de la pared es de 20 mm y la presión interna máxima es de 1 600 kPa.

a) Determine el esfuerzo de tensión máximo σ_h en los extremos del tanque;

b) el esfuerzo de tensión máximo σ_c en la parte cilíndrica del tanque;

c) el esfuerzo de tensión máximo σ_w que actúa en sentido perpendicular a las uniones soldadas;

d) el esfuerzo cortante máximo τ_h en los extremos del tanque, y

e) el esfuerzo cortante máximo τ_c en la parte cilíndrica del tanque.

8.3-11 Un tanque cilíndrico con diámetro $d = 16$ pulg está sometido a una presión de gas interna $p = 400$ lb/pulg^2. El tanque está construido con secciones de acero soldadas circunferencialmente (véase la figura). Los extremos del tanque son semiesféricos. Los esfuerzos permisibles de tensión y cortante son de 8 000 lb/pulg^2 y 3 200 lb/pulg^2, respectivamente. Además, el esfuerzo permisible de tensión perpendicular a la soldadura es de 6 400 lb/pulg^2.

Determine el espesor requerido mínimo $t_{mín}$ de: a) la parte cilíndrica del tanque y

b) los extremos semiesféricos.

*8.3-12 Un tanque de acero a presión está construido con una soldadura helicoidal que forma un ángulo $\alpha = 60°$ con el eje longitudinal (véase la figura en la siguiente página). El tanque tiene radio $r = 0.5$ m, espesor de pared $t = 15$ mm y presión interna $p = 2.4$ MPa. Además, el acero tiene módulo de elasticidad $E = 200$ GPa y razón de Poisson $\nu = 0.30$.

Determine las siguientes cantidades para la parte cilíndrica del tanque: a) los esfuerzos circunferencial y longitudinal; b) los esfuerzos cortantes máximos en el plano y fuera de éste; c) las deformaciones circunferencial y longitudinal, y d) los esfuerzos normal y cortante que actúan sobre planos paralelos y perpendiculares a la soldadura (muestre estos esfuerzos sobre un elemento de esfuerzo orientado apropiadamente).

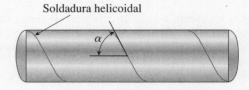

PROBS. 8.3-12 y 8.3-13

*8.3-13 Resuelva el problema anterior para un tanque soldado con $\alpha = 65°$, $r = 18$ pulg, $t = 0.6$ pulg, $p = 200$ lb/pulg^2, $E = 30 \times 10^6$ lb/pulg^2 y $\nu = 0.30$.

Esfuerzos máximos en vigas

Al resolver los problemas de la sección 8.4, considere sólo los esfuerzos en el plano y desprecie los pesos de las vigas.

8.4-1 Una viga en voladizo de sección transversal rectangular está sometida a una carga concentrada $P = 15$ klb que actúa en el extremo libre (véase la figura). La viga tiene ancho $b = 4$ pulg y altura $h = 10$ pulg. El punto A está a una distancia $c = 2$ pies del extremo libre y a una distancia $d = 3$ pulg de la parte inferior de la viga.

Calcule los esfuerzos principales σ_1, σ_2 y el esfuerzo cortante máximo $\tau_{máx}$ en el punto A. Muestre estos esfuerzos sobre diagramas de elementos bien orientados.

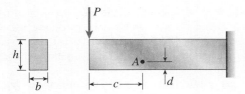

PROBS. 8.4-1 y 8.4-2

8.4-2 Resuelva el problema anterior para los siguientes valores: $P = 120$ kN, $b = 100$ mm, $h = 200$ mm, $c = 0.5$ m y $d = 150$ mm.

8.4-3 Una viga simple de sección transversal rectangular (ancho 4 pulg, peralte 8 pulg) soporta una carga uniforme de 1 000 lb/pie sobre un claro de 10 pies (véase la figura).

Encuentre los esfuerzos principales σ_1, σ_2 y el esfuerzo cortante máximo $\tau_{máx}$ en una sección transversal a 1 pie del apoyo izquierdo en cada una de las siguientes posiciones: a) el eje neutro; b) 2 pulg arriba del eje neutro y c) la parte superior de la viga (desprecie los esfuerzos directos de compresión producidos por la carga uniforme apoyada sobre la parte superior de la viga).

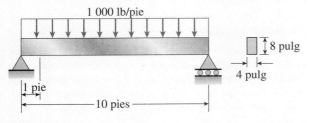

PROB. 8.4-3

8.4-4 Una viga ABC con voladizo y sección transversal rectangular soporta una carga concentrada P en el extremo libre (véase la figura). El claro de A a B es L y la longitud del voladizo es de $L/2$. La sección transversal tiene ancho b y peralte h. El punto D está a la mitad de la distancia entre apoyos y a una distancia d desde la cara superior de la viga.

Si el esfuerzo de tensión máximo (esfuerzo principal) en el punto D es $\sigma_1 = 36.1$ MPa, determine la magnitud de la carga P. Los datos de la viga son: $L = 1.5$ m, $b = 45$ mm, $h = 180$ mm y $d = 30$ mm.

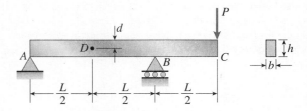

PROBS. 8.4-4 y 8.4-5

8.4-5 Resuelva el problema anterior, pero ahora el esfuerzo y las dimensiones son: $\sigma_1 = 2\ 320$ lb/pulg^2, $L = 75$ pulg, $b = 2.0$ pulg, $h = 9.0$ pulg y $d = 1.5$ pulg.

8.4-6 Una viga con sección transversal de patín ancho (véase la figura) tiene las siguientes dimensiones: $b = 120$ mm, $t = 10$ mm, $h = 300$ mm y $h_1 = 260$ mm. La viga está simplemente apoyada y tiene un claro $L = 3.0$ m. Una carga concentrada $P = 120$ kN actúa en el centro del claro.

En una sección transversal localizada a 1.0 m del apoyo izquierdo, calcule los esfuerzos principales σ_1, σ_2 y el esfuerzo cortante máximo $\tau_{máx}$ en cada una de las siguientes posiciones: a) la parte superior de la viga; b) la parte superior del alma y c) el eje neutro.

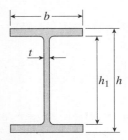

PROBS. 8.4-6 y 8.4-7

8.4-7 Una viga con sección transversal de patín ancho (véase la figura) tiene las siguientes dimensiones: $b = 5$ pulg, $t = 0.5$ pulg, $h = 12$ pulg y $h_1 = 10.5$ pulg; está simplemente apoyada con un claro $L = 10$ pies y soporta una carga uniforme $q = 6$ klb/pie.

Calcule los esfuerzos principales σ_1, σ_2 y el esfuerzo cortante máximo $\tau_{máx}$ en una sección transversal localizada a 3 pies del apoyo izquierdo en cada una de las siguientes posiciones: a) la parte inferior de la viga; b) la parte inferior del alma y c) el eje neutro.

8.4-8 Una viga W 12 × 14 de patín ancho (véase la tabla E-1, apéndice E) está simplemente apoyada con un claro de 8 pies (véase la figura). La viga soporta una carga concentrada de 20 kips en el centro del claro.

En una sección transversal localizada a 2 pies del apoyo izquierdo, determine los esfuerzos principales σ_1, σ_2 y el esfuerzo cortante máximo $\tau_{máx}$ en cada una de las siguientes posiciones: a) la parte superior de la viga; b) la parte superior del alma y c) el eje neutro.

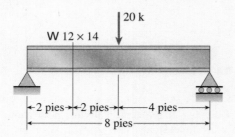

PROB. 8.4-8

8.4-9 Una viga W 8 × 28 de patín ancho (véase la tabla E-1, apéndice E) está simplemente apoyada con un claro de 120 pulg (véase la figura). La viga soporta dos cargas concentradas colocadas simétricamente de 6.0 klb cada una.

En una sección transversal a 20 pulg del apoyo derecho, determine los esfuerzos principales σ_1, σ_2 y el esfuerzo cortante máximo $\tau_{máx}$ en cada una de las siguientes posiciones: a) la parte superior de la viga; b) la parte superior del alma y c) el eje neutro.

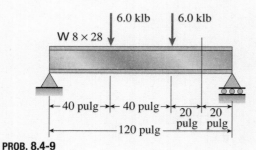

PROB. 8.4-9

★8.4-10 Una viga en voladizo de sección T está cargada por una fuerza inclinada de 7.5 kN de magnitud (véase la figura). La línea de acción de la fuerza forma un ángulo de 60° con la horizontal e interseca la parte superior de la viga en la sección transversal extrema. Mide 2.0 m de longitud y su sección transversal tiene las dimensiones mostradas.

Determine los esfuerzos principales σ_1, σ_2 y el esfuerzo cortante máximo $\tau_{máx}$ en los puntos A y B en el alma de la viga.

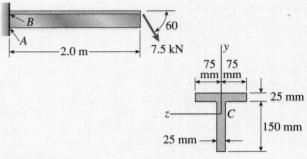

PROB. 8.4-10

★8.4-11 Una viga simple de sección transversal rectangular tiene un claro $L = 60$ pulg y soporta una carga concentrada $P = 18$ klb en el centro de su claro (véase la figura). El peralte de la viga es $h = 6$ pulg y el ancho es $b = 2$ pulg.

Trace gráficas de los esfuerzos principales σ_1, σ_2 y del esfuerzo cortante máximo $\tau_{máx}$, que muestren cómo varían sobre el peralte de la viga en la sección transversal mn, localizada a 20 pulg del apoyo izquierdo.

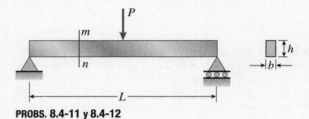

PROBS. 8.4-11 y 8.4-12

★8.4-12 Resuelva el problema anterior para una sección transversal mn situada a 0.15 m del apoyo si $L = 0.7$ m, $P = 144$ kN, $h = 120$ mm y $b = 20$ mm.

Cargas combinadas

Los problemas de la sección 8.5 deben resolverse suponiendo que la estructura tiene un comportamiento elástico lineal y que los esfuerzos causados por dos o más cargas pueden superponerse para obtener los esfuerzos resultantes que actúan en un punto. Considere los esfuerzos cortantes en el plano y fuera del plano, a menos que se indique otra cosa.

8.5-1 Un poste poligonal *ABCD* que tiene sección transversal circular hueca consiste en un brazo vertical *AB*, un brazo horizontal *BC* paralelo al eje x_0 y un brazo horizontal *CD* paralelo al eje z_0 (véase la figura). Los brazos *BC* y *CD* tienen longitudes $b_1 = 3.2$ pies y $b_2 = 2.4$ pies, respectivamente. Los diámetros exterior e interior del poste son $d_2 = 8.0$ pulg y $d_1 = 7.0$ pulg. Una carga vertical $P = 1\,500$ lb actúa en el punto *D*.

Determine los esfuerzos máximos de tensión y compresión y los esfuerzos cortantes en el poste.

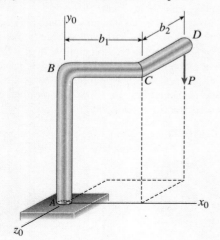

PROB. 8.5-1

8.5-2 Una góndola de un teleférico está soportada por dos brazos doblados, como se muestra en la figura. Cada brazo tiene una excentricidad $b = 180$ mm respecto a la línea de acción del peso W. Los esfuerzos permisibles en los brazos son 100 MPa en tensión y 50 MPa en cortante.

Si la góndola con pasajeros pesa 12 kN, ¿cuál es el diámetro d mínimo requerido para los brazos?

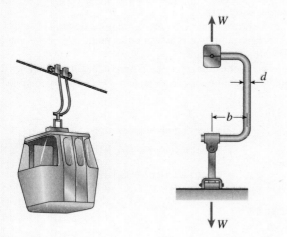

PROB. 8.5-2

8.5-3 El tubo perforador hueco de un pozo petrolero (véase la figura) tiene diámetro exterior de 6.0 pulg y 0.75 pulg de espesor. Justo arriba de la broca, la fuerza de compresión en el tubo (debido al peso del tubo) es de 60 klb y el par de torsión (debido a la perforación) es de 170 klb-pulg.

Determine los esfuerzos máximos de tensión y compresión y los esfuerzos cortantes en el tubo perforador.

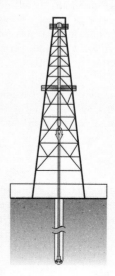

PROB. 8.5-3

8.5-4 Un segmento del eje de un generador está sometido a un par de torsión T y a una fuerza axial P, como se muestra en la figura. El eje es hueco (diámetro exterior $d_2 = 280$ mm y diámetro interior $d_1 = 230$ mm) y entrega 1 800 kW a 4.0 Hz.

Si la fuerza de compresión $P = 525$ kN, ¿cuáles son los esfuerzos máximos de tensión y de compresión y los esfuerzos cortantes en el eje?

PROBS. 8.5-4 y 8.5-5

8.5-5 Un segmento del eje de un generador de sección transversal circular hueca está sometido a un par de torsión $T = 220$ klb-pulg (véase la figura). Los diámetros exterior e interior del eje son 8.0 pulg y 6.0 pulg, respectivamente.

¿Cuál es la carga P de compresión permisible máxima que puede aplicarse al eje si el esfuerzo cortante permisible en el plano es $\tau_{perm} = 6\,500$ lb/pulg^2?

8.5-6 Un tanque cilíndrico sometido a una presión interna p está comprimido al mismo tiempo por una fuerza axial $F = 72$ kN (véase la figura). El cilindro tiene diámetro $d = 100$ mm y espesor de pared $t = 4$ mm.

Calcule la presión interna máxima permisible $p_{máx}$ con base en un esfuerzo cortante permisible en la pared del tanque de 60 MPa.

PROB. 8.5-6

8.5-7 Un tanque cilíndrico con diámetro $d = 2.5$ pulg está sometido a una presión interna de gas $p = 600$ lb/pulg^2 y a una carga de tensión externa $T = 1\,000$ lb (véase la figura).

Determine el espesor t mínimo requerido para la pared del tanque con base en un esfuerzo cortante permisible de 3000 lb/pulg^2.

PROB. 8.5-7

8.5-8 El péndulo de torsión mostrado en la figura consiste en un disco circular horizontal de masa $M = 60$ kg suspendido de un alambre de acero vertical ($G = 80$ GPa) y longitud $L = 2$ m y diámetro $d = 4$ mm.

Calcule el ángulo de rotación $\varphi_{máx}$ máximo permisible del disco (es decir, la amplitud máxima de las vibraciones por torsión) de manera que los esfuerzos en el alambre no excedan de 100 MPa en tensión o de 50 MPa en cortante.

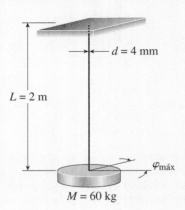

PROB. 8.5-8

8.5-9 Determine los esfuerzos máximos de tensión y compresión y los esfuerzos cortantes en el punto A sobre la manivela del pedal de la figura.

El pedal y la manivela están en un plano horizontal y el punto A se halla sobre la parte superior de la manivela. La carga $P = 160$ lb actúa en dirección vertical y las distancias (en el plano horizontal) entre la línea de acción de la carga y el punto A son $b_1 = 5.0$ pulg y $b_2 = 2.5$ pulg. Suponga que la manivela tiene sección transversal circular sólida con diámetro d = 0.6 pulg.

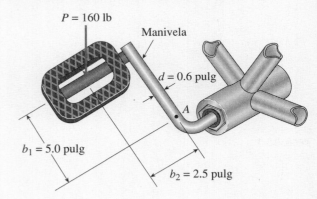

PROB. 8.5-9

8.5-10 Un recipiente cilíndrico a presión con radio $r = 300$ mm y espesor de pared $t = 15$ mm está sometido a una presión interna $p = 2.5$ MPa. Además, un par de torsión $T = 120$ kN·m actúa en cada extremo del cilindro (véase la figura).

a) Determine el esfuerzo máximo de tensión $\sigma_{máx}$ y el esfuerzo cortante máximo en el plano $\tau_{máx}$ en la pared del cilindro.

b) Si el esfuerzo cortante permisible en el plano es de 30 MPa, ¿cuál es el par de torsión T máximo permisible?

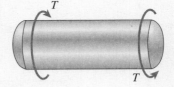

PROB. 8.5-10

8.5-11 Una ménsula horizontal en forma de escuadra situada en un plano horizontal soporta una carga $P = 150$ lb (véase la figura). La ménsula tiene una sección transversal rectangular hueca con espesor $t = 0.125$ pulg y dimensiones exteriores $b = 2.0$ pulg y $h = 3.5$ pulg. Las longitudes de las líneas centrales de los brazos son $b_1 = 20$ pulg y $b_2 = 30$ pulg.

Considere nada más la carga P y calcule el esfuerzo de tensión máximo σ_r, el esfuerzo de compresión máximo σ_c y el esfuerzo cortante máximo $\tau_{\text{máx}}$ en el punto A, que está sobre la parte superior de la ménsula en el empotramiento.

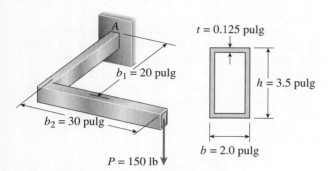

PROB. 8.5-11

8.5-12 Una barra semicircular AB situada en un plano horizontal está empotrada en B (véase la figura). La barra tiene un radio R desde la línea central y pesa q por unidad de longitud (el peso total de la barra es igual a πqR). La sección transversal de la barra es circular con diámetro d.

Obtenga fórmulas para el esfuerzo máximo de tensión σ_t, el esfuerzo máximo de compresión σ_c, y el esfuerzo cortante máximo en el plano $\tau_{\text{máx}}$ en la parte superior de la barra en el empotramiento debido al peso de la barra.

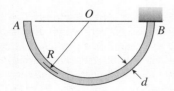

PROB. 8.5-12

8.5-13 Un brazo ABC situado en un plano horizontal y empotrado en A (véase la figura) está hecho de dos barras idénticas AB y BC de acero sólido soldadas en ángulo recto. Cada barra tiene 20 pulg de longitud.

Si se conoce que el esfuerzo máximo de tensión (esfuerzo principal) en la parte superior de la barra en el empotramiento A debido solamente al peso de las barras es de 932 lb/pulg², determine el diámetro d de las barras.

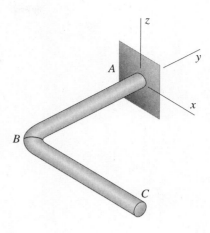

PROB. 8.5-13

8.5-14 Un recipiente cilíndrico a presión con extremos planos está cargado con pares de torsión T y fuerzas de tensión P (véase la figura). El tanque tiene radio $r = 50$ mm y espesor de pared $t = 3$ mm. La presión interna $p = 3.5$ MPa y el par de torsión $T = 500$ N·m.

¿Cuál es el valor permisible máximo de las fuerzas P si el esfuerzo de tensión permisible en la pared del cilindro es de 72 MPa?

PROB. 8.5-14

8.5-15 Un poste con sección transversal circular hueca soporta una carga horizontal $P = 250$ lb que actúa en el extremo de un brazo de 4 pies de largo (véase la figura). La altura del poste es de 25 pies y su módulo de sección es $S = 10$ pulg³.

a) Calcule el esfuerzo de tensión máximo $\sigma_{\text{máx}}$ y el esfuerzo cortante máximo en el plano $\tau_{\text{máx}}$ en el punto A debido a la carga P. El punto A está sobre el "frente" del poste, es decir, en el punto en que el esfuerzo de tensión debido sólo a flexión es máximo.

b) Si el esfuerzo de tensión máximo y el esfuerzo cortante máximo en el plano en el punto A están limitados a 16 000 lb/pulg² y 6 000 lb/pulg², respectivamente, ¿cuál es el valor permisible máximo de la carga P?

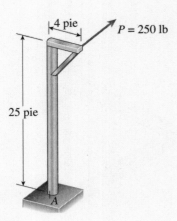

PROB. 8.5-15

8.5-16 Un tubo de 100 mm de diámetro exterior y 80 mm de diámetro interior sostiene un letrero (véase la figura) que mide 2.0 m × 0.75 m y cuyo borde inferior está a 3.0 m arriba de la base. Observe que el centro de gravedad del letrero está a 1.05 m del eje del tubo. La presión del viento contra el letrero es de 1.5 kPa.

Determine los esfuerzos cortantes máximos en el plano debido a la presión del viento sobre el letrero en los puntos A, B y C, localizados sobre la superficie exterior en la base del tubo.

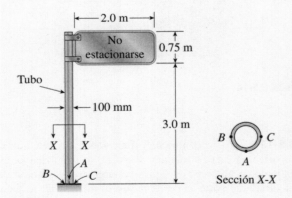

PROB. 8.5-16

8.5-17 Un poste de sección transversal circular hueca sostiene un letrero, como se muestra en la figura. Los diámetros exterior e interior del poste son 10.0 pulg y 8.0 pulg, respectivamente. El poste tiene 40 pies de altura y pesa 3.8 klb. El letrero tiene dimensiones de 6 pies × 3 pies y pesa 400 lb; observe que su centro de gravedad está a 41 pulg del eje del poste. La presión del viento contra el letrero es de 30 lb/pie².

a) Determine los esfuerzos que actúan sobre un elemento de esfuerzo en el punto A que está sobre la superficie exterior del poste al "frente" de éste es decir, en la parte del poste más cercana al observador, y

b) los esfuerzos máximos de tensión y compresión y los esfuerzos cortantes en el punto A.

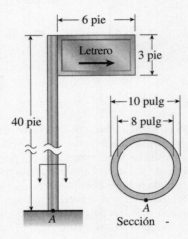

PROB. 8.5-17

8.5-18 Una ménsula ABC horizontal en forma de escuadra (véase la figura) consiste en dos brazos perpendiculares AB y BC, este último con longitud de 0.4 m. El brazo AB tiene una sección transversal circular sólida con diámetro de 60 mm. En el punto C, una carga $P_1 = 2.02$ kN actúa verticalmente y una carga $P_2 = 3.07$ kN actúa horizontal y paralelamente al brazo AB.

Considere sólo las fuerzas P_1 y P_2 y calcule el esfuerzo de tensión máximo σ_t, el esfuerzo de compresión máximo σ_c y el esfuerzo cortante máximo en el plano $\tau_{máx}$ en el punto p que está en el empotramiento A sobre un lado de la ménsula a la mitad de su altura.

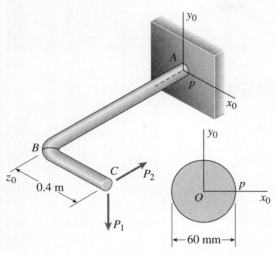

Sección transversal en A

PROB. 8.5-18

8.5-19 Un recipiente cilíndrico a presión con extremos planos, se ve sometido a un par de torsión T y a un momento flexionante M (véase la figura). El radio exterior es de 12.0 pulg y el espesor de la pared es de 1.0 pulg. Las cargas son: $T = 800$ klb-pulg, $M = 1\,000$ klb-pulg y la presión interna es $p = 900$ lb/pulg^2.

Determine el esfuerzo de tensión máximo s_t, el esfuerzo de compresión máximo s_c y el esfuerzo cortante máximo $\tau_{máx}$ en la pared del cilindro.

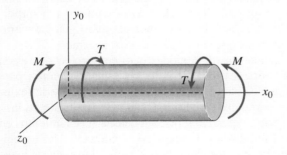

PROB. 8.5-19

8.5-20 Para fines de análisis, un segmento del cigüeñal de un vehículo se representa como se ve en la figura. La carga P es igual a 1.0 kN y las dimensiones son $b_1 = 80$ mm, $b_2 = 120$ mm y $b_3 = 40$ mm. El diámetro del eje superior es $d = 20$ mm.

a) Determine los esfuerzos de tensión y compresión máximos y el esfuerzo cortante en el punto A, que está sobre la superficie del árbol en el eje z_0, y

b) los esfuerzos de tensión y compresión máximos y el esfuerzo cortante en.el punto B que se halla sobre la superficie del árbol en el eje y_0.

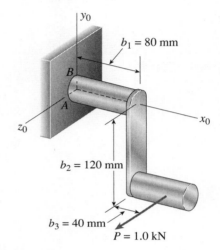

PROB. 8.5-20

Deflexiones de vigas

9.1 INTRODUCCIÓN

Cuando una viga con eje longitudinal recto está cargada con fuerzas laterales, el eje se deforma y toma una forma curva, llamada **curva de deflexión** de la viga. En el capítulo 5 usamos la curvatura resultante de la flexión para determinar las deformaciones unitarias y los esfuerzos normales en una viga; sin embargo, no desarrollamos un método para encontrar la curva de deflexión propiamente dicha. En este capítulo determinaremos la ecuación de la curva de deflexión y hallaremos las deflexiones en puntos específicos a lo largo del eje de la viga.

El cálculo de las deflexiones es una parte importante del análisis y diseño estructurales; por ejemplo, la determinación de deflexiones es un ingrediente esencial en el análisis de estructuras estáticamente indeterminadas (capítulo 10). Las deflexiones también son importantes en el análisis dinámico, como cuando se investigan las vibraciones de aeronaves o las respuestas de edificios a sismos.

A veces, se calculan las deflexiones para comprobar que estén dentro de límites tolerables; por ejemplo, las especificaciones para el diseño de edificios suelen fijar límites superiores a las deflexiones. Las deflexiones grandes en edificios dan mal aspecto (e incluso ponen nerviosos a los ocupantes) y pueden causar agrietamientos en techos y paredes. En el diseño de máquinas y aeronaves, las especificaciones pueden limitar las deflexiones para evitar vibraciones indeseables.

9.2 ECUACIONES DIFERENCIALES DE LA CURVA DE DEFLEXIÓN

La mayor parte de los procedimientos para encontrar deflexiones en vigas se basan en las ecuaciones diferenciales de la curva de deflexión y sus relaciones asociadas; por ello, comenzaremos por obtener la ecuación básica para la curva de deflexión de una viga.

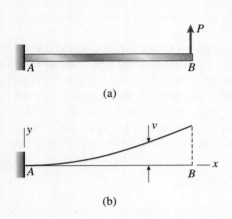

FIG. 9-1 Curva de deflexión de una viga en voladizo.

Para fines de análisis, consideremos una viga en voladizo con una carga concentrada que actúa hacia arriba en el extremo libre (figura 9-1a). Debido a la acción de esta carga, el eje de la viga se deforma y adopta una forma curva como se muestra en la figura 9-1b. Los ejes de referencia tienen su origen en el empotramiento de la viga, con el eje x dirigido hacia la derecha y el eje y orientado hacia arriba. El eje z apunta hacia afuera de la figura (hacia el observador).

Igual que en nuestros análisis anteriores de la flexión de vigas en el capítulo 5, suponemos que el plano xy es un plano de simetría de la viga y que todas las cargas actúan en este plano (el *plano de flexión*).

La **deflexión** v es el desplazamiento en la dirección y de cualquier punto sobre el eje de la viga, (figura 9-1b). Como el eje y es positivo hacia arriba, las deflexiones también son positivas hacia arriba.*

Para obtener la ecuación de la curva de deflexión, debemos expresar a la deflexión v en función de la coordenada x. Por tanto, consideremos ahora la curva de deflexión con más detalle. La deflexión v en cualquier punto m_1 sobre la curva de deflexión se muestra en la figura 9-2a. El punto m_1 está a una distancia x del origen (medida a lo largo del eje x). También se muestra un segundo punto m_2, localizado a una distancia $x + dx$ desde el origen. La deflexión en este segundo punto es $v + dv$, donde dv es el incremento en deflexión conforme nos movemos a lo largo de la curva de m_1 a m_2.

Cuando la viga se flexiona, no sólo hay una deflexión en cada punto a lo largo de la viga sino también una rotación. El **ángulo de rotación** θ del eje de la viga es el ángulo entre el eje x y la tangente a la curva de deflexión, según se aprecia para el punto m_1 en la amplia-

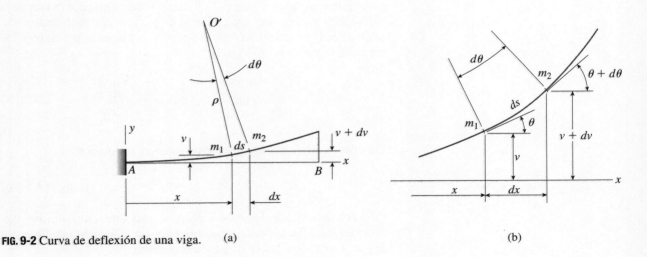

FIG. 9-2 Curva de deflexión de una viga.   (a)   (b)

---

*Como ya se mencionó en la sección 5.1, los símbolos tradicionales para los desplazamientos en las direcciones x, y y z son u, v y w, respectivamente. La ventaja de esta notación es que subraya la distinción entre coordenada y desplazamiento.

ción de la figura 9-2b. Para nuestra selección de ejes (x positiva hacia la derecha y y positiva hacia arriba), el ángulo de rotación es positivo cuando es en sentido contrario a las manecillas del reloj. (Otros nombres para el ángulo de rotación son *ángulo de inclinación* y *ángulo de pendiente*.)

El ángulo de rotación en el punto m_2 es $\theta + d\theta$, donde $d\theta$ es el incremento angular conforme nos movemos del punto m_1 al punto m_2. Se infiere que si trazamos líneas normales a las tangentes (figuras 9-2a y b), el ángulo entre estas normales es $d\theta$. Además, como se estudia en la sección 5.3, el punto de intersección de estas normales es el **centro de curvatura** O', (figura 9-2a), y la distancia de O' a la curva es el **radio de curvatura** ρ. Con base en la figura 9-2a vemos que

$$\rho\, d\theta = ds \qquad\qquad (a)$$

en donde $d\theta$ está en radianes y ds es la distancia a lo largo de la curva de deflexión entre los puntos m_1 y m_2; por tanto, la **curvatura** κ (igual al recíproco del radio de curvatura) está dada por la ecuación

$$\kappa = \frac{1}{\rho} = \frac{d\theta}{ds} \qquad\qquad (9\text{-}1)$$

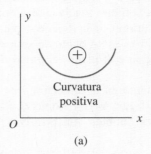

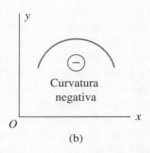

FIG. 9-3 Convención de signos para la curvatura.

La **convención de signos** para la curvatura se ilustra en la figura 9-3, que es igual a la figura 5-6 de la sección 5.3. Observe que la curvatura es positiva cuando el ángulo de rotación aumenta conforme nos movemos a lo largo de la viga en la dirección x positiva.

La **pendiente de la curva de deflexión** es la primera derivada dv/dx de la expresión para la deflexión v. En términos geométricos, la pendiente es el incremento dv en la deflexión (al pasar del punto m_1 al punto m_2 en la figura 9-2) dividido entre el incremento dx de la distancia a lo largo del eje x. Como dv y dx son infinitesimalmente pequeños, la pendiente dv/dx es igual a la tangente del ángulo de rotación θ (figura 9-2b). Así,

$$\frac{dv}{dx} = \tan\theta \qquad \theta = \arctan\frac{dv}{dx} \qquad (9\text{-}2a, b)$$

De manera similar obtenemos las siguientes relaciones:

$$\cos\theta = \frac{dx}{ds} \qquad \operatorname{sen}\theta = \frac{dv}{ds} \qquad (9\text{-}3a, b)$$

Observe que cuando los ejes x y y tienen las direcciones mostradas en la figura 9-2a, la pendiente dv/dx es positiva cuando la tangente a la curva se inclina hacia arriba y a la derecha.

Las ecuaciones (9-1) a la (9-3) se basan sólo en consideraciones geométricas, por lo que son válidas para vigas de cualquier material. Además, no hay restricciones sobre las magnitudes de las pendientes y deflexiones.

Vigas con ángulos de rotación pequeños

La forma de las estructuras que forman parte de la vida diaria, como son edificios, automóviles, aeronaves y barcos, sufre cambios relativamente pequeños mientras se les utiliza, tan pequeños que difícilmente puede observarlos un espectador casual. En consecuencia, las curvas de deflexión de la mayor parte de las vigas y columnas tienen ángulos de rotación, deflexiones y curvaturas muy pequeñas. En estos casos, es posible hacer ciertas aproximaciones matemáticas que simplifican el análisis en gran medida.

Tomando como ejemplo la curva de deflexión que se muestra en la figura 9-2, si el ángulo de rotación θ es muy pequeño (y por tanto la curva de deflexión es casi horizontal), se observa de inmediato que la distancia ds a lo largo de la curva de deflexión es prácticamente igual al incremento dx a lo largo del eje x. También es posible obtener directamente esta conclusión a partir de la ecuación (9-3a). Puesto que $\cos \theta \approx 1$ cuando el ángulo θ es muy pequeño, la ecuación (9-3a) da:

$$ds \approx dx \tag{b}$$

Con esta aproximación, la curvatura resulta (véase la ecuación 9-1)

$$\kappa = \frac{1}{\rho} = \frac{d\theta}{dx} \tag{9-4}$$

Además, como $\tan \theta \approx \theta$ cuando θ es pequeño, podemos establecer la siguiente aproximación para la ecuación (9-2a):

$$\theta \approx \tan\theta = \frac{dv}{dx} \tag{c}$$

Entonces, si las rotaciones de una viga son pequeñas, podemos suponer que el ángulo de rotación θ y la pendiente dv/dx son iguales (observe que el ángulo de rotación debe medirse en radianes).

Al calcular la derivada de θ con respecto a x en la ecuación (c), se obtiene:

$$\frac{d\theta}{dx} = \frac{d^2v}{dx^2} \tag{d}$$

Combinamos esta ecuación con la (9-4) y obtenemos una relación entre la **curvatura** de una viga y su deflexión:

$$\kappa = \frac{1}{\rho} = \frac{d^2v}{dx^2} \tag{9-5}$$

Esta ecuación es válida para una viga de cualquier material, siempre que las rotaciones sean pequeñas.

Si el material de una viga es **elástico lineal** y obedece la ley de Hooke, la curvatura (de la ecuación 5-12, capítulo 5) es:

$$\kappa = \frac{1}{\rho} = \frac{M}{EI} \tag{9-6}$$

en donde M es el momento flexionante y EI es la rigidez por flexión de la viga. La ecuación (9-6) muestra que un momento flexionante positivo produce curvatura positiva y un momento flexionante negativo produce curvatura negativa, como se mostró antes en la figura 5-10.

Al combinar las ecuaciones (9-5) y (9-6), resulta la **ecuación diferencial de la curva de deflexión** básica de una viga:

$$\frac{d^2v}{dx^2} = \frac{M}{EI} \qquad (9\text{-}7)$$

Esta ecuación puede integrarse en cada caso particular para encontrar la deflexión v, siempre que el momento flexionante M y la rigidez por flexión EI sean conocidas como funciones de x.

Como recordatorio, se repiten las **convenciones de signos** que deben usarse con las ecuaciones anteriores: 1) los ejes x y y son positivos hacia la derecha y hacia arriba, respectivamente; 2) la deflexión v es positiva hacia arriba; 3) la pendiente dv/dx y el ángulo de rotación θ son positivos en sentido contrario a las manecillas del reloj con respecto al eje x positivo; 4) la curvatura κ es positiva cuando la viga se flexiona con concavidad hacia arriba y 5) el momento flexionante M es positivo cuando produce compresión en la parte superior de la viga.

Pueden obtenerse ecuaciones adicionales de las relaciones entre el momento flexionante M, la fuerza cortante V y la intensidad q de la carga distribuida. En el capítulo 4 obtuvimos las siguientes ecuaciones entre M, V y q (véanse las ecuaciones 4-4 y 4-6):

$$\frac{dV}{dx} = -q \qquad \frac{dM}{dx} = V \qquad (9\text{-}8a, b)$$

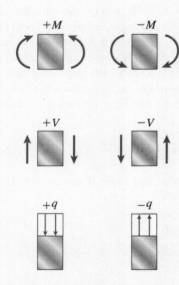

FIG. 9-4 Convención de signos para el momento flexionante M, la fuerza cortante V y la intensidad q de la carga distribuida.

Las convenciones de signos para estas cantidades se presentan en la figura 9-4. Calculando la diferencial de la ecuación (9-7) con respecto a x, y sustituyendo luego las ecuaciones anteriores para la fuerza cortante y la carga, obtendremos las ecuaciones adicionales. Para esto, consideremos dos casos: vigas no prismáticas y vigas prismáticas.

Vigas no prismáticas

En el caso de una viga no prismática, la rigidez por flexión EI es variable, por lo que escribimos la ecuación (9-7) en la forma

$$EI_x \frac{d^2v}{dx^2} = M \qquad (9\text{-}9a)$$

donde el subíndice x se inserta como recordatorio de que la rigidez por flexión puede variar con x. Calculando la diferencial para ambos lados de esta ecuación y utilizando las ecuaciones (9-8a) y (9-8b), obtenemos

$$\frac{d}{dx}\left(EI_x \frac{d^2v}{dx^2} \right) = \frac{dM}{dx} = V \qquad (9\text{-}9b)$$

$$\frac{d^2}{dx^2}\left(EI_x \frac{d^2v}{dx^2} \right) = \frac{dV}{dx} = -q \qquad (9\text{-}9c)$$

La deflexión de una viga no prismática puede encontrarse resolviendo (analítica o numéricamente) cualquiera de las tres ecuaciones diferenciales anteriores. La elección suele depender de cuál ecuación proporcione la solución más eficiente.

Vigas prismáticas

En el caso de una viga prismática (*EI* constante), las ecuaciones diferenciales son

$$EI \frac{d^2v}{dx^2} = M \qquad EI \frac{d^3v}{dx^3} = V \qquad EI \frac{d^4v}{dx^4} = -q \qquad \text{(9-10a, b, c)}$$

Para simplificar la escritura de estas y otras ecuaciones, se usan a menudo **primas** para denotar derivación:

$$v' \equiv \frac{dv}{dx} \qquad v'' \equiv \frac{d^2v}{dx^2} \qquad v''' \equiv \frac{d^3v}{dx^3} \qquad v'''' \equiv \frac{d^4v}{dx^4} \qquad \text{(9-11)}$$

Con esta notación podemos expresar las ecuaciones diferenciales para una viga prismática de la siguiente forma:

$$EIv'' = M \qquad EIv''' = V \qquad EIv'''' = -q \qquad \text{(9-12a, b, c)}$$

que llamaremos **ecuación de momento flexionante, ecuación de fuerza cortante** y **ecuación de carga**, respectivamente.

En las siguientes dos secciones usaremos las ecuaciones anteriores para encontrar deflexiones en vigas. El procedimiento general consiste en integrar las ecuaciones y luego evaluar las constantes de integración a partir de condiciones de frontera y de otras condiciones propias de la viga.

Al deducir las ecuaciones diferenciales (ecuaciones 9-9, 9-10 y 9-12), supusimos que el material obedecía la ley de Hooke y que las pendientes de la curva de deflexión eran muy pequeñas. Supusimos también que cualquier deformación por cortante era despreciable; en consecuencia, consideramos sólo las deformaciones debidas a flexión pura. La mayoría de las vigas en uso común satisfacen estas suposiciones.

Expresión exacta para la curvatura

Si la curva de deflexión de una viga tiene grandes pendientes, no podemos usar las aproximaciones dadas por las ecuaciones (b) y (c); más bien debemos recurrir a las expresiones exactas para la curvatura y el ángulo de rotación (véanse las ecuaciones 9-1 y 9-2b). Al combinar esas expresiones obtenemos

$$\kappa = \frac{1}{\rho} = \frac{d\theta}{ds} = \frac{d(\arctan v')}{dx} \frac{dx}{ds} \qquad \text{(e)}$$

De la figura 9-2, vemos que

$$ds^2 = dx^2 + dv^2 \quad \text{o} \quad ds = [dx^2 + dv^2]^{1/2} \qquad \text{(f, g)}$$

Dividimos ambos lados de la ecuación (g) entre dx y resulta

$$\frac{ds}{dx} = \left[1 + \left(\frac{dv}{dx}\right)^2\right]^{1/2} = [1 + (v')^2]^{1/2} \quad \text{o} \quad \frac{dx}{ds} = \frac{1}{[1 + (v')^2]^{1/2}} \quad \text{(h, i)}$$

Además, la diferencial de la función arco tangente (véase el apéndice C) tiene como resultado:

$$\frac{d}{dx}(\arctan v') = \frac{v''}{1 + (v')^2} \tag{j}$$

Sustituimos las expresiones (i) y (j) en la ecuación para la curvatura (ecuación e) y obtenemos

$$\kappa = \frac{1}{\rho} = \frac{v''}{[1 + (v')^2]^{3/2}} \tag{9-13}$$

Al comparar esta expresión con la ecuación (9-5), vemos que suponer rotaciones pequeñas equivale a despreciar $(v')^2$ en comparación con 1. La ecuación (9-13) debe usarse para la curvatura siempre que las pendientes sean grandes.*

9.3 DEFLEXIONES POR INTEGRACIÓN DE LA ECUACIÓN DEL MOMENTO FLEXIONANTE

Estamos listos ahora para resolver las ecuaciones diferenciales de la curva de deflexión y obtener deflexiones en vigas. La primera ecuación que usaremos es la ecuación del momento flexionante (ecuación 9-12a). Dado que esta ecuación es de segundo orden, se requieren dos integraciones: la primera produce la pendiente $v' = dv/dx$ y la segunda produce la deflexión v.

Comenzamos el análisis planteando la ecuación (o ecuaciones) para los momentos flexionantes en la viga. Como en este capítulo sólo se consideran vigas estáticamente determinadas, podemos obtener los momentos flexionantes a partir de diagramas de cuerpo libre y ecuaciones de equilibrio, usando los procedimientos descritos en el capítulo 4. En algunos casos, una sola expresión para el momento flexionante es suficiente para toda la longitud de la viga, como se ilustra en los ejemplos 9-1 y 9-2. En otros casos, el momento flexionante cambia abruptamente en uno o más puntos a lo largo del eje de la viga. Entonces tenemos que escribir expresiones separadas para el momento flexionante para cada región de la viga entre puntos donde ocurren cambios, como se ilustra en el ejemplo 9-3.

Sea cual sea la cantidad de expresiones para el momento flexionante, el procedimiento general para resolver las ecuaciones di-

---

*Jacob Bernoulli obtuvo por primera vez la relación básica que establece que la curvatura de una viga es proporcional al momento flexionante (Ec. 9-6); sin embargo, llegó a un valor incorrecto para la constante de proporcionalidad. Euler usó después la relación; él resolvió la ecuación diferencial de la curva de deflexión para grandes deflexiones (mediante la ecuación 9-13) y para pequeñas deflexiones (con la ecuación 9-7). Para consultar la historia de las curvas de deflexión, véase la referencia 9-1.

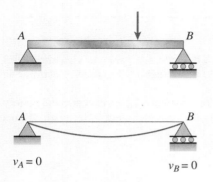

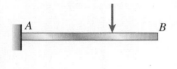

$v_A = 0$ $v_B = 0$

FIG. 9-5 Condiciones de frontera en apoyos simples.

$v_A = 0$
$v'_A = 0$

FIG. 9-6 Condiciones de frontera en un empotramiento.

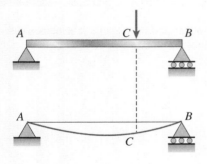

En el punto C: $(v)_{AC} = (v)_{CB}$
                    $(v')_{AC} = (v')_{CB}$

FIG. 9-7 Condiciones de continuidad en el punto C.

ferenciales es el siguiente. Para cada región de la viga, sustituimos la expresión para M en la ecuación diferencial y la integramos a fin de obtener la pendiente v'. Cada una de tales integraciones produce una constante de integración. A continuación, integramos cada ecuación de pendiente para obtener la deflexión correspondiente v. De nuevo, cada integración produce una nueva constante. Habrá entonces dos constantes de integración para cada región de la viga. Estas constantes se evalúan a partir de condiciones conocidas propias de las pendientes y de las deflexiones. Las condiciones son de tres tipos: 1) condiciones de frontera, 2) condiciones de continuidad y 3) condiciones de simetría.

Las **condiciones de frontera** se refieren a las deflexiones y pendientes en los apoyos de una viga; por ejemplo, en un apoyo simple (ya sea de pasador o de rodillo), la deflexión es cero (figura 9-5) y en un empotramiento, tanto la deflexión como la pendiente son cero (figura 9-6). Cada una de tales condiciones de frontera da una ecuación que puede usarse para evaluar las constantes de integración.

Las **condiciones de continuidad** se presentan en puntos donde las regiones de integración confluyen, como en el punto C de la viga en la figura 9-7. La curva de deflexión de esta viga es físicamente continua en el punto C, de suerte que la deflexión en el punto C determinada para la parte izquierda de la viga debe ser igual a la deflexión en el punto C determinada para la parte derecha. De manera similar, las pendientes encontradas para cada parte de la viga deben ser iguales en el punto C. Cada una de estas condiciones de continuidad proporciona una ecuación para evaluar las constantes de integración.

Las **condiciones de simetría** también pueden estar presentes; por ejemplo, si una viga simple soporta una carga uniforme en toda su longitud, sabemos de antemano que la pendiente de la curva de deflexión en el centro del claro debe ser cero. Esta condición da una ecuación adicional, según se ilustra en el ejemplo 9-1.

Cada condición de frontera, continuidad y simetría conduce a una ecuación que contiene una o más de las constantes de integración. Como el número de condiciones *independientes* siempre concuerda con el número de constantes de integración, podemos hallar las constantes a partir de esas ecuaciones. (Las condiciones de frontera y continuidad solas siempre bastan para determinar las constantes. Cualesquiera condiciones de simetría proporcionan ecuaciones adicionales, pero no son independientes de las otras ecuaciones. La elección de las condiciones depende de la conveniencia.)

Una vez evaluadas las constantes, pueden sustituirse en las expresiones para las pendientes y deflexiones, obteniéndose las ecuaciones finales de la curva de deflexión, las cuales sirven para obtener las deflexiones y ángulos de rotación en puntos particulares a lo largo del eje de la viga.

El método precedente para encontrar deflexiones se llama a veces **método de integraciones sucesivas**. Los ejemplos siguientes lo ilustran en detalle.

Nota: las curvas de deflexión que se muestran tanto en las figuras 9-5, 9-6 y 9-7 como en los ejemplos siguientes, se han dibujado con la deflexión sumamente exagerada a efecto de hacerlas más claras. Sin embargo, siempre debe recordarse que las deflexiones reales son cantidades muy pequeñas.

Ejemplo 9-1

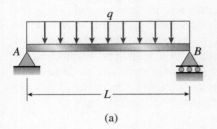

(a)

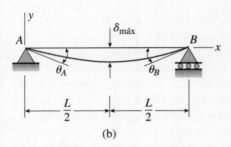

(b)

FIG. 9-8 Ejemplo 9-1. Deflexiones de una viga simple con una carga uniforme.

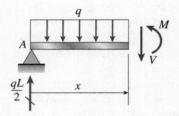

FIG. 9-9 Diagrama de cuerpo libre usado para determinar el momento flexionante M (ejemplo 9-1).

Determinar la ecuación de la curva de deflexión para una viga simple AB que soporta una carga uniforme de intensidad q sobre todo el claro de la viga (figura 9-8a).

Determinar también la deflexión máxima $\delta_{máx}$ en el centro del claro y los ángulos de rotación θ_A y θ_B en los apoyos (figura 9-8b; *nota:* la viga tiene longitud L y rigidez constante a la flexión EI).

Solución

Momento flexionante en la viga. El momento flexionante en una sección transversal situada a una distancia x del apoyo izquierdo se obtiene con ayuda del diagrama de cuerpo libre en la figura 9-9. Puesto que la reacción en el apoyo es $qL/2$, la ecuación del momento flexionante es

$$M = \frac{qL}{2}(x) - qx\left(\frac{x}{2}\right) = \frac{qLx}{2} - \frac{qx^2}{2} \qquad (9\text{-}14)$$

Ecuación diferencial de la curva de deflexión. Al sustituir la expresión para el momento flexionante (ecuación 9-14) en la ecuación diferencial (ecuación 9-12a), obtenemos

$$EIv'' = \frac{qLx}{2} - \frac{qx^2}{2} \qquad (9\text{-}15)$$

Esta ecuación puede integrarse ahora para obtener la pendiente y deflexión de la viga.

Pendiente de la viga. Al multiplicar ambos lados de la ecuación diferencial por dx, se obtiene la siguiente ecuación:

$$EIv'' \, dx = \frac{qLx}{2} dx - \frac{qx^2}{2} dx$$

integrando cada término, se tiene:

$$EI \int v'' \, dx = \int \frac{qLx}{2} dx - \int \frac{qx^2}{2} dx$$

o

$$EIv' = \frac{qLx^2}{4} - \frac{qx^3}{6} + C_1 \qquad (a)$$

en donde C_1 es una constante de integración.

A fin de evaluar la constante C_1, observamos de la simetría de la viga y de su carga que la pendiente de la curva de deflexión en el centro del claro es igual a cero.

Tenemos entonces la siguiente condición de simetría:

$$v' = 0 \quad \text{cuando} \quad x = \frac{L}{2}$$

Esta condición puede expresarse brevemente como

$$v'\left(\frac{L}{2}\right) = 0$$

Aplicamos esta condición a la ecuación (a) y resulta

$$0 = \frac{qL}{4}\left(\frac{L}{2}\right)^2 - \frac{q}{6}\left(\frac{L}{2}\right)^3 + C_1 \quad \text{or} \quad C_1 = -\frac{qL^3}{24}$$

Entonces la ecuación para la pendiente de la viga (ecuación a) es

$$EIv' = \frac{qLx^2}{4} - \frac{qx^3}{6} - \frac{qL^3}{24} \tag{b}$$

o $$v' = -\frac{q}{24EI}(L^3 - 6Lx^2 + 4x^3) \tag{9-16}$$ ⬅

Como se esperaba, la pendiente es negativa (es decir, horaria) en el extremo izquierdo de la viga ($x = 0$), positiva en el extremo derecho ($x = L$) e igual a cero en el centro del claro ($x = L/2$).

Deflexión de la viga. La deflexión se obtiene integrando la ecuación para la pendiente. Entonces, al multiplicar ambos lados de la ecuación (b) por dx e integrar, obtenemos

$$EIv = \frac{qLx^3}{12} - \frac{qx^4}{24} - \frac{qL^3x}{24} + C_2 \tag{c}$$

La constante de integración C_2 puede evaluarse a partir de la condición de que la deflexión de la viga en el apoyo izquierdo es igual a cero; es decir, $v = 0$ cuando $x = 0$, o

$$v(0) = 0$$

Al aplicar esta condición a la ecuación (c), resulta $C_2 = 0$; por tanto, la ecuación de la curva de deflexión es

$$EIv = \frac{qLx^3}{12} - \frac{qx^4}{24} - \frac{qL^3x}{24} \tag{d}$$

o $$v = -\frac{qx}{24EI}(L^3 - 2Lx^2 + x^3) \tag{9-17}$$ ⬅

Esta ecuación da la deflexión en cualquier punto a lo largo del eje de la viga. Observe que la deflexión es cero en ambos extremos de la viga ($x = 0$ y $x = L$) y negativa en cualquier otro lugar (recuérdese que las deflexiones hacia abajo son negativas).

continúa

Deflexión máxima. De la simetría se conoce que la deflexión máxima se presenta en el punto medio del claro de la viga (figura 9-8b). Por ello, al igualar x con $L/2$ en la ecuación (9-17) se obtiene:

$$v\left(\frac{L}{2}\right) = -\frac{5qL^4}{384EI}$$

donde el signo negativo señala que la deflexión es hacia abajo (como se esperaba). Puesto que $\delta_{máx}$ representa la magnitud de esta deflexión, se tiene:

$$\delta_{máx} = \left| v\left(\frac{L}{2}\right) \right| = \frac{5qL^4}{384EI} \qquad (9\text{-}18) \qquad \Longleftarrow$$

Ángulos de rotación. Los ángulos máximos de rotación se presentan en los apoyos de la viga. En el extremo izquierdo de la viga, el ángulo θ_A, que es un ángulo en el sentido de las manecillas del reloj (figura 9-8b), es igual al negativo de la pendiente v'; entonces, sustituyendo $x = 0$ en la ecuación (9-16), encontramos

$$\theta_A = -v'(0) = \frac{qL^3}{24EI} \qquad (9\text{-}19) \qquad \Longleftarrow$$

De manera similar, podemos obtener el ángulo de rotación θ_B en el extremo derecho de la viga. Como θ_B es un ángulo en sentido contrario a las manecillas del reloj, es igual a la pendiente en el extremo:

$$\theta_B = v'(L) = \frac{qL^3}{24EI} \qquad (9\text{-}20) \qquad \Longleftarrow$$

Puesto que la viga y la carga son simétricas respecto al centro del claro, los ángulos de rotación en los extremos son iguales.

Este ejemplo ilustra tanto el proceso de plantear y resolver la ecuación diferencial de la curva de deflexión como el proceso de encontrar pendientes y deflexiones en puntos seleccionados a lo largo del eje de una viga.

Nota: ahora que hemos obtenido fórmulas para la deflexión máxima y para los ángulos de rotación máximos (véase las ecuaciones 9-18, 9-19 y 9-20), podemos evaluar estas cantidades numéricamente y observar que las deflexiones y ángulos son pequeños, como lo requiere la teoría.

Consideremos una viga de acero simplemente apoyada con claro $L = 6$ pies. La sección transversal es rectangular con ancho $b = 3$ pulg y peralte $h = 6$ pulg. La intensidad de la carga uniforme es $q = 8\,000$ lb/pie, que es relativamente grande porque produce un esfuerzo en la viga de 24 000 lb/pulg^2 (las deflexiones y pendientes resultan entonces mayores que las que se esperarían normalmente).

Sustituimos en la ecuación (9-18), usamos $E = 30 \times 10^6$ lb/pulg^2 y encontramos que la deflexión máxima es $\delta_{máx} = 0.144$ pulg, que es sólo 1/500 de la longitud del claro. Además, con la ecuación (9-19) encontramos que el ángulo máximo de rotación es $\theta_A = 0.0064$ radianes o 0.37°, que es un ángulo muy pequeño.

Así entonces, nuestra suposición de que las pendientes y deflexiones son pequeñas resulta justificada.

Determinar la ecuación de la curva de deflexión para una viga en voladizo *AB* sometida a una carga uniforme de intensidad *q* (figura 9-10a).

Determinar también el ángulo de rotación θ_B y la deflexión δ_B en el extremo libre (figura 9-10b). (*Nota:* la viga tiene longitud *L* y rigidez constante a la flexión *EI*.)

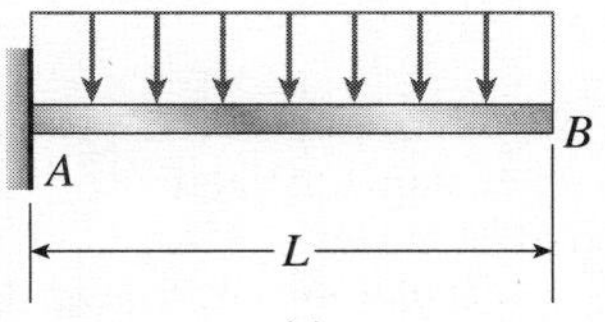

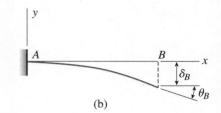

FIG. 9-10 Ejemplo 9-2. Deflexiones de una viga en voladizo con carga uniforme.

(a)

(b)

Solución

Momento flexionante en la viga. El momento flexionante a la distancia *x* del empotramiento se obtiene con el diagrama de cuerpo libre de la figura 9-11. Observe que la reacción vertical en el empotramiento es igual a *qL* y la reacción de momento es igual a $qL^2/2$. En consecuencia, la expresión para el momento flexionante *M* es

$$M = -\frac{qL^2}{2} + qLx - \frac{qx^2}{2} \tag{9-21}$$

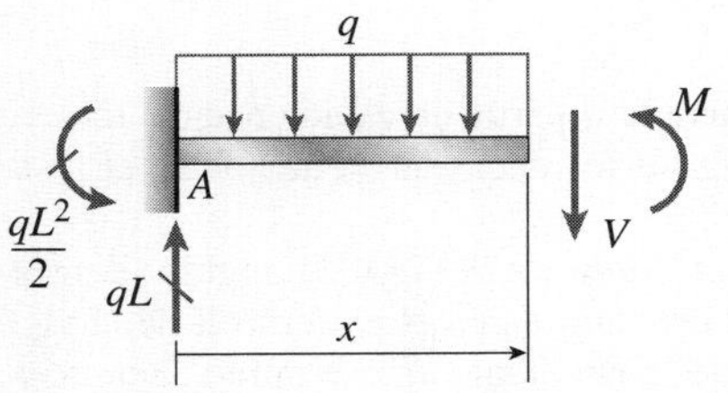

FIG. 9-11 Diagrama de cuerpo libre usado para determinar el momento flexionante *M* (ejemplo 9-2).

Ecuación diferencial de la curva de deflexión. Al sustituir la expresión anterior para el momento flexionante en la ecuación diferencial (ecuación 9-12a), obtenemos

$$EIv'' = -\frac{qL^2}{2} + qLx - \frac{qx^2}{2} \tag{9-22}$$

Ahora integramos ambos lados de esta ecuación para obtener las pendientes y las deflexiones.

Pendiente de la viga. La primera integración de la ecuación (9-22) da la siguiente ecuación para la pendiente:

$$EIv' = -\frac{qL^2x}{2} + \frac{qLx^2}{2} - \frac{qx^3}{6} + C_1 \tag{e}$$

La constante de integración C_1 puede hallarse a partir de la condición de frontera de que la pendiente de la viga sea cero en el empotramiento; tenemos entonces la siguiente condición:

$$v'(0) = 0$$

continúa

Cuando se aplica esta condición a la ecuación (e) obtenemos $C_1 = 0$; por tanto, dicha ecuación toma la forma

$$EIv' = -\frac{qL^2x}{2} + \frac{qLx^2}{2} - \frac{qx^3}{6} \tag{f}$$

y la pendiente es

$$v' = -\frac{qx}{6EI}(3L^2 - 3Lx + x^2) \tag{9-23} \blacktriangleleft$$

Según se esperaba, la pendiente obtenida a partir de esta ecuación es cero en el empotramiento ($x = 0$) y negativa (es decir, horaria) en toda la longitud de la viga.

Deflexión de la viga. La integración de la ecuación de la pendiente (ecuación f), da

$$EIv = -\frac{qL^2x^2}{4} + \frac{qLx^3}{6} - \frac{qx^4}{24} + C_2 \tag{g}$$

La constante C_2 se encuentra de la condición de frontera de que la deflexión de la viga es cero en el empotramiento:

$$v(0) = 0$$

Al aplicar esta condición a la ecuación (g), vemos de inmediato que $C_2 = 0$; por tanto, la ecuación para la deflexión v es

$$v = -\frac{qx^2}{24EI}(6L^2 - 4Lx + x^2) \tag{9-24} \blacktriangleleft$$

Como se esperaba, la deflexión obtenida a partir de esta ecuación es cero en el empotramiento ($x = 0$) y negativa (es decir, hacia abajo) en el resto de la viga.

Ángulo de rotación en el extremo libre de la viga. El ángulo de rotación en el sentido de las manecillas del reloj θ_B en el extremo B de la viga (figura 9-10b) es igual al negativo de la pendiente en ese punto. Entonces, usando la ecuación (9-23), obtenemos

$$\theta_B = -v'(L) = \frac{qL^3}{6EI} \tag{9-25} \blacktriangleleft$$

Este ángulo es el máximo ángulo de rotación en la viga.

Deflexión en el extremo libre de la viga. Puesto que la deflexión δ_B es hacia abajo (figura 9-10b), es igual al negativo de la deflexión obtenida con la ecuación (9-24):

$$\delta_B = -v(L) = \frac{qL^4}{8EI} \tag{9-26} \blacktriangleleft$$

Esta deflexión es la deflexión máxima en la viga.

Una viga simple AB soporta una carga concentrada P que actúa a las distancias a y b de los apoyos izquierdo y derecho, respectivamente (figura 9-12a).

Determinar las ecuaciones de la curva de deflexión, los ángulos de rotación θ_A y θ_B en los apoyos, la deflexión máxima $\delta_{máx}$ y la deflexión δ_C en el centro del claro C de la viga (figura 9-12b; *nota:* la viga tiene longitud L y rigidez constante por flexión EI).

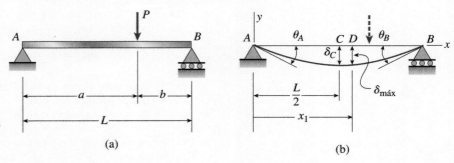

FIG. 9-12 Ejemplo 9-3. Deflexiones de una viga simple con una carga concentrada.

(a)   (b)

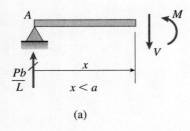

(a)

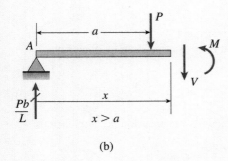

(b)

FIG. 9-13 Diagramas de cuerpo libre usados para determinar los momentos flexionantes (ejemplo 9-3).

Solución

Momentos flexionantes en la viga. En este ejemplo, los momentos flexionantes son expresados por dos ecuaciones, una para cada parte de la viga. Con los diagramas de cuerpo libre de la figura 9-13, obtenemos las siguientes ecuaciones:

$$M = \frac{Pbx}{L} \qquad (0 \le x \le a) \tag{9-27a}$$

$$M = \frac{Pbx}{L} - P(x - a) \qquad (a \le x \le L) \tag{9-27b}$$

Ecuaciones diferenciales de la curva de deflexión. Las ecuaciones diferenciales para las dos partes de la viga se obtienen sustituyendo las expresiones del momento flexionante (ecuaciones 9-27a y b) en la ecuación (9-12a). Los resultados son

$$EIv'' = \frac{Pbx}{L} \qquad (0 \le x \le a) \tag{9-28a}$$

$$EIv'' = \frac{Pbx}{L} - P(x - a) \qquad (a \le x \le L) \tag{9-28b}$$

Pendientes y deflexiones de la viga. Las primeras integraciones de las dos ecuaciones diferenciales dan las siguientes expresiones para las pendientes:

$$EIv' = \frac{Pbx^2}{2L} + C_1 \qquad (0 \le x \le a) \tag{h}$$

$$EIv' = \frac{Pbx^2}{2L} - \frac{P(x - a)^2}{2} + C_2 \qquad (a \le x \le L) \tag{i}$$

continúa

en donde C_1 y C_2 son constantes de integración. Un segundo par de integraciones da las deflexiones:

$$EIv = \frac{Pbx^3}{6L} + C_1 x + C_3 \qquad (0 \le x \le a) \tag{j}$$

$$EIv = \frac{Pbx^3}{6L} - \frac{P(x-a)^3}{6} + C_2 x + C_4 \qquad (a \le x \le L) \tag{k}$$

Estas ecuaciones contienen dos constantes de integración adicionales, lo que da un total de cuatro constantes por evaluar.

Constantes de integración. Las cuatro constantes de integración pueden hallarse a partir de las siguientes cuatro condiciones:

1. En $x = a$, las pendientes v' para las dos partes de la viga son las mismas.
2. En $x = a$, las deflexiones v para las dos partes de la viga son las mismas.
3. En $x = 0$, la deflexión v es cero.
4. En $x = L$, la deflexión v es cero.

Las primeras dos condiciones son condiciones de continuidad basadas en el hecho de que el eje de la viga es una curva continua. Las condiciones (3) y (4) son condiciones de frontera que deben satisfacerse en los apoyos.

La condición 1 significa que las pendientes determinadas con las ecuaciones (h) e (i) deben ser iguales cuando $x = a$; por tanto,

$$\frac{Pba^2}{2L} + C_1 = \frac{Pba^2}{2L} + C_2 \quad \text{o} \quad C_1 = C_2$$

La condición (2) significa que las deflexiones encontradas con las ecuaciones (j) y (k) deben ser iguales cuando $x = a$; por tanto,

$$\frac{Pba^3}{6L} + C_1 a + C_3 = \frac{Pba^3}{6L} + C_2 a + C_4$$

Como $C_1 = C_2$, esta ecuación implica que $C_3 = C_4$.

Ahora aplicamos la condición (3) a la ecuación (j) y obtenemos $C_3 = 0$; por tanto,

$$C_3 = C_4 = 0 \tag{l}$$

Para finalizar, aplicamos la condición (4) a la ecuación (k) y obtenemos

$$\frac{PbL^2}{6} - \frac{Pb^3}{6} + C_2 L = 0$$

Por tanto,

$$C_1 = C_2 = -\frac{Pb(L^2 - b^2)}{6L} \tag{m}$$

Ecuaciones de la curva de deflexión. Sustituimos ahora las constantes de integración (ecuaciones l y m) en las ecuaciones para las deflexiones (ecuaciones j y k) y obtenemos las ecuaciones de deflexión para las dos partes de la viga. Las ecuaciones resultantes, después de un pequeño ordenamiento, son

$$v = -\frac{Pbx}{6LEI}(L^2 - b^2 - x^2) \qquad (0 \le x \le a) \qquad \text{(9-29a)} \blacktriangleleft$$

$$v = -\frac{Pbx}{6LEI}(L^2 - b^2 - x^2) - \frac{P(x-a)^3}{6EI} \quad (a \le x \le L) \qquad \text{(9-29b)} \blacktriangleleft$$

La primera de estas ecuaciones da la curva de deflexión para la parte de la viga a la izquierda de la carga P y la segunda da la curva de deflexión para la parte de la viga a la derecha de la carga.

Las pendientes para las dos partes de la viga pueden encontrarse sustituyendo los valores de C_1 y C_2 en las ecuaciones (h) e (i) o con las primeras derivadas de las ecuaciones de deflexión (ecuaciones 9-29a y b). Las ecuaciones resultantes son

$$v' = -\frac{Pb}{6LEI}(L^2 - b^2 - 3x^2) \quad (0 \le x \le a) \qquad \text{(9-30a)} \blacktriangleleft$$

$$v' = -\frac{Pb}{6LEI}(L^2 - b^2 - 3x^2) - \frac{P(x-a)^2}{2EI} \quad (a \le x \le L)$$

$$\text{(9-30b)} \blacktriangleleft$$

La deflexión y la pendiente en cualquier punto a lo largo del eje de la viga pueden calcularse con las ecuaciones (9-29) y (9-30).

Ángulos de rotación en los apoyos. A fin de obtener los ángulos de rotación θ_A y θ_B en los extremos de la viga (figura 9-12b), sustituimos $x = 0$ en la ecuación (9-30a) y $x = L$ en la ecuación (9-30b):

$$\theta_A = -v'(0) = \frac{Pb(L^2 - b^2)}{6LEI} = \frac{Pab(L+b)}{6LEI} \qquad \text{(9-31a)} \blacktriangleleft$$

$$\theta_B = v'(L) = \frac{Pb(2L^2 - 3bL + b^2)}{6LEI} = \frac{Pab(L+a)}{6LEI} \qquad \text{(9-31b)} \blacktriangleleft$$

Observe que el ángulo θ_A va en el sentido de las manecillas del reloj y que el ángulo θ_B va en sentido contrario a las manecillas del reloj, como se muestra en la figura 9-12b.

Los ángulos de rotación son funciones de la posición de la carga y alcanzan sus valores máximos cuando la carga está cerca del punto medio de la viga. En el caso del ángulo de rotación θ_A, el valor máximo del ángulo es

$$(\theta_A)_{\text{máx}} = \frac{PL^2\sqrt{3}}{27EI} \qquad \text{(9-32)}$$

y ocurre cuando $b = L/\sqrt{3} = 0.577L$ (o $a = 0.423L$). Este valor de b se obtiene derivando θ_A con respecto a b (utilizando la primera de las dos expresiones para θ_A en la ecuación 9-31a) e igualando el resultado a cero.

Deflexión máxima de la viga. La deflexión máxima $\delta_{\text{máx}}$ se da en el punto D (figura 9-12b), donde la curva de deflexión tiene una tangente horizontal. Si la carga está a la derecha del punto medio; es decir, si $a > b$, el punto D está en la parte de la viga a la izquierda de la carga. Podemos localizar este punto igualando la pendiente v' dada por la ecuación (9-30a) a cero y despejando la distancia x, que ahora denotamos con x_1. De esta manera obtenemos la siguiente fórmula para x_1:

$$x_1 = \sqrt{\frac{L^2 - b^2}{3}} \qquad (a \ge b) \qquad \text{(9-33)}$$

continúa

De esta ecuación vemos que conforme la carga P se mueve del centro de la viga ($b = L/2$) hacia el extremo derecho ($b = 0$), la distancia x_1 varía de $L/2$ a $L/\sqrt{3} = 0.577L$. Así, la deflexión máxima se presenta en un punto muy cercano al punto medio de la viga y este punto está siempre entre el punto medio de la viga y la carga.

La deflexión máxima $\delta_{máx}$ se encuentra sustituyendo x_1 (de la ecuación 9-33) en la ecuación de la deflexión (ecuación 9-29a) y luego insertando un signo menos:

$$\delta_{máx} = -(v)_{x=x_1} = \frac{Pb(L^2 - b^2)^{3/2}}{9\sqrt{3}\,LEI} \quad (a \geq b) \tag{9-34}$$

El signo menos es necesario porque la deflexión máxima es hacia abajo (figura 9-12b) mientras que la deflexión v es positiva hacia arriba.

La deflexión máxima de la viga depende de la posición de la carga P; es decir, de la distancia b. El valor máximo de la deflexión máxima (la deflexión "máx-máx") ocurre cuando $b = L/2$ y la carga está en el centro del claro de la viga. Esta deflexión máxima es igual a $PL^3/48EI$.

Deflexión en el centro del claro de la viga. La deflexión δ_C en el punto medio C cuando la carga actúa a la derecha de C (figura 9-12b), se obtiene sustituyendo $x = L/2$ en la ecuación (9-29a) como se muestra a continuación:

$$\delta_C = -v\left(\frac{L}{2}\right) = \frac{Pb(3L^2 - 4b^2)}{48EI} \quad (a \geq b) \tag{9-35}$$

Como la deflexión máxima siempre se manifiesta cerca del centro del claro de la viga, la ecuación (9-35) da una aproximación cercana a la deflexión máxima. En el caso más desfavorable (cuando b tiende a cero), la diferencia entre la deflexión máxima y la deflexión en el centro del claro es menor que 3 % de la deflexión máxima, según se ve en el problema 9.3-7.

Caso especial (carga en el centro del claro de la viga). Un caso especial importante se da cuando la carga P actúa en el centro del claro de la viga ($a = b = L/2$). Obtenemos entonces los siguientes resultados con las ecuaciones (9-30a), (9-29a), (9-31) y (9-34), respectivamente:

$$v' = -\frac{P}{16EI}(L^2 - 4x^2) \quad \left(0 \leq x \leq \frac{L}{2}\right) \tag{9-36}$$

$$v = -\frac{Px}{48EI}(3L^2 - 4x^2) \quad \left(0 \leq x \leq \frac{L}{2}\right) \tag{9-37}$$

$$\theta_A = \theta_B = \frac{PL^2}{16EI} \tag{9-38}$$

$$\delta_{máx} = \delta_C = \frac{PL^3}{48EI} \tag{9-39}$$

Como la curva de deflexión es simétrica respecto al centro del claro de la viga, las ecuaciones para v' y v están dadas sólo para la mitad izquierda de la viga (ecuaciones 9-36 y 9-37). En caso necesario, las ecuaciones para la mitad derecha pueden obtenerse con las ecuaciones (9-30b) y (9-29b), sustituyendo $a = b = L/2$.

9.4 DEFLEXIONES POR INTEGRACIÓN DE LAS ECUACIONES DE LA FUERZA CORTANTE Y DE LA CARGA

Las ecuaciones de la curva de deflexión en términos de la fuerza cortante V y la carga q (ecuaciones 9-12b y c, respectivamente) pueden integrarse también para obtener pendientes y deflexiones. Puesto que las cargas son cantidades que suelen conocerse, mientras que los momentos flexionantes deben determinarse con ayuda de diagramas de cuerpo libre y ecuaciones de equilibrio, muchos analistas prefieren comenzar con la ecuación de la carga. Por esta razón, muchos programas de computadora para la determinación de deflexiones empiezan con la ecuación de la carga y luego efectúan integraciones numéricas a fin de obtener las fuerzas cortantes, los momentos flexionantes, las pendientes y las deflexiones.

El procedimiento para resolver la ecuación de la carga o la ecuación de la fuerza cortante es similar al usado para resolver la ecuación del momento flexionante, excepto que se requieren más integraciones. Por ejemplo, si comenzamos con la ecuación de la carga, se requieren cuatro integraciones para llegar a las deflexiones. Se tienen entonces cuatro constantes de integración para cada ecuación de la carga que es integrada. Igual que antes, estas constantes se encuentran a partir de condiciones de frontera, continuidad y simetría; sin embargo, ahora se incluyen condiciones sobre las fuerzas cortantes y los momentos flexionantes así como condiciones sobre pendientes y deflexiones.

Las condiciones sobre las fuerzas cortantes equivalen a condiciones sobre la tercera derivada (porque $EIv''' = V$). De manera similar, las condiciones sobre los momentos flexionantes equivalen a condiciones sobre la segunda derivada (porque $EIv'' = M$). Cuando las condiciones sobre la fuerza cortante y el momento flexionante se agregan a las condiciones sobre las pendientes y las deflexiones, siempre tenemos suficientes condiciones independientes para encontrar las constantes de integración.

Los siguientes ejemplos ilustran los procedimientos de análisis en detalle. El primero comienza con la ecuación de la carga y el segundo, con la ecuación de la fuerza cortante.

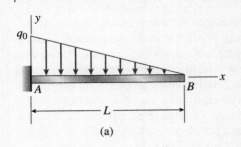

(a)

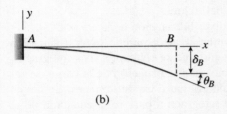

(b)

FIG. 9-14 Ejemplo 9-4. Deflexiones de una viga en voladizo con una carga triangular.

Determinar la ecuación de la curva de deflexión para una viga en voladizo AB que soporta una carga de intensidad máxima q_0, distribuida en forma triangular (figura 9-14a). Determinar también la deflexión δ_B y el ángulo de rotación θ_B en el extremo libre (figura 9-14b). Usar la ecuación diferencial de cuarto orden de la curva de deflexión (la ecuación de carga). (*Nota:* la viga tiene longitud L y rigidez constante por flexión EI.)

Solución

Ecuación diferencial de la curva de deflexión. La intensidad de la carga distribuida está dada por la siguiente ecuación (véase la figura 9-14a):

$$q = \frac{q_0(L - x)}{L} \tag{9-40}$$

En consecuencia, la ecuación diferencial de cuarto orden (ecuación 9-12c) se convierte en:

$$EIv'''' = -q = -\frac{q_0(L - x)}{L} \tag{a}$$

Fuerza cortante en la viga. La primera integración de la euación (a) da

$$EIv''' = \frac{q_0}{2L}(L - x)^2 + C_1 \tag{b}$$

El lado derecho de esta ecuación representa la fuerza cortante V (véase la ecuación 9-12b). Como la fuerza cortante es cero en $x = L$, tenemos la siguiente condición de frontera:

$$v'''(L) = 0$$

Al usar esta condición con la ecuación (b), obtenemos $C_1 = 0$; por tanto, la ecuación (b) se simplifica y toma la forma

$$EIv''' = \frac{q_0}{2L}(L - x)^2 \tag{c}$$

y la fuerza cortante en la viga es

$$V = EIv''' = \frac{q_0}{2L}(L - x)^2 \tag{9-41}$$

Momento flexionante en la viga. Al integrar una segunda vez, obtenemos la siguiente expresión de la ecuación (c):

$$EIv'' = -\frac{q_0}{6L}(L - x)^3 + C_2 \tag{d}$$

Esta ecuación es igual al momento flexionante M (véase la ecuación 9-12a). Puesto que el momento flexionante es cero en el extremo libre de la viga, tenemos la siguiente condición de frontera:

$$v''(L) = 0$$

Al aplicar esta condición a la ecuación (d), obtenemos $C_2 = 0$, por lo cual el momento flexionante es

$$M = EIv'' = -\frac{q_0}{6L}(L - x)^3 \tag{9-42}$$

Pendiente y deflexión de la viga. Las integraciones tercera y cuarta dan

$$EIv' = \frac{q_0}{24L}(L - x)^4 + C_3 \tag{e}$$

$$EIv = -\frac{q_0}{120L}(L - x)^5 + C_3 x + C_4 \tag{f}$$

Las condiciones de frontera en el empotramiento, donde la pendiente y la deflexión son cero, son

$$v'(0) = 0 \qquad v(0) = 0$$

Aplicamos esas condiciones a las ecuaciones (e) y (f), respectivamente, y encontramos

$$C_3 = -\frac{q_0 L^3}{24} \qquad C_4 = \frac{q_0 L^4}{120}$$

Sustituimos estas expresiones para las constantes en las ecuaciones (e) y (f), con lo que obtenemos las siguientes ecuaciones para la pendiente y la deflexión de la viga:

$$v' = -\frac{q_0 x}{24LEI}(4L^3 - 6L^2 x + 4Lx^2 - x^3) \tag{9-43}$$

$$v = -\frac{q_0 x^2}{120LEI}(10L^3 - 10L^2 x + 5Lx^2 - x^3) \tag{9-44}$$

Ángulo de rotación y deflexión en el extremo libre de la viga. El ángulo de rotación θ_B y la deflexión δ_B en el extremo libre de la viga (figura 9-14b) se obtienen de las ecuaciones (9-43) y (9-44), respectivamente, sustituyendo $x = L$. Los resultados son

$$\theta_B = -v'(L) = \frac{q_0 L^3}{24EI} \qquad \delta_B = -v(L) = \frac{q_0 L^4}{30EI} \tag{9-45a, b}$$

Así, hemos determinado las pendientes y deflexiones requeridas de la viga resolviendo la ecuación diferencial de cuarto orden de la curva de deflexión.

Ejemplo 9-5

Una viga simple AB con un voladizo BC soporta una carga concentrada P en el extremo del voladizo (figura 9-15a). El claro principal de la viga tiene longitud L y el voladizo tiene longitud $L/2$.

Determinar las ecuaciones de la curva de deflexión y la deflexión δ_C en el extremo del voladizo (figura 9-15b). Use la ecuación diferencial de tercer orden de la curva de deflexión (la ecuación de la fuerza cortante). *Nota:* la viga tiene rigidez constante por flexión EI.)

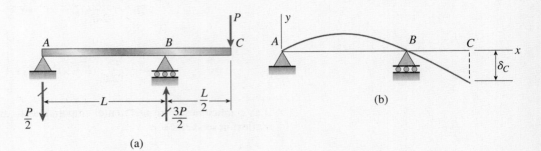

FIG. 9-15 Ejemplo 9-5. Deflexiones de una viga con un voladizo.

Solución

Ecuaciones diferenciales de la curva de deflexión. Como en los apoyos A y B actúan fuerzas reactivas, debemos escribir ecuaciones diferenciales separadas para las partes AB y BC de la viga; por tanto, comenzamos por encontrar las fuerzas cortantes en cada parte de la viga.

La reacción hacia abajo en el apoyo A es igual a $P/2$ y la reacción hacia arriba en el apoyo B es igual a $3P/2$ (véase la figura 9-15a). Las fuerzas cortantes en las partes AB y BC son entonces

$$V = -\frac{P}{2} \qquad (0 < x < L) \tag{9-46a}$$

$$V = P \qquad \left(L < x < \frac{3L}{2}\right) \tag{9-46b}$$

en donde x se mide desde el extremo A de la viga (figura 9-12b).

Las ecuaciones diferenciales de tercer orden para la viga son ahora (véase la ecuación 9-12b):

$$EIv''' = -\frac{P}{2} \qquad (0 < x < L) \tag{g}$$

$$EIv''' = P \qquad \left(L < x < \frac{3L}{2}\right) \tag{h}$$

Momentos flexionantes en la viga. La integración de las dos ecuaciones anteriores da las ecuaciones del momento flexionante:

$$M = EIv'' = -\frac{Px}{2} + C_1 \qquad (0 \le x \le L) \tag{i}$$

$$M = EIv'' = Px + C_2 \qquad \left(L \le x \le \frac{3L}{2}\right) \tag{j}$$

Los momentos flexionantes en los puntos A y C son cero; por consiguiente, tenemos las siguientes condiciones de frontera:

$$v''(0) = 0 \qquad v''\left(\frac{3L}{2}\right) = 0$$

Usamos estas condiciones con las ecuaciones (i) y (j), y obtenemos

$$C_1 = 0 \qquad C_2 = -\frac{3PL}{2}$$

Por tanto, los momentos flexionantes son

$$M = EIv'' = -\frac{Px}{2} \qquad (0 \le x \le L) \tag{9-47a}$$

$$M = EIv'' = -\frac{P(3L - 2x)}{2} \qquad \left(L \le x \le \frac{3L}{2}\right) \tag{9-47b}$$

Estas ecuaciones pueden comprobarse determinando los momentos flexionantes a partir de diagramas de cuerpo libre y ecuaciones de equilibrio.

Pendientes y deflexiones de la viga. Las siguientes integraciones dan las pendientes:

$$EIv' = -\frac{Px^2}{4} + C_3 \qquad (0 \le x \le L)$$

$$EIv' = -\frac{Px(3L - x)}{2} + C_4 \qquad \left(L \le x \le \frac{3L}{2}\right)$$

La única condición sobre las pendientes es la condición de continuidad en el apoyo B. De acuerdo con ésta, la pendiente en el punto B encontrada para la parte AB de la viga; es igual a la pendiente en el mismo punto hallada para laparte BC de la viga; por tanto, sustituimos $x = L$ en cada una de las dos ecuaciones anteriores para las pendientes y obtenemos

$$-\frac{PL^2}{4} + C_3 = -PL^2 + C_4$$

Esta ecuación elimina una constante de integración porque podemos expresar C_4 en términos de C_3:

$$C_4 = C_3 + \frac{3PL^2}{4} \tag{k}$$

La tercera y última integración da

$$EIv = -\frac{Px^3}{12} + C_3 x + C_5 \qquad (0 \le x \le L) \tag{l}$$

$$EIv = -\frac{Px^2(9L - 2x)}{12} + C_4 x + C_6 \qquad \left(L \le x \le \frac{3L}{2}\right) \tag{m}$$

Para la parte AB de la viga (figura 9-15a) tenemos dos condiciones de frontera para las deflexiones; es decir, la deflexión es cero en los puntos A y B:

$$v(0) = 0 \quad \text{y} \quad v(L) = 0$$

continúa

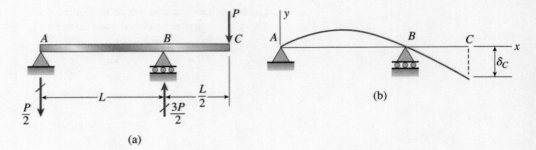

FIG. 9-15 (Repetición).

Al aplicar estas condiciones a la ecuación (l), obtenemos

$$C_5 = 0 \qquad C_3 = \frac{PL^2}{12} \qquad\qquad \text{(n, o)}$$

Sustituimos la expresión anterior para C_3 en la ecuación (k) y obtenemos

$$C_4 = \frac{5PL^2}{6} \qquad\qquad \text{(p)}$$

Para la parte BC de la viga, la deflexión es cero en el punto B; por tanto, la condición de frontera es

$$v(L) = 0$$

Aplicamos esta condición a la ecuación (m), sustituimos la ecuación (p) para C_4 y obtenemos

$$C_6 = -\frac{PL^3}{4} \qquad\qquad \text{(q)}$$

De esta manera hemos evaluado todas las constantes de integración.

Las ecuaciones de deflexión se obtienen sustituyendo las constantes de integración (ecuaciones n, o, p y q) en las ecuaciones (l) y (m). Los resultados son

$$v = \frac{Px}{12EI}(L^2 - x^2) \qquad (0 \leq x \leq L) \qquad\qquad \text{(9-48a)} \ \blacktriangleleft$$

$$v = -\frac{P}{12EI}(3L^3 - 10L^2x + 9Lx^2 - 2x^3) \qquad \left(L \leq x \leq \frac{3L}{2}\right) \quad \text{(9-48b)} \ \blacktriangleleft$$

Observe que la deflexión es siempre positiva (hacia arriba) en la parte AB de la viga, (ecuación 9-48a) y siempre negativa (hacia abajo) en el voladizo BC (ecuación 9-48b).

Deflexión en el extremo del voladizo. Podemos encontrar la deflexión δ_C en el extremo del voladizo (figura 9-15b) sustituyendo $x = 3L/2$ en la ecuación (9-48b):

$$\delta_C = -v\left(\frac{3L}{2}\right) = \frac{PL^3}{8EI} \qquad\qquad \text{(9-49)} \ \blacktriangleleft$$

De esta manera, hemos determinado las deflexiones de la viga con voladizo (ecuaciones 9-48 y 9-49) resolviendo la ecuación diferencial de tercer orden de la curva de deflexión.

9.5 MÉTODO DE SUPERPOSICIÓN

El **método de superposición** es un práctico procedimiento utilizado comúnmente para obtener deflexiones y ángulos de rotación de vigas. El concepto subyacente es bastante sencillo y puede enunciarse de la siguiente manera:

En condiciones adecuadas, la deflexión de una viga, producida por varias cargas diferentes que actúan simultáneamente, puede encontrarse superponiendo las deflexiones producidas por las mismas cargas al actuar por separado.

Por ejemplo, si ν_1 representa la deflexión en un punto particular sobre el eje de una viga debido a una carga q_1 y si ν_2 representa la deflexión en el mismo punto debido a una carga diferente q_2, entonces la deflexión en ese punto debido a las cargas q_1 y q_2 en acción simultánea es $\nu_1 + \nu_2$. (Las cargas q_1 y q_2 son cargas independientes y cada una puede actuar en cualquier parte a lo largo del eje de la viga.)

La justificación para superponer deflexiones se basa en la naturaleza de las ecuaciones diferenciales de la curva de deflexión (ecuaciones 9-12a, b y c), que son ecuaciones diferenciales *lineales* porque todos los términos contienen la deflexión ν y sus derivadas están elevadas a la primera potencia; por tanto, las soluciones de estas ecuaciones para varias condiciones de carga pueden sumarse algebraicamente o *superponerse*. (Las condiciones para que la superposición sea válida se describen posteriormente en la subsección "Principio de superposición".)

Como **ilustración** del método de superposición, consideremos la viga simple *ACB* de la figura 9-16a. Esta viga soporta dos cargas: 1) una carga uniforme de intensidad q que actúa sobre todo el claro y 2) una carga concentrada P que actúa en el centro del claro. Supongamos que queremos encontrar la deflexión δ_C en el centro del claro y los ángulos de rotación θ_A y θ_B en los extremos (figura 9-16b). Usamos la superposición y obtenemos los efectos de cada carga en acción independiente y luego combinamos los resultados.

Para la carga uniforme que actúa sola, la deflexión en el centro y los ángulos de rotación en los extremos se obtienen con las fórmulas del ejemplo 9-1 (véanse las ecuaciones 9-18, 9-19 y 9-20):

$$(\delta_C)_1 = \frac{5qL^4}{384EI} \qquad (\theta_A)_1 = (\theta_B)_1 = \frac{qL^3}{24EI}$$

en donde EI es la rigidez por flexión de la viga y L es su longitud.

Para la carga P que actúa sola, las cantidades correspondientes se obtienen con las fórmulas del ejemplo 9.3 (véanse las ecuaciones 9-38 y 9-39):

$$(\delta_C)_2 = \frac{PL^3}{48EI} \qquad (\theta_A)_2 = (\theta_B)_2 = \frac{PL^2}{16EI}$$

La deflexión y los ángulos de rotación debidos a la carga combinada (figura 9-16a) se obtienen mediante una suma:

$$\delta_C = (\delta_C)_1 + (\delta_C)_2 = \frac{5qL^4}{384EI} + \frac{PL^3}{48EI} \qquad \text{(a)}$$

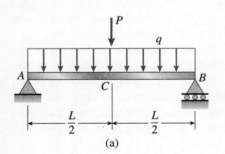

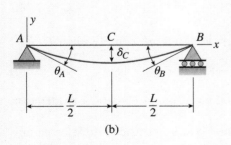

FIG. 9-16 Viga simple con dos cargas.

$$\theta_A = \theta_B = (\theta_A)_1 + (\theta_A)_2 = \frac{qL^3}{24EI} + \frac{PL^2}{16EI} \qquad \text{(b)}$$

La deflexión y el ángulo de rotación en cualquier punto sobre el eje de la viga pueden encontrarse con este mismo procedimiento. Ahora bien, el método de superposición no se limita a encontrar deflexiones y ángulos de rotación en un solo punto; también puede usarse para obtener las ecuaciones generales para las pendientes y deflexiones de una viga sometida a más de una carga.

Tablas de deflexiones en vigas

El método de superposición es útil sólo cuando se dispone de fórmulas para deflexiones y pendientes. Para facilitar el acceso conveniente a dichas fórmulas, en el **apéndice G** que se encuentra en la parte final del libro se presentan tablas para las vigas simples y en voladizo. Diversos manuales de ingeniería ofrecen tablas similares a éstas, que usándolas junto con el método de superposición, permiten encontrar las deflexiones y los ángulos de rotación para diversas condiciones diferentes de carga, como se ilustra en los ejemplos al final de esta sección.

Cargas distribuidas

En ocasiones encontramos una carga distribuida que no está incluida en una tabla de deflexiones de vigas. En tales casos, la superposición puede ser útil. Podemos considerar un elemento de la carga distribuida como si fuese una carga concentrada y luego hallar la deflexión requerida integrando sobre toda la región de la viga donde está aplicada la carga.

Para ilustrar este proceso de integración, consideremos una viga simple ACB con una carga triangular sobre la mitad izquierda (figura 9-17a). Deseamos obtener la deflexión δ_C en el punto medio C y el ángulo de rotación θ_A en el apoyo de la izquierda (figura 9-17c).

Comencemos por visualizar un elemento qdx de la carga distribuida como una carga concentrada (figura 9-17b). Observe que la carga actúa a la izquierda del centro del claro de la viga. La deflexión en el centro debido a esta carga concentrada se obtiene a partir del caso 5 de la tabla G-2, apéndice G. La fórmula que se da ahí para la deflexión en el centro del claro (para el caso en que $a \leq b$) es

$$\frac{Pa}{48EI}(3L^2 - 4a^2)$$

En el ejemplo (figura 9-17b), sustituimos qdx con P y x con a:

$$\frac{(qdx)(x)}{48EI}(3L^2 - 4x^2) \qquad \text{(c)}$$

Esta expresión de la deflexión en el punto C, debida al elemento qdx de la carga.

A continuación, observamos que la intensidad de la carga uniforme (figuras 9-17a y b) es

$$q = \frac{2q_0 x}{L} \qquad \text{(d)}$$

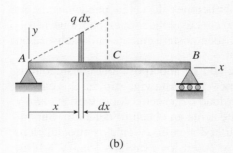

(a)

(b)

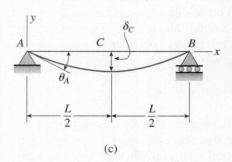

(c)

FIG. 9-17 Viga simple con una carga triangular.

donde q_0 es la intensidad máxima de la carga (figura 9-17a). Con esta sustitución para q, la fórmula para la deflexión (ecuación c) es

$$\frac{q_0 x^2}{24 LEI}(3L^2 - 4x^2)dx$$

Por último, integramos sobre toda la región de la carga para obtener la deflexión δ_C en el centro del claro de la viga debido a toda la carga triangular:

$$\delta_C = \int_0^{L/2} \frac{q_0 x^2}{24 LEI}(3L^2 - 4x^2)dx$$

$$= \frac{q_0}{24 LEI}\int_0^{L/2}(3L^2 - 4x^2)x^2\,dx = \frac{q_0 L^4}{240 EI} \qquad (9\text{-}50)$$

Mediante un procedimiento similar, podemos calcular el ángulo de rotación θ_A en el extremo izquierdo de la viga (figura 9-17c). La expresión para este ángulo debido a una carga concentrada P (véase el caso 5, tabla G-2) es

$$\frac{Pab(L + b)}{6 LEI}$$

Reemplazamos P con $2q_0 x\,dx/L$, a con x y b con $L - x$, con lo cual obtenemos

$$\frac{2q_0 x^2(L - x)(L + L - x)}{6L^2 EI}\,dx \quad \text{o} \quad \frac{q_0}{3L^2 EI}(L - x)(2L - x)x^2 dx$$

Para finalizar, integramos sobre toda la región de la carga:

$$\theta_A = \int_0^{L/2} \frac{q_0}{3L^2 EI}(L - x)(2L - x)x^2 dx = \frac{41 q_0 L^3}{2880 EI} \quad (9\text{-}51)$$

Este es el ángulo de rotación producido por la carga triangular.

Este ejemplo ilustra cómo podemos usar la superposición y la integración para encontrar deflexiones y ángulos de rotación producidos por cargas distribuidas de casi cualquier tipo. Si la integración no resulta sencilla mediante medios analíticos, pueden usarse métodos numéricos.

Principio de superposición

El método de superposición para encontrar deflexiones en vigas es un ejemplo de un concepto más general conocido en mecánica como **principio de superposición**. Este principio es válido siempre que la cantidad por determinar sea una función lineal de las cargas aplicadas. Cuando ése es el caso, la cantidad buscada puede encontrarse considerando cada carga en acción independiente y luego superponiendo estos resultados para obtener la cantidad deseada debida a todas las cargas en acción simultánea. En estructuras ordinarias, el principio suele ser válido para esfuerzos, deformaciones unitarias, momentos flexionantes y muchas otras cantidades aparte de deflexiones.

En el caso particular de **deflexiones en vigas**, el principio de superposición es válido en las siguientes condiciones: 1) la ley de Hooke es válida para el material, 2) las deflexiones y rotaciones son pequeñas y 3) la presencia de las deflexiones no altera las acciones de las cargas aplicadas. Esos requisitos garantizan que las ecuaciones diferenciales de la curva de deflexión sean lineales.

Los ejemplos siguientes proporcionan ilustraciones adicionales en las que se usa el principio de superposición para calcular deflexiones y ángulos de rotación en vigas.

Ejemplo 9-6

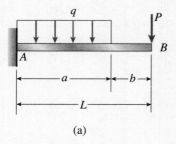

(a)

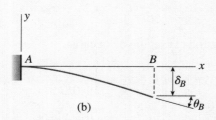

(b)

FIG. 9-18 Ejemplo 9-6. Viga en voladizo con una carga uniforme y una carga concentrada.

Una viga en voladizo AB soporta una carga uniforme de intensidad q que actúa sobre parte del claro y una carga concentrada P en el extremo libre (figura 9-18a).

Determinar la deflexión δ_B y el ángulo de rotación θ_B en el extremo B de la viga (figura 9-18b; *nota:* la viga tiene longitud L y rigidez constante por flexión EI).

Solución

Podemos obtener la deflexión y el ángulo de rotación en el extremo B de la viga combinando los efectos de las cargas que actúan por separado. Si la carga uniforme actúa sola, la deflexión y el ángulo de rotación (obtenido del caso 2, tabla G-1, del apéndice G) son

$$(\delta_B)_1 = \frac{qa^3}{24EI}(4L - a) \qquad (\theta_B)_1 = \frac{qa^3}{6EI}$$

Si la carga P actúa sola, las cantidades correspondientes (del caso 4, tabla G-1) son

$$(\delta_B)_2 = \frac{PL^3}{3EI} \qquad (\theta_B)_2 = \frac{PL^2}{2EI}$$

Por tanto, la deflexión y el ángulo de rotación debidos a la carga combinada (figura 9-18a) son

$$\delta_B = (\delta_B)_1 + (\delta_B)_2 = \frac{qa^3}{24EI}(4L - a) + \frac{PL^3}{3EI} \qquad (9\text{-}52)$$

$$\theta_B = (\theta_B)_1 + (\theta_B)_2 = \frac{qa^3}{6EI} + \frac{PL^2}{2EI} \qquad (9\text{-}53)$$

De esta manera, hemos encontrado las cantidades requeridas usando el método de superposición y las fórmulas tabuladas.

Ejemplo 9-7

Una viga en voladizo AB con una carga uniforme de intensidad q que actúa sobre la mitad derecha de la viga se muestra en la figura 9-19a.

Obtener fórmulas para la deflexión δ_B y el ángulo de rotación θ_B en el extremo libre (figura 9-19c; *nota:* la viga tiene longitud L y rigidez constante por flexión EI).

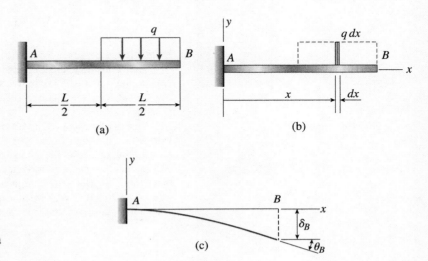

FIG. 9-19 Ejemplo 9-7. Viga en voladizo con una carga uniforme que actúa sobre la mitad derecha de la viga.

Solución

En este ejemplo determinaremos la deflexión y el ángulo de rotación considerando un elemento de la carga uniforme como una carga concentrada y luego integraremos (figura 9-19b). El elemento de carga tiene magnitud $q\,dx$ y está a una distancia x del apoyo. Las fórmulas correspondientes del caso 5, tabla G-1, apéndice G, dan la deflexión diferencial $d\delta_B$ y el ángulo de rotación diferencial $d\theta_B$ resultantes en el extremo libre reemplazando P con $q\,dx$ y a con x; entonces se tiene

$$d\delta_B = \frac{(qdx)(x^2)(3L - x)}{6EI} \qquad d\theta_B = \frac{(q\,dx)(x^2)}{2EI}$$

Integramos sobre la región cargada y obtenemos

$$\delta_B = \int d\delta_B = \frac{q}{6EI}\int_{L/2}^{L} x^2(3L - x)\,dx = \frac{41qL^4}{384EI} \qquad (9\text{-}54)$$

$$\theta_B = \int d\theta_B = \frac{q}{2EI}\int_{L/2}^{L} x^2\,dx = \frac{7qL^3}{48EI} \qquad (9\text{-}55)$$

Nota: estos mismos resultados pueden obtenerse usando las fórmulas del Caso 3, tabla G-1, y sustituyendo $a = b = L/2$.

Ejemplo 9-8

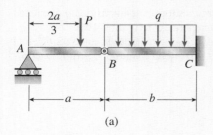

(a)

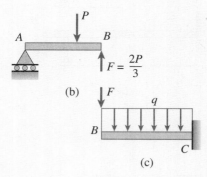

(b)

(c)

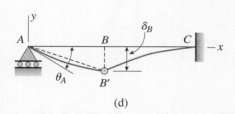

(d)

FIG. 9-20 Ejemplo 9-8. Viga compuesta con una articulación.

Una viga compuesta ABC tiene un soporte de rodillo en A, una articulación interna en B y está empotrada en C (figura 9-20a). El segmento AB tiene una longitud a y el BC una igual a b. Una carga concentrada P actúa a una distancia $2a/3$ del apoyo A y una carga uniforme de intensidad q actúa entre los puntos B y C.

Determinar la deflexión δ_B en la articulación y el ángulo de rotación θ_A en el apoyo A (figura 9-20d; *nota:* la viga tiene rigidez constante por flexión EI).

Solución

Para fines de análisis, podemos considerar que la viga compuesta está consitutida por dos vigas individuales: 1) una viga simple AB de longitud a, y 2) una viga en voladizo BC de longitud b; ambas están unidas por un pasador en B.

Si separamos la viga AB del resto de la estructura (figura 9-20b), vemos que hay una fuerza vertical F en el extremo B igual a $2P/3$. Esta misma fuerza actúa hacia abajo en el extremo B del voladizo (figura 9-20c); en consecuencia, la viga en voladizo BC está sometida a dos cargas: una carga uniforme y una carga concentrada. La deflexión en el extremo de este voladizo (que es la misma que la deflexión δ_B de la articulación) se encuentra fácilmente con los casos 1 y 4 de la tabla G-1, apéndice G:

$$\delta_B = \frac{qb^4}{8EI} + \frac{Fb^3}{3EI}$$

o, dado que $F = 2P/3$,

$$\delta_B = \frac{qb^4}{8EI} + \frac{2Pb^3}{9EI} \qquad (9\text{-}56)$$

El ángulo de rotación θ_A en el apoyo A (figura 9-20d) consiste en dos partes: 1) un ángulo BAB' producido por el desplazamiento hacia abajo de la articulación y 2) un ángulo adicional de rotación generado por la flexión de la viga AB (o viga AB') considerada como viga simple. El ángulo BAB' es

$$(\theta_A)_1 = \frac{\delta_B}{a} = \frac{qb^4}{8aEI} + \frac{2Pb^3}{9aEI}$$

El ángulo de rotación en el extremo de una viga simple con una carga concentrada se obtiene del caso 5, tabla G-2, apéndice G. La fórmula dada ahí es

$$\frac{Pab(L + b)}{6LEI}$$

en donde L es la longitud de la viga simple, a es la distancia desde el apoyo izquierdo a la carga y b es la distancia desde el apoyo derecho a la carga. Así, en la notación del ejemplo (figura 9-20a), el ángulo de rotación es

$$(\theta_A)_2 = \frac{P\left(\dfrac{2a}{3}\right)\left(\dfrac{a}{3}\right)\left(a + \dfrac{a}{3}\right)}{6aEI} = \frac{4Pa^2}{81EI}$$

Al combinar ambos ángulos, obtenemos el ángulo total de rotación en el apoyo A:

$$\theta_A = (\theta_A)_1 + (\theta_A)_2 = \frac{qb^4}{8aEI} + \frac{2Pb^3}{9aEI} + \frac{4Pa^2}{81EI} \qquad (9\text{-}57)$$

Este ejemplo ilustra la forma de adaptar el método de superposición a fin de resolver con relativa sencillez una situación que parecía complicada.

Ejemplo 9-9

Una viga simple AB de claro L tiene un voladizo BC de longitud a (figura 9-21a). La viga soporta una carga uniforme de intensidad q en toda su longitud.

Obtener una fórmula para la deflexión δ_C en el extremo del voladizo (figura 9-21c; *nota:* la viga tiene rigidez constante por flexión EI).

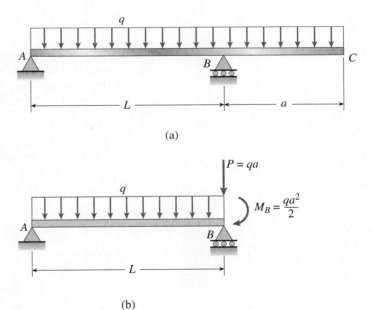

(a)

(b)

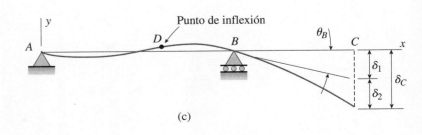

(c)

FIG. 9-21 Ejemplo 9-9. Viga simple con voladizo.

continúa

Solución

Podemos encontrar la deflexión del punto C imaginando que el voladizo BC (figura 9-21a) es una viga en voladizo sometida a dos acciones. La primera es la rotación del soporte del voladizo a través de un ángulo θ_B, que es el ángulo de rotación de la viga ABC en el apoyo B (figura 9-21c) (suponiendo que el ángulo θ_B es positivo en sentido de las manecillas del reloj). Este ángulo de rotación genera una rotación de cuerpo rígido del voladizo BC, que produce un desplazamiento hacia abajo δ_1 del punto C.

La segunda acción es la flexión de BC como una viga en voladizo que soporta una carga uniforme. Esta flexión causa un desplazamiento hacia abajo adicional δ_2 (figura 9-21c). La superposición de esos dos desplazamientos da el desplazamiento total δ_C en el punto C.

Deflexión δ_1. Comencemos por encontrar la deflexión δ_1 debida al ángulo de rotación θ_B en el punto B. Para hallar este ángulo, observamos que la parte AB de la viga está en la misma condición que una viga simple (figura 9-21b) sometida a las siguientes cargas: 1) una carga uniforme de intensidad q; 2) un par M_B (igual a $qa^2/2$), y 3) una carga vertical P (igual a qa). Sólo las cargas q y M_B producen ángulos de rotación en el extremo B de esta viga simple. Dichos ángulos se encuentran a partir de los Casos 1 y 7 de la tabla G-2, apéndice G. Así, el ángulo θ_B es

$$\theta_B = -\frac{qL^3}{24EI} + \frac{M_B L}{3EI} = -\frac{qL^3}{24EI} + \frac{qa^2 L}{6EI} = \frac{qL(4a^2 - L^2)}{24EI} \qquad (9\text{-}58)$$

en donde un ángulo en el sentido de las manecillas del reloj es positivo, como se muestra en la figura 9-21c.

La deflexión hacia abajo δ_1 del punto C, debida sólo al ángulo de rotación θ_B, es igual a la longitud del voladizo multiplicada por el ángulo (figura 9-21c):

$$\delta_1 = a\theta_B = \frac{qaL(4a^2 - L^2)}{24EI} \qquad (e)$$

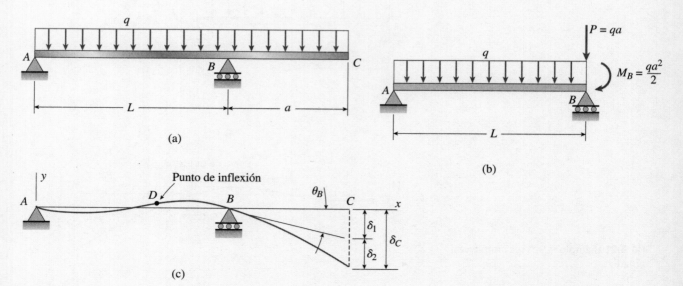

FIG. 9-21 (Repetición).

Deflexión δ_2. La flexión del voladizo *BC* produce una deflexión adicional hacia abajo δ_2 en el punto *C*, que es igual a la deflexión de una viga en voladizo de longitud *a* sometida a una carga uniforme de intensidad *q* (véase el caso 1, tabla G-1):

$$\delta_2 = \frac{qa^4}{8EI} \tag{f}$$

Deflexión δ_C. La deflexión total del punto *C* hacia abajo es igual a la suma algebraica de δ_1 y δ_2:

$$\delta_C = \delta_1 + \delta_2 = \frac{qaL(4a^2 - L^2)}{24EI} + \frac{qa^4}{8EI}$$

$$= \frac{qa}{24EI}\left[L(4a^2 - L^2) + 3a^3\right]$$

o

$$\delta_C = \frac{qa}{24EI}(a + L)(3a^2 + aL - L^2) \tag{9-59} \quad\Longleftarrow$$

De esta ecuación vemos que la deflexión δ_C puede ser hacia arriba o hacia abajo, dependiendo de las magnitudes relativas de las longitudes *L* y *a*. Si *a* es relativamente grande, el último término en la ecuación (la expresión de tres términos entre paréntesis) es positiva y la deflexión δ_C es hacia abajo. Si *a* es relativamente pequeña, el último término es negativo y la deflexión es hacia arriba. La deflexión es cero cuando el último término es igual a cero:

$$3a^2 + aL - L^2 = 0$$

o

$$a = \frac{L(\sqrt{13} - 1)}{6} = 0.4343L \tag{g}$$

De acuerdo con este resultado, vemos que si *a* es mayor que 0.4343*L*, la deflexión del punto *C* es hacia abajo; si *a* es menor que 0.4343*L*, la deflexión es hacia arriba.

Curva de deflexión. La forma de la curva de deflexión para la viga de este ejemplo se muestra en la figura 9-21c para el caso en que *a* es lo bastante grande ($a > 0.4343L$) para producir una deflexión hacia abajo en *C* y suficientemente pequeña ($a < L$) para garantizar que la reacción en *A* es hacia arriba. En estas condiciones, la viga tiene un momento flexionante positivo entre el apoyo *A* y un punto como el *D*. La curva de deflexión en la región *AD* es cóncava hacia arriba (curvatura positiva). De *D* a *C*, el momento flexionante es negativo, de modo que la curva de deflexión es cóncava hacia abajo (curvatura negativa).

Punto de inflexión. En el punto *D*, la curvatura de la curva de deflexión es cero porque el momento flexionante es cero. Un punto como el *D*, donde la curvatura y el momento flexionante *cambian de signo*, se llama **punto de inflexión** (o *punto de contraflexión*). El momento flexionante *M* y la segunda derivada d^2v/dx^2 siempre son cero en un punto de inflexión.

Sin embargo, un punto donde *M* y d^2v/dx^2 son iguales a cero no necesariamente es un punto de inflexión porque es posible que estas cantidades sean cero sin cambiar de signo en dicho punto; por ejemplo, podrían tener valores máximos o mínimos.

9.6 MÉTODO ÁREA-MOMENTO

En esta sección describiremos otro método para encontrar deflexiones y ángulos de rotación de vigas. Dado que el método se basa en dos teoremas relacionados con el *área del diagrama de momentos flexionantes*, se le llama **método área-momento**.

Las hipótesis usadas en la deducción de los dos teoremas son las mismas que las empleadas para deducir las ecuaciones diferenciales de la curva de deflexión. Así pues, el método de área-momento es válido sólo para vigas elástico lineales con pendientes pequeñas.

Primer teorema área-momento

Para obtener el primer teorema, consideremos un segmento AB de la curva de deflexión de una viga en una región donde la curvatura sea positiva (figura 9-22). Por supuesto, las deflexiones y pendientes de la figura se han exagerado por claridad. En el punto A, la tangente AA' a la curva de deflexión forma un ángulo θ_A con el eje x y en el punto B, la tangente BB' forma un ángulo θ_B. Estas dos tangentes se encuentran en el punto C.

El **ángulo entre ambas tangentes**, denotado con $\theta_{B/A}$, es igual a la diferencia entre θ_B y θ_A:

$$\theta_{B/A} = \theta_B - \theta_A \tag{9-60}$$

El ángulo $\theta_{B/A}$ puede describirse entonces como el ángulo a la tangente en B, medido respecto a la tangente en A. Observe que los ángulos θ_A y θ_B, que son los ángulos de rotación del eje de la viga en los puntos A y B, respectivamente, también son iguales a las pendientes en esos puntos porque las pendientes y los ángulos son cantidades muy pequeñas.

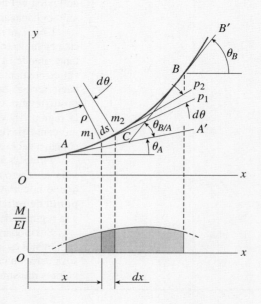

FIG. 9-22 Obtención del primer teorema de área-momento.

A continuación, consideramos dos puntos m_1 y m_2 sobre el eje flexionado de la viga (figura 9-22). Estos puntos están separados por una pequeña distancia ds. Las tangentes a la curva de deflexión en dichos puntos se muestran en la figura como las líneas $m_1 p_1$ y $m_2 p_2$. Las normales a estas tangentes se cortan en el centro de curvatura (no se ven en la figura).

El ángulo $d\theta$ entre las normales (figura 9-22) está dado por la siguiente ecuación:

$$d\theta = \frac{ds}{\rho} \tag{a}$$

en donde ρ es el radio de curvatura y $d\theta$ se mide en radianes (véase la ecuación 9-1). En virtud de que las normales y las tangentes ($m_1 p_1$ y $m_2 p_2$) son perpendiculares, se infiere que el ángulo entre las tangentes también es igual a $d\theta$.

Para una viga con pequeños ángulos de rotación, podemos reemplazar ds con dx, según se explicó en la sección 9.2. Entonces,

$$d\theta = \frac{dx}{\rho} \tag{b}$$

Asimismo, a partir de la ecuación (9-6) sabemos que

$$\frac{1}{\rho} = \frac{M}{EI} \tag{c}$$

y por tanto,

$$d\theta = \frac{M\,dx}{EI} \tag{9-61}$$

en donde M es el momento flexionante y EI es la rigidez por flexión de la viga.

La cantidad $M\,dx/EI$ tiene una interpretación geométrica simple. Para ver esto, nos referimos a la figura 9-22 donde hemos dibujado el diagrama M/EI debajo de la viga. En cualquier punto a lo largo del eje x, la altura de este diagrama es igual al momento flexionante M en el punto dividido entre la rigidez por flexión EI en dicho punto. Así, el diagrama M/EI tiene la misma forma que el diagrama de momento flexionante, siempre que EI sea constante. El término $M\,dx/EI$ es el área de la franja sombreada de ancho dx dentro del diagrama M/EI. (Observe que, como la curvatura de la curva de deflexión en la figura 9-22 es positiva, el momento flexionante M y el área del diagrama M/EI también son positivos.)

Integremos ahora $d\theta$ (ecuación 9-61) entre los puntos A y B de la curva de deflexión:

$$\int_A^B d\theta = \int_A^B \frac{M\,dx}{EI} \tag{d}$$

Cuando se evalúa, la integral en el lado izquierdo es igual a $\theta_B - \theta_A$ que es igual al ángulo $\theta_{B/A}$ entre las tangentes en B y A (ecuación 9-60).

La integral en el lado derecho de la ecuación (d) es igual al área del diagrama M/EI entre los puntos A y B. (Observe que el área del diagrama M/EI es una cantidad algebraica y puede ser positiva o negativa, dependiendo de si el momento flexionante es positivo o negativo).

Ahora podemos escribir la ecuación (d) como sigue:

$$\theta_{B/A} = \int_A^B \frac{M\,dx}{EI}$$

$$= \text{Área del diagrama } M/EI \text{ entre los puntos } A \text{ y } B \qquad (9\text{-}62)$$

Esta ecuación puede enunciarse como un teorema:

Primer teorema de área-momento: el ángulo $\theta_{B/A}$ entre las tangentes a la curva de deflexión en dos puntos A y B es igual al área del diagrama M/EI entre esos puntos.

Las convenciones de signos para obtener este teorema son las siguientes:

1. Los ángulos θ_A y θ_B son positivos en sentido contrario a las manecillas del reloj.
2. El ángulo $\theta_{B/A}$ entre las tangentes es positivo cuando el ángulo θ_B es algebraicamente mayor que el ángulo θ_A; cabe observar que el punto B tiene que estar a la derecha del punto A; es decir, debe quedar más a la derecha a lo largo del eje de la viga cuando nos movemos en la dirección x.
3. El momento flexionante M es positivo de acuerdo con la convención usual de signos, es decir, M es positivo cuando produce compresión en la parte superior de la viga.
4. Se da un signo positivo o negativo al área del diagrama M/EI según si el momento flexionante sea positivo o negativo. Si parte del diagrama de momento flexionante es positivo y parte es negativo, entonces se dan esos signos a las partes correspondientes del diagrama M/EI.

A menudo, las convenciones de signos anteriores para θ_A, θ_B y $\theta_{B/A}$ se ignoran en la práctica porque (como se explicará después) las direcciones de los ángulos de rotación suelen ser obvias al inspeccionar la viga y su carga. Cuando éste es el caso, los cálculos se simplifican ignorando los signos y usando sólo valores absolutos al aplicar el primer teorema de área-momento.

Segundo teorema área-momento

Veamos ahora el segundo teorema, que se refiere principalmente a deflexiones en vez de ángulos de rotación. Consideremos de nuevo

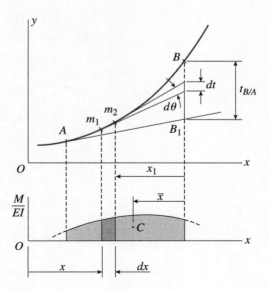

FIG. 9-23 Obtención del segundo teorema de área-momento.

la curva de deflexión entre los puntos A y B (figura 9-23). Dibujamos la tangente en el punto A y notamos que su intersección con una línea vertical por el punto B está en el punto B_1. La distancia vertical entre los puntos B y B_1 se denota con $t_{B/A}$ en la figura y se llama **desviación tangencial** de B respecto a A; de una manera más específica, la distancia $t_{B/A}$ es la desviación vertical del punto B sobre la curva de deflexión respecto a la tangente en A. La desviación tangencial es positiva cuando el punto B está arriba de la tangente en A.

Para determinar la desviación tangencial, seleccionamos de nuevo dos puntos m_1 y m_2 separados por una pequeña distancia sobre la curva de deflexión (figura 9-23). El ángulo entre las tangentes en estos dos puntos es $d\theta$ y el segmento sobre la línea BB_1 entre dichas tangentes es dt. Puesto que los ángulos entre las tangentes y el eje x son muy pequeños, la distancia vertical dt es igual a $x_1 \, d\theta$, donde x_1 es la distancia horizontal del punto B al pequeño elemento m_1m_2. Como $d\theta = M \, dx/EI$ (ecuación 9-61), obtenemos

$$dt = x_1 \, d\theta = x_1 \frac{M \, dx}{EI} \tag{e}$$

La distancia dt representa la contribución de la flexión del elemento m_1m_2 a la desviación tangencial $t_{B/A}$. La expresión $x_1 M dx/EI$ puede interpretarse geométricamente como el primer momento estático del área de la franja sombreada de ancho dx dentro del diagrama M/EI. Este primer momento estático se evalúa con respecto a una línea vertical por el punto B.

Al integrar la ecuación (e) entre los puntos A y B, obtenemos

$$\int_A^B dt = \int_A^B x_1 \frac{M\, dx}{EI} \tag{f}$$

La integral en el lado izquierdo es igual a $t_{B/A}$; es decir, es igual a la desviación del punto B respecto a la tangente en A. La integral en el lado derecho representa el momento estático con respecto al punto B del área del diagrama M/EI entre A y B. Así, podemos escribir la ecuación (f) como sigue:

$$t_{B/A} = \int_A^B x_1 \frac{M\, dx}{EI}$$

= momento estático del área del diagrama M/EI entre
los puntos A y B, evaluado con respecto a B $\qquad$ (9-63)

Esta ecuación representa el segundo teorema:

> **Segundo teorema de área-momento:** la desviación tangencial $t_{B/A}$ del punto B desde la tangente en el punto A es igual al momento estático del área del diagrama M/EI entre A y B, evaluado con respecto a B.

Si el momento flexionante es positivo, entonces el momento estático del diagrama M/EI también lo es, siempre que el punto B esté a la derecha del punto A. En estas condiciones, la desviación tangencial $t_{B/A}$ es positiva y el punto B está arriba de la tangente en A (como se muestra en la figura 9-23). Si al movernos de A hacia B en la dirección x, el área del diagrama M/EI es negativa, entonces el momento estático también lo es y la desviación tangencial es negativa, lo que significa que el punto B está debajo de la tangente en A.

El momento estático del área del diagrama M/EI puede obtenerse tomando el producto del área del diagrama y la distancia $\overline{x}$ del punto B al centroide C del área (figura 9-23). Este procedimiento suele ser más conveniente que el de integración, ya que por lo general el diagrama M/EI consiste en figuras geométricas sencillas tales como rectángulos, triángulos y segmentos parabólicos. Las áreas y distancias centroidales de tales figuras se tabulan en el apéndice D.

Como método de análisis, el método de área-momento es factible sólo para vigas relativamente simples; en términos generales resulta obvio si la viga se deflexiona hacia arriba o hacia abajo y si un ángulo de rotación es en el sentido de las manecillas del reloj o en el sentido contrario. En consecuencia, rara vez es necesario seguir las convenciones de signos formales (y algunas veces insólitas) descritas anteriormente para la desviación tangencial; más bien, podemos determinar las direcciones por inspección y usar sólo valores absolutos al aplicar los teoremas de área-momento.

Ejemplo 9-10

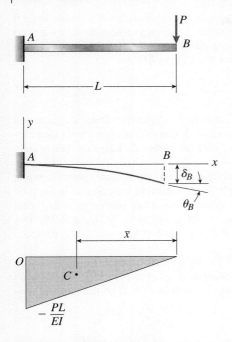

FIG. 9-24 Ejemplo 9-10. Viga en voladizo con una carga concentrada.

Determinar el ángulo de rotación θ_B y la deflexión δ_B en el extremo libre B de una viga en voladizo AB que soporta una carga concentrada P (figura 9-24; *nota:* la viga tiene longitud L y rigidez constante por flexión EI).

Solución

Por inspección de la viga y su carga, sabemos que el ángulo de rotación θ_B va en el sentido de las manecillas del reloj y que la deflexión δ_B es hacia abajo (figura 9-24); por tanto, podemos usar valores absolutos al aplicar los teoremas de área-momento.

Diagrama M/EI. El diagrama de momento flexionante es de forma triangular con el momento en el empotramiento igual a $-PL$. Dado que la rigidez por flexión EI es constante, el diagrama M/EI tiene la misma forma del diagrama de momento flexionante como se muestra en el último dibujo de la figura 9-24.

Ángulo de rotación. Por el primer teorema área-momento sabemos que el ángulo $\theta_{B/A}$ entre las tangentes en los puntos B y A es igual al área del diagrama M/EI entre tales puntos. Esta área, que denotaremos con A_1, se determina como sigue:

$$A_1 = \frac{1}{2}(L)\left(\frac{PL}{EI}\right) = \frac{PL^2}{2EI}$$

Observe que estamos usando sólo el valor absoluto del área.

El ángulo de rotación relativo entre los puntos A y B (del primer teorema) es

$$\theta_{B/A} = \theta_B - \theta_A = A_1 = \frac{PL^2}{2EI}$$

Como la tangente a la curva de deflexión en el apoyo A es horizontal ($\theta_A = 0$), obtenemos

$$\theta_B = \frac{PL^2}{2EI} \qquad (9\text{-}64)$$

Este resultado concuerda con la fórmula para θ_B dada en el caso 4, tabla G-1, apéndice G.

Deflexión. La deflexión δ_B en el extremo libre puede obtenerse con el segundo teorema área-momento. En este caso, la desviación tangencial $t_{B/A}$ del punto B respecto a la tangente en A es igual a la propia deflexión δ_B (véase la figura 9-24). El momento estático del área del diagrama M/EI, evaluado con respecto al punto B, es

$$Q_1 = A_1 \bar{x} = \left(\frac{PL^2}{2EI}\right)\left(\frac{2L}{3}\right) = \frac{PL^3}{3EI}$$

Observe de nuevo que no estamos considerando los signos, sino usando sólo valores absolutos.

Con base en el segundo teorema área-momento, sabemos que la deflexión δ_B es igual al momento estático Q_1; por tanto,

$$\delta_B = \frac{PL^3}{3EI} \qquad (9\text{-}65)$$

Este resultado también aparece en el caso 4 de la tabla G-1.

Ejemplo 9-11

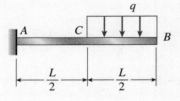

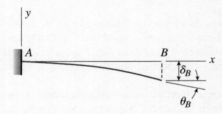

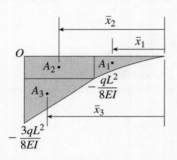

FIG. 9-25 Ejemplo 9-11. Viga en voladizo que soporta una carga uniforme sobre la mitad derecha.

Encontrar el ángulo de rotación θ_B y la deflexión δ_B en el extremo libre B de una viga en voladizo ACB que soporta una carga uniforme de intensidad q que actúa sobre la mitad derecha de la viga (figura 9-25; *nota:* la viga tiene longitud L y rigidez constante por flexión EI).

Solución

La deflexión y el ángulo de rotación en el extremo B de la viga tienen las direcciones mostradas en la figura 9-25. Como conocemos estas direcciones de antemano, podemos escribir las expresiones de área-momento usando sólo valores absolutos.

Diagrama M/EI. El diagrama de momento flexionante consiste en una curva parabólica en la región de la carga uniforme y en una línea recta en la mitad izquierda de la viga. En virtud de que EI es constante, el diagrama M/EI tiene la misma forma (véase la última parte de la figura 9-25). Los valores de M/EI en los puntos A y C son $-3qL^2/8EI$ y $-qL^2/8EI$, respectivamente.

Ángulo de rotación. Con el fin de evaluar el área del diagrama de M/EI, es conveniente dividir el diagrama en tres partes: 1) un tímpano parabólico de área A_1, 2) un rectángulo de área A_2 y 3) un triángulo de área A_3. Estas áreas son

$$A_1 = \frac{1}{3}\left(\frac{L}{2}\right)\left(\frac{qL^2}{8EI}\right) = \frac{qL^3}{48EI} \qquad A_2 = \frac{L}{2}\left(\frac{qL^2}{8EI}\right) = \frac{qL^3}{16EI}$$

$$A_3 = \frac{1}{2}\left(\frac{L}{2}\right)\left(\frac{3qL^2}{8EI} - \frac{qL^2}{8EI}\right) = \frac{qL^3}{16EI}$$

De acuerdo con el primer teorema de área-momento, el ángulo entre las tangentes en los puntos A y B es igual al área del diagrama de M/EI entre estos puntos. Puesto que el ángulo en A es cero, se desprende que el ángulo de rotación θ_B es igual al área del diagrama; es decir,

$$\theta_B = A_1 + A_2 + A_3 = \frac{7qL^3}{48EI} \qquad (9\text{-}66) \quad \Longleftarrow$$

Deflexión. La deflexión δ_B es la desviación tangencial del punto B con respecto a una tangente en el punto A (figura 9-25); por tanto, con base en el segundo teorema área-momento, δ_B es igual al momento estático del diagrama M/EI, evaluado con respecto al punto B:

$$\delta_B = A_1\bar{x}_1 + A_2\bar{x}_2 + A_3\bar{x}_3 \qquad (g)$$

en donde $\bar{x}_1$, $\bar{x}_2$ y $\bar{x}_3$, son las distancias del punto B a los centroides de las áreas respectivas. Estas distancias son

$$\bar{x}_1 = \frac{3}{4}\left(\frac{L}{2}\right) = \frac{3L}{8} \qquad \bar{x}_2 = \frac{L}{2} + \frac{L}{4} = \frac{3L}{4} \qquad \bar{x}_3 = \frac{L}{2} + \frac{2}{3}\left(\frac{L}{2}\right) = \frac{5L}{6}$$

Sustituimos en la ecuación (g) y encontramos

$$\delta_B = \frac{qL^3}{48EI}\left(\frac{3L}{8}\right) + \frac{qL^3}{16EI}\left(\frac{3L}{4}\right) + \frac{qL^3}{16EI}\left(\frac{5L}{6}\right) = \frac{41qL^4}{384EI} \qquad (9\text{-}67) \quad \Longleftarrow$$

Este ejemplo ilustra cómo determinar el área y el momento estático de un diagrama complejo M/EI dividiendo el área en partes con propiedades conocidas. Los resultados de este análisis (ecuaciones 9-66 y 9-67) se comprueban usando las fórmulas del caso 3, tabla G-1 del apéndice G, y sustituyendo $a = b = L/2$.

Ejemplo 9-12

Una viga simple ADB soporta una carga concentrada P que actúa en la posición mostrada en la figura 9-26. Determinar el ángulo de rotación θ_A en el apoyo A y la deflexión δ_D bajo la carga P (*Nota:* la viga tiene longitud L y rigidez constante por flexión EI.)

Solución

La curva de deflexión, que presenta el ángulo de rotación θ_A y la deflexión δ_D, está dibujada en la segunda parte de la figura 9-26. Como podemos determinar los sentidos de θ_A y δ_D por inspección, escribimos las expresiones de área-momento usando sólo valores absolutos.

Diagrama M/EI. El diagrama de momento flexionante es triangular, con el momento máximo (igual a Pab/L) debajo de la carga. Como EI es constante, el diagrama M/EI tiene la misma forma que el diagrama de momento flexionante (véase la tercera parte de la figura 9-26).

Ángulo de rotación en el apoyo A. Para encontrar este ángulo, construimos la tangente AB_1 en el apoyo A. Notamos entonces que la distancia BB_1 es la desviación tangencial $t_{B/A}$ del punto B respecto a la tangente en A. Podemos calcular esta distancia evaluando el momento estático del área del diagrama M/EI con respecto al punto B y luego aplicando el segundo teorema área-momento.

El área del diagrama M/EI es

$$A_1 = \frac{1}{2}(L)\left(\frac{Pab}{LEI}\right) = \frac{Pab}{2EI}$$

El centroide C_1 de esta área está a una distancia $\overline{x}_1$ del punto B (figura 9-26). Esta distancia, obtenida del caso 3 del apéndice D, es

$$\overline{x}_1 = \frac{L + b}{3}$$

continúa

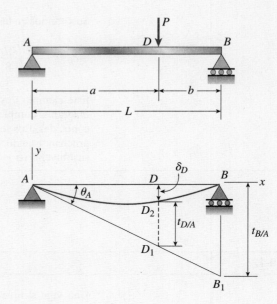

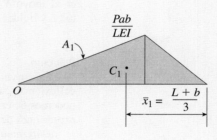

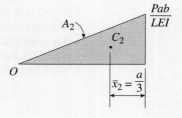

FIG. 9-26 Ejemplo 9-12. Viga simple con una carga concentrada.

Por tanto, la desviación tangencial es

$$t_{B/A} = A_1 \bar{x}_1 = \frac{Pab}{2EI}\left(\frac{L+b}{3}\right) = \frac{Pab}{6EI}(L+b)$$

El ángulo θ_A es igual a la desviación tangencial dividida entre la longitud de la viga:

$$\theta_A = \frac{t_{B/A}}{L} = \frac{Pab}{6LEI}(L+b) \qquad (9\text{-}68) \quad \blacktriangleleft$$

Hemos encontrado así el ángulo de rotación en el apoyo A.

Deflexión bajo la carga. Según se aprecia en la segunda parte de la figura 9-26, la deflexión δ_D bajo la carga P es igual a la distancia DD_1 menos la distancia D_2D_1. La distancia DD_1 es igual al ángulo de rotación θ_A multiplicado por la distancia a; así,

$$DD_1 = a\theta_A = \frac{Pa^2b}{6LEI}(L+b) \qquad (h)$$

La distancia D_2D_1 es la desviación tangencial $t_{D/A}$ en el punto D; es decir, es la desviación del punto D respecto a la tangente en A. Esta distancia puede encontrarse con el segundo teorema área-momento tomando el momento estático del área del diagrama M/EI entre los puntos A y D con respecto a D (véase la última parte de la figura 9-26). El área de esta parte del diagrama M/EI es

$$A_2 = \frac{1}{2}(a)\left(\frac{Pab}{LEI}\right) = \frac{Pa^2b}{2LEI}$$

y su distancia centroidal desde el punto D es

$$\bar{x}_2 = \frac{a}{3}$$

Así, el momento estático de esta área con respecto al punto D es

$$t_{D/A} = A_2\bar{x}_2 = \left(\frac{Pa^2b}{2LEI}\right)\left(\frac{a}{3}\right) = \frac{Pa^3b}{6LEI} \qquad (i)$$

La deflexión en el punto D es

$$\delta_D = DD_1 - D_2D_1 = DD_1 - t_{D/A}$$

Al sustituir de las ecuaciones (h) e (i), encontramos

$$\delta_D = \frac{Pa^2b}{6LEI}(L+b) - \frac{Pa^3b}{6LEI} = \frac{Pa^2b^2}{3LEI} \qquad (9\text{-}69) \quad \blacktriangleleft$$

Las fórmulas anteriores para θ_A y δ_D (ecuaciones 9-68 y 9-69) pueden comprobarse usando las fórmulas del caso 5, tabla G-2, apéndice G.

9.7 VIGAS NO PRISMÁTICAS

Los métodos presentados en las secciones anteriores para encontrar deflexiones de vigas prismáticas también sirven para hallar deflexiones de vigas con momentos de inercia variables. En la figura 9-27 se muestran dos ejemplos de vigas no prismáticas. La primera viga tiene dos momentos de inercia diferentes y la segunda es una viga ahusada con momento de inercia continuamente variable. En ambos casos, el objetivo es ahorrar material incrementando el momento de inercia en regiones donde el momento flexionante es mayor.

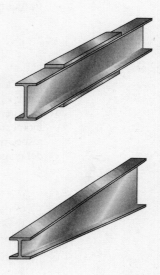

FIG. 9-27 Vigas con momentos de inercia variables (véase también la figura 5-23).

Aunque no abarca concepto nuevo alguno, el análisis de una viga no prismática es más complicado que el análisis de una viga con momento de inercia constante. Algunos de los procedimientos que pueden usarse se ilustran en los ejemplos que siguen (ejemplos 9-13 y 9-14).

En el primero (una viga simple con dos momentos de inercia diferentes), las deflexiones se encuentran resolviendo la ecuación diferencial de la curva de deflexión. En el segundo (una viga en voladizo con dos momentos de inercia diferentes), se usa el método de superposición.

Estos dos ejemplos, así como los problemas de esta sección, se refieren a vigas un tanto simples e idealizadas. Cuando se trata de vigas más complejas (tales como las vigas ahusadas) suelen requerirse métodos numéricos de análisis (hay programas de cómputo para el cálculo numérico de las deflexiones en vigas).

Ejemplo 9-13

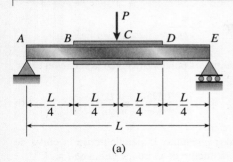

(a)

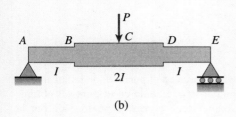

(b)

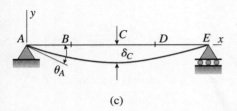

(c)

FIG. 9-28 Ejemplo 9-13. Viga simple con dos momentos de inercia diferentes.

Una viga *ABCDE* simplemente apoyada está hecha con un perfil de patín ancho con cubreplacas soldadas sobre los 2/4 centrados de la viga (figura 9-28a). El efecto de las cubreplacas es duplicar el momento de inercia (figura 9-28b). Una carga concentrada *P* actúa en el centro del claro *C* de la viga.

Determinar las ecuaciones de la curva de deflexión, el ángulo de rotación θ_A en el apoyo izquierdo y la deflexión δ_C en el centro del claro (figura 9-28c).

Solución

Ecuaciones diferenciales de la curva de deflexión. En este ejemplo determinaremos las pendientes y las deflexiones de la viga integrando la ecuación del momento flexionante; es decir, la ecuación diferencial de segundo orden de la curva de deflexión (ecuación 9-12a). Como la reacción en cada apoyo es *P*/2, el momento flexionante sobre toda la mitad izquierda de la viga es

$$M = \frac{Px}{2} \qquad \left(0 \le x \le \frac{L}{2}\right) \tag{a}$$

Por tanto, las ecuaciones diferenciales para la mitad izquierda de la viga son

$$EIv'' = \frac{Px}{2} \qquad \left(0 \le x \le \frac{L}{4}\right) \tag{b}$$

$$E(2I)v'' = \frac{Px}{2} \qquad \left(\frac{L}{4} \le x \le \frac{L}{2}\right) \tag{c}$$

Cada una de estas ecuaciones se integra dos veces a fin de obtener expresiones para las pendientes y las deflexiones en sus respectivas regiones. Dichas integraciones producen cuatro constantes de integración que pueden hallarse a partir de las siguientes cuatro condiciones:

1. Condición de frontera: en el apoyo *A* ($x = 0$), la deflexión es cero ($v = 0$).
2. Condición de simetría: en el punto *C* ($x = L/2$), la pendiente es cero ($v' = 0$).
3. Condición de continuidad: en el punto *B* ($x = L/4$), la pendiente obtenida de la parte *AB* de la viga es igual a la pendiente obtenida de la parte *BC* de la viga.
4. Condición de continuidad: en el punto *B* ($x = L/4$), la deflexión obtenida de la parte *AB* de la viga es igual a la deflexión obtenida de la parte *BC* de la viga.

Pendientes de la viga. Al integrar cada una de las ecuaciones diferenciales (ecuaciones b y c), obtenemos las siguientes ecuaciones para las pendientes en la mitad izquierda de la viga:

$$v' = \frac{Px^2}{4EI} + C_1 \qquad \left(0 \le x \le \frac{L}{4}\right) \tag{d}$$

$$v' = \frac{Px^2}{8EI} + C_2 \qquad \left(\frac{L}{4} \le x \le \frac{L}{2}\right) \tag{e}$$

continúa

Aplicamos la condición de simetría (2) a la ecuación (e) y obtenemos la constante C_2:

$$C_2 = -\frac{PL^2}{32EI}$$

Por tanto, la pendiente de la viga entre los puntos B y C (de la ecuación e) es

$$v' = -\frac{P}{32EI}(L^2 - 4x^2) \qquad \left(\frac{L}{4} \leq x \leq \frac{L}{2}\right) \tag{9-70}$$

A partir de esta ecuación podemos encontrar la pendiente de la curva de deflexión en el punto B donde el momento de inercia cambia de I a $2I$:

$$v'\left(\frac{L}{4}\right) = -\frac{3PL^2}{128EI} \tag{f}$$

Dado que la curva de deflexión es continua en el punto B, podemos usar la condición de continuidad 3 e igualar la pendiente en el punto B obtenida con la ecuación (d) con la pendiente en el mismo punto dada por la ecuación (f). De esta manera encontramos la constante C_1:

$$\frac{P}{4EI}\left(\frac{L}{4}\right)^2 + C_1 = -\frac{3PL^2}{128EI} \quad \text{o} \quad C_1 = -\frac{5PL^2}{128EI}$$

Por tanto, la pendiente entre los puntos A y B (véase la ecuación d) es

$$v' = -\frac{P}{128EI}(5L^2 - 32x^2) \qquad \left(0 \leq x \leq \frac{L}{4}\right) \tag{9-71}$$

En el apoyo A, donde $x = 0$, el ángulo de rotación (figura 9-28c) es

$$\theta_A = -v'(0) = \frac{5PL^2}{128EI} \tag{9-72} \Longleftarrow$$

Deflexiones de la viga. Integramos las ecuaciones para las pendientes (ecuaciones 9-71 y 9-70) y obtenemos

$$v = -\frac{P}{128EI}\left(5L^2x - \frac{32x^3}{3}\right) + C_3 \qquad \left(0 \leq x \leq \frac{L}{4}\right) \tag{g}$$

$$v = -\frac{P}{32EI}\left(L^2x - \frac{4x^3}{3}\right) + C_4 \qquad \left(\frac{L}{4} \leq x \leq \frac{L}{2}\right) \tag{h}$$

Aplicamos la condición de frontera en el apoyo (condición 1) a la ecuación (g) y obtenemos $C_3 = 0$; por tanto, la deflexión entre los puntos A y B (de la ecuación g) es

$$v = -\frac{Px}{384EI}(15L^2 - 32x^2) \qquad \left(0 \leq x \leq \frac{L}{4}\right) \tag{9-73} \Longleftarrow$$

A partir de esta ecuación podemos hallar la deflexión en el punto B:

$$v\left(\frac{L}{4}\right) = -\frac{13PL^3}{1536EI} \tag{i}$$

Como la curva de deflexión es continua en el punto B, podemos usar la condición de continuidad (4) e igualar la deflexión en el punto B obtenida con la ecuación (h) con la deflexión dada por la ecuación (i):

$$-\frac{P}{32EI}\left[L^2\left(\frac{L}{4}\right) - \frac{4}{3}\left(\frac{L}{4}\right)^3\right] + C_4 = -\frac{13PL^3}{1536EI}$$

de donde

$$C_4 = -\frac{PL^3}{768EI}$$

Por tanto, la deflexión entre los puntos B y C (de la ecuación h) es

$$v = -\frac{P}{768EI}(L^3 + 24L^2x - 32x^3) \qquad \left(\frac{L}{4} \leq x \leq \frac{L}{2}\right) \tag{9-74}$$ ⬅

Así, hemos obtenido las ecuaciones de la curva de deflexión para la mitad izquierda de la viga. (Las deflexiones en la mitad derecha de la viga pueden obtenerse por simetría.)

Finalmente, obtenemos la deflexión en el centro del claro C sustituyendo $x = L/2$ en la ecuación (9-74):

$$\delta_C = -v\left(\frac{L}{2}\right) = \frac{3PL^3}{256EI} \tag{9-75}$$ ⬅

Ahora, hemos encontrado todas las cantidades requeridas y completado el análisis de la viga no prismática.

Notas: el uso de la ecuación diferencial para encontrar deflexiones es práctico sólo si el número de ecuaciones por resolver se limita a una o dos y si las integraciones resultan sencillas, como en este ejemplo. En el caso de una viga ahusada (figura 9-27), puede ser dificil resolver en forma analítica la ecuación diferencial porque el momento de inercia es una función continua de x. En tal caso, la ecuación diferencial tiene coeficientes variables en vez de coeficientes constantes, y se requieren métodos de solución numéricos.

Cuando una viga tiene cambios abruptos en las dimensiones de su sección transversal, como en este ejemplo, habrá concentraciones de esfuerzos en los puntos en que se presentan los cambios; sin embargo, ya que las concentraciones de esfuerzos afectan sólo a una región pequeña de la viga, no tendrán efectos notorios en las deflexiones.

Ejemplo 9-14

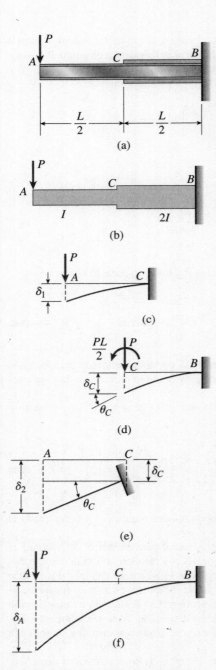

FIG. 9-29 Ejemplo 9-14. Viga en voladizo con dos momentos de inercia diferentes.

Una viga en voladizo ACB de longitud L y con dos momentos de inercia diferentes I y $2I$, soporta una carga concentrada P en el extremo libre A (figuras 9-29a y b).

Determinar la deflexión δ_A en el extremo libre.

Solución

En este ejemplo usaremos el método de superposición para determinar la deflexión δ_A en el extremo de la viga. Empezamos advirtiendo que la deflexión consta de dos partes: la deflexión debida a la flexión de la parte AC de la viga y la deflexión causada por la flexión de la parte CB. Podemos determinarlas por separado y luego superponerlas para obtener la deflexión total.

Deflexión por la flexión de la parte AC de la viga. Imaginemos que la viga se sostiene rígidamente en el punto C, de manera que no se deflexiona ni gira en dicho punto (figura 9-29c). Resulta sencillo calcular la deflexión δ_1 del punto A en esta viga. Puesto que tiene longitud $L/2$ y momento de inercia I, su deflexión (véase el caso 4, tabla G-1, apéndice G) es

$$\delta_1 = \frac{P(L/2)^3}{3EI} = \frac{PL^3}{24EI} \qquad (j)$$

Deflexión por la flexión de la parte CB de la viga. La parte CB de la viga también se comporta como una viga en voladizo (figura 9-29d) y contribuye a la deflexión del punto A. El extremo de este voladizo está sometido a una carga concentrada P y a un momento $PL/2$; por tanto, la deflexión δ_C y el ángulo de rotación θ_C en el extremo libre (figura 9-29d) son (véase los casos 4 y 6, tabla G-1):

$$\delta_C = \frac{P(L/2)^3}{3(2EI)} + \frac{(PL/2)(L/2)^2}{2(2EI)} = \frac{5PL^3}{96EI}$$

$$\theta_C = \frac{P(L/2)^2}{2(2EI)} + \frac{(PL/2)(L/2)}{2EI} = \frac{3PL^2}{16EI}$$

Esta deflexión y este ángulo de rotación hacen una contribución adicional δ_2 a la deflexión en el extremo A (figura 9-29e). Imaginemos de nuevo la parte AC como una viga en voladizo pero ahora su apoyo (en el punto C) se mueve hacia abajo la cantidad δ_C y gira en sentido contrario a las manecillas del reloj el ángulo θ_C (figura 9-29e). Estos desplazamientos de cuerpo rígido producen un desplazamiento hacia abajo en el extremo A igual al siguiente:

$$\delta_2 = \delta_C + \theta_C \left(\frac{L}{2}\right) = \frac{5PL^3}{96EI} + \frac{3PL^2}{16EI}\left(\frac{L}{2}\right) = \frac{7PL^3}{48EI} \qquad (k)$$

Deflexión total. La deflexión total δ_A en el extremo libre A de la viga en voladizo original (figura 9-29f) es igual a la suma de las deflexiones δ_1 y δ_2:

$$\delta_A = \delta_1 + \delta_2 = \frac{PL^3}{24EI} + \frac{7PL^3}{48EI} = \frac{3PL^3}{16EI} \qquad (9\text{-}76) \quad \Longleftarrow$$

Este ejemplo ilustra una de las muchas maneras de cómo usar los procedimientos de superposición a fin de encontrar deflexiones de vigas no prismáticas.

9.8 ENERGÍA DE DEFORMACIÓN POR FLEXIÓN

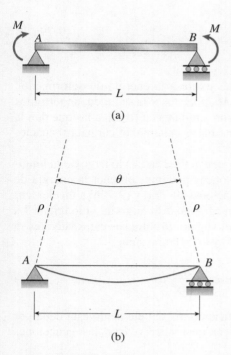

FIG. 9-30 Viga en flexión pura por pares de momento M.

Los conceptos generales relativos a la energía de deformación se explicaron anteriormente en los análisis de barras sometidas a cargas axiales y ejes sometidos a torsión (secciones 2.7 y 3.9, respectivamente). En esta sección aplicaremos tales conceptos a vigas. Dado que emplearemos las ecuaciones para la curvatura y la deflexión obtenidas antes en este capítulo, el análisis de la energía de deformación se aplicará sólo a vigas con comportamiento elástico lineal. Este requisito significa que el material debe obedecer la ley de Hooke y que las deflexiones y rotaciones tienen que ser pequeñas.

Comencemos con una viga simple AB en flexión pura sometida a la acción de dos pares, cada uno de momento M (figura 9-30a). La curva de deflexión (figura 9-30b) es un arco circular casi plano de curvatura constante $\kappa = M/EI$ (véase la ecuación 9-6). El ángulo θ subtendido por este arco es igual a L/ρ, donde L es la longitud de la viga y ρ es el radio de curvatura; por tanto,

$$\theta = \frac{L}{\rho} = \kappa L = \frac{ML}{EI} \tag{9-77}$$

Esta relación lineal entre los momentos M y el ángulo θ se muestra gráficamente con la línea OA en la figura 9-31. Conforme la magnitud de los pares de flexión se incrementa de cero a sus valores máximos, ellos efectúan el trabajo W representado por el área sombreada debajo de la línea OA. Este trabajo, igual a la energía de deformación U almacenada en la viga, es

$$W = U = \frac{M\theta}{2} \tag{9-78}$$

Esta ecuación es análoga a la ecuación (2-35) para la energía de deformación de una barra cargada axialmente.

FIG. 9-31 Diagrama de la relación lineal entre los momentos flexionantes M y el ángulo θ.

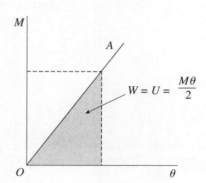

Al combinar las ecuaciones (9-77) y (9-78), podemos expresar la energía de deformación almacenada en una viga en flexión pura en cualquiera de las siguientes formas:

$$U = \frac{M^2 L}{2EI} \qquad U = \frac{EI\theta^2}{2L} \qquad \text{(9-79a, b)}$$

La primera de estas ecuaciones expresa la energía de deformación en términos de los momentos M aplicados y la segunda, en términos del ángulo θ. Las ecuaciones son similares en forma a las que dan la energía de deformación de una barra axialmente cargada (ecuaciones 2-37a y b).

Si el momento flexionante en una viga varía a lo largo de su longitud (flexión no uniforme), entonces podemos obtener la energía de deformación aplicando las ecuaciones (9-79a) y (9-79b) a un elemento de la viga (figura 9-32) e integrando a lo largo de la longitud. La longitud del elemento es dx y el ángulo $d\theta$ entre sus caras laterales se obtienen de las ecuaciones (9-4) y (9-5) como sigue:

$$d\theta = \kappa\, dx = \frac{d^2 v}{dx^2}\, dx \qquad \text{(a)}$$

Por tanto, la energía de deformación dU del elemento está dada por cualquiera de las siguientes expresiones (véanse las ecuaciones 9-79a y b):

$$dU = \frac{M^2 dx}{2EI} \quad dU = \frac{EI(d\theta)^2}{2dx} = \frac{EI}{2dx}\left(\frac{d^2 v}{dx^2}dx\right)^2 = \frac{EI}{2}\left(\frac{d^2 v}{dx^2}\right)^2 dx$$

$$\text{(b, c)}$$

Al integrar las ecuaciones anteriores sobre toda la longitud de la viga, podemos expresar la energía de deformación almacenada en una viga en cualquiera de estas formas:

$$U = \int \frac{M^2 dx}{2EI} \qquad U = \int \frac{EI}{2}\left(\frac{d^2 v}{dx^2}\right)^2 dx \qquad \text{(9-80a, b)}$$

Observe que M es el momento flexionante en la viga y que puede variar como función de x. Usamos la primera ecuación cuando se

FIG. 9-32 Vista lateral de un elemento de una viga sometida a momentos flexionantes M.

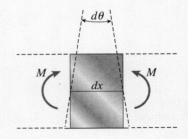

conoce el momento flexionante y la segunda cuando se conoce la ecuación de la curva de deflexión. (Los ejemplos 9-15 y 9-16 ilustran el uso de esas ecuaciones.)

En la deducción de las ecuaciones (9-80a) y (9-80b), nada más consideramos los efectos de los momentos flexionantes; si también hay fuerzas cortantes, se almacenará una energía de deformación adicional en la viga. Ahora bien, la energía de deformación del cortante es relativamente pequeña (en comparación con la energía de deformación por flexión) para vigas en las que las longitudes son mucho mayores que los peraltes (digamos, $L/d > 8$); así pues, para la mayoría de las vigas, no hay peligro en despreciar la energía de deformación del cortante.

Deflexiones causadas por una sola carga

Si una viga soporta una sola carga, ya sea una carga concentrada P o un par M_0, la deflexión δ o el ángulo de rotación θ correspondientes, pueden determinarse a partir de la energía de deformación de la viga.

En el caso de una viga que soporta una **carga concentrada**, la *deflexión correspondiente* δ es la deflexión del eje de la viga en el punto en que se aplica la carga. La deflexión debe medirse a lo largo de la línea de acción de la carga y es positiva en el sentido de la carga.

En el caso de una viga que soporta un par como carga, el *correspondiente ángulo de rotación* θ es el ángulo de rotación del eje de la viga en el punto donde se aplica el par.

Dado que la energía de deformación de una viga es igual al trabajo realizado por la carga, y como δ y θ corresponden a P y a M_0, respectivamente, obtenemos las siguientes ecuaciones:

$$U = W = \frac{P\delta}{2} \qquad U = W = \frac{M_0\theta}{2} \qquad \text{(9-81a, b)}$$

La primera se aplica a una viga cargada *sólo* por una fuerza P y la segunda, a una viga cargada *sólo* por un par M_0. A partir de las ecuaciones (9-81a) y (9.81b) se desprende que

$$\delta = \frac{2U}{P} \qquad \theta = \frac{2U}{M_0} \qquad \text{(9-82a, b)}$$

Según se explicó en la sección 2.7, la aplicación de este método para encontrar deflexiones y ángulos de rotación es muy limitada porque sólo es posible hallar una deflexión (o un ángulo). Además, la única deflexión (o ángulo) que puede encontrarse es la correspondiente a la carga (o par). Sin embargo, el método tiene una utilidad ocasional y se ilustrará en el ejemplo 9-16.

Ejemplo 9-15

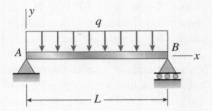

FIG. 9-33 Ejemplo 9-15. Energía de deformación de una viga.

Una viga simple AB de longitud L soporta una carga uniforme de intensidad q (figura 9-33). Evaluar: a) la energía de deformación de la viga a partir del momento flexionante en la viga y b) la energía de deformación de la viga a partir de la ecuación de la curva de deflexión. (*Nota*: la viga tiene una rigidez constante de flexión EI.)

Solución

a) *Energía de deformación a partir del momento flexionante.* La reacción de la viga en el apoyo A es $qL/2$, por lo que la expresión para el momento flexionante en la viga es

$$M = \frac{qLx}{2} - \frac{qx^2}{2} = \frac{q}{2}(Lx - x^2) \tag{d}$$

La energía de deformación de la viga (de la ecuación 9-80a) es

$$U = \int_0^L \frac{M^2 dx}{2EI} = \frac{1}{2EI}\int_0^L \left[\frac{q}{2}(Lx - x^2)\right]^2 dx$$

$$= \frac{q^2}{8EI}\int_0^L (L^2x^2 - 2Lx^3 + x^4)dx \tag{e}$$

de donde obtenemos

$$U = \frac{q^2 L^5}{240EI} \tag{9-83} \quad \Longleftarrow$$

Observe que la carga q aparece elevada al cuadrado, lo que concuerda con el hecho de que la energía de deformación siempre es positiva. Además, la ecuación (9-83) muestra que la energía de deformación *no* es una función lineal de las cargas, aun cuando la viga se comporte de manera elástica lineal.

b) *Energía de deformación a partir de la curva de deflexión.* La ecuación de la curva de deflexión para una viga simple con carga uniforme figura en el caso 1 de la tabla G-2, apéndice G, como sigue:

$$v = -\frac{qx}{24EI}(L^3 - 2Lx^2 + x^3) \tag{f}$$

Derivamos dos veces esta ecuación y obtenemos

$$\frac{dv}{dx} = -\frac{q}{24EI}(L^3 - 6Lx^2 + 4x^3) \qquad \frac{d^2v}{dx^2} = \frac{q}{2EI}(Lx - x^2)$$

Al sustituir la última expresión en la ecuación para la energía de deformación (ecuación 9-80b), resulta

$$U = \int_0^L \frac{EI}{2}\left(\frac{d^2v}{dx^2}\right)^2 dx = \frac{EI}{2}\int_0^L \left[\frac{q}{2EI}(Lx - x^2)\right]^2 dx$$

$$= \frac{q^2}{8EI}\int_0^L (L^2x^2 - 2Lx^3 + x^4)\,dx \tag{g}$$

Puesto que la integral final en esta ecuación es la misma que la integral final en la ecuación (e), obtenemos el mismo resultado que antes (ecuación 9-83).

Ejemplo 9-16

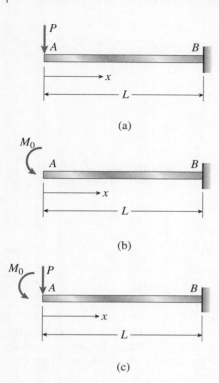

(a)

(b)

(c)

FIG. 9-34 Ejemplo 9-16. Energía de deformación de una viga.

Una viga en voladizo AB (figura 9-34) está sometida a tres condiciones diferentes de carga: a) una carga concentrada P en su extremo libre; b) un par M_0 en su extremo libre y c) ambas cargas en acción simultánea.

Para cada condición de carga, determinar la energía de deformación de la viga, así como la deflexión vertical δ_A en el extremo A de la viga debido a la carga P que actúa sola (figura 9-34a) y el ángulo de rotación θ_A en el extremo A debido al momento M_0 que actúa solo (figura 9-34b; *nota*: la viga tiene una rigidez constante de flexión EI).

Solución

a) *Viga con carga concentrada P (figura 9-34a).* El momento flexionante en la viga a una distancia x del extremo libre es $M = -Px$. Al sustituir esta expresión para M en la ecuación (9-80a), obtenemos la siguiente expresión para la energía de deformación de la viga:

$$U = \int_0^L \frac{M^2 dx}{2EI} = \int_0^L \frac{(-Px)^2 dx}{2EI} = \frac{P^2 L^3}{6EI} \qquad (9\text{-}84) \quad \Longleftarrow$$

Para obtener la deflexión vertical δ_A bajo la carga P, igualamos el trabajo hecho por la carga con la energía de deformación:

$$W = U \quad \text{o} \quad \frac{P\delta_A}{2} = \frac{P^2 L^3}{6EI}$$

de donde

$$\delta_A = \frac{PL^3}{3EI} \qquad\qquad \Longleftarrow$$

La deflexión δ_A es la única deflexión que podemos encontrar con este procedimiento, porque es la única deflexión que corresponde a la carga P.

b) *Viga con momento M_0 (figura 9-34b).* En este caso, el momento flexionante es constante e igual a $-M_0$; por tanto, la energía de deformación (de la ecuación 9-80a) es

$$U = \int_0^L \frac{M^2 dx}{2EI} = \int_0^L \frac{(-M_0)^2 \, dx}{2EI} = \frac{M_0^2 L}{2EI} \qquad (9\text{-}85) \quad \Longleftarrow$$

El trabajo W hecho por el par M_0 al cargar la viga es $M_0\theta_A/2$, donde θ_A es el ángulo de rotación en el extremo A; por tanto,

$$W = U \quad \text{o} \quad \frac{M_0\theta_A}{2} = \frac{M_0^2 L}{2EI}$$

y

$$\theta_A = \frac{M_0 L}{EI} \qquad\qquad \Longleftarrow$$

El ángulo de rotación tiene el mismo sentido que el momento (contrario a las manecillas del reloj en este ejemplo).

continúa

c) *Viga con ambas cargas en acción simultánea (figura 9-34c).* Cuando ambas cargas actúan sobre la viga, el momento flexionante en ésta es

$$M = -Px - M_0$$

Por tanto, la energía de deformación es

$$U = \int_0^L \frac{M^2 dx}{2EI} = \frac{1}{2EI} \int_0^L (-Px - M_0)^2 dx$$

$$= \frac{P^2 L^3}{6EI} + \frac{PM_0 L^2}{2EI} + \frac{M_0^2 L}{2EI} \qquad (9\text{-}86) \Longleftarrow$$

El primer término en este resultado da la energía de deformación debida a *P* que actúa sola (ecuación 9-84) y el último término, la energía de deformación debida a M_0 que actúa solo (ecuación 9-85); sin embargo, cuando ambas cargas actúan simultáneamente, aparece un término adicional en la expresión para la energía de deformación.

Por tanto, concluimos que *la energía de deformación en una estructura debida a dos o más cargas que actúan simultánemante no puede obtenerse sumando la energía de deformación debido a las cargas que actúan por separado.* Esto se debe a que la energía de deformación es una función cuadrática de las cargas, no es una función lineal; por tanto, *el principio de superposición no es aplicable a la energía de deformación.*

Podemos observar también que no se puede calcular una deflexión en una viga con dos o más cargas igualando el trabajo realizado por las cargas con la energía de deformación; por ejemplo, si igualamos el trabajo con la energía de la viga de la figura 9-34c, obtenemos

$$W = U \quad \text{o} \quad \frac{P\delta_{A2}}{2} + \frac{M_0\theta_{A2}}{2} = \frac{P^2 L^3}{6EI} + \frac{PM_0 L^2}{2EI} + \frac{M_0^2 L}{2EI} \qquad (h)$$

en donde δ_{A2} y θ_{A2} representan la deflexión y el ángulo de rotación en el extremo *A* de la viga con dos cargas que actúan simultáneamente (figura 9-34c). Aunque el trabajo hecho por las cargas es igual a la energía de deformación y la ecuación (h) es correcta, no podemos despejar ni δ_{A2} ni θ_{A2} porque se tienen dos incógnitas y sólo una ecuación.

9.9 TEOREMA DE CASTIGLIANO

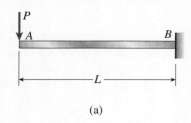

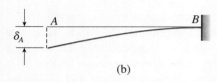

FIG. 9-35 Viga que soporta una sola carga P.

El **teorema de Castigliano** proporciona un medio para encontrar las deflexiones de una estructura a partir de la energía de deformación de la estructura. Para ilustrar qué significa esto, consideremos una viga en voladizo con una carga concentrada P sobre el extremo libre (figura 9-35a). La energía de deformación de esta viga se obtiene con la ecuación (9-84) del ejemplo 9-16:

$$U = \frac{P^2 L^3}{6EI} \tag{a}$$

Derivamos ahora esta expresión con respecto a la carga P:

$$\frac{dU}{dP} = \frac{d}{dP}\left(\frac{P^2 L^3}{6EI}\right) = \frac{PL^3}{3EI} \tag{b}$$

Reconocemos este resultado de inmediato como la deflexión δ_A en el extremo libre A de la viga (véase la figura 9-35b). Observe especialmente que la deflexión δ_A *corresponde* a la carga P misma (recuérdese que una deflexión correspondiente a una carga concentrada es la deflexión en el punto donde está aplicada la carga concentrada. Además, la deflexión es en el sentido de la carga). La ecuación (b) muestra que *la derivada de la energía de deformación con respecto a la carga es igual a la deflexión correspondiente a la carga*. El teorema de Castigliano es una generalización de esta observación y a continuación lo deduciremos en términos más generales.

Obtención del teorema de Castigliano

Consideremos una viga sometida a cualquier número de cargas, digamos n cargas $P_1, P_2, \ldots, P_i, \ldots, P_n$ (figura 9-36a). Las deflexiones de la viga correspondientes a las diferentes cargas son $\delta_1, \delta_2, \ldots, \delta_i, \ldots, \delta_n$, como se muestra en la figura 9-36b. Igual que en los análisis anteriores de deflexiones y energía de deformación, suponemos que el principio de superposición es aplicable a la viga y sus cargas.

Determinaremos ahora la energía de deformación de esta viga. Cuando se aplican las cargas a la viga, la magnitud de éstas aumenta en forma gradual desde cero hasta sus valores máximos. Al mismo tiempo, cada carga se mueve a través de su desplazamiento correspondiente y efectúa trabajo. El trabajo total W realizado por las cargas es igual a la energía de deformación U almacenada en la viga:

$$W = U \tag{c}$$

Observe que W (y por tanto U) es una función de las cargas $P_1, P_2, \ldots, P_n$ que actúan sobre la viga.

A continuación, supongamos que una de las cargas, digamos la carga i-ésima, se incrementa ligeramente la cantidad dP_i mientras que las otras permanecen constantes. Este incremento en la carga ocasionará un pequeño incremento dU en la energía de deformación de la viga, el cual puede expresarse como la razón de cambio de U

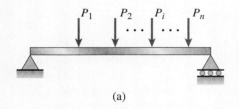

(a)

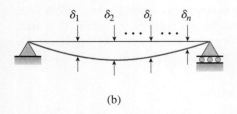

(b)

FIG. 9-36 Viga que soporta n cargas.

respecto a P_i multiplicada por el pequeño incremento en P_i. Entonces, el incremento en la energía de deformación es

$$dU = \frac{\partial U}{\partial P_i} dP_i \tag{d}$$

donde $\partial U/\partial P_i$ es la razón de cambio de U con respecto a P_i (como U es una función de *todas* las cargas, la derivada con respecto a cualquiera de las cargas es una derivada parcial). La energía de deformación final de la viga es

$$U + dU = U + \frac{\partial U}{\partial P_i} dP_i \tag{e}$$

en donde U es la energía de deformación dada en la ecuación (c).

Puesto que el principio de superposición es válido para esta viga, la energía de deformación total es independiente del orden en que las cargas se aplican; es decir, los desplazamientos finales de la viga (y el trabajo efectuado por las cargas al alcanzar dichos desplazamientos) son los mismos, sin importar el orden en que se apliquen las cargas. Para obtener la energía de deformación dada por la ecuación (e), aplicamos primero las n cargas $P_1, P_2, \ldots, P_n$ y luego la carga dP_i; sin embargo, podemos invertir el orden de aplicación y empezar con la carga dP_i, seguida por las cargas $P_1, P_2, \ldots, P_n$. La energía de deformación final es la misma en ambos casos.

Cuando se aplica primero la carga dP_i, produce una energía de deformación igual a la mitad del producto de la carga dP_i y su desplazamiento correspondiente $d\delta_i$; entonces, la energía de deformación debida a la carga dP_i es

$$\frac{dP_i d\delta_i}{2} \tag{f}$$

Cuando se aplican las cargas $P_1, P_2, \ldots, P_n$, producen los mismos desplazamientos que antes ($\delta_1, \delta_2, \ldots, \delta_n$) y efectúan la misma cantidad de trabajo que antes (ecuación c). Sin embargo, durante la aplicación de estas cargas, la fuerza dP_i automáticamente se mueve a través del desplazamiento δ_i. Al hacerlo así, se produce un trabajo adicional igual al producto de la fuerza por la distancia a través de la cual se desplaza (observe que el trabajo no tiene un factor 1/2 porque la fuerza dP_i actúa con su valor pleno a través de este desplazamiento). El trabajo adicional, igual a la energía de deformación adicional, es entonces

$$dP_i \delta_i \tag{g}$$

Por tanto, la energía de deformación final para la segunda secuencia de carga es

$$\frac{dP_i d\delta_i}{2} + U + dP_i \delta_i \tag{h}$$

Si igualamos esta expresión para la energía de deformación final con la expresión anterior (e) que se obtuvo para la primera secuencia de carga, obtenemos

$$\frac{dP_i d\delta_i}{2} + U + dP_i \delta_i = U + \frac{\partial U}{\partial P_i} dP_i \tag{i}$$

Podemos descartar el primer término porque contiene el producto de dos diferenciales y es infinitesimalmente pequeño comparado con los otros términos. Entonces obtenemos la siguiente relación:

$$\delta_i = \frac{\partial U}{\partial P_i} \tag{9-87}$$

Esta ecuación se conoce como **teorema de Castigliano**.*

Aunque obtuvimos el teorema de Castigliano usando una viga como ilustración, podríamos haber utilizado cualquier otro tipo de estructura (por ejemplo, una armadura) y cualquier otro tipo de cargas (por ejemplo, cargas en forma de pares). Los requisitos importantes son que la estructura sea elástico lineal y que sea aplicable el principio de superposición. Observe también que la energía de deformación debe expresarse como función de las cargas (y no como función de los desplazamientos), condición implícita en el teorema mismo, ya que la derivada parcial se toma con respecto a una carga. Con estas limitantes en mente, podemos enunciar el teorema de Castigliano en términos generales como sigue:

La derivada parcial de la energía de deformación de una estructura con respecto a cualquier carga es igual al desplazamiento correspondiente a esa carga.

La energía de deformación de una estructura elástico lineal es una función *cuadrática* de las cargas (por ejemplo, véase la ecuación a), de suerte que las derivadas parciales y los desplazamientos (ecuación 9.87) son funciones *lineales* de las cargas (como es de esperarse).

Al usar los términos *carga* y *desplazamiento correspondiente* en conexión con el teorema de Castigliano, se sobreentiende que estos términos se usan en un sentido generalizado. La carga P_i y el desplazamiento correspondiente δ_i pueden ser una fuerza y una traslación correspondiente o un par y una rotación correspondiente, o algún otro conjunto de cantidades correspondientes.

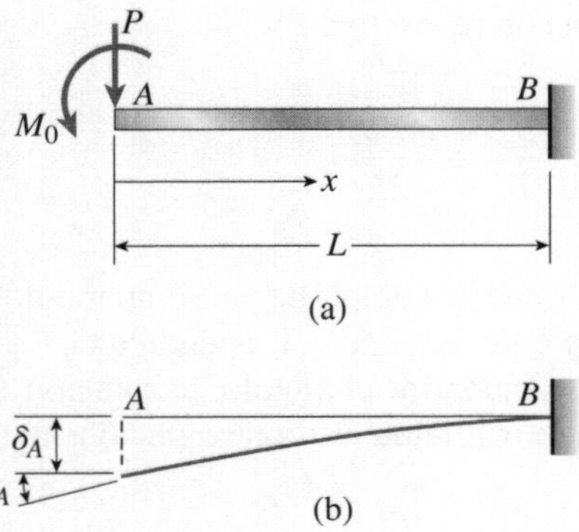

FIG. 9-37 Aplicación del teorema de Castigliano a una viga.

Aplicación del teorema de Castigliano

Como aplicación del teorema de Castigliano, consideremos una viga en voladizo *AB* que soporta una carga concentrada *P* y un par de momento M_0 en el extremo libre (figura 9-37a). Queremos determinar la deflexión vertical δ_A y el ángulo de rotación θ_A en el extremo de la viga (figura 9-37b). Observe que δ_A es la deflexión correspondiente a la carga *P* y θ_A es el ángulo de rotación correspondiente al momento M_0.

---

*El teorema de Castigliano, uno de los teoremas más famosos del análisis estructural, fue descubierto por el ingeniero italiano Carlos Alberto Pio Castigliano (1847-1884) (Ref. 9-2). El teorema citado aquí (ecuación 9-87) es el segundo de dos teoremas presentados por Castigliano, por lo que se conoce apropiadamente como *segundo teorema de Castigliano*. El primero es inverso del segundo, en el sentido de que da las cargas sobre una estructura en términos de las derivadas parciales de la energía de deformación con respecto a los *desplazamientos*.

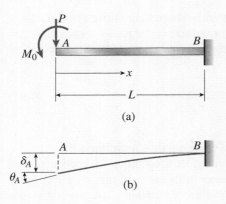

FIG. 9-37 (Repetición).

El primer paso en el análisis es determinar la energía de deformación de la viga. Para tal fin, escribimos la ecuación para el momento flexionante como sigue:

$$M = -Px - M_0 \tag{j}$$

en donde x es la distancia desde el extremo libre (figura 9-37a). La energía de deformación se encuentra sustituyendo esta expresión para M en la ecuación (9-80a):

$$U = \int_0^L \frac{M^2 dx}{2EI} = \frac{1}{2EI} \int_0^L (-Px - M_0)^2 dx$$

$$= \frac{P^2 L^3}{6EI} + \frac{P M_0 L^2}{2EI} + \frac{M_0^2 L}{2EI} \tag{k}$$

en donde L es la longitud de la viga y EI es su rigidez por flexión. Observe que la energía de deformación es una función cuadrática de las cargas P y M_0.

Para obtener la deflexión vertical δ_A en el extremo de la viga, usamos el teorema de Castigliano (ecuación 9-87) derivando parcialmente la energía de deformación con respecto a P:

$$\delta_A = \frac{\partial U}{\partial P} = \frac{PL^3}{3EI} + \frac{M_0 L^2}{2EI} \tag{l}$$

Esta expresión para la deflexión puede comprobarse comparándola con las fórmulas de los casos 4 y 6 de la tabla G-1, apéndice G.

De manera similar, podemos encontrar el ángulo de rotación θ_A en el extremo de la viga derivando parcialmente con respecto a M_0:

$$\theta_A = \frac{\partial U}{\partial M_0} = \frac{PL^2}{2EI} + \frac{M_0 L}{EI} \tag{m}$$

que también puede comprobarse con los casos 4 y 6 de la tabla G-1.

Uso de una carga ficticia

Los únicos desplazamientos que pueden encontrarse con el teorema de Castigliano son aquellos que corresponden a cargas que actúan sobre la estructura. Si queremos calcular un desplazamiento en un punto sobre una estructura donde no hay carga, debemos aplicarle una carga ficticia *correspondiente al desplazamiento deseado*. El desplazamiento se determina evaluando la energía de deformación y tomando la derivada parcial con respecto a la carga ficticia. El resultado es el desplazamiento producido por las cargas reales y la carga ficticia en acción simultánea. Al igualar a cero la carga ficticia, obtenemos el desplazamiento producido sólo por las cargas reales.

Para ilustrar este concepto, supongamos que queremos encontrar la deflexión vertical δ_C en el centro C de la viga en voladizo de la

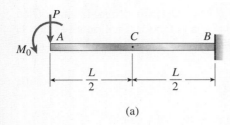

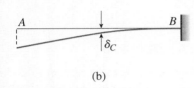

(a)

(b)

δ_C

FIG. 9-38 Viga que soporta las cargas P y M_0.

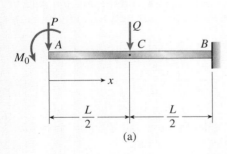

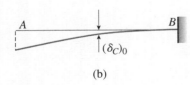

(a)

(b)

$(\delta_C)_0$

FIG. 9-39 Viga con una carga ficticia Q.

figura 9-38a. Dado que la deflexión δ_C es hacia abajo (figura 9-38b), la carga correspondiente a esa deflexión es una fuerza vertical hacia abajo que actúa en el mismo punto; por tanto, debemos proporcionar una carga ficticia Q que actúe hacia abajo en el punto C (figura 9-39a). Entonces podemos usar el teorema de Castigliano para determinar la deflexión $(\delta_C)_0$ en el centro de esta viga (figura 9-39b). A partir de esa deflexión, podemos obtener la deflexión δ_C en la viga de la figura 9-38 igualando Q a cero.

Encontramos primero los momentos flexionantes en la viga de la figura 9-39a:

$$M = -Px - M_0 \qquad \left(0 \le x \le \frac{L}{2}\right) \tag{n}$$

$$M = -Px - M_0 - Q\left(x - \frac{L}{2}\right) \qquad \left(\frac{L}{2} \le x \le L\right) \tag{o}$$

Luego determinamos la energía de deformación de la viga aplicando la ecuación (9-80a) a cada mitad de la viga. Para la mitad izquierda (del punto A al punto C), la energía de deformación es

$$U_{AC} = \int_0^{L/2} \frac{M^2 dx}{2EI} = \frac{1}{2EI} \int_0^{L/2} (-Px - M_0)^2 \, dx$$

$$= \frac{P^2 L^3}{48EI} + \frac{PM_0 L^2}{8EI} + \frac{M_0^2 L}{4EI} \tag{p}$$

Para la mitad derecha, la energía de deformación es

$$U_{CB} = \int_{L/2}^L \frac{M^2 dx}{2EI} = \frac{1}{2EI} \int_{L/2}^L \left[-Px - M_0 - Q\left(x - \frac{L}{2}\right)\right]^2 dx$$

$$= \frac{7P^2 L^3}{48EI} + \frac{3PM_0 L^2}{8EI} + \frac{5PQL^3}{48EI} + \frac{M_0^2 L}{4EI} + \frac{M_0 QL^2}{8EI} + \frac{Q^2 L^3}{48EI} \tag{q}$$

que requiere un proceso muy largo de integración. Sumamos las energías de deformación para las dos partes de la viga y obtenemos la energía de deformación para toda la viga (figura 9-39a):

$$U = U_{AC} + U_{CB}$$

$$= \frac{P^2 L^3}{6EI} + \frac{PM_0 L^2}{2EI} + \frac{5PQL^3}{48EI} + \frac{M_0^2 L}{2EI} + \frac{M_0 QL^2}{8EI} + \frac{Q^2 L^3}{48EI} \tag{r}$$

La deflexión en el centro de la viga mostrada en la figura 9-39a puede obtenerse ahora con el teorema de Castigliano:

$$(\delta_C)_0 = \frac{\partial U}{\partial Q} = \frac{5PL^3}{48EI} + \frac{M_0 L^2}{8EI} + \frac{QL^3}{24EI} \tag{s}$$

Esta ecuación da la deflexión en el punto C producida por las tres cargas que actúan sobre la viga. A fin de obtener la deflexión producida nada más por las cargas P y M_0, igualamos a cero la carga Q en la ecuación anterior. El resultado es la deflexión en el punto C para la viga con dos cargas (figura 9-38a):

$$\delta_C = \frac{5PL^3}{48EI} + \frac{M_0 L^2}{8EI} \tag{t}$$

Así, hemos obtenido la deflexión en la viga original.

Este método se llama a menudo *método de la carga ficticia*, debido a la introducción de tal carga.

Diferenciación bajo el signo de integración

Como vimos en el ejemplo anterior, el uso del teorema de Castigliano para determinar deflexiones en vigas puede conducir a largas integraciones, en especial cuando actúan más de dos cargas sobre la viga. La razón es clara; encontrar la energía de deformación requiere la integración del *cuadrado* del momento flexionante (ecuación 9-80a); por ejemplo, si la expresión para el momento flexionante tiene tres términos, su cuadrado tendrá seis términos, cada uno de los cuales debe integrarse.

Después de efectuar las integraciones y determinar la energía de deformación, diferenciamos la energía de deformación para obtener las deflexiones; sin embargo, podemos obviar el paso de encontrar la energía de deformación si diferenciamos *antes* de integrar. Este procedimiento no elimina las integraciones pero las vuelve más sencillas.

Para deducir este método, comenzamos con la ecuación para la energía de deformación (ecuación 9-80a) y aplicamos el teorema de Castigliano (ecuación 9-87):

$$\delta_i = \frac{\partial U}{\partial P_i} = \frac{\partial}{\partial P_i} \int \frac{M^2 dx}{2EI} \tag{u}$$

De acuerdo con las reglas del cálculo, podemos diferenciar la integral diferenciando bajo el signo de integración:

$$\delta_i = \frac{\partial}{\partial P_i} \int \frac{M^2 dx}{2EI} = \int \left(\frac{M}{EI}\right)\left(\frac{\partial M}{\partial P_i}\right) dx \tag{9-88}$$

Esta ecuación se conoce como el **teorema de Castigliano modificado**.

Al usar el teorema modificado, integramos el producto del momento flexionante y su derivada. En cambio, con el teorema normal (véase la ecuación u) integramos el cuadrado del momento flexionante. Puesto que la derivada es una expresión más corta que el momento, este nuevo procedimiento es mucho más simple. Para demostrarlo, resolveremos los ejemplos anteriores usando el teorema modificado (ecuación 9-88).

Comencemos con la viga de la figura 9-37 y recordemos que deseamos encontrar la deflexión y el ángulo de rotación en el extremo libre. El momento flexionante y sus derivadas (véase la ecuación j) son

$$M = -Px - M_0$$

$$\frac{\partial M}{\partial P} = -x \qquad \frac{\partial M}{\partial M_0} = -1$$

Obtenemos la deflexión δ_A y el ángulo de rotación θ_A de la ecuación 9-88:

$$\delta_A = \frac{1}{EI} \int_0^L (-Px - M_0)(-x)\,dx = \frac{PL^3}{3EI} + \frac{M_0 L^2}{2EI} \qquad \text{(v)}$$

$$\theta_A = \frac{1}{EI} \int_0^L (-Px - M_0)(-1)\,dx = \frac{PL^2}{2EI} + \frac{M_0 L}{EI} \qquad \text{(w)}$$

Estas ecuaciones concuerdan con los resultados anteriores (ecuaciones l y m), pero los cálculos son más cortos que los efectuados antes porque no tuvimos que integrar el cuadrado del momento flexionante (véase la ecuación k).

Las ventajas de diferenciar bajo el signo de integración son aún más evidentes cuando actúan más de dos cargas sobre la estructura, como en el ejemplo de la figura 9.38. En este caso, determinamos la deflexión δ_C en el punto medio C de la viga debida a las cargas P y M_0. Para esto, agregamos una carga ficticia Q en el punto medio (figura 9-39). Luego buscamos la deflexión $(\delta_C)_0$ en el punto medio de la viga cuando actuaban las tres cargas (P, M_0 y Q). Por último hicimos $Q = 0$ para obtener la deflexión δ_C debida sólo a P y M_0. La solución fue lenta porque las integraciones eran muy largas. En cambio, si usamos el teorema modificado y diferenciamos primero, los cálculos son mucho más cortos.

Con las tres cargas en acción (figura 9-39), los momentos flexionantes y sus derivadas son (véanse las ecuaciones n y o):

$$M = -Px - M_0 \qquad \frac{\partial M}{\partial Q} = 0 \qquad \left(0 \le x \le \frac{L}{2}\right)$$

$$M = -Px - M_0 - Q\left(x - \frac{L}{2}\right) \qquad \frac{\partial M}{\partial Q} = -\left(x - \frac{L}{2}\right) \qquad \left(\frac{L}{2} \le x \le L\right)$$

Por tanto, la deflexión $(\delta_C)_0$, de la ecuación (9-88), es

$$(\delta_C)_0 = \frac{1}{EI} \int_0^{L/2} (-Px - M_0)(0)\,dx$$

$$+ \frac{1}{EI} \int_{L/2}^L \left[-Px - M_0 - Q\left(x - \frac{L}{2}\right)\right]\left[-\left(x - \frac{L}{2}\right)\right]dx$$

En virtud de que Q es una carga ficticia y como ya hemos tomado las derivadas parciales, podemos igualar Q a cero antes de integrar y obtener la deflexión δ_C debida a las dos cargas P y M_0 de esta manera:

$$\delta_C = \frac{1}{EI} \int_{L/2}^{L} [-Px - M_0]\left[-\left(x - \frac{L}{2}\right)\right]dx = \frac{5PL^3}{48EI} + \frac{M_0 L^2}{8EI}$$

que concuerda con el resultado anterior (ecuación t). De nuevo, las integraciones son considerablemente más simples al diferenciar bajo el signo de integral y usar el teorema modificado.

La derivada parcial que aparece abajo del signo de integración en la ecuación (9-88) tiene una interpretación física sencilla: representa la razón de cambio del momento flexionante M con respecto a la carga P_i; es decir, es igual al momento flexionante M producido por una carga P_i de valor unitario. Esta observación conduce a un método para encontrar deflexiones conocido como *método de la carga unitaria*. El teorema de Castigliano también lleva a un método de análisis estructural conocido como el *método de las flexibilidades*. El uso de ambos se encuentra muy difundido en el análisis estructural y se describe en textos sobre dicho tema.

Los siguientes ejemplos proporcionan ilustraciones adicionales sobre el uso del teorema de Castigliano para encontrar deflexiones en vigas; sin embargo, debe recordarse que el teorema no se limita a la determinación de deflexiones en vigas, sino que se aplica a cualquier clase de estructura elástico lineal para la cual sea válido el principio de superposición.

Ejemplo 9-17

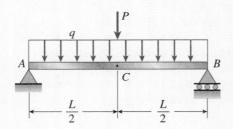

FIG. 9-40 Ejemplo 9-17. Viga simple con dos cargas.

Una viga simple AB soporta una carga uniforme de intensidad $q = 1.5$ klb/pie y una carga concentrada $P = 5$ klb (figura 9-40). La carga P actúa en el centro del claro C de la viga, que tiene longitud $L = 8.0$ pies, módulo de elasticidad $E = 30 \times 10^6$ lb/pulg^2 y momento de inercia $I = 75.0$ pulg^4.

Determinar la deflexión hacia abajo δ_C en el centro del claro de la viga con los siguientes métodos: 1) obtener la energía de deformación de la viga y use el teorema de Castigliano y 2) usar la forma modificada del teorema de Castigliano (diferenciación bajo el símbolo de integral).

Solución

Método 1. Como la viga y su carga son simétricas respecto al centro del claro, la energía de deformación para toda la viga es igual a dos veces la energía de deformación para la mitad izquierda de la viga; por tanto, necesitamos analizar solamente la mitad izquierda de la viga.

La reacción en el apoyo izquierdo A (figuras 9-40 y 9-41) es

$$R_A = \frac{P}{2} + \frac{qL}{2}$$

y por tanto, el momento flexionante M es

$$M = R_A x - \frac{qx^2}{2} = \frac{Px}{2} + \frac{qLx}{2} - \frac{qx^2}{2} \qquad (x)$$

en donde x se mide desde el apoyo A.

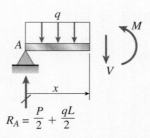

FIG. 9-41 Diagrama de cuerpo libre para determinar el momento de flexión M en la parte izquierda de la viga.

La energía de deformación de la viga completa (de la ecuación 9-80a) es

$$U = \int \frac{M^2 dx}{2EI} = 2 \int_0^{L/2} \frac{1}{2EI} \left(\frac{Px}{2} + \frac{qLx}{2} - \frac{qx^2}{2} \right)^2 dx$$

Después de elevar al cuadrado el término en paréntesis y efectuar una larga integración, encontramos

$$U = \frac{P^2 L^3}{96EI} + \frac{5PqL^4}{384EI} + \frac{q^2 L^5}{240EI}$$

Como la deflexión en el punto C (figura 9-40) corresponde a la carga P, podemos encontrar la deflexión usando el teorema de Castigliano (ecuación 9-87):

$$\delta_C = \frac{\partial U}{\partial P} = \frac{\partial}{\partial P} \left(\frac{P^2 L^3}{96EI} + \frac{5PqL^4}{384EI} + \frac{q^2 L^5}{240EI} \right) = \frac{PL^3}{48EI} + \frac{5qL^4}{384EI}$$

(y) ⬅

Método 2. Con la forma modificada del teorema de Castigliano (ecuación 9-88) evitamos la tediosa integración para encontrar la energía de deformación. El momento flexionante en la mitad izquierda de la viga ya se ha determinado (véase la ecuación x) y su derivada parcial con respecto a la carga P es

$$\frac{\partial M}{\partial P} = \frac{x}{2}$$

Por tanto, el teorema modificado de Castigliano toma la forma

$$\delta_C = \int \left(\frac{M}{EI} \right) \left(\frac{\partial M}{\partial P} \right) dx$$

$$= 2 \int_0^{L/2} \frac{1}{EI} \left(\frac{Px}{2} + \frac{qLx}{2} - \frac{qx^2}{2} \right) \left(\frac{x}{2} \right) dx = \frac{PL^3}{48EI} + \frac{5qL^4}{384EI} \quad \text{(z)} \quad ⬅$$

que concuerda con el resultado previo (ecuación y), pero requiere de una integración mucho más simple.

Solución numérica. Ahora que tenemos una expresión para la deflexión en el punto C, podemos sustituir valores numéricos como sigue:

$$\delta_C = \frac{PL^3}{48EI} + \frac{5qL^4}{384EI}$$

$$= \frac{(5 \text{ klb})(96 \text{ pulg})^3}{48(30 \times 10^6 \text{ lb/pulg}^2)(75.0 \text{ pulg}^4)} + \frac{5(1.5 \text{ klb/pie})(1/12 \text{ pie/pulg})(96 \text{ pulg})^4}{384(30 \times 10^6 \text{ lb/pulg}^2)(75.0 \text{ pulg}^4)}$$

$$= 0.0410 \text{ pulg} + 0.0614 \text{ pulg} = 0.1024 \text{ pulg} \qquad ⬅$$

Observe que los valores numéricos sólo se pueden sustituir *después* de obtener la derivada parcial. Si se sustituyen prematuramente, ya sea en la expresión para el momento flexionante o en la expresión para la energía de deformación, puede ser imposible obtener la derivada.

Ejemplo 9-18

Una viga simple con un voladizo soporta una carga uniforme de intensidad q sobre el claro AB y una carga concentrada P en el extremo C del voladizo (figura 9-42).

Determinar la deflexión δ_C y el ángulo de rotación θ_C en el punto C (usar la forma modificada del teorema de Castigliano).

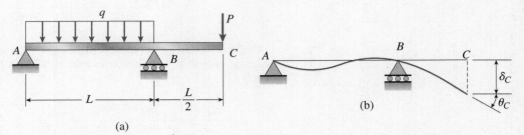

(a)

(b)

FIG. 9-42 Ejemplo 9-18. Viga con un voladizo.

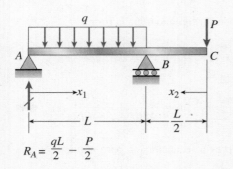

FIG. 9-43 Reacción en el soporte A y coordenadas x_1 y x_2 para la viga del ejemplo 9-18.

Solución

Deflexión δ_C en el extremo del voladizo (figura 9-42b). Puesto que la carga P corresponde a esta deflexión, no tenemos que usar una carga ficticia; podemos proceder a hallar de inmediato los momentos flexionantes a lo largo de la viga. La reacción en el apoyo A es

$$R_A = \frac{qL}{2} - \frac{P}{2}$$

como se muestra en la figura 9-43; por tanto, el momento flexionante en el claro AB es

$$M_{AB} = R_A x_1 - \frac{q x_1^2}{2} = \frac{qL x_1}{2} - \frac{P x_1}{2} - \frac{q x_1^2}{2} \qquad (0 \leq x_1 \leq L)$$

donde x_1 se mide hacia la derecha desde el apoyo A (figura 9-43). El momento flexionante en el voladizo es

$$M_{BC} = -P x_2 \qquad \left(0 \leq x_2 \leq \frac{L}{2} \right)$$

donde x_2 se mide desde el punto C (figura 9-43).

Luego determinamos las derivadas parciales con respecto a la carga P:

$$\frac{\partial M_{AB}}{\partial P} = -\frac{x_1}{2} \qquad (0 \leq x_1 \leq L)$$

$$\frac{\partial M_{BC}}{\partial P} = -x_2 \qquad \left(0 \leq x_2 \leq \frac{L}{2} \right)$$

Ahora estamos listos para usar la forma modificada del teorema de Castigliano (ecuación 9-88) para obtener la deflexión en el punto C:

$$\delta_C = \int\left(\frac{M}{EI}\right)\left(\frac{\partial M}{\partial P}\right)dx$$
$$= \frac{1}{EI}\int_0^L M_{AB}\left(\frac{\partial M_{AB}}{\partial P}\right)dx + \frac{1}{EI}\int_0^{L/2} M_{BC}\left(\frac{\partial M_{BC}}{\partial P}\right)dx$$

Sustituimos las expresiones para los momentos flexionantes y las derivadas parciales con lo cual obtenemos

$$\delta_C = \frac{1}{EI}\int_0^L\left(\frac{qLx_1}{2} - \frac{Px_1}{2} - \frac{qx_1^2}{2}\right)\left(-\frac{x_1}{2}\right)dx_1 + \frac{1}{EI}\int_0^{L/2}(-Px_2)(-x_2)dx_2$$

Al efectuar las integraciones y combinar términos, obtenemos la deflexión:

$$\delta_C = \frac{PL^3}{8EI} - \frac{qL^4}{48EI} \qquad (9\text{-}89) \quad \Longleftarrow$$

Dado que la carga P actúa hacia abajo, la deflexión δ_C también es positiva hacia abajo; en otras palabras, si la ecuación anterior da un resultado positivo, la deflexión es hacia abajo y si el resultado es negativo, la deflexión es hacia arriba.

Al comparar los dos términos en la ecuación (9-89), vemos que la deflexión en el extremo del voladizo es hacia abajo cuando $P > qL/6$ y hacia arriba cuando $P < qL/6$.

Ángulo de rotación θ_C *en el extremo del voladizo* (figura 9-42b). Como no hay carga sobre la viga original (figura 9-42a) correspondiente a este ángulo de rotación, debemos aplicar una carga ficticia; por tanto, colocamos un par de momento M_C en el punto C (figura 9-44). Observe que el par M_C actúa en el punto sobre la viga donde debe determinarse el ángulo de rotación. Además, tiene el mismo sentido de las manecillas del reloj que el ángulo de rotación (figura 9-42).

Seguimos ahora los mismos pasos que usamos para determinar la deflexión en C. Primero, observamos que la reacción en el apoyo A (figura 9-44) es

$$R_A = \frac{qL}{2} - \frac{P}{2} - \frac{M_C}{L}$$

En consecuencia, el momento flexionante en el claro AB es

$$M_{AB} = R_A x_1 - \frac{qx_1^2}{2} = \frac{qLx_1}{2} - \frac{Px_1}{2} - \frac{M_C x_1}{L} - \frac{qx_1^2}{2} \qquad (0 \leq x_1 \leq L)$$

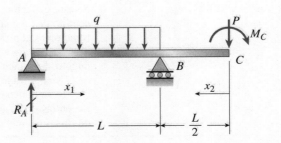

FIG. 9-44 Momento ficticio M_C que actúa sobre la viga del ejemplo 9-18.

y el momento flexionante en el voladizo es

$$M_{BC} = -Px_2 - M_C \qquad \left(0 \le x_2 \le \frac{L}{2}\right)$$

Las derivadas parciales se toman con respecto al momento M_C, que es la carga correspondiente al ángulo de rotación; por tanto,

$$\frac{\partial M_{AB}}{\partial M_C} = -\frac{x_1}{L} \qquad \left(0 \le x_1 \le L\right)$$

$$\frac{\partial M_{BC}}{\partial M_C} = -1 \qquad \left(0 \le x_2 \le \frac{L}{2}\right)$$

Ahora usamos la forma modificada del teorema de Castigliano (ecuación 9-88) para obtener el ángulo de rotación en el punto C:

$$\theta_C = \int \left(\frac{M}{EI}\right)\left(\frac{\partial M}{\partial M_C}\right)dx$$

$$= \frac{1}{EI}\int_0^L M_{AB}\left(\frac{\partial M_{AB}}{\partial M_C}\right)dx + \frac{1}{EI}\int_0^{L/2} M_{BC}\left(\frac{\partial M_{BC}}{\partial M_C}\right)dx$$

Sustituimos las expresiones para los momentos flexionantes y las derivadas parciales, con lo cual obtenemos

$$\theta_C = \frac{1}{EI}\int_0^L \left(\frac{qLx_1}{2} - \frac{Px_1}{2} - \frac{M_C x_1}{L} - \frac{qx_1^2}{2}\right)\left(-\frac{x_1}{L}\right)dx_1$$

$$+ \frac{1}{EI}\int_0^{L/2}(-Px_2 - M_C)(-1)dx_2$$

Como M_C es una carga ficticia y ya hemos tomado las derivadas parciales, podemos igualar M_C a cero en esta etapa de los cálculos y simplificar las integraciones:

$$\theta_C = \frac{1}{EI}\int_0^L \left(\frac{qLx_1}{2} - \frac{Px_1}{2} - \frac{qx_1^2}{2}\right)\left(-\frac{x_1}{L}\right)dx_1$$

$$+ \frac{1}{EI}\int_0^{L/2}(-Px_2)(-1)dx_2$$

Después de efectuar las integraciones y combinar términos, obtenemos

$$\theta_C = \frac{7PL^2}{24EI} - \frac{qL^3}{24EI} \qquad (9\text{-}90) \quad \Longleftarrow$$

Si esta ecuación da un resultado positivo, el ángulo de rotación es en el sentido de las manecillas del reloj; si el resultado es negativo, el ángulo de rotación es contrario a las manecillas del reloj.

Al comparar los dos términos en la ecuación (9-90), vemos que el ángulo de rotación es en sentido de las manecillas del reloj cuando $P > qL/7$ y en sentido contrario a las manecillas del reloj cuando $P < qL/7$.

Si se tienen datos numéricos, ahora es una cuestión de rutina sustituirlos en las ecuaciones (9-89) y (9-90) para calcular la deflexión y el ángulo de rotación en el extremo del voladizo.

*9.10 DEFLEXIONES PRODUCIDAS POR IMPACTO

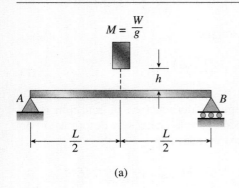

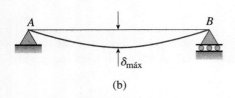

FIG. 9-45 Deflexión de una viga producida por la caída de un cuerpo.

En esta sección analizaremos el impacto de un cuerpo que cae sobre una viga (figura 9-45a). Determinaremos la deflexión dinámica de la viga igualando la energía potencial perdida por la masa al caer con la energía de deformación adquirida por la viga. Este método aproximado se describió en detalle en la sección 2.8 para una masa que golpea una barra cargada axialmente; en consecuencia, hay que entender dicha sección con claridad antes de seguir adelante.

La mayoría de las hipótesis planteadas en la sección 2.8 son aplicables a vigas y a barras cargadas axialmente. Algunas de tales hipótesis son: 1) el peso que cae se queda pegado a la viga y se mueve con ella; 2) no ocurren pérdidas de energía; 3) la viga se comporta de manera elástico lineal; 4) la forma deflexionada de la viga es la misma bajo carga dinámica que bajo carga estática y 5) la energía potencial de la viga debida a su cambio de posición es relativamente pequeña y puede despreciarse. En general, estas hipótesis son razonables si la masa del objeto que cae es muy grande en comparación con la masa de la viga; de otra manera, el análisis aproximado dado aquí no es válido y se requiere un análisis más avanzado.

A manera de ejemplo consideraremos la viga simple *AB* ilustrada en la figura 9-45. La viga es golpeada en su punto medio por un cuerpo en caída de masa *M* y peso *W*. Con base en las idealizaciones anteriores, podemos suponer que toda la energía potencial perdida por el cuerpo al caer se transforma en energía de deformación elástica que queda almacenada en la viga. Como la distancia que el cuerpo cae es $h + \delta_{\text{máx}}$, donde h es la altura inicial sobre la viga (figura 9-45a) y $\delta_{\text{máx}}$ es la deflexión dinámica máxima de la viga (figura 9-45b), la pérdida de energía potencial es

$$\text{Energía potencial} = W(h + \delta_{\text{máx}}) \tag{a}$$

La energía de deformación adquirida por la viga puede determinarse con la curva de deflexión usando la ecuación (9-80b), que se repite aquí:

$$U = \int \frac{EI}{2}\left(\frac{d^2v}{dx^2}\right)^2 dx \tag{b}$$

La curva de deflexión para una viga simple sometida a una carga concentrada actuando en el centro del claro (véase el caso 4 de la tabla G-2, apéndice G) es

$$v = -\frac{Px}{48EI}(3L^2 - 4x^2) \qquad \left(0 \le x \le \frac{L}{2}\right) \tag{c}$$

La deflexión máxima de la viga es

$$\delta_{\text{máx}} = \frac{PL^3}{48EI} \tag{d}$$

Al eliminar la carga *P* entre las ecuaciones (c) y (d) obtenemos la ecuación de la curva de deflexión en términos de la deflexión máxima:

$$v = -\frac{\delta_{max}x}{L^3}(3L^2 - 4x^2) \qquad \left(0 \le x \le \frac{L}{2}\right) \tag{e}$$

Derivamos dos veces y encontramos

$$\frac{d^2v}{dx^2} = \frac{24\delta_{máx}x}{L^3} \tag{f}$$

Por último, sustituimos la segunda derivada en la ecuación (b) y obtenemos la siguiente expresión para la energía de deformación de la viga en términos de la deflexión máxima:

$$U = 2\int_0^{L/2} \frac{EI}{2}\left(\frac{d^2v}{dx^2}\right)^2 dx = EI\int_0^{L/2}\left(\frac{24\delta_{máx}x}{L^3}\right)^2 dx = \frac{24EI\delta^2_{máx}}{L^3} \tag{g}$$

Igualamos la energía potencial perdida por la masa que cae (ecuación a) con la energía de deformación adquirida por la viga (ecuación g) y obtenemos

$$W(h + \delta_{máx}) = \frac{24EI\delta^2_{máx}}{L^3} \tag{9-91}$$

Esta ecuación es cuadrática en $\delta_{máx}$ y su raíz positiva es:

$$\delta_{máx} = \frac{WL^3}{48EI} + \left[\left(\frac{WL^3}{48EI}\right)^2 + 2h\left(\frac{WL^3}{48EI}\right)\right]^{1/2} \tag{9-92}$$

Vemos que la deflexión dinámica máxima aumenta si el peso del objeto que cae o la altura de la caída se incrementa y que disminuye si se incrementa la rigidez EI/L^3 de la viga.

Para simplificar la ecuación anterior, denotaremos la *deflexión estática* de la viga debido al peso W con δ_{est}:

$$\delta_{est} = \frac{WL^3}{48EI} \tag{9-93}$$

La ecuación (9-92) para la deflexión dinámica máxima puede escribirse entonces de la siguiente manera:

$$\delta_{máx} = \delta_{est} + (\delta^2_{est} + 2h\delta_{est})^{1/2} \tag{9-94}$$

Esta ecuación muestra que la deflexión dinámica siempre es mayor que la deflexión estática.

Si la altura h es igual a cero, lo que significa que la carga se aplica súbitamente pero sin ninguna caída libre, la deflexión dinámica es dos veces mayor que la deflexión estática. Si h es muy grande comparada con la deflexión, entonces el término que contiene h en la ecuación (9-94) predomina y la ecuación puede simplificarse a

$$\delta_{máx} = \sqrt{2h\delta_{est}} \tag{9-95}$$

Estas observaciones son análogas a las señaladas en la sección 2.8 para el impacto de una barra en tensión o en compresión.

Por lo general, la deflexión $\delta_{\text{máx}}$ calculada con la ecuación (9-94) representa un límite superior porque hemos supuesto que no hay pérdidas de energía durante el impacto. Otros factores también tienden a reducir la deflexión, incluidos la deformación localizada de las superficies en contacto, la tendencia de la masa descendente a rebotar hacia arriba y los efectos de inercia de la masa de la viga. Así, se observa que el fenómeno del impacto es muy complejo, y si se requiere un análisis más preciso, deben consultarse las publicaciones dedicadas específicamente al tema.

*9.11 FUNCIONES DISCONTINUAS

Las funciones discontinuas se utilizan en diferentes aplicaciones ingenieriles, incluyendo el análisis de vigas, los circuitos eléctricos y la transferencia de calor. Probablemente estas funciones sean las de uso más sencillo y las más fáciles de entender cuando se aplican a las vigas, y por lo tanto el estudio de la mecánica de los materiales ofrece una oportunidad excelente para familiarizarse con ellas. En esta sección se describe la matemática de estas funciones y también se estudiará cómo usar estas funciones para representar las cargas en las vigas. Entonces las usaremos en la siguiente sección para encontrar las pendientes y las deflexiones en vigas prismáticas.

La característica distintiva de las funciones discontinuas es que permiten plantear una función discontinua con una sola expresión, mientras que el enfoque más convencional requiere la descripción de una función discontinua mediante una serie de expresiones, una para cada región en la cual la función sea diferente.

Por ejemplo, si la carga de una viga consiste en una mezcla de cargas concentradas y distribuidas, puede plantearse una sola ecuación mediante las funciones discontinuas que sea aplicable para toda la longitud, mientras que de ordinario debemos plantear ecuaciones individuales para cada segmento de la viga entre los cambios de carga. De manera similar, podemos expresar las fuerzas cortantes, los momentos flexionantes, las pendientes y las deflexiones de una viga a razón de una ecuación, aunque puede haber varios cambios en las cargas que actúan a lo largo del eje de la viga.

Se pueden alcanzar estos resultados porque las funciones mismas son discontinuas; es decir, tienen valores diferentes para diferentes regiones de la variable independiente. En efecto, estas funciones pueden salvar una discontinuidad de una manera que no es posible con las funciones continuas ordinarias. Sin embargo, debido a que difieren significativamente de las funciones a las que estamos acostumbrados, las funciones discontinuas deben usarse con cuidado y precaución.

En esta sección se estudiarán dos tipos de funciones, llamadas las **funciones de Macaulay** y las **funciones singulares.** Aunque estas funciones tienen definiciones y propiedades que son diferentes, juntas forman una familia de **funciones discontinuas.***

Funciones de Macaulay

Las funciones de Macaulay se usan para representar cantidades que "comienzan" en un punto específico en el eje x y que tienen valor cero a la izquierda de ese punto. Por ejemplo, una de las funciones de Macaulay, denominada F_1, se define como sigue:

$$F_1(x) = \langle x - a \rangle^1 = \begin{cases} 0 & \text{cuando } x \leq a \\ x - a & \text{cuando } x \geq a \end{cases} \quad (9\text{-}96)$$

En esta ecuación, x es la variable independiente y a es el valor de x para el cual "comienza" la función. El símbolo matemático para una función discontinua es el *paréntesis triangular.*

En el caso de la función F_1, los paréntesis triangulares (con el subíndice 1) nos dicen que la función tiene valor cero cuando x es menor que o igual a a (es decir, cuando la expresión entre paréntesis es negativa o cero) y un valor igual a $x - a$ cuando x es mayor que o igual a a. En la figura 9-46 se da una gráfica de esta función, llamada la **función de rampa unitaria.**

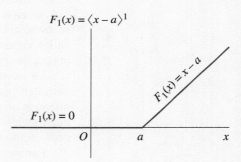

FIG. 9-46 Gráfica de la función de Macaulay F_1 (la función rampa unitaria).

En términos generales, las **funciones de Macaulay** se definen con las siguientes expresiones:

$$F_n(x) = \langle x - a \rangle^n = \begin{cases} 0 & \text{cuando } x \leq a \\ (x - a)^n & \text{cuando } x \geq a \end{cases} \quad (9\text{-}97)$$

En esta definición se ve que las funciones de Macaulay tienen valor cero a la izquierda del punto $x = a$ y valor $(x - a)^n$ a la derecha de este punto. Excepto para el caso $n = 0$, que se estudiará posteriormente, la función es igual a cero para $x = a$.

---

*Ambos tipo de funciones de discontinuidad también reconocen como funciones de singularidad, pero esta denominación confunde la distinción entre ambas, las cuales obedecen a leyes matemáticas diferentes. Además, las funciones de Macaulay no tienen singularidades.

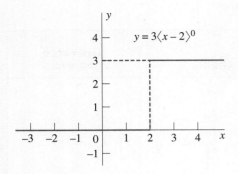

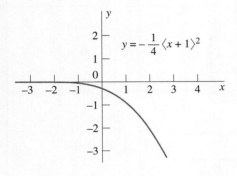

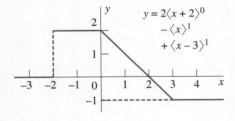

FIG. 9-47 Gráficas de las expresiones en las que intervienen las funciones de Macaulay.

Otra forma de expresar esta definición es la siguiente: Si la cantidad $x - a$ dentro de los paréntesis triangulares es negativa o cero, la función de Macaulay tiene valor cero; si la función $x - a$ es positiva o cero, la función de Macaulay tiene el valor obtenido al reemplazar los paréntesis triangulares con paréntesis.

La definición anterior de las funciones de Macaulay es válida para valores de n iguales a enteros positivos y cero. Cuando $n = 0$, observe que la función adopta los siguientes valores especiales:

$$F_0(x) = \langle x - a \rangle^0 = \begin{cases} 0 & \text{cuando } x \leq a \\ 1 & \text{cuando } x \geq a \end{cases} \qquad (9\text{-}98)$$

Esta función tiene un "escalón" vertical en el punto de discontinuidad $x = a$; es decir, para $x = a$ tiene dos valores: cero y uno. La función F_0, denominada la **función de escalón unitario**, se ilustra en la parte inferior de la tabla 9-1 junto con otras funciones de Macaulay.*

Las funciones de Macaulay de grado mayor pueden expresarse en términos de la función de escalón unitario, como sigue:

$$F_n(x) = \langle x - a \rangle^n = (x - a)^n \langle x - a \rangle^0 \qquad (9\text{-}99)$$

Esta ecuación se confirma fácilmente comparando las ecuaciones (9-97) y (9-98).

Algunas de las operaciones algebraicas básicas, tales como la suma, la resta y la multiplicación por una constante, pueden realizarse con las funciones de Macaulay. En la figura 9-47 se dan ilustraciones de estas operaciones elementales. El aspecto importante que puede observarse en estos ejemplos es que una función y que tenga diferentes expresiones algebraicas para diferentes regiones a lo largo del eje x puede escribirse como una ecuación única mediante el uso de las funciones de Macaulay. El lector deberá verificar cada una de las gráficas de la figura 9-47 para familiarizarse con la construcción de estas expresiones.

Las funciones de Macaulay pueden integrarse y diferenciarse de acuerdo con las fórmulas dadas en la última columna de la tabla 9-1. Estas fórmulas pueden verificarse mediante la diferenciación e integración ordinarias de las funciones en las dos regiones $x \leq a$ y $x \geq a$.

Las **unidades** de las funciones de Macaulay son las mismas que las unidades de x^n; es decir, F_0 es adimensional, F_1 tiene unidades de x, F_2 tiene unidades de x^2, etcétera.**

---

*La función escalón unitaria también se conoce como la *función escalón de Heaviside*, denotada por $H(x - a)$, en honor de Oliver Heaviside (1850-1925), un físico e ingeniero electricista inglés.

**El uso de paréntesis especiales para las funciones discontinuas fue introducido por el matemático inglés W. H. Macaulay en 1919 (Ref. 9-7), y con frecuencia se denomina a estos paréntesis los paréntesis de Macaulay. Sin embargo, Macaulay en realidad usaba corchetes { } para identificar las funciones; los paréntesis triangulares $\langle \rangle$ que se usan en la actualidad fueron introducidos posteriormente. El concepto general de combinar dos o más expresiones en una función individual mediante el uso de un símbolo especial es anterior al trabajo de Macaulay (véanse las Refs. 9-8 a 9-10).

TABLA 9-1 DEFINICIONES DE LAS FUNCIONES DISCONTINUAS

	Nombre	Definición	Gráfica	Derivada e integral
Funciones singulares	Función doblete unitaria	$F_{-2} = \langle x - a \rangle^{-2} = \begin{cases} 0 & x \neq a \\ \pm\infty & x = a \end{cases}$		$\displaystyle\int_{-\infty}^{x} F_{-2}\,dx = F_{-1}$
	Función impulso unitaria	$F_{-1} = \langle x - a \rangle^{-1} = \begin{cases} 0 & x \neq a \\ +\infty & x = a \end{cases}$		$\displaystyle\int_{-\infty}^{x} F_{-1}\,dx = F_0$
Funciones de Macaulay	Función escalón unitaria	$F_0 = \langle x - a \rangle^{0} = \begin{cases} 0 & x \leq a \\ 1 & x \geq a \end{cases}$		$\displaystyle\int_{-\infty}^{x} F_0\,dx = F_1$
	Función rampa unitaria	$F_1 = \langle x - a \rangle^{1} = \begin{cases} 0 & x \leq a \\ x - a & x \geq a \end{cases}$		$\dfrac{d}{dx} F_1 = F_0$ $\displaystyle\int_{-\infty}^{x} F_1\,dx = \dfrac{F_2}{2}$
	Función de segundo grado unitaria	$F_2 = \langle x - a \rangle^{2} = \begin{cases} 0 & x \leq a \\ (x - a)^2 & x \geq a \end{cases}$		$\dfrac{d}{dx} F_2 = 2F_1$ $\displaystyle\int_{-\infty}^{x} F_2\,dx = \dfrac{F_3}{3}$
	Función deneral de Macaulay	$F_n = \langle x - a \rangle^{n} = \begin{cases} 0 & x \leq a \\ (x - a)^n & x \geq a \end{cases}$ $n = 0, 1, 2, 3, \ldots$		$\dfrac{d}{dx} F_n = nF_{n-1}$ $n = 1, 2, 3, \ldots$ $\displaystyle\int_{-\infty}^{x} F_n\,dx = \dfrac{F_{n+1}}{n + 1}$ $n = 0, 1, 2, 3, \ldots$

Funciones singulares

El segundo tipo de funciones discontinuas consiste en las **funciones singulares,** que se definen mediante las siguientes expresiones:

$$F_n(x) = \langle x - a \rangle^n = \begin{cases} 0 & \text{cuando } x \neq a \\ \pm\infty & \text{cuando } x = a \end{cases} \qquad (9\text{-}100)$$

$$n = -1, -2, -3, \ldots$$

Observe que las funciones singulares se definen para valores enteros negativos de n, mientras que las funciones de Macaulay se definen para enteros positivos y para cero. Los paréntesis triangulares identifican a ambos tipos de funciones, pero los paréntesis tienen diferentes significados en ambos casos (compare las ecuaciones 9-97 y 9-100).

Las funciones singulares tienen valor cero en todos lados excepto en el punto singular $x = a$. Las singularidades surgen porque, cuando n es un entero negativo, la función $(x - a)^n$ puede escribirse con una fracción con la expresión $x - a$ en el denominador; entonces, cuando $x = a$, la función se hace infinita.

Las dos funciones singulares más importantes se ilustran en la parte superior de la tabla 9-1, donde vemos que el tipo de singularidad depende del valor de n. La **función doblete unitaria** ($n = -2$) tiene una singularidad que puede ilustrarse con dos flechas de extensión infinita, una dirigida hacia arriba y otra hacia abajo, con las flechas estando infinitesimalmente cercanas entre sí. Por comodidad, estas flechas pueden visualizarse como fuerzas, y entonces el doblete puede representarse mediante una flecha curva que es el momento de las dos fuerzas. Este momento es igual al producto de una fuerza infinita y de una distancia cada vez más pequeña; el momento resulta ser finito e igual a la unidad. Por esta razón, el doblete también se conoce como el **momento unitario** (otro nombre de uso común es **dipolo**).

La **función impulso unitaria** ($n = -1$) también es infinita para $x = a$ pero de diferente manera. Puede ilustrarse mediante una flecha única, como se muestra en la tabla 9-1. Si la flecha se visualiza como una fuerza, entonces la fuerza tiene intensidad infinita y actúa sobre una distancia infinitesimalmente pequeña a lo largo del eje x. La fuerza es igual a la intensidad multiplicada por la distancia sobre la cual actúa; este producto también resulta ser finito e igual a la unidad. Entonces, también se usa el nombre **fuerza unitaria** para esta función.*

Las funciones singulares algunas veces se clasifican como *funciones patológicas* o *funciones impropias*, porque no son continuas ni diferenciables para $x = a$. Sin embargo, las funciones singulares

---

*La terminología *función impulso unitaria* proviene del uso de esta función en dinámica, donde el eje x es el eje de tiempo. En física y matemáticas, esta función se denota como $\delta(x - a)$ y se denomina *función delta de Dirac*, en honor del físico teórico inglés Paul A. M. Dirac (1902 – 1984) quien la desarrolló.

pueden integrarse a través de las singularidades; la **fórmula de integración** es como sigue:

$$\int_{-\infty}^{x} F_n \, dx = \int_{-\infty}^{x} \langle x - a \rangle^n \, dx = \langle x - a \rangle^{n+1} = F_{n+1} \qquad (9\text{-}101)$$

$$n = -1, -2, -3, \ldots$$

Observe que esta fórmula no es la misma que la fórmula general de integración para las funciones de Macaulay, que está dada en el último renglón y la última columna de la tabla 9-1.

La ecuación (9-101) muestra que la integral de la función doblete unitaria es la función impulso unitaria, y la integral de la función impulso unitaria es la función escalón unitaria (véase la tabla 9-1).

Las **unidades** de las funciones singulares, como las de las funciones de Macaulay, son las mismas que las unidades de x^n. Entonces, la función doblete tiene unidades de $1/x^2$ y la función impulso tiene unidades de $1/x$.

Representación de cargas en vigas mediante las funciones discontinuas

Las funciones discontinuas listadas en la tabla 9-1 son muy apropiadas para representar cargas en vigas, tales como pares, fuerzas, cargas uniformes y cargas variables. La forma de los diferentes diagramas de carga se amolda perfectamente a la forma de las funciones correspondientes F_{-2}, F_{-1}, F_0, F_1, etc. Solamente hace falta multiplicar las funciones dadas en la tabla (que son funciones *unitarias*) por la intensidad de carga apropiada para obtener representaciones matemáticas de las cargas.

En la tabla 9-2 se listan diferentes casos de **cargas en vigas** para una referencia cómoda. Cada caso se explica en detalle en los siguientes párrafos. Los casos más complicados de carga pueden manejarse mediante la superposición de estos casos elementales.

Para explicar cómo se obtienen estas expresiones en la tabla 9-2, considérese una **carga uniforme (caso 3)**. Esta carga puede expresarse en términos de la función escalón unitaria F_0, que está dada por la siguiente fórmula (véase la tabla 9-1):

$$F_0(x) = \langle x - a \rangle^0 \qquad (a)$$

Esta función tiene valor 0 para $x \le a$ y valor $+1$ para $x \ge a$. Si la función se multiplica por la constante q_0, que representa la intensidad de la carga uniforme, se convierte en una expresión para la carga distribuida uniformemente sobre la viga:

$$q(x) = q_0 \langle x - a \rangle^0 \qquad (b)$$

La carga $q(x)$ definida por esta expresión tiene valor 0 para $x \le a$ y valor q_0 para $x \ge a$. Entonces, para $x = a$, la función es igual a cero si nos aproximamos por la izquierda, y es igual a q_0 si nos aproximamos por la derecha. Observe que la ecuación (b) está listada en la última columna de la tabla 9-2, caso 3.

La dirección de la carga representada por la ecuación (b) podría ser hacia arriba o hacia abajo, dependiendo de la **convención de sig-**

TABLA 9-2 INTENSIDADES DE CARGA REPRESENTADAS POR LAS FUNCIONES DISCONTINUAS

Caso	Carga de la viga (mostrada positiva)	Intensidad $q(x)$ de la carga distribuida equivalente (positiva hacia abajo)
1		$q(x) = M_0 \langle x - a \rangle^{-2}$
2		$q(x) = P \langle x - a \rangle^{-1}$
3		$q(x) = q_0 \langle x - a \rangle^{0}$
4		$q(x) = \dfrac{q_0}{b} \langle x - a \rangle^{1}$
5		$q(x) = \dfrac{q_0}{b^2} \langle x - a \rangle^{2}$
6		$q(x) = q_0 \langle x - a_1 \rangle^{0}$ $- q_0 \langle x - a_2 \rangle^{0}$
7		$q(x) = \dfrac{q_0}{b} \langle x - a_1 \rangle^{1}$ $- \dfrac{q_0}{b} \langle x - a_2 \rangle^{1}$ $- q_0 \langle x - a_2 \rangle^{0}$
8		$q(x) = q_0 \langle x - a_1 \rangle^{0}$ $- \dfrac{q_0}{b} \langle x - a_1 \rangle^{1}$ $+ \dfrac{q_0}{b} \langle x - a_2 \rangle^{1}$

nos para cargas distribuidas. Como suponemos que las cargas uniformes hacia abajo son positivas (véase la figura 9-4), la expresión para $q(x)$ representa a la carga ilustrada en el caso 3. Observe que la carga uniforme q_0 continúa indefinidamente a la derecha a lo largo del eje x.

Los **casos 4** y **5** de la tabla 9-2 pueden explicarse de una manera similar a la del caso 3, usando las funciones de rampa y de segundo grado. Ambas funciones de carga continúan indefinidamente a la derecha. Para definir a las funciones, necesitamos conocer las coordenadas de un punto específico en cada gráfica. Un método conveniente es dar la ordenada q_0 para la distancia b a partir del punto $x = a$, como se muestra en la tabla.

La carga del **caso 6** es un segmento de una carga uniforme que comienza en $x = a_1$ y termina en $x = a_2$. Esta carga puede expresarse como la superposición de dos cargas. La primera carga es una carga uniforme de intensidad q_0 que comienza en $x = a_1$ y continúa indefinidamente a la derecha (véase el caso 3); la segunda carga tiene intensidad $-q_0$, comienza en $x = a_2$ y también continúa indefinidamente a la derecha. Entonces, la segunda carga cancela a la primera en la región a la derecha del punto $x = a_2$.

Las cargas en los **casos 7** y **8** también constan de segmentos de cargas distribuidas y se obtienen combinando patrones de carga más elementales. El lector deberá verificar las expresiones dadas en la última columna de la tabla para estos dos casos. Se obtienen patrones de carga más complicados en los que intervengan cargas distribuidas mediante técnicas similares de superoposición usando las funciones de Macaulay.

Las cargas con forma de **pares o fuerzas (casos 1** y **2)** se tratan con las funciones singulares, con la función doblete unitaria representando a un par unitario y con la función impulso unitario representando a una fuerza unitaria. Cuando la función doblete unitaria se multiplica por M_0, representa a un par como una carga distribuida equivalente de intensidad $q(x)$. Las unidades de M_0 son de fuerza por longitud, y las unidades de la función doblete unitaria son longitud elevada a la potencia -2. Entonces, su producto tiene unidades de fuerza dividida entre una longitud, que son las unidades correctas para la intensidad de una carga distribuida.

La situación es similar para una carga concentrada, porque el producto de la fuerza P y de la función impulso unitario tiene unidades de intensidad de carga. Entonces, las ecuaciones para $q(x)$ dadas en los casos 1 y 2 son expresiones matemáticas que definen las intensidades de carga equivalentes para un par y una fuerza, respectivamente.

Las **convenciones de signo** para los casos 1 y 2 se muestran en la tabla 9-2, es decir, las cargas con forma de par son positivas en sentido contrario a las manecillas del reloj y las cargas con forma de fuerza son positivas hacia abajo. Como se mencionó anteriormente, las cargas equivalentes $q(x)$ son positivas hacia abajo.

El proceso de escribir una expresión para la carga distribuida equivalente $q(x)$ que actúa sobre una viga se ilustra en los tres ejemplos siguientes (ejemplos 9-19, 9-20 y 9-21). Entonces, en la próxima sección (sección 9-12), mostramos cómo se integran estas mismas expresiones para $q(x)$ para obtener fuerzas cortantes, momentos flexionantes, pendientes y deflexiones.

Ejemplo 9-19

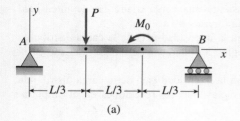

(a)

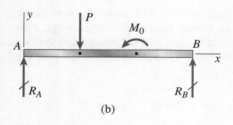

(b)

FIG. 9-48 Ejemplo 9-19. Representación de cargas mediante funciones discontinuas.

La viga simple AB mostrada en la figura 9-48 a sustenta una carga concentrada P y un par M_0.

a) Escribir la expresión para la intensidad $q(x)$ de la carga distribuida equivalente que actúa sobre la viga en la región entre los apoyos ($0 < x < L$).

b) Escribir la expresión para la intensidad $q(x)$ de la viga completa, incluyendo las reacciones en los extremos A y B ($0 \leq x \leq L$).

Solución

a) *Intensidad de la carga distribuida equivalente en la región entre los apoyos.* Las únicas cargas que actúan sobre la viga entre los apoyos son la carga concentrada P y el par M_0. Sus cargas equivalentes se obtienen a partir de la tabla 9-2, casos 1 y 2, respectivamente. Entonces, con el origen de las coordenadas en el apoyo A, podemos escribir (por inspección) la siguiente ecuación:

$$q(x) = P\left\langle x - \frac{L}{3}\right\rangle^{-1} + M_0\left\langle x - \frac{2L}{3}\right\rangle^{-2} \qquad (0 < x < L) \qquad (9\text{-}102) \quad \Longleftarrow$$

Esta ecuación da la carga distribuida equivalente para cada punto a lo largo del eje de la viga excepto en los extremos. Observe que la expresión del lado derecho en el miembro derecho de la ecuación es cero en todos lados excepto en los puntos de carga. En estos puntos, la intensidad es infinita.

b) *Intensidad de la carga distribuida equivalente para toda la viga, incluyendo las reacciones en los extremos.* Cuando se incluyen a las reacciones, la expresión resultante para $q(x)$ será válida en *todos* los puntos a lo largo del eje de la viga. Para obtener $q(x)$, comenzamos al mostrar las reacciones en un diagrama de cuerpo libre de la viga (figura 9-48b). Entonces, podemos determinar las reacciones a partir de la estática:

$$R_A = \frac{2P}{3} + \frac{M_0}{L} \qquad R_B = \frac{P}{3} - \frac{M_0}{L} \qquad (9\text{-}103\text{a, b})$$

Una vez conocidas las reacciones, podemos escribir la ecuación para $q(x)$ por inspección, nuevamente con el uso de los casos 1 y 2 de la tabla 9-2:

$$q(x) = -R_A\langle x\rangle^{-1} + P\left\langle x - \frac{L}{3}\right\rangle^{-1} + M_0\left\langle x - \frac{2L}{3}\right\rangle^{-2} - R_B\langle x - L\rangle^{-1}$$
$$(0 \leq x \leq L) \qquad (9\text{-}104) \quad \Longleftarrow$$

Esta ecuación da la carga distribuida equivalente para toda la longitud de la viga, incluyendo ambos extremos.

Nota: al integrar las ecuaciones (9-102) o (9-104), podemos obtener las fuerzas cortantes, los momentos flexionantes, las pendientes y las deflexiones en la viga, como se describe en la siguiente sección.

Ejemplo 9-20

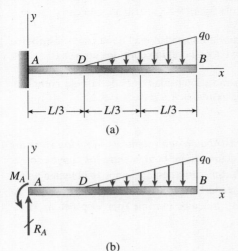

(a)

(b)

FIG. 9-49 Ejemplo 9-20. Representación de cargas mediante funciones discontinuas.

Una viga en voladizo *ADB* sustenta una carga triangular de intensidad máxima q_0 como se muestra en la figura 9-49 a.

a) Escribir la expresión para la intensidad *q(x)* de la carga distribuida que actúa sobre la viga en la región a la derecha del empotramiento ($0 < x \le L$).

b) Escribir la expresión para la intensidad *q(x)* de la carga distribuida equivalente para toda la viga, incluyendo las reacciones en el empotramiento ($0 \le x \le L$).

Solución

a) *Intensidad de la carga distribuida en la región a la derecha del empotramiento.* La única carga en la viga es la carga triangular que tiene intensidad cero en $x = L/3$ e intensidad q_0 en $x = L$. Esta carga se ajusta al caso 7 de la tabla 9-2, de donde obtenemos la siguiente expresión para *q(x)* en términos de funciones discontinuas:

$$q(x) = \frac{q_0}{2L/3} \left\langle x - \frac{L}{3} \right\rangle^1 - \frac{q_0}{2L/3} \langle x - L \rangle^1 - q_0 \langle x - L \rangle^0 \quad (0 < x \le L)$$

(9-105)

Esta ecuación describe la carga ilustrada en la figura 9-49 a, con la carga que tiene intensidad cero para el primer tercio de la longitud de la viga, aumentando luego hasta q_0 en el extremo de la viga, y finalmente cayendo hasta cero en el mismo punto. La razón de que la carga caiga hasta cero en el extremo de la viga es porque usamos el caso 7 de la tabla 9-2. Los últimos dos términos del caso 7 cancelan la parte de la carga triangular que de otra manera continuaría indefinidamente a la derecha de la viga real.

En la práctica, es posible permitir que la carga triangular se prolongue más allá del extremo de la viga, porque cualesquiera cargas para las cuales *x* es mayor que *L* no tienen significado físico. Por lo tanto, podemos retirar a los dos términos que contienen $\langle x - L \rangle$ en la ecuación (9-105) y simplificar la expresión para *q(x)*:

$$q(x) = \frac{3q_0}{2L} \left\langle x - \frac{L}{3} \right\rangle^1 \quad (0 < x \le L) \quad (9\text{-}106) \quad \Longleftarrow$$

Observe que los dos términos retirados tienen valor cero para cada uno de los puntos a lo largo de la longitud de la viga, suministrando así mayor evidencia de que su remoción no tendrá ningún efecto en ninguno de nuestros cálculos.

Además, ahora reconocemos que pudimos haber obtenido nuestro resultado final (ecuación 9-106) de una manera más sencilla y más directa usando el caso 4 de la tabla 9-2, en lugar de usar el caso 7.

Como una observación adicional, observamos que la carga sobre la viga (ecuación 9-106) puede escribirse de una manera más convencional refiriéndose a la definición de la función rampa unitaria en la tabla 9-1. A partir de la definición dada ahí, obtenemos las siguientes expresiones para la carga en la viga:

$$\text{para } 0 < x \le L/3: \quad q(x) = 0$$

$$\text{para } L/3 \le x \le L: \quad q(x) = \frac{3q_0}{2L} \left(x - \frac{L}{3} \right)$$

Estas expresiones son el equivalente de la ecuación (9-106) y sirven como verificación de su exactitud.

b) *Intensidad de la carga distribuida equivalente para la viga comple-*
ta, incluyendo las reacciones en el empotramiento. Comenzamos encontrando las reacciones R_A y M_A en el extremo A de la viga (figura 9-49b). De
las ecuaciones de equilibrio se obtiene

$$R_A = \frac{q_0 L}{3} \qquad M_A = \frac{7 q_0 L^2}{27} \qquad \text{(9-107a, b)}$$

Usando los casos 2 y 1, respectivamente, de la tabla 9-2, obtenemos ahora
(por inspección) la siguiente ecuación para $q(x)$:

$$q(x) = -R_A \langle x \rangle^{-1} + M_A \langle x \rangle^{-2} + \frac{3 q_0}{2L} \left\langle x - \frac{L}{3} \right\rangle^1 \qquad (0 \le x \le L) \qquad \text{(9-108)}$$

Esta ecuación considera a *todas* las fuerzas que actúan sobre la viga y
en el ejemplo 9-22 de la siguiente sección integraremos esta ecuación para
obtener las fuerzas cortantes, los momentos flexionantes, las pendientes y
las deflexiones en la viga.

Ejemplo 9-21

La viga *ACBD* mostrada en las figura 9-50 a tiene apoyos simples en A y B
y un voladizo de B a D. Las cargas en la viga constan de una carga uniforme ($q = 800$ lb/pie) que se prolonga de C a B y una carga concentrada
($P = 1\ 500$ lb) en el extremo D. El punto C está en el punto medio del
claro AB, el cual tiene una longitud de 12 pies. La longitud del voladizo es
4 pies.

Escribir las expresiones para la intensidad $q(x)$ de la carga distribuida
equivalente para la viga, incluyendo las reacciones.

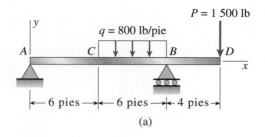

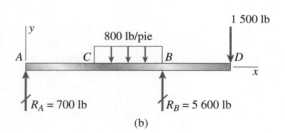

FIG. 9-50 Ejemplo 9-21. Representación de
cargas mediante funciones discontinuas.

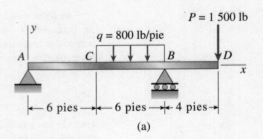

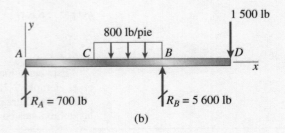

FIG. 9-50 (Repetición).

Solución

Comenzamos calculando las reacciones de la viga a partir del equilibrio estático usando el diagrama de cuerpo libre de la figura 9-50b. Los resultados son

$$R_A = 700 \text{ lb} \qquad R_B = 5\,600 \text{ lb}$$

Ahora podemos escribir la expresión para $q(x)$ por inspección, usando los casos 2 y 6 de la tabla 9-2:

$$
\begin{aligned}
q(x) = & -(700 \text{ lb})\langle x \rangle^{-1} + (800 \text{ lb/pie})\langle x - 6 \text{ pies} \rangle^0 \\
& - (800 \text{ lb/pie})\langle x - 12 \text{ pies} \rangle^0 - (5\,600 \text{ lb})\langle x - 12 \text{ pies} \rangle^{-1} \\
& + (1\,500 \text{ lb})\langle x - 16 \text{ pies} \rangle^{-1}
\end{aligned}
$$

$$(0 \le x \le 16 \text{ pies}) \quad (9\text{-}109)$$

En esta ecuación, x tiene unidades de pies y $q(x)$ tiene unidades de libras por pie (lb/pie).

Como es un poco tedioso incluir las unidades en cada término de la ecuación (9-109), podemos omitir las unidades y rescribir a $q(x)$ de una manera más simple:

$$
\begin{aligned}
q(x) = & -700\langle x \rangle^{-1} + 800\langle x - 6 \rangle^0 - 800\langle x - 12 \rangle^0 \\
& - 5\,600\langle x - 12 \rangle^{-1} + 1\,500\langle x - 16 \rangle^{-1} \quad (0 \le x \le 16)
\end{aligned}
$$

$$(9\text{-}110)$$

Las unidades que se usan en esta ecuación son las mismas que en la ecuación (9-109), es decir, x tiene unidades de pies y $q(x)$ tiene unidades de libras por pie.

La ecuación (9-110) puede integrarse ahora para obtener las fuerzas cortantes, los momentos flexionantes, las pendientes y las deflexiones (véase el ejemplo 9-23).

*9.12 USO DE FUNCIONES DISCONTINUAS PARA LA DETERMINACIÓN DE LA DEFLEXIÓN EN UNA VIGA

Los métodos convencionales de integración para encontrar las deflexiones de una viga se describieron anteriormente en este capítulo (véanse las secciones 9.3 y 9.4). En esos métodos comenzamos escribiendo expresiones para las cargas, las fuerzas cortantes, o los momentos flexionantes para cada segmento de la viga entre los puntos donde hay cambio de cargas. Entonces estas expresiones se integran por separado con objeto de encontrar las pendientes y las deflexiones. Ambas necesitan tanto de condiciones de frontera como de continuidad para determinar las constantes de integración que resulten, por lo que este método es satisfactorio para las cargas simples pero puede hacerse impráctico si el número de segmentos de carga excede a dos o tres.

El uso de las **funciones discontinuas** hace posible escribir una expresión que sea válida para la longitud total de la viga, como se ilustró en la sección anterior. Cuando se integra una expresión de este tipo, se reduce considerablemente el número de constantes de integración. Algunas veces se necesita solamente una constante de integración, y algunas veces no se requiere ninguna. Entonces, para cierto tipo de problemas el uso de funciones discontinuas puede ser muy útil.

El **procedimiento general** para el uso de las funciones discontinuas es bastante inmediato. Primero, escribimos la expresión para la carga distribuida equivalente que actúa en la viga, usando las técnicas descritas en la sección anterior. Entonces esta expresión se substituye en la ecuación diferencial básica de la curva de deflexión, es decir, la ecuación de carga (ecuación 9-12c).

Enseguida, la ecuación diferencial se integra sucesivamente para obtener la fuerza cortante V, el momento flexionante M, la pendiente v' y la deflexión v (véanse las ecuaciones 9-12). Las integraciones producen constantes de integración que pueden evaluarse a partir de las condiciones de frontera. Entonces, finalmente llegamos a una expresión individual para cada una de las cantidades desconocidas (V, M, v' y v), y cada expresión es válida para cada uno de los puntos a lo largo del eje de la viga.

Hay muchas variaciones en los detalles del procedimiento de integración, dependiendo de la viga específica que se esté analizando y de las preferencias personales del calculista. Algunas de estas variaciones surgen en la siguiente discusión del procedimiento para usar las funciones discontinuas.

El análisis puede comenzar con la ecuación de carga, la ecuación de fuerza cortante, o la ecuación de momento flexionante. Sin embargo, en nuestros ejemplos, siempre comenzamos con la ecuación de carga porque entonces las ecuaciones de fuerza cortante y de momento flexionante se incluyen automáticamente en la solución.*

Nota: en esta sección, se consideran solamente **vigas prismáticas** que tienen una rigidez a la flexión constante EI, lo cual es un requerimiento de las ecuaciones diferenciales que usamos (ecuacio-

---

*El método de discontinuidad para determinar las deflexiones en las vigas también se conoce como *método de Clebsh*, luego de que este ingeniero alemán lo desarrolló en 1883 (Refs. 9-8 a 9-10).

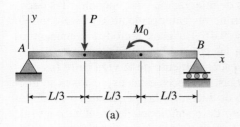

(a)

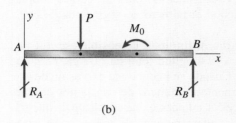

(b)

FIG. 9-51 Uso de las funciones discontinuas en el análisis de vigas.

nes 9-12 a, b y c). Como una observación general, no es práctico usar funciones discontinuas en vigas no prismáticas.

Procedimiento para el uso de las funciones discontinuas

Para ilustrar con detalle el procedimiento para la determinación de las fuerzas cortantes, los momentos flexionantes, las pendientes y las deflexiones de una viga, considérese nuevamente una viga simple (figura 9-51) que sustenta a una carga concentrada P y a un par M_0. (Esta viga se estudió anteriormente en el ejemplo 9-19 de la sección anterior.) Los siguientes siete pasos sirven como guía de análisis.

1. *Cargas distribuidas equivalentes.* En el ejemplo 9-19 se obtuvieron dos ecuaciones que describen a las cargas en esta viga en términos de funciones discontinuas. La primera de las dos ecuaciones (ecuación 9-102) da la intensidad $q(x)$ de la carga distribuida equivalente que actúa sobre la viga en la región *entre* los apoyos, lo que significa que la ecuación incluye solamente a las cargas aplicadas P y M_0. A esta ecuación se le denomina **ecuación de cargas aplicadas** y se repite aquí:

$$q(x) = P\left\langle x - \frac{L}{3}\right\rangle^{-1} + M_0\left\langle x - \frac{2L}{3}\right\rangle^{-2} \quad (0 < x < L) \qquad (9\text{-}111)$$

La segunda ecuación (ecuación 9-104) da la intensidad $q(x)$ para toda la viga, incluyendo a las reacciones. A esta ecuación se le denomina **ecuación de cargas y reacciones** y también se repite aquí:

$$q(x) = -R_A\langle x\rangle^{-1} + P\left\langle x - \frac{L}{3}\right\rangle^{-1} + M_0\left\langle x - \frac{2L}{3}\right\rangle^{-2} - R_B\langle x - L\rangle^{-1}$$
$$(0 \le x \le L) \quad (9\text{-}112)$$

Las reacciones que aparecen en esta ecuación son (de las ecuaciones 9-103 a y b)

$$R_A = \frac{2P}{3} + \frac{M_0}{L} \qquad R_B = \frac{P}{3} - \frac{M_0}{L} \qquad (9\text{-}113a, b)$$

Observe que los términos en la ecuación de cargas y reacciones (ecuación 9-112) constan del conjunto completo de fuerzas y pares que mantienen a la viga en equilibrio (figura 9-51b).

2. *Fuerzas cortantes.* Las fuerzas cortantes en la viga se determinan mediante la integración de alguna de las dos ecuaciones de carga dadas en el paso 1. Las ecuaciones diferenciales básicas son (véanse las ecuaciones 9-12c y b, respectivamente):

$$EIv'''' = -q \qquad EIv''' = V \qquad (9\text{-}114a, b)$$

El procedimiento consiste en sustituir la expresión de la carga distribuida equivalente $q(x)$ en la ecuación (9-114 a) y luego integrar una vez para obtener las fuerzas cortantes (ecuación 9-114b).

Si la **ecuación de cargas aplicadas** se usa como punto inicial, se requiere una constante de integración con la integración. La constante se necesita con objeto de considerar la naturaleza de los apoyos y de las reacciones. Cuando se les considera aisladamente, como en la ecuación de cargas aplicadas, las cargas podrían actuar sobre una viga simple, una viga en voladizo, o algún otro tipo de viga. Sin embargo, cuando las cargas se integran para obtener a las fuerzas cortantes, estas fuerzas deben ser consistentes con los apoyos y las reacciones de la viga específica considerada.

En otras palabras, debemos reconocer que un conjunto dado de cargas aplicadas producirá diferentes fuerzas cortantes en diferentes vigas. La consistencia entre las cargas y las fuerzas cortantes se obtiene incluyendo una constante de integración que se evalúa a partir de una condición de frontera basada en los apoyos de la viga.

Si se usa la **ecuación de cargas y reacciones** como el punto inicial para encontrar las fuerzas cortantes, no se requiere ninguna constante de integración. Si se incluye una constante, resultará que tiene valor cero cuando se evalúe a partir de una de las condiciones de frontera. No se necesita una constante porque la ecuación de cargas y reacciones también incluye los efectos de los apoyos.

La expresión para las fuerzas cortantes es la misma sin importar que ecuación de carga equivalente se use como el punto inicial.

3. *Fuerzas cortantes que se obtienen a partir de la ecuación de carga aplicada.* En este caso, sustituimos $q(x)$ de la ecuación (9-111) en la ecuación (9-114 a) y obtenemos

$$EIv'''' = -q = -P\left\langle x - \frac{L}{3}\right\rangle^{-1} - M_0\left\langle x - \frac{2L}{3}\right\rangle^{-2} \quad (0 < x < L)$$

$$(9\text{-}115)$$

La integración de esta ecuación (véase la ecuación 9-114b) nos da

$$EIv''' = V = -P\left\langle x - \frac{L}{3}\right\rangle^{0} - M_0\left\langle x - \frac{2L}{3}\right\rangle^{-1} + C_0 \qquad (a)$$

en donde C_0 es la constante de integración. Para evaluar C_0, usemos la condición de frontera que consiste en que la fuerza cortante en el apoyo izquierdo (o con más precisión, la fuerza cortante justo a la derecha del apoyo izquierdo) es igual a la reacción R_A:

$$V(0) = R_A \qquad (b)$$

Al aplicar esta condición a la ecuación (a), obtenemos

$$V(0) = R_A = -P(0) - M_0(0) + C_0 \quad \text{o} \quad C_0 = R_A \qquad (c)$$

Sustituyendo en la ecuación (a), obtenemos

$$EIv''' = V = R_A - P\left\langle x - \frac{L}{3}\right\rangle^{0} - M_0\left\langle x - \frac{2L}{3}\right\rangle^{-1} \qquad (9\text{-}116)$$

Esta ecuación da las fuerzas cortantes en la viga en términos de las funciones discontinuas.

Si lo deseamos, podemos expresar a las fuerzas cortantes en términos más convencionales aplicando las definiciones de las funciones escalón e impulso (tabla 9-1) a la ecuación anterior:

Para $0 < x < L/3$: $\quad V = R_A - P(0) - M_0(0) = R_A \qquad$ (d)

Para $L/3 < x < 2L/3$ $\quad V = R_A - P(1) - M_0(0) = R_A - P \qquad$ (e)

Para $2L/3 < x < L$ $\quad V = R_A - P(1) - M_0(0) = R_A - P \qquad$ (f)

Estas expresiones para las fuerzas cortantes se verifican rápidamente mediante la estática.

4. *Fuerzas cortantes obtenidas a partir de la ecuación de cargas y reacciones.* En este caso, sustituimos $q(x)$ de la ecuación (9-112) en la ecuación (9-114 a) y obtenemos

$$EIv'''' = -q = R_A\langle x \rangle^{-1} - P\left\langle x - \frac{L}{3} \right\rangle^{-1} - M_0\left\langle x - \frac{2L}{3} \right\rangle^{-2}$$
$$+ R_B\langle x - L \rangle^{-1}$$

$$(0 \leq x \leq L) \quad (9\text{-}117)$$

El último término en esta ecuación, que representa a la reacción en el apoyo B, es cero para cada punto a lo largo del eje de la viga hasta el apoyo mismo. En consecuencia, este término no tendrá efecto sobre el cálculo de las fuerzas cortantes, los momentos flexionantes, las pendientes y las deflexiones y podemos omitirlo de la ecuación.

Al integrar el resto de la ecuación (9-117), obtenemos

$$EIv''' = V = R_A\langle x \rangle^0 - P\left\langle x - \frac{L}{3} \right\rangle^0 - M_0\left\langle x - \frac{2L}{3} \right\rangle^{-1} \qquad (9\text{-}118)$$

Observe que no se incluye ninguna constante de integración. También observe que la reacción R_A se multiplica por $\langle x \rangle^0$, el cual es igual a la unidad en cada punto a lo largo del eje de la viga. Por tanto, sustituyendo 1 en lugar de $\langle x \rangle^0$ obtenemos

$$EIv''' = V = R_A - P\left\langle x - \frac{L}{3} \right\rangle^0 - M_0\left\langle x - \frac{2L}{3} \right\rangle^{-1} \qquad (9\text{-}119)$$

expresión que es idéntica a la ecuación (9-116).

5. *Momentos flexionantes.* Los momentos flexionantes en la viga se determinan mediante la integración de la ecuación de fuerza cortante obtenida en el paso 4 (ecuación 9-119), usando las siguientes ecuaciones diferenciales básicas (véanse las ecuaciones 9-12b y a, respectivamente):

$$EIv''' = V \qquad EIv'' = M \qquad (9\text{-}120\text{a, b})$$

No se requiere ninguna constante de integración para la integración del momento flexionante porque la ecuación de fuerzas cortantes ya incluye a los efectos de los apoyos y las reacciones. Entonces, la integración de la ecuación (9-119) suministra la siguiente ecuación para los momentos flexionantes:

$$EIv'' = M = R_A x - P\left\langle x - \frac{L}{3} \right\rangle^1 - M_0\left\langle x - \frac{2L}{3} \right\rangle^0 \quad (9\text{-}121)$$

Observe que pudimos haber obtenido esta ecuación directamente de las ecuaciones de equilibrio y de los diagramas de cuerpo libre y luego pudimos haber iniciado nuestros análisis de pendiente y deflexión con esta ecuación en lugar de la ecuación de carga.

Como en el caso de las fuerzas cortantes, podemos plantear los momentos flexionantes en términos convencionales aplicando las definiciones de las funciones de rampa y escalón (tabla 9-1) a la ecuación anterior, entonces,

Para $0 \le x \le L/3$: $\quad M = R_A x - P(0) - M_0(0) = R_A x$ $\qquad$ (g)

Para $L/3 \le x \le 2L/3$
$$M = R_A x - P(x - L/3) - M_0(0) = R_A x - P(x - L/3) \quad (h)$$

Para $2L/3 \le x \le L$
$$M = R_A x - P(x - L/3) - M_0(1) = R_A x - P(x - L/3) - M_0 \quad (i)$$

Estas expresiones para los momentos flexionantes se verifican rápidamente mediante la estática.

6. *Pendientes y deflexiones de la viga.* La integración de los momentos flexionantes conduce a las pendientes de la viga y la integración de las pendientes conduce a las deflexiones. Sin embargo, ya que los momentosflexionantes se obtienen a partir de ecuaciones de la estática que no incluyen a la curva de deflexión de la viga, necesitaremos una constante de integración para cada una de estas dos integraciones. Estas constantes se determinan a partir de condiciones conocidas para las pendientes y las deflexiones.

La necesidad de las constantes de integración puede verse a partir del siguiente ejemplo. Los momentos flexionantes obtenidos en el paso 5 para la viga simple de la figura 9-51 no cambiarían si la viga se alterara moviendo el apoyo izquierdo desde el extremo de la viga hasta el punto donde actúa la carga concentrada y luego suministrando una carga igual a R_A en el extremo izquierdo, que ahora se convierte en extremo libre. Esta nueva viga sería sometida a las mismas fuerzas que la viga original y tendría los mismos momentos flexionantes. Otras disposiciones de los apoyos y de las fuerzas también producirían los mismos momentos flexionantes. Sin embargo, las pendientes y las deflexiones serían muy diferentes para cada una de estas vigas. Por tanto, necesitamos constantes de integración que consideren las condiciones de apoyo para la viga específica que se esté investigando.

La primera integración de la ecuación de momento flexionante (ecuación 9-121) suministra la siguiente ecuación para la **pendiente**:

$$EIv' = R_A\left(\frac{x^2}{2}\right) - \frac{P}{2}\left\langle x - \frac{L}{3} \right\rangle^2 - M_0\left\langle x - \frac{2L}{3} \right\rangle^1 + C_1 \quad (9\text{-}122)$$

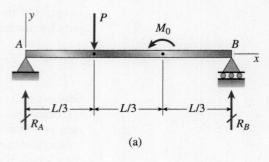

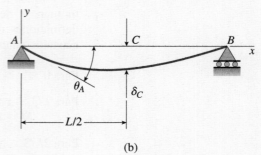

FIG. 9-52 Curva de deflexión para la viga de la figura 9-51.

Ya que no tenemos una condición de frontera conocida para la pendiente, no podemos encontrar C_1 en este paso. Por tanto, continuamos con la siguiente integración, lo que suministra la siguiente ecuación para la **deflexión**:

$$EIv = R_A\left(\frac{x^3}{6}\right) - \frac{P}{6}\left\langle x - \frac{L}{3}\right\rangle^3 - \frac{M_0}{2}\left\langle x - \frac{2L}{3}\right\rangle^2 + C_1 x + C_2 \quad (9\text{-}123)$$

La curva de deflexión para esta viga se ilustra en la figura 9-52.

Ahora podemos utilizar a las dos **condiciones de frontera** que tienen que ver con la deflexión; es decir, la deflexión es cero para $x = 0$ y $x = L$:

$$v(0) = 0 \quad \text{y} \quad v(L) = 0 \qquad (\text{j, k})$$

La primera condición, cuando se aplica a la ecuación (9-123), produce esta ecuación:

$$0 = \frac{R_A}{6}(0) - \frac{P}{6}(0) - \frac{M_0}{2}(0) + C_1(0) + C_2 \quad \text{con esto} \quad C_2 = 0$$

$$(1)$$

La segunda condición conduce a esta ecuación:

$$0 = R_A\left(\frac{L^3}{6}\right) - \frac{P}{6}\left(\frac{2L}{3}\right)^3 - \frac{M_0}{2}\left(\frac{L}{3}\right)^2 + C_1(L) + 0$$

de donde obtenemos

$$C_1 = -\frac{R_A L^2}{6} + \frac{4PL^2}{81} + \frac{M_0 L}{18} \qquad (\text{m})$$

Ahora, sustituyendo en R_A a partir de la ecuación (9-113 a) y luego combinando términos, obtenemos

$$C_1 = -\frac{5PL^2}{81} - \frac{M_0 L}{9} \tag{n}$$

Con ambas constantes determinadas, ahora podemos plantear las **ecuaciones finales** para las pendientes y las deflexiones sustituyendo C_1, C_2 y R_A en las ecuaciones (9-122) y (9-123). Los resultados son

$$EIv' = \left(\frac{2P}{3} + \frac{M_0}{L}\right)\left(\frac{x^2}{2}\right) - \frac{P}{2}\left\langle x - \frac{L}{3}\right\rangle^2$$
$$- M_0\left\langle x - \frac{2L}{3}\right\rangle^1 - \frac{5PL^2}{81} - \frac{M_0 L}{9} \tag{9-124}$$

$$EIv = \left(\frac{2P}{3} + \frac{M_0}{L}\right)\left(\frac{x^3}{6}\right) - \frac{P}{6}\left\langle x - \frac{L}{3}\right\rangle^3$$
$$- \frac{M_0}{2}\left\langle x - \frac{2L}{3}\right\rangle^2 - \left(\frac{5PL^2}{81} + \frac{M_0 L}{9}\right)x \tag{9-125}$$

7. *Pendientes y deflexiones en puntos específicos de la viga.* De las dos ecuaciones anteriores podemos obtener las pendientes y las deflexiones en cualesquiera posiciones deseadas a lo largo del eje de la viga. Por ejemplo, en el apoyo izquierdo encontramos la siguiente fórmula para el ángulo de rotación θ_A (véase la figura 9-52b) sustituyendo $x = 0$ en la ecuación (9-124):

$$\theta_A = -v'(0) = \frac{5PL^2}{81EI} + \frac{M_0 L}{9EI} \tag{9-126}$$

En donde θ_A es positivo en sentido de las manecillas del reloj.

En el punto medio de la viga, la deflexión δ_C (positiva hacia abajo) se obtiene de la ecuación (9-125) al sustituir $x = L/2$; el resultado es

$$\delta_C = -v\left(\frac{L}{2}\right) = \frac{23PL^3}{1\,296EI} + \frac{5M_0 L^2}{144EI} \tag{9-127}$$

De manera similar, podemos encontrar otras deflexiones y ángulos de giro deseados para las vigas ilustradas en la figura (9-52).

Los siguientes dos ejemplos suministran ilustraciones adicionales del uso de las funciones discontinuas para la determinación de deflexiones en vigas.

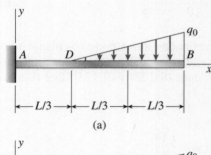

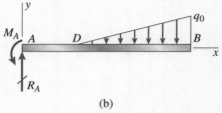

FIG. 9-53 Ejemplo 9-22. Análisis de una viga en voladizo que sustenta una carga triangular.

Con el uso de funciones discontinuas, determine las fuerzas cortantes, los momentos flexionantes, las pendientes y las deflexiones para la viga en voladizo *ADB* que sustenta la varga triangular mostrada en la figura 9-53.

Nota: las reacciones y las cargas distribuidas equivalentes para esta viga se determinaron en el ejemplo 9-20 de la sección anterior.

Solución

Cargas distribuidas equivalentes. La carga equivalente $q(x)$ para esta viga, incluyendo tanto reacciones como cargas aplicadas, está dada por la ecuación (9-108) del ejemplo 9-20. Esa ecuación se repite aquí:

$$q(x) = -R_A \langle x \rangle^{-1} + M_A \langle x \rangle^{-2} + \frac{3q_0}{2L} \left\langle x - \frac{L}{3} \right\rangle^1 \qquad (0 \le x \le L) \qquad (9\text{-}128)$$

en donde las reacciones son

$$R_A = \frac{q_0 L}{3} \qquad M_A = \frac{7 q_0 L^2}{27} \qquad (9\text{-}129\text{a, b})$$

Sustituyendo las reacciones en la ecuación de $q(x)$ y luego usando la ecuación diferencial en términos de la carga (ecuación 9-114 a), obtenemos

$$EIv'''' = -q = \frac{q_0 L}{3} \langle x \rangle^{-1} - \frac{7 q_0 L^2}{27} \langle x \rangle^{-2} - \frac{3q_0}{2L} \left\langle x - \frac{L}{3} \right\rangle^1 \qquad (0 \le x \le L)$$

$$(9\text{-}130)$$

Esta ecuación es el punto inicial para la integración que sigue.

Fuerzas cortantes. Obtenemos las fuerzas cortantes integrando la ecuación de carga como sigue:

$$EIv''' = V = \frac{q_0 L}{3} \langle x \rangle^0 - \frac{7 q_0 L^2}{27} \langle x \rangle^{-1} - \frac{3q_0}{4L} \left\langle x - \frac{L}{3} \right\rangle^2 \qquad (9\text{-}131)$$

No se necesita ninguna constante de integración porque las reacciones ya se incluyen en la ecuación de carga (ecuación 9-130).

Momentos flexionantes. La integración de las fuerzas cortantes suministra una expresión para los momentos flexionantes:

$$EIv'' = M = \frac{q_0 L}{3} \langle x \rangle^1 - \frac{7 q_0 L^2}{27} \langle x \rangle^0 - \frac{q_0}{4L} \left\langle x - \frac{L}{3} \right\rangle^3 \qquad (9\text{-}132)$$

Nuevamente, no se necesita ninguna constante de integración.

Pendientes y deflexiones. Se necesitan dos integraciones adicionales, cada una con una constante de integración, como se explicó anteriormente:

$$EIv' = \frac{q_0 L}{6} \langle x \rangle^2 - \frac{7 q_0 L^2}{27} \langle x \rangle^1 - \frac{q_0}{16L} \left\langle x - \frac{L}{3} \right\rangle^4 + C_1 \qquad (o)$$

$$EIv = \frac{q_0 L}{18} \langle x \rangle^3 - \frac{7 q_0 L^2}{54} \langle x \rangle^2 - \frac{q_0}{80L} \left\langle x - \frac{L}{3} \right\rangle^5 + C_1 x + C_2 \qquad (p)$$

Las constantes C_1 y C_2 se evalúan a partir de las condiciones en el empotramiento (figura 9-53):

$$v'(0) = 0 \quad \text{y} \quad v(0) = 0 \tag{q, r}$$

Al sustituir la primera condición en la ecuación (o) y la segunda en la ecuación (p), obtenemos

$$C_1 = 0 \quad \text{y} \quad C_2 = 0 \tag{s, t}$$

Por tanto, las ecuaciones finales para la pendiente y la deflexión respectivamente, son

$$EIv' = \frac{q_0 L}{6}\langle x \rangle^2 - \frac{7q_0 L^2}{27}\langle x \rangle^1 - \frac{q_0}{16L}\left\langle x - \frac{L}{3}\right\rangle^4 \tag{9-133} \quad \Longleftarrow$$

$$EIv = \frac{q_0 L}{18}\langle x \rangle^3 - \frac{7q_0 L^2}{54}\langle x \rangle^2 - \frac{q_0}{80L}\left\langle x - \frac{L}{3}\right\rangle^5 \tag{9-134} \quad \Longleftarrow$$

Entonces, hemos obtenido las ecuaciones para la curva de deflexión completa en términos de funciones discontinuas.

Deflexiones y ángulos de giro. Con el uso de las dos ecuaciones anteriores, podemos determinar la deflexión y el ángulo de giro en cualquier posición deseada a lo largo del eje de la viga (véase la figura 9-54). Por ejemplo, en el punto D donde $x = L/3$, obtenemos

$$\delta_D = -v\left(\frac{L}{3}\right) = \frac{q_0 L^4}{81EI} \qquad \theta_D = -v'\left(\frac{L}{3}\right) = \frac{11q_0 L^3}{162EI} \tag{9-135a, b}$$

Observe que la deflexión δ_D es positiva hacia abajo y el ángulo de giro θ_D es positivo en sentido de las manecillas del reloj.

También en el extremo libre $B(x = L)$, la deflexión y el ángulo de giro son

$$\delta_B = -v(L) = \frac{92q_0 L^4}{1\,215EI} \quad \theta_B = -v'(L) = \frac{17q_0 L^3}{162EI} \tag{9-136a, b}$$

Dejamos al lector que verifique estas fórmulas al sustituir en las ecuaciones (9-133) y (9-134).

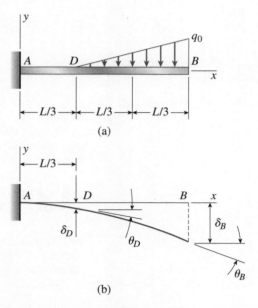

FIG. 9-54 Ejemplo 9-22. Deflexiones y ángulos de giro de la viga en voladizo de la figura 9-53.

Ejemplo 9-23

La viga de acero *ACBD* mostrada en la figura 9-55 consta de un claro simple *AB* con un voladizo *BD*. Con el uso de funciones discontinuas, determinar las deflexiones verticales d_C y d_D en los puntos *C* y *D*, respectivamente (figura 9-55c). El módulo de elasticidad del acero es $E = 30 \times 10^6$ lb/pulg^2 y el momento de inercia de la sección transversal de la viga es $I = 25.92$ pulg^4.

Nota: las reacciones y las cargas distribuidas equivalentes para esta viga se determinaron en el ejemplo 9-21 de la sección anterior.

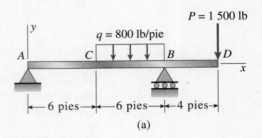

(a)

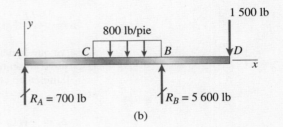

(b)

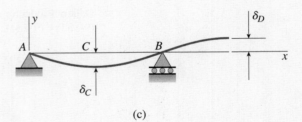

(c)

FIG. 9-55 Ejemplo 9-23. Análisis de una viga simple con voladizo.

Solución

Cargas distribuidas equivalentes. La carga equivalente $q(x)$ para esta viga, incluyendo cargas aplicadas y reacciones (figura 9-55b), está dada por la ecuación (9-110), que se repite aquí:

$$q(x) = -700\langle x \rangle^{-1} + 800\langle x - 6 \rangle^0 - 800\langle x - 12 \rangle^0$$
$$- 5\,600\langle x - 12 \rangle^{-1} + 1\,500\langle x - 16 \rangle^{-1} \qquad (0 \le x \le 16) \qquad (9\text{-}137)$$

En esta ecuación, *x* tiene unidades de pies y $q(x)$ tiene unidades de libras por pie (lb/pie). El último término en la ecuación es igual a cero para todos los puntos a lo largo del eje de la viga, excepto en el extremo derecho (donde $x = 16$ pies). Por tanto, puede omitirse el último término.

Sustituyendo la ecuación (9-137) en la ecuación diferencial básica para la carga (ecuación 9-114 a), obtenemos la siguiente ecuación de cuarto orden:

$$EIv'''' = -q = 700\langle x \rangle^{-1} - 800\langle x - 6 \rangle^0 + 800\langle x - 12 \rangle^0$$
$$+ 5\,600\langle x - 12 \rangle^{-1} \tag{9-138}$$

Para conservar las unidades consistentes en los cálculos, se usarán unidades de pie y de libra para todas las variables de esta ecuación:

E libras por pie cuadrado (lb/pie^2)
I pies a la cuarta potencia (pie^4)
v pies (pie)
v'''' pies elevados a la potencia menos 3 (pie^{-3})
q libras por pie (lb/pie)
x pies (pie)

De acuerdo con las unidades anteriores, usaremos los siguientes valores numéricos para E e I:

$$E = (30 \times 10^6 \text{ lb/pulg}^2)(144 \text{ pulg}^2/\text{pie}^2) = 4\,320 \times 10^6 \text{ lb/pie}^2 \tag{u}$$

$$I = \frac{25.92 \text{ pulg}^4}{(12 \text{ pulg/pie})^4} = 0.00125 \text{ pie}^4 \tag{v}$$

Fuerzas cortantes y momentos flexionantes. Las primeras dos integraciones dan las ecuaciones para las fuerzas cortantes y los momentos flexionantes. No se necesitan constantes de integración, porque la ecuación de carga (ecuación 9-138) incluye los efectos de las reacciones. Las ecuaciones para la fuerza cortante y el momento son

$$EIv''' = V = 700\langle x \rangle^0 - 800\langle x - 6 \rangle^1 + 800\langle x - 12 \rangle^1$$
$$+ 5\,600\langle x - 12 \rangle^0 \tag{9-139}$$

$$EIv'' = M = 700\langle x \rangle^1 - 400\langle x - 6 \rangle^2 + 400\langle x - 12 \rangle^2$$
$$+ 5\,600\langle x - 12 \rangle^1 \tag{9-140}$$

Pendientes y deflexiones. Las siguientes dos integraciones, las cuales requieren una constante de integración, son

$$EIv' = 350\langle x \rangle^2 - (400/3)\langle x - 6 \rangle^3 + (400/3)\langle x - 12 \rangle^3$$
$$+ 2\,800\langle x - 12 \rangle^2 + C_1 \tag{w}$$

$$EIv = (350/3)\langle x \rangle^3 - (100/3)\langle x - 6 \rangle^4 + (100/3)\langle x - 12 \rangle^4$$
$$+ (2\,800/3)\langle x - 12 \rangle^3 + C_1 x + C_2 \tag{x}$$

En los apoyos A y B, las deflexiones son cero. Por tanto, las condiciones de frontera son

$$v(0) = 0 \quad \text{y} \quad v(12 \text{ pies}) = 0$$

De la primera condición encontramos $C_2 = 0$ y de la segunda encontramos

$$0 = (350/3)(12^3) - (100/3)(6^4) + (100/3)(0) + (2\,800/3)(0)$$
$$+ (C_1)(12)$$

De donde obtenemos $C_1 = -13\,200$ lb-pie^2.

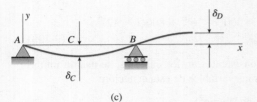

FIG. 9-55c (Repetición).

Entonces, las **expresiones finales** para v' y v son

$$EIv' = 350\langle x\rangle^2 - (400/3)\langle x-6\rangle^3 + (400/3)(x-12)^3 \\ + 2\,800\langle x-12\rangle^2 - 13\,200 \tag{9-141}$$

$$EIv = (350/3)\langle x\rangle^3 - (100/3)(x-6)^4 + (100/3)\langle x-12\rangle^4 \\ + (2\,800/3)\langle x-12\rangle^3 - 13\,200x \tag{9-142}$$

A partir de estas ecuaciones podemos determinar la pendiente y la deflexión en cualquier punto a lo largo del eje de la viga.

Deflexión en el punto C. Para encontrar la deflexión δ_C en el punto medio entre los apoyos (figura 9-55c), sustituimos $x = 6$ pies en la ecuación (9-142) como sigue:

$$EIv(6\ \text{pie}) = 25\,200 - 0 + 0 + 0 - 79\,200 = -54\,000\ \text{lb-pie}^3$$

de donde obtenemos

$$v(6\ \text{pies}) = -\frac{54\,000\ \text{lb-pie}^3}{EI} \tag{y}$$

Finalmente, despejamos a la deflexión δ_C:

$$\delta_C = -v(6\ \text{pies}) = \frac{54\,000\ \text{lb-pie}^3}{(4\,320 \times 10^6\ \text{lb/pie}^2)(0.00125\ \text{pie}^4)} = 0.0100\ \text{pie}$$

$$= 0.120\ \text{pulg} \qquad \longleftarrow$$

Observe que en la figura 9-55c definimos la dirección positiva de δ_C hacia abajo, y por tanto se usa un signo menos en la ecuación anterior. Como los cálculos finales producen un valor positivo de δ_C, sabemos que la deflexión real es hacia abajo.

Deflexión en el punto D. Siguiendo un procedimiento similar para la deflexión δ_D en el extremo del voladizo (figura 9-55c), sustituimos $x = 16$ pies en la ecuación (9-142) y obtenemos

$$EIv(16\ \text{pies}) = (350/3)(4096) - (100/3)(10\,000) + (100/3)(256) \\ + (2\,800/3)(64) - (13\,200)(16)$$

$$= 1\,600\ \text{lb-pie}^3$$

Por tanto,

$$v(16\ \text{pies}) = \frac{1\,600\ \text{lb-pie}^3}{EI} \tag{z}$$

y

$$\delta_D = v(16\ \text{pies}) = \frac{1\,600\ \text{lb-pie}^3}{(4\,320 \times 10^6\ \text{lb/pie}^2)(0.00125\ \text{pie}^4)}$$

$$= 0.0002963\ \text{pie} = 0.00356\ \text{pulg} \qquad \longleftarrow$$

En este caso, definimos la dirección positiva de δ_D hacia arriba (figura 9-55c), que es la misma que la dirección positiva de v. Ya que los cálculos producen un valor positivo, sabemos que la deflexión real es hacia arriba.

*9.13 EFECTOS DE TEMPERATURA

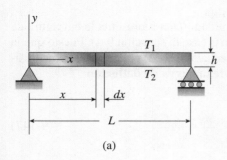

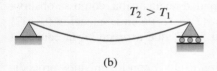

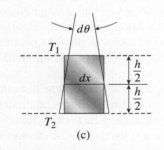

FIG. 9-56 Efectos de temperatura en una viga.

En las secciones precedentes de este capítulo consideramos las deflexiones de vigas debido a cargas laterales. En ésta veremos las deflexiones causadas por **cambios no uniformes de temperatura**. Como consideración inicial, recordemos que los efectos de los cambios *uniformes* de temperatura se describieron en la sección 2.5, donde se mostró que un incremento uniforme de temperatura da lugar a que una barra o una viga no restringida incrementen su longitud en la cantidad

$$\delta_T = \alpha(\Delta T)L \qquad (9\text{-}143)$$

En esta ecuación, α es el coeficiente de dilatación térmica, ΔT es el incremento uniforme de temperatura y L es la longitud de la barra (observe la figura 2-20 y la ecuación 2-16 b del capítulo 2).

Si una viga está soportada de manera que puede presentarse sin restricciones una dilatación longitudinal —como es el caso de todas las vigas estáticamente determinadas consideradas en este capítulo—, entonces un cambio uniforme de temperatura no producirá esfuerzo alguno en la viga, ni habrá deflexiones laterales en ella, ya que no tiende a flexionarse.

El comportamiento de una viga es bastante diferente si la temperatura no es constante a lo largo de su peralte; por ejemplo, si se supone que la temperatura uniforme T_0 de una viga simple, inicialmente recta, cambia a T_1 sobre su cara superior y a T_2 sobre su cara inferior, como se ilustra en la figura 9-46a. Si suponemos también que la variación de temperatura es lineal entre las caras superior e inferior de la viga, entonces la *temperatura promedio* de la viga es

$$T_{\text{prom}} = \frac{T_1 + T_2}{2} \qquad (9\text{-}144)$$

y ocurre a la mitad del peralte. Cualquier diferencia entre esta temperatura promedio y la temperatura inicial T_0 ocasiona un cambio en la longitud de la viga, dado por la ecuación (9-143), como sigue:

$$\delta_T = \alpha(T_{\text{prom}} - T_0)L = \alpha\!\left(\frac{T_1 + T_2}{2} - T_0\right)\!L \qquad (9\text{-}145)$$

Además, el diferencial de temperatura $T_2 - T_1$ entre la parte inferior y la parte superior de la viga produce una *curvatura* del eje de la viga con las deflexiones laterales que se producen al mismo tiempo (figura 9-56b).

Para investigar las deflexiones debidas a un diferencial de temperatura, consideremos un elemento de longitud dx cortado de la viga (figuras 9-56a y c). Los cambios de longitud del elemento en la parte inferior y en la parte superior son $\alpha(T_2 - T_0)dx$ y $\alpha(T_1 - T_0)dx$, respectivamente. Si T_2 es mayor que T_1, los lados del elemento girarán uno respecto del otro un ángulo $d\theta$ como se ilustra en la figura 9-56c. El ángulo $d\theta$ se relaciona con los cambios dimensionales mediante la siguiente ecuación, obtenida a partir de la geometría de la figura:

$$h\,d\theta = \alpha(T_2 - T_0)dx - \alpha(T_1 - T_0)dx$$

de donde obtenemos

$$\frac{d\theta}{dx} = \frac{\alpha(T_2 - T_1)}{h}$$

(9-146)

en donde h es el peralte de la viga.

Ya hemos visto que la cantidad $d\theta/dx$ representa la curvatura de la curva de deflexión de la viga (véase la ecuación 9-4). Puesto que la curvatura es igual a d^2v/dx^2 (ecuación 9-5), podemos escribir la siguiente **ecuación diferencial de la curva de deflexión**:

$$\frac{d^2v}{dx^2} = \frac{\alpha(T_2 - T_1)}{h}$$

(9-147)

Observe que cuando T_2 es mayor que T_1, la curvatura es positiva y la viga se flexiona con la concavidad hacia arriba, como se observa en la figura 9-56b. La cantidad $\alpha(T_2 - T_1)/h$ en la ecuación (9-147) es la contraparte de la cantidad M/EI, que aparece en la ecuación diferencial básica (ecuación 9-7).

Podemos resolver la ecuación (9-147) con los mismos procedimientos de integración descritos anteriormente para los efectos de los momentos flexionantes (véase la sección 9.3). Podemos integrar la ecuación diferencial para obtener dv/dx y v, y usar condiciones de frontera o de otro tipo a fin de evaluar las constantes de integración. De esta manera podemos obtener las ecuaciones para las pendientes y deflexiones de la viga, como se ilustra en los problemas 9.13-1 al 9.13-4 al final de este capítulo.

Si la viga puede cambiar de longitud y deflexionarse libremente, no habrá esfuerzos asociados con los cambios de temperatura descritos en esta sección, pero si la viga está restringida contra dilataciones longitudinales o deflexiones laterales, o si los cambios de temperatura no varían en forma lineal desde la parte superior a la inferior de la viga, se desarrollarán esfuerzos internos de temperatura. La determinación de tales esfuerzos requiere métodos más avanzados de análisis.

PROBLEMAS DEL CAPÍTULO 9

Ecuaciones diferenciales de la curva de deflexión

Las vigas descritas en los problemas para la sección 9.2 tienen una rigidez constante de flexión EI.

9.2-1 La curva de deflexión para una viga simple *AB* (véase la figura) está dada por la siguiente ecuación:

$$v = -\frac{q_0 x}{360 L E I}(7L^4 - 10L^2 x^2 + 3x^4)$$

Describa la carga que actúa sobre la viga.

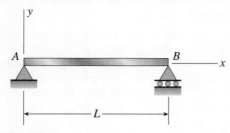

PROBS. 9.2-1 y 9.2-2

9.2-2 La curva de deflexión para una viga simple *AB* (véase la figura) está dada por la siguiente ecuación:

$$v = -\frac{q_0 L^4}{\pi^4 E I}\,\text{sen}\,\frac{\pi x}{L}$$

a) Describa la carga que actúa sobre la viga.
b) Determine las reacciones R_A y R_B en los apoyos.
c) Determine el momento flexionante máximo $M_{\text{máx}}$.

9.2-3 La curva de deflexión para una viga en voladizo *AB* (véase la figura) está dada por la siguiente ecuación:

$$v = -\frac{q_0 x^2}{120 L E I}(10L^3 - 10L^2 x + 5Lx^2 - x^3)$$

Describa la carga que actúa sobre la viga.

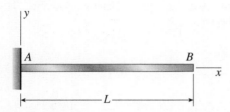

PROBS. 9.2-3 y 9.2-4

9.2-4 La curva de deflexión para una viga en voladizo *AB* (véase la figura) está dada por la siguiente ecuación:

$$v = -\frac{q_0 x^2}{360 L^2 E I}(45L^4 - 40L^3 x + 15L^2 x^2 - x^4)$$

a) Describa la carga que actúa sobre la viga.
b) Determine las reacciones R_A y M_A en los apoyos.

Fórmulas de deflexión

En los problemas 9.3-1 al 9.3-7 se requiere el cálculo de deflexiones con el uso de las fórmulas obtenidas en los Ejemplos 9-1, 9-2 y 9-3. Todas las vigas tienen una rigidez constante de flexión EI.

9.3-1 Una viga de patín ancho (W 12 × 35) soporta una carga uniforme sobre un claro simple de longitud $L = 14$ pies (véase la figura).

Calcule la deflexión máxima $\delta_{\text{máx}}$ en el punto medio y los ángulos de rotación θ en los apoyos si $q = 1.8$ klb/pie y $E = 30 \times 10^6$ lb/pulg^2. Use las fórmulas del ejemplo 9-1).

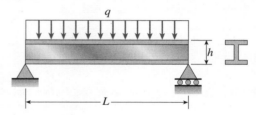

PROBS. 9.3-1, 9.3-2 y 9.3-3

9.3-2 Una viga de acero de patín ancho uniformemente cargada con apoyos simples (véase la figura) tiene una deflexión hacia abajo de 10 mm en el centro del claro y ángulos de rotación iguales a 0.01 radianes en los extremos.

Calcule el peralte h de la viga si el esfuerzo de flexión máximo es de 90 MPa y el módulo de elasticidad es de 200 GPa. (*Sugerencia*: use las fórmulas del ejemplo 9-1).

9.3-3 ¿Cuál es la longitud L del claro de una viga simple uniformemente cargada (véase la figura) con sección transversal de patín ancho si el esfuerzo de flexión máximo es de 12 000 lb/pulg^2, la deflexión máxima es de 0.1 pulg, el peralte de la viga es de 12 pulg y el módulo de elasticidad es de 30×10^6 lb/pulg^2? (Use las fórmulas del ejemplo 9-1.)

9.3-4 Calcule la deflexión máxima $\delta_{\text{máx}}$ de una viga simple uniformemente cargada (véase la figura) si la longitud del claro $L = 2.0$ m, la intensidad de la carga uniforme $q = 2.0$ kN/m y el esfuerzo máximo de flexión $\sigma = 60$ MPa.

La sección transversal de la viga es cuadrada y el material es aluminio con módulo de elasticidad $E = 70$ GPa. (Use las fórmulas del ejemplo 9-1.)

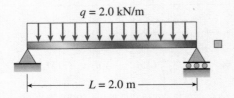

$q = 2.0$ kN/m

$L = 2.0$ m

PROB. 9.3-4

9.3-5 Una viga en voladizo con una carga uniforme (véase la figura) tiene un peralte h igual a 1/8 de la longitud L. La viga es un perfil de acero de patín ancho con $E = 28 \times 10^6$ lb/pulg^2 y tiene un esfuerzo permisible de flexión de 17 500 lb/pulg^2 tanto en tensión como en compresión.

Calcule la razón δ/L de la deflexión en el extremo libre a la longitud, suponiendo que la viga está soportando la carga permisible máxima. (Use las fórmulas del ejemplo 9-2.)

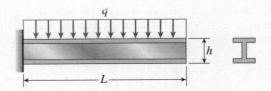

q

h

L

PROB. 9.3-5

9.3-6 Una microviga de aleación de oro unida a una oblea de silicio se comporta como una viga en voladizo sometida a una carga uniforme (véase la figura). La viga tiene longitud $L = 27.5$ μm y sección transversal rectangular de ancho $b = 4.0$ μm y espesor $t = 0.88$ μm. La carga total sobre la viga es de 17.2 μN.

Si la deflexión en el extremo de la viga es de 2.46 μm, ¿cuál es el módulo de elasticidad E_g de la aleación de oro? (Use las fórmulas del ejemplo 9-2.)

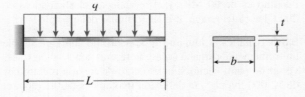

q

t

b

L

PROB. 9.3-6

9.3-7 Obtenga una fórmula para la razón $\delta_C/\delta_{máx}$ de la deflexión en el centro del claro a la deflexión máxima para una viga simple que soporta una carga concentrada P (véase la figura).

Con base en la fórmula, trace una gráfica de $\delta_C/\delta_{máx}$ *versus* la razón a/L que define la posición de la carga ($0.5 < a/L < 1$). ¿Qué conclusión extrae de la gráfica? (Use las fórmulas del ejemplo 9-3.)

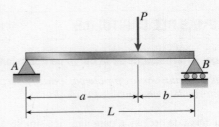

P

A B

a b

L

PROB. 9.3-7

Deflexiones por integración de la ecuación del momento flexionante

Los problemas 9.3-8 al 9.3-16 deben resolverse por integración de la ecuación diferencial de segundo orden de la curva de deflexión (la ecuación del momento flexionante). El origen de las coordenadas se encuentra a la izquierda de cada viga, y todas ellas tienen una rigidez constante de flexión EI.

9.3-8 Obtenga la ecuación de la curva de deflexión para una viga en voladizo AB que soporta una carga P en el extremo libre (véase la figura). Determine también la deflexión δ_B y el ángulo de rotación θ_B en el extremo libre. (*Nota:* Use la ecuación diferencial de segundo orden de la curva de deflexión.)

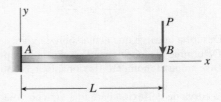

y

P

A B

x

L

PROB. 9.3-8

9.3-9 Obtenga la ecuación de la curva de deflexión para una viga simple AB cargada con un par M_0 en el apoyo izquierdo (véase la figura). Determine también la deflexión máxima $\delta_{máx}$.

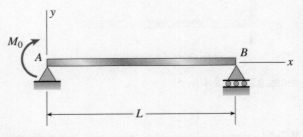

y

M_0

A B x

L

PROB. 9.3-9

9.3-10 En la figura se muestra una viga en voladizo AB que sostiene una carga distribuida de forma triangular con una intensidad máxima q_0.

Obtenga la ecuación de la curva de deflexión y luego las fórmulas para la deflexión δ_B y el ángulo de rotación θ_B en el extremo libre. (*Nota:* use la ecuación diferencial de segundo orden de la curva de deflexión.)

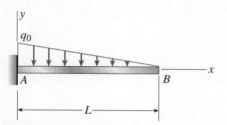

PROB. 9.3-10

9.3-11 Una viga en voladizo AB está sometida a un momento uniformemente distribuido (momento flexionante, no momento de torsión) de intensidad m por distancia unitaria a lo largo del eje de la viga (véase la figura).

Obtenga la ecuación de la curva de deflexión y después las fórmulas para la deflexión δ_B y el ángulo de rotación θ_B en el extremo libre. (*Nota:* use la ecuación diferencial de segundo orden de la curva de deflexión.)

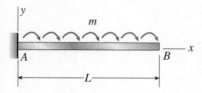

PROB. 9.3-11

9.3-12 La viga ilustrada tiene un soporte de rodillo en A y un soporte guiado en B, el cual permite movimiento vertical pero ninguna rotación.

Obtenga la ecuación de la curva de deflexión y determine la deflexión δ_B en el extremo B debido a la carga uniforme de intensidad q. (*Nota:* use la ecuación diferencial de segundo orden de la curva de deflexión.)

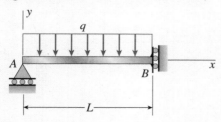

PROB. 9.3-12

9.3-13 Obtenga las ecuaciones de la curva de deflexión para una viga simple AB cargada por un par M_0 que actúa a una distancia a del apoyo izquierdo (véase la figura). Determine también la deflexión δ_0 en el punto en que se aplica la carga. (*Nota:* use la ecuación diferencial de segundo orden de la curva de deflexión.)

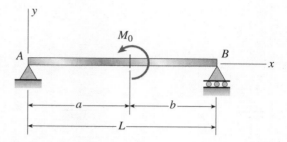

PROB. 9.3-13

9.3-14 Obtenga las ecuaciones de la curva de deflexión para una viga en voladizo AB que soporta una carga uniforme de intensidad q sobre parte de su claro (véase la figura). Determine también la deflexión δ_B en el extremo de la viga. (*Nota:* use la ecuación diferencial de segundo orden de la curva de deflexión.)

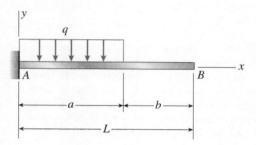

PROB. 9.3-14

9.3-15 Obtenga las ecuaciones de la curva de deflexión para una viga en voladizo AB que soporta una carga uniforme de intensidad q que actúa sobre la mitad de su longitud (véase la figura). Obtenga también fórmulas para las deflexiones δ_B y δ_C en los puntos B y C, respectivamente. (*Nota:* use la ecuación diferencial de segundo orden de la curva de deflexión.)

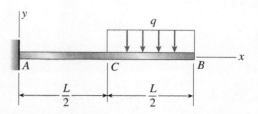

PROB. 9.3-15

9.3-16 Obtenga las ecuaciones de la curva de deflexión para una viga simple *AB* sometida a una carga uniforme de intensidad *q* que actúa sobre la mitad izquierda del claro (véase la figura). Determine también la deflexión δ_C en el centro del claro de laviga. (*Nota:* use la ecuación diferencial de segundo orden de la curva de deflexión.)

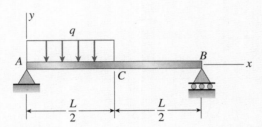

PROB. 9.3-16

Deflexiones por integración de las ecuaciones de la fuerza cortante y de la carga

Las vigas descritas en los problemas de la sección 9.4 tienen rigidez constante por flexión EI. Además, el origen de las coordenadas se encuentra en el extremo izquierdo de cada viga.

9.4-1 Obtenga la ecuación de la curva de deflexión para una viga en voladizo *AB* sometida a un par M_0 que actúa en sentido contrario a las manecillas del reloj en el extremo libre (véase la figura). Determine también la deflexión δ_B y la pendiente θ_B en el extremo libre. Use la ecuación diferencial de tercer orden de la curva de deflexión (la ecuación de la fuerza cortante).

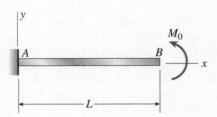

PROB. 9.4-1

9.4-2 Una viga simple *AB* está sometida a una carga distribuida de intensidad $q = q_0$ sen $\pi x/L$, donde q_0 es la intensidad máxima de la carga (véase la figura).

Obtenga la ecuación de la curva de deflexión y después determine la deflexión $\delta_{máx}$ en el punto medio de la viga. Use la ecuación diferencial de cuarto orden de la curva de deflexión (la ecuación de la carga).

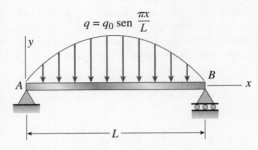

PROB. 9.4-2

9.4-3 Los momentos $2M_0$ y M_0 actúan en los extremos de la viga simple *AB* de la figura.

Obtenga la ecuación de la curva de deflexión y luego determine la deflexión máxima $\delta_{máx}$. Use la ecuación diferencial de tercer orden de la curva de deflexión (la ecuación de la fuerza cortante).

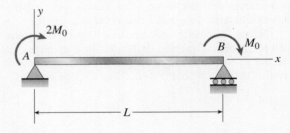

PROB. 9.4-3

9.4-4 Una viga simple con una carga uniforme está soportada con un seguro en un extremo y por un resorte en el otro (véase la figura). El resorte tiene rigidez $k = 48$ EI/L^3.

Obtenga la ecuación de la curva de deflexión usando la ecuación diferencial de tercer orden (la ecuación de la fuerza cortante). Determine también el ángulo de rotación θ_A en el apoyo *A*.

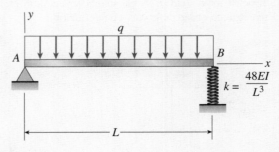

PROB. 9.4-4

9.4-5 La carga distribuida que actúa sobre una viga en voladizo AB tiene una intensidad q dada por la expresión $q_0 \cos \pi x/2L$, donde q_0 es la intensidad máxima de la carga (véase la figura).

Obtenga la ecuación de la curva de deflexión y luego determine la deflexión δ_B en el extremo libre. Use la ecuación diferencial de cuarto orden de la curva de deflexión (la ecuación de la carga).

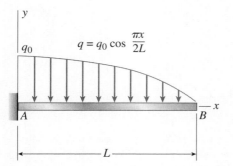

PROB. 9.4-5

9.4-6 Una viga en voladizo AB está sometida a una carga parabólicamente variable de intensidad $q = q_0(L^2 - x^2)/L^2$, donde q_0 es la intensidad máxima de la carga (véase la figura).

Obtenga la ecuación de la curva de deflexión y luego determine la deflexión δ_B y el ángulo de rotación θ_B en el extremo libre. Use la ecuación diferencial de cuarto orden de la curva de deflexión (la ecuación de carga).

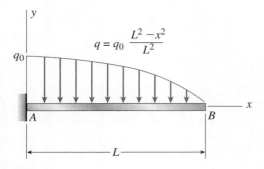

PROB. 9.4-6

9.4-7 Una viga simplemente apoyada está sometida a una carga distribuida parabólicamente de intensidad $q = 4q_0x$ $(L - x)/L^2$, donde q_0 es la intensidad máxima de la carga (véase la figura).

Obtenga la ecuación de la curva de deflexión y luego determine la deflexión máxima $\delta_{máx}$. Use la ecuación diferencial de cuarto orden de la curva de deflexión (la ecuación de carga).

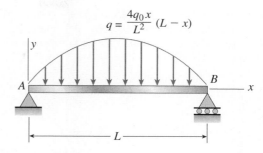

$$q = \frac{4q_0 x}{L^2} (L - x)$$

PROB. 9.4-7

9.4-8 Obtenga la ecuación de la curva de deflexión para una viga simple AB que soporta una carga distribuida triangularmente de intensidad máxima q_0 (véase la figura). Determine también la deflexión máxima $\delta_{máx}$ de la viga. Use la ecuación diferencial de cuarto orden de la curva de deflexión (la ecuación de carga).

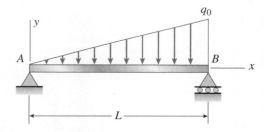

PROB. 9.4-8

★9.4-9 Obtenga las ecuaciones de la curva de deflexión para una viga ABC con voladizo sometida a una carga uniforme de intensidad q actuando sobre el voladizo (véase la figura). Obtenga también fórmulas para la deflexión δ_C y el ángulo de rotación θ_C en el extremo del voladizo. Use la ecuación diferencial de cuarto orden de la curva de deflexión (la ecuación de carga).

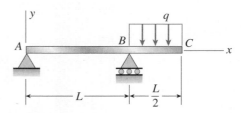

PROB. 9.4-9

★9.4-10 Obtenga las ecuaciones de la curva de deflexión para una viga simple AB que soporta una carga triangularmente distribuida de intensidad máxima q_0 que actúa sobre la mitad derecha de la viga (véase la figura). Determine también los ángulos de rotación θ_A y θ_B en los extremos y la deflexión δ_C en el centro del claro. Use la ecuación diferencial de cuarto orden de la curva de deflexión (la ecuación de carga).

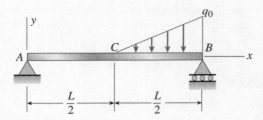

PROB. 9.4-10

Método de superposición

Los problemas de la sección 9.5 deben resolverse por el método de superposición. Todas las vigas tienen rigidez constante por flexión EI.

9.5-1 Una viga en voladizo AB soporta tres cargas concentradas igualmente espaciadas, como se muestra en la figura. Obtenga fórmulas para el ángulo de rotación θ_B y la deflexión δ_B en el extremo libre de la viga.

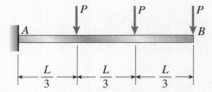

PROB. 9.5-1

9.5-2 Una viga simple AB soporta cinco cargas P igualmente espaciadas (véase la figura).

a) Determine la deflexión δ_1 en el centro del claro de la viga;

b) Si la misma carga total ($5P$) está distribuida como carga uniforme sobre la viga, ¿cuál es la deflexión δ_2 en el centro del claro? y

c) Calcule la razón de δ_1 a δ_2.

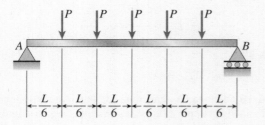

PROB. 9.5-2

9.5-3 La viga en voladizo AB mostrada en la figura tiene una extensión BCD unida a su extremo libre. Una fuerza P actúa en el extremo de la extensión. Encuentre:

a) La razón a/L tal que la deflexión vertical del punto B sea cero y

b) La razón a/L tal que el ángulo de rotación en el punto B sea cero.

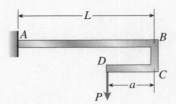

PROB. 9.5-3

9.5-4 La viga ACB cuelga de dos resortes, como se muestra en la figura. Los resortes tienen rigideces k_1 y k_2 y la viga tiene rigidez EI por flexión.

¿Cuál es el desplazamiento hacia abajo del punto C, que se encuentra en el centro de la viga, cuando se aplica la carga P?

Los datos de la estructura son: $P = 8.0$ kN, $L = 1.8$ m, $EI = 216$ kN·m^2, $k_1 = 250$ kN/m y $k_2 = 160$ kN/m.

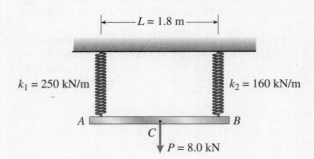

PROB. 9.5-4

9.5-5 ¿Cuál debe ser la ecuación $y = f(x)$ del eje de la viga AB ligeramente curva (véase la figura) *antes* de que se aplique la carga para que la carga P, que se mueve a lo largo de la barra, permanezca siempre al mismo nivel?

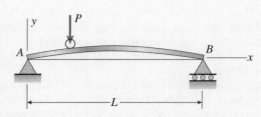

PROB. 9.5-5

9.5-6 Determine el ángulo de rotación θ_B y la deflexión δ_B en el extremo libre de una viga en voladizo AB que tiene una carga uniforme de intensidad q que actúa sobre el tercio medio de su longitud (véase la figura).

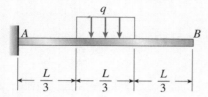

PROB. 9.5-6

9.5-7 La viga ACB en voladizo mostrada en la figura tiene rigidez por flexión $EI = 2.1 \times 10^6$ klb-pulg². Calcule las deflexiones hacia abajo δ_C y δ_B en los puntos C y B, respectivamente, debidas a la acción simultánea del momento de 35 klb-pulg aplicado en el punto C y de la carga concentrada de 2.5 klb aplicada en el extremo libre B.

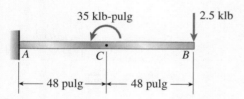

PROB. 9.5-7

9.5-8 Una viga $ABCD$ que consiste en un claro simple BD y un voladizo AB está cargada por una fuerza P que actúa en el extremo de la ménsula CEF (véase la figura).

a) Determine la deflexión δ_A en el extremo del voladizo.

b) ¿En qué condiciones esta deflexión se da hacia arriba y en cuáles hacia abajo?

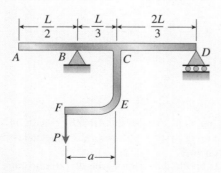

PROB. 9.5-8

9.5-9 Una carga horizontal P actúa en el extremo C de la ménsula ABC mostrada en la figura.

a) Determine la deflexión δ_C del punto C

b) Determine: la deflexión máxima hacia arriba $\delta_{máx}$ del miembro AB.

Nota: suponga que la rigidez por flexión EI es constante en toda la estructura. También desprecie los efectos de las deformaciones axiales y considere sólo los efectos de la flexión debida a la carga P.

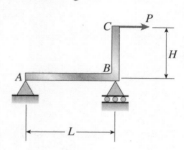

PROB. 9.5-9

9.5-10 Una viga ABC con rigidez por flexión $EI = 75$ kN·m² está cargada con una fuerza $P = 800$ N en el extremo C y sujeta en el extremo A por un cable cuya rigidez axial $EA = 900$ kN (véase la figura).

¿Cuál es la deflexión en el punto C cuando se aplica la carga P?

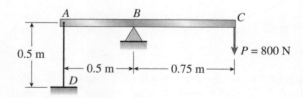

PROB. 9.5-10

9.5-11 Determine el ángulo de rotación θ_B y la deflexión δ_B en el extremo libre de una viga en voladizo AB que soporta una carga parabólica definida por la ecuación $q = q_0 x^2/L^2$ (véase la figura).

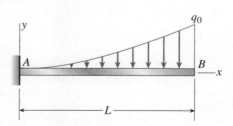

PROB. 9.5-11

9.5-12 Una viga simple *AB* soporta una carga uniforme de intensidad *q* que actúa sobre la región media del claro (véase la figura).

Determine el ángulo de rotación θ_A en el apoyo izquierdo y la deflexión $\delta_{máx}$ en el centro del claro.

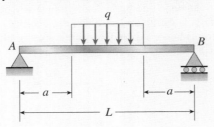

PROB. 9.5-12

9.5-13 La viga *ABCD* con voladizo soporta dos cargas concentradas *P* y *Q* (véase la figura).

a) ¿Para qué razón *P/Q* la deflexión en el punto *B* es igual a cero?

b) ¿Para qué razón la deflexión en el punto *D* es igual a cero?

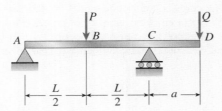

PROB. 9.5-13

9.5-14 Una tira metálica delgada con peso total *W* y longitud *L* se coloca sobre la parte superior de una mesa plana de ancho *L*/3 como se muestra en la figura.

¿Cuál es la altura libre δ entre la tira y el centro de la mesa? (La tira metálica tiene rigidez por flexión *EI*.)

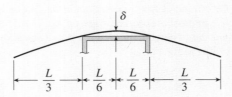

PROB. 9.5-14

9.5-15 Una viga *ABC* con voladizo, con rigidez por flexión $EI = 15$ klb-pulg^2, está apoyada sobre un soporte de pasador en *A* y sobre un resorte de rigidez *k* en el punto *B* (véase la figura). El claro *AB* tiene longitud *L* = 30 pulg y soporta una carga uniformemente distribuida. El voladizo *BC* tiene longitud *b* = 15 pulg.

¿Para qué valor de la rigidez *k* del resorte la carga uniforme no producirá deflexión en el extremo libre *C*?

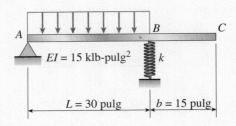

PROB. 9.5-15

9.5-16 Una viga *ABCD* descansa sobre apoyos simples en *B* y *C* (véase la figura). La viga tiene una ligera curvatura inicial de manera que el extremo *A* está 15 mm sobre la elevación de los apoyos y el extremo *D* está a 10 mm.

¿Qué cargas *P* y *Q* que actúen en los puntos *A* y *D*, respectivamente, moverán los puntos *A* y *D* hacia abajo hasta el nivel de los apoyos? (La rigidez por flexión *EI* de la viga es de 2.5×10^6 N·m^2.)

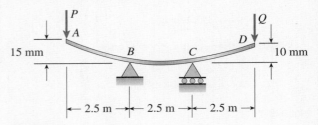

PROB. 9.5-16

9.5-17 La viga compuesta *ABCD* mostrada en la figura tiene empotramientos en los extremos *A* y *D* y consiste en tres miembros unidos por articulaciones en *B* y *C*.

Encuentre la deflexión δ bajo la carga *P*.

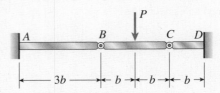

PROB. 9.5-17

9.5-18 Una viga compuesta *ABCDE* (véase la figura) consiste en dos partes (*ABC* y *CDE*) conectadas por una articulación en *C*.

Determine la deflexión δ_E en el extremo libre *E* debida a la carga *P* que actúa en ese punto.

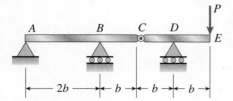

PROB. 9.5-18

9.5-19 Una viga *ABC* de acero está simplemente apoyada en *A* y sostenida por un cable de acero de alta resistencia en *B* (véase la figura). Una carga $P = 240$ lb actúa en el extremo libre *C*. El alambre tiene rigidez axial $EA = 1\,500 \times 10^3$ lb y la viga tiene rigidez por flexión $EI = 36 \times 10^6$ lb-pulg^2.

¿Cuál es la deflexión δ_C del punto *C* debido a la carga *P*?

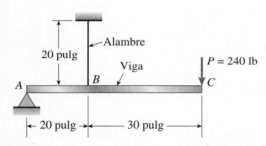

PROB. 9.5-19

9.5-20 La viga compuesta de la figura consiste en una viga *AB* en voladizo (longitud *L*) articulada a una viga simple *BD* (longitud 2*L*). Después de construida la viga, existe una abertura *c* entre la viga y un soporte en *C*, a la mitad de la distancia entre los puntos *B* y *D*. Luego se coloca una carga uniforme sobre toda la longitud de la viga.

¿Qué intensidad *q* de la carga se precisa para cerrar la abertura en *C* y poner en contacto la viga con el soporte?

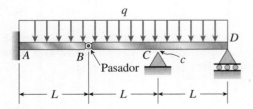

PROB. 9.5-20

★9.5-21 Encuentre la deflexión horizontal δ_h y la deflexión vertical δ_v en el extremo libre *C* del marco *ABC* mostrado en la figura (la rigidez por flexión *EI* es constante en toda la estructura).

Nota: desprecie los efectos de las deformaciones axiales y considere sólo los efectos de la flexión debida a la carga *P*.

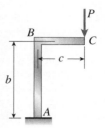

PROB. 9.5-21

★9.5-22 Dos fuerzas colineales *P* que actúan en los puntos *A* y *D* comprimen el marco *ABCD* mostrado en la figura. ¿Cuál es la disminución δ en la distancia entre los puntos *A* y *D* cuando se aplican las cargas *P*? (La rigidez por flexión *EI* es constante en toda la estructura.)

Nota: desprecie los efectos de las deformaciones axiales y considere sólo los efectos de la flexión debida a las cargas *P*.

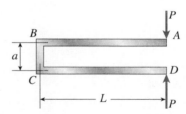

PROB. 9.5-22

★★9.5-23 Una viga *ABCDE* tiene apoyos simples en *B* y *D* y voladizos simétricos en cada extremo (véase la figura). El claro central tiene longitud *L* y cada voladizo tiene longitud *b*. Una carga uniforme de intensidad *q* actúa sobre la viga.

a) Determine la razón *b/L* de manera que la deflexión δ_C en el centro de la viga sea igual a las deflexiones δ_A y δ_E en los extremos.

b) Para este valor de *b/L*, ¿cuál es la deflexión δ_C en el centro del claro?

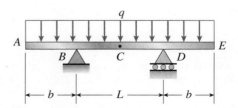

PROB. 9.5-23

★9.5-24 El marco *ABC* está cargado en el punto *C* con una fuerza *P* que actúa según un ángulo α respecto a la horizontal (véase la figura). Ambos miembros del marco tienen la misma longitud y la misma rigidez por flexión.

Determine el ángulo α de manera que la deflexión del punto *C* tenga la misma dirección que la carga (desprecie los efectos de las deformaciones axiales y considere sólo los efectos de flexión debido a la carga *P*).

Nota: una dirección de carga tal que la deflexión resultante tenga la misma dirección que la carga se llama una *dirección principal*. Para una carga dada sobre una estructura plana, hay dos direcciones principales, perpendiculares entre sí.

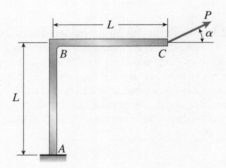

PROB. 9.5-24

Método del área-momento

Los problemas de la sección 9.6 deben resolverse por el método del área-momento. Todas las vigas tienen rigidez constante por flexión EI.

9.6-1 Una viga en voladizo *AB* está sometida a una carga uniforme de intensidad *q* que actúa en toda su longitud (véase la figura).

Determine el ángulo de rotación θ_B y la deflexión δ_B en el extremo libre.

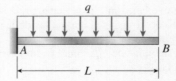

PROB. 9.6-1

9.6-2 La carga sobre una viga en voladizo *AB* tiene una distribución triangular con intensidad máxima q_0 (véase la figura).

Determine el ángulo de rotación θ_B y la deflexión δ_B en el extremo libre.

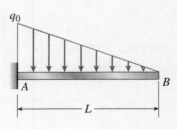

PROB. 9.6-2

9.6-3 Una viga en voladizo *AB* está sometida a una carga concentrada *P* y a un par M_0 que actúa en el extremo libre (véase la figura).

Obtenga fórmulas para el ángulo de rotación θ_B y la deflexión δ_B en el extremo *B*.

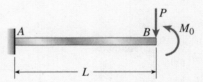

PROB. 9.6-3

9.6-4 Determine el ángulo de rotación θ_B y la deflexión δ_B en el extremo libre de una viga en voladizo *AB* que tiene una carga uniforme de intensidad *q* que actúa sobre el tercio medio del claro (véase la figura).

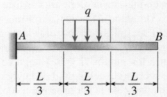

PROB. 9.6-4

9.6-5 Calcule las deflexiones δ_B y δ_C en los puntos *B* y *C*, respectivamente, de la viga en voladizo *ACB* mostrada en la figura. Suponga $M_0 = 36$ klb-pulg, $P = 3.8$ klb, $L = 8$ pies y $EI = 2.25 \times 10^9$ lb-pulg^2.

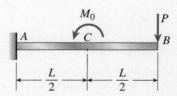

PROB. 9.6-5

9.6-6 Una viga en voladizo ACB soporta dos cargas concentradas P_1 y P_2 como se muestra en la figura.

Calcule las deflexiones δ_B y δ_C en los puntos B y C, respectivamente. Suponga $P_1 = 10$ kN, $P_2 = 5$ kN, $L = 2.6$ m, $E = 200$ GPa e $I = 20.1 \times 10^6$ mm^4.

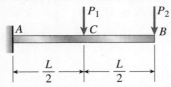

PROB. 9.6-6

9.6-7 Obtenga fórmulas para el ángulo de rotación θ_A en el apoyo A y la deflexión $\delta_{\text{máx}}$ en el centro del claro de una viga simple AB que soporta una carga uniforme de intensidad q (véase la figura).

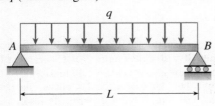

PROB. 9.6-7

9.6-8 Una viga simple AB soporta dos cargas concentradas P en las posiciones mostradas en la figura. Un soporte C en el centro de la viga está a una distancia d debajo de la viga antes de que se apliquen las cargas.

Suponga que $d = 10$ mm, $L = 6$ m, $E = 200$ GPa e $I = 198 \times 10^6$ mm^4 y calcule la magnitud de las cargas P de manera que la viga apenas toque el soporte en C.

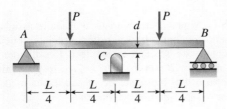

PROB. 9.6-8

9.6-9 Una viga simple AB está sometida a una carga en forma de un par M_0 que actúa en el extremo B (véase la figura).

Determine los ángulos de rotación θ_A y θ_B en los apoyos y la deflexión δ en el centro del claro.

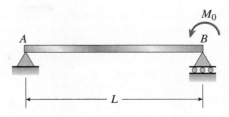

PROB. 9.6-9

★9.6-10 La viga simple AB mostrada en la figura soporta dos cargas concentradas iguales P, una actúa hacia abajo y la otra hacia arriba.

Determine el ángulo de rotación θ_A en el extremo izquierdo, la deflexión δ_1 debida a la carga que actúa hacia abajo y la deflexión δ_2 en el centro del claro de la viga.

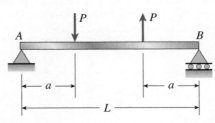

PROB. 9.6-10

★9.6-11 Una viga simple AB está sometida a los pares M_0 y $2M_0$ que actúan según se ve en la figura. Determine los ángulos de rotación θ_A y θ_B en los extremos de la viga y la deflexión δ en el punto en que está aplicado M_0.

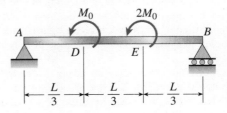

PROB. 9.6-11

Vigas no prismáticas

9.7-1 La viga en voladizo ACB en la figura tiene momentos de inercia I_2 e I_1 en las partes AC y CB, respectivamente.

a) Con el método de superposición, determine la deflexión δ_B en el extremo libre debido a la carga P.

b) Determine la razón r de la deflexión δ_B a la deflexión δ_1 en el extremo libre de una viga prismática en voladizo con momento de inercia I_1 que tenga la misma carga.

c) Grafique la razón de deflexión *r versus* la razón I_2/I_1 de los momentos de inercia. (Haga variar I_2/I_1 entre 1 y 5.)

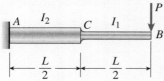

PROB. 9.7-1

9.7-2 La viga en voladizo *ACB* mostrada en la figura soporta una carga uniforme de intensidad *q* en toda su longitud. La viga tiene momentos de inercia I_2 e I_1 en las partes *AC* y *CB*, respectivamente.

a) Con el método de superposición, determine la deflexión δ_B en el extremo libre debido a la carga uniforme.

b) Determine la razón *r* de la deflexión δ_B a la deflexión δ_1 en el extremo libre de un voladizo prismático con momento de inercia I_1 que soporte la misma carga.

c) Grafique la razón de deflexión *r versus* la razón I_2/I_1 de los momentos de inercia. (Varíe I_2/I_1 entre 1 y 5.)

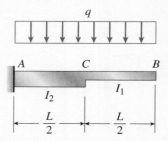

PROB. 9.7-2

★9.7-3 Una viga simple *ABCD* tiene momento de inercia *I* cerca de los apoyos y momento de inercia *2I* en la región central, como se muestra en la figura. Una carga uniforme de intensidad *q* actúa sobre toda la longitud de la viga.

Determine las ecuaciones de la curva de deflexión para la mitad izquierda de la viga. Encuentre también el ángulo de rotación θ_A en el apoyo izquierdo y la deflexión $\delta_{máx}$ en el centro del claro.

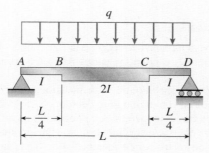

PROB. 9.7-3

★★9.7-4 Una viga *ABC* tiene un segmento rígido entre *A* y *B* y un segmento flexible con momento de inercia *I* entre *B* y *C* (véase la figura). Una carga concentrada *P* actúa en el punto *B*.

Determine el ángulo de rotación θ_A del segmento rígido, la deflexión δ_B en el punto *B* y la deflexión máxima $\delta_{máx}$.

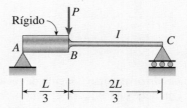

PROB. 9.7-4

★★9.7-5 Una viga simple *ABC* tiene momento de inercia de $1.5I$ entre *A* y *B* y de *I* entre *B* y *C* (véase la figura). Una carga concentrada *P* actúa en el punto *B*.

Obtenga las ecuaciones de las curvas de deflexión para ambas partes de la viga. A partir de las ecuaciones, determine los ángulos de rotación θ_A y θ_C en los apoyos y la deflexión δ_B en el punto *B*.

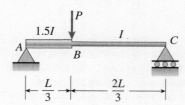

PROB. 9.7-5

★★9.7-6 La viga *AB* en voladizo ahusada mostrada en la figura tiene secciones transversales circulares huecas de pared delgada de espesor constante *t*. Los diámetros en los extremos *A* y *B* son d_A y $d_B = 2d_A$, respectivamente. El diámetro *d* y el momento de inercia *I* a la distancia *x* del extremo libre son, respectivamente,

$$d = \frac{d_A}{L}(L + x)$$

$$I = \frac{\pi t d^3}{8} = \frac{\pi t d_A^3}{8L^3}(L + x)^3 = \frac{I_A}{L^3}(L + x)^3$$

en donde I_A es el momento de inercia en el extremo *A* de la viga.

Determine la ecuación de la curva de deflexión y la deflexión δ_A en el extremo libre de la viga debido a la carga *P*.

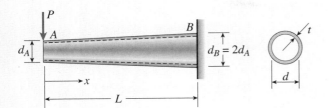

PROB. 9.7-6

⋆⋆9.7-7 La viga *AB* en voladizo ahusada que se ilustra tiene una sección transversal circular sólida. Los respectivos diámetros en los extremos *A* y *B* son d_A y $d_B = 2d_A$. El diámetro *d* y el momento de inercia *I* a la distancia *x* del extremo libre son entonces, respectivamente,

$$d = \frac{d_A}{L}(L + x)$$

$$I = \frac{\pi d^4}{64} = \frac{\pi d_A^4}{64L^4}(L + x)^4 = \frac{I_A}{L^4}(L + x)^4$$

en donde I_A es el momento de inercia en el extremo *A* de la viga.

Determine la ecuación de la curva de deflexión y la deflexión δ_A en el extremo libre de la viga debido a la carga *P*.

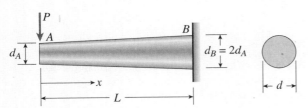

PROB. 9.7-7

⋆⋆9.7-8 Una viga *AB* en voladizo ahusada soporta una carga concentrada *P* en el extremo libre (véase la figura). Las secciones transversales de la viga son rectangulares con ancho constante *b*, altura d_A en el apoyo *A* y peralte $d_B = 3d_A/2$ en el apoyo; por tanto, el peralte *d* y el momento de inercia *I* a la distancia *x* del extremo libre son, respectivamente,

$$d = \frac{d_A}{2L}(2L + x)$$

$$I = \frac{bd^3}{12} = \frac{bd_A^3}{96L^3}(2L + x)^3 = \frac{I_A}{8L^3}(2L + x)^3$$

en donde I_A es el momento de inercia en el extremo *A* de la viga.

Determine la ecuación de la curva de deflexión y la deflexión δ_A en el extremo libre de la viga debido a la carga *P*.

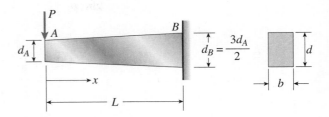

PROB. 9.7-8

⋆⋆9.7-9 Una viga simple *ACB* está construida con secciones transversales cuadradas y un doble ahusamiento (véase la figura). El peralte de la viga en los apoyos es d_A y en el punto medio es $d_C = 2d_A$. Cada mitad de la viga tiene longitud *L*. Así pues, el peralte *d* y el momento de inercia *I* a una distancia *x* desde el extremo izquierdo son, respectivamente,

$$d = \frac{d_A}{L}(L + x)$$

$$I = \frac{d^4}{12} = \frac{d_A^4}{12L^4}(L + x)^4 = \frac{I_A}{L^4}(L + x)^4$$

en donde I_A es el momento de inercia en el extremo *A* de la viga. (Estas ecuaciones son válidas para *x* entre cero y *L*; es decir, para la mitad izquierda de la viga.)

a) Obtenga las ecuaciones para la pendiente y la deflexión de la mitad izquierda de la viga debido a la carga uniforme.

b) A partir de estas ecuaciones, obtenga fórmulas para el ángulo de rotación θ_A en el apoyo *A* y la deflexión δ_C en el punto medio.

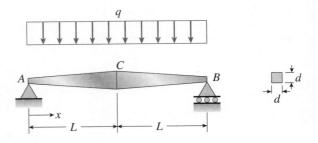

PROB. 9.7-9

Energía de deformación

Las vigas descritas en los problemas de la sección 9.8 tienen rigidez constante por flexión EI.

9.8-1 Una viga simple *AB* con carga uniforme (véase la figura) de claro *L* y sección transversal rectangular (*b* = ancho, *h* = peralte) tiene un esfuerzo flexionante máximo $\sigma_{máx}$ debido a la carga uniforme.

Determine la energía de deformación *U* almacenada en la viga.

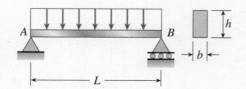

PROB. 9.8-1

9.8-2 Una viga simple AB de longitud L soporta una carga concentrada P en el centro del claro (véase la figura).

a) Evalúe la energía de deformación de la viga a partir del momento flexionante en ella.

b) Evalúe la energía de deformación de la viga a partir de la ecuación de la curva de deflexión.

c) Con la energía de deformación, determine la deflexión δ debida a la carga P.

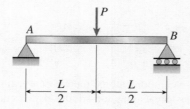

PROB. 9.8-2

9.8-3 Una viga AB en voladizo de longitud L soporta una carga uniforme de intensidad q (véase la figura).

a) Evalúe la energía de deformación de la viga en función del momento flexionante en ella.

b) Evalúe la energía de deformación de la viga a partir de la ecuación de la curva de deflexión.

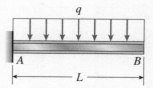

PROB. 9.8-3

9.8-4 Una viga simple AB de longitud L está sometida a cargas que producen una curva de deflexión simétrica con deflexión máxima δ en el centro del claro (véase la figura).

¿Cuánta energía de deformación U hay almacenada en la viga si la curva de deflexión es: a) una parábola y b) una media onda senoidal?

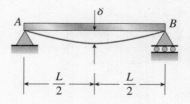

PROB. 9.8-4

9.8-5 Una viga ABC con apoyos simples en A y B y un voladizo BC soporta una carga concentrada P en el extremo libre C (véase la figura).

a) Determine la energía de deformación U almacenada en la viga debido a la carga P.

b) A partir de la energía de deformación, encuentre la deflexión δ_C bajo la carga P.

c) Calcule los valores numéricos de U y δ_C si la longitud L es de 8 pies, la longitud a del voladizo es de 3 pies, la viga es un perfil $W\ 10 \times 12$ de acero de patín ancho y la carga P produce un esfuerzo máximo de 12 000 $lb/pulg^2$ en la viga. (Use $E = 29 \times 10^6\ lb/pulg^2$.)

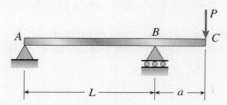

PROB. 9.8-5

9.8-6 En la figura se ilustra una viga simple ABC que soporta una carga concentrada P en el centro del claro y un par de momento M_0 en un extremo.

Determine la energía de deformación U almacenada en la viga debido a la fuerza P y al par M_0 que actúan al mismo tiempo.

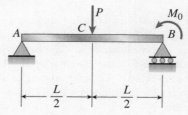

PROB. 9.8-6

9.8-7 La estructura mostrada en la figura consiste en una viga ACB soportada por un puntal CD. La viga tiene longitud $2L$ y es continua a través del nudo C. Una carga concentrada P actúa en el extremo libre B.

Determine la deflexión vertical δ_B en el punto B debida a la carga P.

Nota: sea EI la rigidez por flexión de la viga y EA la rigidez axial del puntal. Desprecie los efectos axiales y de cortante en la viga y cualquier efecto de flexión en el puntal.

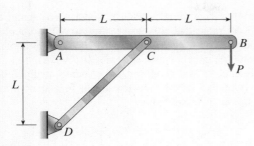

PROB. 9.8-7

Teorema de Castigliano

Las vigas descritas en los problemas de la sección 9.9 tienen rigidez constante por flexión EI.

9.9-1 Una viga simple AB de longitud L está cargada en su extremo izquierdo por un par de momento M_0 (véase la figura).

Determine el ángulo de rotación θ_A en el apoyo A (para obtener la solución, determine la energía de deformación de la viga y luego utilice el teorema de Castigliano).

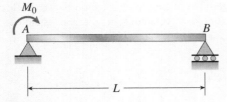

PROB. 9.9-1

9.9-2 La viga simple de la figura soporta una carga concentrada P que actúa a una distancia a del apoyo izquierdo y a una distancia b del apoyo derecho.

Determine la deflexión δ_D en el punto D donde se aplica la carga. (Para obtener la solución, determine la energía de deformación de la viga y luego use el teorema de Castigliano.)

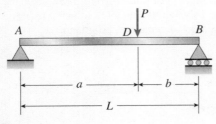

PROB. 9.9-2

9.9-3 Una viga ABC con voladizo soporta una carga concentrada P en el extremo del voladizo (véase la figura). El claro AB tiene longitud L y el voladizo tiene longitud a.

Determine la deflexión δ_C en el extremo del voladizo. (Para obtener la solución determine primero la energía de deformación de la viga y luego aplique el teorema de Castigliano.)

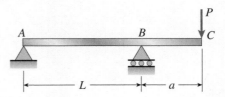

PROB. 9.9-3

9.9-4 La viga en voladizo mostrada en la figura soporta una carga distribuida triangular de intensidad máxima q_0.

Determine la deflexión δ_B en el extremo libre B. (Para obtener la solución determine primero la energía de deformación de la viga y luego aplique el teorema de Castigliano.)

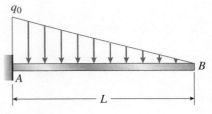

PROB. 9.9-4

9.9-5 Una viga simple ACB soporta una carga uniforme de intensidad q sobre la mitad izquierda del claro (véase la figura).

Determine el ángulo de rotación θ_B en el apoyo B. (Obtenga la solución usando la forma modificada del teorema de Castigliano.)

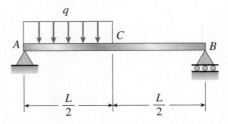

PROB. 9.9-5

9.9-6 Una viga en voladizo *ACB* soporta dos cargas concentradas P_1 y P_2, como se muestra en la figura.

Determine las deflexiones δ_C y δ_B en los puntos *C* y *B*, respectivamente. (Obtenga la solución usando la forma modificada del teorema de Castigliano.)

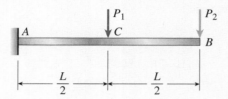

PROB. 9.9-6

9.9-7 La viga en voladizo *ACB* mostrada en la figura está sometida a una carga uniforme de intensidad *q* que actúa entre los puntos *A* y *C*.

Determine el ángulo de rotación θ_A en el extremo libre *A*. (Obtenga la solución usando la forma modificada del teorema de Castigliano.)

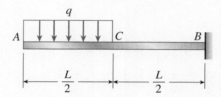

PROB. 9.9-7

9.9-8 El marco *ABC* soporta una carga concentrada *P* en el punto *C* (véase la figura). Los miembros *AB* y *BC* tienen longitudes *h* y *b*, respectivamente.

Determine la deflexión vertical δ_C y el ángulo de rotación θ_C en el extremo *C* del marco. (Obtenga la solución usando la forma modificada del teorema de Castigliano.)

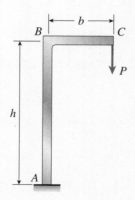

PROB. 9.9-8

9.9-9 Una viga simple *ABCDE* soporta una carga uniforme de intensidad *q* (véase la figura). El momento de inercia en la parte central de la viga (*BCD*) es el doble del momento de inercia en los extremos (*AB* y *DE*).

Encuentre la deflexión δ_C en el punto medio C de la viga. (Obtenga la solución usando la forma modificada del teorema de Castigliano.)

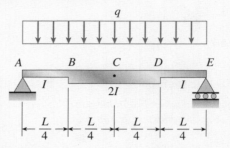

PROB. 9.9-9

9.9-10 Una viga *ABC* con voladizo está sometida a un par M_A en el extremo libre (véase la figura). Las longitudes del voladizo y del claro principal son *a* y *L*, respectivamente.

Determine el ángulo de rotación θ_A y la deflexión δ_A en el extremo *A*. (Obtenga la solución usando la forma modificada del toerema de Castigliano.)

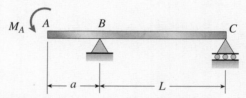

PROB. 9.9-10

9.9-11 Una viga *ABC* con voladizo descansa sobre un apoyo simple en *A* y en un soporte con resorte en *B* (véase la figura). Una carga concentrada *P* actúa en el extremo del voladizo. El claro *AB* tiene longitud *L*, el voladizo tiene longitud *a* y el resorte tiene rigidez *k*.

Determine el desplazamiento hacia abajo δ_C del extremo del voladizo. (Obtenga la solución usando la forma modificada del teorema de Castigliano.)

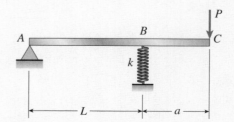

PROB. 9.9-11

*9.9-12 Una viga *ABCD* simétrica con voladizos en ambos extremos soporta una carga uniforme de intensidad *q* (véase la figura).

Determine la deflexión δ_D en el extremo del voladizo. (Obtenga la solución usando la forma modificada del teorema de Castigliano.)

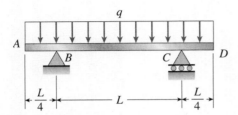

PROB. 9.9-12

Deflexiones producidas por impacto

Las vigas descritas en los problemas de la sección 9.10 tienen rigidez constante por flexión EI. Desprecie los pesos propios de las vigas y considere sólo los efectos de las cargas dadas.

9.10-1 Un objeto pesado de peso *W* se deja caer sobre el punto medio de una viga simple *AB* desde una altura *h* (véase la figura).

Obtenga una fórmula para el esfuerzo de flexión máximo $\sigma_{máx}$ debido al impacto del peso en términos de *h*, σ_{est} y δ_{est}, donde σ_{est} es el esfuerzo de flexión máximo y δ_{est} es la deflexión en el punto medio cuando el peso *W* actúa sobre la viga como una carga aplicada estáticamente.

Grafique la razón $\sigma_{máx}/\sigma_{est}$ (es decir, la razón del esfuerzo dinámico al esfuerzo estático) *versus* la razón h/δ_{est}. (Varíe h/δ_{est} entre 0 y 10.)

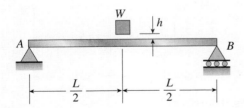

PROB. 9.10-1

9.10-2 Un objeto de peso *W* se deja caer sobre el punto medio de una viga simple *AB* desde una altura *h* (véase la figura). La viga tiene sección transversal rectangular de área *A*.

Suponga que *h* es muy grande en comparación con la deflexión de la viga cuando el peso *W* se aplica estáticamente y obtenga una fórmula para el esfuerzo de flexión máximo $\sigma_{máx}$ en la viga debido a la caída del peso.

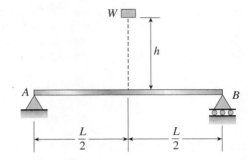

PROB. 9.10-2

9.10-3 Una viga en voladizo *AB* de longitud $L = 6$ pies está construida con una sección W 8×21 de patín ancho (véase la figura). Un peso $W = 1\ 500$ lb cae desde una altura $h = 0.25$ pulg sobre el extremo de la viga.

Calcule la deflexión máxima $\delta_{máx}$ del extremo de la viga y el esfuerzo de flexión máximo $\sigma_{máx}$ debido a la caída del peso (suponga $E = 30 \times 10^6$ lb/pulg^2).

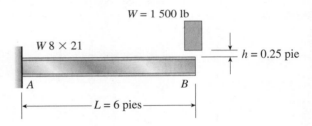

PROB. 9.10-3

9.10-4 Un peso $W = 20$ kN cae desde una altura $h = 1.0$ mm sobre el centro de una viga simple de longitud $L = 3$ m (véase la figura). La viga es de madera con sección transversal cuadrada (dimensión *d* en cada lado) y $E = 12$ GPa.

Si el esfuerzo de flexión permisible en la madera es $\sigma_{perm} = 10$ MPa, ¿cuál es la dimensión *d* mínima requerida?

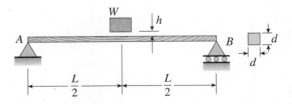

PROB. 9.10-4

9.10-5 Un peso $W = 4\ 000$ lb cae desde una altura $h = 0.5$ pulg sobre el punto medio de una viga simple de longitud $L = 10$ pies (véase la figura).

Suponga que el esfuerzo permisible por flexión en la viga es $\sigma_{\text{perm}} = 18\ 000$ lb/pulg^2 y $E = 30 \times 10^6$ lb/pulg^2 y seleccione la viga de patín ancho satisfactoria más ligera entre las dadas en la tabla E-1 del apéndice E.

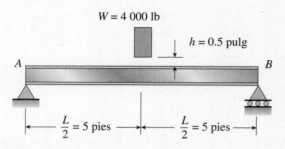

PROB. 9.10-5

9.10-6 Una viga ABC con voladizo de sección transversal rectangular tiene las dimensiones mostradas en la figura. Un peso $W = 750$ N cae sobre el extremo C de la viga.

Si el esfuerzo normal permisible por flexión es de 45 MPa, ¿cuál es la altura h máxima desde la que puede caer el peso? (Suponga $E = 12$ GPa.)

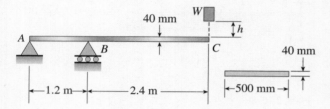

PROB. 9.10-6

★9.10-7 Un pesado volante gira con velocidad angular θ (radianes por segundo) alrededor de un eje (véase la figura). El eje está unido rígidamente a través de cojinetes al extremo de una viga simplemente apoyada de rigidez por flexión EI y longitud L (véase la figura). El volante tiene momento de inercia de masa I_m respecto a su eje de rotación.

Si los cojinetes en el eje se traban de repente, ¿cuál será la reacción R en el soporte A de la viga?

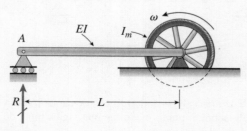

PROB. 9.10-7

Representación de cargas en vigas mediante funciones discontinuas

9.11-1 a 9.11-12 Una viga y su carga se muestran en la figura. Con el uso de funciones discontinuas, escriba la expresión de la intensidad $q(x)$ de la carga distribuida equivalente que actúa sobre la viga (incluya las reacciones en la expresion de la carga equivalente).

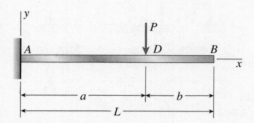

PROBS. 9.11-1 y 9.12-1

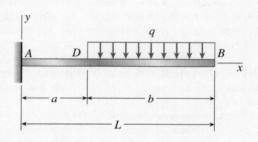

PROBS. 9.11-2 y 9.12-2

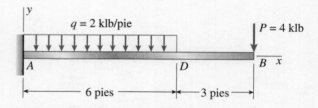

PROBS. 9.11-3 y 9.12-3

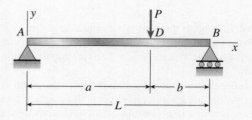

PROBS. 9.11-4 y 9.12-4

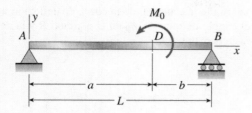

PROBS. 9.11-5 y 9.12-5

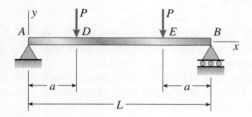

PROBS. 9.11-6 y 9.12-6

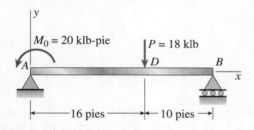

PROBS. 9.11-7 y 9.12-7

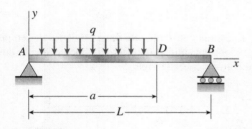

PROBS. 9.11-8 y 9.12-8

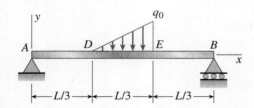

PROBS. 9.11-9 y 9.12-9

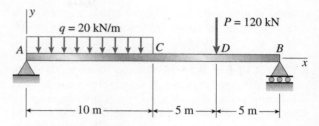

PROBS. 9.11-10 y 9.12-10

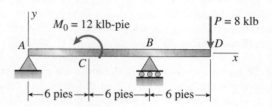

PROBS. 9.11-11 y 9.12-11

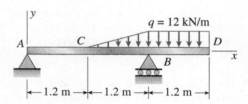

PROBS. 9.11-12 y 9.12-12

Deflexiones de vigas con el uso de funciones discontinuas

Los problemas de la sección 9.12 deben resolverse mediante el uso de funciones discontinuas. Todas las vigas tienen rigidez a la flexión constante EI. (Obtenga las ecuaciones para las cargas distribuidas equivalentes de los problemas correspondientes en la sección 9.11.)

9.12-1, 9.12-2 y 9.12-3 Determine la ecuación de la curva de deflexión para la viga en voladizo *ADB* mostrada en la figura. También obtenga el ángulo de giro θ_B y la deflexión δ_B en el extremo libre (para la viga del problema 9.12-3, suponga $E = 10 \times 10^3$ klb/pulg^2 e $I = 450$ pulg^4).

9.12-4, 9.12-5 y 9.12-6 Determine la ecuación de la curva de deflexión para la viga simple *AB* mostrada en la figura. También obtenga el ángulo de giro θ_A en el apoyo izquierdo y la deflexión δ_D en el punto *D*.

9.12-7 Determine la ecuación de la curva de deflexión para la viga simple *ADB* mostrada en la figura. También obtenga el ángulo de giro θ_A en el apoyo izquierdo y la deflexión δ_D en el punto D. Suponga $E = 30 \times 10^6$ lb/pulg² e $I = 720$ pulg⁴.

9.12-8, 9.12-9 y 9.12-10 Obtenga la ecuación de la curva de deflexión para la viga simple AB (véase la figura). También determine el ángulo de giro θ_B en el apoyo derecho y la deflexión δ_D en el punto D. Para la viga del problema 9.12-10, suponga $E = 200$ GPa e $I = 2.60 \times 10^9$ mm⁴.

9.12-11 Una viga $ACBD$ con apoyos simples en A y en B y un voladizo BD se muestra en la figura. a) Obtenga la ecuación de la curva de deflexión de la viga. b) Calcule las deflexiones δ_C y δ_D en los puntos C y D, respectivamente. (Suponga $E = 30 \times 10^6$ lb/pulg² e $I \times 280$ pulg⁴.)

9.12-12 La viga en voladizo $ACBD$ mostrada en la figura está simplemente apoyada en A y en B. Obtenga la ecuación de la curva de deflexión y las deflexiones δ_C y δ_D en los puntos C y D, respectivamente. (Suponga $E = 200$ GPa e $I = 15 \times 10^6$ mm⁴.)

Efectos de temperatura

Las vigas descritas en los problemas de la sección 9.13 tienen rigidez constante por flexión EI. En cada problema, la temperatura varía linealmente entre las partes superior e inferior de la viga.

9.13-1 Una viga simple AB de longitud L y peralte h experimenta un cambio de temperatura tal que la parte inferior de la viga está a una temperatura T_2 y la parte superior, a una temperatura T_1 (véase la figura).

Determine la ecuación de la curva de deflexión de la viga, el ángulo de rotación θ_A en el soporte izquierdo y la deflexión $\delta_{máx}$ en el centro del claro.

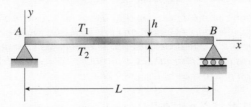

PROB. 9.13-1

9.13-2 Una viga AB en voladizo de longitud L y peralte h (véase la figura) está sometida a un cambio de temperatura tal que la temperatura en su parte superior es T_1 y en la parte inferior es T_2.

Determine la ecuación de la curva de deflexión de la viga, el ángulo de rotación θ_B en el extremo B y la deflexión δ_B en el extremo B.

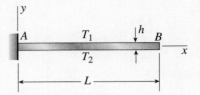

PROB. 9.13-2

9.13-3 Una viga ABC con voladizo de peralte h se calienta a una temperatura T_1 en su parte superior y a T_2 en su parte inferior (véase la figura).

Determine la ecuación de la curva de deflexión de la viga, el ángulo de rotación θ_C en el extremo C y la deflexión δ_C en el extremo C.

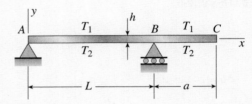

PROB. 9.13-3

9.13-4 Una viga simple AB de longitud L y peralte h (véase la figura) es calentada de tal manera que la diferencia de temperatura $T_2 - T_1$ entre la parte inferior y superior de la viga es proporcional a la distancia desde el apoyo A; es decir,

$$T_2 - T_1 = T_0 x$$

donde T_0 es una constante que tiene unidades de temperatura (grados) por unidad de distancia. Determine la deflexión máxima $\delta_{máx}$ de la viga.

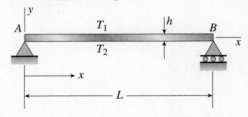

PROB. 9.13-4

10

Vigas estáticamente indeterminadas

10.1 INTRODUCCIÓN

En este capítulo analizaremos vigas en que la cantidad de reacciones excede al número de ecuaciones independientes de equilibrio. Como las reacciones de tales vigas no pueden determinarse sólo por estática, se dice que las vigas son **estáticamente indeterminadas**.

El análisis de las vigas estáticamente indeterminadas es muy diferente al de las vigas estáticamente determinadas. Cuando una viga es estáticamente determinada, podemos obtener todas las reacciones, fuerzas cortantes y momentos flexionantes a partir de diagramas de cuerpo libre y ecuaciones de equilibrio. Luego, conocidos los momentos flexionantes y las fuerzas cortantes, podemos obtener los esfuerzos y las deflexiones.

Sin embargo, cuando una viga es estáticamente indeterminada, las ecuaciones de equilibrio no son suficientes y se requieren ecuaciones adicionales. El método fundamental para analizar una viga estáticamente indeterminada es resolver las ecuaciones diferenciales de la curva de deflexión, como se describirá luego en la sección 10.3. Si bien este método sirve como un buen punto de inicio en nuestro análisis, es práctico sólo para los tipos más simples de vigas estáticamente indeterminadas.

Por lo tanto, veremos también el método de superposición (sección 10.4), método que es aplicable a una amplia variedad de estructuras. En el método de superposición, complementamos las ecuaciones de equilibrio con ecuaciones de compatibilidad y ecuaciones de fuerza-desplazamiento (describimos este mismo método en la sección 2.4, cuando analizamos barras estáticamente indeterminadas sometidas a tensión y a compresión).

En la última parte de este capítulo analizaremos dos temas especializados relativos a vigas estáticamente indeterminadas; es decir, vigas sometidas a cambios de temperatura (sección 10.5) y desplazamientos longitudinales en los extremos de las vigas (sección 10.6). En todo el capítulo supondremos que las vigas están hechas de **materiales elástico lineales**.

No obstante que en este capítulo se analizan sólo vigas estáticamente indeterminadas, las ideas fundamentales tienen una aplicación mucho más amplia. La mayoría de las estructuras que encontramos

707

en la vida diaria, como el chasis de los automóviles, edificios y aeronaves, son estáticamente indeterminadas; Sin embargo, son mucho más complejas que las vigas y deben diseñarse mediante técnicas analíticas sumamente sofisticadas. Muchos de estos procedimientos se basan en conceptos descritos en este capítulo, por lo que puede considerarse como una introducción al análisis de estructuras estáticamente indeterminadas de todo tipo.

10.2 TIPOS DE VIGAS ESTÁTICAMENTE INDETERMINADAS

Las vigas estáticamente indeterminadas normalmente se identifican por la forma en que están dispuestos sus apoyos; por ejemplo, una viga empotrada en un extremo y simplemente apoyada en el otro (figura 10-1a) se llama **viga en voladizo apuntalada o soportada**. Las reacciones de la viga mostradas en la figura consisten en fuerzas horizontales y verticales en el apoyo A, un momento en el apoyo A y una fuerza vertical en el apoyo B. Como sólo hay tres ecuaciones independientes de equilibrio para esta viga, no es posible calcular las cuatro reacciones sólo por equilibrio. El número de reacciones que *rebasan* el número de ecuaciones de equilibrio se llama **grado de indeterminación estática**. Entonces, una viga en voladizo soportada es estáticamente indeterminada de primer grado.

Las reacciones sobrantes se llaman **redundantes estáticas** y deben seleccionarse en cada caso particular; por ejemplo, la reacción R_B de la viga en voladizo apuntalada mostrada en la figura 10-1a puede tomarse como la reacción redundante. Dado que esta reacción está de más respecto a las necesarias para mantener el equilibrio, puede liberarse de la estructura quitando el apoyo en B. Al suprimir el apoyo en B, queda una viga en voladizo (figura 10-1b). La estruc-

FIG. 10-1 Viga en voladizo con soporte: (a) viga con carga y reacciones; (b) estructura liberada cuando la reacción en el extremo B se selecciona como redundante y (c) estructura liberada cuando la reacción de momento en el extremo A se selecciona como redundante.

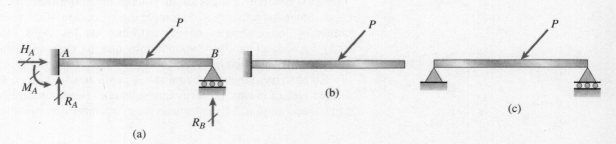

tura que queda cuando las redundantes se liberan se llama **estructu-ra liberada** o **estructura primaria**. La estructura liberada debe ser estable (para que sea capaz de soportar cargas) y debe ser estática-mente determinada (para que todas las fuerzas puedan determinarse sólo por equilibrio).

Otra posibilidad para el análisis de la viga en voladizo apuntala-da de la figura 10-1a es escoger el momento reactivo M_A como la re-dundante. Entonces, cuando se elimina la restricción de momento en el apoyo A, la estructura liberada es una viga simple con un soporte de pasador en un extremo y un soporte de rodillo en el otro (figura 10-1c).

Un caso especial se presenta si todas las cargas que actúan sobre la viga son verticales (figura 10-2). Entonces, la reacción horizontal en el apoyo A es cero y quedan sólo tres reacciones; sin embargo, sólo se dispone de dos ecuaciones independientes de equilibrio, por lo que la viga es aún estáticamente indeterminada de primer grado. Si la reacción R_B se escoge como redundante, la estructura liberada es una viga en voladizo; si se escoge el momento M_A, la estructura liberada es una viga simple.

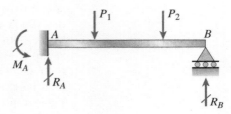

FIG. 10-2 Viga en voladizo con soporte y sólo cargas verticales.

Otro tipo de viga estáticamente indeterminada, conocida como **viga doblemente empotrada**, se muestra en la figura 10-3a. Esta viga tiene soportes empotrados en ambos extremos, con lo cual resultan un total de seis reacciones desconocidas (dos fuerzas y un momento en cada soporte). Puesto que sólo hay tres ecuaciones de equilibrio, la viga es estáticamente indeterminada de tercer grado (esta viga tam-bién recibe los nombres de *viga empotrada* o *viga apuntalada*).

FIG. 10-3 Viga doblemente empotrada: (a) viga con carga y reacciones; (b) estructura liberada cuando las tres reac-ciones en el extremo B se seleccionan como redundantes y (c) estructura liber-ada cuando las dos reacciones de momento y la reacción horizontal en el extremo B se seleccionan como redun-dantes.

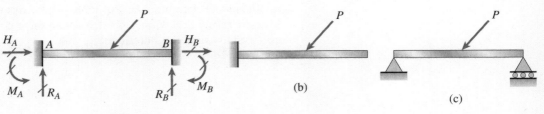

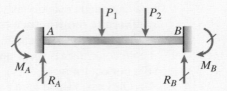

FIG. 10-4 Viga doblemente empotrada con sólo cargas verticales.

Si seleccionamos las tres reacciones en el extremo B de la viga como redundantes y eliminamos las restricciones correspondientes, queda una viga en voladizo como estructura liberada (figura 10-3b). Si liberamos los dos momentos de empotramiento y una reacción horizontal, la estructura liberada es una viga simple (figura 10-3c).

Si consideramos de nuevo el caso especial de sólo cargas verticales (figura 10-4), encontramos que la viga empotrada tiene ahora sólo cuatro reacciones diferentes de cero (una fuerza y un momento en cada soporte). El número de ecuaciones de equilibrio disponibles es dos, por lo que la viga es estáticamente indeterminada de segundo grado. Si las dos reacciones en el extremo B se consideran redundantes, la estructura liberada es una viga en voladizo; si se toman las dos reacciones de momento, la estructura liberada es una viga simple.

La viga de la figura 10-5a es un ejemplo de una **viga continua**, llamada así porque tiene más de un claro y es continua sobre un soporte interior. Esta viga es estáticamente indeterminada de primer grado porque tiene cuatro fuerzas reactivas y se dispone de sólo tres ecuaciones de equilibrio.

Si la reacción R_B en el apoyo interior se considera redundante y quitamos el apoyo correspondiente de la viga, queda una estructura liberada en la forma de una viga simple estáticamente determinada (figura 10-5b). Si la reacción R_C se escoge como la redundante, la estructura liberada es una viga simple con un voladizo (figura 10-5c).

En las secciones siguientes, estudiaremos dos métodos para el análisis de vigas estáticamente indeterminadas. El objetivo en cada caso es determinar las reacciones redundantes. Una vez conocidas éstas, todas las reacciones restantes (más las fuerzas cortantes y los momentos flexionantes) pueden hallarse a partir de ecuaciones de equilibrio. En efecto, la estructura se ha convertido en una estructura estáticamente determinada. Por tanto, como paso final del análisis, los esfuerzos y deflexiones pueden encontrarse por los métodos descritos en los capítulos anteriores.

FIG. 10-5 Ejemplo de una viga continua: (a) viga con cargas y reacciones; (b) estructura liberada cuando la reacción en el apoyo B se selecciona como redundante y (c) estructura liberada cuando la reacción en el extremo C se selecciona como redundante.

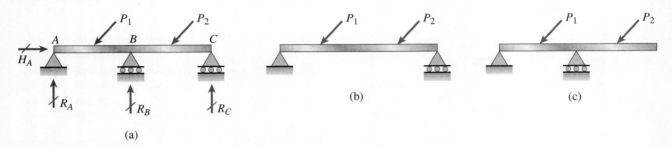

10.3 ANÁLISIS DE LA CURVA DE DEFLEXIÓN CON LAS ECUACIONES DIFERENCIALES

Las vigas estáticamente indeterminadas pueden analizarse resolviendo cualquiera de las tres ecuaciones diferenciales de la curva de deflexión: 1) la ecuación de segundo orden en términos del momento flexionante (ecuación 9-12a); 2) la ecuación de tercer orden en términos de la fuerza cortante (ecuación 9-12b) o 3) la ecuación de cuarto orden en términos de la intensidad de la carga distribuida (ecuación 9-12c).

En esencia, el procedimiento es el mismo que para una viga estáticamente determinada (véanse las secciones 9.2, 9.3 y 9.4) y consiste en escribir la ecuación diferencial, integrarla para obtener su solución general y luego aplicar las condiciones de frontera y otras para evaluar las cantidades desconocidas. Las incógnitas consisten en las reacciones redundantes y en las constantes de integración.

La ecuación diferencial para una viga puede resolverse en términos simbólicos sólo cuando la viga y su carga son relativamente simples y no presentan complicaciones. Las soluciones resultantes tienen la forma de fórmulas de propósito general; sin embargo, en situaciones más complicadas, las ecuaciones diferenciales deben resolverse en forma numérica, usando programas de computadora elaborados para ese fin. En tales casos, los resultados se aplican sólo a problemas numéricos específicos.

Los ejemplos siguientes ilustran el análisis de vigas estáticamente indeterminadas por resolución de las ecuaciones diferenciales en términos simbólicos.

Ejemplo 10-1

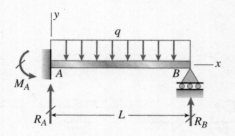

FIG. 10-6 Ejemplo 10-1. Viga en voladizo con soporte con carga uniforme.

Una viga *AB* en voladizo con soporte de longitud *L* soporta una carga uniforme de intensidad *q* (figura 10-6). Analizar esta viga resolviendo la ecuación diferencial de segundo orden de la curva de deflexión (la ecuación del momento flexionante). Determinar las reacciones, las fuerzas cortantes, los momentos flexionantes, las pendientes y las deflexiones de la viga.

Solución

Como la carga sobre esta viga actúa en dirección vertical (figura 10-6), concluimos que no hay reacción horizontal en el empotramiento; por tanto, la viga tiene tres reacciones desconocidas (M_A, R_A y R_B). Sólo disponemos de dos ecuaciones de equilibrio para determinar esas reacciones, de suerte que la viga es estáticamente indeterminada de primer grado.

Como analizaremos esta viga resolviendo la ecuación de momento flexionante, hay que comenzar con una expresión general para el momento flexionante. Esta expresión debe estar en términos de la carga y de la reacción redundante.

Reacción redundante. Escojamos la reacción R_B en el apoyo simple como redundante. Entonces, considerando el equilibrio de toda la viga, podemos expresar las otras dos reacciones en términos de R_B:

$$R_A = qL - R_B \qquad M_A = \frac{qL^2}{2} - R_B L \qquad \text{(a, b)}$$

Momento flexionante. El momento flexionante M a una distancia x del empotramiento puede expresarse en términos de las reacciones como sigue:

$$M = R_A x - M_A - \frac{qx^2}{2} \qquad \text{(c)}$$

Esta ecuación se obtiene siguiendo el procedimiento común de construir un diagrama de cuerpo libre de parte de la viga y resolver una ecuación de equilibrio.

Se sustituyen las ecuaciones (a) y (b) en (c), y obtenemos el momento flexionante en términos de la carga y de la reacción redundante:

$$M = qLx - R_B x - \frac{qL^2}{2} + R_B L - \frac{qx^2}{2} \qquad \text{(d)}$$

Ecuación diferencial. La ecuación diferencial de segundo orden de la curva de deflexión (ecuación 9-12a) es entonces

$$EIv'' = M = qLx - R_B x - \frac{qL^2}{2} + R_B L - \frac{qx^2}{2} \qquad \text{(e)}$$

Después de dos integraciones sucesivas, obtenemos las siguientes ecuaciones para las pendientes y deflexiones de la viga:

$$EIv' = \frac{qLx^2}{2} - \frac{R_B x^2}{2} - \frac{qL^2 x}{2} + R_B Lx - \frac{qx^3}{6} + C_1 \qquad \text{(f)}$$

$$EIv = \frac{qLx^3}{6} - \frac{R_B x^3}{6} - \frac{qL^2 x^2}{4} + \frac{R_B Lx^2}{2} - \frac{qx^4}{24} + C_1 x + C_2 \qquad \text{(g)}$$

Estas ecuaciones contienen tres incognitas (C_1, C_2 y R_B).

Condiciones de frontera. Tres condiciones de frontera pertenecientes a las deflexiones y pendientes de la viga son obvias a partir de la observación de la figura 10-6. Estas condiciones son las siguientes: 1) la deflexión en el empotramiento es cero; 2) la pendiente en el empotramiento es cero, y 3) la deflexión en el soporte simple es cero. Entonces,

$$v(0) = 0 \qquad v'(0) = 0 \qquad v(L) = 0$$

Aplicamos esas condiciones a las ecuaciones para las pendientes y las deflexiones (ecuaciones f y g), con lo cual $C_1 = 0$, $C_2 = 0$ y

$$R_B = \frac{3qL}{8} \qquad\qquad (10\text{-}1) \quad \Longleftarrow$$

De esta manera, ahora se conoce la reacción redundante R_B.

Reacciones. Con el valor de la redundante determinado, podemos encontrar las reacciones restantes con las ecuaciones (a) y (b). Los resultados son

$$R_A = \frac{5qL}{8} \qquad M_A = \frac{qL^2}{8} \qquad (10\text{-}2\text{a, b}) \quad \Longleftarrow$$

Conocidas estas reacciones, podemos hallar las fuerzas cortantes y los momentos flexionantes en la viga.

Fuerzas cortantes y momentos flexionantes. Estas cantidades pueden obtenerse por los procedimientos usuales que comprenden el uso de diagramas de cuerpos libres y ecuaciones de equilibrio. Los resultados son

$$V = R_A - qx = \frac{5qL}{8} - qx \qquad (10\text{-}3) \quad \Longleftarrow$$

$$M = R_A x - M_A - \frac{qx^2}{2} = \frac{5qLx}{8} - \frac{qL^2}{8} - \frac{qx^2}{2} \quad (10\text{-}4) \quad \Longleftarrow$$

Los diagramas de fuerza cortante y momento flexionante para la viga pueden dibujarse con ayuda de estas ecuaciones (observe la figura 10-7).

De los diagramas vemos que la fuerza cortante máxima se presenta en el empotramiento y es igual a

$$V_{\text{máx}} = \frac{5qL}{8} \qquad\qquad (10\text{-}5)$$

Además, los momentos flexionantes máximos positivo y negativo son

$$M_{\text{pos}} = \frac{9qL^2}{128} \qquad M_{\text{neg}} = -\frac{qL^2}{8} \qquad (10\text{-}6\text{a, b})$$

Por último, notamos que el momento flexionante es igual a cero a una distancia $x = L/4$ desde el empotramiento.

Pendientes y deflexiones de la viga. Volviendo a las ecuaciones (f) y (g) para las pendientes y deflexiones, ahora sustituimos los valores de las constantes de integración ($C_1 = 0$ y $C_2 = 0$) así como la expresión para la redundante R_B (ecuación 10-1) y obtenemos:

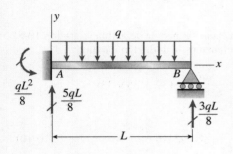

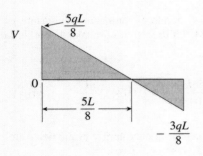

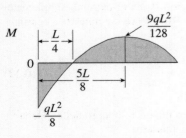

FIG. 10-7 Diagramas de fuerza cortante y momento flexionante para la viga en voladizo con soporte de la figura 10-6.

continúa

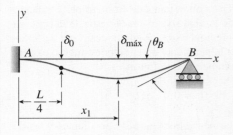

FIG. 10-8 Curva de deflexión para la viga en voladizo con soporte de la figura 10-6.

$$v' = \frac{qx}{48EI}(-6L^2 + 15Lx - 8x^2) \qquad (10\text{-}7)$$

$$v = -\frac{qx^2}{48EI}(3L^2 - 5Lx + 2x^2) \qquad (10\text{-}8)$$

La forma deflexionada de la viga, obtenida de la ecuación (10-8), se muestra en la figura 10-8.

Para determinar la deflexión máxima de la viga, igualamos la pendiente (ecuación 10-7) a cero y despejamos la distancia x_1 al punto en el que se presenta la deflexión:

$$v' = 0 \quad \text{o} \quad -6L^2 + 15Lx - 8x^2 = 0$$

de donde

$$x_1 = \frac{15 - \sqrt{33}}{16}L = 0.5785L \qquad (10\text{-}9)$$

Sustituyendo este valor de x en la ecuación para la deflexión (ecuación 10-8) y también cambiando el signo, obtenemos la deflexión máxima:

$$\delta_{\text{máx}} = -(v)_{x=x_1} = \frac{qL^4}{65\,536EI}(39 + 55\sqrt{33})$$

$$= \frac{qL^4}{184.6EI} = 0.005416\frac{qL^4}{EI} \qquad (10\text{-}10)$$

El punto de inflexión se localiza donde el momento flexionante es igual a cero; es decir, donde $x = L/4$. La deflexión correspondiente de la viga (de la ecuación 10-8) es

$$\delta_0 = -(v)_{x=L/4} = \frac{5qL^4}{2\,048\,EI} = 0.002441\frac{qL^4}{EI} \qquad (10\text{-}11)$$

Observamos también que cuando $x < L/4$, la curvatura y el momento flexionante son negativos y cuando $x > L/4$, son positivos.

Para determinar el ángulo de rotación θ_B en el extremo simplemente apoyado de la viga, usamos la ecuación (10-7) como se muestra a continuación:

$$\theta_B = (v')_{x=L} = \frac{qL^3}{48EI} \qquad (10\text{-}12)$$

Las pendientes y las deflexiones en otros puntos a lo largo del eje de la viga pueden obtenerse por procedimientos similares.

Nota: en este ejemplo, analizamos la viga considerando la reacción R_B (figura 10-6) como la reacción redundante. Un procedimiento alternativo es considerar el momento reactivo M_A como la redundante. Entonces podemos expresar el momento flexionante M en términos de M_A, sustituir la expresión resultante en la ecuación diferencial de segundo orden y resolverla como antes. Otro procedimiento más es comenzar con la ecuación diferencial de cuarto orden, como se ilustra en el siguiente ejemplo.

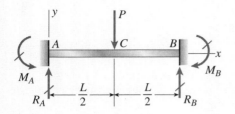

FIG. 10-9 Ejemplo 10-2. Viga doblemente empotrada con una carga concentrada en el centro del claro.

La viga *ACB* doblemente empotrada de la figura 10-9 soporta una carga concentrada *P* en el centro del claro. Analizar esta viga resolviendo la ecuación diferencial de cuarto orden de la curva de deflexión (ecuación de carga). Determinar las reacciones, las fuerzas cortantes, los momentos flexionantes, las pendientes y las deflexiones de la viga.

Solución

Puesto que la carga sobre esta viga actúa sólo en dirección vertical, sabemos que no hay reacciones horizontales en los soportes; por tanto, la viga tiene cuatro reacciones desconocidas, dos en cada soporte. Como se dispone de sólo dos ecuaciones de equilibrio, la viga es estáticamente indeterminada de segundo grado.

Sin embargo, podemos simplificar el análisis si tomamos en cuenta lo que nos indica la simetría de la viga y su carga; es decir, las fuerzas y los momentos en los soportes *A* y *B* son iguales; es decir,

$$R_A = R_B \quad \text{y} \quad M_A = M_B$$

Como las reacciones verticales en los soportes son iguales, por el equilibrio de fuerzas en dirección vertical sabemos que cada fuerza es igual a *P*/2:

$$R_A = R_B = \frac{P}{2} \qquad (10\text{-}13)$$

Las únicas cantidades desconocidas que restan son las reacciones de momento M_A y M_B. Por conveniencia, seleccionaremos el momento M_A como la cantidad redundante.

Ecuación diferencial. Puesto que no existe carga alguna que actúe sobre la viga entre los puntos *A* y *C*, la ecuación diferencial de cuarto orden (ecuación 9-12c) para la mitad izquierda de la viga es

$$EIv'''' = -q = 0 \qquad (0 < x < L/2) \qquad (h)$$

Las integraciones sucesivas de esta ecuación dan las siguientes ecuaciones, que son válidas para la mitad izquierda de la viga:

$$EIv''' = C_1 \qquad (i)$$

$$EIv'' = C_1 x + C_2 \qquad (j)$$

$$EIv' = \frac{C_1 x^2}{2} + C_2 x + C_3 \qquad (k)$$

$$EIv = \frac{C_1 x^3}{6} + \frac{C_2 x^2}{2} + C_3 x + C_4 \qquad (l)$$

Estas ecuaciones contienen cuatro constantes de integración desconocidas. Puesto que ahora tenemos cinco incógnitas (C_1, C_2, C_3, C_4 y M_A), necesitamos cinco condiciones de frontera.

continúa

Condiciones de frontera. Las condiciones de frontera aplicables a la mitad izquierda de la viga son las siguientes:

1) La fuerza cortante en el segmento izquierdo de la viga es igual a R_A o $P/2$; por tanto, de la ecuación (9-12b) encontramos

$$EIv''' = V = \frac{P}{2}$$

Al combinar esta ecuación con la ecuación (i), obtenemos $C_1 = P/2$.

2) El momento flexionante en el apoyo izquierdo es igual a $-M_A$; de este modo la ecuación (9-12a) obtenemos

$$EIv'' = M = -M_A \quad \text{para } x = 0$$

Al combinarla con la ecuación (j), obtenemos $C_2 = -M_A$.

3) La pendiente de la viga en el soporte izquierdo ($x = 0$) es igual a cero, por tanto, la ecuación (k) da $C_3 = 0$.

4) La pendiente de la viga en el centro del claro ($x = L/2$) también es igual a cero (por simetría); por tanto, a partir de la ecuación (k) encontramos

$$M_A = M_B = \frac{PL}{8} \tag{10-14}$$

Así, hemos determinado los momentos reactivos en los extremos de la viga.

5) La deflexión de la viga en el soporte izquierdo ($x = 0$) es igual a cero; por tanto, con base en la ecuación (l) encontramos $C_4 = 0$.

En resumen, las cuatro constantes de integración son

$$C_1 = \frac{P}{2} \qquad C_2 = -M_A = -\frac{PL}{8} \qquad C_3 = 0 \qquad C_4 = 0 \qquad \text{(m, n, o, p)}$$

Fuerzas cortantes y momentos flexionantes. Las fuerzas cortantes y momentos flexionantes pueden encontrarse sustituyendo las constantes de integración apropiadas en las ecuaciones (i) y (j). Los resultados son

$$EIv''' = V = \frac{P}{2} \qquad (0 < x < L/2) \tag{10-15}$$

$$EIv'' = M = \frac{Px}{2} - \frac{PL}{8} \qquad (0 \le x \le L/2) \tag{10-16}$$

Como conocemos las reacciones de la viga, también podemos obtener estas expresiones directamente a partir de diagramas de cuerpo libre y ecuaciones de equilibrio.

Los diagramas de fuerza cortante y momento flexionante se muestran en la figura 10-10.

Pendientes y deflexiones. Las pendientes y deflexiones en la mitad izquierda de la viga pueden encontrarse con las ecuaciones (k) y (l) sustituyendo las expresiones para las constantes de integración. De esta manera, hallamos

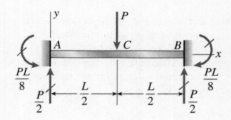

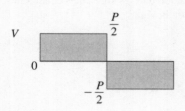

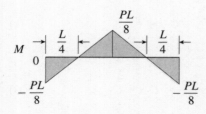

FIG. 10-10 Diagramas de fuerza cortante y momento flexionante para la viga doblemente empotrada de la figura 10-9.

$$v' = -\frac{Px}{8EI}(L - 2x) \qquad (0 \le x \le L/2) \qquad (10\text{-}17)$$

$$v = -\frac{Px^2}{48EI}(3L - 4x) \qquad (0 \le x \le L/2) \qquad (10\text{-}18) \quad \longleftarrow$$

La curva de deflexión de la viga se muestra en la figura 10-11.

Para encontrar la deflexión máxima $\delta_{máx}$ igualamos x a $L/2$ en la ecuación (10-18) y cambiamos el signo, así:

$$\delta_{máx} = -(v)_{x=L/2} = \frac{PL^3}{192EI} \qquad (10\text{-}19)$$

El punto de inflexión en la mitad izquierda de la viga se presenta donde el momento flexionante M es igual a cero; es decir, donde $x = L/4$ (véase la ecuación 10-16). La deflexión correspondiente δ_0 (de la ecuación 10-18) es

$$\delta_0 = -(v)_{x=L/4} = \frac{PL^3}{384EI} \qquad (10\text{-}20)$$

que es numéricamente igual a la mitad de la deflexión máxima. Un segundo punto de inflexión se da en la mitad derecha de la viga a la distancia $L/4$ del extremo B.

Notas: según observamos en este ejemplo, la cantidad de condiciones de frontera y de otros tipos siempre basta para evaluar no sólo las constantes de integración sino también las reacciones redundantes.

En algunas ocasiones es necesario establecer ecuaciones diferenciales para más de una región de la viga y usar condiciones de continuidad entre las regiones, como se ilustró en los ejemplos 9-3 y 9-5 del capítulo 9 para vigas estáticamente determinadas. Tales análisis suelen ser largos y tediosos debido al gran número de condiciones que deben satisfacerse. Sin embargo, si las deflexiones y los ángulos de rotación sólo se requieren en uno o dos puntos específicos, puede ser útil el método de superposición (véase la siguiente sección).

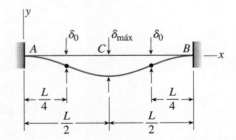

FIG. 10-11 Curva de deflexión para la viga doblemente empotrada de la figura 10-9.

10.4 MÉTODO DE SUPERPOSICIÓN

El método de superposición es de importancia fundamental en el análisis de barras, armaduras, vigas, marcos y muchos otros tipos de estructuras estáticamente indeterminadas. Ya lo hemos usado para analizar estructuras estáticamente indeterminadas compuestas de barras en tensión y compresión (sección 2.4) y ejes en torsión (sección 3.8). En esta sección lo aplicaremos a vigas.

Comenzamos el análisis estableciendo el grado de indeterminación estática y seleccionando las reacciones redundantes. Después, ya identificadas las redundantes, podemos escribir **ecuaciones de equilibrio** que relacionen las otras reacciones desconocidas con las redundantes y las cargas.

A continuación suponemos que tanto las cargas originales como las redundantes actúan sobre la estructura liberada. Luego encontramos las deflexiones en la estructura liberada superponiendo las deflexiones separadas debido a las cargas y a las redundantes. La suma de esas deflexiones debe coincidir con las deflexiones en la viga original; sin embargo, las deflexiones en la viga original (en los puntos donde se quitaron las restricciones) son cero o tienen valores conocidos. Así pues, podemos escribir **ecuaciones de compatibilidad** (o *ecuaciones de superposición*) que expresan el hecho de que las deflexiones de la estructura liberada (en los puntos donde se quitaron las restricciones) son las mismas que las deflexiones en la viga original (en esos mismos puntos).

Puesto que la estructura liberada es estáticamente determinada, resulta fácil determinar sus deflexiones usando los procedimientos descritos en el capítulo 9. Las relaciones entre las cargas y las deflexiones de la estructura liberada se llaman **relaciones fuerza-desplazamiento**. Cuando estas relaciones se sustituyen en las ecuaciones de compatibilidad, obtenemos ecuaciones en las que las redundantes son las cantidades desconocidas; entonces es posible resolver dichas ecuaciones y encontrar las reacciones redundantes. Entonces, con las redundantes conocidas, podemos determinar todas las demás reacciones a partir de las ecuaciones de equilibrio. También podemos determinar las fuerzas cortantes y los momentos flexionantes por equilibrio.

Los pasos descritos en términos generales en los párrafos anteriores, se aclaran analizando un caso particular. Con este fin, revisaremos de nuevo una viga en voladizo con soporte, que sostiene una carga uniforme (figura 10-12a) Haremos dos análisis, el primero seleccionando a la fuerza de reacción R_B como la redundante y el segundo con el momento de reacción M_A como tal. (Esta misma viga se analizó en el ejemplo 10.1 de la sección 10.3 mediante la resolución de la ecuación diferencial de la curva de deflexión.)

Análisis con R_B como redundante

En este primer ejemplo, se selecciona la reacción R_B en el apoyo simple (figura 10-12a) como la redundante. Entonces, las *ecuaciones de equilibrio* que expresan a las demás reacciones desconocidas en términos de la redundante quedan así:

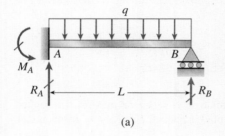

(a)

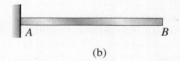

(b)

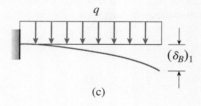

(c)

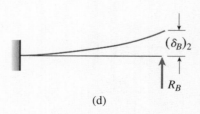

(d)

FIG. 10-12 Análisis de una viga en voladizo con soporte por el método de superposición, con la reacción R_B como redundante.

$$R_A = qL - R_B \qquad M_A = \frac{qL^2}{2} - R_B L \qquad \text{(a, b)}$$

Estas ecuaciones se obtienen de ecuaciones de equilibrio aplicables a toda la viga considerada como cuerpo libre (figura 10.12a).

El siguiente paso es eliminar la restricción correspondiente a la redundante (en este caso, se retira el apoyo del extremo *B*). La *estructura liberada* que resulta es una viga en voladizo (figura 10-12b). La carga uniforme *q* y la fuerza redundante R_B se aplican ahora como cargas sobre la estructura liberada (figuras 10-12c y d).

La deflexión en el extremo *B* de la estructura liberada debida sólo a la carga uniforme se denota con $(\delta_B)_1$ y la deflexión en el mismo punto originada sólo por la redundante se denota con $(\delta_B)_2$. La deflexión δ_B en el punto *B* en la estructura original se obtiene por superposición de esas dos deflexiones. Como la deflexión en la viga original es igual a cero, obtenemos la siguiente *ecuación de compatibilidad*:

$$\delta_B = (\delta_B)_1 - (\delta_B)_2 = 0 \qquad \text{(c)}$$

El signo menos aparece en esta ecuación porque $(\delta_B)_1$ es positiva hacia abajo mientras que $(\delta_B)_2$ es positiva hacia arriba.

Las *relaciones fuerza-desplazamiento* que nos dan las deflexiones $(\delta_B)_1$ y $(\delta_B)_2$ en términos de la carga uniforme *q* y de la redundante R_B, respectivamente, se encuentran con ayuda de la tabla G-1 en el apéndice G (véanse los casos 1 y 4). Cuando usamos las fórmulas dadas ahí, encontramos

$$(\delta_B)_1 = \frac{qL^4}{8EI} \qquad (\delta_B)_2 = \frac{R_B L^3}{3EI} \qquad \text{(d, e)}$$

Sustituimos estas relaciones fuerza-desplazamiento en la ecuación de compatibilidad y resulta

$$\delta_B = \frac{qL^4}{8EI} - \frac{R_B L^3}{3EI} = 0 \qquad \text{(f)}$$

de donde puede despejarse la *reacción redundante*:

$$R_B = \frac{3qL}{8} \qquad \text{(10-21)}$$

Observe que esta ecuación da la redundante en términos de las cargas que actúan sobre la viga original.

Las reacciones restantes (R_A y M_A) pueden encontrarse con las ecuaciones de equilibrio (ecuaciones a y b); los resultados son

$$R_A = \frac{5qL}{8} \qquad M_A = \frac{qL^2}{8} \qquad \text{(10-22a, b)}$$

Conocidas todas las reacciones, es posible obtener las fuerzas cortantes y los momentos flexionantes en toda la viga y trazar los diagramas correspondientes (observe estos diagramas en la figura 10-7).

También es posible determinar las *deflexiones y pendientes* de la viga original por medio del principio de la superposición. Este procedimiento consiste en superponer las deflexiones de la estructura liberada cuando se encontraba bajo la acción de las cargas que se muestran en las figuras 10-12c y d. Por ejemplo, las ecuaciones de las curvas de deflexión para esos dos sistemas de carga se obtienen a partir de los casos 1 y 4, respectivamente, de la tabla G-1, apéndice G:

$$v_1 = -\frac{qx^2}{24EI}(6L^2 - 4Lx + x^2)$$

$$v_2 = \frac{R_B x^2}{6EI}(3L - x)$$

Sustituyendo para R_B de la ecuación 10-21 y sumando luego las deflexiones v_1 y v_2, se obtiene la siguiente ecuación para la curva de deflexión de la viga estáticamente indeterminada original (figura 10-12a):

$$v = v_1 + v_2 = -\frac{qx^2}{48EI}(3L^2 - 5Lx + 2x^2)$$

Esta ecuación concuerda con la 10-8 del ejemplo 10-1. Es posible encontrar otras cifras para la deflexión de manera análoga.

Análisis con M_A como redundante

Ahora se analizará la misma viga en voladizo apuntalada seleccionando el momento de reacción M_A como la redundante (figura 10-13); en este caso, la estructura liberada es una viga simple (figura 10-13b). Las ecuaciones de equilibrio para las reacciones R_A y R_B de la viga original son:

$$R_A = \frac{qL}{2} + \frac{M_A}{L} \qquad R_B = \frac{qL}{2} - \frac{M_A}{L} \qquad \text{(g, h)}$$

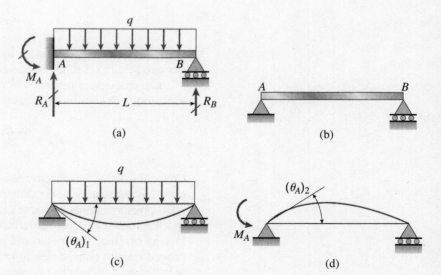

FIG. 10-13 Análisis de una viga en voladizo con soporte por el método de superposición con la reacción del momento M_A como redundante.

La ecuación de compatibilidad expresa el hecho de que el ángulo de rotación θ_A en el empotramiento de la viga original es igual a cero. Dado que este ángulo se obtiene superponiendo los ángulos de rotación $(\theta_A)_1$ y $(\theta_A)_2$ en la estructura liberada (figuras 10-13c y d), la *ecuación de compatibilidad* es entonces

$$\theta_A = (\theta_A)_1 - (\theta_A)_2 = 0 \qquad\qquad \text{(i)}$$

En esta ecuación, el ángulo $(\theta_A)_1$ se supone positivo en sentido de las manecillas del reloj y el ángulo $(\theta_A)_2$ se supone positivo en sentido contrario a las manecillas del reloj .

Los ángulos de rotación en la estructura liberada se obtienen de las fórmulas dadas en la tabla G-2 del apéndice G (véanse los casos 1 y 7, respectivamente). Entonces, las *relaciones fuerza-desplazamiento* son

$$(\theta_A)_1 = \frac{qL^3}{24EI} \qquad (\theta_A)_2 = \frac{M_A L}{3EI}$$

Sustituimos en la ecuación de compatibilidad (ecuación i) y obtenemos

$$\theta_A = \frac{qL^3}{24EI} - \frac{M_A L}{3EI} = 0 \qquad\qquad \text{(j)}$$

Al despejar la redundante, obtenemos $M_A = qL^2/8$, que concuerda con el resultado previo (ecuación 10-22b). Además, las ecuaciones de equilibrio (ecuaciones g y h) dan los mismos resultados que antes para las reacciones R_A y R_B (véanse las ecuaciones 10-22a y 10-21 respectivamente).

Ahora que se han encontrado todas las reacciones, podemos determinar las fuerzas cortantes, los momentos flexionantes, las pendientes y las deflexiones por medio de las técnicas ya descritas.

Comentarios generales

El método de superposición descrito en esta sección también se conoce como *método de la flexibilidad* o *método de la fuerza*. Este último nombre se debe al uso de las cantidades de fuerza (fuerzas y momentos) como redundantes; mientras que el primer nombre se utiliza debido a que los coeficientes de las incógnitas de la ecuación de flexibilidad (términos tales como $L^3/3EI$ en la ecuación f y $L/3EI$ en la ecuación j) son *flexibilidades* (es decir, deflexiones o ángulos causados por una carga unitaria).

Dado que el método de superposición implica la superposición de deflexiones, sólo es aplicable para las estructuras elástico lineales (recuerde que esta misma limitante se aplica a todos los temas analizados en este capítulo).

En los ejemplos siguientes y en los problemas al final del capítulo, nos interesará principalmente encontrar las reacciones, ya que son la base para las soluciones.

Ejemplo 10-3

Una viga *ABC* continua sobre dos claros soporta una carga uniforme de intensidad *q*, como se muestra en la figura 10-14a. Cada claro de la viga tiene longitud *L*. Determinar todas las reacciones para esta viga usando el método de superposición.

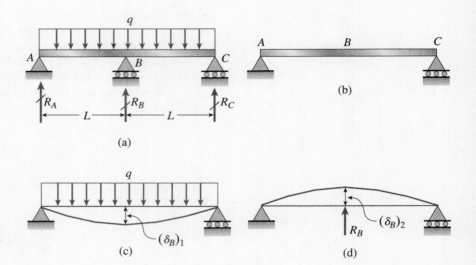

FIGURA 10-14 Ejemplo 10-3. Viga continua de dos claros con carga uniforme

Solución

Esta viga tiene tres reacciones desconocidas (R_A, R_B y R_C). Puesto que se tienen dos ecuaciones de equilibrio para toda la viga, es estáticamente indeterminada de primer grado. Por conveniencia, seleccionemos la reacción R_B en el soporte intermedio como redundante.

Ecuaciones de equilibrio. Podemos expresar las reacciones R_A y R_C en términos de la redundante R_B por medio de dos ecuaciones de equilibrio. La primera, que es para el equilibrio de momentos respecto al punto *B*, muestra que R_A y R_C son iguales. La segunda, que es para el equilibrio en dirección vertical, da el siguiente resultado:

$$R_A = R_C = qL - \frac{R_B}{2} \tag{k}$$

Ecuación de compatibilidad. Como la reacción R_B se escoge como la redundante, la estructura liberada es una viga simple con soportes en *A* y *C* (figura 10-14b). Las deflexiones en el punto *B* en la estructura liberada debidas a la carga uniforme *q* y la redundante R_B se muestran en las figuras 10-14c y d, respectivamente. Observe que las deflexiones se denotan con $(\delta_B)_1$ y $(\delta_B)_2$. La superposición de estas deflexiones debe producir la deflexión δ_B en la viga original en el punto *B*. En virtud de que la última deflexión es igual a cero, la ecuación de compatibilidad es

$$\delta_B = (\delta_B)_1 - (\delta_B)_2 = 0 \tag{l}$$

en donde la deflexión $(\delta_B)_1$ es positiva hacia abajo y la deflexión $(\delta_B)_2$ es positiva hacia arriba.

Relaciones fuerza-desplazamiento. La deflexión $(\delta_B)_1$ causada por la carga uniforme actuando sobre la estructura liberada (figura 10-14c) se obtiene de la tabla G-2, caso 1, como sigue:

$$(\delta_B)_1 = \frac{5q(2L)^4}{384EI} = \frac{5qL^4}{24EI}$$

donde $2L$ es la longitud de la estructura liberada. La deflexión $(\delta_B)_2$ producida por la redundante (figura 10-14d) es

$$(\delta_B)_2 = \frac{R_B(2L)^3}{48EI} = \frac{R_B L^3}{6EI}$$

obtenida de la tabla G-2, caso 4.

Reacciones. La ecuación de compatibilidad relacionada con la deflexión vertical en el punto B (ecuación l) es ahora

$$\delta_B = \frac{5qL^4}{24EI} - \frac{R_B L^3}{6EI} = 0 \tag{m}$$

de donde encontramos la reacción en el soporte intermedio:

$$R_B = \frac{5qL}{4} \tag{10-23}$$ ⬅

Las otras reacciones se obtienen de la ecuación (k):

$$R_A = R_C = \frac{3qL}{8} \tag{10-24}$$ ⬅

Conocidas las reacciones, podemos encontrar las fuerzas cortantes, los momentos flexionantes, los esfuerzos y las deflexiones sin mayor dificultad.

Nota: el objetivo de este ejemplo es ilustrar el método de superposición, por ello hemos descrito todos los pasos del análisis. Sin embargo, esta viga en particular (figura 10-14a) puede analizarse mediante observación debido a su carga y simetría.

De la simetría conocemos que la pendiente de la viga en su punto medio debe ser igual a cero, y por tanto, cada una de sus mitades se encuentra en las mismas condiciones que una viga en voladizo apuntalada con carga uniforme (véase, por ejemplo, la figura 10-6). En consecuencia, es posible adaptar de inmediato todos los resultados previamente calculados para una viga en voladizo con soporte, con carga uniforme (ecuaciones 10-1 a 10-12) para la viga continua de la figura 10-14a.

Ejemplo 10-4

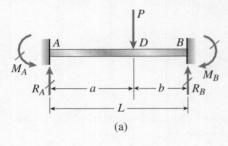

(a)

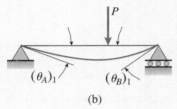

(b)

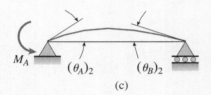

(c)

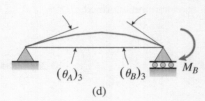

(d)

FIG. 10-15 Ejemplo 10-4. Viga doblemente empotrada con carga concentrada.

Una viga AB doblemente empotrada (figura10-15a) está cargada con una fuerza P que actúa en un punto intermedio D. Encontrar las fuerzas y momentos reactivos en los extremos de la viga usando el método de superposición. Determinar también la deflexión en el punto D donde está aplicada la carga.

Solución

Esta viga tiene cuatro reacciones desconocidas (una fuerza y un momento en cada soporte), pero sólo se dispone de dos ecuaciones independientes de equilibrio; por tanto, la viga es estáticamente indeterminada de segundo grado. En este ejemplo, seleccionaremos los momentos reactivos M_A y M_B como las redundantes.

Ecuaciones de equilibrio. Las dos fuerzas reactivas desconocidas (R_A y R_B) pueden expresarse en términos de las redundantes (M_A y M_B) con ayuda de dos ecuaciones de equilibrio. La primera ecuación es para momentos respecto al punto B y la segunda, para momentos respecto al punto A. Las expresiones resultantes son

$$R_A = \frac{Pb}{L} + \frac{M_A}{L} - \frac{M_B}{L} \qquad R_B = \frac{Pa}{L} - \frac{M_A}{L} + \frac{M_B}{L} \qquad \text{(n,o)}$$

Ecuaciones de compatibilidad. Cuando ambas redundantes son liberadas al eliminar las restricciones rotacionales en los extremos de la viga, queda una viga simple como estructura liberada (figuras 10-15b, c y d). Los ángulos de rotación en los extremos de la estructura liberada por la carga concentrada P se denotan con $(\theta_A)_1$ y $(\theta_B)_1$, como se muestra en la figura 10-15b. De manera similar, los ángulos en los extremos debidos a la redundante M_A se denotan con $(\theta_A)_2$ y $(\theta_B)_2$ y los ángulos debidos a la redundante M_B, con $(\theta_A)_3$ y $(\theta_B)_3$.

Como los ángulos de rotación en los soportes de la viga original son iguales a cero, las dos ecuaciones de compatibilidad son

$$\theta_A = (\theta_A)_1 - (\theta_A)_2 - (\theta_A)_3 = 0 \qquad \text{(p)}$$

$$\theta_B = (\theta_B)_1 - (\theta_B)_2 - (\theta_B)_3 = 0 \qquad \text{(q)}$$

en donde los signos de los diversos términos se determinan por inspección de las figuras.

Relaciones fuerza-desplazamiento. Los ángulos en los extremos de la viga debido a la carga P (figura 10-15b) se obtienen del caso 5 de la tabla G-2:

$$(\theta_A)_1 = \frac{Pab(L + b)}{6LEI} \qquad (\theta_B)_1 = \frac{Pab(L + a)}{6LEI}$$

en donde a y b son las distancias desde los soportes al punto D donde se aplica la carga.

Además, los ángulos en los extremos debidos al momento redundante M_A son (véase el caso 7 de la tabla G-2):

$$(\theta_A)_2 = \frac{M_A L}{3EI} \qquad (\theta_B)_2 = \frac{M_A L}{6EI}$$

Similarmente, los ángulos debidos al momento M_B son

$$(\theta_A)_3 = \frac{M_B L}{6EI} \qquad (\theta_B)_3 = \frac{M_B L}{3EI}$$

Reacciones. Cuando las expresiones anteriores para los ángulos se sustituyen en las ecuaciones de compatibilidad (ecuaciones p y q), obtenemos dos ecuaciones simultáneas que contienen M_A y M_B como incógnitas:

$$\frac{M_A L}{3EI} + \frac{M_B L}{6EI} = \frac{Pab(L+b)}{6LEI} \tag{r}$$

$$\frac{M_A L}{6EI} + \frac{M_B L}{3EI} = \frac{Pab(L+a)}{6LEI} \tag{s}$$

Al despejar las redundantes, resulta

$$M_A = \frac{Pab^2}{L^2} \qquad M_B = \frac{Pa^2 b}{L^2} \qquad \text{(10-25a, b)} \quad \Longleftarrow$$

Sustituimos estas expresiones para M_A y M_B en las ecuaciones de equilibrio (ecuaciones n y o) y obtenemos las reacciones verticales:

$$R_A = \frac{Pb^2}{L^3}(L + 2a) \qquad R_B = \frac{Pa^2}{L^3}(L + 2b) \quad \text{(10-26a, b)} \quad \Longleftarrow$$

Hemos determinado así todas las reacciones para la viga doblemente empotrada.

Las reacciones en los soportes de una viga con extremos empotrados suelen llamarse **momentos de empotramiento** y **fuerzas de empotramiento**. Tienen un amplio uso en el análisis estructural y las fórmulas para estas cantidades se encuentran ocasionalmente en los manuales de ingeniería.

Deflexión en el punto D. Para obtener la deflexión en el punto D en la viga doblemente empotrada original (figura 10-15a), usamos de nuevo el principio de superposición. La deflexión en el punto D es igual a la suma de tres deflexiones: 1) la deflexión hacia abajo $(\delta_D)_1$ en el punto D en la estructura liberada debido a la carga P (figura 10-15b); 2) la deflexión hacia arriba $(\delta_D)_2$ en el mismo punto en la estructura liberada debido a la redundante M_A (figura 10-15c) y 3) la deflexión hacia arriba $(\delta_D)_3$ en el mismo punto en la estructura liberada debido a la redundante M_B (figura 10-15d). Esta superposición de deflexiones se expresa con la siguiente ecuación:

$$\delta_D = (\delta_D)_1 - (\delta_D)_2 - (\delta_D)_3 \tag{t}$$

en donde δ_D es la deflexión hacia abajo en la viga original.

Las deflexiones que aparecen en la ecuación (t) se obtienen con las fórmulas dadas en la tabla G-2 del apéndice G (véanse los casos 5 y 7) haciendo las substituciones y simplificaciones algebraicas apropiadas, lo que tiene como resultado:

$$(\delta_D)_1 = \frac{Pa^2 b^2}{3LEI} \qquad (\delta_D)_2 = \frac{M_A ab}{6LEI}(L+b) \qquad (\delta_D)_3 = \frac{M_B ab}{6LEI}(L+a)$$

Sustituimos las expresiones para M_A y M_B de las ecuaciones (10-25a y b)

continúa

en las dos últimas expresiones y obtenemos

$$(\delta_D)_2 = \frac{Pa^2b^3}{6L^3EI}(L + b) \qquad (\delta_D)_3 = \frac{Pa^3b^2}{6L^3EI}(L + a)$$

Por tanto, la deflexión en el punto D en la viga original, obtenida por sustitución de $(\delta_D)_1$, $(\delta_D)_2$ y $(\delta_D)_3$ en la ecuación (t) y simplificando, es

$$\delta_D = \frac{Pa^3b^3}{3L^3EI} \qquad (10\text{-}27) \quad \Longleftarrow$$

El método descrito en este ejemplo para encontrar la deflexión δ_D puede usarse no sólo para encontrar deflexiones en puntos individuales sino también para encontrar las ecuaciones de la curva de deflexión.

Carga concentrada actuando en el centro del claro de la viga. Cuando la carga P actúa en el centro del claro C (figura 10-16), las reacciones de la viga (de las ecuaciones 10-25 y 10-26 con $a = b = L/2$) son

$$M_A = M_B = \frac{PL}{8} \qquad R_A = R_B = \frac{P}{2} \qquad (10\text{-}28a, b)$$

La deflexión en el centro del claro (de la ecuación 10-27) es

$$\delta_C = \frac{PL^3}{192EI} \qquad (10\text{-}29)$$

Esta deflexión es sólo la cuarta parte de la deflexión en el centro del claro de una viga simple con la misma carga, lo que muestra el efecto rigidizador de los empotramientos de la viga.

Los resultados anteriores para las reacciones en los extremos y la deflexión en el centro (ecuaciones 10-28 y 10-29) concuerdan con los encontrados en el ejemplo 10-2 al resolver la ecuación diferencial de la curva de deflexión (véanse las ecuaciones 10-13, 10-14 y 10-19).

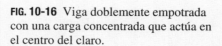

FIG. 10-16 Viga doblemente empotrada con una carga concentrada que actúa en el centro del claro.

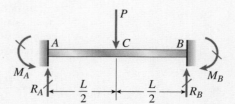

Ejemplo 10-5

Una viga AB doblemente empotrada soporta una carga uniforme de intensidad q que actúa sobre parte del claro (figura 10-17a). Determinar las reacciones de esta viga (es decir, encontrar los momentos y fuerzas de empotramiento).

FIG. 10-17 Ejemplo 10-5. (a) Viga doblemente empotrada con una carga uniforme sobre parte del claro y (b) reacciones producidas por un elemento $q\ dx$ de la carga uniforme.

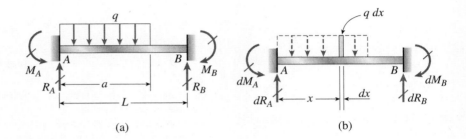

(a)   (b)

Solución

Procedimiento. Podemos hallar las reacciones de esta viga usando el principio de superposición y los resultados obtenidos en el ejemplo anterior (ejemplo 10-4). En dicho ejemplo encontramos las reacciones de una viga doblemente empotrada sometida a una carga concentrada P que actúa a una distancia a del extremo izquierdo (véanse la figura 10-15a y las ecuaciones 10-25 y 10-26).

Para aplicar estos resultados a la carga uniforme de la figura 10-17a, consideraremos un elemento de la carga uniforme como una carga concentrada de magnitud $q\ dx$ que actúa a una distancia x del extremo izquierdo (figura 10-17b). Entonces, usando las fórmulas deducidas en el ejemplo 10-4, podemos obtener las reacciones generadas por este elemento de carga. Por último, integrando sobre la longitud a de la carga uniforme, podemos obtener las reacciones debidas a la carga uniforme total.

Momentos de empotramiento. Comencemos con las reacciones de momento, para lo cual emplearemos las ecuaciones (10-25 a y b) del ejemplo 10-4. Para obtener los momentos producidos por el elemento $q\ dx$ de la carga uniforme (compare la figura 10-17b con la 10-15a), sustituimos P con $q\ dx$, a con x, y b con $L - x$. Así, los momentos de empotramiento causados por el elemento de carga (figura 10-17b) son

$$dM_A = \frac{qx(L-x)^2dx}{L^2} \qquad dM_B = \frac{qx^2(L-x)dx}{L^2}$$

Integramos sobre la parte cargada de la viga y obtenemos los momentos de empotramiento debidos a la carga uniforme total:

$$M_A = \int dM_A = \frac{q}{L^2}\int_0^a x(L-x)^2dx = \frac{qa^2}{12L^2}(6L^2 - 8aL + 3a^2) \quad \text{(10-30a)} \quad \Longleftarrow$$

$$M_B = \int dM_B = \frac{q}{L^2}\int_0^a x^2(L-x)dx = \frac{qa^3}{12L^2}(4L - 3a) \quad \text{(10-30b)} \quad \Longleftarrow$$

continúa

Fuerzas de empotramiento. Al proceder de manera similar al caso de los momentos de empotramiento, pero usando las ecuaciones (10-26a y b), obtenemos las siguientes expresiones para las fuerzas de empotramiento debidas al elemento de carga $q\ dx$:

$$dR_A = \frac{q(L - x)^2(L + 2x)dx}{L^3} \qquad dR_B = \frac{qx^2(3L - 2x)dx}{L^3}$$

La integración da

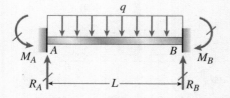

$$R_A = \int dR_A = \frac{q}{L^3}\int_0^a (L - x)^2(L + 2x)dx = \frac{qa}{2L^3}(2L^3 - 2a^2L + a^3) \quad \text{(10-31a)} \quad \Longleftarrow$$

$$R_B = \int dR_B = \frac{q}{L^3}\int_0^a x^2(3L - 2x)dx = \frac{qa^3}{2L^3}(2L - a) \quad \text{(10-31b)} \quad \Longleftarrow$$

FIG. 10-18 Viga doblemente empotrada con una carga uniforme.

Así, hemos encontrado todas las reacciones (momentos de empotramiento y fuerzas de empotramiento).

Carga uniforme que actúa sobre toda la longitud de la viga. Cuando la carga actúa sobre todo el claro (figura 10-18), podemos obtener las reacciones sustituyendo $a = L$ en las ecuaciones anteriores, lo que da

$$M_A = M_B = \frac{qL^2}{12} \qquad R_A = R_B = \frac{qL}{2} \qquad \text{(10-32a, b)}$$

La deflexión en el centro del claro de una viga con carga uniforme también es de interés. El procedimiento más simple para obtener esta deflexión es usar el método de superposición. El primer paso es suprimir las restricciones de momento en los soportes y obtener una estructura liberada en forma de una viga simple. La deflexión hacia abajo en el centro del claro de una viga simple debido a una carga uniforme (del caso 1 de la tabla G-2) es

$$(\delta_C)_1 = \frac{5qL^4}{384EI} \qquad \text{(u)}$$

y la deflexión hacia arriba en el centro del claro debido a los momentos extremos (del caso 10, tabla G-2) es

$$(\delta_C)_2 = \frac{M_A L^2}{8EI} = \frac{(qL^2/12)L^2}{8EI} = \frac{qL^4}{96EI} \qquad \text{(v)}$$

La deflexión final hacia abajo de la viga doblemente empotrada original (figura 10-18) es entonces

$$\delta_C = (\delta_C)_1 - (\delta_C)_2$$

Sustituimos las deflexiones dadas por las ecuaciones (u) y (v), con lo que obtenemos

$$\delta_C = \frac{qL^4}{384EI} \qquad \text{(10-33)}$$

Esta deflexión es la quinta parte de la deflexión en el centro del claro de una viga simple con carga uniforme (ecuación u), lo que ilustra de nuevo el efecto rigidizador de los empotramientos en los extremos de la viga.

Ejemplo 10-6

Una viga *ABC* (figura 10-19a) descansa sobre apoyos simples en los puntos *A* y *B* y está sostenida por un cable en el punto *C*. La viga tiene longitud total 2*L* y soporta una carga uniforme de intensidad *q*. Antes de la aplicación de la carga uniforme, no hay fuerza en el cable y éste no tiene holgura.

Cuando se aplica la carga uniforme, la viga se deflexiona hacia abajo en el punto *C* y se desarrolla una fuerza de tensión *T* en el cable. Encontrar la magnitud de esta fuerza.

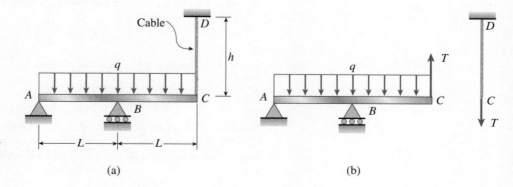

FIG. 10-19 Ejemplo 10-6. Viga *ABC* con un extremo soportado por un cable.

(a)   (b)

Solución

Fuerza redundante. La estructura *ABCD*, que consiste en la viga y el cable, tiene tres reacciones verticales (en los puntos *A*, *B* y *D*). Sin embargo, sólo se dispone de dos ecuaciones de equilibrio en un diagrama de cuerpo libre de toda la estructura. Por tanto, la estructura es estáticamente indeterminada de primer grado y debemos seleccionar una cantidad redundante para analizarla.

La fuerza de tensión *T* en el cable es una buena elección para la redundante. Podemos liberarla eliminando la conexión en el punto *C*, cortando así la estructura en dos partes (figura 10-19b). La estructura liberada consiste en la viga *ABC* y el cable *CD* como elementos separados, con la fuerza redundante *T* en acción hacia arriba sobre la viga y hacia abajo sobre el cable.

Ecuación de compatibilidad. La deflexión en el punto *C* de la viga *ABC* (figura 10-19b) consiste en dos partes, una deflexión hacia abajo $(\delta_C)_1$ debida a la carga uniforme y en una deflexión hacia arriba $(\delta_C)_2$ causada por la fuerza *T*. Al mismo tiempo, el extremo inferior *C* del cable *CD* se desplaza hacia abajo una cantidad $(\delta_C)_3$ igual al alargamiento del cable debido a la fuerza *T*; por tanto, la *ecuación de compatibilidad* que expresa el hecho de que la deflexión hacia abajo del extremo *C* de la viga es igual al alargamiento del cable es

$$(\delta_C)_1 - (\delta_C)_2 = (\delta_C)_3 \qquad (w)$$

Ya con esta ecuación formulada, determinamos los tres desplazamientos.

Relaciones fuerza-desplazamiento. La deflexión $(\delta_C)_1$ en el extremo del voladizo (punto *C* en la viga *ABC*) debida a la carga uniforme puede encontrarse de los resultados dados en el ejemplo 9-9 de la sección 9.5

continúa

(véase la figura 9-21). Con la ecuación (9-59) de ese ejemplo y sustituyendo $a = L$, obtenemos

$$(\delta_C)_1 = \frac{qL^4}{4E_bI_b} \tag{x}$$

donde E_bI_b es la rigidez por flexión de la viga.

La deflexión de la viga en el punto C debida a la fuerza T puede tomarse de la respuesta a los problemas 9.8-5 y 9.9-3, mismas que dan la deflexión $(\delta_C)_2$ en el extremo del voladizo cuando la longitud de éste es a:

$$(\delta_C)_2 = \frac{Ta^2(L + a)}{3E_bI_b}$$

Ahora sustituimos $a = L$, para obtener la deflexión deseada:

$$(\delta_C)_2 = \frac{2TL^3}{3E_bI_b} \tag{y}$$

Por último, el alargamiento del cable es

$$(\delta_C)_3 = \frac{Th}{E_cA_c} \tag{z}$$

donde h es la longitud del cable y E_cA_c es su rigidez axial.

Fuerza en el cable. Sustituimos los tres desplazamientos (ecuaciones x, y y z) en la ecuación de compatibilidad (ecuación w), con lo cual obtenemos

$$\frac{qL^4}{4E_bI_b} - \frac{2TL^3}{3E_bI_b} = \frac{Th}{E_cA_c}$$

Despejamos ahora la fuerza T y resulta

$$T = \frac{3qL^4E_cA_c}{8L^3E_cA_c + 12hE_bI_b} \tag{10-34}$$ ⬅

Con la fuerza T conocida, podemos encontrar todas las reacciones, fuerzas cortantes y momentos flexionantes por medio de diagramas de cuerpo libre y ecuaciones de equilibrio.

Este ejemplo ilustra cómo una fuerza interna (en vez de una reacción externa) puede usarse como redundante.

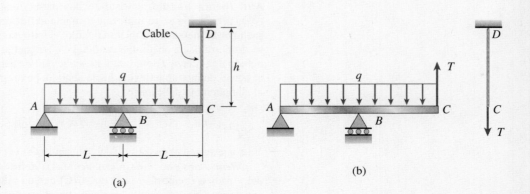

FIG. 10-19 (Repetición).   (a)

*10.5 EFECTOS DE LA TEMPERATURA

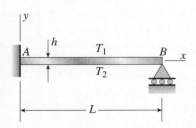

FIG. 10-20 Viga en voladizo con un diferencial de temperatura.

Como ya se analizó en las secciones 2.5 y 9.13, los cambios de temperatura pueden originar variaciones en la longitud de las barras y deflexiones laterales en las vigas. Si estas variaciones y deflexiones laterales se restringen, se producirán esfuerzos térmicos en el material. En la sección 2.5 vimos cómo encontrar esos esfuerzos en las barras estáticamente indeterminadas, y ahora consideraremos algunos de los efectos de los cambios de temperatura en las vigas estáticamente indeterminadas.

Los esfuerzos y deflexiones producidos por cambios de temperatura en una viga estáticamente indeterminada pueden analizarse por métodos similares a los descritos para los efectos de las cargas. Para empezar con el análisis, consideremos la viga AB en voladizo que se muestra en la figura 10-20. Suponemos que al principio la viga estaba a una temperatura uniforme T_0, la cual se incrementó a T_I en la superficie superior y a T_2 en la superficie inferior. La variación de la temperatura sobre el peralte h de la viga se supone lineal.

Dado que la temperatura varía linealmente, la temperatura *promedio* de la viga es

$$T_{\text{prom}} = \frac{T_1 + T_2}{2} \qquad (10\text{-}35)$$

y se presenta a la mitad del peralte de la viga. La diferencia entre esta temperatura promedio y la temperatura inicial T_0 tiene como resultado una tendencia a que la viga cambie de longitud. Si la viga puede dilatarse libremente en dirección longitudinal, su longitud se incrementará una cantidad δ_T dada por la ecuación (9-145), que se repite aquí:

$$\delta_T = \alpha(T_{\text{prom}} - T_0)L = \alpha\left(\frac{T_1 + T_2}{2} - T_0\right)L \quad (10\text{-}36)$$

En esta ecuación, α es el coeficiente de dilatación térmica del material y L es la longitud de la viga. Si la dilatación longitudinal puede ocurrir con libertad, ningún esfuerzo axial se generará por los cambios de temperatura; pero si está restringida, se desarrollarán esfuerzos axiales, como se describió en la sección 2.5.

Consideremos ahora los efectos del diferencial de temperatura $T_2 - T_1$, que tiende a producir una *curvatura* de la viga pero ningún cambio en longitud. La curvatura debida a cambios de temperatura se describió en la sección 9.13, donde se obtuvo la siguiente ecuación diferencial de la curva de deflexión (véase la ecuación 9-147):

$$\frac{d^2v}{dx^2} = \frac{\alpha(T_2 - T_1)}{h} \qquad (10\text{-}37)$$

Esta ecuación es aplicable a una viga no restringida por soportes, de suerte que tiene libertad para deflexionarse y girar. Observe que cuando T_2 es mayor que T_1, la curvatura es positiva y la viga tiende a flexionarse con la concavidad hacia arriba. Las deflexiones y rotacio-

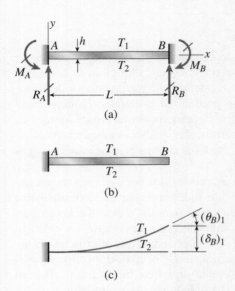

FIG. 10-21 (a) Viga doblemente empotrada con un diferencial de temperatura; (b) estructura liberada, y (c) curva de deflexión para la estructura liberada.

nes de vigas simples y en voladizo debidas a un diferencial de temperatura pueden determinarse con ayuda de la ecuación (10-37) como se vio en la sección 9.13. Podemos usar esos resultados al analizar vigas estáticamente indeterminadas por el método de superposición.

Método de superposición

Para ilustrar el uso de la superposición, determinemos las reacciones de la viga doblemente empotrada de la figura 10-21a debidas al diferencial de temperatura. Como es usual, comenzamos el análisis seleccionando las reacciones redundantes. Si bien otras selecciones pueden conducir a cálculos más eficientes, elegimos la fuerza reactiva R_B y el momento reactivo M_B como las redundantes para ilustrar la metodología general.

Cuando se quitan los apoyos correspondientes a las redundantes, obtenemos la estructura liberada mostrada en la figura 10-21b (una viga en voladizo). La deflexión y el ángulo de rotación en el extremo B de este voladizo (debidos al diferencial de temperatura) son (véase la figura 10-21c):

$$(\delta_B)_1 = \frac{\alpha(T_2 - T_1)L^2}{2h} \qquad (\theta_B)_1 = \frac{\alpha(T_2 - T_1)L}{h}$$

Estas ecuaciones se obtienen de la solución al problema 9.13-2 del capítulo anterior. Observe que cuando T_2 es mayor que T_1, la deflexión $(\delta_B)_1$ es hacia arriba y el ángulo de rotación $(\theta_B)_1$ es en sentido contrario a las manecillas del reloj.

A continuación, necesitamos encontrar las deflexiones y ángulos de rotación en la estructura liberada (figura 10-21b) debidos a las redundantes R_B y M_B. Estas cantidades se obtienen de los casos 4 y 6, respectivamente, de la tabla G-1:

$$(\delta_B)_2 = \frac{R_B L^3}{3EI} \qquad (\theta_B)_2 = \frac{R_B L^2}{2EI}$$

$$(\delta_B)_3 = -\frac{M_B L^2}{2EI} \qquad (\theta_B)_3 = -\frac{M_B L}{EI}$$

En estas expresiones, las deflexiones hacia arriba y las rotaciones en sentido contrario a las manecillas del reloj son positivas (al igual que en la figura 10-21c).

Ahora podemos escribir las ecuaciones de compatibilidad para la deflexión y el ángulo de rotación en el apoyo B de la manera siguiente:

$$\delta_B = (\delta_B)_1 + (\delta_B)_2 + (\delta_B)_3 = 0 \qquad \text{(a)}$$

$$\theta_B = (\theta_B)_1 + (\theta_B)_2 + (\theta_B)_3 = 0 \qquad \text{(b)}$$

o, al sustituir las expresiones apropiadas,

$$\frac{\alpha(T_2 - T_1)L^2}{2h} + \frac{R_B L^3}{3EI} - \frac{M_B L^2}{2EI} = 0 \qquad \text{(c)}$$

$$\frac{\alpha(T_2 - T_1)L}{h} + \frac{R_B L^2}{2EI} - \frac{M_B L}{EI} = 0 \qquad \text{(d)}$$

Estas ecuaciones pueden resolverse simultáneamente para las dos redundantes:

$$R_B = 0 \qquad M_B = \frac{\alpha EI(T_2 - T_1)}{h}$$

El hecho de que R_B es cero podría haberse anticipado en un inicio a partir de la simetría de la viga doblemente empotrada. Si hubiésemos utilizado este hecho desde el principio, la solución anterior se habría simplificado porque sólo se habría requerido una ecuación de compatibilidad.

Sabemos también por simetría (o por las ecuaciones de equilibrio) que la reacción R_B es igual a la reacción R_A y que el momento M_A es igual al momento M_B; por tanto, las reacciones para la viga doblemente empotrada mostrada en la figura 10-21a son:

$$R_A = R_B = 0 \qquad M_A = M_B = \frac{\alpha EI(T_2 - T_1)}{h} \qquad \text{(10-38a, b)}$$

A partir de estos resultados vemos que la viga está sometida a un momento flexionante constante debido a los cambios de temperatura.

Ecuación diferencial de la curva de deflexión

Podemos analizar también la viga doblemente empotrada de la figura 10-21a resolviendo la ecuación diferencial de la curva de deflexión. Cuando una viga está sometida a un momento flexionante M y a un diferencial de temperatura $T_2 - T_1$, la ecuación diferencial es (véanse las ecuaciones 9-7 y 10-37):

$$\frac{d^2v}{dx^2} = \frac{M}{EI} + \frac{\alpha(T_2 - T_1)}{h} \qquad \text{(10-39a)}$$

o

$$EIv'' = M + \frac{\alpha EI(T_2 - T_1)}{h} \qquad \text{(10-39b)}$$

En la viga doblemente empotrada de la figura 10-21a, la expresión para el momento flexionante en la viga es

$$M = R_A x - M_A \qquad \text{(e)}$$

donde x se mide desde el apoyo A. Al sustituir en la ecuación diferencial e integrar, obtenemos la siguiente ecuación para la pendiente de la viga:

$$EIv' = \frac{R_A x^2}{2} - M_A x + \frac{\alpha EI(T_2 - T_1)x}{h} + C_1 \qquad \text{(f)}$$

Las dos condiciones de frontera para la pendiente ($v' = 0$ cuando $x = 0$ y $x = L$) dan $C_1 = 0$ y

$$\frac{R_A L}{2} - M_A = -\frac{\alpha EI(T_2 - T_1)}{h} \qquad \text{(g)}$$

Una segunda integración da la deflexión de la viga:

$$EIv = \frac{R_A x^3}{6} - \frac{M_A x^2}{2} + \frac{\alpha EI(T_2 - T_1)x^2}{2h} + C_2 \qquad \text{(h)}$$

Las condiciones de frontera para la deflexión ($v = 0$ cuando $x = 0$ $x = L$) dan $C_2 = 0$ y

$$\frac{R_A L}{3} - M_A = -\frac{\alpha EI(T_2 - T_1)}{h} \qquad \text{(i)}$$

Resolvemos simultáneamente las ecuaciones (g) e (i), con lo cual encontramos

$$R_A = 0 \qquad M_A = \frac{\alpha EI(T_2 - T_1)}{h}$$

Del equilibrio de la viga, obtenemos $R_B = 0$ y $M_B = M_A$. Estos resultados concuerdan con los que encontramos por el método de superposición (véanse las ecuaciones 10-38a y b).

Observe que obtuvimos la solución anterior sin aprovechar la simetría para mostrar el procedimiento general del método de integración.

Conocidas las reacciones de la viga, podemos encontrar las fuerzas cortantes, los momentos flexionantes, las pendientes y las deflexiones. La simplicidad de los resultados podría sorprenderlo.

★10.6 DESPLAZAMIENTOS LONGITUDINALES EN LOS EXTREMOS DE UNA VIGA

Cuando una viga es flexionada por cargas laterales, sus extremos se acercan. Es práctica común despreciar estos desplazamientos longitudinales porque no tienen efectos notables en el comportamiento de la viga. En esta sección mostraremos cómo evaluarlos y determinar si son importantes o no.

Consideremos una viga simple *AB* soportada en un extremo por un apoyo de pasador y con libertad de desplazarse en sentido longitudinal en el otro (figura 10-22a). Cuando esta viga es flexionada por cargas laterales, la curva de deflexión adopta la forma mostrada en la parte b) de la figura. Además de las deflexiones laterales, existe un desplazamiento longitudinal en el extremo *B* de la viga. El extremo *B* se mueve horizontalmente del punto *B* al punto *B'* una pequeña distancia λ, llamada **acortamiento por curvatura** de la viga.

Como el nombre lo indica, el acortamiento por curvatura se debe a la flexión del eje de la viga y *no* a deformaciones axiales producidas por fuerzas de tensión o de compresión. Como se ve en la figura 10-22b, el acortamiento por curvatura es igual a la diferencia entre la longitud inicial *L* de la viga recta y la longitud de la cuerda *AB'* de la viga flexionada. Desde luego, las deflexiones laterales y el acortamiento por curvatura están muy exageradas en la figura.

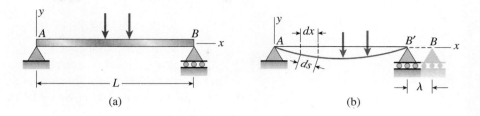

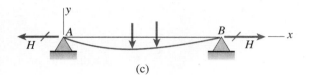

FIG. 10-22 (a) Viga simple con cargas laterales, (b) desplazamiento horizontal λ en un extremo de la viga y (c) reacciones horizontales H para una viga con soportes fijos.

Acortamiento por curvatura

Para determinar el acortamiento por curvatura, consideraremos un elemento de longitud ds medida a lo largo del eje curvo de la viga (figura 10-22b). La proyección de este elemento sobre el eje horizontal tiene longitud dx. La relación entre la longitud del elemento y la longitud de su proyección horizontal se obtiene con el teorema de Pitágoras:

$$(ds)^2 = (dx)^2 + (dv)^2$$

donde dv es el incremento en la deflexión v de la viga al movernos sobre la distancia dx. Entonces,

$$ds = \sqrt{(dx)^2 + (dv)^2} = dx\sqrt{1 + \left(\frac{dv}{dx}\right)^2} \tag{a}$$

La diferencia entre la longitud del elemento y la longitud de su proyección horizontal es

$$ds - dx = dx\sqrt{1 + \left(\frac{dv}{dx}\right)^2} - dx = dx\left[\sqrt{1 + \left(\frac{dv}{dx}\right)^2} - 1\right] \tag{b}$$

Introduzcamos ahora la siguiente serie binomial (véase el apéndice C):

$$\sqrt{1 + t} = 1 + \frac{t}{2} - \frac{t^2}{8} + \frac{t^3}{16} - \cdots \tag{10-40}$$

que converge cuando t es numéricamente menor que 1. Si t es muy pequeña comparada con 1, podemos despreciar los términos que contienen t^2, t^3, etc., en comparación con los dos primeros términos. Obtenemos entonces

$$\sqrt{1 + t} \approx 1 + \frac{t}{2} \tag{10-41}$$

El término $(dv/dx)^2$ en la ecuación (b) suele ser muy pequeño comparado con 1; por tanto, podemos usar la ecuación (10-41) con $t = (dv/dx)^2$ y reescribir la ecuación (b) como

$$ds - dx = dx\left[1 + \frac{1}{2}\left(\frac{dv}{dx}\right)^2 - 1\right] = \frac{1}{2}\left(\frac{dv}{dx}\right)^2 dx \qquad \text{(c)}$$

Si los lados izquierdo y derecho de esta expresión se integran sobre la longitud de la viga, obtenemos una expresión para la diferencia entre la longitud de la viga y la longitud de la cuerda AB' (figura 10-22b):

$$L - \overline{AB'} = \int_0^L \frac{1}{2}\left(\frac{dv}{dx}\right)^2 dx$$

El acortamiento por curvatura es entonces

$$\lambda = \frac{1}{2}\int_0^L \left(\frac{dv}{dx}\right)^2 dx \qquad \text{(10-42)}$$

Esta ecuación es válida siempre que las deflexiones y las pendientes sean pequeñas.

Observe que cuando se conoce la ecuación de la curva de deflexión, podemos sustituirla en la ecuación (10-42) y determinar el acortamiento λ.

Reacciones horizontales

Supongamos ahora que los extremos de la viga no pueden trasladarse en sentido longitudinal porque los apoyos son inmóviles (figura 10-22c). Como los extremos no pueden acercarse entre sí, se desarrollará una fuerza horizontal H en cada extremo. Esta fuerza alargará el eje de la viga como si ocurriese flexión.

Además, la fuerza H afectará los momentos flexionantes de la viga porque habrá un momento flexionante adicional (igual a H veces la deflexión) en cada sección transversal. La curva de deflexión de la viga depende entonces no sólo de las cargas laterales, sino también de la reacción H, que a su vez depende de la forma de la curva de deflexión, como se muestra en la ecuación (10-42).

En vez de intentar un análisis exacto de este complicado problema, obtengamos una expresión aproximada para la fuerza H a fin de estimar su importancia. Con este fin, podemos usar cualquier aproximación razonable para la curva de deflexión. En el caso de una viga articulada en sus extremos con cargas hacia abajo (figura 10-22c), una buena aproximación es una parábola con su ecuación dada por

$$v = -\frac{4\delta x(L - x)}{L^2} \qquad \text{(10-43)}$$

donde δ es la deflexión hacia abajo en el punto medio de la viga. El acortamiento por curvatura λ correspondiente a esta forma deflexionada supuesta puede encontrarse sustituyendo la expresión para la deflexión v en la ecuación (10-42) e integrando; el resultado es

$$\lambda = \frac{8\delta^2}{3L} \qquad (10\text{-}44)$$

La fuerza horizontal H requerida para alargar la viga esta cantidad es

$$H = \frac{EA\lambda}{L} = \frac{8EA\delta^2}{3L^2} \qquad (10\text{-}45)$$

en donde EA es la rigidez axial de la viga. El esfuerzo de tensión axial correspondiente en la viga es

$$\sigma_t = \frac{H}{A} = \frac{8E\delta^2}{3L^2} \qquad (10\text{-}46)$$

Esta ecuación suministra una buena aproximación del esfuerzo de tensión producido por los apoyos inmóviles de una viga simple.

Comentarios generales

Sustituyamos ahora algunos valores numéricos de manera que podamos estimar la importancia del acortamiento por curvatura. La deflexión δ en el punto medio de la viga suele ser muy pequeño comparado con la longitud; por ejemplo, la razón δ/L podría ser de 1/500 o menor. Usamos este valor y suponiendo que el material es acero con $E = 30 \times 10^6$ lb/pulg^2 y, con base en la ecuación (10-46), hallamos que el esfuerzo de tensión es de sólo 320 lb/pulg^2. Puesto que el esfuerzo permisible de tensión en el acero suele ser de 15 000 lb/pulg^2 o mayor, resulta claro que el esfuerzo axial debido a la fuerza horizontal H puede despreciarse respecto a los esfuerzos ordinarios de trabajo en la viga.

Además, en la deducción de la ecuación (10-46) supusimos que los extremos de la viga estaban sostenidos rígidamente contra desplazamientos horizontales, lo que no es posible en términos físicos. En realidad, siempre ocurren pequeños desplazamientos longitudinales, con lo cual se reduce así el esfuerzo axial calculado con la ecuación (10-46).*

De los análisis anteriores, concluimos que se justifica la práctica usual de despreciar los efectos de cualquier restricción longitudinal y suponer que un extremo de la viga está sobre un soporte de rodillo (cualquiera que sea la construcción real que se tenga). El efecto rigidizador de las restricciones longitudinales es importante sólo cuando la viga es muy larga y esbelta y soporta grandes cargas. A este comportamiento se le llama a veces "acción de cuerda", porque es análogo a la acción de un cable o cuerda que soporta una carga.

---

*Para un análisis más completo de vigas con soportes fijos, véase la referencia 10-1.

PROBLEMAS DEL CAPÍTULO 10

Ecuaciones diferenciales de la curva de deflexión

Los problemas de la sección 10.3 deben resolverse por integración de las ecuaciones diferenciales de la curva de deflexión. Todas las vigas tienen rigidez constante por flexión EI. Al dibujar los diagramas de fuerza cortante y momento flexionante, marque todas las ordenadas de importancia, incluyendo los valores máximos y mínimos

10.3-1 Una viga AB en voladizo con soporte de longitud L está cargada con un momento contrario a las manecillas del reloj M_0 que actúa en el apoyo B (véase la figura).

A partir de la ecuación diferencial de segundo orden de la curva de deflexión (la ecuación del momento flexionante), obtenga las reacciones, las fuerzas cortantes, los momentos flexionantes, las pendientes y las deflexiones de la viga. Construya los diagramas de fuerza cortante y momento flexionante, marcando todas las ordenadas de importancia.

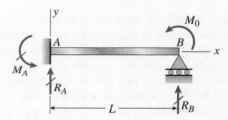

PROB. 10.3-1

10.3-2 Una viga doblemente empotrada AB de longitud L soporta una carga uniforme de intensidad q (véase la figura).

A partir de la ecuación diferencial de segundo orden de la curva de deflexión (la ecuación del momento flexionante), obtenga las reacciones, las fuerzas cortantes, los momentos flexionantes, las pendientes y las deflexiones de la viga. Construya los diagramas de fuerza cortante y momento flexionante, marcando todas las ordenadas de importancia.

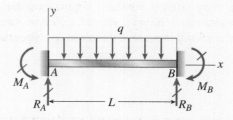

PROB. 10.3-2

10.3-3 Una viga AB en voladizo de longitud L tiene un empotramiento en A y un soporte de rodillo en B (véase la figura). El apoyo en B se mueve hacia abajo una distancia δ_B.

Con la ecuación diferencial de cuarto orden de la curva de deflexión (la ecuación de carga), determine las reacciones de la viga y la ecuación de la curva de deflexión. (*Nota:* exprese todos los resultados en términos del desplazamiento impuesto δ_B.)

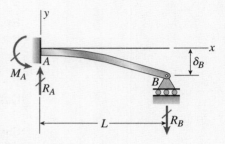

PROB. 10.3-3

10.3-4 Una viga AB en voladizo de longitud L tiene un empotramiento en A y un soporte de resorte en B (véase la figura). El resorte se comporta de manera elástica lineal con rigidez k.

Si una carga uniforme de intensidad q actúa sobre la viga, ¿cuál es el desplazamiento hacia abajo δ_B del extremo B de la viga? (Use la ecuación diferencial de segundo orden de la curva de deflexión; es decir, la ecuación del momento flexionante.)

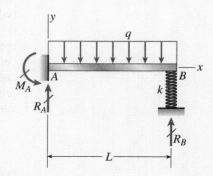

PROB. 10.3-4

10.3-5 Una viga AB en voladizo con soporte de longitud L soporta una carga distribuida triangular de intensidad máxima q_0 (véase la figura).

A partir de la ecuación diferencial de cuarto orden de la curva de deflexión (la ecuación de carga), obtenga las reacciones de la viga y la ecuación de la curva de deflexión.

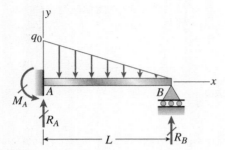

PROB. 10.3-5

10.3-6 La carga sobre una viga AB en voladizo apuntalada de longitud L está parabólicamente distribuida de acuerdo con la ecuación $q = q_0(1 - x^2/L^2)$, como se muestra en la figura.

A partir de la ecuación diferencial de cuarto orden de la curva de deflexión (la ecuación de carga), obtenga las reacciones de la viga y la ecuación de la curva de deflexión.

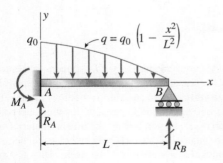

PROB. 10.3-6

10.3-7 La carga sobre una viga AB doblemente empotrada de longitud L está distribuida según una curva senoidal (véase la figura). La intensidad de la carga dsitribuida está dada por la ecuación $q = q_0 \operatorname{sen} \pi x/L$.

A partir de la ecuación diferencial de cuarto orden de la curva de deflexión (la ecuación de carga), obtenga las reacciones de la viga y la ecuación de la curva de deflexión.

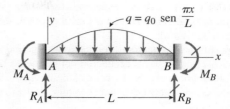

PROB. 10.3-7

10.3-8 Una viga AB doblemente empotrada de longitud L soporta una carga triangular distribuida de intensidad máxima q_0 (véase la figura).

A partir de la ecuación diferencial de cuarto orden de la curva de deflexión (la ecuación de carga), obtenga las reacciones de la viga y la ecuación de la curva de deflexión.

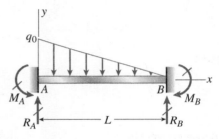

PROB. 10.3-8

10.3-9 Un momento contrario a las manecillas del reloj M_0 actúa en el centro del claro de una viga doblemente empotrada ACB de longitud L (véase la figura).

A partir de la ecuación diferencial de segundo orden de la curva de deflexión (la ecuación del momento flexionante), determine todas las reacciones de la viga y obtenga la ecuación de la curva de deflexión para la mitad izquierda de la viga.

Luego trace los diagramas de fuerza cortante y momento flexionante para toda la viga, marcando todas las ordenadas de importancia. Grafique también la curva de deflexión para toda la viga.

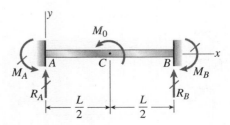

PROB. 10.3-9

★★10.3.-10 Una viga AB en voladizo con soporte sostiene una carga concentrada P que actúa en el centro del claro C (véase la figura).

A partir de la ecuación diferencial de segundo orden de la curva de deflexión (la ecuación del momento flexionante), determine todas las reacciones de la viga y dibuje los diagramas de fuerza cortante y momento flexionante para toda la viga.

Obtenga también las ecuaciones de las curvas de deflexión para ambas mitades de la viga y dibuje la curva de deflexión completa de la viga.

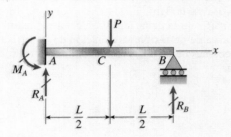

PROB. 10.3-10

Método de superposición

Los problemas de la sección 10.4 deben resolverse con el método de superposición. Todas las vigas tienen rigidez constante por flexión EI, a menos que se indique otra cosa. Al dibujar los diagramas de fuerza cortante y momento flexionante, marque todas las ordenadas de importancia, incluyendo los valores máximos y mínimos

10.4-1 Una viga AB en voladizo con soporte de longitud L sostiene una carga concentrada P actuando en la posición mostrada en la figura.

Determine las reacciones R_A, R_B y M_A para esta viga. También, dibuje los diagramas de fuerza cortante y momento flexionante, marcando todas las ordenadas de consideración.

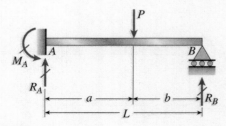

PROB. 10.4-1

10.4-2 La viga en voladizo con soporte mostrada en la figura soporta una carga uniforme de intensidad q sobre la mitad izquierda de la viga.

Encuentre las reacciones R_A, R_B y M_A y luego dibuje los diagramas de fuerza cortante y momento flexionante, señalando todas las ordenadas de importancia.

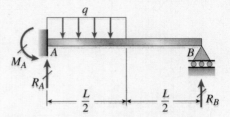

PROB. 10.4-2

10.4-3 La figura muestra una viga en voladizo ABC apuntalada, con claro L y un voladizo de longitud a. Una carga concentrada P actúa en el extremo del voladizo.

Determine las reacciones R_A, R_B y M_A para esta viga. También dibuje los diagramas de fuerza cortante y momento flexionante, mostrando todas las ordenadas de importancia.

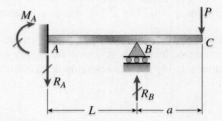

PROB. 10.4-3

10.4-4 Dos vigas planas AB y CD, situadas en planos horizontales, se cruzan en ángulo recto y entre ambas soportan una carga vertical P en sus puntos medios (véase la figura). Antes de que se aplique la carga P, las vigas apenas se tocan. Ambas vigas están hechas del mismo material y tienen el mismo ancho. Los extremos de ambas están simplemente apoyados. Las longitudes de las vigas AB y CD son L_{AB} y L_{CD} respectivamente.

¿Cuál debe ser la razón t_{AB}/t_{CD} de sus espesores para que las cuatro reacciones sean las mismas?

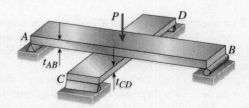

PROB. 10.4-4

10.4-5 Determine los momentos de empotramiento (M_A y M_B) y las fuerzas de empotramiento (R_A y R_B) para una viga de longitud L que soporta una carga triangular de intensidad máxima q_0 (véase la figura). Luego dibuje los diagramas de fuerza cortante y momento flexionante, señalando todas las ordenadas de importancia.

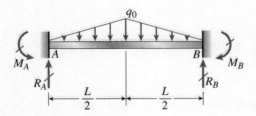

PROB. 10.4-5

10.4-6 Una viga continua ABC con dos claros desiguales, uno de longitud L y el otro de longitud $2L$, soporta una carga uniforme de intensidad q (véase la figura).

Determine las reacciones R_A, R_B y R_C para esta viga. Dibuje también los diagramas de fuerza cortante y momento flexionante, marcando todas las ordenadas importantes.

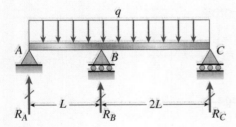

PROB. 10.4-6

10.4-7 La viga ABC está empotrada en el soporte A y descansa (en el punto B) sobre el punto medio de la viga DE (véase la primera parte de la figura); es decir, la viga ABC puede entonces representarse como una viga en voladizo apuntalada con un voladizo BC y un apoyo elástico lineal de rigidez k en el punto B (véase la segunda parte de la figura).

La distancia de A a B es $L = 10$ pies, la distancia de B a C es $L/2 = 5$ pies y la longitud de la viga DE es $L = 10$ pies. Ambas vigas tienen la misma rigidez por flexión EI. Una carga concentrada $P = 1\ 700$ lb actúa en el extremo libre de la viga ABC.

Determine las reacciones R_A, R_B y M_A para la viga ABC. Dibuje también los diagramas de fuerza cortante y momento flexionante para la viga ABC, mostrando todas las ordenadas de consideración.

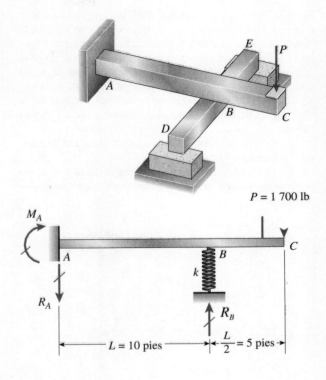

PROB. 10.4-7

10.4-8 La viga ABC mostrada en la figura tiene rigidez por flexión $EI = 4.0$ MN·m². Cuando se le aplican las cargas, el apoyo B se asienta verticalmente una distancia de 6.0 mm.

Calcule la reacción R_B en el soporte B.

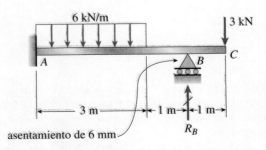

PROB. 10.4-8

10.4-9 Una viga en voladizo *AB* está empotrada en un extremo y es sostenida por una varilla en el otro (véase la figura). La viga es una S 6 × 12.5 de sección I y con longitud *L* = 6 pies. La varilla tiene un diámetro de 1/4 pulg y longitud *H* = 3 pies. Ambos miembros son de acero con $E = 30 \times 10^6$ lb/pulg². Una carga uniforme de intensidad *q* = 200 lb/pie actúa sobre toda la longitud de la viga. Antes de aplicar la carga *q*, la varilla apenas toca el extremo del cable.

a) Determine la fuerza de tensión *T* en la varilla debido a la carga uniforme *q*.

b) Dibuje los diagramas de fuerza cortante y momento flexionante para la viga mostrando todas las ordenadas importantes.

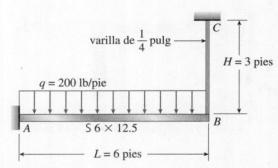

PROB. 10.4-9

10.4-10 La figura muestra una viga *AB* no prismática en voladizo apuntalada, con rigidez por flexión $2EI$ de *A* a *C* y *EI* de *C* a *B*.

Determine todas las reacciones de la viga debidas a la carga uniforme de intensidad *q*. (*Sugerencia:* use los resultados de los problemas 9.7-1 y 9.7-2.)

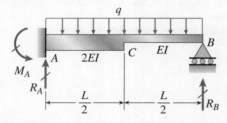

PROB. 10.4-10

10.4-11 Una viga *ABC* está empotrada en el extremo *A* y soportada por la viga *DE* en el punto *B* (véase la figura). Ambas tienen la misma sección transversal y son del mismo material.

a) Determine todas las reacciones debido a la carga *P*.

b) ¿Cuál es el momento flexionante numéricamente máximo en cada viga?

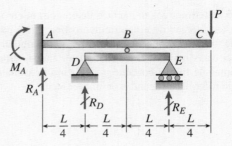

PROB. 10.4-11

10.4-12 Una viga *ABCD* continua sobre tres claros iguales soporta una carga uniforme de intensidad *q* (véase la figura).

Determine todas las reacciones de esta viga y dibuje los diagramas de fuerza cortante y momento flexionante, marcando todas las ordenadas de importancia.

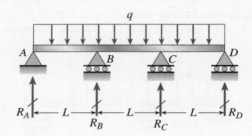

PROB. 10.4-12

★10.4-13 Una viga *AC* descansa sobre apoyos simples en los puntos *A* y *C* (véase la figura). Hay una pequeña abertura $\Delta = 0.4$ pulg entre la viga descargada y un apoyo en el punto *B*, que está a la mitad del claro entre los apoyos de la viga. La viga tiene longitud total $2L = 80$ pulg y rigidez por flexión $EI = 0.4 \times 10^9$ lb-pulg².

Trace una gráfica del momento flexionante M_B en el punto medio de la viga como función de la intensidad *q* de la carga uniforme.

Sugerencias: comience determinando la intensidad q_0 de la carga que cerrará la abertura. Determine luego el momento flexionante correspondiente $(M_B)_0$. A continuación, determine el momento flexionante M_B (en términos de *q*) para el caso en que $q < q_0$. Por último, realice un análisis estáticamente indeterminado y determine el momento M_B (en términos de *q*) para el caso en que $q > q_0$. Grafique M_B (unidades de lb-pulg) versus *q* (unidades de lb/pulg) con *q* variando entre 0 y 2 500 lb/pulg.

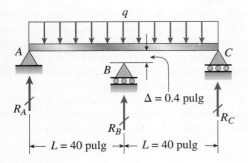

PROB. 10.4-13

*10.4-14 Una viga AB doblemente empotrada de longitud L está sometida a un momento M_O que actúa en la posición mostrada en la figura.

a) Determine todas las reacciones de la viga.

b) Dibuje los diagramas de fuerza cortante y momento flexionante para el caso especial en que $a = b = L/2$.

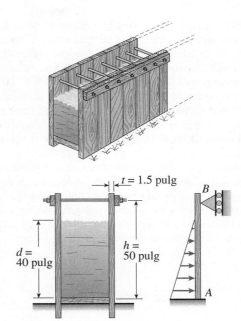

PROB. 10.4-15

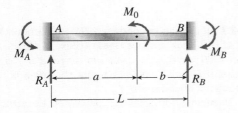

PROB. 10.4-14

*10.4-16 Dos vigas AB y CD idénticas, simplemente apoyadas, están colocadas de modo que se cruzan en sus puntos medios (véase la figura). Antes de aplicar la carga uniforme, las vigas apenas se tocan en el punto de cruce.

Determine los momentos flexionantes máximos $(M_{AB})_{máx}$ y $(M_{CD})_{máx}$ en las vigas AB y CD, respectivamente, debidos a la carga uniforme, si la intensidad de la carga es $q = 6.4$ kN/m y la longitud de cada viga es $L = 4$ m.

*10.4-15 Una acequia provisional de madera que sirve como canal para agua de irrigación se muestra en la figura. Los tablones verticales que forman los lados de la acequia están empotrados en el terreno. La parte superior de la acequia está sostenida con tirantes apretados de tal manera que no hay deflexión de los tablones en ese punto, con lo cual los tablones verticales pueden modelarse como una viga AB, soportada y cargada como se muestra en la última parte de la figura.

Suponga que el espesor t de los tablones es de 1.5 pulg, la profundidad d del agua es de 40 pulg y la altura h hasta los tirantes es de 50 pulg, ¿cuál es el esfuerzo máximo de flexión σ en los tablones? (*Sugerencia:* el momento flexionante numéricamente mayor ocurre en el empotramiento.)

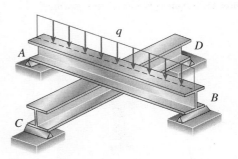

PROB. 10.4-16

★10.4-17 La viga AB en voladizo mostrada en la figura está hecha con un perfil S 6 × 12.5 de sección I de acero con $E = 30 \times 10^6$ lb/pulg². La viga simple DE es de madera con dimensiones transversales nominales de 4 pulg × 12 pulg y módulo de elasticidad $E = 1.5 \times 10^6$ lb/pulg². Una barra de acero AC de 0.25 pulg de diámetro, 10 pies de longitud y $E = 30 \times 10^6$ lb/pulg², sirve como colgante para unirlas. El colgante se ajusta exactamente entre las vigas antes de que la carga uniforme se aplique a la viga DE.

Determine la fuerza F de tensión en el colgante y los momentos flexionantes máximos M_{AB} y M_{DE} en las dos vigas debido a la carga uniforme, que tiene intensidad $q = 400$ lb/pie. (*Sugerencia:* como ayuda para obtener el momento flexionante máximo en la viga DE, dibuje los diagramas de fuerza cortante y momento flexionante.)

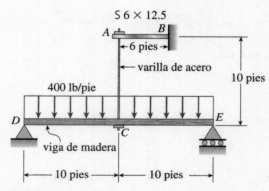

PROB. 10.4-17

★10.4-18 La viga AB mostrada en la figura está simplemente apoyada en A y B y soportada por un resorte de rigidez k en el centro del claro C. La viga tiene rigidez por flexión EI y longitud $2L$.

¿Cuál debe ser la rigidez k del resorte para que el máximo momento flexionante en la viga (debido a la carga uniforme) tenga el valor mínimo posible?

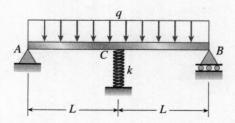

PROB. 10.4-18

★10.4-19 La estructura continua ABC tiene un empotramiento en A, un soporte de rodillos en C y un nudo rígido en B (véase la figura). Los miembros AB y BC tienen cada uno longitud L y rigidez por flexión EI. Una fuerza horizontal P actúa a la mitad de la altura del miembro AB.

a) Encuentre todas las reacciones en la estructura. b) ¿Cuál es el momento flexionante máximo $M_{máx}$ en la estructura? (*Nota:* desprecie las deformaciones axiales en el miembro AB y considere sólo los efectos de flexión.)

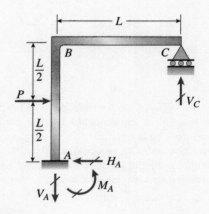

PROB. 10.4-19

★10.4-20 La estructura continua ABC está articulada en A y en C y el nudo en B es rígido (véase la figura). Los miembros AB y BC tiene cada uno longitud L y rigidez por flexión EI. Una fuerza horizontal P actúa a la mitad de la altura del miembro AB.

a) Encuentre todas las reacciones en la estructura. b) ¿Cuál es el momento flexionante máximo $M_{máx}$ en la estructura? (*Nota:* desprecie las deformaciones axiales en los miembros AB y BC y considere sólo los efectos de flexión.)

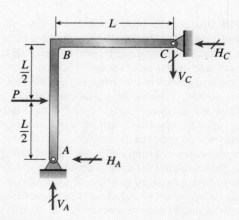

PROB. 10.4-20

*10.4-21 Una viga *ABC* de patín ancho descansa sobre tres resortes idénticos en los puntos *A*, *B* y *C* (véase la figura). La rigidez por flexión de la viga es $EI = 6\,912 \times 10^6$ lb-pulg^2 y cada resorte tiene rigidez $k = 62\,500$ lb/pulg. La longitud de la viga es $L = 16$ pies.

Si la carga *P* es de 6 000 lb, ¿cuáles son las reacciones R_A, R_B y R_C? Dibuje, los diagramas de fuerza cortante y momento flexionante para la viga, marcando todas las ordenadas de importancia.

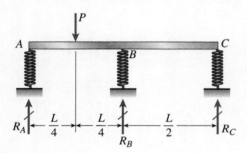

PROB. 10.4-21

**10.4-22 Una viga *AB* doblemente empotrada de longitud *L* está sometida a una carga uniforme de intensidad *q* que actúa sobre la región media del claro (véase la figura).

a) Obtenga una fórmula para los momentos de empotramiento M_A y M_B en términos de la carga *q*, la longitud *L* y la longitud *b* de la parte cargada de la viga.

b) Grafique el momento de empotramiento M_A versus la longitud *b* de la parte cargada de la viga. Por conveniencia, trace la gráfica en la siguiente forma adimensional:

$$\frac{M_A}{qL^2/12} \quad versus \quad \frac{b}{L}$$

con la razón *b/L* variando entre sus valores extremos de 0 y 1.

c) Para el caso especial en que $a = b = L/3$, dibuje los diagramas de fuerza cortante y momento flexionante para la viga, indicando todas las ordenadas importantes.

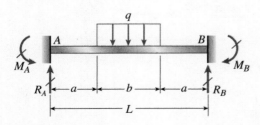

PROB. 10.4-22

**10.4-23 Una viga que soporta una carga uniforme de intensidad *q* en toda su longitud, descansa sobre pistones en los puntos *A*, *C* y *B* (véase la figura). Los cilindros están llenos con aceite y están conectados por un tubo de manera que la presión del aceite es la misma en cada pistón. Los pistones en *A* y *B* tienen diámetro d_1 y el pistón en *C*, diámetro d_2.

a) Determine la razón de d_2 a d_1 de manera que el momento flexionante máximo en la viga sea tan pequeño como sea posible.

b) En estas condiciones óptimas, ¿cuál es el momento flexionante máximo $M_{máx}$ en la viga?

c) ¿Cuál es la diferencia de elevación entre el punto *C* y los soportes extremos?

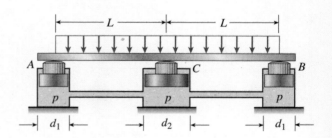

PROB. 10.4-23

***10.4-24 Una delgada viga *AB* de acero usada en conjunción con un electroimán en un experimento de física de alta energía está unida por pernos a soportes rígidos (véase la figura). Un campo magnético producido por una bobina *C* genera una fuerza que actúa sobre la viga. La fuerza está trapezoidalmente distribuida con intensidad máxima $q_0 = 18$ kN/m. La longitud de la viga entre apoyos es $L = 200$ mm y la dimensión *c* de la carga trapezoidal es de 50 mm. La viga tiene sección transversal rectangular con ancho $b = 60$ mm y peralte $h = 20$ mm.

Determine el esfuerzo de flexión máximo $\sigma_{máx}$ y la deflexión máxima $\delta_{máx}$ para la viga (desprecie cualesquiera efectos de las deformaciones axiales y considere sólo los efectos de la flexión. Use $E = 200$ GPa).

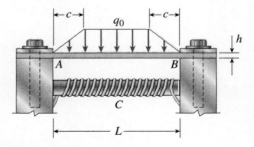

PROB. 10.4-24

Efectos de la temperatura

Las vigas descritas en los problemas de la sección 10.5 tienen tienen rigidez constante a la flexión EI.

10.5-1 Un cable CD de longitud H está unido al centro del claro de una viga simple AB de longitud L (véase la figura). El momento de inercia de la viga es I y el área efectiva de la sección transversal del cable es A. Al principio el cable está tenso pero sin ninguna tensión inicial.

Obtenga una fórmula para la fuerza S de tensión en el cable cuando la temperatura desciende uniformemente ΔT grados, suponiendo que la viga y el cable son del mismo material (módulo de elasticidad E y coeficiente de dilatación térmica α). Use el método de superposición en la solución.

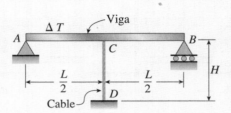

PROB. 10.5-1

10.5-2 Una viga en voladizo apuntalada, empotrada en el extremo izquierdo A y simplemente apoyada en el extremo derecho B, está sometida a un diferencial de temperatura con temperatura T_1 en su superficie superior y T_2 en su superficie inferior (véase la figura).

Encuentre todas las reacciones en esta viga. Use el método de superposición en la solución. Utilice, si lo desea, los resultados del problema 9.13-1.

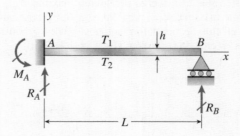

PROBS. 10.5-2 y 10.5-3

10.5-3 Resuelva el problema anterior integrando la ecuación diferencial de la curva de deflexión.

10.5-4 Una viga de dos claros de longitudes L y $L/2$ está sometida a un diferencial de temperatura con temperatura T_1 en su superficie superior y T_2 en su superficie inferior (véase la figura).

Determine todas las reacciones en esta viga. Use el método de superposición en la solución. Si lo desea, utilice los resultados de los problemas 9.8-5 y 9.13-3.

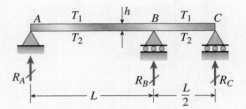

PROBS. 10.5-4 y 10.5-5

*10.5-5 Resuelva el problema anterior integrando la ecuación diferencial de la curva de deflexión.

Desplazamientos longitudinales en los extremos de vigas

10.6-1 Suponga que la forma flexionada de una viga AB con soportes articulados *inmóviles* (véase la figura) está dada por la ecuación $v = -\delta$ sen $\pi x/L$, donde δ es la deflexión en el centro del claro de la viga y L es la longitud. Suponga que la viga tiene rigidez axial EA.

a) Obtenga fórmulas para la fuerza H longitudinal en los extremos de la viga y el correspondiente esfuerzo axial de tensión σ_t.

b) Para una viga hecha con una aleación de aluminio con $E = 10 \times 10^6$ lb/pulg^2, calcule el esfuerzo de tensión σ_t cuando la razón de la deflexión δ a la longitud L es igual a 1/200, 1/400 y 1/600.

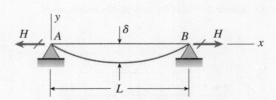

PROB. 10.6-1

10.6-2 (a) Una viga simple *AB* de longitud *L* y peralte *h* soporta una carga uniforme de intensidad *q* (véase la *primera parte* de la figura).

a) Obtenga una fórmula para el acortamiento por curvatura λ de esta viga. Obtenga también una fórmula para el esfuerzo máximo por flexión σ_b en la viga debido a la carga *q*.

b) Suponga ahora que los extremos de la viga están articulados de manera que se impide el acortamiento por curvatura y se desarrolla en los apoyos una fuerza horizontal *H* (véase la *segunda parte* de la figura). Obtenga una fórmula para el esfuerzo axial de tensión correspondiente σ_t.

c) Con el uso de las fórmulas obtenidas en las partes (a) y (b), calcule el acortamiento por curvatura λ, el esfuerzo máximo por flexión σ_b y el esfuerzo de tensión σ_t para la siguiente viga de acero: longitud *L* = 3 m, peralte *h* = 300 mm, módulo de elasticidad *E* = 200 GPa y momento de inercia *I* = 36 × 10⁶ mm⁴. La intensidad de la carga sobre la viga es *q* = 25 kN/m.

Compare el esfuerzo de tensión σ_t producido por la fuerza *H*, con el esfuerzo máximo por flexión σ_b producido por la carga uniforme.

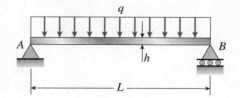

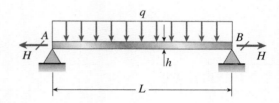

PROB. 10.6-2

Columnas

11.1 INTRODUCCIÓN

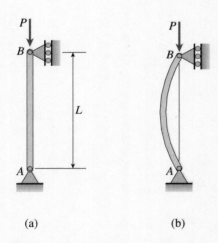

FIG. 11-1 Pandeo de una columna esbelta debido a una carga P de compresión axial.

Las estructuras sometidas a cargas pueden fallar de diversas maneras, dependiendo del tipo de estructura, las condiciones de los soportes, los tipos de cargas y los materiales usados; por ejemplo, el eje de un vehículo puede fracturarse de repente debido a ciclos repetidos de carga o una viga puede deflexionarse de forma excesiva, de forma que ya no pueda efectuar las funciones para las que fue diseñada. Estos tipos de falla pueden prevenirse diseñando las estructuras de modo que los esfuerzos máximos y los desplazamientos máximos permanezcan dentro de límites tolerables; por tanto, la **resistencia** y la **rigidez** son factores importantes en el diseño, como se estudió en los capítulos anteriores.

Otro tipo de falla es el **pandeo**, tema de este capítulo. Consideraremos de manera específica el pandeo de **columnas**, que son miembros estructurales esbeltos y alargados, cargados axialmente en compresión, (figura 11-1a). Si un miembro a compresión es más bien esbelto, puede fallar por flexión o deflexionarse en forma lateral (figura 11-1b) en vez de fallar por compresión directa del material. Este comportamiento se puede evidenciar comprimiendo una regla de plástico o algún otro objeto esbelto. Cuando hay flexión lateral, decimos que la columna se ha *pandeado*. Bajo una carga axial creciente, las deflexiones laterales también aumentan y la columna termina por fallar completamente.

El fenómeno del pandeo no se limita a columnas; puede presentarse en muchos tipos de estructuras y adoptar muchas formas. Cuando alguien se para sobre una lata vacía de aluminio, las paredes cilíndricas delgadas se pandean bajo su peso y la lata se colapsa. Cuando un gran puente se desplomó hace unos cuantos años, los investigadores encontraron que la falla fue causada por el pandeo de una placa delgada de acero que se aplastó bajo esfuerzos de compresión. El pandeo es una de las principales causas de falla en estructuras, por lo que siempre debe considerarse en el diseño la posibilidad de que ocurra.

11.2 PANDEO Y ESTABILIDAD

Para ilustrar los conceptos fundamentales de pandeo y estabilidad, analizaremos la **estructura idealizada** o **modelo de pandeo**, mostrado en la figura 11-2a. Esta estructura hipotética consta de dos barras rígidas *AB* y *BC*, cada una de longitud *L*/2, unidas en *B* por un pasador y mantenidas en posición vertical por un resorte rotatorio con rigidez β_R.*

Esta estructura idealizada es análoga a la columna de la figura 11-1a porque ambas tienen apoyos simples en los extremos y están comprimidas por una carga axial *P*; sin embargo, la elasticidad de la estructura idealizada está "concentrada" en el resorte rotatorio, mientras que una columna real puede flexionarse en toda su longitud (figura 11-1b).

En la estructura idealizada, las dos barras están perfectamente alineadas y la carga axial *P* tiene su línea de acción a lo largo del eje longitudinal (figura 11-2a). En consecuencia, inicialmente el resorte no está sometido a esfuerzos y las barras están en compresión directa.

Supongamos ahora que la estructura está perturbada por alguna fuerza externa que desplaza lateralmente al punto *B* una pequeña distancia (figura 11-2b). Las barras rígidas giran ángulos pequeños θ y en el resorte se desarrolla un momento. La dirección de este momento es tal que tiende a regresar la estructura a su posición original recta, por lo cual se llama **momento restitutivo**. Sin embargo, al mismo tiempo la tendencia de la fuerza axial de compresión aumenta el

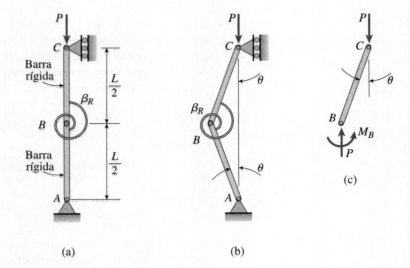

FIG. 11-2 Pandeo de una estructura idealizada que consta de dos barras rígidas y un resorte rotatorio.

(a)   (b)

---

*La relación general para un resorte rotatorio es $M = \beta_R\theta$, donde *M* es el momento que actúa sobre el resorte, β_R es la rigidez rotatoria del resorte y θ es el ángulo que gira el resorte. Así, la rigidez rotatoria tiene unidades de momento divididas entre un ángulo, como lb-pulg/rad o N·m/rad. La relación análoga para un resorte traslacional es $F = \beta\delta$, donde *F* es la fuerza que actúa sobre el resorte, β es la rigidez traslacional del resorte (o constante del resorte) y δ es el cambio de longitud del resorte. Así, la rigidez traslacional tiene unidades de fuerza divididas entre una longitud, tales como lb/pulg o N/m.

desplazamiento lateral. Entonces, estas dos acciones tienen efectos opuestos: el momento restitutivo que tiende a *disminuir* el desplazamiento y la fuerza axial, que tiende a *aumentarlo*.

Consideremos ahora qué pasa cuando se elimina la fuerza perturbadora. Si la fuerza axial P es más bien pequeña, la acción del momento restitutivo prevalecerá sobre la acción de la fuerza axial y la estructura retornará a su posición inicial recta. En estas condiciones, se dice que la estructura es **estable**; pero, si la fuerza axial P es grande, el desplazamiento lateral del punto B aumentará y las barras girarán ángulos cada vez mayores hasta que la estructura se colapse. En estas condiciones, la estructura es **inestable** y falla por pandeo lateral.

Carga crítica

La transición entre las condiciones estable e inestable ocurre para un valor especial de la fuerza axial conocido como **carga crítica** (denotada por el símbolo P_{cr}). Podemos determinar la carga crítica de nuestro modelo de pandeo considerando la estructura en la posición alterada (figura 11-2b) e investigando su equilibrio.

Primero consideramos toda la estructura como cuerpo libre y sumaremos momentos respecto al apoyo A. Este paso conduce a la conclusión de que no hay reacción horizontal en el apoyo C. Luego consideramos la barra BC como cuerpo libre (figura 11-2c) y observamos que está sometida a la acción de las fuerzas axiales P y al momento M_B en el resorte. El momento M_B es igual a la rigidez rotatoria β_R multiplicada por el ángulo de rotación 2θ del resorte; tenemos entonces,

$$M_B = 2\beta_R\theta \tag{a}$$

Puesto que el ángulo θ es una cantidad pequeña, el desplazamiento lateral del punto B es $\theta L/2$; por tanto, obtenemos la siguiente ecuación de equilibrio sumando momentos respecto al punto B para la barra BC (figura 11-2c):

$$M_B - P\left(\frac{\theta L}{2}\right) = 0 \tag{b}$$

o, sustituyendo de la ecuación (a),

$$\left(2\beta_R - \frac{PL}{2}\right)\theta = 0 \tag{11-1}$$

Una solución de esta ecuación es $\theta = 0$, que es una solución trivial y significa que la estructura está en equilibrio si es perfectamente recta, cualquiera que sea la magnitud de la fuerza P.

Una segunda solución se obtiene igualando a cero el término entre paréntesis y despejando el valor de la carga P, que es la *carga crítica*:

$$P_{cr} = \frac{4\beta_R}{L} \tag{11-2}$$

Para el valor crítico de la carga, la estructura está en equilibrio, sin importar la magnitud del ángulo θ (siempre que el ángulo permanezca pequeño, porque establecimos esa hipótesis al deducir la ecuación b).

Por el análisis anterior, vemos que la carga crítica es la *única* carga para la que la estructura estará en equilibrio en la posición perturbada. Con este valor de la carga, el efecto restitutivo del momento en el resorte coincide con el efecto de pandeo de la carga axial; por tanto, la carga crítica representa la frontera entre las condiciones estable e inestable.

Si la carga axial es menor que P_{cr}, predomina el efecto del momento en el resorte y la estructura vuelve a su posición vertical después de una pequeña perturbación; si la carga axial es mayor que P_{cr}, predomina el efecto de la fuerza axial y la estructura se pandea:

Si $P < P_{cr}$, la estructura es *estable*.
Si $P > P_{cr}$, la estructura es *inestable*.

Con la ecuación (11-2) vemos que la estabilidad de la estructura se incrementa *al aumentar su rigidez* o *al disminuir su longitud*. Más adelante, en este capítulo, determinaremos cargas críticas para varios tipos de columnas y veremos que estas mismas observaciones también son aplicables.

Resumen

Sinteticemos el comportamiento de la estructura idealizada (figura 11-2a) conforme la carga axial P pasa de cero a un valor mayor.

Cuando la carga axial es menor que la carga crítica ($0 < P < P_{cr}$), la estructura está en equilibrio cuando está perfectamente recta. Como el equilibrio es **estable**, la estructura retorna a su posición inicial después de ser alterada. Así, la estructura está en equilibrio *sólo* cuando está perfectamente recta ($\theta = 0$).

Cuando la carga axial es mayor que la carga crítica ($P > P_{cr}$), la estructura está todavía en equilibrio cuando $\theta = 0$ (porque está en compresión directa y no hay momento en el resorte), pero el equilibrio es **inestable** y no puede mantenerse. La perturbación más pequeña ocasionará que la estructura se pandee.

Con la carga crítica ($P = P_{cr}$), la estructura está en equilibrio aun cuando el punto B se desplace en sentido lateral una pequeña cantidad; en otras palabras, la estructura está en equilibrio para *cualquier* ángulo pequeño θ, incluido $\theta = 0$. Sin embargo, la estructura no es estable ni inestable; está en la frontera entre la estabilidad y la inestabilidad. Esta condición se llama **equilibrio neutro**.

Las tres condiciones de equilibrio para la estructura idealizada se muestran en la gráfica de carga axial P *versus* ángulo de rotación θ (figura 11-3). Las dos líneas grises, una vertical y una horizontal, representan las condiciones de equilibrio. El punto B, donde el diagrama de equilibrio se bifurca, se llama *punto de bifurcación*.

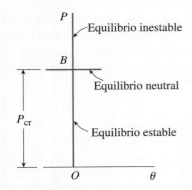

FIG. 11-3 Diagrama de equilibrio para el pandeo de una estructura idealizada.

La línea horizontal para equilibrio neutro se prolonga hacia la izquierda y hacia la derecha del eje vertical porque el ángulo θ puede ser horario o antihorario; sin embargo, la línea se prolonga solamente una corta distancia porque nuestro análisis se basa en la hipótesis de que θ es un ángulo pequeño. (Esta hipótesis es válida porque θ es realmente pequeño cuando la estructura se separa por primera vez de su posición vertical. Si el pandeo continúa y θ se vuelve grande, la línea marcada "equilibrio neutro" se curva hacia arriba, como se verá luego en la figura 11-11.)

Las tres condiciones de equilibrio representadas por el diagrama de la figura 11-3 son análogas a las de una bola colocada sobre una superficie lisa (figura 11-4). Si la superficie es cóncava hacia arriba, como el interior de un plato, el equilibrio es estable y la bola siempre retorna al punto bajo cuando es perturbada. Si la superficie es convexa hacia arriba, como un domo, teóricamente la bola puede estar en equilibrio sobre la parte superior de la superficie, pero el equilibrio es inestable y en realidad la bola se desplaza. Si la superficie es perfectamente plana, la bola estará en equilibrio neutro y permanecerá en el lugar que se coloque.

Como veremos en la siguiente sección, el comportamiento de una columna ideal elástica es análogo al del modelo de pandeo mostrado en la figura 11-2. Muchos otros tipos de sistemas estructurales y mecánicos también se ajustan a este modelo.

11.3 COLUMNAS CON EXTREMOS ARTICULADOS

Comenzamos nuestra investigación de la estabilidad de columnas analizando una columna esbelta con extremos articulados (figura 11-5a). La columna está sometida a una carga vertical P aplicada a través del centroide de la sección transversal extrema. La columna es perfectamente recta y está hecha de un material elástico lineal que obedece a la ley de Hooke; como se supone que no tiene imperfecciones, se llama **columna ideal.**

Para fines de análisis, construimos un sistema coordenado con su origen en el apoyo A y con el eje x a lo largo del eje longitudinal de la columna. El eje y está dirigido hacia la izquierda en la figura y el eje z (no mostrado) sale de la figura hacia el observador. Suponemos que el plano xy es un plano de simetría de la columna y que cualquier flexión tiene lugar en ese plano (figura 11-5b). El sistema coordenado es idéntico al usado en nuestro análisis previo de vigas, como puede verse al girar 90° la columna en sentido horario.

FIG. 11-4 Bola en equilibrio estable, inestable y neutro.

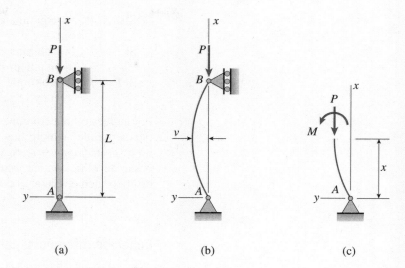

FIG. 11-5 Columna con extremos articulados: (a) columna ideal; (b) forma pandeada y (c) fuerza axial P y momento flexionante M que actúan en una sección transversal.

(a)   (b)   (c)

Cuando la carga axial P tiene un valor pequeño, la columna permanece perfectamente recta y sufre compresión axial directa. Los únicos esfuerzos son los de compresión uniforme obtenidos con la ecuación $\sigma = P/A$. La columna está en **equilibrio estable**, lo que significa que vuelve a su posición recta después de una perturbación; por ejemplo, si aplicamos una pequeña fuerza lateral que haga que la columna se flexione, la deflexión desaparecerá y la columna retornará a su posición original cuando se suprima la carga lateral.

Al incrementar gradualmente la carga axial P, alcanzamos una condición de **equilibrio neutro** en que la columna puede tener una forma flexionada. El valor correspondiente de la carga es la **carga crítica** P_{cr}. Con esta carga, la columna puede sufrir pequeñas deflexiones laterales sin cambios en la fuerza axial; por ejemplo, una pequeña carga lateral producirá una forma flexionada que no desaparece cuando se elimina la carga lateral. Entonces, la carga crítica puede mantener la columna en equilibrio *ya sea* en posición recta o en una posición un tanto flexionada.

A mayores valores de la carga, la columna es **inestable** y puede fallar por pandeo; es decir, por flexión excesiva. Para el caso ideal que estamos analizando, la columna estará en equilibrio en posición recta aun cuando la fuerza axial P sea mayor que la carga crítica; sin embargo, como el equilibrio es inestable, la mínima perturbación imaginable ocasionará que la columna se deflexione en sentido lateral. Una vez que esto pasa, las deflexiones aumentan de inmediato y la columna falla por pandeo. El comportamiento es similar al descrito en la sección anterior para el modelo idealizado de pandeo (figura 11-2).

El comportamiento de una columna ideal comprimida por una carga axial P (figuras 11-5a y b) puede resumirse como sigue:

Si $P < P_{cr}$, la columna está en equilibrio estable en posición recta.

Si $P = P_{cr}$, la columna está en equilibrio neutro en posición recta o en una posición ligeramente flexionada.

Si $P > P_{cr}$, la columna está en equilibrio inestable en posición recta y se pandeará ante la más pequeña perturbación.

Por supuesto, una columna real no se comporta de esta manera idealizada porque siempre hay imperfecciones; por ejemplo, la columna no es *perfectamente* recta y la carga no está *justo* en el centroide. A pesar de ello, comenzaremos estudiando columnas ideales porque nos permiten entender el comportamiento de las columnas reales.

Ecuación diferencial para el pandeo de columnas

Para determinar las cargas críticas y las correspondientes formas deflexionadas de una columna ideal articulada en sus extremos (figura 11-5a), usamos una de las ecuaciones diferenciales de la curva de deflexión de una viga (véanse las ecuaciones 9-12a, b y c, en la sección 9.2). Estas ecuaciones son aplicables a una columna pandeada porque la columna se flexiona como si fuera una viga (figura 11-5b).

Aunque la ecuación diferencial de cuarto orden (la ecuación de carga) y la ecuación diferencial de tercer orden (la ecuación de la fuerza cortante) son adecuadas para analizar columnas, usaremos la ecuación de segundo orden (la ecuación del momento flexionante) porque su solución general suele ser la más simple. La **ecuación del momento flexionante** (ecuación 9-12a) es

$$EIv'' = M \qquad (11\text{-}3)$$

en donde M es el momento flexionante en cualquier sección transversal, v es la deflexión lateral en la dirección y y EI es la rigidez por flexión en el plano xy.

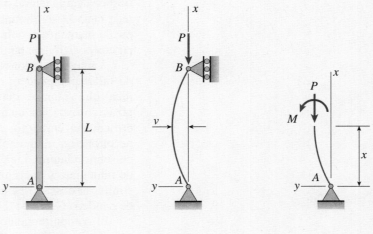

FIG. 11-5 (Repetición).   (a)   (b)   (c)

El momento flexionante M a una distancia x del extremo A de la columna pandeada se muestra actuando en su dirección positiva en la figura 11-5c. Observe que la convención de signo para el momento flexionante es la misma que la usada en capítulos anteriores; es decir, un momento flexionante positivo produce curvatura positiva (véanse las figuras 9-3 y 9-4).

La fuerza axial P que actúa en la sección transversal también se ilustra en la figura 11-5c. Puesto que no hay fuerzas horizontales actuando en los apoyos, no hay fuerzas cortantes en la columna; por tanto, del equilibrio de momentos respecto al punto A, obtenemos

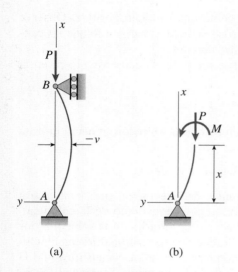

(a)   (b)

FIG. 11-6 Columna con extremos articulados (dirección alternativa del pandeo).

$$M + Pv = 0 \quad \text{o} \quad M = -Pv \tag{11-4}$$

donde v es la deflexión en la sección transversal.

Esta misma expresión para el momento flexionante se obtiene si suponemos que la columna se pandea hacia la derecha o hacia la izquierda (figura 11-6a). Cuando la columna se deflexiona hacia la derecha, la deflexión misma es $-v$, pero el momento de la fuerza axial respecto al punto A también cambia de signo. De esta manera, la ecuación de equilibrio respecto al punto A (véase la figura 11-6b) es

$$M - P(-v) = 0$$

que da la misma expresión para el momento flexionante M que antes.

La **ecuación diferencial de la curva de deflexión** (ecuación 11-3) es ahora

$$EIv'' + Pv = 0 \tag{11-5}$$

Al resolver esta *ecuación diferencial de segundo orden, homogénea, lineal y de coeficientes constantes*, podemos determinar la magnitud de la carga crítica y la forma deflexionada de la columna pandeada.

Observe que estamos analizando el pandeo de columnas resolviendo la misma ecuación diferencial básica que resolvimos en los capítulos 9 y 10 al buscar deflexiones en vigas; sin embargo, hay una diferencia fundamental en los dos tipos de análisis. En el caso de deflexiones de vigas, el momento flexionante M que aparece en la ecuación (11-3) sólo es una función de las cargas; es decir, no depende de las deflexiones de la viga. En el caso del pandeo, el momento flexionante es una función de las deflexiones mismas (ecuación 11-4).

Así, encontramos un nuevo aspecto del análisis de la flexión. En nuestro trabajo previo, no consideramos la forma deflexionada de la estructura y las ecuaciones de equilibrio se basaron en la geometría de la estructura *no deformada*; pero ahora sí tomaremos en cuenta la geometría de la estructura *deformada* al escribir las ecuaciones de equilibrio.

Solución de la ecuación diferencial

Por conveniencia al escribir la solución de la ecuación diferencial (ecuación 11-5), introducimos la notación

$$k^2 = \frac{P}{EI} \quad \text{o} \quad k = \sqrt{\frac{P}{EI}} \qquad (11\text{-}6a, b)$$

en donde k se toma siempre como una cantidad positiva. Observe que k tiene unidades del recíproco de la longitud, por lo que las cantidades como kx y kL son adimensionales.

Con esta notación, podemos reescribir la ecuación (11-5) en la forma

$$v'' + k^2 v = 0 \qquad (11\text{-}7)$$

De las matemáticas, sabemos que la **solución general** de esta ecuación es

$$v = C_1 \operatorname{sen} kx + C_2 \cos kx \qquad (11\text{-}8)$$

en donde C_1 y C_2 son constantes de integración (por evaluarse a partir de las condiciones de frontera o de extremo de la columna). Observe que el número de constantes arbitrarias en la solución (dos en este caso) concuerda con el orden de la ecuación diferencial. Observe también que podemos comprobar la solución sustituyendo la expresión para v (ecuación 11-8) en la ecuación diferencial (ecuación 11-7) y reduciéndola a una identidad.

Para evaluar las **constantes de integración** que aparecen en la solución, (ecuación 11-8), usamos las condiciones de frontera en los extremos de la columna; es decir, la deflexión es cero cuando $x = 0$ y $x = L$ (véase la figura 11-5b):

$$v(0) = 0 \quad \text{y} \quad v(L) = 0 \qquad (a, b)$$

La primera condición da $C_2 = 0$, por lo que

$$v = C_1 \operatorname{sen} kx \qquad (c)$$

La segunda condición da

$$C_1 \operatorname{sen} kL = 0 \qquad (d)$$

A partir de esta ecuación, concluimos que $C_1 = 0$ o sen $kL = 0$. Consideremos ambas posibilidades.

Caso 1. Si la constante C_1 es igual a cero, la deflexión v también es cero (véase la ecuación c), por lo cual, la columna permanece recta. Además, vemos que cuando C_1 es igual a cero, la ecuación (d) se cumple para *cualquier* valor de la cantidad kL. En consecuencia, la carga axial P puede tener también cualquier valor (véase la ecuación 11-6b). Esta solución de la ecuación diferencial (conocida en matemáticas como *solución trivial*) está representada por el eje vertical del diagrama carga-deflexión (figura 11-7), y da el comportamiento de una columna ideal que está en equilibrio (estable o inestable) en posición recta (deflexión nula) debido a la acción de la carga de compresión P.

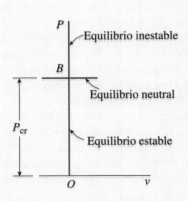

FIG. 11-7 Diagrama carga-deflexión para una columna ideal elástica lineal.

Caso 2. La segunda posibilidad de que se cumpla la ecuación (d) está dada por la siguiente ecuación, conocida como **ecuación de pandeo**:

$$\text{sen } kL = 0 \tag{11-9}$$

Esta ecuación se satisface cuando $kL = 0$, π, 2π, ... Sin embargo, como $kL = 0$ significa que $P = 0$, esta solución no es de interés; por tanto, las soluciones que consideraremos son:

$$kL = n\pi \qquad n = 1, 2, 3, \ldots \tag{e}$$

o (véase la ecuación 11-6a):

$$P = \frac{n^2\pi^2 EI}{L^2} \qquad n = 1, 2, 3, \ldots \tag{11-10}$$

Esta fórmula da los valores de P que satisfacen la ecuación de pandeo y da soluciones (aparte de la solución trivial) de la ecuación diferencial.

La ecuación de la **curva de deflexión** (de las ecuaciones c y e) es

$$v = C_1 \text{ sen } kx = C_1 \text{ sen } \frac{n\pi x}{L} \qquad n = 1, 2, 3, \ldots \tag{11-11}$$

Sólo cuando P tiene uno de los valores dados por la ecuación (11-10), es teóricamente posible que la columna tenga una forma flexionada (dada por la ecuación 11-11). Para todos los demás valores de P, la columna está en equilibrio sólo si permanece recta; por tanto, los valores de P dados por la ecuación (11-10) son las **cargas críticas** para esta columna.

Cargas críticas

La menor carga crítica para una columna con extremos articulados (figura 11-8a) se obtiene cuando $n = 1$:

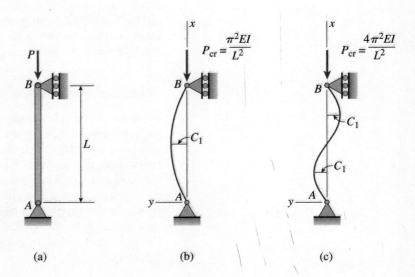

FIG. 11-8 Formas pandeadas para una columna ideal con extremos articulados: (a) columna inicialmente recta; (b) forma pandeada para $n = 1$ y (c) forma pandeada para $n = 2$.

(a)   (b)   (c)

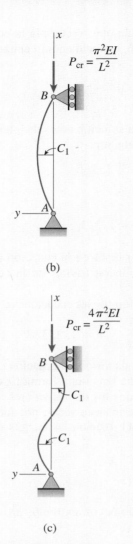

$$P_{cr} = \frac{\pi^2 EI}{L^2}$$

(b)

$$P_{cr} = \frac{4\pi^2 EI}{L^2}$$

(c)

FIG. 11-8b y c (Repetición).

$$P_{cr} = \frac{\pi^2 EI}{L^2} \qquad (11\text{-}12)$$

La correspondiente forma pandeada (llamada a veces *forma modal*) es

$$v = C_1 \operatorname{sen} \frac{\pi x}{L} \qquad (11\text{-}13)$$

como se muestra en la figura 11-8b. La constante C_1 representa la deflexión en el punto medio de la columna y puede tener cualquier valor pequeño, positivo o negativo; por tanto, la parte del diagrama de carga-deflexión correspondiente a P_{cr} es una línea recta horizontal (figura 11-7). Entonces, la deflexión debida a la carga crítica es *indefinida*, aunque debe permanecer pequeña para que nuestras ecuaciones sean válidas. Arriba del punto B de bifurcación, el equilibrio es inestable y abajo del punto B es estable.

El pandeo de una columna articulada en sus extremos en el primer modo se llama **caso fundamental** del pandeo de la columna.

El tipo de pandeo descrito en esta sección se llama **pandeo de Euler** y la carga crítica para una columna elástica ideal suele denominarse **carga de Euler**. El famoso matemático Leonhard Euler (1707-1783), reconocido generalmente como el más grande matemático de todos los tiempos, fue la primera persona que investigó el pandeo de una columna esbelta y determinó su carga crítica (Euler publicó sus resultados en 1744); véase la referencia 11-1.

Al tomar valores mayores del índice n en las ecuaciones (11-10) y (11-11), obtenemos un número infinito de cargas críticas y formas modales correspondientes. La forma modal para $n = 2$ tiene dos semiondas, como se muestra en la figura 11-8c. La carga crítica correspondiente es cuatro veces mayor que la carga crítica para el caso fundamental. Las magnitudes de las cargas críticas son proporcionales al cuadrado de n y el número de semiondas en la forma pandeada es igual a n.

A menudo, las formas pandeadas para los **modos superiores** no tienen interés práctico, ya que la columna se pandea cuando la carga axial P alcanza el valor crítico mínimo. La única manera de obtener modos de pandeo mayores que el primero es colocando un soporte lateral a la columna en puntos intermedios, como en el punto medio de la columna mostrada en la figura 11-8 (véase el ejemplo 11-1, al final de esta sección).

Comentarios generales

En la ecuación (11-12) vemos que la carga crítica de una columna es proporcional a la rigidez por flexión EI e inversamente proporcional al cuadrado de la longitud. De interés particular es que la *resistencia* del material mismo, representada por una cantidad tal como el límite proporcional o el esfuerzo de fluencia, no aparece en la ecuación para la carga crítica; por tanto, al incrementarse una propiedad de resistencia no se eleva la carga crítica de una columna esbelta. Ésta sólo puede elevarse incrementando la rigidez por flexión, reduciendo la longitud o proporcionando soporte lateral adicional.

La *rigidez por flexión* puede incrementarse usando un material "más rígido" (es decir, un material con mayor módulo de elasticidad E) o distribuyendo el material de tal manera que se incremente el momento de inercia I de la sección transversal, de la misma forma que una viga puede hacerse más rígida incrementando su momento de inercia. El momento de inercia se incrementa alejando el material del centroide de la sección transversal; por consiguiente, un miembro circular hueco suele ser más económico para usarse como columna que un miembro sólido con la misma área de sección transversal.

La reducción del *espesor de la pared* de un miembro tubular y el incremento de sus dimensiones laterales (mientras se mantiene constante el área de su sección transversal), también aumentan la carga crítica porque el momento de inercia se incrementa. Ahora bien, este proceso tiene un límite práctico, porque la pared misma termina por perder su estabilidad. Cuando esto sucede, se presenta el pandeo localizado en forma de pequeñas corrugaciones o arrugas en las paredes de la columna. Así, debemos distinguir entre el *pandeo conjunto* de una columna, el cual se estudia en este capítulo y el *pandeo local* de sus partes. Este último requiere de investigaciones más detalladas y está fuera del alcance de este libro.

En el análisis precedente (véase la figura 11-8), supusimos que el plano xy era un plano de simetría de la columna y que el pandeo tenía lugar en ese plano. La última suposición se cumple si la columna tiene soportes laterales perpendiculares al plano de la figura, de manera que la columna se ve obligada a pandearse en el plano xy. Si la columna está apoyada sólo en sus extremos y puede pandearse en *cualquier* dirección, la flexión se presentará respecto al eje centroidal principal que tenga el menor momento de inercia.

Por ejemplo, considere las secciones transversales rectangular y de patín ancho mostradas en la figura 11-9. En cada caso, el momento de inercia I_1 es mayor que el momento de inercia I_2; por tanto, la columna se pandeará en el plano 1-1 y deberá usarse el momento de inercia menor I_2 en la fórmula para la carga crítica. Si la sección transversal es cuadrada o circular, todos los ejes centroidales tienen el mismo momento de inercia y el pandeo puede darse en cualquier plano longitudinal.

Esfuerzo crítico

Después de encontrar la carga crítica para una columna, podemos calcular el correspondiente **esfuerzo crítico** dividiendo la carga entre el área de la sección transversal. Para el caso fundamental de pandeo (figura 11-8b), el esfuerzo crítico es

$$\sigma_{cr} = \frac{P_{cr}}{A} = \frac{\pi^2 EI}{AL^2} \tag{11-14}$$

en donde I es el momento de inercia para el eje principal respecto al cual se presenta el pandeo. Esta ecuación puede escribirse en una forma más útil introduciendo la notación

$$r = \sqrt{\frac{I}{A}} \tag{11-15}$$

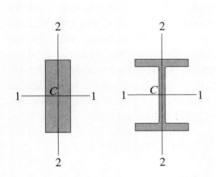

FIG. 11-9 Secciones transversales de columnas que muestran los ejes centroidales principales con $I_1 > I_2$.

en donde r es el **radio de giro** de la sección transversal en el plano de flexión.* Entonces, la ecuación para el esfuerzo crítico es

$$\sigma_{cr} = \frac{\pi^2 E}{(L/r)^2} \tag{11-16}$$

en donde L/r es una razón adimensional llamada **relación de esbeltez**:

$$\text{Relación de esbeltez} = \frac{L}{r} \tag{11-17}$$

Observe que la relación de esbeltez depende sólo de las dimensiones de la columna. Una columna larga y esbelta tendrá una gran relación de esbeltez, y por tanto, un esfuerzo crítico bajo. Una columna corta y achatada tendrá una relación de esbeltez pequeña y se pandeará bajo un esfuerzo grande. Los valores característicos de las relaciones de esbeltez para columnas reales están entre 30 y 150.

El esfuerzo crítico es el esfuerzo promedio de compresión sobre la sección transversal en el instante en que la carga alcanza su valor crítico. Podemos trazar una gráfica de este esfuerzo como función de la relación de esbeltez y obtener una curva conocida como **curva de Euler** (figura 11-10). La curva mostrada en la figura está trazada para un acero estructural con $E = 30 \times 10^3$ klb/pulg². La curva es válida sólo cuando el esfuerzo crítico es menor que el límite proporcional del acero porque las ecuaciones se dedujeron usando la ley de Hooke; por tanto, dibujamos una línea horizontal sobre la gráfica en el límite proporcional del acero (supuesto igual a 36 klb/pulg²) y terminamos la curva de Euler en ese nivel del esfuerzo.**

Efectos de deflexiones grandes, imperfecciones y comportamiento inelástico

Las ecuaciones para las cargas críticas se obtuvieron para columnas ideales; es decir, para columnas en las que las cargas están aplicadas con precisión, la construcción es perfecta y en las que el material obedece la ley de Hooke. En consecuencia, encontramos que las magnitudes de las deflexiones pequeñas durante el pandeo permanecen indefinidas.*** Entonces, cuando $P = P_{cr}$, la columna puede tener cualquier deflexión pequeña, una condición representada por la línea horizontal marcada A en el diagrama de carga-deflexión de la figura 11-11 (en esta figura mostramos sólo la mitad derecha del diagrama, pero ambas mitades son simétricas respecto al eje vertical).

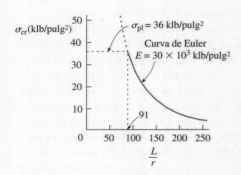

FIG. 11-10 Gráfica de la curva de Euler (de la ecuación 11-16) para acero estructural con $E = 30 \times 10^3$ klb/pulg² y $\sigma_{pl} = 36$ klb/pulg².

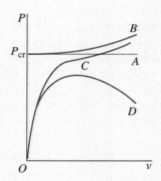

FIG. 11-11 Diagrama carga-deflexión para columnas: línea A, columna ideal elástica con deflexiones pequeñas; curva B, columna ideal elástica con grandes deflexiones; curva C, columna elástica con imperfecciones, y curva D, columna inelástica con imperfecciones.

---

*El radio de giro se describe en la sección 12.4.

**La curva de Euler no es una forma geométrica común. A veces, equivocadamente se le llama hipérbola, pero las hipérbolas son gráficas de ecuaciones polinomiales de segundo grado en dos variables, mientras que la curva de Euler es la gráfica de una ecuación de tercer grado en dos variables.

***En terminología matemática, se trata de un *problema lineal de valores propios*. La carga crítica es un *valor propio* y la forma modal pandeada correspondiente es una *función propia*.

La teoría para columnas ideales está limitada a deflexiones pequeñas porque usamos la segunda derivada v'' para la curvatura. Un análisis más exacto, basado en la expresión exacta para la curvatura (ecuación 9-13, sección 9.2), muestra que no hay indefinición en las magnitudes de las deflexiones durante el pandeo. Más bien, para una columna ideal elástica lineal, el diagrama de carga-deflexión se eleva de acuerdo con la curva *B* de la figura 11-11. Así, después de que una columna elástica empieza a pandearse, se requiere una carga creciente para ocasionar un incremento en las deflexiones.

Supongamos ahora que la columna no está construida perfectamente; por ejemplo, la columna podría tener una imperfección en forma de una pequeña curvatura inicial, de manera que la columna descargada no es perfectamente recta. Tales imperfecciones producen deflexiones desde el inicio de la carga, como lo muestra la curva *C* en la figura 11-11. Para deflexiones pequeñas, la curva *C* tiende a la línea *A* como asíntota; sin embargo, conforme las deflexiones se vuelven más grandes, tiende a la curva *B*. Entre mayores sean las imperfecciones, más se mueve la curva *C* hacia la derecha, alejándose de la línea vertical. Por el contrario, si la columna está construida con considerable precisión, la curva *C* tiende al eje vertical y a la línea horizontal marcada *A*. Al comparar las líneas *A*, *B* y *C*, vemos que para fines prácticos, la carga crítica representa la capacidad máxima de carga de una columna elástica, porque en la mayoría de las aplicaciones no se toleran grandes deflexiones.

Por último, consideremos qué pasa cuando los esfuerzos exceden el límite proporcional y el material no sigue ya la ley de Hooke. Por supuesto, el diagrama carga-deflexión permanece sin cambio hasta el nivel de carga en el que se alcanza el límite proporcional; luego, la curva para comportamiento inelástico (curva *D*) se separa de la curva elástica, se mueve hacia arriba, alcanza el máximo y se dirige hacia abajo.

Las formas precisas de las curvas en la figura 11-11 dependen de las propiedades del material y de las dimensiones de la columna, pero la naturaleza general del comportamiento está tipificada por las curvas mostradas.

Sólo columnas extremadamente esbeltas permanecen elásticas hasta la carga crítica. Las columnas más robustas presentan un comportamiento inelástico y siguen una curva como la *D*. Así, la carga máxima que puede soportar una columna inelástica puede ser bastante menor que la carga de Euler para esa misma columna. Además, la parte descendente de la curva *D* representa un colapso repentino y catastrófico porque se requieren cargas cada vez menores para mantener deflexiones cada vez mayores. En cambio, las curvas para columnas elásticas son bastante estables porque continúan elevándose conforme las deflexiones crecen, de manera que se requieren cargas cada vez mayores para generar un incremento en la deflexión (el pandeo inelástico se describe con más detalle en las secciones 11.7 y 11.8).

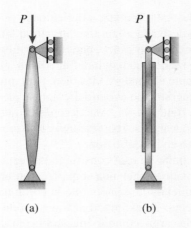

FIG. 11-12 Columnas no prismáticas.

Perfiles óptimos de columnas

Por lo general, los miembros en compresión tienen las mismas secciones transversales en toda su longitud, por lo que en este capítulo sólo se analizan columnas prismáticas. Ahora bien, las columnas prismáticas no son la forma óptima si se desea obtener un peso mínimo. La carga crítica de una columna que consiste en una cantidad dada de material, puede incrementarse variando su forma de manera que la columna tenga secciones transversales mayores en las regiones donde los momentos flexionantes son mayores; por ejemplo, considere una columna de sección transversal circular sólida con los extremos articulados. Una columna con la forma mostrada en la figura 11-12a tendrá una carga crítica mayor que una columna prismática hecha con el mismo volumen de material. Como un medio para aproximar esta forma óptima, las columnas prismáticas son reforzadas a veces sobre parte de sus longitudes (figura 11-12b).

Consideremos ahora una columna prismática con extremos articulados libre de pandearse en *cualquier* dirección lateral (figura 11-13a). Supongamos también que la columna tiene una sección transversal sólida como un círculo, cuadrado, triángulo, rectángulo o hexágono (figura 11-13b). Surge una pregunta interesante: para un área transversal dada, ¿cuál de estas formas hace a la columna más eficiente? O, en términos más precisos, ¿que sección transversal da la mayor carga crítica? Por supuesto, estamos suponiendo que la carga crítica se calcula con la fórmula de Euler $P_{cr} = \pi^2 EI/L^2$ usando el momento de inercia más pequeño para la sección dada.

Aunque una respuesta común a esta pregunta es "la forma circular"; es fácil demostrar que una sección transversal en forma de un triángulo equilátero da una carga crítica 21% mayor que una sección circular transversal de la misma área (véase el problema 11.3-10). La carga crítica para un triángulo equilátero también es mayor que las cargas que se obtienen para las otras formas; por consiguiente, un triángulo equilátero es la sección transversal óptima (con base sólo en consideraciones teóricas). Para un análisis matemático de los perfiles óptimos para columnas, incluyendo columnas con secciones transversales variables, véase la referencia 11-4.

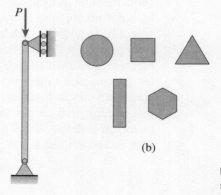

FIG. 11-13 ¿Qué forma de sección transversal es la óptima para una columna prismática?

Ejemplo 11-1

Una columna alargada y esbelta *ABC* está articulada en sus extremos y es comprimida por una carga axial *P* (figura 11-14). La columna tiene soporte lateral en el punto medio *B* en el plano de la figura; sin embargo, sólo cuenta con soporte lateral perpendicular al plano de la figura en los extremos.

La columna está construida con un perfil de acero de patín ancho (W 8 $\times$ 28) con módulo de elasticidad $E = 29 \times 10^3$ klb/pulg^2 y límite proporcional $\sigma_{pl} = 42$ klb/pulg^2. La longitud total de la columna es $L = 25$ pies.

Determinar la carga permisible P_{perm} usando un factor de seguridad $n = 2.5$ con respecto al pandeo de Euler de la columna.

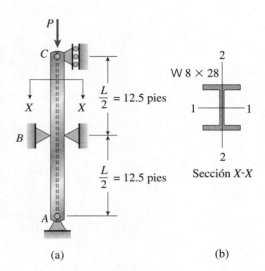

FIG. 11-14 Pandeo de Euler de una columna esbelta.

(a)   (b)

Solución

Debido a la manera en que está soportada, esta columna puede pandearse en cualquiera de los dos planos principales de flexión. Como primera posibilidad, puede pandearse en el plano de la figura, en cuyo caso la distancia entre soportes laterales es $L/2 = 12.5$ pies y la flexión ocurre respecto al eje 2-2 (véase la forma modal de pandeo en la figura 11-8c).

Como segunda posibilidad, la columna puede pandearse perpendicularmente al plano de la figura con flexión respecto al eje 1-1. Puesto que el único soporte lateral en esta dirección está en los extremos, la distancia entre soportes laterales es $L = 25$ pies (véase la forma modal de pandeo en la figura 11-8b).

Propiedades de la columna. De la tabla E-1, apéndice E, obtenemos los siguientes momentos de inercia y área transversal de una columna W 8 $\times$ 28:

$$I_1 = 98.0 \text{ pulg}^4 \qquad I_2 = 21.7 \text{ pulg}^4 \qquad A = 8.25 \text{ pulg}^2$$

continúa

Cargas críticas. Si la columna se pandea en el plano de la figura, la carga crítica es

$$P_{cr} = \frac{\pi^2 EI_2}{(L/2)^2} = \frac{4\pi^2 EI_2}{L^2}$$

Sustituimos valores numéricos y obtenemos

$$P_{cr} = \frac{4\pi^2 EI_2}{L^2} = \frac{4\pi^2(29 \times 10^3 \text{ klb/pulg}^2)(21.7 \text{ pulg}^4)}{[(25 \text{ pies})(12 \text{ pulg/pie})]^2} = 276 \text{ klb}$$

Si la columna se pandea en sentido perpendicular al plano de la figura, la carga crítica es

$$P_{cr} = \frac{\pi^2 EI_1}{L^2} = \frac{\pi^2(29 \times 10^3 \text{ klb/pulg}^2)(98.0 \text{ pulg}^4)}{[(25 \text{ pies}))(12 \text{ pulg/pie})]^2} = 312 \text{ klb}$$

Por tanto, la carga crítica para la columna (el menor de los dos valores anteriores) es:

$$P_{cr} = 276 \text{ klb}$$

y el pandeo se da en el plano de la figura.

Esfuerzos críticos. Como los cálculos para las cargas críticas son válidos sólo si el material obedece la ley de Hooke, necesitamos comprobar que los esfuerzos críticos no excedan el límite proporcional del material. En el caso de la carga crítica mayor, obtenemos el siguiente esfuerzo crítico:

$$\sigma_{cr} = \frac{P_{cr}}{A} = \frac{312 \text{ klb}}{8.25 \text{ pulg}^2} = 37.8 \text{ klb/pulg}^2$$

Dado que este esfuerzo es menor que el límite proporcional ($\sigma_{pl} = 42$ klb/pulg^2), ambos cálculos de la carga crítica son satisfactorios.

Carga permisible. La carga axial permisible para la columna, con base en el pandeo de Euler, es

$$P_{perm} = \frac{P_{cr}}{n} = \frac{276 \text{ klb}}{2.5} = 110 \text{ klb} \qquad \longleftarrow$$

en donde $n = 2.5$ es el factor de seguridad deseado.

11.4 COLUMNAS CON OTRAS CONDICIONES DE SOPORTE

El pandeo de una columna con extremos articulados (descrita en la sección anterior) suele considerarse el caso básico de pandeo, aunque en la práctica se encuentran muchas otras condiciones de extremo, como extremos empotrados, libres y apoyos elásticos. Las cargas críticas para columnas con diversos tipos de condiciones en los soportes pueden determinarse con la ecuación diferencial de la curva de deflexión siguiendo el mismo procedimiento que usamos al analizar la columna de extremos articulados.

El **procedimiento** es el siguiente: primero, se supone que la columna está pandeada y se obtiene una expresión para el momento flexionante en la columna; segundo, establecemos la ecuación diferencial de la curva de deflexión, usando la ecuación del momento flexionante ($EIv'' = M$); tercero, resolvemos la ecuación y obtenemos su solución general, que contiene dos constantes de integración, más otras cantidades desconocidas; cuarto, aplicamos las condiciones de frontera pertinentes a la deflexión v y a la pendiente v' y obtenemos un conjunto de ecuaciones simultáneas. Para finalizar, resolvemos esas ecuaciones a fin de obtener la carga crítica y la forma deflexionada de la columna pandeada.

Este procedimiento matemático directo se ilustra en el siguiente análisis de tres tipos diferentes de columnas.

Columna empotrada en la base y libre en la parte superior

El primer caso que consideraremos es una columna ideal empotrada en su base, libre en su parte superior y sometida a una carga axial P (figura 11-15a).* La forma deflexionada de la columna pandeada se muestra en la figura 11-15b. En esta figura vemos que el momento flexionante a una distancia x de la base es

$$M = P(\delta - v) \tag{11-18}$$

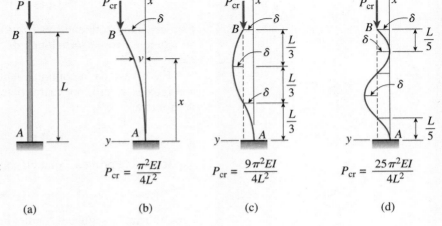

FIG. 11-15 Columna ideal empotrada en la base y libre en la parte superior: (a) columna inicialmente recta; (b) forma pandeada para $n = 1$; (c) forma pandeada para $n = 3$ y (d) forma pandeada para $n = 5$.

$$P_{cr} = \frac{\pi^2 EI}{4L^2}$$

$$P_{cr} = \frac{9\pi^2 EI}{4L^2}$$

$$P_{cr} = \frac{25\pi^2 EI}{4L^2}$$

(a)   (b)   (c)   (d)

*Esta columna es de especial interés porque fue la primera analizada por Euler en 1744.

donde δ es la deflexión en el extremo libre de la columna. La **ecuación diferencial** de la curva de deflexión es

$$EIv'' = M = P(\delta - v) \tag{11-19}$$

en donde I es el momento de inercia para pandeo en el plano xy.

Con la notación $k^2 = P/EI$ (ecuación 11-6a), podemos reordenar la ecuación (11-19) en la forma

$$v'' + k^2v = k^2\delta \tag{11-20}$$

que es una ecuación diferencial lineal de segundo orden con coeficientes constantes. Sin embargo, es una ecuación más complicada que la ecuación para una columna con extremos articulados (véase la ecuación 11-7) porque tiene un término no nulo en el lado derecho.

La **solución general** de la ecuación (11-20) consta de dos partes: 1) la *solución homogénea*, que es la solución de la ecuación homogénea que se obtiene reemplazando el lado derecho con un cero y 2) la *solución particular*, que es la solución de la ecuación (11-20) que produce el término en el lado derecho.

La solución homogénea (llamada también *solución complementaria*) es la misma que la solución de la ecuación (11-7); por consiguiente

$$v_H = C_1 \operatorname{sen} kx + C_2 \cos kx \tag{a}$$

donde C_1 y C_2 son constantes de integración. Observe que cuando v_H se sustituye en el lado izquierdo de la ecuación diferencial (ecuación 11-20), se obtiene el valor cero.

La solución particular de la ecuación diferencial es

$$v_P = \delta \tag{b}$$

Cuando se sustituye v_P en el lado izquierdo de la ecuación diferencial, se produce el lado derecho; es decir, se produce el término $k^2\delta$. En consecuencia, la *solución general* de la ecuación, igual a la suma de v_H y v_P, es

$$v = C_1 \operatorname{sen} kx + C_2 \cos kx + \delta \tag{11-21}$$

Esta ecuación contiene tres cantidades desconocidas (C_1, C_2 y δ) y se requieren tres **condiciones de frontera** para completar la solución.

En la base de la columna, tanto la deflexión como la pendiente son iguales a cero; por tanto, obtenemos las siguientes condiciones de frontera:

$$v(0) = 0 \qquad v'(0) = 0$$

Aplicamos la primera condición a la ecuación (11-21), con lo cual

$$C_2 = -\delta \tag{c}$$

Para aplicar la segunda condición, derivamos primero la ecuación (11-21) para obtener la pendiente:

$$v' = C_1 k \cos kx - C_2 k \operatorname{sen} kx \tag{d}$$

Aplicamos la segunda condición a esta ecuación y hallamos $C_1 = 0$.

Ahora podemos sustituir las expresiones para C_1 y C_2 en la solución general (ecuación 11-21) y obtener la **ecuación de la curva de deflexión** para la columna pandeada:

$$v = \delta(1 - \cos kx) \tag{11-22}$$

Observe que esta ecuación da sólo la *forma* de la curva de deflexión; la amplitud δ permanece indefinida. Entonces, cuando la columna se pandea, la deflexión dada por la ecuación (11-22) puede tener cualquier magnitud arbitraria, excepto que debe permanecer pequeña (porque la ecuación diferencial se basa en deflexiones pequeñas).

La tercera condición de frontera se aplica al extremo superior de la columna, donde la deflexión v es igual a δ:

$$v(L) = \delta$$

Al usar esta condición con la ecuación (11-22), obtenemos

$$\delta \cos kL = 0 \tag{11-23}$$

De esta ecuación concluimos que $\delta = 0$ o que $\cos kL = 0$. Si $\delta = 0$, no hay deflexión de la barra (véase la ecuación 11-22) y tenemos la *solución trivial*; la columna permanece recta y no ocurre el pandeo. En este caso, la ecuación (11-23) será satisfecha por cualquier valor de la cantidad kL; es decir, por cualquier valor de la carga P. Esta conclusión está representada por la línea vertical en el diagrama de carga-deflexión de la figura 11-7.

La otra posibilidad para resolver la ecuación (11-23) es

$$\cos kL = 0 \tag{11-24}$$

la cual se conoce como **ecuación de pandeo**. En este caso se satisface la ecuación (11-23), sea cual sea el valor de la deflexión δ. Entonces, como ya lo mencionamos, δ es indefinida y puede tener cualquier valor pequeño.

La ecuación $\cos kL = 0$ se satisface cuando

$$kL = \frac{n\pi}{2} \qquad n = 1, 3, 5, \ldots \tag{11-25}$$

Con la expresión $k^2 = P/EI$, obtenemos la siguiente fórmula para las **cargas críticas**:

$$P_{cr} = \frac{n^2\pi^2 EI}{4L^2} \qquad n = 1, 3, 5, \ldots \tag{11-26}$$

Las **formas modales de pandeo** se obtienen de la ecuación (11-22):

$$v = \delta\left(1 - \cos\frac{n\pi x}{2L}\right) \qquad n = 1, 3, 5, \ldots \tag{11-27}$$

La carga crítica mínima se obtiene sustituyendo $n = 1$ en la ecuación (11-26):

$$P_{cr} = \frac{\pi^2 EI}{4L^2} \tag{11-28}$$

La forma pandeada correspondiente (de la ecuación 11-27) es

$$v = \delta\left(1 - \cos\frac{\pi x}{2L}\right) \tag{11-29}$$

y se muestra en la figura 11-15b.

Si tomamos valores mayores del índice n, en teoría podemos obtener un número infinito de cargas críticas de la ecuación (11-26). Las formas modales correspondientes de pandeo tienen ondas adicionales en ellas; por ejemplo, cuando $n = 3$, la columna pandeada tiene la forma mostrada en la figura 11-15c y P_{cr} es nueve veces mayor que para $n = 1$. En forma similar, la forma pandeada para $n = 5$ tiene aún más ondas (figura 11-15d) y la carga crítica es 25 veces mayor.

Longitudes efectivas de columnas

Las cargas críticas para columnas con diversas condiciones de soporte pueden relacionarse con la carga crítica de una columna articulada en sus extremos por medio del concepto de **longitud efectiva**. Para demostrar esta idea, consideremos la forma deflexionada de una columna empotrada en su base y libre en su parte superior (figura 11-16a). Esta columna se pandea según una curva que es un cuarto de una senoide completa. Si prolongamos la curva de deflexión (figura 11-16b), ésta se vuelve la mitad de una onda senoidal completa, que es la curva de deflexión para una columna con extremos articulados.

La longitud efectiva L_e para cualquier columna es la longitud de la columna equivalente articulada en sus extremos, es decir, es la longitud de una columna articulada en sus extremos con una curva de deflexión que concuerda con toda o parte de la curva de deflexión de la columna original.

Otra manera de expresar esta idea es decir que la longitud efectiva de una columna es la distancia entre puntos de inflexión (es decir, puntos de momento cero) en su curva de deflexión, suponiendo que la curva se prolonga (en caso necesario) hasta que se alcanzan puntos de inflexión. Entonces, para una columna empotrada y libre (figura 11-16), la longitud efectiva es

$$L_e = 2L \tag{11-30}$$

Como la longitud efectiva es la longitud de una columna articulada en sus extremos equivalentes, podemos escribir una fórmula general para cargas críticas:

$$P_{cr} = \frac{\pi^2 EI}{L_e^2} \tag{11-31}$$

Si conocemos la longitud efectiva de una columna (sin importar cuan complejas puedan ser las condiciones de los extremos), podemos sustituirla en esta ecuación y determinar la carga crítica; por ejemplo, en el caso de una columna empotrada y libre, podemos sustituir $L_e = 2L$ y obtener la ecuación (11-28).

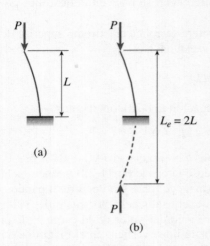

(a)

(b)

FIG. 11-16 Curvas de deflexión que muestran la longitud efectiva L_e para una columna empotrada en la base y libre en la parte superior.

La longitud efectiva se expresa a menudo en términos de un **factor de longitud efectiva** K:

$$L_e = KL \tag{11-32}$$

donde L es la longitud real de la columna. La carga crítica es entonces

$$P_{cr} = \frac{\pi^2 EI}{(KL)^2} \tag{11-33}$$

El factor K es igual a 2 para una columna empotrada en la base y libre en su parte superior e igual a 1 para una columna articulada en sus extremos. El factor de longitud efectiva suele incluirse en las fórmulas de diseño para columnas, como se ilustrará luego en la sección 11.9.

Columna con ambos extremos empotrados en contra de la rotación

Consideremos a continuación una columna con ambos extremos empotrados en contra de la rotación (figura 11-17a). Observe que en esta figura usamos el símbolo estándar para el soporte empotrado en la base de la columna; sin embargo, como la columna tiene libertad de acortarse bajo una carga axial, debemos introducir un nuevo símbolo en la parte superior de la columna. Este nuevo símbolo muestra un bloque rígido que está restringido de tal manera que no es posible la rotación ni el desplazamiento horizontal, pero no así el movimiento vertical (por conveniencia, al dibujar reemplazamos a menudo este símbolo más exacto con el símbolo estándar para un empotramiento, véase la figura 11-17b, sobreentendiéndose que la columna puede acortarse).

En la figura 11-17c se muestra la forma pandeada de la columna en el primer modo. Observe que la curva de deflexión es simétrica (con pendiente cero en el punto medio) y que tiene pendiente cero en

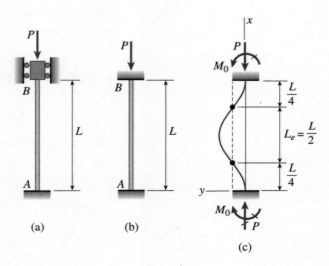

FIG. 11-17 Pandeo de una columna con ambos extremos empotrados contra rotación.

los extremos. Puesto que se ha impedido la rotación en los extremos, se desarrollan momentos reactivos M_0 en los soportes. Estos momentos, así como las fuerzas reactivas en la base, se muestran en la figura.

Por las soluciones previas de la ecuación diferencial, sabemos que la ecuación de la curva de deflexión contiene funciones seno y coseno. Además, sabemos que la curva es simétrica respecto al punto medio; por tanto, vemos de inmediato que la curva debe tener puntos de inflexión a las distancias $L/4$ desde los extremos. Se infiere que la porción media de la curva de deflexión tiene la misma forma que la curva de deflexión para una columna articulada en sus extremos. Así, la longitud efectiva de una columna con extremos empotrados, igual a la distancia entre puntos de inflexión, es

$$L_e = \frac{L}{2} \tag{11-34}$$

Al sustituir en la ecuación (11-31), se obtiene la carga crítica:

$$P_{cr} = \frac{4\pi^2 EI}{L^2} \tag{11-35}$$

Esta fórmula muestra que la carga crítica para una columna con extremos empotrados es cuatro veces la de una columna con extremos articulados. Como comprobación, este resultado puede revisarse resolviendo la ecuación diferencial de la curva de deflexión (véase el problema 11.4-9).

Columna empotrada en la base y articulada en la parte superior

La carga crítica y la forma modal de pandeo para una columna empotrada en su base y articulada en su parte superior (figura 11-18a) pueden determinarse resolviendo la ecuación diferencial de la curva de deflexión. Cuando la columna se pandea (figura 11-18b), se desarrolla un momento reactivo M_0 en la base porque no hay rotación en ese punto. Entonces, por el equilibrio de toda la columna sabemos que debe haber reacciones horizontales R en cada extremo tales que

$$M_0 = RL \tag{e}$$

El momento flexionante en la columna pandeada, a una distancia x de la base, es

$$M = M_0 - Pv - Rx = -Pv + R(L - x) \tag{11-36}$$

por lo que la **ecuación diferencial** es

$$EIv'' = M = -Pv + R(L - x) \tag{11-37}$$

Al sustituir de nuevo $k^2 = P/EI$ y reordenar, obtenemos

$$v'' + k^2 v = \frac{R}{EI}(L - x) \tag{11-38}$$

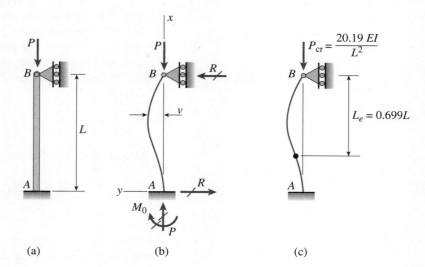

FIG. 11-18 Columna empotrada en la base y articulada en la parte superior.

(a)   (b)   (c)

La **solución general** de esta ecuación es

$$v = C_1 \operatorname{sen} kx + C_2 \cos kx + \frac{R}{P}(L - x) \qquad (11\text{-}39)$$

donde los primeros dos términos del lado derecho constituyen la solución homogénea y el último término es la solución particular. Es posible comprobar esta solución mediante la sustitución en la ecuación diferencial (ecuación 11-37).

Dado que la solución contiene tres cantidades desconocidas (C_1, C_2 y R), necesitamos tres **condiciones de frontera**, que son:

$$v(0) = 0 \qquad v'(0) = 0 \qquad v(L) = 0$$

Aplicamos estas condiciones a la ecuación (11-39) y resulta

$$C_2 + \frac{RL}{P} = 0 \qquad C_1 k - \frac{R}{P} = 0 \qquad C_1 \tan kL + C_2 = 0 \qquad \text{(f, g, h)}$$

Las tres ecuaciones se satisfacen si $C_1 = C_2 = R = 0$; en cuyo caso tenemos la solución trivial y la deflexión es cero.

Para obtener la solución por pandeo, debemos resolver las ecuaciones (f), (g) y (h) de manera más general. Un método de solución es eliminar R de las primeras dos ecuaciones, lo que da

$$C_1 kL + C_2 = 0 \quad \text{o} \quad C_2 = -C_1 kL \qquad \text{(i)}$$

Luego sustituimos esta expresión para C_2 en la ecuación (h) y obtenemos la **ecuación de pandeo**:

$$kL = \tan kL \qquad (11\text{-}40)$$

La solución de esta ecuación da la carga crítica.

Como la ecuación de pandeo es una ecuación trascendente, no puede resolverse en forma explícita. *Sin embargo, los valores de kL que satisfacen la ecuación pueden determinarse numéricamente con ayuda de un programa de computadora que encuentre raíces de ecuaciones. El menor valor no nulo de kL que satisface la ecuación (11-40) es

$$kL = 4.4934 \qquad (11\text{-}41)$$

La **carga crítica** correspondiente es

$$P_{cr} = \frac{20.19EI}{L^2} = \frac{2.046\pi^2 EI}{L^2} \qquad (11\text{-}42)$$

que (como se esperaba), es mayor que la carga crítica para una columna con extremos articulados y menor que la carga crítica para una columna con extremos empotrados (véanse las ecuaciones 11-12 y 11-35).

La **longitud efectiva** de la columna puede obtenerse comparando las ecuaciones (11-42) y (11-31); tenemos entonces,

$$L_e = 0.699L \approx 0.7L \qquad (11\text{-}43)$$

Esta longitud es la distancia del extremo articulado de la columna al punto de inflexión en la forma pandeada (figura 11-18c).

La ecuación de la **forma modal de pandeo** se obtiene sustituyendo $C_2 = -C_1 kL$ (ecuación i) y $R/P = C_1 k$ (ecuación g) en la solución general (ecuación 11-39):

$$v = C_1[\text{sen } kx - kL \cos kx + k(L - x)] \qquad (11\text{-}44)$$

donde $k = 4.4934/L$. El término entre corchetes da la forma modal de la deflexión de la columna pandeada, pero la amplitud de la curva de deflexión es indefinida porque C_1 puede tener cualquier valor (dentro de la limitación usual de que las deflexiones deben permanecer pequeñas).

Limitaciones

Además del requisito de pequeñas deflexiones, la teoría del pandeo de Euler que se usa en esta sección es válida sólo si la columna es perfectamente recta antes de la aplicación de la carga, la columna y sus apoyos no tienen imperfecciones y la columna está hecha de un material linealmente elástico que obedece la ley de Hooke. Estas limitaciones se explicaron anteriormente en la sección 11.3.

---

* En una ecuación trascendente, las variables están contenidas en funciones trascendentes. Un número finito de operaciones algebraicas no puede expresar una función trascendente; entonces, las trigonométricas, logarítmicas, exponenciales y otras funciones más, son trascendentes.

Resumen de resultados

Las cargas críticas mínimas y las correspondientes longitudes efectivas para las cuatro columnas analizadas se resumen en la figura 11-19.

(a) Columna articulada-articulada	(b) Columna empotrada-libre	(c) Columna empotrada-empotrada	(d) Columna empotrada-articulada
$P_{cr} = \dfrac{\pi^2 EI}{L^2}$	$P_{cr} = \dfrac{\pi^2 EI}{4L^2}$	$P_{cr} = \dfrac{4\pi^2 EI}{L^2}$	$P_{cr} = \dfrac{2.046\,\pi^2 EI}{L^2}$
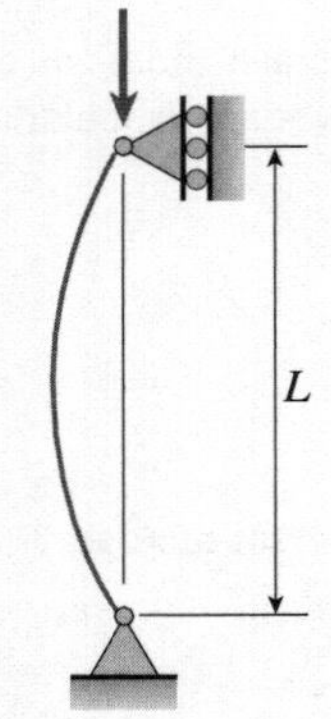	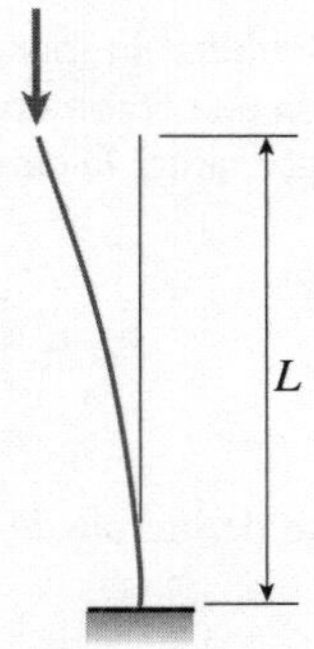	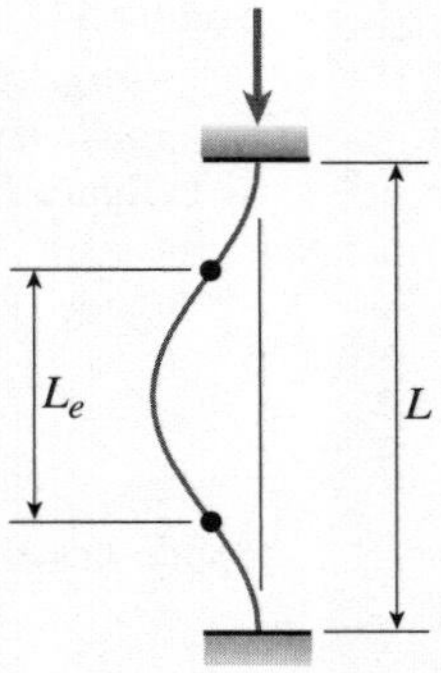	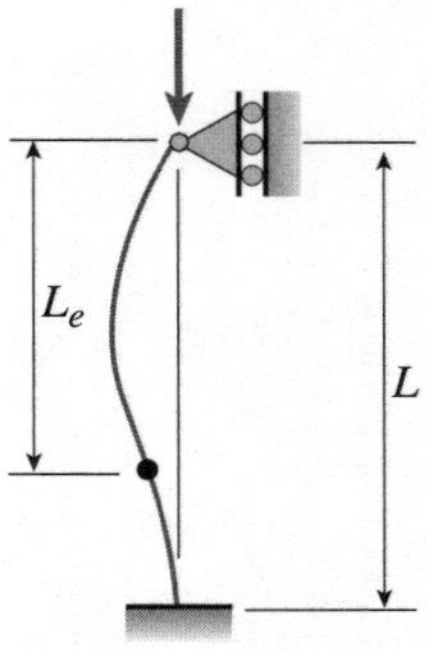
$L_e = L$	$L_e = 2L$	$L_e = 0.5L$	$L_e = 0.699L$
$K = 1$	$K = 2$	$K = 0.5$	$K = 0.699$

FIG. 11-19 Cargas críticas, longitudes efectivas y factores de longitud efectiva para columnas ideales.

Una hilera de columnas tubulares de aluminio de longitud $L = 3.25$ m y diámetro exterior $d = 100$ mm soporta una plataforma de observación en un parque zoológico (figura 11-20a). Las bases de las columnas están empotradas en zapatas de concreto y sus partes superiores están soportadas lateralmente por la plataforma. Las columnas deben diseñarse para soportar cargas de compresión $P = 100$ kN.

Determinar el espesor t mínimo requerido de las columnas (figura 11-20b) si se requiere un factor de seguridad $n = 3$ con respecto al pandeo de Euler (para el aluminio, utilice 72 GPa como módulo de elasticidad y 48 MPa como límite proporcional).

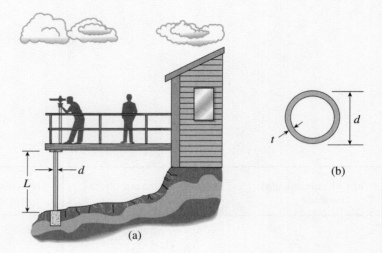

FIG. 11-20 Ejemplo 11-2. Columnas tubulares de aluminio.

Solución

Carga crítica. Debido a la manera en que están construidas las columnas, modelaremos cada una como una columna empotrada y articulada (véase la figura 11-19d); por tanto, la carga crítica es

$$P_{cr} = \frac{2.046\pi^2 EI}{L^2} \tag{j}$$

donde I es el momento de inercia de la sección transversal tubular:

$$I = \frac{\pi}{64}\Big[d^4 - (d - 2t)^4\Big] \tag{k}$$

Sustituimos $d = 100$ mm (o 0.1 m) y obtenemos

$$I = \frac{\pi}{64}\Big[(0.1 \text{ m})^4 - (0.1 \text{ m} - 2t)^4\Big] \tag{l}$$

donde t está expresada en metros.

Espesor requerido de las columnas. Puesto que la carga por columna es de 100 kN y el factor de seguridad es de 3, cada columna debe diseñarse para la siguiente carga crítica:

$$P_{cr} = nP = 3(100 \text{ kN}) = 300 \text{ kN}$$

Sustituimos este valor de P_{cr} en la ecuación (j), reemplazamos I con su valor dado por la ecuación (l) y obtenemos

$$300\ 000 \text{ N} = \frac{2.046\pi^2(72 \times 10^9 \text{ Pa})}{(3.25 \text{ m})^2}\left(\frac{\pi}{64}\right)\left[(0.1 \text{ m})^4 - (0.1 \text{ m} - 2t)^4\right]$$

Observe que todos los términos en esta ecuación están en unidades de newtons y metros.

Después de multiplicar y dividir, la ecuación anterior se simplifica a

$$44.40 \times 10^{-6} \text{ m}^4 = (0.1 \text{ m})^4 - (0.1 \text{ m} - 2t)^4$$

o $(0.1 \text{ m} - 2t)^4 = (0.1 \text{ m})^4 - 44.40 \times 10^{-6} \text{ m}^4 = 55.60 \times 10^{-6} \text{ m}^4$

donde obtenemos

$$0.1 \text{ m} - 2t = 0.08635 \text{ m} \quad \text{y} \quad t = 0.006825 \text{ m}$$

Por tanto, el espesor mínimo requerido para que la columna cumpla las condiciones especificadas es

$$t_{mín} = 6.83 \text{ mm}$$

Cálculos suplementarios. Conocidos el diámetro y el espesor de la columna, podemos calcular su momento de inercia, área transversal y radio de giro. Al usar el espesor mínimo de 6.83 mm, obtenemos

$$I = \frac{\pi}{64}\left[d^4 - (d - 2t)^4\right] = 2.18 \times 10^6 \text{ mm}^4$$

$$A = \frac{\pi}{4}\left[d^2 - (d - 2t)^2\right] = 1\ 999 \text{ mm}^2 \qquad r = \sqrt{\frac{I}{A}} = 33.0 \text{ mm}$$

La relación de esbeltez L/r de la columna es aproximadamente 98, que se encuentra en el intervalo usual de columnas esbeltas y la razón diámetro-espesor d/t es de aproximadamente 15, que debe ser adecuada para prevenir el pandeo local de las paredes de la columna.

El esfuerzo crítico en la columna debe ser menor que el límite proporcional del aluminio para que la fórmula para la carga crítica (ecuación j) sea válida. El esfuerzo crítico es

$$\sigma_{cr} = \frac{P_{cr}}{A} = \frac{300 \text{ kN}}{1\ 999 \text{ mm}^2} = 150 \text{ MPa}$$

que es menor que el límite proporcional (480 MPa); por tanto, nuestro cálculo para la carga crítica usando la teoría del pandeo de Euler es satisfactorio.

11.5 COLUMNAS CON CARGAS AXIALES EXCÉNTRICAS

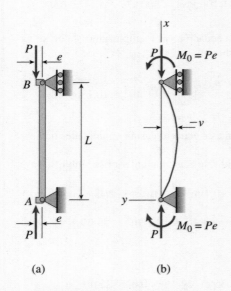

FIG. 11-21 Columna con cargas axiales excéntricas.

En las secciones 11.3 y 11.4 analizamos columnas ideales en que las cargas axiales actúan a través de los centroides de las secciones transversales. En tales condiciones, las columnas permanecen rectas mientras no se alcanza la carga crítica, después de lo cual puede presentarse la flexión.

Supondremos ahora que una columna está comprimida por cargas P que se aplican con una pequeña excentricidad e medida desde el eje de la columna (figura 11-21a). Cada carga axial excéntrica equivale a una carga centrada P más un momento $M_0 = Pe$ (figura 11-21b). Este momento existe desde el primer instante en que se aplica la carga, por lo cual, la columna comienza a deflexionarse desde el inicio de la carga. Entonces, la deflexión aumenta conforme la carga se incrementa.

Para analizar la columna articulada en sus extremos mostrada en la figura 11-21, establecemos las mismas hipótesis que en las secciones previas; es decir, la columna está perfectamente recta al inicio, el material es elástico lineal y el plano xy es un plano de simetría. El momento flexionante en la columna a una distancia x del extremo inferior (véase la figura 11-21b) es

$$M = M_0 + P(-v) = Pe - Pv \tag{11-45}$$

donde v es la deflexión de la columna (positiva en la dirección positiva del eje y). Observe que las deflexiones de la columna son negativas cuando la excentricidad de la carga es positiva.

La **ecuación diferencial** de la curva de deflexión es

$$EIv'' = M = Pe - Pv \tag{11-46}$$

o

$$v'' + k^2v = k^2e \tag{11-47}$$

en donde $k^2 = P/EI$, igual que antes. La solución general de esta ecuación es

$$v = C_1 \operatorname{sen} kx + C_2 \cos kx + e \tag{11-48}$$

en donde C_1 y C_2 son constantes de integración en la solución homogénea y e es la solución particular. Como es usual, podemos comprobar la solución sustituyéndola en la ecuación diferencial.

Las **condiciones de frontera** para determinar las constantes C_1 y C_2 se obtienen de las deflexiones en los extremos de la columna (figura 11-21b).

$$v(0) = 0 \qquad v(L) = 0$$

Estas condiciones dan

$$C_2 = -e \qquad C_1 = -\frac{e(1 - \cos kL)}{\operatorname{sen} kL} = -e \tan \frac{kL}{2}$$

Por tanto, la **ecuación de la curva de deflexión** es

$$v = -e\left(\tan \frac{kL}{2} \operatorname{sen} kx + \cos kx - 1\right) \tag{11-49}$$

Para una columna con una carga P y excentricidad e conocidas, podemos usar esta ecuación a fin de calcular la deflexión en cualquier punto a lo largo del eje x.

El comportamiento de una columna con una carga excéntrica es bastante diferente del de una columna cargada centralmente, como puede verse comparando la ecuación (11-49) con las ecuaciones (11-13), (11-27) y (11-44). La ecuación (11-49) muestra que cada valor de la carga excéntrica P produce un valor definido de la deflexión, así como cada valor de la carga sobre una viga produce una deflexión definida. Por el contrario, las ecuaciones de deflexión para columnas cargadas centralmente dan la forma modal de pandeo (cuando $P = P_{cr}$) pero con la amplitud indefinida.

Como la columna mostrada en la figura 11-21 tiene extremos articulados, la carga crítica (cuando está cargada centralmente) es

$$P_{cr} = \frac{\pi^2 EI}{L^2} \tag{11-50}$$

Usaremos esta fórmula como una cantidad de referencia en algunas de las ecuaciones que vienen.

Deflexión máxima

La deflexión máxima δ producida por las cargas excéntricas ocurre en el punto medio de la columna (figura 11-22) y se obtiene igualando x con $L/2$ en la ecuación (11-49):

$$\delta = -v\left(\frac{L}{2}\right) = e\left(\tan\frac{kL}{2}\,\text{sen}\,\frac{kL}{2} + \cos\frac{kL}{2} - 1\right)$$

o, después de simplificar,

$$\delta = e\left(\sec\frac{kL}{2} - 1\right) \tag{11-51}$$

Esta ecuación puede escribirse de manera ligeramente diferente reemplazando la cantidad k con su valor equivalente en términos de la carga crítica (véase la ecuación 11-50):

$$k = \sqrt{\frac{P}{EI}} = \sqrt{\frac{P\pi^2}{P_{cr}L^2}} = \frac{\pi}{L}\sqrt{\frac{P}{P_{cr}}} \tag{11-52}$$

El término adimensional kL es entonces

$$kL = \pi\sqrt{\frac{P}{P_{cr}}} \tag{11-53}$$

y la ecuación (11-51) para la **deflexión máxima** es

$$\delta = e\left[\sec\left(\frac{\pi}{2}\sqrt{\frac{P}{P_{cr}}}\right) - 1\right] \tag{11-54}$$

Como casos especiales, notamos los siguientes: 1) La deflexión δ es cero cuando la excentricidad e es cero y P no es igual a P_{cr}; 2)

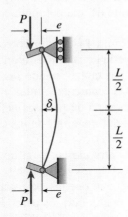

FIG. 11-22 Deflexión máxima δ de una columna con cargas axiales excéntricas.

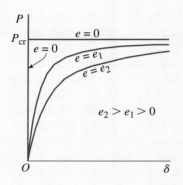

FIG. 11-23 Diagrama carga-deflexión para una columna con cargas axiales excéntricas (véanse la figura 11-22 y la ecuación 11-54).

la deflexión es cero cuando la carga axial P es cero y 3) la deflexión se vuelve infinitamente grande conforme P tiende a P_{cr}. Estas características se muestran en el **diagrama carga-deflexión** de la figura 11-23.

Para trazar el diagrama, seleccionamos un valor particular e_1 de la excentricidad y luego calculamos δ para diferentes valores de la carga P. La curva resultante se marca $e = e_1$ en la figura 11-23. Observamos inmediatamente que la deflexión δ se incrementa conforme P aumenta, pero la relación no es lineal; por tanto, *no podemos* usar el principio de superposición para calcular deflexiones debidas a más de una carga, aun cuando el material de la columna sea elásticolineal. Como ejemplo, la deflexión debida a una carga axial $2P$ *no* es igual a dos veces la deflexión causada por una carga axial P.

Curvas adicionales, como la marcada $e = e_2$, están trazadas de manera similar. Como la deflexión δ es lineal respecto a e (ecuación 11-54), la curva para $e = e_2$ tiene la misma *forma* que la curva para $e = e_1$ pero las abscisas son mayores por la razón e_2/e_1.

Conforme la carga P se acerca a la carga crítica, la deflexión δ crece sin límite y la línea horizontal correspondiente a $P = P_{cr}$ se transforma en una asíntota para las curvas. En el límite, cuando e tiende a cero, las curvas sobre el diagrama se acercan a dos líneas rectas, una vertical y una horizontal (compárelo con la figura 11-7). Entonces, como se esperaba, una columna ideal con una carga centralmente aplicada ($e = 0$) es el caso límite de una columna con una carga excéntrica (e > 0).

Aunque las curvas trazadas en la figura 11-23 son correctas a nivel matemático, debemos recordar que la ecuación diferencial es válida sólo para deflexiones pequeñas; por tanto, cuando las deflexiones son grandes, las curvas no son ya físicamente válidas y deben modificarse para tomar en cuenta la presencia de grandes deflexiones y (si se rebasa el límite proporcional del material) de los efectos de la flexión inelástica (véase la figura 11-11).

La razón para la relación no lineal entre cargas y deflexiones, aun cuando las deflexiones son pequeñas y la ley de Hooke se cumple, puede entenderse si observamos de nuevo que las cargas axiales P equivalen a cargas P aplicadas centralmente, más los pares Pe que actúan en los extremos de la columna (figura 11-21b). Si los pares Pe actuasen solos, producirían deflexiones por flexión de la columna igual que para una viga. En una viga, la presencia de las deflexiones no cambia la acción de las cargas y los momentos flexionantes son los mismos, existan deflexiones o no; sin embargo, cuando se aplica una carga axial al miembro, la existencia de deflexiones incrementa los momentos flexionantes (los incrementos son iguales al producto de la carga axial y las deflexiones). Cuando se incrementan los momentos flexionantes, las deflexiones aumentan aún más, por lo que los momentos se incrementan a su vez y así sucesivamente. Así, los momentos flexionantes en una columna dependen de las deflexiones, que a su vez dependen de los momentos flexionantes. Este comportamiento conduce a una relación no lineal entre las cargas axiales y las deflexiones.

En general, un miembro estructural recto sometido a cargas de flexión y a cargas axiales de compresión se llama **viga-columna**. En el caso de una columna con cargas excéntricas (figura 11-21), las cargas de flexión son los momentos $M_0 = Pe$ y las cargas axiales son las fuerzas P.

Momento flexionante máximo

El momento flexionante máximo en una columna cargada en forma excéntrica se presenta en el punto medio, donde la deflexión es máxima (figura 11-22):

$$M_{\text{máx}} = P(e + \delta) \qquad (11\text{-}55)$$

Al sustituir δ de las ecuaciones (11-51) y (11-54), obtenemos

$$M_{\text{máx}} = Pe \sec \frac{kL}{2} = Pe \sec\left(\frac{\pi}{2}\sqrt{\frac{P}{P_{\text{cr}}}}\right) \qquad (11\text{-}56)$$

La manera en que $M_{\text{máx}}$ varía como función de la carga axial P se muestra en la figura 11-24.

Cuando P es pequeña, el momento máximo es igual a Pe, lo que significa que el efecto de las deflexiones es despreciable. Conforme P se incrementa, el momento flexionante aumenta en forma no lineal y en teoría se vuelve infinitamente grande cuando P tiende al valor de la carga crítica. Sin embargo, como vimos, nuestras ecuaciones son válidas sólo cuando las deflexiones son pequeñas y no pueden usarse cuando la carga axial tiende al valor de la carga crítica. Ahora bien, las ecuaciones anteriores y sus gráficas muestran el comportamiento general de las vigas-columna.

Otras condiciones de extremo

Las ecuaciones dadas en esta sección se obtuvieron para una columna articulada en sus extremos, como se muestra en las figuras 11-21 y 11-22. Si una columna está empotrada en la base y libre en la parte superior (figura 11-19b), podemos usar las ecuaciones 11-51 y 11-56 reemplazando la longitud real L con la longitud equivalente $2L$ (véase el problema 11.5-9). Pero las ecuaciones no son aplicables a una columna empotrada en la base y articulada en su parte superior (figura 11-19d). El uso de una longitud equivalente igual a $0.699L$ conduce a resultados erróneos; más bien debemos volver a la ecuación diferencial y obtener un nuevo conjunto de ecuaciones.

En el caso de una columna con ambos extremos empotrados sin posibilidad de rotación (figura 11-19c), el concepto de carga axial excéntrica que actúa en el extremo de la columna no tiene sentido. Los soportes resisten directamente cualquier momento aplicado en el extremo de la columna y no se produce flexión en la columna.

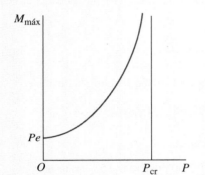

FIG. 11-24 Momento flexionante máximo en una columna con cargas axiales excéntricas (véanse la figura 11-22 y la ecuación 11-56).

Ejemplo 11-3

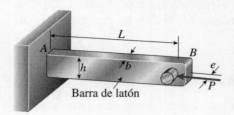

FIG. 11-25 Ejemplo 11-3. Barra de latón con una carga axial excéntrica.

Una barra *AB* de latón que sobresale del lado de una máquina grande está cargada en el extremo *B* por una fuerza $P = 1\ 500$ lb con una excentricidad $e = 0.45$ pulg (figura 11-25). La barra tiene una sección transversal rectangular con peralte $h = 1.2$ pulg y ancho $b = 0.6$ pulg.

¿Cuál es la longitud permisible máxima $L_{máx}$ de la barra si la deflexión en el extremo está limitada a 0.12 pulg? (Para el latón, use $E = 16 \times 10^6$ lb/pulg^2.)

Solución

Carga crítica. Modelaremos esta barra como una columna esbelta empotrada en el extremo *A* y libre en el extremo *B*; por tanto, la carga crítica (véase la figura 11-19b) es

$$P_{cr} = \frac{\pi^2 EI}{4L^2} \tag{a}$$

El momento de inercia para el eje alrededor del que ocurre la flexión es

$$I = \frac{hb^3}{12} = \frac{(1.2 \text{ pulg})(0.6 \text{ pulg})^3}{12} = 0.02160 \text{ pulg}^4$$

Por tanto, la expresión para la carga crítica es

$$P_{cr} = \frac{\pi^2 (16\ 000\ 000 \text{ lb/pulg}^2)(0.02160 \text{ pulg}^4)}{4L^2} = \frac{852\ 700 \text{ lb-pulg}^2}{L^2} \tag{b}$$

en donde P_{cr} tiene unidades de libras y *L* tiene unidades de pulgadas.

Deflexión. La deflexión en el extremo de la barra está dada por la ecuación (11-54), que es aplicable a una columna empotrada y libre así como a una columna articulada en sus extremos:

$$\delta = e\left[\sec\left(\frac{\pi}{2} \sqrt{\frac{P}{P_{cr}}} \right) - 1 \right] \tag{c}$$

En esta ecuación, P_{cr} está dada por la ecuación (a).

Longitud. Para encontrar la longitud máxima permisible de la barra, sustituimos para δ su valor límite de 0.12 pulg. Sustituimos también $e = 0.45$ pulg y $P = 1\ 500$ lb y finalmente sustituimos la expresión para P_{cr} de la ecuación (b). Así,

$$0.12 \text{ pulg} = (0.45 \text{ pulg})\left[\sec\left(\frac{\pi}{2} \sqrt{\frac{1\ 500 \text{ lb}}{852\ 700/L^2}} \right) - 1 \right]$$

La única incógnita en esta ecuación es la longitud *L* (en pulgadas), y para despejar su valor, efectuamos las diferentes operaciones aritméticas en la ecuacion y luego reordenamos los términos. El resultado es

$$0.2667 = \sec(0.06588\ L) - 1$$

Con el uso de radianes y resolviendo esta ecuación, tenemos $L = 10.03$ pulg. Así, la longitud permisible máxima de la barra es

$$L_{máx} = 10.0 \text{ pulg}$$

Si se usa una barra más larga, la deflexión excederá el valor permisible de 0.12 pulg.

11.6 FÓRMULA DE LA SECANTE PARA COLUMNAS

En la sección anterior determinamos la deflexión máxima y el momento flexionante máximo en una columna articulada en los extremos sometida a cargas axiales excéntricas. En esta sección investigaremos los esfuerzos máximos en la columna y obtendremos una fórmula especial para calcularlos.

Los esfuerzos máximos en una columna con cargas axiales excéntricas se presentan en la sección transversal en que la deflexión y el momento flexionante tienen los valores máximos; es decir, en el punto medio (figura 11-26a). En esta sección transversal actúan la fuerza de compresión P y el momento flexionante $M_{\text{máx}}$ (figura 11-26b). Los esfuerzos debidos a la fuerza P son iguales a P/A, donde A es el área de la sección transversal de la columna y los esfuerzos por el momento flexionante $M_{\text{máx}}$ se obtienen con la fórmula de la flexión.

El esfuerzo de compresión máximo, que se presenta en el lado cóncavo de la columna, es entonces

$$\sigma_{\text{máx}} = \frac{P}{A} + \frac{M_{\text{máx}}c}{I} \qquad (11\text{-}57)$$

en donde I es el momento de inercia en el plano de flexión y c es la distancia del eje centroidal al punto extremo sobre el lado cóncavo de la columna. Observe que en esta ecuación consideramos que los esfuerzos de compresión son positivos, puesto que se trata de los esfuerzos importantes en una columna.

El momento flexionante $M_{\text{máx}}$ se obtiene con la ecuación (11-56), que se repite aquí:

$$M_{\text{máx}} = Pe \sec\left(\frac{\pi}{2}\sqrt{\frac{P}{P_{\text{cr}}}}\right)$$

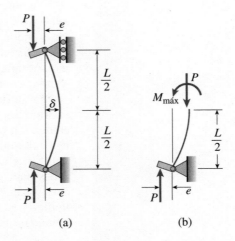

FIG. 11-26 Columna con cargas axiales excéntricas.

(a)   (b)

Puesto que $P_{cr} = \pi^2 EI/L^2$ para una columna con extremos articulados y como $I = Ar^2$, donde r es el radio de giro en el plano de flexión, la ecuación anterior puede escribirse como

$$M_{\text{máx}} = Pe \, \sec\left(\frac{L}{2r}\sqrt{\frac{P}{EA}}\right) \tag{11-58}$$

Al sustituir en la ecuación (11-57), obtenemos la siguiente fórmula para el **esfuerzo máximo de compresión:**

$$\sigma_{\text{máx}} = \frac{P}{A} + \frac{Pec}{I} \, \sec\left(\frac{L}{2r}\sqrt{\frac{P}{EA}}\right)$$

o

$$\sigma_{\text{máx}} = \frac{P}{A}\left[1 + \frac{ec}{r^2}\,\sec\left(\frac{L}{2r}\sqrt{\frac{P}{EA}}\right)\right] \tag{11-59}$$

Esta ecuación se conoce como **fórmula de la secante** para una columna cargada excéntricamente con extremos articulados.

La fórmula de la secante da el esfuerzo máximo de compresión en la columna en función del esfuerzo de compresión promedio P/A, el módulo de elasticidad E y dos razones adimensionales, la relación de esbeltez L/r (ecuación 11-17) y la **relación de excentricidad:**

$$\text{Relación de excentricidad} = \frac{ec}{r^2} \tag{11-60}$$

Como su nombre lo indica, la relación de excentricidad es una medida de la excentricidad de la carga comparada con las dimensiones de la sección transversal. Su valor numérico depende de la posición de la carga, pero los valores característicos caen en el intervalo de 0 a 3, aunque los valores más comunes son menores de 1.

Al analizar una columna podemos usar la fórmula de la secante para calcular el esfuerzo máximo de compresión, siempre que la carga axial P y su excentricidad e sean conocidas. El esfuerzo máximo puede entonces compararse con el esfuerzo permisible para determinar si la columna puede soportar la carga.

También podemos usar la fórmula de la secante de manera inversa; es decir, si conocemos el esfuerzo permisible podemos calcular el valor correspondiente de la carga P. Ahora bien, en vista de que la fórmula de la secante es trascendental, no es práctico deducir una fórmula para la carga P; es mejor resolver la ecuación (11-59) en términos numéricos para cada caso individual.

En la figura 11-27 se muestra una **gráfica de la fórmula de la secante**. La abscisa es la relación de esbeltez L/r y la ordenada es el esfuerzo promedio de compresión P/A. La gráfica está trazada para una columna de acero con módulo de elasticidad $E = 30 \times 10^3$ klb/pulg^2 y esfuerzo máximo $\sigma_{\text{máx}} = 36$ klb/pulg^2. Las curvas están trazadas para varios valores de la razón de excentricidad ec/r^2. Estas curvas son válidas sólo cuando el esfuerzo máximo es menor que el límite proporcional del material porque la fórmula de la secante se obtuvo usando la ley de Hooke.

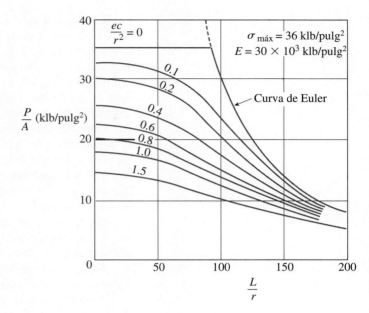

FIG. 11-27 Gráfica de la fórmula de la secante (ecuación 11-59) para $\sigma_{\text{máx}} = 36$ klb/pulg^2 y $E = 30 \times 10^3$ klb/pulg^2.

Un caso especial se presenta cuando la excentricidad de la carga desaparece ($e = 0$), porque entonces tenemos una columna ideal con una carga aplicada centralmente. En estas condiciones, la carga máxima es la carga crítica ($P_{\text{cr}} = \pi^2 EI/L^2$) y el esfuerzo máximo correspondiente es el esfuerzo crítico (véanse las ecuaciones 11-14 y 11-16):

$$\sigma_{\text{cr}} = \frac{P_{\text{cr}}}{A} = \frac{\pi^2 EI}{AL^2} = \frac{\pi^2 E}{(L/r)^2} \qquad (11\text{-}61)$$

Puesto que esta ecuación da el esfuerzo *P/A* en términos de la relación de esbeltez *L/r*, podemos trazarla sobre la gráfica de la fórmula de la secante como la **curva de Euler** (figura 11-27).

Supongamos ahora que el límite proporcional del material es el mismo que el esfuerzo máximo seleccionado; o sea, 36 klb/pulg^2. Trazamos entonces una línea horizontal sobre la gráfica para el valor de 36 klb/pulg^2 y terminamos la curva de Euler en ese esfuerzo. La línea horizontal y la curva de Euler representan los límites de las curvas de la fórmula de la secante cuando la excentricidad *e* tiende a cero.

Análisis de la fórmula de la secante

La gráfica de la fórmula de la secante muestra que la capacidad de carga de una columna decrece de manera considerable cuando la relación de esbeltez *L/r* aumenta, en especial en la región media de los valores *L/r*. Entonces, las columnas largas y esbeltas son mucho menos estables que las columnas cortas y achatadas. La gráfica también muestra que la capacidad de carga decrece con una excentricidad *e* creciente; además, este efecto es un tanto mayor para las columnas cortas que para las largas.

La fórmula de la secante se obtuvo para una columna con extremos articulados, pero también puede usarse para una columna empotrada en la base y libre en su parte superior. Todo lo que se requiere es reemplazar la longitud L en la fórmula con la longitud equivalente $2L$. Sin embargo, como se basa en la ecuación (11-56), la fórmula de la secante no es válida para las otras condiciones de extremo que hemos analizado.

Consideremos ahora una columna real, que inevitablemente difiere de una columna ideal debido a las imperfecciones, como la curvatura inicial del eje longitudinal, las condiciones imperfectas de los soportes y la no homogeneidad del material. Además, aun cuando se supone que la carga está centralmente aplicada, habrá excentricidades inevitables en su dirección y punto de aplicación. La extensión de esas imperfecciones varía de una columna a otra, por lo que se tiene una dispersión considerable en los resultados de las pruebas de laboratorio efectuadas con columnas reales.

Todas las imperfecciones tienen el efecto de producir flexión además de compresión directa; por tanto, es razonable suponer que el comportamiento de una columna imperfecta y centralmente cargada es similar al de una columna ideal cargada en forma excéntrica. En tales casos, la fórmula de la secante puede usarse escogiendo un valor aproximado de la relación de excentricidad ec/r^2 que tome en cuenta los efectos combinados de las diversas imperfecciones; por ejemplo, un valor de la relación de excentricidad para columnas articuladas en sus extremos que se usa a menudo en el diseño de acero estructural es $ec/r^2 = 0.25$. El uso de la fórmula de la secante de esta manera para columnas con cargas centralmente aplicadas proporciona un medio racional para tomar en cuenta los efectos de las imperfecciones, en vez de considerarlos incrementando el factor de seguridad (véase la Ref. 11-5 y textos sobre pandeo y estabilidad, para un análisis más profundo de la fórmula de la secante y de los efectos de las imperfecciones).

El procedimiento de analizar una columna cargada centralmente por medio de la fórmula de la secante depende de las condiciones particulares; por ejemplo, si el objetivo es determinar la carga permisible, el procedimiento es como sigue. Suponga un valor de la relación de excentricidad ec/r^2 basado en resultados de pruebas, valores de códigos o experiencia práctica. Sustituya este valor en la fórmula de la secante junto con los valores de L/r, A y E para la columna real. Asigne un valor a $\sigma_{máx}$, como el esfuerzo de fluencia σ_Y o el límite proporcional σ_{pl} del material. Despeje de la fórmula de la secante la carga $P_{máx}$ que produce el esfuerzo máximo (esta carga será siempre menor que la carga crítica P_{cr} para la columna). La carga permisible sobre la columna es igual a la carga $P_{máx}$ dividida entre el factor de seguridad n.

El siguiente ejemplo ilustra cómo puede usarse la fórmula de la secante para determinar el esfuerzo máximo en una columna cuando se conoce la carga y también cómo determinar la carga cuando se da el esfuerzo máximo.

Ejemplo 11-4

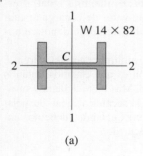

W 14 × 82

(a)

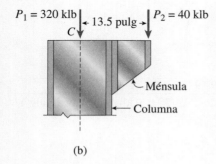

$P_1 = 320$ klb ← 13.5 pulg → $P_2 = 40$ klb

C

Ménsula

Columna

(b)

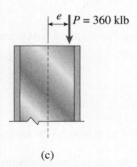

e $P = 360$ klb

(c)

FIG. 11-28 Ejemplo 11-4. Columna con una carga axial aplicada excéntricamente.

Una columna hecha con un perfil de acero W 14 × 82 de patín ancho (figura 11-28a) está articulada en sus extremos y tiene una longitud de 25 pies. La columna soporta una carga $P_1 = 320$ klb aplicada centralmente y una carga $P_2 = 40$ klb aplicada en forma excéntrica (figura 11-28b). La flexión tiene lugar respecto al eje 1-1 de la sección transversal y la carga excéntrica actúa sobre el eje 2-2 a una distancia de 13.5 pulg del centroide de C.

a) Usar la fórmula de la secante y suponer $E = 30\ 000$ klb/pulg^2 para calcular el esfuerzo de compresión máximo en la columna.

b) Si el esfuerzo de fluencia del acero es $\sigma_Y = 42$ klb/pulg^2, ¿cuál es el factor de seguridad con respecto a la fluencia?

Solución

a) *Esfuerzo máximo de compresión.* Las dos cargas P_1 y P_2 que actúan como se muestra en la figura 11-28b equivalen estáticamente a una sola carga $P = 360$ klb que actúan con una excentricidad $e = 1.5$ pulg (figura 11-28c). Puesto que la columna ahora está cargada por una sola fuerza P con excentricidad e, podemos usar la fórmula de la secante para encontrar el esfuerzo máximo.

Las propiedades requeridas del perfil W 14 × 82 de patín ancho se obtienen en la tabla E-1 del apéndice E:

$$A = 24.1 \text{ pulg}^2 \qquad r = 6.05 \text{ pulg} \qquad c = \frac{14.31 \text{ pulg}}{2} = 7.155 \text{ pulg}$$

Los términos requeridos en la fórmula de la secante (ecuación 11-59) se calculan como sigue:

$$\frac{P}{A} = \frac{360 \text{ klb}}{24.1 \text{ pulg}^2} = 14.94 \text{ klb/pulg}^2$$

$$\frac{ec}{r^2} = \frac{(1.5 \text{ pulg})(7.155 \text{ pulg})}{(6.05 \text{ pulg})^2} = 0.2932$$

$$\frac{L}{r} = \frac{(25 \text{ pies})(12 \text{ pulg/pie})}{6.05 \text{ pulg}} = 49.59$$

$$\frac{P}{EA} = \frac{360 \text{ klb}}{(30\ 000 \text{ klb/pulg}^2)(24.1 \text{ pulg}^2)} = 497.9 \times 10^{-6}$$

Sustituimos estos valores en la fórmula de la secante y obtenemos

$$\sigma_{\text{máx}} = \frac{P}{A}\left[1 + \frac{ec}{r^2} \sec\left(\frac{L}{2r}\sqrt{\frac{P}{EA}}\right)\right]$$

$$= (14.94 \text{ klb/pulg}^2)(1 + 0.345) = 20.1 \text{ klb/pulg}^2 \qquad \Longleftarrow$$

Este esfuerzo de compresión se presenta a la mitad de la altura de la columna sobre su lado cóncavo (el lado derecho en la figura 11-28b).

continúa

b) *Factor de seguridad con respecto a la fluencia.* Para encontrar el factor de seguridad, necesitamos determinar el valor de la carga P que actúa con excentricidad e que produce un esfuerzo máximo igual al esfuerzo de fluencia $\sigma_Y = 42$ klb/pulg^2. Como este valor de la carga apenas es suficiente para producir la fluencia inicial del material, lo denotaremos con P_Y.

Observe que no podemos determinar P_Y multiplicando la carga P (igual a 360 klb) por la razón $\sigma_Y/\sigma_{\text{máx}}$. La razón es que estamos tratando con una relación no lineal entre carga y esfuerzo. Más bien, debemos sustituir $\sigma_{\text{máx}} = \sigma_Y = 42$ klb/pulg^2 en la fórmula de la secante y luego despejar la carga correspondiente P, que resulta P_Y. En otras palabras, debemos encontrar el valor de P_Y que satisfaga la siguiente ecuación:

$$\sigma_Y = \frac{P_Y}{A}\left[1 + \frac{ec}{r^2}\sec\left(\frac{L}{2r}\sqrt{\frac{P_Y}{EA}}\right)\right] \tag{11-62}$$

Sustituimos valores numéricos y obtenemos

$$42 \text{ klb/pulg}^2 = \frac{P_Y}{24.1 \text{ pulg}^2}\left[1 + 0.2939\sec\left(\frac{49.59}{2}\sqrt{\frac{P_Y}{(30\,000 \text{ klb/pulg}^2)(24.1 \text{ pulg}^2)}}\right)\right]$$

o

$$1\,012 \text{ klb} = P_Y\left[1 + 0.2939\sec\left(0.02916\sqrt{P_Y}\right)\right]$$

donde P_Y tiene unidades de kips. Resolvemos numéricamente esta ecuación y obtenemos

$$P_Y = 716 \text{ klb}$$

Esta carga producirá fluencia del material (en compresión) en la sección transversal de momento flexionante máximo.

Como la carga real es $P = 360$ klb, tenemos que el factor de seguridad contra la fluencia es

$$n = \frac{P_Y}{P} = \frac{716 \text{ klb}}{360 \text{ klb}} = 1.99 \qquad \longleftarrow$$

Este ejemplo ilustra dos de las muchas maneras en que puede usarse la fórmula de la secante. Otros tipos de análisis se ilustran en los problemas al final del capítulo.

11.7 COMPORTAMIENTO ELÁSTICO E INELÁSTICO DE COLUMNAS

En las secciones anteriores describimos el comportamiento de columnas cuando el material está sometido a esfuerzos inferiores al límite proporcional. Comenzamos considerando una columna ideal sometida a una carga aplicada centralmente (pandeo de Euler) y llegamos al concepto de carga crítica P_{cr}. Luego vimos columnas con cargas axiales excéntricas y dedujimos la fórmula de la secante. Mostramos los resultados de esos análisis sobre un diagrama del esfuerzo promedio de compresión P/A *versus* la relación de esbeltez L/r (véase la figura 11-27). El comportamiento de una columna ideal se representa en la figura 11-27 por la curva de Euler y el comportamiento de columnas con cargas excéntricas se representa por la familia de curvas que tienen diversos valores de la relación de excentricidad ec/r^2.

Ampliaremos nuestro análisis para incluir el **pandeo inelástico**; es decir, el pandeo de columnas cuando se rebasa el límite proporcional. Mostraremos el comportamiento sobre el mismo tipo de diagrama que antes: esto es, un diagrama de esfuerzo de compresión promedio P/A versus la relación de esbeltez L/r (véase la figura 11-29). Observe que la curva de Euler se muestra sobre este diagrama como la curva ECD. Esta curva es válida sólo en la región CD, donde el esfuerzo está abajo del límite proporcional σ_{pl} del material; la parte de la curva de Euler arriba del límite proporcional se muestra como una línea segmentada.

El valor de la relación de esbeltez arriba del cual la curva de Euler es válida, se obtiene igualando el esfuerzo crítico (ecuación 11-61) al límite proporcional σ_{pl} y despejando la relación de esbeltez. Así, si $(L/r)_c$ representa la **relación de esbeltez crítica** (figura 11-29), obtenemos

$$\left(\frac{L}{r}\right)_c = \sqrt{\frac{\pi^2 E}{\sigma_{pl}}} \qquad (11\text{-}63)$$

Como ejemplo, consideremos el acero estructural con $\sigma_{pl} = 36$ klb/pulg^2 y $E = 30\,000$ klb/pulg^2. Entonces la relación de esbeltez crítica $(L/r)_c$ es igual a 90.7. Arriba de este valor, una columna ideal se pandea elásticamente y la carga de Euler es válida. Abajo de este valor, el esfuerzo en la columna excede el límite proporcional y el pandeo de la columna es inelástico.

Si tomamos en cuenta los efectos de las excentricidades en la carga o las imperfecciones en la construcción, pero aún suponemos que el material obedece la ley de Hooke, obtenemos una curva como la marcada "Fórmula de la secante" en la figura 11-29. Esta curva está trazada para un esfuerzo máximo σ_{max} igual al límite proporcional σ_{pl}.

Al comparar la curva de la fórmula de la secante con la curva de Euler, debemos recordar una distinción importante. En el caso de la curva de Euler, el esfuerzo P/A no sólo es proporcional a la carga aplicada P, sino que también es el esfuerzo máximo real en la columna cuando se presenta el pandeo. En consecuencia, al pasar de C a D a lo largo de la curva de Euler, el esfuerzo máximo P/A (igual al esfuerzo crítico) y la carga axial P disminuyen; sin embargo, en el

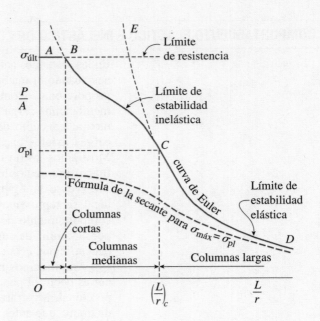

FIG. 11-29 Diagrama del esfuerzo de compresión promedio *P/A versus* relación de esbeltez *L/r*.

caso de la curva de la fórmula de la secante, el esfuerzo *promedio P/A* disminuye conforme nos movemos de izquierda a derecha a lo largo de la curva (y por tanto, la carga axial *P* también decrece) pero el esfuerzo máximo (igual al límite proporcional) permanece constante.

Por la curva de Euler vemos que las **columnas largas** con relaciones de esbeltez grandes se pandean con valores bajos del esfuerzo promedio de compresión *P/A*. Esta condición no puede evitarse con un material de mayor resistencia porque el colapso es resultado de la inestabilidad de la columna en su conjunto y no por falla del material. El esfuerzo sólo puede elevarse reduciendo la relación de esbeltez *L/r* o usando un material con mayor módulo de elasticidad *E*.

Cuando un miembro a compresión es muy **corto**, éste falla por fluencia y aplastamiento del material sin que intervengan consideraciones de pandeo o estabilidad. En tal caso, podemos definir un esfuerzo de compresión último $\sigma_{\text{últ}}$ como el esfuerzo de falla del material. Este esfuerzo establece un **límite de resistencia** para la columna, representado por la línea *AB* horizontal en la figura 11-29. El límite de resistencia es mucho mayor que el límite proporcional, ya que representa el esfuerzo último en compresión.

Entre las regiones de columnas cortas y largas, hay un intervalo de **relaciones de esbeltez intermedias** muy pequeño, para que domine la estabilidad elástica y muy grande para que rijan sólo consideraciones de resistencia. Una columna de longitud mediana falla por pandeo inelástico, lo cual significa que los esfuerzos máximos están arriba del límite proporcional cuando se presenta el pandeo. Como se rebasa el límite proporcional, la pendiente de la curva esfuerzo-deformación para el material es menor que el módulo de elasticidad; por consiguiente, la carga crítica para pandeo inelástico es siempre menor que la carga de Euler (véase la sección 11.8).

Las líneas divisorias entre columnas cortas, medianas y largas no son precisas; sin embargo, es útil plantear estas distinciones porque la capacidad máxima de carga de columnas en cada categoría se basa en tipos muy diferentes de comportamiento. La capacidad máxima de carga de una columna en particular (en función de su longitud) se representa por la curva $ABCD$ en la figura 11-29. Si la longitud es muy pequeña (región AB), la columna falla por compresión directa; si la columna es más larga (región BC), falla por pandeo inelástico, y si es aún más larga (región CD), falla por pandeo elástico (es decir, pandeo de Euler). La curva $ABCD$ se aplica a columnas con diferentes condiciones de soporte si la longitud L en la relación de esbeltez se reemplaza con la longitud efectiva L_e.

Los resultados de **pruebas de carga** en columnas concuerdan razonablemente con la curva $ABCD$. Cuando los resultados de las pruebas se marcan sobre el diagrama, por lo general forman una banda justo abajo de esta curva. Cabe esperar una dispersión considerable de los resultados de pruebas, porque el desempeño de las columnas es sensible a aspectos como la exactitud de la construcción, el alineamiento de las cargas y los detalles en las condiciones de apoyo. Para tomar en cuenta estas variables, solemos obtener el esfuerzo permisible para una columna dividiendo el esfuerzo máximo (de la curva $ABCD$) entre un **factor de seguridad** adecuado, que a menudo tiene un valor aproximado de dos. Puesto que las imperfecciones aumentan con la longitud, se usa a veces un factor de seguridad variable (creciente conforme L/r crece). En la sección 11.9 daremos algunas fórmulas típicas para los esfuerzos permisibles.

11.8 PANDEO INELÁSTICO

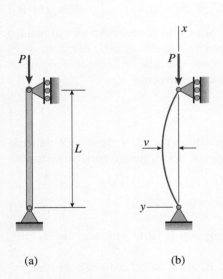

FIG. 11-30 Columna ideal de longitud mediana que se pandea inelásticamente.

La carga crítica para pandeo elástico es válida sólo para columnas relativamente largas, como se explicó antes (véase la curva CD en la figura 11-29). Si una columna es de longitud mediana, el esfuerzo en la columna alcanzará el límite proporcional antes del pandeo (curva BC en la figura 11-29). Para calcular las cargas críticas en este intervalo intermedio, necesitamos una teoría del **pandeo inelástico**. Tres de tales teorías se describen en esta sección: la teoría del módulo tangente, la teoría del módulo reducido y la teoría de Shanley.

Teoría del módulo tangente

Consideremos de nuevo una columna ideal articulada en sus extremos y sometida a una fuerza axial P (figura 11-30a). Se supone que la columna tiene una relación de esbeltez L/r menor que la relación de esbeltez crítica (ecuación 11-63), de suerte que el esfuerzo axial P/A llega al límite proporcional antes de que se alcance la carga crítica.

El **diagrama esfuerzo-deformación** en compresión para el material de la columna se muestra en la figura 11-31. El límite proporcional del material está indicado por σ_{pl} y el esfuerzo real σ_A en la columna (igual a P/A) está representado por el punto A (que está arriba del límite proporcional). Si la carga se incrementa, de manera que

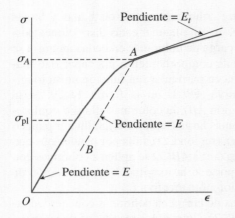

FIG. 11-31 Diagrama de compresión esfuerzo-deformación para el material de la columna mostrada en la figura 11-30.

ocurra un pequeño aumento en el esfuerzo, la relación entre el incremento de esfuerzo y el correspondiente incremento de deformación, está dada por la *pendiente* del diagrama esfuerzo-deformación en el punto A. Esta pendiente, igual a la pendiente de la línea tangente en A se llama **módulo tangente** y se denota con E_t; entonces

$$E_t = \frac{d\sigma}{d\epsilon} \tag{11-64}$$

Observe que el módulo tangente *disminuye* cuando el esfuerzo aumenta más allá del límite proporcional. Cuando el esfuerzo es menor que el límite proporcional, el módulo tangente es el mismo que el módulo de elasticidad E ordinario.

De acuerdo con la **teoría del módulo tangente** de pandeo inelástico, la columna mostrada en la figura 11-30a permanece recta en tanto no se alcanza la carga crítica inelástica. En tal valor de la carga, la columna puede experimentar una pequeña deflexión lateral (figura 11-30b). Los esfuerzos de flexión resultantes se sobreponen a los esfuerzos axiales de compresión σ_A. Como la columna empieza a flexionarse desde una posición recta, los esfuerzos de flexión iniciales representan sólo un pequeño incremento del esfuerzo; por tanto, la relación entre los esfuerzos de flexión y las deformaciones resultantes está dada por el módulo tangente. Como las deformaciones varían linealmente a través de la sección transversal de la columna, los esfuerzos de flexión iniciales también varían linealmente, por lo cual las expresiones para la curvatura son las mismas que en el caso de flexión lineal elástica, excepto que E_t reemplaza a E:

$$\kappa = \frac{1}{\rho} = \frac{d^2v}{dx^2} = \frac{M}{E_t I} \tag{11-65}$$

(compárela con las ecuaciones 9-5 y 9-7).

Dado que el momento flexionante $M = -Pv$ (véase la figura 11-30b), la ecuación diferencial de la curva de deflexión es

$$E_t Iv'' + Pv = 0 \tag{11-66}$$

Esta ecuación tiene la misma forma que la ecuación para el pandeo elástico (ecuación 11-5), excepto que en ella aparece E_t en vez de E; por tanto, podemos resolverla igual que antes y obtener la siguiente expresión para la **carga del módulo tangente**:

$$P_t = \frac{\pi^2 E_t I}{L^2} \tag{11-67}$$

Esta carga representa la carga crítica para la columna de acuerdo con la teoría del módulo tangente. El esfuerzo crítico correspondiente es

$$\sigma_t = \frac{P_t}{A} = \frac{\pi^2 E_t}{(L/r)^2} \tag{11-68}$$

que es similar en forma a la ecuación (11-61) para el esfuerzo crítico de Euler.

Como el módulo tangente E_t varía con el esfuerzo de compresión $\sigma = P/A$ (figura 11-31), por lo general obtenemos la carga del módulo tangente mediante un proceso iterativo. Comenzamos estimando el valor de P_t. Este valor de prueba, que llamaremos P_1, debe ser un poco mayor que $\sigma_{pl}A$, que es la carga axial cuando el esfuerzo alcanza el límite proporcional. Conocida P_1, podemos calcular el esfuerzo axial correspondiente $\sigma_1 = P_1/A$ y determinar el módulo tangente E_t del diagrama esfuerzo-deformación. A continuación, usamos la ecuación (11-67) para obtener una segunda estimación de P_t. Llamemos a este valor P_2. Si P_2 es muy cercano a P_1, podemos aceptar la carga P_2 como la carga del módulo tangente; no obstante, es más probable que se requieran ciclos adicionales de iteración hasta alcanzar una carga que concuerde con la carga del procedimiento de prueba. Este valor es la carga del módulo tangente.

En la figura 11-32 se presenta un diagrama que muestra cómo varía el esfuerzo crítico σ_t con la relación de esbeltez L/r, para una columna metálica característica con extremos articulados. Observe que la curva está arriba del límite proporcional y abajo de la curva de Euler.

Las fórmulas del módulo tangente pueden emplearse para columnas con diversas condiciones de soporte usando la longitud efectiva L_e en vez de la longitud real L.

Teoría del módulo reducido

La teoría del módulo tangente se distingue por su simplicidad y facilidad de uso; pero tiene problemas conceptuales porque no toma en cuenta todo el comportamiento de la columna. Para explicar la dificultad, consideraremos de nuevo la columna de la figura 11-30a. Cuando esta columna se separa por primera vez de la posición recta (figura 11-30b), los esfuerzos de flexión se suman a los esfuerzos de compresión existentes P/A. Estos esfuerzos adicionales son de compresión en el lado cóncavo de la columna y de tensión en el lado convexo; por tanto, los esfuerzos de compresión en la columna resultan mayores sobre el lado cóncavo y menores sobre el otro lado.

Imaginemos ahora que el punto A sobre la curva esfuerzo-deformación (figura 11-31) representa el esfuerzo axial P/A. Sobre el lado cóncavo de la columna (donde el esfuerzo de compresión se incrementa), el material sigue el módulo tangente E_t; sin embargo, sobre el lado convexo (donde el esfuerzo de compresión disminuye), el material sigue la línea AB de descarga del diagrama esfuerzo-deformación. Esta línea es paralela a la parte inicial lineal del diagrama, de modo que su pendiente es igual al módulo elástico E. Entonces, al principio de la flexión, la columna se comporta como si estuviera hecha de dos materiales diferentes, un material de módulo E_t en el lado cóncavo y un material de módulo E en el lado convexo.

El análisis de flexión de una columna de este tipo requiere las teorías de flexión para una viga de dos materiales (secciones 6.2 y 6.3). Los resultados de tales estudios muestran que la columna se flexiona como si el material tuviese un módulo de elasticidad entre los valores de E y E_t. Este "módulo efectivo" se conoce como **módulo reducido** E_r y su valor depende no sólo de la magnitud del esfuerzo (porque E_t depende de la magnitud del esfuerzo) sino también de la forma de la sección transversal de la columna. Así, el mó-

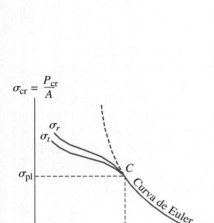

FIG. 11-32 Diagrama del esfuerzo crítico *versus* relación de esbeltez.

dulo reducido E_r es más difícil de determinar que el módulo tangente E_t. En el caso de una columna con *sección transversal rectangular*, la ecuación del módulo reducido es

$$E_r = \frac{4EE_t}{(\sqrt{E} + \sqrt{E_t})^2} \qquad (11\text{-}69)$$

Para una *viga de patín ancho* en que se desprecia el área del alma, el módulo reducido por flexión respecto al eje fuerte es

$$E_r = \frac{2EE_t}{E + E_t} \qquad (11\text{-}70)$$

El módulo reducido E_r también se llama *módulo doble*.

Como el módulo reducido representa un módulo efectivo que rige la flexión de la columna cuando ésta deja su posición recta, podemos formular una teoría del módulo reducido para el pandeo inelástico. Procedemos de la misma manera que en el caso de la teoría del módulo tangente: comenzamos con una ecuación para la curvatura y luego escribimos la ecuación diferencial de la curva de deflexión. Esas ecuaciones son las mismas que las ecuaciones (11-65) y (11-66), excepto que en ellas aparece E_r en vez de E_t. Llegamos así a la siguiente ecuación para la **carga del módulo reducido**:

$$P_r = \frac{\pi^2 E_r I}{L^2} \qquad (11\text{-}71)$$

La ecuación correspondiente para el esfuerzo crítico es

$$\sigma_r = \frac{\pi^2 E_r}{(L/r)^2} \qquad (11\text{-}72)$$

Para encontrar la carga del módulo reducido P_r, debemos usar de nuevo un procedimiento iterativo, porque E_r depende de E_t. El esfuerzo crítico, de acuerdo con la teoría del módulo reducido, se muestra en la figura 11-32. Observe que la curva para σ_r está por arriba de la curva para σ_t, porque E_r es siempre mayor que E_t.

La teoría del módulo reducido es difícil de usar en la práctica porque E_r depende de la forma de la sección transversal así como de la curva esfuerzo-deformación y debe evaluarse para cada columna particular. Además, esta teoría tiene un defecto conceptual. Para que el módulo reducido E_r sea aplicable, el material en el lado convexo de la columna debe estar sufriendo una reducción en su esfuerzo; sin embargo, tal reducción en el esfuerzo no puede ocurrir hasta que la flexión tenga lugar en realidad. Así pues, la carga axial P, aplicada a una columna recta ideal, nunca puede alcanzar realmente la carga del módulo reducido P_r. Para esto se requeriría que ya existiese flexión, lo que es una contradicción.

Teoría de Shanley

Con base en los análisis anteriores vemos que ni la teoría del módulo tangente ni la teoría del módulo reducido explican el fenómeno del pandeo inelástico en forma totalmente racional; sin embargo, es

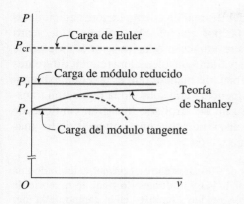

FIG. 11-33 Diagrama carga-deflexión para pandeo elástico e inelástico.

necesario entender ambas para desarrollar una teoría más completa y lógicamente consistente. Tal teoría fue postulada por F. R. Shanley en 1946 (véase la nota histórica que sigue) y se llama *teoría de Shanley del pandeo inelástico*.

La teoría de Shanley supera las dificultades de las teorías del módulo tangente y del módulo reducido, reconociendo que no es posible que una columna se pandee en forma inelástica de manera análoga al pandeo de Euler. En el pandeo de Euler se alcanza una carga crítica en que la columna está en equilibrio neutro, representado por una línea horizontal sobre el diagrama de carga-deflexión (figura 11-33). Como ya se explicó antes, ni la carga P_t del módulo tangente ni la carga P_r del módulo reducido pueden representar este tipo de comportamiento. En ambos casos llegamos a una contradicción si tratamos de asociar la carga con una condición de equilibrio neutro.

En vez de equilibrio neutro, donde es posible la súbita presencia de una forma deflexionada sin cambio en la carga, debemos pensar que una columna siempre tiene una carga axial creciente. Cuando la carga alcanza la carga del módulo tangente (que es menor que la carga del módulo reducido), la flexión puede comenzar sólo si la carga continúa aumentando. En estas condiciones, la flexión puede presentarse al mismo tiempo que un aumento de la carga, con lo que disminuye la deformación en el lado convexo de la columna. Así, el módulo efectivo del material en toda la sección transversal resulta mayor que E_t, de modo que es posible un incremento de la carga; sin embargo, el módulo efectivo no es tan grande como E_r porque E_r se basa en la inversión total de la deformación en el lado convexo de la columna. En otras palabras, E_r se basa en la cantidad de inversión de deformación que existe si la columna se flexiona sin un cambio en la fuerza axial, mientras que la presencia de una fuerza axial creciente significa que la reducción en la deformación no es tan grande.

Entonces, en vez de equilibrio neutro; donde la relación entre carga y deflexión no está definida, tenemos una relación definida entre cada valor de la carga y la deflexión correspondiente. Este comportamiento se muestra por la curva marcada "teoría de Shanley" en la figura 11-33. Observe que el pandeo comienza en la carga del módulo tangente; la carga aumenta a continuación, pero sin alcanzar la carga del módulo reducido, hasta que la deflexión se vuelve infinitamente grande (en teoría). Ahora bien, otros efectos se vuelven importantes al aumentar la deflexión y en realidad la curva termina por descender, como muestra la línea segmentada.

Numerosos investigadores y muchas pruebas han confirmado el concepto de Shanley del pandeo inelástico; sin embargo, la carga máxima alcanzada por columnas reales (véase la curva segmentada descendiente en la figura 11-33) es sólo un poco mayor que la carga P_t del módulo tangente. Además, la carga del módulo tangente se calcula con facilidad; por tanto, para fines prácticos, es razonable adoptar la **carga del módulo tangente** como la carga crítica para el pandeo inelástico de columnas.

Los análisis anteriores sobre el pandeo elástico e inelástico se basan en condiciones idealizadas. Si bien los conceptos teóricos son importantes para entender el comportamiento de las columnas, el diseño práctico de columnas debe tomar en cuenta factores adicionales no considerados en la teoría; por ejemplo, las columnas de acero siempre contienen esfuerzos residuales producidos por el proceso de laminación. Estos esfuerzos varían considerablemente en diferentes partes de la sección transversal, de manera que el nivel de esfuerzo requerido para producir la fluencia varía sobre toda la sección transversal. Por tales razones, se ha desarrollado una gran cantidad de fórmulas empíricas para el diseño de columnas; algunas de las más usadas se dan en la siguiente sección.

Nota histórica   Pasaron más de 200 años entre el primer cálculo de una carga de pandeo por Euler (en 1744) y el desarrollo final de la teoría de Shanley (en 1946). Varios investigadores famosos en el campo de la mecánica contribuyeron a este desarrollo y sus trabajos se describen en esta nota.

Después de los estudios pioneros de Euler (Ref. 11-1), poco avance se logró hasta 1845, cuando el ingeniero francés A. H. E. Lamarle señaló que la fórmula de Euler debería usarse sólo para relaciones de esbeltez mayores a cierto límite y que debería confiarse en datos experimentales para columnas con relaciones menores (Ref. 11-6). Luego, en 1889, otro ingeniero francés, A. G. Considère, publicó los resultados de las primeras pruebas completas en columnas (Ref. 11-7). Él indicó que los esfuerzos sobre el lado cóncavo de la.columna se incrementan con E_t y los esfuerzos sobre el lado convexo de la columna disminuyen con E. Así mostró por qué la fórmula de Euler no es aplicable al pandeo inelástico y estableció que el módulo efectivo tenía un valor entre E y E_t. Si bien no intentó evaluar el módulo efectivo, Considère es responsable de haber comenzado la teoría del módulo reducido.

En el mismo año y en forma independiente, el ingeniero alemán F. Engesser sugirió la teoría del módulo tangente (Ref. 11-8). Él denotó el módulo tangente con el símbolo T (igual a $d\sigma/d\epsilon$) y propuso usar T en vez de E en la fórmula de Euler para la carga crítica. Después, en marzo de 1895, Engesser presentó de nuevo la teoría del módulo tangente (Ref. 11-9), obviamente sin conocer el trabajo de Considère. En la actualidad, la teoría del módulo tangente suele llamarse *teoría de Engesser*.

Tres meses más tarde, F. S. Jasinsky, polaco de nacimiento, quien en aquel entonces era profesor en San Petersburgo, señaló que la teoría del módulo tangente de Engesser era incorrecta; además hizo notar el trabajo de Considère y presentó la teoría del módulo reducido (Ref. 11-10). Estableció también que el módulo reducido no podía calcularse a nivel teórico. Como respuesta, y sólo un mes más tarde, Engesser reconoció el error en la teoría del módulo tangente y mostró cómo calcular el módulo reducido para cualquier sección transversal (Ref. 11-11). Así, la teoría del módulo reducido también se conoce como *teoría de Considère-Engesser*.

El famoso científico Theodore von Kármán en 1908 y 1910 también presentó la teoría del módulo reducido (Refs. 11-12, 11-13 y 11-14), al parecer en forma independiente de los otros investigadores. En la referencia 11-13 él obtuvo las fórmulas para E_r para secciones rectangulares e idealizada de patín ancho (es decir, secciones de patín ancho sin alma). Él amplió la teoría para incluir los efectos de excentricidades de la carga de pandeo y mostró que la carga máxima disminuye con rapidez conforme aumenta la excentricidad.

La teoría del módulo reducido fue la teoría aceptada para el pandeo inelástico hasta 1946, cuando el profesor estadounidense de ingeniería aeronáutica, F. R. Shanley, señaló las paradojas lógicas en las teorías del módulo tangente y del módulo reducido. En un extraordinario artículo de una sola página (Ref. 11-15), Shanley no sólo explicó qué estaba equivocado en las teorías aceptadas, sino también propuso una teoría que resolvió las paradojas. En un segundo artículo, cinco meses después, presentó análisis adicionales para apoyar su teoría y dio resultados de pruebas en columnas (Ref. 11-16). Desde ese entonces, muchos otros investigadores han confirmado y ampliado el concepto de Shanley.

Para leer un excelente análisis del problema del pandeo de columnas, consulte los artículos de Hoff (Refs. 11-17 y 11-18) y para un relato histórico del problema, véase el artículo de Johnston (Ref. 11-19).

11.9 FÓRMULAS DE DISEÑO PARA COLUMNAS

En las secciones anteriores de este capítulo analizamos la capacidad teórica de carga de columnas para pandeo elástico e inelástico. Con estos datos en mente, estamos listos para examinar algunas fórmulas prácticas que se usan en el diseño de columnas. Estas fórmulas de diseño se basan no sólo en el análisis teórico, sino también en el comportamiento de las columnas reales, tal como se observa en las pruebas de laboratorio.

Los resultados teóricos están representados por las curvas de columnas mostradas en las figuras 11-29 y 11-32. Un procedimiento común de diseño es aproximar estas curvas en el intervalo inelástico de pandeo (valores bajos de la relación de esbeltez) por medio de fórmulas empíricas y usar la fórmula de Euler en el intervalo elástico (valores altos de la relación de esbeltez). Por supuesto, hay que aplicar un factor de seguridad para obtener las cargas permisibles a partir de las cargas máximas (u obtener los esfuerzos permisibles a partir de los esfuerzos máximos).

Los siguientes ejemplos de fórmulas de diseño de columnas son aplicables a columnas cargadas centralmente, de acero estructural, aluminio y madera. Las fórmulas dan los esfuerzos permisibles en términos de las propiedades de la columna, como longitud, dimensiones de la sección transversal y condiciones de soporte. Así pues, para una columna dada, el esfuerzo permisible puede entonces obtenerse con facilidad.*

Una vez conocido el esfuerzo permisible, podemos determinar la **carga permisible** multiplicándolo por el área de la sección transversal:

$$P_{\text{perm}} = \sigma_{\text{perm}} A \qquad (11\text{-}73)$$

La carga permisible debe ser mayor que la carga real para no rebasar el esfuerzo permisible.

A menudo, la selección de una columna requiere un procedimiento iterativo o de prueba y error. Tal procedimiento es necesario siempre que no conozcamos de antemano qué fórmula de diseño

---

*Las fórmulas de diseño dadas en esta sección son muestras de las numerosas fórmulas que se usan en todo el mundo. Está contemplado que se usen para la solución de los problemas al final del capítulo y no deben usarse para el diseño práctico, el cual requiere muchas consideraciones adicionales. Véase la subsección intitulada "Limitaciones" al final de esta sección.

usar. Puesto que cada fórmula es válida sólo para cierto intervalo de relaciones de esbeltez y se desconoce la relación de esbeltez en tanto no se elija la columna, por lo general no sabemos qué fórmula es aplicable hasta no hacer una prueba por lo menos.

Un **procedimiento** común de **prueba y error** para escoger una columna que deba soportar una carga axial dada es el siguiente:

1. Se estima el esfuerzo permisible σ_{perm}. (Observe que un límite superior para σ_{perm} es el esfuerzo permisible para una columna de longitud cero. Este esfuerzo se obtiene con facilidad a partir de las fórmulas de diseño y el esfuerzo estimado debe ser igual a o menor que este límite superior).

2. Se calcula un valor aproximado del área transversal A dividiendo la carga axial P dada entre el esfuerzo permisible estimado.

3. Se determina un tamaño y forma de columna que dé el área necesaria, calculando una dimensión requerida o seleccionando una columna de una tabla de perfiles disponibles.

4. Conocidas las dimensiones de una columna de prueba del paso (3), se determina el esfuerzo permisible σ_{perm} en la columna usando la fórmula de diseño apropiada.

5. Con la ecuación (11-73), se calcula la carga permisible P_{perm} y se compara con la carga real P.

6. Si la columna no es adecuada para soportar la carga dada, se escoge una columna mayor y se repite el proceso. Si la columna da la impresión de estar sobrediseñada (porque la carga permisible es mucho mayor que la carga dada), se escoge una columna menor y se repite el proceso. Por lo general bastan dos o tres tanteos para hallar la columna adecuada.

Muchas variaciones de este procedimiento son posibles, dependiendo del tipo de columna y qué cantidades se conozcan de antemano. En algunos casos puede hallarse un procedimiento directo de diseño que evite los pasos del procedimiento de prueba y error.

Acero estructural

Comencemos con las fórmulas de diseño para las columnas de acero estructural cargadas en el centro. Las siguientes fórmulas de uso común fueron adoptadas por el American Institute of Steel Construction (AISC), organización técnica que prepara especificaciones para los diseñadores de acero estructural (Ref. 5-4) y presta diversos servicios a los ingenieros. Las fórmulas de la AISC para el esfuerzo permisible en una columna se obtienen dividiendo el esfuerzo máximo entre el factor de seguridad adecuado. El término "esfuerzo máximo" se refiere al esfuerzo obtenido al tomar la carga máxima (o carga límite) que puede soportar la columna y dividiéndolo entre el área de la sección transversal.

Cuando la relación de esbeltez L/r es grande, el esfuerzo máximo se basa en la **carga de Euler:**

$$\sigma_{\text{máx}} = \frac{\pi^2 E}{(KL/r)^2} \tag{11-74}$$

donde la longitud efectiva *KL* se usa para que la fórmula sea aplicable a diversas condiciones de apoyo.

La ecuación (11-74) es válida sólo cuando los esfuerzos en la columna son menores que el límite proporcional σ_{pl}. En condiciones habituales, suponemos que el límite proporcional del acero es igual al esfuerzo de fluencia σ_Y; sin embargo, las secciones laminadas de acero (como las secciones de patín ancho) contienen esfuerzos residuales considerables, los cuales pueden ser tan grandes como la mitad del esfuerzo de fluencia. Para una columna con estas características, el límite proporcional se alcanza cuando el esfuerzo axial $\sigma_{máx}$ debido a la carga de compresión es igual a la mitad del esfuerzo de fluencia:

$$\sigma_{máx} = 0.5\sigma_Y \tag{11-75}$$

Para determinar la relación de esbeltez mínima para la cual es aplicable la ecuación (11-74), igualamos $\sigma_{máx}$ a $0.5\sigma_Y$ y despejamos el valor correspondiente de KL/r, que se conoce como la *relación de esbeltez crítica* (compárela con la ecuación 11-63):

$$\left(\frac{KL}{r}\right)_c = \sqrt{\frac{2\pi^2 E}{\sigma_Y}} \tag{11-76}$$

Si la relación de esbeltez real es igual o mayor que $(KL/r)_c$, puede usarse la fórmula de Euler para el esfuerzo máximo (ecuación 11-74). La relación de esbeltez crítica dada por la ecuación (11-76) determina la frontera entre el pandeo elástico y el inelástico para columnas laminadas de acero.

La ecuación (11-74) puede expresarse en forma adimensional dividiendo entre el esfuerzo de fluencia σ_Y y luego sustituyendo de la ecuación (11-76):

$$\frac{\sigma_{máx}}{\sigma_Y} = \frac{\pi^2 E}{\sigma_Y (KL/r)^2} = \frac{(KL/r)_c^2}{2(KL/r)^2} \qquad \frac{KL}{r} \geq \left(\frac{KL}{r}\right)_c \tag{11-77}$$

Esta ecuación está graficada en la figura 11-34 y marcada como *curva de Euler*.

Para la región de **pandeo inelástico**, donde $KL/r \leq (KL/r)_c$, el esfuerzo máximo está dado por una fórmula parabólica:

$$\frac{\sigma_{máx}}{\sigma_Y} = 1 - \frac{(KL/r)^2}{2(KL/r)_c^2} \qquad \frac{KL}{r} \leq \left(\frac{KL}{r}\right)_c \tag{11-78}$$

Esta fórmula empírica también está dibujada en la figura 11-34. Observe que la curva es una parábola con tangente horizontal en $KL/r = 0$, donde el esfuerzo máximo es igual a σ_Y. En la relación de esbeltez crítica $(KL/r)_c$, la curva se une suavemente con la curva de Euler (ambas curvas tienen la misma pendiente en el punto en que se juntan). Así, la fórmula empírica proporciona una curva de diseño que se ajusta a la forma general de las curvas teóricas (figuras 11-29 y 11-32) y además es simple en su uso. La validez de la fórmula que se va a usar en el diseño se ha comprobado en numerosas pruebas.

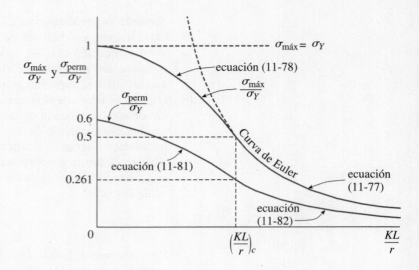

FIG. 11-34 Fórmulas de diseño para columnas de acero estructural.

Para obtener los esfuerzos permisibles a partir de los esfuerzos máximos, la AISC adoptó las siguientes fórmulas para los **factores de seguridad**:

$$n_1 = \frac{5}{3} + \frac{3(KL/r)}{8(KL/r)_c} - \frac{(KL/r)^3}{8(KL/r)_c^3} \qquad \frac{KL}{r} \leq \left(\frac{KL}{r}\right)_c \qquad (11\text{-}79)$$

$$n_2 = \frac{23}{12} \approx 1.92 \qquad \frac{KL}{r} \geq \left(\frac{KL}{r}\right)_c \qquad (11\text{-}80)$$

Así, el factor de seguridad es 5/3 cuando $KL/r = 0$ y aumenta en forma gradual hasta 23/12 cuando $KL/r = (KL/r)_c$. Para relaciones de esbeltez mayores, el factor de seguridad permanece constante en dicho valor.

Los **esfuerzos permisibles** se obtienen ahora dividiendo los esfuerzos máximos $\sigma_{\text{máx}}$ entre los factores de seguridad apropiados (n_1 o n_2); es decir,

$$\frac{\sigma_{\text{perm}}}{\sigma_Y} = \frac{1}{n_1}\left[1 - \frac{(KL/r)^2}{2(KL/r)_c^2}\right] \qquad \frac{KL}{r} \leq \left(\frac{KL}{r}\right)_c \qquad (11\text{-}81)$$

$$\frac{\sigma_{\text{perm}}}{\sigma_Y} = \frac{(KL/r)_c^2}{2n_2(KL/r)^2} \qquad \frac{KL}{r} \geq \left(\frac{KL}{r}\right)_c \qquad (11\text{-}82)$$

Estas ecuaciones para los esfuerzos permisibles también están trazadas en la figura. 11-34.

Las especificaciones AISC fijan un límite superior de 200 para la relación de esbeltez KL/r y especifican un módulo de elasticidad E igual a 29 000 klb/pulg². Además, los símbolos utilizados en las especificaciones de la AISC difieren ligeramente de los utilizados en las fórmulas anteriores; por ejemplo, la razón de esbeltez crítica se denota C_c, el esfuerzo permisible es F_a, y el esfuerzo de fluencia se denota F_y.

Todas las fórmulas de diseño mencionadas para acero estructural pueden emplearse con unidades inglesas o del Sistema Internacional; y son aplicables para las vigas de patín ancho y demás formas laminadas, así como a las columnas con secciones transversales rectangulares y circulares.

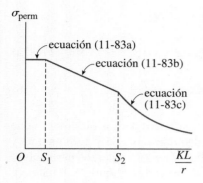

FIG. 11-35 Fórmulas de diseño para columnas de aluminio.

Aluminio

Las fórmulas de diseño para columnas de aluminio se presentan en las especificaciones de la Aluminum Association (Ref. 5-5); también se basan en las curvas dadas en las figuras 11-29 y 11-32.

La forma general de las curvas de diseño para el aluminio se muestra en la figura 11-35, donde la ordenada es el esfuerzo permisible y la abscisa es la relación de esbeltez efectiva KL/r. La relación de esbeltez S_1 separa a las columnas cortas de las medianas, y la relación S_2 separa a las columnas medianas de las largas (compárese con la figura 11-29). El esfuerzo permisible en la región de columnas cortas se basa en la resistencia a la fluencia del material; en la región de columnas medianas se basa en la fórmula del módulo tangente; y en la región de columnas largas se basa en la fórmula de Euler.

Para las columnas de aluminio en compresión directa, las fórmulas de diseño generales se expresan como sigue:

$$\sigma_{\text{perm}} = \frac{\sigma_Y}{n_Y} \qquad 0 \leq \frac{KL}{r} \leq S_1 \qquad (11\text{-}83a)$$

$$\sigma_{\text{perm}} = \frac{1}{n_u}\left(B_c - D_c\frac{KL}{r}\right) \qquad S_1 \leq \frac{KL}{r} \leq S_2 \qquad (11\text{-}83b)$$

$$\sigma_{\text{perm}} = \frac{\pi^2 E}{n_u(KL/r)^2} \qquad \frac{KL}{r} \geq S_2 \qquad (11\text{-}83c)$$

En estas ecuaciones, KL/r es la relación de esbeltez efectiva, el esfuerzo σ_Y es el esfuerzo a la fluencia en compresión (desplazado 0.2%), n_Y es el factor de seguridad con respecto al esfuerzo de fluencia, n_u es el factor de seguridad con respecto al esfuerzo último, y B_c y D_c son constantes.

Los valores de las diferentes cantidades que aparecen en las ecuaciones (11-83a, b y c) dependen de la aleación de aluminio, del temple del producto terminado y del uso que se le dará. Se dispone de numerosas aleaciones y temples, por lo que la Aluminum Association da tablas de valores con base en el material y el uso.

Como ejemplos, las siguientes fórmulas se aplican a dos aleaciones usadas a menudo en edificios y estructuras de aeronaves. En estos casos específicos, la región de columnas cortas es muy pequeña y puede combinarse con la región de columnas medianas; entonces, para estos materiales, la relación de esbeltez S_1 se toma como cero.

1. Aleación 2014-T6 $S_1 = 0$, $S_2 = 55$

$$\sigma_{\text{perm}} = 30.7 - 0.23\left(\frac{KL}{r}\right)\text{klb/pulg}^2 \quad 0 \leq \frac{KL}{r} \leq 55 \qquad (11\text{-}84a)$$

$$\sigma_{\text{perm}} = \frac{54\,000 \text{ klb/pulg}^2}{(KL/r)^2} \qquad \frac{KL}{r} \geq 55 \qquad (11\text{-}84b)$$

2. Aleación 6061-T6 $S_1 = 0, S_2 = 66$

$$\sigma_{\text{perm}} = 20.2 - 0.126\left(\frac{KL}{r}\right) \text{klb/pulg}^2 \quad 0 \le \frac{KL}{r} \le 66 \quad (11\text{-}85a)$$

$$\sigma_{\text{perm}} = \frac{51\,000 \text{ klb/pulg}^2}{(KL/r)^2} \quad \frac{KL}{r} \ge 66 \quad\quad (11\text{-}85b)$$

Observe que estas fórmulas dan los esfuerzos permisibles, por lo que ya contienen los factores de seguridad que son 1.65 y 1.95 para n_Y y n_U, respectivamente. Observe también que los esfuerzos permisibles tienen unidades de kips por pulgada cuadrada (klb/pulg^2). Finalmente, observe que las curvas de diseño (figura 11-35 en la página anterior) coinciden en la relación de esbeltez S_2 con formas marcadamente diferentes.

Madera

Los miembros estructurales de madera pueden obtenerse fácilmente en forma de madera aserrada, madera laminada encolada, y polines y pilotes redondos. Su resistencia depende de muchos factores, siendo la especie el más importante (tal como el abeto Douglas o el pino del sur) y el grado (tal como estructural seleccionada o de construcción). Entre los otros factores que afectan a la resistencia están el contenido de humedad y la duración de la carga (la madera sustenta cargas mayores para duraciones cortas que para duraciones largas).

El diseño de los miembros de madera estructural, al igual que el de los de acero y aluminio, está gobernado por reglamentos y especificaciones. En Estados Unidos, los reglamentos de diseño de más amplio uso para la madera son los de la American Forest and Paper Association (Ref. 5-6), publicados por la *National Design Specification for Wood Construction* y manuales relacionados. Las fórmulas y los requerimientos descritos en esta sección se toman de estas especificaciones. Nuestro estudio se limitará a columnas de sección transversal rectangular construidas ya sea con madera aserrada o con madera laminada encolada.

El esfuerzo permisible a compresión, paralelo al grado de la madera, se denota para la sección transversal de una columna como F'_c, que es lo mismo que σ_{perm} en la notación de este libro. Por tanto, la carga axial permisible para una columna cargada centralmente es

$$P_{\text{perm}} = \sigma_{\text{perm}}A = F'_c A \quad\quad (11\text{-}86)$$

en donde A es el área transversal de la columna.

El esfuerzo permisible F'_c que se usa en la ecuación anterior está dado en las especificaciones como

$$F'_c = F_c C^* C_P = F^*_c C_P \quad\quad (11\text{-}87)$$

en donde F_c es el esfuerzo de diseño a compresión para la especie específica y el grado de la madera, C^* es un factor de ajuste para las diferentes condiciones de servicio, C_P es el factor de estabilidad de la columna y F^*_c es el esfuerzo de diseño a compresión ajustado (igual al producto de F_c por el factor de ajuste C^*). Ahora se describirá cada uno de estos términos.

El **esfuerzo de diseño** F_c se basa en pruebas de laboratorio de probetas de madera y se lista en tablas de las especificaciones. Por ejemplo, los valores típicos de F_c para el grado estructural del abeto Douglas y del pino del sur están en el intervalo de 700 a 2 000 lb/pulg^2 (5 a 14 MPa).

El **factor de ajuste** C^* considera a las condiciones de servicio, es decir, las condiciones reales de uso, incluyendo la duración de la carga, las condiciones de humedad y las altas temperaturas. Para resolver los problemas de este libro, se supondrá $C^* = 1.0$, que es muy razonable para condiciones interiores ordinarias.

El **factor de estabilidad de columna** C_P se basa en las consideraciones de pandeo análogas a las descritas en relación con las figuras 11-29 y 11-32. Para columnas de madera, se ha planteado una fórmula de pandeo individual que cubre la región completa del comportamiento de la columna, incluyendo columnas cortas, medianas y largas. La fórmula, que se presenta como la ecuación (11-89), da el factor de estabilidad C_P en términos de varias variables, una de las cuales es la **relación de esbeltez de la madera**:

$$\text{Relación de esbeltez de la madera} = \frac{L_e}{d} \qquad (11\text{-}88)$$

en donde L_e es la longitud efectiva de pandeo y d es el peralte de la sección transversal en el plano de pandeo.

La **longitud efectiva** L_e que aparece en la relación de esbeltez de la madera es la misma que la longitud efectiva KL en nuestro estudio anterior (véase la figura 11-19). Sin embargo, observe cuidadosamente que la relación de esbeltez L_e/d **no** es la misma que la relación de esbeltez L/r que se usó anteriormente (véase la ecuación 11-17). La dimensión d es el *peralte* de la sección transversal del plano de pandeo, mientras que r es el *radio de giro* de la sección transversal del plano de pandeo. Observe también que el valor máximo permisible de la relación de esbeltez de la madera L_e/d es 50.

El **factor de estabilidad de columna** C_P se calcula a partir de la siguiente fórmula:

$$C_P = \frac{1 + (F_{cE}/F_c^*)}{2c} - \sqrt{\left[\frac{1 + (F_{cE}/F_c^*)}{2c}\right]^2 - \frac{F_{cE}/F_c^*}{c}} \quad (11\text{-}89)$$

en donde F_{cE} es el coeficiente de pandeo de Euler (ecuación 11-90), F_c^* es el esfuerzo de diseño a compresión ajustado (véase la ecuación 11-87) y c es una constante que depende del tipo de columna (por ejemplo, $c = 0.8$ para madera aserrada y 0.9 para madera laminada encolada).

El **coeficiente de pandeo de Euler** se define como sigue:

$$F_{cE} = \frac{K_{cE}E'}{(L_e/d)^2} \qquad (11\text{-}90)$$

en donde K_{cE} es un coeficiente de pandeo, E' es el módulo de elasticidad ajustado y L_e/d es la relación de esbeltez de la madera.

El coeficiente K_{cE} se basa en el método de clasificación y es igual a 0.3 para madera clasificada visualmente y 0.418 para madera laminada encolada. El módulo ajustado E' es igual al módulo de elasticidad E multiplicado por un factor de ajuste para condiciones de servicio. Para resolver los problemas de este libro, se supondrá que estos factores de ajuste son iguales a 1.0 y que por lo tanto $E' = E$. Los valores típicos del módulo E para madera estructural están en el intervalo de 1 200 000 a 2 000 000 lb/pulg^2 (8 a 14 GPa).

En resumen, las ecuaciones (11-86) a (11-90) son las **ecuaciones generales** para el pandeo de columnas de madera. Sin embargo, para resolver los problemas de este libro, suponemos las siguientes **condiciones específicas**:

1. Las columnas tienen sección transversal rectangular y se construyen de madera aserrada o de madera laminada encolada.
2. El factor de ajuste $C^* = 1.0$, y por tanto, pueden usarse las siguientes tres relaciones:

$$F_c' = \sigma_{\text{perm}} = F_c C_P \qquad F_c^* = F_c \qquad \text{(11-91a ,b)}$$

$$P_{\text{perm}} = F_c' A = F_c C_P A \qquad \text{(11-92)}$$

3. La constante $c = 0.8$ o 0.9 (para madera aserrada y madera laminada encolada, respectivamente).
4. El coeficiente $K_{cE} = 0.3$ o 0.418 (para madera aserrada y madera laminada encolada, respectivamente).
5. El módulo $E' = E$.

En estas condiciones, la ecuación para el coeficiente de pandeo de Euler (ecuación 11-90) se transforma en

$$F_{cE} = \frac{K_{cE}E}{(L_e/d)^2} \qquad \text{(11-93)}$$

y la relación adimensional F_{cE}/F_c^* que denotaremos con la letra griega φ se transforma en

$$\varphi = \frac{F_{cE}}{F_c^*} = \frac{K_{cE}E}{F_c(L_e/d)^2} \qquad \text{(11-94)}$$

Con esta notación simplificada, la ecuación para el factor de estabilidad de columna se transforma en

$$C_P = \frac{1 + \varphi}{2c} - \sqrt{\left[\frac{1 + \varphi}{2c}\right]^2 - \frac{\varphi}{c}} \qquad \text{(11-95)}$$

Observe que la relación de esbeltez Le/d entra en el cálculo de C_P mediante la relación φ.

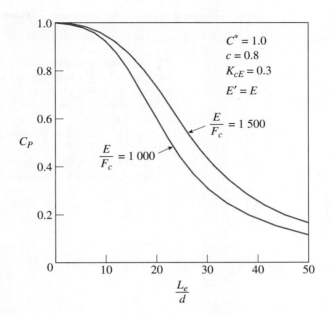

FIG. 11-36 Curvas características del factor de estabilidad de columna C_P (columnas rectangulares de madera).

En la figura 11-36 se muestra una **gráfica del factor de estabilidad**. Las curvas de C_P se grafican para dos valores de la relación E/F_c. Observe que ambas curvas tienen pendiente cero para L_e/d igual a cero y ambas curvas terminan en $L_e/d = 50$, que es el límite superior permitido por las especificaciones. Aunque estas curvas se grafican para valores específicos de los diferentes parámetros, en general muestran como varia el factor de estabilidad con la relación de esbeltez L_e/d.

Limitantes

Las fórmulas para el diseño de columnas de acero, aluminio y madera que hemos mencionado, sólo deben usarse para la solución de los problemas propuestos en este texto; no se deben aplicar al diseño de columnas reales porque representan sólo una pequeña parte del proceso completo de diseño. Además de los analizados aquí, muchos factores intervienen en el diseño de columnas, por lo que se deben consultar textos sobre diseño estructural antes de diseñar una columna para una aplicación específica.

Además, todas las fórmulas de diseño presentadas en especificaciones y códigos, como las fórmulas dadas en esta sección, requieren cierta experiencia para su uso. Hay muchos casos de estructuras que "cumplían con el código" y se desplomaron o fallaron al no funcionar de manera adecuada. Satisfacer los requisitos del código no es suficiente para un diseño seguro; es esencial también la experiencia práctica en el diseño.

Ejemplo 11-5

Una columna de acero está construida con un perfil W 10 × 60 de patín ancho (figura 11-37). Suponer que la columna está articulada en sus extremos y que puede pandearse en cualquier dirección. Suponer también que el acero tiene módulo de elasticidad $E = 29\,000$ klb/pulg^2 y esfuerzo de fluencia $\sigma_Y = 36$ klb/pulg^2.

a) Si la longitud de la columna es $L = 20$ pies, ¿cual es la carga axial permisible?

b) Si la columna está sometida a una carga axial $P = 200$ klb, ¿cuál es la longitud permisible máxima?

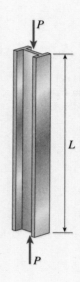

FIG. 11-37 Ejemplo 11-5. Columna de acero de patín ancho.

Solución

Usaremos las fórmulas AISC (ecuaciones 11-79 a la 11-82) al analizar esta columna. Como tiene soportes de pasador, el factor de longitud efectiva $K = 1$. Además, puesto que se pandeará respecto al eje débil de flexión, usaremos el menor radio de giro:

$$r = 2.57 \text{ pulg}$$

valor obtenido en la tabla E-1 del apéndice E. La relación de esbeltez crítica (ecuación 11-76) es

$$\left(\frac{KL}{r}\right)_c = \sqrt{\frac{2\pi^2 E}{\sigma_Y}} = \sqrt{\frac{2\pi^2(29\,000 \text{ klb/pulg}^2)}{36 \text{ klb/pulg}^2}} = 126.1 \qquad \text{(a)}$$

a) *Carga axial permisible.* Si la longitud $L = 20$ pies, la relación de esbeltez de la columna es

$$\frac{L}{r} = \frac{(20 \text{ pies})(12 \text{ pulg/pie})}{2.57 \text{ pulg}} = 93.4$$

que es menor que la relación crítica (ecuación a); por tanto, usaremos las ecuaciones (11-79) y (11-81) para obtener el factor de seguridad y el esfuerzo permisible, respectivamente:

$$n_1 = \frac{5}{3} + \frac{3(KL/r)}{8(KL/r)_c} - \frac{(KL/r)^3}{8(KL/r)_c^3} = \frac{5}{3} + \frac{3(93.4)}{8(126.1)} - \frac{(93.4)^3}{8(126.1)^3} = 1.89$$

$$\frac{\sigma_{\text{perm}}}{\sigma} = \frac{1}{n_1}\left[1 - \frac{(KL/r)^2}{2(KL/r)_c^2}\right] = \frac{1}{1.89}\left[1 - \frac{(93.4)^2}{2(126.1)^2}\right] = 0.384$$

$$\sigma_{\text{perm}} = 0.384\sigma_Y = 0.384(36 \text{ klb/pulg}^2) = 13.8 \text{ klb/pulg}^2$$

Como el área de la sección transversal de la columna es $A = 17.6 \text{ pulg}^2$ (de la tabla E-1), la carga axial permisible es

$$P_{\text{perm}} = \sigma_{\text{perm}} A = (13.8 \text{ klb/pulg}^2)(17.6 \text{ pulg}^2) = 243 \text{ klb} \quad \Longleftarrow$$

b) *Longitud permisible máxima.* Para determinar la longitud máxima cuando la carga axial $P = 200$ klb, comenzamos con un valor estimado de la longitud y usamos un procedimiento de prueba y error. Observe que cuando la carga $P = 200$ klb, la longitud máxima es mayor que 20 pies (porque a una longitud de 20 pies corresponde una carga axial de 243 klb); por tanto, como valor de prueba supondremos $L = 25$ pies. La relación de esbeltez correspondiente es

$$\frac{L}{r} = \frac{(25 \text{ pies})(12 \text{ pulg/pie})}{2.57 \text{ pulg}} = 116.7$$

que es menor que la relación crítica. Así pues, usamos de nuevo las ecuaciones (11-79) y (11-81) para obtener el factor de seguridad y el esfuerzo permisible:

$$n_1 = \frac{5}{3} + \frac{3(KL/r)}{8(KL/r)_c} - \frac{(KL/r)^3}{8(KL/r)_c^3} = \frac{5}{3} + \frac{3(116.7)}{8(126.1)} - \frac{(116.7)^3}{8(126.1)^3} = 1.915$$

$$\frac{\sigma_{\text{perm}}}{\sigma_Y} = \frac{1}{n_1}\left[1 - \frac{(KL/r)^2}{2(KL/r)_c^2}\right] = \frac{1}{1.915}\left[1 - \frac{(116.7)^2}{2(126.1)^2}\right] = 0.299$$

$$\sigma_{\text{perm}} = 0.299\sigma_Y = 0.299(36 \text{ klb/pulg}^2) = 10.8 \text{ klb/pulg}^2$$

La carga axial permisible correspondiente a una longitud $L = 25$ pies es entonces

$$P_{\text{perm}} = \sigma_{\text{perm}} A = (10.8 \text{ klb/pulg}^2)(17.6 \text{ pulg}^2) = 190 \text{ klb}$$

que es menor que la carga dada de 200 klb. En consecuencia la longitud permisible es menor que 25 pies.

Efectuamos cálculos similares para $L = 24.0$ pies y $L = 24.5$ pies, con lo cual obtenemos los siguientes resultados:

$$L = 24.0 \text{ pies} \qquad P_{\text{perm}} = 201 \text{ klb}$$

$$L = 24.5 \text{ pies} \qquad P_{\text{perm}} = 194 \text{ klb}$$

$$L = 25.0 \text{ pies} \qquad P_{\text{perm}} = 190 \text{ klb}$$

Al interpolar entre estos resultados, vemos que una carga de 200 klb corresponde a una longitud de 24.1 pies. La longitud permisible máxima de la columna es entonces

$$L_{\text{máx}} = 24.1 \text{ pies} \quad \Longleftarrow$$

Ejemplo 11-6

Encuentre el espesor mínimo requerido $t_{\text{mín}}$ para una columna tubular de acero de longitud $L = 3.6$ m y diámetro exterior $d = 160$ mm que debe soportar una carga axial $P = 240$ kN (figura 11-38). La columna está empotrada en su base y libre en su parte superior (use $E = 200$ GPa y $\sigma_Y = 250$ MPa).

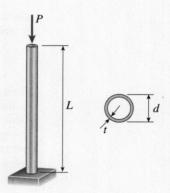

FIG. 11-38 Ejemplo 11-6. Columna tubular de acero.

Solución

Usaremos las fórmulas AISC (ecuaciones 11-79 a la 11-82) al analizar esta columna. Como tiene condiciones de extremo empotrado y libre, la longitud efectiva es

$$L_e = KL = 2(3.6 \text{ m}) = 7.2 \text{ m}$$

La relación de esbeltez crítica (ecuación 11-76) es

$$\left(\frac{KL}{r}\right)_c = \sqrt{\frac{2\pi^2 E}{\sigma_Y}} = \sqrt{\frac{2\pi^2(200 \text{ GPa})}{250 \text{ MPa}}} = 125.7 \qquad \text{(b)}$$

Primera prueba. Para determinar el espesor requerido de la columna, usaremos un método de prueba y error. Comencemos suponiendo un valor de prueba $t = 7.0$ mm. El momento de inercia del área de la sección transversal es entonces

$$I = \frac{\pi}{64}\left[d^4 - (d - 2t)^4\right] = \frac{\pi}{64}\left[(160 \text{ mm})^4 - (146 \text{ mm})^4\right] = 9.866 \times 10^6 \text{ mm}^4$$

Además, el área de la sección transversal y el radio de giro son

$$A = \frac{\pi}{4}\left[d^2 - (d - 2t)^2\right] = \frac{\pi}{4}\left[(160 \text{ mm})^2 - (146 \text{ mm})^2\right] = 3\,365 \text{ mm}^2$$

$$r = \sqrt{\frac{I}{A}} = \sqrt{\frac{9.866 \times 10^6 \text{ mm}^4}{3\,365 \text{ mm}^2}} = 54.15 \text{ mm}$$

Por tanto, la relación de esbeltez de la columna es

$$\frac{KL}{r} = \frac{2(3.6 \text{ m})}{54.15 \text{ mm}} = 133.0$$

Puesto que esta relación es mayor que la relación crítica de esbeltez (ecuación b), obtenemos el factor de seguridad y el esfuerzo permisible de las ecuaciones (11-80) y (11-82):

$$n_2 = 1.92$$

$$\frac{\sigma_{\text{perm}}}{\sigma_Y} = \frac{(KL/r)_c^2}{2n_2(KL/r)^2} = \frac{(125.7)^2}{2(1.92)(133.0)^2} = 0.2326$$

$$\sigma_{\text{perm}} = 0.2326\sigma_Y = 0.2326(250 \text{ MPa}) = 58.15 \text{ MPa}$$

La carga axial permisible es entonces

$$P_{\text{perm}} = \sigma_{\text{perm}} A = (58.15 \text{ MPa})(3\,365 \text{ mm}^2) = 196 \text{ kN}$$

Como esta carga es menor que la carga requerida de 240 kN, debemos ensayar un valor mayor para el espesor t.

Pruebas adicionales. Efectuamos cálculos similares a los anteriores, pero con $t = 8$ mm y $t = 9$ mm, y obtenemos estos resultados:

$$t = 7.0 \text{ mm} \qquad P_{\text{perm}} = 196 \text{ kN}$$

$$t = 8.0 \text{ mm} \qquad P_{\text{perm}} = 220 \text{ kN}$$

$$t = 9.0 \text{ mm} \qquad P_{\text{perm}} = 243 \text{ kN}$$

Por interpolación, vemos que $t = 8.9$ mm corresponde a una carga de 240 kN; por tanto, el espesor requerido de la columna tubular es

$$t_{\text{mín}} = 8.9 \text{ mm} \qquad \blacktriangleleft$$

Un tubo de aluminio (aleación 2014-T6) con longitud efectiva $L = 16.0$ pulg está comprimido por una fuerza axial $P = 5.0$ klb (figura 11-39).

Determinar el diámetro exterior mínimo requerido d si el espesor t es igual a un décimo del diámetro exterior.

Solución

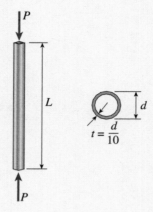

FIG. 11-39 Ejemplo 11-7. Tubo de aluminio en compresión.

Usaremos las fórmulas de la Aluminum Association para la aleación 2014-T6 (ecuaciones 11-84a y b) al analizar esta columna; sin embargo, precisamos un tanteo inicial respecto a qué fórmula es aplicable, porque cada fórmula se aplica a un intervalo diferente de relaciones de esbeltez. Supongamos que la relación de esbeltez del tubo es menor que 55, en cuyo caso usamos la ecuación (11-84b) con $K = 1$:

$$\sigma_{\text{perm}} = 30.7 - 0.23\left(\frac{L}{r}\right) \text{klb/pulg}^2 \qquad \text{(c)}$$

En esta ecuación podemos reemplazar el esfuerzo permisible con el esfuerzo real P/A; es decir, con la carga axial dividida entre el área de la sección transversal. El área de la sección transversal es

$$A = \frac{\pi}{4}\left[d^2 - (d - 2t)^2\right] = \frac{\pi}{4}\left[d^2 - (0.8d)^2\right] = 0.2827d^2 \qquad \text{(d)}$$

Por tanto, el esfuerzo P/A es

$$\frac{P}{A} = \frac{5.0 \text{ klb}}{0.2827d^2} = \frac{17.69}{d^2}$$

en donde P/A tiene unidades de kips por pulgada cuadrada (klb/pulg²) y d tiene unidades de pulgadas (pulg). Sustituimos en la ecuación (c) y obtenemos

$$\frac{17.69}{d^2} = 30.7 - 0.23\left(\frac{L}{r}\right) \text{klb/pulg}^2 \qquad \text{(e)}$$

La relación de esbeltez L/r también puede expresarse en términos del diámetro d. Encontramos primero el momento de inercia de la sección transversal y radio de giro de la sección transversal:

$$I = \frac{\pi}{64}\left[d^4 - (d-2t)^4\right] = \frac{\pi}{64}\left[d^4 - (0.8d)^4\right] = 0.02898d^4$$

$$r = \sqrt{\frac{I}{A}} = \sqrt{\frac{0.02898d^4}{0.2827d^2}} = 0.3202d$$

Por tanto, la relación de esbeltez es

$$\frac{L}{r} = \frac{16.0 \text{ pulg}}{0.3202d} = \frac{49.97 \text{ pulg}}{d} \tag{f}$$

donde (igual que antes) el diámetro d tiene unidades de pulgadas.

Sustituimos en la ecuación (e) y obtenemos la siguiente ecuación, en donde d es la única incógnita:

$$\frac{17.69}{d^2} = 30.7 - 0.23\left(\frac{49.97}{d}\right)$$

Con un pequeño reordenamiento de los términos, esta ecuación resulta en

$$30.7d^2 - 11.49d - 17.69 = 0$$

de donde encontramos

$$d = 0.97 \text{ pulg}$$

Este resultado es satisfactorio, siempre que la relación de esbeltez sea menor que 55, como se requiere para que la ecuación (c) sea válida. Para confirmar que este es el caso, calculamos la relación de esbeltez de la ecuación (f):

$$\frac{L}{r} = \frac{49.97 \text{ pulg}}{d} = \frac{49.97 \text{ pulg}}{0.97 \text{ pulg}} = 51.5$$

Por tanto, la solución es válida y el diámetro mínimo requerido es

$$d_{\text{mín}} = 0.97 \text{ pulg} \qquad \longleftarrow$$

Ejemplo 11-8

Un poste de madera de sección transversal rectangular (figura 11-40), está construido de madera de pino Douglas que tiene un esfuerzo de diseño a la compresión de $F_c = 11$ MPa y un módulo de elasticidad $E = 13$ GPa). La longitud del poste es L y las dimensiones de la sección transversal son b y h. Los apoyos en los extremos del poste suministran condiciones de articulaciones en los extremos, de modo que la longitud L se transforma en la longitud efectiva L_e. El pandeo puede presentarse libremente con respecto a cualquiera de los dos ejes principales de la sección transversal. (*Nota:* ya que el poste está hecho de madera aserrada, la constante c es igual a 0.8 y el coeficiente K_{cE} es igual a 0.3.)

a) Determinar la carga axial permisible P_{perm} si $L = 1.8$ m, $b = 120$ mm y $h = 160$ mm.

b) Determinar la longitud permisible máxima $L_{máx}$ si la carga axial $P = 100$ kN, $b = 120$ mm y $h = 160$ mm.

c) Determinar el ancho mínimo $b_{mín}$ de la sección transversal si la columna es cuadrada, $P = 125$ kN y $L = 2.6$ m.

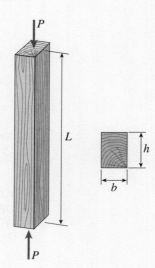

FIG. 11-40 Ejemplo 11-8. Poste de madera en compresión.

Solución

a) *Carga axial permisible.* La carga permisible (de la ecuación 11-92) es

$$P_{perm} = F'_c A = F_c C_P A$$

en donde $F_c = 11$ MPa y

$$A = bh = (120 \text{ mm})(160 \text{ mm}) = 19.2 \times 10^3 \text{ mm}^2$$

Para encontrar el factor de estabilidad C_P, calculamos primero la relación de esbeltez como sigue:

$$\frac{L_e}{d} = \frac{1.8 \text{ m}}{120 \text{ mm}} = 15$$

En donde d es la dimension mínima de la seccion transversal. Enseguida obtenemos la relación φ de la ecuación (11-94):

$$\varphi = \frac{F_{cE}}{F_c^*} = \frac{K_{cE}E}{F_c(L_e/d)^2} = \frac{(0.3)(13 \text{ GPa})}{(11 \text{ MPa})(15)^2} = 1.5758$$

Entonces sustituimos φ en la ecuación (11-95) para C_P, mientras que se usa también $c = 0.8$, y obtenemos

$$C_P = \frac{1 + 1.5758}{1.6} - \sqrt{\left[\frac{1 + 1.5758}{1.6}\right]^2 - \frac{1.5758}{0.8}} = 0.8212$$

Finalmente, la carga axial permisible es

$$P_{\text{perm}} = F_c C_P A = (11 \text{ MPa})(0.8212)(19.2 \times 10^3 \text{ mm}^2) = 173 \text{ kN} \quad \Longleftarrow$$

b) *Longitud máxima permisible.* Comenzamos con la determinación del valor requerido de C_P. Al rearreglar la ecuación (11-92) y reemplazar P_{perm} con la carga P, obtenemos la fórmula para C_P que se muestra enseguida. Entonces sustituimos los valores numéricos y obtenemos el siguiente resultado:

$$C_P = \frac{P}{F_c A} = \frac{100 \text{ kN}}{(11 \text{ MPa})(19.2 \times 10^3 \text{ mm}^2)} = 0.47348$$

Sustituyendo este valor de C_P en la ecuación (11-95) y también haciendo c igual a 0.8, obtenemos la siguiente ecuación en donde φ es la única incógnita:

$$C_P = 0.47348 = \frac{1 + \varphi}{1.6} - \sqrt{\left[\frac{1 + \varphi}{1.6}\right]^2 - \frac{\varphi}{0.8}}$$

Al resolver numéricamente por prueba y error encontramos

$$\varphi = 0.55864$$

Finalmente, de la ecuación (11-94) obtenemos

$$\frac{L}{d} = \sqrt{\frac{K_{cE}E}{\varphi F_c}} = \sqrt{\frac{(0.3)(13 \text{ GPa})}{(0.55864)(11 \text{ MPa})}} = 25.19$$

y

$$L_{\text{máx}} = 25.19d = (25.19)(120 \text{ mm}) = 3.02 \text{ m} \quad \Longleftarrow$$

continúa

Cualquier valor mayor de la longitud L producirá un valor menor de C_P y por lo tanto una carga P que es menor que la carga real de 100 kN.

c) *Ancho mínimo de la sección transversal cuadrada.* El ancho mínimo $b_{mín}$ puede encontrarse por prueba y error, usando el procedimiento descrito en la parte (a). Los pasos son como sigue:

1. Seleccionar un valor de prueba de b (metros)
2. Calcular la relación de esbeltez $L/d = 2.6/b$ (adimensional)
3. Calcular la relación φ de la ecuación (11-94):

$$\varphi = \frac{K_{cE}E}{F_c(L_e/d)^2} = \frac{(0.3)(13 \text{ GPa})}{(11 \text{ MPa})(2.6/b)^2} = 52.448b^2 \quad \text{(adimensional)}$$

4. Sustituir φ en la ecuación (11-95) y calcular C_P (adimensional)
5. Calcular la carga P a partir de la ecuación (11-92):

$$P = F_c C_P A = (11 \text{ MPa})(C_P)(b^2) = 11\,000\ C_P b^2 \text{ (kilonewtons)}$$

6. Comparar el valor calculado de P con la carga dada de 125 kN. Si P es menor que 125 kN, seleccione un valor de prueba mayor para b y repita los pasos (2) a (7). Si P es mayor que 125 kN por una cantidad apreciable, seleccione un valor menor de b y repita los pasos. Continuar hasta que P alcance un valor satisfactorio.

Consideremos un valor de prueba de b igual a 130 mm o 0.130 m. Entonces los pasos (2) a (5) producen los siguientes resultados:

$$L/d = 2.6/b = 20 \qquad \varphi = 52.448\ b^2 = 0.88637$$

$$C_P = 0.64791 \qquad P = 11\,000\ C_P b^2 = 120.4 \text{ kN}$$

Ya que la carga dada es 125 kN, seleccionamos un valor mayor de b, por ejemplo 0.132 m para la siguiente prueba. Al proceder de esta manera con pruebas sucesivas, obtenemos los siguientes resultados:

$$b = 0.132 \text{ m}; P = 126.3 \text{ kN} \qquad b = 0.131 \text{ m}; P = 123.4 \text{ kN}$$

Por tanto, el ancho mínimo de la sección trasnversal cuadrada es

$$b_{mín} = 0.132 \text{ m} = 132 \text{ m} \qquad \longleftarrow$$

PROBLEMAS DEL CAPÍTULO 11

Modelos idealizados del pandeo

11.2-1 al 11.2-4 La figura muestra una estructura idealizada que consiste en una o más **barras rígidas** con conexiones articuladas y resortes elástico-lineales. La rigidez
rotatoria se denota β_R y la rigidez translacional se denota β.

Determine la carga crítica P_{cr} para la estructura.

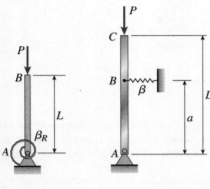

PROB. 11.2-1   PROB. 11.2-2

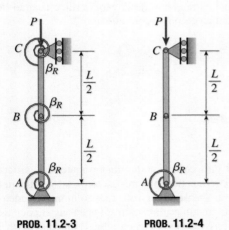

PROB. 11.2-3   PROB. 11.2-4

Cargas críticas de columnas con soportes articulados

*Los problemas de la sección 11.3 deben resolverse usando
las hipótesis de columnas ideales, esbeltas, prismáticas y
elástico lineales (pandeo de Euler). El pandeo ocurre en
el plano de la figura, a menos que se indique otra cosa.*

11.3-1 Calcule la carga crítica P_{cr} para una columna de
acero W 8 × 35 (véase la figura) con longitud $L = 24$
pies y $E = 30 × 10^6$ lb/pulg^2 en las siguientes condiciones:

a) La columna se pandea por flexión respecto a su
eje fuerte (eje 1-1) y b) se pandea por flexión respecto a
su eje débil (eje 2-2). En ambos casos, suponga que la columna tiene extremos articulados.

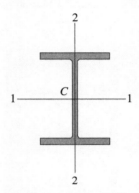

PROBS. 11.3-1 al 11.3-3

11.3-2 Resuelva el problema anterior para una columna
de acero W 10 × 60 con longitud $L = 30$ pies.

11.3-3 Resuelva el problema 11.3-1 para una columna de
acero W 10 × 45 con longitud $L = 28$ pies.

11.3-4 Una viga horizontal AB está sostenida mediante
un pasador en su extremo A y soporta una carga Q en el
extremo B, como se muestra en la figura. La viga está
sostenida en el punto C por una columna de extremo articulado. La columna es una barra sólida de acero ($E =$
200 GPa) de sección transversal cuadrada, con longitud
$L = 1.8$ m y dimensiones laterales $b = 60$ mm.

Con base en la carga crítica de la columna, determine la carga Q permisible si el factor de seguridad con
respecto al pandeo es $n = 2.0$.

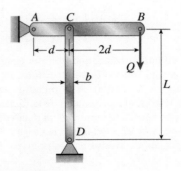

PROBS. 11.3-4 y 11.3-5

11.3-5 Resuelva el problema anterior considerando que la columna es de aluminio ($E = 10 \times 10^6$ lb/pulg^2), de longitud $L = 30$ pulg, dimensión lateral $b = 1.5$ pulg y factor de seguridad $n = 1.8$ (véase la figura anterior).

11.3-6 Una viga AB horizontal está articulada en el extremo A y soporta una carga Q en el extremo B, como se muestra en la figura. La viga está soportada en C y D por dos columnas idénticas articuladas de longitud L. Cada columna tiene rigidez EI por flexión.

¿Cuál es la carga crítica Q_{cr}? (En otras palabras, con qué carga Q_{cr} falla el sistema debido al pandeo de Euler en las columnas.)

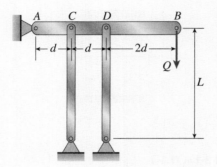

PROB. 11.3-6

11.3-7 Una barra AB esbelta con extremos articulados y longitud L está fija entre soportes inmóviles (véase la figura).

¿Qué incremento ΔT en la temperatura de la barra producirá pandeo con la carga de Euler?

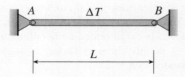

PROB. 11.3-7

11.3-8 Una columna rectangular con dimensiones transversales b y h está soportada por pasadores en los extremos A y C (véase la figura). A la mitad de la altura, la columna está restringida en el plano de la figura pero puede deflexionarse perpendicularmente al plano de la figura.

Determine la razón h/b tal que la carga crítica sea la misma para pandeo en los dos planos principales de la columna.

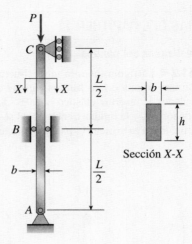

PROB. 11.3-8

11.3-9 Se unen tres barras circulares sólidas idénticas, cada una de radio r y longitud L, para formar un miembro a compresión (véase la sección transversal mostrada en la figura).

Suponga condiciones de extremos articulados y determine la carga crítica P_{cr} como sigue: a) Las barras actúan independientemente como columnas individuales y b) las barras están unidas con material epóxico en toda la longitud, por lo que pueden funcionar como un solo miembro.

¿Cuál es el efecto de la carga crítica cuando las barras se actúan como un solo miembro?

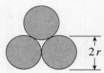

PROB. 11.3-9

11.3-10 Tres columnas del mismo material y articuladas en sus extremos tienen la misma longitud y la misma área transversal (véase la figura). Las columnas pueden pandearse en cualquier dirección y tienen las siguientes secciones transversales: 1) un círculo; 2) un cuadrado y 3) un triángulo equilátero.

Determine las razones $P_1 : P_2 : P_3$ de las cargas críticas para estas columnas.

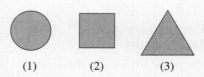

PROB. 11.3-10

11.3-11 Una columna *ABC* larga esbelta está articulada en sus extremos *A* y *C* y está comprimida por una fuerza axial *P* (véase la figura). En el punto medio *B* cuenta con soporte lateral para prevenir deflexión en el plano de la figura. La columna está hecha con un perfil de acero de patín ancho (W 10 × 45) con $E = 30 \times 10^6$ lb/pulg². La distancia entre soportes laterales es *L* = 18 pies.

Calcule la carga permisible *P* usando un factor de seguridad *n* = 2.4 y tomando en cuenta la posibilidad de que el pandeo de Euler ocurra respecto a cualquiera de los ejes centroidales principales (es decir, el eje 1-1 o el eje 2-2).

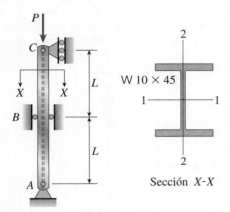

PROB. 11.3-11

11.3-12 El techo de vidrio sobre el recibidor de un museo está soportado por medio de cables pretensados. En un nudo característico de la estructura del techo, un puntal *AB* está comprimido por la acción de fuerzas de tensión *F* en un cable que forma un ángulo $\alpha = 75°$ con el puntal (véase la figura). El puntal es un tubo circular de aluminio ($E = 72$ GPa) con diámetro exterior $d_2 = 50$ mm y diámetro interior $d_1 = 40$ mm. El puntal tiene 1.0 m de largo y se supone articulado en sus dos extremos.

Determine la fuerza permisible *F* en el cable usando un factor de seguridad *n* = 2.5 con respecto a la carga crítica.

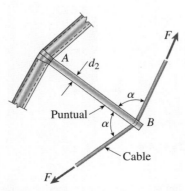

PROB. 11.3-12

11.3-13 En la figura se muestra el dispositivo izador para un gran tubo. El separador es una sección tubular de acero con diámetro exterior de 2.75 pulg y diámetro interior de 2.25 pulg. Su longitud es de 8.5 pies y su módulo de elasticidad es de 29×10^6 lb/pulg².

Con base en un factor de seguridad de 2.25 con respecto al pandeo de Euler del separador, ¿cuál es el peso máximo de tubo que puede levantarse? (Suponga condiciones articuladas en los extremos del separador.)

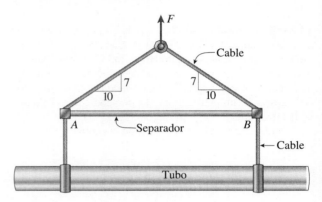

PROB. 11.3-13

11.3-14 Un puntal de aluminio ($E = 72$ GPa) articulado en sus extremos con longitud *L* = 1.8 m está construido con un tubo circular de diámetro exterior *d* = 50 mm (véase la figura). El puntal debe resistir una carga axial *P* = 18 kN con un factor de seguridad *n* = 2.0 con respecto a la carga crítica.

Determine el espesor *t* requerido para el tubo.

d = 50 mm

PROB. 11.3-14

11.3-15 La sección transversal de una columna construida con dos vigas I de acero (secciones S 6 × 17.25) se muestra en la figura. Las vigas están unidas mediante barras espaciadoras, o *de enlace*, para garantizar que actúen conjuntamente como una sola columna (en la figura, el enlace está representado con líneas segmentadas).

Se supone que la columna tiene extremos articulados y que se puede pandear en cualquier dirección. Suponga $E = 30 \times 10^6$ lb/pulg² y *L* = 27.5 pies y calcule la carga crítica P_{cr} para la columna.

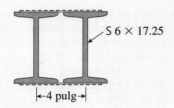

$S\ 6 \times 17.25$

|←4 pulg→|

PROB. 11.3-15

11.3-16 La armadura ABC mostrada en la figura soporta una carga vertical W en el nudo B. Cada miembro es un tubo de acero circular esbelto ($E = 200$ GPa) con diámetro exterior de 100 mm y espesor de pared de 6.0 mm. La distancia entre soportes es 7.0 m. El nudo B está restringido contra desplazamiento en sentido perpendicular al plano de la armadura.

Determine el valor crítico W_{cr} de la carga.

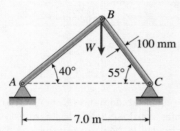

PROB. 11.3-16

11.3-17 Una armadura ABC soporta una carga W en el nudo B, como se muestra en la figura. La longitud L_1 del miembro AB es fija pero la longitud del puntal BC varía al cambiar el ángulo θ. El puntal BC tiene una sección transversal circular sólida. El nudo B está restringido contra desplazamiento en sentido perpendicular al plano de la armadura.

Suponga que la falla se presenta por pandeo de Euler en el puntal y determine el ángulo θ para tener peso mínimo en el puntal.

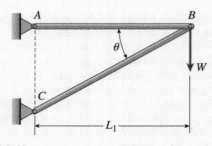

PROB. 11.3-17

Columnas con otras condiciones de soporte

Los problemas de la sección 11.4 deben resolverse usando las hipótesis de columnas ideales, esbeltas, prismáticas y linealmente elásticas (pandeo de Euler). El pandeo se manifiesta en el plano de la figura, a menos que se indique otra cosa.

11.4-1 Una columna tubular de aluminio ($E = 10\ 400$ klb/pulg^2) con longitud $L = 10.0$ pies tiene diámetros interior y exterior $d_1 = 5.0$ pulg y $d_2 = 6.0$ pulg, respectivamente (véase la figura). La columna está soportada sólo en los extremos y puede pandearse en cualquier dirección.

Calcule la carga crítica P_{cr} para las siguientes condiciones de extremo: 1) articulada-articulada; 2) empotrada-libre; 3) empotrada-articulada y 4) empotrada-empotrada.

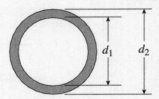

PROBS. 11.4-1 y 11.4-2

11.4-2 Resuelva el problema anterior para una columna tubular de acero ($E = 210$ GPa) con longitud $L = 1.2$ m, diámetro interior $d_1 = 36$ mm y diámetro exterior $d_2 = 40$ mm.

11.4-3 Una columna de acero ($E = 30 \times 10^6$ lb/pulg^2) hecha con un perfil W 12×87 de patín ancho (véase la figura) tiene longitud $L = 28$ pies. Está soportada sólo en los extremos y puede pandearse en cualquier dirección.

Calcule la carga permisible P_{perm} con base en la carga crítica y usando un factor de seguridad $n = 2.5$. Considere las siguientes condiciones de extremo: 1) articulada-articulada; 2) empotrada-libre; 3) empotrada-articulada y 4) empotrada-empotrada.

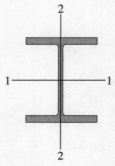

PROBS. 11.4-3 y 11.4-4

11.4-4 Resuelva el problema anterior para un perfil W 10×60 con longitud $L = 24$ pies.

11.4-5 El extremo superior de una columna de acero W 8 × 21 de patín ancho ($E = 30 \times 10^3$ klb/pulg²) está soportado lateralmente entre dos tubos (véase la figura). Los tubos no están unidos a la columna y la fricción entre éstos y la columna no es confiable. La base de la columna está empotrada y la columna tiene 13 pies de longitud.

Determine la carga crítica para la columna, considerando pandeo de Euler en el plano del alma y también perpendicular al plano del alma.

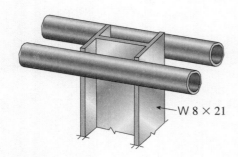

W 8 × 21

PROB. 11.4-5

11.4-6 Un poste *AB* vertical está empotrado en una cimentación de concreto y sostenido en su parte superior por dos cables (véase la figura). El poste está hecho con un tubo hueco de acero con módulo de elasticidad de 200 GPa, diámetro exterior de 40 mm y espesor de 5 mm. Ambos cables están estirados igualmente por tensores de tornillo.

Si se desea un factor de seguridad de 3.0 contra el pandeo de Euler en el plano de la figura, ¿cuál es la fuerza de tensión máxima permisible T_{perm} en los cables?

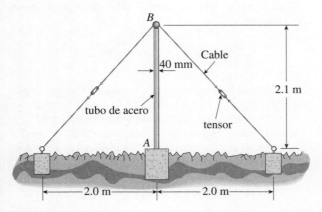

B

Cable

40 mm

2.1 m

tubo de acero

tensor

A

2.0 m   2.0 m

PROB. 11.4-6

11.4-7 La viga *ABC* horizontal mostrada en la figura está soportada por las columnas *BD* y *CE*. El soporte de rodillo en el extremo *A* impide que la viga se mueva en sentido horizontal, pero pueden ocurrir desplazamientos verticales en ese extremo. Cada columna está articulada en su parte superior con la viga, pero en los extremos inferiores el soporte *D* está empotrado y el soporte *E* está articulado. Ambas columnas son barras sólidas de acero ($E = 30 \times 10^6$ lb/pulg²) de sección transversal cuadrada con ancho igual a 0.625 pulg. Una carga *Q* actúa a una distancia *a* de la columna *BD*.

a) Si la distancia a = 12 pulg, ¿cuál es el valor crítico Q_{cr} de la carga?

b) Si la distancia *a* puede variar entre 0 y 40 pulg, ¿cuál es el valor máximo posible para Q_{cr} y cuál es el valor correspondiente de la distancia *a*?

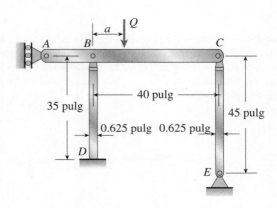

a   Q

A   B   C

35 pulg   40 pulg   45 pulg

0.625 pulg   0.625 pulg

D

E

PROB. 11.4-7

11.4-8 Las vigas del techo de un almacén están soportadas por columnas tubulares (véase la figura) con diámetro exterior $d_2 = 100$ mm y diámetro interior $d_1 = 90$ mm. Las columnas tienen longitud $L = 4.0$ m, módulo $E = 210$ GPa y empotramientos en la base.

Calcule la carga crítica P_{cr} de una de las columnas usando las hipótesis siguientes: 1) el extremo superior está articulado y la viga impide los desplazamientos horizontales; 2) el extremo superior está empotrado contra rotaciones y la viga impide los desplazamientos horizontales; 3) el extremo superior está articulado pero la viga puede moverse libremente en dirección horizontal y 4) el extremo superior está empotrado contra rotaciones pero la viga puede moverse libremente en dirección horizontal.

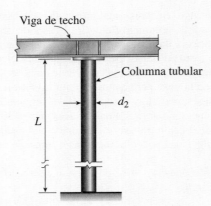

PROB. 11.4-8

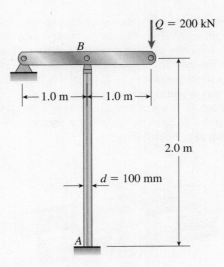

PROB. 11.4-10

11.4-9 Determine la carga crítica P_{cr} y la ecuación de la forma pandeada de una columna ideal con extremos empotrados contra la rotación (véase la figura) resolviendo la ecuación diferencial de la curva de deflexión (véase también la figura 11-17).

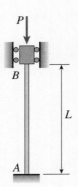

PROB. 11.4-9

11.4-10 Un tubo AB de aluminio de sección transversal circular está empotrado en su base y articulado en su parte superior con una viga horizontal que soporta una carga $Q = 200$ kN (véase la figura).

Determine el espesor t requerido del tubo si su diámetro exterior d es de 100 mm y el factor de seguridad deseado con respecto al pandeo de Euler es $n = 3.0$ (suponga $E = 72$ GPa).

*11.4-11 La estructura ABC consiste en dos miembros AB y BC que están rígidamente conectados en el nudo B, como se muestra en la parte (a) de la figura. La estructura tiene soportes articulados en A y C. Una carga P concentrada actúa en el nudo B, sometiendo al miembro AB a compresión directa.

Como ayuda para la determinación de la carga de pandeo del miembro AB, lo representamos como una columna articulada en sus extremos, como se muestra en la parte (b) de la figura. En la parte superior de la columna, un resorte rotatorio de rigidez β_R representa la acción restrictiva de la viga horizontal BC sobre la columna (observe que la viga horizontal proporciona resistencia a la rotación del nudo B cuando la columna se pandea). Asimismo considere solamente efectos de flexión en el análisis (es decir, desprecie los efectos de las deformaciones axiales).

a) Deduzca la siguiente ecuación del pandeo para esta columna resolviendo la ecuación diferencial de la curva de deflexión:

$$\frac{\beta_R L}{EI}(kL \cot kL - 1) - k^2 L^2 = 0$$

en donde L es la longitud de la columna e EI la rigidez por flexión.

b) Para el caso específico en que el miembro BC sea idéntico al miembro AB, la rigidez rotatoria β_R es igual a $3EI/L$ (véase el caso 7, tabla G-2, apéndice G). Para este caso especial, calcule la carga crítica P_{cr}.

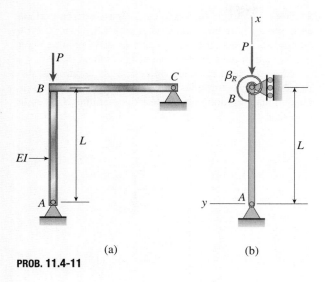

(a)

(b)

PROB. 11.4-11

Columnas con cargas axiales excéntricas

Al resolver los problemas de la sección 11.5, suponga que la flexión se presenta en el plano principal que contiene la carga axial excéntrica.

11.5-1 Una barra de aluminio con sección transversal rectangular (2.0 pulg × 1.0 pulg) y longitud $L = 30$ pulg está comprimida por cargas axiales que tienen una resultante $P = 2\,800$ lb que actúa en el punto medio del lado largo de la sección transversal (véase la figura).

Suponga que el módulo de elasticidad E es igual a 10×10^6 lb/pulg^2 y calcule la deflexión máxima δ de la barra y el momento flexionante máximo $M_{\text{máx}}$.

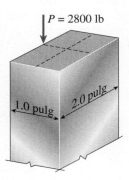

PROB. 11.5-1

11.5-2 Una barra de acero con sección transversal cuadrada (50 mm × 50 mm) y longitud $L = 2.0$ m está comprimida por cargas axiales que tienen una resultante $P =$

60 kN que actúa en el punto medio de un lado de la sección transversal (véase la figura).

Suponga que el módulo de elasticidad E es igual a 210 GPa, que la barra tiene ambos extremos articulados y calcule la deflexión máxima δ y el momento flexionante máximo $M_{\text{máx}}$.

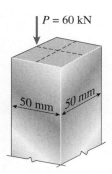

$P = 60$ kN

50 mm   50 mm

PROB. 11.5-2

11.5-3 Determine el momento flexionante M en la columna con extremos articulados y con cargas axiales excéntricas mostrada en la figura. Trace luego el diagrama de momento flexionante para una carga axial $P = 0.3P_{\text{cr}}$.

Nota: exprese el momento en función de la distancia x desde el extremo de la columna y grafique el diagrama en forma adimensional con M/Pe como ordenada y x/L como abscisa.

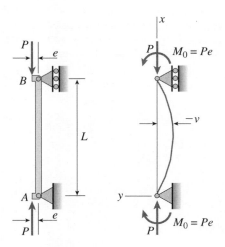

PROBS. 11.5-3 al 11.5-5

11.5-4 Trace el diagrama de carga-deflexión para una columna articulada en sus extremos con cargas axiales excéntricas (véase la figura en la página anterior) si la excentricidad e de la carga es de 5 mm y la columna tiene longitud $L = 3.6$ m, momento de inercia $I = 9.0 \times 10^6$ mm^4 y módulo de elasticidad $E = 210$ GPa

Nota: trace la carga axial como ordenada y la deflexión en el punto medio como abscisa.

11.5-5 Resuelva el problema anterior para una columna con $e = 0.20$ pulg, $L = 12$ pies, $I = 21.7$ pulg^4 y $E = 30 \times 10^6$ lb/pulg^2.

11.5-6 Un miembro de patín ancho (W 8 × 15) soporta una carga de compresión que tiene una resultante P que actúa en el punto mostrado en la figura. El miembro tiene módulo de elasticidad $E = 29\,000$ klb/pulg^2 y tiene seguros en sus extremos. Los soportes laterales impiden cualquier flexión respecto al eje débil de la sección transversal.

Si la longitud del miembro es de 20 pies y la deflexión está limitada a 1/4 pulg, ¿cuál es la carga permisible máxima P_{perm}?

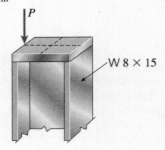

PROB. 11.5-6

11.5-7 Un miembro de patín ancho (W 10 × 30) está comprimido por cargas axiales cuya resultante $P = 20$ klb actúa en el punto mostrado en la figura. El material es de acero con módulo de elasticidad $E = 29\,000$ klb/pulg^2. Suponga que el miembro tiene seguros en sus extremos y determine la longitud permisible máxima $L_{máx}$ para que la deflexión no exceda 1/400 de la longitud.

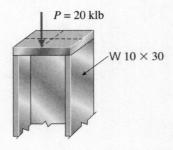

PROB. 11.5-7

11.5-8 Resuelva el problema anterior (W 10 × 30) si la fuerza resultante P es igual a 25 klb.

11.5-9 La columna mostrada en la figura está empotrada en la base y libre en el extremo superior. Una carga P de compresión actúa en la parte superior de la columna con una excentricidad e desde el eje de la columna.

A partir de la ecuación diferencial de la curva de deflexión, obtenga fórmulas para la deflexión máxima δ de la columna y el momento flexionante máximo $M_{máx}$ en la columna.

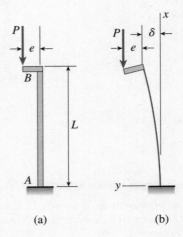

(a)   (b)

PROB. 11.5-9

11.5-10 Una columna en cajón de aluminio de sección transversal cuadrada está empotrada en la base y libre en la parte superior (véase la figura). La dimensión b exterior de cada lado es de 100 mm y el espesor t de la pared es de 8 mm. La resultante de las cargas de compresión que actúan sobre la parte superior de la columna es una fuerza $P = 50$ kN que actúa en el borde exterior de la columna en el punto medio de uno de los lados.

¿Cuál es la longitud máxima permisible $L_{máx}$ de la columna si la deflexión en la parte superior de ella no debe exceder de 30 mm? (Suponga $E = 73$ GPa.)

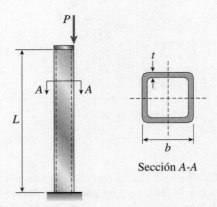

Sección A-A

PROBS. 11.5-10 y 11.5-11

11.5-11 Resuelva el problema anterior para una columna de aluminio con $b = 6.0$ pulg, $t = 0.5$ pulg, $P = 30$ klb y $E = 10.6 \times 10^3$ klb/pulg^2. La deflexión en la parte superior está limitada a 2.0 pulg.

11.5-12 Un poste AB de acero de sección transversal circular hueca está empotrado en la base y libre en la parte superior (véase la figura). Los diámetros interior y exterior son $d_1 = 96$ mm y $d_2 = 110$ mm, respectivamente, y la longitud $L = 4.0$ m.

Un cable CBD pasa por un dispositivo soldado a un lado del poste. La distancia entre el plano del cable (plano CBD) y el eje del poste es $e = 100$ mm y los ángulos entre el cable y el suelo son $\alpha = 53.13°$. El cable está pretensado por rotación de los templadores.

Si la deflexión en la parte superior del poste está limitada a $\delta = 20$ mm, ¿cuál es la fuerza de tensión T permisible máxima en el cable? (Suponga $E = 205$ GPa.)

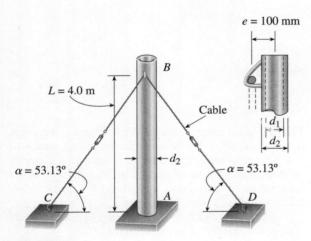

PROB. 11.5-12

11.5-13 La estructura $ABCD$ está hecha con perfiles de acero de patín ancho (W 8×21; $E = 30 \times 10^6$ lb/pulg^2) y está sometida a cargas triangulares distribuidas de intensidad máxima q_0 que actúan a lo largo de los miembros verticales (véase la figura). La distancia entre soportes es $L = 20$ pies y la altura del marco es $h = 4$ pies. Los miembros están rígidamente conectados en B y C.

a) Calcule la intensidad de la.carga q_0 requerida para producir un momento flexionante máximo de 80 klb-pulg en el miembro horizontal BC.

b) Si la carga q_0 se reduce a la mitad del valor calculado en el inciso a, ¿cuál es el momento flexionante máximo en el miembro BC? ¿Cuál es la razón de este momento al momento de 80 klb-pulg en el inciso a?

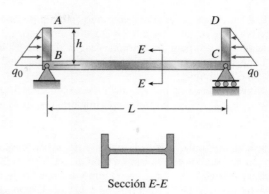

Sección E-E

PROB. 11.5-13

Fórmula de la secante

Al resolver los problemas de la sección 11.6, suponga que la flexión se presenta en el plano principal que contiene la carga axial excéntrica.

11.6-1 Una barra de acero tiene sección transversal cuadrada de ancho $b = 2.0$ pulg (véase la figura). La barra tiene soportes articulados en sus extremos y 3.0 pies de longitud. Las fuerzas axiales que actúan en el extremo de la barra tienen una resultante $P = 20$ klb localizada a una distancia $e = 0.75$ pulg del centro de la sección transversal. El módulo de elasticidad del acero es de 29 000 klb/pulg^2.

a) Determine el esfuerzo de compresión máximo $\sigma_{máx}$ en la barra.

b) Si el esfuerzo permisible en el acero es de 18 000 lb/pulg^2, ¿cuál es la longitud máxima permisible $L_{máx}$ de la barra?

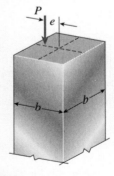

PROBS. 11.6-1 al 11.6-3

11.6-2 Una barra de latón ($E = 100$ GPa) con sección transversal cuadrada está sometida a fuerzas axiales cuya resultante P actúa a una distancia e del centro (véase la figura). La barra está soportada con seguros en sus extremos y tiene 0.6 m de longitud. La dimensión lateral b de la barra es de 30 mm y la excentricidad e de la carga es de 10 mm.

Si el esfuerzo permisible en el latón es de 150 MPa, ¿cuál es la fuerza axial permisible P_{perm}?

11.6-3 Una barra cuadrada de aluminio con seguros en los extremos soporta una carga $P = 25$ klb actuando a una distancia $e = 2.0$ pulg del centro (véase la figura). La barra tiene longitud $L = 54$ pulg y módulo de elasticidad $E = 10\,600$ klb/pulg^2.

Si el esfuerzo en la barra no debe exceder de 6 klb/pulg^2, ¿cuál es el ancho mínimo permisible $b_{mín}$ de la barra?

11.6-4 Una columna articulada en sus extremos de longitud $L = 2.1$ m está construida con un tubo de acero ($E = 210$ GPa) de diámetro interior $d_1 = 60$ mm y diámetro exterior $d_2 = 68$ mm (véase la figura). Una carga de compresión $P = 10$ kN actúa con excentricidad $e = 30$ mm.

a) ¿Cuál es el esfuerzo de compresión máximo $\sigma_{máx}$ en la columna?

b) Si el esfuerzo permisible en el acero es de 50 MPa, ¿cuál es la longitud permisible máxima $L_{máx}$ de la columna?

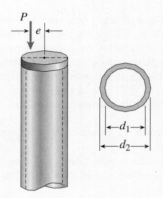

PROBS. 11.6-4 al 11.6-6

11.6-5 Un puntal articulado en sus extremos de longitud $L = 5.2$ pies está construido con un tubo de acero ($E = 30 \times 10^3$ klb/pulg^2) con diámetro interior $d_1 = 2.0$ pulg y diámetro exterior $d_2 = 2.2$ pulg (véase la figura). Una fuerza de compresión $P = 2.0$ klb está aplicada con excentricidad $e = 1.0$ pulg.

a) ¿Cuál es el esfuerzo de compresión máximo $\sigma_{máx}$ en el puntal?

b) ¿Cuál es la carga permisible P_{perm} si se requiere un factor de seguridad $n = 2$ con respecto a la fluencia? (Suponga que el esfuerzo de fluencia σ_Y del acero es de 42 klb/pulg^2.)

11.6-6 Un tubo circular de aluminio con extremos articulados soporta una carga $P = 18$ kN actuando a una distancia $e = 50$ mm del centro (véase la figura). La longitud del tubo es de 3.5 m y su módulo de elasticidad es de 73 GPa.

Si el esfuerzo permisible máximo en el tubo es de 20 MPa, ¿cuál es el diámetro exterior d_2 requerido si la razón de los diámetros debe ser $d_1/d_2 = 0.9$?

11.6-7 Una columna de acero ($E = 30 \times 10^3$ klb/pulg^2) con extremos articulados está construida con un perfil W 10×60 de patín ancho (véase la figura). La columna tiene 24 pies de longitud. La resultante de las cargas axiales que actúan sobre la columna es una fuerza P que actúa con una excentricidad $e = 2.0$ pulg.

a) Si $P = 120$ klb, determine el esfuerzo de compresión máximo $\sigma_{máx}$ en la columna.

b) Determine la carga permisible P_{perm} si el esfuerzo de fluencia es $\sigma_Y = 42$ klb/pulg^2 y el factor de seguridad con respecto a la fluencia del material es $n = 2.5$.

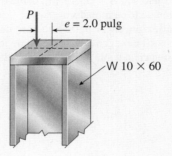

PROB. 11.6-7

11.6-8 Una columna de acero W 16×57 está comprimida por una fuerza $P = 75$ klb que actúa con una excentricidad $e = 1.5$ pulg, como se muestra en la figura. La columna está articulada en sus extremos y tiene longitud L. El acero tiene módulo de elasticidad $E = 30 \times 10^3$ klb/pulg^2 y esfuerzo de fluencia $\sigma_Y = 36$ klb/pulg^2.

a) Si la longitud $L = 10$ pies, ¿cuál es el esfuerzo de compresión máximo $\sigma_{máx}$ en la columna?

b) Si se requiere un factor de seguridad $n = 2.0$ con respecto a la fluencia, ¿cuál es la longitud máxima permisible $L_{máx}$ de la columna?

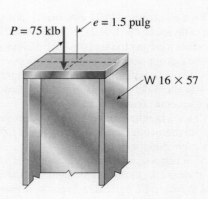

PROB. 11.6-8

11.6-9 Una columna de acero ($E = 30 \times 10^3$ klb/pulg^2) empotrada en la base y libre en la parte superior, está construida con un perfil W 8 × 35 de patín ancho (véase la figura). La columna tiene 9.0 pies de longitud. La fuerza P que actúa en la parte superior de la columna tiene una excentricidad $e = 1.25$ pulg.

a) Si $P = 40$ klb, ¿cuál es el esfuerzo de compresión máximo en la columna?

b) Si el esfuerzo de fluencia es de 36 klb/pulg^2 y el factor requerido de seguridad con respecto a la fluencia es de 2.1, ¿cuál es la carga permisible P_{perm}?

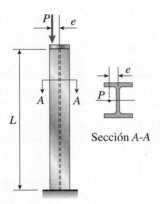

PROBS. 11.6-9 y 11.6-10

11.6-10 Una columna de acero hecha con un perfil W 12 × 50 de patín ancho de longitud $L = 12.5$ pies está empotrada en su base y libre en su parte superior (véase la figura). La carga P que actúa sobre la columna tiene que aplicarse centralmente pero debido a las imperfecciones inevitables durante la construcción, se especifica una relación de excentricidad de 0.25. Se proporcionan los siguientes datos: $E = 30 \times 10^3$ klb/pulg^2, $\sigma_Y = 42$ klb/pulg^2 y $P = 70$ klb.

a) ¿Cuál es el esfuerzo de compresión máximo $\sigma_{máx}$ en la columna?

b) ¿Cuál es el factor de seguridad n con respecto a la fluencia del acero?

11.6-11 Una columna con extremos articulados con longitud $L = 18$ pies está construida con un perfil W 12 × 87 de patín ancho (véase la figura). La columna está sometida a una carga centralmente aplicada $P_1 = 180$ klb y a una carga excéntricamente aplicada $P_2 = 75$ klb. La carga P_2 actúa a una distancia $s = 5.0$ pulg del centroide de la sección transversal. Las propiedades del acero son $E = 29\ 000$ klb/pulg^2 y $\sigma_Y = 36$ klb/pulg^2.

a) Calcule el esfuerzo máximo de compresión en la columna.

b) Determine el factor de seguridad con respecto a la fluencia.

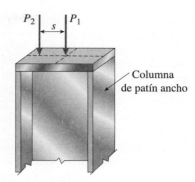

PROBS. 11.6-11 y 11.6-12

11.6-12 La columna de patín ancho mostrada en la figura con extremos articulados soporta dos cargas, una fuerza $P_1 = 100$ klb que actúa en el centroide y una fuerza $P_2 = 60$ klb que actúa a una distancia $s = 4.0$ pulg del centroide. La columna está hecha con un perfil W 10 × 45 con $L = 13.5$ pies, $E = 29 \times 10^3$ klb/pulg^2 y $\sigma_Y = 42$ klb/pulg^2.

a) ¿Cuál es el esfuerzo de compresión máximo en la columna?

b) Si la carga P_1 permanece con el valor de 100 klb, ¿cuál es el valor permisible máximo de la carga P_2 para tener un factor de seguridad de 2.0 con respecto a la fluencia?

11.6-13 Una columna hecha con un perfil W 14 × 53 de patín ancho de longitud $L = 15$ pies está empotrada en la base y libre en la parte superior (véase la figura). La columna soporta una carga centralmente aplicada $P_1 = 120$ klb y una carga $P_2 = 40$ klb soportada sobre una ménsula. La distancia del centroide de la columna a la carga P_2 es $s = 12$ pulg. El módulo de elasticidad es $E = 29\ 000$ klb/pulg^2 y el esfuerzo de fluencia es $\sigma_Y = 36$ klb/pulg^2.

a) Calcule el esfuerzo máximo de compresión en la columna.

b) Determine el factor de seguridad con respecto a la fluencia.

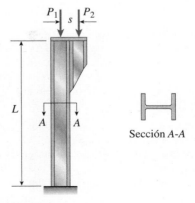

PROBS. 11.6-13 y 11.6-14

11.6-14 Una columna de patín ancho con una ménsula está empotrada en la base y libre en la parte superior (véase la figura). La columna soporta una carga $P_1 = 75$ klb que actúa en el centroide y una carga $P_2 = 25$ klb que actúa sobre la ménsula a una distancia $s = 10.0$ pulg de la carga P_1. La columna está formada por un perfil W 12×35 con $L = 16$ pies, $E = 29 \times 10^3$ klb/pulg^2 y $\sigma_Y = 42$ klb/pulg^2.

a) ¿Cuál es el esfuerzo de compresión máximo en la columna?

b) Si la carga P_1 permanece en 75 klb, ¿cuál es el valor permisible máximo de la carga P_2 para que se tenga un factor de seguridad de 1.8 con respecto a la fluencia?

Fórmulas de diseño para columnas

Los problemas de la sección 11.9 deben resolverse suponiendo que las cargas axiales están aplicadas centralmente en los extremos de las columnas. A menos que se indique otra cosa, las columnas pueden pandearse en cualquier dirección.

Columnas de acero

11.9-1 Determine la carga axial permisible P_{perm} para una columna de acero hecha con un perfil W 10×45 de patín ancho con extremos articulados (véase la figura) para cada una de las siguientes longitudes: $L = 8$ pies, 16 pies, 24 pies y 32 pies. (Suponga $E = 29\ 000$ klb/pulg^2 y $\sigma_Y = 36$ klb/pulg^2.)

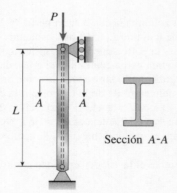

Sección *A-A*

PROBS. 11.9-1 al 11.9-6

11.9-2 Determine la carga axial permisible P_{perm} para una columna de acero hecha con un perfil W 12×87 de patín ancho con extremos articulados (véase la figura) para cada una de las siguientes longitudes: $L = 10$ pies, 20 pies, 30 pies y 40 pies. (Suponga $E = 29\ 000$ klb/pulg^2 y $\sigma_Y = 50$ klb/pulg^2.)

11.9-3 Determine la carga axial permisible, P_{perm} para una columna de acero hecha con un perfil W 10×60 de patín ancho con extremos articulados (véase la figura) para cada una de las siguientes longitudes: $L = 10$ pies, 20 pies, 30 pies y 40 pies (suponga $E = 29\ 000$ klb/pulg^2 y $\sigma_Y = 36$ klb/pulg^2).

11.9-4 Seleccione una columna de acero de patín ancho de altura nominal de 10 pulg (perfil W 10) para soportar una carga axial $P = 180$ klb (véase la figura). La columna tiene extremos articulados y longitud $L = 14$ pies. Suponga $E = 29000$ klb/pulg^2 y $\sigma_Y = 36$ klb/pulg^2. (*Nota:* la selección de columnas está limitada a las indicadas en la tabla E-1 del apéndice E.)

11.9-5 Escoja una columna de acero de patín ancho de altura nominal de 12 pulg (perfil W 12) para soportar una carga axial $P = 175$ klb (véase la figura). La columna tiene extremos articulados y longitud $L = 35$ pies. Suponga $E = 29\ 000$ klb/pulg^2 y $\sigma_Y = 36$ klb/pulg^2. (*Nota:* la selección de columnas está limitada a las indicadas en la tabla E-1 del apéndice E.)

11.9-6 Elija una columna de acero de patín ancho de peralte nominal de 14 pulg (perfil W 14) para soportar una carga axial $P = 250$ klb (véase la figura). La columna tiene extremos articulados y longitud $L = 20$ pies. Suponga $E = 29\ 000$ klb/pulg^2 y $\sigma_Y = 50$ klb/pulg^2. (*Nota:* la selección de columnas está limitada a las indicadas en la tabla E-1 del apéndice E.)

11.9-7 Determine la carga axial permisible P_{perm} para una *columna tubular* de acero con *extremos articulados* con un diámetro exterior de 4.5 pulg y espesor de pared de 0.237 pulg para cada una de las siguientes longitudes: $L = 6$ pies, 12 pies, 18 pies y 24 pies (suponga $E = 29\ 000$ klb/pulg^2 y $\sigma_Y = 36$ klb/pulg^2).

11.9-8 Determine la carga axial permisible P_{perm} para una *columna tubular* de acero con *extremos articulados* con un diámetro exterior de 220 mm y espesor de pared de 12 mm para cada una de las siguientes longitudes: $L = 2.5$ m, 5 m, 7.5 m y 10 m (suponga $E = 200$ GPa y $\sigma_Y = 250$ MPa).

11.9-9 Determine la carga axial permisible P_{perm} para una columna tubular de acero empotrada en su base y libre en su parte superior (véase la figura) para cada una de las siguientes longitudes: $L = 6$ pies, 9 pies, 12 pies y 15 pies. La columna tiene diámetro exterior $d = 6.625$ pulg y espesor de pared $t = 0.280$ pulg (suponga $E = 29\ 000$ klb/pulg^2 y $\sigma_Y = 36$ klb/pulg^2).

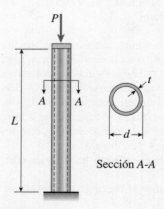

Sección *A-A*

PROBS. 11.9-9 al 11.9-12

11.9-10 Determine la carga axial permisible P_{perm} para una columna tubular de acero empotrada en su base y libre en su parte superior (véase la figura) para cada una de las siguientes longitudes: $L = 2.6$ m, 2.8 m, 3.0 m y 3.2 m. La columna tiene diámetro exterior $d = 140$ mm y espesor de pared $t = 7$ mm (suponga $E = 200$ GPa y $\sigma_Y = 250$ MPa).

11.9-11 Determine la longitud permisible máxima $L_{máx}$ para una columna tubular de acero empotrada en su base y libre en su parte superior que debe soportar una carga axial $P = 40$ klb (véase la figura). La columna tiene diámetro exterior $d = 4.0$ pulg, espesor de pared $t = 0.226$ pulg, $E = 29\,000$ klb/pulg^2 y $\sigma_Y = 42$ klb/pulg^2.

11.9-12 Determine la longitud permisible máxima $L_{máx}$ para una columna tubular de acero empotrada en su base y libre en su parte superior que debe soportar una carga axial $P = 500$ kN (véase la figura). La columna tiene diámetro exterior $d = 200$ mm, espesor de pared $t = 10$ mm, $E = 200$ GPa y $\sigma_Y = 250$ MPa.

11.9-13 Una columna de acero con *extremos articulados* soporta una carga axial $P = 21$ klb. La columna tiene diámetros exterior e interior de 3.5 pulg y 2.9 pulg respectivamente. ¿Cuál es la longitud máxima permisible $L_{máx}$ de la columna si $E = 29\,000$ klb/pulg^2 y $\sigma_Y = 36$ klb/pulg^2?

11.9-14 Las columnas de acero usadas en el centro de recreo de un colegio tienen 55 pies de longitud y están formadas por tres secciones soldadas de patín ancho (véase la figura). Las columnas están articuladas en sus extremos y pueden pandearse en cualquier dirección.

Calcule la carga permisible P_{perm} de una columna, suponiendo $E = 29\,000$ klb/pulg^2 y $\sigma_Y = 36$ klb/pulg^2.

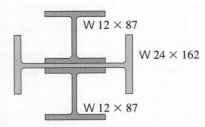

W 12 × 87

W 24 × 162

W 12 × 87

PROB. 11.9-14

11.9-15 Una columna de acero hecha con un perfil W 8×28 de patín ancho con extremos articulados soporta una carga axial P. ¿Cuál es la longitud permisible máxima $L_{máx}$ de la columna si: a) $P = 50$ klb y b) $P = 100$ klb? (Suponga $E = 29\,000$ klb/pulg^2 y $\sigma_Y = 36$ klb/pulg^2).

PROBS. 11.9-15 y 11.9-16

11.9-16 Una columna de acero hecha con un perfil W 10×45 de patín ancho con extremos articulados soporta una carga axial P. ¿Cuál es la longitud permisible máxima $L_{máx}$ de la columna si: a) $P = 125$ klb y (b) $P = 200$ klb? (Suponga $E = 29\,000$ klb/pulg^2 y $\sigma_Y = 42$ klb/pulg^2.)

11.9-17 Encuentre el diámetro d exterior requerido para una columna tubular de acero (véase la figura) de longitud $L = 20$ pies, articulada en ambos extremos que debe soportar una carga axial $P = 25$ klb. Suponga que el espesor t de la pared es igual a $d/20$. (Use $E = 29\,000$ klb/pulg^2 y $\sigma_Y = 36$ klb/pulg^2.)

PROBS. 11.9-17 al 11.9-20

11.9-18 Encuentre el diámetro d exterior requerido para una columna tubular de acero (véase la figura) de longitud $L = 3.5$ m, articulada en ambos extremos, que debe soportar una carga axial $P = 130$ kN. Suponga que el espesor t de la pared es igual a $d/20$ (tome $E = 200$ GPa y $\sigma_Y = 275$ MPa).

11.9-19 Encuentre el diámetro d exterior requerido para una columna tubular de acero (véase la figura) de longitud $L = 11.5$ pies, articulada en ambos extremos, que debe soportar una carga axial $P = 80$ klb. Suponga que el espesor t de la pared es igual a 0.30 pulg. (Use $E = 29\,000$ klb/pulg^2 y $\sigma_Y = 42$ klb/pulg^2.)

11.9-20 Encuentre el diámetro d exterior requerido para una columna tubular de acero (véase la figura) de longitud $L = 3.0$ m, articulada en ambos extremos, que debe soportar una carga axial $P = 800$ kN. Suponga que el espesor t de la pared es igual a 9 mm (use $E = 200$ GPa y $\sigma_Y = 300$ MPa).

Columnas de aluminio

11.9-21 Una columna tubular de aluminio (aleación 2014-T6) con extremos articulados tiene diámetro exterior $d_2 = 5.60$ pulg y diámetro interior $d_1 = 4.80$ pulg (véase la figura).

Determine la carga axial permisible P_{perm} para cada una de las siguientes longitudes: $L = 6$ pies, 8 pies, 10 pies y 12 pies.

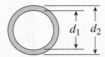

PROBS. 11.9-21 al 11.9-24

11.9-22 Una columna tubular de aluminio (aleación 2014-T6) con extremos articulados tiene diámetro exterior $d_2 = 120$ mm y diámetro interior $d_1 = 110$ mm (véase la figura).

Determine la carga axial permisible P_{perm} para cada una de las siguientes longitudes: $L = 1.0$ m, 2.0 m, 3.0 m y 4.0 m

(*Sugerencia*: convierta los datos a unidades inglesas, determine las cantidades requeridas, y conviértalas entonces a unidades del sistema internacional.)

11.9-23 Una columna tubular de aluminio (aleación 6061-T6) empotrada en su base y libre en su parte superior, tiene diámetro exterior $d_2 = 3.25$ pulg y diámetro interior $d_1 = 3.00$ pulg (véase la figura).

Determine la carga axial permisible P_{perm} para cada una de las siguientes longitudes: $L = 2$ pies, 3 pies, 4 pies y 5 pies.

11.9-24 Una columna tubular de aluminio (aleación 6061-T6) empotrada en su base y libre en su parte superior, tiene diámetro exterior $d_2 = 80$ mm y diámetro interior $d_1 = 72$ mm (véase la figura).

Determine la carga axial permisible P_{perm} para cada una de las siguientes longitudes: $L = 0.6$ m, 0.8 m, 1.0 m y 1.2 m.

(*Sugerencia*: convierta los datos a unidades inglesas, determine las cantidades requeridas, y conviértalas entonces a unidades del sistema internacional.)

11.9-25 Una barra redonda sólida de aluminio con diámetro d (véase la figura) está comprimida por una fuerza axial $P = 60$ klb. La barra tiene soportes articulados y está hecha de una aleación 2014-T6.

a) Si el diámetro $d = 2.0$ pulg, ¿cuál es la longitud permisible máxima $L_{máx}$ de la barra?

b) Si la longitud $L = 30$ pulg, ¿cuál es el diámetro mínimo requerido $d_{mín}$?

PROBS. 11.9-25 al 11.9-28

11.9-26 Una barra redonda sólida de aluminio con diámetro d (véase la figura) está comprimida por una fuerza axial $P = 175$ kN. La barra tiene soportes articulados y está hecha de una aleación 2014-T6.

a) Si el diámetro $d = 40$ mm, ¿cuál es la longitud permisible máxima $L_{máx}$ de la barra?

b) Si la longitud $L = 0.6$ m, ¿cuál es el diámetro mínimo requerido $d_{mín}$?

(*Sugerencia*: convierta los datos a unidades inglesas, determine las cantidades requeridas, y conviértalas entonces a unidades del sistema internacional.)

11.9-27 Una barra redonda sólida de aluminio con diámetro d (véase la figura) está comprimida por una fuerza axial $P = 10$ klb. La barra tiene soportes articulados y está hecha de una aleación 6061-T6.

a) Si el diámetro $d = 1.0$ pulg, ¿cuál es la longitud permisible máxima $L_{máx}$ de la barra?

b) Si la longitud $L = 20$ pulg, ¿cuál es el diámetro mínimo requerido $d_{mín}$?

11.9-28 Una barra redonda sólida de aluminio con diámetro d (véase la figura) está comprimida por una fuerza axial $P = 60$ kN. La barra tiene soportes articulados y está hecha de una aleación 6061-T6.

a) Si el diámetro $d = 30$ mm, ¿cuál es la longitud permisible máxima $L_{máx}$ de la barra?

b) Si la longitud $L = 0.6$ m, ¿cuál es el diámetro mínimo requerido $d_{mín}$?

(*Sugerencia*: convierta los datos a unidades inglesas, determine las cantidades requeridas, y conviértalas entonces a unidades del sistema internacional.)

Columnas de madera

Para resolver los problemas de las columnas de madera, suponga que las columnas están hechas de madera aserrada ($c = 0.8$ y $K_{cE} = 0.3$) y que tienen extremos articulados. El pandeo puede ocurrir con respecto a cualquiera de los dos ejes principales de la sección rectangular.

11.9-29 Un poste de madera de sección transversal rectangular (véase la figura) está construido con madera de pino Douglas de 4 pulg $\times$ 6 pulg de grado estructural ($F_c = 2\,000$ lb/pulg², $E = 1\,800\,000$ lb/pulg²). Las dimensiones transversales netas del poste son $b = 3.5$ pulg y $h = 5.5$ pulg (véase el apéndice F).

Determine la carga axial permisible P_{perm} para cada una de las siguientes longitudes: $L = 5.0$ pies, 7.5 pies y 10.0 pies.

PROB. 11.9-29 al 11.9-32

11.9-30 Un poste de madera de sección transversal rectangular (véase la figura) está construido con madera de pino del sur de grado estructural ($F_c = 14$ MPa, $E = 12$ GPa). Las dimensiones transversales del poste (dimensiones reales) son $b = 100$ mm y $h = 150$ mm.

Determine la carga axial permisible P_{perm} para cada una de las siguientes longitudes: $L = 1.5$ m, 2.0 m y 2.5 m.

11.9-31 Una columna de madera de sección transversal rectangular de 4 pulg × 8 pulg (véase la figura), está construido con madera de pinabete de grado estructural ($F_c = 1000$ lb/pulg², $E = 1\,300\,000$ lb/pulg²). Las dimensiones transversales netas de la columna son $b = 3.5$ pulg y $h = 7.25$ pulg (véase el apéndice F).

Determine la carga axial permisible P_{perm} para cada una de las siguientes longitudes: $L = 6$ pies, 8 pies y 10 pies.

11.9-32 Una columna de madera de sección transversal rectangular (véase la figura), está construida con madera de pino Douglas de grado estructural ($F_c = 12$ MPa, $E = 10$ GPa). Las dimensiones transversales de la columna (dimensiones reales) son $b = 140$ mm y $h = 210$ mm.

Determine la carga axial permisible P_{perm} para cada una de las siguientes longitudes: $L = 2.5$ m, 3.5 m y 4.5 m.

11.9-33 Una columna cuadrada de madera con dimensiones laterales b (véase la figura), está construida con pino Douglas de grado estructural para el cual $F_c = 1\,700$ lb/pulg² y $E = 1\,400\,000$ lb/pulg². Una fuerza axial $P = 40$ klb actúa sobre la columna.

a) Si la dimensión $b = 5.5$ pulg, ¿cuál es la longitud permisible máxima $L_{máx}$ de la columna?

b) Si la longitud $L = 11$ pies, ¿cuál es la dimensión b mínima requerida?

PROBS. 11.9-33 al 11.9-36

11.9-34 Una columna cuadrada de madera con dimensiones laterales b (véase la figura), está construida con pino del sur grado estructural para el cual $F_c = 10.5$ MPa y $E = 12$ GPa. Una fuerza axial $P = 200$ kN actúa sobre la columna.

a) Si la dimensión $b = 150$ mm, ¿cuál es la longitud permisible máxima $L_{máx}$ de la columna?

b) Si la longitud $L = 4.0$ m, ¿cuál es la dimensión b mínima requerida?

11.9-35 Una columna cuadrada de madera con dimensiones laterales b (véase la figura), está construida con abeto de grado estructural para el cual $F_c = 900$ lb/pulg² y $E = 1\,500\,000$ lb/pulg². Una fuerza axial $P = 8.0$ klb actúa sobre la columna.

a) Si la dimensión $b = 3.5$ pulg, ¿cuál es la longitud permisible máxima $L_{máx}$ de la columna?

b) Si la longitud $L = 10$ pies, ¿cuál es la dimensión b mínima requerida?

11.9-36 Una columna cuadrada de madera con dimensiones laterales b (véase la figura), está construida con pino blanco del este de grado estructural para el cual $F_c = 8.0$ MPa y $E = 8.5$ GPa. Una fuerza axial $P = 100$ kN actúa sobre la columna.

a) Si la dimensión $b = 120$ mm, ¿cuál es la longitud permisible máxima $L_{máx}$ de la columna?

b) Si la longitud $L = 4.0$ m, ¿cuál es la dimensión $b_{mín}$ mínima requerida?

12

Repaso de centroides y momentos de inercia

12.1 INTRODUCCIÓN

Este capítulo es un repaso de las definiciones y fórmulas pertinentes a centroides y momentos de inercia de áreas planas. La palabra "repaso" es apropiada porque estos temas suelen estudiarse en cursos de matemáticas o de estática, y la mayoría de los lectores ya habrá tenido contacto con el material. Sin embargo, como los centroides y los momentos de inercia se usan repetidamente en los capítulos anteriores, el lector debe entenderlos con claridad; además de que las definiciones y fórmulas pertinentes deben resultarle accesibles.

Los temas estudiados en este capítulo incluyen centroides y cómo localizarlos, momentos de inercia, momentos polares de inercia, productos de inercia, teoremas de ejes paralelos, rotación de ejes y ejes principales. Sólo se consideran áreas planas.

En el apéndice D se da, como referencia conveniente, una tabla de centroides y momentos de inercia para diversas formas comunes.

La terminología usada en este capítulo y en otros anteriores puede parecer curiosa a algunos lectores; por ejemplo, resulta claro que el término "momento de inercia" es inadecuado cuando se hace referencia a propiedades de un área, ya que no se refiere a masa alguna. Incluso la palabra "área" está mal usada en los análisis anteriores. Cuando decimos "área plana", en realidad nos referimos a "superficie plana". En términos estrictos, el área es una medida del *tamaño* de una superficie y no es lo mismo que la superficie misma. A pesar de sus deficiencias, la terminología utilizada aquí está tan arraigada en las publicaciones relacionadas con ingenierías, que rara vez causa confusión.

12.2 CENTROIDES DE ÁREAS PLANAS

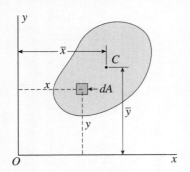

FIG. 12-1 Área plana de forma arbitraria con centroide C.

La posición del centroide de un área plana es una propiedad geométrica importante. A fin de obtener fórmulas para la localización del centroide, consultaremos la figura 12-1, que presenta un área plana de forma irregular con su centroide en el punto C. El sistema coordenado xy está orientado de manera arbitraria con el origen en cualquier punto O. El **área** de la figura geométrica está definida por la siguiente integral:

$$A = \int dA \tag{12-1}$$

en donde dA es un elemento diferencial de área, con coordenadas x y y (figura 12-1) y A es el área total de la figura.

Los **momentos estáticos** del área con respecto a los ejes x y y se definen, respectivamente, como sigue:

$$Q_x = \int y\, dA \qquad Q_y = \int x\, dA \tag{12-2a, b}$$

Los momentos estáticos representan entonces las sumas de los productos de las áreas diferenciales y sus coordenadas. Los momentos estáticos pueden ser positivos o negativos, dependiendo de la posición de los ejes xy; asimismo, tienen unidades de longitud a la tercera potencia; por ejemplo, pulg^3 o mm^3.

Las coordenadas $\bar{x}$ y $\bar{y}$ del **centroide** C (figura 12-1) son iguales a los momentos estáticos divididos entre el área:

$$\bar{x} = \frac{Q_y}{A} = \frac{\int x\, dA}{\int dA} \qquad \bar{y} = \frac{Q_x}{A} = \frac{\int y\, dA}{\int dA} \tag{12-3a, b}$$

Si las fronteras del área están definidas por expresiones matemáticas simples, podemos evaluar las integrales que aparecen en las ecuaciones (12-3a) y (12-3b) en forma cerrada y obtener fórmulas para $\bar{x}$ y $\bar{y}$. Las fórmulas dadas en el apéndice D se obtuvieron de esta manera. En general, las coordenadas $\bar{x}$ y $\bar{y}$ pueden ser positivas o negativas, según sea la posición del centroide con respecto a los ejes de referencia.

Si un área es **simétrica respecto a un eje**, el centroide debe encontrarse sobre ese eje porque el momento estático respecto a un eje de simetría es igual a cero; por ejemplo, el centroide del área de simetría simple mostrada en la figura 12-2 debe estar sobre el eje x, que es el eje de simetría. Por lo tanto, sólo debe calcularse una coordenada para localizar el centroide C.

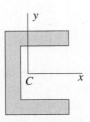

FIG. 12-2 Área con un eje de simetría.

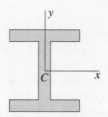

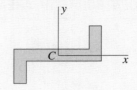

FIG. 12-3 Área con dos ejes de simetría.

FIG. 12-4 Área simétrica respecto a un punto.

Si un área tiene **dos ejes de simetría,** como se ilustra en la figura 12-3, la posición del centroide puede determinarse por inspección porque se encuentra en la intersección de los ejes de simetría.

Un área del tipo mostrado en la figura 12-4 es **simétrica respecto a un punto**. No tiene ejes de simetría pero existe un punto (llamado **centro de simetría**) tal, que toda línea dibujada a través de él toca el área de manera simétrica. El centroide de tal área coincide con el centro de simetría, de modo que el centroide puede localizarse por inspección.

Si un área tiene **fronteras irregulares** no definidas por expresiones matemáticas simples, podemos localizar el centroide evaluando numéricamente las integrales en las ecuaciones (12-3a) y (12-3b). El procedimiento más simple es dividir la figura geométrica en elementos finitos pequeños y reemplazar las integraciones con sumas. Si denotamos el área del elemento i-ésimo con ΔA_i, las expresiones para las sumas son

$$A = \sum_{i=1}^{n} \Delta A_i \qquad Q_x = \sum_{i=1}^{n} \bar{y}_i \Delta A_i \qquad Q_y = \sum_{i=1}^{n} \bar{x}_i \Delta A_i \quad \text{(12-4a, b, c)}$$

en donde n es el número total de elementos, $\bar{y}_i$ es la coordenada y del centroide del elemento i-ésimo y $\bar{x}_i$ es la coordenada x del centroide del elemento i-ésimo. Al reemplazar las integrales en las ecuaciones (12-3a) y (12-3b) con las sumas correspondientes, obtenemos las siguientes fórmulas para las coordenadas del centroide:

$$\bar{x} = \frac{Q_y}{A} = \frac{\sum_{i=1}^{n} \bar{x}_i \Delta A_i}{\sum_{i=1}^{n} \Delta A_i} \qquad \bar{y} = \frac{Q_x}{A} = \frac{\sum_{i=1}^{n} \bar{y}_i \Delta A_i}{\sum_{i=1}^{n} \Delta A_i} \quad \text{(12-5a, b)}$$

La exactitud de los cálculos para $\bar{x}$ y $\bar{y}$ depende de la precisión con que se ajusten los elementos seleccionados al área real. Si se ajustan exactamente, los resultados son exactos. Muchos programas de computadora para localizar centroides usan un esquema numérico similar al expresado por las ecuaciones (12-5a) y (12-5b).

Ejemplo 12-1

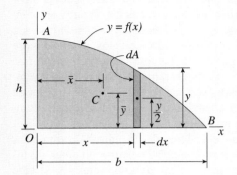

FIG. 12-5 Ejemplo 12-1. Centroide de semi-segmento parabólico.

Un semisegmento parabólico *OAB* está limitado por el eje *x*, el eje *y* y una curva parabólica con vértice en *A* (figura 12-5). La ecuación de la curva es

$$y = f(x) = h\left(1 - \frac{x^2}{b^2}\right) \tag{a}$$

en donde *b* es la base y *h* es la altura del semisegmento.

Localizar el centroide *C* del semisegmento.

Solución

Para determinar las coordenadas $\bar{x}$ y $\bar{y}$ del centroide *C* (figura 12-5), usaremos las ecuaciones (12-3a) y (12-3b). Comenzamos seleccionando un elemento de área *dA* en forma de una franja vertical delgada de ancho *dx* y altura *y*. El área de este elemento diferencial es

$$dA = y\, dx = h\left(1 - \frac{x^2}{b^2}\right)dx \tag{b}$$

Por lo tanto, el área del semisegmento parabólico es

$$A = \int dA = \int_0^b h\left(1 - \frac{x^2}{b^2}\right)dx = \frac{2bh}{3} \tag{c}$$

Observe que esta área es 2/3 del área del rectángulo que la rodea.

El momento estático de un elemento de área *dA* con respecto a un eje se obtiene multiplicando el área del elemento por la distancia de su centroide al eje. Como las coordenadas *x* y *y* del centroide del elemento mostrado en la figura 12-5 son *x* y *y/2*, respectivamente, los momentos estáticos del elemento con respecto a los ejes *x* y *y* son

$$Q_x = \int \frac{y}{2}\, dA = \int_0^b \frac{h^2}{2}\left(1 - \frac{x^2}{b^2}\right)^2 dx = \frac{4bh^2}{15} \tag{d}$$

$$Q_y = \int x\, dA = \int_0^b hx\left(1 - \frac{x^2}{b^2}\right)dx = \frac{b^2h}{4} \tag{e}$$

en donde hemos sustituido el valor de *dA* dado con la ecuación (b).

Ahora podemos determinar las coordenadas del centroide *C*:

$$\bar{x} = \frac{Q_y}{A} = \frac{3b}{8} \qquad \bar{y} = \frac{Q_x}{A} = \frac{2h}{5} \tag{f,g}$$

Estos resultados concuerdan con las fórmulas dadas en el apéndice D, caso 17.

Notas: el centroide *C* del semisegmento parabólico puede localizarse también tomando el elemento de área *dA* como una franja horizontal de altura *dy* y ancho

$$x = b\sqrt{1 - \frac{y}{h}} \tag{h}$$

Esta expresión se obtiene despejando *x* en la ecuación (a) en términos de *y*.

12.3 CENTROIDES DE ÁREAS COMPUESTAS

En los trabajos de ingeniería rara vez tenemos que localizar centroides por integración, porque los centroides de figuras geométricas comunes ya se conocen y se encuentran tabulados; sin embargo, con frecuencia necesitamos localizar los centroides de áreas compuestas de varias partes, en las que cada parte tiene una forma geométrica familiar, como un rectángulo o un círculo. Ejemplos de tales **áreas compuestas** son las secciones transversales de vigas y columnas que generalmente consisten en elementos rectangulares (por ejemplo, véanse las figuras 12-2, 12-3 y 12-4).

Las **áreas y momentos estáticos** de las áreas compuestas pueden calcularse sumando las propiedades correspondientes de las partes componentes. Supongamos que un área compuesta se divide en un total de n partes y denotemos el área de la parte i-ésima como A_i. Entonces podemos obtener el área y los momentos estáticos con las siguientes sumas:

$$A = \sum_{i=1}^{n} A_i \qquad Q_x = \sum_{i=1}^{n} \bar{y}_i A_i \qquad Q_y = \sum_{i=1}^{n} \bar{x}_i A_i \qquad \text{(12-6a, b, c)}$$

en donde $\bar{x}_i$ y $\bar{y}_i$ son las coordenadas del centroide de la parte i-ésima.

Las **coordenadas del centroide** del área compuesta son

$$\bar{x} = \frac{Q_y}{A} = \frac{\sum_{i=1}^{n} \bar{x}_i A_i}{\sum_{i=1}^{n} A_i} \qquad \bar{y} = \frac{Q_x}{A} = \frac{\sum_{i=1}^{n} \bar{y}_i A_i}{\sum_{i=1}^{n} A_i} \qquad \text{(12-7a, b)}$$

Como el área compuesta está representada exactamente por las n partes, las ecuaciones anteriores dan resultados exactos para las coordenadas del centroide.

Para ilustrar el uso de las ecuaciones (12-7a) y (12-7b), consideremos el área en forma de L (o sección angular) mostrada en la figura 12-6a. Esta área tiene dimensiones laterales b y c y espesor t. El área puede dividirse en dos rectángulos de áreas A_1 y A_2 con centroides C_1 y C_2, respectivamente (figura 12-6b). Las áreas y las coordenadas centroidales de esas dos partes son

$$A_1 = bt \qquad \bar{x}_1 = \frac{t}{2} \qquad \bar{y}_1 = \frac{b}{2}$$

$$A_2 = (c - t)t \qquad \bar{x}_2 = \frac{c + t}{2} \qquad \bar{y}_2 = \frac{t}{2}$$

Por tanto, el área y los momentos estáticos del área compuesta (de las ecuaciones 12-6a, b y c) son

$$A = A_1 + A_2 = t(b + c - t)$$

$$Q_x = \bar{y}_1 A_1 + \bar{y}_2 A_2 = \frac{t}{2}(b^2 + ct - t^2)$$

$$Q_y = \bar{x}_1 A_1 + \bar{x}_2 A_2 = \frac{t}{2}(bt + c^2 - t^2)$$

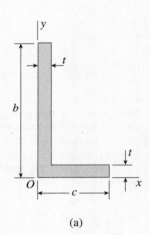

(a)

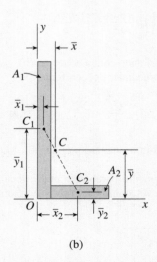

(b)

FIG. 12-6 Centroide de un área compuesta de dos partes.

Por último, podemos obtener las coordenadas $\bar{x}$ y $\bar{y}$ del centroide C del área compuesta (figura 12-6b) de las ecuaciones (12-7a) y (12-7b):

$$\bar{x} = \frac{Q_y}{A} = \frac{bt + c^2 - t^2}{2(b + c - t)} \qquad \bar{y} = \frac{Q_x}{A} = \frac{b^2 + ct - t^2}{2(b + c - t)} \quad \text{(12-8a, b)}$$

Un procedimiento similar puede usarse para áreas más complejas, como se ilustra abajo en el ejemplo 12-2.

Nota 1: cuando un área compuesta se divide en sólo dos partes, el centroide C del área total se encuentra sobre la línea que une los centroides C_1 y C_2 de las dos partes (según se muestra en la figura 12-6b para el área en forma de L).

Nota 2: al usar las fórmulas para áreas compuestas (ecuaciones 12-6 y 12-7) podemos considerar la *ausencia* de un área por medio de una resta. Este procedimiento es útil cuando se tienen recortes o orificios en la figura; por ejemplo, consideremos el área mostrada en la figura 12-7a. Podemos analizarla como un área compuesta restando las propiedades del rectángulo interno *efgh* de las propiedades correspondientes del rectángulo externo *abcd* (desde otro punto de vista, podemos pensar que el rectángulo externo es un "área positiva" y el rectángulo interno un "área negativa").

De manera similar, si un área tiene un orificio (figura 12-7b), podemos restar las propiedades del área del orificio de las del rectángulo externo (de nuevo, se obtiene el mismo efecto si tratamos el rectángulo externo como un "área positiva" y el orificio como un "área negativa").

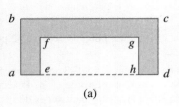

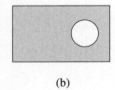

FIG. 12-7 Áreas compuestas con un recorte y un orificio.

Ejemplo 12-2

La sección transversal de una viga de acero está hecha con una sección W 18×71 de patín ancho, con una cubreplaca de 6 pulg $\times$ 1/2 pulg soldada al patín superior y una sección en canal C 10×30 soldada al patín inferior (figura 12-8).

Localizar el centroide C del área de la sección transversal.

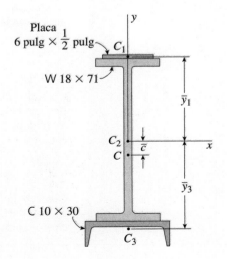

FIG. 12-8 Ejemplo 12-2. Centroide de un área compuesta.

continúa

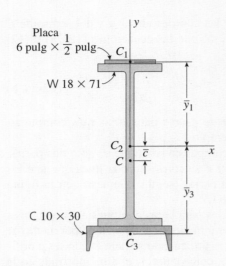

Placa
6 pulg $\times \frac{1}{2}$ pulg

W 18 $\times$ 71

C 10 $\times$ 30

FIG. 12-8 (Repetición).

Solución

Denotemos las áreas de la cubreplaca, la sección de patín ancho y la sección en canal como las áreas A_1, A_2 y A_3, respectivamente. En la figura 12-8, los centroides de estas tres áreas se designan C_1, C_2 y C_3. Observe que el área compuesta tiene un eje de simetría, de suerte que todos los centroides se encuentran sobre ese eje. Las tres áreas parciales son

$$A_1 = (6 \text{ pulg})(0.5 \text{ pulg}) = 3.0 \text{ pulg}^2 \qquad A_2 = 20.8 \text{ pulg}^2 \qquad A_3 = 8.82 \text{ pulg}^2$$

en donde las áreas A_2 y A_3 se obtienen de las tablas E-1 y E-3 del apéndice E.

Coloquemos el origen de los ejes x y y en el centroide C_2 de la sección de patín ancho. Entonces las distancias del eje x a los centroides de las tres área son:

$$\bar{y}_1 = \frac{18.47 \text{ pulg}}{2} + \frac{0.5 \text{ pulg}}{2} = 9.485 \text{ pulg}$$

$$\bar{y}_2 = 0 \qquad \bar{y}_3 = \frac{18.47 \text{ pulg}}{2} + 0.649 \text{ pulg} = 9.884 \text{ pulg}$$

en donde las dimensiones pertinentes de las secciones de patín ancho y en canal se obtienen de las tablas E-1 y E-3.

El área A y el momento estático Q_x de toda la sección transversal se obtienen de las ecuaciones (12-6a) y (12-6b):

$$A = \sum_{i=1}^{n} A_i = A_1 + A_2 + A_3$$

$$= 3.0 \text{ pulg}^2 + 20.8 \text{ pulg}^2 + 8.82 \text{ pulg}^2 = 32.62 \text{ pulg}^2$$

$$Q_x = \sum_{i=1}^{n} \bar{y}_i A_i = \bar{y}_1 A_1 + \bar{y}_2 A_2 + \bar{y}_3 A_3$$

$$= (9.485 \text{ pulg})(3.0 \text{ pulg}^2) + 0 - (9.884 \text{ pulg})(8.82 \text{ pulg}^2)$$

$$= -58.72 \text{ pulg}^3$$

Ahora podemos obtener la coordenada $\bar{y}$ para el centroide C del área compuesta con la ecuación (12-7b):

$$\bar{y} = \frac{Q_x}{A} = \frac{-58.72 \text{ pulg}^3}{32.62 \text{ pulg}^2} = -1.80 \text{ pulg}$$

Como $\bar{y}$ es positiva en la dirección positiva del eje y, el signo menos significa que el centroide C del área compuesta está debajo del eje x, como se muestra en la figura 12-8. La distancia $\bar{c}$ entre el eje x y el centroide C es entonces

$$\bar{c} = 1.80 \text{ pulg} \qquad \longleftarrow$$

Observe que la posición del eje de referencia (el eje x) es arbitraria; sin embargo, en este ejemplo lo situamos pasando por el centroide de la sección de patín ancho porque de esta manera se simplifican algo los cálculos.

12.4 MOMENTOS DE INERCIA DE ÁREAS PLANAS

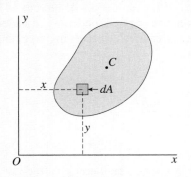

FIG. 12-9 Área plana de forma arbitraria.

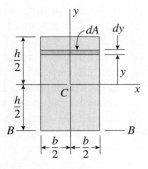

FIG. 12-10 Momentos de inercia de un rectángulo.

Los **momentos de inercia** de un área plana (figura 12-9) con respecto a los ejes x y y, respectivamente, están definidos por las integrales

$$I_x = \int y^2 dA \qquad I_y = \int x^2 dA \qquad (12\text{-}9a,\ b)$$

en donde x y y son las coordenadas del elemento diferencial de área dA. Como el elemento dA se multiplica por el cuadrado de la distancia al eje de referencia, los momentos de inercia también se llaman **segundos momentos de área**. Asimismo, vemos que los momentos de inercia de las áreas (a diferencia de los momentos estáticos) siempre son cantidades positivas.

Para ilustrar cómo se obtienen los momentos de inercia por integración, consideraremos un rectángulo de ancho b y altura h (figura 12-10). Los ejes x y y tienen su origen en el centroide C. Por conveniencia, usamos un elemento diferencial de área dA en forma de una franja horizontal delgada de ancho b y altura dy (por lo que, $dA = b\ dy$). Puesto que todas las partes de la franja elemental están a la misma distancia del eje x, podemos expresar el momento de inercia I_x con respecto al eje x como:

$$I_x = \int y^2 dA = \int_{-h/2}^{h/2} y^2 b\ dy = \frac{bh^3}{12} \qquad (a)$$

De manera similar, podemos usar un elemento de área en forma de una franja vertical con área $dA = h\ dx$ y obtener el momento de inercia con respecto al eje y:

$$I_y = \int x^2 dA = \int_{-b/2}^{b/2} x^2 h\ dx = \frac{hb^3}{12} \qquad (b)$$

Si se selecciona un conjunto diferente de ejes, los momentos de inercia tendrán valores diferentes; por ejemplo, considere el eje BB en la base del rectángulo (figura 12-10). Si se toma este eje como referencia, debemos definir y como la distancia coordenada de ese eje al elemento de área dA. Entonces, los cálculos para el momento de inercia son

$$I_{BB} = \int y^2 dA = \int_0^h y^2 b\ dy = \frac{bh^3}{3} \qquad (c)$$

Observe que el momento de inercia con respecto al eje BB es mayor que el momento de inercia con respecto al eje x centroidal. En general, el momento de inercia aumenta conforme el eje de referencia se mueve paralelamente a sí mismo alejándose del centroide.

El momento de inercia de un **área compuesta** con respecto a cualquier eje particular es la suma de los momentos de inercia de sus partes con respecto al mismo eje. Un ejemplo es la sección en caja

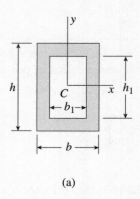

(a)

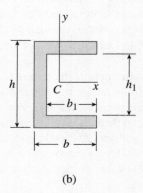

(b)

FIG. 12-11 Áreas compuestas.

hueca mostrada en la figura 12-11a, donde los ejes x y y son ejes de simetría por el centroide C. El momento de inercia I_x con respecto al eje x es igual a la suma algebraica de los momentos de inercia de los rectángulos exterior e interior (como se explicó, podemos considerar el rectángulo interno como un "área negativa" y el rectángulo externo como un "área positiva"). Por tanto,

$$I_x = \frac{bh^3}{12} - \frac{b_1 h_1^3}{12} \qquad \text{(d)}$$

Esta misma fórmula se aplica a la sección en canal mostrada en la figura 12-11b, donde consideramos el recorte como un "área negativa".

Para la sección en caja hueca, podemos usar un procedimiento similar a fin de obtener el momento de inercia I_y con respecto al eje vertical. Sin embargo, en el caso de la sección en canal, la determinación del momento de inercia I_y requiere el uso del teorema de los ejes paralelos, que se describe en la siguiente sección 12.5.

En el apéndice D se dan **fórmulas para los momentos de inercia** de algunas secciones. Para las formas no mostradas, por lo general, los momentos de inercia pueden obtenerse usando las fórmulas dadas junto con el teorema de los ejes paralelos. Si un área es de una forma irregular tal que sus momentos de inercia no pueden obtenerse de esta manera, se opta por métodos numéricos para obtenerlos. El procedimiento consiste en dividir el área en pequeños elementos de área ΔA_i, multiplicar cada área por el cuadrado de su distancia desde el eje de referencia y luego sumar los productos.

Radio de giro

Ocasionalmente se encuentra en la mecánica una distancia conocida como **radio de giro**. El radio de giro de un área plana se define como la raíz cuadrada del momento de inercia del área dividida entre el área misma; así,

$$r_x = \sqrt{\frac{I_x}{A}} \qquad r_y = \sqrt{\frac{I_y}{A}} \qquad \text{(12-10a, b)}$$

en donde r_x y r_y denotan los radios de giro con respecto a los ejes x y y respectivamente. Como los momentos de inercia tienen unidades de longitud a la cuarta potencia y el área tiene unidades de longitud al cuadrado, el radio de giro tiene unidades de longitud.

Aunque el radio de giro de un área no tiene un significado físico obvio, podemos considerarlo como la distancia (desde el eje de referencia) a la que toda el área podría concentrarse y dar el mismo momento de inercia que el área original.

Ejemplo 12-3

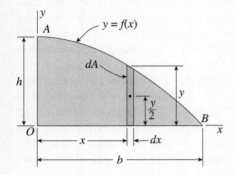

FIG. 12-12 Ejemplo 12-3. Momentos de inercia de un semisegmento parabólico.

Determinar los momentos de inercia I_x e I_y para el semisegmento parabólico *OAB* mostrado en la figura 12-12. La ecuación de la frontera parabólica es

$$y = f(x) = h\left(1 - \frac{x^2}{b^2}\right) \tag{e}$$

(Se consideró esta misma área en el ejemplo 12-1.)

Solución

Para determinar los momentos de inercia por integración, usaremos las ecuaciones (12-9a) y (12-9b). El elemento diferencial de área dA se selecciona como una franja vertical de ancho dx y altura *y,* como se muestra en la figura 12-12. El área de este elemento es

$$dA = y\,dx = h\left(1 - \frac{x^2}{b^2}\right)dx \tag{f}$$

Dado que cada punto en este elemento está a la misma distancia del eje *y,* el momento de inercia del elemento con respecto al eje *y* es $x^2 dA$; por tanto, el momento de inercia de toda el área con respecto al eje *y* se obtiene como sigue:

$$I_y = \int x^2 dA = \int_0^b x^2 h\left(1 - \frac{x^2}{b^2}\right)dx = \frac{2hb^3}{15} \tag{g} \quad \Longleftarrow$$

Para obtener el momento de inercia con respecto al eje *x,* observamos que el elemento diferencial de área dA tiene un momento de inercia dI_x con respecto al eje *x* igual a

$$dI_x = \frac{1}{3}(dx)y^3 = \frac{y^3}{3}dx$$

como se obtuvo con la ecuación (c); por tanto, el momento de inercia de toda el área con respecto al eje *x* es

$$I_x = \int_0^b \frac{y^3}{3}dx = \int_0^b \frac{h^3}{3}\left(1 - \frac{x^2}{b^2}\right)^3 dx = \frac{16bh^3}{105} \tag{h} \quad \Longleftarrow$$

Estos mismos resultados para I_x e I_y pueden obtenerse usando un elemento en forma de franja horizontal de área $dA = x\,dy$ o un elemento rectangular de área $dA = dx\,dy$ y efectuando una integración doble. Además, observe que las fórmulas anteriores para I_x e I_y concuerdan con las dadas en el caso 17 del apéndice D.

12.5 TEOREMA DE LOS EJES PARALELOS PARA MOMENTOS DE INERCIA

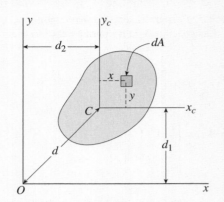

FIG. 12-13 Deducción de los teoremas de los ejes paralelos.

En esta sección deduciremos un teorema muy importante y útil relativo a los momentos de inercia de áreas planas. Conocido como el **teorema de los ejes paralelos**, da la relación entre el momento de inercia con respecto a un eje centroidal y el momento de inercia con respecto a los de un eje paralelo cualquiera.

Para deducir el teorema, consideremos un área de forma arbitraria con centroide C (figura 12-13). Consideremos también dos conjuntos de ejes coordenados: 1) los ejes $x_c y_c$ con origen en el centroide y 2) un conjunto de ejes paralelos xy con origen en cualquier punto O. Las distancias entre los dos conjuntos de ejes paralelos se denotan d_1 y d_2. Además, identificamos un elemento diferencial de área dA con coordenadas x y y con respecto a los ejes centroidales.

De la definición de momento de inercia, podemos escribir la siguiente ecuación para el momento de inercia I_x con respecto al eje x:

$$I_x = \int (y + d_1)^2 dA = \int y^2 dA + 2d_1 \int y \, dA + d_1^2 \int dA \qquad \text{(a)}$$

La primera integral en el lado derecho es el momento de inercia I_{xc} con respecto al eje x_c. La segunda integral es el momento estático del área con respecto al eje x_c (esta integral es igual a cero porque el eje x_c pasa por el centroide). La tercera integral es el área A; por lo tanto, la ecuación anterior se reduce a

$$I_x = I_{xc} + Ad_1^2 \qquad \text{(12-11a)}$$

Procedemos de la misma manera para el momento de inercia con respecto al eje y y obtenemos

$$I_y = I_{yc} + Ad_2^2 \qquad \text{(12-11b)}$$

Las ecuaciones (12-11a) y (12-11b) representan el **teorema de los ejes paralelos para momentos de inercia:**

El momento de inercia de un área con respecto a cualquier eje en su plano es igual al momento de inercia con respecto a un eje centroidal paralelo, más el producto del área y el cuadrado de la distancia entre los dos ejes.

Para ilustrar el uso del teorema, consideremos de nuevo el rectángulo de la figura 12-10. Como sabemos que el momento de inercia respecto al eje x que pasa por el centroide es igual a $bh^3/12$ (véase la ecuación a, de la sección 12.4), podemos determinar el momento de inercia I_{BB} respecto a la base del rectángulo usando el teorema de los ejes paralelos:

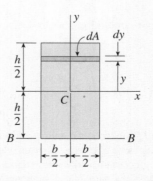

FIG. 12-10 Momentos de inercia de un rectángulo (Repetición).

$$I_{BB} = I_x + Ad^2 = \frac{bh^3}{12} + bh\left(\frac{h}{2}\right)^2 = \frac{bh^3}{3}$$

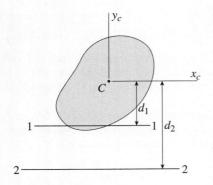

FIG. 12-14 Área plana con dos ejes paralelos no centroidales (ejes 1-1 y 2-2).

Este resultado concuerda con el momento de inercia obtenido arriba por integración (ecuación c, sección 12.4).

Del teorema de los ejes paralelos, vemos que el momento de inercia aumenta cuando el eje se mueve paralelamente a sí mismo alejándose del centroide. Por tanto, el momento de inercia respecto a un eje centroidal es el menor momento de inercia para un área (para una dirección dada de los ejes).

Al usar el teorema de los ejes paralelos, es esencial recordar que uno de los dos ejes paralelos *debe* ser un eje centroidal. Si es necesario encontrar el momento de inercia I_2 respecto a un eje no centroidal 2-2 (figura 12-14) cuando se conoce el momento de inercia I_1 respecto a otro eje no centroidal (y paralelo) 1-1, debemos aplicar el teorema de los ejes paralelos dos veces. Primero, encontramos el momento de inercia centroidal I_{xc} a partir del momento de inercia conocido I_1:

$$I_{x_c} = I_1 - Ad_1^2 \qquad \text{(b)}$$

Luego hallamos el momento de inercia I_2 a partir del momento centroidal de inercia:

$$I_2 = I_{x_c} + Ad_2^2 = I_1 + A(d_2^2 - d_1^2) \qquad \text{(12-12)}$$

Esta ecuación muestra de nuevo que el momento de inercia aumenta con una distancia creciente desde el centroide del área.

Ejemplo 12-4

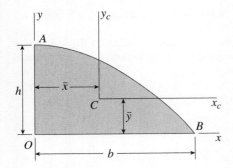

FIG. 12-15 Ejemplo 12-4. Teorema de los ejes paralelos.

El semisegmento parabólico *OAB* mostrado en la figura 12-15 tiene base b y altura h. Con el teorema de los ejes paralelos, determinar los momentos de inercia I_{x_c} y I_{y_c} con respecto a los ejes centroidales x_c y y_c.

Solución

Podemos usar el teorema de los ejes paralelos (en vez de integración) para encontrar los momentos de inercia centroidales porque ya conocemos el área A, las coordenadas centroidales $\bar{x}$ y $\bar{y}$, los momentos de inercia I_x e I_y con respecto a los ejes x y y. Estas cantidades se obtuvieron en los ejemplos 12-1 y 12-3; también están en el caso 17 del apéndice D y se repiten aquí:

$$A = \frac{2bh}{3} \qquad \bar{x} = \frac{3b}{8} \qquad \bar{y} = \frac{2h}{5} \qquad I_x = \frac{16bh^3}{105} \qquad I_y = \frac{2hb^3}{15}$$

Para obtener el momento de inercia con respecto al eje x_c, usamos la ecuación (b) y escribimos el teorema de los ejes paralelos como sigue:

$$I_{x_c} = I_x - A\bar{y}^2 = \frac{16bh^3}{105} - \frac{2bh}{3}\left(\frac{2h}{5}\right)^2 = \frac{8bh^3}{175} \qquad \text{(12-13a)} \quad \Longleftarrow$$

De manera similar, obtenemos el momento de inercia con respecto al eje y_c:

$$I_{y_c} = I_y - A\bar{x}^2 = \frac{2hb^3}{15} - \frac{2bh}{3}\left(\frac{3b}{8}\right)^2 = \frac{19hb^3}{480} \qquad \text{(12-13b)} \quad \Longleftarrow$$

Hemos encontrado así los momentos de inercia centroidales del semisegmento.

Ejemplo 12-5

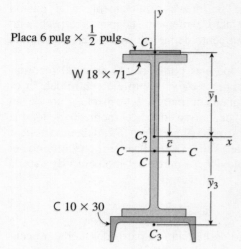

Placa 6 pulg $\times \frac{1}{2}$ pulg

W 18 $\times$ 71

C 10 $\times$ 30

FIG. 12-16 Ejemplo 12-5. Momento de inercia de un área compuesta.

Determinar el momento de inercia I_c con respecto al eje horizontal C-C que pasa por el centroide C de la sección transversal de la viga mostrada en la figura 12-16 (La posición del centroide C se determinó en el ejemplo 12-2, sección 12.3).

Nota: por la teoría de vigas (capítulo 5), sabemos que el eje C-C es el eje neutro por flexión para esta viga y, por lo tanto, se requiere el momento de inercia I_c para calcular los esfuerzos y deflexiones de esta viga.

Solución

Determinaremos el momento de inercia I_c con respecto al eje C-C aplicando el teorema de los ejes paralelos a cada parte del área compuesta. El área se divide naturalmente en tres partes: 1) la cubreplaca; 2) la sección de patín ancho y 3) la sección en canal. Las siguientes áreas y distancias centroidales se obtuvieron en el ejemplo 12-2:

$$A_1 = 3.0 \text{ pulg}^2 \qquad A_2 = 20.8 \text{ pulg}^2 \qquad A_3 = 8.82 \text{ pulg}^2$$

$$\overline{y}_1 = 9.485 \text{ pulg} \qquad \overline{y}_2 = 0 \qquad \overline{y}_3 = 9.884 \text{ pulg} \qquad \overline{c} = 1.80 \text{ pulg}$$

Los momentos de inercia de las tres partes con respecto a ejes horizontales a través de sus propios centroides C_1, C_2 y C_3 son:

$$I_1 = \frac{bh^3}{12} = \frac{1}{12}(6.0 \text{ pulg})(0.5 \text{ pulg})^3 = 0.063 \text{ pulg}^4$$

$$I_2 = 1\,170 \text{ pulg}^4 \qquad I_3 = 3.94 \text{ pulg}^4$$

Los momentos de inercia I_2 e I_3 se obtienen de la tablas E-1 y E-3, respectivamente, del apéndice E.

Ahora podemos usar el teorema de los ejes paralelos a fin de calcular los momentos de inercia respecto al eje C-C para cada una de las tres partes del área compuesta:

$$(I_c)_1 = I_1 + A_1(\overline{y}_1 + \overline{c})^2 = 0.063 \text{ pulg}^4 + (3.0 \text{ pulg}^2)(11.28 \text{ pulg})^2$$
$$= 382 \text{ pulg}^4$$

$$(I_c)_2 = I_2 + A_2\overline{c}^2 = 1\,170 \text{ pulg}^4 + (20.8 \text{ pulg}^2)(1.80 \text{ pulg})^2$$
$$= 1\,240 \text{ pulg}^4$$

$$(I_c)_3 = I_3 + A_3(\overline{y}_3 - \overline{c})^2 = 3.94 \text{ pulg}^4 + (8.82 \text{ pulg}^2)(8.084 \text{ pulg})^2$$
$$= 580 \text{ pulg}^4$$

La suma de estos momentos de inercia individuales da el momento de inercia de toda el área transversal respecto a su eje centroidal C-C:

$$I_c = (I_c)_1 + (I_c)_2 + (I_c)_3 = 2\,200 \text{ pulg}^4 \qquad \longleftarrow$$

Este ejemplo muestra cómo calcular momentos de inercia de áreas compuestas usando el teorema de los ejes paralelos.

12.6 MOMENTOS POLARES DE INERCIA

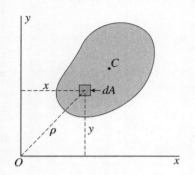

FIG. 12-17 Área plana de forma arbitraria.

Los momentos de inercia estudiados en las secciones anteriores se definen con respecto a ejes contenidos en el plano de la misma área, como los ejes x y y en la figura 12-17. Ahora consideraremos un eje *perpendicular* al plano del área que interseque al plano en el origen O. El momento de inercia con respecto a este eje perpendicular se llama **momento polar de inercia** y se denota con el símbolo I_P.

El momento polar de inercia con respecto a un eje por el punto O y perpendicular al plano de la figura se define con la integral

$$I_P = \int \rho^2 dA \qquad (12\text{-}14)$$

en donde ρ es la distancia del punto O al elemento diferencial de área dA (figura 12-17). Esta integral es similar en forma a las de los momentos de inercia I_x e I_y (véanse las ecuaciones 12-9a y 12-9b).

Como $\rho^2 = x^2 + y^2$, donde x y y son las coordenadas rectangulares del elemento dA, obtenemos la siguiente expresión para I_P:

$$I_P = \int \rho^2 dA = \int (x^2 + y^2)dA = \int x^2 dA + \int y^2 dA$$

Así, obtenemos la importante relación

$$I_P = I_x + I_y \qquad (12\text{-}15)$$

Esta ecuación muestra que el momento polar de inercia con respecto a un eje perpendicular al plano de la figura en cualquier punto O, es igual a la suma de los momentos de inercia con respecto a dos ejes perpendiculares *cualesquiera* x y y que pasen por ese punto y estén contenidos en el plano de la figura.

Por conveniencia, llamamos a I_P simplemente el momento polar de inercia con respecto al punto O, sin mencionar que el eje es perpendicular al plano de la figura. Además, para distinguir a I_x e I_y de los momentos **polares** de inercia, en ocasiones los llamamos **momentos rectangulares de inercia**.

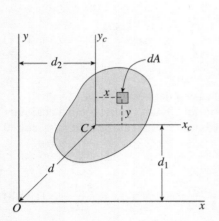

FIG. 12-13 Deducción de los teoremas de los ejes paralelos (Repetición).

Los momentos polares de inercia con respecto a diferentes puntos en el plano de un área están relacionados por el **teorema de los ejes paralelos para momentos polares de inercia**. Podemos deducir este teorema refiriéndonos de nuevo a la figura 12-13. Denotemos los momentos polares de inercia con respecto al origen O y al centroide C con $(I_P)_O$ e $(I_P)_C$, respectivamente. Entonces, usando la ecuación (12-15), podemos escribir las siguientes ecuaciones:

$$(I_P)_O = I_x + I_y \qquad (I_P)_C = I_{x_c} + I_{y_c} \qquad (\text{a})$$

Consideremos ahora los teoremas de ejes paralelos obtenidos en la sección 12.5 para momentos de inercia rectangulares (ecuaciones 12-11a y 12-11b). Al sumar estas dos ecuaciones, obtenemos

$$I_x + I_y = I_{x_c} + I_{y_c} + A(d_1^2 + d_2^2)$$

Sustituimos en las ecuaciones (a) y observando que $d^2 = d_1^2 + d_2^2$ (figura 12-13), con lo cual resulta

$$(I_P)_O = (I_P)_C + Ad^2 \tag{12-16}$$

Esta ecuación representa el **teorema de los ejes paralelos** para momentos polares de inercia:

El momento polar de inercia de un área con respecto a cualquier punto O en su plano es igual al momento polar de inercia con respecto al centroide C, más el producto del área y el cuadrado de la distancia entre los puntos O y C.

Para ilustrar la determinación de los momentos polares de inercia y el uso del teorema de los ejes paralelos, consideremos un círculo de radio r (figura 12-18). Tomamos un elemento diferencial de área dA en forma de un anillo delgado de radio ρ y espesor $d\rho$ ($dA = 2\pi\rho\, d\rho$). Como cada punto del elemento está a la misma distancia ρ del centro del círculo, el momento polar de inercia del círculo completo con respecto al centro es

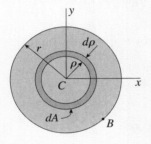

FIG. 12-18 Momento polar de inercia de un círculo.

$$(I_P)_C = \int \rho^2 dA = \int_0^r 2\pi\rho^3 d\rho = \frac{\pi r^4}{2} \tag{12-17}$$

Este resultado se muestra en el caso 9 del apéndice D.

El momento polar de inercia del círculo con respecto a cualquier punto B en su circunferencia (figura 12-18) puede obtenerse con el teorema de los ejes paralelos:

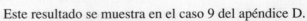

$$(I_P)_B = (I_P)_C + Ad^2 = \frac{\pi r^4}{2} + \pi r^2(r^2) = \frac{3\pi r^4}{2} \tag{12-18}$$

Incidentalmente, observe que el momento polar de inercia tiene su menor valor cuando el punto de referencia es el centroide del área.

Un círculo es un caso especial en que el momento polar de inercia puede determinarse por integración; sin embargo, la mayoría de las formas encontradas en los trabajos de ingeniería no se prestan a este procedimiento; generalmente los momentos polares de inercia se obtienen sumando los momentos de inercia rectangulares para dos ejes perpendiculares (ecuación 12-15).

12.7 PRODUCTOS DE INERCIA

El producto de inercia de un área plana se define con respecto a un conjunto de ejes perpendiculares localizados en el plano del área. Entonces, con referencia al área mostrada en la figura 12-19, definimos el **producto de inercia** con respecto a los ejes x y y como sigue:

$$I_{xy} = \int xy \, dA \tag{12-19}$$

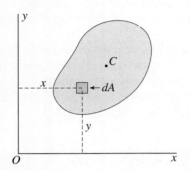

FIG. 12-19 Área plana de forma arbitraria

En esta definición vemos que cada elemento diferencial de área dA se multiplica por el producto de sus coordenadas. En consecuencia, los productos de inercia pueden ser positivos, negativos o cero, según la posición de los ejes xy con respecto al área.

Si el área se encuentra por completo en el primer cuadrante de los ejes (figura 12-19), entonces el producto de inercia es positivo porque todo elemento dA tiene coordenadas x y y positivas. Si el área se encuentra por completo en el segundo cuadrante, el producto de inercia es negativo porque todo elemento tiene una coordenada y positiva y una coordenada x negativa. Del mismo modo, las áreas que estén por completo en el tercero y cuarto cuadrantes, tienen productos de inercia positivos y negativos, respectivamente. Cuando el área se localiza en más de un cuadrante, el signo del producto de inercia depende de la distribución del área dentro de los cuadrantes.

Un caso especial se presenta cuando uno de los ejes es un **eje de simetría** del área; por ejemplo, consideremos el área mostrada en la figura 12-20, que es simétrica respecto al eje y. Para cada elemento dA con coordenadas x y y, existe un elemento dA igual y localizado simétricamente con la misma coordenada y pero una coordenada x de signo opuesto; por lo tanto, los productos $xy \, dA$ se cancelan entre sí y desaparece la integral en la ecuación (12-19). Así entonces, *el producto de inercia de un área es cero con respecto a cualquier par de ejes donde por lo menos un eje es un eje de simetría del área.*

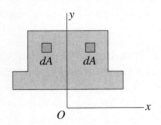

FIG. 12-20 Cuando alguno de los ejes es el de simetría, el producto de inercia es igual a cero

Como ejemplos de la regla anterior, el producto de inercia I_{xy} es igual a cero para las áreas mostradas en las figuras 12-10, 12-11, 12-16 y 12-18. En cambio, el producto de inercia I_{xy} tiene un valor positivo diferente de cero para el área mostrada en la figura 12-15. (Estas observaciones son válidas para productos de inercia con respecto a los ejes xy particulares mostrados en las figuras. Si los ejes son desplazados a otra posición, el producto de inercia puede cambiar.)

Los productos de inercia de un área con respecto a conjuntos paralelos de ejes están relacionados por un **teorema de los ejes paralelos** que es análogo a los teoremas correspondientes para momentos de inercia rectangulares y momentos polares de inercia. Para obtener este teorema, consideremos el área mostrada en la figura 12-21, que tiene su centroide en C y los ejes centroidales $x_c y_c$. El producto de inercia I_{xy} con respecto a cualquier otro conjunto de ejes, paralelo a los ejes $x_c y_c$, es

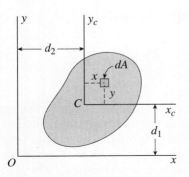

FIG. 12-21 Área plana de forma arbitraria

$$I_{xy} = \int (x + d_2)(y + d_1) dA$$

$$= \int xy \, dA + d_1 \int x \, dA + d_2 \int y \, dA + d_1 d_2 \int dA$$

en donde d_1 y d_2 son las coordenadas del centroide C con respecto a los ejes xy (entonces d_1 y d_2 pueden tener valores positivos o negativos).

La primera integral en la última expresión es el producto de inercia $I_{x_c y_c}$ con respecto a los ejes centroidales; las segunda y tercera integrales son iguales a cero porque son los momentos estáticos del área con respecto a los ejes centroidales; la última integral es el área A. Por tanto, la ecuación anterior se reduce a

$$I_{xy} = I_{x_c y_c} + A d_1 d_2 \qquad (12\text{-}20)$$

Esta ecuación representa el **teorema de los ejes paralelos para productos de inercia**:

> *El producto de inercia de un área con respecto a cualquier par de ejes en su plano es igual al producto de inercia con respecto a ejes centroidales paralelos, más el producto del área y las coordenadas del centroide con respecto al par de ejes.*

Para demostrar el uso de este teorema de ejes paralelos, determinemos el producto de inercia de un rectángulo con respecto a ejes xy que tengan su origen en el punto O en la esquina inferior izquierda del rectángulo (figura 12-22). El producto de inercia con respecto a los ejes centroidales $x_c y_c$ es cero debido a la simetría. Además, las coordenadas del centroide con respecto a los ejes xy son

$$d_1 = \frac{h}{2} \qquad d_2 = \frac{b}{2}$$

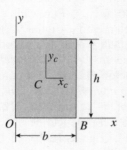

FIG. 12-22 Teorema de los ejes paralelos para productos de inercia.

Sustituimos en la ecuación (12-20) y obtenemos

$$I_{xy} = I_{x_c y_c} + A d_1 d_2 = 0 + bh \left(\frac{h}{2} \right) \left(\frac{b}{2} \right) = \frac{b^2 h^2}{4} \qquad (12\text{-}21)$$

Este producto de inercia es positivo porque toda el área se encuentra en el primer cuadrante. Si los ejes xy se trasladan horizontalmente de manera que el origen se mueva al punto B en la esquina inferior derecha del rectángulo (figura 12-22), toda el área estará en el segundo cuadrante y el producto de inercia será igual a $-b^2 h^2/4$.

El siguiente ejemplo ilustra también el uso del teorema de los ejes paralelos para determinar productos de inercia.

Ejemplo 12-6

Determinar el producto de inercia I_{xy} de la sección Z mostrada en la figura 12-23. La sección tiene ancho b, altura h y espesor constante t.

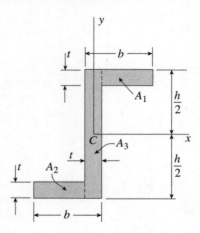

FIG. 12-23 Ejemplo 12-6. Producto de inercia de una sección Z.

Solución

Para obtener el producto de inercia con respecto a los ejes xy por el centroide, dividimos el área en tres partes y usamos el teorema de los ejes paralelos. Las partes son las siguientes: 1) un rectángulo de ancho $b - t$ y espesor t en el patín superior; 2) un rectángulo similar en el patín inferior y 3) un alma rectangular con altura h y espesor t.

El producto de inercia del alma rectangular con respecto a los ejes xy es cero (por simetría). El producto de inercia $(I_{xy})_1$ del rectángulo del patín superior (con respecto a los ejes xy) se determina usando el teorema de los ejes paralelos:

$$(I_{xy})_1 = I_{x_c y_c} + A d_1 d_2 \tag{a}$$

en donde $I_{x_c y_c}$ es el producto de inercia del rectángulo con respecto a su centroide, A es el área del rectángulo, d_1 es la coordenada y del centroide del rectángulo y d_2 es la coordenada x del centroide del rectángulo. Entonces,

$$I_{x_c y_c} = 0 \qquad A = (b - t)(t) \qquad d_1 = \frac{h}{2} - \frac{t}{2} \qquad d_2 = \frac{b}{2}$$

Sustituyendo en la ecuación (a), obtenemos el producto de inercia del rectángulo del patín superior:

$$(I_{xy})_1 = I_{x_c y_c} + A d_1 d_2 = 0 + (b - t)(t)\left(\frac{h}{2} - \frac{t}{2}\right)\left(\frac{b}{2}\right) = \frac{bt}{4}(h - t)(b - t)$$

El producto de inercia del rectángulo del patín inferior tiene el mismo valor, de manera que el producto de inercia de toda la sección Z es dos veces $(I_{xy})_1$, o

$$I_{xy} = \frac{bt}{2}(h - t)(b - t) \tag{12-22}$$ ⬅

Observe que este producto de inercia es positivo porque los patines se encuentran en los cuadrantes primero y tercero.

12.8 ROTACIÓN DE EJES

Los momentos de inercia de un área plana dependen de la posición del origen y de la orientación de los ejes de referencia. Para un origen dado, los momentos y producto de inercia varían conforme se giran los ejes alrededor de ese origen. La manera en que varían, y las magnitudes de los valores máximo y mínimo, se verán en esta sección y en la siguiente.

Consideremos el área plana mostrada en la figura 12-24 y supongamos que los ejes xy son un par de ejes de referencia localizados arbitrariamente. Los momentos y productos de inercia con respecto a esos ejes son

$$I_x = \int y^2 dA \qquad I_y = \int x^2 dA \qquad I_{xy} = \int xy\, dA \qquad \text{(a, b, c)}$$

en donde x y y son las coordenadas de un elemento diferencial de área dA.

Los ejes $x_1 y_1$ tienen el mismo origen que los ejes xy pero están girados un ángulo antihorario θ con respecto a esos ejes. Los momentos y producto de inercia con respecto a los ejes $x_1 y_1$ se denotan con I_{x_1}, I_{y_1} y $I_{x_1 y_1}$, respectivamente. Para obtener estas cantidades, necesitamos las coordenadas del elemento de área dA con respecto a los ejes $x_1 y_1$. Estas coordenadas pueden expresarse en términos de las coordenadas xy y el ángulo θ por geometría, como sigue:

$$x_1 = x \cos \theta + y \operatorname{sen} \theta \qquad y_1 = y \cos \theta - x \operatorname{sen} \theta \qquad \text{(12-23a, b)}$$

El momento de inercia con respecto al eje x_1 es

$$I_{x_1} = \int y_1^2 dA = \int (y \cos \theta - x \operatorname{sen} \theta)^2 dA$$

$$= \cos^2 \theta \int y^2 dA + \operatorname{sen}^2 \theta \int x^2 dA - 2 \operatorname{sen} \theta \cos \theta \int xy\, dA$$

o, con las ecuaciones (a), (b) y (c),

$$I_{x_1} = I_x \cos^2 \theta + I_y \operatorname{sen}^2 \theta - 2 I_{xy} \operatorname{sen} \theta \cos \theta \qquad \text{(12-24)}$$

Ahora introducimos las siguientes identidades trigonométricas:

$$\cos^2 \theta = \frac{1}{2}(1 + \cos 2\theta) \qquad \operatorname{sen}^2 \theta = \frac{1}{2}(1 - \cos 2\theta)$$

$$2 \operatorname{sen} \theta \cos \theta = \operatorname{sen} 2\theta$$

La ecuación (12-24) toma la forma

$$I_{x_1} = \frac{I_x + I_y}{2} + \frac{I_x - I_y}{2} \cos 2\theta - I_{xy} \operatorname{sen} 2\theta \qquad \text{(12-25)}$$

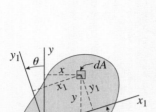

FIG. 12-24 Rotación de ejes.

De manera similar, podemos obtener el producto de inercia con respecto a los ejes x_1y_1:

$$I_{x_1y_1} = \int x_1y_1 \, dA = \int (x \cos \theta + y \operatorname{sen} \theta)(y \cos \theta - x \operatorname{sen} \theta)dA$$

$$= (I_x - I_y)\operatorname{sen} \theta \cos \theta + I_{xy}(\cos^2 \theta - \operatorname{sen}^2 \theta) \qquad (12\text{-}26)$$

Usamos de nuevo identidades trigonométricas, con lo cual

$$I_{x_1y_1} = \frac{I_x - I_y}{2} \operatorname{sen} 2\theta + I_{xy} \cos 2\theta \qquad (12\text{-}27)$$

Las ecuaciones (12-25) y (12-27) dan el momento de inercia I_{x1} y el producto de inercia $I_{x_1y_1}$ con respecto a los ejes girados en términos de los momentos y producto de inercia respecto a los ejes originales. Estas ecuaciones se llaman **ecuaciones de transformación para momentos y productos de inercia**.

Observe que estas ecuaciones de transformación tienen la misma forma que las ecuaciones de transformación para el esfuerzo plano (ecuaciones 7-4a y 7-4b, sección 7.2). Al comparar los dos conjuntos de ecuaciones, vemos que I_{x_1} corresponde a σ_{x_1}, $I_{x_1y_1}$ corresponde a $-\tau_{x_1y_1}$, I_x corresponde a σ_x, I_y corresponde a σ_y e I_{xy} corresponde a $-\tau_{xy}$; por tanto, también podemos analizar los momentos y los productos de inercia con el **círculo de Mohr** (véase la sección 7.4).

El momento de inercia I_{y_1} puede obtenerse con el mismo procedimiento que usamos para encontrar I_{x_1} e $I_{x_1y_1}$; sin embargo, un procedimiento más simple es reemplazar θ por $\theta + 90°$ en la ecuación (12-25). El resultado es

$$I_{y_1} = \frac{I_x + I_y}{2} - \frac{I_x - I_y}{2} \cos 2\theta + I_{xy} \operatorname{sen} 2\theta \qquad (12\text{-}28)$$

Esta ecuación muestra cómo varía el momento de inercia I_{y_1} conforme los ejes giran alrededor del origen.

Una ecuación útil que relaciona los momentos de inercia se obtiene sumando I_{x_1} e I_{y_1} (ecuaciones 12-25 y 12-28). El resultado es

$$I_{x_1} + I_{y_1} = I_x + I_y \qquad (12\text{-}29)$$

Esta ecuación muestra que la suma de los momentos de inercia con respecto a un par de ejes permanece constante cuando los ejes giran alrededor del origen. Esta suma es el momento polar de inercia del área con respecto al origen. Observe que la ecuación (12-29) es análoga a la ecuación (7-6) para esfuerzos y a la (7-72) para deformaciones.

12.9 EJES PRINCIPALES Y MOMENTOS DE INERCIA PRINCIPALES

Las ecuaciones de transformación para momentos y productos de inercia (ecuaciones 12-25, 12-27 y 12-28) muestran cómo varían los momentos y productos de inercia conforme varía el ángulo de rotación θ. De especial interés son los valores máximo y mínimo del momento de inercia, que se conocen como **momentos de inercia principales**; y los ejes correspondientes se denominan **ejes principales**.

Ejes principales

Para encontrar los valores del ángulo θ que hacen al momento de inercia I_{x_1} un máximo o un mínimo, derivamos con respecto a θ la expresión en el lado derecho de la ecuación (12-25) e igualamos el resultado a cero:

$$(I_x - I_y)\operatorname{sen} 2\theta + 2I_{xy} \cos 2\theta = 0 \qquad \text{(a)}$$

Despejamos a θ de esta ecuación, con lo cual

$$\tan 2\theta_p = -\frac{2I_{xy}}{I_x - I_y} \qquad \text{(12-30)}$$

en donde θ_p denota el ángulo que define un eje principal. Este mismo resultado se obtiene si tomamos la derivada de I_{y_1} (ecuación 12-28).

La ecuación (12-30) da dos valores del ángulo $2\theta_p$ en el intervalo de 0 a 360°; estos valores difieren en 180°. Los valores correspondientes de θ_p difieren en 90° y definen los dos ejes perpendiculares principales. Uno de estos ejes corresponde al momento de inercia máximo y el otro, al momento de inercia mínimo.

Examinemos ahora la variación del producto de inercia $I_{x_1 y_1}$ conforme varía θ (véase la ecuación 12-27). Si $\theta = 0$, obtenemos $I_{x_1 y_1} = I_{xy}$, como es de esperarse. Si $\theta = 90°$, obtenemos $I_{x_1 y_1} = -I_{xy}$. Así, durante una rotación de 90° el producto de inercia cambia de signo, lo que significa que para una orientación intermedia de los ejes el producto de inercia debe ser cero. Para determinar esta orientación hacemos $I_{x_1 y_1}$ (ecuación 12-27) igual a cero:

$$(I_x - I_y)\operatorname{sen} 2\theta + 2I_{xy} \cos 2\theta = 0$$

Esta ecuación es la misma que la ecuación (a), que define el ángulo θ_p de los ejes principales; por tanto, concluimos que *el producto de inercia es cero para los ejes principales*.

En la sección 12.7 mostramos que el producto de inercia de un área con respecto a un par de ejes es igual a cero si por lo menos uno de los ejes es un eje de simetría. Se infiere que si un área tiene un eje de simetría, ese eje y cualquier eje perpendicular a él constituyen un conjunto de ejes principales.

Las observaciones anteriores pueden resumirse de la manera siguiente: 1) los ejes principales que pasan por el origen O son un par de ejes ortogonales para los cuales los momentos de inercia son un máximo y un mínimo; 2) la orientación de los ejes principales está dada por el ángulo θ_p obtenido con la ecuación (12-30); 3) el producto de inercia es cero para los ejes principales y 4) un eje de simetría siempre es un eje principal.

Puntos principales

Consideremos ahora un par de ejes principales con origen en un punto dado O. Si existe un par *diferente* de ejes principales a través de ese mismo punto, entonces *cada* par de ejes por ese punto es un conjunto de ejes principales. Además, el momento de inercia debe ser constante al cambiar el ángulo θ.

Estas conclusiones se derivan de la naturaleza de la ecuación de transformación para I_{x_1} (ecuación 12-25). Como esta ecuación contiene funciones trigonométricas del ángulo 2θ, hay un valor máximo y un valor mínimo de I_{x_1} al variar 2θ a través de un intervalo de 360° (o conforme θ varía a través de un intervalo de 180°). Si hay un segundo máximo, entonces la única posibilidad es que I_{x_1} permanezca constante, lo que significa que cada par de ejes es un conjunto de ejes principales y todos los momentos de inercia son los mismos.

Un punto localizado de tal manera que cada eje a través del punto sea un eje principal —y por consiguiente, los momentos de inercia sean los mismos para todos los ejes a través del punto—, se llama **punto principal**.

Un ejemplo de esta situación es el rectángulo de ancho $2b$ y altura b de la figura 12-25. Los ejes xy, con origen en el punto O, son ejes principales del rectángulo porque el eje y es un eje de simetría. Los ejes $x'y'$ con el mismo origen, también son ejes principales porque el producto de inercia $I_{x'y'}$ es igual a cero (ya que los triángulos están situados simétricamente con respecto a los ejes x' y y'). Se infiere que cada par de ejes que pasa por O es un conjunto de ejes principales y que cada momento de inercia es el mismo (igual a $2b^4/3$); por lo tanto, el punto O es un punto principal para el rectángulo. (Un segundo punto principal se encuentra donde el eje y interseca el lado superior del rectángulo.)

Un corolario útil de los conceptos descritos en los cuatro párrafos anteriores se aplica a ejes que pasan por el centroide de un área. Considere un área con *dos pares diferentes* de ejes centroidales tales que por lo menos un eje de cada par sea un eje de simetría; en otras palabras, existen dos ejes diferentes de simetría que no son perpendiculares entre sí. Entonces, se infiere que el centroide es un punto principal.

En la figura 12-26 se muestran dos ejemplos, un cuadrado y un triángulo equilátero. En cada caso los ejes xy son ejes centroidales principales porque su origen está en el centroide C y por lo menos uno de los dos ejes es un eje de simetría. Además, un segundo par de ejes centroidales (los ejes $x'y'$) tiene por lo menos un eje de simetría. Se infiere que tanto los ejes xy como los $x'y'$ son ejes principales; por tanto, cada eje por el centroide C es un eje principal y cada uno de tales ejes tiene el mismo momento de inercia.

Si un área tiene *tres ejes diferentes de simetría*, aun si dos de ellos son perpendiculares, las condiciones descritas en el párrafo

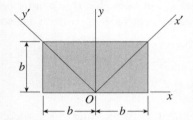

FIG. 12-25 Rectángulo para el cual cada eje (en el plano del área) que pasa por el punto O es un eje principal.

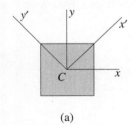

(a)

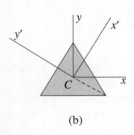

(b)

FIG. 12-26 Ejemplos de áreas para las cuales cada eje centroidal es un eje principal y el centroide C es un punto principal.

anterior se cumplen automáticamente; por tanto, si un área tiene tres o más ejes de simetría, el centroide es un punto principal y cada eje por el centroide es un eje principal y tiene el mismo momento de inercia. Estas condiciones se cumplen para un círculo, para todos los polígonos regulares (triángulo equilátero, cuadrado, pentágono regular, hexágono regular, etc.) y para muchas otras formas simétricas.

En general, cada área plana tiene dos puntos principales. Estos puntos se encuentran a la misma distancia del centroide sobre el eje centroidal principal que tiene el momento de inercia principal mayor. Un caso especial se presenta cuando los dos momentos de inercia principales centroidales son iguales; entonces, los dos puntos centroidales principales coinciden en el centroide y se tiene un solo punto principal.

Momentos principales de inercia

Determinemos ahora los momentos principales de inercia, suponiendo que I_x, I_y e I_{xy} son conocidos. Un método es determinar los dos valores de θ_p (que difieren en 90°) con la ecuación (12-30) y luego sustituir estos valores en la ecuación (12-25) para I_{x1}. Los dos valores resultantes son los momentos principales de inercia, denotados con I_1 e I_2. La ventaja de este método es que sabemos cuál de los dos ángulos principales θ_p corresponde a cada momento de inercia principal.

También es posible obtener fórmulas generales para los momentos de inercia principales. Con base en la ecuación (12-30) y en la figura 12-27 (que son una representación geométrica de la ecuación 12-30) observamos que

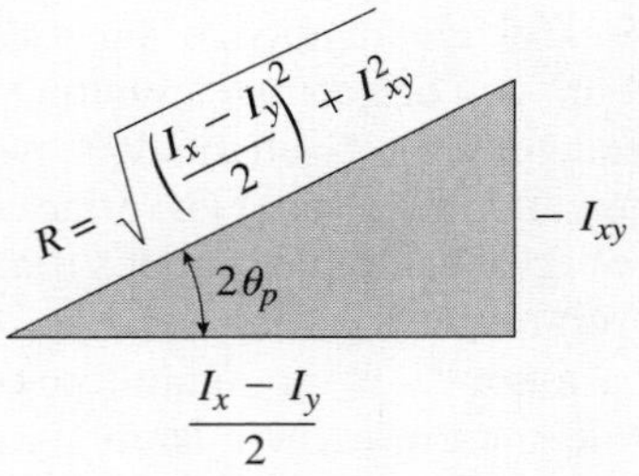

FIG. 12-27 Representación geométrica de la ecuación (12-30).

$$\cos 2\theta_p = \frac{I_x - I_y}{2R} \qquad \operatorname{sen} 2\theta_p = \frac{-I_{xy}}{R} \qquad \text{(12-31a, b)}$$

en donde

$$R = \sqrt{\left(\frac{I_x - I_y}{2}\right)^2 + I_{xy}^2} \qquad \text{(12-32)}$$

es la hipotenusa del triángulo. Al evaluar R, siempre se toma la raíz cuadrada positiva.

Sustituimos ahora las expresiones para $\cos 2\theta_p$ y $\operatorname{sen} 2\theta_p$ (de las ecuaciones 12-31a y b) en la ecuación (12-25) para I_{x1} y obtenemos el momento principal de inercia más grande de los dos términos algebraicos, denotado con el símbolo I_1:

$$I_1 = \frac{I_x + I_y}{2} + \sqrt{\left(\frac{I_x - I_y}{2}\right)^2 + I_{xy}^2} \qquad \text{(12-33a)}$$

El momento principal de inercia menor, denotado con I_2, puede obtenerse con la ecuación

$$I_1 + I_2 = I_x + I_y$$

(véase la ecuación 12-29). Sustituimos la expresión para I_1 en esta ecuación, despejamos I_2 y resulta

$$I_2 = \frac{I_x + I_y}{2} - \sqrt{\left(\frac{I_x - I_y}{2}\right)^2 + I_{xy}^2} \qquad (12\text{-}33b)$$

Las ecuaciones (12-33a) y (12-33b) suministran una manera conveniente de calcular los momentos principales de inercia.

El siguiente ejemplo ilustra el método para localizar los principales ejes y determinar los momentos principales de inercia.

Ejemplo 12-7

Determinar las orientaciones de los ejes centroidales principales y las magnitudes de los momentos de inercia centroidales principales para el área transversal de la sección Z mostrada en la figura 12-28. Usar los siguientes datos numéricos: peralte $h = 200$ mm, ancho $b = 90$ mm y espesor $t = 15$ mm.

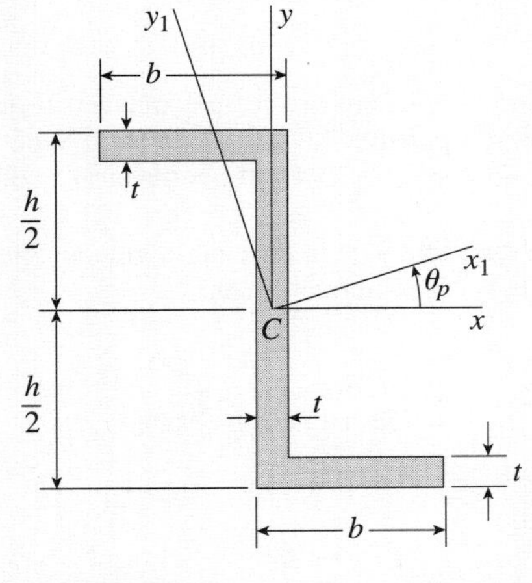

Solución

Usemos los ejes xy (figura 12-28) como los ejes de referencia a través del centroide C. Los momentos y producto de inercia con respecto a estos ejes pueden obtenerse dividiendo el área en tres rectángulos y usando los teoremas de los ejes paralelos. Los resultados de tales cálculos son los siguientes:

$$I_x = 29.29 \times 10^6 \text{ mm}^4 \quad I_y = 5.667 \times 10^6 \text{ mm}^4$$

$$I_{xy} = -9.366 \times 10^6 \text{ mm}^4$$

Sustituimos estos valores en la ecuación para el ángulo θ_p (ecuación 12-30) y obtenemos

$$\tan 2\theta_p = -\frac{2I_{xy}}{I_x - I_y} = 0.7930 \qquad 2\theta_p = 38.4° \text{ y } 218.4°$$

Entonces, los dos valores de θ_p son

$$\theta_p = 19.2° \text{ y } 109.2°$$

Al usar estos valores de θ_p en la ecuación de transformación para I_{x_1}, ecuación (12-25), encontramos $I_{x_1} = 32.6 \times 10^6 \text{ mm}^4$ y $2.4 \times 10^6 \text{ mm}^4$, respectivamente. Estos mismos valores se obtienen si sustituimos en las ecuaciones (12-33a) y (12-33b). Entonces, los momentos principales de inercia y los ángulos a los ejes principales correspondientes son:

$$I_1 = 32.6 \times 10^6 \text{ mm}^4 \qquad \theta_{p_1} = 19.2°$$

$$I_2 = 2.4 \times 10^6 \text{ mm}^4 \qquad \theta_{p_2} = 109.2°$$

Los ejes principales se muestran en la figura 12-28 como los ejes $x_1 y_1$.

FIG. 12-28. Ejemplo 12-7. Ejes principales y momentos principales de inercia para una sección Z.

PROBLEMAS DEL CAPÍTULO 12

Centroides de áreas

Los problemas de la sección 12.2 deben resolverse por integración.

12.2-1 Determine las distancias $\bar{x}$ y $\bar{y}$ al centroide C de un triángulo rectángulo con base b y altura h (véase el caso 6, apéndice D).

12.2-2 Determine la distancia $\bar{y}$ al centroide C de un trapezoide con bases a y b y altura h (véase el caso 8, apéndice D).

12.2-3 Determine la distancia $\bar{y}$ al centroide C de un semicírculo de radio r (véase el caso 10, apéndice D).

12.2-4 Determine las distancias $\bar{x}$ y $\bar{y}$ al centroide C de un tímpano parabólico de base b y altura h (véase el caso 18, apéndice D).

12.2-5 Determine las distancias $\bar{x}$ y $\bar{y}$ al centroide C de un semisegmento de grado enésimo con base b y altura h (véase el caso 19, apéndice D).

Centroides de áreas compuestas

Los problemas de la sección 12.3 deben resolverse usando las fórmulas para áreas compuestas.

12.3-1 Determine la distancia $\bar{y}$ al centroide C de un trapezoide con bases a y b y altura h (véase el caso 8, apéndice D), dividiendo el trapezoide en dos triángulos.

12.3-2 Se quita la cuarta parte de un cuadrado de lado a (véase la figura). ¿Cuáles son las coordenadas $\bar{x}$ y $\bar{y}$ del centroide C del área restante?

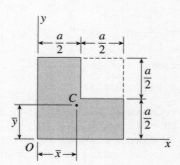

PROBS. 12.3-2 y 12.5-2

12.3-3 Calcule la distancia $\bar{y}$ al centroide C de la sección en canal mostrada en la figura si $a = 6$ pulg, $b = 1$ pulg y $c = 2$ pulg.

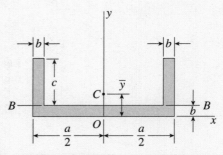

PROBS. 12.3-3, 12.3-4 y 12.5-3

12.3-4 ¿Cuál debe ser la relación entre las dimensiones a, b y c de la sección en canal mostrada en la figura para que el centroide C se encuentre sobre la línea BB?

12.3-5 En la figura se muestra la sección transversal de una viga hecha con un perfil W 24 × 162 de patín ancho y una cubreplaca de 8 pulg × 3/4 pulg soldada al patín superior.

Determine la distancia $\bar{y}$ de la base de la viga al centroide C del área de la sección transversal.

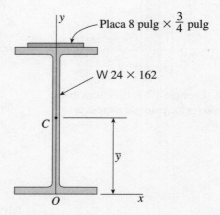

Placa 8 pulg × $\frac{3}{4}$ pulg

W 24 × 162

PROBS. 12.3-5 y 12.5-5

12.3-6 Determine la distancia $\bar{y}$ al centroide C del área compuesta mostrada en la figura.

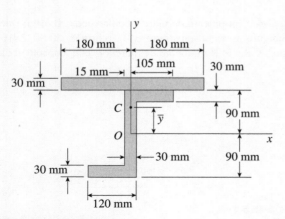

PROBS. 12.3-6, 12.5-6 y 12.7-6

12.3-7 Determine las coordenadas $\bar{x}$ y $\bar{y}$ del centroide C del área en forma de L mostrada en la figura.

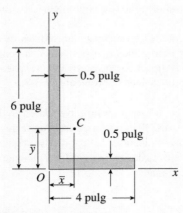

PROBS. 12.3-7, 12.4-7, 12.5-7 y 12.7-7

12.3-8 Determine las coordenadas $\bar{x}$ y $\bar{y}$ del centroide C del área mostrada en la figura.

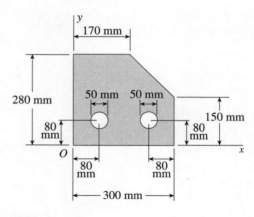

PROB. 12.3-8

Momentos de inercia

Los problemas 12.4-1 al 12.4-4 deben resolverse por integración.

12.4-1 Determine el momento de inercia I_x de un triángulo de base b y altura h con respecto a su base (véase el caso 4, apéndice D).

12.4-2 Determine el momento de inercia I_{BB} de un trapezoide de bases a y b y altura h con respecto a su base (véase el caso 8, apéndice D).

12.4-3 Determine el momento de inercia I_x de un tímpano parabólico de base b y altura h con respecto a su base (véase el caso 18, apéndice D).

12.4-4 Determine el momento de inercia I_x de un círculo de radio r con respecto a un diámetro (véase el caso 9, apéndice D).

Los problemas 12.4-5 al 12.4-9 deben resolverse considerando el área como un área compuesta.

12.4-5 Determine el momento de inercia I_{BB} de un rectángulo con lados b y h con respecto a una diagonal del rectángulo (véase la figura para el caso 2, apéndice D).

12.4-6 Calcule el momento de inercia I_x para el área circular compuesta mostrada en la figura. El origen de los ejes está en el centro de los círculos concéntricos y los tres diámetros son 20, 40 y 60 mm.

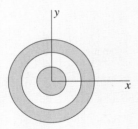

PROB. 12.4-6

12.4-7 Calcule los momentos de inercia I_x e I_y con respecto a los ejes x y y para el área en forma de L mostrada en la figura del problema 12.3-7.

12.4-8 Un área semicircular de radio 150 mm tiene un recorte rectangular de dimensiones 50 mm × 100 mm (véase la figura).

Calcule los momentos de inercia I_x e I_y con respecto a los ejes x y y. También, calcule los correspondientes radios de giro r_x y r_y.

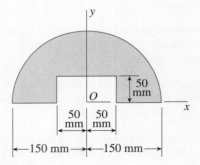

PROB. 12.4-8

12.4-9 Calcule los momentos de inercia I_1 e I_2 de una sección de patín ancho W 16 × 100 usando las dimensiones transversales dadas en la tabla E-1, apéndice E (desprecie las áreas transversales de los filetes). También calcule los radios de giro r_1 y r_2 correspondientes.

Teorema de los ejes paralelos

12.5-1 Calcule el momento de inercia I_b de una sección de patín ancho W 12 × 50 con respecto a su base (use los datos de la tabla E-1, apéndice E).

12.5-2 Determine el momento de inercia I_c con respecto a un eje por el centroide C y paralelo al eje x para la figura descrita en el problema 12.3-2.

12.5-3 Para la sección en canal descrita en el problema 12.3-3, calcule el momento de inercia I_{x_c} con respecto a un eje por el centroide C y paralelo al eje x.

12.5-4 El momento de inercia con respecto al eje 1-1 del triángulo escaleno mostrado en la figura es de 90×10^3 mm⁴. Calcule el momento de inercia I_2 con respecto al eje 2-2.

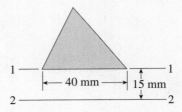

PROB. 12.5-4

12.5-5 Para la sección transversal de la viga descrita en el problema 12.3-5, calcule los momentos centroidales de inercia I_{x_c} e I_{y_c} con respecto a ejes que pasen por el centroide C tales que el eje x_c sea paralelo al eje x y el eje y_c coincida con el eje y.

12.5-6 Calcule el momento de inercia I_{x_c} con respecto a un eje a través del centroide C y paralelo al eje x para el área compuesta mostrada en el problema 12.3-6.

12.5-7 Calcule los momentos centroidales de inercia I_{x_c} e I_{y_c} con respecto a ejes que pasen por el centroide C y paralelos a los ejes x y y, respectivamente, para el área en forma de L mostrada en el problema 12.3-7.

12.5-8 La viga de patín ancho mostrada en la figura tiene una altura total de 250 mm y un espesor constante de 15 mm.

Determine el ancho b del patín si se requiere que los momentos centroidales de inercia I_x e I_y tengan una razón 3 a 1, respectivamente.

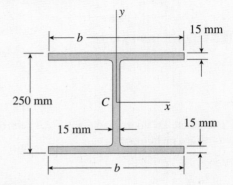

PROB. 12.5-8

Momentos polares de inercia

12.6-1 Determine el momento polar de inercia I_P de un triángulo isósceles de base b y altura h con respecto a su vértice (véase el caso 5, apéndice D).

12.6-2 Determine el momento polar de inercia $(I_P)_C$ con respecto al centroide C de un sector circular (véase el caso 13, apéndice D).

12.6-3 Determine el momento polar de inercia I_P para una sección W 8×21 de patín ancho con respecto a una de sus esquinas exteriores.

12.6-4 Obtenga una fórmula para el momento polar de inercia I_P con respecto al punto medio de la hipotenusa de un triángulo rectángulo de base b y altura h (véase el caso 6, apéndice D).

12.6-5 Determine el momento polar de inercia $(I_P)_C$ con respecto al centroide C para el tímpano de un cuadrante circular (véase el caso 12, apéndice D).

Productos de inercia

12.7-1 Con integración determine el producto de inercia I_{xy} para el semisegmento parabólico mostrado en la figura 12-5 (véase también el caso 17, apéndice D.)

12.7-2 Con integración, determine el producto de inercia I_{xy} para el tímpano del cuadrante circular mostrado en el caso 12, apéndice D.

12.7-3 Encuentre la relación entre el radio r y la distancia b para el área compuesta mostrada en la figura para que el producto de inercia I_{xy} sea cero.

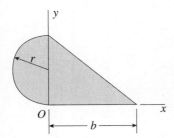

PROB. 12.7-3

12.7-4 Obtenga una fórmula para el producto de inercia I_{xy} del área simétrica en forma de L mostrada en la figura.

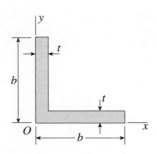

PROB. 12.7-4

12.7-5 Calcule el producto de inercia I_{12} con respecto a los ejes centroidales 1-1 y 2-2 de un ángulo L $6 \times 6 \times 1$ pulg (véase la tabla E-4, apéndice E; desprecie las áreas transversales de los filetes y esquinas redondeadas).

12.7-6 Calcule el producto de inercia I_{xy} para el área compuesta mostrada en el problema 12.3-6.

12.7-7 Determine el producto de inercia $I_{x_c y_c}$ con respecto a los ejes centroidales x_c y y_c paralelos a los ejes x y y, respectivamente, para el área en forma de L mostrada en el problema 12.3-7.

Rotación de ejes

Los problemas de la sección 12.8 deben resolverse usando las ecuaciones de transformación para momentos y productos de inercia.

12.8-1 Determine los momentos de inercia I_{x_1} e I_{y_1} y el producto de inercia $I_{x_1 y_1}$ para un cuadrado con lados b, como se muestra en la figura (observe que los ejes $x_1 y_1$ son ejes centroidales girados un ángulo θ respecto a los ejes xy).

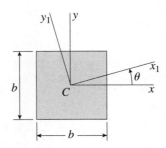

PROB. 12.8-1

12.8-2 Determine los momentos y producto de inercia con respecto a los ejes x_1y_1 para el rectángulo mostrado en la figura (observe que el eje x_1 es una diagonal del rectángulo).

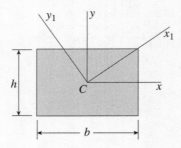

PROB. 12.8-2

12.8-3 Calcule el momento de inercia I_d de un perfil W 12×50 de patín ancho con respecto a una diagonal que pasa por el centroide y por dos esquinas exteriores de los patines (use las dimensiones y propiedades dadas en la tabla E-1).

★12.8-4 Calcule los momentos de inercia I_{x_1} e I_{y_1} y el producto de inercia $I_{x_1y_1}$ con respecto a los ejes x_1y_1 para el perfil L mostrado en la figura si $a = 150$ mm, $b = 100$ mm, $t = 15$ mm y $\theta = 30°$.

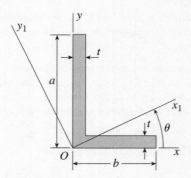

PROBS. 12.8-4 y 12.9-4

★12.8-5 Calcule los momentos de inercia I_{x_1} e I_{y_1} y el producto de inercia $I_{x_1y_1}$ con respecto a los ejes x_1y_1 de la sección Z mostrada en la figura, si $b = 3$ pulg, $h = 4$ pulg, $t = 0.5$ pulg y $\theta = 60°$.

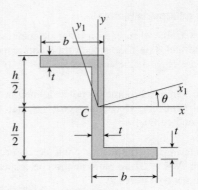

PROBS. 12.8-5, 12.8-6, 12.9-5 y 12.9-6

★12.8-6 Resuelva el problema anterior si $b = 80$ mm, $h = 120$ mm, $t = 12$ mm y $\theta = 30°$.

Ejes principales, puntos principales y momentos de inercia principales

12.9-1 En la figura se muestra una elipse con eje mayor de longitud $2a$ y eje menor de longitud $2b$.

a) Determine la distancia c del centroide C de la elipse a los puntos principales P sobre el eje menor (eje y).

b) ¿Para qué razón a/b los puntos principales se encuentran sobre la circunferencia de la elipse? c) ¿Para qué razones se encuentran dentro de la elipse?

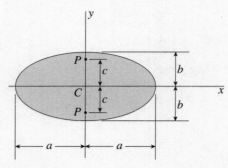

PROB. 12.9-1

12.9-2 Demuestre que los dos puntos P_1 y P_2, localizados como se muestra en la figura, son los puntos principales del triángulo rectángulo isósceles.

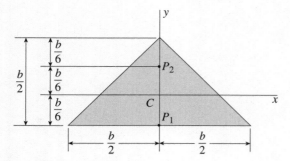

PROB. 12.9-2

12.9-3 Determine los ángulos θ_{p_1} y θ_{p_2} que definen las orientaciones de los ejes principales a través del origen O para el triángulo mostrado en la figura, si $b = 6$ pulg y $h = 8$ pulg. También, calcule los correspondientes momentos de inercia principales I_1 e I_2.

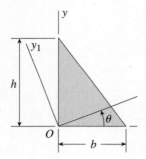

PROB. 12.9-3

12.9-4 Determine los ángulos θ_{p_1} y θ_{p_2} que definen las orientaciones de los ejes principales a través del origen O y los momentos principales correspondientes de inercia I_1 e I_2 para el área en forma de L descrita en el problema 12.8-4 ($a = 150$ mm, $b = 100$ mm y $t = 15$ mm).

12.9-5 Determine los ángulos θ_{p_1} y θ_{p_2} que definen las orientaciones de los ejes principales a través del centroide C y los momentos centroidales principales correspondientes de inercia I_1 e I_2 para la sección Z descrita en el problema 12.8-5 ($b = 3$ pulg, $h = 4$ pulg y $t = 0.5$ pulg).

12.9-6 Resuelva el problema anterior para la sección Z descrita en el problema 12.8-6 ($b = 80$ mm, $h = 120$ mm y $t = 12$ mm).

12.9-7 Determine los ángulos θ_{p_1} y θ_{p_2} que definen las orientaciones de los ejes principales a través del centroide C para el triángulo rectángulo mostrado en la figura si $h = 2b$. También determine los momentos de inercia centroidales principales correspondientes I_1 y I_2.

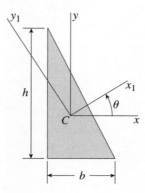

PROB. 12.9-7

★12.9-8 Determine los ángulos θ_{p_1} y θ_{p_2} que definen las orientaciones de los ejes centroidales principales y los momentos de inercia principales I_1 e I_2 correspondientes, para el área en forma de L mostrada en la figura si $a = 80$ mm, $b = 150$ mm y $t = 16$ mm.

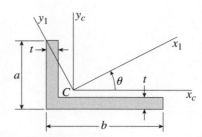

PROBS. 12.9-8 y 12.9-9

★12.9-9 Resuelva el problema anterior si $a = 3$ pulg, $b = 6$ pulg y $t = 5/8$ pulg.

Referencias y notas históricas

1-1 Timoshenko, S. P., *History of Strength of Materials*, Dover Publications, Inc., Nueva York, 1983 (publicado originalmente por McGraw-Hill Book Co., Inc., Nueva York, 1953).

S. P. Timoshenko
(1878–1972)

Nota: Stephen P. Timoshenko (1878–1972) fue un famoso científico, ingeniero y profesor. Nacido en Rusia, emigró a los Estados Unidos en 1922. Fue investigador en el Westinghouse Research Laboratory, luego profesor en la Universidad de Michigan y después profesor en la Universidad de Stanford, donde se retiró en 1944. Timoshenko hizo muchas contribuciones originales, teóricas y experimentales, al campo de la mecánica aplicada y escribió 12 libros de texto que revolucionaron la enseñanza de la mecánica en los Estados Unidos. Estos libros, de los cuales se han tirado hasta cinco ediciones y que se han traducido a 35 idiomas, cubren los temas de estática, dinámica, mecánica de materiales, vibraciones, teoría estructural, estabilidad, elasticidad, placas y cascarones.

1-2 Todhunter, I. y Pearson, K., *A History of the Theory of Elasticity and of the Strength of Materials*, vols. I y II, Dover Publications, Inc., Nueva York, 1960 (publicado originalmente por Cambridge University Press en 1886 y 1893). *Nota:* Isaac Todhunter (1820–1884) y Karl Pearson (1857–1936) fueron matemáticos y educadores ingleses. Pearson fue conocido en especial por sus originales contribuciones a la estadística.

1-3 Love, A. E. H., *A Treatise on the Mathematical Theory of Elasticity*, 4a. ed., Dover Publications, Inc., Nueva York, 1944 (publicado originalmente por Cambridge University Press en 1927); véase "Historical Introduction", pp. 1–31. *Nota:* Augustus Edward Hough Love (1863–1940) fue un distinguido inglés experto en elasticidad que enseñó en la Universidad de Oxford. Entre sus muchas investigaciones importantes se incluye el análisis de las ondas sísmicas superficiales, llamadas ahora *ondas de Love* por los geofísicos.

1-4 Jacob Bernoulli (1654 –1705), también conocido por los nombres de James, Jacques y Jakob, fue un miembro de la célebre familia de matemáticos y científicos de Basilea, Suiza (véase la referencia 9-1). Realizó un trabajo importante en relación con las curvas elásticas de vigas. También desarrolló las coordenadas polares y es renombrado por su trabajo teórico en probabilidad, geometría analítica y otros campos.

Jean Victor Poncelet (1788 –1867), francés que combatió en la campaña de Napoleón contra Rusia y fue dado por muerto en el campo de batalla. Sobrevivió, fue tomado prisionero y regresó a Francia para continuar su trabajo en matemáticas. Sus principales contribuciones matemáticas se enfocan a la geometría; en mecánica es bien conocido por su trabajo en propiedades de materiales y dinámica (para conocer el trabajo de Bernoulli y Poncelet en relación con los diagramas de esfuerzo-deformación unitaria, véanse las referencias 1-1, pp. 88 y 1-2, vol. I, pp. 10, 533 y 873).

1-5 James y James, *Mathematics Dictionary*, Van Nostrand Reinhold, Nueva York (última edición).

1-6 Robert Hooke (1635–1703) fue un científico inglés que llevó a cabo muchos experimentos con cuerpos elásticos y desarrolló mejoras en piezas de relojería. También formuló las leyes de la gravitación independientemente de Newton, de quien fue contemporáneo. Al fundarse la Royal Society of London en 1662, Hooke fue nombrado su primer secretario (para conocer los orígenes de la Ley de Hooke, véase la referencia 1-1, pp. 17-20 y la referencia 1-2, vol. I, p. 5).

1-7 Thomas Young (1773–1829) fue un destacado científico inglés, que realizó investigaciones pioneras en óptica, acústica, impacto y otros temas (para información sobre su trabajo con materiales, véanse las referencias 1-1, pp. 90-98 y 1-2, vol. I, pp. 80-86).

Thomas Young
(1773–1829)

1-8 Siméon Denis Poisson (1781–1840) fue un gran matemático francés. Realizó muchas contribuciones tanto en matemáticas como en mecánica y su nombre ha perdurado en diversos campos, además de la relación de Poisson; por ejemplo, tenemos la ecuación de Poisson en ecuaciones diferenciales parciales y la distribución de Poisson en teoría de la probabilidad (para informarse sobre las teorías del comportamiento de los materiales, véase la referencia 1-1, pp. 111-114; la referencia 1-2, vol. I, pp. 208-318 y la referencia 1-3, p. 13).

S. D. Poisson
(1781–1840)

2-1 Timoshenko, S. P. y Goodier, J. N., *Theory of Elasticity*, 3a. ed., McGraw-Hill Book Co., Inc., Nueva York, 1970 (véase p. 110). *Nota:* James Norman Goodier (1905–1969) es bastante conocido por sus contribuciones e investigaciones acerca de la teoría de la elasticidad, estabilidad, propagación de ondas en sólidos y otras ramas de la mecánica aplicada. Nació en Inglaterra, estudió en las Universidades de Cambridge y de Michigan. Fue profesor en la Universidad de Cornell y después en Stanford, donde dirigió el programa de mecánica aplicada.

2-2 Leonhard Euler (1707–1783) fue un famoso matemático suizo, quizás el más grande matemático de todos los tiempos. La referencia 11-1 contiene información sobre su vida y trabajos (véase la referencia 1-1, p. 36 y la referencia 2-3, p. 650, respecto a su trabajo sobre estructuras estáticamente indeterminadas).

2-3 Oravas, G. A. y McLean, L., "Historical development of energetical principles in elastomechanics", en *Applied Mechanics Reviews*, parte I, vol. 19, núm. 8, agosto de 1966, pp. 647-658 y parte II, vol. 19, núm. 11, noviembre de 1966, pp. 919–933.

2-4 Louis Marie Henri Navier (1785–1836), conocido matemático e ingeniero francés, fue uno de los fundadores de la teoría matemática de la elasticidad. Contribuyó a la teoría de vigas, placas y cascarones, a la teoría de vibraciones y a la teoría de fluidos viscosos (véanse las referencias 1-1, p. 75; la 1-2, vol. I, p. 146 y la referencia 2-3, p. 652, para estudiar el análisis del autor acerca de una estructura estáticamente indeterminada).

2-5 Piobert, G., Morin, A.-J. y Didion, I., "Commission des Principes du Tir", en *Mémorial de l'Artillerie*, vol. 5, 1842, pp. 501-552. *Nota:* esta publicación describe experimentos hechos disparando proyectiles de artillería sobre placas de acero. En la página 505 se describen las marcas que son las bandas de deslizamiento. La descripción es muy breve y no hay indicios de que los autores las atribuyeran a características inherentes del material. Guillaume Piobert (1793–1871) fue un general y matemático francés que realizó muchos estudios de balística; al escribir esta publicación era capitán de artillería.

2-6 Lüders, W., "Ueber die Äusserung der elasticität an stahlartigen Eisenstäben und Stahlstäben, und über eine beim Biegen solcher Stäbe beobachtete Molecularbewegung", en *Dingler's Polytechnisches Journal*, vol. 155, 1860, pp. 18-22. *Nota:* esta publicación describe e ilustra con claridad las bandas que aparecen sobre la superficie pulida de un espécimen de acero durante la fluencia. Por supuesto, estas bandas sólo son la manifestación superficial de zonas de deformación tridimensionales; por ello, las zonas podrían describirse más bien como "cuñas" en lugar de bandas.

2-7 Benoit Paul Emile Clapeyron (1799–1864) fue un célebre ingeniero estructural y diseñador de puentes francés; enseñó ingeniería en la École des Ponts et Chaussées en París. Al parecer, el teorema de Clapeyron, que establece que el trabajo de las cargas externas que actúan sobre un cuerpo elástico lineal es igual a la energía de deformación, se publicó por primera vez en 1833 (véanse las referencias 1-1, pp. 118 y 288; la 1-2, vol. I, p. 578 y la 1-2, vol. II, p. 418).

2-8 Poncelet investigó las vibraciones longitudinales de una barra debidas a cargas de impacto (véase la referencia 1-1, p. 88). En la referencia 1-4 se encuentra más información sobre la vida y trabajos de Poncelet.

2-9 Budynas, R. y Young, W. C., *Roark's Formulas for Stress and Strain*, McGraw-Hill Book Co., Inc., Nueva York, 2002.

2-10 Barré de Saint-Venant (1797–1886) suele reconocerse como el estudioso de la elasticidad más sobresaliente de todos los tiempos. Nació cerca de París, estudió brevemente en la École Polytechnique y después se graduó en la École des Ponts et Chaussées. Su posterior carrera profesional fue obstaculizada en gran medida debido a su rechazo, por principios morales y políticos, a unirse a sus condiscípulos en los preparativos para la defensa de París en marzo de 1814, justo antes de la abdicación de Napoleón. Como consecuencia, sus méritos recibieron gran reconocimiento en otros lugares, no así en Francia.

Algunas de sus contribuciones más conocidas son la formulación de las ecuaciones fundamentales de la elasticidad y el desarrollo de las teorías exactas de la flexión y la torsión. También elaboró teorías para deformaciones plásticas y vibraciones. Su nombre completo fue Adéhmar Jean Claude Barré, Conde de Saint-Venant (véanse las referencias 1-1, pp. 229-242; 1-2, vol. I, pp. 833–872, vol. II, parte I, pp. 1-286, vol. II, parte II, pp. 1-51; y referencia 2-1, pp. 39-40).

2-11 Zaslavsky, A., "A note on Saint-Venant's principle", en *Israel Journal of Technology*, vol. 20, 1982, pp. 143–144.

2-12 Ramberg, W. A. y Osgood, W. R., "Description of stress-strain curves by three parameters", en *National Advisory Committee for Aeronautics*, nota técnica núm. 902, julio de 1943.

3-1 La relación entre par y ángulo de torsión en el caso de una barra circular fue establecida correctamente en 1784 por Charles Augustin de Coulomb (1736-1806), un célebre científico francés (véanse las referencias 1-1, pp. 51-53, 82 y 92; y 1-2, vol. I, p. 69). Coulomb hizo contribuciones en electricidad y magnetismo, viscosidad de fluidos, fricción, flexión en vigas, muros de retención y arcos, torsión y vibraciones torsionales y otros temas (véase la referencia 1-1, pp. 47-54). Thomas Young (referencia 1-7) observó que el par aplicado está equilibrado por los esfuerzos cortantes sobre la sección trans-

versal y que los esfuerzos cortantes son proporcionales a la distancia desde el eje. El ingeniero francés Alphonse J. C. B. Duleau (1789–1832) realizó pruebas sobre barras en torsión y desarrolló también una teoría para barras circulares (véase la referencia 1-1, p. 82).

C. A. de Coulomb
(1736–1806)

3-2 Bredt, R., "Kritische Bemerkungen zur Drehungselastizität", en *Zeitschrift des Vereines Deutscher Ingenieure*, vol. 40, 1896, pp. 785-790 y 813-817. *Nota:* Rudolph Bredt (1842-1900) fue un ingeniero alemán que estudió en Karlsruhe y Zürich, después trabajó algún tiempo en Crewe, Inglaterra, en una fábrica de trenes, donde aprendió acerca del diseño y fabricación de grúas. Esta experiencia formó la base para su trabajo posterior como fabricante de grúas en Alemania. Su teoría de la torsión fue desarrollada en relación con el diseño de vigas en caja para grúas.

5-1 Una prueba del teorema de que las secciones transversales de una viga en flexión pura permanecen planas, se encuentra en la publicación de G.A., Fazekas, "A note on the bending of Euler beams", en *Journal of Engineering Education*, vol. 57, núm. 5, enero de 1967. La validez del teorema ha sido aceptada desde hace mucho tiempo y fue usada por los primeros investigadores como Jacob Bernoulli (referencia 1-4) y L. M. H. Navier (referencia 2-4). El trabajo de Bernoulli y Navier en relación con la flexión de vigas puede consultarse en la referencia 1-1, pp. 25-27 y 70-75.

5-2 Galilei, Galileo, *Dialogues Concerning Two New Sciences*, traducido del italiano y latín al inglés por Henry Crew y Alfonso De Salvio, The Macmillan Company, Nueva York, 1933 (primera publicación de la traducción en 1914). *Nota*: este libro fue publicado en 1638 por Louis Elzevir en Leida, ahora Leiden, Holanda. *Two New*

Sciences representa la culminación del trabajo de Galileo sobre dinámica y mecánica de materiales. Puede decirse que estos dos temas, como los conocemos ahora, se iniciaron con Galileo y la publicación de este famoso libro.

Galileo Galilei nació en Pisa en 1564. Realizó muchos experimentos y descubrimientos célebres, incluyendo los referentes a la caída de cuerpos y el péndulo, que iniciaron la ciencia de la dinámica. Galileo fue un orador elocuente y atrajo estudiantes de muchos países. Fue pionero en la astronomía y perfeccionó un telescopio con el que efectuó muchos descubrimientos astronómicos, incluyendo las características montañosas de la Luna, los satélites de Júpiter, las fases de Venus y las manchas solares. Como su interpretación científica del sistema solar era contraria a la teología, fue condenado a prisión por la Iglesia de Roma y pasó los últimos años de su vida recluido en Florencia; durante este periodo escribió *Two New Sciences*. Galileo murió en 1642 y fue sepultado en Florencia.

Galileo Galilei
(1564–1642)

5-3 La historia de la teoría de vigas está descrita en las referencias 1-1, pp. 11-47 y 135-141 y 1-2. Edme Mariotte (1620–1684) fue un físico francés que hizo descubrimientos en dinámica, hidrostática, óptica y mecánica. Realizó pruebas sobre vigas y desarrolló una teoría para calcular capacidades de carga; su teoría fue un perfeccionamiento del trabajo de Galileo, aunque todavía incorrecta. Jacob Bernoulli (1654–1705), a quien se describe en la referencia 1-4, determinó por primera vez que la curvatura es proporcional al momento flexionante; sin embargo, su constante de proporcionalidad era incorrecta.

Leonhard Euler (1707–1783) obtuvo la ecuación diferencial de la curva de deflexión de una viga y la aplicó para resolver muchos problemas de deflexiones pequeñas y grandes (la vida y obra de Euler se describen en la refe-

rencia 11-1). La primera persona que obtuvo la distribución de esfuerzos en una viga y relacionó correctamente los esfuerzos con el momento flexionante fue Antoine Parent (1666–1716), un físico y matemático francés. Después, Saint-Venant (1797–1886) realizó una rigurosa investigación de las deformaciones y esfuerzos en vigas (véase la referencia 2-10). Coulomb (referencia 3-1) y Navier (referencia 2-4), también hicieron contribuciones importantes.

5-4 *Manual of Steel Construction (Allowable Stress Design)*, publicado por la American Institute of Steel Construction, Inc., One East Wacker Drive, (Suite 3100), Chicago, Illinois 60601. (Para otras publicaciones e información adicional, visite el sitio en internet: www.aisc.org.)

5-5 *Aluminum Design Manual*, publicado por la Aluminum Association, Inc., 900 19th Street NW, Washington, D. C. 20036. (Para otras publicaciones e información adicional, visite el sitio en internet: www.aluminium.org.)

5-6 *National Design Specification for Wood Construction*, publicado por la American Wood Council, una división de la American Forest and Paper Association, 1111 19 Street, NW (Suite 800), Washington, D.C. 20036. (Para otras publicaciones e información adicional, visite los sitios en internet: www.awc.org. y www.afanda.org.)

5-7 D. J. Jourawski (1821–1891) un ingeniero ferroviario y de puentes ruso, desarrolló la ahora tan difundida teoría aproximada para esfuerzos cortantes en vigas (véase las referencias 1-1, pp. 141-144 y 1-2, vol. II, parte I, pp. 641-642). En 1844, sólo dos años después de graduarse en el Institute of Engineers of Ways of Communication en San Petersburgo, le fue asignada la tarea de diseñar y construir un gran puente en la línea ferroviaria de Moscú a San Petersburgo. Observó que algunas de las grandes vigas de madera se fracturaban en sentido longitudinal en los centros de las secciones transversales, donde él sabía que los esfuerzos de flexión eran nulos. Jourawski dibujó diagramas de cuerpo libre y descubrió la existencia de esfuerzos cortantes horizontales en las vigas. Obtuvo la fórmula del cortante y aplicó su teoría a diferentes formas de vigas. La publicación de Jourawski sobre cortante en vigas se cita en la referencia 5-8. Su nombre se translitera también como Dimitrii Ivanovich Zhuravskii.

5-8 Jourawski, D. J., "Sur la résistance d'un corps prismatique . . .", en *Annales des Ponts et Chaussées*, Mémoires et Documents, 3a. serie, vol. 12, parte 2, 1856, pp. 328-351.

5-9 Zaslavsky, A., "On the limitations of the shearing stress formula", en *International Journal of Mechanical Engineering Education*, vol. 8, núm. 1, 1980, pp. 13-19 (véase también las referencias 2-1, pp. 358-359).

5-10 Maki, A. C. y Kuenzi, E. W., "Deflection and stresses of tapered wood beams", en Research Paper FPL 34,

U. S. Forest Service, Forest Products Laboratory, Madison, Wisconsin, septiembre 1965, 54 páginas.

6-1 Timoshenko, S. P., "Use of stress functions to study flexure and torsion of prismatic bars", en (en ruso), San Petersburgo, 1913 (reimpreso en el vol. 82 de *Memoirs of the Institute of Ways of Communication*, pp. 1-21). *Nota*: en este artículo, se determina el punto de la sección transversal de una viga sobre el que debe actuar una carga concentrada a fin de que no se generen rotaciones. Este trabajo contiene la primera determinación de un centro de cortante. Esta viga en particular tenía una sección transversal semicircular sólida (véase la referencia 2-1, pp. 371–373).

7-1 Augustin Louis Cauchy (1789–1857) fue uno de los más grandes matemáticos. Nació en París, ingresó a la École Polytechnique a la edad de 16 años, donde fueron sus maestros Lagrange, Laplace, Fourier y Poisson. Pronto fue reconocido por su capacidad matemática y a los 27 años se volvió profesor de la École y miembro de la Academia de Ciencias. Sus principales trabajos en matemáticas puras fueron en teoría de grupos, teoría de números, series, integración, ecuaciones diferenciales y funciones analíticas. En las matemáticas aplicadas introdujo el concepto de esfuerzo —como se conoce actualmente—; desarrolló las ecuaciones de la teoría de la elasticidad e introdujo la noción de esfuerzos principales y deformaciones principales (véase la referencia 1-1, pp. 107-111). En la referencia 1-2 (véase el vol. I, pp. 319-376) se dedica todo un capítulo a su trabajo sobre la teoría de la elasticidad.

7-2 Véase la referencia 1-1, pp. 229-242. *Nota*: Saint-Venant fue pionero en muchos aspectos de la teoría de la elasticidad y Todhunter y Pearson le dedican su libro, *A History of the Theory of Elasticity* (referencia 1-2). Para mayor información sobre Saint-Venant, véase la referencia 2-10.

7-3 William John Macquorn Rankine (1820–1872) nació en Edimburgo, Escocia y enseñó ingeniería en la Universidad de Glasgow. Dedujo las ecuaciones de transformación de esfuerzos en 1852 e hizo muchas otras contribuciones a la teoría de la elasticidad y la mecánica aplicada (véanse las referencias 1-1, pp. 197-202 y referencias 1-2, vol. II, parte I, pp. 86 y 287-322). Sus temas de ingeniería incluyen arcos, muros de retención y teoría estructural. También obtuvo celebridad científica por su trabajo en fluidos, luz, sonido y comportamiento de cristales y es especialmente reconocido por sus contribuciones a la Física molecular y a la termodinámica. Su nombre perdura en el ciclo de Rankine de la termodinámica y en la escala Rankine de temperatura absoluta.

7-4 El famoso ingeniero civil alemán Otto Christian Mohr (1835–1918) fue un diseñador teórico y práctico. Fue profesor en el Stuttgart Polytechnikum y después en el Dresden Polytechnikum. Desarrolló el círculo de esfuerzos en 1882 (referencias 7-5 y 1-1, pp. 283-288). Mohr hizo numerosas contribuciones a la teoría de las estructuras, incluyendo el diagrama de Williot-Mohr para deflexiones de armaduras, el método de área-momento para deflexiones en vigas y el método de Maxwell-Mohr para analizar estructuras estáticamente indeterminadas. (*Nota:* Joseph Victor Williot, 1843–1907, fue un ingeniero francés y James Clerk Maxwell, 1831–1879, fue un famoso científico británico.)

7-5 Mohr, O., "Über die Darstellung des Spannungszustandes und des Deformationszustandes eines Körperelementes", en *Zivilingenieur*, 1882, p. 113.

8-1 Karl Culmann (1821–1881) fue un destacado ingeniero ferroviario y de puentes alemán. En 1849–1850 pasó dos años viajando por Inglaterra y Estados Unidos para estudiar puentes y después escribió al respecto en Alemania. Diseñó en Europa numerosas estructuras de puentes y en 1855 enseñó estructuras en el recién establecido Polytechnicum de Zürich. Hizo muchos desarrollos en métodos gráficos y escribió el primer libro sobre estática gráfica, publicado en Zürich en 1866. Uno de los temas originales presentados en este libro es el de las trayectorias de esfuerzos (véase la referencia 1-1, pp. 190-197).

9-1 El trabajo de Jacob Bernoulli, Euler y muchos otros con respecto a las curvas elásticas se describe en las referencias 1-1, pp. 27 y 30-36 y 1-2. Otro miembro de la familia Bernoulli, Daniel Bernoulli (1700-1782), propuso a Euler que obtuviera la ecuación diferencial de la curva de deflexión minimizando la energía de deformación, cosa que Euler hizo. Daniel Bernoulli, sobrino de Jacobo Bernoulli, es renombrado por su trabajo en hidrodinámica, teoría cinética de gases, vibración de vigas y otros temas. Su padre, John Bernoulli (1667–1748), hermano menor de Jacob, también fue un famoso matemático y científico. Fue el primero en formular el principio de los desplaza-

Jacob Bernoulli
(1654–1705)

mientos virtuales; resolvió el problema de la braquistó-
crona y estableció la regla para obtener el valor límite de
una fracción cuando tanto el numerador como el denominador tienden a cero. Comunicó esta última regla a G. F.
A. de L'Hôpital (1661–1704), noble francés que escribió
el primer libro sobre cálculo (1696) e incluyó este teorema, que hoy conocemos como la *regla de L'Hôpital*. El
sobrino de Daniel, Jacob Bernoulli (1759-1789), también
conocido como James o Jacques, fue pionero en el estudio
de la teoría de la flexión y vibraciones en placas. En los
libros sobre historia de las matemáticas puede hallarse
mucha información interesante acerca de los más promi-
nentes miembros de la familia Bernoulli, así como de
otros pioneros de la mecánica y las matemáticas.

9-2 Castigliano, A., *Théorie de l'équilibre des systèmes
élastiques et ses applications*, A. F. Negro, Turin, 1879,
480 páginas. *Nota*: en este libro, Castigliano presentó en
forma muy completa numerosos conceptos y principios
del análisis estructural. Aunque era italiano, lo escribió en
francés a fin de contar con una audiencia mayor para su
trabajo. Fue traducido al alemán y al inglés (referencias
9-3 y 9-4). La traducción al inglés fue reproducida en
1966 por Dover Publications y tiene un valor especial,
debido al material introductorio de Gunhard A. Oravas
(referencias 9-5 y 9-6).

El primero y segundo teoremas de Castigliano aparecen en las páginas 15-16 de la edición de 1966 de su libro.
Los identificó como parte 1 y parte 2 del "Teorema de los
coeficientes diferenciales del trabajo interno". En forma
matemática, aparecen en este libro como

$$F_p = \frac{dW_i}{dr_p} \qquad y \qquad r_p = \frac{dW_i}{dF_p}$$

donde W_i es el trabajo interno (o la energía de deformación), F_p representa cualquiera de las fuerzas externas y r_p
es el desplazamiento del punto de aplicación de F_p.

Castigliano no reclamó la autoría completa del primer teorema, aunque estableció en el prólogo de este
libro que su presentación y demostración eran más generales que cualquier otra publicada antes. El segundo teorema es suyo y formó parte de su tesis para el grado de
ingeniero civil en el Polytechnic Institute de Turín en
1873.

Carlo Alberto Pio Castigliano nació en una familia
pobre en Asti en 1847 y murió inesperadamente de neu-
monía en 1884, en la cumbre de su productividad. Oravas
narra su biografía en la introducción de la edición de 1966
y presenta una relación de los trabajos de Castigliano así
como una lista de sus premios y distinciones. Sus contribuciones también aparecen en las referencias 2-3 y 1-1.
Firmaba sus escritos con el nombre de Alberto Castigliano.

9-3 Hauff, E., *Theorie des Gleichgewichtes elastischer
Systeme und deren Anwendung*, Carl Gerold's Sohn, Vienna,
1886 (traducción del libro de Castigliano, referencia 9-2).

9-4 Andrews, E. S., *Elastic Stresses in Structures*, Scott,
Greenwood and Son, Londres, 1919 (traducción del libro
de Castigliano, referencia 9-2).

9-5 Castigliano, C. A. P., *The Theory of Equilibrium of
Elastic Systems and Its Applications*, traducido por E. S.
Andrews, con una nueva introducción y una sección bio-
gráfica con retratos por G. A. Oravas, Dover Publications,
Inc., Nueva York, 1966 (reimpresión de la referencia 9-4,
pero con la adición de material histórico por Oravas).

9-6 Oravas, G. A., "Historical Review of Extremum Principles in Elastomechanics", en una sección introductoria
(pp. xx-xxvi) del libro, *The Theory of Equilibrium of
Elastic Systems and Its Applications*, de C. A. P. Castigliano, traducido por E. S. Andrews, Dover Publications,
Inc., Nueva York, 1966 (referencia 9-5).

9-7 Macaulay, W. H., "Note on the deflection of beams",
en *The Messenger of Mathematics*, vol. XLVIII, mayo
1918–abril 1919, Cambridge, 1919, pp. 129–130. *Nota:*
William Herrick Macaulay, 1853–1936, fue un matemático
inglés y Fellow del King's College, Cambridge. En este
artículo él definió "como $\{f(x)\}_a$ a una función de x que es
cero cuando x es menor que a e igual a $f(x)$ cuando x es
igual que o mayor que a". Entonces él demostró cómo usar
esta función para encontrar las deflexiones de las vigas.
Desafortunadamente, él no hizo referencia al trabajo previo
de Clebsch y Föppl; véanse las referencias 9-8 a 9-10.

9-8 Clebsch, A., *Theorie der Elasticität fester Körper*, B.
G. Teubner, Leipzig, 1862, 424 páginas (traducido al francés y anotado por Saint-Venant, *Théorie de l'Élasticité
des Corps Solides*, Paris, 1883. Las notas de Saint-Venant
aumentaron tres veces el tamaño del libro de Clebsch).
Nota: el método para encontrar las deflexiones de vigas
por integración a través de los puntos de discontinuidad se
presentó primero en este libro; véase la referencia 1-1, pp.
258-259 y la referencia 9-10. Rudolph Friedrich Alfred
Clebsch, 1933–1872 fue un matemático y científico alemán. Fue profesor de ingeniería en el Karlsruhe Polytechnicum y posteriormente profesor de matemáticas en la
Universidad de Gotinga.

9-9 Föppl, A., *Vorlesungen über technische Mechanik,*
volumen III: Festigkeitslehre, B. G. Teubner, Leipzig,
1897. *Nota:* en este libro, Föppl amplió el método de
Clebsch ptra encontrar las deflexiones de las vigas.
August Föppl, 1854–1924, fue un matemático e ingeniero
alemán, profesor en la Universidad de Leipzig y posteriormente en el Instituto Politécnico de Munich.

9-10 Pilkey, W. D., "Clebsch's method for beam deflec-
tions", en *Journal of Engineering Education*, vol. 54,
núm. 5, enero de 1964, pp. 170-174. Este artículo describe
el método de Clebsch y da una crónica histórica muy
completa, con muchas referencias.

10-1 Zaslavsky, A., "Beams on immovable supports", en
*Publications of the International Association for Bridge
and Structural Engineering*, vol. 25, 1965, pp. 353-362.

11-1 Euler, L., "Methodus inveniendi lineas curvas maximi minimive proprietate gaudentes . . . ", en apéndice I, "De curvis elasticis", en Bousquet, Lausana y Ginebra, 1744 (traducción al inglés: Oldfather, W. A., Ellis, C. A. y Brown, D. M., *Isis*, vol. 20, 1933, pp. 72-160. También reproducido en *Leonhardi Euleri Opera Omnia*, serie 1, vol. 24, 1952). *Nota*: Leonhard Euler (1707–1783) realizó muchas contribuciones notables a las matemáticas y a la mecánica y la mayoría de los matemáticos lo consideran como el matemático más fecundo de todos los tiempos. Su nombre, que se pronuncia "oiler", aparece repetidamente en los libros de texto actuales; por ejemplo, en mecánica aparecen las ecuaciones de Euler para el movimiento de un cuerpo rígido, los ángulos de Euler, las ecuaciones de Euler para el flujo de fluidos, la carga de Euler en pandeo de columnas y mucho más; en matemáticas encontramos la conocida constante de Euler, así como los números de Euler, la identidad de Euler ($e^{i\theta} = \cos\theta + i\,\text{sen}\,\theta$), la fórmula de Euler ($e^{i\pi} + 1 = 0$), la ecuación diferencial de Euler, la ecuación de Euler para un problema variacional, la fórmula de Euler para cuadraturas, la fórmula de la sumatoria de Euler, el teorema de Euler sobre funciones homogéneas, las integrales de Euler y los cuadrados de Euler (arreglos de cuadrados de números que poseen ciertas propiedades).

En mecánica aplicada, Euler fue el primero en obtener la fórmula para la carga crítica de pandeo de una columna ideal y esbelta y el primero en resolver el problema de la elástica. Según se citó, su trabajo fue publicado en 1744. Estudió una columna empotrada en la base y libre en el extremo superior. Después amplió su trabajo sobre columnas (referencia 11-2). Los numerosos libros de Euler incluyen tratados sobre mecánica celeste, dinámica e hidromecánica; sus trabajos también incluyen temas como vibraciones de vigas y placas y estructuras estáticamente indeterminadas.

En el campo de las matemáticas, Euler hizo destacadas contribuciones a la trigonometría, álgebra, teoría de números, cálculo diferencial e integral, series infinitas, geometría analítica, ecuaciones diferenciales, cálculo de variaciones y muchos otros temas. Fue el primero en concebir los valores trigonométricos como razones de números y el primero en presentar la famosa ecuación $e^{i\theta} = \cos\theta + i\,\text{sen}\,\theta$. En sus libros sobre matemáticas, todos los cuales fueron referencias clásicas para muchas generaciones, hallamos el primer desarrollo del cálculo variacional, además de aspectos interesantes como la demostración del "último teorema" de Fermat para $n = 3$ y $n = 4$. Asimismo, resolvió el célebre problema de los siete puentes de Königsberg, un problema de topología, otro campo en que fue pionero.

Euler nació cerca de Basilea, Suiza y asistió a la Universidad de Basilea, donde tuvo por maestro a John Bernoulli (1667-1748). De 1727 a 1741 vivió y trabajó en San Petersburgo, donde adquirió gran notoriedad como matemático. En 1741 se trasladó a Berlín por invitación de Federico el Grande, Rey de Prusia. Continuó su investigación matemática en Berlín hasta el año de 1766, cuando regresó a San Petersburgo a solicitud de Catalina II, Emperatriz de Rusia.

Euler continuó en actividad hasta su muerte en San Petersburgo a la edad de 76 años; durante este periodo final de su vida escribió más de 400 trabajos. El número de libros y publicaciones escritos durante toda su vida fue de 886; dejó muchos manuscritos al morir, los que continuó publicando la Russian Academy of Sciences en San Petersburgo 47 años después. Todo esto a pesar de haber perdido un ojo en 1735 y el otro en 1766. La historia de su vida se relata en las referencias 1-1, pp. 28-30 y algunas de sus contribuciones a la mecánica se describen en la referencia 1-1, pp. 30-36 (véanse también las referencias 1-2, 1-3, 2-2 y 5-3).

11-2 Euler, L., "Sur la force des colonnes", en *Histoire de L'Académie Royale des Sciences et Belles Lettres*, 1757, publicado en *Memoires* of the Academie, vol. 13, Berlín, 1759, pp. 252-282 (véase la referencia. 11-3 para encontrar una traducción y análisis de este artículo).

11-3 Van den Broek, J. A., "Euler's classic paper 'On the strength of columns,'" *American Journal of Physics*, vol. 15, núm. 4, julio-agosto de 1947, pp. 309-318.

11-4 Keller, J. B., "The shape of the strongest column", en *Archive for Rational Mechanics and Analysis*, vol. 5, núm. 4, 1960, pp. 275-285.

11-5 Young, D. H., "Rational design of steel columns", en *Transactions of the American Society of Civil Engineers*, vol. 101, 1936, pp. 422-451. *Nota*: Donovan Harold Young (1904–1980) fue un destacado educador de ingeniería. Fue profesor en la Universidad de Michigan y luego de Stanford. Sus cinco libros de texto en el campo de la mecánica aplicada, escritos con S. P. Timoshenko, fueron traducidos a muchos idiomas y usados en todo el mundo.

11-6 Lamarle, A. H. E., "Mémoire sur la flexion du bois", en *Annales des Travaux Publiques de Belgique*, parte 1,

Leonhard Euler
(1707–1783)

vol. 3, 1845, pp. 1-64 y parte 2, vol. 4, 1846, pp. 1-36. *Nota:* Anatole Henri Ernest Lamarle (1806–1875) fue ingeniero y profesor. Nació en Calais, estudió en París y trabajó como profesor en la Universidad de Gante, Bélgica. Para conocer sus trabajos sobre columnas, consulte la referencia 1-1, p. 208.

11-7 Considère, A., "Résistance des pièces comprimées", en *Congrès International des Procédés de Construction*, París, septiembre 9-14, 1889, memorias publicadas por la Librairie Polytechnique, París, vol. 3, 1891, p. 371. *Nota:* Armand Gabriel Considère (1841–1914) fue un ingeniero francés.

11-8 Engesser, F., "Ueber die Knickfestigkeit gerader Stäbe", en *Zeitschrift für Architektur und Ingenieurwesen*, vol. 35, núm. 4, 1889, pp. 455-462. *Nota:* Friedrich Engesser (1848–1931) fue un ingeniero ferroviario y de puentes alemán. Después fue profesor en el Karlsruhe Polytechnical Institute, donde realizó importantes avances en la teoría de las estructuras, especialmente en pandeo y métodos energéticos. Para conocer su trabajo sobre columnas, véase la referencia 1-1, pp. 292 y 297-299.

11-9 Engesser, F., "Knickfragen", en *Schweizerische Bauzeitung*, vol. 25, núm. 13, 30 de marzo de 1895, pp. 88-90.

11-10 Jasinski, F., "Noch ein Wort zu den 'Knickfragen,'" *Schweizerische Bauzeitung*, vol. 25, núm. 25, 22 de junio de 1895, pp. 172-175. *Nota:* Félix S. Jasinski (1856-1899) nació en Varsovia y estudió en Rusia. Fue profesor en el Instituto de Ingenieros de Caminos de Comunicación en San Petersburgo.

11-11 Engesser, F., "Ueber Knickfragen", en *Schweizerische Bauzeitung*, vol. 26, núm. 4, Julio 27, 1895, pp. 24-26.

11-12 von Kármán, T., "Die Knickfestigkeit gerader Stäbe", en *Physikalische Zeitschrift*, vol. 9, núm. 4, 1908, pp. 136-140 (este artículo también aparece en el vol. I de la Ref. 11-14). *Nota:* Theodore von Kármán (1881–1963) nació en Hungría y trabajó en la Universidad de Göttingen en el campo de la aerodinámica. Después de su arribo en 1929 a los Estados Unidos, fundó el Jet Propulsion Laboratory y fue pionero en problemas de aeronáutica y cohetes espaciales. Su investigación incluyó también el pandeo inelástico de columnas y la estabilidad de cascarones.

11-13 von Kármán, T., "Untersuchungen über Knickfestigkeit", en *Mitteilungen über Forschungsarbeiten auf dem Gebiete des Ingenieurwesens, Verein Deutscher Ingenieure*, Berlín, Heft 81, 1910 (este artículo también aparece en la referencia 11-14).

11-14 *Collected Works of Theodore von Kármán*, vols. I–IV, Butterworths Scientific Publications, Londres, 1956.

11-15 Shanley, F. R., "The column paradox", en *Journal of the Aeronautical Sciences*, vol. 13, núm. 12, diciembre 1946, p. 678. *Nota:* Francis Reynolds Shanley (1904–1968) fue profesor de ingeniería aeronáutica en la Universidad de California, en Los Ángeles.

11-16 Shanley, F. R., "Inelastic column theory", en *ibíd.*, vol. 14, núm. 5, mayo de 1947, pp. 261-267.

11-17 Hoff, N. J., "Buckling and Stability", en The Forty-First Wilbur Wright Memorial Lecture, *Journal of the Royal Aeronautical Society*, vol. 58, enero de 1954, pp. 3-52.

11-18 Hoff, N. J., "The idealized column", en *Ingenieur-Archiv*, vol. 28, 1959 (Festschrift Richard Grammel), pp. 89–98.

11-19 Johnston, B. G., "Column buckling theory: Historical highlights", en *Journal of Structural Engineering*, Structural Division, American Society of Civil Engineers, vol. 109, núm. 9, septiembre de 1983, pp. 2086-2096.

A

Sistema de unidades y factores de conversión

A.1 SISTEMAS DE UNIDADES

Desde que la humanidad empezó a construir y a comerciar se han necesitado sistemas de medición. Todas las culturas de la antigüedad crearon algún sistema de medición para satisfacer sus necesidades. La homogenización de las unidades procedió a lo largo de varios siglos y a menudo fue obra de edictos reales. El desarrollo del **sistema inglés** a partir de antiguas normas de medición comenzó en el siglo XIII y estaba ya bien establecido en el siglo XVIII. El sistema inglés se difundió por todo el mundo debido a la actividad comercial y a la colonización del imperio británico. En Estados Unidos el sistema evolucionó hasta convertirse en el sistema usual local que actualmente es de uso cotidiano.

El concepto de **sistema métrico** se originó en Francia hace aproximadamente 300 años y fue formalizado alrededor de 1790, durante la Revolución Francesa. En Francia, el uso del sistema métrico es oficial desde 1840 y desde entonces muchos otros países lo han adoptado. En 1866, el congreso de Estados Unidos legalizó el sistema métrico sin hacerlo obligatorio.

Un nuevo sistema de unidades fue creado cuando el sistema métrico sufrió una revisión alrededor de 1950. Adoptado oficialmente en 1960 y llamado **sistema internacional de unidades** (*système international d'unités*), a este nuevo sistema se le llama comúnmente **SI**. Aunque algunas unidades SI son las mismas que en el viejo sistema métrico, el sistema SI presenta muchos aspectos nuevos y simplificaciones, con las que resulta un sistema métrico mejorado.

La longitud, el tiempo, la masa y la fuerza son los conceptos básicos de la mecánica para los cuales se necesitan unidades de medición. Sin embargo, sólo tres de esas cantidades son independientes, ya que las cuatro están relacionadas por la segunda ley del movimiento de Newton:

$$F = ma \tag{A-1}$$

en donde F es la fuerza que actúa sobre una partícula, m es la masa de la partícula y a es su aceleración. Como la aceleración tiene unidades de longitud divididas entre el tiempo al cuadrado, las cuatro cantidades están contenidas en la segunda ley.

El Sistema Internacional de Unidades, igual que el sistema métrico, se basa en las cantidades fundamentales de longitud, tiempo y masa. En esos sistemas, la fuerza se deriva de la segunda ley de Newton. Por tanto, la unidad de fuerza se expresa en términos de las unidades básicas de longitud, tiempo y masa, como se muestra en la siguiente sección. El SI se clasifica como un **sistema absoluto de unidades** porque las mediciones de las tres cantidades fundamentales son independientes de las posiciones en que se hacen estas mediciones; es decir, las mediciones no dependen de los efectos de la gravedad. Por tanto, las unidades SI para longitud, tiempo y masa pueden usarse en cualquier parte de la Tierra, en el espacio, sobre la Luna o en otro planeta. Ésta es una de las razones de que el sistema métrico siempre haya sido el preferido para trabajos científicos.

El sistema inglés se basa en la longitud, el tiempo y la fuerza como las cantidades fundamentales; la masa se deriva de la segunda ley. Por tanto, en este sistema la unidad de masa se expresa en términos de las unidades de longitud, tiempo y fuerza. La unidad de fuerza se define como la fuerza requerida para imprimir a cierta masa estándar una aceleración igual a la de la gravedad, lo que implica que la unidad de fuerza varía con la posición y la altitud. Por esta razón, esos sistemas se llaman **sistemas gravitatorios de unidades**. Tales sistemas fueron los primeros en aparecer, probablemente porque el peso es una propiedad discernible fácilmente y no se sabía detectar las variaciones en la atracción gravitatoria. Sin embargo, queda claro que en el mundo tecnológico moderno es preferible un sistema absoluto de unidades.

A.2 UNIDADES SI

El sistema internacional de unidades tiene siete **unidades básicas** a partir de las cuales se derivan las demás. Las unidades básicas de importancia en mecánica son el metro (m) para la longitud, el segundo (s) para el tiempo y el kilogramo (kg) para la masa. Otras unidades SI básicas tienen que ver con la temperatura, la corriente eléctrica, la cantidad de sustancia y la intensidad luminosa.

El **metro** se definió originalmente como la diezmillonésima parte de la distancia del polo norte al ecuador. Después, esta distancia se convirtió en un patrón físico y por muchos años éste fue la distancia entre dos marcas sobre una barra de platino-iridio guardada en la Oficina Internacional de Pesos y Medidas en Sèvres, suburbio occidental de París, Francia. Debido a las inexactitudes inherentes en el uso de una barra física como patrón, la definición del metro se cambió en 1983 por la longitud de la trayectoria recorrida por la luz en el vacío durante 1/299792458 de segundo.* Las ventajas de este patrón "natural" son que no está sometido a daños físicos y que puede reproducirse en laboratorios en cualquier parte del mundo.

El **segundo** se definió originalmente como 1/86400 de un día solar medio (24 horas son iguales a 86400 segundos). Sin embargo, desde 1967 un reloj atómico sumamente exacto ha fijado el patrón y un segundo se define ahora como la duración de 9 192 631 770 periodos de la radiación correspondiente a la transición entre los dos niveles hiperfinos del estado fundamental del átomo de cesio-133 (La mayoría de los ingenieros preferirían la definición original antes que la nueva, que no ha cambiado en forma notable al segundo pero que es necesaria ya que la rotación de la Tierra disminuye gradualmente).

De las siete unidades básicas en el SI, el **kilogramo** es la única que aún se define por medio de un objeto físico. Como la masa de un objeto sólo puede determinarse comparándola experimentalmente con la masa de algún otro objeto, se requiere un patrón físico. Con este fin, un cilindro de un

---

*Tomando el recíproco de este número se obtiene la velocidad de la luz en el vacío (299 792 458 metros por segundo).

kilogramo de platino-iridio, llamado el Kilogramo Prototipo Internacional (KPI), es conservado por la Oficina Internacional de Pesos y Medidas de Sèvres.

Otras unidades usadas en mecánica, llamadas **unidades derivadas**, se expresan en términos de las unidades básicas de metro, segundo y kilogramo. Por ejemplo, la unidad de **fuerza** es el **newton**, que se define como la fuerza requerida para impartir una aceleración de un metro por segundo al cuadrado a un kilogramo.* De la segunda ley de Newton ($F = ma$) derivamos la unidad de fuerza en términos de unidades básicas:

$$1 \text{ newton} = (1 \text{ kilogramo})(1 \text{ metro por segundo cuadrado})$$

Así, el newton (N) está dado en terminos de las unidades básicas por la fórmula

$$1 \text{ N} = 1 \text{ kg·m/s}^2 \tag{A-2}$$

Como punto de referencia, hacemos notar que una manzana pequeña pesa aproximadamente un newton.

La unidad de **trabajo** y **energía** es el **joule**, definido como el trabajo hecho cuando el punto de aplicación de una fuerza de un newton se desplaza una distancia de un metro en la dirección de la fuerza.** Por tanto,

$$1 \text{ joule} = (1 \text{ newton})(1 \text{ metro}) = 1 \text{ newton metro}$$

o
$$1 \text{ J} = 1 \text{ N·m} \tag{A-3}$$

Cuando levanta este libro del escritorio al nivel de sus ojos, efectúa aproximadamente un joule de trabajo y cuando sube un piso, realiza alrededor de 200 joules de trabajo.

Los nombres, símbolos y fórmulas para las unidades SI de importancia en la mecánica están dados en la **tabla A-1**. Algunas de las unidades derivadas tienen nombres especiales, como newton, joule, hertz, watt y pascal. Esas unidades se llaman así en honor de personajes de la ciencia y la ingeniería y se representan por medio de letras mayúsculas (N, J, Hz, W y Pa) aunque los nombres de las unidades mismas se escriben con letras minúsculas. Otras unidades derivadas no tienen nombres especiales (por ejemplo, las unidades de aceleración, área y densidad) y deben expresarse en términos de unidades básicas y otras unidades derivadas.

Las relaciones entre las unidades SI y algunas unidades métricas usuales están dadas en la parte superior de la **tabla A-2**. Las unidades métricas como la dina, el erg, el gal y el micrón ya no son recomendables para el uso ingenieril o científico.

El **peso** de un objeto es la **fuerza de gravedad** que actúa sobre ese objeto, de modo que el peso se mide en newtons. Como la fuerza de la gravedad depende de la altura y posición sobre la Tierra, el peso no es una propiedad invariable de un cuerpo. Además, el peso de un cuerpo al ser medido por una balanza de resorte es afectado no sólo por la atracción gravitatoria de la Tierra sino también por los efectos centrífugos

---

*Sir Isaac Newton (1642-1727) fue un matemático, físico y astrónomo inglés. Inventó el cálculo y descubrió las leyes del movimiento y de la gravitación.

**James Prescott Joule (1818-1889) fue un físico inglés que desarrolló un método para determinar el equivalente mecánico del calor.

TABLA A-1 UNIDADES PRINCIPALES USADAS EN MECÁNICA

Cantidad	Sistema Internacional (SI)			U.S. Customary System (USCS)		
	Unidad	Símbolo	Fórmula	Unidad	Símbolo	Fórmula
Aceleración (angular)	radián por segundo cuadrado		rad/s^2	radián por segundo cuadrado		rad/s^2
Aceleración (lineal)	metro por segundo cuadrado		m/s^2	pie por segundo cuadrado		pie/s^2
Área	metro cuadrado		m^2	pie cuadrado		pie^2
Densidad (masa) (Masa específica)	kilogramo por metro cúbico		kg/m^3	slug por pie cúbico		$slug/pie^3$
Densidad (peso) (Peso específico)	newton por metro cúbico		N/m^3	libra por pie cúbico	pcf	lb/pie^3
Energía; trabajo	joule	J	N·m	pie-libra		pie-lb
Esfuerzo	pascal	Pa	N/m^2	libra por pulg cuadrada	psi	$lb/pulg^2$
Frecuencia	hertz	Hz	s^{-1}	hertz	Hz	s^{-1}
Fuerza	newton	N	$kg·m/s^2$	libra	lb	(unidad básica)
Fuerza por unidad de longitud (intensidad de fuerza)	newton por metro		N/m	libra por pie		lb/pie
Longitud	metro	m	(unidad básica)	pie	pie	(unidad básica)
Masa	kilogramo	kg	(unidad básica)	slug		$lb-s^2/pie$
Módulo de sección	metro al cubo		m^3	pulg al cubo		$pulg^3$
Momento de inercia (área)	metro a la cuarta potencia		m^4	pulg a la cuarta potencia		$pulg^4$
Momento de inercia (masa)	kilogramo metro cuadrado		$kg·m^2$	slug pie cuadrado		$slug-pie^2$
Momento de una fuerza; par	newton metro		N·m	libra-pie		lb-pie
Potencia	watt	W	J/s (N·m/s)	pie libra por segundo		pie-lb/s
Presión	pascal	Pa	N/m^2	libra por pie cuadrado	psf	lb/pie^2
Tiempo	segundo	s	(unidad básica)	segundo	s	(unidad básica)
Velocidad (angular)	radián por segundo		rad/s	radián por segundo		rad/s
Velocidad (lineal)	metro por segundo		m/s	pie por segundo	fps	pie/s
Volumen (líquidos)	litro	L	$10^{-3}\ m^3$	galón	gal	$231\ pulg^3$
Volumen (sólidos)	metro cúbico		m^3	pie cúbico	cf	pie^3

Notas: 1 joule (J) = 1 newton metro (N·m) = 1 watt segundo (W·s)
  1 hertz (Hz) = 1 ciclo por segundo (cps) o 1 revolución por segundo (rev/s)
  1 watt (W) = 1 joule por segundo (J/s) = 1 newton metro por segundo (N·m/s)
  1 pascal (Pa) = 1 newton por metro cuadrado (N/m^2)
  1 litro (L) = 0.001 metro cúbico (m^3) = 1 000 centímetros cúbicos (cm^3)

asociados con la rotación de ésta. En consecuencia, debemos reconocer dos pesos, el **peso absoluto** y el **peso aparente**. El primero se basa sólo en la fuerza de gravedad y el segundo incluye los efectos de la rotación. Entonces, el peso aparente es siempre menor que el peso absoluto (excepto en los polos). El peso aparente, que es el peso de un objeto medido con una balanza de resorte, es el peso que se usa normalmente en el comercio y en la vida diaria. El peso absoluto se usa en astroingeniería y en ciertos trabajos científicos. En este libro, el término "peso" siempre significará "peso aparente".

La **aceleración de la gravedad**, denotada por la letra g, es directamente proporcional a la fuerza de la gravedad y por tanto depende también de la posición. Por el contrario, la **masa** es una medida de la cantidad de material en un cuerpo y no cambia con la posición.

TABLA A-2 UNIDADES ADICIONALES DE USO COMÚN

Unidades SI y métricas	
1 gal = 1 centímetro por segundo cuadrado (cm/s^2) por ejemplo, $g \approx 981$ gals)	1 centímetro (cm) = 10^{-2} metros (m)
1 área (a) = 100 metros cuadrados (m^2)	1 centímetro cúbico (cm^3) = 1 mililitro (mL)
1 hectárea (ha) = 10 000 metros cuadrados (m^2)	1 micra = 1 micrómetro (μm)= 10^{-6} metros (m)
1 erg = 10^{-7} joules (J)	1 gramo (g) = 10^{-3} kilogramos (kg)
1 kilowatt-hora (kWh) = 3.6 megajoules (MJ)	1 ton métrica (t) = 1 megagramo (Mg) = 1 000 kilogramos (kg)
1 dina = 10^{-5} newtons (N)	1 watt (W) = 10^7 ergs por segundo (erg/s)
1 kilogramo-fuerza (kgf) = 1 kilopond (kp) = 9.80665 newtons (N)	1 dina por centímetro cuadrado (dina/cm^2) = 10^{-1} pascales (Pa)
	1 bar = 10^5 pascales (Pa)
	1 estéreo = 1 metro cúbico (m^3)
Unidades inglesas	
1 kilowatt-hora (kWh) = 2 655 220 pie-libra (pie-lb)	1 kilowatt (kW) = 737.562 pie-libra por segundo (pie-lb/s) = 1.34102 caballos de potencia (hp)
1 unidad térmica británica (Btu) = 778.171 pie-libra (pie-lb)	1 libra por pulgada cuadrada (psi) = 144 libras por pie cuadrado (psf)
1 kip (k) = 1 000 libras (lb)	1 revolución por minuto (rpm) = $2\pi/60$ radianes por segundo (rad/s)
1 onza (oz) = 1/16 libra (lb)	1 milla por hora (mph) = 22/15 pie por segundo (fps)
1 ton = 2 000 libras (lb)	1 galón (gal) = 231 pulgadas cúbicas ($pulg^3$)
1 ton imperial (o ton larga) = 2 240 libras (lb)	1 cuarto (qt) = 2 pintas = 1/4 galón (gal)
1 poundal (pdl) = 0.0310810 libras (lb) = 0.138255 newtons (N)	1 pie cúbico (cf) = 576/77 galones = 7.48052 galones (gal)
1 pulgada (in) = 1/12 pie (ft en inglés)	1 galón imperial = 277.420 pulgadas cúbicas ($pulg^3$)
1 mil = 0.001 pulgada (in en inglés)	
1 yarda (yd) = 3 pies (ft en inglés)	
1 milla = 5 280 pies (ft en inglés)	
1 caballo de potencia (hp) = 550 pie-libra por segundo (pie-lb/s)	

La relación fundamental entre peso, masa y aceleración de la gravedad puede obtenerse con la segunda ley de Newton ($F = ma$), que en este caso se expresa como

$$W = mg \qquad \text{(A-4)}$$

En esta ecuación, W es el peso en newtons (N), m es la masa en kilogramos (kg) y g es la aceleración de la gravedad en metros por segundo al cuadrado (m/s^2). La ecuación (A-4) muestra que *un cuerpo que tenga una masa de un kilogramo tiene un peso en newtons numéricamente igual a g.* Los valores del peso W y de la aceleración g dependen de muchos factores, incluyendo la latitud y la elevación. Sin embargo, para cálculos científicos se ha establecido un valor estándar internacional de

$$g = 9.806650 \ \text{m/s}^2 \qquad \text{(A-5)}$$

Este valor es el asociado con condiciones estándar de elevación y latitud (nivel del mar a una latitud de aproximadamente 45°). El valor recomendado para g para fines ingenieriles ordinarios sobre o cerca de la superficie de la Tierra es

$$g = 9.81 \ \text{m/s}^2 \qquad \text{(A-6)}$$

Un cuerpo con una masa de un kilogramo tiene entonces un peso de 9.81 newtons.

La **presión atmosférica** varía considerablemente con las condiciones del tiempo, posición geográfica, altura y otros factores. En consecuencia, se ha definido un valor internacional estándar para la presión en la superficie de la Tierra:

$$1 \ \text{atmósfera estándar} = 101.325 \ \text{kilopascales} \qquad \text{(A-7)}$$

El siguiente valor simplificado se recomienda para los trabajos ingenieriles ordinarios:

$$1 \ \text{atmósfera estándar} = 101 \ \text{kPa} \qquad \text{(A-8)}$$

Por supuesto, los valores dados en las ecuaciones (A-7) y (A-8) son para usarse en cálculos y no representan la presión ambiental real en una localidad dada cualquiera.

Un concepto básico en mecánica es el **momento** o **par**, especialmente el momento de una fuerza y el momento de un par. El momento se expresa en unidades de fuerza multiplicada por unidad de longitud, o newton metro (N $\times$ m). Otros conceptos importantes en mecánica son el **trabajo** y la **energía**, que se expresan ambos en joules, una unidad derivada que tiene las mismas unidades (newton metro) que la unidad de momento. Sin embargo, el momento es una cantidad claramente diferente del trabajo o la energía y el joule *nunca* debe usarse para momentos o pares.

La **frecuencia** se mide en unidades de **hertz** (Hz), unidad derivada igual al recíproco del segundo (1/s o s^{-1}). El hertz se define como la frecuencia de un fenómeno periódico para el cual el periodo es de un segundo; es equivalente entonces a un ciclo por segundo (cps) o una revolución por segundo (rev/s). Se usa comúnmente para la frecuencia de vibraciones, ondas sonoras, ondas electromagnéticas y a veces también para la frecuencia rotatoria en vez de las unidades más tradicionales de revolución por minuto (rpm) y revolución por segundo (rev/s).*

_____

*Heinrich Rudolf Hertz (1857-1894) fue un físico alemán que descubrió las ondas electromagnéticas y demostró que las ondas de luz y las ondas electromagnéticas son idénticas.

Otras dos unidades derivadas que tienen nombres especiales en el SI son el **watt** (W) y el **pascal** (Pa). El watt es la unidad de potencia, que es trabajo por unidad de tiempo y un watt es igual a un joule por segundo (J/s) o un newton metro por segundo (N $\times$ m/s). El pascal es la unidad de presión y esfuerzo, o fuerza por unidad de área, y es igual a un newton por metro cuadrado (N/m^2).*

El **litro** no es una unidad aceptada en el SI pero es tan usada que no puede descartarse. Por tanto, el SI permite su uso en ciertas condiciones limitadas para capacidad volumétrica, medición seca y medición líquida. En el SI se permiten la L y la l como símbolos para el litro pero en Estados Unidos sólo se utiliza la L (para evitar confusión con el número1). Los únicos prefijos usados con el litro son mili y micro.

Las **cargas sobre estructuras**, debidas a la gravedad u otras acciones, se expresan en unidades de fuerza como newtons, newtons por metro o pascales (newtons por metro cuadrado). Ejemplos de tales cargas son una carga concentrada de 25 kN actuando sobre un eje, una carga uniformemente distribuida de intensidad 800 N/m actuando sobre una viga pequeña y presión del aire de intensidad 2.1 kPa actuando sobre el ala de un aeroplano. Sin embargo, hay una circunstancia en el SI en la que es permisible expresar una carga en unidades de masa. Si la carga que actúa sobre una estructura es producida por gravedad actuando sobre una masa, entonces esa carga puede expresarse en unidades de masa (kilogramos, kilogramos por metro o kilogramos por metro cuadrado). El procedimiento acostumbrado en tales casos es convertir la carga en unidades de fuerza multiplicándola por la aceleración de la gravedad ($g = 9.81$ m/s^2).

Prefijos SI

Los múltiplos y submúltiplos de las unidades SI (tanto unidades básicas como unidades derivadas) son creados añadiendo prefijos a las unidades (véase una lista de prefijos en la **tabla A-3**). El uso de un prefijo evita el uso de números demasiado grandes o pequeños. La regla general es que los prefijos deben usarse para mantener los números en el intervalo de 0.1 a 1 000.

Todos los prefijos recomendados cambian el tamaño de la cantidad por un múltiplo o submúltiplo de tres. Similarmente, cuando se usan potencias de 10 como multiplicadores, los exponentes de 10 deben ser múltiplos de tres (por ejemplo 40×10^3 N es satisfactorio, pero 400×10^2 N no lo es). Además, el exponente sobre una unidad con un prefijo se refiere a la unidad entera; por ejemplo, el símbolo mm^2 significa (mm)^2 y no m(m)^2.

Manera de escribir las unidades SI

Las reglas para escribir las unidades en SI han sido establecidas por acuerdo internacional y se describirán aquí las más importantes. Entre paréntesis se dan ejemplos de las reglas.

1) Las unidades se escriben siempre como símbolos (kg) en ecuaciones y cálculos numéricos. En el texto, las unidades se escriben como palabras (kilogramos) a menos que se estén reportando valores numéricos, en cuyo caso pueden usarse palabras o símbolos (12 kg o 12 kilogramos).

---

*James Watt (1736-1819) fue un inventor e ingeniero escocés que desarrolló un motor de vapor práctico y descubrió la composición del agua. Watt propuso el término caballo de potencia. Blaise Pascal (1623-1662) fue un filósofo y matemático francés. Inventó la teoría de la probabilidad, construyó la primera máquina calculadora y demostró experimentalmente que la presión atmosférica varía con la altitud.

TABLA A-3 PREFIJOS SI

Prefijo	Símbolo	Factor de multiplicación	
tera	T	10^{12}	= 1 000 000 000 000
giga	G	10^{9}	= 1 000 000 000
mega	M	10^{6}	= 1 000 000
kilo	k	10^{3}	= 1 000
hecto	h	10^{2}	= 100
deca	da	10^{1}	= 10
deci	d	10^{-1}	= 0.1
centi	c	10^{-2}	= 0.01
mili	m	10^{-3}	= 0.001
micro	μ	10^{-6}	= 0.000 001
nano	n	10^{-9}	= 0.000 000 001
pico	p	10^{-12}	= 0.000 000 000 001

Nota: en el SI no se recomienda utilizar los prefijos hecto, deca, deci y centi.

2) La multiplicación se muestra en una unidad compuesta por medio de un punto elevado (kN × m). Cuando la unidad se escribe en palabras, no se requiere del punto (kilonewton metro).

3) La división se muestra en una unidad compuesta por una diagonal o por multiplicación usando un exponente negativo (m/s o m·s^{-1}). Cuando la unidad se escribe en palabras, la diagonal se reemplaza siempre con "por" (metro por segundo).

4) Siempre se usa un espacio entre un número y sus unidades (200 Pa o 200 pascales) con la excepción del símbolo grado (ya sea angular o de temperatura), en donde no se usa espacio entre el número y el símbolo (45°, 20°C).

5) Las unidades y sus prefijos se escriben siempre en tipo redondo o romano (es decir, tipo vertical) y nunca en cursivas (tipo inclinado), aún cuando el texto aledaño esté en cursivas.

6) Cuando se escriben como palabras, las unidades no llevan mayúsculas (newton) excepto al principio de una oración o en un título con sólo mayúsculas. Cuando se escriben como símbolo, las unidades se escriben con mayúsculas cuando se derivan del nombre de una persona (N). Una excepción es el símbolo para litro, que puede ser L o l, pero se prefiere el uso de la L para evitar confusión con el número 1. Además, algunos prefijos se escriben con letras mayúsculas cuando se usan en símbolos (MPa) pero no cuando se usan en palabras (megapascal).

7) Cuando se escriben como palabras, las unidades se usarán en singular o plural según el contexto (1 kilómetro, 20 kilómetros, 6 segundos). Cuando se escriben como símbolos, las unidades se usan siempre en singular (1 km, 20 km, 6 s). El plural de hertz es hertz; los plurales de otras unidades se forman de la manera acostumbrada (newtons, watts).

8) No se usan prefijos en el denominador de una unidad compuesta. Una excepción es el kilogramo (kg) que es una unidad básica y por tanto la letra "k" no se considera como prefijo. Por ejemplo, podemos escribir kN/m pero no N/mm, y podemos escribir J/kg pero no mJ/g.

A.3 UNIDADES INGLESAS HABITUALES

Las unidades de medición que se usan tradicionalmente en Estados Unidos nunca han sido obligatorias oficialmente; por tanto debido a la falta de un nombre más adecuado se les denomina unidades "habituales". En este sistema, las **unidades básicas** de importancia para la mecánica son el pie (pie) para longitud, el segundo (s) para tiempo y la libra (lb) para fuerza. El **pie** se define como

$$1 \text{ pie} = 0.3048 \text{ m (exactamente)} \qquad \text{(A-9)}$$

El **segundo** es igual que en el SI y se describió en la sección anterior.

La **libra** se define como la **fuerza** que impartirá a una cierta masa estándar una aceleración igual a la aceleración de la gravedad. En otras palabras, la libra es el peso de la masa estándar, que se define como 0.45359237 kg (exactamente). El peso de esta cantidad de masa (véase la ecuación A-4) es

$$W = (0.45359237 \text{ kg})(9.806650 \text{ m/s}^2) = 4.448222 \text{ N}$$

en donde se ha usado el valor internacional estándar de g (véase la ecuación A-5). La libra se define entonces como sigue:

$$1 \text{ lb} = 4.448222 \text{ N} \qquad \text{(A-10)}$$

que muestra que la libra (igual que el pie) se define realmente en términos de unidades SI.

La unidad de **masa** en el sistema inglés es el **slug,** que es una unidad derivada definida como la masa que será acelerada un pie por segundo al cuadrado al actuar sobre ella una fuerza de una libra. Al escribir la segunda ley de Newton en la forma $m = F/a$, obtenemos

$$1 \text{ slug} = \frac{1 \text{ libra}}{1 \text{ pie/s}^2}$$

que muestra que el slug se expresa en términos de unidades básicas por medio de la fórmula

$$1 \text{ slug} = 1 \text{ lb-s}^2/\text{pie} \qquad \text{(A-11)}$$

Para obtener la masa de un objeto de peso conocido, usamos la segunda ley en la forma

$$m = \frac{W}{g} \qquad \text{(A-12)}$$

donde m es la masa en slugs, W es el peso en libras y g es la aceleración de la gravedad en pies por segundo al cuadrado. Como se indicó antes, el valor de g depende de la posición, pero en cálculos donde ésta no es de importancia, puede usarse el valor internacional estándar de g:

$$g = 32.1740 \text{ pies/s}^2 \qquad \text{(A-13)}$$

Para fines ordinarios, el valor recomendado es

$$g = 32.2 \text{ pies/s}^2 \qquad \text{(A-14)}$$

De las ecuaciones anteriores concluimos que un objeto con una masa de 1 slug pesará 32.2 libras sobre la superficie de la Tierra.

Otra unidad inglesa de masa es la libra-masa (lbm), que es la masa de un objeto que pesa 1 libra, es decir, 1 lbm = 1/32.2 slug.

Como dijimos, la **presión atmosférica** varía considerablemente con las condiciones locales; sin embargo, para muchos fines puede usarse el valor estándar internacional:

$$1 \text{ atmósfera estándar} = 14.6959 \text{ libras por pulgada cuadrada} \qquad \text{(A-15)}$$

o, para trabajos ordinarios de ingeniería:

$$1 \text{ atmósfera estándar} = 14.7 \text{ lb/pulg}^2 \qquad \text{(A-16)}$$

Estos valores son para usarse en cálculos y obviamente no representan la presión atmosférica real.

La unidad inglesa de **trabajo** y **energía** es el **pie-libra** (pie-lb), definida como el trabajo hecho cuando el punto de aplicación de una fuerza de una libra se desplaza una distancia de un pie en la dirección de la fuerza. La unidad de **momento** o **par** es la **libra-pie** (lb-pie), que se deriva del hecho de que el momento se expresa en unidades de fuerza por longitud. Aunque en realidad las mismas unidades se aplican al trabajo, energía y momento, es práctica común usar la libra-pie para momento y el pie-libra para trabajo y energía.

Los símbolos y fórmulas para las unidades inglesas más importantes usadas en mecánica están dadas en la **tabla A-1**.

Muchas unidades inglesas adicionales aparecen en los tratados sobre mecánica; algunas de esas unidades están dadas en la parte inferior de la **tabla A-2**.

A.4 UNIDADES DE TEMPERATURA

La temperatura se mide en el SI con una unidad llamada grado kelvin (K). La escala correspondiente es la **escala de temperatura Kelvin**. La escala Kelvin es una escala absoluta, lo que significa que su origen (cero grados kelvins o 0 K) está en el cero absoluto de temperatura, que es una temperatura teórica caracterizada por la ausencia completa de calor. Sobre la escala Kelvin, el agua se congela aproximadamente a 273 K y hierve aproximadamente a 373 K.

Para propósitos no científicos se usa normalmente la **escala de temperatura Celsius**. La unidad correspondiente de temperatura es el grado Celsius (°C), que es igual a un grado kelvin. En esta escala, el agua se congela aproximadamente a cero grados (0°C) y hierve aproximadamente a 100 grados (100°C) bajo ciertas condiciones estándar. La escala Celsius se conoce también como la *escala de temperatura centígrada*.

La relación entre la temperatura Kelvin y la temperatura Celsius está dada por las siguientes ecuaciones:

Temperatura en grados Celsius = temperatura en grados kelvin –273.15

o
$$T(°C) = T(K) - 273.15 \qquad \text{(A-17)}$$

donde T denota la temperatura. Al trabajar con *cambios* de temperatura o *intervalos de temperatura*, como es generalmente el caso en mecánica, puede usarse cualquiera de las dos unidades porque los intervalos son iguales.*

---

*Lord Kelvin (1824-1907), William Thomson, fue un físico inglés que hizo muchos descubrimientos científicos, formuló una teoría del calor y propuso la escala de temperatura absoluta. Anders Celsius (1701-1744) fue un científico y astrónomo sueco. En 1742 desarrolló la escala de temperatura en la que el 0 y el 100 corresponden respectivamente a los puntos de congelamiento y ebullición del agua.

La unidad inglesa para la temperatura es el grado Fahrenheit (°F). En la **escala de temperatura Fahrenheit**, el agua se congela aproximadamente a 32 grados (32°F) y hierve aproximadamente a 212 grados (212°F). Cada grado Fahrenheit es exactamente igual a 5/9 de un grado Kelvin o Celsius. La escala absoluta correspondiente es la **escala de temperatura Rankine**, relacionada con la escala Fahrenheit por la ecuación

$$T(°F) = T(°R) - 459.67 \tag{A-18}$$

El cero absoluto corresponde entonces a $-459.67°F$.*

Las **fórmulas de conversión** entre las escalas Fahrenheit y Celsius son las siguientes:

$$T(°C) = \frac{5}{9}[T(°F) - 32] \qquad T(°F) = \frac{9}{5}T(°C) + 32 \tag{A-19a, b}$$

Igual que antes, T denota la temperatura sobre la escala indicada.

A.5 CONVERSIONES ENTRE UNIDADES

Las cantidades dadas en unidades inglesas o SI pueden convertirse rápidamente de un sistema al otro usando los **factores de conversión** dados en la **tabla A-5**.

Si la cantidad dada está expresada en unidades inglesas, puede convertirse a unidades SI *multiplicando* por el factor de conversión. Para ilustrar este proceso, supongamos que el esfuerzo en una viga es de 10 600 lb/pulg^2 y que deseamos convertir esta cantidad a unidades SI. De la tabla A-5 vemos que un esfuerzo de 1 lb/pulg^2 se convierte en 6 894.76 Pa. Por tanto, la conversión del valor dado se lleva a cabo de la siguiente manera:

$$(10\ 600\ \text{lb/pulg}^2)(6\ 894.76) = 73\ 100\ 000\ \text{Pa} = 73.1\ \text{MPa}$$

Como el valor original está dado con tres cifras significativas, hemos redondeado el resultado final también a tres cifras significativas (véase lo relativo a cifras significativas en el apéndice B). Observe que el factor de conversión de 6 894.76 tiene unidades de pascales divididos entre libras por pulgada cuadrada y por consiguiente la ecuación es dimensionalmente correcta.

Para invertir el proceso de conversión (es decir, para convertir de unidades SI a inglesas), la cantidad en unidades SI se *divide* entre el factor de conversión. Por ejemplo, supongamos que el momento de inercia del área de la sección transversal de una viga sea de 94.73×10^6 mm^4. El momento de inercia en unidades inglesas es entonces

$$\frac{94.73 \times 10^6\ \text{mm}^4}{416\ 231} = 228\ \text{pulg}^4$$

en donde el término 416 231 es el factor de conversión apropiado para momentos de inercia.

---

*William John Macquorn Rankine (1820-1872) fue un ingeniero y físico escocés. Hizo importantes contribuciones en diversos campos como la termodinámica, teoría de la luz, acústica, análisis de esfuerzos e ingeniería de puentes. Gabriel Daniel Fahrenheit (1686-1736) fue un físico alemán que experimentó con los termómetros y los hizo más exactos usando mercurio en el tubo. Fijó el origen (0°) de su escala de temperatura en el punto de congelamiento de una mezcla de hielo, sal y agua.

TABLA A-5 **CONVERSIÓN ENTRE UNIDADES INGLESAS Y UNIDADES SI**

Unidad inglesa		Factor de conversión multiplicativo		Igual a unidad SI	
		Exacto	**Práctico**		
Aceleración (lineal)					
pie por segundo cuadrado	pie/s^2	0.3048*	0.305	metro por seg cuadrado	m/s^2
pulgada por seg cuadrado	$pulg/s^2$	0.0254*	0.0254	metro por seg cuadrado	m/s^2
Área					
pie cuadrado	pie^2	0.09290304*	0.0929	metro cuadrado	m^2
pulgada cuadrada	$pulg^2$	645.16*	645	milímetro cuadrado	mm^2
Densidad (peso)					
slug por pie cúbico	$slug/pie^3$	515.379	515	kilog por metro cuadrado	kg/m^3
Densidad (peso)					
libra por pie cúbico	lb/pie^3	157.087	157	newton por metro cúbico	N/m^3
libra por pulgada cúbica	$lb/pulg^3$	271.447	271	kilonewton por metro cúbico	kN/m^3
Energía; trabajo					
pie-libra	pie-lb	1.35582	1.36	joule (N·m)	J
pulgada-libra	pulg-lb	0.112985	0.113	joule	J
kilowatt-hora	kWh	3.6*	3.6	megajoule	MJ
unidad térmica británica	Btu	1 055.06	1 055	joule	J
Fuerza					
libra	lb	4.44822	4.45	newton ($kg·m/s^2$)	N
kip (1 000 libras)	klb	4.44822	4.45	kilonewton	kN
Fuerza por unidad de longitud					
libra por pie	lb/pie	14.5939	14.6	newton por metro	N/m
libra por pulgada	lb/pulg	175.127	175	newton por metro	N/m
kip por pie	k/pie	14.5939	14.6	kilonewton por metro	kN/m
kip por pulgada	k/pulg	175.127	175	kilonewton por metro	kN/m
Longitud					
pie	pie	0.3048*	0.305	metro	m
pulgada	pulg	25.4*	25.4	milímetro	mm
milla	mi	1.609344*	1.61	kilómetro	km
Masa					
slug	$lb-s^2/pie$	14.5939	14.6	kilogramo	kg

(Continúa)

*Un asterisco denota un factor de conversión *exacto*

Nota: **para convertir las unidades SI en inglesas, *divida* entre el factor de conversión**

TABLA A-5 (Continuación)

Unidad inglesa		Factor de conversión multiplicativo		Igual a unidad SI	
		Exacto	Práctico		
Módulo de sección					
pulgada al cubo	pulg³	16 387.1	16 400	milímetro al cubo	mm³
pulgada al cubo	pulg³	16.3871×10^{-6}	16.4×10^{-6}	metro al cubo	m³
Momento de una fuerza; par					
libra-pie	lb-pie	1.35582	1.36	newton metro	N·m
libra-pulgada	lb-pulg	0.112985	0.113	newton metro	N·m
kip-pie	k-pie	1.35582	1.36	kilonewton metro	kN·m
kip-pulgada	k-pulg	0.112985	0.113	kilonewton metro	kN·m
Momento de inercia (área)					
pulgada a la cuarta potencia	pulg⁴	416 231	416 000	milímetro a la cuarta potencia	mm⁴
pulgada a la cuarta potencia	pulg⁴	0.416231×10^{-6}	0.416×10^{-6}	metro a la cuarta potencia	m⁴
Momento de inercia (masa)					
slug pie cuadrado	slug-pie²	1.35582	1.36	kilogramo metro cuadrado	kg·m²
Potencia					
pie-libra por segundo	pie-lb/s	1.35582	1.36	watt (J/s o N·m/s)	W
pie-libra por minuto	pie-lb/min	0.0225970	0.0226	watt	W
caballo de potencia					
(550 pies-lb/s)	hp	745.701	746	watt	W
Presión; esfuerzo					
libra por pie cuadrado	psf	47.8803	47.9	pascal (N/m²)	Pa
libra por pulgada cuadrada	psi	6 894.76	6 890	pascal	Pa
klb por pie cuadrado	ksf	47.8803	47.9	kilopascal	kPa
klb por pulgada cuadrada	ksi	6.89476	6.89	megapascal	MPa
Velocidad (lineal)					
pie por segundo	pie/s	0.3048*	0.305	metro por segundo	m/s
pulgada por segundo	pulg/s	0.0254*	0.0254	metro por segundo	m/s
milla por hora	mph	0.44704*	0.447	metro por segundo	m/s
milla por hora	mph	1.609344*	1.61	kilómetro por hora	km/h
Volumen					
pie cúbico	pie³	0.0283168	0.0283	metro cúbico	m³
pulgada cúbica	pulg³	16.3871×10^{-6}	16.4×10^{-6}	metro cúbico	m³
pulgada cúbica	pulg³	16.3871	16.4	centímetro cúbico (cc)	cm³
galón (231 pulg³)	gal	3.78541	3.79	litro	L
galón (231 pulg³)	gal	0.00378541	0.00379	metro cúbico	m³

*Un asterisco denota un factor de conversión exacto

Nota: **para convertir las unidades SI en inglesas, divida entre el factor de conversión**

B

Resolución de problemas

B.1 TIPOS DE PROBLEMAS

El estudio de la mecánica de materiales se divide naturalmente en dos partes: la primera, que se refiere a la *comprensión* de los conceptos y principios generales y la segunda que trata de la *aplicación* de esos conceptos y principios a situaciones físicas. La comprensión de los conceptos generales se obtiene con el estudio de los análisis y deducciones presentados en libros como éste. La destreza en aplicar los conceptos se logra resolviendo problemas. Por supuesto, esos dos aspectos de la mecánica están íntimamente relacionados y hay expertos en la mecánica que afirman que los conceptos no se entienden si no pueden aplicarse. Es fácil enunciar los principios, pero su aplicación a situaciones reales requiere un conocimiento profundo de los mismos. Por eso los profesores de mecánica dan tanta importancia a los problemas. La resolución de problemas da sentido a los conceptos y proporciona también una oportunidad de obtener experiencia y adquirir un buen juicio ingenieril.

Algunos de los problemas de este libro requieren soluciones simbólicas y otros numéricas. En el caso de los **problemas simbólicos** (llamados también *analíticos*, *algebraicos* o *literales*), los datos se suministran en forma de símbolos para las diversas cantidades, como P para la carga, L para la longitud y E para el módulo de elasticidad. Tales problemas se resuelven en términos de variables algebraicas y los resultados se expresan como fórmulas o expresiones matemáticas. Generalmente los problemas simbólicos no implican cálculos numéricos, excepto cuando los datos numéricos se sustituyen en el resultado simbólico final para obtener un valor numérico. Sin embargo, esta sustitución final de los datos numéricos no debe ocultar el hecho de que el problema fue resuelto en términos simbólicos.

Por el contrario, los **problemas numéricos** son aquellos en que los datos se dan en forma de números (con unidades apropiadas); por ejemplo, una carga podría darse como 12 kN, una longitud como 3 m y una dimensión como 150 mm. La solución de un problema numérico se lleva a cabo efectuando cálculos desde el principio y los resultados, tanto intermedios como finales, están en forma de números.

Una ventaja de los problemas numéricos es que las magnitudes de todas las cantidades son evidentes en cada etapa de la solución, lo que permite observar si los cálculos están produciendo resultados razonables. Además, una solución numérica permite mantener las magnitudes de las cantidades dentro de límites prescritos. Por ejemplo, supongamos que el esfuerzo en un punto específico de una viga no debe exceder un cierto valor permisible. Si este esfuerzo se calcula como un paso intermedio en la solución numérica, puede verificarse inmediatamente si excede o no el límite impuesto.

Los problemas simbólicos tienen también ventajas. Como los resultados son fórmulas o expresiones algebraicas, puede verse inmediatamente cómo las variables afectan a las respuestas. Por ejemplo, si una carga aparece elevada a la primera potencia en el numerador del resultado final, sabrá que al duplicar la carga, se duplicará el resultado. Igualmente importante es el hecho que una solución simbólica muestra qué variables *no* afectan el resultado. Por ejemplo, cierta cantidad puede cancelarse en la solución, lo cual podría no notarse en una solución numérica. Además, en una solución simbólica es conveniente revisar la homogeneidad dimensional de todos los términos de la solución. Lo más importante es que una solución simbólica proporciona una fórmula general aplicable a muchos problemas diferentes, cada uno con un conjunto diferente de datos numéricos. Por el contrario, una solución numérica es buena para un solo conjunto de circunstancias y se requiere una solución completamente nueva si los datos se cambian. Por supuesto, las soluciones simbólicas no son factibles cuando los fórmulas se vuelven muy difíciles de manejar; cuando esto ocurre, una solución numérica es la mejor alternativa.

En temas más avanzados de mecánica, la solución de los problemas requiere el uso de **métodos numéricos**. Este término se refiere a una amplia variedad de métodos computacionales, incluidos procedimientos matemáticos estándar (como la integración numérica y la solución numérica de ecuaciones diferenciales) y métodos avanzados de análisis (como el método del elemento finito). Se dispone fácilmente de programas de computadora para estos métodos. Se tienen también programas de computadora más especializados para llevar a cabo tareas rutinarias como la determinación de deflexiones en vigas y la obtención de esfuerzos principales. Sin embargo, al estudiar la mecánica de materiales, generalmente nos concentramos en los conceptos más que en el uso de los programas de cómputo particulares.

B.2 PASOS EN LA SOLUCIÓN DE PROBLEMAS

Los procedimientos usados en la resolución de problemas varían de persona a persona y también de acuerdo con el tipo de problema. Sin embargo, las siguientes sugerencias ayudarán a reducir los errores.

1. Enuncie claramente el problema y dibuje una figura que represente el sistema mecánico o estructural que va a investigar. Una parte importante de este paso es identificar qué se conoce y qué debe encontrarse.

2. Simplifique el sistema mecánico o estructural haciendo hipótesis respecto a su naturaleza física. Este paso se llama *modelado* porque implica crear (en el papel) un modelo idealizado del sistema real. El objetivo es crear un modelo que represente el sistema real con un grado de exactitud suficiente tal que los resultados obtenidos del modelo puedan aplicarse al sistema real.

Damos a continuación unos cuantos ejemplos de idealizaciones usadas en el modelado de sistemas mecánicos. a) Los objetos finitos se modelan a veces como partículas, como cuando se determinan las fuerzas que actúan sobre un nudo de una armadura. b) Los cuerpos deformables se representan a veces como cuerpos rígidos, como cuando se buscan las reacciones de una viga estáticamente determinada o las fuerzas en las barras de una armadura estáticamente determinada. c) La geometría y formas de objetos pueden simplificarse como cuando consideramos que la Tierra es una esfera o que una viga es perfectamente recta. d) Las fuerzas distribuidas que actúan sobre máquinas y estructuras pueden representarse como fuerzas concentradas equivalentes. e) Las fuerzas que son pequeñas respecto a otras fuerzas o fuerzas de las que se sabe que tienen sólo un efecto pequeño en los resultados, pueden despreciarse en el análisis (las fuerzas de fricción se encuentran a veces en esta categoría). f) Los soportes de estructuras suelen considerarse como inmóviles.

3. Al resolver los problemas, dibuje croquis grandes y claros. Éstos siempre ayudan a entender la situación física y a menudo resaltan aspectos del problema que de otra manera pasarían desapercibidos.

4. Aplique los principios de la mecánica al modelo idealizado para obtener las ecuaciones que rigen. En estática, las ecuaciones generalmente son ecuaciones de equilibrio que se obtienen de la primera ley de Newton; en dinámica, generalmente son ecuaciones de movimiento obtenidas de la segunda ley de Newton. En mecánica de materiales, las ecuaciones están asociadas con esfuerzos, deformaciones unitarias, deformaciones y desplazamientos.

5. Use procedimientos matemáticos y computacionales para resolver las ecuaciones y obtener resultados, ya sea en forma de fórmulas matemáticas o de valores numéricos.

6. Interprete los resultados en términos del comportamiento físico del sistema mecánico o estructural, es decir, déle sentido o significado a los resultados y obtenga conclusiones sobre el comportamiento del sistema.

7. Verifique los resultados de tantas maneras como pueda. Como los errores pueden ser desastrosos y caros, los ingenieros nunca deben confiarse en una sola solución.

8. Finalmente, presente su solución de manera clara de modo que pueda ser fácilmente revisada por otros.

B.3 HOMOGENEIDAD DIMENSIONAL

Los conceptos básicos de la mecánica son: longitud, tiempo, masa y fuerza. Cada una de esas cantidades físicas tiene una **dimensión**, es decir, una unidad generalizada de medición. Por ejemplo, consideremos el concepto de longitud. Hay muchas unidades de longitud, como metro, kilómetro, yarda, pie, pulgada; sin embargo, todas esas unidades tienen algo en común: cada una representa una longitud específica y no alguna otra cantidad como el volumen o la fuerza. Por tanto, nos podemos referir a la *dimensión de longitud* sin ser específicos respecto a la unidad particular de medición. Pueden hacerse comentarios similares para las dimensiones de tiempo, masa y fuerza. Estas cuatro dimensiones se denotan comúnmente por los símbolos L, T, M y F, respectivamente.

Cada ecuación, ya esté escrita en forma numérica o simbólica, debe ser **dimensionalmente homogénea**, es decir, las dimensiones de todos los términos en la ecuación deben ser las mismas. Para verificar la corrección dimensional de una ecuación, despreciamos las magnitudes numéricas y escribimos sólo las dimensiones de cada cantidad en la ecuación. La ecuación resultante debe tener dimensiones idénticas en todos los términos.

Por ejemplo, consideremos la siguiente ecuación para la deflexión δ en el centro del claro de una viga simple con carga uniformemente distribuida:

$$\delta = \frac{5qL^4}{384EI}$$

La ecuación dimensional correspondiente se obtiene reemplazando cada cantidad por sus dimensiones; así, la deflexión δ se reemplaza por la dimensión L, la intensidad de la carga uniforme q se reemplaza por F/L (fuerza por unidad de longitud), la longitud L de la viga se reemplaza por la dimensión L, el módulo de elasticidad E se reemplaza por F/L^2 (fuerza por unidad de área) y el momento de inercia I se reemplaza por L^4. Por tanto, la ecuación dimensional es

$$L = \frac{(F/L)L^4}{(F/L^2)L^4}$$

Al simplificar, esta ecuación se reduce a la ecuación dimensional L = L, como se esperaba.

Las ecuaciones dimensionales pueden escribirse ya sea en términos generalizados usando la notación LTMF o en términos de las unidades reales usadas en el problema. Por ejemplo, si estamos haciendo cálculos en unidades inglesas para la deflexión de una viga, podemos escribir la ecuación dimensional como sigue:

$$\text{pulg} = \frac{(\text{lb/pulg})\text{pulg}^4}{(\text{lb/pulg}^2)\text{pulg}^4}$$

lo que se reduce a pulg = pulg y es dimensionalmente correcta. Las revisiones frecuentes de la homogeneidad dimensional (o *consistencia de unidades*) ayudan a eliminar errores al llevar a cabo deducciones y cálculos.

B.4 CIFRAS SIGNIFICATIVAS

Los **cálculos ingenieriles** son efectuados por calculadoras y computadoras que operan con gran precisión. Por ejemplo, algunas computadoras efectúan rutinariamente cálculos con más de 25 dígitos en cada valor numérico y se obtienen valores de salida con 10 o más dígitos, aún en las más baratas de las calculadoras de bolsillo. En tales condiciones, es importante observar que la exactitud de los resultados obtenidos en un análisis ingenieril está determinada no sólo por los cálculos sino también por factores como la exactitud de los datos dados, las aproximaciones inherentes en los modelos analíticos y la validez de las hipótesis usadas en las teorías. En muchas situaciones ingenieriles, estas consideraciones significan que los resultados son válidos con sólo dos o tres cifras significativas.

Como ejemplo, suponga que un cálculo produce el resultado $R =$ 6 287.46 lb para la reacción de una viga estáticamente determinada. Presentar el resultado en esta forma es engañoso, porque implica que la reacción se conoce con aproximación de 1/100 de libra, aunque la magnitud es mayor que 6 000 lb. Esto implica una exactitud de aproximadamente 1/600 000 y una precisión de 0.01 lb, ninguna de las cuales se justifica. La exactitud de la reacción calculada depende de aspectos como los siguientes: 1) La precisión con que se conocen las cargas, dimensiones y demás datos utilizados en el análisis, y 2) las aproximaciones inherentes a las teorías del comportamiento de vigas. Lo más probable es que la reacción R en este ejemplo se conozca sólo a las 10 lb o aún a las 100 lb más cercanas. En consecuencia, el resultado del cálculo debe expresarse como $R = 6\ 290$ lb o $R = 6\ 300$ lb.

Para aclarar la exactitud de un valor numérico dado, es práctica común usar **cifras significativas**. Un dígito significativo es un dígito del 1 al 9 o cualquier cero no usado para mostrar la posición del punto decimal; por ejemplo, los números 417, 8.29, 7.30 y 0.00254 tienen cada uno tres cifras significativas. Sin embargo, el número de cifras significativas en un número como 29 000 no es obvio. Puede tener dos cifras significativas, con los tres ceros sirviendo sólo para localizar el punto decimal, o puede tener tres, cuatro o cinco cifras significativas si uno o más de los ceros es válido. Usando potencias de 10, la exactitud de un número como 29 000 puede verse más claramente. Cuando se escribe como 29×10^3 o 0.029×10^6, se entiende que el número tiene dos cifras significativas; cuando se escribe como 29.0×10^3 o 0.0290×10^6, se ve que tiene tres cifras significativas.

Cuando se obtiene un número mediante un cálculo, su exactitud depende de la exactitud de los números usados al realizar los cálculos. Una regla práctica que sirve para cálculos que implican **multiplicación o división** es la siguiente: el número de cifras significativas en el resultado calculado es el mismo que el menor número de cifras significativas en cualquiera de los números usados en el cálculo. Por ejemplo, considere el producto de 2 339.3 y 35.4, el resultado calculado es 82 811.220 cuando se registra con ocho dígitos. Sin embargo, dar el resultado de esta manera es erróneo, porque implica mucha más exactitud que la garantizada por los números originales. Puesto que el número 35.4 tiene sólo tres cifras significativas, la manera apropiada de escribir el resultado es 82.8×10^3.

Para cálculos que implican **adición o sustracción** de una columna de números, la última cifra significativa en el resultado se encuentra en la última columna de dígitos que tiene cifras significativas de todos los números que se están sumando o restando. Para aclarar esta idea, considérense los tres siguientes ejemplos:

	459.637	838.49	856 400
	+ 7.2	− 7	− 847 900
Resultado de la calculadora:	466.837	831.49	8 500
Escribe el resultado como:	466.8	831	8 500

En el primer ejemplo, el número 459.637 tiene seis cifras significativas y el número 7.2 tiene dos. Cuando se suman, el resultado tiene cuatro cifras significativas porque todos los dígitos del resultado que están a la derecha de la columna que contiene el 2 carecen de significado. En el segundo ejemplo, el número 7 es exacto sólo con una cifra significativa (es decir, no es un número exacto). Por tanto, el resultado final es exacto sólo hasta la columna que contiene el 7, lo que significa que tiene tres cifras significativas y se registra como 831. En el tercer ejemplo, los números 856 400 y 847 900 se supone que son exactos con cuatro cifras significativas, pero el resultado de la resta es exacto con sólo dos cifras significativas ya que ninguno de los ceros es significativo. En general, la resta conduce a una menor exactitud.

Estos tres ejemplos muestran que los números obtenidos por cálculo pueden contener dígitos superfluos sin significado físico. Por tanto, cuando se ofrecen números como resultados finales, se deben dar sólo aquellos dígitos que sean significativos.

En la mecánica de materiales, los datos de los problemas generalmente son exactos al 1% o, en algunos casos, al 0.1%, por lo que los resultados finales deben indicarse con una exactitud comparable. Cuando se requiera una mayor exactitud, ésta será obvia a partir del enunciado del problema.

Aunque el uso de cifras significativas es conveniente para tratar con el asunto de la **exactitud numérica**, debe reconocerse que las cifras significativas no son indicadores válidos de la exactitud. Para ilustrar este hecho, consideremos los números 999 y 101. Tres cifras significativas en el número 999 corresponden a una exactitud de 1/999 o 0.1%, mientras que el mismo número de cifras significativas en el número 101 corresponde a una exactitud de sólo 1/101 o 1.0%. Esta disparidad en la exactitud puede reducirse usando siempre una cifra significativa adicional en números que comiencen con el dígito 1. Así, cuatro cifras significativas en el número 101.1 dan aproximadamente la misma exactitud que tres cifras significativas en el número 999.

En este libro seguiremos en general la regla común en ingeniería de que los resultados numéricos *finales* que comiencen con los dígitos 2 al 9 deberán registrarse con tres cifras significativas y aquellos con comiencen con el dígito 1 deberán registrarse con cuatro cifras significativas. Sin embargo, para preservar la exactitud numérica y evitar errores de redondeo durante el proceso de cálculo, los resultados de cálculos *intermedios* generalmente se registrarán con dígitos adicionales.

Muchos de los números que entran en nuestros cálculos son exactos, por ejemplo, el número π, fracciones tales como 1/2, enteros tales como el número 48 en la fórmula $PL^3/48EI$ para la deflexión de una viga. Los números exactos son significativos con un número infinito de dígitos y por tanto, no juegan ningún papel en la determinación de la exactitud de un resultado calculado.

B.5 REDONDEO DE NÚMEROS

El proceso de eliminar las cifras no significativas y conservar únicamente las significativas se denomina *redondeo*. Para ilustrar el proceso supongamos que un número se redondea a tres cifras significativas. Se aplican las siguientes reglas:

a) Si el cuarto dígito es menor que 5, los tres primeros dígitos se mantienen sin cambios y todos los siguientes se eliminan o se reemplazan por ceros. Por ejemplo, 37.44 se redondea a 37.4 y 673 289 se redondea a 673 000.

b) Si el cuarto dígito es mayor que 5, o si el cuarto dígito es 5 y está seguido al menos por otro dígito diferente de cero, entonces el tercer dígito se incrementa en uno y todos los dígitos subsecuentes se eliminan o se reemplazan por ceros. Por ejemplo, 26.37 se redondea a 26.4 y 3.245002 se redondea a 3.25.

c) Finalmente si el cuarto dígito es 5 y todos los dígitos siguientes (en caso de que existan) son ceros, entonces el tercer dígito no se cambia si es un número par y se incrementa en uno si es un número impar y el 5 se reemplaza por un cero (los ceros antes y después de dígitos significativos se retienen sólo si se necesitan para localizar el punto decimal). Este método se conoce como "redondeo al dígito par". Como la aparición de dígitos pares e impares es más o menos aleatoria, el uso de esta regla implica que se redondean números hacia arriba tan frecuentemente como hacia abajo, reduciéndose así la posibilidad de que se acumulen errores de redondeo.

Fórmulas matemáticas

Constantes matemáticas

$\pi = 3.14159\ldots \qquad e = 2.71828\ldots \qquad 2\pi$ radianes $= 360$ grados

1 radián $= \dfrac{180}{\pi}$ grados $= 57.2958°$ 1 grado $= \dfrac{\pi}{180}$ radianes

$= 0.0174533$ rad

Conversiones: Multiplique grados por $\dfrac{\pi}{180}$ para obtener radianes

Multiplique radianes por $\dfrac{180}{\pi}$ para obtener grados

Exponentes

$$A^n A^m = A^{n+m} \qquad \frac{A^m}{A^n} = A^{m-n} \qquad (A^m)^n = A^{mn} \qquad A^{-m} = \frac{1}{A^m}$$

$$(AB)^n = A^n B^n \qquad \left(\frac{A}{B}\right)^n = \frac{A^n}{B^n} \qquad A^{m/n} = \sqrt[n]{A^m} \qquad A^0 = 1 \ (A \neq 0)$$

Logaritmos

$\log \equiv$ logaritmo común (logaritmo de base 10) $10^x = y \qquad \log y = x$

$\ln \equiv$ logaritmo natural (logaritmo de base e) $e^x = y \qquad \ln y = x$

$e^{\ln A} = A \qquad 10^{\log A} = A \qquad \ln e^A = A \qquad \log 10^A = A$

$\log AB = \log A + \log B \qquad \log \dfrac{A}{B} = \log A - \log B \qquad \log \dfrac{1}{A} = -\log A$

$\log A^n = n \log A \qquad \log 1 = \ln 1 = 0 \qquad \log 10 = 1 \qquad \ln e = 1$

$\ln A = (\ln 10)(\log A) = 2.30259 \log A \quad \log A = (\log e)(\ln A) = 0.434294 \ln A$

Funciones trigonométricas

$$\tan x = \frac{\operatorname{sen} x}{\cos x} \qquad \cot x = \frac{\cos x}{\operatorname{sen} x} \qquad \sec x = \frac{1}{\cos x} \qquad \csc x = \frac{1}{\operatorname{sen} x}$$

$$\operatorname{sen}^2 x + \cos^2 x = 1 \qquad \tan^2 x + 1 = \sec^2 x \qquad \cot^2 x + 1 = \csc^2 x$$

$$\operatorname{sen}(-x) = -\operatorname{sen} x \qquad \cos(-x) = \cos x \qquad \tan(-x) = -\tan x$$

$$\operatorname{sen}(x \pm y) = \operatorname{sen} x \cos y \pm \cos x \operatorname{sen} y \qquad \cos(x \pm y) = \cos x \cos y \mp \operatorname{sen} x \operatorname{sen} y$$

$$\operatorname{sen} 2x = 2 \operatorname{sen} x \cos x \qquad \cos 2x = \cos^2 x - \operatorname{sen}^2 x \qquad \tan 2x = \frac{2 \tan x}{1 - \tan^2 x}$$

$$\tan x = \frac{1 - \cos 2x}{\operatorname{sen} 2x} = \frac{\operatorname{sen} 2x}{1 + \cos 2x}$$

$$\operatorname{sen}^2 x = \frac{1}{2}(1 - \cos 2x) \qquad \cos^2 x = \frac{1}{2}(1 + \cos 2x)$$

Para cualquier triángulo con lados a, b, c y ángulos opuestos A, B, C:

Ley de los senos $\quad \dfrac{a}{\operatorname{sen} A} = \dfrac{b}{\operatorname{sen} B} = \dfrac{c}{\operatorname{sen} C}$

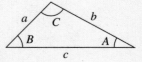

Ley de los cosenos $\quad c^2 = a^2 + b^2 - 2ab \cos C$

Ecuación cuadrática y fórmula cuadrática

$$ax^2 + bx + c = 0 \qquad x = \frac{-b \pm \sqrt{b^2 - 4ac}}{2a}$$

Series infinitas

$$\frac{1}{1 + x} = 1 - x + x^2 - x^3 + \ldots \qquad (-1 < x < 1)$$

$$\sqrt{1 + x} = 1 + \frac{x}{2} - \frac{x^2}{8} + \frac{x^3}{16} - \ldots \qquad (-1 < x < 1)$$

$$\frac{1}{\sqrt{1 + x}} = 1 - \frac{x}{2} + \frac{3x^2}{8} - \frac{5x^3}{16} + \ldots \qquad (-1 < x < 1)$$

$$e^x = 1 + x + \frac{x^2}{2!} + \frac{x^3}{3!} + \ldots \qquad (-\infty < x < \infty)$$

$$\operatorname{sen} x = x - \frac{x^3}{3!} + \frac{x^5}{5!} - \frac{x^7}{7!} + \ldots \qquad (-\infty < x < \infty)$$

$$\cos x = 1 - \frac{x^2}{2!} + \frac{x^4}{4!} - \frac{x^6}{6!} + \ldots \qquad (-\infty < x < \infty)$$

Nota: si x es muy pequeño comparado con 1, sólo los primeros términos de la serie serán necesarios.

Derivadas

$$\frac{d}{dx}(ax) = a \qquad \frac{d}{dx}(x^n) = nx^{n-1} \qquad \frac{d}{dx}(au) = a\frac{du}{dx}$$

$$\frac{d}{dx}(uv) = u\frac{dv}{dx} + v\frac{du}{dx} \qquad \frac{d}{dx}\left(\frac{u}{v}\right) = \frac{v(du/dx) - u(dv/dx)}{v^2}$$

$$\frac{d}{dx}(u^n) = nu^{n-1}\frac{du}{dx} \qquad \frac{dy}{dx} = \frac{dy}{du}\frac{du}{dx} \qquad \frac{du}{dx} = \frac{1}{dx/du}$$

$$\frac{d}{dx}(\text{sen } u) = \cos u\frac{du}{dx} \qquad \frac{d}{dx}(\cos u) = -\text{sen } u\frac{du}{dx}$$

$$\frac{d}{dx}(\tan u) = \sec^2 u\frac{du}{dx} \qquad \frac{d}{dx}(\cot u) = -\csc^2 u\frac{du}{dx}$$

$$\frac{d}{dx}(\sec u) = \sec u \tan u\frac{du}{dx} \qquad \frac{d}{dx}(\csc u) = -\csc u \cot u\frac{du}{dx}$$

$$\frac{d}{dx}(\arctan u) = \frac{1}{1 + u^2}\frac{du}{dx} \qquad \frac{d}{dx}(\log u) = \frac{\log e}{u}\frac{du}{dx} \qquad \frac{d}{dx}(\ln u) = \frac{1}{u}\frac{du}{dx}$$

$$\frac{d}{dx}(a^u) = a^u \ln a\frac{du}{dx} \qquad \frac{d}{dx}(e^u) = e^u\frac{du}{dx}$$

Integrales indefinidas

Nota: debe sumarse una constante al resultado de cada integración

$$\int a\, dx = ax \qquad \int u\, dv = uv - \int v\, du \quad \text{(integración por partes)}$$

$$\int x^n\, dx = \frac{x^{n+1}}{n + 1} \quad (n \neq -1) \qquad \int\frac{dx}{x} = \ln |x| \quad (x \neq 0)$$

$$\int\frac{dx}{x^n} = \frac{x^{1-n}}{1 - n} \quad (n \neq 1) \qquad \int(a + bx)^n\, dx = \frac{(a + bx)^{n+1}}{b(n + 1)} \quad (n \neq -1)$$

$$\int\frac{dx}{a + bx} = \frac{1}{b} \ln (a + bx) \qquad \int\frac{dx}{(a + bx)^2} = -\frac{1}{b(a + bx)}$$

$$\int\frac{dx}{(a + bx)^n} = -\frac{1}{(n - 1)(b)(a + bx)^{n-1}} \quad (n \neq 1)$$

$$\int\frac{dx}{a^2 + b^2x^2} = \frac{1}{ab}\tan^{-1}\frac{bx}{a} \quad (x \text{ en radianes}) \quad (a > 0, b > 0)$$

$$\int\frac{dx}{a^2 - b^2x^2} = \frac{1}{2ab} \ln\left(\frac{a + bx}{a - bx}\right) \qquad (x \text{ en radianes}) \quad (a > 0, b > 0)$$

$$\int\frac{x\, dx}{a + bx} = \frac{1}{b^2}[bx - a \ln (a + bx)]$$

$$\int\frac{x\, dx}{(a + bx)^2} = \frac{1}{b^2}\left[\frac{a}{a + bx} + \ln (a + bx)\right]$$

$$\int\frac{x\, dx}{(a + bx)^3} = -\frac{a + 2bx}{2b^2(a + bx)^2} \qquad \int\frac{x\, dx}{(a + bx)^4} = -\frac{a + 3bx}{6b^2(a + bx)^3}$$

$$\int\frac{x^2 dx}{a + bx} = \frac{1}{2b^3}[(a + bx)(-3a + bx) + 2a^2 \ln(a + bx)]$$

$$\int \frac{x^2 dx}{(a + bx)^2} = \frac{1}{b^3}\left[\frac{bx(2a + bx)}{a + bx} - 2a \ln (a + bx)\right]$$

$$\int \frac{x^2 dx}{(a + bx)^3} = \frac{1}{b^3}\left[\frac{a(3a + 4bx)}{2(a + bx)^2} + \ln (a + bx)\right]$$

$$\int \frac{x^2 dx}{(a + bx)^4} = -\frac{a^2 + 3abx + 3b^2x^2}{3b^3(a + bx)^3}$$

$$\int \text{sen } ax\, dx = -\frac{\cos ax}{a} \qquad \int \cos ax\, dx = \frac{\text{sen } ax}{a}$$

$$\int \tan ax\, dx = \frac{1}{a} \ln (\sec ax) \qquad \int \cot ax\, dx = \frac{1}{a} \ln (\text{sen } ax)$$

$$\int \sec ax\, dx = \frac{1}{a} \ln (\sec ax + \tan ax) \qquad \int \csc ax\, dx = \frac{1}{a} \ln (\csc ax - \cot ax)$$

$$\int \text{sen}^2\, ax\, dx = \frac{x}{2} - \frac{\text{sen } 2ax}{4a} \quad \int \cos^2 ax\, dx = \frac{x}{2} + \frac{\text{sen } 2ax}{4a} \quad (x \text{ en radianes})$$

$$\int x\, \text{sen } ax\, dx = \frac{\text{sen } ax}{a^2} - \frac{x \cos ax}{a} \quad (x \text{ en radianes})$$

$$\int x \cos ax\, dx = \frac{\cos ax}{a^2} + \frac{x\, \text{sen } ax}{a} \quad (x \text{ en radianes})$$

$$\int e^{ax}\, dx = \frac{e^{ax}}{a} \qquad \int xe^{ax}\, dx = \frac{e^{ax}}{a^2}(ax - 1) \qquad \int \ln ax\, dx = x(\ln ax - 1)$$

$$\int \frac{dx}{1 + \text{sen } ax} = -\frac{1}{a}\tan\left(\frac{\pi}{4} - \frac{ax}{2}\right) \qquad \int \sqrt{a + bx}\, dx = \frac{2}{3b}(a + bx)^{3/2}$$

$$\int \sqrt{a^2 + b^2x^2}\, dx = \frac{x}{2}\sqrt{a^2 + b^2x^2} + \frac{a^2}{2b}\ln\left(\frac{bx}{a} + \sqrt{1 + \frac{b^2x^2}{a^2}}\right)$$

$$\int \frac{dx}{\sqrt{a^2 + b^2x^2}} = \frac{1}{b}\ln\left(\frac{bx}{a} + \sqrt{1 + \frac{b^2x^2}{a^2}}\right)$$

$$\int \sqrt{a^2 - b^2x^2}\, dx = \frac{x}{2}\sqrt{a^2 - b^2x^2} + \frac{a^2}{2b}\text{sen}^{-1}\frac{bx}{a}$$

Integrales definidas

$$\int_a^b f(x)\, dx = -\int_b^a f(x)\, dx \qquad \int_a^b f(x)\, dx = \int_a^c f(x)\, dx + \int_c^b f(x)\, dx$$

Propiedades de áreas planas

Notación:
A = área
$\bar{x}, \bar{y}$ = distancias al centroide C
I_x, I_y = momentos de inercia con respecto a los ejes x y y, respectivamente
I_{xy} = producto de inercia con respecto a los ejes x y y
$I_P = I_x + I_y$ = momento polar de inercia con respecto al origen de los ejes x y y
I_{BB} = momento de inercia con respecto al eje B-B

1

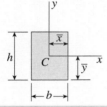

Rectángulo   (origen de los ejes en el centroide)

$$A = bh \qquad \bar{x} = \frac{b}{2} \qquad \bar{y} = \frac{h}{2}$$

$$I_x = \frac{bh^3}{12} \qquad I_y = \frac{hb^3}{12} \qquad I_{xy} = 0 \qquad I_P = \frac{bh}{12}(h^2 + b^2)$$

2

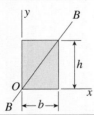

Rectángulo   (origen de los ejes en una esquina)

$$I_x = \frac{bh^3}{3} \qquad I_y = \frac{hb^3}{3} \qquad I_{xy} = \frac{b^2h^2}{4} \qquad I_P = \frac{bh}{3}(h^2 + b^2)$$

$$I_{BB} = \frac{b^3h^3}{6(b^2 + h^2)}$$

3

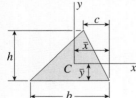

Triángulo   (origen de los ejes en el centroide)

$$A = \frac{bh}{2} \qquad \bar{x} = \frac{b + c}{3} \qquad \bar{y} = \frac{h}{3}$$

$$I_x = \frac{bh^3}{36} \qquad I_y = \frac{bh}{36}(b^2 - bc + c^2)$$

$$I_{xy} = \frac{bh^2}{72}(b - 2c) \qquad I_P = \frac{bh}{36}(h^2 + b^2 - bc + c^2)$$

4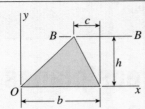

Triángulo   (origen de los ejes en un vértice)

$$I_x = \frac{bh^3}{12} \qquad I_y = \frac{bh}{12}(3b^2 - 3bc + c^2)$$

$$I_{xy} = \frac{bh^2}{24}(3b - 2c) \qquad I_{BB} = \frac{bh^3}{4}$$

5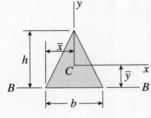

Triángulo isósceles   (origen de los ejes en el centroide)

$$A = \frac{bh}{2} \qquad \overline{x} = \frac{b}{2} \qquad \overline{y} = \frac{h}{3}$$

$$I_x = \frac{bh^3}{36} \qquad I_y = \frac{hb^3}{48} \qquad I_{xy} = 0$$

$$I_P = \frac{bh}{144}(4h^2 + 3b^2) \qquad I_{BB} = \frac{bh^3}{12}$$

(*Nota:* para un triángulo equilátero, $h = \sqrt{3}\ b/2$)

6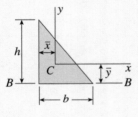

Triángulo rectángulo   (origen de los ejes en el centroide)

$$A = \frac{bh}{2} \qquad \overline{x} = \frac{b}{3} \qquad \overline{y} = \frac{h}{3}$$

$$I_x = \frac{bh^3}{36} \qquad I_y = \frac{hb^3}{36} \qquad I_{xy} = -\frac{b^2h^2}{72}$$

$$I_P = \frac{bh}{36}(h^2 + b^2) \qquad I_{BB} = \frac{bh^3}{12}$$

7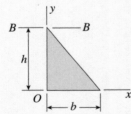

Triángulo rectángulo   (origen de los ejes en un vértice)

$$I_x = \frac{bh^3}{12} \qquad I_y = \frac{hb^3}{12} \qquad I_{xy} = \frac{b^2h^2}{24}$$

$$I_P = \frac{bh}{12}(h^2 + b^2) \qquad I_{BB} = \frac{bh^3}{4}$$

8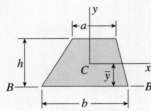

Trapecio   (origen de los ejes en el centroide)

$$A = \frac{h(a + b)}{2} \qquad \overline{y} = \frac{h(2a + b)}{3(a + b)}$$

$$I_x = \frac{h^3(a^2 + 4ab + b^2)}{36(a + b)} \qquad I_{BB} = \frac{h^3(3a + b)}{12}$$

9

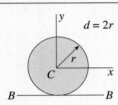

Círculo   (origen de los ejes en el centro)

$$A = \pi r^2 = \frac{\pi d^2}{4} \qquad I_x = I_y = \frac{\pi r^4}{4} = \frac{\pi d^4}{64}$$

$$I_{xy} = 0 \qquad I_P = \frac{\pi r^4}{2} = \frac{\pi d^4}{32} \qquad I_{BB} = \frac{5\pi r^4}{4} = \frac{5\pi d^4}{64}$$

10

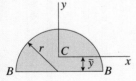

Semicírculo   (origen de los ejes en el centroide)

$$A = \frac{\pi r^2}{2} \qquad \bar{y} = \frac{4r}{3\pi}$$

$$I_x = \frac{(9\pi^2 - 64)r^4}{72\pi} \approx 0.1098r^4 \qquad I_y = \frac{\pi r^4}{8} \qquad I_{xy} = 0 \qquad I_{BB} = \frac{\pi r^4}{8}$$

11

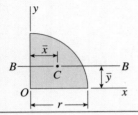

Cuadrante   (origen de los ejes en el centro del círculo)

$$A = \frac{\pi r^2}{4} \qquad \bar{x} = \bar{y} = \frac{4r}{3\pi}$$

$$I_x = I_y = \frac{\pi r^4}{16} \qquad I_{xy} = \frac{r^4}{8} \qquad I_{BB} = \frac{(9\pi^2 - 64)r^4}{144\pi} \approx 0.05488r^4$$

12

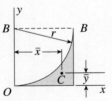

Tímpano de cuadrante   (origen de los ejes en el punto de tangencia)

$$A = \left(1 - \frac{\pi}{4}\right)r^2 \qquad \bar{x} = \frac{2r}{3(4 - \pi)} \approx 0.7766r \qquad \bar{y} = \frac{(10 - 3\pi)r}{3(4 - \pi)} \approx 0.2234r$$

$$I_x = \left(1 - \frac{5\pi}{16}\right)r^4 \approx 0.01825r^4 \qquad I_y = I_{BB} = \left(\frac{1}{3} - \frac{\pi}{16}\right)r^4 \approx 0.1370r^4$$

13

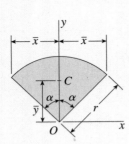

Sector circular   (origen de los ejes en el centro del círculo)

$\alpha = $ ángulo en radianes $(\alpha \le \pi/2)$

$$A = \alpha r^2 \qquad \bar{x} = r \,\text{sen}\, \alpha \qquad \bar{y} = \frac{2r \,\text{sen}\, \alpha}{3\alpha}$$

$$I_x = \frac{r^4}{4}(\alpha + \text{sen}\, \alpha \cos \alpha) \qquad I_y = \frac{r^4}{4}(\alpha - \text{sen}\, \alpha \cos \alpha) \qquad I_{xy} = 0 \qquad I_P = \frac{\alpha r^4}{2}$$

14

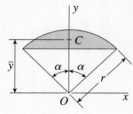

Segmento circular   (origen de los ejes en el centro del círculo)

α = ángulo en radianes $(\alpha \leq \pi/2)$

$$A = r^2(\alpha - \operatorname{sen} \alpha \cos \alpha) \qquad \overline{y} = \frac{2r}{3}\left(\frac{\operatorname{sen}^3 \alpha}{\alpha - \operatorname{sen} \alpha \cos \alpha}\right)$$

$$I_x = \frac{r^4}{4}(\alpha - \operatorname{sen} \alpha \cos \alpha + 2\operatorname{sen}^3 \alpha \cos \alpha) \qquad I_{xy} = 0$$

$$I_y = \frac{r^4}{12}(3\alpha - 3\operatorname{sen} \alpha \cos \alpha - 2\operatorname{sen}^3 \alpha \cos \alpha)$$

15

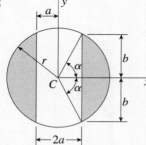

Círculo con núcleo removido   (origen de los ejes en el centro del círculo)

α = ángulo en radianes $(\alpha \leq \pi/2)$

$$\alpha = \arccos \frac{a}{r} \qquad b = \sqrt{r^2 - a^2} \qquad A = 2r^2\left(\alpha - \frac{ab}{r^2}\right)$$

$$I_x = \frac{r^4}{6}\left(3\alpha - \frac{3ab}{r^2} - \frac{2ab^3}{r^4}\right) \qquad I_y = \frac{r^4}{2}\left(\alpha - \frac{ab}{r^2} + \frac{2ab^3}{r^4}\right) \qquad I_{xy} = 0$$

16

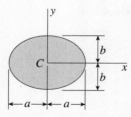

Elipse   (origen de los ejes en el centroide)

$$A = \pi ab \qquad I_x = \frac{\pi ab^3}{4} \qquad I_y = \frac{\pi ba^3}{4}$$

$$I_{xy} = 0 \qquad I_P = \frac{\pi ab}{4}(b^2 + a^2)$$

Circunferencia $\approx \pi[1.5(a + b) - \sqrt{ab}\,]$ $(a/3 \leq b \leq a)$

$$\approx 4.17b^2/a + 4a \qquad (0 \leq b \leq a/3)$$

17

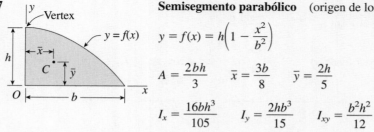

Semisegmento parabólico   (origen de los ejes en la esquina)

$$y = f(x) = h\left(1 - \frac{x^2}{b^2}\right)$$

$$A = \frac{2bh}{3} \qquad \overline{x} = \frac{3b}{8} \qquad \overline{y} = \frac{2h}{5}$$

$$I_x = \frac{16bh^3}{105} \qquad I_y = \frac{2hb^3}{15} \qquad I_{xy} = \frac{b^2h^2}{12}$$

18

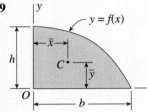

Tímpano parabólico   (origen de los ejes en el vértice)

$$y = f(x) = \frac{hx^2}{b^2}$$

$$A = \frac{bh}{3} \qquad \bar{x} = \frac{3b}{4} \qquad \bar{y} = \frac{3h}{10}$$

$$I_x = \frac{bh^3}{21} \qquad I_y = \frac{hb^3}{5} \qquad I_{xy} = \frac{b^2h^2}{12}$$

19

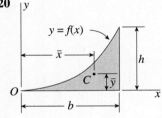

Semisegmento de grado n   (origen de los ejes en la esquina)

$$y = f(x) = h\left(1 - \frac{x^n}{b^n}\right) \qquad (n > 0)$$

$$A = bh\left(\frac{n}{n+1}\right) \qquad \bar{x} = \frac{b(n+1)}{2(n+2)} \qquad \bar{y} = \frac{hn}{2n+1}$$

$$I_x = \frac{2bh^3n^3}{(n+1)(2n+1)(3n+1)} \qquad I_y = \frac{hb^3n}{3(n+3)} \qquad I_{xy} = \frac{b^2h^2n^2}{4(n+1)(n+2)}$$

20

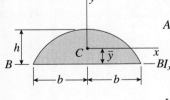

Tímpano de grado n   (origen de los ejes en el punto de tangencia)

$$y = f(x) = \frac{hx^n}{b^n} \qquad (n > 0)$$

$$A = \frac{bh}{n+1} \qquad \bar{x} = \frac{b(n+1)}{n+2} \qquad \bar{y} = \frac{h(n+1)}{2(2n+1)}$$

$$I_x = \frac{bh^3}{3(3n+1)} \qquad I_y = \frac{hb^3}{n+3} \qquad I_{xy} = \frac{b^2h^2}{4(n+1)}$$

21

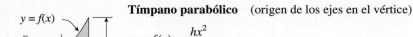

Onda senoidal   (origen de los ejes en el centroide)

$$A = \frac{4bh}{\pi} \qquad \bar{y} = \frac{\pi h}{8}$$

$$I_x = \left(\frac{8}{9\pi} - \frac{\pi}{16}\right)bh^3 \approx 0.08659bh^3 \qquad I_y = \left(\frac{4}{\pi} - \frac{32}{\pi^3}\right)hb^3 \approx 0.2412hb^3$$

$$I_{xy} = 0 \qquad I_{BB} = \frac{8bh^3}{9\pi}$$

22

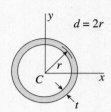

$d = 2r$

Anillo circular delgado (origen de los ejes en el centro)
Fórmulas aproximadas para el caso en que t es pequeño

$$A = 2\pi rt = \pi dt \qquad I_x = I_y = \pi r^3 t = \frac{\pi d^3 t}{8}$$

$$I_{xy} = 0 \qquad I_P = 2\pi r^3 t = \frac{\pi d^3 t}{4}$$

23

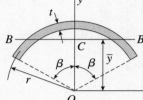

Arco circular delgado (origen de los ejes en el centro del círculo)
Fórmulas aproximadas para el caso en que t es pequeño

β = ángulo en radianes   (*Nota:* para un arco semicircular, $\beta = \pi/2$.)

$$A = 2\beta rt \qquad \overline{y} = \frac{r \, \text{sen} \, \beta}{\beta}$$

$$I_x = r^3 t(\beta + \text{sen} \, \beta \cos \beta) \qquad I_y = r^3 t(\beta - \text{sen} \, \beta \cos \beta)$$

$$I_{xy} = 0 \qquad I_{BB} = r^3 t\left(\frac{2\beta + \text{sen} 2\beta}{2} - \frac{1 - \cos 2\beta}{\beta}\right)$$

24

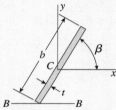

Rectángulo delgado (origen de los ejes en el centroide)
Fórmulas aproximadas para el caso en que t es pequeño

$$A = bt$$

$$I_x = \frac{tb^3}{12} \, \text{sen}^2 \, \beta \qquad I_y = \frac{tb^3}{12} \cos^2 \beta \qquad I_{BB} = \frac{tb^3}{3} \, \text{sen}^2 \, \beta$$

25

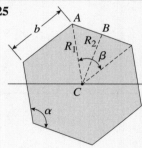

Polígono regular con n lados (origen de los ejes en el centroide)

C = centroide (en el centro del polígono)

n = número de lados ($n \geq 3$) b = longitud de un lado

β = ángulo central para un lado α = ángulo interior (o ángulo en el vértice)

$$\beta = \frac{360°}{n} \qquad \alpha = \left(\frac{n-2}{n}\right)180° \qquad \alpha + \beta = 180°$$

R_1 = radio del círculo circunscrito (línea CA) R_2 = radio del círculo inscrito (línea CB)

$$R_1 = \frac{b}{2} \csc \frac{\beta}{2} \qquad R_2 = \frac{b}{2} \cot \frac{\beta}{2} \qquad A = \frac{nb^2}{4} \cot \frac{\beta}{2}$$

I_c = momento de inercia respecto a cualquier eje por C (el centroide C es un punto principal y todo eje por C es un eje principal)

$$I_c = \frac{nb^4}{192}\left(\cot \frac{\beta}{2}\right)\left(3\cot^2 \frac{\beta}{2} + 1\right) \qquad I_P = 2I_c$$

Propiedades de los perfiles estructurales de acero

En las siguientes tablas se presentan las propiedades de varios perfiles estructurales de acero, como una ayuda para el lector en la solución de los problemas del texto. Estas tablas son un resumen de las extensas tablas que se hallan en el *Manual of Steel Construction*, publicado por el American Institute of Steel Construction, Inc. (referencia 5-4).

Notación:

I = momento de inercia

S = módulo de sección

$r = \sqrt{I/A}$ = radio de giro

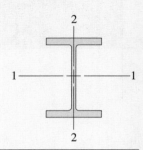

TABLA E-1 PROPIEDADES DE LOS PERFILES W
(SECCIONES DE PATÍN ANCHO)

Designación	Peso por pie	Área	Altura	Espesor del alma	Patín		Eje 1-1			Eje 2-2		
					Ancho	Espesor	I	S	r	I	S	r
	lb	pulg^2	pulg	pulg	pulg	pulg	pulg^4	pulg^3	pulg	pulg^4	pulg^3	pulg
W 30 × 211	211	62.0	30.94	0.775	15.105	1.315	10 300	663	12.9	757	100	3.49
W 30 × 132	132	38.9	30.31	0.615	10.545	1.000	5 770	380	12.2	196	37.2	2.25
W 24 × 162	162	47.7	25.00	0.705	12.955	1.220	5 170	414	10.4	443	68.4	3.05
W 24 × 94	94	27.7	24.31	0.515	9.065	0.875	2 700	222	9.87	109	24.0	1.98
W 18 × 119	119	35.1	18.97	0.655	11.265	1.060	2 190	231	7.90	253	44.9	2.69
W 18 × 71	71	20.8	18.47	0.495	7.635	0.810	1 170	127	7.50	60.3	15.8	1.70
W 16 × 100	100	29.4	16.97	0.585	10.425	0.985	1 490	175	7.10	186	35.7	2.51
W 16 × 77	77	22.6	16.52	0.455	10.295	0.760	1 110	134	7.00	138	26.9	2.47
W 16 × 57	57	16.8	16.43	0.430	7.120	0.715	758	92.2	6.72	43.1	12.1	1.60
W 16 × 31	31	9.12	15.88	0.275	5.525	0.440	375	47.2	6.41	12.4	4.49	1.17
W 14 × 120	120	35.3	14.48	0.590	14.670	0.940	1 380	190	6.24	495	67.5	3.74
W 14 × 82	82	24.1	14.31	0.510	10.130	0.855	882	123	6.05	148	29.3	2.48
W 14 × 53	53	15.6	13.92	0.370	8.060	0.660	541	77.8	5.89	57.7	14.3	1.92
W 14 × 26	26	7.69	13.91	0.255	5.025	0.420	245	35.3	5.65	8.91	3.54	1.08
W 12 × 87	87	25.6	12.53	0.515	12.125	0.810	740	118	5.38	241	39.7	3.07
W 12 × 50	50	14.7	12.19	0.370	8.080	0.640	394	64.7	5.18	56.3	13.9	1.96
W 12 × 35	35	10.3	12.50	0.300	6.560	0.520	285	45.6	5.25	24.5	7.47	1.54
W 12 × 14	14	4.16	11.91	0.200	3.970	0.225	88.6	14.9	4.62	2.36	1.19	0.753
W 10 × 60	60	17.6	10.22	0.420	10.080	0.680	341	66.7	4.39	116	23.0	2.57
W 10 × 45	45	13.3	10.10	0.350	8.020	0.620	248	49.1	4.32	53.4	13.3	2.01
W 10 × 30	30	8.84	10.47	0.300	5.810	0.510	170	32.4	4.38	16.7	5.75	1.37
W 10 × 12	12	3.54	9.87	0.190	3.960	0.210	53.8	10.9	3.90	2.18	1.10	0.785
W 8 × 35	35	10.3	8.12	0.310	8.020	0.495	127	31.2	3.51	42.6	10.6	2.03
W 8 × 28	28	8.25	8.06	0.285	6.535	0.465	98.0	24.3	3.45	21.7	6.63	1.62
W 8 × 21	21	6.16	8.28	0.250	5.270	0.400	75.3	18.2	3.49	9.77	3.71	1.26
W 8 × 15	15	4.44	8.11	0.245	4.015	0.315	48.0	11.8	3.29	3.41	1.70	0.876

Nota: los ejes 1-1 y 2-2 son ejes centroidales principales.

TABLA E-2 PROPIEDADES DE PERFILES S (SECCIONES I)

Designación	Peso por pie	Área	Altura	Espesor del alma	Patín		Eje 1-1			Eje 2-2		
					Ancho	Espesor	I	S	r	I	S	r
	lb	pulg^2	pulg	pulg	pulg	pulg	pulg^4	pulg^3	pulg	pulg^4	pulg^3	pulg
S 24 × 100	100	29.3	24.00	0.745	7.245	0.870	2 390	199	9.02	47.7	13.2	1.27
S 24 × 80	80	23.5	24.00	0.500	7.000	0.870	2 100	175	9.47	42.2	12.1	1.34
S 20 × 96	96	28.2	20.30	0.800	7.200	0.920	1 670	165	7.71	50.2	13.9	1.33
S 20 × 75	75	22.0	20.00	0.635	6.385	0.795	1 280	128	7.62	29.8	9.32	1.16
S 18 × 70	70	20.6	18.00	0.711	6.251	0.691	926	103	6.71	24.1	7.72	1.08
S 18 × 54.7	54.7	16.1	18.00	0.461	6.001	0.691	804	89.4	7.07	20.8	6.94	1.14
S 15 × 50	50	14.7	15.00	0.550	5.640	0.622	486	64.8	5.75	15.7	5.57	1.03
S 15 × 42.9	42.9	12.6	15.00	0.411	5.501	0.622	447	59.6	5.95	14.4	5.23	1.07
S 12 × 50	50	14.7	12.00	0.687	5.477	0.659	305	50.8	4.55	15.7	5.74	1.03
S 12 × 35	35	10.3	12.00	0.428	5.078	0.544	229	38.2	4.72	9.87	3.89	0.980
S 10 × 35	35	10.3	10.00	0.594	4.944	0.491	147	29.4	3.78	8.36	3.38	0.901
S 10 × 25.4	25.4	7.46	10.00	0.311	4.661	0.491	124	24.7	4.07	6.79	2.91	0.954
S 8 × 23	23	6.77	8.00	0.441	4.171	0.426	64.9	16.2	3.10	4.31	2.07	0.798
S 8 × 18.4	18.4	5.41	8.00	0.271	4.001	0.426	57.6	14.4	3.26	3.73	1.86	0.831
S 6 × 17.25	17.25	5.07	6.00	0.465	3.565	0.359	26.3	8.77	2.28	2.31	1.30	0.675
S 6 × 12.5	12.5	3.67	6.00	0.232	3.332	0.359	22.1	7.37	2.45	1.82	1.09	0.705
S 4 × 9.5	9.5	2.79	4.00	0.326	2.796	0.293	6.79	3.39	1.56	0.903	0.646	0.569
S 4 × 7.7	7.7	2.26	4.00	0.193	2.663	0.293	6.08	3.04	1.64	0.764	0.574	0.581

Nota: los ejes 1-1 y 2-2 son ejes centroidales principales.

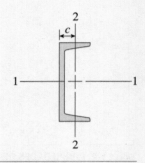

**TABLA E-3 PROPIEDADES DE SECCIONES EN CANAL
(PERFILES C)**

Designación	Peso por pie	Área	Altura	Espesor del alma	Patín		Eje 1-1			Eje 2-2			
					Ancho	Espesor promedio	I	S	r	I	S	r	c
	lb	pulg^2	pulg	pulg	pulg	pulg	pulg^4	pulg^3	pulg	pulg^4	pulg^3	pulg	pulg
C 15 × 50	50.0	14.7	15.00	0.716	3.716	0.650	404	53.8	5.24	11.0	3.78	0.867	0.798
C 15 × 40	40.0	11.8	15.00	0.520	3.520	0.650	349	46.5	5.44	9.23	3.37	0.886	0.777
C 15 × 33.9	33.9	9.96	15.00	0.400	3.400	0.650	315	42.0	5.62	8.13	3.11	0.904	0.787
C 12 × 30	30.0	8.82	12.00	0.510	3.170	0.501	162	27.0	4.29	5.14	2.06	0.763	0.674
C 12 × 25	25	7.35	12.00	0.387	3.047	0.501	144	24.1	4.43	4.47	1.88	0.780	0.674
C 12 × 20.7	20.7	6.09	12.00	0.282	2.942	0.501	129	21.5	4.61	3.88	1.73	0.799	0.698
C 10 × 30	30.0	8.82	10.00	0.673	3.033	0.436	103	20.7	3.42	3.94	1.65	0.669	0.649
C 10 × 25	25	7.35	10.00	0.526	2.886	0.436	91.2	18.2	3.52	3.36	1.48	0.676	0.617
C 10 × 20	20.0	5.88	10.00	0.379	2.739	0.436	78.9	15.8	3.66	2.81	1.32	0.692	0.606
C 10 × 15.3	15.3	4.49	10.00	0.240	2.600	0.436	67.4	13.5	3.87	2.28	1.16	0.713	0.634
C 8 × 18.75	18.75	5.51	8.00	0.487	2.527	0.390	44.0	11.0	2.82	1.98	1.01	0.599	0.565
C 8 × 13.75	13.75	4.04	8.00	0.303	2.343	0.390	36.1	9.03	2.99	1.53	0.854	0.615	0.553
C 8 × 11.5	11.5	3.38	8.00	0.220	2.260	0.390	32.6	8.14	3.11	1.32	0.781	0.625	0.571
C 6 × 13	13.0	3.83	6.00	0.437	2.157	0.343	17.4	5.80	2.13	1.05	0.642	0.525	0.514
C 6 × 10.5	10.5	3.09	6.00	0.314	2.034	0.343	15.2	5.06	2.22	0.866	0.564	0.529	0.499
C 6 × 8.2	8.2	2.40	6.00	0.200	1.920	0.343	13.1	4.38	2.34	0.693	0.492	0.537	0.511
C 4 × 7.25	7.25	2.13	4.00	0.321	1.721	0.296	4.59	2.29	1.47	0.433	0.343	0.450	0.459
C 4 × 5.4	5.4	1.59	4.00	0.184	1.584	0.296	3.85	1.93	1.56	0.319	0.283	0.449	0.457

Notas: 1. Los ejes 1-1 y 2-2 son ejes centroidales principales.

2. La distancia c se mide del centroide a la espalda del alma.

3. Para el eje 2-2, el valor tabulado de S es el menor de los dos módulos de sección para este eje.

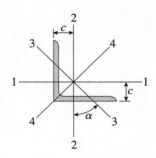

TABLA E-4   PROPIEDADES DE SECCIONES ANGULARES CON LADOS IGUALES (PERFILES L)

Designación	Peso por pie	Área	Eje 1-1 y eje 2-2				Eje 3-3
			I	S	r	c	$r_{mín}$
pulg	lb	pulg^2	pulg^4	pulg^3	pulg	pulg	pulg
L $8 \times 8 \times 1$	51.0	15.0	89.0	15.8	2.44	2.37	1.56
L $8 \times 8 \times 3/4$	38.9	11.4	69.7	12.2	2.47	2.28	1.58
L $8 \times 8 \times 1/2$	26.4	7.75	48.6	8.36	2.50	2.19	1.59
L $6 \times 6 \times 1$	37.4	11.0	35.5	8.57	1.80	1.86	1.17
L $6 \times 6 \times 3/4$	28.7	8.44	28.2	6.66	1.83	1.78	1.17
L $6 \times 6 \times 1/2$	19.6	5.75	19.9	4.61	1.86	1.68	1.18
L $5 \times 5 \times 7/8$	27.2	7.98	17.8	5.17	1.49	1.57	0.973
L $5 \times 5 \times 1/2$	16.2	4.75	11.3	3.16	1.54	1.43	0.983
L $5 \times 5 \times 3/8$	12.3	3.61	8.74	2.42	1.56	1.39	0.990
L $4 \times 4 \times 3/4$	18.5	5.44	7.67	2.81	1.19	1.27	0.778
L $4 \times 4 \times 1/2$	12.8	3.75	5.56	1.97	1.22	1.18	0.782
L $4 \times 4 \times 3/8$	9.8	2.86	4.36	1.52	1.23	1.14	0.788
L $3 1/2 \times 3 1/2 \times 3/8$	8.5	2.48	2.87	1.15	1.07	1.01	0.687
L $3 1/2 \times 3 1/2 \times 1/4$	5.8	1.69	2.01	0.794	1.09	0.968	0.694
L $3 \times 3 \times 1/2$	9.4	2.75	2.22	1.07	0.898	0.932	0.584
L $3 \times 3 \times 1/4$	4.9	1.44	1.24	0.577	0.930	0.842	0.592

Notas: 1. Los ejes 1-1 y 2-2 son ejes centroidales paralelos a los lados.

2. La distancia c se mide del centroide a la espalda de los lados.

3. Para los ejes 1-1 y 2-2, el valor tabulado de S es el menor de los dos módulos de sección para esos ejes.

4. Los ejes 3-3 y 4-4 son ejes centroidales principales.

5. El momento de inercia para el eje 3-3, que es el menor de los dos momentos de inercia principales, puede encontrarse con la ecuación $I_{33} = Ar^2_{mín}$.

6. El momento de inercia para el eje 4-4, que es el mayor de los dos momentos de inercia principales, puede encontrarse con la ecuación $I_{44} + I_{33} = I_{11} + I_{22}$.

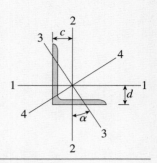

TABLA E-5   PROPIEDADES DE SECCIONES ANGULARES CON LADOS DESIGUALES (PERFILES L)

Designación	Peso por pie	Área	Ejes 1-1				Ejes 2-2				Ejes 3-3	
			I	S	r	d	I	S	r	c	$r_{mín}$	$\tan \alpha$
pulg	lb	pulg^2	pulg^4	pulg^3	pulg	pulg	pulg^4	pulg^3	pulg	pulg	pulg	
L 8 × 6 × 1	44.2	13.00	80.8	15.1	2.49	2.65	38.8	8.92	1.73	1.65	1.28	0.543
L 8 × 6 × 1/2	23.0	6.75	44.3	8.02	2.56	2.47	21.7	4.79	1.79	1.47	1.30	0.558
L 7 × 4 × 3/4	26.2	7.69	37.8	8.42	2.22	2.51	9.05	3.03	1.09	1.01	0.860	0.324
L 7 × 4 × 1/2	17.9	5.25	26.7	5.81	2.25	2.42	6.53	2.12	1.11	0.917	0.872	0.335
L 6 × 4 × 3/4	23.6	6.94	24.5	6.25	1.88	2.08	8.68	2.97	1.12	1.08	0.860	0.428
L 6 × 4 × 1/2	16.2	4.75	17.4	4.33	1.91	1.99	6.27	2.08	1.15	0.987	0.870	0.440
L 5 × 3 1/2 × 3/4	19.8	5.81	13.9	4.28	1.55	1.75	5.55	2.22	0.977	0.996	0.748	0.464
L 5 × 3 1/2 × 1/2	13.6	4.00	9.99	2.99	1.58	1.66	4.05	1.56	1.01	0.906	0.755	0.479
L 5 × 3 × 1/2	12.8	3.75	9.45	2.91	1.59	1.75	2.58	1.15	0.829	0.750	0.648	0.357
L 5 × 3 × 1/4	6.6	1.94	5.11	1.53	1.62	1.66	1.44	0.614	0.861	0.657	0.663	0.371
L 4 × 3 1/2 × 1/2	11.9	3.50	5.32	1.94	1.23	1.25	3.79	1.52	1.04	1.00	0.722	0.750
L 4 × 3 1/2 × 1/4	6.2	1.81	2.91	1.03	1.27	1.16	2.09	0.808	1.07	0.909	0.734	0.759
L 4 × 3 × 1/2	11.1	3.25	5.05	1.89	1.25	1.33	2.42	1.12	0.864	0.827	0.639	0.543
L 4 × 3 × 3/8	8.5	2.48	3.96	1.46	1.26	1.28	1.92	0.866	0.879	0.782	0.644	0.551
L 4 × 3 × 1/4	5.8	1.69	2.77	1.00	1.28	1.24	1.36	0.599	0.896	0.736	0.651	0.558

Notas: 1. Los ejes 1-1 y 2-2 son ejes centroidales paralelos a los lados.

2. Las distancias c y d se miden del centroide a las espaldas de los lados.

3. Para los ejes 1-1 y 2-2, el valor tabulado de S es el menor de los dos módulos de sección para esos ejes.

4. Los ejes 3-3 y 4-4 son ejes centroidales principales.

5. El momento de inercia para el eje 3-3, que es el menor de los dos momentos de inercia principales, puede encontrarse con la ecuacción $I_{33} = Ar^2_{mín}$.

6. El momento de inercia para el eje 3-3, que es el mayor de los dos momentos de inercia principales, puede encontrarse con la ecuacción $I_{44} + I_{33} = I_{11} + I_{22}$.

Propiedades de la madera estructural

Dimensiones nominales $b \times h$	Dimensiones netas $b \times h$	Área $A = bh$	Eje 1-1		Eje 2-2		Peso por pie lineal (densidad por peso = 35 lb/pie^3)
			Momentos de de inercia $I_1 = \dfrac{bh^3}{12}$	Módulo de sección $S_1 = \dfrac{bh^2}{6}$	Momentos de inercia $I_2 = \dfrac{hb^3}{12}$	Módulo de sección $S_2 = \dfrac{hb^2}{6}$	
pulg	pulg	pulg^2	pulg^4	pulg^3	pulg^4	pulg^3	lb
2×4	1.5×3.5	5.25	5.36	3.06	0.98	1.31	1.3
2×6	1.5×5.5	8.25	20.80	7.56	1.55	2.06	2.0
2×8	1.5×7.25	10.88	47.63	13.14	2.04	2.72	2.6
2×10	1.5×9.25	13.88	98.93	21.39	2.60	3.47	3.4
2×12	1.5×11.25	16.88	177.98	31.64	3.16	4.22	4.1
3×4	2.5×3.5	8.75	8.93	5.10	4.56	3.65	2.1
3×6	2.5×5.5	13.75	34.66	12.60	7.16	5.73	3.3
3×8	2.5×7.25	18.13	79.39	21.90	9.44	7.55	4.4
3×10	2.5×9.25	23.13	164.89	35.65	12.04	9.64	5.6
3×12	2.5×11.25	28.13	296.63	52.73	14.65	11.72	6.8
4×4	3.5×3.5	12.25	12.51	7.15	12.51	7.15	3.0
4×6	3.5×5.5	19.25	48.53	17.65	19.65	11.23	4.7
4×8	3.5×7.25	25.38	111.15	30.66	25.90	14.80	6.2
4×10	3.5×9.25	32.38	230.84	49.91	33.05	18.89	7.9
4×12	3.5×11.25	39.38	415.28	73.83	40.20	22.97	9.6
6×6	5.5×5.5	30.25	76.3	27.7	76.3	27.7	7.4
6×8	5.5×7.5	41.25	193.4	51.6	104.0	37.8	10.0
6×10	5.5×9.5	52.25	393.0	82.7	131.7	47.9	12.7
6×12	5.5×11.5	63.25	697.1	121.2	159.4	58.0	15.4
8×8	7.5×7.5	56.25	263.7	70.3	263.7	70.3	13.7
8×10	7.5×9.5	71.25	535.9	112.8	334.0	89.1	17.3
8×12	7.5×11.5	86.25	950.5	165.3	404.3	107.8	21.0

Nota: los ejes 1-1 y 2-2 son ejes centroidales principales.

G

Deflexiones y pendientes de vigas

TABLA G-1   DEFLEXIONES Y PENDIENTES DE VIGAS EN VOLADIZO

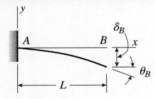

v = deflexión en la dirección y (positiva hacia arriba)
$v' = dv/dx$ = pendiente de la curva de deflexión
$\delta_B = -v(L)$ = deflexión en el extremo B de la viga (positiva hacia abajo)
$\theta_B = -v'(L)$ = ángulo de rotación en el extremo B de la viga (positiva en sentido de las manecillas del reloj)
EI = constante

1

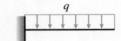

$$v = -\frac{qx^2}{24EI}(6L^2 - 4Lx + x^2) \qquad v' = -\frac{qx}{6EI}(3L^2 - 3Lx + x^2)$$

$$\delta_B = \frac{qL^4}{8EI} \qquad \theta_B = \frac{qL^3}{6EI}$$

2

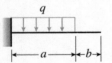

$$v = -\frac{qx^2}{24EI}(6a^2 - 4ax + x^2) \qquad (0 \leq x \leq a)$$

$$v' = -\frac{qx}{6EI}(3a^2 - 3ax + x^2) \qquad (0 \leq x \leq a)$$

$$v = -\frac{qa^3}{24EI}(4x - a) \qquad v' = -\frac{qa^3}{6EI} \qquad (a \leq x \leq L)$$

$$En\ x = a: \quad v = -\frac{qa^4}{8EI} \qquad v' = -\frac{qa^3}{6EI}$$

$$\delta_B = \frac{qa^3}{24EI}(4L - a) \qquad \theta_B = \frac{qa^3}{6EI}$$

(Continúa)

3

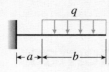

$$v = -\frac{qbx^2}{12EI}(3L + 3a - 2x) \qquad (0 \le x \le a)$$

$$v' = -\frac{qbx}{2EI}(L + a - x) \qquad (0 \le x \le a)$$

$$v = -\frac{q}{24EI}(x^4 - 4Lx^3 + 6L^2x^2 - 4a^3x + a^4) \qquad (a \le x \le L)$$

$$v' = -\frac{q}{6EI}(x^3 - 3Lx^2 + 3L^2x - a^3) \qquad (a \le x \le L)$$

$$En\ x = a: \quad v = -\frac{qa^2b}{12EI}(3L + a) \qquad v' = -\frac{qabL}{2EI}$$

$$\delta_B = \frac{q}{24EI}(3L^4 - 4a^3L + a^4) \qquad \theta_B = \frac{q}{6EI}(L^3 - a^3)$$

4

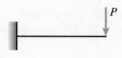

$$v = -\frac{Px^2}{6EI}(3L - x) \qquad v' = -\frac{Px}{2EI}(2L - x)$$

$$\delta_B = \frac{PL^3}{3EI} \qquad \theta_B = \frac{PL^2}{2EI}$$

5

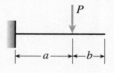

$$v = -\frac{Px^2}{6EI}(3a - x) \qquad v' = -\frac{Px}{2EI}(2a - x) \qquad (0 \le x \le a)$$

$$v = -\frac{Pa^2}{6EI}(3x - a) \qquad v' = -\frac{Pa^2}{2EI} \qquad (a \le x \le L)$$

$$At\ x = a: \quad v = -\frac{Pa^3}{3EI} \qquad v' = -\frac{Pa^2}{2EI}$$

$$\delta_B = \frac{Pa^2}{6EI}(3L - a) \qquad \theta_B = \frac{Pa^2}{2EI}$$

6

$$v = -\frac{M_0x^2}{2EI} \qquad v' = -\frac{M_0x}{EI}$$

$$\delta_B = \frac{M_0L^2}{2EI} \qquad \theta_B = \frac{M_0L}{EI}$$

7

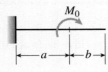

$$v = -\frac{M_0 x^2}{2EI} \qquad v' = -\frac{M_0 x}{EI} \qquad (0 \le x \le a)$$

$$v = -\frac{M_0 a}{2EI}(2x - a) \qquad v' = -\frac{M_0 a}{EI} \qquad (a \le x \le L)$$

$$En\ x = a: \quad v = -\frac{M_0 a^2}{2EI} \qquad v' = -\frac{M_0 a}{EI}$$

$$\delta_B = \frac{M_0 a}{2EI}(2L - a) \qquad \theta_B = \frac{M_0 a}{EI}$$

8

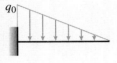

$$v = -\frac{q_0 x^2}{120LEI}(10L^3 - 10L^2 x + 5Lx^2 - x^3)$$

$$v' = -\frac{q_0 x}{24LEI}(4L^3 - 6L^2 x + 4Lx^2 - x^3)$$

$$\delta_B = \frac{q_0 L^4}{30EI} \qquad \theta_B = \frac{q_0 L^3}{24EI}$$

9

$$v = -\frac{q_0 x^2}{120LEI}(20L^3 - 10L^2 x + x^3)$$

$$v' = -\frac{q_0 x}{24LEI}(8L^3 - 6L^2 x + x^3)$$

$$\delta_B = \frac{11q_0 L^4}{120EI} \qquad \theta_B = \frac{q_0 L^3}{8EI}$$

10

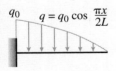

$$v = -\frac{q_0 L}{3\pi^4 EI}\left(48L^3 \cos\frac{\pi x}{2L} - 48L^3 + 3\pi^3 Lx^2 - \pi^3 x^3\right)$$

$$v' = -\frac{q_0 L}{\pi^3 EI}\left(2\pi^2 Lx - \pi^2 x^2 - 8L^2 \operatorname{sen}\frac{\pi x}{2L}\right)$$

$$\delta_B = \frac{2q_0 L^4}{3\pi^4 EI}(\pi^3 - 24) \qquad \theta_B = \frac{q_0 L^3}{\pi^3 EI}(\pi^2 - 8)$$

(continúa)

TABLA G-2 DEFLEXIONES Y PENDIENTES DE VIGAS SIMPLES

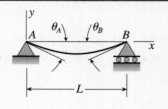

v = deflexión en la dirección y (positiva hacia arriba)

$v' = dv/dx$ = pendiente de la curva de deflexión

$\delta_C = -v(L/2)$ = deflexión en el punto medio C de la viga (positiva hacia abajo)

x_1 = distancia del soporte A al punto de deflexión máxima

$\delta_{máx} = -v_{máx}$ = deflexión máxima (positiva hacia abajo)

$\theta_A = -v'(0)$ = ángulo de rotación en el extremo izquierdo de la viga (positivo en sentido horario)

$\theta_B = v'(L)$ = ángulo de rotación en el extremo derecho de la viga (positivo en sentido antihorario)

EI = constante

1

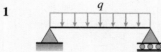

$$v = -\frac{qx}{24EI}(L^3 - 2Lx^2 + x^3)$$

$$v' = -\frac{q}{24EI}(L^3 - 6Lx^2 - 4x^3)$$

$$\delta_C = \delta_{máx} = \frac{5qL^4}{384EI} \qquad \theta_A = \theta_B = \frac{qL^3}{24EI}$$

2

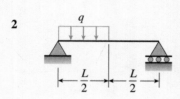

$$v = -\frac{qx}{384EI}(9L^3 - 24Lx^2 + 16x^3) \qquad \left(0 \leq x \leq \frac{L}{2}\right)$$

$$v' = -\frac{q}{384EI}(9L^3 - 72Lx^2 + 64x^3) \qquad \left(0 \leq x \leq \frac{L}{2}\right)$$

$$v = -\frac{qL}{384EI}(8x^3 - 24Lx^2 + 17L^2x - L^3) \qquad \left(\frac{L}{2} \leq x \leq L\right)$$

$$v' = -\frac{qL}{384EI}(24x^2 - 48Lx + 17L^2) \qquad \left(\frac{L}{2} \leq x \leq L\right)$$

$$\delta_C = \frac{5qL^4}{768EI} \qquad \theta_A = \frac{3qL^3}{128EI} \qquad \theta_B = \frac{7qL^3}{384EI}$$

3

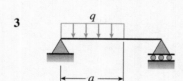

$$v = -\frac{qx}{24LEI}(a^4 - 4a^3L + 4a^2L^2 + 2a^2x^2 - 4aLx^2 + Lx^3) \qquad (0 \leq x \leq a)$$

$$v' = -\frac{q}{24LEI}(a^4 - 4a^3L + 4a^2L^2 + 6a^2x^2 - 12aLx^2 + 4Lx^3) \qquad (0 \leq x \leq a)$$

$$v = -\frac{qa^2}{24LEI}(-a^2L + 4L^2x + a^2x - 6Lx^2 + 2x^3) \qquad (a \leq x \leq L)$$

$$v' = -\frac{qa^2}{24LEI}(4L^2 + a^2 - 12Lx + 6x^2) \qquad (a \leq x \leq L)$$

$$\theta_A = \frac{qa^2}{24LEI}(2L - a)^2 \qquad \theta_B = \frac{qa^2}{24LEI}(2L^2 - a^2)$$

4

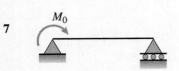

$$v = -\frac{Px}{48EI}(3L^2 - 4x^2) \qquad v' = -\frac{P}{16EI}(L^2 - 4x^2) \qquad \left(0 \le x \le \frac{L}{2}\right)$$

$$\delta_C = \delta_{máx} = \frac{PL^3}{48EI} \qquad \theta_A = \theta_B = \frac{PL^2}{16EI}$$

5

$$v = -\frac{Pbx}{6LEI}(L^2 - b^2 - x^2) \qquad v' = -\frac{Pb}{6LEI}(L^2 - b^2 - 3x^2) \qquad (0 \le x \le a)$$

$$\theta_A = \frac{Pab(L + b)}{6LEI} \qquad \theta_B = \frac{Pab(L + a)}{6LEI}$$

$$\text{Si } a \ge b, \quad \delta_C = \frac{Pb(3L^2 - 4b^2)}{48EI} \qquad \text{Si } a \le b, \quad \delta_C = \frac{Pa(3L^2 - 4a^2)}{48EI}$$

$$\text{Si } a \ge b, \quad x_1 = \sqrt{\frac{L^2 - b^2}{3}} \quad \text{y} \quad \delta_{máx} = \frac{Pb(L^2 - b^2)^{3/2}}{9\sqrt{3}\,LEI}$$

6

$$v = -\frac{Px}{6EI}(3aL - 3a^2 - x^2) \qquad v' = -\frac{P}{2EI}(aL - a^2 - x^2) \qquad (0 \le x \le a)$$

$$v = -\frac{Pa}{6EI}(3Lx - 3x^2 - a^2) \qquad v' = -\frac{Pa}{2EI}(L - 2x) \qquad (a \le x \le L - a)$$

$$\delta_C = \delta_{máx} = \frac{Pa}{24EI}(3L^2 - 4a^2) \qquad \theta_A = \theta_B = \frac{Pa(L - a)}{2EI}$$

7

$$v = -\frac{M_0 x}{6LEI}(2L^2 - 3Lx + x^2) \qquad v' = -\frac{M_0}{6LEI}(2L^2 - 6Lx + 3x^2)$$

$$\delta_C = \frac{M_0 L^2}{16EI} \qquad \theta_A = \frac{M_0 L}{3EI} \qquad \theta_B = \frac{M_0 L}{6EI}$$

$$x_1 = L\left(1 - \frac{\sqrt{3}}{3}\right) \quad \text{y} \quad \delta_{máx} = \frac{M_0 L^2}{9\sqrt{3}\,EI}$$

8

$$v = -\frac{M_0 x}{24LEI}(L^2 - 4x^2) \qquad v' = -\frac{M_0}{24LEI}(L^2 - 12x^2) \qquad \left(0 \le x \le \frac{L}{2}\right)$$

$$\delta_C = 0 \qquad \theta_A = \frac{M_0 L}{24EI} \qquad \theta_B = -\frac{M_0 L}{24EI}$$

(continúa)

9

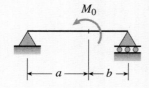

$$v = -\frac{M_0 x}{6LEI}(6aL - 3a^2 - 2L^2 - x^2) \qquad (0 \leq x \leq a)$$

$$v' = -\frac{M_0}{6LEI}(6aL - 3a^2 - 2L^2 - 3x^2) \qquad (0 \leq x \leq a)$$

En $x = a$: $\quad v = -\frac{M_0 ab}{3LEI}(2a - L) \qquad v' = -\frac{M_0}{3LEI}(3aL - 3a^2 - L^2)$

$$\theta_A = \frac{M_0}{6LEI}(6aL - 3a^2 - 2L^2) \qquad \theta_B = \frac{M_0}{6LEI}(3a^2 - L^2)$$

10

$$v = -\frac{M_0 x}{2EI}(L - x) \qquad v' = -\frac{M_0}{2EI}(L - 2x)$$

$$\delta_C = \delta_{\text{máx}} = \frac{M_0 L^2}{8EI} \qquad \theta_A = \theta_B = \frac{M_0 L}{2EI}$$

11

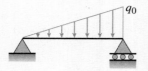

$$v = -\frac{q_0 x}{360LEI}(7L^4 - 10L^2 x^2 + 3x^4)$$

$$v' = -\frac{q_0}{360LEI}(7L^4 - 30L^2 x^2 + 15x^4)$$

$$\delta_C = \frac{5q_0 L^4}{768EI} \qquad \theta_A = \frac{7q_0 L^3}{360EI} \qquad \theta_B = \frac{q_0 L^3}{45EI}$$

$$x_1 = 0.5193L \qquad \delta_{\text{máx}} = 0.00652\frac{q_0 L^4}{EI}$$

12

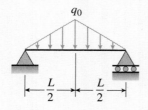

$$v = -\frac{q_0 x}{960LEI}(5L^2 - 4x^2)^2 \qquad \left(0 \leq x \leq \frac{L}{2}\right)$$

$$v' = -\frac{q_0}{192LEI}(5L^2 - 4x^2)(L^2 - 4x^2) \qquad \left(0 \leq x \leq \frac{L}{2}\right)$$

$$\delta_C = \delta_{\text{máx}} = \frac{q_0 L^4}{120EI} \qquad \theta_A = \theta_B = \frac{5q_0 L^3}{192EI}$$

13

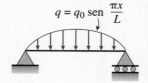

$$v = -\frac{q_0 L^4}{\pi^4 EI} \operatorname{sen} \frac{\pi x}{L} \qquad v' = -\frac{q_0 L^3}{\pi^3 EI} \cos \frac{\pi x}{L}$$

$$\delta_C = \delta_{\text{máx}} = \frac{q_0 L^4}{\pi^4 EI} \qquad \theta_A = \theta_B = \frac{q_0 L^3}{\pi^3 EI}$$

Propiedades
de los materiales

Notas:

1. Las propiedades de los materiales varían enormemente dependiendo de los procesos de manufactura, composición química, defectos internos, temperatura, antecedentes de carga, tiempo de uso, dimensiones de las probetas de prueba y muchos otros factores. Los valores tabulados son representativos del material pero no deben usarse para propósitos específicos de ingeniería o de diseño. Es preciso consultar a los fabricantes y distribuidores de los materiales respecto a productos específicos.

2. Excepto que se trate de compresión o flexión, el módulo de elasticidad E, el esfuerzo de fluencia σ_Y y el esfuerzo último σ_U son para materiales en tensión.

TABLA H-1 PESO ESPECÍFICO Y DENSIDAD ESPECÍFICA

Material	Peso específico γ		Densidad específica ρ	
	lb/pie^3	kN/m^3	slugs/pie^3	kg/m^3
Acero	490	77.0	15.2	7 850
Agua dulce	62.4	9.81	1.94	1 000
Agua de mar	63.8	10.0	1.98	1 020
Aleaciones de aluminio	160–180	26–28	5.2–5.4	2 600–2 800
2014-T6, 7075-T6	175	28	5.4	2 800
6061-T6	170	26	5.2	2 700
Aleaciones de magnesio	110–114	17–18	3.4–3.5	1 760–1 830
Arena, suelo, grava	75–135	12–21	2.3–4.2	1 200–2 200
Bronce	510–550	80–86	16–17	8 200–8 800
Cobre	556	87	17	8 900
Concreto				
Simple	145	23	4.5	2 300
Reforzado	150	24	4.7	2 400
Ligero	70–115	11–18	2.2–3.6	1 100–1 800
Hierro fundido	435–460	68–72	13–14	7 000–7 400
Hule	60–80	9–13	1.9–2.5	960–1 300
Latón	520–540	82–85	16–17	8 400–8 600
Madera (secada al aire)				
Abeto Douglas	30–35	4.7–5.5	0.9–1.1	480–560
Roble	40–45	6.3–7.1	1.2–1.4	640–720
Pino del sur	35–40	5.5–6.3	1.1–1.2	560–640
Monel (67% Ni, 30% Cu)	550	87	17	8 800
Níquel	550	87	17	8 800
Piedra				
Granito, mármol, cuarzo	165–180	26–28	5.1–5.6	2 600–2 900
Piedra caliza, arenisca	125–180	20–28	3.9–5.6	2 000–2 900
Plásticos				
Nailon	55–70	8.6–11	1.7–2.2	880–1 100
Polietileno	60–90	9.4–14	1.9–2.8	960–1 400
Titanio	280	44	8.7	4 500
Tungsteno	1 200	190	37	1 900
Vidrio	150–180	24–28	4.7–5.4	2 400–2 800

TABLA H-2 MÓDULO DE ELASTICIDAD Y RELACIÓN DE POISSON

Material	Módulo de elasticidad E		Módulo de elasticidad en cortante G		Relación de Poisson ν
	klb/pulg^2	GPa	klb/pulg^2	GPa	
Acero	28 000–30 000	190–210	10 800–11 800	75–80	0.27–0.30
Aleaciones de aluminio	10 000–11 400	70–79	3 800–4 300	26–30	0.33
2014-T6	10 600	73	4 000	28	0.33
6061-T6	10 000	70	3 800	26	0.33
7075-T6	10 400	72	3 900	27	0.33
Aleaciones de magnesio	6 000–6 500	41–45	2 200–2 400	15–17	0.35
Aleaciones de titanio	15 000–17 000	100–120	5 600–6 400	39–44	0.33
Bronce	14 000–17 000	96–120	5 200–6 300	36–44	0.34
Cobre y aleaciones de cobre	16 000–18 000	110–120	5 800–6 800	40–47	0.33–0.36
Concreto (compresión)	2 500–4 500	17–31			0.1–0.2
Latón	14 000–16 000	96–110	5 200–6 000	36–41	0.34
Hierro fundido	12 000–25 000	83–170	4 600–10 000	32–69	0.2–0.3
Hule	0.1–0.6	0.0007–0.004	0.03–0.2	0.0002–0.001	0.45–0.50
Madera (flexión)					
Abeto Douglas	1 600–1 900	11–13			
Roble	1 600–1 800	11–12			
Pino del sur	1 600–2 000	11–14			
Monel (67% Ni, 30% Cu)	25 000	170	9 500	66	0.32
Níquel	30 000	210	11 400	80	0.31
Piedra (compresión)					
Granito, mármol, cuarzo	6 000–14 000	40–100			0.2–0.3
Piedra caliza, arenisca	3 000–10 000	20–70			0.2–0.3
Plásticos					
Nailon	300–500	2.1–3.4			0.4
Polietileno	100–200	0.7–1.4			0.4
Tungsteno	50 000–55 000	340–380	21 000–23 000	140–160	0.2
Vidrio	7 000–12 000	48–83	2 700–5 100	19–35	0.17–0.27

TABLA H-3 PROPIEDADES MECÁNICAS

Material	Esfuerzo de fluencia σ_Y		Esfuerzo último σ_U		Porcentaje de elongación (longitud calibrada 2 pulg)
	klb/pulg^2	MPa	klb/pulg^2	MPa	
Acero					
De alta resistencia	50–150	340–1 000	80–180	550–1 200	5–25
Maquinaria	50–100	340–700	80–125	550–860	5–25
De resorte	60–240	400–1 600	100–270	700–1 900	3–15
Inoxidable	40–100	280–700	60–150	400–1 000	5–40
Herramienta	75	520	130	900	8
Acero estructural	30–100	200–700	50–120	340–830	10–40
ASTM-A36	36	250	60	400	30
ASTM-A572	50	340	70	500	20
ASTM-A514	100	700	120	830	15
Alambre de acero	40–150	280–1 000	80–200	550–1 400	5–40
Aleaciones de aluminio	5–70	35–500	15–80	100–550	1–45
2014-T6	60	410	70	480	13
6061-T6	40	270	45	310	17
7075-T6	70	480	80	550	11
Aleaciones de magnesio	12–40	80–280	20–50	140–340	2–20
Aleaciones de titanio	110–150	760–1 000	130–170	900–1 200	10
Bronce	12–100	82–690	30–120	200–830	5–60
Cobre y aleaciones de cobre	8–110	55–760	33–120	230–830	4–50
Concreto (compresión)			1.5–10	10–70	
Hierro fundido (compresión)			50–200	340–1 400	
Hierro fundido (tensión)	17–42	120–290	10–70	69–480	0–1
Hule	0.2–1.0	1–7	1–3	7–20	100–800
Latón	10–80	70–550	30–90	200–620	4–60
Madera (compresión paralela al grano)					
Abeto Douglas	4–8	30–50	6–10	40–70	
Roble	4–6	30–40	5–8	30–50	
Pino del sur	4–8	30–50	6–10	40–70	
Madera (flexión)					
Abeto Douglas	5–8	30–50	8–12	50–80	
Roble	6–9	40–60	8–14	50–100	
Pino del sur	6–9	40–60	8–14	50–100	
Monel (67% Ni, 30% Cu)	25–160	170–1 100	65–170	450–1 200	2–50

TABLA H-3 PROPIEDADES MECÁNICAS (CONTINÚA)

Material	Esfuerzo de fluencia σ_Y		Esfuerzo último σ_U		Porcentaje de elongación (longitud calibrada 2 pulg)
	klb/pulg²	MPa	klb/pulg²	MPa	
Níquel	15–90	100–620	45–110	310–760	2–50

Piedra (compresión)
  Granito, mármol, cuarzo
  Piedra caliza, arenisca
			8–40
			3–30
				50–280
				20–200	

Plásticos
  Nailon
  Polietileno
			6–12
			1–4
				40–80
				7–28
					20–100
					15–300

Tungsteno			200–600	1 400–4 000	0–4

Vidrio
  Vidrio cilindrado
  Fibra de vidrio
			5–150
			10
			1 000–3 000
				30–1 000
				70
				7 000–20 000
					0

TABLA H-4 COEFICIENTE DE DILATACIÓN TÉRMICA

Material	Coeficiente de dilatación térmica α		Material	Coeficiente de dilatación térmica α	
	$10^{-6}/°F$	$10^{-6}/°C$		$10^{-6}/°F$	$10^{-6}/°C$

Acero
  De alta resistencia
  Inoxidable
  Estructural
	5.5–9.9
	8.0
	9.6
	6.5
		10–18
		14
		17
		12
			Hule	70–110	130–200

Aleaciones de aluminio	13	23	Latón	10.6–11.8	19.1–21.2
Aleaciones de magnesio	14.5–16.0	26.1–28.8	Monel (67% Ni, 30% Cu)	7.7	14
Aleaciones de titanio	4.5–6.0	8.1–11	Níquel	7.2	13
Bronce	9.9–11.6	18–21	Piedra	3–5	5–9

Cobre y aleaciones de cobre	9.2–9.8	16.6–17.6	Plásticos
			  Nailon
			  Polietileno
				40–80
				80–160
					70–140
					140–290

Concreto	4–8	7–14	Tungsteno	2.4	4.3
Hierro fundido	5.5–6.6	9.9–12	Vidrio	3–6	5–11

Respuestas a problemas

CAPÍTULO 1

1.2-1 (a) $\sigma_{AB} = 2040$ lb/pulg^2; (b) $P_2 = 5\ 600$ lb

1.2-2 $\sigma_c = 11.2$ MPa

1.2-3 $\sigma_{máx} = 4\ 450$ lb/pulg^2

1.2-4 (a) $\delta = 0.220$ mm; (b) $P = 34.6$ kN

1.2-5 (a) $\sigma_c = 1.70$ klb/pulg^2; (b) $\bar{x} = 15.8$ pulg, $\bar{y} = 24$ pulg

1.2-6 $\sigma_t = 133$ MPa

1.2-7 $\sigma_{AB} = 17\ 200$ lb/pulg^2, $\sigma_{BC} = 21\ 300$ lb/pulg^2

1.2-8 $\sigma_c = 5.21$ MPa

1.2-9 (a) $\sigma = 42\ 500$ lb/pulg^2; (b) $\epsilon = 2\ 120 \times 10^{-6}$

1.2-10 (a) $\sigma = 212$ MPa; (b) $\epsilon = 1500 \times 10^{-6}$

1.2-11 $\sigma_t = 22\ 600$ lb/pulg^2

1.2-12 (a) $\sigma_x = \gamma\omega^2(L^2 - x^2)/2g$; (b) $\sigma_{máx} = \gamma\omega^2 L^2/2g$

1.3-1 (a) $L_{máx} = 11\ 800$ pies; (b) $L_{máx} = 13\ 500$ pies

1.3-2 (a) $L_{máx} = 7\ 900$ m; (b) $L_{máx} = 8\ 300$ m

1.3-3 % de alargamiento = 6.5, 24.0, 39.0;
% de reducción = 8.1, 37.9, 74.9;
Frágil, dúctil, dúctil

1.3-4 11.9×10^3 m; 12.7×10^3 m; 6.1×10^3 m; 6.5×10^3 m; 23.9×10^3 m

1.3-5 $\sigma \approx 31$ klb/pulg^2

1.3-6 $\sigma_{pl} \approx 47$ MPa, Pendiente ≈ 2.4 GPa, $\sigma_Y \approx 53$ MPa; Frágil

1.3-7 $\sigma_{pl} \approx 65\ 000$ lb/pulg^2, Pendiente $\approx 30 \times 10^6$ lb/pulg^2,
$\sigma_Y \approx 69\ 000$ lb/pulg^2, $\sigma_U \approx 113\ 000$ lb/pulg^2;
Alargamiento = 6%, Reducción = 31%

1.4-1 0.13 pulg más larga

1.4-2 4.0 mm más larga

1.4-3 (a) 1.8 pulg; (b) 31 klb/pulg^2

1.4-4 (a) 2.51 mm; (b) 170 MPa

1.4-5 (b) 0.71 pulg; (c) 0.58 pulg; (d) 49 klb/pulg^2

1.5-1 $P_{máx} = 157$ klb

1.5-2 $P = 27.4$ kN (tensión)

1.5-3 $P = 27.5$ klb (compresión)

1.5-4 $\Delta d = 0.024$ mm (decremento),
$P = 127$ kN (tensión)

1.5-5 $\delta = 0.00978$ pulg, decremento = 0.078%

1.5-6 (a) $E = 104$ GPa; (b) $\nu = 0.34$

1.5-7 (a) $\Delta d_1 = 394 \times 10^{-6}$ pulg;
(b) $\Delta t = 30 \times 10^{-6}$ pulg; (c) $\nu = 0.30$

1.5-8 $\Delta V = 6\ 490$ mm^3

1.6-1 $\sigma_b = 7.20$ klb/pulg^2, $\tau_{prom} = 7.33$ klb/pulg^2

1.6-2 (a) $\sigma_b = 78.1$ MPa; (b) $P_{últ} = 226$ kN

1.6-3 (a) $\tau_{prom} = 4\ 350$ lb/pulg^2; (b) $\sigma_b = 6\ 830$ lb/pulg^2

1.6-4 (a) $\tau_{prom} = 31.8$ MPa; (b) $\sigma_b = 41.7$ MPa

1.6-5 (a) $\tau_{máx} = 7,330$ lb/pulg^2; (b) $\sigma_b = 12\ 800$ lb/pulg^2

1.6-6 $\tau_{prom} = 26.8$ MPa, $\sigma_b = 7.57$ MPa

1.6-7 (a) $\sigma_b = 4\ 560$ lb/pulg^2; (b) $\tau_{prom} = 2\ 550$ lb/pulg^2

1.6-8 $G = 2.0$ MPa

1.6-9 (a) $\gamma_{prom} = 0.004$; (b) $V = 89.6$ klb

1.6-10 (a) $\gamma_{prom} = 0.50$; (b) $\delta = 4.50$ mm

1.6-11 (a) $\tau_{prom} = 6\ 050$ lb/pulg^2; (b) $\sigma_b = 9\ 500$ lb/pulg^2

1.6-12 $\tau_{prom} = 42.9$ MPa

1.6-13 $\tau_{prom} = 4PL/[bc(2d + b)]$

1.6-14 Para una bicicleta con $L/R = 1.8$:
(a) $T = 1\ 440$ N; (b) $\tau_{prom} = 147$ MPa

1.6-15 (a) $\tau = \dfrac{P}{2\pi rh}$; (b) $\delta = \dfrac{P}{2\pi hG} \ln \dfrac{b}{d}$

1.7-1 $P_{perm} = 3\ 140$ lb

1.7-2 $T_0 = 8.48$ kN·m

1.7-3 $P_{perm} = 607$ lb

1.7-4 $P_{perm} = 11.0$ kN

1.7-5 $P = 294$ klb

1.7-6 $W_{máx} = 1\,740$ N

1.7-7 $W_{máx} = 5\,110$ lb

1.7-8 $P_{perm} = 44.2$ kN

1.7-9 $C_{ult} = 1\,100$ lb, $P_{perm} = 157$ lb

1.7-10 $W_{máx} = 1\,370$ N

1.7-11 $P_{perm} = 6.14$ klb

1.7-12 (a) $P_{perm} = 0.5380 d^2 \sigma_{perm}$; (b) $P_{perm} = 68.9$ kN

1.7-13 $P_{perm} = 16.9$ klb

1.7-14 (a) $P_{perm} = \sigma_c (\pi d^2/4) \sqrt{1 - (R/L)^2}$;
(b) $P_{perm} = 9.77$ kN

1.8-1 $d_{mín} = 3.58$ pulg

1.8-2 $d_{mín} = 153$ mm

1.8-3 $d_{mín} = 0.616$ pulg

1.8-4 $d_{mín} = 14.8$ mm

1.8-5 $d_{mín} = 0.309$ pulg

1.8-6 (b) $A_{mín} = 435$ mm^2

1.8-7 $d_{mín} = 0.372$ pulg

1.8-8 $d_{mín} = 9.50$ mm

1.8-9 $n = 11.6$, o 12 bolts

1.8-10 $(d_2)_{mín} = 131$ mm

1.8-11 $A_C = 0.100$ pulg^2

1.8-12 (a) $t_{mín} = 18.8$ mm, con $t = 20$ mm;
(b) $D_{mín} = 297$ mm

1.8-13 (a) $d_m = 0.618$ pulg; (b) $P_{máx} = 6\,910$ lb

1.8-14 (a) $d_m = 24.7$ mm; (b) $P_{máx} = 49.4$ kN

1.8-15 $\theta = \arccos 1/\sqrt{3} = 54.7°$

CAPÍTULO 2

2.2-1 $\delta = 4W/3k$

2.2-2 (a) $\delta = 12.5$ mm; (b) $n = 5.8$

2.2-3 (a) $\delta_c/\delta_s = 1.67$; (b) $d_c/d_s = 1.29$

2.2-4 $h = 13.4$ mm

2.2-5 $h = L - \pi \rho_{máx} d^2/4k$

2.2-6 $x = 118$ mm

2.2-7 $\delta_C = 20P/9k$

2.2-8 (a) $\delta_B = 1.25$ mm; (b) $P_{máx} = 780$ kN

2.2-9 $P_{máx} = 186$ N

2.2-10 $x = 135$ mm

2.2-11 $t_{mín} = 0.63$ pulg

2.2-12 $\delta_A = 0.200$ mm, $\delta_D = 0.880$ mm

2.2-13 $\theta = 35.1°$, $\delta = 1.78$ pulg

2.2-14 $\theta = 35.1°$, $\delta = 44.5$ pulg

2.3-1 $\delta = 0.0276$ pulg

2.3-2 (a) $\delta = 0.675$ mm; (b) $P_{máx} = 267$ kN

2.3-3 (a) $\delta = 0.0131$ pulg (alargamiento);
(b) $P = 1310$ lb

2.3-4 (a) $\delta = 7PL/6Ebt$; (b) $\delta = 0.500$ mm

2.3-5 (a) $\delta = 7PL/6Ebt$; (b) $\delta = 0.021$ pulg

2.3-6 (a) $\delta_{AC} = 3.72$ mm; (b) $P_0 = 44.2$ kN

2.3-7 (a) $\delta = 0.0589$ pulg; (b) $\delta = 0.0501$ pulg

2.3-8 $d_{máx} = 23.9$ mm

2.3-9 (a) $\delta = PL/2EA$; (b) $\sigma_c = Py/AL$

2.3-10 (a) $\delta_C = W(L^2 - h^2)/2EAL$;
(b) $\delta_B = WL/2EA$; (c) $\beta = 3$

2.3-11 (b) $\delta = 0.010$ pulg

2.3-12 $\delta = 2PH/3Eb^2$

2.3-13 $\delta = 2WL/\pi d^2 E$

2.3-15 (b) $\delta = 11.14$ pies

2.4-1 (a) $P = 1\,330$ lb; (b) $P_{perm} = 1\,300$ lb

2.4-2 (a) $P = 104$ kN; (b) $P_{máx} = 116$ kN

2.4-3 (a) $P_B/P = 3/11$; (b) $\sigma_B/\sigma_A = 1/2$;
(c) Relación $= 1$

2.4-4 (a) $R_A = b_2 A_1 P/(b_1 A_2 + b_2 A_1)$;
(b) $\delta_C = b_1 b_2 P/[E(b_1 A_2 + b_2 A_1)]$;
(c) $\sigma_1/\sigma_2 = b_2/b_1$

2.4-5 (a) 41.7%; (b) $\sigma_M = 32.7$ klb/pulg^2, $\sigma_O = 51.4$ klb/pulg^2

2.4-6 (a) $\delta = 1.91$ mm; (b) $\delta = 1.36$ mm;
(c) $\delta = 2.74$ mm

2.4-7 (a) $R_A = 2R_D = 2P/3$; (b) $\delta_B = 2\delta_C = PL/6EA_1$

2.4-8 (a) $R_A = 10.5$ kN a la izquierda;
$R_D = 2.0$ kN a la derecha;
(b) $F_{BC} = 15.0$ kN (compresión)

2.4-9 (b) $\sigma_a = 1\,610$ lb/pulg^2 (compresión),
$\sigma_s = 9\,350$ lb/pulg^2 (tensión)

2.4-10 $P_{perm} = 1\,500$ N

2.4-11 (a) $P_1 = PE_1/(E_1 + E_2)$;
(b) $e = b(E_2 - E_1)/[2(E_2 + E_1)]$;
(c) $\sigma_1/\sigma_2 = E_1/E_2$

2.4-12 $\delta_{AC} = 0.176$ mm

2.4-13 $d_2 = 0.338$ pulg, $L_2 = 48.0$ pulg

2.4-14 $P_{máx} = 1\,800$ N

2.4-15 (a) $\sigma_C = 10\,000$ lb/pulg^2, $\sigma_D = 12\,500$ lb/pulg^2;
(b) $\delta_B = 0.0198$ pulg

2.4-16 $\sigma_s = 21.8$ MPa, $\sigma_b = 10.4$ MPa, $\sigma_c = 12.5$ MPa

2.5-1 $\sigma = 11\,700$ lb/pulg^2

2.5-2 $T = 40.3°$C

2.5-3 $\Delta T = 185°$F

2.5-4 $\Delta T = 24°$C

2.5-5 $\sigma_c = E\alpha(\Delta T_B)/4$

2.5-6 (a) $P = 51.8$ kN; (b) $\sigma_c = 26.4$ MPa;
(c) $\delta_C = 0.314$ mm (a la izquierda)

2.5-7 $\delta = 0.123$ pulg

2.5-8 $\Delta T = 34°$C

2.5-9 $\tau = 15.0$ klb/pulg^2

2.5-10 $P_{perm} = 39.5$ kN

2.5-11 (a) $T_A = 400$ lb, $T_B = 200$ lb;
(b) $T_A = 454$ lb, $T_B = 92$ lb; (c) $\Delta T = 153°$F

2.5-12 (a) $\sigma = 98$ MPa; (b) $T = 35°$C

2.5-13 $\sigma_c = 2\,560$ lb/pulg^2

2.5-14 $s = PL/6EA$

2.5-15 $T_B = 660$ lb, $T_C = 780$ lb

2.5-16 $P_{perm} = 1.8$ MN

2.5-17 $\sigma_s = 15$ klb/pulg^2 (tensión), $\sigma_c = 5$ klb/pulg^2 (compresión)

2.5-18 $\sigma_p = 25.0$ MPa

2.5-19 $\sigma_p = 2\,400$ lb/pulg^2

2.5-20 $\sigma_s = 500$ MPa (tensión), $\sigma_c = 10$ MPa (compresión)

2.6-1 $P_{\text{máx}} = 42\,000$ lb

2.6-2 $d_{\text{mín}} = 6.18$ mm

2.6-3 $P_{\text{máx}} = 24\,000$ lb

2.6-4 $\Delta T = 50°$C

2.6-5 (a) $\tau_{\text{máx}} = 9\,190$ lb/pulg^2; (b) $\Delta T = 60.2°$F

2.6-6 (a) $\sigma_{\text{máx}} = 84.0$ MPa; (b) $\tau_{\text{máx}} = 42.0$ MPa

2.6-7 (a) $\sigma_{\text{máx}} = 18\,000$ lb/pulg^2; (b) $\tau_{\text{máx}} = 9\,000$ lb/pulg^2

2.6-8 Elemento A: $\sigma_x = 105$ MPa (compresión); Elemento B: $\tau_{\text{máx}} = 52.5$ MPa

2.6-9 (a) $\sigma_x = -12.0$ klb/pulg^2; (b) $\sigma_\theta = -9.0$ klb/pulg^2, $\tau_\theta = 5.2$ klb/pulg^2; (c) $\sigma_\theta = -6.0$ klb/pulg^2, $\tau_\theta = 6.0$ klb/pulg^2

2.6-10 (a) $\sigma_x = -962$ kPa; (b) $\sigma_\theta = -821$ kPa, $\tau_\theta = 340$ kPa; (c) $\sigma_\theta = -481$ kPa, $\tau_\theta = 481$ kPa

2.6-11 (a) $\tau_\theta = 1\,150$ lb/pulg^2; (b) Para $\theta = 34.18°$: $\sigma_\theta = -1\,700$ lb/pulg^2, $\tau_\theta = 1\,150$ lb/pulg^2

2.6-12 (a) $\Delta T = 31.3°$C; (b) $\sigma_\theta = -21.0$ MPa, $\tau_\theta = 30.0$ MPa

2.6-13 $d_{\text{mín}} = 1.10$ pulg

2.6-14 (a) $\sigma_\theta = 0.57$ MPa, $\tau_\theta = -1.58$ MPa; (b) $\alpha = 33.3°$; (c) $\alpha = 26.6°$

2.6-15 (a) $\theta = 35.26°$, $\tau_\theta = -7\,070$ lb/pulg^2; (b) $\sigma_{\text{máx}} = 15\,000$ lb/pulg^2, $\tau_{\text{máx}} = 7\,500$ lb/pulg^2

2.6-16 Para $\theta = 30°$: $\sigma_\theta = 52.5$ MPa, $\tau_\theta = -30.3$ MPa

2.6-17 $\sigma_{\text{máx}} = 10\,000$ lb/pulg^2, $\tau_{\text{máx}} = 5,000$ lb/pulg^2

2.6-18 (a) $\theta = 30.96°$; (b) $P_{\text{máx}} = 1.53$ kN

2.7-1 (a) $U = 23P^2L/12EA$; (b) $U = 125$ pulg-lb

2.7-2 (a) $U = 5P^2L/4\pi Ed^2$; (b) $U = 1.036$ J

2.7-3 $U = 5\,040$ pulg-lb

2.7-4 (c) $U = P^2L/2EA + PQL/2EA + Q^2L/4EA$

2.7-5 Aluminio: 171 lb/pulg^2, $1\,740$ pulg

2.7-6 (a) $U = P^2L/EA$; (b) $\delta_B = 2PL/EA$

2.7-7 (a) $U_1 = 0.0375$ pulg-lb; (b) $U_2 = 2.57$ pulg-lb; (c) $U_3 = 2.22$ pulg-lb

2.7-8 (a) $U = 5k\delta^2$; (b) $\delta = W/10k$; (c) $F_1 = 3W/10$, $F_2 = 3W/20$, $F_3 = W/10$

2.7-9 (a) $U = \dfrac{P^2L}{2Et(b_2 - b_1)}\ln\dfrac{b_2}{b_1}$; (b) $\delta = \dfrac{PL}{Et(b_2 - b_1)}\ln\dfrac{b_2}{b_1}$

2.7-10 (a) $P_1 = 270$ kN; (b) $\delta = 1.321$ mm; (c) $U = 243$ J

2.7-11 (a) $x = 2s$, $P = 2(k_1 + k_2)s$; (b) $U_1 = (2k_1 + k_2)s^2$

2.7-12 (a) $U = 6.55$ J; (b) $\delta_C = 168.8$ mm

2.8-1 (a) $\delta_{\text{máx}} = 0.0361$ pulg; (b) $\sigma_{\text{máx}} = 22,600$ lb/pulg^2; (c) Factor de impacto $= 113$

2.8-2 (a) $\delta_{\text{máx}} = 6.33$ mm; (b) $\sigma_{\text{máx}} = 359$ MPa; (c) Factor de impacto $= 160$

2.8-3 (a) $\delta_{\text{máx}} = 0.0312$ pulg; (b) $\sigma_{\text{máx}} = 26\,000$ lb/pulg^2; (c) Factor de impacto $= 130$

2.8-4 (a) $\delta_{\text{máx}} = 215$ mm; (b) Factor de impacto $= 3.9$

2.8-5 (a) $\delta_{\text{máx}} = 9.21$ pulg; (b) Factor de impacto $= 4.6$

2.8-6 $v = 13.1$ m/s

2.8-7 $h_{\text{máx}} = 8.55$ pulg

2.8-8 $L_{\text{mín}} = 9.25$ m

2.8-9 $L_{\text{mín}} = 500$ pulg

2.8-10 $v_{\text{máx}} = 5.40$ m/s

2.8-11 $\delta_{\text{máx}} = 11.0$ pulg

2.8-12 $L = 25.5$ m

2.8-13 (a) Factor de impacto $= 1 + (1 + 2EA/W)^{1/2}$; (b) 10

2.8-14 $\sigma_{\text{máx}} = 33.3$ MPa

2.10-1 (a) $\sigma_{\text{máx}} \approx 6.2$ klb/pulg^2 y 6.9 klb/pulg^2; (b) $\sigma_{\text{máx}} \approx 11.0$ klb/pulg^2 y 9.0 klb/pulg^2

2.10-2 (a) $\sigma_{\text{máx}} \approx 26$ MPa y 29 MPa; (b) $\sigma_{\text{máx}} \approx 25$ MPa y 22 MPa

2.10-3 $P_{\text{máx}} = \sigma_t bt/3$

2.10-4 $\sigma_{\text{máx}} \approx 46$ MPa

2.10-5 $\sigma_{\text{máx}} \approx 6\,100$ lb/pulg^2

2.10-6 (a) No; lo hace más débil; $P_1 = 25.1$ kN; $P_2 \approx 14.4$ kN; (b) $d_0 \approx 15.1$ mm

2.10-7 $d_{\text{máx}} \approx 0.51$ pulg

2.11-2 (a) $\delta_C = 1.67$ mm; (b) $\delta_C = 5.13$ mm; (c) $\delta_C = 11.88$ mm

2.11-3 (b) $P = 17.7$ klb

2.11-4 Para $P = 30$ kN: $\delta = 6.2$ mm; para $P = 40$ kN: $\delta = 12.0$ mm

2.11-5 Para $P = 24$ klb: $\delta = 0.18$ pulg; para $P = 40$ klb: $\delta = 0.68$ pulg

2.11-6 Para $P = 3.2$ kN: $\delta_B = 4.85$ mm; para $P = 4.8$ kN: $\delta_B = 17.3$ mm

2.12-1 $P_Y = P_P = 2\sigma_Y A$ sen θ

2.12-2 $P_P = 201$ kN

2.12-3 (a) $P_P = 5\sigma_Y A$

2.12-4 $P_P = 2\sigma_Y A(1 + \text{sen } \alpha)$

2.12-5 $P_P = 47.9$ klb

2.12-6 $P_P = 82.5$ kN

2.12-7 $P_P = 20.4$ klb

2.12-8 (a) $P_Y = \sigma_Y A$, $\delta_Y = 3\sigma_Y L/2E$; (b) $P_P = 4\sigma_Y A/3$, $\delta_P = 3\sigma_Y L/E$

2.12-9 (a) $P_Y = \sigma_Y A$, $\delta_Y = \sigma_Y L/E$; (b) $P_P = 5\sigma_Y A/4$, $\delta_P = 2\sigma_Y L/E$

2.12-10 (a) $W_Y = 28.8$ kN, $\delta_Y = 125$ mm;

(b) $W_P = 48$ kN, $\delta_P = 225$ mm

2.12-11 (a) $P_Y = 70.1$ klb, $\delta_Y = 0.01862$ pulg;

(b) $P_P = 104.3$ klb, $\delta_P = 0.02862$ pulg

CAPÍTULO 3

3.2-1 $d_{máx} = 0.413$ pulg

3.2-2 $L_{mín} = 182$ mm

3.2-3 (a) $\gamma_1 = 200 \times 10^{-6}$ rad; (b) $(r_2)_{mín} = 183$ pulg

3.2-4 (a) $\gamma_1 = 388 \times 10^{-6}$ rad; (b) $(r_2)_{máx} = 51.6$ mm

3.2-5 (a) $\gamma_1 = 314 \times 10^{-6}$ rad; (b) $(r_2)_{máx} = 1.91$ pulg

3.3-1 $\tau_{máx} = 8\ 340$ lb/pulg^2

3.3-2 (a) $\tau_{máx} = 23.8$ MPa; (b) $\theta = 9.12°$/m

3.3-3 (a) $\tau_{máx} = 18\ 300$ lb/pulg^2; (b) $\varphi = 3.32°$

3.3-4 (a) $k_T = 1\ 860$ N·m; (b) $\tau_{máx} = 24.4$ MPa, $\gamma_{máx} = 873 \times 10^{-6}$ rad

3.3-5 $L_{mín} = 38.0$ pulg

3.3-6 $T_{máx} = 6.03$ N·m, $\varphi = 2.20°$

3.3-7 $\tau_{máx} = 10\ 550$ lb/pulg^2, $G = 4.16 \times 10^6$ lb/pulg^2, $\gamma_{máx} = 0.00253$ rad

3.3-8 $T_{máx} = 9\ 140$ N·m

3.3-9 $\tau_{máx} = 4\ 840$ lb/pulg^2

3.3-10 $d_{mín} = 60.8$ mm

3.3-11 (a) $\tau_2 = 5\ 170$ lb/pulg^2; (b) $\tau_1 = 3\ 880$ lb/pulg^2; (c) $\theta = 0.00898°$/pulg

3.3-12 (a) $\tau_2 = 30.1$ MPa; (b) $\tau_1 = 20.1$ MPa; (c) $\theta = 0.306°$/m

3.3-13 $d_{mín} = 2.50$ pulg

3.3-14 $d_{mín} = 64.4$ mm

3.3-15 (a) $T_1 = 4\ 072$ lb-pulg; (b) $T_2 = 3\ 817$ lb-pulg; (c) 6.25% y 25%

3.3-16 (a) $\varphi = 5.12°$; (b) $d = 83.9$ mm; (c) 0.51

3.3-17 $r_2 = 1.40$ pulg

3.4-1 (a) $\tau_{máx} = 7\ 600$ lb/pulg^2; (b) $\varphi_C = 0.16°$

3.4-2 (a) $\tau_{barra} = 79.6$ MPa, $\tau_{tubo} = 32.3$ MPa; (b) $\varphi_A = 9.43°$

3.4-3 (a) $\tau_{máx} = 5\ 870$ lb/pulg^2; (b) $\varphi_D = 1.68°$

3.4-4 $T_{perm} = 348$ N·m

3.4-5 $d_1 = 0.818$ pulg

3.4-6 $d = 77.5$ mm

3.4-7 (a) $d = 1.78$ pulg; (b) $d = 1.83$ pulg

3.4-8 $d_B/d_A = 1.45$

3.4-9 Mínimo $d_A = 2.52$ pulg

3.4-10 Mínimo $d_B = 48.6$ mm

3.4-11 $\varphi = 3TL/2\pi Gtd_A^3$

3.4-12 (a) $\tau_{máx} = 16tL/\pi d^3$; (b) $\varphi = 16tL^2/\pi Gd^4$

3.4-13 (a) $\tau_{máx} = 8t_AL/\pi d^3$; (b) $\varphi = 16t_AL^2/3\pi Gd^4$

3.4-14 (a) $L_{máx} = 4.42$ m; (b) $\varphi = 170°$

3.5-1 (a) $\sigma_{máx} = 6\ 280$ lb/pulg^2; (b) $T = 74\ 000$ lb-pulg

3.5-2 (a) $\epsilon_{máx} = 320 \times 10^{-6}$; (b) $\sigma_{máx} = 51.2$ MPa; (c) $T = 20.0$ kN·m

3.5-3 (a) $d_1 = 2.40$ pulg; (b) $\varphi = 2.20°$; (c) $\gamma_{máx} = 1\ 600 \times 10^{-6}$ rad

3.5-4 $G = 30.0$ GPa

3.5-5 $T = 4\ 200$ lb-pulg

3.5-6 $d_{mín} = 37.7$ mm

3.5-7 $d_1 = 0.60$ pulg

3.5-8 $d_2 = 79.3$ mm

3.5-9 (a) $\tau_{máx} = 5\ 090$ lb/pulg^2; (b) $\gamma_{máx} = 432 \times 10^{-6}$ rad

3.5-10 (a) $\tau_{máx} = 23.9$ MPa; (b) $\gamma_{máx} = 884 \times 10^{-6}$ rad

3.7-1 (a) $\tau_{máx} = 4\ 950$ lb/pulg^2; (b) $d_{mín} = 3.22$ pulg

3.7-2 (a) $\tau_{máx} = 50.0$ MPa; (b) $d_{mín} = 32.3$ mm

3.7-3 (a) $H = 6\ 560$ hp; (b) El esfuerzo cortante se reduce a la mitad

3.7-4 (a) $\tau_{máx} = 16.8$ MPa; (b) $P_{máx} = 267$ kW

3.7-5 $d_{mín} = 4.28$ pulg

3.7-6 $d_{mín} = 110$ mm

3.7-7 Mínimo $d_1 = 1.221d$

3.7-8 $P_{máx} = 91.0$ kW

3.7-9 $d = 2.75$ pulg

3.7-10 $d = 53.4$ mm

3.8-1 $\varphi_{máx} = 3T_0L/5GI_P$

3.8-2 (a) $x = L/4$; (b) $\varphi_{máx} = T_0L/8GI_P$

3.8-3 $\varphi_{máx} = 2b\tau_{perm}/Gd$

3.8-4 $P_{perm} = 2\ 720$ N

3.8-5 $(T_0)_{máx} = 3\ 680$ lb-pulg

3.8-6 $(T_0)_{máx} = 150$ N·m

3.8-7 (a) $a/L = d_A/(d_A + d_B)$; (b) $a/L = d_A^4/(d_A^4 + d_B^4)$

3.8-8 $T_A = t_0L/6$, $T_B = t_0L/3$

3.8-9 $x = 30.12$ pulg

3.8-10 (a) $\tau_1 = 32.7$ MPa, $\tau_2 = 49.0$ MPa; (b) $\varphi = 1.030°$; (c) $k_T = 22.3$ kN·m

3.8-11 (a) $\tau_1 = 1\ 790$ lb/pulg^2, $\tau_2 = 2\ 690$ lb/pulg^2; (b) $\varphi = 0.354°$; (c) $k_T = 809$ k-pulg

3.8-12 $T_{máx} = 1\ 520$ N·m

3.8-13 $T_{máx} = 9.13$ k-pulg

3.8-14 (a) $T_1 = 8.57$ kN·m; (b) $T_2 = 13.69$ kN·m; (c) $T_3 = 7.41$ kN·m

3.9-1 (a) $U = 32.0$ pulg-lb; (b) $\varphi = 0.775°$

3.9-2 (a) $U = 5.36$ J; (b) $\varphi = 1.53°$

3.9-3 $U = 22.6$ pulg-lb

3.9-4 $U = 1.84$ J

3.9-5 (c) $U_3 = T^2L/2GI_P + TtL^2/2GI_P + t^2L^3/6GI_P$

3.9-6 $U = 19T_0^2L/32GI_P$

3.9-8 $U = t_0^2L^3/40GI_P$

3.9-9 (a) $U = \dfrac{T^2L(d_A + d_B)}{\pi Gtd_A^2 d_B^2}$; (b) $\phi = \dfrac{2TL(d_A + d_B)}{\pi Gtd_A^2 d_B^2}$

3.9-10 $U = \dfrac{\beta^2 GI_{PA}I_{PB}}{2L(I_{PA} + I_{PB})}$

3.9-11 $\varphi = \dfrac{2n}{15d^2}\sqrt{\dfrac{2\pi I_m L}{G}}$; $\tau_{máx} = \dfrac{n}{15d}\sqrt{\dfrac{2\pi GI_m}{L}}$

3.10-1 (a) $\tau_{aprox} = 6\ 310$ lb/pulg^2; (b) $\tau_{exacto} = 6\ 830$ lb/pulg^2

3.10-2 $t_{\text{mín}} = \pi d/64$

3.10-3 (a) $\tau = 1\ 250\ \text{lb/pulg}^2$; (b) $\varphi = 0.373°$

3.10-4 (a) $\tau = 9.17\ \text{MPa}$; (b) $\varphi = 0.140°$

3.10-5 $U_1/U_2 = 2$

3.10-6 $\tau = 35.0\ \text{MPa}$, $\varphi = 0.570°$

3.10-7 $\tau = 2\ 390\ \text{lb/pulg}^2$, $\theta = 0.00480°/\text{pulg}$

3.10-8 $\tau = T\sqrt{3}/9b^2t$, $\theta = 2T/9Gb^3t$

3.10-9 (a) $\varphi_1/\varphi_2 = 1 + 1/4\beta^2$

3.10-10 $\tau = 2T(1 + \beta)^2/tL_m^2\beta$

3.10-11 $t_{\text{mín}} = 0.140\ \text{pulg}$

3.10-12 (a) $t = 6.66\ \text{mm}$; (b) $t = 7.02\ \text{mm}$

3.11-1 $T_{\text{máx}} \approx 6\ 200\ \text{lb-pulg}$

3.11-2 $R_{\text{mín}} \approx 4.0\ \text{mm}$

3.11-3 Para $D_1 = 0.8\ \text{pulg}$: $\tau_{\text{máx}} \approx 6\ 400\ \text{lb/pulg}^2$

3.11-4 $D_2 \approx 115\ \text{mm}$; límite inferior

3.11-5 $D_1 \approx 1.31\ \text{pulg}$

CAPÍTULO 4

4.3-1 $V = 200\ \text{lb}$, $M = 42\ 000\ \text{lb-pulg}$

4.3-2 $V = -1.5\ \text{kN}$, $M = 5.0\ \text{kN·m}$

4.3-3 $V = 2Pb/L$, $M = 0$

4.3-4 $V = 7.0\ \text{kN}$, $M = -9.5\ \text{kN·m}$

4.3-5 $V = -1\ 540\ \text{lb}$, $M = -4\ 640\ \text{lb-pie}$

4.3-6 $V = -1.0\ \text{kN}$, $M = -7.0\ \text{kN·m}$

4.3-7 $b/L = 1/2$

4.3-8 $M = 108\ \text{N·m}$

4.3-9 $N = P\ \text{sen}\ \theta$, $V = P\ \cos\ \theta$, $M = Pr\ \text{sen}\ \theta$

4.3-10 $V = -6.04\ \text{kN}$, $M = 15.45\ \text{kN·m}$

4.3-11 $P = 1\ 200\ \text{lb}$

4.3-12 $V = -2.5\ \text{kN}$, $M = 45\ \text{kN·m}$

4.3-13 (a) $V_B = 6\ 000\ \text{lb}$, $M_B = 9\ 000\ \text{lb-pie}$;
(b) $V_m = 0$, $M_m = 21\ 000\ \text{lb-pie}$

4.3-14 $N = 21.6\ \text{kN}$ (compresión), $V = 7.2\ \text{kN}$,
$M = 50.4\ \text{kN·m}$

4.3-15 $V_{\text{máx}} = 91wL^2\alpha/30g$, $M_{\text{máx}} = 229wL^3\alpha/75g$

4.5-1 $V_{\text{máx}} = P$, $M_{\text{máx}} = Pa$

4.5-2 $V_{\text{máx}} = M_0/L$, $M_{\text{máx}} = M_0a/L$

4.5-3 $V_{\text{máx}} = qL/2$, $M_{\text{máx}} = -3qL^2/8$

4.5-4 $V_{\text{máx}} = P$, $M_{\text{máx}} = PL/4$

4.5-5 $V_{\text{máx}} = -7P/12$, $M_{\text{máx}} = 7PL/36$

4.5-6 $V_{\text{máx}} = -3M_1/L$, $M_{\text{máx}} = M_1$

4.5-7 $V_{\text{máx}} = P/2$, $M_{\text{máx}} = 3PL/8$

4.5-8 $V_{\text{máx}} = P$, $M_{\text{máx}} = -Pa$

4.5-9 $V_{\text{máx}} = qL/2$, $M_{\text{máx}} = 5qL^2/72$

4.5-10 $V_{\text{máx}} = -q_0L/2$, $M_{\text{máx}} = -q_0L^2/6$

4.5-11 $V_{\text{máx}} = -340\ \text{lb}$, $M_{\text{máx}} = 5\ 780\ \text{lb-pulg}$

4.5-12 $V_{\text{máx}} = 1\ 200\ \text{N}$, $M_{\text{máx}} = 960\ \text{N·m}$

4.5-13 $V_{\text{máx}} = 200\ \text{lb}$, $M_{\text{máx}} = -1\ 600\ \text{lb-pie}$

4.5-14 $V_{\text{máx}} = 6.5\ \text{kN}$, $M_{\text{máx}} = -14.0\ \text{kN·m}$

4.5-15 $V_{\text{máx}} = -1\ 300\ \text{lb}$, $M_{\text{máx}} = -28\ 800\ \text{lb-pulg}$

4.5-16 $V_{\text{máx}} = 13.2\ \text{kN}$, $M_{\text{máx}} = 7.26\ \text{kN·m}$

4.5-17 $V_{\text{máx}} = 900\ \text{lb}$, $M_{\text{máx}} = -900\ \text{lb-pies}$

4.5-18 $V_{\text{máx}} = -10.0\ \text{kN}$, $M_{\text{máx}} = 16.0\ \text{kN·m}$

4.5-19 $V_{\text{máx}} = -800\ \text{lb}$, $M_{\text{máx}} = 4\ 800\ \text{lb-pies}$

4.5-20 $V_{\text{máx}} = 32.97\ \text{kN}$, $M_{\text{máx}} = -61.15\ \text{kN·m}$

4.5-21 $V_{\text{máx}} = -16\ \text{k}$, $M_{\text{máx}} = 64\ \text{k-pie}$

4.5-22 $V_{\text{máx}} = 4.6\ \text{kN}$, $M_{\text{máx}} = -6.24\ \text{kN·m}$

4.5-23 $V_{\text{máx}} = -390\ \text{lb}$, $M_{\text{máx}} = 640\ \text{lb-pie}$

4.5-24 $V_{\text{máx}} = -2.8\ \text{kN}$, $M_{\text{máx}} = 1.450\ \text{kN·m}$

4.5-25 $a = 0.5858L$, $V_{\text{máx}} = 0.2929qL$,
$M_{\text{máx}} = 0.02145qL^2$

4.5-26 $V_{\text{máx}} = 2.5\ \text{kN}$, $M_{\text{máx}} = 5.0\ \text{kN·m}$

4.5-27 $V_{\text{máx}} = -P - qL$, $M_{\text{máx}} = PL$ o $-qL^2$

4.5-28 $M_{\text{máx}} = 12\ \text{kN·m}$

4.5-29 $M_{\text{máx}} = M_{\text{pos}} = 2\ 448\ \text{lb-pie}$, M_{neg}
$= -2\ 160\ \text{lb-pie}$

4.5-30 (a) $x = 9.6\ \text{m}$, $V_{\text{máx}} = 28\ \text{kN}$;
(b) $x = 4.0\ \text{m}$, $M_{\text{máx}} = 78.4\ \text{kN·m}$

CAPÍTULO 5

5.4-1 $\epsilon_{\text{máx}} = 1\ 300 \times 10^{-6}$

5.4-2 $L_{\text{mín}} = 3.93\ \text{m}$

5.4-3 $\epsilon_{\text{máx}} = 6\ 400 \times 10^{-6}$

5.4-4 $\rho = 75\ \text{m}$, $\kappa = 0.01333\ \text{m}^{-1}$, $\delta = 15.0\ \text{mm}$

5.4-5 $\epsilon = 500 \times 10^{-6}$ (acortamiento en la superficie)

5.4-6 $\epsilon = 1\ 000 \times 10^{-6}$ (elongación en la superficie)

5.5-1 (a) $\sigma_{\text{máx}} = 60.4\ \text{klb/pulg}^2$; (b) El esfuerzo
aumenta

5.5-2 (a) $\sigma_{\text{máx}} = 250\ \text{MPa}$; (b) El esfuerzo disminuye

5.5-3 (a) $\sigma_{\text{máx}} = 44.2\ \text{klb/pulg}^2$; (b) El esfuerzo
aumenta

5.5-4 $\sigma_{\text{máx}} = 7.29\ \text{MPa}$

5.5-5 $\sigma_{\text{máx}} = 21.6\ \text{klb/pulg}^2$

5.5-6 $\sigma_{\text{máx}} = 187\ \text{MPa}$

5.5-7 $\sigma_{\text{máx}} = 3420\ \text{lb/pulg}^2$

5.5-8 $\sigma_{\text{máx}} = 129\ \text{MPa}$

5.5-9 $\sigma_{\text{máx}} = 9.25\ \text{klb/pulg}^2$

5.5-10 $\sigma_{\text{máx}} = 7.0\ \text{MPa}$

5.5-11 $\sigma_{\text{máx}} = 432\ \text{lb/pulg}^2$

5.5-12 $\sigma_{\text{máx}} = 2.10\ \text{MPa}$

5.5-13 (a) $\sigma_t = 30.93M/d^3$; (b) $\sigma_t = 360M/73bh^2$

5.5-14 $\sigma_{\text{máx}} = 10.965M/d^3$

5.5-15 $\sigma_{\text{máx}} = 21.4\ \text{klb/pulg}^2$

5.5-16 $\sigma_t = 43.9\ \text{MPa}$, $\sigma_c = 73.2\ \text{MPa}$

5.5-17 $\sigma_t = 4\ 240\ \text{lb/pulg}^2$, $\sigma_c = 14\ 940\ \text{lb/pulg}^2$

5.5-18 (a) $\sigma_t = 1.36\ \text{MPa}$, $\sigma_c = 2.72\ \text{MPa}$;
(b) Sin cambio; (c) Se reduce a la mitad

5.5-19 $\sigma_t = 6\ 560\ \text{lb/pulg}^2$, $\sigma_c = 11\ 650\ \text{lb/pulg}^2$

5.5-20 $\sigma_{\text{máx}} = 3\rho L^2a_0/t$

5.5-21 $\sigma_t = 11\,520$ lb/pulg^2, $\sigma_c = 8\,640$ lb/pulg^2

5.5-22 $\sigma = 25.1$ MPa, 17.8 MPa, -23.5 MPa

5.5-23 $d = 3$ pies, $\sigma_{máx} = 171$ lb/pulg^2; $d = 6$ pies, $\sigma_{máx} = 830$ lb/pulg^2

5.6-1 $d_{mín} = 4.00$ pulg

5.6-2 $d_{mín} = 10.9$ mm

5.6-3 W 8 × 21

5.6-4 W 8 × 28

5.6-5 S 10 × 25.4

5.6-6 $b_{mín} = 150$ mm

5.6-7 $S = 19.6$ pulg^3; largueros de 2 × 10 pulg

5.6-8 $s_{máx} = 450$ mm

5.6-9 $q_{perm} = 521$ lb/pie

5.6-10 $h_{mín} = 30.6$ mm

5.6-11 (a) $S_{mín} = 15.41$ pulg^3; (b) S 8 × 23

5.6-12 $d_{mín} = 31.6$ mm

5.6-13 $q_{perm} = 865$ lb/pie

5.6-14 $b = 152$ mm, $h = 202$ mm

5.6-15 $b = 10.25$ pulg

5.6-16 $t = 10$ mm

5.6-17 1 : 1.260 : 1.408

5.6-18 $q_{máx} = 5.76$ kN/m

5.6-19 6.8%

5.6-20 (a) $b = 9.95$ mm; (b) $b = 9.96$ mm

5.6-21 $s_{máx} = 72.0$ pulg

5.6-22 (a) $\beta = 1/9$; (b) 5.35%

5.6-23 Aumenta cuando $d/h > 0.6861$; disminuye cuando $d/h < 0.6861$

5.7-1 $x = L/4$; $\sigma_{máx} = 4PL/9h_A^3$; $\sigma_{máx}/\sigma_B = 2$

5.7-2 $x = L/2 = 4.0$ m; $\sigma_{máx} = 37.73$ MPa; $\sigma_{máx}/\sigma_B = 9/8 = 1.125$

5.7-3 $x = 8.0$ pulg; $\sigma_{máx} = 1\,250$ lb/pulg^2; $\sigma_{máx}/\sigma_B = 25/24 = 1.042$

5.7-4 (a) $\sigma_A = 251.5$ MPa; (b) $\sigma_B = 252.0$ MPa; (c) $x = 0.45$ m; (d) $\sigma_{máx} = 267.8$ MPa

5.7-5 (a) $1 \leq d_B/d_A \leq 1.5$; (b) $\sigma_{máx} = \sigma_B = 32PL/\pi d_B^3$

5.7-6 $h_x = h_B x/L$

5.7-7 $b_x = 2b_B x/L$

5.7-8 $h_x = h_B \sqrt{x/L}$

5.8-2 $\tau_{máx} = 630$ kPa; $\sigma_{máx} = 4.41$ MPa

5.8-3 $P_{máx} = 6\,500$ lb

5.8-4 $\tau_{máx} = 500$ kPa

5.8-5 $\tau_{máx} = 2\,400$ lb/pulg^2

5.8-6 (a) $L_0 = h(\sigma_{perm}/\tau_{perm})$; (b) $L_0 = (h/2)(\sigma_{perm}/\tau_{perm})$

5.8-7 $P_{perm} = 2\,340$ lb

5.8-8 (a) $P = 402$ N; (b) $P = 448$ N

5.8-9 (a) viga de 8 × 10 pulg; (b) Satisfactoriamente

5.8-10 (a) $P = 38.0$ kN; (b) $P = 35.6$ kN

5.8-11 (a) $w_1 = 121$ lb/pie^2; (b) $w_2 = 324$ lb/pie^2; (c) $w_{perm} = 121$ lb/pie^2

5.8-12 (a) $b = 99.8$ mm; (b) $b = 71.8$ mm

5.9-1 (a) $d_{mín} = 5.58$ pulg; (b) $d_{mín} = 2.52$ pulg

5.9-2 (a) $W = 28.6$ kN; (b) $W = 38.7$ kN

5.9-3 (a) $d = 10.52$ pulg; (b) $d = 2.56$ pulg

5.9-4 (a) $d = 266$ mm; (b) $d = 64$ mm

5.10-1 (a) $\tau_{máx} = 5795$ lb/pulg^2; (b) $\tau_{mín} = 4\,555$ lb/pulg^2; (c) $\tau_{prom} = 5\,714$ lb/pulg^2; (d) $V_{alma} = 28.25$ klb

5.10-2 (a) $\tau_{máx} = 28.43$ MPa; (b) $\tau_{mín} = 21.86$ MPa; (c) $\tau_{prom} = 27.41$ MPa; (d) $V_{alma} = 119.7$ kN

5.10-3 (a) $\tau_{máx} = 4\,861$ lb/pulg^2; (b) $\tau_{mín} = 4\,202$ lb/pulg^2; (c) $\tau_{prom} = 4\,921$ lb/pulg^2; (d) $V_{alma} = 9.432$ k

5.10-4 (a) $\tau_{máx} = 32.28$ MPa; (b) $\tau_{mín} = 21.45$ MPa; (c) $\tau_{prom} = 29.24$ MPa; (d) $V_{alma} = 196.1$ kN

5.10-5 (a) $\tau_{máx} = 2\,634$ lb/pulg^2; (b) $\tau_{mín} = 1\,993$ lb/pulg^2; (c) $\tau_{prom} = 2\,518$ lb/pulg^2; (d) $V_{alma} = 20.19$ klb

5.10-6 (a) $\tau_{máx} = 28.40$ MPa; (b) $\tau_{mín} = 19.35$ MPa; (c) $\tau_{prom} = 25.97$ MPa; (d) $V_{alma} = 58.63$ kN

5.10-7 (a) $q = 688$ lb/pie; (b) $q = 2\,180$ lb/pie

5.10-8 (a) $q = 144$ kN/m; (b) $q = 174$ kN/m

5.10-9 S 8 × 23

5.10-10 $V = 273$ kN

5.10-11 $\tau_{máx} = 1.42$ klb/pulg^2, $\tau_{mín} = 1.03$ klb/pulg^2

5.10-12 $\tau_{máx} = 18.8$ MPa

5.10-13 $\tau_{máx} = 1\,530$ lb/pulg^2

5.11-1 $V_{máx} = 676$ lb

5.11-2 $V_{máx} = 1.35$ MN

5.11-3 $F = 1\,900$ lb/pulg

5.11-4 $V_{máx} = 10.7$ kN

5.11-5 $s_{máx} = 3.65$ pulg

5.11-6 (a) $s_A = 78.3$ mm; (b) $s_B = 97.9$ mm

5.11-7 (a) $s_{máx} = 2.77$ pulg; (b) $s_{máx} = 1.85$ pulg

5.11-8 $s_{máx} = 85.2$ mm

5.11-9 $V_{máx} = 21.2$ k

5.11-10 $s = 6.03$ pulg

5.11-11 $s_{máx} = 5.42$ pulg

5.12-1 $\sigma_t = 14\,660$ lb/pulg^2, $\sigma_c = -14\,990$ lb/pulg^2

5.12-2 $\sigma_t = 960$ kPa, $\sigma_c = -1\,860$ kPa

5.12-3 $t_{mín} = 0.477$ pulg

5.12-4 $\sigma_t = 11.83$ MPa, $\sigma_c = -12.33$ MPa

5.12-5 $\sigma_t = 302$ lb/pulg^2, $\sigma_c = -314$ lb/pulg^2

5.12-6 $T_{perm} = 99.9$ kN

5.12-7 $\alpha = \arctan[(d_2^2 + d_1^2)/(4hd_2)]$

5.12-8 $d = 66.2$ mm

5.12-9 $H_{máx} = 32.2$ pies

5.12-10 $W = 33.3$ kN

5.12-11 (a) $\sigma_t = 87.6$ lb/pulg^2, $\sigma_c = -99.6$ lb/pulg^2; (b) $d_{máx} = 28.9$ pulg

5.12-12 (a) $b = \pi d/6$; (b) Poste rectangular

5.12-13 (a) $\sigma_t = 1\,900$ lb/pulg^2, $\sigma_c = -1\,100$ lb/pulg^2;
(b) Ambos esfuerzos crecen en magnitud

5.12-14 (a) $\sigma_t = 8P/b^2$, $\sigma_c = -4P/b^2$;
(b) $\sigma_t = 9.11P/b^2$, $\sigma_c = -6.36P/b^2$

5.12-15 (a) $\sigma_t = 480$ lb/pulg^2, $\sigma_c = -3\,200$ lb/pulg^2;
(b) $y_0 = -3.86$ pulg

5.12-16 (a) $\sigma_t = 3.57$ MPa, $\sigma_c = -26.4$ MPa;
(b) $y_0 = -76.2$ mm

5.12-17 $\sigma_t = 13.1$ klb/pulg^2

5.12-18 (a) $y_0 = -0.847$ pulg; (b) $P_{máx} = 16.2$ klb

5.13-1 (a) $d = 0.50$ pulg, $\sigma_{máx} = 15\,500$ lb/pulg^2;
(b) $R = 0.10$ pulg, $\sigma_{máx} \approx 49\,000$ lb/pulg^2

5.13-2 (a) $d = 16$ mm, $\sigma_{máx} = 81$ MPa;
(b) $R = 4$ mm, $\sigma_{máx} \approx 200$ MPa

5.13-3 $b_{mín} \approx 0.24$ pulg

5.13-4 $b_{mín} \approx 33$ mm

5.13-5 (a) $R_{mín} \approx 0.45$ pulg; (b) $d_{máx} = 4.13$ pulg

CAPÍTULO 6

6.2-1 $\sigma_{cara} = \pm 1\,980$ lb/pulg^2, $\sigma_{núcleo} = \pm 531$ lb/pulg^2

6.2-2 $M_{máx} = 63.0$ kN·m

6.2-3 $M_{máx} = 197$ klb-pulg

6.2-4 $M_{perm} = \pi d^3 \sigma_s (15 + E_a/E_s)/512$

6.2-5 $\sigma_s = 7\,630$ lb/pulg^2, $\sigma_w = 365$ lb/pulg^2

6.2-6 $M_{perm} = 768$ N·m

6.2-7 (a) $\sigma_{cara} = 3\,610$ lb/pulg^2, $\sigma_{núcleo} = 4$ lb/pulg^2;
(b) $\sigma_{cara} = 3\,630$ lb/pulg^2, $\sigma_{núcleo} = 0$

6.2-8 (a) $\sigma_{cara} = 14.1$ MPa, $\sigma_{núcleo} = 0.21$ MPa;
(b) $\sigma_{cara} = 14.9$ MPa, $\sigma_{núcleo} = 0$

6.2-9 $\sigma_a = 4\,120$ lb/pulg^2, $\sigma_c = 5\,230$ lb/pulg^2

6.2-10 $\sigma_w = 5.1$ MPa (comp.), $\sigma_s = 37.6$ MPa (tens.)

6.3-1 $M_{máx} = 911$ klb-pulg

6.3-2 $t_{mín} = 15.0$ mm

6.3-3 $q_{perm} = 692$ lb/pie

6.3-4 $\sigma_s = 49.9$ MPa, $\sigma_w = 1.9$ MPa

6.3-5 $\sigma_a = 1\,860$ lb/pulg^2, $\sigma_p = 72$ lb/pulg^2

6.3-6 $\sigma_a = 12.14$ MPa, $\sigma_p = 0.47$ MPa

6.3-7 $\sigma_s = 6\,170$ lb/pulg^2 (tens.), $\sigma_w = 1\,100$ lb/pulg^2 (comp.)

6.3-8 $\sigma_s = 93.5$ MPa

6.3-9 $M_{perm} = 143$ klb-pulg

6.3-10 $S_A = 50.6$ mm^3; Metal A

6.3-11 $\sigma_s = 13\,400$ lb/pulg^2 (tens.), $\sigma_c = 812$ lb/pulg^2 (comp.)

6.3-12 $M_{perm} = 16.2$ kN·m

6.4-2 $\beta = 66.59°$, $\sigma_{máx} = 11.9$ MPa

6.4-3 $\beta = 30.65°$, $\sigma_{máx} = 771$ lb/pulg^2

6.4-4 $\beta = 78.89°$, $\sigma_A = -\sigma_E = 13\,430$ lb/pulg^2,
$\sigma_D = -\sigma_B = 6\,410$ lb/pulg^2

6.4-5 $\beta = 70.38°$, $\sigma_A = -\sigma_E = 13\,120$ lb/pulg^2,
$\sigma_D = -\sigma_B = 3\,700$ lb/pulg^2

6.4-6 $\beta = -79.71°$, $\sigma_{máx} = 8.82$ MPa

6.4-7 $\beta = -75.96°$, $\sigma_{máx} = 1\,430$ lb/pulg^2

6.4-8 $\beta = -83.60°$, $\sigma_{máx} = 9\,850$ lb/pulg^2

6.4-9 $\beta = 72.91°$, $\sigma_{máx} = 8\,600$ lb/pulg^2

6.4-10 $\beta = 59.84°$, $\sigma_{máx} = 10\,760$ lb/pulg^2

6.4-11 (a) $\sigma_A = 45\,420$ sen $\alpha + 3\,629$ cos α (lb/pulg^2);
(b) tan $\beta = 37.54$ tan α

6.5-1 $\beta = 83.07°$, $\sigma_t = 5\,060$ lb/pulg^2, $\sigma_c = -10\,420$ lb/pulg^2

6.5-2 $\beta = 77.31°$, $\sigma_t = 1\,470$ lb/pulg^2, $\sigma_c = -2\,860$ lb/pulg^2

6.5-3 $\beta = 75.56°$, $\sigma_t = 3\,080$ lb/pulg^2, $\sigma_c = -3450$ lb/pulg^2

6.5-4 $\beta = 75.44°$, $\sigma_t = 3\,090$ lb/pulg^2, $\sigma_c = -3510$ lb/pulg^2

6.5-5 Para $\theta = 0$: $\sigma_t = -\sigma_c = 2.546M/r^3$;
para $\theta = 45°$: $\sigma_t = 4.535M/r^3$, $\sigma_c = -3.955M/r^3$;
para $\theta = 90°$: $\sigma_t = 3.867M/r^3$, $\sigma_c = -5.244M/r^3$

6.8-1 (a) $\tau_{máx} = 2\,360$ lb/pulg^2; (b) $\tau_B = 490$ lb/pulg^2

6.8-2 (a) $\tau_{máx} = 15.1$ MPa; (b) $\tau_B = 3.4$ MPa

6.8-3 (a) $\tau_{máx} = 3\,244$ lb/pulg^2; (b) $\tau_{máx} = 3\,244$ lb/pulg^2

6.8-4 (a) $\tau_{máx} = 16.06$ MPa; (b) $\tau_{máx} = 16.06$ MPa

6.9-1 $e = 1.011$ pulg

6.9-2 $e = 0.674$ pulg

6.10-1 $f = 2(2b_1 + b_2)/(3b_1 + b_2)$

6.10-2 (a) $f = 16r_2(r_2^3 - r_1^3)/3\pi(r_2^4 - r_1^4)$;
(b) $f = 4/\pi$

6.10-3 $q = 1\,000$ lb/pulg

6.10-4 (a) 82.4%; (b) $M = 15.4$ kN·m

6.10-5 $f = 1.15$

6.10-6 $f = 1.15$

6.10-7 $Z = 36.21$ pulg^3, $f = 1.12$

6.10-8 $Z = 26.70$ pulg^3, $f = 1.10$

6.10-9 $M_Y = 4\,820$ klb-pulg, $M_P = 5\,360$ klb-pulg; $f = 1.11$

6.10-10 $M_Y = 1\,770$ klb-pulg, $M_P = 1\,940$ klb-pulg; $f = 1.10$

6.10-11 $M_Y = 4\,320$ klb-pulg, $M_P = 5\,450$ klb-pulg; $f = 1.26$

6.10-12 $M_Y = 5\,11$ kN·m, $M_P = 648$ kN·m; $f = 1.27$

6.10-13 $M_Y = 1\,196$ klb-pulg, $M_P = 1\,485$ klb-pulg; $f = 1.24$

6.10-14 $M_Y = 122$ kN·m, $M_P = 147$ kN·m; $f = 1.20$

6.10-15 (a) $M = 4\,430$ klb-pulg; (b) 25%

6.10-16 (a) $M = 524$ kN·m ; (b) 36%

6.10-17 (a) $M = 2\,410$ klb-pulg; (b) 11%

6.10-18 $Z = 441 \times 10^3$ mm^3, $f = 1.81$

6.10-19 $M_P = 1\,120$ klb-pulg

6.10-20 $M_P = 295$ kN·m

CAPÍTULO 7

7.2-1 Para $\theta = 60°$: $\sigma_{x_1} = 5\,280$ lb/pulg^2, $\tau_{x_1y_1} = -3\,450$ lb/pulg^2

7.2-2 Para $\theta = 25°$: $\sigma_{x_1} = 111.8$ MPa, $\tau_{x_1y_1} = 20.1$ MPa

7.2-3 Para $\theta = 50°$: $\sigma_{x_1} = -2\,540$ lb/pulg^2, $\tau_{x_1y_1} = 2\,580$ lb/pulg^2

7.2-4 Para $\theta = 48°$: $\sigma_{x_1} = -118.2$ MPa, $\tau_{x_1y_1} = -84.2$ MPa

7.2-5 Para $\theta = 30°$: $\sigma_{x_1} = -3\,660$ lb/pulg^2, $\tau_{x_1y_1} = -14\,520$ lb/pulg^2

7.2-6 Para $\theta = -40°$: $\sigma_{x_1} = -0.5$ MPa, $\tau_{x_1y_1} = -17.8$ MPa

7.2-7 Para $\theta = 41°$: $\sigma_{x_1} = -11\,720$ lb/pulg^2, $\tau_{x_1y_1} = 3\,380$ lb/pulg^2

7.2-8 Para $\theta = -42.5°$: $\sigma_{x_1} = -54.8$ MPa, $\tau_{x_1y_1} = -19.2$ MPa

7.2-9 Esfuerzo normal a la costura, 187 lb/pulg^2 en tensión. Esfuerzo cortante, 163 lb/pulg^2 en sentido horario.

7.2-10 Esfuerzo normal a la costura, 1 440 kPa en tensión. Esfuerzo cortante, 1 030 kPa en sentido horario.

7.2-11 $\sigma_w = -125$ lb/pulg^2, $\tau_w = 375$ lb/pulg^2

7.2-12 $\sigma_w = 10.0$ MPa, $\tau_w = -5.0$ MPa

7.2-13 $\theta = 56.31°$

7.2-14 $\theta = 38.66°$

7.2-15 $\sigma_x = -14\,500$ lb/pulg^2, $\sigma_y = -4\,900$ lb/pulg^2, $\tau_{xy} = -3\,600$ lb/pulg^2

7.2-16 $\sigma_x = 65$ MPa, $\sigma_y = -25$ MPa, $\tau_{xy} = -28$ MPa

7.2-17 $\sigma_y = 4\,370$ lb/pulg^2, $\tau_{xy} = 2\,050$ lb/pulg^2

7.2-18 $\sigma_y = -19.3$ MPa, $\tau_{xy} = -40.6$ MPa

7.2-19 $\sigma_b = -3\,500$ lb/pulg^2, $\tau_b = 3\,290$ lb/pulg^2, $\theta_1 = 44.56°$

7.3-1 $\sigma_1 = 7\,750$ lb/pulg^2, $\theta_{p_1} = 24.44°$

7.3-2 $\sigma_1 = 116$ MPa, $\theta_{p_1} = 36.87°$

7.3-3 $\sigma_1 = -1\,800$ lb/pulg^2, $\theta_{p_1} = 66.04°$

7.3-4 $\sigma_1 = 60$ MPa, $\theta_{p_1} = -16.70°$

7.3-5 $\tau_{máx} = 14\,800$ lb/pulg^2, $\theta_{s_1} = -54.46°$

7.3-6 $\tau_{máx} = 20$ MPa, $\theta_{s_1} = 63.43°$

7.3-7 $\tau_{máx} = 5\,800$ lb/pulg^2, $\theta_{s_1} = 68.20°$

7.3-8 $\tau_{máx} = 29$ MPa, $\theta_{s_1} = 23.20°$

7.3-9 (a) $\sigma_1 = 180$ lb/pulg^2, $\theta_{p_1} = -20.56°$; (b) $\tau_{máx} = 730$ lb/pulg^2, $\theta_{s_1} = -65.56°$

7.3-10 (a) $\sigma_1 = 32.4$ MPa, $\theta_{p_1} = 117.23°$; (b) $\tau_{máx} = 77.4$ MPa, $\theta_{s_1} = 72.23°$

7.3-11 (a) $\sigma_1 = 4\,000$ lb/pulg^2, $\theta_{p_1} = -22.62°$; (b) $\tau_{máx} = 1\,690$ lb/pulg^2, $\theta_{s_1} = -67.62°$

7.3-12 (a) $\sigma_1 = 2\,260$ kPa, $\theta_{p_1} = -15.95°$; (b) $\tau_{máx} = 1\,060$ kPa, $\theta_{s_1} = -60.95°$

7.3-13 (a) $\sigma_1 = 15\,400$ lb/pulg^2, $\theta_{p_1} = 9.46°$; (b) $\tau_{máx} = 7\,400$ lb/pulg^2, $\theta_{s_1} = -35.54°$

7.3-14 (a) $\sigma_1 = 30$ MPa, $\theta_{p_1} = -18.43°$; (b) $\tau_{máx} = 70$ MPa, $\theta_{s_1} = -63.43°$

7.3-15 (a) $\sigma_1 = 0$, $\theta_{p_1} = 26.57°$; (b) $\tau_{máx} = 7\,500$ lb/pulg^2, $\theta_{s_1} = -18.43°$

7.3-16 (a) $\sigma_1 = 65.1$ MPa, $\theta_{p_1} = 106.85°$; (b) $\tau_{máx} = 90.1$ MPa, $\theta_{s_1} = 61.85°$

7.3-17 $2\,500$ lb/pulg$^2 \leq \sigma_y \leq 10\,500$ lb/pulg^2

7.3-18 13 MPa $\leq \sigma_y \leq 77$ MPa

7.3-19 (a) $\sigma_y = -2\,500$ lb/pulg^2; (b) $\sigma_2 = -3\,300$ lb/pulg^2, $\theta_{p_2} = 74.05°$

7.3-20 (a) $\sigma_y = 10.1$ MPa; (b) $\sigma_2 = -84.7$ MPa, $\theta_{p_2} = -22.46°$

7.4-1 (a) Para $\theta = 24°$: $\sigma_{x_1} = 12\,100$ lb/pulg^2, $\tau_{x_1y_1} = -5\,390$ lb/pulg^2; (b) $\tau_{máx} = 7\,250$ lb/pulg^2, $\theta_{s_1} = -45°$

7.4-2 (a) Para $\theta = -30°$: $\sigma_{x_1} = 41.2$ MPa, $\tau_{x_1y_1} = 23.8$ MPa; (b) $\tau_{máx} = 27.5$ MPa, $\theta_{s_1} = -45°$

7.4-3 (a) Para $\theta = 26.57°$: $\sigma_{x_1} = -4\,480$ lb/pulg^2, $\tau_{x_1y_1} = 2\,240$ lb/pulg^2; (b) $\tau_{máx} = 2\,800$ lb/pulg^2, $\theta_{s_1} = 45°$

7.4-4 (a) Para $\theta = 22.5°$: $\sigma_{x_1} = -48.28$ MPa, $\tau_{x_1y_1} = 28.28$ MPa; (b) $\tau_{máx} = 40$ MPa, $\theta_{s_1} = 45°$

7.4-5 (a) Para $\theta = 60°$: $\sigma_{x_1} = 375$ lb/pulg^2, $\tau_{x_1y_1} = -3\,248$ lb/pulg^2; (b) $\tau_{máx} = 3\,750$ lb/pulg^2, $\theta_{s_1} = -45°$

7.4-6 (a) Para $\theta = 21.80°$: $\sigma_{x_1} = -12$ MPa, $\tau_{x_1y_1} = 30$ MPa; (b) $\tau_{máx} = 43.5$ MPa, $\theta_{s_1} = 45°$

7.4-7 (a) Para $\theta = 70°$: $\sigma_{x_1} = 1\,928$ lb/pulg^2, $\tau_{x_1y_1} = -2\,298$ lb/pulg^2; (b) $\sigma_1 = 3\,000$ lb/pulg^2, $\theta_{p_1} = 45°$

7.4-8 (a) Para $\theta = 20°$: $\sigma_{x_1} = -10.28$ MPa, $\tau_{x_1y_1} = -12.26$ MPa; (b) $\sigma_1 = 16$ MPa, $\theta_{p_1} = 135°$

7.4-9 (a) Para $\theta = 36.87°$: $\sigma_{x_1} = 3\,840$ lb/pulg^2, $\tau_{x_1y_1} = 1\,120$ lb/pulg^2; (b) $\sigma_1 = 4\,000$ lb/pulg^2, $\theta_{p_1} = 45°$

7.4-10 Para $\theta = 50°$: $\sigma_{x_1} = 23.01$ MPa, $\tau_{x_1y_1} = -6.31$ MPa

7.4-11 Para $\theta = -55°$: $\sigma_{x_1} = 13\,850$ lb/pulg^2, $\tau_{x_1y_1} = -3\,450$ lb/pulg^2

7.4-12 Para $\theta = -35°$: $\sigma_{x_1} = -59.5$ MPa, $\tau_{x_1y_1} = 58.2$ MPa

7.4-13 Para $\theta = 18°$: $\sigma_{x_1} = -1\,256$ lb/pulg^2, $\tau_{x_1y_1} = 532$ lb/pulg^2

7.4-14 Para $\theta = 45°$: $\sigma_{x_1} = 46$ MPa, $\tau_{x_1y_1} = -18$ MPa

7.4-15 Para $\theta = 75°$: $\sigma_{x_1} = -735$ lb/pulg^2, $\tau_{x_1y_1} = 3\,444$ lb/pulg^2

7.4-16 (a) $\sigma_1 = 43.5$ MPa, $\theta_{p_1} = 68.20°$;
(b) $\tau_{\text{máx}} = 43.5$ MPa, $\theta_{s_1} = 23.20°$

7.4-17 (a) $\sigma_1 = 8\,640$ lb/pulg^2, $\theta_{p_1} = 9.46°$;
(b) $\tau_{\text{máx}} = 4\,440$ lb/pulg^2, $\theta_{s_1} = -35.54°$

7.4-18 (a) $\sigma_1 = 1.8$ MPa, $\theta_{p_1} = -15.26°$;
(b) $\tau_{\text{máx}} = 13$ MPa, $\theta_{s_1} = -60.26°$

7.4-19 (a) $\sigma_1 = 7\,850$ lb/pulg^2, $\theta_{p_1} = 63.43°$;
(b) $\tau_{\text{máx}} = 3\,750$ lb/pulg^2, $\theta_{s_1} = 18.43°$

7.4-20 (a) $\sigma_1 = 11\,200$ kPa, $\theta_{p_1} = 119.05°$;
(b) $\tau_{\text{máx}} = 5\,300$ kPa, $\theta_{s_1} = 74.05°$

7.4-21 (a) $\sigma_1 = -7\,400$ lb/pulg^2, $\theta_{p_1} = -32.47°$;
(b) $\tau_{\text{máx}} = 8\,500$ lb/pulg^2, $\theta_{s_1} = 102.53°$

7.4-22 (a) $\sigma_1 = 16.7$ MPa, $\theta_{p_1} = 123.69°$;
(b) $\tau_{\text{máx}} = 14.3$ MPa, $\theta_{s_1} = 78.69°$

7.4-23 (a) $\sigma_1 = 2\,500$ lb/pulg^2, $\theta_{p_1} = 30.96°$;
(b) $\tau_{\text{máx}} = 3\,400$ lb/pulg^2, $\theta_{s_1} = -14.04°$

7.5-1 $\sigma_x = 26\,040$ lb/pulg^2, $\sigma_y = -13\,190$ lb/pulg^2, $\Delta t = -32.1 \times 10^{-6}$ pulg (disminuye)

7.5-2 $\sigma_x = 114.1$ MPa, $\sigma_y = 60.2$ MPa, $\Delta t = -2610 \times 10^{-6}$ mm (disminuye)

7.5-3 (a) $\epsilon_z = -\nu(\epsilon_x + \epsilon_y)/(1 - \nu)$;
(b) $e = (1 - 2\nu)(\epsilon_x + \epsilon_y)/(1 - \nu)$

7.5-4 $\nu = 0.35$, $E = 45$ GPa

7.5-5 $\nu = 1/3$, $E = 30 \times 10^6$ lb/pulg^2

7.5-6 (a) $\gamma_{\text{máx}} = 715 \times 10^{-6}$;
(b) $\Delta t = -2\,100 \times 10^{-6}$ mm (disminuye);
(c) $\Delta V = 896$ mm^3 (aumenta)

7.5-7 (a) $\gamma_{\text{máx}} = 1\,900 \times 10^{-6}$;
(b) $\Delta t = -141 \times 10^{-6}$ pulg (disminuye);
(c) $\Delta V = 0.0874$ pulg^3 (aumenta)

7.5-8 $\Delta V = -56$ mm^3 (disminuye); $U = 4.04$ J

7.5-9 $\Delta V = -0.0603$ pulg^3 (disminuye); $U = 60.0$ pulg-lb

7.5-10 $\Delta V = 2\,640$ mm^3 (aumenta); $U = 67.0$ J

7.5-11 $\Delta V = 0.0423$ pulg^3 (aumenta); $U = 373$ pulg-lb

7.5-12 (a) $\Delta ac = 0.0745$ mm (aumenta);
(b) $\Delta bd = -0.000560$ mm (disminuye);
(c) $\Delta t = -0.00381$ mm (disminuye);
(d) $\Delta V = 573$ mm^3 (aumenta); (e) $U = 25.0$ J

7.6-1 (a) $\tau_{\text{máx}} = 8\,000$ lb/pulg^2;
(b) $\Delta a = 0.0079$ pulg (aumenta),
$\Delta b = -0.0029$ pulg (disminuye),
$\Delta c = -0.0011$ pulg (disminuye);
(c) $\Delta V = 0.0165$ pulg^3 (aumenta);
(d) $U = 685$ pulg-lb

7.6-2 (a) $\tau_{\text{máx}} = 10.0$ MPa;
(b) $\Delta a = -0.0540$ mm (disminuye),
$\Delta b = -0.0075$ mm (disminuye),
$\Delta c = -0.0075$ mm (disminuye);

(c) $\Delta V = -1\,890$ mm^3 (disminuye);
(d) $U = 50.0$ J

7.6-3 (a) $\sigma_x = -4\,200$ lb/pulg^2, $\sigma_y = \sigma_z = -2100$ lb/pulg^2;
(b) $\tau_{\text{máx}} = 1\,050$ lb/pulg^2;
(c) $\Delta V = -0.0192$ pulg^3 (disminuye);
(d) $U = 35.3$ pulg-lb

7.6-4 (a) $\sigma_x = -64.8$ MPa, $\sigma_y = \sigma_z = -43.2$ MPa;
(b) $\tau_{\text{máx}} = 10.8$ MPa;
(c) $\Delta V = -532$ mm^3 (disminuye);
(d) $U = 14.8$ J

7.6-5 $K = 10.0 \times 10^6$ lb/pulg^2

7.6-6 $K = 5.0$ GPa

7.6-7 (a) $p = \nu F/[A(1 - \nu)]$;
(b) $\delta = FL(1 + \nu)(1 - 2\nu)/[EA(1 - \nu)]$

7.6-8 (a) $p = \nu p_0$; (b) $e = -p_0(1 + \nu)(1 - 2\nu)/E$;
(c) $u = p_0^2(1 - \nu^2)/2E$

7.6-9 $\Delta d = 0.00104$ pulg (disminuye);
$\Delta V = 0.198$ pulg^3 (disminuye);
$U = 438$ pulg-lb

7.6-10 (a) $p = 700$ MPa; (b) $K = 175$ GPa;
(c) $U = 2\,470$ J

7.6-11 $\epsilon_0 = 276 \times 10^{-6}$, $e = 828 \times 10^{-6}$, $u = 4.97$ lb/pulg^2

7.7-1 (a) $\Delta d = 0.00117$ pulg (aumenta);
(b) $\Delta \varphi = 128 \times 10^{-6}$ rad (disminuye);
(c) $\Delta \psi = 128 \times 10^{-6}$ rad (aumenta)

7.7-2 (a) $\Delta d = 0.0547$ mm (aumenta);
(b) $\Delta \varphi = 240 \times 10^{-6}$ rad (disminuye);
(c) $\Delta \psi = 240 \times 10^{-6}$ rad (aumenta)

7.7-3 (a) $\Delta d = 0.00458$ pulg (aumenta);
(b) $\Delta \varphi = 157 \times 10^{-6}$ rad (disminuye);
(c) $\gamma = -314 \times 10^{-6}$ rad (el ángulo *ced* aumenta)

7.7-4 (a) $\Delta d = 0.168$ mm (aumenta);
(b) $\Delta \varphi = 317 \times 10^{-6}$ rad (disminuye);
(c) $\gamma = -634 \times 10^{-6}$ rad (el ángulo *ced* aumenta)

7.7-5 Para $\theta = 50°$: $\epsilon_{x_1} = 461 \times 10^{-6}$, $\gamma_{x_1y_1} = 225 \times 10^{-6}$

7.7-6 Para $\theta = 37.5°$: $\epsilon_{x_1} = 351 \times 10^{-6}$, $\gamma_{x_1y_1} = -490 \times 10^{-6}$

7.7-7 $\epsilon_1 = 554 \times 10^{-6}$, $\theta_{p_1} = -22.9°$; $\gamma_{\text{máx}} = 488 \times 10^{-6}$

7.7-8 $\epsilon_1 = 172 \times 10^{-6}$, $\theta_{p_1} = 163.9°$; $\gamma_{\text{máx}} = 674 \times 10^{-6}$

7.7-9 (a) Para $\theta = 75°$: $\epsilon_{x_1} = 202 \times 10^{-6}$, $\gamma_{x_1y_1} = -569 \times 10^{-6}$; (b) $\epsilon_1 = 568 \times 10^{-6}$, $\theta_{p_1} = 22.8°$; (c) $\gamma_{\text{máx}} = 587 \times 10^{-6}$

7.7-10 (a) Para $\theta = 45°$: $\epsilon_{x_1} = -385 \times 10^{-6}$, $\gamma_{x_1y_1} = 690 \times 10^{-6}$; (b) $\epsilon_1 = -254 \times 10^{-6}$, $\theta_{p_1} = 65.7°$; (c) $\gamma_{\text{máx}} = 1\,041 \times 10^{-6}$

7.7-11 $(\tau_{\text{máx}})_{xy} = 7\,800$ lb/pulg^2, $(\gamma_{\text{máx}})_{xy} = 676 \times 10^{-6}$,
$(\gamma_{\text{máx}})_{xz} = 780 \times 10^{-6}$, $(\gamma_{\text{máx}})_{yz} = 104 \times 10^{-6}$

7.7-12 $(\tau_{\text{máx}})_{xy} = 32.4$ MPa, $(\gamma_{\text{máx}})_{xy} = 1\,200 \times 10^{-6}$,
$(\gamma_{\text{máx}})_{xz} = 1\,600 \times 10^{-6}$, $(\gamma_{\text{máx}})_{yz} = 399 \times 10^{-6}$

7.7-13 (a) Para $\theta = 30°$: $\epsilon_{x_1} = -756 \times 10^{-6}$,
$\gamma_{x_1y_1} = 868 \times 10^{-6}$; (b) $\epsilon_1 = 426 \times 10^{-6}$,
$\theta_{p_1} = 99.8°$; (c) $\gamma_{\text{máx}} = 1\,342 \times 10^{-6}$

7.7-14 (a) Para $\theta = 50°$: $\epsilon_{x_1} = -1\,469 \times 10^{-6}$,
$\gamma_{x_1y_1} = -717 \times 10^{-6}$; (b) $\epsilon_1 = -732 \times 10^{-6}$,
$\theta_{p_1} = 166.0°$; (c) $\gamma_{\text{máx}} = 911 \times 10^{-6}$

7.7-15 $\epsilon_1 = 551 \times 10^{-6}$, $\theta_{p_1} = 12.5°$;
$\gamma_{\text{máx}} = 662 \times 10^{-6}$

7.7-16 $\epsilon_1 = 332 \times 10^{-6}$, $\theta_{p_1} = 12.0°$;
$\gamma_{\text{máx}} = 515 \times 10^{-6}$

7.7-17 (a) $P = 5\,300$ lb, $T = 1\,390$ lb-pulg;
(b) $\gamma_{\text{máx}} = 222 \times 10^{-6}$,
$\tau_{\text{máx}} = 2\,580$ lb/pulg^2

7.7-18 $P = 125$ kN, $\alpha = 30°$

7.7-19 $P = 5\,000$ lb, $\alpha = 38°$

7.7-20 $\epsilon_x = \epsilon_a$, $\epsilon_y = (2\epsilon_b + 2\epsilon_c - \epsilon_a)/3$,
$\gamma_{xy} = 2(\epsilon_b - \epsilon_c)/\sqrt{3}$

7.7-21 Para $\theta_{p_1} = 30°$: $\epsilon_1 = 1\,550 \times 10^{-6}$,
$\epsilon_2 = -250 \times 10^{-6}$, $\sigma_1 = 10\,000$ lb/pulg^2,
$\sigma_2 = 2\,000$ lb/pulg^2

7.7-22 $\sigma_x = 91.6$ MPa

7.7-23 Para $\theta = 50°$: $\epsilon_{x_1} = 461 \times 10^{-6}$,
$\gamma_{x_1y_1} = 225 \times 10^{-6}$

7.7-24 Para $\theta = 37.5°$: $\epsilon_{x_1} = 351 \times 10^{-6}$,
$\gamma_{x_1y_1} = -490 \times 10^{-6}$

7.7-25 $\epsilon_1 = 554 \times 10^{-6}$, $\theta_{p_1} = 157.1°$;
$\gamma_{\text{máx}} = 488 \times 10^{-6}$

7.7-26 $\epsilon_1 = 172 \times 10^{-6}$, $\theta_{p_1} = 163.9°$;
$\gamma_{\text{máx}} = 674 \times 10^{-6}$

7.7-27 (a) Para $\theta = 75°$: $\epsilon_{x_1} = 202 \times 10^{-6}$,
$\gamma_{x_1y_1} = -569 \times 10^{-6}$; (b) $\epsilon_1 = 568 \times 10^{-6}$,
$\theta_{p_1} = 22.8°$; (c) $\gamma_{\text{máx}} = 587 \times 10^{-6}$

7.7-28 (a) Para $\theta = 45°$: $\epsilon_{x_1} = -385 \times 10^{-6}$,
$\gamma_{x_1y_1} = 690 \times 10^{-6}$; (b) $\epsilon_1 = -254 \times 10^{-6}$,
$\theta_{p_1} = 65.7°$; (c) $\gamma_{\text{máx}} = 1\,041 \times 10^{-6}$

CAPÍTULO 8

8.2-1 $t = 2.36$ pulg, $t_{\text{mín}} = 2.50$ pulg

8.2-2 $t = 85.9$ mm, $t_{\text{mín}} = 86$ mm

8.2-3 $F = 684$ lb, $\sigma = 280$ lb/pulg^2

8.2-4 $\sigma_{\text{máx}} = 2.88$ MPa, $\epsilon_{\text{máx}} = 0.452$

8.2-5 $\sigma_{\text{máx}} = 405$ lb/pulg^2, $\epsilon_{\text{máx}} = 0.446$

8.2-6 $p = 2.93$ MPa

8.2-7 (a) $f = 30.0$ k/pulg; (b) $\tau_{\text{máx}} = 7\,500$ lb/pulg^2;
(c) $\epsilon_{\text{máx}} = 344 \times 10^{-6}$

8.2-8 (a) $f = 6.0$ MN/m; (b) $\tau_{\text{máx}} = 60.0$ MPa;
(c) $\epsilon_{\text{máx}} = 406 \times 10^{-6}$

8.2-9 $t_{\text{mín}} = 0.288$ pulg

8.2-10 $t_{\text{mín}} = 6.0$ mm

8.2-11 $D_0 = 90$ pies

8.3-1 $t_{\text{mín}} = 0.350$ pulg

8.3-2 (a) $h = 20.0$ m; (b) Zero

8.3-3 $n = 2.25$

8.3-4 $F = 3\pi pr^2$

8.3-5 $p = 50$ lb/pulg^2

8.3-6 $\epsilon_{\text{máx}} = 80 \times 10^{-6}$

8.3-7 $t_{\text{mín}} = 0.113$ pulg

8.3-8 $t_{\text{mín}} = 3.71$ mm

8.3-9 (a) $h = 25$ pies; (b) $\sigma_1 \approx 125$ lb/pulg^2

8.3-10 (a) $\sigma_h = 24.0$ MPa; (b) $\sigma_c = 48.0$ MPa;
(c) $\sigma_w = 24.0$ MPa; (d) $\tau_h = 12.0$ MPa;
(e) $\tau_c = 24.0$ MPa

8.3-11 (a) $t_{\text{mín}} = 0.50$ pulg; (b) $t_{\text{mín}} = 0.25$ pulg

8.3-12 (a) $\sigma_1 = 80$ MPa, $\sigma_2 = 40$ MPa;
(b) $\tau_1 = 20$ MPa, $\tau_2 = 40$ MPa; (c) $\epsilon_1 = 340 \times 10^{-6}$,
$\epsilon_2 = 80 \times 10^{-6}$; (d) Para $\theta = 30°$: $\sigma_{x_1} = 50$ MPa,
$\tau_{x_1y_1} = 17.3$ MPa

8.3-13 (a) $\sigma_1 = 6\,000$ lb/pulg^2, $\sigma_2 = 3\,000$ lb/pulg^2;
(b) $\tau_1 = 1\,500$ lb/pulg^2, $\tau_2 = 3\,000$ lb/pulg^2;
(c) $\epsilon_1 = 170 \times 10^{-6}$, $\epsilon_2 = 40 \times 10^{-6}$;
(d) Para $\theta = 25°$: $\sigma_{x_1} = 3540$ lb/pulg^2, $\tau_{x_1y_1} = 1\,150$ lb/pulg^2

8.4-1 $\sigma_1 = 99$ lb/pulg^2, $\sigma_2 = -2\,260$ lb/pulg^2, $\tau_{\text{máx}} = 1\,180$ lb/pulg^2

8.4-2 $\sigma_1 = 46.0$ MPa, $\sigma_2 = -1.0$ MPa,
$\tau_{\text{máx}} = 23.5$ MPa

8.4-3 (b) $\sigma_1 = 30$ lb/pulg^2, $\sigma_2 = -663$ lb/pulg^2,
$\tau_{\text{máx}} = 346$ lb/pulg^2

8.4-4 $P = 35.0$ kN

8.4-5 $P = 5.0$ klb

8.4-6 (b) $\sigma_1 = 4.5$ MPa, $\sigma_2 = -76.1$ MPa,
$\tau_{\text{máx}} = 40.3$ MPa

8.4-7 (b) $\sigma_1 = 14\,100$ lb/pulg^2, $\sigma_2 = -220$ lb/pulg^2,
$\tau_{\text{máx}} = 7\,160$ lb/pulg^2

8.4-8 (b) $\sigma_1 = 540$ lb/pulg^2, $\sigma_2 = -16\,060$ lb/pulg^2,
$\tau_{\text{máx}} = 8\,300$ lb/pulg^2

8.4-9 (b) $\sigma_1 = 1\,120$ lb/pulg^2, $\sigma_2 = -5\,480$ lb/pulg^2,
$\tau_{\text{máx}} = 3\,300$ lb/pulg^2

8.4-10 En el punto B: $\sigma_1 = 19.8$ MPa, $\sigma_2 = -0.2$ MPa,
$\tau_{\text{máx}} = 10.0$ MPa

8.4-11 Parte superior de la viga: $\sigma_1 = 0$, $\sigma_2 = -15\,000$ lb/pulg^2, $\tau_{\text{máx}} = 7\,500$ lb/pulg^2

8.4-12 Parte superior de la viga: $\sigma_1 = 0$, $\sigma_2 = -225$ MPa, $\tau_{\text{máx}} = 112$ MPa

8.5-1 $\sigma_t = 3\,330$ lb/pulg^2, $\sigma_c = -3\,590$ lb/pulg^2,
$\tau_{\text{máx}} = 1\,790$ lb/pulg^2

8.5-2 $d_{mín} = 48.4$ mm

8.5-3 $\sigma_t = 3\,920$ lb/pulg^2, $\sigma_c = -8\,770$ lb/pulg^2, $\tau_{máx} = 6\,350$ lb/pulg^2

8.5-4 $\sigma_t = 20.1$ MPa, $\sigma_c = -46.3$ MPa, $\tau_{máx} = 33.2$ MPa

8.5-5 $P_{máx} = 249$ klb

8.5-6 $p_{máx} = 9.60$ MPa

8.5-7 $t_{mín} = 0.125$ pulg

8.5-8 $\varphi_{máx} = 0.5522$ rad $= 31.6°$

8.5-9 $\sigma_t = 39\,950$ lb/pulg^2, $\sigma_c = -2\,230$ lb/pulg^2, $\tau_{máx} = 21\,090$ lb/pulg^2

8.5-10   (a) $\sigma_{máx} = 56.4$ MPa, $\tau_{máx} = 18.9$ MPa; (b) $T_{máx} = 231$ kN·m

8.5-11 $\sigma_t = 4\,320$ lb/pulg^2, $\sigma_c = -1\,870$ lb/pulg^2, $\tau_{máx} = 3\,100$ lb/pulg^2

8.5-12 $\sigma_t = 29.15\ qR^2/d^3$, $\sigma_c = -8.78\ qR^2/d^3$, $\tau_{máx} = 18.97\ qR^2/d^3$

8.5-13 $d = 1.50$ pulg

8.5-14 $P = 34.1$ kN

8.5-15   (a) $\sigma_{máx} = 7\,550$ lb/pulg^2, $\tau_{máx} = 3\,800$ lb/pulg^2; (b) $P_{perm} = 395$ lb

8.5-16 $\tau_A = 68.6$ MPa, $\tau_B = 18.8$ MPa, $\tau_C = 22.0$ MPa

8.5-17   (a) $\sigma_x = 0$, $\sigma_y = 4\,156$ lb/pulg^2, $\tau_{xy} = 191$ lb/pulg^2; (b) $\sigma_t = 4\,165$ lb/pulg^2, $\sigma_c = -9$ lb/pulg^2, $\tau_{máx} = 2\,087$ lb/pulg^2

8.5-18 $\sigma_t = 6.1$ MPa, $\sigma_c = -65.1$ MPa, $\tau_{máx} = 35.6$ MPa

8.5-19 $\sigma_t = 10\,680$ lb/pulg^2; Sin esfuerzo de compresión; $\tau_{máx} = 5\,340$ lb/pulg^2

8.5-20   (a) $\sigma_t = 32$ MPa, $\sigma_c = -184$ MPa, $\tau_{máx} = 108$ MPa; (b) $\sigma_t = 72.2$ MPa, $\sigma_c = -72.2$ MPa, $\tau_{máx} = 72.2$ MPa

CAPÍTULO 9

9.2-1 $q = q_0 x/L$; carga distribuida triangularmente que actúa hacia abajo

9.2-2   (a) $q = q_0$ sen $\pi x/L$, carga senoidal; (b) $R_A = R_B = q_0 L/\pi$; (c) $M_{máx} = q_0 L^2/\pi^2$

9.2-3 $q = q_0(1 - x/L)$; carga distribuida triangularmente que actúa hacia abajo

9.2-4   (a) $q = q_0(L^2 - x^2)/L^2$; carga parabólica que actúa hacia abajo (b) $R_A = 2q_0 L/3$; $M_A = -q_0 L^2/4$

9.3-1 $\delta_{máx} = 0.182$ pulg, $\theta = 0.199°$

9.3-2 $h = 96$ mm

9.3-3 $L = 120$ pulg $= 10$ pies

9.3-4 $\delta_{máx} = 15.4$ mm

9.3-5 $\delta/L = 1/400$

9.3-6 $E_g = 80.0$ GPa

9.3-7   Sea $\beta = a/L$: $\dfrac{\delta_C}{\delta_{máx}} = \dfrac{3\sqrt{3}(-1 + 8\beta - 4\beta^2)}{}$
La deflexión en el punto medio es cercana a la deflexión máxima. La diferencia máxima es solamente de 2.6 por ciento.

9.3-11 $v = -mx^2(3L - x)/6EI$, $\delta_B = mL^3/3EI$, $\theta_B = mL^2/2EI$

9.3-12 $v = -qx(8L^3 - 4Lx^2 + x^3)/24EI$, $\delta_B = 5qL^4/24EI$

9.3-15 $v = -qLx^2(9L - 4x)/48EI$ para $0 \le x \le L/2$; $v = -q(16x^4 - 64Lx^3 + 96L^2x^2 - 8L^3x + L^4)/384EI$ para $L/2 \le x \le L$; $\delta_B = 41qL^4/384EI$; $\delta_C = 7qL^4/192EI$

9.4-3 $v = -M_0 x(L - x)^2/2LEI$; $\delta_{máx} = 2M_0 L^2/27EI$ (hacia abajo)

9.4-4 $v = -qx(5L^3 - 8Lx^2 + 4x^3)/96EI$; $\theta_A = 5qL^3/96EI$

9.4-6 $v = -q_0 x^2(45L^4 - 40L^3x + 15L^2x^2 - x^4)/360L^2EI$; $\delta_B = 19q_0 L^4/360EI$; $\theta_B = q_0 L^3/15EI$

9.4-7 $v = -q_0 x(3L^5 - 5L^3x^2 + 3Lx^4 - x^5)/90L^2EI$; $\delta_{máx} = 61q_0 L^4/5\,760EI$

9.4-9 $v = qLx(L^2 - x^2)/48EI$ para $0 \le x \le L$; $v = -q(L - x)(7L^3 - 17L^2x + 10Lx^2 - 2x^3)/48EI$ para $L \le x \le 3L/2$; $\delta_C = 11qL^4/384EI$; $\theta_C = qL^3/16EI$

9.4-10 $v = -q_0 Lx(37L^2 - 40x^2)/5\,760EI$ para $0 \le x \le L/2$; $v = -q_0[L^2x(37L^2 - 40x^2) + 3(2x - L)^5]/5\,760LEI$ para $L/2 \le x \le L$; $\theta_A = 37q_0 L^3/5\,760EI$; $\theta_B = 53q_0 L^3/5\,760EI$; $\delta_C = 3q_0 L^4/1\,280EI$

9.5-1 $\theta_B = 7PL^2/9EI$; $\delta_B = 5PL^3/9EI$

9.5-2   (a) $\delta_1 = 11PL^3/144EI$; (b) $\delta_2 = 25PL^3/384EI$; (c) $\delta_1/\delta_2 = 88/75 = 1.173$

9.5-3   (a) $a/L = 2/3$; (b) $a/L = 1/2$

9.5-4 $\delta_C = 25$ mm

9.5-5 $y = Px^2(L - x)^2/3LEI$

9.5-6 $\theta_B = 7qL^3/162EI$; $\delta_B = 23qL^4/648EI$

9.5-7 $\delta_C = 0.0905$ pulg, $\delta_B = 0.293$ pulg

9.5-8   (a) $\delta_A = PL^2(10L - 9a)/324EI$ (positivo hacia arriba; (b) Hacia arriba cuando $a/L < 10/9$, hacia abajo cuando $a/L > 10/9$

9.5-9   (a) $\delta_C = PH^2(L + H)/3EI$; (b) $\delta_{máx} = PHL^2/9\sqrt{3}EI$

9.5-10 $\delta_C = 3.5$ mm

9.5-11 $\theta_B = q_0 L^3/10EI$, $\delta_B = 13q_0 L^4/180EI$

9.5-12 $\theta_A = q(L^3 - 6La^2 + 4a^3)/24EI$; $\delta_{máx} = q(5L^4 - 24L^2a^2 + 16a^4)/384EI$

9.5-13   (a) $P/Q = 3a/L$; (b) $P/Q = 16a(L + a)/3L^2$

9.5-14 $\delta = 19WL^3/31,104EI$

9.5-15 $k = 20$ lb/pulg

9.5-16 $P = 3\,200$ N, $Q = 1\,600$ N

9.5-17 $\delta = 5Pb^3/2EI$

9.5-18 $\delta_E = 5Pb^3/3EI$

9.5-19 $\delta_C = 0.120$ pulg

9.5-20 $q = 16cEI/7L^4$

9.5-21 $\delta_h = Pcb^2/2EI$, $\delta_v = Pc^2(c + 3b)/3EI$

9.5-22 $\delta = PL^2(2L + 3a)/3EI$

9.5-23 (a) $b/L = 0.4030$; (b) $\delta_C = 0.002870qL^4/EI$

9.5-24 $\alpha = 22.5°$, $112.5°$, $-67.5°$, o $-157.5°$

9.6-4 $\theta_B = 7qL^3/162EI$, $\delta_B = 23qL^4/648EI$

9.6-5 $\delta_B = 0.443$ pulg, $\delta_C = 0.137$ pulg

9.6-6 $\delta_B = 11.8$ mm, $\delta_C = 4.10$ mm

9.6-8 $P = 64$ kN

9.6-9 $\theta_A = M_0L/6EI$, $\theta_B = M_0L/3EI$,
$\delta = M_0L^2/16EI$

9.6-10 $\theta_A = Pa(L - a)(L - 2a)/6LEI$,
$\delta_1 = Pa^2(L - 2a)^2/6LEI$, $\delta_2 = 0$

9.6-11 $\theta_A = M_0L/6EI$, $\theta_B = 0$, $\delta = M_0L^2/27EI$
(hacia abajo)

9.7-1 (a) $\delta_B = PL^3(1 + 7I_1/I_2)/24EI_1$;
(b) $r = (1 + 7I_1/I_2)/8$

9.7-2 (a) $\delta_B = qL^4(1 + 15I_1/I_2)/128EI_1$;
(b) $r = (1 + 15I_1/I_2)/16$

9.7-3 $v = -qx(21L^3 - 64Lx^2 + 32x^3)/768EI$ para
$\quad 0 \leq x \leq L/4$;
$v = -q(13L^4 + 256L^3x - 512Lx^3 + 256x^4)/$
$\quad 12\,288EI$ para $L/4 \leq x \leq L/2$;
$\theta_A = 7qL^3/256EI$; $\delta_{máx} = 31qL^4/4\,096EI$

9.7-4 $\theta_A = 8PL^2/243EI$, $\delta_B = 8PL^3/729EI$,
$\delta_{máx} = 0.01363PL^3/EI$

9.7-5 $v = -2Px(19L^2 - 27x^2)/729EI$ para $0 \leq x \leq L/3$;
$v = P(13L^3 - 175L^2x + 243Lx^2 - 81x^3)/1\,458EI$
$\quad$ para $L/3 \leq x \leq L$;
$\theta_A = 38PL^2/729EI$, $\theta_C = 34PL^2/729EI$,
$\delta_B = 32PL^3/2\,187EI$

9.7-6 $v = \dfrac{PL^3}{EI_A}\left[\dfrac{L}{2(L + x)} - \dfrac{3x}{8L} + \dfrac{1}{8} + \ln\left(\dfrac{L + x}{2L}\right)\right]$;

$\delta_A = \dfrac{PL^3}{8EI_A}(8\ln 2 - 5)$

9.7-7 $v = \dfrac{PL^3}{24EI_A}\left[7 - \dfrac{4L(2L + 3x)}{(L + x)^2} - \dfrac{2x}{L}\right]$;

$\delta_A = \dfrac{PL^3}{24EI_A}$

9.7-8 $v = \dfrac{8PL^3}{EI_A}\left[\dfrac{L}{2L + x} - \dfrac{2x}{9L} - \dfrac{1}{9} + \ln\left(\dfrac{2L + x}{3L}\right)\right]$;

$\delta_A = \dfrac{8PL^3}{EI_A}\left(\ln\dfrac{3}{2} - \dfrac{7}{18}\right)$

9.7-9 (a) $v' = -\dfrac{qL^3}{16EI_A}\left[1 - \dfrac{8Lx^2}{(L + x)^3}\right]$ para $0 \leq x \leq L$,

$v = \dfrac{qL^4}{2EI_A}\left[\dfrac{(9L^2 + 14Lx + x^2)x}{8L(L + x)^2} - \ln\left(1 + \dfrac{x}{L}\right)\right]$
$\quad$ para $0 \leq x \leq L$;

(b) $\theta_A = \dfrac{qL^3}{16EI_A}$, $\delta_C = \dfrac{qL^4(3 - 4\ln 2)}{8EI_A}$

9.8-1 $U = 4bhL\,\sigma_{máx}^2/45E$

9.8-2 (a) y (b) $U = P^2L^3/96EI$; (c) $\delta = PL^3/48EI$

9.8-3 (a) y (b) $U = q^2L^5/40EI$

9.8-4 (a) $U = 32EI\delta^2/L^3$; (b) $U = \pi^4EI\delta^2/4L^3$

9.8-5 (a) $U = P^2a^2(L + a)/6EI$;
(b) $\delta_C = Pa^2(L + a)/3EI$;
(c) $U = 241$ pulg-lb, $\delta_C = 0.133$ pulg

9.8-6 $U = P^2L^3/96EI + PM_0L^2/16EI + M_0^2L/6EI$

9.8-7 $\delta_B = 2PL^3/3EI + 8\sqrt{2}PL/EA$

9.9-2 $\delta_D = Pa^2b^2/3LEI$

9.9-3 $\delta_C = Pa^2(L + a)/3EI$

9.9-6 $\delta_C = L^3(2P_1 + 5P_2)/48EI$,
$\delta_B = L^3(5P_1 + 16P_2)/48EI$

9.9-7 $\theta_A = 7qL^3/48EI$

9.9-8 $\delta_C = Pb^2(b + 3h)/3EI$, $\theta_C =$
$Pb(b + 2h)/2EI$

9.9-9 $\delta_C = 31qL^4/4\,096EI$

9.9-10 $\theta_A = M_A(L + 3a)/3EI$, $\delta_A =$
$M_Aa(2L + 3a)/6EI$

9.9-11 $\delta_C = Pa^2(L + a)/3EI + P(L + a)^2/kL^2$

9.9-12 $\delta_D = 37qL^4/6\,144EI$ (hacia arriba)

9.10-1 $\sigma_{máx} = \sigma_{st}[1 + (1 + 2h/\delta_{st})^{1/2}]$

9.10-2 $\sigma_{máx} = \sqrt{18WEh/AL}$

9.10-3 $\delta_{máx} = 0.302$ pulg, $\sigma_{máx} = 21\,700$ lb/pulg^2

9.10-4 $d = 281$ mm

9.10-5 W 14×53

9.10-6 $h = 360$ mm

9.10-7 $R = \sqrt{3EII_m\omega^2/L^3}$

9.11-1 $q(x) = -P\langle x\rangle^{-1} + Pa\langle x\rangle^{-2} + P\langle x - a\rangle^{-1}$

9.11-2 $q(x) = -qb\langle x\rangle^{-1} + (qb/2)(2a + b)\langle x\rangle^{-2} +$
$\quad q\langle x - a\rangle^0 - q\langle x - L\rangle^0$

9.11-3 $q(x) = -16\langle x\rangle^{-1} + 864\langle x\rangle^{-2} + (1/6)\langle x\rangle^0 -$
$\quad (1/6)\langle x - 72\rangle^0 + 4\langle x - 108\rangle^{-1}$;
$\quad x = $ pulg, $q = $ k/pulg

9.11-4 $q(x) = -(Pb/L)\langle x\rangle^{-1} + P\langle x - a\rangle^{-1} -$
$\quad (Pa/L)\langle x - L\rangle^{-1}$

9.11-5 $q(x) = -(M_0/L)\langle x\rangle^{-1} + M_0\langle x - a\rangle^{-2} +$
$\quad (M_0/L)\langle x - L\rangle^{-1}$

9.11-6 $q(x) = -P\langle x\rangle^{-1} + P\langle x - a\rangle^{-1} +$
$\quad P\langle x - L + a\rangle^{-1} - P\langle x - L\rangle^{-1}$

9.11-7 $q(x) = -7.692\langle x\rangle^{-1} + 240\langle x\rangle^{-2} + 18\langle x - 192\rangle^{-1}$
$\quad - 10.308\langle x - 312\rangle^{-1}$; $x = $ pulg, $q =$
$\quad$ k/pulg

9.11-8 $q(x) = -(qa/2L)(2L - a)\langle x\rangle^{-1} + q\langle x\rangle^{0} - q\langle x - a\rangle^{0} - (qa^2/2L)\langle x - L\rangle^{-1}$

9.11-9 $q(x) = -(2q_0L/27)\langle x\rangle^{-1} + (3q_0/L)\langle x - L/3\rangle^{1} - (3q_0/L)\langle x - 2L/3\rangle^{1} - q_0\langle x - 2L/3\rangle^{0} - (5q_0L/54)\langle x - L\rangle^{1}$

9.11-10 $q(x) = -180\langle x\rangle^{-1} + 20\langle x\rangle^{0} - 20\langle x - 10\rangle^{0} + 120\langle x - 15\rangle^{-1} - 140\langle x - 20\rangle^{-1}$; $x = $ m, $q = $ kN/m

9.11-11 $q(x) = 3\langle x\rangle^{-1} + 144\langle x - 72\rangle^{-2} - 11\langle x - 144\rangle^{-1} + 8\langle x - 216\rangle^{-1}$; $x = $ pulg, $q = $ k/pulg

9.11-12 $q(x) = 2.4\langle x\rangle^{-1} + 10\langle x - 1.2\rangle^{1} - 10\langle x - 2.4\rangle^{1} - 24\langle x - 2.4\rangle^{-1} - 12\langle x - 3.6\rangle^{0}$; $x = $ m, $q = $ kN/m

9.12-1 $EIv = Px^2(x - 3a)/6 - P\langle x - a\rangle^3/6$; $\theta_B = Pa^2/2EI$ (sentido antihorario); $\delta_B = Pa^2(3L - a)/6EI$ (sentido horario)

9.12-2 $EIv = qbx^2(2x - 3a - 3L)/12 - q\langle x - a\rangle^4/24$; $\theta_B = q(L^3 - a^3)/6EI$ (sentido horario); $\delta_B = q(3L^4 - 4a^3L + a^4)/24EI$ (hacia abajo)

9.12-3 $EIv = x^2(-x^2 + 384x - 62\,208)/144 + \langle x - 72\rangle^4/144$; $x = $ pulg, $v = $ pulg, $E = $ klb/pulg^2, $I = $ pulg^4; $\theta_B = 0.007488$ rad (sentido horario); $\delta_B = 0.5806$ pulg (hacia abajo)

9.12-4 $EIv = Pbx(x^2 + b^2 - L^2)/6L - P\langle x - a\rangle^3/6$; $\theta_A = Pab(L + b)/6LEI$; $\delta_D = Pa^2b^2/3LEI$

9.12-5 $EIv = M_0x(x^2 - 6aL + 3a^2 + 2L^2)/6L - M_0\langle x - a\rangle^2/2$; $\theta_A = M_0(6aL - 3a^2 - 2L^2)/6LEI$ (sentido horario); $\delta_D = M_0ab(2a - L)/3LEI$ (hacia abajo)

9.12-6 $EIv = Px(x^2 - 3aL + 3a^2)/6 - P\langle x - a\rangle^3/6 - P\langle x - L + a\rangle^3/6$; $\theta_A = Pa(L - a)/2EI$; $\delta_D = Pa^2(3L - 4a)/6EI$

9.12-7 $EIv = 1.282x^3 - 120x^2 - 70,740x - 3\langle x - 192\rangle^3$; $x = $ pulg, $v = $ pulg, $E = $ klb/pulg^2, $I = $ pulg^4; $\theta_A = 0.003275$ rad (sentido horario); $\delta_D = 0.4135$ pulg (hacia abajo)

9.12-8 $EIv = qx[-a^2(2L - a)^2 + 2a(2L - a)x^2 - Lx^3]/24L + q\langle x - a\rangle^4/24$; $\theta_B = qa^2(2L^2 - a^2)/24LEI$ (sentido antihorario); $\delta_D = qa^3(4L^2 - 7aL + 3a^2)/24LEI$ (hacia abajo)

9.12-9 $EIv = -47q_0L^3x/4\,860 + q_0Lx^3/81 - q_0\langle x - L/3\rangle^5/40L + q_0\langle x - 2L/3\rangle^5/40L + q_0\langle x - 2L/3\rangle^4/24$; $\theta_B = 101q_0L^3/9\,720EI$; $\delta_D = 121q_0L^4/43\,740EI$

9.12-10 $EIv = -5\,625x + 30x^3 - 5x^4/6 + 5\langle x - 10\rangle^4/6 - 20\langle x - 15\rangle^3$; $x = $ m, $v = $ m, $E = $ kPa, $I = $ m^4; $\theta_B = 0.01066$ rad; $\delta_D = 47.68$ mm

9.12-11 $EIv = -x^3/2 + 12\,960x - 72\langle x - 72\rangle^2 + 11\langle x - 144\rangle^3/6$; $x = $ pulg, $v = $ pulg,

$EI = 8.4 \times 10^6$ klb-pulg^2; $\delta_C = 0.08887$ pulg (hacia arriba); $\delta_D = 0.3629$ pulg (hacia abajo)

9.12-12 $EIv = -0.4x^3 + 2.390x - \langle x - 1.2\rangle^5/12 + \langle x - 2.4\rangle^5/12 + 4\langle x - 2.4\rangle^3$; $x = $ m, $v = $ m, $E = $ kPa, $I = $ m^4; $\delta_C = 0.7258$ mm (hacia arriba); $\delta_D = 3.191$ mm (hacia abajo)

9.13-1 $v = -\alpha(T_2 - T_1)(x)(L - x)/2h$ (positivo hacia arriba); $\theta_A = \alpha L(T_2 - T_1)/2h$ (positivo sentido horario); $\delta_{máx} = \alpha L^2(T_2 - T_1)/8h$ (positivo hacia abajo)

9.13-2 $v = \alpha(T_2 - T_1)(x^2)/2h$ (positivo hacia arriba); $\theta_B = \alpha L(T_2 - T_1)/h$ (positivo); $\delta_B = \alpha L^2(T_2 - T_1)/2h$ (positivo hacia arriba)

9.13-3 $v = \alpha(T_2 - T_1)(x^2 - Lx)/2h$ (positivo hacia arriba); $\theta_C = \alpha(T_2 - T_1)(L + 2a)/2h$ (positivo); $\delta_C = \alpha(T_2 - T_1)(L + a)(a)/2h$ (positivo hacia arriba)

9.13-4 $\delta_{máx} = \alpha T_0L^3/9\sqrt{3}h$ (positivo hacia abajo)

CAPÍTULO 10

10.3-1 $R_A = -R_B = 3M_0/2L$, $M_A = M_0/2$; $v = -M_0x^2(L - x)/4LEI$

10.3-2 $R_A = R_B = qL/2$, $M_A = M_B = qL^2/12$; $v = -qx^2(L - x)^2/24EI$

10.3-3 $R_A = R_B = 3EI\delta_B/L^3$, $M_A = 3EI\delta_B/L^2$; $v = -\delta_Bx^2(3L - x)/2L^3$

10.3-4 $\delta_B = 3qL^4/(24EI + 8kL^3)$

10.3-5 $R_A = 2q_0L/5$, $R_B = q_0L/10$, $M_A = q_0L^2/15$; $v = -q_0x^2(4L^3 - 8L^2x + 5Lx^2 - x^3)/120LEI$

10.3-6 $R_A = 61q_0L/120$, $R_B = 19q_0L/120$, $M_A = 11q_0L^2/120$; $v = -q_0x^2(L - x)$ (B) B $= (33L^3 - 28L^2x + 2Lx^2 + 2x^3)/720L^2EI$

10.3-7 $R_A = R_B = q_0L/\pi$, $M_A = M_B = 2q_0L^2/\pi^3$; $v = -q_0L^2(L^2\,\text{sen}\,\pi x/L + \pi x^2 - \pi Lx)/\pi^4EI$

10.3-8 $R_A = 7q_0L/20$, $R_B = 3q_0L/20$, $M_A = q_0L^2/20$, $M_B = q_0L^2/30$; $v = -q_0x^2(L - x)^2(3L - x)/120LEI$

10.3-9 $R_A = -R_B = 3M_0/2L$, $M_A = -M_B = M_0/4$; $v = -M_0x^2(L - 2x)/8LEI$ para $0 \le x \le L/2$

10.3-10 $R_A = 11P/16$, $R_B = 5P/16$, $M_A = 3PL/16$; Para $0 \le x \le L/2$, $v = -Px^2(9L - 11x)/96EI$; Para $L/2 \le x \le L$, $v = -P(L - x)(-2L^2 + 10Lx - 5x^2)/96EI$

10.4-1 $R_A = Pb(3L^2 - b^2)/2L^3$, $R_B = Pa^2(3L - a)/2L^3$, $M_A = Pab(L + b)/2L^2$

10.4-2 $R_A = 57qL/128$, $R_B = 7qL/128$, $M_A = 9qL^2/128$

10.4-3 $R_A = 3Pa/2L$, $R_B = P(2L + 3a)/2L$, $M_A = Pa/2$

10.4-4 $t_{AB}/t_{CD} = L_{AB}/L_{CD}$

10.4-5 $R_A = R_B = q_0L/4$, $M_A = M_B = 5q_0L^2/96$

10.4-6 $R_A = qL/8$, $R_B = 33qL/16$, $R_C = 13qL/16$

10.4-7 $R_A = 1\ 100$ lb (hacia abajo),

          $R_B = 2\ 800$ lb (hacia arriba),

          $M_A = 30\ 000$ lb-pulg (sentido horario)

10.4-8 $R_B = 7.11$ kN

10.4-9 $T = 398$ lb

10.4-10 $R_A = 31qL/48$, $R_B = 17qL/48$, $M_A = 7qL^2/48$

10.4-11   (a) $R_A = -23P/17$, $R_D = R_E = 20P/17$,

          $M_A = 3PL/17$; (b) $M_{máx} = PL/2$

10.4-12 $R_A = R_D = 2qL/5$, $R_B = R_C = 11qL/10$

10.4-13 $M_B = 800q$ para $q < q_0$;

          $M_B = 300\ 000 - 200q$ para $q > q_0$

10.4-14 $R_A = -R_B = 6M_0ab/L^3$; $M_A = M_0b(3a - L)/L^2$,

          $M_B = -M_0a(3b - L)/L^2$

10.4-15 $\sigma = 509$ lb/pulg^2

10.4-16 $(M_{AB})_{máx} = 121qL^2/2\ 048 = 6.05$ kN·m;

          $(M_{CD})_{máx} = 5qL^2/64 = 8.0$ kN·m

10.4-17 $F = 3\ 160$ lb, $M_{AB} = 18\ 960$ lb-pies,

          $M_{DE} = 7\ 320$ lb-pies

10.4-18 $k = 48EI(6 + 5\sqrt{2})/7L^3 = 89.63EI/L^3$

10.4-19   (a) $V_A = V_C = 3P/32$, $H_A = P$, $M_A = 13PL/32$;

          (b) $M_{máx} = 13PL/32$

10.4-20   (a) $V_A = V_C = 3P/32$, $H_A = 13P/32$,

          $H_C = 19P/32$; (b) $M_{máx} = 13PL/64$

10.4-21 $R_A = R_B = 3\ 000$ lb, $R_C = 0$

10.4-22   (a) $M_A = M_B = qb(3L^2 - b^2)/24L$;

          (b) $b/L = 1.0$, $M_A = qL^2/12$;

          (c) Para $a = b = L/3$, $(M_{máx})_{pos} = 19qL^2/648$

10.4-23   (a) $d_2/d_1 = \sqrt[4]{8} = 1.682$;

          (b) $M_{máx} = qL^2(3 - 2\sqrt{2})/2 = 0.08579qL^2$;

          (c) El punto C está bajo los puntos A y B la

            cantidad $0.01307qL^4/EI$

10.4-24 $M_{máx} = 19q_0L^2/256$, $\sigma_{máx} = 13.4$ MPa,

          $\delta_{máx} = 19q_0L^4/7\ 680EI = 0.00891$ mm

10.5-1 $S = 48EIAH\alpha(\Delta T)/(AL^3 + 48IH)$

10.5-2 $R_A = -R_B = 3\alpha EI(T_2 - T_1)/2hL$,

          $M_A = 3\alpha EI(T_2 - T_1)/2h$

10.5-3 $R_A = -R_B = 3\alpha EI(T_2 - T_1)/2hL$,

          $M_A = 3\alpha EI(T_2 - T_1)/2h$

10.5-4 $R_A = -3\alpha EI(T_2 - T_1)/2hL$, $R_B = -3R_A$,

          $R_C = 2R_A$

10.5-5 $R_A = -3\alpha EI(T_2 - T_1)/2hL$, $R_B = -3R_A$,

          $R_C = 2R_A$

10.6-1   (a) $H = \pi^2EA\delta^2/4L^2$, $\sigma_t = \pi^2E\delta^2/4L^2$;

          (b) $\sigma_t = 617\ 154$, y 69 lb/pulg^2

10.6-2   (a) $\lambda = 17q^2L^7/40\ 320E^2I^2$; $\sigma_b = qhL^2/16I$;

          (b) $\sigma_t = 17q^2L^6/40\ 320EI^2$; (c) $\lambda = 0.01112$ mm,

          $\sigma_b = 117.2$ MPa, $\sigma_t = 0.741$ MPa

CAPÍTULO 11

11.2-1 $P_{cr} = \beta_R/L$

11.2-2 $P_{cr} = \beta a^2/L$

11.2-3 $P_{cr} = 6\beta_R/L$

11.2-4 $P_{cr} = \beta_R/L$

11.3-1   (a) $P_{cr} = 453$ klb; (b) $P_{cr} = 152$ klb

11.3-2   (a) $P_{cr} = 779$ klb; (b) $P_{cr} = 265$ klb

11.3-3   (a) $P_{cr} = 650$ klb; (b) $P_{cr} = 140$ klb

11.3-4 $Q_{perm} = 109.7$ kN

11.3-5 $Q_{perm} = 8.57$ klb

11.3-6 $Q_{cr} = 3\pi^2EI/4L^2$

11.3-7 $\Delta T = \pi^2I/\alpha AL^2$

11.3-8 $h/b = 2$

11.3-9   (a) $P_{cr} = 3\pi^3Er^4/4L^2$; (b) $P_{cr} = 11\pi^3Er^4/4L^2$

11.3-10 $P_1 : P_2 : P_3 = 1.000 : 1.047 : 1.209$

11.3-11 $P_{perm} = 141$ klb

11.3-12 $F_{perm} = 99.5$ kN

11.3-13 $W_{máx} = 26.5$ klb

11.3-14 $t_{mín} = 4.36$ mm

11.3-15 $P_{cr} = 123$ klb

11.3-16 $W_{cr} = 203$ kN

11.3-17 $\theta = \arctan 0.5 = 26.57°$

11.4-1 $P_{cr} = 235$ klb, 58.7 klb, 480 klb, 939 klb

11.4-2 $P_{cr} = 62.2$ kN, 15.6 kN, 127 kN, 249 kN

11.4-3 $P_{perm} = 253$ klb, 63.2 klb, 517 klb, $1\ 011$ klb

11.4-4 $P_{perm} = 166$ klb, 41.4 klb, 339 klb, 663 klb

11.4-5 $P_{cr} = 229$ klb

11.4-6 $T_{perm} = 18.1$ kN

11.4-7   (a) $Q_{cr} = 6\ 200$ lb; (b) $Q_{cr} = 8\ 150$ lb,

          $a = 9.13$ pulg

11.4-8 $P_{cr} = 447$ kN, 875 kN, 54.7 kN, 219 kN

11.4-9 $P_{cr} = 4\pi^2EI/L^2$, $v = \delta(1 - \cos 2\pi x/L)/2$

11.4-10 $t_{mín} = 12.2$ mm

11.4-11   (b) $P_{cr} = 13.89EI/L^2$

11.5-1 $\delta = 0.112$ pulg, $M_{máx} = 1\ 710$ lb-pulg

11.5-2 $\delta = 8.87$ mm, $M_{máx} = 2.03$ kN·m

11.5-3   Para $P = 0.3P_{cr}$: $M/Pe = 1.162(\text{sen } 1.721x/L) +$

          $\cos 1.721x/L$

11.5-4 $P = 583.33\ \{\arccos [5/(5 + \delta)]\}^2$, en donde

          $P = $ kN y $\delta = $ mm;

          $P = 884$ kN cuando $\delta = 10$ mm

11.5-5 $P = 125.58\ \{\arccos [0.2/(0.2 + \delta)]\}^2$, en donde

          $P = $ klb y $\delta = $ pulg;

          $P = 190$ k cuando $\delta = 0.4$ pulg

11.5-6 $P_{perm} = 11\ 300$ lb

11.5-7 $L_{máx} = 150.5$ pulg $= 12.5$ pies

11.5-8 $L_{máx} = 122.6$ pulg $= 10.2$ pies

11.5-9 $\delta = e(\text{sec } kL - 1)$, $M_{máx} = Pe \text{ sec } kL$

11.5-10 $L_{máx} = 2.21$ m

11.5-11 $L_{máx} = 130.3$ pulg $= 10.9$ pies

11.5-12 $T_{máx} = 8.29$ kN

11.5-13 (a) $q_0 = 2\,230$ lb/pie $= 186$ lb/pulg;
(b) $M_{\text{máx}} = 37.7$ klb-pulg, razón $= 0.47$

11.6-1 (a) $\sigma_{\text{máx}} = 17.3$ klb/pulg^2; (b) $L_{\text{máx}} = 46.2$ pulg

11.6-2 $P_{\text{perm}} = 37.2$ kN

11.6-3 $b_{\text{mín}} = 4.10$ pulg

11.6-4 (a) $\sigma_{\text{máx}} = 38.8$ MPa; (b) $L_{\text{máx}} = 5.03$ m

11.6-5 (a) $\sigma_{\text{máx}} = 9.65$ klb/pulg^2; (b) $P_{\text{perm}} = 3.59$ klb

11.6-6 $d_2 = 131$ mm

11.6-7 (a) $\sigma_{\text{máx}} = 10.9$ klb/pulg^2; (b) $P_{\text{perm}} = 160$ klb

11.6-8 (a) $\sigma_{\text{máx}} = 14.8$ klb/pulg^2; (b) $L_{\text{máx}} = 12.6$ pies

11.6-9 (a) $\sigma_{\text{máx}} = 9.60$ klb/pulg^2; (b) $P_{\text{perm}} = 53.6$ klb

11.6-10 (a) $\sigma_{\text{máx}} = 6.85$ klb/pulg^2; (b) $n = 2.35$

11.6-11 (a) $\sigma_{\text{máx}} = 13.4$ klb/pulg^2; (b) $n = 2.61$

11.6-12 (a) $\sigma_{\text{máx}} = 17.3$ klb/pulg^2; (b) $P_2 = 78.4$ klb

11.6-13 (a) $\sigma_{\text{máx}} = 17.6$ klb/pulg^2; (b) $n = 1.89$

11.6-14 (a) $\sigma_{\text{máx}} = 16.7$ klb/pulg^2; (b) $P_2 = 34.3$ klb

11.9-1 $P_{\text{perm}} = 247$ klb, 180 klb, 96.7 klb, 54.4 klb

11.9-2 $P_{\text{perm}} = 665$ klb, 496 klb, 278 klb, 156 klb

11.9-3 $P_{\text{perm}} = 328$ klb, 243 klb, 134 klb, 75.3 klb

11.9-4 W 10 × 45

11.9-5 W 12 × 87

11.9-6 W 14 × 82

11.9-7 $P_{\text{perm}} = 58.9$ klb, 43.0 klb, 23.2 klb, 13.0 klb

11.9-8 $P_{\text{perm}} = 1\,070$ kN, 906 kN, 692 kN, 438 kN

11.9-9 $P_{\text{perm}} = 95$ klb, 75 klb, 51 klb, 32 klb

11.9-10 $P_{\text{perm}} = 235$ kN, 211 kN, 186 kN, 163 kN

11.9-11 $L_{\text{máx}} = 5.23$ pies

11.9-12 $L_{\text{máx}} = 3.59$ m

11.9-13 $L_{\text{máx}} = 166.3$ pulg $= 13.9$ pies

11.9-14 $P_{\text{perm}} = 1\,260$ k

11.9-15 (a) $L_{\text{máx}} = 254.6$ pulg $= 21.2$ pies;
(b) $L_{\text{máx}} = 173.0$ pulg $= 14.4$ pies

11.9-16 (a) $L_{\text{máx}} = 252.5$ pulg $= 21.0$ pies;
(b) $L_{\text{máx}} = 186.8$ pulg $= 15.6$ pies

11.9-17 $d = 4.89$ pulg

11.9-18 $d = 99$ mm

11.9-19 $d = 5.23$ pulg

11.9-20 $d = 194$ mm

11.9-21 $P_{\text{perm}} = 142$ klb, 122 klb, 83 klb, 58 klb

11.9-22 $P_{\text{perm}} = 312$ kN, 242 kN, 124 kN, 70 kN

11.9-23 $P_{\text{perm}} = 18.1$ klb, 14.7 klb, 8.3 klb, 5.3 klb

11.9-24 $P_{\text{perm}} = 96$ kN, 84 kN, 61 kN, 42 kN

11.9-25 (a) $L_{\text{máx}} = 25.2$ pulg; (b) $d_{\text{mín}} = 2.12$ pulg

11.9-26 (a) $L_{\text{máx}} = 457$ mm; (b) $d_{\text{mín}} = 43.1$ mm

11.9-27 (a) $L_{\text{máx}} = 14.8$ pulg; (b) $d_{\text{mín}} = 1.12$ pulg

11.9-28 (a) $L_{\text{máx}} = 469$ mm; (b) $d_{\text{mín}} = 33.4$ mm

11.9-29 $P_{\text{perm}} = 25.4$ klb, 14.1 klb, 8.4 klb

11.9-30 $P_{\text{perm}} = 154$ kN, 110 kN, 77 kN

11.9-31 $P_{\text{perm}} = 16.8$ klb, 11.3 klb, 7.7 klb

11.9-32 $P_{\text{perm}} = 212$ kN, 127 kN, 81 kN

11.9-33 (a) $L_{\text{máx}} = 75.2$ pulg $= 6.27$ pies; (b) $b_{\text{mín}} = 6.71$ pulg

11.9-34 (a) $L_{\text{máx}} = 2.08$ m; (b) $b_{\text{mín}} = 184$ mm

11.9-35 (a) $L_{\text{máx}} = 74.3$ pulg $= 6.19$ pies; (b) $b_{\text{mín}} = 4.20$ pulg

11.9-36 (a) $L_{\text{máx}} = 1.51$ m; (b) $b_{\text{mín}} = 165$ mm

CAPÍTULO 12

12.3-2 $\bar{x} = \bar{y} = 5a/12$

12.3-3 $\bar{y} = 1.10$ pulg

12.3-4 $2c^2 = ab$

12.3-5 $\bar{y} = 13.94$ pulg

12.3-6 $\bar{y} = 52.5$ mm

12.3-7 $\bar{x} = 0.99$ pulg, $\bar{y} = 1.99$ pulg

12.3-8 $\bar{x} = 137$ mm, $\bar{y} = 132$ mm

12.4-6 $I_x = 518 \times 10^3$ mm^4

12.4-7 $I_x = 36.1$ pulg^4, $I_y = 10.9$ pulg^4

12.4-8 $I_x = I_y = 194.6 \times 10^6$ mm^4, $r_x = r_y = 80.1$ mm

12.4-9 $I_1 = 1\,480$ pulg^4, $I_2 = 186$ pulg^4, $r_1 = 7.10$ pulg, $r_2 = 2.52$ pulg

12.5-1 $I_b = 940$ pulg^4

12.5-2 $I_c = 11a^4/192$

12.5-3 $I_{x_c} = 7.23$ pulg^4

12.5-4 $I_2 = 405 \times 10^3$ mm^4

12.5-5 $I_{x_c} = 6\,050$ pulg^4, $I_{y_c} = 475$ pulg^4

12.5-6 $I_{x_c} = 106 \times 10^6$ mm^4

12.5-7 $I_{x_c} = 17.40$ pulg^4, $I_{y_c} = 6.27$ pulg^4

12.5-8 $b = 250$ mm

12.6-1 $I_P = bh(b^2 + 12h^2)/48$

12.6-2 $(I_P)_C = r^4(9\alpha^2 - 8 \operatorname{sen}^2 \alpha)/18\alpha$

12.6-3 $I_P = 233$ pulg^4

12.6-4 $I_P = bh(b^2 + h^2)/24$

12.6-5 $(I_P)_C = r^4(176 - 84\pi + 9\pi^2)/[72(4 - \pi)]$

12.7-2 $I_{xy} = r^4/24$

12.7-3 $b = 2r$

12.7-4 $I_{xy} = t^2(2b^2 - t^2)/4$

12.7-5 $I_{12} = -20.5$ pulg^4

12.7-6 $I_{xy} = 24.3 \times 10^6$ mm^4

12.7-7 $I_{x_c y_c} = -6.079$ pulg^4

12.8-1 $I_{x_1} = I_{y_1} = b^4/12$, $I_{x_1 y_1} = 0$

12.8-2 $I_{x_1} = \dfrac{b^3 h^3}{6(b^2 + h^2)}$, $I_{y_1} = \dfrac{bh(b^4 + h^4)}{12(b^2 + h^2)}$,
$I_{x_1 y_1} = \dfrac{b^2 h^2 (h^2 - b^2)}{12(b^2 + h^2)}$

12.8-3 $I_d = 159$ pulg^4

12.8-4 $I_{x_1} = 12.44 \times 10^6$ mm^4, $I_{y_1} = 9.68 \times 10^6$ mm^4,
$I_{x_1 y_1} = 6.03 \times 10^6$ mm^4

12.8-5 $I_{x_1} = 13.50$ pulg^4, $I_{y_1} = 3.84$ pulg^4, $I_{x_1 y_1} = 4.76$ pulg^4

12.8-6 $I_{x_1} = 8.75 \times 10^6$ mm^4, $I_{y_1} = 1.02 \times 10^6$ mm^4,
$I_{x_1 y_1} = -0.356 \times 10^6$ mm^4

12.9-1 (a) $c = \sqrt{a^2 - b^2}/2$; (b) $a/b = \sqrt{5}$;
(c) $1 \leq a/b < \sqrt{5}$

12.9-2 Sólo muestre que en cada punto existen dos conjuntos diferentes de ejes principales.

12.9-3 $\theta_{p_1} = -29.87°$, $\theta_{p_2} = 60.13°$, $I_1 = 311.1$ pulg^4,
$I_2 = 88.9$ pulg^4

12.9-4 $\theta_{p_1} = -8.54°$, $\theta_{p_2} = 81.46°$,
$I_1 = 17.24 \times 10^6$ mm^4, $I_2 = 4.88 \times 10^6$ mm^4

12.9-5 $\theta_{p_1} = 37.73°$, $\theta_{p_2} = 127.73°$, $I_1 = 15.45$ pulg^4,
$I_2 = 1.89$ pulg^4

12.9-6 $\theta_{p_1} = 32.63°$, $\theta_{p_2} = 122.63°$,
$I_1 = 8.76 \times 10^6$ mm^4, $I_2 = 1.00 \times 10^6$ mm^4

12.9-7 $\theta_{p_1} = 16.85°$, $\theta_{p_2} = 106.85°$, $I_1 = 0.2390b^4$,
$I_2 = 0.0387b^4$

12.9-8 $\theta_{p_1} = 74.08°$, $\theta_{p_2} = -15.92°$,
$I_1 = 8.29 \times 10^6$ mm^4, $I_2 = 1.00 \times 10^6$ mm^4

12.9-9 $\theta_{p_1} = 75.73°$, $\theta_{p_2} = -14.27°$, $I_1 = 20.07$ pulg^4,
$I_2 = 2.12$ pulg^4

Índice onomástico

Notas: Los números entre paréntesis son referencias.
Un asterisco señala una referencia que contiene información bibliográfica.
La letra n indica una nota al pie.

Índice temático

CONVERSIÓN ENTRE UNIDADES INGLESAS Y UNIDADES SI

Unidad inglesa		Factor de conversión multiplicativo		Igual a la unidad SI	
		Exacto	Práctico		
Aceleración (lineal)					
pie por segundo cuadrado	pie/s^2	0.3048*	0.305	metro por seg cuadrado	m/s^2
pulg por seg cuadrado	pulg/s^2	0.0254*	0.0254	metro por seg cuadrado	m/s^2
Área					
pie cuadrado	pie^2	0.09290304*	0.0929	metro cuadrado	m^2
pulgada cuadrada	pulg^2	645.16*	645	milímetro cuadrado	mm^2
Densidad (masa)					
slug por pie cúbico	slug/pie^3	515.379	515	kilogramo por metro cúbico	kg/m^3
Densidad (peso)					
libra por pie cúbico	lb/pie^3	157.087	157	newton por metro cúbico	N/m^3
libra por pulgada cúbica	lb/pulg^3	271.447	271	kilonewton por metro cúbico	kN/m^3
Energía; trabajo					
pie-libra	pie-lb	1.35582	1.36	joule (N·m)	J
pulgada-libra	pulg-lb	0.112985	0.113	joule	J
kilowatt-hora	kWh	3.6*	3.6	megajoule	MJ
Unidad térmica británica	Btu	1 055.06	1 055	joule	J
Fuerza					
libra	lb	4.44822	4.45	newton (kg·m/s^2)	N
kip (1 000 libras)	klb	4.44822	4.45	kilonewton	kN
Fuerza por longitud unitaria (intensidad de fuerza)					
libra por pie	lb/pie	14.5939	14.6	newton por metro	N/m
libra por pulgada	lb/pulg	175.127	175	newton por metro	N/m
Kilo libra por pie	klb/pie	14.5939	14.6	kilonewton por metro	kN/m
Kilo libra por pulgada	klb/pulg	175.127	175	kilonewton por metro	kN/m
Longitud					
pie	pie	0.3048*	0.305	metro	m
pulgada	pulg	25.4*	25.4	milímetro	mm
milla	mi	1.609344*	1.61	kilómetro	km
Masa					
slug	lb-s^2/pie	14.5939	14.6	kilogramo	kg
Momento de inercia (área)					
pulg a la cuarta potencia	pulg^4	416 231	416 000	milímetro a la cuarta potencia	mm^4
pulg a la cuarta potencia	pulg^4	0.416231×10^{-6}	0.416×10^{-6}	metro a la cuarta potencia	m^4

continúa

Unidad inglesa		Factor de conversión multiplicativo		Igual a la unidad SI	
		Exacto	Práctico		
Módulo de sección					
pulgada al cubo	pulg^3	16 387.1	16 400	milímetro al cubo	mm^3
pulgada al cubo	pulg^3	16.3871×10^{-6}	16.4×10^{-6}	metro al cubo	m^3
Momento de inercia (masa)					
slug pie cuadrado	slug-pie^2	1.35582	1.36	kilogramo metro cuadrado	kg·m^2
Momento de una fuerza; par					
libra-pie	lb-pie	1.35582	1.36	newton metro	N·m
libra-pulgada	lb-pulg	0.112985	0.113	newton metro	N·m
kilo libra-pie	klb-pie	1.35582	1.36	kilonewton metro	kN·m
kilo libra-pulg	klb-pul	0.112985	0.113	kilonewton meter	kN·m
Potencia					
pie-libra por segundo	pie-lb/s	1.35582	1.36	watt (J/s o N·m/s)	W
pie-libra por minuto	pie-lb/min	0.0225970	0.0226	watt	W
caballo de potencia (550 pie-lb/s)	hp	745.701	746	watt	W
Presión; esfuerzo					
libra por pie cuadrado	psf	47.8803	47.9	pascal (N/m^2)	Pa
libra por pulg cuadrada	lb/pulg^2	6 894.76	6 890	pascal	Pa
kilo libra por pie cuadrado	ksf	47.8803	47.9	kilopascal	kPa
kilo libra por pulgada cuadrada	klb/pulg^2	6.89476	6.89	megapascal	MPa
Velocidad (lineal)					
pie por segundo	pie/s	0.3048*	0.305	metro por segundo	m/s
pulgada por segundo	pulg/s	0.0254*	0.0254	metro por segundo	m/s
milla por hora	mph	0.44704*	0.447	metro por segundo	m/s
milla por hora	mph	1.609344*	1.61	kilómetro por hora	km/h
Volumen					
pie cúbico	pie^3	0.0283168	0.0283	metro cúbico	m^3
pulgada cúbica	pulg^3	16.3871×10^{-6}	16.4×10^{-6}	metro cúbico	m^3
pulgada cúbica	pulg^3	16.3871	16.4	centímetro cúbico (cc)	cm^3
galón (231 pulg^3)	gal	3.78541	3.79	litro	L
galón (231 pulg^3)	gal	0.00378541	0.00379	metro cúbico	m^3

*Un asterisco denota un factor de conversión *exacto*.

Nota: **para convertir de unidades SI en unidades inglesas, *divida* entre el factor de conversión.**

Fórmulas de conversión de temperatura

$$T(°C) = \frac{5}{9}[T(°F) - 32] = T(K) - 273.15$$

$$T(K) = \frac{5}{9}[T(°F) - 32] + 273.15 = T(°C) + 273.15$$

$$T(°F) = \frac{9}{5}T(°C) + 32 = \frac{9}{5}T(K) - 459.67$$

UNIDADES PRINCIPALES USADAS EN MECÁNICA

Cantidad	Sistema international (SI)			Sistema inglés		
	Unidad	Símbolo	Fórmula	Unidad	Símbolo	Fórmula
Aceleración (angular)	radián por segundo cuadrado		rad/s^2	radián por segundo cuadrado		rad/s^2
Aceleración (lineal)	metro por segundo cuadrado		m/s^2	pie por segundo cuadrado		pie/s^2
Área	metro cuadrado		m^2	pie cuadrado		pie^2
Densidad (masa) (masa específica)	kilogramo por metro cúbico		kg/m^3	slug por pie cúbico		$slug/pie^3$
Densidad (peso) (peso específico)	newton por metro cúbico		N/m^3	libra por pie cúbico	pcf	lb/pie^3
Energía; trabajo	joule	J	$N \cdot m$	pie-libra		pie-lb
Esfuerzo	pascal	Pa	N/m^2	libra por pulgada cuadrada	psi	$lb/pulg^2$
Frecuencia	hertz	Hz	s^{-1}	hertz	Hz	s^{-1}
Fuerza	newton	N	$kg \cdot m/s^2$	libra	lb	(unidad básica)
Fuerza por unidad de longitud (intensidad de fuerza)	newton por metro		N/m	libra por pie		lb/pie
Longitud	metro	m	(unidad básica)	pie	pie	(unidad básica)
Masa	kilogramo	kg	(unidad básica)	slug		$lb\text{-}s^2/pie$
Módulo de sección	metro al cubo		m^3	pulgada al cubo		$pulg^3$
Momento de inercia (área)	metro a la cuarta potencia		m^4	pulgada a la cuarta potencia		$pulg^4$
Momento de inercia (masa)	kilogramo-metro cuadrado		$kg \cdot m^2$	slug-pie cuadrado		$slug\text{-}pie^2$
Momento de una fuerza; par	newton metro		$N \cdot m$	libra-pie		lb-pie
Potencia	watt	W	J/s $(N \cdot m/s)$	pie-libra por segundo		pie-lb/s
Presión	pascal	Pa	N/m^2	libra por pie cuadrado	$lb/pulg^2$	lb/pie^2
Tiempo	segundo	s	(unidad básica)	segundo	s	(unidad básica)
Velocidad (angular)	radián por segundo		rad/s	radián por segundo		rad/s
Velocidad (lineal)	metro por segundo		m/s	pie por segundo	fps	pie/s
Volumen (líquidos)	litro	L	$10^{-3} m^3$	galón	gal.	$231 pulg^3$
Volumen (sólidos)	metro cúbico		m^3	pie cúbico	cf	pie^3

PROPIEDADES FÍSICAS SELECCIONADAS

Propiedad	SI	Inglesas
Agua (dulce)		
densidad peso	9.81 kN/m^3	62.4 lb/pie^3
densidad masa	$1\,000$ kg/m^3	1.94 slugs/pie^3
Agua de mar		
densidad peso	10.0 kN/m^3	63.8 lb/pie^3
densidad masa	$1\,020$ kg/m^3	1.98 slugs/pie^3
Aluminio (aleaciones estructurales)		
densidad peso	28 kN/m^3	175 lb/pie^3
densidad masa	$2\,800$ kg/m^3	5.4 slugs/pie^3
Acero		
densidad peso	77.0 kN/m^3	490 lb/pie^3
densidad masa	$7\,850$ kg/m^3	15.2 slugs/pie^3
Concreto reforzado		
densidad peso	24 kN/m^3	150 lb/pie^3
densidad masa	$2\,400$ kg/m^3	4.7 slugs/pie^3
Presión atmosférica (nivel del mar)		
Valor recomendado	101 kPa	14.7 psi
Valor estándar internacional	101.325 kPa	14.6959 psi
Aceleración de la gravedad (nivel del mar, 45° de latitud)		
Valor recomendado	9.81 m/s^2	32.2 pie/s^2
Valor estándar internacional	9.80665 m/s^2	32.1740 pie/s^2

PREFIJOS SI

Prefijo	Símbolo	Factor multiplicativo	
tera	T	10^{12}	$= 1\,000\,000\,000\,000$
giga	G	10^{9}	$= 1\,000\,000\,000$
mega	M	10^{6}	$= 1\,000\,000$
kilo	k	10^{3}	$= 1\,000$
hecto	h	10^{2}	$= 100$
deka	da	10^{1}	$= 10$
deci	d	10^{-1}	$= 0.1$
centi	c	10^{-2}	$= 0.01$
milli	m	10^{-3}	$= 0.001$
micro	μ	10^{-6}	$= 0.000\,001$
nano	n	10^{-9}	$= 0.000\,000\,001$
pico	p	10^{-12}	$= 0.000\,000\,000\,001$

Nota: el uso de los prefijos hecto, deca, deci y centi no se recomienda en el SI.